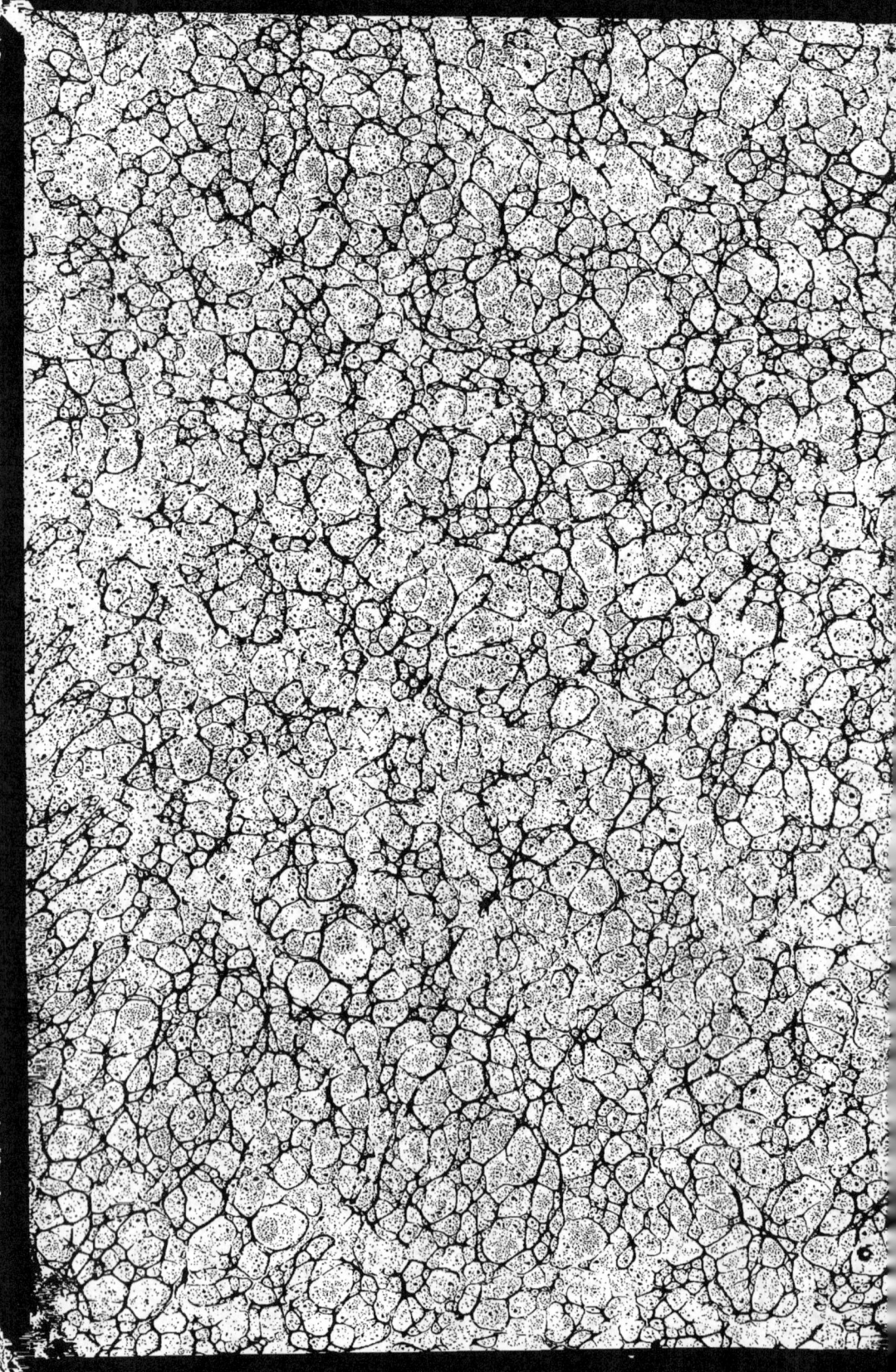

MÉMOIRES
D'UN PAGE

Paris.—Imprimerie de BOULÉ, rue Coq-Héron, 3.

MÉMOIRES
D'UN PAGE
DE LA COUR IMPÉRIALE
(1804-1815)

PAR

ÉMILE MARCO DE SAINT-HILAIRE.

PARIS,
BOULÉ, *éditeur, rue Coq-Héron, 3,*
ET CHEZ TOUS LES LIBRAIRES DE PARIS, DES DÉPARTEMENS
et de l'Étranger.

—

1848

MÉMOIRES D'UN PAGE

DE LA COUR IMPÉRIALE,

(1804 — 1815)

PAR

ÉMILE MARCO DE SAINT-HILAIRE.

PREMIÈRE PARTIE.

I.

M. de Talleyrand et son cuisinier, à propos de leurs Mémoires. — Première étiquette des Tuileries. — Les dames de l'impératrice. — Les officiers du palais. — Réception. — L'ambassadeur d'Angleterre. — Première organisation des pages. — Séance présidée par Napoléon. — Rapport de M. Bourrienne. — Paris et Saint-Cloud. — Machine infernale. — Mme Murat. — Le cachemire. — Fouché. — Mesures de sûreté.

On demandait, il y aura bientôt quinze ans, à feu M. de Talleyrand s'il comptait enfin publier ses Mémoires : « Je ne suis pas encore décidé à ce » sujet, répondit le prince ; je sais seulement que mon cuisinier s'occupe » de la rédaction des siens. » Le mot était piquant, mais il n'empêcha pas qu'on ne fût incessamment inondé des *Mémoires* d'une foule de gens qui ne nous ont appris rien autre chose si ce n'est qu'ils ont vécu. Il n'en aurait pas été de même, si le cuisinier de l'ex-grand-chambellan de Napoléon avait écrit tout ce qu'il a vu. Que de détails ignorés, que de révélations curieuses ! Combien de faits n'eût-il pas mis au jour ; combien n'eût-il pas révélé d'anecdotes curieuses qui, bien certainement, eussent été omises par son illustre patron ! Mais revenons à nos Mémoires, et abordons tout d'abord la matière.

La création des pages du palais impérial, qui n'entrèrent en fonctions qu'à l'époque où Napoléon prit le titre d'empereur, vint compléter le cérémonial de la cour des Tuileries, qui ne s'organisa qu'avec beaucoup de temps et des peines incroyables. Le premier consul était entré en possession du château depuis long-temps, et rien n'était encore fixé; la nouvelle cour ne ressemblait pas mal à celle du roi Pétau. Joséphine ne recevait personne; elle craignait de se voir compromise par les prétentions que pourraient élever, dans un palais sans étiquette, les femmes des illustres diplomates étrangers qui se trouvaient alors à Paris, ou de les blesser elle-même par les exigences de son rang; aussi rien n'était plus monotone que la vie intérieure. Napoléon ne sortait pas de son cabinet; Joséphine était obligée, pour tuer le temps, d'aller presque tous les soirs au théâtre avec sa fille, qui ne la quittait pas. En sortant du spectacle, dont elle n'attendait jamais la fin, elle revenait terminer la soirée par un whist, ou, si elle ne trouvait pas un nombre suffisant de personnes pour jouer ce jeu qu'elle aima toujours de prédilection, elle faisait une partie de piquet avec le second consul, ou la première personne qui se trouvait là.

Les femmes des aides-de-camp de son mari, qui étaient, pour la plupart, de l'âge de sa fille, venaient quelquefois lui tenir compagnie. On parlait modes ou théâtre; on allait faire des emplettes; c'était tous les jours les mêmes distractions, les mêmes jeux, les mêmes conversations, les mêmes personnes. Les semaines s'écoulaient dans cette fatigante uniformité, soit aux Tuileries, quand le temps était mauvais, soit à la Malmaison, lorsqu'il ne faisait pas trop froid.

Cambacérès recevait les fonctionnaires de l'Etat, les membres de la magistrature et quelques militaires de haut grade. Il leur donnait un grand dîner presque toutes les semaines; son hôtel était le seul où l'on rencontrât une partie de la représentation du gouvernement. Les étrangers de distinction, les membres du corps diplomatique, les banquiers, les femmes à la mode et les riches fournisseurs remplissaient les salons de M. de Talleyrand qui, seul alors, faisait les honneurs de sa maison, tenue à l'instar de celle des grands seigneurs de l'ancien régime.

Vers la fin du mois de mars 1802, on commença à établir, aux Tuileries, un peu d'étiquette. Joséphine eut autour d'elle des dames et des officiers civils nommés par le premier consul, pour veiller au maintien et à la dignité de la représentation.

Les dames ne furent d'abord qu'au nombre de quatre, savoir :

Mme de Remusat, dont le mari fut plus tard grand-chambellan et grand-maître de la garderobe de l'empereur; Mme de Talouet, nommée, après le sacre, dame du palais de l'impératrice; Mme de Luçay, femme de M. Luçay, premier préfet du palais, et Mme de Lauriston, qui fut nommée dame du palais en même temps que Mmes de Talouet et de Luçay.

Les quatre officiers civils du palais consulaire furent :

M. de Remusat; M. de Cramayel, plus tard nommé introducteur des ambassadeurs et maître des cérémonies; M. de Luçay et M. Didelot, à qui l'empereur donna, après son sacre, l'une des plus belles préfectures de l'empire français.

La cour du premier consul, si l'on peut lui donner ce nom, n'avait encore que quelques jours d'installation lorsque les membres du corps diplomatique y furent reçus pour la première fois.

Cette réception eut lieu à huit heures du soir, dans les appartemens de

Joséphine, au rez-de-chaussée, du côté du jardin. Elle fut nombreuse et remarquable par le grand nombre de jolies femmes qui semblaient s'y être donné rendez-vous. Toutes y parurent avec un luxe de toilette et un choix de pierreries dont notre naissante cour n'avait encore aucune idée. Le corps diplomatique y assista tout entier, chacun en grand costume, et couvert de cordons, de crachats et de décorations dont presque tout le monde ignorait l'origine et le degré honorifique. Enfin l'affluence fut telle, que les deux salons du rez-de-chaussée devenant insuffisans, on fut obligé d'ouvrir la chambre à coucher de Mme Bonaparte, afin que la circulation pût avoir lieu sans trop d'encombre.

Quand tout fut prêt, et que chacun eut pris place, Mme Bonaparte, annoncée simplement par un valet de pied, entra précédée de M. de Talleyrand, alors ministre des relations extérieures. Elle était mise le plus simplement du monde, mais avec un goût tel, qu'il dut faire pressentir aux yeux des femmes les moins clairvoyantes ce qu'elle serait un jour, revêtue d'une riche toilette et en costume de cour. Nu-tête, et coiffée en cheveux, un petit peigne d'écaille retenait la longue tresse dont l'extrémité bouclée flottait derrière sa tête, à la manière antique ; une simple robe de mousseline blanche, à manches courtes, semblait donner à sa taille encore plus de grâce; un simple collier de perles ornait son cou; du reste, elle ne portait pas un seul bijou.

En arrivant, M. de Talleyrand, qui lui donnait la main, lui présenta d'abord les ambassadeurs étrangers, en les lui désignant par le nom de la cour à laquelle ils appartenaient. Elle fit ensuite le tour du premier salon, toujours précédée du ministre, qui lui nomma successivement chacune des personnes qui se trouvaient sur son passage. Elle achevait de parcourir le second salon, lorsque la porte s'ouvrit tout à coup, et laissa voir le premier consul, qui se présentait au milieu de cette brillante assemblée, dans un costume singulièrement tranché avec le luxe qui se déployait de toutes parts.

Napoléon était revêtu de son plus simple uniforme de premier consul. Une écharpe aux trois couleurs, avec une frange de soie, lui serrait la taille; il portait des bottes à revers par dessus un pantalon de casimir blanc tout uni, un col noir, une épée ; il tenait son chapeau à la main. Les ambassadeurs le connaissaient déjà, mais la plupart des dames l'apercevaient pour la première fois. Elles s'étaient levées spontanément, avec un mouvement de curiosité très prononcé. Napoléon fit seulement le tour du premier salon, suivi des ambassadeurs des diverses puissances, qui se succédaient l'un à l'autre.

Dès cette première réception, Napoléon ne put s'empêcher de laisser éclater l'humeur que lui donnait la conduite de l'Angleterre. J'ai su depuis qu'il venait de lire les dépêches de notre ambassadeur à Londres, qui lui étaient parvenues le matin même. Ce diplomate lui envoyait la copie d'un message que le roi avait transmis au parlement, sur de prétendus armemens qui avaient lieu dans les ports de France. Tout préoccupé sans doute de cette nouvelle, le premier consul ne passa pas dans le second salon et alla droit à l'ambassadeur d'Angleterre, qui, l'ayant aperçu de loin, venait à sa rencontre. Napoléon, s'arrêtant brusquement devant lui, l'interpella en ces termes :

— Que demande donc votre cabinet? Que signifient ces bruits d'armemens dans nos ports ? Est-il possible d'abuser ainsi de la crédulité d'un souverain, ou d'ignorer à ce point ce dont nous nous occupons véritablement ici? Vous devez connaître l'état des choses, et savoir qu'il n'y a d'appareillage dans nos ports que deux bâtimens de transport destinés pour Saint-Domingue, qui absorbe toutes nos pensées et tous nos moyens. Pourquoi donc des plaintes? Est-on déjà las de la paix chez vous? Faut-il encore ensanglanter l'Europe !... Des préparatifs de guerre !... Des menaces !... On pourra peut-être vaincre la France... mais l'intimider, jamais !...

L'ambassadeur salua respectueusement, sans répondre un mot. Le premier consul s'éloigna; mais soit que cette sortie, qui, aux yeux de beaucoup de monde, passa pour inconvenante, à cause de la circonstance, l'eût un peu échauffé, soit toute autre cause, il n'acheva pas sa tournée dans le premier salon et remonta dans ses appartemens. Mme Bonaparte suivit aussitôt son mari, en abandonnant les dames avec lesquelles elle causait, et les salons se vidèrent en un instant.

J'ai voulu raconter les détails de cette première réception, qui m'ont été fournis par un témoin oculaire, pour donner une idée de toutes les peines que l'on a dû avoir avant de parvenir à organiser l'étiquette de la cour des Tuileries, sur le pied où nous l'avons vue depuis. Je vais maintenant rentrer dans mon cadre et passer à la formation des pages, dont la création commença à donner à la nouvelle cour cette physionomie d'ancien régime, que Napoléon voulait imprimer le plus possible à toutes les branches du service intérieur de son palais.

Dans une soirée du mois de juillet ou d'août 1804, Napoléon avait dit à M. Bourrienne, qui était alors son factotum :

— Je veux monter et compléter ma maison civile, ainsi que celle de Joséphine, à l'instar de celle de Louis XVI et de Marie-Antoinette. Cela aura le double avantage d'inoculer une certaine force à la stabilité de mon gouvernement, et de donner des témoignages de reconnaissance à des familles qui m'ont prouvé leur dévoûment, et à d'autres qui ne demandent pas mieux que de me servir, je le sais, parce qu'elles ne pourront pas faire autrement. Je veux principalement établir des pages; comme cela vous regarde, vous me ferez un rapport à ce sujet, que vous m'apporterez demain matin.

M. Bourrienne voulut faire quelques observations ; mais Napoléon, désireux d'égaler le faste et la magnificence de l'ancienne cour, lui tourna le dos sans l'écouter. M. Bourrienne vit bien qu'il fallait suivre le nouveau torrent impérial, et il se résigna.

Le rapport fut fait et remis le surlendemain à l'empereur. Napoléon assembla une espèce de conseil, dont il se nomma président d'emblée. On commença par agiter une question d'étiquette. Il ne s'agissait pas, comme dans le sénat romain, des honneurs à rendre à un *turbot*; il s'agissait *d'accommoder* toutes les vanités à *une seule et même sauce*. Adopterait-on le palais des Tuileries pour les réceptions et le cercle du dimanche, ou bien celui de Saint-Cloud ? Tel fut le sujet d'une discussion qui, commencée à deux heures, ne se termina qu'à six, et où ceux qui avaient voiture ou espéraient en avoir une, et ceux qui n'en avaient pas et n'espéraient pas en avoir de long-temps, parlèrent également bien en opinant, les premiers pour Saint-Cloud, les derniers pour les Tuileries. Napoléon trancha lui-même la question à sa manière, en disant :

— Messieurs, je recevrai aux Tuileries quand j'y serai ; on viendra à Saint-Cloud quand je l'habiterai.

En attendant, le *pêle-mêle* fut voté à l'unanimité pour la salle du Trône ; quant aux petits appartemens, l'empereur se réserva d'en donner l'entrée aux personnes de son choix.

Enfin vint le rapport sur l'établissement des pages. M. Bourrienne fit connaître d'abord l'organisation de ceux établis par les anciens rois de France, ensuite ceux de la cour de Louis XIV, enfin la dernière classification qui avait eu lieu sous Louis XVI. Napoléon s'arrêta à celle-ci, sauf modification et ratification de sa part. Provisoirement, le nombre des pages de la cour des Tuileries fut fixé à douze au moins, mais il ne pourrait jamais y en avoir plus de vingt-quatre. On verra bientôt que ce nombre fut dépassé d'un tiers, puisqu'en 1806 nous étions trente-cinq, et trente-sept en 1810. Napoléon décida ensuite que la dépense de chacun d'eux ne s'élèverait qu'à 1,400 francs, et que les mêmes pages feraient alternativement le service auprès de lui et auprès de l'impératrice. La séance fut levée et remise au lendemain pour s'entendre sur l'uniforme, les prérogatives, le genre de service, l'éducation, l'administration et enfin le choix des noms et des individus qui devaient être admis : il n'y avait eu rien de positivement arrêté.

L'empereur remit au lendemain la continuation de cette séance ; mais le soir même il y eut contre-ordre. On ne devait s'occuper que huit jours après de notre création définitive.

Sur ces entrefaites, j'appris de la même personne qui déjà m'avait instruit des détails que j'ai donnés plus haut, quelques particularités concernant la fameuse machine infernale. Cette invention diabolique fit assez de bruit dans le temps pour mériter ici une petite place. Comme les versions qui ont circulé sur cet attentat à la vie du premier consul ont été traduites de cent manières, je vais donner celle que je tiens de cette même personne qui déjà me stylait aux manières, au langage et aux fonctions qu'elle prévoyait que je serais à même de remplir un jour à la cour de celui qui n'avait point encore osé s'en créer une. Du reste, je livre cet épisode tel qu'il m'a été conté.

On donnait ce jour-là, à l'Opéra, l'oratorio d'Haydn, la *Création*, autant que je puis me le rappeler. Joséphine avait témoigné, dès le matin, le désir d'aller l'entendre. Il était sept heures du soir ; Joséphine, Mlle Beauharnais, Mme Murat, les maréchaux Lannes et Bessière, l'aide-de-camp de service (Rapp) étaient au salon. Le premier consul travaillait dans son cabinet avec Fouché.

Il paraît que les dames, principalement, avaient une rage d'Opéra. Joséphine elle-même alla trouver Napoléon pour l'engager à assister au spectacle ; il s'en défendit d'abord, prétextant ses nombreuses occupations ; mais il finit par y consentir, à condition qu'il n'y resterait qu'un moment. Joséphine revint au salon et envoya aussitôt M. *** commander le piquet d'escorte et prévenir M. Bonnet que le premier consul devait aller au théâtre. Dix minutes après, Napoléon monta en voiture, accompagné du maréchal Bessière, de Rapp et d'une autre personne qui, je crois, était le capitaine Lebrun, depuis duc de Plaisance. Le maréchal Lannes devait accompagner les dames. Déjà la voiture du premier consul traversait la cour ; celle de Joséphine était arrivée, mais un châle magnifique qu'elle avait demandé à l'une de ses femmes se faisait atten dre; enfin il est apporté : Joséphine ne trouvant pas qu'il aille assez bien en demande un autre.

— Dépêchez-vous donc, ma sœur, dit Mme Murat, impatiente d'arriver au spectacle : mon frère est déjà parti, nous n'entendrons pas l'ouverture.

— Il n'est pas encore huit heures, répond Joséphine, tout en mettant son rouge.

Enfin elle monte en voiture et part. A peine est-elle au milieu du Carrousel, qu'une explosion terrible se fait entendre du côté du *Théâtre de la République* : c'était celle de la machine infernale. Aussitôt un grand tumulte règne au château ; mille bruits divers se succèdent et se croisent, chacun veut juger par ses yeux de ce qui peut avoir causé une pareille explosion. Dix minutes après, on savait tout ce que l'on pouvait savoir. Cependant le vaste champ des conjectures venait de s'ouvrir, Dieu sait si on y glanait.

Ni le premier consul ni personne de sa suite n'avait éprouvé d'accident fâcheux ; seulement un grenadier avait été renversé de cheval. Napoléon entra dans sa loge, calme et paisible, et tout en promenant sa lorgnette sur chaque loge :

— Et Joséphine, demande-t-il aussitôt, où est-elle ?

Au même instant elle entrait pâle et tremblante.

— Ah ! la voilà ! s'écrie Napoléon.

Et puis se tournant vers Fouché, qui, l'ayant précédé au théâtre, venait d'entrer dans sa loge et se tenait debout derrière lui :

— Il paraît, ajouta-t-il, que ces b.......là voulaient me faire sauter !.. Faites-moi apporter un imprimé de l'oratorio.

L'ouverture n'était pas commencée que les spectateurs savaient déjà à quel danger le premier consul et Joséphine venaient d'échapper. A un mouvement que Napoléon fit en s'avançant sur le devant de sa loge, une salve d'applaudissemens partit tout à coup de toutes les parties de la salle; tous les spectateurs du parquet montèrent sur les banquettes, et les applaudissemens recommencèrent à trois reprises différentes. Napoléon s'était levé et avait salué ; Joséphine lui faisait des signes d'intelligence, en applaudissant elle-même comme simple spectatrice. Enfin le spectacle put commencer. Le premier consul y resta jusqu'à la fin.

Depuis ce temps, toutes les fois que Joséphine ou Napoléon voulurent aller au spectacle, la surveillance exercée par l'autorité se fit très exactement. Cependant elle se réduisit à veiller à ce que leur arrivée au théâtre ne fût pas entravée au dehors par d'autres voitures ou des embarras quelconques, et dans l'intérieur de la salle, à ce qu'il ne se passât rien de contraire aux rigoureuses bienséances.

Sous l'empire, lorsqu'on savait que l'empereur ou l'impératrice se proposaient d'aller voir une pièce nouvelle, M. de Rémusat avait soin de louer les loges d'avant-scène qui étaient en face de la leur, ainsi que quelques unes de celles de côté, d'où LL. MM. n'auraient pu échapper à l'importunité des regards ou de la conversation. Le premier chambellan avait en même temps la précaution d'envoyer les billets ou coupons de ces loges à des familles connues et considérées, qui étaient enchantées d'aller les remplir ce jour-là. La galerie était ordinairement composée de gens de la maison impériale, et complétée par des artistes recommandables à plus d'un titre.

Du reste, on n'avait pris aucune précaution pour *organiser* l'enthousiasme du parterre, l'affabilité des augustes personnages en faisant tous les frais ; il était même expressément recommandé aux gens de la maison impériale d'apporter la plus grande réserve dans l'expression de leurs sentimens de dévoûment et d'amour.

II.

L'ancienne et la nouvelle noblesse. — L'OEil-de-Bœuf et le *salon de service*. — Cinq mille pétitions dans les cartons. — Le général Duroc. — Noms historiques. — Organisation définitive des pages. — Grand conseil tenu à cette occasion. — Portrait d'un page fait par Napoléon. — Le général Gardanne. — Maison des pages. — Éducation, attributions et service. — M. de Caulincourt. — Augmentation des pages. — Libéralités de Joséphine.

Ce serait une erreur de croire que toute la noblesse de France se fût réfugiée derrière les créneaux de la féodalité, vivant dans ses châteaux, d'où elle regardait avec mépris les modernes courtisans qui renouvelaient les scènes de la *cour de marbre* et des *petits appartemens* de Versailles. Il y en avait bien quelques uns qui, en citant ceux de leurs aïeux qui figurèrent à Malplaquet ou à Coutras, jetaient un regard de pitié sur ces nouveaux nobles qui n'avaient encore à présenter d'autres titres que des blessures reçues à Marengo ; mais c'était le plus petit nombre, et encore ne se composait-il que de quelques pauvres hobereaux qui croyaient de bonne foi descendre en ligne directe du sang des demi-dieux, parce que, de temps immémorial, ils avaient eu le droit de placer un pigeon de plâtre à l'ouverture de leur colombier. Quant à ce qu'on était convenu d'appeler la *haute noblesse*, elle s'était montrée bien plus traitable. Les Tuileries étaient devenues leur OEil-de-Bœuf ; point de couloirs, de petits escaliers dérobés, d'antichambres, où on ne la rencontrât déjà.

Un de mes jeunes amis, M. Rous...., aujourd'hui employé au ministère de la guerre, était, en 1804, expéditionnaire au secrétariat de la maison de l'empereur. Il me dit que son bureau se trouvait alors encombré de demandes, de placets, de suppliques ; dans les trois derniers mois qui précédèrent celui du sacre, on en compta jusqu'à cinq mille, dont plus de trois mille avaient été faits par l'élite de la noblesse de France, et qui, plus tard, restèrent enfouis dans les cartons du grand-maréchal.

L'un voulait être écuyer, l'autre chambellan ; celui-ci demandait une place pour sa femme auprès d'une des princesses sœurs de l'empereur ; celui-là réclamait pour son fils l'honneur d'entrer dans les pages. Il devait être fort difficile à l'empereur de faire un choix parmi tant de noms historiques, noyés au milieu d'autres évidemment féodaux ; car toutes les nominations émanaient seules de sa volonté, et il ne restait plus qu'une centaine de places à donner, tant auprès de sa personne qu'auprès de Joséphine.

Parmi le petit nombre de ceux qui obtinrent cette faveur, il faut distinguer, pour le service de la chapelle, les noms des Rohan, des d'Osmond, des Barral, des Broglie, etc.

Au service intérieur : les Talleyrand, les Lespinay, les Beaumont, les Xaintrailles, les Ségur, les Bouillé, les Colbert, les Turenne, les Montmorency, les Chevreuse, les Cossé-Brissac, les Villeneuve, les Turgot, les Darjuzon, les Larochefoucault, les Clermont-Tonnerre, etc.

On remarquait aussi, dans le service des écuries ou de la chasse, les Monaco, les Danencourt, les Caraman, les Bongars, les Brignolé, les Fontanges, les Jaucourt, les Lur-Saluces, etc.

On voit que les noms historiques et monarchiques ne manquaient pas à la nouvelle cour des Tuileries; en ouvrant l'Almanach impérial, on aurait cru tenir l'Annuaire de la cour de Versailles.

L'empereur avait à cœur de former et de compléter le personnel de sa maison le plus tôt possible; déjà il avait fixé son choix pour le plus grand nombre des nominations. L'organisation de ce qu'on désignait par *service d'honneur* était presque arrêtée, que celle des pages n'était, pour ainsi dire, pas encore commencée.

Pour en finir, l'empereur convoqua de nouveau le conseil qu'il avait déjà présidé : cette mémorable séance se rouvrit sous les plus heureux auspices pour nous. Je vais donner le résumé des discussions qui s'élevèrent à ce sujet.

—Messieurs, dit l'empereur en ouvrant la séance, je veux non seulement que MM. les pages servent au moins à quelque chose ici; mais encore que cette qualité leur soit utile: ainsi, je me chargerai de leur instruction, car enfin ils n'auront pas toujours quinze ans. Or, je veux que ceux qui y seront admis appartiennent à d'anciennes et nobles familles, ou aux nouvelles qui déjà m'ont bien servi et sur l'esprit desquelles je puis compter. Il n'en sera pas reçu qui aient moins de douze ans; passé dix-huit je n'en veux plus : qu'en pensez-vous, messieurs?

Tous les membres du conseil furent de l'avis de l'empereur. Un seul, M. de Cessac fit quelques observations : il pensa que, les pages devant entrer en fonctions à douze ans et les quitter à dix-huit, on ne pourrait jamais leur confier des missions qui demanderaient un tact et une discrétion que beaucoup d'hommes de trente ans étaient loin d'avoir.

— C'est juste, dit l'empereur : ils resteront pages jusqu'à vingt ans; à cet âge, je les placerai dans l'armée ou je les enverrai à l'école de Fontainebleau.

Il fut arrêté ensuite qu'il y aurait un premier et un second page, lesquels commanderaient à tous les autres, et que du reste tous seraient élevés militairement.

—Oui, militairement, ajouta l'empereur en appuyant sur ce mot. Cependant, continua-t-il, je veux qu'ils apprennent la danse et la musique; on leur enseignera aussi les mathématiques, c'est essentiel; le latin et surtout le français.

—L'allemand et l'anglais, dit tout bas M. Bourrienne.

—C'est inutile, reprit vivement l'empereur; mais à la place de ces deux langues, l'histoire et la géographie, le dessin, l'escrime et la natation; tous devront monter à cheval. Vous, monsieur de Cessac, vous me présenterez un état nominatif des professeurs et des maîtres que je veux leur donner; vous me soumettrez une liste de trente, j'en prendrai dix. Je les veux entièrement de mon choix.

—Mais, sire, dit M. de Pradt, qui avait été appelé à ce conseil, Votre Majesté oublie une des choses principales : la religion.

—Pardonnez-moi, monsieur l'abbé, reprit Napoléon, j'y ai déjà pensé; la preuve en est que j'ai fait choix de M. Gandon, pour leur inculquer tous les principes de la religion; il remplira en même temps, auprès d'eux, les fonctions de sous-gouverneur.

— En effet, dit le colonel d'Assigny, il leur faut un gouverneur et un sous-gouverneur.
— Je les ai déjà nommés.
— Et quels sont-ils, sire?
— Vous, d'abord.
— Moi, gouverneur des pages... ah ! sire ! je...
— Non pas, non pas, je vous ai nommé sous-gouverneur avec l'abbé Gandon. Lui sera chargé de la partie morale, et vous de la partie instructive. Vous n'auriez pas tout ce qu'il faut pour mener et commander à tous ces petits gaillards-là : vous êtes trop faible ou plutôt trop bon; il leur faut un homme ferme qui sache se faire craindre, se faire obéir, tout en cherchant à se faire aimer et estimer.

Le colonel d'Assigny prit alors la parole et dit :
— Je ferai respectueusement observer à Votre Majesté que ces pages seront, pour la plupart, des enfans échappés des bras de leurs mères qui les auront gâtés, et que si on leur donne un gouverneur trop sévère, accoutumé à commander aux soldats, la transition sera peut-être un peu brusque, et...
— Colonel, interrompit l'empereur, j'ai prévu tout ; on doit bien penser que je ne leur donnerai pas un brutal. D'ailleurs, vous ne savez pas ce que c'est qu'un page ; j'ai connu autrefois ceux de Louis XVI, et j'ai été à même de voir ce dont ils étaient capables : un page est malin comme un singe, espiègle comme un écolier, colère comme un dindon, gourmand comme un chat, étourdi comme un hanneton, paresseux comme une marmotte et vaniteux comme un paon. Ah! vous ne les avez pas connus comme moi !

Le conseil ne put s'empêcher de rire du portrait. L'empereur n'était pas flatteur dans ses comparaisons. Il rit comme les autres, et ajouta :
— Oui, messieurs, c'est comme j'ai l'honneur de vous le dire, et voilà pourquoi je veux qu'ils soient tenus ferme. Gardanne a tout ce qu'il faut pour mener tous ces petits gaillards-là ; je le nomme. D'ailleurs, Caulaincourt aura la haute main. Je mettrai à leur disposition un hôtel à Paris et à Saint-Cloud. Ceux qui ne feront pas le service près de moi ou près de Joséphine, lorsque nous serons à Saint-Cloud, resteront à Paris ; ils ne sortiront pas de Saint-Cloud lorsque je serai aux Tuileries. Je ne veux pas qu'ils soient tous ensemble ; je compte bien, d'ailleurs, que leurs parens leur donneront tous les conseils nécessaires : après cela, celui qui se conduira mal, on n'aura qu'à m'en faire le rapport ; je m'en charge. S'il continue à mal faire... renvoyé à ses parens. On me fera également un rapport sur ceux qui se conduiront bien : je saurai les récompenser. Je veux surtout qu'ils n'aient aucun rapport avec les femmes de l'impératrice. Je n'aime ni les commérages ni le scandale. Ils devront avoir fait leur première communion avant d'être admis, et savoir déjà quelque chose; leurs professeurs ne pourraient passer leur temps à leur apprendre à lire et à écrire.

M. Bourrienne lut ensuite un long mémoire sur le costume, les fonctions et les attributions des pages de Louis XVI, dans lequel il fit entrer de minutieux détails. L'empereur l'interrompit au bout de cinq minutes.
— Ta, ta, ta, assez, s'écria-t-il ; les pages ne feront de service qu'auprès de moi et de l'impératrice ; ils porteront l'uniforme de ma maison, habit vert, veste et culotte rouges, le bas de soie blanc dans les ap-

partemens, la botte à l'écuyère à cheval. Les deux premiers pages n'auront d'autre distinction qu'une épaulette qu'ils porteront à gauche par dessus leurs aiguillettes, dont les rubans seront aux couleurs nationales. y aura toujours douze pages de service avec un premier page; ils alterneront tous les trois mois; les plus petits feront le service auprès de Joséphine. J'aurai toujours deux pages au moins avec moi à l'armée, et je les choisirai parmi les plus grands, les mieux constitués et les plus instruits; s'ils se conduisent bien, je leur donnerai de l'avancement. Bourrienne, vous mettrez sous mes yeux les demandes des parens qui m'ont été déjà adressées à ce sujet. Je me charge du reste. Allez, messieurs.

Et la séance fut levée.

Huit jours après le conseil tenu par l'empereur, aux Tuileries, sur la création des pages qui devaient faire partie de la formation de la maison impériale, le décret qui indiquait leur organisation parut tout au long dans le *Moniteur*. Alors on allait vite en besogne.

Sans donner le texte de ce décret, ni celui de son considérant, je me contenterai de dire que les intentions de l'empereur avaient été exécutées; toutes les nominations étaient faites, toutes les places accordées. Seulement, à cette création, nous n'étions que douze et deux premiers pages; ce qui, en tout, portait notre nombre à quatorze.

Le général de brigade Gardanne était notre gouverneur. L'empereur n'aurait pu faire un meilleur choix; aussi fut-il généralement approuvé. Le général était cependant un peu trop sévère quelquefois.

Le colonel d'Assigny, comme je l'ai dit, avait déjà été désigné pour notre sous-gouverneur. Il était en même temps chargé de l'inspection de nos études. Militaire instruit autant qu'honorable, nous l'aimions beaucoup parce que nous ne le craignions guère.

Le bon, l'excellent, le patient abbé Gandon était notre aumônier. Son titre principal était celui de *sous-gouverneur*. Il partageait ces fonctions avec le colonel d'Assigny; ces deux messieurs étaient constamment d'accord, chose rare entre un abbé et un militaire; mais l'abbé Gandon était la douceur et la charité mêmes. Je crois que son cœur offrait le sanctuaire de toutes les vertus théologales.

Un médecin et un chirurgien étaient attachés à notre institution. Le premier, M. Ruffin, n'avait qu'un défaut, celui de nous mettre à la diète lorsqu'un de nous avait seulement un *bobo* au doigt. Le second, M. Vergès, ne rêvait que plaies et bosses. Il semblait heureux lorsqu'un de nous, en tombant de cheval (ce qui arrivait fréquemment), se foulait un pied ou un bras, parce qu'il arrivait sur-le-champ pour nous prodiguer ses soins, et qu'il aimait son état, et nous, par dessus tout. Si moi, par exemple, je me fusse cassé le cou, il aurait été enchanté, parce qu'il avait une espèce de prédilection pour ma petite personne, et qu'il aurait pu me veiller jour et nuit. C'était chez lui, comme on voit, un genre de tendresse assez original.

Tel était ce que nous appellions notre *grand état-major*. Celui que nous désignions par *petit état-major* se composait de nos maîtres et de nos professeurs, au nombre de neuf, savoir :

1º Pour les mathématiques, M. Hachette; c'était un fort bon mathématicien : l'empereur le connaissait.

2º Pour le latin, le français et les belles-lettres, M. Orange; celui-là n'était pas fort.

3º Pour l'histoire et la géographie, M. Eudler; c'était le plus grand conteur que j'aie jamais entendu de ma vie.

4º Pour l'écriture, M. Bernard; bon et brave original, qui avait institué des prix qualifiés. Ainsi, lorsque vint la distribution, l'un de nous eut le premier prix de *grandes lettres tirées*; un autre eut un second prix en *traits*; moi, je remportai un cinquième accessit en *jambages*.

5º Pour le dessin, M. Dutertre; il avait une prédilection pour les modèles à grands nez et à longues oreilles.

6º Pour la musique, M. Ertault; dilettante dans toute la force du terme.

7º Pour la danse, Beaupré de l'Opéra; petit polichinelle qui me fit toujours l'effet d'une balle élastique. Toujours sautant et rebondissant, il prétendait que lorsqu'on savait battre correctement un entrechat, on avait achevé son éducation.

8º Pour l'escrime, M. Laboissière fils; il nous faisait payer un peu cher les fleurets que nous cassions; du reste, très habile et fort bien élevé.

9º Pour la natation, M. Deligny; nous aurions mieux aimé que ce fût sa femme.

Il faut ajouter à ce personnel un libraire, chargé *ad hoc* de nous fournir tous les livres d'étude dont nous avions besoin. C'était un nommé Lhuillier, excellent garçon, qui nous remplaçait tous les volumes que nous nous jetions à la tête ou que nous déchirions pour alimenter le feu de nos poêles, ou dont nous faisions des bourres de fusil ou de pistolet lorsque nous allions au tir, dans le petit parc de Saint-Cloud. Ces dépenses devaient être prises sur l'argent que nous pouvions avoir à nous; le bon Lhuillier nous faisait crédit; il n'y en avait pas un de nous qui ne lui dût au moins un rudiment de Lhomond, un dictionnaire français ou une géométrie de Legendre; nous lui faisions banqueroute tous les ans régulièrement. Je l'ai rencontré depuis; je lui ai rappelé quelques souvenirs qui ne s'effaceront que difficilement de sa mémoire. Nous l'aimions tous; l'abbé Gandon en faisait un cas particulier; et cependant M. Lhuillier n'a pas été heureux depuis.

Il était une puissance au dessus de nos deux états-majors; puissance qui faisait trembler chacun de nous, puissance au dessus même de celle de l'empereur à notre égard. Je veux parler de M. de Caulaincourt, le grand-écuyer, qui avait la haute main sur notre établissement. Sévère, mais juste, d'un regard, d'un geste, il nous eût fait entrer dans un trou de souris. C'était à nos yeux un véritable *croquemitaine*.

Le service des pages était très agréable, principalement celui de l'impératrice lorsqu'elle était à Saint-Cloud ou à Malmaison. Il n'en était pas de même de celui de l'empereur, surtout lorsqu'il fallait le suivre à l'armée. Dans les derniers temps, il en emmena avec lui jusqu'à six. Dans la campagne de Saxe, en 1813, nous étions huit tous les jours de service auprès de sa personne, c'est-à-dire au quartier-général de la grande-armée, ce qui était la même chose. Ce service était extrêmement pénible; mais celui de l'impératrice, comme je l'ai dit, était en revanche très doux, en ce qu'il y avait toujours quelque chose à gagner. Je me rappelle que, peu de jours après le retour du voyage de Mayence, elle fit donner à titre de gratification 500 fr. à ceux de nous qui l'avaient accompagnée, pour nous indemniser des frais extraordinaires que nous avions été à même de supporter.

Nous allâmes pour la remercier, le soir même, lorsqu'elle fut seule dans son boudoir. Notre démarche ne parut pas lui plaire, et je ne devinai jamais pourquoi. Elle nous renvoya, en nous disant :

— Une autre fois, je ne m'exposerai plus à de pareilles *visites de corps*.

Et comme pour se raccommoder un peu avec nous, elle ajouta :

— Allez, messieurs, employez bien cet argent, car dorénavant vous n'en aurez plus de moi à pareil titre.

Elle ne nous tint pas parole, car peu de temps après elle tomba vis-à-vis de quelques uns de nous dans une véritable profusion.

III.

Organisation de la maison de l'empereur. — Clergé. — Chambellans. — Ecuyers. — Le dessinateur du cabinet. — Fabrique de portraits. — Le grand-maréchal Duroc. — Le premier valet de chambre Constant et le mameluck Roustan. — Les économies. — Impatience de Napoléon. — Le *vol-au-vent*. — Les aides-de-camp de l'empereur. — La tasse de thé et les mollets. — Personnel de la maison de l'impératrice. — Bouderies de Joséphine. — Interdiction et destitutions.

Lorsque je fus admis au nombre des pages de la maison de l'empereur et de l'impératrice, les deux services se réunissaient dans les grandes solennités, et ne formaient qu'un tout, qu'on appelait la *maison impériale*; mais cette maison n'était pas encore entièrement formée.

J'entrais alors dans ma douzième année, et j'étais d'un caractère à justifier, en tout point, le portrait que l'empereur avait fait de nous, lors de la fameuse discussion qui avait eu lieu dans le conseil appelé à donner son avis sur notre organisation. Elle ne fut bien réglée et arrêtée qu'au mois de novembre 1804, un mois avant le couronnement. A cette époque, les deux maisons impériales étaient totalement formées, non d'une manière complète, mais au moins suffisante pour qu'aucune branche de service ne fût en souffrance à la cour, et pour qu'elle pût représenter dans les grandes occasions, et accomplir les devoirs et les obligations d'usage à l'égard d'un souverain tel que Napoléon, qui aimait et recherchait toujours tout ce qui pouvait éblouir et attirer la considération autour de lui et de sa famille.

Les almanachs impériaux de l'époque donnent un tableau assez exact des noms des individus investis d'un emploi quelconque auprès de l'empereur et de l'impératrice. Sans copier fidèlement ici cette longue liste de chambellans, d'écuyers de toute sorte, de dames du palais, de dames d'annonces, de valets de chambre, d'huissiers, de gens de bouche et d'écurie, je me contenterai de citer les noms des individus composant le personnel de la maison impériale, auxquels nous avions le plus souvent affaire dans les relations de notre service.

En première ligne, je dois placer le clergé : il était peu nombreux : neuf personnes le composaient tout entier :

Le cardinal Fesch, oncle de l'empereur, portait le titre de grand-aumônier et d'archevêque de Lyon. M. Jauffret était vicaire-général de la grande aumônerie.

Venait ensuite M. Charrier de la Roche, évêque de Versailles, où il avait ses entrepôts de vins de Mâcon ; car Son Eminence joignait à sa qualité de premier aumônier de l'empereur celle de premier marchand de vins en gros du département de Seine-et-Oise.

MM. les abbés Maurice de Broglie et de Pradt (ce dernier, évêque de Poitiers et grand donneur de conseils) remplissaient les fonctions d'aumôniers ordinaires. MM. Fournier et Lucotte, le premier, vicaire-général du diocèse de Lyon, le second, simple chanoine du même diocèse, étaient revêtus du titre modeste de chapelain. M. de Sambucy était maître des cérémonies de la chapelle : il remplissait à la sacristie les mêmes occupations que MM. Aignan et Dargainaratz dans l'antichambre qui précédait le salon de service ; c'est-à-dire qu'il n'avait rien à faire, et que son devoir se bornait à un acte de présence tous les dimanches, et seulement encore lorsque l'empereur était à Paris ou à Saint-Cloud.

Quatorze chambellans ordinaires : MM. Darberg, A. de Talleyrand, parent du grand-chambellan ; de Brigode, le sénateur Deviry, Delhiar. qui portait des bas de soie noirs avec une culotte de nankin ; les sénateurs Garnier, la Boissière, d'Hédouville, Decroy, Argenteau, Zuidwick, dont nous nous faisions un malin plaisir d'estropier le nom plus ou moins lorsque nous l'annoncions ; de Tournon, qui a été préfet, Taillepied de Bondy, de Fallette Baral et Ponte de Lombriasco, noble génois, qui avait toujours ses poches pleines de fruits confits, de bonbons et de friandises qu'il s'amusait à manger toute la journée, lorsqu'il était de service, sans daigner seulement nous en offrir. A l'époque du mariage de Napoléon avec Marie-Louise, le nombre de ces messieurs s'élevait à cinquante.

Le général Clarck, qui fut long-temps ministre de la guerre, était alors secrétaire du cabinet de l'empereur.

Deux bibliothécaires : MM. Denia et Rippaut. Le Sueur était directeur de la musique de la chapelle, et Isabey dessinateur du cabinet, c'est-à-dire chargé de peindre en miniature toutes les nobles figures qui peuplaient le palais impérial. Il s'acquittait de cette mission avec tant de zèle et de promptitude, qu'il sortait de sa fabrique environ deux douzaines de portraits par semaine.

Le général Duroc était, comme je l'ai dit, grand-maréchal du palais ; il avait sous ses ordres quatre adjudans : MM. Reynaud, Clément, Ségur et Tascher, parent de l'impératrice. Leur place était principalement dans la cour, bien qu'ils portassent la qualité pompeuse *d'adjoints au grand maréchal*. Au surplus, leur position n'était pas très élevée, puisqu'ils comptaient parmi eux de simples sous-lieutenans, et que le devoir principal de leur charge consistait à faire la chasse aux chiens.

Un ou deux gouverneurs pour chaque résidence impériale. Celle des Tuileries en avait trois : un gouverneur en titre, le sénateur Fleurieu, que je ne me rappelle pas avoir vu souvent ; un sous-gouverneur, le général de brigade Macon, et son adjudant, le chef de bataillon Auger, avec lequel nous n'étions jamais d'accord.

Un concierge pour chacun des palais. Charvais était le nom de celui de Saint-Cloud ; c'était un des hommes les plus honnêtes de l'empire.

Trois préfets du palais : MM. de Luçay, de Beausset et de Saint-Didier. M. de Luçay était le premier.

L'empereur avait alors neuf aides-de-camp : les généraux Junot, Caffarelli, Lauriston, Savary, Lemarois, Rapp, Mouton, Bertrand et Lebrun ; plus tard leur nombre fut porté à dix. Ils avaient en même temps le titre de *capitaines des gardes*, et faisaient en cette qualité leur service, au palais, à tour de rôle. L'un d'eux devait toujours, ainsi que le mameluck Roustan, coucher dans l'appartement qui précédait la chambre de l'empereur. Nous avions souvent affaire à ces messieurs, qui nous traitaient quelquefois un peu militairement. Nous nous en vengions bien lorsque l'occasion s'en présentait; nous leur rendions la pareille à notre manière.

Venaient ensuite huit écuyers, y compris M. de Caulaincourt, qui avait le titre de grand-écuyer. Nous le connaissions tous très bien, mais je crois qu'il nous connaissait encore davantage. Les écuyers ordinaires étaient : MM. Durosnel, Defrance, Vatier, Lefèvre-Desnouettes, Saint-Sulpice, de Canisy et de la Villoutrais.

Un grand-veneur, Alexandre Berthier, passionné pour la chasse, et qui aimait mieux se livrer à cet amusement, comme un riche particulier, dans sa terre de Gros-Bois, que dans la compagnie de l'empereur, ainsi que sa charge l'y obligeait. Pour satisfaire ce goût dominant, il se permit un jour une plaisanterie qui aurait pu avoir pour lui des suites peu agréables, si l'empereur l'eût moins aimé.

La chasse était commandée; Berthier vient au lever de S. M., qui lui demande quel temps il fait.

— Mauvais temps, sire.

— Et la chasse, comment ira-t-elle?

— Mal, car les chiens n'auront pas de nez.

— Il faut la remettre.

L'ordre est aussitôt donné. A onze heures, l'empereur vient déjeûner chez l'impératrice. Il faisait un très beau soleil : ils conviennent d'aller faire une promenade à pied avec Berthier. On le fait demander, et l'empereur apprend, non sans surprise, qu'il est parti pour aller chasser à Gros-Bois. Il rit beaucoup de la mystification dont il avait été victime, et se promit bien de ne plus s'en rapporter à son grand-veneur pour le temps propice à la chasse.

Indépendamment de ce grand chasseur, il y en avait un second qui ne le lui cédait en rien : c'était M. d'Hannecourt, capitaine des chasses, parfaitement à son poste, puisqu'il vivait toujours comme un loup dans les bois et qu'on ne le voyait jamais au palais.

Un lieutenant de la vénerie, M. de Bongard, et un porte-arquebuse, M. de Boterne.

Le grand-maître des cérémonies, M. de Ségur.

MM. Cramayel et Seyssel, maîtres des cérémonies et introducteurs des ambassadeurs.

Quatre hérauts d'armes, et leur chef, M. Duverdier, un des plus beaux hommes de France, peut-être; l'empereur, soit dit sans épigramme, pensa plus d'une fois à lui pour en faire le tambour-major de son premier régiment de la garde. Malheureusement il était un peu sourd.

La faculté se composait de dix personnes : un premier médecin, M. Corvisart; un premier chirurgien, M. Boyer; un médecin et un chirurgien ordinaires. Ces messieurs suivaient l'empereur partout où il allait, principalement à l'armée.

Deux médecins et deux chirurgiens pour le service du palais; quatre médecins consultans que l'empereur ne consultait jamais.

Quatre chirurgiens consultans; *idem.*

Un premier pharmacien, deux pharmaciens ordinaires.

Un oculiste et un dentiste.

L'empereur avait en outre quatre valets de chambre, dont un premier, M. Véry, connu plus particulièrement sous le nom de Constant.

Le mameluck Roustan.

Quatre huissiers de la chambre ; trois maîtres-d'hôtel, dont un premier, M. Réchaud ; quatre piqueurs ; trois cochers et douze valets de pied.

M. Estève était trésorier général de la maison de l'empereur, dont le personnel n'était guère plus considérable que lors de la formation ; mais six ans après, la plupart des emplois furent doublés et même triplés. Il faut dire aussi que, pour établir une compensation, les appointemens de chaque fonctionnaire furent diminués en proportion ; car l'empereur voulait qu'une stricte économie régnât dans l'intérieur de sa maison. En voici deux exemples :

Un jour qu'il allait à Fontainebleau, trouvant que sa voiture avançait trop lentement, il m'appelle :

— Hum ! hum !

J'étais d'escorte et j'accompagnais l'empereur à cheval ; je m'approche, je me découvre.

— Va ! me dit-il, cours dire qu'on aille plus vite ! plus vite ! entends-tu bien ?

M. de Caulaincourt qui, en sa qualité de grand-écuyer, le précédait dans une voiture, entend cet ordre, et sans attendre que je le lui transmette, il met la tête à la portière, et s'adressant aux postillons :

— Le premier qui change de train, je le *fourre* à la porte en arrivant.

Et on continua d'aller au grand trot.

Pendant la route, que nous fîmes cependant en moins de trois heures, j'entendis plusieurs fois l'empereur dire très haut :

— Mais cela n'a pas le sens commun ! je n'arriverai jamais ! ils me font aller comme une poule mouillée !

Nous allions réellement comme la poste, l'escorte n'avait pas quitté le galop, je n'en pouvais plus. En arrivant à Fontainebleau, la première chose que fit l'empereur fut de se plaindre de la lenteur du voyage.

— Sire, lui répondit froidement M. de Caulaincourt, que Votre Majesté me donne plus d'argent pour la dépense de ses écuries, elle pourra crever autant de chevaux qu'elle le désirera.

Un autre jour qu'il dînait chez l'impératrice, il demanda à M. Réchaud, son premier maître-d'hôtel, ce que pouvait coûter un vol-au-vent qui était sur la table :

— Douze francs pour Votre Majesté, lui répondit-il en souriant, et six francs pour un particulier.

— Ah ! c'est donc à dire que je suis volé !

— Non, sire, mais il est assez d'usage qu'un souverain paie un peu plus cher que ses sujets.

— Mais je n'entends pas ça, et je saurai y mettre ordre.

Il arrivait souvent que l'empereur entrait dans des détails d'économie intérieure que beaucoup de particuliers un peu aisés auraient sans doute négligés.

Malheureusement le même ordre ne régnait pas chez l'impératrice ; sa maison cependant était bien moins considérable que celle de l'empereur. On va en juger par l'exposé suivant, dont je puis garantir la fidélité, connaissant bien mieux les personnes qui composaient son intérieur que toutes celles de la maison de l'empereur, par cette raison qu'étant parmi mes camarades un des plus jeunes et des mieux au courant du cérémonial, Joséphine m'avait choisi de préférence à quelques autres qui n'étaient véritablement que des enfans qui eussent pleuré ou boudé volontiers lorsqu'on leur en fournissait l'occasion, et elle se présentait souvent. Une autre raison encore, c'est que j'aimais infiniment mieux être dans le salon de service de Joséphine, où il n'y avait presque que des femmes, et de très jolies femmes, qui causaient de choses qui m'amusaient ou m'intéressaient, que de rester à me morfondre dans la *galerie de Diane* avec MM. les capitaines des gardes, les généraux ou même les colonels qui venaient quelquefois au *petit lever* de l'empereur. Ces messieurs, qui n'avaient de brillant dans leur personne que leur uniforme, étaient pour la plupart, et selon moi, fort mal élevés ; ne parlant qu'en jurant et m'envoyant quelquefois...... *promener*, en deux mots. Leur véritable place était au bivouac. Heureusement pour nous qu'ils y passaient les onze douzièmes de l'année.

Que je fusse de service ou non, j'étais toujours fourré dans les appartemens de l'impératrice avec ses dames. L'empereur n'aimait pas cela ; mais lorsque je l'entendais venir, et que toutes se levaient pour le laisser passer, elles-mêmes me cachaient derrière elles. Souvent l'empereur ne s'apercevait de rien ; mais si malheureusement il venait à s'arrêter pour causer un instant, j'étais pris. Cela n'arrivait que lorsqu'il n'y avait que très peu de monde dans le salon ; il me prenait alors par une oreille qu'il secouait quelquefois moitié en riant, moitié sérieusement, surtout lorsqu'il y avait récidive de ma part, et me conduisait ainsi, et lui-même, jusqu'à la porte, en me disant :

— Ah! ah!... qu'est-ce que vous faites ici, monsieur? ce n'est pas votre place, vous le savez bien.

Et il me mettait doucement dehors. Mais s'il était mal disposé il disait à l'huissier :

— Faites appeler Gardanne.

J'étais bien sûr d'aller au moins vingt-quatre heures en prison. J'y étais tellement habitué, lorsque le cas échéait, que je n'attendais pas l'arrivée de notre gouverneur : je m'y rendais de moi-même et en droite ligne. Du reste, l'empereur m'aimait beaucoup ; il m'en a donné plusieurs preuves qu'il serait trop long d'énumérer ici.

Il tutoyait presque tous ses pages, surtout les plus petits ; mais il fallait qu'il fût content d'eux, et que lui-même ne fût pas de mauvaise humeur. *Ecoute ici!* était son expression favorite lorsqu'il avait quelque chose à nous demander. Lorsqu'il n'était pas content, il s'adressait à nous en employant la qualification de *Monsieur!* suivie du nom de famille, qu'il articulait très haut et très distinctement. Un jour que B...... avait dit ou fait quelque chose qui lui avait déplu, il s'écria : *monsieur de B......!* avec un ton si élevé, que M. de B......, son père le chambellan, qui était dans la pièce à côté, crut que l'empereur l'appelait, et ouvrant précipitamment la porte du salon, se présenta, en disant :

— Sire, que veut Votre Majesté ?

L'empereur se mit à rire et lui répondit :

— Pardon, M. de B......, ce n'est pas vous.

On voit que Napoléon était honnête avec ses chambellans. Ce n'est pourtant pas ce qu'on a dit depuis.

Il ne s'est jamais servi de l'expression de petit b..... et de petit mât... qu'une seule fois ; ce fut à mon égard : voici à quelle occasion.

Un soir qu'il était seul avec l'impératrice, à la Malmaison, dans le *petit salon bleu*, ils causaient maritalement. Je me rappelle qu'il était question d'une autruche que l'on venait d'envoyer du Jardin-des-Plantes, et d'un gros perroquet vert, mort la veille, qui devait être empaillé et donné au cabinet d'histoire naturelle en échange de l'autruche. Ce marché n'était pas désavantageux pour Joséphine. L'empereur appelle : il demande une tasse de thé. Je vais dans la pièce à côté, j'en apporte une toute préparée ; j'aurais dû, en la présentant sur le plateau, rester à une distance respectueuse, comme cela se faisait ; mais voulant éviter à l'empereur la peine de se lever pour venir la prendre, je m'approche, le bout de mon pied s'engage dans un pli du tapis, je ne tenais le plateau que d'une main, je perds l'équilibre ; je ne tombe pas, mais je renverse la tasse sur les jambes de l'empereur qui, par une fatalité faite pour moi, n'avait pas de bottes ce jour-là. Il se recule vivement avec un signe de douleur qu'il exprime énergiquement en disant :

— Petit b..... va ! tu ne peux donc pas faire attention à ce que tu portes, au lieu de te regarder dans la glace.

Joséphine éclata de rire :

— Mon Dieu, Bonaparte, lui dit-elle, comme tu jures depuis quelque temps ; quelle vilaine habitude !

— Mais, reprend l'empereur, ce petit mâ...-là m'a brûlé les mollets !

J'étais honteux et je ne riais pas ; car il est vrai qu'en entrant j'avais interrogé la glace des yeux, afin de juger de la grâce que je pouvais avoir en présentant mon plateau : heureusement que la tasse, quoique de porcelaine, ne s'était pas cassée ; l'empereur qui la ramassa lui-même, en fit la remarque ; ce à quoi l'impératrice dit à demi-voix :

— Allons, il n'y a que demi-mal.

Je reviens au personnel de la maison de l'impératrice.

Son clergé ne se composait que d'un seul individu, avec le titre de premier aumônier. C'était M. Ferdinand de Rohan, ancien archevêque de Cambrai : je ne connus jamais le confesseur de Joséphine.

Mme de Larochefoucault, première dame d'honneur. Elle ne pouvait nous souffrir.

La dame d'atours était Mme Lavalette, devenue si célèbre depuis par son généreux dévoûment à l'égard de son mari, qu'elle arracha à une mort certaine, la veille même du jour où il devait être exécuté judiciairement.

Une première femme de chambre, Mme Marco de Saint-Hilaire ; cette dame était sans contredit une des belles femmes de la cour. Elle joignait à un esprit cultivé et à des talens une instruction solide et une connaissance parfaite des usages et du langage de la cour. L'empereur avait pour elle une prédilection marquée. Nous l'aimions tous beaucoup. Elle fit bien des jalouses ; je pourrais même dire des jaloux.

Vingt-quatre dames du palais ; savoir : Mmes de Luçay, de Rémusat, Talhouet, Lauriston, Ney, Darberg, Louise Darberg (celle-ci n'était que surnuméraire), Lannes, Walsh-Seran, Colbert, Savary, Octave de Ségur, Turenne, Montalivet, de Bouillé, Marescot, Solar, Lascaris, Vintimigliâ, Brignolé, Canisy, de Chevreuse, Maret, Victor de Mortemart et Montmorency-Matignon.

Un premier écuyer remplissant près de S. M. les fonctions de chevalier d'honneur; c'était M. le sénateur d'Harville.

Six chambellans, parmi lesquels un premier chambellan, M. le général de division Nansouty. Un second chambellan introducteur des ambassadeurs, M. de Beaumont. MM. Hector-d'Aubusson-de-Lafeuillade, Galard-Beard, Decourtomer et Degavre, chambellans ordinaires.

Quatre écuyers cavalcadours, MM. Fouler, Corbineau, Berckheim et d'Audenarde.

M. Deschamps était secrétaire des commandemens de l'impératrice; M. Hainguerlot, intendant général de sa maison.

Indépendamment de la première femme de Joséphine dont je viens de parler, elle avait encore quatre femmes de chambre ordinaires, parmi lesquelles on remarquait Mlle Aubert, chargée spécialement de l'entretien et de l'inspection de toute la garderobe, et Mme Fournaux, qui parlait du nez. Mme Saint-Hilaire avait seule sous sa direction le *coffre aux bijoux*, ce qu'on appelle les *grands habits* et la garde des châles et des cachemires, dont la collection variée aurait suffi pour monter suffisamment le plus brillant magasin.

Deux premiers valets de chambre, MM. Freyre et Douville, ce dernier maria sa fille au mameluck Roustan. C'était une jolie femme, douce, bonne, très brune, et des yeux!...

Quatre valets de chambre ordinaires.

Quatre huissiers de la chambre, parmi lesquels le père Dumoutiers, dont j'aurai plus d'une fois l'occasion de parler dans le cours de ces mémoire.

Quatre dames d'annonce, Mlles Eglé Marchery et Félicité Longroy, Mmes Ducrest-Villeneuve et Soustras.

Mme Gazani avait le titre de lectrice, quoiqu'elle ne parlât pas français facilement; mais Joséphine lisait toujours elle-même.

Quant à la *bouche* et à la *faculté*, c'étaient les mêmes que celles de la maison de l'empereur.

Huit valets de pied, parmi lesquels deux premiers : Dargens et l'Espérance; tous deux jouissant de la confiance de leur maîtresse.

Trois cochers; Dulac était le seul qui sût la mener à sa fantaisie!

Un coureur, Benoist, dont toutes les fonctions consistaient à aller chercher des romans chez Mlle Renard, que je crois voir encore avec sa perruque blonde frisée *à l'enfant*, dans sa boutique de la rue de l'Université, au coin de la rue des Saints-Pères.

L'impératrice parlait toujours à tous ceux qui l'entouraient avec la plus grande politesse; elle éclatait rarement en reproches. Lorsqu'elle était mécontente d'une de ses femmes, elle se contentait de ne pas lui adresser la parole, même tandis qu'elle faisait son service auprès d'elle, quelquefois pendant huit jours de suite; ce silence de sa part était proportionné à son plus ou moins de mécontentement. Avec nous, elle y mettait un peu moins de morgue : elle nous grondait, se plaignait quelquefois à nos parens (ce cas était très rare), mais jamais elle n'en instruisait l'empereur, parce qu'elle connaissait sa sévérité pour tout ce qui regardait le service en général; en effet, il aurait frappé d'interdiction celui de nous sur lequel la moindre plainte de la part de l'impératrice lui serait venue aux oreilles.

On était interdit de ses fonctins par son ordre, pendant huit jours, quinze jours, un mois, plus ou moins. La destitution était excessivement rare. L'interdiction arrivait journellement; mais le lendemain l'empereur n'y pensait plus, et l'on reprenait son service comme si de rien n'était. Lorsqu'il voulait se débarrasser de quelqu'un, il lui faisait demander sa démission par le grand-maréchal. C'était Mme de Larochefoucault qui s'acquittait ordinairement de cette pénible commission dans la maison de l'impératrice; mais, je le répète, cette sévérité était très rare et ne s'exerçait que dans des cas extrêmement graves. L'empereur ou l'impératrice ne revenaient jamais sur une pareille détermination. Si la personne disgraciée n'avait été que malheureuse et méritait plus tard la bienveillance de LL. MM., une place, une pension, un secours mensuel lui était accordé, mais elle ne devait jamais remettre les pieds au palais.

IV.

Portrait de Joséphine. — La loge de spectacle. — Coutume de l'ancienne cour. — Le général Moreau, sa femme et sa belle-mère. — Mariage de Louis Bonaparte avec Hortense de Beauharnais. — M. le duc de Rovigo. — L'envoyé du grand-seigneur. — MM. Corvisart et Joubert. — Singulière maladie.

Quelques années avant que la fortune eût, d'un tour de sa roue, jeté Joséphine sur le trône, Mme Bonaparte avait atteint le plus haut point de ce qu'on était convenu d'appeler *sa beauté*. Si, pour qu'une femme mérite qu'on vante en elle cet avantage, il faut qu'elle joigne à la régularité des formes la noblesse et l'élégance, l'impératrice n'était point *belle*; mais combien une physionomie animée par l'esprit et surtout par le sentiment touche plus et parle mieux à l'âme que la froide correction des formes et la symétrie des traits! Ces qualités que l'artiste recherche dans les antiques, manquaient totalement à Joséphine, dont le joli visage, soumis à la plus piquante mobilité, exprimait vivement et rapidement toutes les émotions de l'âme. On a dit d'un des plus célèbres députés de la Convention, prodigieusement laid, qu'*il avait l'âme retournée sur le visage*. Celui de Joséphine était aussi, dans un genre opposé, le miroir fidèle de son cœur : miroir où se jouaient les grâces et qu'embellissaient à chaque moment, une bienveillance universelle et ces dispositions tendres, qui, dans tout être sensible, cherchent un malheureux à plaindre, un infortuné à soulager.

Ce penchant à la bienfaisance, le trait dominant de son caractère, s'étendait à tout : de la main qui laissait couler l'or, toujours sans calcul, quelquefois même sans prévoyance, elle prodiguait des caresses à un animal souffrant, ou ranimait, par une onde pure, la plante fanée et prête à mourir sur sa tige.

Les changemens de fortune n'en amenèrent aucun dans cette *bonté pratique* : réduite au plus strict nécessaire pendant son veuvage, elle sut trouver encore du superflu pour de plus indigens qu'elle; impératrice et reine, son obligeance, étendue jusqu'à la munificence, suivit le cours rapide de sa destinée... Ici je m'arrête pour ne point anticiper sur les droits du panégyriste : trois mille pauvres, pleurant autour de son cercueil, furent toute l'éloquence de son oraison funèbre; et quand leurs sanglots élevaient jusqu'à Dieu leur reconnaissance et leurs regrets, Bossuet les et les Bourdaloue de nos jours pouvaient se taire.

Maintenant que j'ai esquissé de Joséphine un portrait qui lui survivra, je vais dire quelques mots de l'enveloppe d'une si belle âme. On aime assez qu'une femme bonne soit aussi une jolie femme, et j'ai déjà dit que sous ce double aspect rien ne manquait à l'impératrice. Plus d'un poète se fit, en sa faveur, le plagiaire de Voltaire, en trouvant pour Mme Bonaparte, comme le philosophe de Ferney l'avait fait pour la marquise de Villette, le joli sobriquet de *belle et bonne*.

D'une taille ordinaire, mais parfaitement modelée, Joséphine avait dans ses mouvemens une souplesse qui lui rendait facile une pose négligée, mais pleine de charmes et qui n'excluait pas la majesté d'une souveraine. La mobilité continuelle de ses traits donnait à sa physionomie une expression toujours attrayante, même dans les émotions tristes; alors le charme devenait sympathique quand on voyait couler ses larmes; car il lui arriva souvent d'en verser, mais c'était presque toujours en silence.

Veut-on avoir une idée de quelques uns de ces accessoires dont les hommes se montrent si jaloux? Je n'ai qu'à parler de ses yeux et surtout de son regard. Ses yeux, d'un bleu foncé, étaient grands, mais voilés par de longues paupières soyeuses et légèrement courbées. On connaît le regard velouté de ces yeux-là : tel résiste à l'ardente prunelle d'une femme passionnée, tel brave le coup d'œil impérieux d'une coquette et même l'insidieuse obliquité des regards d'une prude, qui ne trouve pas de force pour résister à ceux dont je parle. C'est qu'il y a, dans leur expression habituelle, une constante bienveillance qui encourage, et à laquelle, sans y songer, on laisse prendre toutes ses facultés. J'ai tort de dire toutes ses facultés; car, en vérité, quand on regardait l'impératrice, on sentait son cœur et ses sens tranquilles; on se disait : voilà une femme qui ne peut faire que du bien, plutôt que : voilà une femme que je voudrais posséder. Il n'est pas d'homme qui, sentant un peu vivement, n'ait un goût prononcé pour les beaux cheveux... Ceux de Joséphine étaient d'un brun clair, merveilleusement assorti au ton de sa peau. La première fois que j'eus le bonheur d'approcher d'elle, ses cheveux, retenus dans un madras des Indes d'un rouge très vif, s'échappaient en anneaux pressés qui se jouaient mollement sur ce front qui imposait le respect; rien n'était plus simple, rien n'était plus élégant que cette coiffure, qui donnait à la première souveraine de l'Europe l'air de la plus piquante créole.

Tous ceux qui ont entendu parler Joséphine doivent encore ouïr ce timbre argenté, ravissant, qui subjuguait et faisait qu'on écoutait encore, qu'elle ne parlait déjà plus. Assise sur deux trônes, elle devait être l'objet d'éloges outrés; par exemple, on vanta partout son talent sur la harpe et sur le piano; moi qui l'ai entendue quelquefois, j'avouerai qu'elle n'avait pas sur ces deux instrumens un talent supérieur, mais qu'en revanche elle n'avait pas trop d'amour-propre puisqu'elle convenait franchement de sa faiblesse.

La simplicité est une coquetterie permise à une jolie femme : dans celle qui ne l'est pas, c'est une excuse. Joséphine n'en avait pas besoin. Aussi n'était-ce nullement par ce motif que, dans la toilette la plus élégante, la plus recherchée, la plus dispendieuse, elle affectait un certain désordre pittoresque, une négligence peut-être un peu étudiée, qui avait quelque chose de plus qu'attrayant. Imitatrice en cela, ou si on l'aime mieux, rivale des femmes les plus à la mode, de celles qui se faisaient le plus remarquer et rechercher par leur beauté, on la vit long-temps charmer, par sa présence, le petit nombre de personnes admises à la contempler et l'apprécier; mais aussi, il faut le dire, Joséphine n'avait qu'un désir : celui de plaire, et de plaire toujours.

Dans les premiers temps de son mariage avec Napoléon, celui-ci se montra jaloux, et très jaloux. J'ai ouï dire que plus tard il envoya le général S....... en ambassade à Constantinople, rien que dans l'intention de s'en débarrasser; et cela, parce qu'il avait cru s'apercevoir qu'il cherchait à faire sa cour à Joséphine avec plus de soin et plus de délicatesse qu'on ne la fait ordinairement à la femme de son souverain. Au surplus, dans le cours de cet ouvrage, je transcrirai quelques fragmens des lettres que Napoléon écrivait à Joséphine lors de ses immortelles campagnes d'Italie. D'après ces lettres, on pourra juger combien il l'aimait, et l'on ne sera plus surpris de sa jalousie. Cependant voici une anecdote que je tiens de bonne source, et qui prouverait que si Napoléon était véritablement jaloux de sa femme, il avait au moins le bon esprit de ne pas le faire paraître.

Dans le temps qu'il n'était encore que général en chef, il devait assister à une représentation au théâtre Feydeau. Un jeune homme arrive dans sa loge, dont le devant était occupé par une dame qu'il ne connaissait pas. Après les saluts d'usage, ce dernier, assis près de la dame, qu'il trouvait de son goût, commence la conversation, en parlant de la salle, des acteurs, de la pièce, de la musique, etc. Sur les premiers articles, réserve assez grande de la part de la dame; sur le dernier, elle montre un goût exquis et des connaissances variées. La toile se lève; on joue le premier acte. Le jeune homme avance une opinion que la dame combat avec autant de politesse que de fermeté. Dans l'intervalle, cependant, un homme, petit, maigre, pâle, d'assez pauvre mine enfin, était survenu dans la loge; après avoir écouté pendant quelque temps la conversation, il y prend part. Chose remarquable! il partage en tout l'avis du jeune homme, qu'il comble d'égards, et combat avec beaucoup de familiarité, et même avec une certaine rudesse, celui de la dame, en faveur de laquelle le jeune homme, mécontent du ton que le nouvel arrivant prenait, commence à s'exprimer assez aigrement. Les choses en étaient là, lorsqu'un militaire, en uniforme d'aide-de-camp, est introduit dans la loge; il souhaite poliment le bonjour à la dame, qui était Joséphine, et nomme le général Bonaparte. Tout confus, le jeune homme voulut sortir, après les avoir tous deux suppliés d'agréer ses excuses. Joséphine prétendit gaîment qu'il en devait, non à elle, dont il lui était très permis de ne point partager ni le goût ni les opinions, mais à Méhul, dont le jeune amateur n'admirait pas exclusivement toutes les productions. Quant à Bonaparte, il dit au jeune homme :

— Monsieur, en fait de discipline et de gouvernement, point d'opposition; elle tue : en fait de sciences et d'arts, elle vivifie.

Et il força le jeune opposant à rester à la place qu'il occupait auprès de sa femme, tant que dura le spectacle.

Parvenu au consulat, le tutoiement de ses amis le blessait, et bientôt cette marque de familiarité ne leur fut plus permise, dès qu'il voulut qu'on ne vît qu'un souverain dans sa personne; mais aussi, dès ce moment, il ne fut plus entouré que de courtisans. En fermant l'oreille aux épanchemens de l'amitié, il se condamna à n'entendre que le langage de l'adulation ; aux sévères réflexions des hommes jaloux de sa gloire, succédèrent les flatteries bientôt des anciens nobles nouvellement titrés par lui, qui plus tard le perdirent.

Ce fut surtout de cette époque que l'étiquette des anciennes cours fut mise en usage à celle des Tuileries ; ceux qui étaient assez heureux pour en faire revivre quelqu'une d'oubliée étaient sûrs de parvenir.

Le divorce fut la première atteinte portée aux sentimens que l'empereur inspirait. On aimait sa gloire, on chérissait sa femme, on estimait même sa famille. Quand on le vit sortir de la route qu'il avait tracée, quand on apprit qu'il abandonnait cette Joséphine à laquelle il devait en partie son élévation, les cœurs en furent blessés, et tous les organes de la diplomatie ne parvinrent pas à étouffer la voix de la conscience publique.

A une époque dont je ne me rappelle pas la date, le général Moreau fit un voyage à Paris, et descendit aux Tuileries : ce général n'y était pas attendu. Comme il causait avec Napoléon, Carnot arriva avec une paire de pistolets de la manufacture de Versailles, d'un travail précieux et sans doute d'un très haut prix, et les remit au premier consul à qui ils étaient destinés. Napoléon les prit avec vivacité, et les mettant entre les mains de Moreau, il lui dit :

— Tenez... ils viennent fort à propos pour vous les offrir.

Cette scène, qui n'était pas arrangée, cette généro sité de circonstance frappa beaucoup Carnot.

C'était Joséphine qui avait marié Moreau à Mlle Hulot, créole de l'Ile-de-France. Cette jeune personne avait une mère ambitieuse ; elle dominait sa fille, et bientôt elle domina son gen dre : elle changea totalement son caractère et en fit un autre homme. Dès ce moment, Moreau se mêla de toutes les intrigues : sa maison devint le rendez-vous de tous les mécontens. Non seulement il s'opposa au rétablissement du culte en 1801, mais encore il tourna en ridicule l'institution de la Légion-d'Honneur. Plusieurs fois le consul voulut ignorer les inconséquences du général ; mais enfin, lassé de tous les mauvais propos qui lui revenaient, il dit un jour, en présence de plusieurs personnes, en parlant de Moreau :

— Je m'en lave les mains ; libre à lui de se casser le nez contre les piliers du château.

La conduite de Moreau n'était nullement conséquente avec son caractère : il était Bas-Breton d'origine et détestait les Anglais ; il avait les chouans en horreur et une grande aversion pour tout ce qui sentait la noblesse : naturellement généreux, d'une bravoure à toute épreuve et d'une loyauté reconnue, on disait de lui que c'était un *bon vivant*. La nature ne l'avait pas créé pour jouer les premiers rôles en politique. S'il eût fait un autre mariage, il serait devenu duc, maréchal, prince, peut-être ; il eût fait les campagnes de la grande-armée, il eût acquis une nouvelle gloire, et si sa destinée était de tomber sur un champ de bataille, il eût été frappé d'un boulet russe, prussien ou autrichien : un homme comme lui ne devait pas mourir frappé d'un boulet français.

Puisque j'en suis sur le chapitre des bons et des mauvais ménages, des divorces et des alliances, je vais dire deux mots du mariage des frères et des sœurs de Napoléon ; ils doivent nécessairement trouver leur place dans ces mémoires, mon intention étant de suivre, dans leur rédaction une espèce d'ordre chronologique. J'ai placé ici ces détails qui datent du consulat, afin d'être obligé, le moins possible, de revenir sur tout ce qui est antérieur à l'année 1804, époque de laquelle mes souvenirs datent véritablement.

En 1802, Napoléon avait uni son frère Louis à Hortense Beauharnais, et donné à cette occasion une nouvelle preuve de l'austérité de ses principes religieux. Il s'était marié lui-même sous le directoire. Sa sœur Caroline avait été unie au général Murat dans l'intervalle qui s'était écoulé du 18 brumaire à la bataille de Marengo. A l'une comme à l'autre de ces premières époques de la régénération de la nation française, l'exercice des cultes était proscrit ; il n'était pas encore toléré à l'époque dont je parle ; les temples présentaient toujours le même état de profanation.

Aussi le mariage de Louis fut-il célébré, selon ce qui se pratiquait alors, dans la maison particulière du premier consul, rue *de la Victoire*, à la Chaussée-d'Antin. Un prêtre vint y donner la bénédiction nuptiale aux deux jeunes époux. Napoléon avait profité de cette occasion pour faire bénir l'union de sa sœur Caroline, qui n'avait pas été mariée devant l'église : il pensait sans doute que ce grand acte ne devait être sanctionné par la religion, après avoir été consenti devant le magistrat. Quant à lui, il s'en abstint ; ce qui fit faire beaucoup de réflexions.

De cette manière il ne se trouvait véritablement lié à Joséphine que par l'acte civil, lien susceptible d'être annulé, conformément aux dispositions de la loi sur le mariage. La discipline ecclésiastique n'avait donc rien à voir à son divorce, quelles qu'aient été ses prétentions en 1809, lorsque l'empereur voulut choisir une nouvelle épouse. Ceci me rappelle une anecdote que se plaisait à raconter lui-même le duc de Rovigo, lorsqu'il n'était encore que colonel de la gendarmerie d'élite. Je la crois de nature à terminer dignement ce chapitre.

Un seigneur oriental, nommé Alli ou Alla, je ne me rappelle pas son nom de famille, faisait partie de la suite des envoyés du Grand-Seigneur, qui étaient arrivés à Paris sur la fin de l'année 1804, pour passer un traité d'alliance entre Napoléon et le sublime commandeur des croyans, et en même temps pour assister à la cérémonie du sacre.

Or, il advint que Alli-Alla fit demander un matin à l'empereur la permission de consulter son *savant médecin* sur une maladie dont il commençait à être attaqué et dont il redoutait les suites. L'empereur fit dire à Corvisart de se rendre chez l'ambassadeur, en lui adjoignant M. de Jou.... pour interprète. Le docteur et l'interprète se rendirent en conséquence à l'hôtel de la rue de la Planche, où MM. les envoyés avaient été casés, s'attendant tout au moins à trouver un moribond. Quelle fut leur surprise en voyant dans Alli-Alla un homme qui aurait pu servir de modèle pour un autre Hercule Farnèse, et ayant toutes les apparences d'une santé à l'avenant. M. Corvisart, après lui avoir tâté le pouls et fait tirer la langue, lui fit demander ce qu'il éprouvait. L'envoyé oriental répondit qu'il avait toujours usé sobrement des facilités de la loi sur la pluralité des femmes ; qu'il n'en avait jamais eu que quatre à la fois ; quelques mois avant son départ de Constantinople, il en avait répudié une ; ainsi, il lui en restait trois qu'il aimait passionnément et qu'il avait amenées avec lui en France ; mais, malgré les preuves de tendresse qu'il donnait à chacune d'elle tous les jours, il n'avait pu leur persuader qu'il n'en préférait pas une au détriment des autres, surtout depuis que son état maladif l'avait obligé de réduire ses assiduités près de chacune à deux ou trois hommages par jour; et il raconta ces détails avec une bonne foi qui ne permit pas à ses visiteurs d'en suspecter la sincérité, surtout lorsqu'il vint à ajouter que cet état de faiblesse l'inquiétait et l'avait déterminé à demander à l'empereur la consultation de son savant médecin.

Corvisart, ainsi que M. de Jou... ne purent s'empêcher de sourire et de souhaiter à Alli-Alla de rester long-temps affligé de cette maladie, en lui disant que c'était celle des gens qui se portaient le mieux dans notre pays, où même il était rare de trouver des hommes assez heureux pour être aussi malades que lui.

Le sujet de la consultation de ces messieurs fit grand bruit au château. L'empereur s'en amusa tout le premier, en la racontant à l'impératrice qui soutint que la chose n'était pas possible. Chacun voulut s'informer du régime que suivait Alli-Alla. Les aides-de-camp de Napoléon ne furent pas des derniers à en faire l'essai; mais ils ne trouvèrent pas beaucoup d'imitateurs, lorsqu'on apprit enfin que ce Turc favorisé du prophète ne vivait que de riz, de fruits crus, et que hormis quelques tasses de café léger, il ne buvait que de l'eau. D'après cela, que dut-on penser des gens de la suite d'Alli-Alla qui ne se plaignaient nullement de leur santé?

V.

Préparatifs du sacre. — Arrivée du pape à Paris. — Les bénédictions et les chapelets. — Belles paroles du saint-père. — Le renégat. — Il signor *** et la dinde aux truffes. — La longue épée et la courte queue du grand-chambellan. — Cérémonie du couronnement. — Cortége. — Fête de l'Hôtel-de-Ville. — Prétentions du pape. — Son départ. — Dernière bénédiction.

Dès les premiers jours de novembre 1804, tout était déjà disposé pour donner à la cérémonie du sacre, qui avait été fixée irrévocablement au au 2 décembre suivant, un éclat et une pompe sans pareils. Ce jour-là, l'empereur et l'impératrice durent éprouver cette joie qui doit toucher le plus le cœur des souverains : l'amour et l'enthousiasme que le peuple fit éclater à leur vue avaient cet air d'abandon et de vérité qu'on peut distinguer aisément de ces clameurs soudoyées à l'avance.

Le 2 novembre, le saint-père avait quitté la capitale du monde chrétien pour venir lui-même sacrer LL. MM. Il était arrivé à Lyon le 18, et devait être à Fontainebleau le 22.

Depuis quatre jours, une grande partie de la cour était à Fontainebleau, excepté Joséphine. C'était le premier voyage que l'on faisait à ce château, dont j'avais entendu parler depuis mon enfance; je fus enchanté d'être de la partie. Je fis la route dans une belle et bonne voiture attelée de quatre chevaux, avec MM. C......, D... et M.... Ces messieurs m'avaient pris avec eux par dessus le marché. De ma vie, je n'avais été aussi vite. Mes camarades (ceux qui étaient plus âgés et plus vigoureux que moi, en un mot, ceux qui savaient déjà monter à cheval) nous entouraient : j'essaierais en vain de peindre le plaisir et l'émotion qu'ils me firent éprouver. Quoiqu'en voiture, je me voyais, par la portière, galoper à côté de moi.

Nécessairement je ne pouvais pas être du nombre de ceux qui suivirent l'empereur lorsqu'il alla au devant de S. S. sur la route de Nemours; mais en revanche je fus un des premiers qui reçurent la bénédiction du pape, lorsqu'il arriva au château de Fontainebleau.

Le saint-père, avec la suite peu nombreuse qu'il avait amenée, quitta le premier le château pour venir à Paris, où le *pavillon de Flore* avait été disposé pour le recevoir. Aussitôt son arrivée, l'impératrice, suivie de la presque totalité de ses dames, alla lui faire une visite; le pape leur donna à toutes sa bénédiction et des chapelets.

Tous les évêques de l'empire français et un grand nombre d'ecclésiastiques étrangers qui avaient été appelés à Paris pour le sacre ou qui y étaient venus par curiosité se rendirent en masse, le lendemain, au palais, pour baiser les pieds du saint-père, qui leur donna sa bénédiction. L'empereur avait placé auprès de lui les officiers du service d'honneur de sa maison, et le pape fut traité aux Tuileries comme il avait coutume de l'être au Vatican.

Deux jours après, c'est-à-dire le 1er décembre, Napoléon revint à Paris avec toute sa maison, et se rendit en cérémonie chez le saint-père, qui distribua encore bon nombre de bénédictions. Il en donnait dans son cabinet, dans son antichambre, dans la chapelle, dans sa voiture, par la fenêtre, etc. Enfin, je crois qu'il en donna plus pendant le peu de temps qu'il passa à Paris, qu'il n'en reçut lui-même pendant la durée de son pontificat : il devait en avoir le bras fatigué.

J'avais l'honneur de voir Pie VII presque tous les jours. Il était impossible de ne pas être édifié de sa touchante bonté, de sa tolérance, de sa simplicité et de son extérieur, qui commandaient le respect et la vénération.

Un jour qu'il rentrait comme à son ordinaire, en donnant des bénédictions à tous ceux qui s'agenouillaient sur son passage, un officier très jeune crut devoir, en sa qualité de protestant, ne pas faire comme tout le monde, et refusa de s'humilier. Le pape, ayant deviné son intention, s'approcha de lui en lui disant doucement :

— Jeune homme, la bénédiction d'un vieillard porte toujours bonheur!

D'après ces sublimes paroles, on s'imagine que notre officier abjura, pour embrasser la religion catholique et romaine; point du tout : en 1815, après l'affaire de Waterloo, il passa au service du pacha d'Egypte et se fit Turc.

Le successeur de saint Pierre vivait au palais de la manière la plus édifiante. Non seulement il faisait maigre toute l'année, mais encore il ne buvait que de l'eau. Les officiers de sa suite ne se piquaient pas de tant de tempérance; ils buvaient et mangeaient depuis le matin jusqu'au soir. Ils semblaient n'avoir pas d'autres devoirs à remplir.

L'empereur avait expressément ordonné que tout ce qui serait demandé par eux fût religieusement fourni. Ceux-ci le savaient; aussi usaient-ils largement de cette faculté. Par exemple, ils demandaient chaque jour six bouteilles de vin de Champagne, pour la table du pape; une autre fois, c'étaient des liqueurs ou des friandises pour eux, quoique toutes les tables entretenues pour les personnes de la suite de S. S. fussent servies avec magnificence et même profusion. Toutefois, il paraîtrait que *il signor* ***, l'un de ses officiers ecclésiastiques, ne trouvait pas, sur la table à laquelle il était admis, des mets qui pussent apaiser son robuste appétit. En voici une preuve:

Un soir, l'un de nous, de service auprès du saint-père, ayant besoin de passer dans un cabinet de toilette, trouva *il signor* *** vivement occupé à dévorer une poularde aux truffes, qu'il avait eu l'adresse d'emporter ; la table sur laquelle il avait dressé son couvert n'était autre que ce meuble que les tapissiers décorent du nom coquet de *somno*, et qu'on nomme trivialement une table de nuit. Il faut noter que cet abbé gastronome sortait de table, et que c'était un samedi. Le pauvre homme !

Le gouvernement, sur le point de changer de formes, avait aussi changé ses habitudes. Une étiquette minutieuse avait été introduite au palais. Il était déjà très difficile de pénétrer là où on arrivait de prime abord auparavant. Ce fut à partir de ce moment que l'on vit Napoléon s'entourer des gens qui faisaient partie de la race nobiliaire ; les nouveaux en furent jaloux, ils s'en plaignirent à l'empereur. Celui-ci ne les écouta pas : la fusion des partis et des opinions devait s'opérer tant bien que mal dans le palais des Tuileries; de là les jalousies et les haines qui s'entretinrent constamment jusqu'en 1814, époque où la gente monarchique l'emporta.

Sur ces entrefaites, le jour fixé pour la cérémonie du sacre était arrivé. Il faisait un temps abominable. Ce fut néanmoins un beau spectacle. On avait fait badigeonner l'intérieur de l'église Notre-Dame. On y avait construit des galeries et des tribunes richement décorées. Un monde prodigieux les remplissait déjà dès six heures du matin.

Sans entrer dans les détails de la longue et magnifique cérémonie du couronnement que je ne me rappelle qu'imparfaitement, quoique j'y fusse acteur, je me contenterai de dire que le pape partit le premier des Tuileries, à dix heures du matin, pour se rendre, avec son cortége particulier, à l'archevêché, d'où il devait entrer dans la cathédrale par un couloir pratiqué à cet effet.

Au moment fixé pour le départ de Sa Sainteté, le cortége éprouva un instant de retard, causé par un usage dont on était loin de se douter à Paris : le grand-maître des cérémonies n'avait pas pensé à celui-là.

A Rome, lorsque le pape sortait de son palais pour aller officier dans quelques églises, comme celle de Saint-Pierre ou de Saint-Jean de Latran, un de ses principaux camériers partait seul, avant lui, monté sur un âne et portant une grande croix de procession. Ce fut au moment où le saint-père allait se mettre en route pour aller à l'archevêché, que le grand-maître des cérémonies apprit cette coutume.

Le camérier s'était refusé obstinément à prendre une plus noble monture; on fut donc obligé de mettre tous les valets de pied du palais à la recherche d'un âne. Ils eurent le bonheur d'en trouver un assez présentable chez une fruitière de la rue du Doyenné. Le premier piqueur se hâta de le faire épousseter et étriller, de le couvrir d'une housse très riche, chamarrée de galons et de glands qui pendaient jusqu'à terre, et de l'amener jusqu'au pied de l'escalier du pavillon de Flore. Le camérier monta dessus et traversa, avec un sang-froid imperturbable, la double haie de soldats et l'innombrable multitude qui bordaient les quais, et qui ne pouvaient s'empêcher de rire de ce spectacle bizarre et nouveau chez nous.

Tout étant réglé et arrêté, et chacun à son poste, l'empereur, précédé de tout le service d'honneur et suivi de tous les officiers de sa maison militaire, sortit de la *galerie de Diane* en grand costume. L'impératrice suivait, la dame d'honneur portait la queue de son manteau. Joséphine avait une tournure enchanteresse en grand habit de cour : sa nouvelle dignité lui allait à ravir.

Il n'en était pas de même de Napoléon : peu accoutumé à une pareille représentation, il avait véritablement une tournure fort originale; on eût dit d'une vieille femme habillée en homme. Ajoutez à cela M. de Talleyrand en costume de grand dignitaire (celui de Henri III) : le pantalon de soie collant, avec des souliers de satin blanc, portant la queue du manteau de l'empereur et suivant, clopin-clopant, son nouveau maître, qui, marchant fort vite, s'embarrassait à chaque pas dans les plis nombreux de ce costume, qu'il revêtait pour la première fois, et vous aurez devant les yeux le tableau les plus grotesque qu'il soit possible de voir. Personne ne riait cependant; moi-même j'eus assez d'empire sur moi pour garder mon sérieux ; mais comme je m'en dédommageai après ! Ah ! c'était surtout le souvenir du grand chambellan, sa longue épée et sa courte queue en trompette !... J'en ris encore, et le prince doit me pardonner, car, du côté du ridicule, il n'épargnait personne ; le jour du sacre on put se regarder comme étant quitte envers lui.

En sortant de la cour du palais, le cortége prit la rue Saint-Honoré jusqu'à celle des Lombards, le Pont-au-Change, le Palais-de-Justice, le parvis Notre-Dame, et entra à l'archevêché. Ce cortége était de la dernière magnificence ; j'en appelle à ceux qui ont été à même de le voir défiler. Tous les grands personnages appelés à concourir à la cérémonie montèrent dans les voitures qui devaient précéder celle du sacre. Cette dernière voiture était très grande, à glaces et sans panneaux. Le fond était semblable au devant ; aussi lorsque LL. MM. y montèrent elles se trompèrent de côté et se placèrent sur le devant. Joséphine s'aperçut la première de cette erreur, et en avertit Napoléon : ils changèrent de place en souriant de la méprise.

Nous étions tous pour ainsi dire juchés sur la voiture : les uns sur l'impériale, les autres derrière, ceux-ci devant, ceux-là debout et cramponnés aux portières ; moi j'étais en *lapin* à côté du cocher.

En arrivant à l'archevêché, toute la suite de l'empereur trouva des chambres préparées, où chacun put remédier au désordre de sa toilette.

On avait, comme je l'ai dit, pratiqué depuis l'archevêché un long couloir fort large qui régnait autour de l'église en dehors, et qui venait aboutir à la grande porte d'entrée. Ce fut par cette galerie que le cortége impérial arriva. Il offrait un spectacle vraiment imposant.

La masse déjà très nombreuse des courtisans de toute caste ouvrait la marche ; venaient ensuite les maréchaux de l'empire, qui portaient ce qu'on appelait les *honneurs* sur des coussins de velours vert, garnis d'abeilles d'or ; ensuite les grands dignitaires et les grands officiers de la couronne ; enfin l'empereur et l'impératrice vêtus comme je l'ai dit.

Au moment où LL. MM. II. entrèrent dans la métropole, il y eut un cri de *vive l'empereur !* poussé deux fois du même élan. On eût dit d'une explosion. Je criai comme les autres. Tous mes camarades m'imitèrent. Cette immense quantité de figures immobiles, de riches costumes, de femmes et de militaires qui paraissaient sur les côtés de la métropole, me firent l'effet d'une énorme tapisserie mollement agitée par le souffle de l'air.

Le saint-père vint recevoir Napoléon à un prie-dieu qui avait été disposé au milieu de la nef : il y en avait un semblable, à côté, pour l'impératrice. Là, ils entendirent l'office qui fut célébré par le pape en personne. Puis le saint-père prit la couronne qui était sur l'autel, et la présenta à l'empereur, qui s'en coiffa, sans plus de cérémonie. On a remarqué que, dans ces circonstances si importantes, les souverains disaient toujours quelque chose lorsqu'on leur posait sur la tête l'emblème du souverain pouvoir. Louis-*le-Fainéant* trouva que sa couronne était *trop lourde* ; Henri III avait dit : *Elle me pique !* Louis XVI : *Elle me gêne !* Napoléon dut dire : *Elle me va bien ; Elle ne me gêne pas !*

A peine l'empereur avait-il ceint son front de la couronne, qu'il l'ôta pour la mettre sur celui de l'impératrice, après quoi il la rendit au pape qui la replaça sur le coussin où elle était d'abord. Enfin on reprit le chemin par lequel on était venu pour retourner à l'archevêché, toujours dans le même ordre, et LL. MM. remontèrent en voiture.

Le lendemain, 3 décembre, LL. MM. se rendirent à l'Hôtel-de-Ville, où une fête magnifique leur avait été préparée. Elles arrivèrent à cinq heures, et, suivant l'usage qui a toujours été observé à chacun des anniversaires du sacre, la ville de Paris leur donna à dîner ; elle se distingua, dans cette occasion, par la magnificence qu'elle déploya, par la somptuosité du service et par une excessive profusion. Ce fut un jour de gala universel. La ville avait fait distribuer au peuple, dès le matin, dans chaque arrondissement, des comestibles froids ; dans l'après-midi, on chargea toutes les fontaines de vin, et l'on dansa toute la nuit dans les Champs-Elysées et sur toutes les places publiques.

A l'Hôtel-de-Ville, on avait fait une salle de la grande cour au moyen d'un ouvrage de charpente très forte. Cette construction soutenait un plancher à la hauteur des fenêtres du premier étage, que l'on avait transformées en portes, pour communiquer de plain pied et plus facilement avec les appartemens latéraux.

Il aurait été difficile de rassembler une société plus brillante que celle qu'offrait la réunion de tous les citoyens notables de Paris. L'empereur aimait particulièrement tout ce qui lui fournissait l'occasion de s'entretenir avec ce qu'on appelle le *haut commerce*. Quant à l'impératrice, queique souffrante et extrêmement fatiguée, elle supporta cette grande présentation sans perdre de sa bonne grâce et de son amabilité habituelle.

Elle eut besoin de beaucoup de patience, car en faisant le tour de cette immense réunion, elle dut répéter plus d'un millier de fois, et cependant d'une manière toujours différente, la petite phrase de cour qui sert à toutes les cérémonies ; mais elle savait si bien ajouter quelques paroles aimables, de ces mots qui entraînaient vers elle tous ceux qui étaient témoins de sa grâce, que nous-mêmes elle nous persuadait, et que tout en la suivant et en l'écoutant, ses moindres paroles nous semblaient toujours nouvelles.

Le pape ayant fait tout ce qu'on avait demandé de lui, crut, lorsque le moment de son départ fut venu, devoir à son tour exiger le prix de ses complaisances. Il demanda modestement à l'empereur, dans une entrevue qu'ils eurent ensemble, qu'on lui rendît Avignon en France, Bologne et Ferrare en Italie ; Napoléon fit la sourde oreille cette fois. Le saint-père insista dans une seconde entrevue qui devait être la dernière, et l'empereur refusa net ; aussi, en quittant Paris, Sa Sainteté ne parut pas très satisfaite ; elle laissa même à penser que si elle avait pu se douter d'un tel refus, elle aurait mis cette condition à son voyage, et se serait assurée du temporel avant d'accorder le spirituel. Quoi qu'il en soit, Napoléon n'en fit pas moins de magnifiques présens au pontife romain, en objets précieux, en bijoux et surtout en ornemens sacerdotaux. Tous ceux qui avaient accompagné Sa Sainteté furent grassement indemnisés de leur voyage. Enfin le pape et Napoléon prirent congé l'un de l'autre d'une manière fort amicale, du moins en apparence.

On sent que je n'appris ces détails qu'après coup; j'étais alors incapable de juger et d'apprécier tout ce qui pouvait se rattacher à la politique. Le personnage de qui je les tiens ne me dit pas si, en quittant l'empereur, le pape lui donna sa bénédiction.

VI.

Profession de foi de l'auteur. — Sa discrétion. — Premières amours. — Le *salon bleu*. — La *Nouvelle Héloïse*. — Mot de Joséphine. — M. de B..... et Persicot. — La petite bibliothèque de Saint-Cloud. — Soirée dansante et causante. — *La mer agitée*. — Promenade au clair de lune. — L'innocence pure. — Conversation intéressante. — Le paradis de Mahomet. — Désappointement. — M. de T... et V... — Le mensonge. — Les arrêts.

Mon intention n'est pas, en abusant de la latitude que me donne le titre de *Mémoires*, d'imiter ces conteurs vulgaires et indiscrets qui redisent avec complaisance les aventures galantes vraies ou fausses de leur jeunesse. Ces bonnes fortunes que, par amour-propre, on s'imagine avoir été créées exprès pour soi, sont ordinairement l'histoire de tous les hommes : elles n'ont réellement d'intérêt que pour celui qui en a été le héros. D'après cet aveu, on me demandera pourquoi je ne les garde pas pour moi, et quelle est ma raison pour les divulguer. A cela je répondrai que j'ai voulu réunir simplement sous mes yeux mes plaisirs et mes peines passées, mes *passions*, le bien et le mal que j'ai fait et que j'ai reçu, les variations de ma destinée, les causes de ces variations, en un mot, j'ai voulu avoir ma vie en deux volumes devant mes regards, comme on y met son portrait fait à différentes époques.

Or, dans le petit cadre de ma vie, les femmes ont occupé une grande place. Dès mon enfance, j'adorais leur société; mon plus grand bonheur était d'être auprès d'elles, de les écouter, de les regarder; j'y trouvais un charme inexprimable, sans pouvoir me rendre compte des sensations qui faisaient battre mon jeune cœur. Le feu de leurs regards me pénétrait, il vivifiait toutes mes facultés, il semblait exercer sur moi un empire absolu; et cependant ce n'est que tard, et très tard, en comparaison de beaucoup d'autres, que j'ai connu toute leur puissance. Avec cela, presque toutes mes tendres liaisons ont eu dans leur cours un je ne sais quoi d'original et de si peu ordinaire, que, lorsque j'y songe, je suis vraiment étonné de n'avoir pas encore pensé à les écrire.

Du reste, qu'on soit tranquille; je ne suis pas assez indiscret, pas sez fat pour compromettre celles qui daignèrent me distinguer de la foule de mes jeunes camarades. Et puis j'avais quinze ans alors; elles en avaient au moins trente et plus; or, j'en ai maintenant plus de cinquante; celles de mes anciennes conquêtes qui existent encore ont donc à peu près soixante-cinq ou soixante-dix ans aujourd'hui; à cet âge, il ne reste plus que le souvenir; peut-être ne seront-elles pas fâchées que je retrace à leur imagination ces tableaux d'un bonheur, hélas! toujours trop court. Peut-être même leur occasionnerai-je quelques réminiscences. C'est une obligation de plus dont elles me seront redevables ; mais de ma part elle sera la dernière.

O vous donc ! mesdames, Caroline de A..., gentille soubrette D..., Herminie L..., Adélaïde de ***, tendre Sophie M..., vicomtesse ***, divine Maria O..., séduisante Anglaise Rose J..., jalouse Napolitaine Redzia ***, comtesse de ***, chanoinesse ***, si vive et si coquette à la fois..., charmante danseuse L..., bonne Louise S..., etc., etc., vous pourriez attester que...... Mais chut ! j'ai promis d'être discret et de ne jamais nommer personne.

J'étais de service à Saint-Cloud ; M. D..., l'huissier, en était aussi. Il avait si bien dîné la veille, qu'il avait eu la nuit une indigestion, et que, se sentant très incommodé le matin, il m'avait prié de le remplacer. L'empereur était occupé à battre les Russes et les Autrichiens ; en son absence, on se relâchait beaucoup de l'étiquette, ou plutôt il n'y en avait pas du tout ; quelqu'un serait entré chez l'impératrice, j'aurais ouvert la porte et je l'aurais annoncé, qu'on aurait trouvé cela tout naturel. Cependant ces attributions n'étaient pas les miennes, j'aurais pu m'en dispenser ; mais j'aimais encore mieux rester seul, dans le petit salon bleu, que de m'ennuyer, avec mes camarades, à l'étude ou en classe, à faire, avec de la craie, sur un grand tableau noir, des circonférences qui avaient la figure d'une pomme de terre, et d'élever sur une tangente à la circonférence, une perpendiculaire qui devait passer par le centre, ce qui m'aurait été assez difficile, n'ayant, comme je viens de le dire, ni la main habile ni le coup d'œil juste.

J'étais donc dans le salon bleu, mais fort heureusement je n'y étais pas seul : M. de B..., le colonel K..., qui arrivait de l'armée, Mme S... et D..., dames d'annonce qui n'annonçaient jamais personne, et enfin la belle Mme Gazani, la lectrice, tout ce monde-là était présent. On attendait le retour de Joséphine, qui était allée faire une visite à Madame mère de l'empereur, dans la louable intention de la prier de se joindre à elle afin de tâcher de réconcilier, pour la sixième fois, au moins, sa fille Hortense avec le prince Louis son mari. L'impératrice se faisait attendre.

Pendant ce temps, ces messieurs et ces dames causaient, riaient, parlaient du dernier bal que le prince Talleyrand avait donné, et où Mme de *** avait paru enceinte. On parlait de la retraite d'Elleviou, qui menaçait de quitter le théâtre, ce qu'il ne fit cependant que long-temps après ; du mariage du sénateur P... avec sa cuisinière ; d'un ouvrage que le comte Laplace venait de faire paraître sur les *probabilités*, etc., etc., et de mille autres choses semblables. Moi j'étais assis tranquillement sur le petit canapé, où je cherchais à effacer, avec de la salive et de la mie de pain, une tâche d'encre qui était au bas de mon aiguillette ; c'était ce maladroit de *** qui m'en avait gratifié le matin : il m'avait éclaboussé avec sa plume, en voulant suivre la méthode de notre maître d'écriture, qui ne pouvait venir à bout de lui apprendre à faire un serin en traits au bas de son exemple.

Ces messieurs changèrent bientôt de conversation et se mirent à parler de *romans d'amour*. C'était toujours ainsi qu'ils finissaient lorsqu'ils n'avaient pas commencé par là.

M. de B..., qui était plus laid que Roquelaure, avec lequel il était un peu parent, du côté de son trisaïeul, cita, comme une des scènes les plus tendres, celle du *premier baiser* dans la *Nouvelle Héloïse*.

La conversation prenant la tournure que je désirais depuis longtemps, je laissai là ma tache d'encre que j'étais parvenu à agrandir comme un écu de six francs, et j'écoutai.

Tout en gardant un profond silence et ayant l'air d'être occupé d'autre chose, j'étais *tout oreilles*. On conçoit bien que je n'aurais pas voulu pour tout au monde qu'on pût soupçonner que je n'étais pas instruit du sujet de la conversation. Pour mon malheur, elle fut tout à coup interrompue par l'arrivée de l'impératrice. Nous l'entendons annoncer de l'antichambre; je me lève, tout le monde se range; la porte s'ouvre, Joséphine paraît; elle avait pleuré. Je cours à la porte de son petit salon, me contentant de la lui ouvrir, n'ayant personne à qui je puisse l'annoncer, si ce n'était à *Fox*, son chien favori, qui s'élançait toujours sur moi à l'improviste et me causait des frayeurs mortelles. Joséphine, bonne et bienveillante, me dit avec ce son de voix qui allait droit au cœur :

— Merci, Edouard!

Je refermai la porte sur eux, et je vins me rasseoir sur mon petit canapé, tout fier du *merci Edouard!* que tout le monde avait entendu, à ma grande satisfaction.

L'impératrice appelle ses dames, la toilette commence; je n'y tenais plus, je cours à la petite bibliothèque pour m'emparer de la *Nouvelle Héloïse*... Point de clé... M. de B..., qui y avait souvent recours, l'avait encore gardée : il n'en faisait jamais d'autres. Comment faire pour avoir cet ouvrage où l'on ne parle que de *baisers*? Lui demander la clé...... il ne me la donnera pas. Il y a des cabinets de lecture dans Saint-Cloud. Mais les pages, lorsqu'ils sont de service, sont sévèrement consignés à la grille et le factionnaire ne me laissera jamais passer. Si je pouvais mettre la main sur un passe-partout!... Mon Dieu que j'étais malheureux et que je détestais ce M. de B..., qui avait toujours les clés dans ses poches.

J'y pensai un moment... — Vite un mensonge, dis-je à part moi.

Je traverse l'orangerie, je vais trouver M. de B... qui jouait au billard tout seul pour être plus certain de gagner.

— Tiens, te voilà, toi, me dit-il, car avec moi M. de B... en usait avec la plus grande familiarité, regarde ce beau bloc.

Et pan! il fait sauter les billes. Je m'empresse de les ramasser, en disant en moi-même :

— Attends, attends, c'est moi qui vais te bloquer.

— Monsieur le comte, lui dis-je, tout à l'heure ces dames voulaient lire...

— Elles sont donc encore là-haut, ces dames? Je croyais l'impératrice rentrée et à sa toilette.

— Oui, monsieur le comte, mais elles m'ont envoyé chercher un livre dans la bibliothèque et...

— Et quand une fois on leur en prête un, on est bien sûr de ne jamais le revoir.

— C'est vrai, monsieur le comte ..... c'est le poëme de la *Navigation*; mais il n'y avait pas de clé.

— C'est que Mme Gazani l'a encore perdue; on en fera faire une quatrième.

— Non, monsieur le comte, elles ont dit que c'était vous qui...

— Tiens ! ma foi, tu as raison, je l'ai dans ma poche ; eh bien ! est-ce qu'elles attendent encore après ce livre ? il n'est cependant guère amusant.

— Oui, monsieur le comte.

— Va leur porter la clé, ou plutôt prends toi-même ce volume, et rapporte-la-moi ici ; je vais essayer des carambolages à la *Persicot*.

Et M. le comte fit fausse queue.

Possesseur de la bienheureuse clé, je cours à la bibliothèque, je regarde : *Histoire de France* ; ce n'est pas cela : *Voltaire* ; oh ! oh ! il y en a long... *Molière, Corneille, les Commentaires de César, la Botanique de...*, etc., etc. ; mon Dieu, ce n'est pas cela : *Rousseau* ; ah ! la *Nouvelle Héloïse*, tome un, cinq et six ; tiens, il en manque trois, c'est égal, et je m'empare d'un X de velours pour me donner la possibilité d'atteindre jusqu'à la tablette ; je prends les trois volumes restans ; je les cache sous le coussin du divan ; je descends le grand escalier quatre à quatre et je vais rejoindre M. de B... qui venait de faire un magnifique accroc au tapis en voulant piquer sa bille à la *Persicot*, « parce que, me dit-il, la queue ne valait rien. »

Le soir, je vais reprendre mes volumes et les cacher autre part, en gardant le premier. Une fois couché, je le parcours, je cherche la scène du bosquet, elle était à la fin. Je la lis, je la relis ; ce maudit baiser me trotte dans la tête toute la nuit, il m'occupe tout le jour ; je ne fais plus rien. L'abbé Gandon me dit que je suis un paresseux ; le colonel d'Assigny me menace de me mettre aux arrêts ; je l'aurais voulu, j'aurais pu lire à mon aise : enfin mes trois volumes sont dévorés en deux jours.

Mais qui viendra réaliser les rêves de mon imagination ? Où trouverai-je une Julie ! A la rigueur je me contenterais d'une Claire... Le hasard sembla me servir à souhait. On va voir si je sus en profiter.

Huit jours après, Joséphine donnait une petite soirée musicale et causante. On était réuni dans le *boudoir d'argent*. Dans la pièce qui le précédait, Blaugini chantait ses romances les pieds en dedans ; Paër tenait le piano en faisant force grimaces, parce que Blangini ne chantait pas toujours juste. Cependant le piano avait été accordé le jour même par le père Dubois. Je me tenais dans l'antichambre avec mon camarade V... Nous regardions préparer un punch dont nous espérions bien prendre notre part, tout en allant en offrir au salon et dans le boudoir.

Déjà j'avais fait plusieurs tournées, et je m'étais aperçu que madame Caroline de A..., qui était d'une figure très remarquable (depuis huit jours je trouvais toutes les femmes jolies), me regardait avec affectation chaque fois que je passais près d'elle ; elle me faisait apporter des verres de punch pour les offrir ensuite à ses voisines en m'adressant toujours quelque chose d'obligeant. J'avais alors trop peu d'usage pour traduire dans le langage du cœur ces regards dont j'ignorais encore l'intention. Je ne pensais pas plus à *Héloïse* et à *Saint-Preux* qu'au *bosquet* et au *baiser*. Je ne sais réellement où j'avais la tête dans cette soirée. Et puis je n'aurais jamais osé... Mme A... me connaissait trop. On va voir que moi, je ne la connaissais pas du tout.

Onze heures sonnaient à l'horloge du grand vestibule. On faisait une *mer agitée* dans le boudoir. Je commençais à m'endormir d'ennui : le punch n'allait plus.

Mme de A... sort du salon ; elle se plaint d'un *mal de tête affreux ;* elle veut prendre l'air. Je lui ouvre la grille qui donnait sur la terrasse. Elle n'ose pas aller seule, elle me prie de l'accompagner ; je ne sais si je dois accepter : cependant un refus serait une impolitesse... Sans attendre que je me sois décidé, elle prend mon bras, et nous voilà à nous promener devant le cabinet de l'empereur, qui, fort heureusement, était alors en Pologne : les persiennes du château étaient exactement fermées.

Tout en nous promenant, nous descendons les deux marches et nous nous trouvons dans le petit parc des orangers. Le ciel était clair, parsemé d'étoiles ; cette nuit était plus belle que le plus beau jour, seulement il faisait un peu froid.

Nous marchons lentement en allant toujours tout droit. On me presse le bras, je n'ai pas l'air de m'en apercevoir ; on le presse plus fort... Je ne savais réellement pas ce que cela voulait dire. Je grelottais.

Mme de A... fait à elle seule les frais de la conversation ; elle parle de mon indifférence, de ma froideur à son égard ; elle s'anime, elle s'anime. Elle fait un tableau délicieux de ce monde, et s'arrête tout à coup en disant :

— Il me passe, une idée extraordinaire par la tête ; mais je ne dois pas vous la dire..., non, je ne le dois pas.

J'insiste faiblement.

— Eh bien ! Edouard, je vous la dirai, mais non pas aujourd'hui !

Je commence enfin à m'échauffer à mon tour, et je lui réponds d'un petit air délibéré :

— Et moi, madame, je veux que vous me la disiez tout de suite.

C'étaient les premiers mots que je prononçais distinctement.

— Non, rentrons, reprit-elle, mon mal de tête est dissipé.

— Vous ne rentrerez pas madame, que vous ne m'ayez instruit de cette pensée secrète...., j'ai fermé la grille et j'ai la clé dans ma poche (je mentais doublement).

— Comment, monsieur ?...

— Madame, je vous en donne ma parole d'honneur *la plus sacrée.*

— Eh bien, Edouard, je vais vous la dire, mais vous n'en parlerez à personne.

— Dites toujours.

— Vous me le promettez ?

— Oui, madame, je vous le promets.

Je ne sais comment cela se fit, mais je n'avais plus froid.

— Et d'ailleurs, continua madame de A..., il fait excessivement sombre ici ; si je viens à rougir, vous ne vous en apercevrez pas.

— Madame, je ne vais pas vous regarder.

J'étais sur un brasier ardent.

— Eh bien ! dit-elle, en se cachant à moitié le visage avec son mouchoir, c'est que je suis convaincue qu'en ajoutant l'éternité aux plaisirs de l'amour, Mahomet, seul, a compris les joies du paradis.

On m'aurait parlé turc, anglais ou chinois, que je n'aurais pas moins compris où Mme de A... voulait en venir.

— N'est-ce que cela que vous aviez à m'apprendre, madame ? lui dis-je d'un air atterré, ne voulant pas lui laisser croire que je ne l'avais pas comprise ?

— Comment, Edouard, vous ne m'entendez donc pas! je croyais cependant m'être expliquée assez clairement.

— Madame, c'est ma faute, sans doute.

— Non, c'est la mienne, ajouta-t-elle d'un ton presque piqué; mais je ne saurais m'expliquer mieux ; rentrons.

— Par pitié, madame, lui dis-je alors d'un ton suppliant, encore un moment; tenez, allons seulement jusque-là (je lui désignais une charmille épaisse), et puis ensuite je vous reconduirai.

Elle paraissait rêver à ce qu'elle avait à faire, nous nous dirigions doucement de ce côté : Mme de A... tremblait, mon cœur faisait des bonds que je ne savais à quoi attribuer, quoique je commençasse à m'en douter : j'étais heureux : j'allais peut-être le devenir bien davantage... Tout-à-coup une voix de stentor se fait entendre de la terrasse du château :

—Caroline!... ma femme!... où es-tu donc?-Caroline!...

Mme de A... s'arrête et retire une de ses mains que je tenais doucement pressée dans les miennes ; elle écoute... La même voix recommence à crier de plus belle :

— Caroline!...

Une conversation s'était engagée sur la terrasse.

— C'est ma femme, je la cherche partout, disait toujours la même voix.

— Cette voix, madame, dis-je en tremblant, est celle de votre mari, je la reconnais.

— Qu'est-ce que cela me fait, à moi! me répond madame de A... d'un ton sec.

— Sans doute il est... inquiet, ajoutai-je.

— Eh ! de quoi serait-il inquiet, s'il vous plaît ?

— Je l'ignore, madame, mais ce qu'il y a de sûr, c'est qu'il doit l'être.

—Non, il ne l'est pas, me dit-elle en me pressant fortement le bras, continuons notre promenade.

Ceci fut dit d'un ton d'humeur.

Mme A... cherche de son mieux à renouer la conversation ; mais s'apercevant qu'il lui serait impossible de parvenir à me faire comprendre la différence qui existe entre les joies de ce monde et celles du paradis de Mahomet, et son mari commençant à s'enrouer à force de crier : *Je la cherche!* elle me dit enfin :

— Edouard, rentrons, et surtout soyez discret.

J'étais paralysé par la peur. Je connaissais M. A... ; il ne faisait pas bon avec lui.

Nous marchâmes beaucoup plus vite en retournant au palais que nous ne l'avions fait en nous en éloignant. En arrivant, cependant, Mme de A... paraissait beaucoup plus troublée que moi. J'appris par la suite qu'elle avait eu à essuyer, en rentrant dans le salon, des brusqueries de la part de son mari, que je commençai, dès ce jour-là, à détester cordialement. Elle lui avait fait cette réponse :

—Vous auriez bien tort, monsieur, d'être jaloux.

Mais une femme qui ne lui pardonna pas, fut Mme D... qui l'avait suivie et qui nous avait écoutés : effrayée du danger auquel une autre qu'elle m'avait exposé, elle avait senti qu'il était temps de m'initer aux doux secrets de l'amour... Mais n'anticipons pas sur l'événement le plus heureux de ma vie ; il est assez intéressant pour mériter les honneurs d'un chapitre particulier : il trouvera sa place un peu plus tard.

Mais, hélas ! je n'étais pas au bout de mes peines : j'étais sorti pour accompagner Mme de A..., sans prévenir mon camarade V..., qui était dans le salon. J'ignorais que M. de T..., mécontent d'une de ses balourdises ordinaires, l'avait envoyé coucher; mon cher collègue l'avait pris au mot et ne se l'était pas fait répéter deux fois. En son absence, l'impératrice avait demandé quelque chose, je n'ai jamais su ce que c'était. M. de T... m'appelle... personne !... Il vient lui-même... visage de bois, comme on dit vulgairement. Il est forcé de s'acquitter lui-même de la commission.

Je revenais ; j'ignorais ce qui s'était passé en mon absence, je croyais toujours V... dans le salon. M. de T... vient à moi fort en colère :

— D'où diable sortez-vous donc, monsieur de *** ? (Il nous désignait toujours par nos noms de famille).

— Moi, monsieur le comte, lui répondis-je, avec cet aplomb qui me caractérisait essentiellement : je ne viens de nulle part.

— Mais où étiez-vous tout à l'heure?

— Ici, monsieur le comte, je ne suis pas sorti.

— Ah ! par exemple, ceci est trop fort.

— Voulez-vous en être sûr? ajoutai-je, demandez plutôt à V... qui était encore là tout à l'heure ; nous causions ensemble.

— Ah ! vous causiez ensemble ! et où est-il donc M. de V... ?

— Dans le salon, il vient d'y entrer à ma place.

— Ah ! c'est aussi par trop impudent ! Et me pinçant le bras de manière à m'arracher la peau : — Demain, dit-il en terminant, demain, monsieur de ***, vous aurez de mes nouvelles, il n'est pas permis de mentir avec autant d'effronterie.

Le lendemain, ordre notifié à moi par notre gouverneur lui-même, de me rendre immédiatement aux arrêts forcés.

J'y restai jusqu'à la fin de la semaine, pensant à Mme de A..., et vivant comme les amoureux, de pain, d'eau clarifiée et d'espérance.

Je recouvre enfin ma liberté, je m'enquiers de Mme de A... La foudre m'aurait écrasé, la terre se serait entr'ouverte pour m'engloutir, que je n'aurais pas été plus à plaindre : Mme de A... était partie la veille avec son mari pour Milan. Le vice-roi les avait chargés tous deux de l'organisation de sa maison. Ce fut alors que je sentis combien j'aimais. Je ne devais jamais la revoir. Je crois, Dieu me pardonne, que je l'aime encore; c'est peut-être parce qu'elle est restée à Milan. Cependant elle doit être bien changée depuis 1806. J'eus indirectement de ses nouvelles par un homme que je rencontrai dans le monde, et qui avait son portrait sur une tabatière. Je ne pus résister au désir qui me prit de le faire causer. Ce qu'il me dit me prouva qu'il est des êtres prédestinés ; qu'à Milan comme à Paris, Mme de A... aimait les tête-à-tête au clair de la lune, et que sa conduite avec moi avait été bien moins l'effet d'une passion subite que le résultat d'une détermination prise d'avance.

D'après cette aventure, on voit que mon heure n'était pas encore sonnée.... Elle ne devait pas tarder à se faire entendre.

VII

Vie journalière de l'empereur à Paris. — Divertissemens de Saint-Cloud. — La comédie. — Napoléon chef de cabale. — Talma. — Sensibilité singulière du général Ordenner. — Grande étiquette. — M. Denon. — Joséphine et les antiques. — Le modiste Leroy. — Mme Despeaux. — Distraction de Napoléon.

Habitué dès long-temps à commander aux hommes, à faire observer dans ses armées une discipline rigoureuse, l'empereur dut nécessairement, pour l'exemple, s'accoutumer lui-même à l'exactitude la plus sévère, la plus minutieuse. Aussi un ordre admirable régnait-il dans le palais. Les heures des levers, que l'on désignait par *petit lever* et *grand lever*, celles des réceptions diplomatiques, des concerts, des spectacles, des revues et des repas, étaient invariablement fixées, et des circonstances extraordinaires pouvaient seules en déranger la symétrie.

A neuf heures du matin, l'empereur sortait de ses appartemens, et restait toute la journée dans le même costume.

Les officiers de service venaient prendre ses ordres pour tout le jour, après quoi les grandes entrées étaient immédiatement introduites. Elles se composaient des personnages du plus haut rang, qui y étaient appelés par leurs fonctions ou par une faveur spéciale. On y admettait également les officiers de la maison impériale qui n'étaient pas de service.

Napoléon mettait là tout le monde à l'aise: s'approchant successivement de chaque individu, il écoutait avec intérêt tout ce que l'on avait à lui dire. Sa tournée finie, il saluait, et chacun se retirait. Si cependant quelques personnes voulaient lui parler en particulier, elles attendaient que les autres fussent sorties.

A onze heures on servait le déjeûner de l'empereur. Le préfet du palais allait l'avertir, le précédait dans le salon où la table était dressée, et, seul, restait là avec le premier maître-d'hôtel. Ce dernier s'occupait de tous les détails du service, pendant que le préfet du palais se tenait debout, le chapeau sous le bras, auprès du petit guéridon en acajou sur lequel l'empereur déjeûnait presque toujours. Ce repas durait à peine dix minutes; cependant, quand Napoléon était fatigué de travail, ou que les affaires ne pressaient pas, le déjeûner se prolongeait un assez long temps, pendant lequel l'empereur donnait des audiences à ses architectes, aux savans et aux artistes qu'il estimait le plus. J'y ai vu souvent Berthollet, Monge, Gérard, Denon, Isabey, David, Gérard, Talma et beaucoup d'autres que l'empereur affectionnait tout particulièrement.

Napoléon rentrait ensuite dans son cabinet, où il travaillait avec ses ministres ou ses directeurs-généraux, jusqu'à six heures du soir. Ces travaux n'étaient interrompus que les jours de conseil de ministres ou de conseil d'État. A sept heures, le dîner était servi aux Tuileries ou à Saint-Cloud. LL. MM. dînaient seules, excepté le dimanche, où toute la famille impériale était admise au banquet. Le dîner était composé d'un seul service, relevé par le dessert. Nous étions chargés de ce service, secondés par les valets de chambre, les maîtres-d'hôtel, les écuyers tranchans; jamais par la livrée. Le dîner ne durait pas une demi-heure.

En rentrant dans le salon, un de nous présentait à l'empereur un plateau de vermeil sur lequel étaient une tasse et un sucrier. Le chef d'office versait le café, puis nous nous retirions dès que l'impératrice avait pris la tasse de l'empereur. Elle la lui donnait alors, dans la crainte qu'il oubliât de la vider, ce qui lui arrivait assez ordinairement.

L'empereur retournait ensuite dans son cabinet; l'impératrice descendait dans ses appartemens, entrait dans le salon, y trouvait ses dames de service, quelques autres dames privilégiées et les officiers de sa maison. Quelquefois Napoléon venait assister à ce petit cercle, mais il y restait fort peu de temps. Il préférait venir à l'heure de la toilette, parce que là, excepté Herbault ou Duplan, coiffeurs de Joséphine, et quelques unes de ses femmes, il n'y avait jamais de personnes étrangères.

Les officiers de service remontaient à minuit pour assister au coucher et prendre les ordres du lendemain. La chasse pouvait seule déranger cette uniformité journalière ; mais Napoléon ne se livrait que rarement à cet exercice.

Dans le choix des divertissemens qui avaient lieu presque toutes les semaines, principalement à Saint-Cloud, l'impératrice semblait oublier son rang en défendant toute espèce de cérémonial. On se réunissait dans la petite salle de spectacle, au dessus de la chapelle, et là, devant un petit nombre de personnes plutôt admises qu'invitées, on jouait ordinairement des charades en action, des proverbes dramatiques, quelquefois même des vaudevilles et des comédies en un acte, choisies de préférence dans le répertoire du Théâtre-Français. Les actrices et les acteurs se composaient le plus habituellement de la reine de Hollande, de sa dame d'honneur, de Mme Murat, lorsqu'elle était à Paris, de quelques dames du palais de Joséphine, de Régnault de Saint-Jean-d'Angély, de M. de Fontanes, de quelques chambellans, et enfin de l'impératrice elle-même, qui ne dédaignait pas de se charger des rôles les plus minces, surtout lorsque Talma figurait dans la représentation.

Ce genre d'amusement fut blâmé par les uns et imité par les autres. Napoléon fut un des premiers à s'élever contre ces parodies théâtrales; aussi choisissait-on de préférence les momens où il était absent; d'ailleurs, on redoutait sa critique; car, ayant fini par fermer les yeux sur une chose qu'il n'avait pu empêcher, il avait en même temps pris le parti de se ranger parmi les spectateurs; mais il suffisait que l'on sût *qu'il y viendrait un moment* (c'étaient ses propres expressions) pour que le talent des nobles artistes se trouvât comme paralysé.

Peu à peu le goût de la comédie bourgeoise passa du château de Saint-Cloud dans toutes les hautes sociétés de la capitale. Il n'y eut pas un sénateur, un banquier, un employé un peu aisé qui ne voulût avoir, soit à Paris, soit à la campagne, une salle de spectacle et imiter les manières des acteurs de Saint-Cloud.

Cette manie eut cela de bon que, devenue presque générale à Paris, elle combla peu à peu l'intervalle qui avait toujours séparé les comédiens des autres classes de la société : on les fréquenta plus que jamais, sans que les mœurs perdissent beaucoup à ce rapprochement.

Joséphine ne brillait pas par ses dispositions pour la scène. D'abord elle ne chantait pas juste, elle était rarement sûre de sa mémoire, et ne savait jamais *donner la réplique* à temps ; elle ne faisait pas grand plaisir aux spectateurs, quoique ces derniers ne cessassent de l'applaudir.

Un jour de spectacle, l'empereur, qui, comme je l'ai dit, venait quelquefois à ces représentations, s'étant caché d'avance dans une petite loge, ne se gêna pas pour siffler sa femme avec aussi peu de mesure que le parterre de nos petits théâtres sifflent les mauvais drames, en disant tout haut en s'en allant : *Il faut convenir que c'est impérialement mal joué !*

Quelques temps après, Napoléon assistant, selon son habitude, à la toilette du soir, rappela à l'impératrice, en badinant, la dernière représentation à laquelle il s'était trouvé et où il avait sifflé. Joséphine lui dit en riant :

— Que veux-tu, Bonaparte, j'étais sur le théâtre, et là il faut bien être applaudie ou sifflée !

Et sur ce qu'elle lui fit observer que la reine Marie-Antoinette avait joué la comédie devant sa cour au *petit Opéra* de Trianon, Napoléon l'interrompit en lui disant :

— Je le sais, mon amie, et cela n'en était pas mieux; Louis XIV dansa même dans un ballet à Versailles; mais il renonça à cet amusement dès qu'il eut entendu réciter les beaux vers où Racine lui représentait combien un pareil passe-temps était indigne d'une tête couronnée : la première fois que Talma viendra, dites-lui de vous les lire, ces vers, libre à vous ensuite de jouer, et à moi de vous siffler.

Cette leçon ne fut pas perdue pour Joséphine; dès ce moment, elle se borna à quelques proverbes de Carmontel qui se jouaient ordinairement dans le *petit salon bleu* : quelquefois aussi Talma venait au palais, dans la soirée, pour y faire des lectures ou pour y déclamer quelques scènes de tragédie.

Peu de jours après le départ de l'empereur pour la Hollande, le général Ordenner, gouverneur du château de Compiègne, mourut subitement frappé d'apoplexie foudroyante, pendant qu'il se faisait la barbe. Un soir il assistait à une réunion, chez M. de Rémusat, où Talma et Mme Talma jouèrent la grande scène de l'Othello de Shakspeare. L'un et l'autre, quoiqu'en costume de ville, firent une profonde sensation par la chaleur et surtout par l'admirable vérité de leur jeu. C'était vraiment une scène d'intérieur de jalousie, avec toutes les conséquences tragiques de cette terrible passion. Le général Ordenner était dans une agitation effrayante : ses doigts se crispaient comme ceux d'un épileptique. Quelqu'un, qui se trouvait placé près de lui, s'informa de ce qu'il éprouvait.

— C'est ce que je viens d'entendre, répondit-il; je verrais mourir, sans sourciller, mon père, ma mère, mes enfans; mais ça, je ne puis le supporter.

Talma aimait à se rappeler cette anecdote, que je lui ai entendu raconter, et il avouait que jamais aucun éloge ne lui avait fait éprouver un pareil plaisir.

Les jours de grande étiquette, les dimanches par exemple, nous avions tous de la besogne pour remplir dignement nos fonctions : on va en juger par le programme, suivant qui était communiqué la veille à toutes les personnes du palais composant ce qu'on appelait *le service d'honneur*;

A neuf heures, *grand lever*; LL. MM. devaient déjeûner chacune dans leur appartement.

A dix heures, signature de contrats de mariage et nouvelles présentations.

A onze heures, messe à la chapelle;

A onze heures et demie, réception de tout le corps diplomatique;

A une heure, grande parade, nouvelles promotions, distribution de croix de la Légion-d'Honneur;

A quatre heures, conseil des ministres réunis, auquel devaient assister les princes de la famille impériale, alors à Paris;

A six heures, conseil privé;

A sept heures, grand couvert;

A huit heures, réception pour les dames;

A neuf heures, concert;

A onze heures, l'empereur et l'impératrice devaient aller coucher à Malmaison ou à Saint-Cloud.

On voit par ce programme, transmis; par le grand-maréchal, que notre journée devait être bien employée.

Un soir, à la réception, M. de Bris... ayant paru devant l'empereur en habit magnifique, Napoléon lui en fit compliment, et comme il continuait de se récrier sur le trop de richesse des broderies, M. de Bris... lui répondit:

— *Ah! sire, cela se doit.*

— Ah! cela se doit! répliqua vivement l'empereur, qui crut remarquer une intention maligne où il n'y en avait peut-être pas; au moins, monsieur, ajouta-t-il, n'est-ce pas à moi qu'il fallait l'avouer.

En effet, il savait que M. de Bris... avait des dettes, mais il ne se souciait pas de les payer.

C'est ce même M. de Bris... qui se présenta un jour devant l'impératrice chamarré des insignes d'un nouvel ordre institué par le roi de Westphalie, et où étaient figurés *le lion de Cassel, le cheval de Brunswick, l'aigle impériale*, et je sais quels autres emblèmes empruntés au règne animal.

— Bon Dieu! s'écria Joséphine, il n'y a donc que des bêtes dans cet ordre-là.

Je ne sais ce qu'aurait répondu M. de Bris... à cette singulière observation, lorsque, fort heureusement pour lui, arriva M. Denon, que l'impératrice honorait d'une estime toute particulière.

Ce célèbre antiquaire était parvenu à prouver à Joséphine qu'elle se connaissait en antiques; aussi voulait-elle avoir un cabinet, un conservateur, voire même d'insignifiantes médailles. Déjà elle possédait, à Malmaison, quelques fragmens égyptiens que Napoléon lui avait rapportés d'Orient, et quelques objets trouvés à Herculanum, dont Murat lui avait fait présent.

Des ordres ayant été donnés, un conservateur du cabinet fut nommé, ce fut M. de Mirbel; mais cette passion subite pour la science des vieilleries se refroidit au bout de quelques jours; les richesses en ce genre que l'on s'était procurées à grands frais restèrent déposées dans une chambre basse, qui précédait la salle de bains, exposées à la poussière et à la disposition des domestiques. Les dames du palais et les chambellans ayant plus de mémoire que l'impératrice, pour réveiller en elle un goût qu'elle n'avait déjà plus, lui persuadèrent que rien ne serait plus élégant, plus riche et de meilleur goût qu'une parure combinée de pierres grecques et romaines. Joséphine, qui aimait d'abord tout ce qui avait un air d'originalité, pria l'empereur d'ordonner à M. Denon de lui faire un choix parmi tout ce qu'il avait de plus précieux. Napoléon commença par refuser ; mais, vaincu par les instances de sa femme et celles du grand-maréchal, il chargea ce dernier d'aller au cabinet des antiques, et d'y choisir quatre pierres : une pour le bandeau, une pour la ceinture, et les deux autres pour les bracelets. Duroc prit ce qu'il y avait de mieux, et priva ainsi cette riche collection de plusieurs pierres gravées qui avaient été l'objet des dissertations du célèbre Visconti, et qui avaient fait l'admiration de l'Europe savante. L'impératrice ne porta jamais cette parure beaucoup trop lourde ; le seul resultat de cette obséquieuse attention de courtisans, fut la perte d'objets précieux qui faisaient l'admiration de tous les étrangers.

Un jour que l'empereur était en calèche avec Joséphine au milieu d'un concours immense de peuple, dans la grande allée du parc de Saint-Cloud, il se vit accosté par un homme qui lui avait fait diverses fournitures dont il n'avait pas été payé. La somme qu'il réclamait était assez considérable ; et il n'y avait rien à dire au mémoire. Des ordres furent donnés, et cet homme fut soldé sur-le-champ.

Malheureusement, il n'en était pas toujours de même avec l'impératrice ; elle avait bien des qualités, mais elle n'avait pas celle d'aimer à payer ses dettes ; et cependant elle jetait l'argent par les fenêtres. « Ce gaspillage, disait Napoléon, fait mon supplice ; il est dans ma nature d'aimer mieux donner un million que de voir cent francs perdus en niaiseries. »

Il aimait à raconter qu'étant *tombé* un jour sans y être attendu dans le petit cercle du matin de Joséphine, il avait trouvé le *modiste* Leroy, professant à la lettre les modes et les chiffons : il osa m'entreprendre, dit l'empereur sur le *dernier goût du jour*, et voulut me démontrer que je ne donnais pas assez à l'impératrice, et qu'il lui était impossible de continuer à l'habiller à ce prix. Je me contentai de l'interrompre au milieu de son impertinente éloquence. J'aurais pu le faire mettre pendant vingt-quatre heures à Bicêtre, mais sa place était marquée à Charenton.

« Une autre fois, disait encore l'empereur, étant à Saint-Cloud, j'arrivai chez l'impératrice dans un moment où on me croyait bien loin ; mon apparition subite fut comme un coup de foudre et causa un désordre universel dans cette nouvelle *académie des dames*. C'était encore une célèbre marchande de modes, la ruine des trois quarts de mes maréchaux, à laquelle j'avais fait défendre expressément d'approcher de l'impératrice, qu'elle ruinait à la vérité moins vite que les autres. J'étais fort en colère et je donnai quelques ordres à Savary pour qu'on s'en emparât et qu'on la conduisît à Bicêtre. Cette mesure occasionna un grand scandale dans le public ; on essaya même de soustraire la victime à ce qu'on appelait ma *barbarie*. Tout Paris s'intéressa au sort de Mme D..., et le bon ton du faubourg Saint-Germain fut d'aller lui rendre visite ; il y avait à Bicêtre une file de voitures plus grande que dans la cour du château. Fouché vint m'en faire part :

— Elle n'est pas au cachot ? lui demandai-je.

— Sire, elle a plusieurs pièces et tient salon.

— Eh bien ! laissez aller les voitures et laissez crier ; je ne suis pas fâché qu'on prenne ceci pour un acte de tyrannie ; ce sera un petit coup d'État qui prouvera ce que je puis faire. »

Tout cela n'empêchait pas Napoléon de commettre quelquefois lui-même ce que je puis au moins appeler des étourderies ; mais il ne s'en vantait pas. Je n'en citerai qu'un seul exemple.

Il venait de signer la paix de Presbourg, et avait dicté à un de ses secrétaires deux lettres, l'une pour l'empereur d'Autriche et l'autre pour l'empereur de Russie. En attendant qu'on eût fait l'expédition de ces minutes, il alla voir défiler un régiment de la garde. Pendant ce temps, les deux lettres avaient été recopiées par les employés du secrétariat particulier, et le secrétaire intime les avait placées sur le bureau de l'empereur afin qu'il les relût et les signât à son retour, car Napoléon avait pour habitude de revoir tout ce qu'il dictait, après que l'expédition en avait été faite. Il avait aussi disposé deux enveloppes sur lesquelles il avait mis d'avance les adresses pour épargner le temps, et afin que ces lettres, fort importantes, partissent aussitôt son retour. L'empereur revient, lit et signe les deux missives ; mais s'apercevant qu'on a fait une omission dans celle destinée à Alexandre, il donne l'ordre à son secrétaire d'y ajouter un *post-scriptum*. Pendant que ce dernier s'en occupe, l'empereur, pour aller plus vite, plie l'autre lettre, la met dans la première enveloppe qui lui tombe sous la main, et la porte lui-même à l'envoyé russe qui attendait dans un salon voisin. Le diplomate était parti lorsque le secrétaire s'aperçut de la faute. On envoya aussitôt un courrier sur ses traces, et on le rejoignit au Bourget. Cette erreur, qui aurait pu avoir de singulières conséquences, le corrigea de la manie qu'il avait de s'occuper lui-même d'une foule de petits détails particuliers.

VIII

Départ pour l'Italie. — Passage du mont Cénis. — *Les montagnes russes.* — Arrivée à Stupinitz. — Les chevaux à la cave et les palefreniers au grenier. — *Fac-simile* de la bataille de Marengo. — Montza. — La couronne de fer. — Seconde représentation du sacre. — Les princesses et les courtisanes. — M. de Monaco et la conjugaison. — L'acteur P... — Les diamans. — Panthéon maritime. — Les décorations et les tabatières. — Retour à Saint-Cloud. — Le page discret.

Dans les premiers jours du mois de mars 1805, au moment où l'empereur se disposait à aller recevoir la couronne que la république italienne était venue lui offrir à Paris quelques jours auparavant, je fus désigné par le grand-maréchal, sur la recommandation de M. de Ségur, pour faire partie du personnel de la maison impériale que LL. MM. devaient emmener avec elles à Milan. C'était en quelque sorte une faveur, puisque j'étais un des plus jeunes parmi mes camarades, et que l'empesur avait expressément recommandé qu'on ne mît sur la liste des pages qui devaient l'accompagner que ceux dont l'âge pouvait résister aux fatigues et aux accidens inséparables d'une longue route.

L'espoir de fouler bientôt cette terre, berceau du monde chrétien, témoin de toutes nos gloires, me jeta dans le ravissement. Nous n'étions en tout que six. La préférence dont je fus l'objet me fit bien des jaloux.

La voiture de voyage qui nous avait été désignée par le grand-écuyer était vaste, douce et commode; nous devions y tenir six, savoir : MM. D... et B..., valets de chambre de l'empereur; D..., huissier; R... fourrier du palais, nouvellement nommé, moi et un autre de mes camarades. Nous avions été divisés par deux dans chacune des berlines de voyage, sur la recommandation de M. d'Assigny, qui avait prétendu, fort mal à propos, que si on nous mettait tous les six ensemble nous ferions les diables en chemin. Sur le siége de chacune de nos voitures il y avait deux valets de pied, notre bagage était derrière; on allait à quatre chevaux avec deux postillons; des relais étaient préparés d'avance sur toute la route.

Nous partîmes les uns de Saint-Cloud, les autres de Paris, et nous arrivâmes au bout de neuf jours au pied du mont Cénis, après avoir passé par Fontainebleau, Briarre, Nevers, Moulins, Tarare, Lyon, Chambéry et Saint-Jean de Maurienne.

Nous n'eûmes aucunes fonctions à remplir pendant ce voyage. On ne séjournait jamais plus d'une demi-journée; les dispositions étaient toujours arrêtées pour le logement. Toute la dépense se trouvait payée d'avance; nous voyagions comme par enchantement.

En arrivant au pied du mont Cénis, je fus un peu désappointé. Il faisait un froid piquant; on n'apercevait devant soi que neiges, glaces et montagnes. Néanmoins, je fus curieux de voir comment on s'y prendrait pour gravir cette masse de rocs qui paraissait inaccessible! Cependant une armée tout entière y avait passé naguère!... M. R..., le nouveau fourrier du palais, qui lui-même avait fait la campagne de Marengo, se chargea d'ordonner toutes les dispositions. Nous formions pour ainsi dire l'avant-garde de ce cortége; notre voiture fut démontée pièce à pièce et chargée, ainsi que nos bagages, sur des mulets; nous-mêmes nous nous plaçâmes dans des espèces de chaises à porteurs, et l'on nous remorqua ainsi jusqu'à un couvent, dont je ne me rappelle plus le nom, où on nous déposa à notre grande satisfaction. C'était en quelque sorte le rendez-vous général. Nous y restâmes un jour et une nuit. Nous fûmes supérieurement traités; j'y fis d'un seul trait un somme de vingt-quatre heures.

Mais ce fut le lendemain, quand il fallut descendre!... Nous étions plus embarrassés les uns que les autres: je regrettais notre hôtel. J'aurais pardonné au grand-maître des cérémonies de ne m'avoir pas mis sur la liste. J'en voulus presque au grand-maréchal de m'avoir gratifié d'un *tour de faveur*.

Je n'avais cependant pas envie, pour descendre de *me faire ramasser*, comme on le fit depuis aux *montagnes russes*. Un des préliminaires de cette méthode expéditive nous parut à tous suffisante pour nous en dégoûter. Depuis le moment où le voyageur est précipité sur les neiges glacées, jusqu'à l'instant où, mortellement effrayé de l'espace qu'il vient de parcourir, on le *ramasse*, dans toute la force du terme, il doit être en proie aux plus terribles angoisses.

Quant à moi, ma jeune imagination encore frappée des scènes périlleuses que les livres de voyage que je m'étais amusé à parcourir avaient stéréotypées dans ma mémoire, je ne fus d'aucun avis et je laissai la discussion s'engager, sur les moyens proposés pour la descente, entre MM. R.., G... M... et mon collègue, avec la ferme intention de suivre ceux que leur prudence mettait à même de courir le moins de risques. C'était une terrible chose pour moi, depuis trois jours, de me lever avant l'aurore, et d'apercevoir, des fenêtres de notre logement, ce continent glacé, ces neiges, ces glaces profondes où l'armée de Napoléon avait manqué d'être engloutie. En face de la porte du couvent, on distinguait à peine une trace grisâtre, indiquant la place de l'ancien chemin par lequel le voyageur tremblant se faisait transporter, dans un panier d'osier, sur les épaules de quelques montagnards qui se trouvaient réduits, par la misère et l'intempérie du climat, à l'état de bête de somme. Joignez à cela la peur des ours et des loups; c'était chaque jour mon idée dominante avant de me livrer au sommeil.

Le lendemain matin, je fus pleinement rassuré, quand, en entrant dans la cour, je vis notre voiture attelée de quatre vigoureux chevaux, et deux vigoureux postillons dont l'impatience et le désir de se mettre en route contribuèrent pour beaucoup à dissiper ma frayeur. Mes compagnons de voyage arrivèrent sur ces entrefaites; nous montâmes tous en voiture et nous partîmes aussitôt. Nous descendîmes au grand trot, quoiqu'on eût eu la précaution d'enrayer les deux roues de derrière, par un chemin qui n'était ni trop large ni trop beau, ni trop doux, sans doute parce qu'il n'était pas absolument couvert de neige. Je n'aperçus ni loups ni ours, et nous arrivâmes à ***, sains et saufs, après avoir échappé aux dangers d'une route que je pourrais appeler, sans exagération, *le casse-cou de l'Europe.*

Enfin nous arrivâmes à Stupinitz, où tout le service de la maison de LL. MM. vint bientôt nous rejoindre. Il paraît que le château, d'assez maigre apparence, avait été désigné comme lieu de rendez-vous général. M. de La Luzerne, qui en était gouverneur, et surtout le général Dupas, qui, je crois, n'était que sous-gouverneur, nous reçurent comme des gens impatiemment attendus. L'empereur et l'impératrice n'arrivèrent qu'à la fin du mois, et je vis le moment où on allait être obligé d'établir des bivouacs pour tous ceux qui vinrent ensuite, tant les appartemens du château étaient encombrés. On construisit en dehors des murs de clôture des baraques pour les gens de service; les chevaux furent parqués dans les caves, et les hommes d'écurie relégués sous les toits.

LL. MM. restèrent près de quize jours dans cette résidence, après quoi nous partîmes tous en avant, pour aller à Turin. Napoléon s'y rendit le premier; Joséphine ne le rejoignit que quelques jours après. De Turin on alla à Alexandrie.

L'empereur se faisait une fête de revoir les champs glorieux de Marengo. Il avait ordonné que le simulacre de cette célèbre bataille y serait représenté. Un arc de triomphe avait été dressé à la porte d'Alexandrie, qui conduit dans la plaine de Marengo. Il était couvert d'emblèmes rappelant les victoires d'Italie, d'Allemagne et d'Egypte. Sur le champ même du combat on avait élevé une espèce d'amphithéâtre destiné à recevoir l'impératrice, sa suite et celle de l'empereur. Joséphine arriva à dix heures et demie, dans une calèche découverte, attelée de huit chevaux blancs magnifiques. L'empereur vint un quart d'heure après, à cheval, suivi du plus brillant état-major qu'on eût vu jusque-là. Encore toute fière de ses souvenirs, l'armée française, dans la plus belle tenue de parade, était depuis deux heures rangée en bataille dans la plaine, théâtre récent de ses exploits. Français, Italiens, Mameloucks, infanterie, cavalerie, artillerie, gardes nationales, garde d'honneur milanaise envoyée au devant du souverain, grands officiers de la couronne, chambellans, dames du palais, pages, écuyers cavalcadours, nombreux officiers supérieurs de toutes armes, en grand uniforme, tout semblait s'être réuni pour jeter plus d'éclat sur ce magique tableau. Le soleil brillait sous un ciel sans nuages. C'était un coup d'œil admirable que ces rayons réfléchis et répercutés sous mille formes par l'or, l'argent et l'acier des armures ; l'air retentissait des cris d'une multitude innombrable du hennissement des chevaux, du bruit des fanfares, mêlé à celui des fifres et des tambours.

Napoléon s'avança jusqu'au pied de la tribune où était assise Joséphine. Là, il changea de cheval, monta sur un coursier que les Pyramides avaient vu naître, et parcourut les rangs des soldats. Les acclamations, les applaudissemens éclatèrent plus nombreux et plus vifs. La revue terminée, il revint prendre place à côté de l'impératrice. L'amphithéâtre sur lequel se tenaient LL. MM., quoique très petit, semblait être le centre unique où venaient aboutir tous les regards de cette multitude en délire, qui saluait ses nouveaux souverains des cris de : *Vive l'empereur ! vive l'imperatrice ! vivent les Français !*

Joséphine suivit très attentivement le simulacre du combat. Lannes, élevé depuis peu à la dignité de maréchal de l'empire, commandait les évolutions et dirigeait ce qu'on appelle les *grandes manœuvres*. Le vainqueur de Marengo parut prendre un plaisir extrême à cette petite guerre, qui se prolongea depuis onze heures du matin jusqu'à quatre heures du soir ; après quoi il remit à plusieurs officiers et magistrats italiens la croix de la Légion-d'Honneur. Joséphine attacha la cravate et nouvel étendard de la garde d'honneur milanaise, puis Napoléon posa la première pierre d'une colonne destinée à perpétuer le souvenir de la victoire de Marengo, et termina ainsi une journée qui rappelait un des plus beaux exploits de son armée.

Le soir, il y eut bal et réception ; plus de huit cents personnes y furent admises. Napoléon se retira à neuf heures ; et bien que Joséphine se trouvât très fatiguée, elle ne rentra dans son appartement qu'à minuit, après avoir soupé légèrement.

Le service partit d'Alexandrie pour se rendre à Pavie, où il ne fit qu'un séjour de vingt-quatre heures. Ce fut là que la grande députation de Milan attendait LL. MM. pour les complimenter et grossir notre cortége, pour lequel toutes les mesures d'ordre et d'apparat avaient été arrêtées d'avance. Notre entrée dans Milan se fit au commencement de mai avec une pompe et une munificence telles, que les Italiens ouvraient de grands yeux, sans prononcer une parole, tant ils étaient stupéfaits. Je n'entrerai pas dans le détail de toutes les cérémonies qui eurent lieu à cette occasion ; mais comme il en est une que l'on n'avait pas encore vue, et que l'on ne reverra sans doute pas de long-temps, j'en dirai deux mots. Je veux parler de la remise de la fameuse couronne de fer qui nous fut faite, et que nous allâmes chercher à Montza, à deux lieues et demie de Milan.

Quand nous y arrivâmes, nous fûmes reçus à l'entrée de la cathédrale par quelques membres du chapitre, rassemblés pour nous faire les honneurs. Ils nous laissèrent ensuite dans l'église, entrèrent dans la sacristie pour se préparer à la cérémonie, et revinrent bientôt précédés de plusieurs prêtres qui portaient des cierges allumés, et d'une nuée de petits enfans de chœur habillés de blanc. Cette procession sortant d'une porte latérale paraissait le modèle vivant de la plupart des bas-reliefs que l'on trouve dans presque toutes les chapelles des églises d'Italie.

Arrivés devant la châsse où la couronne de fer (1) était renfermée dans une croix énorme suspendue au dessus de l'autel, les chanoines tombèrent à genoux ; le sacristain posa une échelle contre la croix, y monta, ouvrit le reliquaire, et déploya le trésor à la lueur douteuse de tous les cierges allumés qui l'entouraient. Les prêtres placés au dessous remplissaient l'air de la vapeur odorante de l'encens qui s'échappait en nuages condensés d'énormes encensoirs d'argent, et rien n'était visible à nos yeux, excepté les longues manches blanches et pendantes du sacristain, qui paraissaient se balancer dans les airs. Enfin la fumée de l'encens se dissipa, la croix se referma, le sacristain descendit et remit la fameuse couronne entre les mains d'un chanoine, qui la posa sur un coussin de velours bleu disposé à cet effet au pied de l'autel.

Il est à remarquer que depuis plus d'un siècle peut-être, aucune main humaine n'avait touché cette relique, dont la vue nous laissa indifférens, tant elle était vieille, vermoulue, et privée de ce je ne sais quoi qui, dans des objets de ce genre, est nécessaire pour imprimer une vénération soudaine.

Le cortége qui devait accompagner la translation de la couronne de fer de la cathédrale de Montza à celle de Milan, était fort simple et très peu nombreux. Il était conduit par un escadron de la garde d'honneur milanaise, suivi d'une voiture dans laquelle se trouvaient quatre membres de la municipalité de Montza ; venaient ensuite un corps de trompettes, également à cheval, et dans une autre voiture, deux chanoines, le syndic et l'archevêque de Montza ; puis nous autres à cheval, et enfin une troisième voiture où M. de Ségur, grand-maître des cérémonies du palais de l'empereur, se trouvait seul, portant sur ses genoux le coussin de velours bleu dont j'ai parlé, et sur lequel la couronne de fer reposait mollement. Une compagnie de grenadiers à cheval fermait la marche.

Ce cortége fit son entrée à Milan au bruit des trompettes, des cloches, des salves d'artillerie et des acclamations du peuple accouru sur notre passage. Arrivé à la porte de la cathédrale, M. de Ségur remit la couronne entre les mains de l'archevêque de Milan, qui nous attendait avec tout son clergé. Nous trouvâmes l'église toujours dans le même ordre, à l'exception des troupes qui étaient restées sous le portail. L'archevêque vint déposer la relique sur un petit autel, qui avait été préparé tout exprès dans le milieu du chœur pour qu'elle restât exposée à la vue des fidèles. Tout le monde s'agenouilla, et après une courte prière, prononcée à voix basse par l'archevêque, chacun se retira.

Vingt-cinq grenadiers à pied furent préposés à la garde de la précieuse antiquité, pendant toute la nuit qui précéda le jour du couronnement.

Napoléon avait invité tous les membres de la république italienne à assister aux cérémonies, aux fêtes et aux réjouissances du sacre. Je vis arriver, en effet, le vice-président Melzi, le conseiller d'État Marescalchi, les cardinaux Caprara, Paradisi, Fenaroli, Costabili, Luosi, Guicciardi ; les députés des colléges et de la haute magistrature, Guastavillani, Lamberlenghi, Carlotti, Dambruschi, Raugone, Galeppi, Salim-

(1) Elle est ainsi nommée à cause d'un cercle de fer renfermé dans le bandeau d'or pur qui forme sa base. Cet anneau de fer (nous assura un des moines historiographes de cette relique) avait été fait avec un des clous de la croix, que sainte Hélène, mère de l'empereur Constantin, recueillit elle-même à Jérusalem, et qu'elle envoya à son fils.

beni, Litta, Fè, Alescendri, Appiani, Rusti, Negri, Soprensi, Valdrighi, etc., etc.

On ne pouvait entrer dans la cathédrale qu'avec des billets délivrés quelques jours auparavant, par le grand maître des cérémonies ; mais par une contradiction singulière et qui ne pouvait être attribuée qu'à l'imprévoyance, non de M. de Ségur, mais de ses subordonnés, l'agent principal préposé à la porte de l'église pour recevoir ces billets était un certain Galotti, courtier de galanterie et contrôleur à la porte du grand théâtre, en sorte que beaucoup de femmes galantes qu'il protégeait et qui s'étaient recommandées de lui entrèrent des premières dans l'église, et s'emparèrent des meilleures places dans les tribunes, se trouvant ainsi confondues avec les dames les plus distinguées de la cour. Ces grands personnages s'étant aperçus de la nature de leur voisinage, s'en plaignirent avec raison ; mais il était trop tard.

Les fêtes qui suivirent furent extrêmement brillantes.

Parmi les grands seigneurs italiens qui se firent remarquer par le luxe qu'ils déployèrent en cette occasion, on cita, en première ligne, le prince de Monaco, qui, dans la suite, fut premier écuyer de l'impératrice Joséphine, après son divorce. Ce prince, courtisan de l'empereur aux Tuileries, à Saint-Cloud, à Fontainebleau, à Compiègne, à Malmaison et dans toutes les résidences impériales, fut le premier à le dénigrer, lors des événemens de 1814. Quand Napoléon quitta l'île d'Elbe, M. de Monaco prit la fuite ; mais il eut le malheur d'être rencontré, sur la route par le monarque déchu. L'empereur alla droit à lui, et le prenant par le bras :

— Eh ! monsieur de Monaco, lui dit-il, où allez-vous donc comme cela ?

— Sire, lui répondit ce dernier, tout troublé, je viens... je vais... j'allais... j'irai...

— Vous étiez... vous êtes... vous serez... toujours le même, monsieur de Monaco.

Et puis il ajouta en riant :

— Je vois avec plaisir que vous n'avez pas perdu votre temps pendant mon absence, et que maintenant vous savez au moins conjuguer un verbe français couramment ; mais allez, que je ne vous retienne pas !

M. de Monaco retourna au plus vite dans sa petite principauté exercer, sur ses paisibles vassaux, un pouvoir despotique.

Après avoir séjourné près de deux jours à Milan, LL. MM. partirent pour Gênes avec toute leur maison ; nous y arrivâmes dans les derniers jours de juin ; l'empereur et l'impératrice y firent leur entrée, autant que je puis me le rappeler, le 29 ou le 30.

Nous souriions tous à l'idée d'assister à de nouvelles fêtes, de recevoir de nouveaux hommages. Un corps nombreux de cavalerie s'était porté à la rencontre du cortège, qu'il rencontra à Campomarone ; déjà les cloches sonnaient en volée, le canon retentissait à coups redoublés, les frégates et les chaloupes manœuvraient joyeusement dans la rade ; la ville entière était debout pour admirer à son aise l'impératrice et Napoléon. Les femmes de qualité, surtout, cherchaient à démêler, dans la physionomie de Joséphine, son caractère et ses habitudes ; les courtisans s'étudiaient à composer leur maintien en présence de l'empereur. Parmi le peuple, une partie restait muette d'admiration, l'autre laissait échapper de naïves réflexions, à la manière des marins.

Michel-Ange Cabiaso, élevé depuis peu à la dignité de maire de Gênes par l'archi-trésorier Lebrun, présenta à l'empereur les clés de la ville sur un plat d'or massif.

« Sire, lui dit-il, déjà fière de sa beauté, Gênes l'est encore aujour-
» d'hui de son destin. Elle se remet aux mains d'un héros ; elle se glo-
» rifie d'avoir su conserver sa liberté pendant un grand nombre de siè-
» cles ; mais elle se glorifie surtout, en offrant ses clés à celui dont la
» sagesse et la puissance sont les plus fortes garanties de l'intégrité et
» du salut des Etats. »
» Joséphine salua le fonctionnaire de la manière la plus gracieuse ; Napoléon lui fit une réponse très obligeante et lui rendit les clés.

Le cortége se rendit ensuite à l'église Saint-Théodore, où le cardinal Spina, qui l'attendait sous le portail, offrit l'encens aux nouveaux souverains. Peu après, le président du conseil, Louis Corvetto, fut admis à présenter ses hommages. Il remercia l'empereur d'avoir délivré le peuple de Gênes et de l'avoir honoré de son adoption. « Vous êtes aujour-
» d'hui au milieu de vos enfans, lui dit-il, nos malheurs passés sont ou-
» bliés ; tous nos sentimens se confondent en un seul : l'amour pour
» l'empereur et roi. Cet amour vous répond de notre dévoûment sans
» bornes. Notre devoir le plus sacré devient l'objet de notre affection la
» plus chère. Ne dédaignez pas la simplicité de nos paroles. Vous êtes
» notre héros, notre souverain, notre père, acceptez avec bonté le tribut
» de notre admiration, de notre amour et de notre fidélité éternelle. »

Le palais Doria avait été magnifiquement disposé pour recevoir LL. MM. et toute leur suite. Le surlendemain même de leur arrivée, la première fête leur fut offerte par la ville. Elle eut lieu sur mer. De ma vie je n'ai rien vu de plus beau.

L'œil s'arrêtait d'abord sur un temple majestueux, nommé le *Palais de Neptune* ou *Panthéon maritime*. Elevé sur pilotis de navires, il semblait construit néanmoins sur un sol verdoyant, et se mouvait sur les eaux par des rouages cachés. Il était surmonté d'une immense coupole, soutenue par seize colonnes d'ordre ionique, et orné de statues représentant les divinités de la mer. Sur les deux faces intérieure et extérieure de cette coupole, on lisait une inscription composée par un poète nommé Salori, et dans laquelle les Liguriens prédisaient à l'empereur et roi Napoléon, ainsi qu'à l'impératrice Joséphine, qu'ils régneraient tous deux un jour sur les mers comme ils régnaient déjà sur la terre.

Le temple fut amené au milieu du port ; Napoléon y entra donnant la main à Joséphine. L'un et l'autre parurent charmés de voir autour d'eux tant d'apprêts solennels. Quatre petites îles, sous la forme de jardins chinois, flottaient mollement au gré des eaux. Nous y entrâmes et nous pûmes nous y reposer à l'ombre des palmiers, des cèdres, des grenadiers, des citronniers et des orangers. De limpides jets d'eau y rivalisaient de fraîcheur avec celle des ondes qui nous entouraient. Les arbres étaient surmontés de cintres diversement coloriés, tous chargés d'innombrables clochettes, qui, sans cesse agitées par le balancement du mécanisme qui les faisait mouvoir, berçaient continuellement l'oreille de leurs tintemens harmonieux. Mille et mille chaloupes, esquifs, barques et gondoles de toute dimension, de toute couleur, également parés, rendaient l'instabilité du lac plus sensible, en obéissant eux-mêmes aux flots capricieux, et le plaisir des yeux se renouvelait à chaque instant par l'inconstance et la variété du tableau magique qui nous était offert.

Vint ensuite ce qu'on appelle *la regata*, c'est-à-dire une joute entre quatre, huit, ou un plus grand nombre encore de petits bateaux plats, chacun surmonté d'un pavillon de couleur éclatante et chargé de rameurs vêtus à la légère. Tous partirent en même temps et avec la rapidité de l'éclair des trois portes qui donnent sur la mer. La victoire demeura au pavillon de *Spinola*, dont le triomphe fut célébré par les plus bruyantes acclamations parties de la rive.

Bientôt la nuit vint encore ajouter à la pompe de ce spectacle. Des lustres de cristal, tout à coup allumés entre les colonnes du temple flottant, répandirent un éclat enchanteur que le reflet des eaux multiplia de mille nuances. Resplendissans eux-mêmes, les cintres de nos petites îles vinrent mêler leur clarté à la lumière éblouissante du Panthéon. Des feux aériens, imitant les étoiles, d'après le procédé d'un célèbre artificier génois, voltigeaient autour de l'édifice et de nos quatre jardins. Egalement illuminées, les agiles gondoles semblaient autant de serpens enflammés qui glissaient, en s'entrelaçant, sur les eaux. Le temple, les jardins et les gondoles formaient un immense foyer d'innombrables étoiles, dont les feux errans se prolongeaient au loin sur le rivage et reproduisaient le jour au sein même de la nuit. Pendant ce temps, nos oreilles n'étaient pas moins enchantées que nos yeux : des musiciens vêtus de costumes chinois exécutaient autour de nous, et dans les quatre îles, des barcaroles et des chants pleins de mélodie.

Tout à coup les murs de la ville, les magnifiques palais et toutes les habitations resplendirent en même temps d'une illumination générale. La superbe Gênes présenta alors un amphithéâtre de feux, qui avec ceux de la mer, forma une opposition toute poétique. La tour dite *de la Lanterne*, couverte d'un nombre infini de lampions artistement disposés, attira principalement nos regards. Notre admiration vint encore à s'accroître quand d'immenses tourbillons de flammes, s'échappant du sommet de l'édifice comme du cratère d'un volcan, se métamorphosèrent bientôt en un feu d'artifice comme je n'en vis jamais de semblable. Deux grandes colonnes embrasées s'élevèrent à l'improviste sur les deux extrémités de la tour, et, par l'effet d'un art admirable, s'élançant spontanément dans les airs, vinrent s'engloutir dans les flots, d'où elles ressortirent presque aussitôt plus brillantes et plus vives.

Il était dix heures du soir lorsque l'empereur et l'impératrice quittèrent le *Panthéon maritime* pour se rendre au magnifique palais de Jérôme Durazzo, où les attendaient de nouvelles surprises. Nous suivîmes LL. MM. jusqu'à la porte de la salle d'albâtre où avait été disposé le banquet. Joséphine entra la première donnant le bras à sa belle-sœur, la grande duchesse de Piombino (la princesse Elisa). Le *service d'honneur* seul y fut admis.

Le lendemain, il y eut bal et réception au palais Doria. L'empereur, en parcourant la salle de bal qui était magnifiquement illuminée et où s'était rassemblé le cercle brillant qui se tenait ordinairement dans les grands appartemens, demanda à une des dames des plus distinguées de la ville, qui était venue seule, où était son mari.

— Au logis, sire, répondit-elle.
— Eh! qu'y fait-il donc aujourd'hui?
— Sire, il n'y fait rien.

— Mais qu'est-il ?
— Rien, sire.
— Rien ! rien ! répéta Napoléon.
Et il tourna le dos assez brusquement.
Apercevant une autre femme déjà sur le retour, à qui un très joli garçon donnait la main :
— Est-ce que ce jeune homme est votre mari, madame ?
— Non, sire.
— Ah! j'entends, c'est votre fils.
— Non, sire, c'est l'ami de mon mari, balbutia-t-elle un peu confuse.
— Ah ! oui, je comprends ; vous voulez dire l'ami de la maison, le vôtre...

C'était en effet un de ces galans porteurs de châles ou d'éventails autorisés par les maris en Italie, et connus chez nous sous le nom de *sigisbés*. L'empereur ne fit aucune réflexion, mais il n'adressa de la soirée la parole à aucune femme.

En rentrant dans ses appartemens, il fit appeler le grand-maître des cérémonies, et lui signifia qu'il voulait qu'à l'avenir tous les billets d'invitation pour réunion, bal ou concert, fussent faits au nom du mari.

— Mais, sire, répliqua le grand-maître, je prendrai la respectueuse liberté de faire observer à Votre Majesté que pareille chose ne s'est jamais faite en Italie.
— Eh bien ! elle se fera.
— Sire, aucune femme ne voudra venir au palais.
— Il y aura moins de bavardages.
— Leurs maris n'y viendront pas davantage.
— Tant mieux : s'ils restent chez eux, j'aurai mis en Italie les bons ménages à la mode, ils feront comme moi.

On se conforma à cette injonction de l'empereur, et le lendemain le cercle des femmes était le double de celui de la veille ; toutes étaient accompagnées de leurs époux.

Le dimanche suivant, un *Te Deum* fut chanté à onze heures dans l'église Saint-Laurent. L'empereur et l'impératrice y assistèrent. Napoléon, assis dans une chaire en forme de trône, y reçut le serment de l'archevêque et des évêques. A midi, LL. MM. rentrèrent au palais. Napoléon donna la décoration d'officier de la Légion-d'Honneur au doge Durazzo, aux sénateurs Cambiosa, Célésia, Corvetto, Cattaneo et à l'archevêque Spina. Cambiosa, Durazzo et Corvetto reçurent en outre chacun une tabatière d'or enrichie de diamans et ornée de son portrait. Des bagues richement garnies furent données aux autres.

En quittant Gênes, LL. MM., pressées de revenir en France, passèrent par Turin, où elles ne firent que se reposer. L'empeur partit en avant, selon son habitude, laissant l'impératrice qui se mit en route immédiatement pour Saint-Cloud. Napoléon était déjà arrivé à Fontainebleau que nous n'avions pas encore quitté Turin ; car, pour ne pas encombrer les routes et donner le temps aux relais de se mettre en mesure pour le service des postes, la maison impériale avait été divisée en quatre détachemens. Seul de mes camarades, je fus désigné pour le second ; deux avaient accompagné l'empereur, les trois autres étaient partis avec l'impératrice. Cette fois j'eus pour compagnes de voyage mesdames de Br.....
et d'A..... Malheureusement la voiture contenait quatre personnes. Mon

partner incommode était M. de Ba..., que l'empereur avait admis au nombre de ses chambellans à Gênes même. Aussi ne fis-je que dormir pendant la plus grande partie de la route. Je crois que M. de Ba.... m'en a toujours gardé beaucoup de reconnaissance.

Enfin nous arrivâmes à Saint-Cloud vers la fin du mois de juillet. En descendant de voiture, ces dames, à qui M. de Ba..... donna la main, allèrent immédiatement faire leur toilette avant d'entrer chez l'impératrice, où il devait les accompagner. Quant à moi, je me rendis à l'hôtel pour défaire la mienne et me coucher. J'avais une telle courbature qu'il m'aurait été impossible de rester seulement dix minutes debout. Je dormis vingt-quatre heures de suite, après lesquelles, me sentant frais et dispos, je me préparai à reprendre le cours de mes occupations ordinaires et mon service.

Je me rappelle qu'à l'occasion de ce voyage j'en fis un peu accroire à mes curieux camarades. Indépendamment de tout ce que j'avais été à même de voir, je leur contai encore ce que personne n'avait vu. Ils ne crurent pas un mot de la première partie de ma narration, tandis qu'ils prirent au pied de la lettre tout ce que j'inventai dans la seconde : c'est presque toujours comme cela.

IX.

Nouvelle organisation de la garde.—Distribution des croix d'honneur et des aigles. — Conférences de l'empereur avec l'ambassadeur anglais. — Déclaration de guerre de l'Autriche. — Napoléon à la toilette de l'impératrice. — La caserne et l'écriteau. — La parade à Saint-Cloud. — Clémence de l'empereur.

Il était facile de prévoir que, sous un souverain comme Napoléon, qui était arrivé au rang suprême par son talent pour la guerre et la confiance qu'il avait su inspirer aux soldats, le régime militaire serait établi avec toutes ses conséquences, et que l'aristocratie du sabre viendrait détrôner toutes les autres.

Un de ses premiers soins, après son couronnement, avait été de réorganiser l'armée de manière à la rendre sienne, autant que possible ; aussi ne l'appelait-il jamais autrement que *ma grande armée*. Les troupes, qui regardaient son élection à l'empire comme le prix de leurs hauts faits, lui étaient dévouées, malgré le souvenir de Moreau, qui avait encore conservé parmi les vieux soldats un certain nombre de partisans. La garde consulaire, corps d'élite, objet de tant de priviléges, était devenue la *garde impériale*. En changeant de nom, elle avait conservé toutes ses prérogatives : l'empereur décida qu'elle ne dépasserait pas le nombre de neuf mille hommes. Ces légions formidables avaient été créées et successivement augmentées sur le plan du corps des guides, dont Eugène Beauharnais était colonel. Elles devaient rester constamment auprès de l'empereur, ce qui donnait à son service beaucoup plus d'importance. Elle se composait en général d'hommes choisis, qu'on avait peut-être un peu trop accoutumés à se croire au dessus du reste de l'armée ; elle recevait une paie plus forte, et les officiers supérieurs jouissaient en outre d'une considération que le régime militaire sous lequel on vivait pouvait seul autoriser. On leur épargnait avec le plus grand soin les privations imposées aux autres corps. Toutes les mesures étaient prises pour qu'ils fussent constamment prêts à marcher en tout temps.

L'empereur n'employait jamais *sa garde* que dans les grandes occasions, et rarement au commencement d'une bataille, où elle formait toujours la réserve sous ses yeux; c'était elle qui décidait du sort d'une affaire, et il la faisait toujours donner si à propos que bien souvent elle changeait toute la face d'une bataille et déterminait la victoire, à l'instant même où elle paraissait se déclarer pour l'ennemi. Se considérant de beaucoup supérieure au reste de l'armée, accoutumée, d'ailleurs, à n'obéir qu'à l'empereur en personne, la garde lui était toute dévouée. En un mot, ce corps pouvait être regardé comme un boulevard formidable autour du trône où Napoléon venait de s'asseoir.

L'attachement de l'armée formant la base du pouvoir impérial, le monarque sentit qu'il devait s'entourer encore d'une autre espèce de partisans. La Légion-d'Honneur fut créée; elle avait pour objet de former une classe distincte et particulières d'individus privilégiés, qu'il résolut d'intéresser à la cause commune par des distinctions et des faveurs qui devaient rappeler celles de l'ancienne monarchie.

Cette noble institution, qui acquit une si grande importance politique, vint, comme on sait, de l'usage introduit dès les premières campagnes d'Italie de décerner aux militaires de tout grade, soit une épée, soit un fusil, soit une autre arme d'honneur au nom de la république, en reconnaissance de quelque action d'éclat. Ces récompenses nationales produisaient un grand effet; elles excitaient ceux qui les avaient méritées à tout faire pour conserver la réputation qu'ils s'étaient acquise, et de plus elles éveillaient chez mille autres l'ardent désir de les obtenir. L'empereur conçut donc le projet de réunir les individus déjà en possession de ces marques d'honneur par une association qui ressemblerait, sous plus d'un rapport, à ces ordres chevaleresques dont tous les souverains de l'Europe s'entouraient. Établi sur des bases fondamentales, l'ordre de la Légion-d'Honneur conférait des distinctions limitées à des individus de tous les rangs, de toutes les classes et dans des proportions convenables à la masse.

La distribution des croix eut lieu à l'hôtel des Invalides quelques mois avant le couronnement. Il faisait un temps abominable; néanmoins, cette cérémonie fut très belle; le nombre des individus qui y assista fut prodigieux. Il paraît qu'au moment où les députations des régimens s'approchèrent pour recevoir les aigles, l'élan fut général; les citoyens, comme les soldats, se répandirent en longues acclamations.

Je n'assistai pas à cette solennité, mais j'en appris les détails de la bouche même de M. de Courtomer, qui lui-même avait reçu la décoration d'officier de la Légion-d'Honneur.

Pendant ce temps-là, la marine française développait une activité prodigieuse. La mésintelligence qui s'était élevée de nouveau entre la France et l'Angleterre faisait présager les plus sérieux résultats.

Le caractère de l'ambassadeur anglais paraissait aussi peu favorable aux vues de l'empereur que celui de la nation que représentait ce diplomate. A beaucoup de sagacité, disait-on, lord Withworth réunissait un patriotisme reconnu; doué d'une grande patience, il était encore d'un sang-froid imperturbable. Dans toutes les discussions qu'il avait eues déjà avec le premier consul, il s'était contenté d'écouter sans jamais répondre, excellent moyen, pour un diplomate, de ne pas se compromettre.

Les détails que je vais donner sur les conférences qui eurent lieu entre

Napoléon et lord Withworth, à cette époque, me furent racontés, en 1814, par un Anglais qui avait accompagné cet ambassadeur, en 1802, à Paris, et qui, à l'époque de la restauration, faisait partie de l'état-major de lord Wellington, ce qui ne l'empêchait pas, chose assez remarquable, d'être un des plus chauds admirateurs de Napoléon.

La première discussion avait eu lieu aux Tuileries, au mois de février 1803. J'en ai dit deux mots dans mon premier chapitre. Le premier consul, comme on peut se le rappeler, avait commencé par déclarer que son intention était de faire connaître ses sentimens d'une manière claire et précise au roi d'Angleterre; et il s'était mis à parler pendant plus d'un quart d'heure sans que l'ambassadeur songeât à l'interrompre. Son juste ressentiment s'allumait à mesure qu'il énumérait les nombreux griefs qu'il avait contre l'Angleterre, sans néanmoins abandonner le ton ordinaire de la politesse qu'il avait toujours conservée avec ce diplomate.

La seconde conférence eut lieu peu de jours après. Le premier consul se plaignit d'abord des retards apportés par la Grande-Bretagne à l'évacuation d'Alexandrie et de Malte, et coupa court à toute discussion sur le dernier point, en déclarant qu'il aimerait autant voir l'Angleterre en possession du faubourg Saint-Germain que de cette île. Puis il rappela les outrages à lui prodigués par les journaux anglais, et surtout par les journaux français publiés à Londres. Il affirma que Georges et plusieurs autres chef de chouans, qu'il accusait, avec raison, d'avoir voulu attenter à ses jours, étaient protégés par l'Angleterre; et que des assassins, envoyés par les émigrés français pour le poignarder, avaient été arrêtés en Normandie. « Au surplus, ce fait, avait-il ajouté, sera bientôt prouvé publiquement devant les tribunaux. »

De là, Napoléon passa brusquement à l'Egypte en assurant qu'il aurait pu s'en rendre maître s'il l'avait voulu; mais qu'il avait attaché trop peu d'importance à cette conquête pour en faire le sujet d'une guerre nouvelle. « L'Egypte, continua-t-il, appartiendra tôt ou tard à la France, soit par la chute du gouvernement turc, soit par suite d'une couvention avec la Porte ». Pour prouver que ses intentions étaient pacifiques, il convint qu'il n'avait rien à gagner à la guerre, puisqu'il était sans moyens d'attaquer la Grande-Bretagne, si ce n'était par une descente dont il reconnut les périls dans les termes les plus formels. « Mais, quoique les chances, dit-il, fussent à son désavantage dans la proportion de vingt contre un, il n'hésiterait pas à les tenter, si on le forçait à combattre. »

— Si la Grande-Bretagne, dit le premier consul en terminant, m'eût montré la moindre cordialité, elle eût obtenu de moi des indemnités sur le continent, des traités de commerce, tout ce qu'elle aurait désiré; mais on s'est plu à accroître la mésintelligence entre nous, et le vent qui souffle d'Angleterre ne m'apportera jamais que haine et inimitié.

Se livrant alors à une longue digression, Napoléon passa en revue les différens Etats de l'Europe, et affirma que l'Angleterre ne devait espérer l'appui d'aucun d'eux dans une guerre avec la France. En se résumant, il demanda l'exécution prompte du traité d'Amiens et la suppression des injures qu'on lui adressait dans les journaux anglais. La guerre était l'alternative.

Le premier consul avait dit tout cela avec une grande rapidité, et, quoique l'entrevue durât depuis une heure, lord Withworth n'avait pu glisser mot de réponse ou d'explication. Cependant, lorsque Napoléon eut fini, l'ambassadeur anglais se détermina à prendre la parole; il s'efforça d'établir les nouveaux motifs d'inquiétude qui déterminaient le roi d'Angleterre à demander des conditions plus avantageuses, en appuyant sur l'accroissement de territoire et d'influence que la France venait d'acquérir.

— Je parie, dit le premier consul en l'interrompant, que vous voulez parler du Piémont et de la Suisse : ce sont des bagatelles qu'on a dû prévoir pendant le cours des négociations. Vous n'êtes point fondés à vous en prévaloir aujourd'hui; vous m'avez entendu et compris, ajouta-t-il : vous pouvez dès aujourd'hui retourner auprès de votre maître et lui faire part de mes intentions.

C'est ainsi que se termina cette première entrevue; mais lord Withworth n'en resta pas moins convaincu que Napoléon ne renoncerait jamais à la possession de Malte. Cependant l'ambassadeur ne quitta pas Paris.

Sur ces entrefaites, la chambre des communes reçut du roi un message par lequel S. M. exposait le besoin qu'elle avait d'un surcroît de forces, pour être en état de défendre son royaume dans le cas où la France viendrait à l'attaquer : « Ses craintes, disait-il, venaient des apprêts maritimes qui se faisaient dans les différens ports de France; mais il n'avait élevé aucune réclamation à cet égard pendant les discussions entre les deux gouvernemens. » Il est vrai de dire qu'il n'existait encore nulle part de préparatifs inquiétans.

Sous ce rapport, les ministres anglais donnèrent au cabinet des Tuileries, un grand avantage, en ne prenant point, pour bases de leurs mesures, l'exacte vérité. Tout le monde, néanmoins, sentait la justice réelle de la démarche du roi.

L'accusation de préparatifs maritimes ayant été victorieusement réfutée par la France, M. de Talleyrand fut chargé de faire connaître à lord Withworth les moyens que le premier consul possédait de frapper l'Angleterre, non pas directement, il est vrai, mais en attaquant certains États d'Europe qu'elle désirait surtout voir, sinon parfaitement libres, au moins à l'abri d'un envahissement.

« Il est naturel, disait M. de Talleyrand dans une note, puisque l'Angleterre prend les armes en conséquence du message du roi, il est naturel que la France se tienne aussi sur ses gardes; qu'elle envoie une armée en Hollande; qu'elle forme un camp sur les frontières du Hanovre, maintienne les troupes en Suisse, dirige des forces vers le midi de l'Italie, et enfin qu'elle établisse une ligne d'observation sur ses côtes. »

Peu de temps après l'envoi de cette note, Napoléon, plus exaspéré encore par le message du roi au parlement, parut vouloir terminer tout d'un coup cette longue négociation. Dans une réunion diplomatique tenue aux Tuileries au mois de mars suivant, le premier consul s'avança, d'un air fort agité, vers lord Withworth, et lui dit assez haut pour être entendu de tout le monde :

« Vous êtes donc déterminé à la guerre! » Puis, sans attendre de réponse, il continua : « Nous avons eu la guerre pendant quinze ans; vous la voulez quinze autres années encore : c'est vous qui m'y forcez. »

S'adressant ensuite au comte Marcoff et au chevalier Azzara, il leur dit :

— Les Anglais veulent la guerre ; mais s'ils tirent les premiers l'épée, je serai le dernier à la remettre dans le fourreau. Couvrons d'un crêpe funèbre les traités, puisqu'ils ne savent pas les respecter! Puis revenant à lord Whitworth : Je n'ai pas un seul vaisseau de ligne dans les ports de France, continua-t-il ; mais si vous prenez les armes, je les prendrai ; si vous voulez vous battre, je me battrai, et d'autres se battront encore pour moi et avec moi contre vous.

Le premier consul répéta cette phrase deux fois, et sortit du salon laissant toutes les personnes présentes étonnées et ne sachant ce que cela voulait dire.

M. de Talleyrand, à qui l'ambassadeur anglais demanda le lendemain l'explication de cette scène, répondit que le premier consul se voyant publiquement outragé avait voulu se disculper en présence de tous les ambassadeurs de l'Europe.

En effet, c'était ce que ne manquait jamais de faire Napoléon lorsqu'il croyait avoir à se plaindre d'une puissance. C'était devant leurs ambassadeurs réunis qu'il *savonnait* (pour me servir d'une de ses expressions favorites) celui d'entre eux dont il n'était pas content. Lord Whitworth quitta Paris, et au mois de mai 1803, l'Angleterre avait déclaré la guerre à la France.

Lorsqu'il y avait ce qu'on appelait *réception* aux Tuileries ou à Saint-Cloud, toutes les personnes qui composaient le corps diplomatique avaient l'habitude de se former en cercle dans la salle du trône, où elles prenaient place selon leur date de résidence à Paris (usage adopté entre les envoyés des grandes puissances, et strictement maintenu par M. de Ségur.) L'empereur faisait le tour du salon en commençant par sa droite, et causait successivement avec chacun des ambassadeurs, ministres, chargés d'affaires, etc.

En arrivant devant M. de Metternich, il s'arrêta brusquement, et, comme on s'attendait à quelque scène, d'après la connaissance que l'on avait de la déclaration du gouvernement autrichien qui avait été insérée tout au long dans le *Moniteur*, il régna un profond silence. Après les complimens d'usage qui furent faits de part et d'autre de la manière la plus amicale, l'empereur lui dit :

— Eh bien ! voilà du nouveau à Vienne ; qu'est-ce que cela signifie ? Est-on piqué de la tarentule ? Qui est-ce qui vous menace ? A qui en voulez-vous ? Voulez-vous donc encore mettre le monde en combustion ? Comment, lorsque j'avais mon armée en Allemagne, vous ne trouviez pas votre tranquillité menacée, et c'est à présent, qu'elle est en Espagne, que vous la voyez compromise ! voilà un étrange raisonnement. Que va-t-il résulter de cela ? C'est que je vais armer, puisque vous armez ; car enfin je dois craindre, et vous le savez, monsieur, je suis payé pour être prudent.

M. de Metternich protestait que sa cour n'avait aucun projet de cette nature ; que l'on voulait seulement prendre des précautions dans une circonstance où l'Europe paraissait le commander ; mais que ces mesures ne couvraient aucun projet hostile. L'empereur répliqua aussitôt :

— Mais où avez-vous pris ces inquiétudes ? Si c'est vous, monsieur, qui les avez communiquées à votre cour, parlez, je vais vous donner moi-même toutes les explications dont vous aurez besoin pour la rassurer. Vous voyez qu'en voulant porter votre maître à affermir sa sécurité, vous avez troublé la mienne et en même temps celle de beaucoup d'autres.

M. de Metternich se défendait mal, il était aisé de voir qu'il lui tardait de finir l'entretien, lorsque l'empereur l'interrompit en lui disant :

— Monsieur, j'ai toujours été dupe dans toutes mes transactions avec votre cour ; il faut parler net, elle fait trop de bruit pour que la paix continue entre nous, et elle en fait trop peu pour que nous recommencions la guerre.

Il passa ensuite à un autre ambassadeur, et acheva ainsi l'audience à la suite de laquelle il y eut assurément plus d'un courrier de cabinet expédié. Les événemens prouvèrent que celui de M. de Metternich s'était pressé, car huit jours après on eut la certitude que l'Autriche rassemblait déjà ses armées, tandis que l'empereur n'avait pas encore songé à la sienne.

Le soir, à la toilette de l'impératrice, où il assista, nous pûmes juger que jamais il n'avait été pris si fort au dépourvu. Il se promenait dans la chambre, selon son habitude, toujours en diagonale, et tortillait ses gants en disant à Joséphine qui l'écoutait en silence en se faisant coiffer :

— Vraiment! je ne reviens pas de cette guerre. Il faut qu'il y ait làdessous quelques projets dont je ne me doute pas, ou qu'ils soient tous devenus fous. Me croiraient-ils mort!... Ils verront comment cela ira cette fois. Et puis ils diront que j'ai de l'ambition, tandis que ce sont leurs bêtises qui règlent ma conduite. Au reste, l'Autriche ne sera pas seule, elle n'y a pas songé. J'attends un courrier de Russie, et si les choses y vont comme j'ai lieu de le penser, elle en verra de belles... Ah! l'Autriche veut encore nous faire la guerre...

Et tout en disant cela, l'empereur avait pris son chapeau et était sorti sans parler à qui que ce soit. Nous l'entendîmes encore, tandis qu'il montait le petit escalier, pousser des exclamations parmi lesquelles nous distinguâmes parfaitement le mot de *bêtise*.

Le lendemain de cette scène, l'empereur venait de faire son tour de promenade accoutumée dans une calèche découverte, ayant à ses côtés l'impératrice, en face madame de Larochefoucaud et l'aide-de-camp de service. Il rentrait à Saint-Cloud par la route qui mène à Bellevue, à l'extrémité de laquelle se trouve le quartier des guides d'escorte et le bataillon de la garde chargé de faire le service du château. Arrivé à ce point, l'impératrice s'aperçut qu'un écriteau attaché à une longue corde, et sur lequel il y avait quelque chose d'écrit, était suspendu à une fenêtre du quartier et voltigeait de droite et de gauche au gré du vent. Joséphine, s'adressant à l'empereur, lui dit en plaisantant :

— Tiens, regarde donc, Bonaparte, ta caserne est à louer.

L'aide-de-camp, qui avait de bons yeux, lut très distinctement le mot *grâce* écrit des deux côtés. L'empereur, ne comprenant rien à cela, ordonna à cet officier d'aller aux informations. Celui-ci revint bientôt et lui parla bas à l'oreille ; mais si bas, que ni l'impératrice ni sa dame d'honneur n'entendirent un mot. L'empereur répondit tout haut :

— Retournez auprès du colonel, et dites-lui d'amener demain ce soldat à la parade.

Puis il continua sa route. Joséphine lui ayant demandé en arrivant quelques explications sur cette aventure, l'empereur lui répondit fort poliment :

— Ma chère amie, cela ne te regarde pas.

Le soir au coucher, il ne fut question que du mystérieux écriteau; chacun faisait ses conjectures, sans pouvoir deviner ce que ce pouvait être. Joséphine, qui avait entendu les paroles de l'empereur à son aide-de-camp, m'avait déjà chargé d'assister à la parade de la garde montante du lendemain : elle avait lieu tous les jours à l'issue du déjeûner de l'empereur, vers midi. Je fus charmé de cet ordre, car une revue était pour moi un spectacle toujours nouveau, et, cette fois, ma curiosité était encore augmentée par l'incident de l'écriteau dont on n'avait fait que parler le matin.

Le lendemain, dès que je vis l'empereur sortir de son cabinet du rez-de-chaussée, je descendis rapidement, et passant par les allées de la pièce d'eau des Cygnes, j'arrivai bientôt à la grille qui mène à la lanterne de Diogène; Sa Majesté, à pied, n'était encore qu'au milieu de l'avenue du château. Je ne fus pas surpris de rencontrer là beaucoup de personnes du service de l'impératrice, et surtout des dames. Cela ne dut pas paraître singulier à l'empereur, accoutumé à voir tous les jours à cette petite parade au moins une centaine de personnes, tant de Saint-Cloud que des environs, venues tout exprès pour y assister. Après avoir, selon sa coutume, passé l'inspection dans les rangs, il arriva à la queue du bataillon et s'arrêta devant un vieux grenadier décoré que le colonel avait fait mettre à genoux et sans armes entre deux sergens.

— Qu'est-ce que cela signifie? dit-il d'un air sévère au colonel qui l'accompagnait.

— Sire, répondit celui-ci en baissant son épée et en portant vivement la main gauche à son bonnet : c'est l'homme qui, hier, au moment où Votre Majesté rentrait au...

— Ah! ah! je sais.... fit l'empereur en l'interrompant, quoique ne se rappelant plus ce que son aide-de-camp lui avait dit la veille. Puis il questionna de nouveau le colonel pour savoir de quel délit ce grenadier s'était rendu coupable.

Ce malheureux, quelques jours auparavant, et dans un moment d'ivresse, avait porté la main sur son sergent, et devait ce jour-là même passer devant le conseil de guerre. Sa Majesté avait écouté tranquillement, les yeux fixés sur le grenadier; de grosses larmes mouillaient le visage basané du vieux guerrier. L'empereur recula de quelques pas, et s'adressant à tous les soldats du bataillon immobile :

— Est-ce un brave? leur demanda-t-il.

Les grenadiers répondirent tous à la fois :

— Oui! oui!

— Où a-t-il été décoré?

— A Austerlitz, nous y étions tous!...

Alors l'empereur s'approchant du soldat, qui était toujours resté à genoux, le prit par les deux oreilles, et les lui secouant, il lui dit d'un ton sévère :

— Comment! tu es bon soldat, tu es grenadier dans ma garde, nous étions ensemble à Austerlitz, et tu fais des choses comme celle-là!... Dis-moi, que serais-tu devenu si je n'étais pas allé me promener hier, ou si je n'étais pas venu aujourd'hui?

Et lui ayant donné une petite tape sur les joues, il ajouta :

— Va-t'en à ton rang, et qu'il ne t'arrive plus de te griser ; tu sais ce qu'il t'en coûterait.

Puis, après avoir salué le colonel et les assistans, il s'éloigna aux cris mille fois répétés de *vive l'empereur !* et partit pour la chasse.

X.

Les *cancans* de cour. — Galanteries de l'empereur. — Fragmens épistolaires. — Le bal masqué de la reine de Hollande.— Occupations journalières de l'impératrice. — Les *audiences particulières*. — Mlle Clotilde et sa fille. — Le *fiacre des déesses*. — Conversation de Joséphine. — Pétition sentimentale. — Le garçon jardinier de Malmaison.— La leçon de botanique. — Scène dramatique. — Le mouchoir de l'impératrice.

J'ai dit plus haut que l'empereur aimait à tout voir par lui-même, et qu'il se faisait adresser des rapports sur tout ce qui se passait. Cette mesure s'étendait aux détails les plus minutieux et les plus insignifians de l'intérieur du palais. Il avait organisé une police particulière qui, non seulement servait aux vues de sa politique, mais était encore pour lui une espèce d'amusement. Il aimait à être au courant de tout ce qui concernait les personnes de sa cour, et se plaisait principalement à en persifler quelques unes.

Ayant appris tous les détails d'une intrigue de la duchesse de *** :

— Eh bien ! duc, dit-il un jour à son mari, votre femme a donc un adorateur ?

— Je le sais, sire.

— Et qui vous l'a dit ?

— Elle-même, et voilà pourquoi je n'en crois rien.

Déconcerté de cette réponse, Napoléon se frappa le front avec la main, en s'écriant :

— Oh ! les femmes ! les femmes !

Napoléon tenait ses renseignemens du duc de R......, à qui il rapporta les réponses du mari.

— Le fait n'en est pas moins vrai, répondit le duc : tel jour, à telle heure, la duchesse s'est fait descendre aux Champs-Elysées, s'y est promenée quelques instans, s'est enfoncée sous les arbres, et est entrée, par une petite porte qu'on avait eu soin d'entr'ouvrir, dans une maison où l'attendait l'aide-camp du général S...

— Je savais tout cela avant vous, interrompit l'empereur ; mais vous auriez dû dire aussi qu'elle y fut suivie, quelques minutes après, par une autre dame qui vous touche de très près, et dont la visite était pour l'aide-de-camp de ce général.

C'est ici le cas de dire quelque chose des galanteries de Napoléon. On en a beaucoup parlé, et on s'est toujours tenu en deçà ou au delà de la vérité. Certainement l'empereur ne figurera pas dans l'histoire galante des rois sur la même ligne que François Ier, Henri IV et Louis XIV; son ambition avait un plus noble but ; mais pour cela il n'était pas insensible à ces sentimens tendres qui font aussi les héros ; seulement chez lui l'amour n'était qu'accessoire.

Il avait beaucoup aimé une Polonaise, Mme W...., dont il avait fait la connaissance pendant la campagne de 1806 à 1807. Cette dame lui donna toujours des marques de la plus tendre affection. Lors de la première abdication, elle courut à Fontainebleau, pour lui faire ses adieux;

et quand elle apprit que Marie-Louise n'avait pas suivi son époux à l'île d'Elbe, elle s'y rendit avec un fils qu'elle avait eu de lui, dans l'intention de s'y fixer, seulement comme une amie dont la société pourrait lui être agréable ; mais l'empereur n'y consentit pas ; il ne voulut point que Marie-Louise pût lui reprocher un jour d'avoir donné asile auprès de lui à une femme qu'il avait aimée, et Mme W... se rembarqua au bout de deux jours.

L'empereur eut quelquefois des fantaisies pour des actrices dont la beauté était bien faite pour le charmer ; mais la plupart du temps ces liaisons se bornaient à un tête-à-tête de quelques heures, et il n'y pensait plus. Une d'elles, Mlle G..., qu'il avait fait venir déjà plusieurs fois, poussa un jour l'inconvenance jusqu'à lui demander son portrait. Sa Majesté tira de sa poche une pièce de vingt francs, et la lui présenta en lui disant gaîment :

— Mon portrait, parbleu ! c'est facile : le voilà.

Le peu d'attention que Napoléon avait pour les femmes les blessait quelquefois, et le plus grand souverain du monde fut souvent trompé par ses maîtresses, sans plus de cérémonie que le *bienfaiteur* d'une danseuse de l'Opéra. J'en citerai pour preuve le fait suivant :

A son dernier passage à Milan, Napoléon avait été frappé de la beauté théâtrale de la cantatrice Grazini, et plus encore des sublimes accens de sa voix. Il lui fit de riches présens et voulut l'attacher à sa cour. Il chargea M. *** de conclure avec elle un traité assis sur de larges bases, et de lui amener la virtuose à Paris. Elle fit le voyage dans la voiture même du complaisant entremetteur. Dotée de vingt mille francs par mois, elle brilla au théâtre et aux concerts des Tuileries, où sa voix fit merveille. Mais Napoléon, soigneux d'éviter tout ce qui pouvait servir d'aliment à la jalousie extrême de Joséphine, ne faisait à la Grazini que de rares et courtes visites.

Une femme exigeante et passionnée ne pouvait s'accommoder d'amours sans soins, et par conséquent sans charmes. La cantatrice, dont l'imagination vive avait besoin d'être occupée, s'éprit d'un violent amour pour le célèbre violon Rodes. Dans l'effervescence d'une passion toute récente, ils ne prirent aucune précaution, et bientôt leur liaison parvint aux oreilles de l'empereur.

Il fit un jour venir Fouché, alors ministre de la police générale et lui dit qu'il s'étonnait qu'avec son habileté reconnue il ne fît pas mieux son métier, et qu'il ignorât bien des choses qui se passaient.

— Il est vrai, sire, répondit le ministre piqué, que l'on a trompé ma surveillance ; mais je suis instruit de tout maintenant. Je sais, par exemple, qu'un homme de petite taille, vêtu d'une redingote bleue, avec un chapeau rond rabattu sur les yeux, sort tous les deux ou trois jours du palais entre huit et neuf heures du soir, par la petite porte du pavillon Marsan ; et qu'accompagné d'un seul homme, plus grand que lui, mais habillé de la même manière, il monte dans un fiacre, et va en droite ligne rue Chantereine, n° 28, chez la signora Grazini. Et le petit homme, c'est vous, sire, à qui la belle cantatrice fait des infidélités en faveur de Rodes, le violon. Quant au compagnon de Votre Majesté, sire, c'est le grand-maréchal.

Napoléon, sans dire un mot, se mit à siffler un air italien et tourna le dos à son ministre qui se retira sans rien ajouter.

Le duc de***, que l'empereur honorait d'une intimité toute particulière, fut chargé par lui de faire l'eunuque noir auprès de l'infidèle qui, indignée, refusa de se soumettre au régime du sérail. Elle ne chanta plus aux concerts particuliers, et ne reçut plus, dès lors, aucune gratification ; on finit même par la priver de son traitement, croyant la réduire par la famine ; mais son amour pour Rodes lui fit tout supporter ; elle rejeta même les offres plus brillantes encore, qui lui furent faites. Enfin Napoléon, honteux d'avoir donné tant de soins à une femme qui s'en montrait si peu digne, lui intima l'ordre de quitter Paris et de retourner en Italie. Elle se réfugia d'abord à Versailles avec son amant, puis tous deux disparurent pour aller amasser une fortune considérable en Russie.

Cette liaison si sérieuse et si longue est peut-être la seule que l'on puisse citer dans toute la vie de l'empereur. Il fallait, pour subjuguer cette âme si forte, autre chose que des charmes physiques, qui ne peuvent, au plus, provoquer que des désirs. Chez Joséphine seule il a trouvé un cœur capable de comprendre le sien ; aussi l'a-t-il aimée de cet amour vrai qui résiste au temps. On peut juger de la violence de sa passion par les lettres qu'il écrivait à sa femme quand il combattait en Italie. Je vais donner des fragmens de quelques unes qui ne sont pas connues ; je les crois fort curieuses : Napoléon ne pouvait pas aimer comme un autre homme.

« *A la citoyenne Bonaparte, chez la citoyenne Beauharnais, rue Chantereine, n° 6, à Paris (Chaussée-d'Antin).*

» Ma chère amie,

» J'ai reçu toutes tes lettres, mais aucune n'a fait sur moi l'impression de ta dernière : y penses-tu, mon adorable amie, de m'écrire en ces termes? Crois-tu donc que ma position n'est pas déjà assez cruelle, sans encore accroître mes regrets et bouleverser mon âme? quel style ! quels sentimens que ceux que tu peins ! ils sont de feu, ils brûlent mon pauvre cœur. Mon unique Joséphine, loin de toi, il n'est point de gaîté ; loin de toi, le monde est un désert où je reste isolé, et sans éprouver la douceur de m'épancher. Tu m'as ôté plus que mon âme, tu es l'unique pensée de ma vie. »

. . . .

« Aime-moi comme j'aime tes yeux ; mais ce n'est pas assez, aime-moi plus que toi, plus que ta vie, etc. »

. . . .

« Adieu ! adieu ! je me couche sans toi, je dormirai sans toi, je t'en prie, laisse-moi dormir. Voilà plusieurs fois que je te serre dans mes bras par la pensée ; songe heureux ! mais, mais ce n'est pas toi. »

. . . .

« Ecris-moi dix pages, cela peut me consoler un peu..., tu es malade, tu m'aimes, je t'ai affligée, cette idée me confond. J'ai tant de tort envers toi, que je ne sais comment les expier. Je t'accuse de rester à Paris, et tu y étais malade. Pardonne-moi, ma bonne amie, l'amour que tu m'as inspiré m'a ôté la raison : on ne guérit pas de ce mal-là. »

. . . .

« Dans ta lettre, ma bonne amie, aie soin de me dire que tu es convaincue que je t'aime au delà de ce qu'il est possible d'imaginer ; que tu es persuadée que tous mes instans te sont consacrés, que jamais il ne se passe une heure sans penser à moi, que jamais il ne m'est venu dans l'idée de penser à une autre femme; qu'elles sont toutes à mes yeux sans grâces, sans beauté, sans esprit; que toi seule, telle que je te vois, telle que tu es, pouvais me plaire et absorber toutes les facultés de mon âme, que mon cœur n'a pas de replis que tu ne voies, point de pensée qui ne te soit subordonnée.

. . . .

» Enfin, mon incomparable petite mère, je vais te dire mon secret ; moque-toi de moi, reste à Paris, aie des adorateurs, que tout le monde le sache, mais n'écris jamais ; eh bien ! je t'en aimerai dix fois davantage. Je ne guérirai pas de cela?... Oh si par Dieu! j'en guérirai ; mais ne va pas me dire que tu es malade, n'entreprends pas de te justifier. Bon Dieu, tu es pardonnée, je t'aime à la folie, et jamais mon pauvre cœur ne cessera de t'adorer.

» BONAPARTE. »

Cet amour passionné de Napoléon pour sa femme, que l'absence semblait accroître tous les jours, diminua subitement d'intensité lorsqu'il put se satisfaire à son gré. Tout en conservant à Joséphine son estime et surtout son amitié, il se permit quelques *distractions* qui furent, dans le temps, sues de tout le monde, excepté peut-être de celle qui avait le plus d'intérêt à les connaître. Un exemple entre dix :

Après la campagne de Marengo, il s'éprit violemment de Mme *** et lui fit une cour assidue. S'étant aperçu qu'elle désirait vivement un beau collier en diamans dont elle avait parlé devant lui, il l'acheta et s'empressa de le lui offrir. Mme *** sut reconnaître, comme elle le devait, la grâce de ce procédé.

Elle tenait enfin l'objet de ses désirs ; mais comment faire pour s'en parer et pouvoir le montrer à son mari? Elle cherche un moyen qui puisse sauver toutes les apparences, et elle imagine de dire que sa revendeuse à la toilette, Mme Noël, lui a laissé un très beau collier dont on veut dix mille francs payés tout de suite, et que l'on vend par besoin d'argent. Le mari demande à voir le collier, promet de l'acheter, puis l'enferme dans son secrétaire.

Avant de se rendre aux Tuileries, M. *** va chez le joaillier Marguerite pour connaître la valeur de ce collier, qui, disait-il, lui était offert en paiement d'une somme qui lui était due.

— Cet objet, ajoute M. ***, me semble beaucoup plus précieux que ce que je suis en droit d'exiger. Je ne veux pas être en reste, estimez-le, et dites-moi franchement ce qu'il vaut et à quel prix vous le prendriez.

— Je l'estime quatre-vingt mille francs, répond Marguerite.

— Mais le prendriez-vous à ce prix ?

— Certainement.

— En ce cas, il est à vous, remettez-moi les fonds.

L'affaire terminée, M. *** rentre chez lui pour dîner :

— Ma chère amie, dit-il à sa femme, j'ai fait évaluer le collier qu'on t'a présenté ; je l'ai vendu quatre-vingt mille francs : en voilà dix mille que tu remettras à ta marchande à la toilette, et en voilà cinq mille pour les épingles. J'espère que tu dois être contente.

M. *** était trop fin pour ne pas avoir deviné le dessous des cartes, et soixante-cinq mille francs lui parurent une indemnité suffisante qu'il crut pouvoir s'adjuger sans scrupule. Napoléon ne fut jamais instruit de cette consolation à l'anglaise.

J'ai ouï dire, à peu près à la même époque, qu'à un bal masqué donné par la reine de Hollande, une femme en domino, que l'on assura être cette même Mme ***, excitée sans doute par un motif de jalousie, dévoila au général A... l'amour que sa femme avait pour le roi de Naples. Le mari furieux vint le lendemain au petit lever de l'empereur et se plaignit vivement à lui, en sollicitant l'autorisation d'appeler Murat en duel pour se venger de l'affront qu'il avait reçu.

— Eh! mon cher A..., lui répondit Napoléon en souriant, comment voulez-vous que je vous permette de vous battre avec le roi de Naples mon beau frère? Vous avez donc perdu l'esprit!... Je n'aurais pas le temps de m'occuper des affaires de l'Etat si je me chargeais de venger tous les maris..... *convaincus* de ma cour! Croyez-moi, oubliez cela et n'en parlez à personne; vous n'êtes pas le seul qui soyez logé là, je vous en donne ma parole.

Au milieu du fracas des fêtes dont la cour était alors le théâtre, au milieu des préparatifs militaires, des conférences diplomatiques et de tant d'ambitions flottantes, déçues ou satisfaites, Joséphine restait comme étrangère au mouvement général. Sa manière de vivre toujours uniforme, la simplicité de ses goûts, même lorsque les exigences du trône lui imposaient d'austères devoirs, l'empêchaient de s'occuper de toutes les aventures qui se passaient journellement au palais. Ses relations de famille, le dessin, la musique, l'étude des langues et les courses à cheval ou en calèche découverte, occupaient tous ses momens. Quelquefois, dans ses promenades, elle s'arrêtait à une ferme, ou auprès d'une maisonnette, elle s'asseyait sous un arbre pour y respirer un air frais et pur et jouir de la vue du beau paysage qui s'offrait à ses yeux. Les gens riches et puissans qui ne peuvent plus rien désirer sont souvent tout surpris de se sentir émus lorsque le hasard les convie aux habitudes du pauvre, qui, pour eux, deviennent alors des plaisirs. Joséphine l'éprouva souvent, surtout quand elle trouva l'occasion de sécher des larmes. Dans ses courses champêtres, elle ne cherchait qu'un prétexte à sa bienfaisance. Elle agissait par instinct et non par amour pour la nouveauté. Libre d'ambition et de prévoyance, elle ne partageait pas les illusions qui d'ordinaire troublent la raison des femmes de son rang. Plus philosophe qu'elle ne croyait l'être, elle pensait que le mérite seul établit une différence parmi les hommes: aussi jamais une observation fière ou inconvenante ne sortit de sa bouche. Toujours égale, toujours vraie, toujours bonne, elle trouvait, dans la paisible uniformité de sa vie, un charme que ne lui auraient certainement pas offert toutes les exigences du caprice et de la dissipation.

Joséphine avait un grand sens, de la gaîté, de l'abandon dans la conversation; mais toutes ses qualités lui étaient naturelles; seule elle ne s'en apercevait pas. Lorsqu'une conversation se prolongeait sur le même sujet, elle devenait distraite et paraissait écouter encore lors même qu'elle n'écoutait plus. On pourrait dire de Joséphine, qu'à son berceau une fée bienfaisante semblait l'avoir douée de beaucoup d'esprit, mais qu'une fée ennemie lui avait sans doute interdit, comme correctif, le peu de désir d'en montrer.

Tout cela ne prouvait que l'extrême faiblesse de Joséphine et la facilité avec laquelle il était permis à tout le monde de l'approcher. Mais ceux qui se bornaient à lui adresser de simples pétitions n'étaient pas aussi sûrs d'être écoutés. Cependant il arrivait quelquefois qu'ils en étaient quittes pour avoir attendu un peu plus que les autres, malgré des promesses souvent positives, car Joséphine faisait chez elle une grande consommation de ce qu'on est convenu d'appeler *eau bénite de cour*; elle n'y tenait pas et en distribuait volontiers à pleines mains. J'en donnerai un exemple remarquable un peu plus tard.

Quant à nous (c'est-à-dire tout ce qui composait le service de sa maison), le droit de la voir tous les jours et de vivre près d'elle était notre plus douce récompense. Joséphine avait un défaut qui tenait chez elle à son peu de défiance des impressions du moment : je veux parler de la facilité avec laquelle elle accordait des *audiences particulières* à des gens dont le nom seul devait lui en faire sentir le peu d'importance, tandis que, dans des cas plus sérieux, elle en refusait à des personnes qui en étaient dignes à beaucoup d'égards.

Un jour, par exemple, je remarquai, dans le salon de service, Mlle Clotilde, danseuse de l'Opéra, qui ayant obtenu, pour elle et pour sa fille, une audience particulière, attendait, en causant très familièrement avec messieurs les aides-de-camp de l'empereur, que l'impératrice eût fini de déjeûner.

Je connaissais le père de cette artiste, je l'avais vue quelquefois elle-même. Elle me reconnut et me demanda mes bons offices pour la faire passer une des premières; car elle n'était pas la seule qui eût obtenu la même faveur ce jour-là. Tout en l'assurant que cela ne me regardait en aucune façon, je l'engageai à s'adresser à Mme Marco de Saint-Hilaire, première femme de Joséphine, qui était ordinairement chargée de l'introduction de ces sortes de visites. En attendant l'arrivé de cette dame, nous nous mîmes à causer.

Mlle Clotilde me parut dans toute la plénitude de sa beauté. Je ne parle pas de son visage, car je la trouvai toujours très laide, bien que son emploi à l'Opéra fût celui des Vénus et des déesses, mais de ses formes, quoique peut-être un peu trop prononcées. J'ai connu peu de femmes aussi grandes et aussi bien proportionnées. Elle avouait alors trente-deux ans, son visage semblait annoncer la modestie de cet aveu. Après lui avoir adressé quelques complimens sur son talent, qui était vraiment remarquable, je lui fis quelques questions sur l'art qu'elle avait su porter à un si haut degré de perfection.

— Ne m'en parlez pas! monsieur de *** : si vous connaissiez tous les désagrémens attachés à mon état! ah! Dieu!... Une bonne danseuse étant obligée d'avoir les genoux, les hanches et les pieds continuellement en dehors, est souvent dans l'impossibilité de marcher, si elle met du prix à conserver et à entretenir son talent. La danse exige une pratique journalière, il faut s'exercer au moins trois heures par jour. Aujourd'hui, par exemple, je ne pourrai pas faire *d'exercices*, eh bien! je suis sûre de mal danser ce soir. Est-ce que vous viendrez me voir?

— Madame je ne vous en réponds pas, mon service auprès de S. M. s'y oppose.

— J'engagerai l'impératrice à venir.

— Vous pourriez bien ne pas réussir.

— Comment ! pour me voir dans la *Leçon de danse*; ou donne ce soir *Psyché*.

J'avais bien envie de rire de la présomption de Mlle Clotilde, et dans la crainte d'y céder, je rompis la conversation pour la mettre sur *son art*.

— Mais aussi vous gagnez de beaux appointemens.

— Oui, en risquant de me casser le cou dans le *fiacre des déesses*, que nous autres nous appelons *une gloire*. Croyez-moi, monsieur de ***, nous payons cher les applaudissemens; c'est un métier bien pénible; jamais je ne consentirai à le donner à ma fille, dût-elle y gagner cent mille francs de rente; n'est-ce pas, Ernestine ?

— Oui, maman.

La fille de Mlle Clotilde était élevée chez Mlle Lorphelin, où sa mère payait une forte pension pour lui donner une éducation de duchesse. Elle me sembla plus gracieuse que jolie, mais bien faite et pleine de fraîcheur. Sa naïveté me parut remarquable ; sa mère me dit qu'elle touchait du piano déjà supérieurement ; elle allait sans doute me mettre au courant du prospectus de Mlle Lorphelin, lorsque Mme Marco de Saint-Hilaire entra; je lui présentai Mlle Clotilde et sa fille, et je les laissai causer à leur aise, car on commençait à faire cercle autour de nous.

Je ne fus pas peu surpris en apprenant, quelques jours après, le motif pour lequel mademoiselle Clotilde avait sollicité une *audience particulière* de l'impératrice : cette *demoiselle*, qui idolâtrait sa fille, était mécontente du genre d'éducation que l'on donnait aux jeunes personnes confiées aux soins maternels de mademoiselle Lorphelin. Elle voulait la changer de pension, et la mettre... chez madame Campan, ni plus ni moins. C'était pour cette raison qu'elle était venue demander à l'impératrice une autorisation par écrit... On pense bien qu'elle lui fut refusée ; qu'aurait dit l'empereur, lui, si strict sur les mœurs et la morale ?... La fille d'une danseuse de l'Opéra élevée avec les filles de ses maréchaux, des duchesses en herbe et des princesses en perspective !...

Un jour qu'elle n'avait rien à faire et qu'elle s'était ennuyée un peu plus qu'à l'ordinaire, elle appela M. d'Aubusson, celui de ses chambellans qu'elle avait pris le plus en affection depuis la veille, et lui dit :

— Je viens de lire la *Vie de la princesse Charlotte de Lorraine*, elle m'a édifiée. Cette princesse, vivant comme une simple particulière à Commercy, allait, son sac à ouvrage sous le bras, s'établir alternativement chez chaque habitant de sa souveraineté, et là, tout en travaillant, elle écoutait les paroles, observait toutes les actions, voulait qu'on dît devant elle toute sa pensée, comme si elle n'était pas là. Par ce moyen et par ses nombreuses questions, elle parvenait à la connaissance de la vérité, et se ménageait les moyens de faire le bien.

— Madame, répondit le chambellan, elle a du nécessairement en faire beaucoup.

— Je vous en réponds, reprit Joséphine. Mariages assortis, divorces prévenus, filles garanties et dotées, artistes et artisans encouragés, jeunes prêtres placés, négocians et fermiers secourus, que vous dirai-je ? tous lui durent leur existence, et un grand nombre leur fortune.

— Au moins, madame, se montrèrent-ils reconnaissans ?

— Hélas ! non ; quelques uns de ses obligés ne lui témoignèrent que de l'ingratitude.

— C'est comme cela, malheureusement.

— Mais il faut avouer que la bonne princesse était terriblement curieuse et questionneuse.

— Ce petit travers, peut-être le rachetait-elle bien?

— Sans doute, car sans ce travers elle n'aurait rien appris, et elle ne voulait être bienfaisante qu'en connaissance de cause.

— On a dû lui faire bien souvent des mensonges?

— Oh! sans doute, d'autant plus qu'elle ne s'en rapportait qu'à elle. « La police, avait-elle coutume de dire, a des yeux de lynx pour rechercher le mal, tandis qu'elle n'a que des yeux de taupe pour découvrir le bien. »

— C'est assez l'ordinaire.

— Dans ses visites, elle allait toujours à pied, et ne se faisait suivre que d'un seul domestique vieux et infirme qui portait sa petite chienne, plus infirme que lui. Un jour que la pluie et le mauvais état de sa chaise à porteurs ne lui avaient pas permis de sortir de son palais, elle dit : « Je n'ai point fait de bien, j'ai perdu ma journée. » Son conseiller privé répliqua : « Madame, Votre Altesse royale ressemble à Titus et parle comme lui. »—Je ne sais ce que vous voulez dire avec votre Titus, interrompit la princesse, qui, de tous les livres que le cardinal de Retz avait rassemblés à Commercy, ne lisait que ses *heures*; quel était donc ce Titus?—C'était, répondit M. d'Ubexi, un empereur romain qui faisait du bien par habitude autant que par vertu, et qui, étant resté un jour sans en faire, dit comme Votre Altesse royale : *J'ai perdu ma journée*.—Cet empereur raisonnait juste, répondit la princesse, car pour moi, quand je passe un jour sans visiter mes amis et sans consoler quelques malheureux, j'ai mal à la tête comme lorsque je ne prends pas mon café. — Le mot n'est-il pas gentil, monsieur d'Aubusson? Il me prend fantaisie d'imiter cette bonne princesse Charlotte; qu'en dites-vous?

— Madame, déjà Votre Majesté la surpasse en bienfaits, comme elle la surpasse en puissance.

— Ah! monsieur d'Aubusson, point de complimens, je vous en prie; d'ailleurs, vous ne m'entendez pas. Je veux dire que, comme elle, j'ai le désir de faire des petites visites, d'avoir de longs entretiens, et partout où il y a un infortuné, de le secourir, s'il le mérite.

— Ce projet, madame, est digne de Votre Majesté.

— Puisque l'empereur est absent et que nous ne faisons rien ici, je veux aller à Malmaison dès aujourd'hui, et exécuter mon projet dès demain. La bienfaisance est un remède à l'ennui.

— Comme Votre Majesté va s'amuser!...

Les ordres furent donnés en conséquence : cependant l'impératrice ne voulut partir que le lendemain. Elle attendait, le soir même, son modiste Leroy et Mlle Despeaux, sa marchande de modes.

Le lendemain donc, le bonheur voulut que parmi les lettres et pétitions du matin il y eût un billet qui la fit sourire, une demande qui la mit de mauvaise humeur, et une autre d'un assez gros volume, qui me parut être un cahier tout entier, qu'elle commença de lire (tandis qu'Herbaut la coiffait), d'abord avec assez de négligence, puis avec un intérêt toujours croissant, et qu'elle acheva dans les larmes. Sa toilette terminée, l'impératrice s'écria :

— C'est en vérité bien touchant! Tenez, ajouta-t-elle en s'adressant à

Monsieur d'Aubusson, vous nous lirez cela pendant que je déjeûnerai, ces dames en jugeront; après quoi nous partirons pour Malmaison : je voudrais y être déjà.

Mme de Larochefoucault ayant rappelé à Joséphine qu'après déjeûner elle avait promis de donner audience :

— Ne pourrions-nous pas la remettre à un autre jour, fit l'impératrice?

— C'est comme Votre Majesté le trouvera bon.

— Eh bien ! à un autre jour, ajouta-t-elle timidement ; j'ai hâte de tâcher de ressembler à la princesse Charlotte.

— Pour cela, dit M. d'Aubusson, Votre Majesté n'a que faire de sortir de son palais, elle est bienfaisante partout.

Joséphine le remercia de ce compliment avec un coup d'œil, et passa dans la petite salle à manger où son chambellan lut ce qui suit :

« *A Sa Majesté l'Impératrice et Reine.*

» Madame,

» C'est Elizabeth Valazier, pauvre orpheline du canton de Nanterre, qui se jette aux pieds de Votre Majesté, à laquelle elle redemande sa sœur et son amant. De ce dernier, elle a l'intention de faire son mari, ainsi qu'il s'y est engagé devant Dieu ; et sans cela oserait-elle le réclamer ? Mais pour que Jean-Baptiste Brotteaux tienne ses sermens à Elisabeth Valazier, il faut que Madeleine Valazier, femme Giroux, dégage Jean-Baptiste Brotteaux de ceux qu'elle a exigés, et retourne de bonne foi à son mari Etienne Giroux. Par cet arrangement, si difficile que Votre Majesté seule peut en venir à bout, elle aura fait quatre heureux qui la béniront, ainsi que les enfans qu'ils se proposent de mettre au monde, pour servir l'empereur si ce sont des garçons, pour chanter les louanges de la mère des pauvres, si ce sont des filles.

» Voici les faits qui mettront à même Votre Majesté d'agir avec l'autorité d'une souveraine :

» J'avais quinze ans moins deux mois quand ma mère mourut, et jusque alors je ne l'avais pas quittée, depuis le mariage de ma sœur Madeleine, plus âgée que moi de quatre ans, et qui a épousé, comme j'ai eu l'honneur de le dire tout à l'heure à V. M., Etienne Giroux, garçon fort rangé de Saint-Germain-en-Laye, et tonnelier de son état.

» A cette époque, je veux dire à la mort de ma mère, j'allai passer trois mois d'hiver à Saint-Germain, et j'y vis, chez mon beau-frère, le nommé Jean-Baptiste Brotteaux, qu'on appelait Baptiste tout court, qui serait le meilleur garçon du monde s'il n'était pas si crédule. Durant les soirées d'hiver, sa journée faite, il venait causer avec les fileuses qui se rassemblent dans une étable, où ma sœur m'avait conduite.

» Votre Majesté saura donc qu'Etienne Giroux, le mari de ma sœur, est un homme qui aime sa femme, travaille tout le jour et ne vient jamais aux veillées, mais ne défend point à ses garçons d'y aller.

» Or, la vérité est qu'avant mon arrivée dans la maison de mon beau-frère, Baptiste était taciturne et soucieux ; que quelques jours après mon apparition, il commença à parler, et me conta ses chagrins en échange de la confiance que je lui avais montrée en lui disant mes peines.

» Madeleine, peu satisfaite de son bourru de mari, n'avait pu voir Baptiste sans le lui trouver préférable. Mais ce ne fut que depuis mon arrivée, et même depuis la familiarité qui s'établit entre lui et moi, qu'il commença à soupçonner quelque chose. Nous voilà donc tous les trois fort embarrassés vis-à-vis les uns des autres, n'osant parler, ne pouvant nous taire ; Madeleine pleurant tout bas, Baptiste soupirant tout haut, moi me hasardant, une fois chaque quart d'heure, à lever les yeux sur Baptiste, que ma sœur dévorait des siens. Au milieu de tout cela, Etienne Giroux était tranquille.

» Cette situation ne pouvait durer. Baptiste voulut en sortir par un coup décisif, mais à sa manière, sans bruit et presque sans paroles. Il me dit un soir :

— Je serai demain matin à trois heures et demie à la boutique, car la vendange approche et l'ouvrage presse. N'avez-vous rien à raccommoder ?

» Je ne comprenais pas et je le regardais.

— Je vous demande, ajouta-t-il un peu brusquement, si, dans les raccommodages dont vous êtes chargée, il n'y en a pas quelques uns de pressans ?

» Je le regardai de nouveau ; il était pâle et presque pleurant.

— Oui, oui, répondis-je sans trop savoir ce que je disais, il y a le grand rideau de la chambre haute ; il devrait être raccommodé : demain, de bonne heure, je descendrai à la boutique.

— De bonne heure ! murmura Baptiste à demi-voix.

— Serait-ce trop tard à cinq heures ? demandai-je en hésitant.

— A cinq heures, interrompit-il avec vivacité, il ne sera plus temps.

» Je le regardai avec effroi ; il y avait du désespoir dans ses yeux.

— J'y serai à trois heures, m'écriai-je tout d'un temps. Ah ! Baptiste, que vous me faites de mal !

» Je m'enfuis à ces mots, en cachant dans mon tablier mon visage couvert de larmes, et je l'entendis qui se retirait de son côté en sanglotant.

» Votre Majesté peut juger si je dormis. A deux heures j'étais dans la boutique, où il n'arriva que long-temps après. Il parut d'abord étonné de me voir à rien faire, car j'avais oublié le rideau ; mais je le fus à mon tour bien davantage de le voir en habit de voyage avec des guêtres, un bâton à la main, et sous le bras un paquet qu'il jeta sur l'établi. Je me sentis pâlir et prête à me trouver mal.

— Que signifient ces apprêts ? m'écriai-je.

— Je pars à l'instant. Je n'ai pas voulu quitter cette maison sans vous dire mes motifs et vous faire mes adieux.

» Je m'étais assise toute tremblante.

— Mais quels motifs ?...

— Je vous aime, Elisabeth !...

— Je le sais, Baptiste, et moi je vous aime aussi.

— Est-il possible ! quoi, vous m'aimeriez ?

— Ne vous l'ai-je pas dit ?

— Jamais ; mais j'avoue que je m'en suis douté.

— Quel effort ! mais pourquoi partez-vous ?

— Parce que nous nous aimons...

— Il me semble au contraire que c'est un motif pour demeurer.

— Et qu'une autre m'aime.

— Une autre ! je m'en suis doutée à mon tour.
— Et qu'il ne m'est pas permis de l'aimer.
— Bien entendu.
— Mais que d'un autre côté la reconnaissance m'empêche de la haïr.
— La reconnaissance !
— Elle a tout fait pour moi. J'étais malade, j'étais nu quand je me suis présenté ici ; Etienne ne voulait pas d'un ouvrier à qui il fallait quinze jours pour se refaire ; Madeleine le détermina à me recevoir.
— Ah ! elle travaillait pour elle et contre moi.
— Soyez juste, Elisabeth, je ne vous connaissais pas.
— C'est juste ; mais me diriez-vous cela si vous ne l'aimiez point ?
— Je vous jure, Elisabeth, que je n'aime que vous.

» A ces mots, un cri de douleur se fait entendre : c'est Madeleine qui a tout entendu, Madeleine en larmes, qui gémit d'aimer sans être payée de retour, de trouver dans sa sœur une rivale préférée, et de causer le départ de celui qui la dédaigne.

— Qu'il t'aime, me dit-elle avec désespoir, qu'il me haïsse même, mais qu'il reste !

» A ces mots, elle s'élance sur un couteau et veut s'en frapper. Je pousse un cri terrible et je demande en grâce à Baptiste de différer son voyage. Il ne le voulait pas, craignant des suites funestes. Nous entendîmes du bruit, c'était mon beau-frère qui se levait. Nous terminâmes là une scène qui, nous ayant à tous trois dévoilé notre secret, amena les résultats que Votre Majesté va voir.

» Au bout de huit jours, mon père écrivit pour me redemander. Je crus deviner d'où venait le coup ; mais il n'en fallut pas moins obéir. Baptiste me jura fidélité à perpétuité.

» J'étais de retour à Nanterre depuis trois semaines, quand je vis arriver mon beau-frère Etienne qui allait en pèlerinage à Notre-Dame de Bon-Secours, près de Nancy. Il nous dit ma sœur était enceinte, et que plusieurs accidens lui faisant craindre une fausse couche, elle l'avait décidé à aller invoquer le secours de celle que comme vous, madame, on n'implore jamais en vain.

» Je n'ai laissé à la maison que Baptiste, ajouta mon beau-frère ; il est fort triste, car le pauvre garçon s'accorde assez mal avec ma femme, et je ne le vois pas heureux pendant mon absence. On voit que mon beau-frère était bien loin de se douter de quelque chose.

» Le dimanche suivant, en sortant de vêpres, je vois une main qui m'offre de l'eau bénite ; je lève les yeux et je reconnais Baptiste ; il était prodigieusement changé, encore plus triste qu'à l'ordinaire, et paraissait souffrir. Il me précéda de quelques pas au cimetière, et vint me rejoindre, par un détour, à la fosse de ma mère, où j'étais agenouillée.

— Où nous retrouvons-nous ! lui dis-je quand nous fûmes seuls.
— Où il faut, répondit-il. Votre mère va entendre mes sermens, et si elle ne reçoit pas les vôtres, j'irai la rejoindre.
— Pouvez-vous êtes assez dur pour me tenir un tel langage !
— J'ai été bien malade, je le suis encore ; ce langage convient à un mourant.
— Vous me dites cela de sang-froid...
— Il ne tient qu'à vous que je vive.
— Que faut-il faire ?

— M'épouser.
— Le méritez-vous?
— J'ai failli mourir pour m'en rendre digne.
— Mais ma sœur... qui me répond?...
— Votre sœur... jamais...
— Ah! je vois maintenant que vous ne l'aimez pas. Mais que va-t-elle devenir?
— Retournez chez elle, annoncez-lui votre résolution : ce parti extrême déterminera la sienne.
— Mais quelle résolution, Baptiste?
— Celle de nous marier, de vivre et de mourir ensemble.

» Il était six heures, c'était une soirée d'automne, quand le vent déjà vif fait pencher les marguerites des cimetières. Baptiste, à genoux près de moi sur la tombe de ma mère, en cueillit un bouquet dont il me donna la moitié. Nos mains se rencontrèrent, et tout à coup je vis ses larmes inonder son visage. En ce moment, il me sembla que la terre s'agitait sous moi, et que ma mère, heureuse et satisfaite, bénissait nos sermens.

» Votre Majesté seule peut maintenant leur donner de la force et des suites. Ma sœur, désespérée du départ de Baptiste, et désolée d'avoir fait une fausse couche, ne veut plus recevoir son mari. De plus, par l'influence qu'elle a toujours exercée sur mon père, elle arrête son consentement et suspend notre mariage. Cependant Baptiste, dont la santé est rétablie, a trouvé de l'ouvrage chez un tonnelier de Passy, et il attend avec respect la protection maternelle de Votre Majesté. »

— Justement, dit l'impératrice, en s'essuyant les yeux, nous irons à Saint-Germain, chez Mme Campan, où nous embrasserons Stéphanie (c'était une de ses cousines qui y était en pension en attendant que l'empereur la mariât) ; de là nous irons à Nanterre, et après avoir arrangé les affaires de ce pauvre Baptiste, que je ne serais pas fâchée de connaître, nous reviendrons dîner à Paris, et nous terminerons notre journée par la Comédie-Française. Mars joue aujourd'hui Victorine, du *Philosophe sans le savoir*; elle est sublime dans ce rôle ; je veux l'y revoir.

L'impératrice monta en voiture, en emmenant seulement avec elle Mme de C...; j'étais d'escorte. Nous arrivâmes bientôt à Malmaison : mais sans vouloir donner un démenti au proverbe qui prétend que Dieu veut ce que femme veut, je dirai que cette journée, sur laquelle Joséphine comptait tant pour ne ressentir que de douces émotions, fut au contraire une de celles où elle en éprouva peut-être de plus pénibles.

Cependant je dois me hâter de dire que la famille de Baptiste ne perdit rien pour attendre, mais que l'impératrice n'alla pas le visiter, qu'elle dîna et qu'elle coucha à la Malmaison, et que par conséquent elle n'assista pas au spectacle, comme elle s'en était fait une fête. Ceci tint à un événement qui se passa à Malmaison presque au moment où nous y arrivions, événement qui faillit être tragique, et que je n'oublierai de ma vie, tant il me remua l'âme.

L'impératrice descendait de voiture avec Mme de C...; elle allait traverser le péristyle du château, lorsqu'elle aperçut Spire; c'était le premier garçon du jardin botanique de Malmaison, Allemand flegmatique comme ils le sont tous, uniquement attaché à ses plates-bandes, et sur qui l'autorité des officiers ou des dames de S. M. avait très peu d'influence. Il ne voyait de grandeur, de richesses et d'importance que dans la culture de *ses espèces* et le développement de *sa famille* (c'est ainsi qu'il désignait ses fleurs). Il ressemblait en ce sens à M. de Lalande, qui, le jour même du couronnement, ne trouva rien de plus intéressant à raconter que l'éclipse imprévue du troisième satellite de Jupiter. Quant à Spire, il parlait peu, n'interrogeait que rarement et ne racontait jamais. Il montrait la plante que l'on était curieux d'étudier, et par un *Eh pien !* fortement accentué, il décélait son contentement et sollicitait des yeux votre admiration. L'impératrice avait pour lui et sa famille, qui était très nombreuse, une bienveillance toute particulière. Du reste, Spire avait l'air de l'homme le plus doux : je ne l'aurais certainement jamais cru capable de commettre une action comme celle dont je fus témoin, et qu'on appréciera, cependant, comme elle doit l'être.

L'impératrice avait donc aperçu Spire ; elle lui avait fait signe du doigt de venir lui parler. A cette invitation, notre homme n'avait pas marché plus vite ; il s'était contenté de porter la main à son bonnet et de tendre l'autre à Joséphine, qui, moitié en riant, moitié mécontente, lui avait donné la sienne, en disant à Mme de C... :

— Pourquoi désobligerais-je ce brave homme ?

Tout en cheminant, la conversation s'était engagée entre elle et son garçon jardinier. J'avais suivi ces dames et j'écoutais, comme c'était mon habitude en pareille occasion.

— Tu te portes bien ?

— Pien, pien, Fotre Majesté, et mon chardin aussi.

— Et tes enfans ?

— Pien, pien, Fotre Machesté, et mes arbustes aussi.

— Mes parasols chinois sentent-ils toujours aussi bon ?

— Stercutia, Fotre Machesté, ia, ia.

— Et ma grande germandrée ?

— Tencrium, Fotre Machesté, ia, ia.

— Et mes capustas ?

— Capusta cranti flora, ia, ia.

A ces mots, nous étions arrivés devant la plate-bande des capustas (espèce de choux-géans de l'Inde), à laquelle Spire tournait le dos ; sa plus jeune fille, agenouillée sur la couche, coupait le dernier.

— Eh pien ? dit Spire en se retournant.

La petite fille croyant que son père l'interroge, répond :

— J'ai coupé tous les petits pour faire la soupe ; maman sera bien contente.

Et elle montra son tablier, déjà à demi plein.

A cette vue, Spire pâlit, il devient immobile, ses lèvres s'agitent, sa langue est glacée ; Joséphine, qui s'amuse à la considérer, part d'un grand éclat de rire... Tout à coup, Spire, entrant dans un accès de fureur inimaginable, semble vouloir étouffer sa fille ; ses doigts se crispent, il tourne des yeux égarés autour de lui, il aperçoit une bêche fichée dans la terre à quelques pas, il s'élance, il la saisit... A cette vue, la petite fille pousse un cri déchirant et vient se réfugier, à moitié morte de frayeur, dans les bras de Mme de C..., qui ne sait que penser de tout cela.

Dès ce moment, Joséphine ne rit plus : elle a deviné l'affreuse intention de son jardinier. Mme de C... est tremblante ; moi-même, j'ai peine à retenir mon indignation et à ne pas sauter sur cet homme dénaturé.

— Comment! s'écrie l'impératrice à qui la colère laisse à peine la faculté de parler distinctement, comment Spire,... devant moi,... oser,... je vous chasse. Puis s'adressant à sa fille : Viens, ma petite, n'aie pas peur, il ne te touchera pas... Mais c'est une bête féroce que cet homme-là.

Cependant le père était hors d'état d'entendre ni les sanglots de son enfant, ni la voix de sa souveraine.

— Jesus mein goth! s'écrie-t-il en se donnant de grands coups dans la poitrine et en s'arrachant les cheveux, che suis déshonoré !...

Puis, avec une expression furieuse qui avait quelque chose de grotesque, il se jette aux genoux de l'impératrice, déjà passablement émue de la scène qui venait de se passer, lui baise les pieds et les arrose de ses larmes. Celles de Mme de C... coulaient déjà. Tout à coup Spire s'écrie :

— Fotre Machesté il doit me faire mourir, mais puisque ma fille a coupé mes capoustas, il faut que je lui coupe son tête.

Je crois qu'il l'aurait fait, et sans remords, comme une chose très juste, sans Joséphine, qui, dans cette occasion, employa toute son autorité, sans rien perdre de sa bonté vraiment angélique.

Spire est toujours à ses pieds ; le calme, chez lui, a succédé à la fureur : il sent toute l'énormité de sa faute, toute l'horreur de l'idée qui lui a subitement passé par la tête ; il semble anéanti. L'impératrice, d'un ton sévère, lui ordonne de se relever... Il ne bouge pas...

— Allons, Spire, lui dit-elle d'une voix plus douce, relevez-vous... Je vous l'ordonne.

Même immobilité de la part de Spire. Cet entêtement m'inquiète, je m'approche, je veux moi-même l'aider... il n'était plus temps : Spire avait entièrement perdu connaissance. Lorsque je le touchai, son corps perdit l'équilibre ; il roula de côté sans donner le moindre signe de vie!

— Eh vite! Edouard, s'écrie l'impératrice, de l'eau, du vinaigre, courez sur ma toilette, vous trouverez un flacon d'éther, allez chercher du secours, cet homme se meurt... mon Dieu! c'est moi qui en suis la cause... je ne lui ai cependant rien dit.

Elle prend son mouchoir, elle veut déboutonner la veste de Spire, elle cherche, elle ne sait plus ce qu'elle fait, tandis que Mme de C... reste là, immobile, comme une statue. Je cours, je monte dans l'appartement, je m'empare de tous les flacons qui tombent sous ma main ; je dis à Dargens, le valet de pied, de me suivre, que quelqu'un se trouve mal, sans lui dire qui ; nous rejoignons S. M., qui est pâle et inquiète; Spire est toujours dans le même état.

Je supplie l'impératrice de se retirer, elle ne le veut pas; Mme de C... joint ses sollicitations aux miennes.

— Comment voulez-vous que je l'abandonne, cet homme!

— Madame, lui dis-je, ce spectacle est affreux, et puis il est à craindre que la présence de V. M., lorsque Spire reviendra à la vie, le fasse retomber dans le même état.

— C'est un homme perdu, dit tout bas Dargens qui apparemment n'en avait jamais vu dans cet état, et malgré cela, il lui soutient la tête et lui fait respirer des sels américains. Spire commence à étendre les bras, peu à peu il revient à lui.

— Madame, répétai-je respectueusement, je supplie en grâce V. M. de se retirer, ou je ne réponds de rien.

— Eh bien! Edouard, puisque vous le voulez, je vais m'en aller, mais ne l'abandonnez pas, je vous en prie.

En disant cela, elle prend la petite Madeleine par la main, la regarde, lui donne plusieurs baisers et l'emmène, non sans retourner souvent la tête. Mme de C... la suit; elle a peine à marcher, toutes deux sont enfin rentrées au château.

Pendant ce temps, Spire a ouvert les yeux; il est assis par terre, dans les bras de Dargens qui le soutient. Je tiens à la main le mouchoir que Joséphine m'a laissé et avec lequel elle s'est plusieurs fois essuyé les yeux : il est imbibé de vinaigre, d'eau de Cologne, d'eau de Portugal, et d'autres essences. Je le présente à Spire qui regarde sans voir, écoute sans entendre.

— Monsieur, me dit Dargens, Spire s'est donc bien grisé ce matin?

— Ma foi, je ne sais, mais il fallait qu'il fût ivre.

Enfin, cet homme si susceptible m'entend; il me demande pourquoi il est ainsi, ce qui s'est passé, comment il se fait que nous soyons là.... Il semble chercher à se rappeler quelque chose de confus, il fronce le sourcil; je le vois pâlir de nouveau.

— Allons, Spire, lui dis-je, levez-vous, ça va bien maintenant, c'est un mauvais rêve que vous avez fait, voilà tout.

— Che rêfe pas, me répondit-il, en attachant ses yeux sur un des coins du mouchoir que je tiens à la main; et, le reconnaissant à la marque, il se jette dessus, il le presse sur ses lèvres, et un torrent de larmes lui amène enfin un soulagement mille fois plus efficace que tous les spiritueux du monde.

— Et mon fille, et mon petit Madeleine! je suis un monstre; oh! che me tuerai... che fa me cheter à l'eau.

Déjà il était sur ses pieds, lorsque, à force de raisonnemens, de consolations, de prières même, je parviens à le dissuader de son projet.

— Elle me pardonnera chamais, nen, nen, pas poufoir être possible.

— Si, si, vous êtes pardonné.

— Il m'a chassé, l'imbératrice, il faut que che m'en aille.

Et ses larmes recommencèrent à couler de plus belle. Enfin, moitié menaces, moitié supplications, je parviens à le ramener chez sa femme, qui commençait à être inquiète en ne voyant revenir ni lui ni son enfant. Je lui dis, en chemin, que l'impératrice ne mettait qu'une seule condition à la grâce qu'elle lui avait accordée: c'était qu'il n'ouvrirait jamais la bouche, à qui que ce fût, de ce qui s'était passé; qu'elle avait emmené la petite Madeleine, et que j'allais la lui ramener. Je lui redemandai le mouchoir de Joséphine, qu'il ne cessait de baiser et de presser sur ses yeux : il ne voulait pas me le rendre; enfin, je vis le moment où nous allions le mettre en pièces pour savoir à qui des deux il resterait; Spire finit par céder.

Dargens ne savait pas ce que tout cela signifiait. Je ne crus pas devoir le lui dire; Spire fut aussi discret que moi.

De retour au château, j'instruisis l'impératrice de tout ce qui s'était passé, elle ne faisait que s'écrier :

— Ce pauvre Spire!... quel brave homme!... oui, certes, je lui pardonne... je veux qu'il vienne demain ici... je veux le lui pardonner moi-même.

Et puis avec cette expression de bonté si vraie qui n'appartenait qu'à elle, elle ajouta :

— Je veux qu'il sache aussi que je suis dégoûtée des capoustas.

On l'aurait été à moins.

Le valet de pied ramena la petite Madeleine à sa mère, avec des bonbons et deux napoléons dans sa poche.

Le lendemain, en allant me promener du côté de la plate-bande, je vis mon ami Spire, les mains croisées, la tête penchée sur la poitrine, et regardant, d'un œil morne, ces petits capoustas *homicides*, que la fraîcheur de la nuit avait fanés et décolorés.

— Eh bien! lui dis-je, en lui frappant sur l'épaule, comment ça va-t-il aujourd'hui?

— Ah! monsir Etouard, me répondit-il en me serrant la main de manière à me briser les os, je ne sais comment vous proufer mon reconnaissance. Ché vous aime, ché vous aime... ché crois que ché vous mettrais dans mon chemise... Sa Machesté il m'a partonné...

— Oui, et vous la verrez sans doute aujourd'hui, car elle m'a encore dit ce matin qu'elle voulait vous l'apprendre elle-même.

— Jesus mein goth!... non! ché foudrais fair couper mon tête pour elle.

— Ma foi, mon cher, peu s'en est fallu; mais n'en parlons plus; vous avez été discret?

— Ia! ia!

— N'allez pas, surtout, conter cela à votre femme; Marly, Ruelle, Nanterre en seraient bientôt instruits.

— Ia! ia!

— Comment se porte Louise, votre fille aînée?

— Pien! pien!

— J'en suis bien content; mais je ne la vois pas!

— C'est frai, mais c'est à cause de vous autres; une page, voyez-vous, c'est malin comme... comme un renard.

Alors rompant la conversation, il retomba dans sa rêverie, repoussa du pied les têtes de petits capoustas qui jonchaient la couche, et, par un reste de prudence, s'éloigna à pas précipités, sans même me dire adieu, et en s'écriant :

— Jesus mein goth! quelle pitié, elle ne veut plus de capoustas, cette femme-là connaîtra rien chamais en potanique!

Pendant toute cette journée, j'eus, comme la veille, la peur que Joséphine ne me demandât ce qu'était devenu son mouchoir; fort heureusement, l'idée ne lui en vint pas. Il faut dire aussi, à ma louange, que dans la longue énumération que je lui avais faite, le jour précédent, des souffrances, des pleurs et des remords de Spire, j'avais eu le talent de ne pas prononcer une seule fois le mot *mouchoir!*

XI.

Mme D... et sa camériste. — Le page femme de chambre. — Meurtre involontaire. — La petite maison du faubourg Saint-Germain. — Trahison. — Dix minutes trop tôt. — Mme V....... — La poire pour la soif.

Lorsque j'étais de service aux Tuileries, à Saint-Cloud ou à Malmaison, j'étais le plus heureux page de France et d'Italie. Tout le monde, l'impératrice elle-même, mais surtout les dames de sa maison, me témoignaient mille bontés; malheureusement j'étais encore un peu trop jeune (à les entendre) pour en apprécier tout le prix. Le fait est que j'avais à peine quinze ans ; j'aurais donné tout au monde pour en avoir vingt-cinq et porter des moustaches.

Mon cœur était calme, il n'avait encore eu qu'un assaut à soutenir de la part de Mme Caroline A..., et bon Dieu! quel assaut! ce n'était pas la peine d'en parler. J'étais encore, pour ainsi dire, ignorant sinon en théorie, du moins en pratique; mais de ce côté l'instruction devait bientôt venir, en un mot, mon heure avait sonné.

On doit se rappeler une certaine Mme D*** qui avait été témoin des *dangers que j'avais courus* dans le petit parc des orangers à Saint-Cloud, et de l'intérêt ou plutôt de la jalousie qu'elle en avait ressentie. Je dirai d'abord que, dans la maison de la princesse B...., où j'étais envoyé quelquefois, je l'avais distinguée parmi les autres *dames pour accompagner*. Veuve depuis deux années, elle pouvait avoir trente-deux ans; elle avait les cheveux bruns, mais la peau d'une blancheur éblouissante, une taille ordinaire et un embonpoint attrayant. Cependant elle n'était pas jolie, je puis même dire qu'elle était presque laide, mais elle possédait tout ce qu'il fallait pour plaire à un très jeune homme comme moi ; il est vrai que je n'ai jamais aimé ce qu'on appelle vulgairement une jolie femme; cependant il m'est arrivé quelquefois..... Mais, encore un coup, n'anticipons pas sur les événemens. Je n'aimais pas ce qu'on est convenu d'appeler une jolie femme, plus tard peut-être en dirai-je le motif.

Madame D... était gravée de la petite vérole, mais faite comme un ange. Elle avait toujours dans sa mise une simplicité qui annonçait peut-être plus de recherche et de coquetterie que la parure la plus éclatante. Avec cela un pied, une main... Un amant eût été jaloux du parquet qu'elle foulait, du gant qui emprisonnait ses doigts effilés. Elle avait dans l'œil un je ne sais quoi qui faisait qu'on ne pouvait en soutenir longtemps le regard. Ajoutez à cela de belles dents et de petites oreilles, on aura le portrait ressemblant de Mme D***, qui, du reste, avait peu de gorge, mais en revanche beaucoup de fortune.

Partout où elle habitait, soit à l'hôtel de la princesse, soit à Saint-Cloud ou à Compiègne lorsqu'elle y venait, elle avait toujours le soin de décorer elle-même et avec un goût exquis le logement que le fourrier du palais lui destinait, n'importe dans quel état elle le trouvait. En y entrant, on se sentait comme enveloppé d'une atmosphère suave ; il n'y régnait jamais qu'un demi-jour qui avait quelque chose de voluptueux. Elle savait le diriger avec art vers le siége sur lequel elle restait constamment assise, elle ne se levait même pas lorsqu'il fallait saluer ou donner quelques ordres : une légère inclinaison de tête pourvoyait à tout. Mes quinze ans avaient été plus d'une fois électrisés en entrant chez elle, et j'oubliais souvent le sujet qui m'y avait amené. Avec tout cela, Mme D... avait déjà une rivale : c'était..... je dois dire toute la vérité.... c'était Mlle Herminie, sa première femme de chambre et son grand-maréchal du palais tout à la fois.

Il faut qu'on sache que cette demoiselle Herminie, dont, sans doute, tout autre aurait fait fi à ma place, était aussi bien élevée que sa maîtresse, plus instruite, peut-être, mais aussi plus coquette. Ce joli péché lui servit à quelque chose : elle eut le talent de devenir baronne, en épousant, en 1811, le colonel *** qui fut tué un an après, à la bataille de la Moskowa, à l'attaque de *la grande redoute*. Mlle Herminie, ou plutôt madame la baronne *** est morte en 1823, à l'époque de la dernière campagne d'Espagne, pendant son séjour aux eaux de Bagnères de Bigorre, où elle était allée pour rétablir sa santé. En 1806, Mlle Herminie avait dix-huit à vingt ans; c'était ce qu'on pouvait appeler une jolie blonde : l'œil bleu et décidé, sans être positivement hardi; une bouche fraîche, mais un peu grande, un nez mutin, dont la pointe s'élevait légèrement vers le ciel, des joues fraîches et roses comme une pêche, des bras ronds et fermes, le pied mignon, le corps singulièrement bien tourné, et une santé!... J'entendis Mme D... dire plusieurs fois, en parlant de sa cameriste, qu'elle en avait *trop*. Tel est, des pieds à la tête, le détail des parties qui composaient l'ensemble de Mlle Herminie, qui, je puis le dire, fut ma troisième passion, et m'aurait gardé enchaîné long-temps, si elle n'avait pas eu un petit défaut : celui d'aimer tous les pages, les uns après les autres. J'étais le cinquième, et je n'avais encore rien obtenu, probablement parce que je n'avais encore rien demandé : on voit que je n'étais ni effronté ni hardi *comme un page*. Mes camarades auraient pu prendre leurs numéros, certains de *causer* à leur tour avec Mlle Herminie.

La cour était à Rambouillet; c'était après la paix de Tilsitt. La princesse B... y était aussi avec Mme D..., qui emmenait toujours avec elle sa demoiselle de confiance.

C'était un lundi; l'empereur et l'impératrice étaient allés à la chasse le matin; toutes les dames les avaient accompagnés : les unes en calèche découverte, les autres à cheval; Mme D... était du nombre de ces dernières, et par son adresse à cet exercice, elle aurait défié le grand-écuyer lui-même. Soit par habitude, soit machinalement, je m'étais tenu près d'elle, et je ne l'avais pas quittée un instant.

Tout le monde rentra au château à deux heures; il faisait une chaleur étouffante (c'était à la fin de juillet); Mme D..., après avoir reconduit LL. MM. jusqu'au salon de service, était remontée chez elle; je l'y avais suivie, toujours machinalement.

En arrivant dans son appartement, elle ne trouva pas Mlle Herminie. Après avoir posé sa cravache et ôté son chapeau, elle me lança un coup d'œil.

— Edouard, me dit-elle, vous êtes sage comme une jeune fille, je puis donc, sans conséquence, vous prier de m'aider à dégrafer mon amazone, pour passer un peignoir, en attendant qu'il plaise à Mlle Herminie, qui n'est jamais là, de venir m'habiller.

Je ne me le fis pas dire deux fois, et je me mis en devoir de m'acquitter de mes nouvelles fonctions le plus adroitement qu'il me fut possible. Mes mains tremblaient, mon cœur battait, mes yeux se troublaient.

Mme D..., qui, apparemment avait ses desseins, mit peu de soin à me dérober ses charmes; je crus m'apercevoir qu'elle-même voyait sans trop de colère l'impression qu'ils produisaient sur moi. J'avais deviné, pour la première fois, la volupté, et Mme D... n'était plus à mes yeux qu'une femme à qui j'aurais voulu prouver tout ce que je ressentais pour elle. Soit hasard soit ruse, à l'instant où l'amazone était enlevée, elle se laissa tomber sur un canapé comme accablée par la fatigue et la chaleur.

J'en ressentis une frayeur mortelle : cependant je m'efforçai de la secourir. Pour m'assurer si elle respirait encore, ma main se porta, toujours machinalement, sur son cœur. Je sentis moins ses battemens que je ne fus ému par la forme enchanteresse de sa taille. Aussitôt un feu qui m'était jusque alors inconnu circula dans mes veines; j'ignorais presque ce que je désirais, mais je sentis qu'il me fallait mourir si je ne pouvais faire partager les transports que j'éprouvais. Mme D... appartenait à une princesse, sœur de l'empereur, j'étais moi-même attaché à son service : quelle respect ne devait-elle pas m'inspirer? Cependant j'allais l'oublier, quand le bruit d'une porte qui se fit entendre dans l'antichambre vint la tirer de son prétendu évanouissement; et passant aussitôt dans un cabinet de toilette, elle me laissa seul avant que sa femme de chambre fût entrée.

— Que faites-vous donc là tout seul, monsieur Edouard? me dit Mlle Herminie en ouvrant des yeux grands et brillans comme la bouche des obusiers de la garde, vous avez l'air tout embarrassé de me voir.

— Moi, point du tout, je regardais cet album, qui, je crois, est à Mme D..., et voilà ce qui me donne l'air... enfin l'air que vous me trouvez : elle ne veut peut-être pas qu'on y touche?

— Mais où est-elle donc, madame?

— Je crois qu'elle est dans son cabinet.

— Elle s'est donc déshabillée toute seule, car voilà son amazone?

— Ma foi! je n'en sais rien.

— A-t-elle été bien en colère en ne me trouvant pas?

— Elle ne m'a rien dit.

— Vous l'avez donc vue?

— Je suis revenu de la chasse avec elle.

— Madame est si bonne! Heureux celui qui l'aura pour épouse!

Moi, d'après ce qui venait de se passer entre nous, je n'aurais pas voulu être son mari; mais je commençais à désirer d'être son *ami intime*; j'enrageais au fond du cœur de ce qu'Herminie était venue m'interrompre si mal à propos; car je ne pouvais me flatter de retrouver de long-temps une semblable occasion.

Mme D... reparut un quart d'heure après et reçut les excuses de sa femme de chambre avec une bonté qui m'enchanta. Ce qui mit le comble à l'amour qu'elle m'avait inspiré (car, dans cette première entrevue un peu sérieuse, je croyais que désirer était la même chose qu'aimer), ce fut, dis-je, la douceur de ses regards lorsqu'ils vinrent à tomber sur moi. L'espérance augmenta mes désirs, et je n'ambitionnais plus que le moment de les exprimer à celle qui les avait fait naître, lorsque, tout à coup, on apprit que Napoléon avait donné l'ordre que tout le monde partît à l'instant pour Saint-Cloud, où l'impératrice l'avait déjà précédé.

J'étais en retard; je saluai Mme D..., qui me fit, de la main un signe d'intelligence qui voulait dire : *Prends patience.* En traversant l'antichambre, je rencontrai Mlle Herminie qui venait m'ouvrir la porte; j'osai risquer, sur l'une de ses jolies épaules, un baiser impromptu, familiarité qui parut ne pas lui déplaire, et je courus à l'écurie demander un cheval. J'ignore ce que j'éprouvais, mais il s'était passé comme une révolution en moi depuis une demi-heure. Je piquais mon coursier sans faire attention que je l'avais toujours maintenu au grand galop; aussi, j'arrivai à Saint-Cloud un quart d'heure avant l'impératrice, que je dépassai à Saint-Cyr; j'étais cependant parti un quart d'heure après elle. En entrant à l'hôtel, mon cheval tomba raide mort : c'est le seul meurtre que j'aie jamais eu à me reprocher.

Le soir, après le dîner de l'empereur, je vis Mme D..., elle se promenait seule devant le bassin des Cygnes ; je courus à elle.

— Ah ! vous voilà, Edouard, me dit elle avec empressement ; vous arrivez bien à propos : j'ai une commission à vous donner.

Et puis, se reprenant, elle ajouta avec dignité moqueuse : — Si toutefois vous voulez bien vous en charger, monsieur.

Je l'assurai que j'étais prêt à me jeter dans le feu, ou ce qui m'était plus facile dans le bassin (je savais nager), pour lui prouver ma soumission à ses moindres désirs. Elle me dit en riant qu'elle n'exigeait pas tant de ma galanterie, et tirant de son sein une petite lettre, elle reprit :

— Tenez, portez ce billet à son adresse, demain à onze heures, si votre service ne s'y oppose pas.

Je lui dis que je me ferais remplacer au *grand lever*. Elle m'abandonna sa main que je pressai sur mes lèvres, sans faire attention qu'on pouvait nous voir; nous étions, en effet, sous le péristyle du château, et toutes les fenêtres donnent justement sur cette pièce d'eau. Enfin je quittai Mme D... avec un battement de cœur que je n'avais pas encore éprouvé jusque-là.

Je montai dans le grand corridor pour lire la lettre de Mme D... Hélas ! ce n'était pas à moi qu'elle était adressée ; elle était artistement cachetée, et portait en suscription : *A Madame A......, rue de l'Université, n. 228, près le Corps-Législatif, à Paris.* J'aurais pourtant bien voulu lire cette lettre auparavant.

Je me couchai de bonne heure, mais je ne fermai pas l'œil de la nuit ; le lendemain je priai d'H... de me remplacer, et sans prévenir ni notre gouverneur ni M. d'Assigny, j'allai à l'écurie où le cadavre du pauvre cheval que j'avais tué la veille gisait encore sur la litière ; je mis six francs dans la main de Bernard, notre piqueur, et, après avoir sellé moi-même la petite jument grise de B..., je filai au pas, sans tambour ni trompette, en faisant le grand tour par le quinconce pour ne rencontrer personne. Une fois arrivé au bas de l'avenue du palais, je piquai des deux, au risque de commettre un second assassinat; mais cette fois, Cocotte en fut quitte à bon marché : de retour à Saint-Cloud à quatre heures de l'après-midi, elle n'était que fourbue.

En arrivant à la barrière, je pris par le faubourg Saint-Honoré; la route du bord de l'eau aurait été dangereuse pour moi; je traversai la place Louis XV, le pont, la rue de Bourgogne, et j'arrivai juste devant une petite maison dont toutes les fenêtres étaient fermées par des persiennes. C'était bien le n° 228. Je descendis de cheval, je frappai à la porte cochère, et j'entrai dans la cour. Il n'y avait pas de portier; mais une vieille femme, ne ressemblant pas mal à l'âne savant qui se promenait alors dans les rues de la capitale, était au pied de l'escalier : elle me demanda si je n'étais pas M. Edouard ; sur ma réponse affirmative, elle me dit :

— En ce cas, montez, on vous attend.

Tenant ma lettre à la main, je montai au premier au dessus de l'entresol, et je trouvai dans l'antichambre... Mme D..., elle-même. Elle était arrivée avant moi... Dire comment, c'est ce que je ne sais pas encore. En définitive, je fus heureux, et aussi heureux qu'un page peut l'être avec une grande dame ; car c'en était une.

Cette première entrevue fut longue ; il était près de quatre heures lorsque je quittai Mme de D..., non sans lui avoir fait la promesse de revenir au moins deux fois la semaine à la mystérieuse petite maison de la rue de l'Université ; je remontai à cheval, et je repartis pour Saint-Cloud en suivant le même chemin que j'avais pris pour venir à Paris. J'arrivai à notre hôtel à cinq heures, après avoir moi-même réintégré mon cheval à l'écurie et avoir changé de toilette. Mon absence n'avait pas été remarquée ; et, chose étonnante, je ne fis part de mon bonheur à aucun de mes camarades ; c'était réellement exemplaire de la part d'un page.

Toute la soirée, toute la nuit, je pensai à Mme D... ; j'y pensai le lendemain, j'y pensai le surlendemain ; je soupirais après le jour où je devais répéter ce que j'avais si bien commencé d'apprendre. Cette mélancolie, qui ne m'était pas ordinaire, fit croire à mes professeurs que j'avais, depuis quelques jours, des maux d'estomac et des étouffemens. L'abbé Gandon fut un des premiers à remarquer cette nouvelle affection : il voulait à toute force m'envoyer à l'infirmerie ; j'eus toutes les peines du monde à le convaincre que je me portais bien ; il le crut enfin, lorsqu'il eut suffisamment remarqué que mes maux d'estomac et mes étouffemens ne m'empêchaient ni de manger comme un ogre ni de dormir comme une marmotte, même à l'étude ; ce qui, cependant, ne m'empêchait pas de remplir tous mes devoirs avec la plus grande exactitude.

Quel est donc ce pouvoir magique d'un premier amour qui n'appartient vraiment qu'à lui, et dont les effets sont, pour ainsi dire, presque autant de prodiges ? Dans l'attente d'un bonheur dont, certes, je ne pouvais encore avoir qu'une idée imparfaite, j'étais devenu si aimant que je rayonnais de joie et de bonheur ! Mes camarades, accoutumés, j'ose le dire, à mon bon naturel, ne m'avaient jamais vu tant de penchant à leur en donner des preuves. Mes devoirs, loin de m'ennuyer, me semblaient des jeux ; jamais je n'avais travaillé avec autant d'ardeur et d'assiduité.

M. d'Assigny, qui m'avait toujours connu pour un paresseux et un étourdi, ne concevait pas l'espèce d'exaltation qui tout à coup était venue se développer en moi. L'abbé Gandon disait que je m'étais enfin amendé, et que cela ne pouvait provenir que de bons conseils et de bons exemples. Je trouvais que notre sous-gouverneur avait bien raison.

Enfin, le jour de la semaine si vivement désiré arriva. Même voyage, même bonheur, et déjà beaucoup plus d'expérience. Du reste, même retour à Saint-Cloud, mais moins d'application et entière cessation de soupirs.

Tout ce que je pourrais dire sur ma liaison avec Mme D... serait toujours la même chose ; elle durait déjà depuis plus de deux mois, sans jamais avoir été troublée en rien, lorsque le diable, ou plutôt Mlle Herminie, la camériste, vint se jeter au milieu de nos amours. Ayant su, je ne sais ni par qui ni comment, qu'il n'y avait pas de semaine que je ne fisse un ou deux voyages à Paris en cachette, elle finit par avoir connaissance de mes visites à la *petite maison* de Mme D..., et un jour que je m'y rendais comme à mon ordinaire, je fus tout étonné de la trouver m'attendant à la porte. Je crus d'abord qu'elle était chargée de quelque commission pour moi de la part de sa maîtresse, ne pensant pas qu'elle pût être dans sa confidence. J'étais dans l'erreur : Mme D... avait tout conté.

Quoi qu'il en soit, étant arrivé à Paris au moins une heure avant celle où Mme D... m'avait promis de venir, je crus pouvoir faire, à moi seul, les honneurs de sa *petite maison* à Mlle Herminie. Je lui avouai qu'en effet j'avais reçu pendant quelque temps les visites d'une jolie femme qui me témoignait de l'intérêt, mais que depuis huit jours elle s'était fâchée, sous le prétexte que je n'employais pas avec elle assez de ménagemens. Je l'assurai en même temps que je n'avais cessé de penser à elle, que j'en étais plus amoureux que jamais, que j'étais prêt à le lui prouver; et mille autres choses que je savais déjà par cœur : j'avais lu *Faublas* deux fois de suite. Mlle Herminie semblait être persuadée; je parlais toujours, je me permettais des demi-libertés auxquelles elle n'opposait qu'une résistance d'usage; ma tête se montait, j'étais assis près d'elle sur le canapé. Tout à coup la porte s'ouvre, Mme D... paraît : aucune altération ne se fait remarquer sur son visage, elle ne prononce même pas un mot. Il était temps qu'elle arrivât, car, comme je viens de le dire, Mlle Herminie se laissait attendir, et j'allais la coucher sur ma liste.

— Sortez d'ici, mademoiselle, et attendez-moi dans l'antichambre.

Telles furent les premières paroles que prononça Mme D.... Mlle Herminie sortit sans répliquer; je crus même m'apercevoir qu'elle cherchait à dissimuler un sourire. Ensuite s'adressant à moi :

— Il faut, monsieur, continua-t-elle, que vous ayez perdu la tête ou que vous vous fassiez un jeu de me compromettre. Vous sentez que d'après ce qui vient de se passer...

— Je vous donne ma parole, madame, qu'il ne s'est rien passé, et même que...

— Edouard, ne m'interrompez pas. Vous sentez, vous dis-je, qu'après ce qui vient de se passer, nous ne pouvons plus rien avoir de commun ensemble; j'espère cependant que vous serez assez honnête homme pour ne point divulguer les bontés que j'ai eues pour vous et que vous ne méritiez pas. A partir de cet instant, j'espère que vous ne remettrez plus les pieds ici. Je vous dispense même de vos visites à l'avenir, lorsque votre service vous appellera chez la princesse. Allez, monsieur.

— Mais, chère amie, je....

— Allez, vous dis-je.

— Eh bien! madame, adieu... D'ailleurs, il y avait déjà long-temps que je voulais...

— Sortez! vous êtes un insolent!

Je pris mon chapeau et je sortis. Une chose m'étonna : Mme D... avait l'œil sec; je m'attendais pourtant à la voir pleurer; du moins je croyais que c'était toujours comme cela que les femmes devaient agir dans de pareilles occasions; mais je sus long-temps après que tout était arrangé entre elle et sa demoiselle de confiance. C'était un piége qu'on m'avait tendu; il y avait déjà plus de quinze jours que j'étais remplacé auprès de Mme ***; et par qui? par un de mes camarades!... Dans le premier moment, j'eus envie de lui brûler la cervelle; mais l'aventure datait de deux ans, et en amour la prescription était bien acquise. Néanmoins, je crois que Mlle Herminie aurait préféré que sa maîtresse vînt dix minutes plus tard; je n'en aurais pas été fâché non plus.

Quant à Mme D..., je ne la revis que très peu après notre rupture, et je ne rencontrai jamais Mlle Herminie, devenue baronne impromptu. J'en avais fait mon deuil long-temps même avant sa mort.

Cependant toutes les grandes dames de la cour n'étaient pas aussi inconstantes que Mme D..., ni les amans aussi indifférens que moi, l'exemple de Mme V... en est une preuve. Placée au nombre des Armides de l'époque, et lasse de perdre son temps avec nous autres, elle se rabattit sur le prince ***, qui dès ce moment ne vécut plus que pour elle.

L'empereur ayant donné un jour à cet officier-général un brillant magnifique qui valait bien cent mille francs :

— Tenez, ***, lui dit-il, nous jouons souvent gros jeu et le tout pour le tout, on ne sait ce qui peut arriver, prenez toujours cela en cas de besoin ; c'est une poire pour la soif.

Le lendemain, l'impératrice vint parler à l'empereur d'un diamant qui faisait l'admiration de tous ceux qui l'avaient vu. C'était *la poire pour la soif* qui avait déjà passé de la main de *** sur la poitrine de Mme V....

L'empereur avait comblé *** d'honneurs et de richesses ; il le pressa plusieurs fois de se marier ; *** résista toujours. Mme V..., disait-il, pouvait seule faire son bonheur. Cependant une duchesse étant arrivée à Paris avec l'espoir de se faire marier par l'empereur, Mme V... crut faire merveille en travaillant à la fortune de son fils tout en mariant son amant ; elle décida donc *** (non sans beaucoup de peine) à épouser la princesse. Mais, hélas ! il n'est pas de sage projet dont ne se rie la fortune. A peine le mariage était consommé que le mari de Mme V... vint à mourir. Ce fut alors pour elle et *** un véritable désespoir ; ils étaient inconsolables ; l'officier-général vint se plaindre et pleurer auprès de l'empereur :

— Quel malheur est le mien, lui dit-il, avec un peu plus de patience, Mme V... aurait pu être ma légitime épouse.

Pour toute réponse, l'empereur, impatienté, l'envoya *promener* avec Mme V... Il y a tout à parier que *** le prit au mot.

XII.

Le quartier-général de l'empereur. — L'état-major. — La berline de voyage. — Manière de vivre de Napoléon à l'armée. — Les récompenses. — Bivouac impérial. — Pressentimens et souvenirs. — La tente. — Dangers auxquels Napoléon était exposé.

Tout ce qui a rapport aux opérations militaires n'étant aucunement de la compétence d'un page, je me bornerai à raconter mes propres actions, lorsque j'ai fait le service au quartier-général auprès de l'empereur, où nous étions toujours quatre au moins, lorsque nous n'étions pas six, sans trop m'occuper de faire coïncider avec les dates celles des grands événemens, des grandes catastrophes, et tout ce qui arrivait de remarquable ou de singulier partout où était Napoléon en personne.

La vie de l'empereur fut toute politique et toute militaire ; celui qui voudrait tenter d'écrire sa vie privée hors du cabinet ou des camps serait fort embarrassé ; car le travail et la guerre en remplissent les neuf dixièmes. C'est au quartier-général que ceux qui auraient voulu étudier l'homme auraient dû venir ; là ils n'auraient point perdu un geste, un regard, une parole de celui qui fit trembler l'Europe pendant quinze ans ; ils auraient pu le juger et l'apprécier à leur aise. Je vais tâcher de donner une esquisse de ce fameux quartier-général de Napoléon, dont on a tant parlé et dont on parlera sans doute encore long-temps. Plus tard je reviendrai sur cette matière aussi riche de souvenirs que féconde en événemens de toute nature. C'était le véritable centre de l'empereur, et s'il faut l'avouer, son séjour de prédilection ; malheureusement tout le monde n'en aurait pu dire autant.

Tout ce qui se passait au quartier-général se faisait à l'improviste, et cependant chacun devait être prêt sur-le-champ à remplir sa tâche. Des momens de repos inattendus, des départs inopinés, les changemens des heures fixées, et souvent aussi celui des routes et des séjours, se succédaient continuellement. Les affaires, les rapports, les estafettes qui arrivaient, étaient le régulateur d'après lequel l'empereur distribuait son temps ; et au moment où l'on croyait prendre quelque repos, les mots : *la voiture de l'empereur !* ou *à cheval ! le page de service !* etc., retentissaient tout à coup et mettaient tout le quartier-général en mouvement : en dix minutes on devait être prêt.

La marche était toujours rapide, et chacun devait garder son poste : la pluie, l'orage, les frimas, rien ne changeait les dispositions ordonnées. Lorsque l'empereur s'arrêtait, une douzaine des chasseurs de l'escorte mettaient pied à terre, accrochaient la baïonnette au bout de leurs carabines, présentaient les armes et se rangeaient en carré autour de lui. On en faisait autant lorsque quelque besoin l'obligeait de descendre, ou qu'il s'arrêtait pour faire un tour à pied, afin d'observer les mouvemens de l'ennemi ; seulement, dans ce dernier cas, le carré était plus grand et avançait avec lui selon ses mouvemens, mais sans gêne, afin qu'étant dans un espace libre, il pût observer dans toutes les directions. Si les objets étaient éloignés, le page de service qui se tenait toujours à distance respectueuse, c'est-à-dire à dix pas, s'avançait et lui présentait sa lunette.

Lorsque les circonstances obligeaient l'empereur à rester, de grand matin ou le soir, pendant quelque temps en plein air, on allumait un grand feu. Ce feu était toujours nourri par une quantité de bois extraordinaire : quelquefois j'y ai vu des arbres entiers. Berthier était là, comme à table, son seul compagnon. Ils se promenaient en causant, et quand l'empereur commençait à s'ennuyer, il prenait du tabac ou s'amusait à lancer çà et là des cailloux avec les pieds, ou à pousser du bois vers le feu avec le bout de sa botte, ou enfin à siffler une ariette italienne.

Quand les troupes avaient exécuté ou se disposaient à faire quelque mouvement important, l'empereur accordait d'avance un certain nombre de croix de la Légion-d'honneur pour ceux qui pourraient s'être distingués. Les prétendans se rangeaient alors au front de chaque bataillon : le colonel les lui présentait, et l'adjudant de service portait le nom et le grade de ceux qui étaient décorés sur son agenda, pour les faire inscrire à la chancellerie. Si les soldats avaient quelques réclamations à faire à l'empereur, ils pouvaient hardiment s'approcher et parler à leur souverain : justice leur était rendue sur-le-champ.

La distribution des récompenses n'était pas le seul indice que l'armée eût des combats qu'elle allait livrer : on s'attendait toujours à quelque affaire bien chaude, quand on voyait quelque nouveau bataillon recevoir son aigle, ou l'empereur haranguer les corps lorsqu'il les passait en revue.

Quand il s'agissait de remettre une aigle, c'est-à-dire un drapeau, l'empereur, accompagné de son état-major, se portait devant le front du régiment qui devait le recevoir. Celui-ci se formait en trois colonnes serrées, trois fronts tournés vers le centre. Le quatrième front était formé par la suite de Napoléon : tous les officiers étaient assemblés devant lui, il se tenait isolé de sa suite, et de cette façon on le distinguait d'autant plus facilement à la simplicité de sa mise, que tous ceux qui l'environnaient contrastaient avec lui par leurs brillans uniformes.

Le prince de Wagram , et en son absence le duc de Vicence , mettait pied à terre et faisait déployer le drapeau qui était porté devant les officiers assemblés ; tous les tambours du régiment battaient au champ, jusqu'à ce que Berthier eût pris l'aigle et se fût placé devant le rang des officiers. Alors l'empereur faisait une courte harangue.

Napoléon ayant remarqué, dans la campagne de Saxe, que, dès que l'ennemi apercevait une suite nombreuse à portée de canon, il y faisait aussitôt diriger le feu de son artillerie, ordonna qu'à l'exception de huit ou dix personnes qui ne devaient pas le quitter, tout son état-major et son escorte restassent en arrière, au moins à trois cents toises de sa personne. Où il y avait du danger, l'empereur allait en avant, suivi seulement de Berthier, de Caulaincourt et d'un de nous, ce qui ne nous faisait pas toujours plaisir : il mettait alors pied à terre pour faire ses observations, et renvoyait les chevaux auprès de quelque tertre ou de quelque buisson, afin de n'être pas remarqué. Le moment où il s'éloignait était ordinairement le signal d'une canonnade, soit que l'ennemi se fût aperçu qu'il était là, ou que lui-même fît venir de l'artillerie par des détours pour la faire agir sur le point qu'il venait de visiter.

Le service le plus fatigant du quartier-général était celui des officiers d'ordonnance ; il était très honorable , très recherché et fait par de jeunes officiers appartenant aux premières familles de France, mais plus remarquables encore par leur brillante éducation. Il y en avait toujours deux de service près de l'empereur : un jour de bataille il se servait de tous indistinctement. Dès qu'il disait : « *Un officier d'ordonnance!* » celui qui se trouvait le plus près s'avançait, recevait ses ordres de vive voix, et devait, à travers tous les obstacles, les aller rendre de même aux maréchaux auxquels ils étaient adressés. Souvent ils étaient envoyés *en courriers*, avec des ordres pour quelques généraux commandant un corps, et ils restaient près de lui jusqu'à ce que l'affaire, si elle était terminée, fût décisive ; après quoi ils retournaient vers l'empereur pour l'en informer par écrit ou l'en instruire de vive voix. D'autres fois, ils étaient envoyés en reconnaissance pour lever au premier coup d'œil le plan de quelques terrains, à peu de distance, qui étaient intéressans à connaître, soit pour les rivières qu'on y devait passer, soit pour les retranchemens qu'on devait y élever. La plupart de ces jeunes militaires étaient pris dans le corps de l'artillerie ou dans celui du génie ; il y en eut quelques uns de choisis parmi nous. Ils ne devaient être que six dans l'origine ; mais , par la suite , ils furent portés au nombre de douze : de là ils passaient dans un régiment de cavalerie avec le grade de chef d'escadron.

Quatre pages au moins suivaient toujours le quartier-général ; ils avaient chacun leur jour de service, qui consistait à amener le cheval de Napoléon, à porter le télescope, à faire préparer les relais, etc.

Roustan portait toujours une bouteille de campagne renfermant du vin ou de l'eau-de-vie. Ce n'était que rarement, et lorsqu'il n'avait pas eu le temps de déjeûner, que Napoléon prenait, chemin faisant, quelques gouttes de ce liquide. Ce cas excepté, il ne prenait rien depuis le déjeûner jusqu'au dîner, c'est-à-dire depuis neuf ou dix heures du matin jusqu'à sept du soir.

Lorsque l'empereur recevait une dépêche, il questionnait les officiers qui se trouvaient près de lui sur la position des lieux qui s'y trouvaient mentionnés, avant qu'ils pussent savoir si ces lieux étaient au nord ou au midi. Ce n'était qu'après avoir jeté un regard sur la signature de celui qui avait envoyé la dépêche qu'on pouvait deviner ce que l'empereur voulait dire et lui indiquer sur la carte ce qu'il demandait. Il lui arrivait rarement d'ajourner un travail ; cependant, si ce travail ne lui convenait pas, il chargeait un secrétaire de le lui présenter le lendemain. S'il rencontrait un courrier en route, souvent il s'arrêtait, et alors Berthier ou Caulaincourt s'asseyaient par terre pour écrire ce qu'il leur dictait, séance tenante, en réponse à la dépêche qu'il venait de recevoir.

Napoléon attendait-il des nouvelles de ses généraux, présumait-on que quelque bataille avait eu lieu, il paraissait agité ; au milieu de la nuit même, il se levait deux ou trois fois et faisait mettre sur pied plusieurs de ceux qui travaillaient dans son cabinet. Au surplus, il était rare qu'il ne se levât pas vers deux heures du matin ; mais lorsqu'il n'y avait rien d'extraordinaire, il se couchait presque toujours à neuf heures du soir. Son lit de campagne le suivait partout porté par des mulets ; lorsqu'il avait passé la nuit au bivouac, ou qu'il avait beaucoup voyagé, il le faisait dresser au pied d'un arbre, dans le premier endroit venu, et dormait une heure. Lorsque la suspension des hostilités lui laissait quelque repos, il s'établissait dans la ville la plus prochaine et se faisait un genre de vie plus régulier ; mais il ne renonçait pas à son habitude de travailler de deux à quatre heures du matin ; il se reposait ensuite environ une heure, reprenait son travail, et ses maréchaux et ses généraux venaient alors recevoir ses ordres ; ils le trouvaient se promenant dans son cabinet, en robe de chambre, la tête enveloppée dans un mouchoir de soie bigarré qui avait l'air d'un turban. Roustan lui apportait, à la pointe du jour, une tasse de café ; très souvent il prenait un bain.

Sa voiture, ou berline de voyage, était disposée de manière à ce qu'il pût y dormir et s'y étendre à son aise ; Berthier ne pouvait en faire autant, il fallait qu'il restât assis. Dans l'intérieur de cette voiture, il y avait une quantité de tiroirs fermés à clé où l'on plaçait tous les papiers nécessaires. En dedans, et fixée à la portière, était placée la liste des endroits où l'on devait relayer, et une grande lanterne, accrochée sur le derrière de la voiture, en éclairait le dedans, tandis que quatre autres répandaient leur éclat sur la route.

Les matelas, que Roustan arrangeait lui-même, étaient emballés avec adresse dans la voiture qui, étant très solide et bien suspendue, n'était qu'à deux places.

Dans l'été, ou quand il faisait beau, l'empereur portait, comme à l'ordinaire, même au milieu des combats, son uniforme vert, avec la plaque de la Légion-d'Honneur ; mais, lorsque le temps était froid et humide, il avait par dessus la magique redingote grise, si connue de tout le monde. Quelquefois, mais rarement, il mettait un manteau bleu, dont le collet était garni d'un galon d'or; j'ai ouï dire que c'était le même dont il faisait usage lorsqu'il n'était encore que général en chef.

L'empereur était assez mal monté en chevaux de selle, mais il en avait huit ou neuf qui lui convenaient, et il ne voulait se servir que de ceux-là. Ses officiers n'auraient pas voulu en monter de pareils; ils étaient petits et sans extérieur, mais commodes et sûrs; presque tous étaient à queue longue. Comme il n'était pas très bon cavalier, tous ceux qui s'approchaient de lui, montés sur des jumens, devaient prendre garde qu'il ne leur fit vider les arçons par l'effet des cabrioles de son cheval. Il le laissait aller nonchalamment au pas ou au petit trot, et, lorsqu'il était plongé dans ses réflexions, il abandonnait les rênes.

Tous les chevaux de Napoléon étaient accoutumés à suivre les deux chasseurs, ou officiers d'ordonnance, qui le précédaient. Mais, lorsqu'il sortait de ses rêveries, s'il apercevait quelque position qu'il lui plût de visiter, aussitôt il galopait à travers champs, ce que, d'ailleurs, il aimait assez. Ceux qui l'escortaient étaient tellement habitués à ces excursions, qu'à la première direction que Napoléon prenait, ils connaissaient parfaitement l'endroit vers lequel il se dirigeait. Il aimait beaucoup à suivre les chemins de traverse et les sentiers, et la nécessité de mettre pied à terre pour gravir les côtes escarpées ou pour franchir des chemins impraticables ne le rebutait pas; il était toujours désagréable pour lui d'entendre dire qu'une chose était impossible, ou difficile. « Ah! on ne peut pas! » disait l'empereur avec un rire moqueur, et il piquait des deux pour aller en avant; il ne renonçait jamais à un projet que lorsqu'il s'était convaincu par lui-même que des obstacles invincibles devaient en arrêter l'exécution.

Il arrivait quelquefois que les routes étaient marécageuses; alors le grand-écuyer devançait l'empereur de quelques pas pour examiner le chemin sur lequel il devait le suivre; s'il parvenait à quelque place dont le souvenir lui rappelât une perte chère à son cœur, il s'éloignait d'un train de chasse. Dans ses dernières campagnes, cette particularité fut bien remarquable; en 1813, je fus à même de l'observer. En visitant le pays entre Bautzen et Bischoffwerde, il traversa un défilé où un convoi de quatre-vingt-trois voitures chargées de munitions et très nécessaires à l'armée, avait été surpris par les Cosaques, qui l'avaient fait sauter. Dès qu'il en aperçut les premiers débris, il piqua son cheval et le lança au galop. Dans ce moment, un petit chien se mit à le suivre en aboyant. L'empereur, impatienté de ce jappement, saisit un des pistolets qu'il avait toujours aux arçons de sa selle et fit feu sur l'animal; mais l'arme rata; il la jeta sur la pauvre bête qu'il n'atteignit pas davantage. J'accourus, et après avoir ramassé le pistolet, je le remis à l'empereur : l'arme n'était pas chargée.

Quelquefois, lorsqu'il était de bonne humeur, il chantait ou prononçait quelques mots italiens en forme de récitatif. Souvent il s'interrompait tout à coup et appelait quelqu'un de sa suite pour causer avec lui : dans ce cas, c'était souvent Berthier; il lui disait alors : *Hé! Berthier, écoutez !* Mais s'il était sérieux, ou s'il s'agissait d'affaires, il disait : *Prince de Neufchatel, avancez !*

Sa manière laconique de parler rendait quelquefois Napoléon inintelligible; souvent même il coupait certains mots. Lorsque quelque soldat lui présentait une pétition ou lui était recommandé, la question qu'il adressait à chacun était habituellement : *Combien de service ?* Lorsqu'il voulait s'orienter dans quelque plaine vaste ou connaître l'étendue ou l'importance de quelque endroit, relativement à ses entreprises, sa demande était : *Combien d'ici à *** ?* ou *Quelle population ?* Malheureusement il arrivait quelquefois que les renseignemens qu'on lui donnait, souvent inexacts, servaient de règle pour déterminer les logemens militaires, les réquisitions, les fournitures, les garnisons, etc. Il fixait toujours les yeux sur celui qui lui parlait, comme s'il eût voulu pénétrer jusqu'au fond de ses pensées.

On ne pouvait jamais répondre à l'empereur assez vite ; aussi s'impatientait-il lorsqu'on était obligé de lui traduire les réponses de ceux qui lui parlaient. Quand l'empereur couchait dans une ville, Berthier logeait toujours dans la même maison, et le grand-écuyer ne devait jamais en être éloigné. Le préfet du palais ou un fourrier allait en avant pour faire toutes les dispositions nécessaires. Avant l'arrivée de l'empereur, on affichait dans le salon de service une liste indiquant les logemens de toutes les personnes composant sa suite. Il en était de même lorsqu'il voyageait avec l'impératrice.

Un commissaire allait presque toujours en avant pour acheter les vivres nécessaires. La table lui était donnée à ferme, et, partout où l'on s'arrêtait, tous les objets de consommation étaient payés comptant : telle n'était pas la manière de plusieurs maréchaux qui se faisaient tout fournir par réquisition. Quatorze voitures transportaient toutes les provisions et tous les bagages de la suite de l'empereur; aussi, s'il arrivait que les moyens de transports ne permissent pas à toutes ces voitures de se rendre au lieu indiqué pour le dîner, les premiers officiers de la maison se trouvaient forcés de boire de l'eau ou de mauvais vin de pays. Quant aux mets, on tâchait d'en avoir toujours le même nombre ; mais s'ils venaient à manquer, ce qui arrivait de temps en temps, la suite même de Napoléon éprouvait les angoisses de la faim ; car souvent le pain était la denrée la plus rare, et on ne pouvait pas en trouver pour les domestiques.

Dans les endroits où on pouvait avoir quelque chose, on tâchait de faire des provisions et de remplir les paniers dont les mulets qui suivaient le quartier-général étaient chargés, afin d'être en mesure pour un séjour dans un village ou à un bivouac.

Dans ce dernier cas, on dressait cinq tentes dans l'endroit que Napoléon désignait lui-même. Ces tentes étaient de toile avec des raies bleues et blanches, ou d'une espèce de coutil. Deux étaient attachées ensemble; l'une était la chambre de Napoléon et l'autre son cabinet. Les grands officiers mangeaient et dormaient dans la troisième; la quatrième était pour les officiers d'un grade inférieur : ceux qui n'avoient pas de place restaient auprès du feu du bivouac. La cinquième était destinée au prince de Wagram, comme logement et cabinet de travail.

Ces tentes étaient toujours élevées auprès du lieu où campait la garde : cette circonstance a fait croire à beaucoup de personnes qu'il était impossible d'y aborder : c'est une erreur ; s'en approchait qui voulait. Il en était de même lorsque l'empereur était dans quelque ville, et ceux qui croyaient qu'il était sans cesse occupé du soin de sa conservation sont bien loin de la vérité. Plusieurs fois il faillit être la victime du peu d'attention que l'on mettait à éloigner de lui les curieux. La tentative qui fut faite à Vienne, au mois de septembre 1809, en est la preuve.

Comme elle présente des détails intéressans, je la rapporterai dans le chapitre suivant, fidèlement et telle qu'elle a eu lieu : j'y étais.

XIII.

Tentative d'assassinat.—Le jeune fanatique.—Interrogatoire. — Le docteur Corvisart.—Exécution.—Depart. — Lettre de Napoléon à Joséphine.—Blessure de l'empereur.—Distributions d'argent dans les hôpitaux.—Anniversaire du sacre.—L'abbé de Boulogne.—Le général Friant et le calembourg. — Les huissiers et les pages.—Banquet impérial.—La queue du roi de Saxe et le ventre du roi de Wurtemberg.—Les demi-dieux.

Tant que l'empereur habita le château de Schœnbrunn, pendant tout le temps que durèrent les négociations entamées pour la paix entre la France et l'Autriche, il y eut chaque jour dans la cour du palais une grande parade à laquelle assistaient exclusivement les soldats qui sortaient des hôpitaux, ainsi que tous les régimens qui avaient le plus souffert, afin que Napoléon pût s'assurer par lui-même si on avait bien soigné les premiers, et si les rangs des seconds n'étaient pas trop dégarnis. Cette parade avait toujours lieu avant le déjeûner de l'empereur, c'est-à-dire sur les dix heures du matin. Assez ordinairement, tout ce qui composait le service y assistait ; nous nous tenions habituellement sur les dernières marches du vestibule, au pied du grand et magnifique escalier construit en fer à cheval qui communiquait à ce qu'on appelait les *appartemens d'honneur*.

Les généraux et les administrateurs de l'armée qui étaient présens se tenaient à une distance raisonnable, et c'était dans ces occasions-là que Napoléon se faisait rendre compte des causes de la non exécution des ordres qu'il pouvait avoir donnés, ce qui était extrêmement rare.

Ce fut à une de ces revues qu'il manqua d'arriver un événement sur lequel on a fait mille versions déraisonnables. Nous étions à la fin de septembre ; l'empereur passait la revue d'un régiment de la garde ; des sentinelles avaient été placées de distance en distance pour écarter la foule.

Napoléon venait de descendre de cheval et traversait, à pied, la cour pour gagner la droite du régiment qui formait la première ligne, lorsqu'un jeune homme de bonne mine s'échappa de la foule au milieu de laquelle il était à attendre l'arrivée de Napoléon, et vint au devant de lui en demandant à lui parler. Comme il s'expliquait assez mal en français, l'empereur dit à un de ses aides-de-camp de voir ce que voulait ce jeune homme. Le général Rapp (c'était lui qui était de service ce jour-là) arriva ; mais ne pouvant pas comprendre ce que lui disait cet inconnu, il le regarda comme un solliciteur importun et ordonna à l'officier de gendarmerie de service de le faire retirer. Celui-ci appelle un sous-officier et fait conduire le jeune homme en dehors du cercle sans y donner plus d'attention. On n'y pensait plus, lorsque Napoléon revenant à la droite de la ligne des troupes, le même individu, qui avait passé en arrière, sortit précipitamment de la foule où il s'était porté en second lieu, et vint parler à l'empereur, qui lui répondit :

— Je ne puis vous comprendre ; voyez mon aide-de-camp.

Le jeune homme portait la main droite sur sa poitrine, comme pour prendre une pétition, lorsque le prince de Neufchâtel, en le saisissant par le bras, lui dit :

— Monsieur, vous prenez mal votre temps ; Sa Majesté vous a dit elle-même de vous adresser à son aide-de-camp ; tenez, c'est lui qui est là-bas, allez le trouver, vous lui direz que vous y êtes autorisé.

Pendant ce temps, Napoléon avait marché dix pas le long des troupes, et Rapp l'avait suivi.

L'officier de gendarmerie ayant aperçu l'étranger courant encore après l'empereur, prit de l'humeur : il le fit un peu rudoyer. C'est en le saisissant au collet qu'un des gendarmes s'aperçut qu'il avait quelque chose d'extraordinaire caché sous sa capote, et en tira un énorme couteau de cuisine, tout neuf, auquel on avait fait une gaîne de plusieurs feuilles de papier gris, attachées avec du fil de laiton. Les gendarmes le menèrent chez le général Savary, tandis qu'un autre alla chercher ce général à la parade, où il était mêlé à l'état-major impérial.

Ce fanatique était le fils d'un ministre protestant d'Erfurth ; il n'avait pas plus de dix-huit à dix-neuf ans ; sa figure n'aurait pas été mal à une femme. Il avait, d'après ses aveux, entrepris de poignarder l'empereur, parce qu'on lui avait dit que les autres souverains ne feraient jamais la paix avec lui ; et comme Napoléon était à lui seul plus fort qu'eux tous, il voulait le tuer pour avoir plutôt la paix.

On lui demanda quelle lecture il aimait. Il répondit :

— L'histoire ; et de toutes celles que j'ai lues, il n'y a que la vie de la Vierge d'Orléans (c'était Jeanne d'Arc qu'il voulait désigner) qui m'ait fait envie, parce qu'elle a délivré son pays du joug de ses ennemis : je voulais l'imiter.

Il était parti d'Erfurth sur sa seule résolution, emmenant un cheval de son père ; le besoin le lui avait fait vendre en chemin, et il avait écrit chez lui qu'on ne s'en mît en peine ; qu'il l'avait pris pour exécuter un voyage qu'il avait promis de faire, ajoutant que l'on entendrait bientôt parler de lui. Il avait été deux jours à Vienne, occupé à prendre des renseignemens sur les habitudes de l'empereur, et était venu à la revue une première fois pour étudier le terrain et voir où il pourrait se placer. Lorsqu'il eut tout reconnu, il alla chez un coutelier acheter le couteau qui avait été trouvé sur lui, et revint à la parade pour exécuter son projet.

Pendant que ce jeune homme faisait cet aveu au duc de Rovigo, les troupes défilaient ; Savary alla aussitôt trouver l'empereur qui était rentré dans son cabinet, et lui rendit compte du danger qu'il avait couru sans s'en douter. Il ne voulut y croire qu'en voyant le couteau pris sur le coupable. Alors il dit, d'un air indifférent :

— Ah ! dh ! il paraît cependant qu'il y a quelque chose ; qu'on aille me chercher ce jeune fou, je veux le voir et lui parler.

Il retint les généraux qui avaient assisté à la parade et qui étaient encore dans les salles du palais, et leur parla de cet événement. Le général Savary arriva bientôt avec l'assassin. En le voyant entrer, l'empereur fut saisi d'un mouvement de pitié et dit :

— Oh ! cela n'est pas possible, c'est un enfant.

Puis la conversation suivante s'établit entre eux, avec le secours d'un interprète.

Napoléon lui ayant demandé d'abord s'il le connaissait. Celui-ci, sans s'émouvoir, lui répondit :

— Oui, sire.

— Et où m'avez-vous vu?
— A Erfurth, l'automne dernier.
— Pourquoi vouliez-vous me tuer?
— Parce que vous êtes trop supérieur à vos ennemis, et que votre ambition vous a rendu le fléau de notre patrie.
— Mais ce n'est pas moi qui ai commencé la guerre ; pourquoi ne tuez-vous pas l'agresseur ? cela serait plus juste.
— Oh! non, sire! c'est vous qui avez commencé la guerre ; et, comme Votre Majesté est toujours plus forte et plus heureuse que tous les autres souverains ensemble, il était plus aisé de vous tuer seul que d'en tuer tant d'autres.
— Comment auriez-vous fait pour me frapper?
— Je voulais vous demander si nous aurions bientôt la paix, et si vous ne m'aviez pas répondu, je vous aurais plongé mon couteau dans le cœur.
— Mais les militaires qui m'entourent vous auraient d'abord arrêté avant que vous eussiez pu m'approcher, ensuite ils vous auraient mis en pièces.
— Je m'y attendais bien ; mais j'étais résolu à mourir.
— Si je vous faisais mettre en liberté, iriez-vous chez vos parens et abandonneriez-vous votre projet?
— Sire, si nous avons la paix, oui ; mais si nous avons encore la guerre, je l'exécuterai tôt ou tard.

L'empereur fit appeler le docteur Corvisart, qui avait été mandé quelques jours auparavant de Paris. Comme dans ce moment il se trouvait dans les appartemens, il le fit entrer, et, sans lui rien expliquer, il lui fit tâter le pouls de ce jeune homme et lui demanda comment il était. M. Corvisart lui répondit que le pouls était un peu agité, mais que l'homme n'était point malade ; que cette agitation n'était qu'une légère émotion nerveuse. Ce fut alors que l'empereur lui dit :

— Eh bien ! docteur, ce jeune homme vient de cent lieues d'ici pour m'assassiner.

Et il le mit au fait de tout.

On ramena ce malheureux à Vienne pour être traduit devant une commission militaire ; il fut condamné et fusillé.

On s'attendait à ce que l'empereur partirait de jour en jour, mais il ne quittait pas Schœnbrunn ; cependant il avait déjà renvoyé une partie de sa maison à Paris ; je fus du voyage : on ne parla en route que de la tentative faite par le jeune Allemand ; mais en arrivant à Saint-Cloud, où était alors l'impératrice qui avait été instruite de tout, nous n'y pensâmes plus ; je repris mon service auprès d'elle comme à l'ordinaire ; elle-même ne nous en ouvrit pas la bouche une seule fois ; cependant cette singulière aventure donna à penser à plus d'un politique : on avait vu combien il s'en était peu fallu qu'elle ne réussît, et on commença à craindre que l'exemple de ce fanatique ne trouvât des imitateurs ; heureusement que, bientôt, cette affaire fut totalement oubliée, comme beaucoup d'autres.

Le 15 août, l'impératrice dit le matin, en déjeûnant, qu'elle avait reçu la veille une lettre de l'empereur, datée de Schœnbrunn, le 13 ; que Sa Majesté se portait très-bien et qu'elle comptait revenir à Paris après que la paix aurait été signée, ce qui ne devait pas tarder. Napoléon lui parlait aussi des dispositions faites dans cette capitale de l'Autriche pour célébrer dignement sa fête, quoique tous les Viennois le donnassent, lui et les Français, à tous les diables (c'étaient ses propres expressions); il la prévenait en même temps qu'il avait nommé le prince de Neufchâtel prince de Wagram ; le maréchal Masséna, prince d'Essling, et le maréchal Davoust, prince d'Eckmühl. Il avait créé ducs les ministres de la guerre, de la justice, des finances et des relations extérieures, c'est-à-dire MM. Clarke, Reynier, Gaudin et Champagny, ainsi que le ministre secrétaire-d'État Maret, qu'il avait également créé duc de Bassano. Les maréchaux Macdonald et Oudinot avaient été nommés, le premier duc de Tarente, et le second duc de Reggio. Il se plaignait aussi de sa blessure, qui, disait-il, *l'ennuyait;* et il finissait en ajoutant : « Aussitôt mon retour, *je laverai la tête* (c'était encore une de ces expressions vulgaires qu'il employait quelquefois) à quelques individus qui, je le sais, ont tenu de mauvais propos sur ton compte et sur le mien. »

C'était devant Ratisbonne que Napoléon avait été blessé. Impatient d'entrer dans cette place, il se levait de dessus le manteau sur lequel il était étendu pour ordonner l'attaque; il était à pied à côté du maréchal Lannes et appelait le prince de Neufchâtel, lorsqu'une balle tirée de la muraille avec un fusil de rempart vint le frapper au gros orteil du pied gauche; elle ne perça point la botte, mais elle lui occasionna une contusion fort douloureuse, en ce qu'elle frappa sur le nerf, et qu'il avait déjà le pied enflé par la chaleur de ses bottes qu'il n'avait pas quittées depuis trois jours.

On appela aussitôt M. Yvan, son chirurgien, qui le pansa devant tout son état-major et tous les grenadiers du 2e régiment de la garde : plus on voulait les faire éloigner, plus ils s'approchaient. Cet accident passant de bouche en bouche, tous les soldats accoururent depuis la première ligne jusqu'à la dernière ; il y eut même un moment de trouble qui n'était que la conséquence du dévoûment des troupes à sa personne ; il fut obligé, aussitôt qu'il fut pansé, de monter à cheval, pour se faire voir et les rassurer. Il souffrait tellement qu'on fut obligé de le soutenir pour qu'il pût enfourcher la selle; si la balle, dans sa direction, eût porté sur le coude-pied au lieu de donner sur l'orteil, elle l'aurait infailliblement traversé : son heureuse étoile fit encore son devoir cette fois.

Le jour de sa fête, l'empereur avait fait faire, à Vienne et dans les environs, ce qu'il appelait une *visite d'hôpital.* On sait qu'il exigea toujours que le service des hôpitaux fût fait avec ordre et régularité. Napoléon les faisait visiter souvent par ses aides-de-camp, lorsqu'il ne s'acquittait pas lui-même de ce soin. Ainsi, par exemple, après la bataille d'Essling, il fit distribuer une gratification de soixante francs en écus à chaque soldat blessé, et depuis cent cinquante jusqu'à quinze cents francs aux officiers, selon l'importance de leur grade. Il en envoya de plus considérables aux généraux. Pendant plusieurs jours les aides-de-camp de l'empereur n'eurent que cela à faire. Il avait recommandé qu'on ajoutât tout ce qui était susceptible de donner quelques consolations à ces malheureux. Les aides-de-camp procédaient à ces visites en grand uniforme, accompagnés du commissaire des guerres, des officiers de santé et du directeur de l'hôpital. L'économe marchait en avant avec le registre des malades, il les nommait, ainsi que le régiment auquel ils appartenaient, et l'on mettait douze pièces de cinq francs à la tête du lit du blessé. Pour cela, on était suivi de quatre valets de pied de l'empereur, en grande livrée, qui portaient des corbeilles pleines d'argent. Ces sommes n'étaient pas prises dans la caisse de l'armée ; elles provenaient de la cassette particulière de Napoléon : elle seule pourvoyait à ces sortes de dépenses.

L'empereur ne fut de retour de Schœnbrunn à Fontainebleau que vers la fin de novembre 1809. Je parlerai p'us tard de ce mémorable voyage.

Le 2 décembre de la même année, l'anniversaire de la cérémonie du sacre se fit à la cour d'une manière très brillante. Les reines de Naples, d'Espagne, de Hollande et de Westphalie se rendirent en cortége à Notre-Dame, à dix heures du matin, chacune avec sa maison. Tout le monde était en grand costume. Chacune des reines était dans une voiture à huit chevaux ; trois voitures de suite les précédaient ; il y avait en tout seize carrosses, tous plus riches les uns que les autres.

LL. MM. s'étaient donné rendez-vous au Luxembourg, chez la reine d'Espagne. L'empereur avait désigné ce palais comme point de départ. A dix heures et demie, le cortége était arrivé à la métropole, où LL. MM. se placèrent dans une tribune, en face du trône qui devait être occupé par l'empereur et l'impératrice. Trois places étaient réservées derrière pour les rois de Saxe, de Bavière et de Wurtemberg.

Napoléon et Joséphine, précédés et suivis d'un cortége nombreux et magnifique, n'arrivèrent qu'à plus de midi. LL. MM. se placèrent sous un dais. Les grands dignitaires et les grands officiers, qui déjà étaient assis sur des banquettes disposées tout autour, ne se levèrent pas : l'étiquette le voulait ainsi.

Le prince Murat, roi de Naples, était à son rang de grand-amiral. Les rois de Westphalie, de Hollande et d'Espagne portaient le costume de prince français, et occupaient la place en avant et au pied du trône.

A midi et demi, le *Te Deum* fut chanté en musique. Chérubini conduisait l'orchestre placé au fond de la nef et en haut. L'abbé de Boulogne prononça un long sermon qui ne fut écouté que par les deux vicaires qui étaient montés dans la chaire et qui se tenaient assis derrière ce prince de l'Église : personne n'entendit l'homélie de S. Em. Pendant ce temps, je causais avec le général Friant qui s'était glissé jusqu'à nous en me disant : « Edouard, faites-moi une petite place ici, car je ne suis pas *friand* de sermons. » Ce mauvais calembourg me fit éclater de rire ; un officier du roi de Westphalie voulut me rappeler à l'ordre ; cela n'étant nullement dans ses attributions, je l'envoyai faire... son service.

Pendant la cérémonie, qui fut longue, Joséphine eut le temps de faire de douloureuses réflexions. Cinq ans auparavant elle avait été couronnée dans ce même temple, et bien que placée sur le même trône que l'empereur, elle y paraissait alors moins en souveraine qu'en victime contrainte de prouver au peuple, par la place qu'elle occupait, qu'elle n'avait plus d'impératrice que le titre.

A deux heures, l'empereur sortit de Notre-Dame, toujours dans le même ordre de cortége, pour se rendre au corps législatif. La salle était magnifiquement éclairée en bougies, disposée et décorée supérieurement. Cette cérémonie fut une des plus belles dont on ait conservé le souvenir. Il y régnait un ordre admirable. Les costumes y paraissaient encore plus brillans qu'à Notre-Dame ; le plus grand silence fut observé : les reines et les dames de leur suite n'y assistaient pas.

L'empereur était assis sur un trône, et tout le monde à peu près placé dans le même ordre qu'à Notre-Dame, excepté nous autres, qui étions près des portes du couloir, où nous remplissions les fonctions d'*huissiers de la maison de l'empereur*. Ces graves fonctionnaires avaient des tournures, des perruques, des habits et surtout des jambes qui contrastaient singulièrement avec nos brillans uniformes et nos petites figures, sur lesquelles la jeunesse et la gaîté semblaient avoir élu domicile.

L'empereur entra au bruit des *vivats* accoutumés, salua trois fois, à droite, à gauche et en face, mit son chapeau un peu de travers, et prononça son discours assis.

Il avait été écrit du premier jet; aussi était-il fort décousu, mais en même temps très remarquable. Seulement, Napoléon le débita trop vite.

La phrase où il était question de l'Autriche annonçait encore un vif ressentiment contre cette puissance, et présageait une nouvelle guerre. Le monarque indiqua les changemens qu'il voulait faire subir à la Hollande, en réunissant ce royaume à l'empire. C'était sans doute ce motif qui avait empêché le prince Louis de paraître au palais depuis quelques jours. Cependant il était là ; du B..., un de mes camarades, me dit plus tard que, dans un dîner à Malmaison, où il avait été de service, le roi de Hollande avait été traité fort durement par l'empereur, et qu'après une discussion assez vive que Joséphine avait eu beaucoup de peine à faire cesser, l'empereur, après avoir reproché à son frère d'être plutôt hollandais que français, avait terminé sa mercuriale en lui disant :

— Va... tu ne seras jamais qu'un marchand de fromages.

A quoi Louis avait répondu :

— Il ne s'agit pas ici de fromages ! un roi de Hollande doit être avant tout un tranquille commerçant, comme vous, empereur des Français, vous devez être militaire et conquérant.

En sortant du corps législatif, Napoléon rentra aux Tuileries, où il y eut grande réception et présentation de nouveaux ambassadeurs ; il était alors près de cinq heures.

Vint ensuite le banquet impérial servi dans la grande galerie de Diane.

A sept heures et demie, les illustres convives passèrent dans la salle du banquet. Comme c'était le vingtième au moins où mes fonctions m'appelaient, je ne perdis pas un seul détail de la cérémonie. Voici l'ordre dans lequel étaient placés les assistans :

1° L'empereur. Il était en grand costume ; chapeau à la Henri IV, qu'il garda constamment sur sa tête ; l'air distrait et préoccupé ; parlant sans cesse, tout en mangeant, plus que de coutume ; se retournant à tout moment du côté du grand-chambellan comme pour lui demander à boire, quoique son verre fût constamment plein, puisqu'il ne le vida qu'une seule fois.

2° L'impératrice (assise en face de l'empereur). Richement parée ; robe de tulle lamée, à manches courtes ; diadème en diamant ; au total, beaucoup d'éclat, mais l'air triste et souffrant, quoique ayant mis beaucoup de rouge.

A droite de l'empereur, et dans l'ordre suivant :

3° Le roi de Saxe. Uniforme militaire blanc, avec un collet et des revers rouges brodés d'argent. Dos large et voûté, partagé dans toute sa longueur par une queue d'une telle dimension que, toutes les fois qu'il avait besoin de son mouchoir, il le remettait dans sa poche avec le bout de sa queue, ce qui, par parenthèse, nous faisait beaucoup rire. En effet, nous nous attendions à tout moment à l'y voir entrer tout entière avec son mouchoir par dessus, attendu que cette queue était postiche, S. M. n'ayant pas un seul cheveu derrière la tête.

4° Le roi de Westphalie, Jérôme. Costume de prince français; le col et la poitrine nus; une large collerette *de points* rabattue, et une toque de velours noir, avec trois plumes blanches magnifiques qui se balançaient avec grâce sur la tête des augustes voisins du roi; une tunique de satin blanc, avec une ceinture de perles et de diamans posée très haut; le teint frais, sans barbe ni favoris. Il ressemblait tellement à une femme dans ce costume, qu'un des assistans, attiré par la nouveauté d'un spectacle jusque alors nouveau pour lui, s'approcha de moi et me demanda tout bas, en me désignant des yeux le frère de l'empereur :

— Monsieur, quelle est cette princesse, s'il vous plaît?

5° Le roi de Wurtemberg. L'air d'un bon bourgeois, costume semi-militaire, ventre *incommensurable*, ne soufflant pas le mot, et l'estomac éloigné au moins de trois pieds de la table. C'est de lui que M. de Talleyrand disait que Dieu l'avait fait naître exprès pour montrer l'extension que pouvait acquérir la peau du ventre d'un homme.

6° Le prince Murat. Costume de grand-amiral; couvert de crachats, de croix et de rubans; barbe très bleue, favoris épais, cheveux presqu'à la Louis XIV; du reste, ne mangeant ni ne buvant, et regardant sans cesse au plafond; je ne sais dans quel but.

A la droite de Joséphine :

7° MADAME, mère de l'empereur. Vêtue tout en blanc et le plus modestement du monde, à l'exception d'un manteau magnifique. Ayant l'air de dévorer des yeux les plats de vermeil qui ne faisaient qu'aller et venir devant elle, se bornant à éplucher une carcasse de poulet qu'elle ne voulut jamais permettre qu'on lui enlevât.

8° La reine de Westphalie. Robe de satin blanc brodée d'or; parure de perles et de diamans avec des fleurs dans les cheveux; très fraîche, mais un peu trop grasse.

9° La reine d'Espagne. Diamans énormes; bagues à tous les doigts; très peu de cheveux.

10° La reine de Hollande (Hortense). Belle comme un ange, simple comme de coutume, ne levant pas les yeux de dessus son assiette, où il n'y avait jamais rien. Pâle et l'air peiné, ce qui la rendait mille fois plus intéressante.

11° La princesse Borghèse. Très jolie, très parée, très gaie et gesticulant toujours.

12° Le grand-chambellan. Debout immédiatement derrière l'empereur. Derrière l'impératrice, madame la comtesse de Larochefoucauld également debout.

13° Nous. Debout tout autour avec les principaux personnages composant le service d'honneur.

14° Derrière et en face de l'empereur, toutes les dames du palais, assises sur des X, parlant toutes à la fois, mais très bas; regardant beaucoup pour être regardées un peu à leur tour, et nous faisant des signes pour avoir l'air de faire quelque chose.

15° Derrière et en face de l'impératrice, assis sur des tabourets, les grands dignitaires, les ministres, les maréchaux; et, derrière eux, les uns assis, les autres debout, le plus grand nombre appuyé contre les lambris ou accoudés sur les embrasures de fenêtres, une foule d'officiers supérieurs de toutes armes et de fonctionnaires de tous rangs, ne disant mot et n'osant risquer ni de se moucher ni de prendre du tabac; du reste, ne manquant jamais l'occasion de nous faire quelques niches lorsque nous venions à passer devant eux pour notre service.

16° Enfin une procession de curieux et de curieuses, ayant obtenu des billets; défilant presqu'au pas accéléré pour voir l'empereur en face. Ce concours de monde entrait par une porte pour sortir par celle qui lui était opposée. Deux ou trois cents personnes purent ainsi se régaler du plaisir de voir boire et manger des reines et des princes. Mais, chose extraordinaire pour eux, ces demi-dieux mangeaient et buvaient comme de simples mortels. Leurs valets de chambre auraient pu leur révéler bien d'autres traits de similitude avec les plus petits bourgeois.

Le silence du banquet impérial, qui ne dura pas plus de vingt minutes, n'était interrompu que par la voix des huissiers qui criaient à chaque instant :

— Silence, messieurs! Madame, avancez donc! Monsieur, vous ne pouvez rester là plus longtemps! etc., etc.

L'empereur s'étant levé de table le premier, tout le monde en fit autant, excepté le roi de Wurtemberg, qui, enfoncé dans un fauteuil, et n'ayant la force ni de s'en retirer ni de l'emporter avec lui, paraissait avoir pris possession de la table. Voyant son embarras, je courus à lui, et tandis qu'il s'appuyait sur les sièges vides placés à côté de lui, je retins avec force son fauteuil par le dos. Sa Majesté parvint ainsi à sortir de son étau, et me sut gré de mon attention, me remercia et me prit familièrement le menton, ce qui me fit faire la grimace, parce que je profitai de la bienveillance du roi pour dissimuler un éclat de rire qu'il m'eût été impossible de retenir plus long-temps. Personne ne s'aperçut de cet incident si ce n'est l'impératrice, qui, étant placée, comme je l'ai dit, presque en face du roi, fit comme si elle n'avait rien vu.

La famille impériale resta debout et à la même place jusqu'à ce que la galerie fût un peu plus éclaircie; les grands personnages présens formaient un cercle respectueux autour d'elle. Enfin l'empereur passa le premier et tout le monde le suivit; il s'arrêta au grand balcon qui donne sur le jardin, et se fit voir à la foule assemblée qui ne l'attendait pas encore. Peu applaudi, il resta deux minutes pour donner un coup d'œil à l'illumination de la grande allée qui avait quelque chose de magique. Il se retourna ensuite, fit un signe de main à tout le monde et rentra aussitôt dans ses appartemens, de fort mauvaise humeur autant que je pus en juger.

XIV

La famille Bonaparte. — Le prince Lucien. — Son premier mariage. — Troc conjugal. — Le mariage impromptu. — La traite des *blanches*.

La famille de Napoléon, que l'on a vue à la cour des Tuileries, si obséquieuse, si désireuse de grandeurs, si âpre à la curée, se montra en opposition ouverte avec lui lorsqu'il voulut échanger l'écharpe de premier consul contre la toge impériale. De tous ces républicains titrés, Lucien fut le seul qui conserva toujours une sorte de dignité et d'indépendance : à l'exception de la principauté de Canino, qu'il lui eût été fort difficile de refuser, et qui, d'ailleurs, ne l'engageait à rien, il ne voulut jamais faire partie de cette fournée de rois improvisés qui n'étaient vraiment sur leurs trônes que les premiers lieutenans de Napoléon. Ce dernier ne lui pardonna jamais sa raideur; d'abord Lucien avait une supériorité incontestable sur les autres frères de l'empereur ; et puis Napoléon, à force de bienfaits, avait voulu faire de tous les membres de sa famille des instrumens aveugles, de véritables machines ; et Lucien, en refusant les propositions les plus brillantes, avait su se soustraire à ce joug doré, et avait toujours conservé avec son frère la franchise de ses opinions et sa liberté d'agir. C'est ainsi que deux fois il se maria contre le gré de l'empereur, qui ne lui pardonna jamais ces deux alliances un peu disproportionnées. Peut-être même furent-elles la cause principale des divisions qui existèrent jusqu'à la fin entre les deux frères. Ces deux mariages offrent assez de singularité pour que les détails qui s'y rapportent trouvent place ici; cela me donnera d'ailleurs l'occasion de parler de Lucien, dont je n'ai encore rien dit dans ces Mémoires.

Napoléon n'était encore que commandant d'artillerie à l'armée et déjà il avait pourvu son frère Lucien d'un emploi lucratif. Quoique relégué dans une petite ville de la Provence, sa qualité de frère de Bonaparte, son assiduité aux séances de la société populaire et la facilité avec laquelle il maniait la parole, lui valurent une réputation parmi les gens du pays. Il prenait alors ses repas chez un nommé Boyer, tenant hôtel garni, lequel avait une fort jolie fille et les meilleures dispositions en faveur de son hôte. Certaines facilités pour le paiement de la pension disposèrent favorablement Lucien ; la jeune personne fut particulièrement l'objet de sa reconnaissance : ses soins et ses assiduités n'ayant pas tardé à écarter tous les concurrens, le père Boyer dut s'enquérir des intentions de son locataire : Lucien déclara qu'il n'avait que des vues légitimes.

Le père Boyer, ainsi que sa fille, furent très satisfaits de l'explication. Plusieurs mois s'écoulèrent, non sans de nouveaux pourparlers qui n'amenèrent pourtant aucun résultat désirable, et qui n'empêchèrent pas Lucien de se montrer un des plus assidus orateurs de la société populaire.

Un soir, qu'il venait de prononcer un discours brillant sur les avantages de la vertu, la pureté des mœurs, le bonheur des unions et l'égalité des conditions, un membre demande la parole : elle est accordée ; le nouvel orateur monte à la tribune : c'est le père Boyer en personne.

— Citoyen, dit-il, en s'adressant à Lucien, tu as parlé comme un ange ; mais, pour prouver la vérité de ce que tu dis, montre que tu es convaincu toi-même ; commence donc par devenir mon gendre, car tu viens d'avancer que tous les hommes sont égaux, et ma fille a reçu tes sermens !...

L'à-propos de cette apostrophe la rendait singulièrement pressante. Lucien confirma publiquement la promesse qu'il avait faite au père Boyer, et jura solennellement de la remplir, ce qui, effectivement, eut lieu peu de temps après.

De ce mariage, qui fut d'abord très heureux, naquirent deux filles, Charlotte et Amélie ; mais bientôt Mme Lucien s'aperçut du refroidissement de son époux. Douée d'une sensibilité très vive, elle ne put supporter les infidélités de son mari, et une phthisie pulmonaire vint, dit-on, 'enlever au monde.

Cette perte affecta singulièrement Lucien, alors ministre de l'intérieur. Il venait de faire l'acquisition du parc du Plessis-Chamant ; la dépouille mortelle de sa femme y fut transportée, et il ordonna l'érection d'un monument funéraire qui répondît à l'étendue de ses regrets et de sa fortune.

La carrière galante de Lucien avait été marquée, jusqu'à ce jour, par de nombreux succès. Ceux qui ont été à même de l'approcher ont pu remarquer un médaillon, enrichi de diamans, qu'il portait toujours à son cou. Ce médaillon contenait, d'un côté, un portrait de femme, qui devait être d'une ressemblance parfaite ; et, de l'autre, une mèche des plus beaux cheveux. Des gens qui accusaient Lucien d'indiscrétion prétendaient que sans cesse il se penchait à dessein, pour laisser voir ce médaillon. Je ne pense pas qu'il ait jamais porté l'enfantillage jusque-là ; quoi qu'il en soit, voilà ce que j'appris sur cet emblème amoureux.

La cour de Madrid était occupée à célébrer par des fêtes la fin de la guerre avec le Portugal et le retour des plénipotentiaires chargés des intérêts de la France et de l'Espagne. Au nombre de ces plénipotentiaires étaient Lucien d'une part, et de l'autre le prince de la Paix ; leur disposition à profiter des plaisirs qui leur étaient offerts ne pouvait qu'être augmentée par l'indemnité tant en or qu'en diamans que le Portugal avait été contraint de payer préalablement pour aplanir toutes les difficultés.

Dans les bals donnés à cette occasion, Lucien remarqua particulièrement une jeune dame espagnole, qui fit diversion à la passion qu'il montrait publiquement pour une autre généralement connue. Lucien n'eut point à souffrir des rigueurs de cette dame ; mais le mari, qui tenait à la haute aristocratie espagnole, et que ses amis avaient instruit de l'intrigue, osa envoyer un cartel en bonnes formes à M. le plénipotentiaire de France.

Soit répugnance pour une rencontre, soit réticence diplomatique, M. l'ambassadeur n'accueillit pas ce message comme l'aurait fait autrefois un chevalier français ; mais un jeune peintre, qui était du nombre des intimes, reçut la confidence de l'affaire ; plein d'un dévoûment généreux, il offre de répondre pour son patron, et se rend au lieu du rendez-vous. Ne reconnaissant pas dans le champion qui se présentait l'adversaire dont il voulait tirer vengeance, le noble espagnol demande à l'artiste qui il est et ce qu'il vient faire en pareil lieu.

— Je suis peintre, répond celui-ci, et attaché à monsieur l'ambassadeur de France ; je suis venu ici pour prendre fait et cause dans la querelle que vous lui avez cherchée.

— Allez, mon ami, reprit avec morgue la grandesse castillane, allez reprendre votre palette et vos pinceaux. J'ai bien voulu me mesurer avec l'ambassadeur de France, mais je ne me bats point avec un barbouilleur.

L'affaire n'eut point d'autre suite ; mais l'époux outragé chercha, dit-on, à faire assassiner Lucien.

J'abrégerai l'énumération des aventures galantes de ce frère aîné de l'empereur, pour n'insister que sur celles qui peuvent donner une idée exacte de son caractère et je me bornerai à dire que l'épouse du prince est fille d'un commissaire de marine qui, sous le régime de la terreur, perdit sa place et la liberté. Sorti de prison. M. Blé... envoya sa femme et sa fille dans la capitale. La demoiselle présentait pour tout attrait, aux amateurs, assez d'esprit et d'amabilité et une figure charmante : sa mère s'empressa de la conduire dans les fêtes et aux bals qui abondaient à cette époque à Paris. On se livrait à la gaîté avec d'autant plus d'empressement qu'on en avait été sevré depuis long-temps. Les bals de la Vanpalière, de l'Élysée, de Tivoli et de Mousseaux ; le Cirque du Palais-Royal, les concerts et bals de Saint-Georges et de Wentzell, étaient le rendez-vous de toutes les jolies femmes et de la jeunesse la plus dissipée. La jeune Blé... y fut bientôt distinguée ; elle dansait comme un ange : aussi toutes ses soirées étaient employées. Parmi ces coureurs de fêtes, il y avait quelques individus moins occupés de l'amusement qu'elles offraient que du soin d'y nouer des intrigues lucratives. C'est à cette classe d'amateurs qu'appartenait un nommé J..., *faiseur d'affaires*, qui, je crois, se décorait du titre d'agent de change.

Étranger aux jeux de Therpsichore, notre spéculateur dirigea ses premières attaques vers la mère, dont la franchise et la rondeur toutes provinciales lui aplanirent beaucoup de difficultés. Ébauchée dans une première occasion, la connaissance devint plus intime à la seconde entrevue. J... propose des glaces qui sont acceptées; il offre son bras pour reconduire ces dames, on ne le refuse pas. Il sollicite l'honneur de venir faire quelques visites; même succès. Enfin il ne tarde pas à devenir l'homme indispensable de la maison. Confirmé dans la haute opinion qu'il a conçue de Mlle Blé..., il demande sa main, qui lui est accordée.

Retiré du monde à peu près comme le rat de la fable, J... coulait des jours heureux. Outre les avantages qu'il trouvait dans son ménage, il faisait encore quelques affaires qui lui permettaient de mener à Paris ce qu'on appelle un *train*.

Un M. A... de L... conduisait souvent M. et Mme J... à son château de M***. Pour leur rendre ce séjour moins monotone, A... de L... s'avisa d'inviter Lucien à les y rejoindre. Cette retraite fut de quelque durée. Mais toute agréable que fût cette vie, la satiété finit par gagner nos bergers citadins. La saison, qui était devenue pluvieuse, fournit un prétexte pour parler du retour à Paris, et ce retour fut décidé à l'unanimité. Encore deux jours passés au sein de la nature, et l'on allait être rendu aux plaisirs de la ville. Ce terme parut sans doute encore trop éloigné, car pour les passer plus vite et apporter de la diversité dans leur vie champêtre, ces messieurs eurent l'idée d'en mettre dans leurs amours, et proposèrent un échange de maîtresses. Là-dessus, les dames de se récrier, et pourtant de céder après l'opposition exigée par les convenances. Par cet arrangement, Mme J... passa à Lucien. La chronique dit qu'elle devint plus charmante que jamais, et qu'elle prit tout à coup le goût le plus vif pour le jeune sénateur qui, en outre, était frère du chef de l'État. De son côté, Lucien fut tellement enchanté de sa nouvelle maîtresse qu'il ne voulut plus s'en séparer.

Cependant le roi d'Étrurie venait de mourir, et Napoléon songeait à faire de son frère le souverain de la Toscane et le successeur des Médicis. La proposition d'épouser la femme du roi défunt et de monter sur un trône fut repoussée par Lucien : l'esclave de Mme J... préférait le bonheur de vivre près d'elle à celui que donne le pouvoir suprême. La querelle violente que ce refus fit éclater entre lui et Napoléon révéla aux amateurs de scandale quelques traits de dialogue d'une franchise et d'une vivacité toutes particulières.

Lucien avait promis à Mme J... de l'épouser dans le cas où elle le rendrait père d'un garçon, et la dame avait mis tant d'empressement à répondre au vœu du prince, qu'un fils était venu bientôt combler de joie son cœur paternel.

Ce fut alors que Lucien ne voulut plus différer son mariage. Il manda M. D......, maire du dixième arrondissement, et le pria d'apporter, le soir même, à huit heures, les registres de l'état civil, afin de l'unir à Mlle B....., veuve J...... (J......, le mari, vivait toujours; on verra plus loin ce qu'il était devenu.) Maître D......, qui dînait assez souvent à l'hôtel de ce frère de Napoléon, promit d'obéir à l'invitation qu'on lui faisait.

Lucien était l'objet d'une surveillance spéciale : tout ce qui se disait ou se faisait chez lui était su une demi-heure après au palais. Napoléon apprend bientôt ce qui se passe ; sa colère est extrême ; mais il se contente, dans le premier moment, d'envoyer au sieur D..... un ordre par lequel on lui prescrit de ne marier personne sans qu'au préalable le nom des contractans ait été affiché huit jours d'avance à la porte de la municipalité ; le déplacement des registres était expressément défendu, etc. La désobéissance eût été trop dangereuse ; M. D...... se rend chez Lucien, ainsi qu'il s'y était engagé ; mais l'allégresse obligée dont un magistrat se pare en pareille circonstance a fui son âme et son visage ; il a l'air contrit ; il ne voulait pas s'expliquer devant l'assemblée que son silence alarme déjà. Lucien passe avec lui dans son cabinet, et c'est là que l'ordre formel est exhibé.

Sur-le-champ Lucien envoie chercher à la poste des chevaux, fait mettre les siens à toutes ses voitures, et lance sur la route du Plessis des piqueurs chargés de tenir les relais préparés. Les amis du couple persécuté se sont passé le mot d'ordre à l'oreille ; le banquet nuptial est expédié aussi rapidement que le déjeûner du général qui bat en retraite; Lucien et ses témoins montent dans les premières voitures et s'éloignent; les assistans en font autant ; et, à onze heures du soir le transport de Paris au Plessis est entièrement effectué.

Le curé du Plessis, homme dévoué à Lucien, était à cette époque adjoint au maire ; il réunissait en sa seule personne l'autorité civile et le pouvoir spirituel. M. le curé se prête de très bonne grâce à ce qu'on attend de lui. Il dresse d'abord l'acte civil, puis, sur un autel préparé à la hâte, il célèbre les saints mystères et donne la bénédiction nuptiale. Tout était terminé vers minuit et demi; un souper splendide s'ensuivit.

Cette fois, comme on peut le croire, les espions de Napoléon furent en défaut, et l'on n'en sera pas étonné en songeant que l'expédition du Plessis était imprévue, même pour les parties les plus intéressés, et que l'exécution en fut précipitée.

Napoléon n'osa défaire ce qui venait d'être fait ; mais Mme Lucien conserva longtemps la crainte de voir casser un mariage qu'elle savait bien avoir été contracté sans l'assentiment du chef de l'Etat.

Pendant ce temps le complaisant J... avait disparu. Les uns affirmèrent qu'il était mort ; d'autres prétendirent qu'un divorce l'avait rendu étranger à la destinée de son ancienne épouse ; la vérité est que J... s'était éclipsé, à la suite de mauvaises affaires, et qu'il était allé à Saint-

Domingue chercher fortune, et peut-être organiser la *traite des blanches*. Il y est mort peu après de la *fièvre jaune*.

XV.

La bonne fortune et la continence. — Mariage d'Eugène Beauharnais. — Mort du petit prince Louis. — Chagrins de Joséphine. — Intrigues de Fouché. — Mésintelligence de Napoléon et de son frère Louis. — Le petit chien du roi de Hollande. — Les souliers de l'archi-trésorier et les bas du ministre de la police.

Tout le monde a entendu parler du goût que l'empereur avait pour les femmes ; ce goût n'était cependant pas dominant chez lui ; il les adorait, mais il ne les aimait pas. Etant encore à Vienne, avant que la paix entre les deux empereurs fût signée, une jeune fille se prit tout à coup de belle passion pour lui, et le hasard voulut que Napoléon, qui déjà avait eu l'occasion de la remarquer plusieurs fois sans savoir qu'elle l'eût distingué lui-même, lui fît donner un *rendez-vous* qu'elle accepta. La proposition de se rendre au château de Schœnbrunn lui fut faite par C..., qui l'introduisit, à dix heures du soir, dans l'appartement impérial. Cette jeune personne ne savait pas un mot de français ; mais comme elle parlait fort bien italien, la connaissance fut bientôt faite. Le monarque fut fort étonné lorsqu'il apprit qu'elle appartenait à une famille recommandable, et qu'en se rendant à son rendez-vous elle était dominée par une admiration qui avait fait naître dans son cœur un sentiment qu'elle n'avait jamais ni connu, ni éprouvé pour personne. Cet aveu fut fait avec tant de franchise et de simplicité que l'empereur en fut ému. Il avait cru avoir affaire à une de ces coquettes adroites et rusées, toujours flattées d'enregistrer un souverain sur la liste de leurs conquêtes. L'ingénuité de cette jeune fille changea tous ses projets, et le nouveau chevalier sans peur sut aussi rester sans reproche.

Enfin, le fameux traité de Presbourg fut signé par les trois empereurs ; Napoléon partit de Vienne et reprit la route de Munich, en passant par Scharding et Passau, où il rencontra le général Lauriston qui revenait de Cadix, et qu'il envoya comme gouverneur à Venise. Il arriva à Munich pendant la nuit du 7 au 8 janvier 1806. L'impératrice, qui était à Strasbourg, avait reçu l'ordre de se rendre à Munich de son côté ; elle y était arrivée le 15 décembre, de sorte qu'elle avait attendu l'empereur pendant trois semaines.

La princesse Caroline s'y était rendue presque en même temps. Il y eut à la cour de Bavière, comme on peut le croire, de grandes réjouissances, surtout lorsque le projet de mariage d'Eugène Beauharnais, dont on n'avait entendu parler que d'une manière très vague, fut confirmé tout à fait par le départ d'un courrier de l'empereur qui porta l'ordre au vice-roi d'Italie de venir de suite à Munich. Cinq jours après il y arriva ; on ne cacha plus alors son union avec la princesse Auguste, née de la première femme du roi de Bavière, lorsqu'il n'était encore que prince de Deux-Ponts. On aimait déjà beaucoup le vice-roi, et l'on témoigna une grande joie de savoir qu'il allait unir sa destinée à celle d'une princesse qui était aussi bonne que belle.

La cérémonie religieuse fut faite par le prince primat d'Allemagne, ancien électeur de Mayence. A l'occasion de ce mariage, il y eut à Munich des fêtes qui ne le cédèrent pas en magnificence à celles qui avaient eu lieu en Italie, à l'occasion du couronnement, quoique dans un tout autre genre ; elles durèrent une semaine entière, après quoi Napoléon revint à Paris. Le vice-roi passa encore quelque temps à Munich et s'en retourna à Milan.

L'empereur s'arrêta un jour à Augsbourg, un autre à Stuttgard, et vint passer trois jours à la cour de Bade. Il voyagea depuis Munich dans la même voiture que l'impératrice. Ce fut à Carlsruhe que le mariage du prince héréditaire de Bade avec Mlle Beauharnais avait été arrêté définitivement. Avant même la campagne, on avait parlé d'un projet d'union de ce prince avec la princesse Auguste de Bavière. L'empereur, pour savoir la vérité, avait envoyé à Bade, pendant la saison des eaux, M. Thiars, pour s'informer d'une manière précise de ce projet et pour l'entraver ; ses ordres avaient été exécutés avec beaucoup d'exactitude et d'adresse.

Tout étant réglé avec la cour de Bade, l'empereur revint à Strasbourg, et de là retourna à Paris où il arriva dans les premiers jours de mars. L'impératrice l'avait précédé à Saint-Cloud.

Lorsque Joséphine faisait quelque voyage, elle était toujours haranguée par le chef des autorités civiles du pays qu'elle parcourait. Dans les premières années de l'empire, ces discours avaient un style et un ton naturel, conforme au respect que l'on devait à l'épouse du chef de l'État et à la dignité du magistrat qui le prononçait; mais comme on veut toujours enchérir sur les autres, chaque orateur voulut faire mieux que son voisin ; on chercha à élever son langage, on adopta des figures de rhétorique, on s'engouffra dans des citations historiques; enfin, on parvint à épuiser tellement les ressources de la science et de la mémoire, que l'on fut forcé d'avoir recours aux beaux-esprits de Paris : on y commanda les discours et les harangues, en s'arrangeant de manière à les recevoir tout confectionnés le jour où l'on devait les prononcer. Joséphine eut connaissance de ce petit charlatanisme, et en prévint l'empereur, qui défendit qu'on haranguât l'impératrice dans ses tournées ; elle-même interrompait l'orateur dès qu'elle s'apercevait qu'il lui tenait un langage étudié, en lui disant :

— Bien, très bien, assez... je sais ce que vous allez me dire... je vous en remercie... je suis très contente... etc., etc.

Ce fut à cette époque que le charme des habitudes domestiques de Napoléon vint à se rompre tout à coup par la mort du jeune prince Louis, fils aîné de la reine de Hollande, qui succomba à une maladie d'enfance. L'empereur le chérissait particulièrement ; il lui avait prodigué, dès ses plus jeunes ans, les marques de la plus vive tendresse.

Cet enfant se développait d'une manière précoce, et, par sa ressemblance avec son père, il intéressait doublement son grand-oncle. Dès son avénement à l'empire, nul doute que l'empereur ne l'eût déjà désigné comme son enfant adoptif, appelé à lui succéder un jour.

Un décret, dont je ne me rappelle pas la date, permettait que le titre d'empereur et le pouvoir impérial fussent héréditaire dans la famille de Napoléon, de mâle en mâle et par ordre de primogéniture. N'ayant pas de fils, l'empereur pouvait adopter les enfans ou petits-enfans de ses frères, et dans ce cas, ses fils adoptifs entraient dans la ligne de sa descendance directe.

La mort, en lui enlevant le prince Louis, à la fois son neveu et son fils d'adoption, qui, par sa naissance, avait resserré le nœud qui l'attachait à Joséphine, changea de face les relations de la famille impériale et l'intérieur du château.

Je revis, chez Mme Marco de Saint-Hilaire, le buste du petit prince, qui avait été modelé un an avant sa mort. Il lui avait donné par l'impératrice Joséphine elle-même.

Ce buste, de grandeur naturelle, avait été exécuté par Cartelier ; une couronne de lauriers lui servait de ceinture. J'ignore si Mme Marco de Saint-Hiliaire l'a toujours conservé, mais elle le possédait encore en 1819, avant de se retirer définitivement à Versailles, où elle était née.

— Je me reconnais dans cet enfant, disait habituellement l'empereur ; et il caressait d'avance la chimère qu'il pourrait lui succéder un jour. Combien de fois, sur la terrasse de Saint-Cloud, après son déjeûner, ne l'avais-je pas vu contempler ce rejeton dont les dispositions, quoique enfantines, étaient si heureuses, et se délasser des soins de l'empire en se mêlant à ses jeux. Pour peu qu'il montrât de l'opiniâtreté, du penchant pour le bruit du tambour, pour les armes, pour le simulacre de la guerre, Napoléon s'écriait avec enthousiasme :

— Celui-là sera digne de me succéder !... il pourra me surpasser encore !...

Ainsi fut brisé le faible roseau sur lequel il comptait appuyer le grand édifice que seul il avait élevé.

Jamais on ne vit Napoléon en proie à un chagrin plus profond ; jamais on ne vit Joséphine et sa fille dans une affliction plus déchirante. Tous trois semblaient y puiser le sentiment douloureux d'un avenir désormais sans espérance. Les courtisans eux-mêmes, toujours si froids pour tout ce qui ne les touche pas personnellement, furent profondément émus de cette grande infortune.

Cependant les peines du cœur étaient, pour l'empereur, subordonnées aux hautes combinaisons de la politique. Des distractions vinrent peu à peu tromper ses regrets et rompre la monotonie des habitudes que sa douleur lui avait fait contracter. Quant à Joséphine, elle était bien moins tourmentée par les blessures du cœur que par les épines d'une appréhension inquiétante. Elle était effrayée des suites de la perte subite du fils d'Hortense bien plus que de l'espèce d'abandon où la laissait son époux. Elle pressentait l'avenir, et sa stérilité faisait sa désolation. Le concours de ces circonstances, à la fois politiques et domestiques, suggérèrent à plus d'un courtisan l'idée de travailler à donner une assurance d'avenir à l'empire qui ne faisait que commencer.

Ce fut Fouché, qui, le premier, osa ouvertement toucher cette corde délicate, dans un *mémoire confidentiel* adressé à l'empereur, et qui fut *répandu partout*.

On lui représentait la nécessité de dissoudre son mariage, de former immédiatement, comme empereur, de nouveaux nœuds plus assortis, qui pussent donner un héritier au trône.

Sans rien manifester de positif sur ce grave sujet, Napoléon laissa entrevoir que, sous le point de vue politique, la dissolution de son mariage était déjà arrêtée dans son esprit ; mais qu'il n'en était pas de même du choix qu'il serait à propos de faire. D'un autre côté, il tenait singulièrement à Joséphine, tant par son caractère que par une sorte de superstition qu'elle n'avait pas peu contribué à enraciner dans son esprit ; la démarche à laquelle il semblait le plus répugner était de lui signifier la nécessité d'une séparation.

Fouché, poussé par un excès de zèle, ou par son propre intérêt, s'était réservé l'honneur d'ouvrir la brèche et d'amener Joséphine sur le terrain de ce grand sacrifice que réclamaient les destinées de l'empereur. Cette communication, de la part du ministre, eut lieu à Saint-Cloud, tandis que Napoléon était en Autriche. Rien n'en transpira au château; mais dès ce moment Fouché fut perdu sans retour dans l'esprit de l'impératrice, qui finissait toujours par dire, en parlant de lui :

— J'ai cet homme en horreur.

Déjà tout était monté, dans le mystère de la chancellerie, pour ouvrir une négociation parallèle auprès des deux cours de Saint-Pétersbourg et de Vienne. Dans la première, on voulait obtenir la grande-duchesse, sœur du czar, et en Autriche, il s'agissait de l'archiduchesse Marie-Louise, fille de l'empereur François. On tâta d'abord la Russie. L'empereur Alexandre se montrait favorable, disait-on, dans le conseil, mais il y avait dissentiment d'opinion dans la famille impériale russe.

Ce qui eut lieu à Vienne, presque en même temps, mérite de ma part quelques détails qui me furent confiés par un personnage qui n'y fut pas étranger.

Un des hommes les plus marquans dans les fastes de la politesse et de la galanterie de la cour de Louis XVI, le comte Louis de Narbonne, avait été choisi par l'empereur comme le personnage le plus capable de sonder les intentions de la cour d'Autriche. Il était hors des convenances et des usages que Napoléon fît aucune démarche directe avant de connaître positivement les dispositions de l'empereur Alexandre; or, les instructions envoyées au comte de Narbonne se bornèrent à l'autorisation d'agir en son propre et privé nom, avec toute la dextérité que comportait une affaire si délicate et si majeure.

En conséquence, il se rendit à Vienne au mois de janvier 1809, dans le seul but apparent d'y passer quelque temps pour ses plaisirs. Là, dressant bientôt ses batteries, il vit d'abord M. de Metternich, et fut ensuite admis auprès de l'empereur François. La question du mariage occupait alors toute l'Europe, et ce fut naturellement un des sujets de son entretien avec l'empereur d'Autriche. M. de Narbonne ne manqua pas de jeter en avant que les plus grands souverains de l'Europe briguaient l'alliance de Napoléon. L'empereur d'Autriche témoigna aussitôt sa surprise de ce que la cour des Tuileries ne songeât point à sa maison, et il en dit assez pour que M. de Narbonne sût à quoi s'en tenir.

Il écrivit le même jour à l'empereur, en lui faisant part des insinuations de la cour de Vienne; il crut pouvoir en conclure qu'une alliance avec l'archiduchesse entrerait dans les vues de l'Autriche.

A l'arrivée du courrier, ce fut moi qui portai sa dépêche à l'empereur j'étais loin de me douter de ce qu'elle pouvait contenir, mais jamais je ne le vis ni si radieux ni si satisfait. Plus tard, il fit sonder le prince de Schwartzemberg, ambassadeur d'Autriche à Paris, en recommandant de conduire cette affaire avec une telle circonspection que l'ambassadeur se trouvât engagé sans qu'il le fût lui-même. Il s'agissait de ne pas choquer l'empereur Alexandre en lui faisant soupçonner qu'on avait ouvert une double négociation, et de faire supposer à l'Europe qu'on avait eu le choix entre une grande-duchesse et une archiduchesse ; car, pour la princesse de Saxe, il n'en avait été question que pour la forme.

L'empereur convoqua aux Tuileries un conseil privé, composé des grands dignitaires, de tous les ministres, du président du sénat, de celui du corps législatif et des ministres d'État, etc. Ils étaient en tout vingt-cinq individus. Le conseil assemblé et la délibération ouverte, le ministre Champagny communiqua d'abord les dépêches de M. de Caulaincourt, alors ambassadeur en Russie, et les présenta comme si le mariage avec une princesse russe n'eût tenu qu'à l'accord de l'exercice public de son culte, et à l'érection, à son usage, d'une chapelle du rit grec. Il fit connaître ensuite les insinuations et les désirs de la cour de Vienne, de sorte qu'on paraissait être dans l'embarras du choix.

Il y eut partage d'opinions. Au lever de la séance, le prince Eugène fut chargé par l'empereur de faire au prince de Schwartzemberg l'ouverture diplomatique. L'ambassadeur avait ses instructions, et tout fut consenti sans difficulté. Ainsi le mariage de Napoléon avec Marie-Louise fut proposé et décidé en moins de vingt-quatre heures.

Le lendemain de la tenue du conseil, un de nous, toujours très au fait des nouvelles, vint nous informer que l'empereur s'était décidé pour le divorce, et qu'il allait épouser une archiduchesse d'Autriche.

— En ce cas, m'écriai-je, nous n'avons plus qu'à faire notre paquet, car il y a toute apparence que l'empereur formera une autre maison pour la nouvelle impératrice, qu'il ne gardera peut-être pas un seul page de Joséphine, et que cette dernière, n'ayant plus de maison, nous remerciera à son tour.

— Bah! dit de M..., il faut toujours des pages pour faire le service; tu ne sais ce que tu dis, tu as toujours peur!

En effet, je me trompais, ou plutôt je connaissais mal les intentions de l'empereur, puisque j'étais appelé, au contraire, à jouer un grand rôle auprès de l'impératrice Marie-Louise, même avant son arrivée à Paris.

Quoi qu'il en soit, l'hiver qui suivit l'important changement qui ne pouvait manquer d'avoir lieu dans le personnel du service des deux maisons impériales, celle de l'empereur et celle de l'impératrice Joséphine, fut très remarquable aux Tuileries, par les fêtes, les concerts et les spectacles qui s'y donnèrent. Toute la famille impériale prit part à ces plaisirs, à l'exception du prince Louis, dont les démêlés avec Napoléon devenaient de jour en jour plus envenimés. On redoutait un coup d'État de la part du maréchal duc de Reggio qui commandait les troupes françaises en Hollande.

Le cocher de M. de........., notre ambassadeur, avait été précédemment très maltraité par des bourgeois d'Amsterdam qui, dans leur colère, se répandirent en injures contre les Français. Cette affaire, vraie querelle de cabaret, devint une affaire d'État. M. l'ambassadeur annonça hautement qu'il en écrirait à Paris, et on craignit que cet incident n'eût un résultat désavantageux pour la Hollande. Le roi, à ce moment, se trouvait à son château de plaisance ; quelques uns de ses conseillers, prévoyant ce que les plaintes de l'ambassadeur pourraient amener de fâcheux, déterminèrent le monarque à se rendre en hâte à Amsterdam, à voir l'ambassadeur, et à en obtenir qu'il ne fît pas connaître à sa cour ce qui était arrivé à son cocher, promettant satisfaction bonne et complète. Une fois la détermination prise, il s'agissait de l'exécuter promptement et avant le départ des dépêches de l'ambassade. Des ordres sont donnés : le roi de Hollande annonce son départ à ses courtisans, et bientôt les voitures de la cour le reçoivent avec sa suite, étonnée d'un si brusque déménagement.

Au moment où l'on fermait la portière de Sa Majesté, elle s'aperçut que son chien favori, *Tiel*, ne la suivait pas. Sur-le-champ grande rumeur : le départ est suspendu, dix valets de pied sont mis en campagne, et le roi attend avec impatience, sans descendre de voiture, le retour du déserteur ; vaines recherches ; salons, bosquets, écuries, cuisines, sont inutilement visités pas : de *Tiel* ; trois quarts d'heure se passent, et toute la cour emballée, impatientée et fatiguée, murmure contre le favori. Enfin, un piqueur arrive, essoufflé ; le grand-écuyer vole à sa rencontre. « Est-il retrouvé ? le ramène-t-on ? » Tiel, en effet, était retrouvé ; mais, hélas !... En criminelle conversation avec la chienne d'un pêcheur. Le grand-écuyer se trouve assez embarrassé pour annoncer cette nouvelle au roi, que deux grandes dames accompagnaient ; enfin, à force de circonlocutions, il se fait comprendre ; et Louis, après cinq minutes de réflexion, donne des ordres pour que le courrier Colinet reste en arrière afin de ramener le galant *Tiel*. Une heure avait été perdue, et quand on arriva à Amsterdam, les dépêches de l'ambassadeur étaient parties.

Louis Bonaparte, qui aurait fait un bon bourgeois, très exact à payer son terme et à monter sa garde, devenu roi de Hollande contre son gré, n'eut pas assez d'énergie pour s'opposer ouvertement aux volontés de son frère ; mais il ne le contraria pas moins en laissant violer impunément ses décrets.

Napoléon avait ordonné que tous les ports de la Hollande fussent fermés au commerce anglais. Louis avait publié cette défense dans ses États ; cependant il était notoire que les marchandises anglaises arrivaient sans obstacle à Amsterdam et dans toutes les villes maritimes, parce que le roi, sachant que la Hollande ne pouvait exister sans commerce, fermait les yeux sur les infractions à des ordres qu'il avait donnés malgré lui. Aussi était-il, en général, aimé de ses nouveaux sujets qui lui attribuaient le peu de bien qu'il pouvait faire, et qui rejetaient sur Napoléon tous les maux qu'ils éprouvaient. Ils regrettaient presque tous leur ancien gouvernement ; mais ils avouaient que puisque le destin avait voulu que l'empereur des Français leur donnât un roi, ils préféraient Louis à tout autre.

Dans l'origine, il avait allégué sa mauvaise santé comme une excuse pour ne pas accepter la couronne, disant que le climat de la Hollande ne convenait pas à son tempérament, et qu'il était sûr d'y mourir.

— Eh ! qu'est-ce que cela te fait, lui répondit Napoléon (car il le tutoyait presque toujours dans l'intimité) ; au moins tu mourras sur le trône, j'en connais plus d'un que cela arrangerait.

Enfin lorsque Louis, fatigué de n'être qu'un gouverneur de province revêtu du titre de roi, eut pris la ferme résolution d'abdiquer, Napoléon en fut très contrarié et dit à M. de Talleyrand, qui n'avait point été étranger aux négociations diplomatiques que cet événement occasionna de part et d'autre :

— Voyez encore Louis, il semble avoir pris à tâche de justifier l'opinion de ceux qui s'obstinent à ne regarder mes frères que comme des roitelets.

En conséquence, Napoléon avait donné l'ordre au prince Lebrun, duc de Plaisance, archi-trésorier de l'empire, d'aller prendre, en son nom possession du royaume de Hollande, et de l'organiser en provinces françaises qui devaient rentrer dans le cadre ordinaire des départemens. C'est sous un point de vue un peu drôle peut-être que je vais parler de ce grand dignitaire, fort estimable et grand littérateur, disait-on. On ne doit pas toujours voir les hommes juchés sur leurs échasses, il faut de temps en temps les examiner en pantoufles; au surplus, c'est en souliers que je vais peindre ce personnage, l'un des hommes les plus éminens de l'empire.

Le prince Lebrun était naturellement fort économe; par sa position, il se voyait constamment obligé d'être en costume de cérémonie, et dans cette tenue il faut absolument la culotte et les bas de soie. Lebrun avait remarqué avec peine que, au bout de quelque temps, les bords de ses souliers laissant une trace noire sur ses bas, il se voyait obligé chaque jour de changer ceux-ci, sans qu'ils fussent, du reste, tout à fait hors de service. Il se promit bien de chercher un moyen de supprimer une dépense qui ne laissait pas de grever le budget de sa toilette.

Un jour que, fatigué de ses travaux administratifs, il laissait vaguer ses pensées, il fut tout à coup frappé par une idée lumineuse. Il sonne; un domestique reçoit l'ordre d'aller chercher son cordonnier. Celui-ci arrive; le prince se fait prendre mesure : 1° pour une paire de souliers très décolletés et à quartiers très bas; 2° pour une paire dont les quartiers étaient plus élevés et moins décolletés; 3° pour une autre paire, emboîtant parfaitement le pied et couverte de larges boucles. Au moyen de ces trois degrés, le prince, cachant successivement les raies noires qui le désespéraient, parvint à ne salir que deux paires de bas par semaine.

Au surplus, le prince Lebrun ne fut pas le seul homme d'État auquel sa chaussure causa un moment d'ennui. Fouché eut toujours une horreur invincible pour les détails de toilette, et surtout pour ceux de la chaussure. A une époque où il était seul à Paris et où il vivait en quelque sorte en garçon, il ne posséda jamais qu'une paire de bas à la fois; à mesure qu'elle se salissait ou qu'elle se trouait, il rentrait dans ses souliers les parties à cacher, et continuait ce manège jusqu'à ce que la place du mollet fût sous le talon et que l'accumulation des plis et bourrelets qui en résultaient lui blessât les pieds. Alors il se décidait à entrer chez un bonnetier, achetait une paire de bas, demandait la permission de changer dans un coin de l'arrière-boutique, opération qu'il faisait souvent dans son remise ou dans un fiacre, après quoi il faisait de ses vieux bas un paquet bien symétriquement arrangé qu'il conservait soigneusement. Je n'ai jamais pu savoir à quel usage le ministre de la police destinait cette précieuse défroque.

XVI.

Joséphine à Saint-Cloud. — Contes et facéties de D....... — L'accouchement impromptu. — Retour de l'empereur à Fontainebleau. — Arrivée de Joséphine. — Scène de ménage. — L'écouteur aux portes. — Les ministres affamés. — Le petit *coucher* de l'impératrice.

Le mois d'octobre 1809 touchait à sa fin; il s'était écoulé fort tristement et sans aucun événement remarquable. La cour se ressentait vivement de l'absence de l'empereur, dont on attendait le retour avec impatience. L'impératrice vivait pour ainsi dire seule avec les dames de sa maison; on commençait à revenir de la campagne, et cependant les visites étaient rares à Saint-Cloud ou à la Malmaison. Joséphine dans cet intervalle n'alla qu'une seule fois à Paris. Ce fut pour assister à la première représentation d'un opéra-comique, dont les auteurs avaient été recommandés à son intérêt. Il paraît que l'ouvrage n'eut pas de succès, car elle revint de très bonne heure.

Durant ces longues soirées d'automne, D... nous amusait beaucoup en nous faisant tous les jours des contes et en nous entretenant de certaines particularités fort originales de l'ancienne cour, où il avait eu un emploi jadis. Nous ne le désignions jamais autrement que par l'épithète de *grand dénicheur d'anecdotes,* parce qu'il était constamment à la piste de toutes celles qui se débitaient et se colportaient journellement au palais. Lorsque son sac était vide, il en forgeait de très plaisantes, en leur donnant une telle tournure, un tel cachet, que personne ne s'avisait jamais de révoquer en doute leur authenticité; mais il finissait souvent par nous avouer que ce qu'il nous avait raconté la veille était entièrement de son crû : il appelait cela des *anecdotes de portefeuille.* Il avait en outre une manière de dire extrêmement originale, par cela même qu'il gardait un sérieux imperturbable, même en disant la chose du monde la plus plaisante.

Entre autre facéties, il nous conta un soir que deux mois après que la duchesse de C... eut été choisie pour dame d'honneur de la reine de Naples, et qu'elle eut commencé son service auprès de la princesse, elle fit une promenade à Portici avec le grand-écuyer du roi, dont elle avait accepté le bras. Il y avait déjà près de deux heures qu'ils marchaient en causant de choses indifférentes, lorsque tout à coup elle quitte son cavalier, entre précipitamment dans une maison voisine et revient dix minutes après un peu pâle et paraissant avoir de la difficulté à marcher. Son compagnon lui demande aussitôt si elle s'est sentie indisposée.

— Oh! ce n'est rien, lui répond-elle tranquillement, c'est que je vien d'accoucher ; retournons à Naples.

— Personne jusque alors ne s'était donc aperçu que la duchesse de C... fût enceinte? dit Mme de S..., qui était présente.

— Personne au monde, ajouta D....

— Quoi! reprit-elle, pas même son mari?

— Ah! si, le duc excepté.

— Avez-vous conté cela à l'impératrice, reprit Mme de S...

— Gardez-vous en bien, mon cher monsieur D..., dis-je à mon tour; vous savez qu'elle déteste tout ce qui sent le caquetage, et qu'elle honore d'une estime toute particulière la dame d'honneur de sa belle-sœur. L'autre jour encore, ne l'avez-vous pas entendue dire que c'était à l'empereur que cette dame était redevable des fonctions qu'elle remplissait auprès de Mme Murat, et qu'il aurait été difficile de faire un meilleur choix.

— Vous avez raison, répondit D...; mais je puis vous affirmer que ce que je viens de vous dire est l'exacte vérité.

Personne ne le crut ; on l'engagea même à ne pas répéter cette anecdote qui avait réellement quelque chose d'extraordinaire, dans la crainte où elle ne vînt aux oreilles de Joséphine, fort susceptible sur ce chapitre. Quoi qu'il en soit, l'impératrice en eut connaissance, je ne sais ni comment ni par qui ; mais quelques jours après, c'était un matin, tandis qu'elle essayait de nouveaux bonnets, dits à l'*enfant*, elle se retourna vers D... qui par hasard était là quoique son service ne l'y obligeât pas, et lui dit devant nous tous, avec un ton assez sec, toujours précurseur chez elle d'une mercuriale :

—A propos, M. D..., tandis que j'y pense, dorénavant, lorsque vous aurez découvert une bonne anecdote, de quelque genre qu'elle soit et quelque individu qu'elle puisse concerner, je vous engage à m'en faire part d'abord, ne serait-ce que pour me faire rire la première ; ensuite libre à vous d'aller la *clabauder* dans mon *antichambre* en présence de ces messieurs et de ces dames.

Le rouge nous monta au visage à tous, car il faut avouer que les expressions de *clabauder* et d'*antichambre*, dont Joséphine venait de se servir à notre égard, n'étaient pas trop flatteuses. Cependant personne ne dit mot, D... n'entreprit même pas de se justifier, et se retira sur la pointe des pieds tandis que Joséphine avait le dos tourné ; nous le revîmes seulement à la table, et là il parut si fâché de nous avoir occasionné cette petite humiliation, que nous lui pardonnâmes en faveur de son repentir.

— Car, nous dit-il, ce qui me désole le plus, c'est que vous, qui êtes innocens comme l'enfant que Mme de C..... a mis au monde, vous ayez eu le contre-coup.

J'ai su depuis que le fait que D... avait avancé était vrai ; il ne prouvait rien, sinon que la duchesse, déjà mère de cinq enfans, en avait alors un de plus, et qu'elle accouchait très facilement ; ce qu'elle avait de commun avec la plupart des Italiennes que je connaissais. Du reste, l'aventure n'eut aucune suite, et D... ne se corrigea pas de sa manie un peu trop conteuse.

J'allais oublier de dire que M. de Luçay nous avait prévenus de nous tenir prêts à partir pour Fontainebleau dans la matinée du 26. Il avait reçu une lettre du grand-maréchal, datée de Munich, qui lui annonçait que l'empereur devait arriver à Fontainebleau le 30, dans la soirée, et qu'il voulait que sa maison, ainsi que celle de l'impératrice, fussent présentes pour l'y recevoir. Nous étions déjà au 27 du mois ; nous n'avions donc pas trop de temps pour faire nos dispositions. Une chose nous étonna : c'est que l'impératrice n'eût encore parlé à personne du retour de l'empereur, retour si vivement désiré par tout ce qui tenait à la cour. Cependant elle en avait connaissance depuis long-temps, car Napoléon, étant encore à Munich, avait fait donner l'ordre à toute la maison impériale de le précéder à Fontainebleau, où il devait être rendu le 30, au soir. Joséphine devait s'y trouver également, ainsi que les ministres qui, tous, avaient été prévenus d'apporter avec eux leur travail.

Mais l'empereur avait, selon sa coutume, voyagé avec une telle rapidité, qu'au lieu d'arriver le 30, comme on avait dû le supposer d'après les instructions du grand-maréchal, il arriva la veille, c'est-à-dire le 29, à une heure de l'après-midi. De sorte qu'à l'exception du grand-maréchal avec qui il avait fait la route, du courrier qui allait toujours en avant, et du concierge du château, Napoléon, en descendant de voiture, ne trouva même pas un valet de pied pour le recevoir. Cette négligence le mit de mauvaise humeur, à en juger par sa manière de siffler, qui dans cet instant ne ressemblait nullement à celle qui lui était habituelle. Cependant il n'adressa aucun reproche au grand-maréchal et se contenta d'expédier sur-le-champ pour Saint-Cloud le même courrier qui l'avait amené, avec ordre d'annoncer son arrivée à Fontainebleau. Celui-ci partit à francétrier ; il n'avait pas même eu le temps de descendre de cheval.

Il n'y avait de la faute ni du grand-maréchal ni de personne, puisque M. de Luçay avait commandé le départ ce jour-là, seulement à sept heures du soir, afin qu'on pût être prêt le lendemain à tout événement. La faute était véritablement à l'empereur qui allait tellement vite, que non seulement il arrivait avant tout le monde, mais encore que les trois quarts de ceux qui devaient le suivre restaient constamment en route, et loin derrière lui.

Napoléon, en attendant son monde, s'amusa à visiter les appartemens neufs qu'il avait fait construire dans le palais. On s'était servi, cette année, et pour la première fois, du bâtiment situé dans la cour dite du *Cheval-Blanc*, où était précédemment l'école militaire qui venait d'être transférée à Saint-Cyr ; il l'avait fait restaurer, agrandir, décorer et meubler en appartemens d'honneurs, dans le seul but, avait-il dit, d'occuper les manufactures de Lyon, et de donner de l'ouvrage aux ouvriers de Paris. Il est de fait que ce palais venait d'être tiré de l'état de ruine et de dégradation dans lequel on l'avait laissé subsister depuis le commencement de la révolution. Il se trouvait alors, et comme par enchantement, rétabli avec une magnificence telle qu'on ne l'avait jamais vu, même dans les beaux jours de Louis XV.

Nous fûmes rendus à Fontainebleau à cinq heures. Une demi-heure après arriva un des valets de chambre de l'empereur avec plusieurs officiers civils : dès que Napoléon les aperçut, il descendit, et allant à eux, tandis que le valet de pied ouvrait la portière :

— Et l'impératrice? dit-il brusquement en s'adressant à M. F....

— Sire, répondit celui-ci à tout hasard, je précède l'impératrice de dix minutes; peut-être même S. M. sera-t-elle ici avant ce temps.

— C'est fort heureux, dit l'empereur.

Et il remonta dans les appartemens en marmottant des paroles que personne ne put comprendre.

Enfin l'impératrice arriva ; il était six heures moins un quart. Nous fûmes obligés de l'éclairer lorsqu'elle descendit de voiture; car il n'y avait là personne qui pût s'acquitter de ce soin, et il faisait une nuit très sombre. C'était peut-être la première fois de sa vie que Joséphine manquait à ces espèces de rendez-vous, auxquels elle s'était habituée ; elle les considérait toujours comme des ordres; cette fois, Napoléon l'avait précédée de plusieurs heures ; ce retard, que toute la prudence humaine n'aurait pu ni prévoir ni empêcher, devait cependant occasionner à Joséphine des reproches qui ne furent que le prélude d'une scène très vive qui eut lieu le lendemain ou le surlendemain.

L'empereur, contre son ordinaire, n'alla pas au devant de sa femme dans le vestibule : il était resté assis dans la *petite bibliothèque*. Au moment où elle y entra, après l'avoir cherché elle-même dans ses appartemens :

— Ah! fit l'empereur, vous voilà, madame, il est ma foi bientôt temps... j'allais partir pour Saint-Cloud.

Joséphine, déjà peinée de ce retard, et fort affligée de voir son époux la recevoir si mal, après une si longue absence, chercha à s'excuser de son mieux.

— Mais, Bonaparte, c'est de ta faute... Tu nous fais dire que tu n'arriveras que demain et tu arrives aujourd'hui... comment donc es-tu venu?

— C'est toujours moi qui ai tort... C'est de ma faute... Madame, je suis venu comme à mon ordinaire... Quand même, ne vous ai-je pas prévenue il y a huit jours !... c'est toujours la même chose.

Ces reproches, auxquels l'impératrice n'était pas accoutumée, lui firent venir les larmes aux yeux. L'empereur continuant sur le même ton, et ne ménageant pas assez une sensibilité qu'il n'avait que rarement mise à une si rude épreuve, blessa Joséphine au cœur; celle-ci, piquée à son tour, laissa échapper quelques paroles un peu vives; pour la première fois, le mot de *divorce* fut prononcé par l'empereur, et la malheureuse Joséphine, près de se trouver mal, ne fit entendre que ces mots entrecoupés :

— Oh non !... non, Bonaparte !... mon ami !... grand Dieu, est-il possible ?... Non !

L'empereur, s'apercevant enfin que l'impératrice était suffoquée par les sanglots, vit qu'il avait été un peu trop loin. Fâché, sans doute, de s'être abandonné à un mouvement de colère qui aurait pu avoir pour Joséphine des suites fâcheuses, il adoucit aussitôt la voix, et prenant les mains de l'impératrice :

— Eh bien ! non, lui dit-il, jamais ! viens !

Et il l'attira doucement vers lui. Un sourire dut se montrer sur les lèvres de Joséphine qui, cependant, ne répondit pas.

— Allons, c'est vrai, reprit l'empereur, je suis de mauvaise humeur aujourd'hui; qu'il n'en soit plus question, pardonne-moi, et une autre fois sois plus exacte.

Et il l'embrassa affectueusement.

Cependant la fortune venait de prononcer la chute de Joséphine. Ce retard de quelques heures, ces reproches, cette scène, ce raccommodement même furent comme une sorte de fatalité. Dès ce moment, j'aurais parié que le divorce serait prononcé avant trois mois.

Joséphine avait séché ses larmes; elle avait promis tout ce que l'empereur avait voulu, et elle était sortie pour aller changer de toilette, en s'engageant à être prête dans un quart d'heure pour dîner.

L'empereur n'avait pris le matin qu'une tasse de chocolat et un bouillon qu'il avait fait demander au concierge en arrivant à Fontainebleau. Nous sûmes du grand-maréchal que dans la journée il avait dit plusieurs fois *qu'il se mourait de faim*. Jamais, à ma connaissance, pareil besoin n'avait été ainsi exprimé de sa part. Il fallait un témoignage comme celui-là pour que je pusse y croire.

Les divers services de la maison impériale arrivèrent bientôt après l'impératrice. Je ne puis m'empêcher de faire ici cette remarque : c'est que toutes les fois que l'empereur arrivait inopinément dans un de ses palais, tout était en désordre; les logemens étaient encombrés, les meubles sens dessus dessous; mais à peine avait-il paru, que l'ordre régnait aussitôt partout; chaque chose se retrouvait à sa place, tout le monde était à son poste.

Sur les sept heures et demie, l'impératrice revint chez l'empereur; il était alors dans son cabinet, où il travaillait avec MM. de Montalivet et

Decrès, qui venaient d'arriver. Un piqueur habitant la ville de Fontainebleau les avait été chercher à Paris. En entrant, Joséphine lui dit :

— Tu vois que je n'ai pas été trop long-temps.

— Hum ! hum ! fit l'empereur en regardant la petite pendule fixée à demeure sur l'un des angles de son bureau ; et puis, tournant les yeux vers Joséphine et paraissant l'examiner avec plaisir : Au moins, ajouta-t-il avec un signe de main approbatif, je n'ai point perdu pour attendre... Tu es très bien comme cela... N'est-ce pas, messieurs ?

Et les ministres de faire une profonde salutation.

En effet, Joséphine, dans cette occasion, avait apporté un soin tout particulier à sa toilette. Quoiqu'il fît déjà très froid, elle s'était fait coiffer en cheveux, avec des fleurs bleues mêlées d'épis d'argent, qui faisaient ressortir la beauté de ses cheveux. Elle avait avec cela une polonaise de satin blanc, garnie de cygne, qui lui allait à ravir. Il est vrai de dire qu'elle était venue avec Mme Marco de Saint-Hilaire et Duplan, et qu'on avait tellement encombré leur voiture de boîtes, de caisses et de cartons, que les voyageurs avaient eu toutes les peines du monde à s'asseoir et à préserver tous ces brillans colifichets d'une dégradation totale pendant une si longue route, qu'ils avaient faite en moins de deux heures et demie. Cette pauvre Mme Marco de Saint-Hilaire me dit en arrivant qu'elle avait une courbature ; quant à Duplan, il prétendit qu'il était fourbu. Je ne les crus ni l'une ni l'autre, parce que depuis le temps qu'ils étaient à l'impératrice, eux qui avaient été de tous ses voyages devaient, certes, être accoutumés à la fatigue.

En donnant la main à Joséphine pour aller dîner, l'empereur dit aux deux ministres qui semblaient vouloir se retirer :

— Pardon, messieurs, je vous rejoins dans cinq minutes.

Sur l'observation qui lui fut faite par l'impératrice que ces messieurs n'avaient sans doute pas dîné, puisqu'ils arrivaient de Paris

— C'est juste, répondit l'empereur.

Et il les invita à dîner avec lui.

Ceux-ci s'empressèrent d'accepter, mais ils n'y gagnèrent pas beaucoup. L'empereur ne resta pas plus de dix minutes à table ; il semblait avoir perdu le souvenir de cet appétit qui le talonnait en arrivant, car, après avoir pris la valeur d'une demi-tasse de café, il se leva et repassa dans son cabinet, où LL. Exc. furent bien forcées de le suivre, sans certainement avoir eu le temps de rien prendre. Quant à Joséphine, elle dîna tranquillement après comme elle en avait l'habitude lorsqu'elle n'avait pas dîné auparavant.

Les ministres restèrent encore avec l'empereur environ une heure, après quoi il les congédia en leur recommandant de venir le lendemain à un conseil d'Etat qu'il comptait présider en personne.

Je les rencontrai tous deux au bas du grand escalier ; ils allaient rejoindre leur voiture et n'avaient pas l'air très satisfaits. Les ayant salués, M. Montalivet me dit bonjour, et me demanda en riant si j'avais dîné ; sur ma réponse affirmative, il ajouta :

— Eh bien ! mon jeune ami, je ne suis pas si heureux que vous, car on doit encore m'attendre chez moi, où il y a apparence que je ne dînerai que demain.

— Quant à moi, reprit M. Decrès, je serai à l'avenir plus prudent. Je dînerai toujours la veille.

Et ces messieurs partirent. Je remontai dans le salon de service où mon devoir m'appelait.

Ce même soir il y eut à huit heures une réception qui, bien que peu nombreuse, n'en était pas moins remarquable par les jolies femmes qui en étaient l'âme. Joséphine se faisait distinguer au milieu d'elles. Elle fit elle-même les honneurs avec un charme et une aménité qui durent singulièrement contraster dans son cœur avec la scène de ménage qu'elle avait eu à soutenir quelques heures auparavant. Quant à Napoléon, dont la mauvaise humeur ne durait jamais, il ne sembla se ressentir en rien, en entrant au salon, de l'orage du matin ; aimable, vif, enjoué, il parla à tout le monde, et se montra on ne peut plus galant envers les dames. Il y en avait très peu qui n'eussent pas un frère, un mari, un beau-frère ou même un fils à l'armée. Il n'oublia pas d'en donner lui-même des nouvelles à toutes, en leur demandant en même temps des leurs. Dans ces occasions, Napoléon ressemblait moins à un monarque qui reçoit des hommages et des marques de soumission, qu'à un excellent père qui aimait à voir réuni autour de lui tout ce qui touchait de près aux familles qu'il avait pour ainsi dire associées à ses destinées.

A onze heures tout le monde se retira. On savait que LL. MM. avaient besoin de repos. J'assistai au *petit coucher* de l'impératrice, qui nous dit, tout en fermant les yeux de fatigue, que l'empereur avait été *charmant* avec tout le monde, et surtout avec elle... Ce qui prouvait ou que Joséphine dormait déjà, ou qu'elle avait ce jour-là la mémoire bien courte, ou enfin, et c'est ce qui est le plus probable, qu'elle n'avait conservé aucune rancune. Je laissai près d'elle Mme Marco de Saint-Hilaire, qui avait l'air souffrant, et je montai me coucher. Un quart d'heure après, il n'y avait plus une seule bougie allumée dans les appartemens du palais de Fontainebleau.

XVII.

Le divorce. — Assemblée de famille. — Détails d'intérieur. — Joséphine à Malmaison et l'empereur à Trianon. — Une cour de rois. — Madame Mère, le page, la pièce de 20 fr. et le chapeau de castor. — Maison de la nouvelle impératrice. — Départ pour Braunau. — Cérémonial dicté par l'empereur. — Conjectures populaires.

La scène dont j'ai parlé dans le chapitre précédent semblait n'avoir laissé aucune trace dans l'esprit des augustes époux. Je pense bien, en effet, que Joséphine l'avait tout à fait oubliée ; elle ne pouvait regarder le mot de *divorce* prononcé par Napoléon que comme un petit mouvement d'humeur, mais qui ne renfermait aucune arrière-pensée. Quatre mois encore, et la malheureuse Joséphine devait céder à une autre et le trône de France et les caresses de son époux.

Napoléon venait d'ajouter à ses victoires, et, par cela même, de reculer les bornes de son ambition. L'idée que sa dynastie s'éteindrait avec lui le dévorait ; il ne pouvait plus espérer d'héritier de Joséphine, et le projet de divorce fut dès lors irrévocablement fixé.

L'affaire ne traîna pas en longueur : le 18 décembre, toutes les formalités auxquelles ce grand acte politique donna lieu furent remplies. L'empereur avait bien pensé à faire lui-même une première communication à l'impératrice, mais il n'osa jamais ; il craignait les suites de sa sensibilité : les larmes d'une femme trouvaient toujours le chemin de son cœur. C'était à Fontainebleau, comme je l'ai dit plus haut, qu'il avait cru rencontrer une occasion favorable ; on sait la cause qui provoqua cette espèce de scène de ménage, et comment elle se termina. Napoléon résolut de ne pas s'expliquer d'une manière précise avant l'arrivée du vice-roi, auquel il avait déjà fait dire de se rendre à Paris. Ce fut Eugène qui le premier parla à sa mère et l'amena peu à peu à ce grand sacrifice ; il se conduisit dans cette occasion en bon fils et en homme reconnaissant et dévoué à son bienfaiteur, en lui évitant des explications douloureuses avec une compagne dont l'éloignement était un sacrifice aussi pénible pour l'un que pour l'autre.

L'empereur ayant réglé tout ce qui était relatif au sort de l'impératrice qu'il établit d'une manière grande et généreuse, pressa le moment de la séparation qui devait avoir lieu, sans doute parce qu'il souffrait de l'état dans lequel était Joséphine elle-même, forcée de dîner tous les jours et de passer la soirée avec les personnes témoins des derniers instans de sa grandeur.

Le lendemain du jour où le message de l'empereur avait été porté, lu et développé au sénat, il y eut le soir, dans les grands appartemens, une réunion de hauts personnages dont l'entremise était nécessaire dans cette circonstance. On y remarquait Eugène Beauharnais, l'archi-chancelier, M. Regnault de Saint-Jean-d'Angely, toute la famille impériale et la plupart des grands dignitaires et des grands officiers de la couronne. Là, Napoléon fit à haute voix la déclaration du projet qu'il avait formé de rompre son mariage avec Joséphine, qui était présente, et l'impératrice, de son côté, fit la même déclaration en fondant en larmes. Le prince archi-chancelier, ayant fait donner, par un secrétaire d'Etat, lecture de l'article du code, en fit application au cas présent et déclara le mariage dissous.

Pendant ce temps, nous étions dans le salon de service à attendre, non sans impatience, l'issue de la séance mémorable qui avait lieu à quelques pas de nous. Personne ne disait mot ; à peine osait-on interroger des yeux ceux qui allaient et venaient sans cesse. Nous avions vu passer l'impératrice qui se rendait au conseil ; elle était soutenue par sa fille, la reine Hortense. Toutes deux portaient un grand chapeau blanc noué sous le menton ; celui de Joséphine avait une forme si ample qu'il lui cachait une partie de la figure. Cependant il était aisé de voir qu'elle avait beaucoup pleuré ; elle pleurait même encore ; elle tenait à la main un mouchoir avec lequel elle essuyait à chaque instant ses yeux.

Une heure après l'ouverture de la séance, l'huissier ayant annoncé : l'*Impératrice!* Joséphine parut la première, donnant toujours le bras à sa fille et soutenue par son fils, qui avait l'air profondément ému. Elle paraissait avoir peine à marcher, et présentait l'image de la douleur et du désespoir. Tout le monde était debout ; le silence le plus profond régna pendant le peu de temps que Sa Majesté mit à traverser le salon de service.

Nous apprîmes le lendemain par M. Regnault de Saint-Jean-d'Angély, qui jouait un grand rôle au conseil, tous les détails de cette séance. Il nous dit qu'en prononçant son discours, l'empereur avait éprouvé une telle émotion qu'il avait mis un assez long intervalle entre chacune de ses phrases. Quand était venu le tour de Joséphine, sa fille avait été obligée de la soutenir sous le bras pour qu'elle pût se tenir debout; les mots qu'elle avait prononcés avec peine ne paraissaient avoir aucune suite, sa voix était tremblante et oppressée, des larmes inondaient ses joues; elle s'était trouvée mal lorsqu'elle avait fini de parler. Pendant ce temps, l'empereur s'agitait sur son siége, parlait tout bas, ne perdait pas de vue l'impératrice, et semblait souffrir mille fois plus qu'elle. Il était facile de voir que cette scène le mettait au supplice. Tant que dura la séance, les assistans qui étaient tous assis tinrent constamment la tête baissée. L'empereur avait donné l'ordre qu'on allât sur-le-champ chercher Corvisart; mais Joséphine ayant repris ses sens à l'aide des sels que sa fille lui avait fait respirer, était sortie aussitôt le prononcé de l'acte de séparation.

Les formalités du divorce une fois remplies, l'impératrice avait pris immédiatement congé de l'empereur; elle était descendue dans son appartement, qui était au-dessous de celui de Napoléon. D'après les arrangemens convenus d'avance, elle partit le soir même de Paris, qu'elle ne devait plus revoir, pour aller s'établir à Malmaison. De son côté l'empereur alla le lendemain matin s'installer à Trianon. Joséphine, en descendant du rang suprême, fut obligée de se séparer de la plupart de ceux qui composaient sa cour; mais le cœur et les vœux des personnes qui ne purent faire partie de sa maison suivirent dans sa retraite la femme aimable, l'indulgente souveraine qui venait de tout sacrifier à l'avenir de son époux.

Pendant les huit premiers jours, la route de Paris à Malmaison fut, malgré le mauvais temps, couverte d'une foule de personnages de tous rangs, qui regardèrent comme un devoir sacré de se présenter encore une fois à celle qui, bien que dépouillée du diadème, n'en avait pas moins conservé son titre d'impératrice, et qui avait encore des droits au respect qu'impose toujours une tête couronnée.

Napoléon, de son côté, fit tout ce qu'il put pour s'accoutumer à vivre seul à Trianon, d'où il envoya souvent savoir des nouvelles de l'impératrice. Je crois que, s'il avait osé, il y serait allé lui-même.

A l'occasion de cet événement, l'empereur avait appelé près de lui quelques membres de sa famille. Le roi et la reine de Bavière arrivèrent aussi à Paris à la même époque. Ce fut, de tous les souverains de l'Allemagne, celui qui resta le dernier dans la capitale.

Quoi qu'il en soit, l'hiver se passa assez gaîment en bals masqués, en spectacles et autres divertissemens. L'empereur avait recommandé lui-même que l'on procurât le plus de distraction possible aux princes et princesses qui avaient quitté leurs petits États pour venir le visiter. Il avait pris un soin particulier de tout ce qui concernait la reine de Bavière, au service d'honneur de laquelle il avait fait attacher des dames du palais de l'impératrice. A la fin de janvier 1810, tous les princes étaient retournés chez eux; il ne restait à Paris que ceux des membres de la famille impériale qui devaient assister à la cérémonie du mariage avec l'impératrice Marie-Louise.

Dès le mois de janvier 1810, il était déjà question à la cour de l'arrivée en France de la nouvelle impératrice. L'empereur s'ennuyant par trop à Trianon, était revenu à Saint-Cloud, où tous les rois et les princes de sa famille, restés à Paris, venaient très souvent lui rendre leurs hommages. Ce jour-là, madame Mère était arrivée comme les autres pour y dîner; mais l'empereur qui, le matin, avait été chasser à Grobois chez le prince de Wagram, n'étant pas encore de retour à huit heures, et les membres de la famille impériale pensant avec raison que S. M. était restée à dîner chez son grand-veneur, s'étaient mis à table; moi et P... nous avions fait le service auprès des illustres convives, comme si l'empereur avait été présent. Ce dîner avait été beaucoup plus long que de coutume; la reine de Hollande en avait fait les honneurs. Les reines d'Espagne et de Saxe étaient présentes, avec le prince Louis; le maréchal Bessière, et M. Delaville, premier chambellan de madame Mère, avaient été invités par contre-coup; on comptait en tout sept convives.

Après le dîner, tout le monde étant passé dans le petit salon bleu, madame Mère, qui, je crois, avait un peu plus mangé que d'habitude, ou qui se trouvait dans un de ses momens d'expansion, m'arrêta à l'instant où je prenais mon chapeau pour aller dîner à mon tour, et me dit :

— Mon pouti Edouard, je vous trouve bien triste aujourd'hui.

— Ma foi, madame, c'est que je n'ai pas de motifs pour être bien gai.

— Eh! perche?

— C'est qu'ici, madame, on ne sait jamais la veille ce que l'on sera le lendemain.

— Vous avez bien ragione; moi-même, me croyez-vous hourouse?

— Par exemple, vous, madame, il me semble que...

— Non, je ne le souis pas, quoique mère dou quatre rois; de tous mes povero enfans, je n'en ai piou auprès de moi. Le povero Luigi! il avait été bien hourou; à présent, c'est à son tour à être tourmenté. Il est venou me voir. J'ai été bien hourouse pendant qualche jours; ma une matine de bouonhour, il a entré dans ma chambre : Mama, vous ne savez pas? — No, che? — L'emperour m'a envoyé trois courriers, comme ça, comme ça, comme ça ; enfin, mon pouti Edouard, ces damnés d'Anglais étaient débarqués subitamente. Ce povero Luigi, il a bien du chagrin; ma, j'en ai par dessus la testa.

— Je sais, madame, que S. M. le roi de Hollande a été rappelé à Paris par l'empereur; mais vous sentez que nous autres, nous en avons ignoré la cause.

— Il est piou français du tout, du tout.

— Qui, madame?

— Ce povero Luigi.

— Et pourquoi donc, madame?

— Perche pourquoi il ne m'écrit piou, et cependant je souis plus riche que lui; j'ai oun millione, j'en mets plus de la meta à l'épargne; on dit que je souis villena, ma je laisse dire.

— Mais, madame, je n'ai jamais entendu dire pareille chose, au contraire.

— Ta, ta, ta, ils seront peut-être bien contens de me trouver oun jour. L'emperour, il m'a dit à moi que j'étais oun villena, ma je l'a laissé dire. Il a dit que je ne donne jamais à mangiare; ma s'il veut que jou tienne ouna auberge, qu'il me donne ouna casta comme ouna mère de l'emperour et de trois rois, des pages comme vous, alors il verra si je ne fais pas bien les honneurs.

— Certes, madame, je n'en doute pas.

— L'emperour ne me connaît pas, ce ne sera que lorsque je ne serai piou. Il s'est plaint à moi de tous ses frères; il disait : Je ferai interdire celui-ci, arrêter celui-là. Je loui dis : Mon fils, vous avez tort et raison ; raison si vous les paragone à vous, parce que vous ne pouvez être paragone avec personne au monde; vous oune merveille, qualche chose d'extraordinaire! Ma vous avez tort si vous les paragone aux autres rois ; perche pourquoi ils sont superiours à tutti ; perche pourquoi les rois ils sont si bêtes qu'on pout croire qu'ils ont oune voile sous les yeux, et que le moment de lor choute est arrivé pour qu'ils soient remplacés par mes enfans. L'empereour il riait, et me dit : Signora Lætitia, vous aussi vous me flattez. Je lui ai répondou : Vous ne rendez pas justice à vostra mère; oune mère ne flatte pas son fils. Vous le savez, sire, en public je vous traite avec respect parce que je souis vostra sujette, ma je en particulier, non seulement je souis vostra mère, mais vous êtes mon fils ; et quand vous dites : Je veux, moi je réponds : Je ne veux pas.

— Madame, vous avez raison.

— N'est-ce pas, mon pouti Edouard; c'est maintenant à Joséphine à venir me voir, parce que je souis toujours sa belle-mère. Si elle ne fait pas son devoir, je n'irai pas chez elle; voilà comme je souis, et l'empereur ne dira pas que j'ai tort.

— Il n'y a pas de doute, madame ; car l'empereur est bon et juste, avant tout.

— Vous l'aimez donc bien l'empereour ?

— Mais, madame, j'ai cela de commun avec tous mes camarades et toutes les personnes qui ont le bonheur d'approcher de S. M.

— Eh bien, mon pouti Edouard, voilà oun napolione qu'il ne faut pas mangiare, il faut le meta à l'épargne.

En disant cela, madame Mère avait défait le coin d'un mouchoir de batiste qu'elle tenait à la main, en avait tiré une pièce de vingt francs qui se trouvait perdue parmi plusieurs autres de quarante francs, et me l'avait présentée.

— Je ne sais, madame, si je dois accepter.

— Prenez, prenez, on ne sait ce qui peut arriver; oun napolione, c'est toujours ça. Je lui baisai le bout des doigts respectueusement et je mis la pièce dans ma poche.

— Aimez toujours bien l'empereour, mon pouti Edouard, et économisez bien. Che voulez-vous? Ma je souis bien malhoureuse. Je ne souis pas riche.

M. Delaville étant revenu dans la salle à manger pour y chercher Mme Mère, dont l'absence commençait à se faire remarquer, elle donna la main à son chambellan, et me faisant un léger signe de tête en mettant son doigt sur sa bouche, elle sortit.

Ce n'est pas la seule conversation de ce genre que j'aie eu avec la mère de l'empereur. J'étais depuis long-temps accoutumé à recevoir des confidences de cette nature ; j'ai cru devoir noter celle-ci de préférence, parce qu'elle m'a semblé assez curieuse, et qu'elle peut donner une idée juste du caractère et du langage de madame Mère. Maintenant, si l'on est curieux de savoir comment j'employai le napolione que j'avais reçu d'elle en récompense de mon attachement à l'empereur, j'avouerai franchement que je ne le mis pas de côté pour économiser, mais que je le portai le soir même à une fort jolie petite lingère *en chambre*, demeurant *rue de Paris*, qui m'avait promis de mettre un terme à ses rigueurs le jour où je lui ferais cadeau d'un chapeau de castor noir ; c'était alors la grande mode ; toutes les femmes en portaient. Je pourrais même ajouter que mes camarades, l'un après l'autre, lui faisaient la rente d'un chapeau tous les trois mois, sans doute au même prix que moi, cette fois c'était mon tour ; je dus en conséquence m'exécuter de bonne grâce. Au reste, je n'eus qu'à me louer de la religieuse exactitude avec laquelle elle tint son marché, et dans la même soirée je fis ce qu'on appelle d'*une pierre deux coups*. Mais chut ! je me souviens que j'ai promis d'être discret sur le chapitre des voluptés de ce monde.

Au commencement de cette même année 1810, le prince de Neufchâtel était parti pour Vienne, chargé de la procuration de l'empereur pour célébrer son mariage. Il y reçut la bénédiction nuptiale, d'après l'étiquette usitée en pareille circonstance entre cours souveraines.

Le général Lauriston, qui était aide-de-camp de Napoléon et qui jouissait de toute son estime, fut chargé de se rendre dans la capitale de l'Autriche et d'accompagner la nouvelle impératrice jusqu'à Paris, en qualité de capitaine des gardes ; et, pour honorer la mémoire du maréchal Lannes, il nomma sa veuve (madame la duchesse de Montebello) dame d'honneur de Marie-Louise. Il ne pouvait lui donner une plus grande marque de sa haute estime, car elle n'avait eu jusque alors aucun titre pour arriver à une position qui la mettait tout à coup à la tête de la maison de l'impératrice.

Il fit partir sa sœur, la reine de Naples, accompagnée de quatre dames, pour aller jusqu'à Braunau à la rencontre de la jeune reine.

Braunau était encore, à cette époque, occupé par le corps d'armée du maréchal Davoust, le dernier des troupes françaises dont l'évacuation avait été stipulée dans le traité fait précédemment entre l'Autriche et l'empereur Napoléon.

C'est dans cette petite ville qu'eut lieu la remise à la France de la nouvelle souveraine.

Toutes les dispositions prises et arrêtées, on en mena l'exécution si vite, que le soir même de l'arrivée du prince de Neufchâtel à Vienne, le contrat de mariage de Napoléon et de l'archiduchesse fut dressé et signé, et que, peu de jours après, les grands actes parurent imprimés tout au long dans le *Moniteur*. Toutes les personnes attachées au gouvernement impérial trouvèrent que l'empereur avait agi politiquement en se prononçant pour une alliance avec une parente de nos anciens rois. C'était tout naturel : Napoléon s'était décidé, et chacun se serait bien gardé d'émettre une opinion différente ; mais le petit peuple, la classe marchande, qui n'avait aucune politique à garder envers le chef du gouvernement, parce qu'elle n'avait aucune grâce à attendre, prétendit que les alliances avec l'Autriche avaient toujours été fatales à la France et que l'empereur serait malheureux, bien que rien n'annonçât que ces tristes prédictions dussent se réaliser.

XVIII.

Portrait de Marie-Louise. — Correspondance. — Le page ambassadeur. — L'empereur à Compiègne. — Première entrevue. — La nuit des noces. — Arrivée de l'impératrice à Saint-Cloud. — La journée fatigante. — Entrée de Marie-Louise à Paris. — La reine de Hollande et le vin de Champagne. — La grande galerie du Louvre. — Tapisserie vivante. — Rancune ecclésiastique.

Marie-Louise venait d'entrer dans sa dix-neuvième année. Une taille imposante, une démarche noble, beaucoup d'éclat et de fraîcheur, des cheveux blonds qui n'avaient rien de fade, des yeux bleus, mais animés, une main et un pied qui auraient pu servir de modèles, tels étaient les avantages extérieurs qui frappèrent d'abord en elle. Quand elle se trouvait à son aise, dans l'intimité, avec des personnes qu'elle aimait, sa figure avait une expression d'amabilité qui ravissait ; mais au milieu du grand monde, surtout dans les premiers temps de son arrivée en France, sa timidité lui donnait un air d'embarras que l'on prenait à tort pour de la hauteur. Au moral, elle avait tout ce qui peut plaire chez une femme : un esprit cultivé, des goûts simples, beaucoup de bonté, de douceur et de sensibilité, ne se mêlant jamais ni d'intrigues, ni d'affaires politiques.

Lorsqu'elle arriva à Braunau, elle plut au premier coup d'œil. On fut surtout ému de l'attendrissement qu'elle éprouva lorsqu'il lui fallut se séparer des personnes qui l'avaient accompagnée de Vienne jusque-là ; mais bientôt elle reprit tout son courage, et partit avec calme, accompagnée de sa nouvelle maison, sans connaître une seule des personnes qui la composaient.

Dès que la cérémonie de la *remise* fut terminée, on se mit en route sur-le-champ par Munich, Augsbourg, Stuttgard, Carlsruhe et Strasbourg. L'impératrice fut reçue dans les cours étrangères avec un très grand éclat ; à son entrée à Strasbourg, la population fit éclater un enthousiasme bien justifié par les espérances qu'on attachait à ce mariage.

Napoléon s'était rendu à Compiègne avec toute la cour pour y attendre sa nouvelle épouse. Il lui écrivait tous les jours ; un de nous était chargé de porter les lettres et de rapporter les réponses. Je fus, le premier, revêtu de cette flatteuse distinction. Lorsque je remis à Napoléon la première lettre de Marie-Louise, il la décacheta avec tant de précipitation que l'enveloppe, s'échappant de ses mains, tomba par terre. Tout occupé de ce que le billet pouvait contenir, il se retira à l'écart ; ses yeux dévorèrent les bienheureuses lignes, sans qu'il songeât à l'enveloppe. Aussi s'empressa-t-on de la ramasser et de venir la montrer au salon pour juger de l'écriture de l'impératrice. Tout le monde se précipita dessus ; on se l'arrachait. Il semblait que le papier fût son portrait, tant on était avide de le voir. Mais c'est moi surtout, moi, arrivant d'auprès d'elle, qui fus accablé de questions ; c'était à me rompre la tête. On était déjà aussi courtisan empressé de la nouvelle impératrice, qu'on l'avait été auprès de Joséphine, et cependant M. de Narbonne n'était pas là.

L'empereur semblait chaque jour plus impatient en attendant la lettre de Marie-Louise. Je crois qu'il en était vraiment amoureux. Pendant les quinze jours que dura le voyage, il ne prit presque pas de nourriture et dormit encore moins qu'à l'ordinaire, au grand déplaisir de ceux dont il avait besoin. Il avait tracé lui-même l'itinéraire de l'auguste voyageuse : il avait voulu qu'elle vînt par Nancy, Châlons, Reims et Soissons. Par ce moyen il savait, pour ainsi dire, où elle se trouvait à chaque instant de la journée.

Le jour fixé pour l'arrivée de Marie-Louise à Reims, Napoléon, après avoir laissé ses ordres au maréchal Bessières, qui devait rester et l'attendre à Compiègne, partit dans une simple voiture, sans escorte, accompagné seulement de son grand-maréchal et précédé d'un courrier, pour aller à la rencontre de Marie-Louise. Il suivit la route de Soissons et de Reims jusqu'à ce qu'il rencontrât la voiture de l'impératrice que son courrier fit arrêter sans dire un mot. L'empereur s'élance aussitôt de la sienne, court à la portière de celle qui renfermait la jeune princesse, l'ouvre lui-même et monte dans le carrosse en escaladant lestement le marche pied. Marie-Louise, qui ne se doutait de rien, était restée stupéfaite, lorsque la reine de Naples, qui l'accompagnait, lui dit :

— Madame, c'est l'empereur.

Et ils arrivèrent ainsi tous les trois à Compiègne.

Le maréchal Bessières avait fait monter à cheval toute la cavalerie qui était à cette résidence. Cette troupe, ainsi que les aides-de-camp de l'empereur, s'étaient rendus sur la route de Soissons, à l'entrée du pont même où jadis Louis XVI avait été recevoir Mme la dauphine, l'infortunée Marie-Antoinette.

Il était presque nuit lorsque l'impératrice arriva. Il eût été inutile de chercher à la voir, car sa voiture allait si vite, qu'à moins de se mettre sous les roues on n'aurait pas pu distinguer les personnages qu'elle contenait.

Lorsque Marie-Louise mit pied à terre, elle fut reçue, au bas du grand escalier, par la mère et toute la famille de l'empereur réunie, toute la cour, tous les services, tous les ministres, les principaux fonctionnaires, et un nombre considérable d'individus de tout sexe, de tout âge et de toute condition, qui avait trouvé le moyen de se faufiler jusque sous le vestibule du château. On ne la quitta pas des yeux depuis le moment où s'ouvrit la portière de sa voiture jusqu'à celui où elle entra dans les appartemens. La joie et le ravissement avaient animé tous les visages.

Il n'y eut point de cercle ce soir-là. Tout le monde se retira à neuf heures. Chacun paraissait exténué de fatigue, excepté l'empereur qui allait, venait, donnant dix ordres à la fois qu'il contremandait au bout de cinq minutes.

D'après l'étiquette et les usages établis entre les cours souveraines, Napoléon était bien de droit l'époux de l'archiduchesse, mais il ne l'était pas encore de fait. Il devait aller passer la nuit hors du château, et s'établir dans un corps de logis appelé la Chancellerie, pour céder le sien à l'impératrice. Aussi prétendit-on, le lendemain matin, qu'il avait fait la veille comme Henri IV avec Marie de Médicis. Je pense qu'il ne faut voir dans ce soupçon qu'un bruit de château, une plaisanterie de lendemain de noces. Il y a toujours des gens qui croient tout savoir ; ce qu'il y a de certain, c'est que ceux qui se prétendaient les mieux informés n'en savaient pas plus que moi; je n'en excepte pas même le général S...., aide-de-camp de l'empereur, qui, de service cette nuit-là, et devant en cette qualité coucher dans le salon qui précédait la chambre de l'empereur, dit le lendemain avec cet air satisfait d'un homme qui veut avoir l'air d'être au fait :

— On serait venu, la nuit, me dire que le feu était aux quatre coins du château que je ne serais bien gardé d'aller éveiller l'empereur à la Chancellerie, certain de n'y trouver personne.

Le lendemain fut un jour fatigant pour la jeune souveraine, en ce que des personnes qu'elle connaissait à peine lui en présentèrent d'autres qu'elle ne connaissait pas du tout.

Le lendemain de cette présentation, Napoléon partit pour Saint-Cloud avec l'impératrice. Tous les services précédèrent et suivirent dans seize voitures séparées. On n'entra pas à Paris, on vint gagner Saint-Denis, le bois de Boulogne et Saint-Cloud.

Un monde prodigieux était rassemblé au palais de Saint-Cloud pour recevoir les augustes époux. D'abord les princesses de la famille impériale, parmi lesquelles on remarquait la vice-reine d'Italie (l'épouse du prince Eugène); c'était la première fois qu'elle venait à Paris. Venaient ensuite les grands dignitaires de l'empire, les maréchaux, les sénateurs, les conseillers d'Etat, etc., etc.

Le surlendemain de toutes ces présentations, eut lieu, dans la grande galerie du palais, la cérémonie du mariage civil. A cet effet, on avait dressé une estrade à l'extrémité de cette galerie, et on y avait préparé une table recouverte d'un riche tapis, avec deux fauteuils magnifiques pour l'empereur et pour l'impératrice; des tabourets en forme d'X étaient destinés aux princes et princesses. Les personnes spécialement attachées à la cour devaient seules assister à cette cérémonie.

Lorsque tout fut disposé, le cortége se mit en marche depuis les appartemens de l'impératrice, et vint, en traversant les grands appartemens et en passant par le salon d'Hercule, se ranger dans la grande Galerie, en suivant l'ordre prescrit la veille par M. de Ségur, d'après l'étiquette qui lui avait été indiquée par l'empereur lui-même. Tout le monde avait sa place désignée à l'avance, si bien qu'en un instant le plus grand silence et l'ordre le plus parfait régnèrent dans l'assemblée.

A l'exception des princes et princesses du sang, des ministres et des grands dignitaires, tout le monde resta debout et découvert.

L'archi-chancelier se tenait à côté d'une table sur laquelle était un énorme registre, relié en maroquin rouge, doré sur tranche, que soutetenait M. Regnault de Saint-Jean-d'Angély, remplissant les fonctions de secrétaire de l'état civil.

LL. MM. arrivèrent bientôt, se placèrent sur l'estrade et s'assirent. D'un signe de main, l'empereur invita tous ceux qui avaient des chaises ou des tabourets à en faire autant; il aspira une prise de tabac et adressa un signe de tête au grand-maître des cérémonies qui fit approcher et former un demi-cercle en avant de cette estrade à tous ceux qui étaient présens. Nous entourions LL. MM., et nous nous trouvâmes serrés si près d'elles, que l'empereur, gêné sans doute de ce voisinage, se mit à dire en s'adressant à nous :

— Ah ça ! messieurs, si vous vouliez bien vous reculer un peu !...

Nous obéîmes en marchant sur les pieds de ceux qui étaient derrière nous.

La cérémonie achevée, le cortége se remit en marche dans le même ordre, pour retourner dans les appartemens. L'empereur, donnant la main à l'impératrice, ouvrait cette fois la marche, précédé seulement du grand-maître des cérémonies et de nous. A peine LL. MM. avaient-elles quitté la galerie, que des chuchottemens et des conversations particulières s'étaient engagés parmi les assistans. Il n'était question que de la journée du lendemain, où l'empereur et l'impératrice devaient faire leur entrée à Paris. Chacun faisait des conjectures : effectivement, personne n'était préparé à l'imposant spectacle dont un million de Français devaient être témoins.

Nous dînâmes ce jour-là avec les officiers de la reine de Hollande. Cette princesse fut pour nous ce qu'elle avait toujours été : extrêmement gracieuse. Elle avait poussé la bonté jusqu'à venir voir si nous étions bien servis. Avant de sortir de notre salle pour aller se mettre à table chez l'empereur, où il y avait grand dîner de famille, elle nous témoigna le regret qu'elle éprouvait de ne pouvoir rester plus long-temps avec nous, et nous fit apporter par un des contrôleurs de la bouche une demi-douzaine de bouteilles de vin de Champagne pour boire à la santé de LL. MM. et à la sienne. Nous fîmes sauter les bouchons en poussant des cris de *vive l'empereur! vive l'impératrice!* d'une telle force que l'empereur qui les entendit demanda vivement d'où ils partaient. Lorsqu'on lui eut appris que c'était nous et les officiers de la reine de Hollande, qui avait ordonné elle-même qu'on nous donnât du champagne pour boire à sa santé, il approuva ce petit excès, mais il recommanda qu'on ne nous en donnât pas davantage, en disant :

— Ces messieurs ne se feraient aucun scrupule de vider les caves de Saint-Cloud aujourd'hui, le tout avec les meilleures intentions du monde.

Napoléon dîna à huit heures; LL. MM. burent, comme nous, du vin de Champagne au dessert. A neuf heures on passa dans les grands appartemens, où il y eut cercle; il était peu nombreux. On chanta différentes scènes italiennes ; Crescentini répéta celle du tombeau de *Roméo et Juliette.* Ainsi détachée, cette scène ne produisit aucun effet. C'était l'empereur qui l'avait demandée : je trouvai qu'il avait fait un singulier choix pour un jour de noces. Après cette espèce de concert, les valets de chambre jetèrent les cartes sur les tables de jeu; mais ce n'était que pour la forme, car l'empereur et l'impératrice se retirèrent avant dix heures et demie : tout le monde en fit autant presque aussitôt.

Enfin, le lendemain vit luire un jour comme on n'en verra sans doute jamais. Pour le représenter fidèlement, pas n'est besoin de me monter l'imagination ; je me contenterai de raconter tout bonnement ce que j'ai vu : plus une chose est grande, plus elle gagne à être dite avec simplicité.

Il est inutile de dire que dès l'aurore toutes les personnes du château qui devaient participer à la cérémonie du jour étaient debout et habillées. On croira facilement que la tête dut tourner à plus d'un individu chargé d'un détail ou d'une disposition qui n'allait pas à sa fantaisie.

L'empereur et l'impératrice déjeûnèrent ensemble, et peut-être furent-ils les seuls qui s'occupèrent de ces importantes fonctions aussi tranquillement qu'à l'ordinaire; quant à nous, il nous fut impossible de trouver la moindre chose à l'office, tant les comestibles avaient été festoyés la veille. On disait à tout le monde d'attendre. Nous nous trouvâmes trop heureux de pouvoir escamoter à MM. les contrôleurs quelques bouteilles de vin de Sauterne, qui ne firent que nous creuser l'estomac.

Un de mes camarades fut assez favorisé du ciel pour dévaliser, en payant bien entendu, une marchande de gâteaux de Nanterre, qui, vu la solennité de la circonstance, était venue s'établir de très bonne heure à la grille du parc. Elle fut bien inspirée : grâce à elle, nous ne courûmes pas la chance de mourir de faim toute la matinée, comme cela arriva à quelques uns de MM. les grands dignitaires, qui payèrent d'une diète absolue l'honneur de précéder LL. MM. dans de brillantes voitures à glaces, aux armes impériales.

Leurs Majestés partirent de Saint-Cloud à neuf heures et demie, toutes deux dans une même voiture attelée de huit chevaux isabelle; une autre voiture vide, attelée de huit chevaux blancs, la précédait : c'était celle destinée à l'impératrice ; mais, comme on le voit, elle n'était là que pour la représentation. Trente autres voitures, à fond d'or, dix à huit chevaux, vingt à six, mais toutes magnifiquement attelées, les précédaient et formaient le cortége ; elles étaient remplies par les grands dignitaires, les dames et les officiers composant le service d'honneur de LL. MM., et généralement par tous les individus que leur charge admettait à la cérémonie du mariage. Toute la garde impériale à cheval, dans une tenue magnifique, précédait et suivait ce convoi depuis Saint-Cloud.

L'état-major de l'empereur, les maréchaux, les généraux de division, les aides-de-camp, les écuyers étaient, avec nous tous, groupés autour de sa voiture. Cette fois, j'étais à cheval et je me tenais à une des portières à gauche, c'est-à-dire du côté de l'impératrice. Il y eut des endroits où nous fûmes tellement serrés que les roues venant à froisser mon genou, j'eus plusieurs fois ma culotte, depuis la genouillère jusqu'à la ceinture, garnie de crotte, sans compter celle que les pieds des chevaux nous envoyaient à tout moment dans le visage ; il avait plu beaucoup la veille, et, malgré le soin que l'on avait eu de sabler la route, les bas-côtés étaient impraticables. Notez avec cela que j'avais un cheval que je montais pour la première fois, et loin d'en faire ce que je voulais, c'était lui qui me forçait de lui obéir. A tout moment mes voisins m'ennuyaient avec leur : *Faites donc attention, monsieur... Ne pouvez-vous donc pas regarder devant vous?... Votre cheval donne des coups de pied au mien... Vous ne faites que m'envoyer de la crotte...*, etc., etc., et mille autres complimens de cette espèce que je faisais semblant de ne pas entendre.

Le cortége, toujours dans le même ordre, défila par le bois de Boulogne, la porte Maillot, les Champs-Elysées, la place Louis XV, le jardin des Tuileries, où toutes les voitures passèrent sous l'arc de triomphe que l'on avait construit sur la grille même d'entrée, et sous le péristyle du château, où elles s'arrêtèrent au fur et à mesure et le temps nécessaire pour permettre aux illustres personnages de descendre; ce qui n'était pas très long, huit valets de pied étant occupés à ouvrir et à fermer les portières aussitôt que les voitures s'arrêtaient devant le grand vestibule.

Depuis la cour du palais de Saint-Cloud jusqu'à la terrasse qui est devant les Tuileries, les deux côtés du chemin étaient bordés d'une multitude si considérable qu'il fallait que la population des campagnes environnant Paris eût afflué à Saint-Cloud. Cette foule allait en augmentant à mesure que l'on approchait de la capitale : à partir de la barrière jusqu'au jardin des Tuileries, elle était innombrable. Le long des Champs-

Élysées il y avait, de distance en distance, des orchestres qui exécutaient des fanfares. La France tout entière avait l'air d'être à la noce.

Lorsque tout le monde fut arrivé au château, le cortége se reforma en ordre dans la *galerie de Diane*, et gagna, par un couloir qui avait été pratiqué exprès, la grande galerie du Musée, dans laquelle il entra par la porte qui est à son extrémité, du côté du *pavillon de Flore*. Là devait commencer un nouveau spectacle : les deux côtés de cette immense galerie étaient garnis d'un bout à l'autre d'un triple rang de dames appartenant à la haute bourgeoisie de Paris. Rien n'égalait la variété du tableau qu'offrait cette quantité de jeunes femmes parées de leur beauté plus encore que de leur toilette. C'est une des plus jolies revues à laquelle je me rappelle d'avoir assisté. Le long des deux côtés de la galerie régnait une balustrade à hauteur d'appui, afin que personne ne dépassât l'alignement, en sorte que le milieu de ce beau vaisseau restait libre. C'est par là que s'avança le cortége que tout le monde put aisément dévorer des yeux, depuis son entrée jusqu'à son arrivée à l'autel.

Le vaste salon carré qui est au bout de la galerie où se fait ordinairement l'exposition des nouveaux tableaux avait été disposé en chapelle. On avait établi dans tout son pourtour un double rang de loges magnifiquement décorées; elles étaient toutes remplies de dames appartenant aux services des différentes reines et princesses alors à Paris. Le grand-maître des cérémonies plaçait les personnes du cortége au fur et à mesure de leur arrivée dans la chapelle. Il aurait été difficile d'apporter plus d'ordre que n'en fit observer M. de Ségur dans cette grande cérémonie.

La messe fut célébrée par S. Em. le cardinal Fesch, oncle de l'empereur, aidé dans ses fonctions par tous les musiciens de la chapelle impériale et de l'Opéra réunis. Il est bon de remarquer que cette fois Son Eminence sembla mettre de la prétention à bien officier : un cardinal bien dire la messe, c'est un mauvais comédien qui joue bien un rôle.

Le ministre des cultes avait convoqué à cette occasion tout le haut clergé qui se trouvait à Paris, ainsi que les évêques et archevêques les plus voisins. Tous se firent un pieux devoir d'assister au mariage de l'empereur en habits pontificaux. Il n'y manqua que les cardinaux; l'empereur s'en aperçut en entrant, et jetant un coup d'œil sur les siéges restés vides qu'on leur avait préparés, il fit une grimace qui indiquait assez qu'il était mécontent. En effet, cette absence volontaire des princes de l'Église romaine qu'il avait réédifiée donna lieu quelque temps après à une *scène* dont je parlerai un peu plus tard. Quoi qu'il en soit, la cérémonie du mariage n'en eut pas moins lieu, et le cortége rentra dans le même ordre dans les grands appartemens du château des Tuileries.

Peu de temps après, l'empereur partit pour la Hollande avec sa nouvelle épouse. N'ayant pas été désigné pour les y accompagner, je revins à Saint-Cloud, où je m'occupai sérieusement de poursuivre mes études que j'avais beaucoup négligées depuis deux ans.

XIX.

Ancienne et nouvelle maison impériale. — Réglement d'intérieur. — Mutation dans la maison des pages.—Assiduités de Napoléon auprès de Marie-Louise.— Les culottes impériales. — Les journaux anglais. — Grossesse de l'impératrice. —Naissance du roi de Rome.— Détails.—Félicitations de Joséphine.—Voyage à Saint-Cloud. — Baptême du roi de Rome. — Cortége tardif. — Je tombe malade.

Du temps de l'impératrice Joséphine, il y avait quatre dames d'annonce (je les ai nommées au commencement de mes Mémoires) dont le seul emploi était de garder la porte des appartemens intérieurs; elles remplissaient en quelque sorte les mêmes fonctions que les huissiers, à l'exception seulement que ces derniers ne quittaient presque jamais le salon de service, tandis que les dames d'annonce se tenaient pour l'ordinaire dans la pièce qui précédait exactement celle où se trouvait l'impératrice, qu'elle fût au salon ou chez elle.

Des rivalités s'étaient élevées entre les dames d'annonce et les dames du palais, à cause de la préférence que Joséphine accordait à quelques unes de ces dernières ; de là, des débats qui vinrent plusieurs fois jusqu'aux oreilles de l'empereur et qui finirent par le fatiguer. Sachant que les dames consacrées à l'éducation des filles des membres de la Légion-d'Honneur, dans la maison d'Ecouen, menaient une vie très réglée et très sédentaire, il chargea la reine de Naples d'écrire à Mme Campan, surintendante de cet établissement, pour qu'elle en choisît quatre qui seraient attachées à la nouvelle souveraine. Il exigea qu'on donnât la préférence aux filles et veuves de généraux, et déclara qu'à l'avenir ces places, exclusivement réservées aux élèves de la maison d'Ecouen, deviendraient la récompense de leur bonne conduite. En effet, quelque temps après, le nombre de ces dames ayant été porté à six, on nomma aux deux nouvelles places mesdemoiselles Malerot et Rabusson, l'une fille et l'autre sœur d'officiers supérieurs distingués.

Ces six dames portèrent d'abord le titre de *dames d'annonce*, étant chargées d'annoncer les personnes qui se présentaient; elles furent ensuite nommées *premières dames*, parce qu'elles étaient véritablement chargées de tout le service intérieur et qu'elles étaient sans cesse auprès de l'impératrice. Elles entraient chez elle avant qu'elle fût levée et n'en sortaient que lorsqu'elle était couchée. On fermait alors toutes les issues qui donnaient dans sa chambre, à l'exception d'une seule conduisant dans une autre pièce où couchait celle des dames qui avait le principal service. L'empereur même ne pouvait pénétrer, la nuit, chez sa femme sans passer par cette pièce. Il fallait un ordre de lui pour qu'un homme pût entrer dans les appartemens intérieurs de l'impératrice. Les médecins, MM. de Menneval et Ballouhai, étaient seuls exceptés de cette mesure : le premier, secrétaire de ses commandemens, et l'autre intendant de ses dépenses. Aucune dame étrangère au service n'y était même reçue qu'après avoir obtenu, par écrit, un rendez-vous de Marie-Louise. Les premières dames chargées de faire observer ces réglemens étaient responsables de leur exécution. C'étaient elles aussi qui assistaient aux leçons de dessin, de musique et de broderie que prenait l'impératrice; elles lui servaient de secrétaires et remplissaient les fonctions de lectrices lorsque l'occasion s'en présentait.

La conduite régulière de ces dames ne les mit pas à couvert de l'envie. Les autres femmes, jalouses de leur présence continuelle dans les appartemens intérieurs où l'empereur venait aussi souvent que du temps de Joséphine, firent tant auprès de lui qu'elles parvinrent à faire changer leur titre en celui de *premières femmes de chambre*, quoique leurs fonctions n'eussent aucun rapport avec celles que comporte cette dénomination.

Napoléon, en composant la maison de la nouvelle impératrice, avait eu le soin, je ne sais trop pourquoi, d'éloigner d'elle la plupart des femmes qui avaient appartenu à Joséphine. Cependant toutes n'avaient point été comprises dans cette espèce de proscription ; mais il est de fait que dès l'arrivée en France de Marie-Louise tout le monde s'attendait à ce que l'empereur lui formerait une maison à l'instar de la sienne, c'est-à-dire très considérable, puisqu'il avait augmenté de beaucoup le nombre des capitaines de ses gardes, de ses chambellans, de ses écuyers, de ses pages, etc., etc., tandis que chez Marie-Louise, le service d'*honneur*, proprement dit, ne consistait qu'en dix-neuf personnes en tout, savoir : un premier aumônier, M. le comte Ferdinand de Rohan ; la dame d'honneur ; la dame d'atour ; quatorze dames du palais ; un chevalier d'honneur, M. le comte Beauharnais ; et un premier écuyer, le prince Aldobrandini.

Les princesses, sœurs de l'empereur, n'avaient pas de dames du palais en titre ; mais elles avaient près d'elles des dames qui, bien que remplissant à peu près les mêmes fonctions, ne portaient que le titre de *dames pour accompagner*. Elles formaient leur cortége à la cour ; elles garnissaient le salon le soir et contribuaient, par leur conversation, à amuser les princesses. L'empereur ne les appelait jamais autrement, lorsqu'il était en bonne humeur que, *dames pour bavarder*. Ces places étaien fort recherchées, et données toutes à des femmes dont les pères ou les maris appartenaient à la maison civile ou militaire de Sa Majesté.

Chez l'impératrice, les *dames du palais* étaient toujours au nombre de douze, toutes de service à la fois. Six étaient ce qu'on appelle de *grand service*, c'est-à-dire libres de s'occuper ou de ne rien faire, mais forcées de rester dans les appartemens de Marie-Louise depuis le matin jusqu'au soir. Sa Majesté sortait-elle ? elles formaient sa suite. S'il arrivait que Mmes de Montebello ou de Luçay ne fussent pas au palais, ce qui était extrêmement rare, l'impératrice emmenait dans sa voiture une de ces dames ; c'était ordinairement la plus âgée parmi les plus qualifiées ; mais cette espèce de bonne fortune n'arrivait tout au plus qu'une fois par mois. Le chevalier d'honneur, un chambellan et deux autres dames suivaient l'impératrice dans une autre voiture.

Marie-Louise n'allait ordinairement qu'à six chevaux. Un piqueur en avant, un seul postillon avec le cocher, et deux valets de pied derrière, formaient le cortége *des gens*. Un écuyer et un page de service galopaient à la portière, l'un à droite, l'autre à gauche ; l'officier qui commandait l'escorte devait rester derrière la voiture. Ces promenades ne duraient jamais plus de deux heures ; elles avaient lieu ordinairement avant le dîner de S. M., à trois heures en hiver, à cinq heures en été.

Peu de temps après le mariage de Napoléon, le personnel de la maison des pages subit quelques mutations : quelques uns de nous passèrent dans l'armée avec une lieutenance, d'autres furent appelés auprès de l'empereur pour faire partie des officiers d'ordonnance, d'autres enfin furent envoyés à l'école militaire de Saint-Germain.

Non seulement nous eûmes à regretter plusieurs de nos camarades, mais encore deux de nos principaux chefs qui avaient su, par leur indulgence, s'attirer toute notre affection. Notre gouverneur, le général Gardanne, passa avec son grade dans l'armée, et fut remplacé par le comte Durosnel, général de division. Le baron Marin, général de brigade, prit la place du colonel d'Assigny, qu'une santé chancelante força à demander sa retraite. Nous ne gagnâmes pas beaucoup à cette modification, mais nous aurions pu tomber plus mal. Il n'y eut, du reste, aucun changement, ni parmi nos maîtres, ni dans le personnel de notre maison. L'abbé Gandon nous restait encore, et la certitude de conserver ce respectable guide nous dédommagea un peu des pertes que nous venions de faire.

Pendant les trois premiers mois de son mariage, Napoléon ne quitta presque pas l'impératrice ; il passait auprès d'elle les jours et les nuits. Lui qui aimait le travail avec fureur, qui s'occupait quelquefois avec ses ministres huit ou dix heures de suite sans être jamais fatigué, qui lassait successivement plusieurs secrétaires, négligeait alors les affaires les plus urgentes, n'arrivait que deux heures après la réunion des conseils qu'il avait convoqués, donnait fort peu d'audiences particulières et ne se prêtait qu'avec beaucoup de peine à celles qu'il ne pouvait se dispenser d'accorder. Un tel changement surprenait tout le monde : les ministres se plaignaient hautement, les vieux courtisans se contentaient d'observer et disaient que cet état était trop violent pour pouvoir durer. L'impératrice seule ne croyait pas qu'un sentiment qu'elle partageait et qui la rendait si heureuse pût avoir une fin.

Cet amour de Napoléon pour Marie-Louise, ce sacrifice qu'il lui faisait de tous ses momens, n'étonneront pas les personnes qui ont vécu auprès de lui. Chez cette âme de feu, tous les sentimens étaient poussés jusqu'à l'exaltation. J'ai donné au commencement de cet ouvrage quelques fragmens des lettres qu'il écrivait à Joséphine lors des guerres d'Italie, et qui prouveront combien on s'est trompé lorsqu'on a dit que chez l'empereur l'amour n'était qu'un besoin des sens.

L'aventure qui fit perdre à M. de Rémusat la place de grand-maître de la garderobe prouve assez l'ordre que Napoléon exigeait chez lui. Il passait pour son entretien une somme de vingt mille francs qui se trouvait souvent insuffisante. L'empereur, qui avait toujours une culotte de casimir blanc, en changeait plusieurs fois par jour, parce que, très distrait de son naturel, il les salissait ainsi que ses gilets ; il fallait donc souvent les renouveler. Il en résulta un déficit que M. de Rémusat n'osa pas avouer. Lassé d'attendre, le tailleur s'adressa à l'empereur, qui n'apprit pas sans une violente colère qu'il avait, à propos de culottes, une dette chez lui de douze mille francs. Il fit payer le fournisseur, ôta la direction de la garderobe à M. de Rémusat et la donna à M. de Montesquiou, en lui disant :

— J'espère, monsieur le comte, que vous ne m'exposerez pas à me voir réclamer le prix de la culotte que je porte.

L'empereur avait de l'esprit et du tact ; il connaissait les hommes, savait les mener et les placer dans le jour où ils pouvaient le mieux ressortir et lui être le plus utiles. C'est à ce talent qu'il a dû, en grande partie, sa puissance. On a dit qu'il méprisait en général tous ceux qui l'entouraient ; cela peut être, parce qu'il était bien placé pour juger de l'ambition, de l'égoïsme, de la vanité et de la petitesse de notre misérable espèce ; mais ce que je sais seulement, parce que je l'ai vu, c'est qu'il était d'une politesse froide avec ceux qu'il n'aimait pas, et qu'il ne disait de choses dures et désobligeantes qu'à ceux qu'il préférait. Cependant cela n'allait jamais jusqu'aux expressions de mépris qu'on lui a prêtées dans plusieurs ouvrages, évidemment dans l'intention de le rabaisser. Il n'a point dit, par exemple, que *les chambellans étaient des valets, dont toute la différence avec les autres était d'avoir une livrée rouge au lieu de l'avoir verte; qu'il aimait Savary parce qu'il tuerait son père s'il le lui ordonnait*, et mille autres absurdités du même genre.

L'empereur aimait à voir tout par lui-même; aussi non seulement exigeait-il des rapports sur tout ce qui se passait dans son empire, mais encore se faisait-il envoyer la traduction littérale des journaux étrangers.

Un soir destiné à une grande réception, en se mettant à table, il donna un cahier manuscrit au préfet du palais, en lui disant d'en faire tout haut la lecture pendant son dîner, parce que, cette soirée devant être entièrement consacrée à de nouvelles présentations, il n'aurait pas le temps de le lire : c'était la traduction des journaux anglais qui lui était habituellement envoyée par le duc de Bassano. Le préfet du palais commença d'abord avec beaucoup d'assurance ; mais cette assurance il la perdit bientôt en lisant des expressions dures employées en parlant de l'empereur. Il était fort embarrassé parce qu'il apercevait l'œil vif et perçant de Napoléon qui l'examinait avec un sourire moqueur. Sa position était d'autant plus pénible, qu'il faisait cette lecture en présence de l'impératrice, de quelques uns de nous, des maîtres d'hôtel, etc., etc.

— Lisez, lui disait Napoléon lorsqu'il s'arrêtait, comme pour respirer; lisez donc, vous en verrez bien d'autres.

Le pauvre lecteur s'excusa sur la crainte qu'il avait de manquer de respect à S. M. L'empereur ne tint aucun compte de son observation, et lui ordonna en riant de continuer. L'œil tendu sur les lignes qu'il avait à lire, et cherchant d'avance à en diminuer l'effet ou l'expression, il arriva à un mot qu'il remplaça assez couramment par celui d'*empereur*, oubliant que jamais les journaux anglais n'avaient voulu lui donner ce titre. Napoléon se fit apporter le manuscrit, lut tout haut le mot que le lecteur avait évité de prononcer, et lui rendit le cahier en lui ordonnant de continuer. Heureusement le reste alla sans encombre. Le soir, au cercle, le préfet du palais s'approcha du duc de Bassano et lui conta son aventure.

— Que voulez-vous! répondit M. Maret, l'empereur m'ordonne de mettre sous ses yeux la traduction rigoureuse et littérale des journaux anglais ; il faut bien lui obéir, puisqu'il veut tout voir et tout savoir.

On commençait à parler tout bas de la grossesse de l'impératrice. La nomination de Mme la comtesse de Montesquiou à la charge de gouvernante des enfans de France donnait une apparence tout à fait officielle à ce grand événement. Bonne épouse, bonne mère et amie dévouée, Mme de Montesquiou apportait avec elle une considération acquise depuis long-temps, un esprit mûri par l'instruction et un caractère solide. C'était une femme à qui les devoirs étaient nécessaires, et, sous tous les rapports, elle était digne des grandes et nobles fonctions qui lui étaient confiées. C'était un de ces choix que Napoléon faisait lui-même.

Pendant la grossesse de S. M., le faubourg Saint-Germain avait fait courir les bruits les plus absurdes et les plus contradictoires. Les uns prétendaient que l'impératrice n'avait jamais été enceinte, et que ce n'était là qu'une comédie jouée pour fournir à Napoléon le moyen d'adopter un de ses enfans naturels ; les autres disaient que si elle accouchait d'une fille, on y substituerait un garçon. Tous ces bruits, aussi ridicules qu'invraisemblables, n'avaient pas le plus léger fondement. Voici les détails de l'accouchement : je puis les donner comme authentiques ; j'étais moi-même de service au palais lors de l'événement, et je fus un des premiers hommes qui pensèrent à crier : *Vive le roi de Rome!* même en présence de l'empereur.

Il était sept heures du soir quand l'impératrice sentit les premières douleurs. On fit venir Dubois, son premier accoucheur, qui, depuis ce moment, ne la quitta plus. Elle passa toute la nuit dans les souffrances, ayant auprès d'elle Mme de Montebello, Mme de Luçay, Mme de Montesquiou, deux premières dames, Mmes Durand et Ballant, deux femmes de chambre et la garde, Mme Blaise. Napoléon, sa mère, ses sœurs et MM. Corvisart et Bourdier étaient dans le salon voisin et entraient fréquemment dans la chambre. On gardait le plus profond silence. Les douleurs, qui avaient été faibles pendant toute la nuit, se calmèrent tout à fait à cinq heures du matin. Dubois ne voyant rien qui annonçât un accouchement prochain, le dit à l'empereur, qui renvoya tout le monde et alla lui-même se mettre au bain. Il ne resta dans la chambre de l'impératrice que Dubois et les femmes que j'ai nommées. Les autres femmes attachées à son service intérieur étaient réunies dans son cabinet de toilette.

L'impératrice, accablée de fatigue, dormit environ un heure ; de vives douleurs l'éveillèrent et ne firent qu'aller en augmentant, sans amener la crise favorable ; Dubois acquit alors la certitude que l'accouchement serait difficile et dangereux. Corvisart et Bourdier, médecin, et le chirurgien Yvan arrivèrent en même temps et tinrent Marie-Louise. L'enfant naquit par les pieds ; Dubois fut obligé de recourir aux ferremens pour lui dégager la tête. Le travail dura vingt-six minutes ; il fut très douloureux. L'empereur n'y put assister jusqu'à la fin ; il lâcha la main de l'impératrice, qu'il tenait entre les siennes, et se retira dans le cabinet de toilette qui était à côté, dans un état de malaise et d'inquiétude difficile à décrire : il était comme un mort. Presque à chaque minute, il demandait aux femmes qui allaient et venaient dans l'appartement des nouvelles de l'impératrice. Enfin l'enfant vint à bien, et dès que Napoléon en fut instruit, il vola près de sa femme et l'embrassa en lui prodiguant les plus vives caresses.

On fit alors entrer Cambacérès qui, en sa qualité d'archi-chancelier de l'empire, devait constater la naissance et le sexe de l'enfant. Le prince de Neufchâtel, quoique sans titre pour s'y trouver, l'y suivit, poussé par son zèle et son attachement. L'enfant resta quelques minutes sans donner aucun signe de vie. Napoléon jeta les yeux sur lui un instant ; il le crut mort et ne s'occupa que de l'impératrice ; mais on souffla quelques gouttes d'eau-de-vie dans la bouche du petit roi, on le frappa légèrement sur tout le corps, on le couvrit de serviettes chaudes, et il poussa un petit cri. L'empereur, au comble de la joie, vint embrasser son fils : dès ce moment il ne quitta plus l'impératrice.

Cette scène se passait en présence de plus de vingt personnes que je vais nommer pour donner encore plus d'authenticité aux détails dans lesquels je viens d'entrer : c'étaient l'empereur, Dubois, Corvisart, Bourdier et Yvan; mesdames de Montebello, de Luçay et de Montesquiou; les six premières dames : mesdames Ballant, Durand, Deschamps, Hureau, Rabusson et Gérard; cinq femmes de chambre : Mmes Honoré, Edouard, Barbier, Aubert et Geoffroy; Mme Blaise, etc., etc. Je ne parle ni de Cambacérès, ni du prince de Neufchâtel, ni des chambellans, ni de nous, ni des officiers de la maison de LL. MM., parce que nous n'entrâmes qu'après la naissance de l'enfant, et qu'alors on se trouvait plus de cent dans la chambre de l'impératrice.

Tout Paris savait qu'elle était dans les douleurs qui précèdent l'enfantement, et dès six heures du matin, le jardin des Tuileries était rempli d'une foule immense de personnes de tout âge et de toute condition attendant avec la plus vive impatience le bruit du canon qui, par le nombre de ses coups, devait lui annoncer le sexe de l'impérial enfant. Dès qu'on sut que c'était un garçon, l'enthousiasme fut au comble et vint réjouir délicieusement le cœur de Napoléon, qui, voyant tout, caché par le rideau d'une des croisées de la chambre de l'impératrice, ne put, dit-on, retenir ses larmes.

La naissance du roi de Rome donna à l'impératrice Joséphine l'occasoin de montrer cette âme noble et tendre qui la distinguait, et que Napoléon savait toujours apprécier. Du château de Navarre, où elle passait une partie de l'année, elle écrivit à son ancien époux une lettre touchante, que je vais donner ici sans commentaire.

« Navarre, ce... mars 1811.

» Sire,

» Au milieu des nombreuses félicitations qui vous parviennent de tous les coins de l'Europe, de toutes les villes de France et de chaque régiment de l'armée, la faible voix d'une femme pourra-t-elle arriver jusqu'à vous, et daignerez-vous écouter celle qui, si souvent, consola vos chagrins, adoucit les peines de votre cœur, lorsqu'elle n'a à vous parler que du bonheur qui achève de mettre le comble à vos vœux ? Ayant cessé d'être votre épouse, oserai-je vous féliciter d'être père ? Oui, sans doute, sire, car mon âme rend justice à la vôtre autant que vous connaissez la mienne ; je comprends tout ce que vous devez éprouver, comme vous devinez tout ce que je dois sentir en cet instant ; et, quoique séparés, nous sommes unis par cette sympathie qui résiste à tous les événemens.

» J'aurais désiré apprendre la naissance du roi de Rome par vous, et non par le bruit du canon de la ville d'Evreux et par un courrier du préfet ; mais je sais qu'avant tout vous vous devez aux corps de l'Etat, aux membres du corps diplomatique, à votre famille, et surtout à l'heureuse princesse qui vient de réaliser vos plus chères espérances ; elle ne peut vous être plus tendrement dévouée que moi, mais elle a pu davantage pour votre bonheur, en assurant celui de la France ; elle a donc droit à vos premiers sentimens, à tous vos soins. Et moi qui ne fut votre compagne que dans les temps difficiles, je ne puis exiger qu'une place bien éloignée de celle qu'occupe l'impératrice Marie-Louise dans votre affection. Ce ne sera donc qu'après avoir veillé vous-même près de son lit, après avoir embrassé votre fils, que vous prendrez la plume pour causer avec votre meilleure amie. J'attendrai !...

» Il ne m'est cependant pas possible de différer de vous dire que je jouis plus que qui ce soit au monde de la joie que vous ressentez ; et vous ne doutez pas de ma sincérité, lorsque je vous dis que, loin de m'affliger d'un sacrifice nécessaire au repos de tous, je me félicite de l'avoir fait, maintenant que je souffre seule.... que dis-je? je ne souffre pas, puisque vous êtes satisfait ; et que je n'ai que le regret de n'avoir pas encore assez fait pour vous prouver à quel point vous m'étiez cher.

» Je n'ai aucun détail sur la santé de l'impératrice ; j'ose assez compter sur vous, sire, pour espérer que j'en aurai de circonstanciés sur le grand événement qui assure la perpétuité du nom dont vous avez si grandement perpétué l'illustration. Eugène, Hortense m'écriront pour me faire part de leur joie ; mais c'est *de vous* que je désire savoir si votre enfant est fort, s'il vous ressemble, s'il me sera un jour permis de le voir ; enfin c'est une confiance entière que j'attends de vous, et sur laquelle je crois avoir le droit de compter, sire, en raison de l'attachement sans bornes que je vous conserverai tant que je vivrai.

» JOSÉPHINE. »

Un de nos camarades partit peu de jours après pour Navarre, chargé d'une lettre de l'empereur pour Joséphine, dans laquelle il lui faisait part de l'heureuse délivrance de l'impératrice, et où il lui donnait tous les détails qu'elle pouvait désirer. Voilà une de ces commissions dont j'aurais bien voulu être chargé, non à cause du cadeau qui en fut la récompense, mais parce que j'aurais eu encore une fois le bonheur de voir celle qui, pendant qu'elle fut notre souveraine, ne se plut qu'à nous donner les marques les plus flatteuses de sa touchante bienveillance et de son intarissable bonté. Un autre fut jugé plus digne que moi de cette flatteuse distinction : je n'en fus point jaloux ; mais réellement le diamant que Joséphine lui donna était trop gros pour être porté.

Le voyage de Saint-Cloud dura cette fois très peu de temps. Le cérémonial fixé pour le baptême du roi de Rome fut imprimé dans le *Moniteur* du 8 mai 1811. Il portait, entre autres formalités, que les rois d'Espagne, de Hollande et de Westphalie feraient partie du cortége, et que tous les trois seraient dans la même voiture ; que l'on n'admettrait, dans la marche, que les premiers officiers attachés à la maison de ces princes ; et que parmi les personnes de la maison de l'empereur et de l'impératrice qui devaient en faire partie, on choisirait exclusivement celles qui étaient de service depuis le commencement du trimestre. En vertu de ces dispositions, je dus aller prendre les ordres de M. le grand-maréchal qui avait été chargé, ainsi que M. de Ségur, de tout le cérémonial. Quoique malade et ayant obtenu un congé de quelques jours, je crus que, dans une circonstance pareille, il fallait écouter son devoir de préférence à sa santé, et, bon gré mal gré, figurer à côté de plusieurs personnages qui peut-être ne se portaient pas mieux que moi ; mais il me fut impossible de parvenir jusqu'au grand-maréchal. J'appris seulement qu'il avait déclaré que tout ce qui était de service, sans exception, devait accompagner LL. MM. à Notre-Dame.

Le dimanche matin, 9 août, je reçus un ordre de M. de Nansouty, premier écuyer de l'empereur, qui m'enjoignait de me trouver aux Tuileries. Je m'y rendis en petit uniforme. Après la messe, au moment où le premier écuyer allait rentrer dans son appartement, je l'abordai et je lui dis que je me rendais à l'avis que j'avais reçu le matin.

— Je n'ai rien à vous ordonner, me répondit-il ; vous savez mieux que moi ce que vous avez à faire aujourd'hui.

— Monsieur le comte, j'ai obtenu un congé.

— Que vouliez-vous donc hier au grand-maréchal? fit-il en m'interrompant.

— Je voulais lui dire que j'étais prêt à reprendre mon service aujourd'hui même.

— Vous êtes donc de service?

— Oui, monsieur le comte, depuis le commencement du trimestre.

— En ce cas, monsieur, pourquoi n'êtes-vous pas en tenue?

— J'ignorais encore si je devais faire partie du cortége ou non.

— Monsieur de *** vous ferez tout ce que vous voudrez.

— Monsieur le comte, je ferai mon devoir.

— En ce cas, commencez donc par aller vous habiller, et apprêtez-vous à monter à cheval.

— Mais, j'y songe, je n'ai pas de cheval ici, le mien est resté à Saint-Cloud. Comment ferai-je? En trouver un aujourd'hui et à l'heure qu'il est sera bien difficile, pour ne pas dire impossible.

— A cela ne tienne, ne vous embarrassez pas, vous irez en demander un, de ma part, au premier piqueur des écuries.

— Quel cheval me donnera-t-on? un cheval de piqueur?

— On vous donnera, monsieur, un cheval des écuries de l'empereur, celui que j'ai monté hier, par exemple ; il sera équipé comme pour moi dans les jours de cérémonie ; je me flatte que cet harnachement vous paraîtra assez brillant.

— S'il pouvait avoir un défaut, ce serait de l'être beaucoup trop.

Lorsque le cortége quitta le palais, il traversa le jardin au milieu des salves d'artillerie. Le cheval monté par M. de Nansouty en eut tellement peur, qu'il se débarrassa de son cavalier sur la place de la Concorde. Le mien, ou plutôt le sien, très jeune encore, qui sans doute assistait pour la première fois à une pareille fête, en fut, lui aussi, si effrayé qu'il tremblait de tous ses membres. Je vis le moment où il allait me jouer quelque tour : je me tins sur mes gardes et je le prévins en le caressant de la voix, en le flattant de la main. Je n'étais pas heureux en fait de monture depuis quelque temps ; je me rappelai celle que j'avais le jour du mariage de l'empereur. Heureusement que lors du baptême de son fils il faisait très sec.

J'étais un peu en avant de la voiture de S. M., et presqu'à la portière de celle où se trouvaient le roi d'Espagne et le roi de Westphalie. Il paraît que le roi de Hollande n'avait pas attaché un grand prix à ce que les ordres de l'empereur fussent exécutés, car il était resté fort tranquillement chez lui, en déclarant qu'il n'accompagnerait pas à Notre-Dame ses deux autres frères.

Jérôme et Joseph n'avaient pas l'air de bonne humeur. J'entendis le roi d'Espagne dire à son frère qu'il voyait avec surprise, à la portière de sa voiture, le premier écuyer du roi de Hollande.

— L'empereur l'a voulu ainsi, répondit Jérôme.

A peine avait-il achevé ces paroles, qu'un aide-de-camp de S. M. arriva pour ordonner, au nom de l'empereur, au premier écuyer du roi de Hollande, de se retirer. Cet écuyer hollandais, que je ne connaissais pas et dont je ne me rappelle pas le nom, sortit du cortége aussitôt, prit le galop, et court peut-être encore.

Cette fois, la population parisienne avait en général, il faut que j'en convienne, un caractère d'indifférence très marqué. Les cris de *vive l'empereur! de vive le roi de Rome!* se faisaient rarement entendre, et, en somme, le silence dominait dans cette immense réunion de citoyens.

L'église de Notre-Dame, où le roi de Rome fut baptisé, présentait un ensemble magnifique et offrait un coup d'œil superbe. Le baptême terminé, on se rendit à l'Hôtel-de-Ville. Les salles en avaient été décorées avec goût et magnificence. Là un banquet splendide avait été offert à LL. MM. par le département. Un bal s'en suivit. Il était près de minuit lorsque le cortége rentra aux Tuileries; il revint par les quais et le Louvre. L'illumination de ce beau palais présentait un coup d'œil admirable. LL. MM. descendirent de voiture au pied du grand escalier. Le roi Jérôme s'approcha de moi, et me demanda si le feu d'artifice avait été tiré.

— Sire, il a dû l'être à neuf heures du soir.
— Eh! quelle heure est-il donc?
— Sire, minuit tout à l'heure.
— Alors, il y a long-temps que tout est fini.

Le roi de Westphalie ne se trompait pas cette fois.

— Allons-nous-en, dit Joseph.
— Et ma mère, répliqua Jérôme.
— Sire, dis-je à mon tour, si Votre Majesté veut voir Madame Mère, elle vient de monter par le petit escalier du *corridor noir* pour se trouver dans les appartemens au moment où l'empereur y entrera.

Le roi de Westphalie, sans faire attention à ce que je venais de lui dire et sans écouter son frère Joseph qui le pressait de partir avec lui, courut après sa mère. Quant à ce dernier, il ne jugea pas à propos d'imiter Jérôme, et remonta en voiture. Après avoir recommandé à un piqueur d'avoir soin de mon cheval, c'est-à-dire de celui de M. de Nansouty, qui dut se mordre un peu les pouces de ne l'avoir pas gardé pour lui, je m'en allai gagner la rue Sainte-Anne où j'avais établi mon pied-à-terre. En arrivant, je me mis au lit avec une fièvre ardente; elle ne devait pas me quitter de long-temps.

XX.

Le repos et la tisane.— La femme de chambre. — Le page du roi Joseph. — Madame P.... — Théorie sentimentale. — Campagne de Russie. — Conspiration de Mallet. — L'époux complaisant. — Le page timide. — Brusque retour de l'empereur. — Le conseil d'Etat. — Rapprochemens singuliers. — Régence de Marie-Louise. — Entrée en campagne.

Je ne sache pas qu'il y ait pour un jeune homme de vingt ans, et surtout pour un page, une position plus maussade que celle qui le force de garder les arrêts au coin de son feu. Le malaise qui le fait souffrir, les tisanes qu'il lui faut avaler, les questions du médecin qu'il est obligé de subir, tout cela n'est rien comparé à la nécessité qui le fixe dans son lit ou sur son fauteuil. Heureusement ma maladie n'avait rien de dangereux : les fatigues de mon service avaient éveillé, chez moi, un échauffement de poitrine qui demandait du repos. Force était donc que je gardasse la chambre, mais la chambre seulement... Par bonheur, l'étoile du page était là !

Un jeune homme qui occupe un modeste logement au quatrième, dans une maison habitée par de riches rentiers, un notaire et un agent de change, fait nécessairement très petite figure ; aussi mon concierge, fort exact à me réclamer mes ports de lettres et le prix convenu pour le soin qu'il prenait de mes habits bourgeois et de mes chaussures, l'était fort peu lorsqu'il s'agissait de m'apporter du feu, de la tisane, enfin tout ce qui était nécessaire au rétablissement progressif de ma santé. Le docteur m'avait expressément interdit tout exercice violent, et c'eût été sans doute transgresser son ordonnance que d'arpenter quatre étages. Un jour pourtant, levé depuis une demi-heure et maudissant mon portier en soufflant dans mes doigts, je me décide à descendre pour aller en personne secouer l'indolence de mon cerbère. J'ouvre ma porte et je vais franchir l'escalier, lorsque j'aperçois en face de chez moi une porte à demi ouverte. Entre voisins, on peut réclamer sur la modeste pelle le fragment embrasé échappé à la bûche qui le consume ; cependant j'hésite encore : c'était une position si nouvelle pour un jeune homme habitué comme moi au luxe d'une cour somptueuse, que d'aller demander un de ces services qui ne se réclament qu'entre commères d'un même palier ! Mais ici je ne suis plus ce page brillant accoutumé aux délices d'une nouvelle Capoue ; je suis un pauvre malade, tout souffreteux, tout grelottant, à qui son médecin a bien défendu le moindre exercice... Et puis, qui sait ?... L'entrée du sanctuaire que je n'ose franchir a tout ce qu'il faut pour me rassurer : la porte est toute nouvellement peinte à l'huile ; des peaux de renard artistement assemblées sont là pour absorber l'humidité des chaussures ; un ruban de soie moirée, auquel appendait une poignée de cuivre doré et du plus élégant travail, tout annonçait que j'avais un voisinage de bonne compagnie ; je ne risquais donc rien à faire mon humble supplique. Je rajustai le mieux possible le foulard qui entourait mes cheveux naturellement bouclés ; je cherchai à donner à mon ajustement cet élégant négligé d'un convalescent, et je frappai un petit coup timide à la porte.

Une jeune bonne toute gentillette, toute *proprette*, se présente et s'informe de ce que je veux avec un sourire charmant. Je me suis à peine expliqué qu'elle passe dans une autre chambre, en sort aussitôt, tenant à la main une pelle garnie de braise, et me demande de l'air le plus aimable si je veux bien lui permettre de venir elle-même allumer mon feu, ce à quoi elle prétend s'entendre beaucoup mieux que moi. Je n'en doutais pas et j'acceptai avec empressement. Pendant qu'à l'aide du soufflet elle rendait la vie à mes tisons noircis, je la faisais jaser. Mademoiselle Julienne répondait en femme qui aime assez qu'on l'interroge et paraissait prendre plaisir à prolonger la conversation. Je sus bientôt que sa maîtresse, qui était aussi sa marraine, avait vu le jour en Allemagne ; qu'elle avait vingt-six ans, qu'elle s'était mariée fort jeune à un commandant beaucoup plus âgé qu'elle ; que son mari, pour qui elle avait beaucoup d'*estime*, était atteint d'une surdité complète qui l'avait forcé de se retirer du service ; que c'était un fort brave homme, rempli de soins et d'attentions pour sa femme, et qu'il la laissant parfaitement libre de ses actions, pourvu qu'elle lui permît d'aller tous les soirs, après son dîner, faire sa partie de trictrac avec le général L..., retiré aussi du service à la suite de nombreuses blessures, distraction que sa femme l'engageait à prolonger le plus possible.

Je ne sais pourquoi tous ces détails m'intéressaient; il y avait dans les questions que j'adressais à mademoiselle Julienne plus que de la curiosité, et j'ignore combien de temps aurait duré notre entretien, si l'arrivée d'un de mes anciens camarades, dont j'étais loin d'attendre la visite, n'avait forcé ma jolie causeuse à la retraite.

C'était un de mes meilleurs amis; il avait fait partie, comme moi, de la première création des pages de l'empereur, et était passé depuis, en la même qualité, à la cour du roi d'Espagne, où son père occupait un poste distingué. Son arrivée à Paris me surprit beaucoup. Il prévint les questions que je n'allais pas manquer de lui faire en m'apprenant qu'il était tombé dans la disgrâce de son souverain; voici à quelle occasion :

L'armée française était maîtresse de Bilbao, qui venait d'être évacuée par les troupes espagnoles. Le roi occupait à Vittoria une maison très belle pour cette ville, d'un fort bon goût et tout à fait dans le genre des petits hôtels de la Nouvelle-Athènes. Deux ornemens fort rares en Espagne donnaient du prix à cette habitation : un rez-de-chaussée très agréable ayant vue sur un jardin, et une bibliothèque parfaitement choisie donnant dans ce même rez-de-chaussée.

Les maîtres de la maison, voulant en laisser au roi l'entière jouissance, avaient pris un appartement en face. Des fenêtres de son cabinet, d'où l'on pouvait voir facilement de l'autre côté de la rue, S. M. apercevait souvent une jeune Espagnole, paraissant âgée de dix-huit ans, très bien et de la plus piquante physionomie. Joseph aimait beaucoup le sexe; cette femme lui tourna la tête, et il dit à Christophe, son valet de chambre et son confident, qu'il donnerait de bon cœur cents napoléons si la petite voisine consentait à venir passer deux heures avec lui. Christophe était Italien; il savait que le moyen le plus sûr de plaire à son maître était de chercher à satisfaire ses désirs. Il revêt donc l'habit brodé composant son grand uniforme, et l'épée au côté, le chapeau sous le bras, il se rend dans la maison qui renfermait la jolie personne, et se fait annoncer chez elle comme venant de la part du roi. A ces mots, toutes les portes s'ouvrent, et il est en face de la séduisante Espagnole, occupée à habiller des enfans. Près de la cheminée se trouvait une dame qui parut fort étonnée lorsqu'elle entendit annoncer quelqu'un de la part du roi, et qui le fut bien plus encore lorsqu'elle connut le but d'une pareille visite; car Christophe alla droit au fait, sans détour et sans périphrases. Cette brusque proposition parut bien moins embarrasser la petite Espagnole que la présence de la maîtresse : c'était elle qui était appuyée contre la cheminée. Elle la regardait en rougissant, cherchant à lire dans ses yeux ce qu'elle devait répondre. Un coup d'œil lui dit d'accepter. Elle ne se le fit pas répéter, et le Mercure italien, de retour près de son Jupiter, put l'assurer que toutes les conditions du traité avaient été consenties, et que la nouvelle Danaé n'attendait plus, pour se rendre, que la pluie d'or annonçant la présence du dieu.

Le lendemain, tous ceux qui se rendirent au lever du roi l'attendirent vainement. Il fit prévenir fort tard qu'il n'y en aurait point.

Dans la journée, étant de service auprès de lui, continua mon collègue, il me demanda ce qu'il y avait de nouveau au quartier-général.

— Sire, on y raconte, lui répondis-je, une anecdote assez singulière dont Votre Majesté est le héros principal.

— Ah! et puis-je la savoir?

— Je ne sais si je dois me permettre...

— Je le veux!

— Eh bien! on dit que Votre Majetsé a fait faire des propositions à une jeune Espagnole qui demeure en face de cette maison; que ces propositions ont été acceptées devant la maîtresse de cette maison, et que cette maîtresse, Mme la marquise de M....., femme du propriétaire de l'hôtel occupé par V. M., en a parlé dans sa société; qu'elle y a témoigné toute sa surprise de ce qu'un homme si bien fait pour plaire que Votre Majesté ne s'adressait pas à des personnes d'un rang plus élevé, et que dans la meilleure compagnie de Vittoria il y avait des femmes qui seraient on ne peut plus flattées d'être l'objet des attentions particulières du roi.

— Etes-vous bien sûr de cela?

— Très sûr, sire; Mme de M..... l'a dit devant des gens qu'elle savait pouvoir vous en instruire.

— Devant vous, peut-être?

— Non, sire, je n'ai pas l'honneur de connaître cette dame; je ne l'ai même jamais vue.

Le lendemain, j'étais de service au dîner du roi. On avait servi dans un cabinet du rez-de-chaussé; trois couverts étaient mis autour d'un guéridon; deux places étaient occupées par M. et Mme de M... Quelques instans me suffirent pour remarquer qu'elle était à double titre maîtresse de la maison que nous occupions. Sans être de la première jeunesse, Mme de M..... avait encore tout ce qui peut plaire, une taille bien prise et une jolie tournure; elle parlait parfaitement l'italien et le français, chantait agréablement, pinçait de la guitare, faisait des vers en plusieurs langues et peignait assez bien la miniature; elle fit du roi un portrait fort ressemblant. A tous ces avantages elle joignait l'usage du monde et l'esprit de la coquetterie. Elle sut bientôt subjuguer entièrement le roi, dont l'énergie n'était pas la qualité dominante.

Joseph, continua mon ami, qui reportait sur moi une partie de l'amitié qu'il avait pour mon père, me demanda quelques jours après comment je trouvais sa résidence.

— Très agréable, sire, magnifique même, pour Vittoria.

— Combien croyez-vous que cette maison puisse valoir?

— Je crois qu'en en donnant cent mille francs elle serait payée en roi.

— Eh bien! je l'ai achetée ce matin cent mille écus. Cette acquisition fera bon effet: on pensera, avec raison, que si je n'étais pas certain de recouvrer l'Espagne, je n'y aurais pas acquis de propriété.

— J'ignore, sire, ce qu'on pensera; mais ce dont je répondrais, c'est qu'au quartier-général de V. M., on dira que la marquise ne vaut pas trois cent mille francs.

Cette réponse un peu trop franche, mais bien pardonnable à un âge où l'on ne sait pas encore flatter, fut fatale à mon ami. Le roi ne manqua pas sans doute d'en instruire sa maîtresse, qui, depuis, ne laissa pas échapper une occasion de prouver au page indiscret combien est tenace la rancune d'une femme, et surtout d'une Espagnole. Il perdit tout à fait les bonnes grâces du monarque, qui avait saisi avec empressement le premier prétexte qui s'était présenté de l'éloigner de sa personne.

Nous nous divertîmes beaucoup, mon ami et moi, aux dépens de ce bon roi Joseph, qui s'amusait à acheter des maisons dans un pays d'où il était à chaque instant sur le point de déguerpir ; et après nous être raconté tout ce qui nous était arrivé depuis notre séparation, il me quitta en promettant de venir me voir souvent.

Quand on est forcé de garder la chambre, on aime les visites ; cependant je fus enchanté de me trouver seul. Ce que Mlle Julienne m'avait dit de sa maîtresse piquait ma curiosité ; je ne pensais qu'à cela. Il faut croire que mon état de faiblesse et de maladie disposait mon âme aux émotions tendres ; car je n'avais pas même aperçu ma voisine et il me semblait que j'en étais fou.

Le lendemain matin, Mlle Julienne, à qui ma société paraissait ne pas déplaire, vint de bonne heure frapper à ma porte, et me demanda si j'avais besoin de ses petits services. Je m'empressai de lui ouvrir, me promettant bien de mettre à contribution le plaisir extrême qu'elle avait à bavarder.

Comme on le pense bien, la conversation, qui vint de ma part, roula encore sur la maîtresse de l'obligeante femme de chambre. Elle s'attendait sans doute à toute autre chose, car je crus remarquer, sur sa petite mine chiffonnée, certain air de dépit. Ce ne fut qu'un nuage auquel je n'eus pas l'air de faire attention, et bientôt Mlle Julienne répondit de la meilleure grâce du monde à toutes mes questions. J'appris bientôt tout ce que je voulais savoir.

Mme P... vivait fort retirée, passant tout son temps au gouvernement d'une très jolie volière et à la culture de fleurs et de quelque arbustes de choix, dont elle était fort amateur. Toute sa société se bornait à une amie de pension qui venait la voir deux ou trois fois par semaine, avec son frère, tout récemment sorti du collége et étudiant en droit. Quant au mari, tout sourd qu'il était, il aimait beaucoup à causer, on était sûr de gagner ses bonnes grâces en le mettant sur le chapitre de ses campagnes. Du reste, tous les deux étaient fort bien élevés et aimaient le monde, qu'ils ne se dispensaient de voir que parce que leur modeste fortune ne leur permettait pas d'y paraître comme ils l'auraient voulu. Je dis à Mlle Julienne que je m'estimerais heureux si *monsieur* P... voulait bien me permettre de lui présenter mes respects, et je la priai de demander à son maître s'il voulait bien agréer la visite d'un jeune page qui serait enchanté de prendre, sur l'état auquel il se destinait, les conseils d'un officier supérieur aussi expérimenté que lui. Mlle Julienne promit de s'acquitter de ma commission, et sortit en me lançant un coup d'œil que je ne voulus pas interpréter.

La jeune femme de chambre me tint parole ; le lendemain le bon mari vint, en personne, m'engager à aller souvent me distraire auprès de lui des ennuis d'une retraite forcée, et me dit qu'il voulait me présenter à sa femme. Je tâchai de modérer ma joie, et ma première visite fut fixée au soir même.

Après mon dîner, je fis une toilette peut-être un peu recherchée pour un malade, et je sonnai chez mon voisin. Mlle Julienne vint m'ouvrir en souriant, et m'annonça. Je fus reçu par M. P... avec toute la cordialité d'une ancienne connaissance, et par sa femme avec cette politesse affectueuse qui met tout de suite les gens à leur aise. Sans me donner le temps de respirer, M. P... mit bien vite la conversation sur les guerres où il disait s'être signalé. Par bonheur il parla toujours, ce qui me permit d'examiner à mon aise madame P..., que les hauts faits de son mari n'avaient pas l'air d'intéresser plus que moi. C'était une femme de moyenne taille, d'une figure qui n'était pas régulièrement belle, mais dont l'expression était ravissante ; elle avait une grâce indéfinissable ; toute sa personne, enfin, n'inspirait peut-être pas l'amour, mais faisait naître le désir : en un mot, c'était une de ces femmes dont un disciple de Lavater aimerait mieux être l'amant que le mari.

Si mes oreilles étaient peu attentives aux récits de M. P..., en revanche, mes yeux avaient beaucoup d'occupation du côté de madame. L'entêtement de mes regards ne paraissait pas lui être désagréable, mais la troublait singulièrement : je m'en aperçus au fichu qu'elle était en train de festonner, et qui reçut plus d'un coup d'aiguille à contre-sens. Je gagerais que, comme Pénélope, Mme P... défit le lendemain l'ouvrage de la veille ; c'est probablement le seul trait de ressemblance que ma jolie voisine ait eu avec la veuve d'Ulysse.

Je pensai qu'il fallait être généreux et abréger l'embarras que paraissait éprouver Mme P... La faiblesse de ma santé était un prétexte pour me retirer de bonne heure : j'en profitai. M. P... me fit promettre de venir le voir tous les soirs ; avant de répondre, je regardai sa femme ; elle baissa les yeux ; je supposai bien vite que c'était un signe d'adhésion, et je promis.

Je ne crois certainement pas aux passions subites ; si j'étais femme, quelle que fût ma coquetterie, je me défierais d'un homme qui, dès la première entrevue, me jurerait qu'il m'adore. Mais ce qu'il y a de certain, et madame P... n'est pas la seule près de qui je l'aie éprouvé, c'est qu'il est des femmes dont la première vue cause un trouble, une émotion qui bouleversent ; des femmes qui s'emparent tout de suite de vos pensées, de vos sensations ; qui, si elles ne font pas battre le cœur, agitent diablement le cerveau. J'ai connu ce qu'on est convenu d'appeler le véritable amour, et je l'ai trouvé beaucoup plus traitable que cet amour de contrebande qui matérialise ses sentimens ; aussi, dussent tous les physiologistes me traiter d'huître, je demanderai si le siège de l'amour n'est pas plutôt dans la tête que dans le cœur, et dans le cas contraire, comment il faut appeler cette série d'émotions qui accaparent tout notre individu, et qui nous font sauter comme une carpe pendant des nuits entières.

C'est précisément ce qui m'arriva en quittant Mme P... ; il me fut impossible de fermer l'œil, et je me levai le lendemain un peu plus malade qu'auparavant. Pour me remettre et être en état d'aller, le soir, faire ma seconde visite, je passai toute la matinée au coin de mon feu, à boire de la tisane et à me mettre au courant des nouvelles de l'armée. J'envoyai prendre, au cabinet de lecture qui était en face de chez moi, la collection des journaux de la semaine, et cette lecture fit quelque diversion à mes idées.

L'empereur était parti pour la Pologne, où l'appelaient les vœux d'un peuple convaincu qu'il venait rétablir le royaume et lui rendre ses anciennes limites. Mais Napoléon avait des vues différentes. Il marchait à la tête de la plus belle armée qu'aucun peuple eût jamais mise sur pied, renforcée de troupes auxiliaires d'Autriche, de Prusse, d'Italie et de la confédération du Rhin, et traînant à sa suite de formidables parcs d'artillerie et des provisions immenses.

La victoire parut d'abord vouloir lui rester fidèle, et il marcha de succès en succès jusqu'à Witepsk. Arrivé dans cette ville, il hésita un instant avant d'aller plus loin. Mais un de ses généraux lui fit observer qu'ayant souvent signé la paix dans les capitales, il fallait aller jusqu'à Moscou pour y signer celle avec la Russie. Napoléon crut ce conseil imprudent qui flattait si bien ses goûts, et l'armée se mit en marche vers l'ancienne capitale des czars.

Toujours victorieux, il avait pénétré facilement sur le territoire russe; mais les élémens venant au secours d'un peuple attaqué dans ses foyers, Napoléon avait été obligé d'arrêter sa marche, et voyait chaque jour périr une partie de ses brillantes cohortes. Le froid était devenu si intense, que les courriers ne pouvaient se mettre en route du quartier-général; aussi depuis plusieurs jours on n'avait aucune nouvelle de l'armée.

Cette lecture m'affligea vivement; cette armée, que j'avais vue partir avide d'espérances, impatiente de nouvelles conquêtes, dans laquelle j'avais des parens, des amis, des protecteurs, et qui, peut-être en ce moment, périssait engloutie sous les glaces du nord, m'occupait tout entier et ne laissait plus chez moi de place à d'autres impressions. Je fus même sur le point de renoncer à ma visite du soir, dont je me faisais tant de fête quelques heures auparavant; je me demandai s'il ne serait pas indigne de moi d'aller à la recherche du plaisir dans un moment où tant de gens qui m'intéressaient étaient sans doute dans la désolation. Mais cette belle résolution n'eut pas de suite : à vingt ans les pensées tristes ne durent pas; on s'en débarrasse aussi facilement que de l'argent qu'on a dans sa bourse. Le nuage que les journaux avaient répandu sur mes yeux disparut à l'idée que j'allais recevoir Mme P..., et à huit heures précises j'entrais chez elle.

Elle était seule : son mari venait de sortir pour aller lire le *Moniteur* au café de la Régence, café qu'il affectionnait à cause des joueurs d'échecs, dont les combinaisons lui rappelaient les marches et contre-marches, qui avaient été, à l'armée, l'objet de ses études particulières. Elle me parut triste; j'en fus ravi; disposé moi-même à la mélancolie, je pouvais, sans me contraindre, donner à la conversation le tour qui convenait à mon état. Elle me reçut très bien, mais d'un air embarrassé; j'en fus ravi encore : une femme n'est à son aise qu'avec un homme qui lui est indifférent. On va me trouver bien fat; mais je crois vraiment que Mme P... avait déjà du goût pour moi. Il est si difficile aux femmes de cacher cela! un geste, un coup d'œil, une main tremblante, tout les décèle, à nous surtout, si intéressés à observer leurs moindres mouvemens!

Mme P... voulut bien remarquer mon air souffrant, et me demanda, de la voix la plus douce, si je me sentais plus mal que la veille. Quand je lui eus dit ce qui m'affectait, elle me regarda avec une expression d'intérêt qui me causa, de la tête aux pieds, un frisson qui n'avait rien de dangereux. Je crois qu'elle ne fut pas fâchée du sujet de causerie qui venait là tout naturellement; elle parla beaucoup, avec assez d'assurance, mais en femme qui fait tout ce qu'elle peut pour ne pas laisser tomber la conversation. Je pus me convaincre que Mme P... avait non seulement une jolie figure, mais encore beaucoup de tact, de l'esprit et une âme exquise. Il n'en fallait pas tant ! je me montai moi-même à son diapason : elle ne dut pas être mécontente de moi.

M. P... rentra ; nous causâmes encore des nouvelles du jour. Je ne sais pourquoi l'intérêt qu'elles m'inspiraient un quart d'heure auparavant avait tout à coup fait place à l'indifférence. Je prétextai un fort mal de tête, et je rentrai chez moi.

Le lendemain m'apprit un événement inconcevable : une nuit avait vu naître et avorter la conspiration la plus hardie contre le gouvernement impérial.

L'expédition de Russie, cette entreprise gigantesque qui précipita la ruine de l'empereur, l'avait forcé de rassembler toutes ses troupes sur un seul point ; la garnison de la capitale ne se composait que du régiment de la garde de Paris et de quelques cohortes de la garde nationale mobilisée ; forces bien suffisantes à cette époque où la puissance de Napoléon devait paraître inattaquable.

Ainsi que je l'ai dit plus haut, on ne recevait pas de nouvelles de l'armée ; les neiges amoncelées avaient rendu les routes impraticables. Un sentiment vague d'inquiétude, que le silence du *Moniteur* venait augmenter chaque jour, commençait à circuler dans Paris, lorsque tout à coup la mort de l'empereur est officiellement annoncée. Aussitôt le sénat s'assemble, une proclamation est affichée partout, et un gouvernement provisoire établi. Les principaux fonctionnaires sont changés ; le ministre de la police et le préfet de police sont jetés en prison ; le gouvernement impérial est aboli ; tous ceux qui lui étaient dévoués sont regardés comme suspects ; quelques heures encore et va s'écrouler un édifice que le génie d'un homme avait élevé si haut.

Le jour fatal n'était pas encore venu ; un officier obscur déroute en un instant des plans combinés depuis longues années et dont la réussite paraissait certaine. Tout rentre dans l'ordre ; les fonctionnaires emprisonnés recouvrent leur liberté, leurs places, et cèdent leur cachot à ceux qui les y avaient renfermés.

Voilà en peu de mots toute la conspiration de Mallet, cet événement unique dans l'histoire, cette vaste combinaison à laquelle avait suffi le cerveau d'un seul homme, et qui devait changer la face de l'Europe. Un seul l'avait conçue, un seul la fit échouer. Le hasard et la médiocrité vinrent détruire l'œuvre du génie et de la patience.

Ce fut le 6 novembre, à la hauteur de Mikalewka, qu'une estafette, la première qui, depuis dix jours, eût pu pénétrer jusqu'au quartier-général, vint apporter la nouvelle de cette étrange conjuration. Rien ne peut rendre l'étonnement qu'éprouva l'empereur ; ses émotions éclatèrent par des expressions de colère et d'humiliation.

Vingt-quatre individus furent mis en jugement, et quatorze condamnés à mort. Je ne parle pas de tous ceux, en très grand nombre, qui furent incarcérés ou envoyés en exil. Il est cependant une chose bien certaine : c'est que Mallet n'avait pas de complices, et que tous ceux qui l'aidèrent dans son projet agirent de bonne foi. Mais une seule tête n'eût pas suffi à la réparation d'un si grand crime, et les hommes d'État d'alors, qui eussent rougi d'avouer qu'ils avaient été dupes d'un homme isolé, aimèrent mieux sacrifier des innocens que de voir humilier leur amour-propre.

Lorsque Napoléon revint à Paris, chacun lui raconta de bonne foi tous les détails de ce drame. Tous avouèrent naïvement qu'ils avaient été pris pour dupes et qu'ils avaient cru à sa mort.

— Messieurs, leur dit sévèrement Napoléon, vous me croyiez mort, dites-vous ; je n'ai rien à répondre à cela ; mais le roi de Rome! vos sermens! vos principes! vos doctrines! Vous me faites trembler pour l'avenir. Puis apercevant l'archi-chancelier : — Ah ! vous voilà! lui dit-il, qui vous a permis de faire fusiller mes officiers? pourquoi m'avez-vous privé du plus beau droit du souverain, de celui de faire grâce?

J'ai vu d'assez près et assez long-temps l'empereur pour pouvoir affirmer que, dans cette circonstance, sa politique parlait bien plus que son cœur.

La position des choses, qui agitait violemment les esprits, ne m'occupait pas assez pour me faire négliger Mme P... Depuis près d'un mois, je n'avais pas laissé passer un jour sans y aller. M. P..., qui, dans les commencemens, s'était cru obligé de me faire les honneurs et de me tenir compagnie, avait, depuis long-temps déjà, laissé ce soin à sa femme, et retournait chaque soir à son bienheureux trictrac. Il me traitait en ami de la maison ; il ne partait même jamais que je ne fusse arrivé ; dès que j'entrais, il prenait son chapeau en disant à sa femme :

— Ah! voilà monsieur Edouard, je puis m'en aller, puisque je ne te laisse pas seule.

Puis il me serrait la main, me demandait ce qu'il y avait de nouveau, et sortait sans attendre ma réponse.

Comme on le pense bien, ces longs tête-à-tête avec Mme de P... étaient employés de ma part à lui faire la cour, et cependant je n'étais pas plus avancé que le premier jour. Habituée à me voir et à m'entendre tous les jours, ma jolie voisine avait fini par s'accoutumer à des discours qui, chez un jeune homme, ne sont pas ordinairement sans danger pour une jeune femme. Son air de calme et d'assurance me déroutait. Lorsque, plus éloquent ou plus hardi qu'à l'ordinaire, je lui peignais en traits de feu l'état de mon âme, elle m'écoutait en silence, m'appelait *enfant* et souriait : j'aurais bien mieux aimé qu'elle se fâchât.

Il ne faut pas faire trop long-temps la cour aux femmes : elles finissent par regarder comme une occupation quotidienne le temps qu'elles passent à vous écouter ; cela devient pour elles une spectacle auquel elles assistent sans peine et sans plaisir, comme au théâtre où elles ont une loge à l'année : elles n'y apportent que de l'indifférence, et cependant il leur manquerait quelque chose si elles en étaient privées. Quand on leur a dit qu'on les aime, et qu'elles ont écouté cet aveu sans colère, il faut exiger d'elles toutes les conséquences de leur assentiment tacite, ou se retirer avant que le plaisir qu'elles ont à être entourées d'hommages soit passé à l'état chronique. Malheureusement, l'amour ne peut se régler sur aucune théorie ; chacun sent d'une manière différente et agit comme il sent.

Mlle Julienne venait encore, de temps en temps, le matin, allumer mon feu et causer avec moi. Un jour qu'elle me regardait plus qu'à l'ordinaire, en souriant avec affectation, je lui en demandai le motif.

— Je pensais, monsieur Edouard, que l'on a bien tort de juger les gens sur leur réputation.

— Que voulez-vous dire?

— Nous autres *jeunesses*, on nous fait un portrait effrayant des jeunes gens de Paris; des pages surtout !... Je croyais qu'il fallait s'en garer comme des voitures... Cependant, si tous vous ressemblent...

— Vous en seriez fâchée, peut-être?

— Au contraire: j'aime beaucoup à être avec vous, et je suis contente de pouvoir y rester sans avoir peur.

— Savez-vous bien que vous me donneriez l'idée de justifier notre réputation, ne fût-ce que par esprit de corps.

Et, en disant cela, je me rappelai le précepte de mon professeur d'éloquence qui disait que, chez un orateur, le geste devait toujours venir au secours de la parole.

— Eh bien ! monsieur Edouard... êtes-vous fou... voulez-vous bien finir !

— Pour cela il faudrait commencer.

— Voyons, monsieur Edouard, finissez, ou je le dirai à ma marraine.

Ces mots produisirent sur moi un effet magique : j'aurais parié que Mlle Julienne était fâchée de les avoir prononcés.

— Allons, vous allez avoir l'air triste à présent? me dit la jeune femme de chambre, en me tirant de ma rêverie.

— Ah ! Julienne, vous venez de prononcer un nom !...

— Et c'est cela qui vous rend chagrin?... C'est drôle, madame est de même quand je lui parle de vous.

— Grand Dieu ! serait-il possible !... Ah ! Julienne, ma petite Julienne, je t'en prie, explique-toi.

— Dame ! que voulez-vous que je vous dise? tant pis pour vous, si vous ne vous êtes pas aperçu que ma maîtresse vous aimait. Je l'ai bien vu, moi; et je n'avais pas besoin pour en être sûre de lui entendre souvent prononcer votre nom en soupirant.

— Vraiment ! en es-tu bien sûre? Oh ! ne me trompe pas.

— Puisque je vous le dis. Lorsque approche l'heure où vous devez venir elle est gaie, elle rit, elle chante... sa mélancolie la reprend dès que vous êtes parti. Enfin, vous savez comme elle avait soin de son petit jardin ; eh bien ! maintenant elle le néglige pour ne s'occuper que de la caisse que vous lui avez donnée. (J'avais fait présent à Mme P... d'un fort joli oranger.) Franchement, continua Julienne, je ne connais pas l'amour ; mais je crois qu'il doit être comme ça.

Qu'on juge de mon bonheur et de l'impatience avec laquelle j'attendis le soir ! Je me promis bien de renoncer à cette timidité ridicule qui avait été remarquée même par une jeune fille sans expérience, et de forcer Mme P... à me faire l'aveu de ses sentimens.

Quand j'arrivai chez elle, elle était à sa toilette; elle attendait quelques personnes, ce qui me donna beaucoup d'humeur. J'entrai dans le petit salon qui précédait sa chambre à coucher ; là, tout en maudissant mon étoile et en réfléchissant à l'embarras de ma situation, j'aperçus sur la cheminée un petit agenda en nacre de perle garni d'or : c'était le *souvenir* de Mme P... ; je le lui avais vu plusieurs fois. Les tablettes d'une jolie femme sont ordinairement les premières confidentes de ses pensers secrets ; sûre d'une discrétion à toute épreuve, elle leur dit tout... Si j'allais y trouver la preuve de ce que m'a dit Mlle Julienne ! Cet espoir m'empêcha de réfléchir à ce que ma démarche pouvait avoir d'inconvenient, et j'ouvris l'aimable souvenir. Je ne m'étais pas trompé : la première chose qui frappa ma vue fut mon nom écrit dans un coin, et que l'on avait rendu encore plus visible en cherchant à l'effacer; puis, çà et là, plusieurs phrases entrecoupées, sur le sens desquelles je ne pus pas me méprendre, quoique je ne fusse désigné que par le pronom *il* ; et, partout, les expressions de l'amour le plus passionné.

J'eus d'abord le désir de m'emparer de ces tablettes; mais je réfléchis que madame P... pourrait croire les avoir perdues, et je voulais qu'elle sût que je les avais lues. Je pris le crayon, je traçai à la hâte quelques vers sur le seul feuillet blanc que je trouvai, et je remis le souvenir à sa place. Ces vers, que je me rappelle encore et que je trouve détestables, parurent charmans à Mme P... D'abord ils étaient faits pour elle; et puis à cette époque les couplets de MM. Dupaty, Chazet, Philippon de la Madeleine et *tutti quanti* faisaient les délices des couturières et des garçons ferblantiers ; enfin l'école romantique était encore dans le néant.

La soirée se passa assez gaîment ; Mme P... fut avec moi froide et réservée. Heureusement les tablettes étaient là.

Le lendemain, quand elle m'aperçut, elle devint rouge comme une cerise.

— Ah! Edouard! me dit-elle, et elle se tut.

Je m'approchai d'elle ; je l'enlaçai de mes bras; je lui dis que je l'aimais, que je l'adorais, que je l'idolâtrais ; je lui fis mille sermens passionnés... Enfin, que dirai-je ?... quand M. P... rentra, il était quelque chose de plus que sourd et aveugle.

L'amour de Mme P... et le bonheur dont je jouissais auprès d'elle contribuèrent à achever ma guérison, que le régime et la retraite avaient déjà bien commencée. Je ne voyais pas de terme à cette douce situation, lorsque le brusque retour de l'empereur vint me sortir d'un rêve où je me berçais si doucement.

Ce fut le 18 décembre, à onze heures du soir, qu'après un voyage long et pénible, Napoléon arriva aux Tuileries au moment où il y était le moins attendu.

Après quelques heures données à sa famille, il alla se mettre au lit, et, le lendemain matin, à neuf heures, ses ministres et tous les officiers de sa maison assistent à son lever. Il travaille ensuite avec le duc de Feltre et le comte de Cessac, fait appeler le conseiller d'État Gassendi, ainsi que M. Evain, chef du bureau de l'artillerie, et déjà des premiers ordres sont donnés pour recréer un matériel à l'armée. Diverses conférences se succèdent; S. M. s'enferme long-temps avec Cambacérès, reçoit le duc de Rovigo, plusieurs autres ministres et les principaux membres du conseil d'État. Cette première journée se prolonge jusqu'à une heure du matin.

Le lendemain, c'était un dimanche, Napoléon paraît dans les appartemens et reçoit les premiers corps de l'État. Tous les yeux sont fixés sur lui avec une curiosité inquiète ; le vingt-neuvième bulletin, qui aurait dû le précéder de plusieurs jours, n'était arrivé que depuis vingt-quatre heures ; la stupeur produite par cette lecture était encore empreinte sur tous les visages. Napoléon s'attendait à cette première impression ; il

ne cherche pas à l'atténuer ; il se montre calme et ne désespérant pas de la fortune ; il est le premier à rappeler son malheur, les désastres de son armée, et va au devant des questions. « Moscou, dit-il, était tombé
» en notre pouvoir ; nous avions triomphé de tous les obstacles ; l'in-
» cendie même n'avait rien changé à l'état prospère de nos affaires ;
» mais la rigueur de l'hiver a fait peser sur mon armée une affreuse
» calamité ; en peu de nuits, j'ai vu tout changer ; nous avons fait de
» grandes pertes ; elles auraient brisé mon âme, si, dans de telles cir-
» constances, je devais être accessible à d'autres sentimens qu'à l'inté-
» rêt de mes peuples. »

Ces paroles, recueillies avec enthousiasme, trouvèrent bientôt des échos dans toute la France. Pendant plusieurs jours, le peuple de la capitale, heureux de revoir le monarque et retrouvant en lui toutes ses espérances, se porta en foule sous les fenêtres du palais, et fit retentir l'air de cris de joie.

Les courriers, qui arrivent d'heure en heure aux Tuileries, ont bientôt rappelé l'attention de l'empereur sur le grand théâtre de l'Europe. Les conseils durent des journées entières. Le public, assemblé aux grilles du Carrousel, se plaît à contempler les voitures qui se succèdent devant le péristyle impérial. Le soir, jusqu'à minuit, le même concours de ministres, de conseillers d'État, d'officiers généraux et de courtisans, se fait remarquer dans les appartemens du palais. Enfin, lorsque toutes les lumières des appartemens sont éteintes, si quelques bougies brûlent encore du côté du jardin, ce sont celles du cabinet de Napoléon, qui trahissent ses veilles et son activité infatigable.

Au milieu des graves occupations auxquelles l'empereur se livre journellement, malgré l'importance des événemens qui se pressent autour de lui, il a mis au rang des affaires urgentes l'accommodement des différens survenus entre lui et le pape, qui est à Fontainebleau. Sans entrer ici dans les détails du fameux concordat qui fut signé, le jour d'une partie de chasse, dans la magnifique forêt qui tient à ce château, je me contenterai de rapporter une anecdote qui s'y rattache essentiellement. On doit se rappeler que le pape avait refusé de donner sa sanction au divorce, et par conséquent à la nouvelle alliance de Napoléon. Il en était résulté entre eux une rupture ouverte, et Pie VII, égaré sans doute par quelques conseillers indiscrets, avait lancé contre l'empereur une bulle d'excommunication qui avait été envoyée de Paris à l'abbé d'Astros, remplissant, attendu la vacance du siège, les fonctions de grand vicaire capitulaire de l'archevêché. Celui-ci la fit imprimer et afficher secrètement à la porte de la métropole. En peu de jours, toute la France eut des copies de ce bref.

Le ministre de la police fut un des premiers instruit de ce scandale, et il en fit à l'empereur un rapport très circonstancié. A cette nouvelle, Napoléon entra dans un violent accès de colère. Il était attendu ce jour-là au conseil d'État ; il y entra dans une agitation extrême, et, sans adresser la parole à personne, se promena quelque temps de long en large, en ne laissant échapper que des phrases entrecoupées et sans suite, dans lesquelles le mot de *bigot* revenait assez souvent.

M. Bigot de Préameneu assistait à cette séance. Ce mot de *Bigot* qui arrive plusieurs fois à son oreille lui fait croire que l'empereur veut lui parler.

— Sire, dit-il en se levant.
— Qu'y a-t-il? que voulez-vous?
— Sire, j'ai cru que Votre Majesté me parlait.
— Non, pas du tout... Mais si fait... attendez un moment... Bigot, je vous nomme ministre des cultes.

Ce n'est pas la seule fois que l'empereur ait donné des fonctions à des hommes dont les noms présentaient avec elles une singulière analogie. Ainsi, le général Gardanne était gouverneur des pages ; Lannes, colonel-général des Grisons ; Jambon, préfet de Mayence ; Cochon, préfet des Deux-Nèthes ; le général Mouton, chancelier de l'ordre de la Toison-d'Or ; Réchaud, premier maître-d'hôtel, etc., etc. Je pense bien que le hasard était pour beaucoup dans ces rapprochemens auxquels bien certainement Napoléon n'a jamais pu penser.

Je reviens à la séance du conseil d'État. Le directeur-général de la librairie venait d'y arriver. Il avait, disait-on, été informé à temps des détails de l'affaire, et il n'avait pris aucune mesure pour en prévenir les suites. L'empereur le savait par le ministre de la police, qui était en rivalité avec le directeur général, et qui, en bon camarade, l'avait fortement chargé aux yeux du souverain. Ce fonctionnaire se disposait à prendre sa place accoutumée, lorsque Napoléon, l'interpellant d'un ton sévère, lui dit :

— Restez, monsieur de P......, et répondez-moi. Vous savez ce qui s'est passé à Notre-Dame dimanche dernier ! répondez franchement : pas de détours jésuitiques.

— Sire, je savais que...

— Ah ! vous le saviez et vous ne m'en avez rien dit ! on m'avilit publiquement, et vous gardez le silence ! on ose au milieu de ma capitale fulminer contre moi une bulle d'excommunication, et vous laissez passer cela !

— Sire, j'ai pensé qu'en sévissant publiquement contre un homme qui avait cru remplir un devoir, je ne ferais qu'attirer sur lui l'intérêt qui s'attache toujours à un martyr, et que dans ce cas l'oubli...

— Votre devoir, monsieur, et le premier de tous, était de me consulter. Je suis fâché de tout ceci pour la mémoire de M. votre père. Je ne suspecte pas vos intentions, mais... Sortez !

Quelques jours après, le chapitre de Notre-Dame vint à l'occasion du nouvel an offrir ses complimens à l'empereur. L'abbé d'Astros était à la tête de ce clergé. Dès que Napoléon l'aperçut, le souvenir récent de ce qui s'était passé au conseil d'État vint ranimer sa colère, et s'avançant vers l'abbé d'un air menaçant :

— Ah ! ah ! lui dit-il, c'est donc vous qui voulez allumer dans mes États le feu de la sédition, qui trahissez votre souverain pour obéir à un prêtre étranger ? Je ne veux ni révolte, ni fanatisme, ni martyr... Je suis chrétien, et plus chrétien que vous tous... Je saurai soutenir les droits de ma couronne contre ceux qui vous ressemblent.... Dieu m'a armé du glaive.... que vous et vos pareils ne l'oublient pas !

L'abbé d'Astros voulut répliquer ; un geste impératif de l'empereur l'obligea de se retirer, et l'affaire en resta là. Mais des cardinaux reçurent des ordres d'exil, et les hostilités ecclésiastiques recommencèrent plus vives que jamais.

L'ordre le plus parfait régnait dans l'intérieur de la France. Cependant bien des gens se répétaient à l'oreille le fameux mot de Mallet : *s'il succombait!* Aussi l'empereur, avant son départ, veut tout prévoir. L'urgence des circonstances l'a forcé de renoncer au projet qu'il avait eu d'abord de faire couronner le roi de Rome et l'impératrice ; mais cédant au vœu général, il transmet la régence à Marie-Louise dans les formes les plus solennelles.

Ce fut le 30 mars 1813 que l'impératrice, en présence des princes, des grands dignitaires, des ministres et des membres du conseil d'État, prêta serment comme régente de l'empire.

Vers le commencement du mois d'avril, Napoléon fit toutes ses dispositions pour la glorieuse campagne de 1813. Je fus désigné pour en faire partie. Dans toute autre circonstance cette nouvelle eût comblé mes vœux : les hauts-faits de nos braves avaient éveillé en moi une velléité de gloire. Mais il fallait quitter Mme P..., à laquelle je m'attachais tous les jours de plus en plus, et ce sacrifice me paraissait au dessus de mes forces, mais il était nécessaire : je devais penser à me faire un état ; il dépendait de moi de le rendre brillant, aussi n'hésitai-je pas. Je m'occupai de mes préparatifs, ne pensant plus qu'à employer le plus gaîment possible le peu de temps que j'avais encore à rester à Paris.

XXI.

Départ pour Mayence. — Rendez-vous général. — Personnel de la maison civile et militaire de S. M. — Le bâton de perroquet. — Commencement des hostilités. — Bataille de Lutzen. — Mort du maréchal Bessière. — Le réveil du lion. — Bataille de Bautzen. — Mort du duc de Frioul et du général Kirgener. — Espérance d'armistice. — Canonnade inattendue. — La ferme abandonnée. — Le tuyau de pipe et la paire de bottes. — Le trousseau de l'empereur. — Il était temps.

Le 6 avril 1813, un ordre du grand-maréchal enjoignit à toutes les personnes de la maison civile et militaire de l'empereur, qui avaient été précédemment choisies pour accompagner S. M. dans la nouvelle campagne qu'elle allait entreprendre, de se rendre à Mayence dans le plus bref délai, ce point ayant été indiqué comme rendez-vous du quartier-général. En conséquence, tous se mirent en route le lendemain et le surlendemain, les uns à cheval, les autres en voiture. Je ne fus pas des derniers à faire mes dispositions, et je partis de Paris le 8, avec trois de mes camarades.

Le maréchal-des-logis du palais, M. de Canonville aîné, avait cru devoir compléter notre voiture avec deux autres personnes de son choix, MM. Collin, contrôleur de la bouche, et Jouanne, employé au cabinet particulier de l'empereur. Nous fîmes ce voyage de la manière la plus gaie, quoiqu'un peu serrés, et nous arrivâmes à Mayence le 12, à trois heures après midi, froissés par les cahots de la berline, qui était neuve et dont les ressorts n'avaient pas eu le temps de s'adoucir. J'allais oublier de dire que le jour de mon départ de Saint-Cloud j'étais venu de très bonne heure à Paris pour dire peut-être un dernier adieu à Mme P.... Elle pleura beaucoup, me fit promettre de lui écrire, et me donna son portrait. Il me sembla qu'avec un pareil talisman j'allais braver les balles et les boulets.

Napoléon était parti de Saint-Cloud le 15 avril, à quatre heures du matin, pour Mayence, où il arriva le 16, à minuit. Il avait été vite, comme on voit. S. M. ne séjourna que huit jours dans cette ville, et après avoir pris toutes ses dispositions, il en partit pour se rendre à Erfurth, après avoir chargé son aide-de-camp, le général Flahaut, d'une mission pour le roi de Saxe, et avoir expédié à Dantzick, je ne sais trop pourquoi, M. d'Aremberg, l'un de ses officiers d'ordonnance.

En quittant Erfurth, l'empereur passa par Weymar pour faire une visite à la duchesse régnante. C'était la seconde fois que cette princesse le voyait entouré d'une armée formidable : en 1806, lorsqu'il revenait du champ de bataille d'Iéna ; en 1813, lorsque nous y retournions. Napoléon a toujours fait ses visites de cérémonie très courtes ; cette fois il ne resta que dix minutes chez la duchesse. Son mari, qui était venu au devant de nous, accompagna Sa Majesté jusqu'à un petit village nommé Eckarlsberg, où on s'arrêta. Napoléon retint à dîner le duc de Weimar. C'est là que nous commençâmes notre service.

D'Erfurth date la première marche militaire de l'empereur. Il était à cheval, entouré de tout son état-major, et en tête des premiers *escadrons de service* de la garde. Les conscrits arrivaient sur notre passage ; la plupart voyaient Napoléon pour la première fois. Ce n'était qu'avec peine que nous pouvions nous faire jour au milieu des colonnes de toutes armes qui encombraient la route. Les chefs de l'armée et de la maison impériale étaient constamment près de S. M. On distinguait à ses côtés le prince de Neufchâtel, les maréchaux de la garde, le duc de Frioul, le duc de Vicence, le comte Daru, etc., etc. ; venaient ensuite les aides-de-camp, presque tous généraux de division, les officiers d'ordonnance et nous autres. Beaucoup de piqueurs, de domestiques et de gens de service, menant en laisse un grand nombre de chevaux de selle, fermaient la marche. Tous ceux qui faisaient partie de ce nombreux état-major étaient revêtus des marques distinctives de leur grade, et les douze officiers d'ordonnance, dont l'uniforme bleue *Marie-Louise* était relevé par une élégante broderie d'argent, contrastaient singulièrement avec la simplicité de l'empereur qui était vêtu comme à l'ordinaire, si ce n'est qu'il avait changé la redingote grise contre une capote bleue coupée de la même manière, et qu'il avait un chapeau neuf. Un grand nombre d'officiers de la maison impériale se joignit en route à ce groupe militaire, qui fut bientôt augmenté de l'état-major-général de l'armée. Tout cela formait alors le plus brillant cortège qu'on pût voir.

Avant de passer outre, je crois devoir donner ici les noms des principaux personnages attachés à la maison civile et militaire de S. M. qui firent cette immortelle mais désastreuse campagne.

La maison militaire, proprement dite, ne se composait que des personnes suivantes, savoir :

1º Le prince de Neufchâtel, major-général de l'armée ;

2º Le duc de Vicence, grand-écuyer;

3º Le comte Daru, intendant-général et chef des services réunis ;

4º Peyrusse, payeur-général ;

5º Onze généraux de division portant chacun le titre d'aides-de-camp de l'empereur : Lebrun, Mouton, Durosnel, Hogendorp, Bernard, Corbineau, Drouot, Flahaut (envoyé en mission) et Dejean. Les généraux Kosakouski et Parc, appartenant au corps d'armée polonais, ne rejoignirent le quartier-général que beaucoup plus tard, les troupes du prince Poniatowski étant en marche pour venir se réunir à l'armée française;

6° Les officiers d'ordonnance, au nombre de treize, y compris le colonel Gourgaud qui était *ie premier* et qui n'avait pas encore rejoint le quartier-général, et M. d'Aremberg, envoyé à Dantzick; il n'y avait de présens que MM. Athalin, de Mortemart, Lauriston fils, Desaix, Beranger, Laplace, Prétet de Lamesan, Pailhou, Caraman et de Saint-Marsan;

7° Huit pages qui firent cette campagne en qualité d'officiers d'ordonnance honoraires ou adjoints, sans cependant en avoir le brevet, que l'empereur leur avait déjà promis plusieurs fois;

8° Le colonel Bacler d'Albe, directeur du bureau topographique;

9° Les capitaines Lameau et Duvivier, ingénieurs géographes;

La maison civile se composait ainsi qu'il suit :

1° Le duc de Frioul, grand-maréchal du palais.

2° Le comte de Turenne, premier chambellan, maître de la garde-robe;

3° MM. de Beausset, préfet du palais, et de Canonville, maréchal-des-logis du palais ;

4° MM. de Mesgrigny, Van Leneps et Montaran, écuyers de l'empereur;

5° Deux secrétaires du cabinet : les barons Fain et Mounier ;

6° Deux premiers commis: MM. Prevost et Jouane;

7° Le chevalier Lelorgue Dideville, secrétaire interprète, et le capitaine Woutzowitz, Polonais, interprète ordinaire ;

8° M. Collin, contrôleur de la bouche ;

9° Gasparin, piqueur en chef, chargé de tous les détails des écuries de S. M.

En ajoutant à ce personnel MM. le général de division Bailly de Monthion; les colonels Galbois, Gondreville, Fontenille, Stoffel; l'ordonnateur Joinville; les inspecteurs aux revues Denniée, Dufresnes ; les capitaines Leduc, Salomon, etc., etc., tous chargés de fonctions spéciales, on aura une idée de ce que devait être l'état-major de l'empereur.

En arrivant à Neubourg, Napoléon se logea militairement sur la grande place. Il occupait une maison à trois étages : il n'y avait qu'une chambre à chacun d'eux; l'empereur fit de la dernière sa chambre à coucher ; la seconde reçut le titre pompeux de *cabinet* ; le grand-maréchal occupa le rez-de-chaussée, qui servait en même temps de *salon de service*. Cette habitation ressemblait à un bâton de perroquet : nous autres perchions sur les marches de l'escalier.

Là, toute la maison impériale couchait sur des matelas ou sur la paille, car il nous aurait été impossible de trouver le plus petit logement dans le village, qui déjà était encombré de parcs d'artillerie et de bivouacs. La place sur laquelle l'empereur avait établi sa résidence présentait un coup d'œil vraiment burlesque. Au milieu de quinze ou dix-huit cents voitures qui se croisaient, se mêlaient et restaient long-temps accrochées, on voyait défiler lentement des régimens d'infanterie, des fourgons, des troupeaux de bœufs et des vivandières, traînées par des ânes, sur de frêles charrettes qui étaient brisées par les caissons au moindre choc, et dont les débris en se renversant les uns sur les autres obstruaient les passages. On jurait, on se fâchait, on se battait quelquefois, mais on finissait toujours par s'apaiser. Les chevaux hennissaient et se ruaient les uns sur les autres, tandis que les soldats étaient à boire ou à fumer. Tout à coup le tambour venait à battre, les trompettes sonnaient, la musique des régimens se faisait entendre, et chaque soldat piétinant dans une boue épaisse en cherchant à retrouver son chemin, allait regagner son rang quelquefois bien loin du lieu d'où la cohue qui l'agitait l'avait pour ainsi dire enlevé.

Pendant ce temps, les habitans des villages environnans s'étaient enfermés dans leurs maisons ; mais les portes en avaient été bientôt enfoncées, les caves visitées, les basses-cours dépeuplées et les greniers mis à sec. Là, on avait établi un poste, ici, une sauve-garde, plus loin une ambulance. Les baillis, les officiers municipaux venaient à tout moment faire de justes réclamations aux commissaires des guerres, qui leur répondaient qu'ils ne pouvaient en rien réprimer les désordres qui se commettaient ; s'adressaient-ils aux chefs des corps, ceux-ci se contentaient de les envoyer faire.... leur barbe.

Les uns parlaient allemand, les autres italien, le plus grand nombre écorchait le français ; personne ne s'entendait bien. Les gens à épaulettes rudoyaient ceux qui n'en portaient pas. On ne voyait que broderies et haillons ; et tandis que les habits brodés se pavanaient dans le *salon de service*, où provisoirement le prince de Neufchâtel avait jugé à propos de faire placer les chevaux de l'empereur et les siens, Napoléon, triste et silencieux, était juché dans sa chambre à coucher, où il s'occupait du matin au soir à donner des ordres et à prendre toutes les dispositions propres à lui assurer la victoire. Tel était le tableau qu'offrait le quartier-général de l'empereur à Neubourg.

Le 30 avril, S. M. quitta ce bourg et s'avança sur Weissenfeld, où il coucha. Le lendemain matin, apprenant qu'il y a déjà eu des affaires d'avant-poste assez sérieuses, il s'apprête à faire déboucher toutes ses forces dans les plaines immenses de Lutzen. A dix heures, les divisions de Gérard et Marchand étaient aux prises avec les Russes ; l'empereur fait dire au général Souham d'aller avec sa division renforcer la ligne. Alors l'affaire commence tout de bon, l'artillerie donne des deux côtés. Dès les premiers coups, le duc d'Istrie est coupé en deux par un boulet : c'était le commencement des pertes cruelles que nous devions avoir à essuyer. Le maréchal Bessières était dans ce moment au milieu des tirailleurs avec ses aides-de-camp. L'ennemi, apercevant un groupe de cavaliers, fait pointer deux pièces dessus : le premier coup renverse mort le brigadier d'escorte, placé à côté du maréchal Bessières. Celui-ci, qui le voit tomber, se penche sur son cheval et donne l'ordre d'enterrer sur-le-champ ce tirailleur. Tandis qu'il étend le bras pour désigner le lieu de la sépulture, le second boulet arrive en plein fouet, et Bessière est tué raide. La canonnade recommence de plus belle ; il faut soutenir les divisions des généraux Souham et Gérard ; une nombreuse cavalerie se déploie, Drouot fait agir ses batteries, lui-même dirige les coups, et les Russes sont écrasés par la mitraille. Au moment où les divisions Brenier et Ricard arrivaient, l'ennemi était en pleine retraite.

Pendant ce temps, le gros de l'armée française suivait la grande route de Lutzen. Napoléon fit son entrée dans la ville sans obstacle. Les troupes prirent leur position du côté de Leipsick ; la vieille garde dressa ses bivouacs en avant ; elle entoura la pyramide de Gustave-Adolphe. Le major-général ordonne de placer des sentinelles près de ce monument pour le préserver de toute dégradation.

Le lendemain, 2 mai, l'armée était déjà arrivée dans les faubourgs de Leipsick. L'empereur était à cheval à sept heures du matin. Déjà on entendait le canon du général Lauriston. S. M. avait recommandé à l'avant-garde, dès qu'elle entrerait dans la ville, de s'emparer de la poste et de toutes les lettres qui pouvaient s'y trouver, et de lui faire passer tous les renseignemens possibles sur l'armée russe, qui avait dû nécessairement passer par Leipsick dans la retraite qu'elle avait effectuée la veille. Il voulait que tous ses officiers d'ordonnance, tous ses secrétaires, ses interprètes et nous, arrivassent en même temps que lui au logement que M. de Canonville avait été chargé de lui préparer. Tout le monde était à cheval et le suivait. Le quartier qu'on allait prendre à Leipsick annonçait un de ces momens de presse dans lesquels on n'avait ni le temps de dormir ni celui de manger. Tout en faisant route, l'empereur causait avec le maréchal Ney, lorsqu'une épouvantable canonnade se fit entendre sur la droite, presqu'en arrière de nous, vers la position où les troupes du prince de la Moskowa avaient passé la nuit. Napoléon s'arrêta un moment, comme pour mieux écouter, et dit au maréchal Ney :

— Vous l'entendez, j'espère ; allons, courez vite ; prenez avec vous M. de Caraman, et renvoyez-le-moi le plus tôt possible.

Le prince de la Moskowa, suivi de l'officier d'ordonnance, partit au grand galop pour se rendre à son poste. Cette canonnade n'était autre que le prélude de la bataille de Lutzen, l'une des plus sanglantes qu'ait jamais livrées l'empereur.

Des officiers d'ordonnance sont dépêchés de tous côtés en toute hâte pour prévenir les différens maréchaux de ce qui se passe, et lorsque toutes nos troupes sont en colonnes sur la grande route de Leipsick, entre Lutzen et Marckrandstadt, elles s'arrêtent, serrent leurs rangs, font demi-tour à droite et à gauche et se développent ainsi sur toute la ligne de l'immense plaine qui s'offre à nos yeux. Cette grande manœuvre fut admirable. L'empereur devance ses troupes et se porte de sa personne partout où le canon se fait entendre ; nous le suivons tous : sa présence peut seule arrêter l'élan des Prussiens, qui se sont les premiers engagés. Le village de Kaya est enlevé par les conscrits aux cris de *vive l'empereur!* les colonnes d'attaque s'épaississent, les rangs se forment, le combat s'engage sur toute la ligne avec une fureur sans égale.

La présence de l'empereur électrise toutes les troupes ; aucune ne passe devant lui sans le saluer du cri de *vive l'empereur!* ceux même qui avaient perdu un membre, et qui dans peu d'heures peut-être allaient mourir, rassemblent assez de force pour exprimer leur enthousiasme.

La garde paraît ; elle est aussitôt échelonnée en bataillons carrés entre Lutzen et Kaya. Pendant ce temps, le maréchal Ney est partout ; il fait face à tout. Son chef d'état-major, le général Gouré est tué à ses côtés, atteint de deux balles ; l'un de ses plus braves lieutenans, le général Gérard, tombe grièvement blessé par un éclat d'obus ; il ne veut pas quitter le champ de bataille, en disant à ceux qui veulent lui porter quelques soulagemens :

— Laissez-moi ; si aujourd'hui nous ne sommes pas vainqueurs, nous sommes *perdus*, en employant un autre mot.

Le général Brenier est blessé à mort : les généraux Crémieux et Guiltot sont amputés ; le général Gruner est tué ; les officiers d'ordonnance Prelet et Béranger sont blessés en portant les ordres de l'empereur ; mais les généraux Souham, Ricard et Marchand restent debout au milieu d'une grêle de boulets, d'obus et de mitraille.

Pendant plus de quatre heures on se bat de part et d'autre avec une animosité toujours croissante ; les villages sont pris et repris plusieurs fois. Aucun des deux partis ne songe encore à abandonner le terrain ; ils combattent sous les yeux de leurs souverains. L'empereur Alexandre et le roi de Prusse, placés sur une éminence derrière le village de Gorschen, encouragent par leur présence les attaques que multiplient leurs généraux. Napoléon est un des premiers qui les ait aperçus ; il donne sa lunette à Berthier pour qu'il puisse les distinguer plus à son aise ; les longue-vues passent de mains en mains ; nous voyons les souverains ennemis, qui de leur côté nous ont sans doute déjà reconnus.

Le moment de crise qui doit décider du sort de la bataille est enfin arrivé. L'empereur fait avancer les seize bataillons de la jeune garde commandés par le général Dumoustier, et ordonne au duc de Trévise de les conduire, tête baissée, sur le village de Kaya, et de faire *main basse* sur tout ce qui s'y trouve. Pour rendre cette attaque irrésistible, il ordonne à son aide-de-camp Drouot de réunir une batterie de quatre-vingts pièces, et de la placer en écharpe pour commencer à *éclaircir* le village. Ce mouvement important est exécuté aussi vite que la parole par les généraux Dulauloy et Devaux, et nous nous trouvons nous-mêmes, sans y penser, au milieu des pièces que l'ennemi, qui s'est aperçu à temps de cette manœuvre et commence à nous couvrir de mitraille. Les boulets, les grenades pleuvent autour de l'empereur ; nous entendons les balles siffler à nos oreilles. Cette place ne peut être long-temps tenable ; nous allons tous y passer. Déjà deux de mes camarades ont été atteints. Un aide-de-camp de l'empereur a son cheval tué sous lui, trois guides de l'escorte viennent d'être renversés... Tout à coup la jeune garde se précipite, ayant à sa tête le duc de Trévise. Le cheval du maréchal est tué. Dumoustier tombe, Mortier et lui ont disparu dans la mêlée. En moins de dix minutes, Russes et Prussiens sont culbutés et le village enlevé. Les canons qui nous gênaient si fort se sont éloignés ; tout atteste que l'ennemi bat en retraite. Napoléon vient de gagner sa vingtième bataille.

Des courriers s'élancent alors du champ de carnage, et vont porter à Paris, dans toute l'Europe et jusqu'à Constantinople, la nouvelle que l'empereur a enfin ressaisi la victoire.

Napoléon était à dix heures du soir à Lutzen ; il y dictait le bulletin de la bataille. Le lendemain, 3 mai, au lever du soleil, il remonte à cheval et fait l'inspection du champ de triomphe. C'était son habitude après chaque affaire. Il s'arrêtait avec intérêt sur certains points du terrain, ou auprès des ennemis morts ou blessés. Je l'ai vu plus d'une fois faire descendre de cheval son chirurgien, M. Yvan, pour examiner des soldats russes qui donnaient encore signe de vie, afin de voir s'il était possible de les leur conserver. Apercevant un officier de la garde impériale russe qui remuait encore, il dit à M. Yvan :

— Tâchez de le sauver, ce sera une victime de moins.

Et M. de Lamelan reçoit l'ordre de rester près du blessé jusqu'à ce qu'il soit transporté aux ambulances. Après son inspection, l'empereur s'en retourna rejoindre ses colonnes.

Nous passâmes la nuit du 3 au 4 mai à Pégau. Le 5, nous étions à Colditz et le 7 à Vossen. Le 8 au matin, à l'approche de notre avant-garde, les souverains alliés qui occupaient cette ville se décidèrent à l'abandonner. A midi, l'empereur se disposa à en prendre possession. A quelque distance des barrières, une députation de la municipalité vint au devant de nous et nous offrit les clés, que Napoléon leur rendit en disant :

— J'ai nommé mon aide-de-camp, le général Durosnel, commandant de votre ville : le roi lui-même le choisirait parmi vous... Allez !

Et nous entrâmes dans la ville. Arrivés à la porte de Prietznitz, l'empereur mit pied à terre, et, seul avec le grand-écuyer et moi, il se dirigea du côté où les Russes avaient établi leur pont de bateaux. Là le vice-roi vint au devant de lui, et nous descendîmes tous quatre ensemble sur les bords de la rivière, d'où nous vîmes les postes ennemis sur la rive opposée. Plusieurs canons lancèrent quelques boulets ; mais ils se turent bientôt. C'eût été une grande folie de la part de l'ennemi d'user sa poudre à tirer sur quatre hommes isolés ; mais s'ils eussent pu deviner que Napoléon était là, certes, leur pluie de feu ne se serait pas ralentie.

Il était cinq heures du soir quand l'empereur arriva au logement qui lui avait été préparé dans le palais du roi. Après avoir déjeûné, il passa toute la soirée à expédier différens ordres. Le lendemain 9, à la pointe du jour, tout le monde est à cheval. L'empereur se rend à Prietznitz pour y presser les travaux des ponts. Le colonel Lassalle, directeur des équipages, n'a pas perdu un instant de la nuit ; les marins de la garde secondent les pontonniers : ce n'est qu'un jeu pour ces vieux loups de mer. Mais l'ennemi fait des démonstrations sérieuses pour s'opposer à notre entreprise. Il amène de l'artillerie, l'empereur en fait avancer de son côté ; il fait mettre plus de soixante pièces en batterie ; les Russes en font autant. Alors Napoléon donne l'ordre de faire couronner toutes les hauteurs environnantes par quatre-vingts pièces de la garde pour *en finir*. Une épouvantable canonnade s'engage : toutes les vitres des maisons de Dresde sont brisées par la commotion. L'ennemi se lasse enfin d'être foudroyé et le pont peut être achevé ; mais des grenades étaient tombées autour de nous. Un boulet qui était venu briser la cloison d'un magasin à poudre que l'on avait improvisé, nous en avait lancé les débris à la tête : plusieurs personnes de l'escorte avaient reçu de *rudes tapes*. Je me rappelle qu'un obus venant à tomber entre l'empereur et un bataillon d'Italiens, ceux-ci se courbèrent jusqu'à terre pour éviter l'effet de l'explosion. L'empereur qui s'en aperçut se tourna vers eux, et leur dit en riant : *Ah coglioni ! non fa male.*

Cependant l'armée est impatiente de s'élancer sur l'autre rive : la vue du pont de Dresde tente son courage. Les travaux avancent à vue d'œil. Napoléon promet un napoléon à chaque batelier qui voudra passer sur la rive opposée autant de soldats que son bateau pourra en contenir. Il donne 500 francs pour le passage de douze pièces d'artillerie. Les troupes du vice-roi tentent les premières cette route périlleuse. L'empereur ne quitte pas de la journée le pont sur lequel il voit enfin défiler toute une partie du corps du maréchal Marmont et celui du général Berthier. Nous retournons le soir à Dresde, et nous y restons jusqu'au matin

18. Le 19, le quartier-général est au village de Klein-Fortgen. C'est dans un espace de dix lieues que va se livrer une seconde et une troisième batailles non moins meurtrières que la première.

Le 20 au matin, Napoléon, suivi de son état-major, parcourt les environs du village de Wurtzchen, et embrasse des yeux tous les points désavantageux que l'ennemi lui présente. Tout à coup nous entendons sur notre gauche le bruit d'une canonnade lointaine. C'était toujours ainsi que le branle commençait. A ce signal, Napoléon reconnaît que ses ordres ont été exécutés; il se frotte les mains en disant:

— C'est bien ça! Soult m'a tenu parole.

A une heure, l'attaque de notre droite commence. Les combattans sont élevés de ce côté comme en amphithéâtre; les échos de la Bohême répètent bientôt dans la plaine le son de l'artillerie qui redouble sur tous les points. L'ennemi, après avoir épuisé sans succès, pendant cinq heures consécutives, tous les caissons de son artillerie, lance sur nous ses escadrons. Rien ne peut déranger l'ensemble de nos manœuvres. La garde derrière laquelle Napoléon est resté constamment à cheval semble être un mur d'airain. La cavalerie ennemie ne peut l'entamer. Vers les huit heures du soir, l'empereur arrive à son nouveau quartier-général de Bautzen, donne des ordres pour le lendemain et congédie tout son monde, afin de donner le temps à chacun de nous de prendre un peu de repos.

Le lendemain, 21, la bataille recommence comme de plus belle. C'est à six lieues environ sur notre gauche que se passe le premier acte de cette sanglante tragédie.

L'empereur avait passé presque toute la nuit à donner des ordres; il venait de céder au sommeil sur la pente d'un ravin, au milieu des batteries du duc de Raguse où le bivouac impérial avait été établi la veille; il se réveille brusquement, tire sa montre et dit à ses aides-de-camp qui l'entourent:

— Allons, messieurs, il est temps! la journée sera décisive.

En effet, le moment devait porter coup: l'empereur, qui l'avait épié depuis la veille, semblait l'avoir saisi, et toutes les troupes du centre dont il avait jusque alors enchaîné l'ardeur partent la baïonnette en avant. Marmont, Soult, Latour-Maubourg se précipitent à leur tête. La jeune garde pénètre dans la plaine et enfonce tout ce qui s'oppose à son passage. Même ardeur que la veille, même carnage. Les Russes veulent en vain tenter un dernier effort; ils sont foudroyés comme de coutume par les bouches à feu de la garde, qui ne cessent de vomir la mort dans leurs rangs depuis le matin. La valeur prussienne ne peut plus servir qu'à protéger la retraite. Il est six heures du soir.

Napoléon était resté tout le temps de la bataille au haut d'un tertre, assis sur une chaise, observant, la lunette à la main, et attendant avec le calme du commandement les effets des évolutions nombreuses qu'il ordonnait à chaque instant. Il s'est levé et est venu occuper avec nous le centre de sa vieille garde. Il a fait dresser sa tente devant une maison isolée et en ruines. Un bataillon de grenadiers forme le carré autour de nous, et, pendant les premiers préparatifs du campement, la musique de ce régiment de la vieille-garde a exécuté ses morceaux favoris. Napoléon battait la mesure avec son pied et demandait à tout moment s'il y avait des nouvelles. Aucun maréchal n'était encore venu, et cependant la nuit commençait à étendre ses voiles sur ce vaste champ de carnage. Les officiers d'ordonnance qui arrivaient alors de toutes les directions confirmèrent à l'empereur que l'ennemi avait été battu sur tous les points. Napoléon distribua quelques récompenses et remit au lendemain la dictée du bulletin. Tout n'était cependant pas fini, cette victoire devait nous faire payer cher ses faveurs.

Le lendemain, dès la pointe du jour, Napoléon se porte de sa personne à l'avant-garde, il en presse de nouveau les mouvemens; il y reste toute la journée, malgré les boulets qui, à tout moment, renversaient des soldats d'infanterie légère. L'engagement de la journée a lieu dans cette position; l'empereur arrive sur un plateau au moment où le général de cavalerie Bruyère vient d'être emporté par un des boulets qui sifflent autour de nous. Un instant après un chasseur de l'escorte est tué à quelques pas de lui. L'empereur, en le voyant tomber presque sous les pieds de son cheval, s'écrie:

— Cela devient à la fin par trop *ennuyeux* !

Nous allions en voir bien d'autres. L'empereur pique des deux pour descendre une petite route et se porter sur un autre tertre; nous le suivons tous serrés les uns contre les autres et aveuglés par la poussière. L'ennemi tire en ce moment trois coups de canon, et l'un des boulets, après avoir ricoché, vient tuer du même coup le général Kirgener et le duc de Frioul. Lorsque M. Lebrun vient annoncer cette malheureuse nouvelle à Napoléon qui se trouvait alors à vingt pas de nous, il ne veut pas y croire: il semble encore douter de son malheur, lorsque je viens moi-même, en lui présentant sa lunette, lui certifier ce que j'avais vu de mes propres yeux. Cependant c'était l'affreuse vérité. Je reviendrai plus tard sur cette catastrophe, dont je ne connus bien tous les détails que quelques jours après.

Napoléon a ordonné de dresser les tentes du quartier-général; il passe toute la soirée dans la sienne, assis sur un tabouret; il ne parle à aucun de nous; il ne veut voir personne. Toute l'armée prend la plus vive part aux peines qui absorbent en ce moment son chef: tout le monde est morne et silencieux. Le grand-maréchal vient de mourir dans les bras de l'empereur.

Le duc de Frioul n'est pas le seul de ses lieutenans que Napoléon ait eu à regretter. Au nombre des pertes qui lui furent le plus sensibles, je dois compter celles de Bessières et de Lannes. Quoi qu'il en soit de ces grandes victoires, les traces hideuses de la destruction, les incendies, la mort parcourant nos rangs, fournissaient aux imaginations faibles une ample matière aux réflexions décourageantes. *Quelle guerre! elle ne finira jamais! nous y passerons tous!* Telles étaient les paroles qui échappaient à quelques uns de ceux qui faisaient partie de l'état-major impérial.

L'empereur ne l'ignorait pas, mais il faisait comme s'il n'en savait rien. Cependant, un jour qu'un de ces messieurs avait, dans un moment de vivacité, laissé échapper une exclamation de cette nature en sa présence, Napoléon, qui se trouvait au milieu de nous, se retourna du côté du prince de Wagram et dit d'un ton d'humeur:

— Je sais bien, messieurs, que vous ne voulez plus faire la guerre; vous êtes trop riches. Vous, B......, vous aimeriez mieux chasser à Grosbois!... Vous, C......, vous préféreriez faire le beau parleur dans les salons des Tuileries!... Quant à vous, messieurs, ajouta-t-il en s'adressant à nous, vous regrettez le parc de Saint Cloud, où vous pouviez courir après les grisettes... Mais j'en suis fâché, il faut que les choses soient ainsi!...

Quoique ces reproches fussent de la dernière injustice, et que dans cet excès d'humeur de la part de l'empereur il y eût presque de l'ingratitude, puisque depuis un mois tous ceux qui étaient auprès de lui ne le servaient qu'au prix de leur sang, personne ne répliqua. Seul, je prononçai un : *Ma foi, c'est vrai!* mais si bas, qu'excepté ceux qui étaient placés près de moi, personne ne l'entendit. Si l'empereur l'avait entendu lui-même!...

Peu de jours après se répandit le bruit qu'un parlementaire s'était présenté aux avant-postes, porteur d'une lettre signée des deux souverains, qui demandaient un armistice. A ce mot d'*armistice*, tous les esprits se rassurent, les plaintes cessent, l'espérance d'une paix générale, celle d'un retour à Paris épanouissent tous les cœurs et fait bondir de joie. Paris ! mot magique ! que d'influence son souvenir exerce ! quelle puissance n'a-t-il pas même sur les vieux guerriers. Pour moi, une seule idée m'occupe : je vais revoir Mme P... Il n'est plus qu'une chance à craindre, c'est que l'empereur ne souscrive pas aux conditions proposées. Néanmoins le parlementaire a rempli sa mission ; il est resté fort long-temps avec S. M. Malheureusement personne n'était présent à l'entretien.

Le lendemain toutes les illusions furent détruites, Napoléon fit lever sa tente et se mit en route avec le gros de l'armée. La garde le suivit, et les ennemis continuèrent leur retraite en avançant dans le pays.

Toutes les personnes appartenant au quartier-général étaient à cheval et suivaient l'empereur, qui montrait beaucoup de sérénité. Son amour-propre était flatté du spectacle de deux armées fuyant devant la sienne et de l'idée de se voir bientôt maître de la Silésie tout entière, où la facilité des subsistances et des approvisionnemens de toute sorte devaient favoriser son entreprise. En route, il s'informait soigneusement de la distance des lieux ; il examinait les établissemens qui se trouvaient sur notre passage, réprimandait les soldats qui commettaient le moindre désordre, pressait le pas de ceux qui restaient en arrière, et consolait tous les blessés qu'il rencontrait.

Arrivés sur la route de Michelsdorf, nous trouvâmes le chemin barré par quelques régimens de cavalerie russe. Notre infanterie était encore en arrière quand ces régimens commencèrent à venir à nous. Pendant ce temps, l'empereur et toute sa suite étaient descendus de cheval. Napoléon restait tranquillement le dos appuyé sur un gros arbre.

— Mais, sire, dit Berthier, l'ennemi approche!...

— Eh bien, nous aussi, nous avançons !

Cependant le chef d'état-major crut prudent de faire mettre en batterie quelques pièces de canon qui nous avaient tenu fidèle compagnie pendant notre route. Il était temps : deux bonnes décharges faites à propos envoyèrent de la mitraille à ces cavaliers indiscrets et leur apprirent à n'être pas si curieux une autre fois. Napoléon avait lui-même commandé le feu... Je ne pus m'empêcher de rire en voyant le désordre qu'il venait de causer dans cette cavalerie qui avait tourné bride dès la première décharge, et qui, à la seconde, s'en retourna beaucoup plus vite qu'elle n'était venue. L'empereur avait une manière de donner ses ordres d'une façon si particulière que jamais personne ne lui demandait d'explications.

Cependant ne sachant pas jusqu'à quel point la prudence lui permettait de s'avancer sur la route de Michelsdorf, il s'arrêta dans une petite ferme que l'on avait déjà pillée avant notre arrivée; il n'y trouva qu'une seule pièce convenable. Le quartier-général fut établi en face, c'est-à-dire sur le milieu de la route. Le prince de Wagram fut obligé de se contenter d'un hangar, et lorsqu'il fit observer à S. M. qu'elle serait elle-même très mal, l'empereur lui répondit en riant et en nous montrant du doigt :

— Je serai toujours mieux que vous et ces messieurs.

Je le crois bien : dans ce moment, nous avions roulé dans une mare que nous n'avions pas devinée, cachée qu'elle était par des broussailles et du fumier. MM. de Bassano, Daru et les aides-de-camp bivouaquèrent dans un petit jardin attenant à la maison. Moi, je trouvai moyen de me glisser dans une espèce d'étable qui avait dû servir à une chèvre ou à tout autre quadrupède, et j'en fis provisoirement mon logement. Comme il n'y avait place que pour un, je fus assez égoïste pour ne parler à personne de ma découverte et laisser mes camarades s'arranger comme ils l'entendraient. Sans cela, peut-être aurais-je été forcé de défendre ma chambre à coucher, *unguibus et rostro*.

Napoléon passa deux jours dans cette misérable ferme. Avant qu'il la quittât, il arriva un accident assez fâcheux. Le feu prit à une métairie située à cinq cents pas du quartier-général, dans la cour de laquelle se trouvaient dix ou douze fourgons. Un d'eux contenait, outre les objets destinés aux besoins de l'empereur, tels qu'habits, linge, objet de toilette, etc., plusieurs bijoux de prix, des tabatières, des bagues, des épingles. Un autre contenait la caisse de M. Peyrusse. Quelques uns des aides-de-camp et autres officiers de la maison perdirent dans cet incendie la plus grande partie de leur équipement et leur argent. Le matin, on ne voyait circuler au quartier-général que des pièces d'or enfumées et à moitié fondues. Celui qui se serait avisé de faire passer au tamis le monceau de ces cendres y aurait trouvé un ample dédommagement à ses pertes. Pour ma part, je n'eus à regretter qu'un assez beau tuyau de pipe, un col noir et deux paires de bottes; c'était tout mon bagage : M. de M... m'avait permis de le mettre dans une de ses malles qui fut consumée comme les autres. Après cet événement, il ne restait plus rien à l'empereur. Il fut obligé d'emprunter à Berthier une chemise et une culotte, en attendant qu'on lui expédiât un nouveau trousseau de Paris.

Le 30 nous étions à Neumarck. Des commissaires envoyés par l'ennemi s'étant présentés aux avant-postes du général Reynier, M. de Caulincourt, qui était à ce corps d'armée, vint trouver l'empereur dans la nuit du 30 au 31. Les conditions furent bientôt arrêtées : le 4 juin l'armistice fut conclu, ratifié par le prince de Neufchâtel et une commission nommée pour en faire exécuter les articles. L'affaire terminée, l'empereur et son quartier-général se remirent en route pour retourner à Dresde et profiter des bienfaits de ce bienheureux armistice. Il était temps !

XXII.

L'incendie. — Les œufs à la tripe. — Retour à Dresde. — Spectacles et divertissemens. — Activité de Napoléon. — L'anniversaire du 15 août 1813. — Le réveil-matin. — M. Picot. — Conversation dans le cabinet de l'empereur. — Noble mission — Voyage à franc-étrier. — Arrivée à Paris. — Audience de Marie-Louise. — Le piqueur Gasparin et la jument capricieuse. — Funeste accident.

Du moment où l'armistice fut signé, on s'empressa d'en porter la nouvelle jusqu'aux détachemens les plus reculés qui combattaient encore. Les aides-de-camp de tous les états-majors furent expédiés deux par deux dans toutes les directions. Cette nouvelle arriva à propos pour empêcher un demi-million d'hommes de continuer à s'entr'égorger. Pendant ce temps, nous nous disposâmes à revenir à Dresde avec l'empereur, que toute sa garde accompagna militairement. Le 5, nous couchâmes à Liegnitz, le 7 à Butzau et le 8 à Goslitz, où le quartier-général s'établit provisoirement, en attendant que le palais que l'on disposait pour l'empereur dans cette capitale de la Saxe fût en état de le recevoir avec sa suite.

A une heure du matin l'alarme se répand : un des notables de la ville vient en toute hâte trouver l'empereur. Les cris *au feu!* se font entendre dans toutes les directions. Napoléon, qui était en train de s'habiller pour être prêt à partir dès la pointe du jour, demande à combien s'élèvent les pertes.

— Sire, à huit ou dix mille francs déjà.
— Tout n'est donc pas brûlé ?
— Non, sire, grâce à l'activité d'un bataillon de votre garde, qui est arrivé à temps pour empêcher que l'incendie fît de plus grands progrès.
— Eh bien ! qu'on donne douze mille francs tout de suite, et que cet argent soit distribué aujourd'hui même aux plus nécessiteux.

On amène les chevaux, nous nous mettons en route; toute la ville, qui est informée de l'arrivée de Napoléon, est sur pied et nous salue par de bruyantes acclamations. Le 9, nous sommes à Bautzen de funèbre souvenir, et le 10 au matin nous faisons notre entrée à Dresde.

Pendant ce temps, on avait fait courir des bruits absurdes. Les uns disaient que l'empereur avait été tué dans une dernière affaire et qu'on avait transporté mystérieusement son corps dans les souterrains du château; les autres, qu'il avait été empoisonné avec un plat *d'œufs à la tripe*, et qu'ils avaient vu son cercueil au milieu d'une chapelle ardente. Le populaire, qui avait toujours vu en lui plus qu'un homme, croyait généralement que le diable l'avait emporté dans un globe de feu. Le fait est que les habitans l'y avaient envoyé souvent, mais que l'empereur n'avait pas jugé à propos d'accomplir les souhaits de ces charitables Saxons.

Cette fable doit sans doute son origine au transport des restes du duc de Frioul, qui passèrent par Dresde; peut-être aussi à un valet de chambre de Napoléon arrivé dans cette ville, et apportant la nouvelle garde-robe qui devait remplacer celle que S. M. avait perdue lors de l'incendie de la ferme. Quoi qu'il en soit, lorsque Napoléon arriva à Dresde, il y eut des personnes qui allèrent jusqu'à dire qu'il était remplacé dans sa voiture par un mannequin à masque de cire que l'on faisait mouvoir à l'aide d'un mécanisme. Mais lorsqu'on le vit, le jour même, plein de vie et à cheval, dans la grande prairie d'Osterrise, force fut de croire que la postérité n'avait pas encore commencé pour lui.

Pendant les premiers jours de l'armistice, nous vécûmes à Dresde, libres de tout service, de manière à pouvoir vaquer librement à nos affaires et à nos plaisirs. Nous pûmes jouir en même temps de toutes les ressources que nous offrait le palais. Quant à l'empereur, son genre de vie ne subit aucune modification : le jour, revue des troupes qui arrivaient successivement, puis spectacle le soir, telles étaient ses distractions. Le milieu de la journée était exclusivement consacré au travail du cabinet ; alors la plus grande tranquillité régnait dans les appartemens du palais qui paraissaient déserts. Sans les deux védettes à cheval et les deux sentinelles placées à la porte principale, et qui annonçaient la présence du monarque, on aurait pris cette résidence pour un antique manoir abandonné. Alors l'empereur ne s'entourait que des personnes indispensables au travail. Berthier, Caulaincourt, Fain, Mounier et le colonel d'Albe avaient leur appartement dans le palais, de telle sorte que Napoléon n'avait qu'à faire un signe pour les rassembler auprès de lui. Il habitait l'aile droite; l'aile gauche était occupée par le prince de Neufchâtel ; le salon et deux grandes pièces attenantes étaient affectés aux personnes de service et à la réception de tous ceux qui venaient faire leur cour à S. M.

Ce fut alors que l'on vit la ville de Dresde présenter à la fois l'aspect curieux d'une capitale et d'un camp. Si l'on jetait les yeux sur son enceinte fortifiée et sur les *travaux avancés* qui bordaient ses alentours, à l'idée de ce séjour naguère si riant, succédaient des réflexions graves et inquiétantes. On ne voyait plus qu'une place forte prête à soutenir, avec les horreurs de la guerre, tous les malheurs qui en sont la suite inévitable.

Devant la *porte de Freyberg*, il y avait un camp westphalien ; un autre camp destiné aux soldats blessés était formé devant la *porte de Liebden*. Devant la *Porte-Noire*, plusieurs autres camps français étaient assis aux deux côtés d'une forêt située entre les routes de Bautzen et de Badeberg.

Rien n'était plus gracieux que la vue du camp westphalien ; il était composé d'une suite de jardins. Ici on avait élevé une forteresse de gazon dont les bastions étaient couronnés d'hortensias; là était un emplacement converti en plates-formes et en allées garnies de fleurs comme le parterre le plus soigné. On y voyait, entre autres embellissemens, un tertre surmonté d'une statue de Pallas, entouré de baraques revêtues de mousse, toutes ornées de guirlandes de fleurs et de feuillage.

L'aspect du camp français était plus imposant : au lieu de tentes, on apercevait de longues files de baraques, formées à l'aide des arbres, encore garnis de mousse, que l'on avait coupés dans la forêt voisine. Presque toutes ces baraques étaient surmontées de drapeaux ; quelques unes étaient couronnées d'obélisques couverts d'inscriptions, d'aigles et d'autres emblèmes. On voyait sur le plus élevé le buste de l'empereur. Derrière chaque camp, un vaste emplacement était destiné à servir de marché, où les paysans des environs venaient vendre leurs comestibles, la police du camp s'opposant à ce qu'aucun marchand pénétrât dans l'intérieur.

Les principaux personnages de la cour de Saxe, qui se trouvaient alors au camp, étaient : le prince Antoine, frère du roi; sa femme, l'archiduchesse d'Autriche, sœur de l'empereur d'Autriche et tante par alliance de l'empereur Napoléon; le prince Maximilien, second frère du roi, ses sept enfans et la princesse Thérèse, sœur du roi.

Parmi les ministres, on distinguait le comte Deltey-Ensidall, ministre du cabinet; le général Gersdorff, ministre de la guerre; le chancelier comte de Nostitz; le baron de Frise, grand-chambellan, et le comte George Ensidall. On ne pouvait s'empêcher de remarquer l'absence du comte Marcolini, grand-écuyer, qui voyageait alors en Bohême pour son plaisir, et du comte Senft de Pilsac, ancien ambassadeur de Saxe à Paris, qui, je crois, était allé prendre les eaux pour se guérir d'un rhume de cerveau.

Dans l'espace occupé par les cantonnemens de l'armée, les officiers d'ordonnance allaient, revenaient et se succédaient sans cesse; ils semblaient voltiger de tous côtés; jamais leur activité ne fut si utile à l'empereur. Il s'en servait pour ne laisser aucun moment de repos aux chefs de service. Les travaux du génie, l'armement des places, les parcs d'artillerie, les ouvriers des arsenaux, étaient à chaque instant visités par eux sur les points les plus éloignés; puis ils se transportaient dans les lieux où de nouvelles troupes s'organisaient; partout où des ordres importans arrivaient de l'état-major-général, on les voyait se présenter pour en suivre l'exécution.

Entre Magdebourg et Hambourg devait s'élever une nouvelle place de guerre, Verben, située un peu plus bas que Havelberg, et dominée par l'embouchure de la Havel dans l'Elbe. C'était là que l'empereur voulait asseoir cette forteresse. L'officier d'ordonnance Lameson fut chargé d'en presser les travaux; il devait lever tous les obstacles et ne revenir au quartier-général que lorsque cette place aurait été en état de recevoir du canon.

Le capitaine Caraman, autre officier d'état-major, fut envoyé à Hambourg. Bientôt après, le capitaine Laplace, également officier d'ordonnance, lui succéda. Le grand dépôt de cavalerie qui était à Brunswick est inopinément visité par le capitaine Lauriston, mon ancien camarade, que l'empereur avait admis depuis deux ans au nombre de ses officiers d'ordonnance. Cet ancien page devait ensuite revenir par Leipsick, à travers les cantonnemens du duc de Padoue, et le capitaine Bérenger devait courir jusqu'à Erfurth pour surveiller notre grande route de communication.

Le premier officier d'ordonnance, Gourgaud, était l'intermédiaire habituel de toute correspondance; quand ces messieurs revenaient à Dresde, leurs poches étaient toujours pleines d'états de situations, de comptes-rendus, de croquis d'ouvrages et de plans; le compas, le crayon et la plume leur étaient aussi familiers que l'épée, et par eux l'empereur se trouvait à la fois présent dans vingt endroits différens. J'étais un de ceux auxquels on n'avait donné aucune mission. J'en fus vivement contrarié.

Dans le palais de l'empereur, la journée se passait de la manière suivante : jusqu'à huit heures du matin, tout était tranquille, à moins que quelque courrier ne fût arrivé, ou que quelque aide-de-camp n'eût été appelé inopinément. A neuf heures, il y avait lever, auquel pouvaient assister tous ceux qui avaient rang de colonel. Les autorités civiles et militaires du pays y étaient admises. Les frères et les neveux du roi de Saxe, les ducs de Weymar et d'Anhalt-Dessau, y venaient habituellement. Après le lever Napoléon, déjeûnait ; après le déjeûner la parade avait lieu. Napoléon n'avait que cent pas à faire pour s'y rendre. Quand il arrivait, il mettait pied à terre ; les troupes défilaient devant lui et le saluaient trois fois par les cris accoutumés de *vive l'empereur!* Le comte de Lobau recevait les ordres et commandait les évolutions. Dès que la cavalerie avait commencé à défiler, l'empereur rentrait au palais pour travailler ; alors tout redevenait tranquille jusqu'au soir. Le dîner n'avait lieu que très tard, à sept ou huit heures. C'étaient nous qui faisions ordinairement le service. Deux fois par semaine, il y avait spectacle dans l'orangerie ; on avait fait venir de Paris quelques uns des premiers acteurs du Théâtre-Français, entre autres Fleury, Mlle Mars, Mlle Bourgoin, Mlle Georges et Talma. Outre la comédie et la tragédie, il y avait des jours réservés pour la troupe italienne de Dresde. Les billets d'entrée étaient distribués par le comte de Turenne, premier chambellan. Après dix heures, tout rentrait dans le silence. L'empereur travaillait alors avec ses secrétaires, quelquefois fort avant dans la nuit. Toutes les soirées se passaient de la même manière.

Pour Napoléon, les heures de l'armistice ne parurent pas plus lentes que celles qui l'avaient précédée. Il recevait chaque jour l'estafette de Paris, qui faisait le trajet en moins de cent heures ; il y trouvait régulièrement une lettre de l'impératrice, une dépêche de l'archi-chancelier Cambacérès, le rapport de la police, écrit tout entier de la main du duc de Rovigo, celui du gouverneur de Paris, l'état de situation des troupes de la garnison et des dépôts de la garde impériale, le bulletin de la préfecture de police, l'extrait journalier de la correspondance reçue par le ministre de la guerre, le bordereau des troupes en marche, le bulletin de la sortie et de l'entrée des ports de mer ; celui de la bourse de Paris joint à celui d'Amsterdam ; la situation journalière de la caisse d'amortissement et de celle du trésor. La même estafette apportait encore tout ce qui était parvenu à la poste pour être adressé à l'empereur, même les lettres des simples particuliers.

Napoléon trouvait aussi une sorte de délassement dans une correspondance politique et littéraire que plusieurs hommes de lettres distingués entretenaient directement avec lui sous le secret et dans la plus grande liberté ; son bibliothécaire, M. Barbier-Weymars, lui envoyait toutes les nouveautés qui s'imprimaient en France. On voit que l'empereur recevait par cette voie rapide non seulement les lettres de Paris, mais même celles qui lui étaient adressées de tous les points de l'empire. Le prince Lebrun lui écrivait tous les jours d'Amsterdam, où il exerçait alors un souverain pouvoir en sa qualité d'administrateur général de la Hollande. Le prince Borghèse, qui résidait à Turin, sous le titre de gouverneur des départemens au delà des Alpes, lui adressait également tous les jours un rapport et le bulletin du passage de ces montagnes. Des lettres de Milan, de Munich, de Wurtzbourg, de Stuttgard, de Strasbourg, de Mayence, de Wesel, d'Erfurth et de Hambourg lui parvenaient directement et toujours avec la même régularité. Enfin un bulletin lui indiquait tout ce qui se passait sur chaque pont du Rhin, soit pour entrer en France, soit pour entrer en Allemagne. Par ce moyen, l'empereur connaissait dans les moindres détails l'état des routes et des communications, renseignemens qui étaient pour lui d'un grand intérêt. Convois d'artillerie, transports de vivres, officiers en mission, troupes en marche, voyageurs même, rien ne lui échappait; il suivait de l'œil tout ce qui circulait entre la France et le quartier-général.

Tout à coup, dans la nuit du 24 au 25 juillet, l'empereur quitte Dresde sans qu'aucun officier de sa maison ait reçu l'ordre de le suivre; il est monté en voiture avec Berthier; on ne sait où ils sont allés : on apprend bientôt que c'est à Mayence où il a donné rendez-vous à l'impératrice Marie-Louise. Napoléon reste à peine dans cette ville; il est de retour à Dresde le 1er août au matin : il n'a été que six jours absent. La rupture de l'armistice a été dénoncée le 11 du même mois ; le délai fatal expire le 16, à minuit ; à une heure du matin on va recommencer à se battre de nouveau, et cette fois la guerre sera plus acharnée que jamais.

Le 14, veille de l'anniversaire de la fête de l'empereur, M. Picot arrive à mon logement à huit heures du matin ; il m'éveille.

— Allons, M. de ***, dépêchez-vous de vous habiller ; l'empereur vous demande, il vous attend.

— Moi !..

— Oui, vous. Allons, mettez vos bottes... tenez, voici votre habit...

— Ah ça ! est-ce vrai ce que vous me faites l'honneur de me dire là ?...

— Vous plaisantez, je crois ; prenez votre chapeau.

Nous sortons.

En chemin, j'interroge M. Picot :

— Que me veut donc l'empereur ?

— Ma foi, vous devez le savoir mieux que moi ; tout ce que je puis vous dire, c'est qu'il n'a pas l'air de bonne humeur ; ainsi arrangez-vous.

Je cherche dans ma tête ce que l'empereur peut avoir à me dire de si pressant ; serait-ce pour me donner un *savon*... Oh non ! je l'ai vu hier ; il ne sait pas garder rancune. Aurais-je commis quelque balourdise ?... Depuis huit jours je n'ai rien eu à faire. Quoi qu'il en soit, je me sens une faiblesse dans les genoux, le feu me monte au visage. Enfin nous arrivons au palais. M. Picot monte avec moi au salon de service.

— Tenez-vous bien, me dit-il ; je vous souhaite bonne chance.

Et il me quitte en jetant sur moi un regard de compassion.

C'était le matin, et déjà cette pièce était remplie comme à l'ordinaire d'une foule de gens qui peut-être n'étaient pas plus tranquilles que moi ; mais je suis bien sûr que de tous ceux qui s'y trouvaient aucun n'eût voulu être à ma place. On savait déjà que S. M. m'avait envoyé chercher, qu'elle paraissait mal disposée ; aussi eut-on l'air de ne pas faire attention à moi, sans doute pour m'épargner les complimens de condoléance. Je m'en aperçus, et cette observation me mit encore plus mal à mon aise.

L'empereur donnait audience dans son cabinet. Plusieurs aides-de-camp passèrent avant moi ; enfin l'huissier de service appelle M. de ***.

Je m'arme de courage ; je m'élance de l'extrémité du salon comme un homme ivre, et, mon chapeau à la main, je fais dans le cabinet de l'empereur une entrée toute burlesque. Napoléon est seul, ce qui me rassure un peu.

— Doucement, monsieur de *** ; vous serez donc toujours étourdi !...

A ces mots, je commence à respirer.

— Je vous ai envoyé chercher ce matin, vous ne savez pas pourquoi? ajouta Napoléon.

— Non, sire.

— Eh bien, je vais vous l'apprendre; mais tâchez de retenir votre langue. Ecoutez ici, Edouard...

A ces mots, l'empereur, qui était assis devant son bureau, se retourne vers moi en croisant ses jambes, et tout en agitant ses pouces me regarde avec tant de bienveillance que je suis sur le point de me jeter à ses pieds; je ne sais ce qui me retint, mais mes yeux devinrent troubles, je sentis des larmes mouiller mon visage. J'avais un poids de cent livres de moins sur la poitrine. L'empereur s'aperçut de mon émotion, elle ne dut pas lui déplaire. Il me fit un signe; je m'approchai de lui respectueusement, et il continua ainsi:

— Edouard, si je vous ai gardé à Dresde, c'est que j'avais une mission à vous donner. (Je fis un léger mouvement de tête.) La vôtre est délicate; il faut qu'elle soit exécutée le plus vite possible... Vous allez partir à l'instant même.

— A cheval, sire?

— A cheval ou en voiture; mais je préfère que ce soit à cheval; vous perdrez moins de temps.

— Tout seul, sire?

— Tout seul; vous irez à Paris, l'impératrice doit y être arrivée aujourd'hui; vous lui remettrez cette lettre de ma part, de ma part, entendez-vous bien (l'empereur appuya sur ce mot); après quoi vous prendrez ses ordres et vous me rapporterez ici ce qu'elle vous remettra en échange.

— Oui, sire.

— Vous m'entendez bien?

— Oui, sire.

En disant ces mots, l'empereur tira de la poche de côté de son habit une petite lettre que je reçus sur la forme de mon chapeau, n'ayant pas là de plateau à ma disposition, et, lorsque je l'eus prise, il ajouta:

— Ne va pas t'amuser en chemin; prends des armes, passe chez Peyrusse qui te donnera de l'argent; il est prévenu: cours et reviens vite. Surtout ne parle de cela à qui que ce soit ici. Aussitôt que tu auras vu l'impératrice, tu m'écriras, et tu reviendras le plus tôt possible.

— Sire, Votre Majesté peut...

— Allons, va-t'en; tu devrais déjà être arrivé.

En prononçant ces derniers mots, Napoléon m'avait pincé la joue de ses deux doigts et donné un petit soufflet de l'autre main: c'était mon brevet d'officier d'ordonnance.

Lorsque je sortis de chez l'empereur, il fallait voir la curiosité de tous ceux qui m'y avaient vu entrer. Ils ne savaient s'ils devaient me parler ou non. Cependant ils ne pouvaient que bien augurer d'un entretien qui avait duré au moins vingt minutes, exactement comptées par des observateurs qui savaient mieux que personne que l'empereur, quand il voulait se débarrasser de quelqu'un ou simplement lui laver la tête, le retenait à peine quelques secondes, qu'il parlait très haut, et que le refrain de la conversation était toujours: *Sortez!* Aussi avaient-ils l'air fort embarrassés. Je passai au milieu d'eux en levant la tête et sans saluer personne. Je voulais produire de l'effet : je ne fis véritablement qu'une grossière impolitesse.

Je me rendis à l'instant chez le payeur, qui, me voyant entrer, me dit :
— Mais allons donc, monsieur de ***, je vous attendais hier au soir... Tenez !

Et il me remit deux rouleaux en me faisant faire un reçu de 2,000 fr. Je crois n'avoir jamais signé plus mal mon nom; il s'en aperçut.

— Oh! oh! dit-il, pour un élève de M. Bernard, voilà une signature de maréchal d'empire et un paraphe de munitionnaire-général.

Il faisait sans doute allusion à un pâté que j'avais fait sur le papier en prenant trop d'encre avec ma plume.

Je quitte le payeur et me rends en toute hâte chez moi ; je rencontre en chemin M. Picot, qui, me voyant tout guilleret, me demande ce qui s'est passé.
— Rien.
— Mais je vous vois bien gai?

Je voulus m'amuser un peu à ses dépens en lui faisant prendre le change. Qu'il fût de bonne foi ou non, le matin il m'avait trop mystifié pour que je ne prisse pas ma revanche, et, pour cela, changeant de visage et cherchant à me donner un air piteux :

— Non; rien, mon cher monsieur Picot. Et, lui serrant la main, j'ajoutai tristement : Je pars, je quitte Dresde...

Il n'y avait pas d'indiscrétion, car mon absence du quartier-général ne pouvait manquer d'être remarquée.

— Oh! mon bon, que je suis fâché! comment! l'empereur vous destitué?... quelle ingratitude !... Je m'en doutais ce matin...; mais vous n'en paraissez pas plus triste?
— Au contraire.

Et, en disant cela, je lui tournai le dos en faisant un entrechat, et je le laissai tout stupéfait de ma conduite; j'entendis même un : il est fou !

Mon léger porte-manteau fut bientôt fait, car je n'avais pas, comme S. M., six douzaines de culottes, et j'étais loin de compter les miennes comme on a l'habitude de compter des huîtres dans une bourriche. J'ai cent napoléons; avec cela, à quinze ans, on peut aller en Chine. Je cours à la poste, j'enfourche un bidet, je m'empare d'un fouet et je fais courir un postillon devant moi pour préparer les relais.

J'allais comme le vent ; mes courriers, loin de me précéder, restaient toujours derrière, c'était moi qui était forcé de les attendre à la poste. Enfin, déjà léger d'argent, mais riche d'espérance, j'arrive à la barrière ; je laisse là ma monture, je grimpe dans un cabriolet de place, je me fais conduire à notre hôtel pour changer d'habit ; j'étais tellement couvert de terre et de crotte que M. Chaptal aurait pu me planter hardiment des betteraves sur la poitrine.

Au moment où j'arrivai, mes jeunes camarades étaient en récréation dans le jardin ; ils m'entourent, me pressent ; je ne les écoute pas. Je cherche après M. le baron Morin, je ne rencontre que Beaupré qui venait de terminer sa leçon. Il m'arrête; je l'envoie faire..... des ronds de jambes, et je monte à ma chambre... J'ai oublié de prendre la clé chez le concierge... D'un coup de pied j'enfonce la porte, je la barricade pour pouvoir faire ma toilette tranquillement, et, en dix minutes, je suis en grande tenue; je redescends. J'ai laissé la lettre de l'empereur dans la

poche de mon gilet, je remonte la chercher. J'arrive au château.....
L'impératrice faisait sa promenade accoutumée : elle ne devait rentrer qu'à six heures ; il en était quatre. En attendant, je vais trouver M. Fister ; je le prie en grâce de me faire apporter de quoi me restaurer : je n'avais pas mangé depuis douze heures. Le contrôleur de la bouche me demande des nouvelles de l'empereur, de toutes les personnes de connaissance qui sont à Dresde ; il me fait questions sur questions : je ne lui réponds pas un mot, je ne fais que tordre et avaler. J'espère que c'était là remplir avec exactitude la noble mission dont l'empereur m'avait honoré. J'ignorais ce dont il s'agissait ; mais cela m'était fort indifférent, le but principal était rempli.

L'impératrice vient de rentrer. Je vois par la fenêtre les voitures qui retournent aux écuries. Je quitte M. Fister, je descends au salon de service, j'y rencontre M. Douville, huissier du roi de Rome. Je le prie de m'annoncer aussitôt à S. M., comme envoyé par l'empereur et chargé d'une commission auprès d'elle. Il me dit qu'il va aller avertir le chambellan de service ; pendant ce temps, Mme Durand sort de l'appartement de l'impératrice, et vient à moi les coudes en dehors et les pieds en dedans. Je lui fais la même demande :

— Eh bien, dites-moi, monsieur de ***, de quoi il est question ?

— L'empereur, madame, m'a expressément recommandé de ne le dire qu'à S. M. elle-même.

— En ce cas, vous ne pouvez entrer en ce moment, S. M. est occupée.

— Eh bien ! madame, j'attendrai.

Le chambellan arrive au salon, et il m'annonce aussitôt chez l'impératrice qui paraissait avoir envie de dormir, quoique madame *** fût en train de lui faire une lecture que mon nom, prononcé très haut à la porte, interrompit à l'instant.

— Madame, je viens de la part de S. M. l'empereur !...

A ces mots, Marie-Louise se lève, un sourire bienveillant et plein de grâce, dont je pouvais m'attribuer la moitié, vient effleurer ses lèvres, et d'un signe de main elle fait signe à ses dames de se retirer un instant. Une fois seule avec moi, l'impératrice s'assit.

— L'empereur, dites-vous, monsieur de ***....

Alors je pris la parole, et d'un son de voix très bas (car on avait au palais l'habitude d'écouter aux portes) : Madame, lui dis-je, je suis chargé de la part de S. M. l'empereur de remettre cette lettre à Votre Majesté.

L'impératrice tend la main en même temps que que je lui présente encore la missive sur la forme de mon chapeau. C'est moi qui, soit dit en passant, avait le premier employé cette méthode, presque toutes les fois que l'occasion de présenter quelques papiers à LL. MM. s'était offerte.

L'impératrice prend la lettre. Elle lit ; elle semble éprouver une forte émotion. Je vois des larmes couler de ses yeux. Enfin elle me dit :

— Demain venez ici, ce que vous aurez à remettre à l'empereur est à Saint-Cloud ; j'irai moi-même le chercher et je vous le donnerai ensuite.

— Accompagnerai-je Votre Majesté ?...

Et après un moment d'hésitation, Marie-Louise ajouta en souriant :

— Oui, monsieur de ***, si toutefois vous pouvez encore vous tenir sur votre cheval.

Le lendemain, j'allai au palais de très bonne heure, ne sachant l'heure à laquelle l'impératrice devait partir pour Saint-Cloud. Le prince Aldobrandini me dit que c'était à onze heures, c'est-à-dire après son déjeûner. Il me promit de me faire avoir un cheval, et me recommanda d'être exact, l'impératrice l'étant elle-même beaucoup. Je retournai chez moi passer mon grand uniforme ; je déjeûnai, et à onze heures moins un quart j'étais dans le salon de service avec tous ceux qui se disposaient à partir. Le comte de Beauharnais paraît :

— Allons, messieurs, nous dit-il, à cheval ! S. M. va monter en voiture... M. de *** est-il là ? c'était à moi que ceci s'adressait.

— Présent ! monsieur le comte, répondis-je.

Nous descendîmes tous dans la cour ; il n'y avait qu'une voiture de suite avec celle de l'impératrice. Comme je cherchais le cheval que le grand-écuyer avait dû me faire préparer, le piqueur Gasparin cria :

— Le cheval du page de service !

Il le tenait en laisse ; je m'approchai. Dieu ! quelle jolie bête ! dis-je.

— Oui, monsieur, mais pas aisée, elle a des caprices.

— Ah ! elle a des caprices ! Eh bien ; nous allons voir.

L'impératrice monte en voiture avec Mme la duchesse de Montebello, la duchesse de Rovigo, le comte de Beauharnais et le prince Aldobrandini, et nous partons pour Saint-Cloud. Cette fois nous prenons par la rue de Rivoli. Je galopais à gauche du carrosse, et je m'apercevais que Gasparin avait eu raison de me prévenir que ma jument avait des caprices ; elle ne voulait pas s'éloigner de la voiture. Plusieurs fois déjà la roue de derrière m'avait frisé la cuisse droite. Je cherchais avec l'éperon à fair sentir à mon cheval qu'il devait rester à une distance respectueuse, il se rapprochait toujours de la portière.

Arrivé au bout de la rue de Rivoli, je me vois serré de très près par la roue et la borne qui fait le coin du trottoir. Je veux la faire franchir à mon cheval, dans la crainte qu'il ne se casse les jambes ; je quitte les étriers et je pique des deux ; il fait un écart, et nous tombons tous les deux sur le trottoir. Ma jument se débarrasse de moi et se relève aussitôt ; j'essaie d'en faire autant, mais je retombe presque évanoui et souffrant horriblement. Un valet de pied et un monsieur que je ne connaissais pas me soutiennent et m'aident à remonter dans la voiture de suite qui me ramène à notre hôtel. Le cahot me fit beaucoup souffrir : on allait cependant très doucement. J'étais prêt à chaque instant à me trouver mal, et ce ne fut qu'à force de vinaigre que je parvins à surmonter cet état de faiblesse et à gagner ma chambre où on me coucha, non sans peine, après m'avoir déshabillé : j'avais l'épaule démise.

XXIII.

L'opération.—Guérison complète.—Retour de l'empereur à Paris.—*Le commencement de la fin.* — Paroles touchantes de Napoléon, son départ pour l'armée.—Les censeurs et les journaux.— Les cachettes.—Victoire de Champ-Aubert.—Le bureau des passeports.— Mlle B....... et le voleur. — Les caricatures.—Départ de l'impératrice et de son fils.— Joséphine à Navarre. — Capitulation de Paris.

J'étais de nouveau confiné dans ma chambre ; cette fois, malheureusement, je n'avais plus le charmant voisinage qui avait si bien abrégé ses ennuis de ma première maladie. Mme P*** avait quitté la maison sans m'adresser un mot de souvenir, et s'était retirée avec son mari à

Château-Chinon, auprès de sa mère. Le chagrin que me fit éprouver un tel oubli, joint à la solitude dans laquelle on me laissa, retarda un peu ma guérison. J'étais abandonné à mes réflexions qui n'avaient rien de bien gai. Moi qui, si jeune encore, avais assisté déjà à des batailles meurtrières, sans qu'un Prussien m'eût fait la galanterie d'une égratignure, me démettre sottement le bras en tombant de cheval, comme un écolier qui prend sa première leçon ! J'étais furieux !... Une blessure ennemie, à la bonne heure, au moins : cela laisse des souvenirs et inspire quelque intérêt !... Mais souffrir sans gloire !... c'est bien bête !

En revenant, on avait été chercher aux Tuileries M. Horeau, le chirurgien par quartier ; il dit, en me voyant, qu'il répondait d'une prompte guérison. M. Vareil..... arriva ensuite ; il décida tout d'abord que j'avais une luxation de l'épaule, et qu'il fallait remettre les choses dans leur état naturel. Il me fit terriblement souffrir, et comme (je l'avoue à ma honte) je n'avais pas en son mérite la confiance que ses talens véritables méritaient, je ne voulus pas m'en rapporter à lui pour l'opération. Je demandai que l'on allât chercher à Saint-Cloud M. Ruffin, notre chirurgien. Il était plus de trois heures lorsque le bon docteur vint dans ma chambre : trois heures de souffrances continuelles sont bien longues ; mais, hélas ! ces souffrances n'étaient rien en comparaison de celles qui m'étaient réservées. Selon son habitude, M. Ruffin arriva en se frottant les mains, de joie sans doute d'avoir été choisi de préférence par moi dans cette très douloureuse circonstance. Il s'était fait accompagner de M. Lassoujade, chirurgien cosmopolite, quoique habitant Saint-Cloud.

— Eh bien ! mon pauvre Edouard, nous allons donc avoir affaire ensemble !... Je t'engage à crier le plus possible ; cela te soulagera et ne m'en effraiera pas davantage... Je te l'avais bien dit qu'il t'arriverait malheur... tu veux toujours faire comme Franconi !... Sois tranquille, tu n'en mourras pas encore cette fois ; laisse-nous faire, et dans cinq minutes il n'y paraîtra plus... Allons, vous, messieurs, aidez-moi, et vous, Lassoujade, à la besogne !... Je t'avertis, Edouard, que je vais te faire un peu de mal ; mais pense à autre chose. Allons !...

Et en un instant, l'os déboité reprenant sa place naturelle, l'opérateur m'annonce que tout est terminé, et me quitte en me recommandant la diète et le repos.

Le désir que j'avais de quitter la chambre me rendit obéissant aux ordres du docteur, et au bout de dix jours je fus remis sur pied. Quelques mois après l'empereur revint de Saxe et s'apprêta à courir de nouvelles chances dans la campagne de France ; j'allais tous les jours aux Tuileries, où j'avais repris mes fonctions *en amateur,* et d'où je pouvais suivre avec attention les mouvemens de nos armées.

Dès le commencement du mois de janvier 1814, la confiance que les Français avaient dans la toute-puissance de Napoléon commença à s'affaiblir en présence des dangers qui augmentaient chaque jour. On témoignait généralement la crainte que les Cosaques, dont le nom seul était un épouvantail, n'arrivassent jusqu'à Paris avec l'armée alliée, et beaucoup de personnes emballaient leurs effets les plus précieux, pour les envoyer dans les départemens les plus éloignés du théâtre de la guerre. En même temps, un grand nombre d'habitans des villages et des campagnes des environs venaient, avec une partie plus ou moins considérable de leur mobilier, chercher un asile dans la capitale. Il en résultait que les boulevards et les faubourgs de Paris, ainsi que toutes les avenues qui y aboutissaient, étaient encombrés de charrettes.

Le duc de Rovigo, ministre de la police, lui-même, envoya ses filles et le beau mobilier qu'il avait dans son magnifique hôtel de la rue de Cérutti dans une de ses terres, aux environs de Toulouse.

Cependant, malgré ces précautions, un assez grand nombre de personnes refusaient encore de croire que l'ennemi pût attaquer la capitale; elles pensaient seulement qu'il pouvait s'en approcher d'assez près pour mettre obstacle à l'arrivée journalière des denrées alimentaires, et bloquer ainsi Paris comme une place assiégée.

Malgré tous les efforts du gouvernement pour nationaliser la guerre, les classes moyennes de la société, et surtout celle du commerce, dont la vanité n'était plus excitée par des conquêtes, témoignèrent la plus complète indifférence. Tous les moyens possibles étaient cependant mis en usage pour les faire sortir de leur apathie. On chercha même à ranimer cette vieille énergie révolutionnaire de l'ancienne populace, que l'empereur avait mis tant de soin à éteindre dans le cours de son règne. L'air de la *Marseillaise*, si entraînant et si long-temps proscrit, fut joué sur tous les orgues de Barbarie qui couraient les rues, on y adapta même de nouvelles paroles appropriées à la circonstance. Je n'avais jamais entendu cet air. En passant devant un obscur cabaret de la place de Grève, j'en entendis un autre dont les paroles commencent ainsi : *Veillons au salut de l'empire !* que plus tard j'appris avoir été composé également à l'époque la plus désastreuse de notre révolution.

Vers la fin du mois de janvier, quelqu'un consultant M. de Talleyrand sur les suites de ce qui se passait, le spirituel diplomate lui répondit :

— C'est le commencement de la fin.

Il en était si bien convaincu, qu'il renonça à l'usage de recevoir tous les soirs chez lui un nombre assez limité de personnes de haut rang, qui venaient y jouer au whist, dans la crainte qu'on ne supposât que ces réunions eussent un but politique, et qu'il vécut pour ainsi dire isolé. Quelques jours auparavant on avait trouvé un papier fixé à la base de la colonne de la place Vendôme, au dessus de laquelle s'élevait, comme on sait, la statue de l'empereur. Sur ce papier était écrit en gros caractères : « Passez vite, il va tomber ! »

Le décret de l'organisation définitive de la garde nationale de Paris et des départemens ayant paru dans le *Moniteur* le 23 janvier (c'était un dimanche), les officiers de la garde nationale parisienne reçurent l'ordre de se rendre au palais, dans la salle des Maréchaux. J'y allai aussi par simple curiosité. A la faveur de mon uniforme, il m'était facile d'avoir accès partout. Il paraît que la plupart de ces soldats citoyens ignoraient l'objet de cette convocation. Ils pouvaient être au nombre de huit cents, tous revêtus de leur nouvel uniforme.

Je vis Napoléon traverser le salon des Maréchaux, comme de coutume, pour se rendre à la chapelle. Il fut accueilli, dès son apparition, par de nombreux cris de *vive l'empereur !* Il marchait fort vite, et cette fois il se borna à saluer à droite et à gauche ; mais un quart d'heure après, environ, il revint : il avait déjà entendu la messe. Il fit deux fois le tour de la salle, alla se placer au centre et appela près de lui les différens chefs de légions auquel il adressa quelques mots.

— Messieurs, une partie du territoire de la France est envahi ; je vais me placer à la tête de mon armée, et avec l'aide de Dieu et la valeur de mes troupes, j'espère repousser l'ennemi au delà des frontières.

Puis, prenant l'impératrice d'une main et le roi de Rome de l'autre, il ajouta :

— Si les étrangers approchent de la capitale, je confie au courage de la garde nationale l'impératrice et le roi de Rome... ma femme et mon fils, reprit-il d'une voix émue.

Ces paroles produisirent l'effet attendu : plusieurs officiers sortirent de leur rang et s'approchèrent de l'empereur ; d'autres versèrent des larmes, et parmi ces derniers il s'en trouva sans doute plusieurs qui ne devaient être rien moins que partisans du régime impérial ; mais cette scène les avait attendris. Il aurait été, en effet, difficile de ne pas l'être.

Le lundi, je vis Napoléon passer quelques troupes en revue dans la cour des Tuileries. Le 25 janvier, à six heures du matin, il partit pour rejoindre l'armée ; le même jour il arriva à Châlons à onze heures du soir, et le lendemain il se battait déjà à Saint-Dizier.

Au commencement du mois de février, les censeurs ordinaires des journaux n'étant pas jugés assez sûrs ou assez dévoués dans les circonstances présentes, en conséquence, on nomma une commission composée de cinq membres, savoir : MM. Tissot, Desrenaudes, Pellène, et un autre dont je ne me rappelle pas le nom. On leur donna un traitement de 1,500 fr. par mois, et ils furent chargés de faire des articles propres à diriger l'esprit public dans la crise où on se trouvait.

Le général Hullin, commandant de Paris et de la première division militaire, persuadé que le gouvernement impérial touchait à sa fin, pensa qu'il était inutile qu'on armât la garde nationale ; et, à cet effet, il avait réuni avec beaucoup de soin tous les fusils qu'il avait pu faire saisir dans le domicile des habitans. Le maréchal Moncey, major-général de la garde nationale, envoya chercher le général Hullin, et lui ordonna de faire distribuer aux gardes nationaux les fusils qu'il avait ramassés. Le commandant de Paris prétendit d'abord qu'il n'en avait point, et ensuite en éluda la remise. Jusque dans les derniers temps, la garde nationale n'était guère armée que de fusils de chasse et d'armes de fantaisie. Moi-même, ayant été incorporé dans une légion après le retour du roi, je montai ma première garde à l'état-major, une pique à la main.

L'opinion publique avait éprouvé un grand refroidissement lorsque les événemens de la bataille de Brienne avaient commencé à transpirer. Un nombre de curieux plus considérable que de coutume visitait le Musée du Louvre pour dire comme un dernier adieu aux chefs-d'œuvre qui s'y trouvaient, convaincus, comme on l'était alors, que les alliés, s'ils entraient une fois à Paris, les détruiraient ou les emporteraient avec eux. On ne se trompait que de quinze mois.

Déjà beaucoup de personnes faisaient faire des cachettes par des charpentiers et des maçons, pour y déposer leur argenterie et leurs effets les plus précieux, lorsque la nouvelle de la victoire de Champ-Aubert vint calmer un peu les esprits. Aussitôt un nouveau changement s'opéra dans l'opinion : du plus grand abattement, on passa à une confiance sans bornes, et chacun s'écria que pas un seul soldat étranger ne repasserait le Rhin. La formidable armée des alliés devait être anéantie dans les campagnes par les paysans. Le fait est qu'on en tua beaucoup partiellement.

M. Denon, qui, indépendamment de la direction du Musée, avait aussi celle des Médailles, attendait avec anxiété un événement pour lequel il pût en faire frapper une. Il la fit faire aussitôt qu'il eut connaissance de la bataille de Champ-Aubert. Je la vis chez lui. D'un côté, elle offrait l'image de Napoléon, et, de l'autre, un aigle qui avait au dessus de sa tête une étoile ; il paraissait voler, en tenant dans ses serres une petite statue de la Victoire. Cette médaille portait pour légende : *février* 1814.

Malgré cette confiance apparente, le bureau des passeports, à la préfecture de police, continuait à être encombré de dames qui, dans la crainte de voir arriver à Paris les Cosaques, se hâtaient d'en partir avec leurs enfans pour se rendre en Normandie ou en Touraine. Je tiens d'un des employés de ce bureau, qui était en même temps musicien à l'orchestre de l'Opéra, M. Bor..., que 1,400 passeports furent expédiés en une seule journée. D'autres personnes mirent leurs effets au Mont-de-Piété, pensant qu'ils y seraient plus en sûreté chez eux, si Paris venait à être livré au pillage.

Le 14 ou le 15 de ce même mois, je vis le roi Joseph passer en revue, pour la première fois, les grenadiers de la garde nationale dans le Carrousel. Le petit roi de Rome assistait à cette parade en uniforme de garde national. Le soir, j'allai voir, à Feydeau, la première représentation de *Bayard à Mézières*, pièce de circonstance qui ne fut donnée, je crois, que cette seule fois, quoiqu'elle ait obtenu du succès.

Le lendemain, je vis défiler sur les boulevarts la colonne de soldats prussiens et autrichiens faits prisonniers à Champ-Aubert. La multitude assemblée pour les voir passer témoigna beaucoup de pitié à leurs aspect, et l'argent, ainsi que les alimens qu'on put immédiatement se procurer, leur furent spontanément distribués. Comme on les désignait toujours sous le nom de *Cosaques*, plusieurs d'entre eux, en entendant cette épithète qu'ils regardaient sans doute comme injurieuse de la part de ceux mêmes qui leur prodiguaient des secours, s'écriaient dans un langage moitié français, moitié allemand : *Nein, nein, être pas Cosaques*, et tendaient la main en demandant du tabac.

On jetait à ces prisonniers beaucoup de pain des croisées de la rue Napoléon (aujourd'hui rue de la Paix). Une actrice du Théâtre-Français, encore assez bien, Mlle B..., afin de témoigner sa reconnaissance pour les libéralités qu'elle avait reçue en Russies, s'était rendue dans sa voiture sur le boulevart avec des provisions qu'elle distribuait elle-même. Ceci me rappelle une petite anecdote sur cette demoiselle, dont la place se trouve naturellement ici.

On sait que Napoléon, au faîte de la gloire, traitait les souverains à l'exemple des romains. Pour leur donner une idée de la splendeur qui environnait son trône, il marchait toujours entouré de ce qui en faisait l'ornement. Les plaisirs n'étaient jamais négligés ; et, dans son voyage à Erfurth, il se fit suivre par l'élite des acteurs du Théâtre-Français, de la rue Richelieu.

Erfurth est une très petite ville où les femmes étaient rares. Tous les étrangers, qui en étaient privés depuis long-temps, examinaient avec plaisir nos Françaises. L'abstinence à laquelle ils étaient depuis long-temps forcés leur faisait trouver des charmes piquans même à Mlle Duch..... et à Mlle Pat... Quant à Mlle B......., c'était à qui serait admis à l'honneur du boudoir, et la foule de ses admirateurs était immense. Sa demeure ressemblait à l'hôtel d'un ministre, où chacun attendait son tour. Lorsqu'elle ne jouait pas, elle se se rendait au théâtre pour se faire admirer de ses nombreux adorateurs et du peuple d'amans qu'elle avait rendus heureux. Malheureusement quelques gestes trop expressifs, des œillades trop multipliées furent aperçus de Napoléon. Il se fâcha, et fit défendre à la princesse tragique de reparaître dans la salle. Au retour, en France, chacune d'elles revint bien pourvue d'or; et les diamans qui couvraient les épaules de nos actrices pouvaient rendre compte des faveurs qu'elles avaient accordées aux enfans du Nord.

Mlle B... fut la mieux partagée. Quelques affaires de cœur la firent rester au delà du Rhin. Quand elle revint en France, elle eut le malheur de rencontrer le fameux partisan Schiller, qui la dévalisa et qui, après lui avoir fait une grande peur, finit par lui faire prononcer d'un ton qui n'était plus celui de la crainte : *Ah! cher voleur!* Schiller néanmoins la débarrassa d'une somme évaluée à 60,000 fr. J'en reviens à mes prisonniers.

Quelques-uns d'entre eux ne purent s'empêcher de rire en voyant sur le boulevart des caricatures coloriées, au dessus desquelles était écrit: *Cosaques*, représentés par des monstres hideux, vêtus de la manière la plus bizarre, et commettant toute sorte d'excès. Il était évident qu'en faisant ces dessins les artistes n'avaient consulté que leur imagination, et qu'ils n'avaient jamais vu des Cosaques même *irréguliers*.

Vers les derniers jours de mars, les paysans des environs de Paris entrèrent dans la capitale avec leurs femmes, leurs enfans et leurs meubles. Les boulevarts étaient couverts de charrettes, de carioles escortées de bestiaux. La détresse de ces pauvres gens était d'autant plus grande qu'ils avaient été obligés de payer les octrois aux portes de la capitale, et que pour acquitter ces droits ils s'étaient trouvés dans la nécessité de vendre, aux barrières, une partie de ce qu'ils avaient amené, afin d'assurer la conservation du reste.

La guerre commença alors à se faire voir aux Parisiens sous un aspect bien différent de celui sous lequel ils la considéraient jadis. Le bruit se répandit que Meaux avait été brûlé par les alliés et qu'ils avançaient rapidement sur Paris. Le soir j'allai au café des Arts, rue du Coq, où je rencontrai M. Duviquet, rédacteur du *Journal de l'Empire*, qui était en train de faire sa partie de dominos, et qui, à chaque dé qu'il posait, n'oubliait jamais de faire quelque plaisanterie; par exemple : « *Du six* (Ducis), de l'Institut; *du cinq!* celui-là n'est pas de l'Institut; » et autres gentillesses du même genre. J'y vis aussi Ladur..., jeune peintre, qui me dit que le matin il était allé à Villeparisis pour y finir une étude qu'il y avait commencée, et qu'il avait vu les troupes alliées s'emparer des hauteurs qui dominent le village.

Le lendemain, 29 mars, j'entrai par hasard au musée du Louvre, où je trouvai à peu près le même nombre d'artistes que de coutume; les uns étaient tranquillement occupés à copier des tableaux, tandis que les autres regardaient par les croisées qui donnent sur la cour des Tuileries les préparatifs de départ de l'impératrice Marie-Louise. Je redescendis bien vite, et j'entrai au palais pour avoir des nouvelles.

Il paraît que l'empereur avait fait dire au conseil de régence que si les alliés s'approchaient de Paris, l'impératrice, le roi de Rome et les ministres devaient se rendre sur les bords de la Loire. Le désordre qui régnait alors au château serait difficile à décrire. Les femmes qui appartenaient au service de Marie-Louise et tous les individus du palais, couraient d'une pièce à l'autre, sans paraître savoir ce qu'ils faisaient. Les unes pleuraient, les autres questionnaient, tous paraissant dans le plus grand trouble.

M. de Can.... m'apprit que le matin, à six heures et demie, quinze fourgons escortés par des chasseurs à cheval de la garde, avaient quitté le palais, et que Mme la duchesse de Montebello avait prévenu la veille, à minuit, les personnes de la maison de l'impératrice qui devaient l'accompagner. Le prince Aldobrandini, premier écuyer de S. M., avait donné le même ordre à tous ceux qui étaient sous sa dépendance. N'ayant reçu aucun avis de départ, je me contentai de rester simple spectateur à Paris, où, ainsi que beaucoup d'autres, j'attendis les événemens. A huit heures, les voitures de voyage étaient déjà venues se ranger au bas de l'escalier du pavillon de Flore; mais le prince Aldobrandini avait donné contre-ordre, et les voitures avaient été ramenées aux écuries.

Nous en étions là, M. de Can.... et moi, lui de ses détails et moi de mes questions, lorsque nous vîmes arriver Cambacérès qui se rendait chez l'impératrice. Un quart d'heure après, un valet de pied vint chercher M. de Can.... Celui-ci me quitta en me disant adieu comme un homme que je ne devais plus revoir. Au bout de cinq minutes, un piqueur courut aux écuries pour faire revenir les voitures. Dès ce moment on fit les préparatifs d'emballage du départ.

A dix heures et demie, la cour des Tuileries était remplie d'équipages et de fourgons de toute espèce. Les voitures de parade, même celle du sacre, les caissons du trésor, de l'argenterie, etc., encombraient tout l'espace. A onze heures précises, je vis l'impératrice pour la dernière fois; elle sortait de ses appartemens, accompagnée de mesdames de Montebello et de Montesquiou; cette dernière portait le roi de Rome dans ses bras. Marie-Louise était vêtue d'une espèce d'amazone couleur bleu foncé. Mesdames de Brignolle et de Castellanne la suivaient. Je remarquai encore MM. d'Haussonville, de Cussi, de Seyssel, de Beausset et quelques autres dont je ne me rappelle pas les noms. Le petit roi de Rome paraissait de fort mauvaise humeur. Le silence qui régnait n'était interrompu que par les sanglots de quelques femmes de la suite de l'impératrice. Je ne pus les distinguer, parce qu'elles tenaient constamment leur mouchoir sur leurs yeux.

L'impératrice monta dans la première voiture avec son fils, Mesdames de Montesquiou, de Montebello et de Brignole. Elle était entourée d'un détachement de grenadiers à cheval. Toutes les personnes du voyage montèrent successivement dans les voitures de suite, et commencèrent à défiler au milieu des nombreux spectateurs qui garnissaient la cour des Tuileries et qui tous gardaient un morne silence. Ce triste cortége sortit par le guichet du pont Royal et prit la route de Versailles en longeant le jardin, du côté de la terrasse du bord de l'eau. D'autres voitures, où se trouvaient des valets de pied, des gens de l'écurie et de la bouche, suivaient à distance.

J'appris, trois jours après, que l'impératrice avait pris par Rambouillet où elle s'était arrêtée pour passer la nuit. Le 30, elle alla coucher à Chartres, le 31, à Châteaudun, le 1er avril à Vendôme, et le 2 avril, après une journée très fatigante à cause des mauvaises routes, elle arriva à Blois à cinq heures du soir.

De son côté, l'impératrice Joséphine avait abandonné la Malmaison le même jour, pour se rendre à sa terre de Navarre située dans le département de l'Eure, après avoir attendu jusqu'à trois heures de l'après-midi l'argent qui lui était nécessaire pour défrayer le voyage, et qu'elle avait envoyé prendre à Paris le matin. Sa maison l'avait suivie ; il n'y avait en tout que trois voitures. Joséphine fit les huit premières lieues avec ses chevaux, et les douze autres avec ceux de la poste. Constantin, le conservateur de ses tableaux, était à la Malmaison lorsqu'elle en partit ; elle le chargea d'une lettre pour le duc de Rovigo.

Arrivée à Nanterre, l'impératrice fut rejointe par sa fille Hortense. L'une et l'autre conservèrent en public ce calme et cette grâce qui leur étaient habituelles ; mais elles passèrent plus d'une nuit à la croisée ou sur la terrasse du jardin, à attendre l'arrivée des courriers chargés de leur faire connaître les événemens qui avaient dû se passer à Paris, et peut-être le sort qui leur était réservé.

Enfin, le 30 mars, à cinq heures et demie du matin, je fus éveillé dans la rue *Sainte-Anne*, où j'avais toujours conservé mon modeste logement, par une demi-douzaine de tambours de la garde nationale qui battaient le rappel. Au même instant, il me sembla entendre, comme dans le lointain et dans la direction du canal de l'Ourcq, gronder le canon. J'ouvris la fenêtre de ma chambre à coucher, le ciel me parut chargé de nuages. Le grand nombre d'individus des deux sexes qui se trouvaient à leurs fenêtres, avec leurs bonnets de coton et leur coiffure de nuit, dans un état de demi-nudité, produisait un effet singulier. Je ne pus m'empêcher de rire, quoique je ne fusse pas disposé à la gaîté, à la vue de ce grotesque spectacle en quelque sorte nouveau pour moi. Mes voisins avaient été sans doute attirés par le même motif que moi ; mais, comme il ne faisait pas très chaud, ils crurent prudent de se remettre au lit. Quant à moi, je m'habillai à la hâte, et je sortis pour voir par moi-même ce que tout cela allait devenir.

J'éveillai mon portier qui n'avait rien entendu et je remontai la rue Ste-Anne jusqu'au boulevart. Arrivé au coin de la rue du Mont-Blanc, je vis un bataillon de la deuxième légion de la garde nationale assemblé devant la maison de son commandant, M. Alexandre Delaborde, et auquel on distribuait des cartouches. M. Regnault de St-Jean-d'Angély, chef de cette légion, arriva bientôt monté sur un cheval blanc d'assez mesquine apparence, dont la bouche et les pieds étaient couleur café au lait ; il le faisait caracoler avec prétention. Je m'approchai de lui ; il me semblait avoir déjà vu ce cheval quelque part. En effet, c'était un de ceux des écuries de l'empereur, celui même que Napoléon se plaisait à monter de préférence. Comment se fait-il, dis-je en moi-même, que M. le procureur-général près la haute cour impériale ait pu se le procurer ? Il me parut que décidément tout était sens dessus dessous. Quoi qu'il en soit, M. le président, secrétaire d'état de la famille impériale, avait sur sa monture assez mauvaise grâce. Je lui en avais trouvé davantage, lorsque le jour du mariage civil de l'empereur il tenait en main le registre de l'état civil, qui, certes, tout doré qu'il était, n'approchait en rien de la housse brillante sur laquelle il était posé, lui, comme une paire de pincettes.

Tandis que j'étais à admirer l'adresse de M. le chef de la deuxième légion, je fus accosté par un de mes bons amis d'enfance, Charles Gil..., qui n'avait encore que l'honneur d'être ce qu'on appelait alors *biset* dans la garde nationale, et qui, comme moi, se trouvait là attiré par la curiosité. Nous nous rendîmes d'abord dans un enclos qui existait au bout de la rue Rochechouart. Il n'y avait là aucune troupe ; seulement quelques personnes isolées s'y trouvaient rassemblées : je remarquai entre autres un marchand d'eau-de-vie et de petits pains, tenant un panier sous son bras, et criant à tue tête: « Prenez la goutte, cassez la croute ! » d'un air aussi tranquille que s'il eût été à une revue ou à une course du Champ-de-Mars. Cependant une forte canonnade se faisait entendre sur notre droite, et le bruit était tel, qu'il me sembla que nous n'étions séparés du point d'où elle partait que par la butte Montmartre qui était devant nous. Nous poussâmes jusqu'au boulevart intérieur, qui sert de chemin de ronde à chaque barrière, et là seulement nous vîmes des groupes nombreux qui allaient et venaient, sans paraître éprouver d'autre sensation qu'un sentiment de vague curiosité ; aucune consternation ne se faisait remarquer sur les visages. De fort jolies grisettes circulaient en riant et en agaçant des yeux les individus qui les remarquaient ; des petits pelotons de gardes nationaux sous les armes marchaient dans différentes directions. Nous entrâmes dans une espèce de cabaret, où il y avait beaucoup de monde, et nous déjeûnâmes. Charles Gil... mangea très peu ; il me parut avoir peur. Pour moi, je dévorai ; car, depuis ma convalescence, j'avais une faim d'écolier : si j'avais presque perdu l'usage des jambes, je n'avais rien perdu du côté de l'appétit. Après déjeûner, mon ami me quitta pour retourner auprès de sa mère et de ses sœurs. Je profitai du voisinage de madame la duchesse d'Abrantès pour lui faire une visite ; il était dix heures.

En entrant dans la cour de son hôtel, je le vis rempli de bestiaux, que des gens de campagne y avaient déposés sans doute d'après son assentiment. Mme Junot n'étant pas visible, je laissai ma carte à son suisse. Je repris la rue du Mont-Blanc, et je me disposai à rentrer chez moi pour attendre les événemens. En chemin, je rencontrai encore un autre bataillon de la deuxième légion, qui remontait la rue en bon ordre et tambour battant. MM. le comte Regnault de Saint-Jean-d'Angély et Alexandre Delaborde marchaient en tête ; ce dernier avait dans la tenue et dans la physionomie quelque chose de solennel. M. le procureur impérial me parut grave et soucieux; son cheval, cette fois, ne caracolait plus. La majeure partie des simples gardes nationaux avaient des pains ou de grosses brioches fixées au bout de leurs baïonnettes, affectant en tout d'imiter les manières de nos vieux soldats, aux brioches près.

Arrivé chez moi, je vis que la blancheur de la fumée du canon contrastait d'une manière très pittoresque avec les teintes grisâtres du ciel et le bleu sombre des hauteurs du Calvaire et de Montmorency. La partie de la bataille que je pouvais voir du belveder de ma maison s'étendait depuis le village de Clichy jusqu'à l'endroit où l'élévation que forme la route qui conduit de Montmartre à ce village interceptait ma vue. Cependant la nouveauté de la scène, ces décharges de canons qui retentissaient de tous côtés, les progrès évidens qui faisait la marche des alliés, n'affaiblissaient en aucune manière la confiance des personnes au milieu desquelles je me trouvais: aveuglées peut-être par une vanité nationale que nous avions si bien encouragée jusqu'à ce jour, elles ne parlaient de la bataille de Paris que comme d'une affaire de très peu d'importance. J'étais presque le seul qui ne s'abusât pas. Tous ignoraient l'immensité des forces de l'ennemi ; on les avait généralement supposées peu considérables. J'entendis même dire à mes côtés que les alliés jouaient de leur reste, et que bientôt ils seraient tous tués ou faits prisonniers.

Sur les quatre heures, le feu cessa presque entièrement. Je sortis de nouveau et je retournai sur les boulevarts, qui étaient remplis d'une foule de personnes paraissant toutes ignorer encore l'issue de l'affaire. Cependant une partie de l'armée française défilait tristement en se dirigeant, sans savoir pourquoi, vers les Champs-Elysées. J'allai dîner chez M. A..., rue d'Hanovre. Il résultait de tous les renseignemens qu'il avait pu recueillir, qu'avant cinq heures il y avait eu une suspension d'armes, mais qu'il n'y avait encore rien d'arrêté relativement à la capitulation de Paris.

— Vers deux heures, me dit M. A....., j'étais sur le boulevart des Italiens, au moment où un cri général de : *Sauve qui peut !* se fit entendre depuis la porte Saint-Martin jusqu'à Favart. Chacun se sauva en courant, et les ondulations de la foule s'étendirent jusqu'au delà du Palais-Royal ; mais cette terreur panique s'apaisa bientôt sans qu'il me fût possible d'en découvrir la cause. Suivant les uns, deux cavaliers autrichiens s'étaient précipités dans Paris par la barrière Saint-Martin, et avaient galoppé sur le boulevart où ils avaient été tués. Suivant d'autres, un lancier polonais qui avait bu de façon à justifier complétement le proverbe populaire, avait descendu le faubourg Montmartre au grand galop, en criant à tue tête : Sauve qui peut, voici les ennemis.

Après le dîner, je montai avec M. A..... aux étages supérieurs, d'où nous vîmes Montmartre tout couvert des feux de l'armée russe. Je retournai chez moi à onze heures du soir, et je restai pendant longtemps à ma croisée, les yeux fixés sur ces feux qui couronnaient alors toutes les hauteurs environnant la capitale. Le silence qui régnait et qui n'était interrompu que par le bruit lointain de quelques voitures, produisit sur moi une impression d'autant plus profonde, qu'il offrait un singulier contraste avec le tumulte de la journée.

XXIV

La place Louis XV. — Les cocardes blanches. — Les partisans de la maison de Bourbon. — M. de Maubreuil et la Légion-d'Honneur. — Entrée à Paris des souverains alliés. — *Vivent nos ennemis !* — La statue d'un grand homme. — Les sauvages. — Représentation extraordinaire à Feydeau. — Cérémonie religieuse. — Retour de S. A. R. MONSIEUR, frère du roi. — Vingt-cinq ans rayés du tableau de l'histoire.

Le jour qui allait décider du sort de la France se leva pur et radieux. Les secousses que j'avais éprouvées, la veille, m'avaient fait dormir d'un sommeil de plomb qui ne m'avait permis de me réveiller qu'à neuf heures, et qui avait un peu réparé mes fatigues. Je me hâtai de m'habiller et d'aller à la pêche des nouvelles.

D'après mes anciennes habitudes, je commençai par m'acheminer vers le palais ; tous les guichets en étaient fermés. Je voulus traverser les Tuileries, les grilles n'étaient point ouvertes ; je n'en continuai pas moins mon chemin par la rue de Rivoli et j'arrivai sur la place Louis XV ; là, je vis quelques gardes nationaux rassemblés avec une cinquantaine de personnes, dont quelques unes avaient des cocardes blanches à leur chapeau. Elles paraissaient discuter vivement. Je m'approchai d'un petit vieillard qui faisait partie de ce groupe, et je lui demandai ce que cela signifiait.

— Jeune homme, me répondit-il d'un ton prophétique, Louis XVIII vient d'être proclamé roi de France et de Navarre !

— Louis XVIII, roi de France ! Qu'est-ce que cela veut dire ?

— Cela veut dire, jeune homme, que les Bourbons remontent enfin sur le trône de leurs pères.

— Les Bourbons, leur trône... mais monsieur, c'est la première fois que j'entends parler de Bourbons ; ils existent donc ?

— Certainement, jeune homme ! Est-ce que par hasard vous seriez *bonapartiste?*

J'allai répondre à ce vieux fou, lorsqu'un jeune homme, s'approchant de moi d'un air moitié menaçant moitié indécis, me dit :

— Monsieur trouverait-il mauvais que quelqu'un ici suivît notre exemple ?

— Moi, monsieur....

Je veux être pendu, si je me doutais seulement de ce dont il était question ; les paroles que nous échangions commençaient à devenir piquantes ; j'allais peut-être me faire *une affaire* avec le jeune homme au nez retroussé et aux yeux de travers qui m'avait entrepris, lorsque heureusement pour moi une contestation vint à s'élever entre ceux qui avaient les cocardes blanches à leur chapeaux et ceux qui n'en avaient pas. Ces derniers forcèrent ceux-ci à les ôter et à les mettre dans leurs poches ; mon jeune homme fit comme les autres et disparut. Par un hasard assez singulier, j'eus l'occasion de le rencontrer six semaines après ; j'allai droit à lui... mais alors il m'apprit, le plus poliment du monde, qu'il s'appelait Le Dieu ; qu'il avait un frère employé comme lui au lycée impérial en qualité de répétiteur, etc., etc. Cette fois, M. Le Dieu avait à son chapeau une cocarde blanche, large comme une assiette, et de plus une décoration à la boutonnière ; celle du lis. J'étais alors suffisamment instruit.

En quittant la place Louis XV, j'entrai dans la rue *Impériale* (aujourd'hui rue Royale), et je vis paraître aussitôt un groupe assez nombreux, ayant tous des cocardes blanches à leur chapeau et criant : *Vive le Roi! vive Louis XVIII! vivent les Bourbons!* Ils paraissaient venir du boulevart. Quelques hommes de la lie du peuple, qui les suivaient, répétaient les mêmes cris. L'un d'eux portait un long bâton au bout duquel était attaché un mouchoir qui avait dû être blanc. Un autre groupe, composé de différentes personnes à cheval, accourait pour se joindre à celui-ci. Parmi eux se faisaient distinguer : MM. Louis de Châteaubriand, frère de l'illustre écrivain, Archambaud de Périgord, frère de M. de Talleyrand et chambellan de l'empereur, et M. de Maubreuil, attaché à la maison de l'ex-roi de Westphalie, qui, par parenthèse, avait placé sa croix de la Légion-d'Honneur à la queue de son cheval. Ce groupe faisait entendre les cris de *Vive le roi! à bas le tyran!* Plusieurs personnes présentes ne paraissaient pas plus que moi comprendre ce que ces cris voulaient dire. Presque tout le monde regardait cette cavalcade avec indifférence ; le plus grand nombre examinait avec un sentiment de pitié ces nouveaux acteurs équestres, qui ne paraissaient soutenir qu'avec peine et incertitude le nouveau rôle qu'ils avaient pris. Le nombre des cocardes blanches ne s'augmentait que lentement. La plupart, faute de rubans, avaient été improvisées avec des morceaux de papier.

Enfin, à une heure de l'après-midi, étant entré dans un café du boulevart, dans le bâtiment même du théâtre des Italiens, je vis passer sur la chaussée l'inspecteur général de police Veyrat, avec sa culotte rouge, accompagné de deux gendarmes, tous trois à cheval : aussitôt une bruyante fanfare m'annonça l'arrivée des troupes alliées, et bientôt après, je vis s'avancer un corps de trompettes; c'était le commencement ou plutôt l'avant-garde.

A trente pas derrière, venait un autre corps de cavalerie, supérieurement monté; c'était le premier régiment de dragons de la garde impériale russe. Je sortis du café et je m'approchai, comme tous ceux qui étaient là, pour pouvoir considérer de plus près les trois monarques coalisés, que l'on m'avait assuré devoir faire partie de cette espèce de cortége. En effet, des officiers russes qui engageaient fort poliment les nombreux spectateurs à faire plus de place en se reportant un peu en arrière, nous prévinrent que l'empereur Alexandre montait un cheval blanc, et qu'il était derrière le troisième régiment de sa garde, dont le premier était en train de défiler sur vingt hommes de font.

Effectivement, je ne tardai pas à voir un groupe magnifique, composé de l'empereur de Russie, du prince de Schwartzenberg, de l'hetman Platow, du général Muffling, de lord Cathcart, de sir Charles Stewart, etc., tous revêtus de brillans uniformes et montés sur des chevaux de la plus grande beauté.

L'empereur Alexandre portait un uniforme vert, avec des épaulettes d'or; son chapeau était surmonté d'un plumet en tout semblable à la queue du plus beau coq ; il souriait et saluait à droite et à gauche avec assez de grâce. Le prince de Schwartzenberg était à sa droite; à sa gauche se trouvait le roi de Prusse, portant un habit bleu à collet rouge, avec des épaulettes d'argent; il avait l'air soucieux. Lord Cathcart, avec son uniforme écarlate, son petit chapeau plat et un parapluie à la main, faisait un singulier contraste avec les autres. Sir Charles Stewart était couvert de rubans, de croix, de plaques; il en avait plus de suspendus à son cou que je n'en avais jamais vu pendre sur l'étroite poitrine de M. de Talleyrand, qui cependant en était toujours bardée. Aussitôt que les souverains avaient paru, les cris de *Vivent les alliés ! A bas le tyran ! Vive le roi!* avaient recommencé à se faire entendre. Un monsieur qui s'approcha du groupe de l'empereur Alexandre se mit à crier : *Vive la paix !* Le monarque lui répondit par un geste de la main en signe d'adhésion.

Cette pompe militaire surpassa beaucoup l'attente des spectateurs. J'estime à environ 30,000 hommes les troupes qui passèrent sur le boulevart. Tous ces hommes étaient bien équipés; le caractère de leur physionomie indiquait fortement les différentes nations auxquelles ils appartenaient, et les contrées si éloignées les unes des autres d'où ils étaient venus pour assister à cette scène extraordinaire. La plupart des soldats avaient un morceau de linge blanc autour du bras gauche et une branche de buis à leur coiffure. Il n'y avait guère d'officiers qui n'eussent plusieurs décorations.

Le grand-duc Constantin, qui n'accompagnait pas l'empereur Alexandre, son frère, vint se placer près de l'endroit où je me trouvais, pour inspecter les nouvelles troupes qui allaient défiler. Il descendit de cheval, et s'avança avec deux ou trois de ses aides-de-camp sur le bord de la chaussée. Le grand-duc serra affectueusement la main à un grand nombre d'officiers supérieurs, au fur et à mesure qu'ils passaient devant lui à la tête de leur régiment. Quelques uns d'eux baisaient avec respect leur médaille d'or suspendue sur sa poitrine, et où était enchâssé le portrait d'Alexandre. Il souriait, il faisait des signes de tête à beaucoup de simples soldats qui témoignaient, par la plus risible grimace, la joie qu'ils éprouvaient de cette flatteuse distinction.

Le grand-duc paraissait attacher une grande importance aux détails les plus minutieux de l'uniforme. Lorsqu'un nœud de sabre était dénoué, ou que le cornet que les soldats portaient devant eux pendait un peu trop bas, il en faisait sur-le-champ l'observation. Quand son régiment de cuirassiers passa, il remonta à cheval, se mit à la tête et alla rejoindre son frère qui, avec le roi de Prusse et les généraux en chef, était retourné aux Champs-Elysées.

Le frère de l'empereur était grand, vigoureux et fort bien fait; mais son visage ne me parut pas avoir forme humaine : il portait des lunettes, et lorsqu'il regardait quelque chose, il contractait fort désagréablement ses petits yeux, en partie couverts par d'énormes sourcils blonds ; sa voix était rude, ses manières brusques et militaires.

Cette longue défilade de troupes de toutes les nations du nord se terminait par un grand nombre de chevaux que conduisaient en laisse des domestiques fort mal vêtus, et par une grande quantité de mauvaises voitures de voyage extrêmement sales. Dans quelques unes se trouvaient des officiers sans doute blessés ; mais la plupart n'étaient chargées que de caisses, de malles et de bagages de toutes sortes.

M'étant tiré, non sans peine, du milieu des chevaux et des équipages qui encombraient toutes les avenues du boulevart, je suivis la rue *Napoléon*. Arrivé sur la place Vendôme, je vis un homme monté sur les acrotères de la colonne, et qui essayait avec un gros marteau de détacher la statue de l'empereur. Le petit buste de la Victoire, posé dans la main gauche, avait même été enlevé ; une échelle placée dans la galerie au dessus du chapiteau permettait d'approcher du colosse dont le cou avait été environné par une corde d'une grosseur énorme, qui pendait jusqu'au bas de la colonne. La populace qui était en dessous faisait de vains efforts pour le renverser. Deux hommes recommencèrent alors à frapper sur les tenons ; au même instant, un troisième individu monta sur les épaules de la statue, s'assit sur le cou, les jambes pendantes sur la poitrine, et après lui avoir fait le simulacre de la plus sanglante injure, il agita un mouchoir blanc en criant *vive le roi!* Cet outrage, fait à l'image d'un homme encore si puissant, fut accueilli par les acclamations de la multitude. On attacha une nouvelle corde à l'extrémité de celle qui y était déjà, et de nouveaux efforts, tous aussi impuissans que les premiers, firent dire à un homme du peuple : *Il est encore solide sur ses jambes !*

Le lendemain, j'allai visiter le faubourg du Temple. Un poste russe était placé à la barrière; mais les commis n'en continuaient pas moins leurs perceptions. De là, je me rendis à Belleville : il y avait eu, la nuit précédente, un bivouac russe tout près de l'entrée, dans un petit champ situé à gauche d'une vaste guinguette; mais les troupes en étaient parties le matin. Des enfans et quelques autres individus s'occupaient activement de la recherche des menus objets que les soldats pouvaient avoir oubliés. Ils ramassaient avec avidité jusqu'aux débris des moindres pièces d'équipement. Mais un certain nombre de voitures de fourrages et de bagages conduites par des paysans russes de l'aspect le plus sauvage firent bientôt déguerpir tous ceux qui s'étaient mis à la recherche de ces nouvelles antiquités.

Les effets de la bataille se faisaient remarquer dans ce village sous les formes les plus horribles. Les cadavres d'un assez grand nombre de nos soldats étaient encore appuyés contre les murs des maisons. On les avait retirés du milieu de la grande rue, parce qu'ils auraient pu nuire à la circulation; mais personne ne songeait à leur rendre un dernier devoir. Comme pendant la bataille, les habitans s'étaient réfugiés dans Paris, toutes les maisons avaient été forcées et pillées. Cependant les propriétaires commençaient à revenir pour connaître l'étendue du dommage et retirer ceux de leurs meubles qui avaient été épargnés.

Plus je m'avançais, plus cette scène de désolation devenait affreuse : les murs des maisons qui se trouvaient sur ma droite avaient été traversés par des boulets, dont plusieurs avaient pénétré jusque dans les murs opposés. Les jardins potagers, les élégantes plantations de lilas qui viennent en si grand nombre dans ce charmant endroit, avaient été foulés aux pieds, ainsi que les petits arbres fruitiers. Les gros avaient été percés par la mousqueterie ou renversés par le canon. Tout annonçait l'acharnement avec lequel les deux armées s'étaient battues.

En repassant sur les boulevarts des Italiens, je ne rencontrai peut-être pas trente personnes avec des cocardes blanches. Un pareil nombre était rassemblé devant le café Tortoni, qui paraissait avoir été choisi comme point de réunion.

Comme quelques gardes nationaux et même des agens de police avaient arraché la veille des cocardes blanches, le général Sacken fit insérer dans les journaux du jour et placarder sur tous les murs de Paris une proclamation par laquelle il *invitait* les citoyens à ne pas porter d'autre cocarde que la cocarde blanche; mais ce n'était qu'un *avis*. Personne n'était contraint d'arborer ce nouveau signe de ralliement.

Le soir, j'allai à Feydeau. Le roi de Prusse s'y trouvait avec deux officiers supérieurs de son état-major. *Cendrillon* était annoncée, mais on joua la *Fausse Magie* et le *Déserteur*. L'acteur Saint-Aubin remplissait dans cette dernière pièce le rôle de l'invalide : on jeta une cocarde blanche sur le théâtre, et on lui cria de la prendre. Il la porta pendant tout le reste de la pièce. Lorsque après la grâce du déserteur on crie sur le théâtre : *vive le roi!* ce cri fut répété dans toute la salle. Quand la pièce fut finie, on demanda pour les jours suivans plusieurs opéras qui avaient été interdits sous le régime impérial.

Le lendemain, j'allai encore me promener sur les boulevarts. J'y vis un très grand nombre de cocardes blanches; des marchands en vendaient aux coins de chaque rue. Les vieux chevaliers de Saint-Louis avaient repris leurs anciennes croix cachées pendant si long-temps, et les étalaient à leurs boutonnières. Les Champs-Elysées, depuis la place Louis XV jusqu'à l'Elysée-Bourbon, étaient couvert d'uniformes.

Les Prussiens bivouaquaient sur le côté gauche de la route, avec toute la régularité de troupes disciplinées. Dans le quinconce du nord était le camp des Cosaques. On n'y voyait ni l'ordre, ni le luxe militaire, ni même les armes des légions modernes ; on n'y remarquait qu'un amas confus de barbares venus des déserts de la Tartarie et des bords de la mer Caspienne. En examinant ce tableau, il me sembla que le temps avait rétrogradé et que j'étais en Saxe.

A l'entrée des huttes qui paraissaient plutôt avoir été construites pour mettre les produits de leur pillage à l'abri que pour les loger, car aucune n'étaient assez élevée pour qu'ils pussent se tenir autrement qu'à *quatre pattes*, plusieurs raccommodaient leurs bizarres vêtemens, leurs bottes, ou considéraient leur butin ; d'autres vendaient des châles, des montres, etc., que beaucoup de Parisiens s'empressaient d'acheter, sans réfléchir que de cette manière ils encourageaient le pillage de leur propre pays. Quelques uns faisaient la cuisine ; mais la plupart étaient assoupis au milieu des débris des animaux qu'ils avaient tués, et dont le sol était tout couvert, ou sur la litière de leurs chevaux qui mangeaient l'écorce des arbres auxquels ils étaient attachés. Ces arbres étaient couverts d'armes de différentes espèces, de lances d'une longueur prodigieuse, de carquois, de flèches, de sabres, de pistolets, mêlés à des uniformes et à des effets de harnachement d'un travail grossier. Tout ce désordre avait cependant un caractère très pittoresque. Les Parisiens se promenaient au milieu des Cosaques, sans que ceux-ci missent aucun obstacle, et même sans qu'ils parussent y faire attention. Un grand nombre de marchands leur vendaient des oranges, des harengs, de l'eau-de-vie, de la petite bière. Cette dernière boisson n'était point de leur goût, et, après en avoir bu, ils faisaient la plus étrange grimace, et ne semblaient pas disposés à recommencer. Mais les Russes de toutes les classes témoignaient beaucoup de goût pour les oranges. A tout moment, il s'élevait des discussions sur la valeur relative des monnaies russes et des monnaies françaises : ces discussions, par suite de de la bonhomie et de l'indifférence des Cosaques, se terminaient presque toujours à l'avantage des marchands ; les efforts que ceux-ci faisaient pour les duper n'avaient d'autre résultat que d'exciter leur bonne humeur et de les faire rire aux éclats.

Le Palais-Royal offrait une scène d'un autre genre, mais non moins curieuse. Il s'y trouvait encore plus de monde que de coutume ; c'était à qui couvrirait les murailles de placards remplis d'outrages contre le souverain qu'on avait cessé de craindre, et de protestations de dévoûment à des princes dont la génération nouvelle n'avait aucune idée. On voulait de cette manière se recommander à la bienveillance du nouveau pouvoir. Le lendemain, le gouvernement provisoire défendit cette manifestation des sentimens particuliers. Un grand nombre d'affiches imprimées avec plus de luxe que de coutumes annonçaient l'écrit de M. de Châteaubriand, intitulé : *de Bonaparte et des Bourbons*. Une d'elles avait été placardée jusque sur la porte cochère de la maison que j'habitais : ce fut le premier objet qui frappa mes yeux en rentrant.

Le dimanche suivant, je me rendis sur la terrasse des Tuileries qui fait face à la place Louis XV. Au centre, et tout près de l'endroit ou

Louis XVI avait été exécuté, se trouvait une plate-forme carrée élevée d'une douzaine de marches, et sur laquelle on avait dressé un autel. Les avenues de la place étaient gardées par la garde nationale.

A midi, une demi-douzaine de prêtres du rite grec, portant de longues barbes et de riches vêtemens, traversèrent lentement la place et vinrent se placer près de l'autel. A midi et demi, l'infanterie des alliés s'avança en marchant sur vingt-trois hommes de front, par la rue Royale; elle était suivie de la cavalerie.

Les troupes se rangèrent avec la plus grande précision autour de la place jusqu'à ce qu'elle fût remplie. Les souverains s'avançaient à cheval derrières ces troupes, suivis d'un brillant état-major, dans lequel je remarquai quelques uniformes anglais. Lorsque les souverains arrivèrent au pied de l'autel, ils descendirent de cheval et montèrent sur la plate-forme; ils se découvrirent ensuite, ainsi que toutes les troupes, à l'exception de la garde nationale. Le service divin commença, et le plus profond silence régna au milieu de cette multitude armée, pendant cette imposante cérémonie qui dura environ une demi-heure; cent coups de canon en annoncèrent la fin. Les journaux et des affiches posées par l'ordre du préfet de police avaient annoncé cette décharge afin qu'elle n'excitât point d'alarmes.

J'assistai aussi à l'entrée à Paris de S. A. R. Monsieur, frère du roi. Je me rendis, à cet effet, à l'extrémité supérieure du faubourg Saint-Martin, à l'endroit où la route de La Villette coupe celle de Pantin. Le prince avait passé la nuit au château de Mme Charles de Damas, où il était arrivé le jour précédent. La garde nationale bordait la ligne depuis la barrière jusqu'à Notre-Dame.

A une heure, les voitures de M. de Talleyrand, des maréchaux et du corps municipal, traversèrent la barrière pour recevoir Monsieur. M. de Talleyrand le harangua au nom du gouvernement provisoire. Le prince, après avoir répondu au discours qu'il venait d'entendre, entra ayant à ses côtés M. le préfet de la Seine. Le cortége fut coupé à l'endroit où je me trouvais, et sa marche interrompue par une colonne d'environ vingt mille hommes d'infanterie, de cavalerie et d'artillerie russe qui sortait de Paris par la barrière de La Villette. Je ne doutai pas que cette interruption n'eût été concertée pour convaincre le peuple que les alliés se retiraient à l'approche des Bourbons.

Un corps de musique, qui jouait l'air : *Vive Henri IV!* ouvrait la marche; derrière se trouvait une compagnie de gardes nationaux à cheval, ayant tous de grands plumets blancs à leurs chapeaux. Je remarquai parmi eux M. de Châteaubriand et M. de Chastenay. Monsieur venait ensuite : il portait l'uniforme de la garde nationale, et un large ruban bleu auquel étaient suspendues les insignes de l'ordre du Saint-Esprit que je voyais pour la première fois. Il était monté sur un beau cheval blanc, richement caparaçonné, et entouré d'un nombreux et brillant état-major, composé du maréchal Oudinot, du général Nansouty, de l'ex-premier écuyer et de quelques personnes qui portent les noms les plus fameux de l'ancienne monarchie, tels que le duc de Mortemart, le duc de Luxembourg, MM. de Crillon, Fernand de Chabot, de la Bourdonnais, etc., avec leurs uniformes de l'ex-armée impériale. Je remarquai au milieu d'eux quelques officiers supérieurs de l'armée alliée.

Un autre escadron de la garde nationale marchait derrière, et un détachement nombreux de Cosaques fermait la marche, quoique les journaux eussent annoncé, le lendemain, qu'aucun corps de troupes étrangères n'avait fait partie du cortége.

L'enthousiasme public n'eût pas paru très vif sans les gardes nationaux à cheval qui agitaient leurs sabres au dessus de leurs têtes et donnaient l'impulsion aux cris de *vive le roi! vivent les Bourbons!* Je vis cependant un assez grand nombre de spectateurs qui paraissaient émus ; mais cette disposition n'était pas générale.

Le prince arriva au palais des Tuileries à six heures du soir, et aussitôt un drapeau blanc fut arboré sur le pavillon du centre, où l'étendard tricolore avait flotté si long-temps.

Une demi-heure après, Monsieur se présenta à une croisée du rez-de-chaussée, précédemment occupée par l'impératrice Marie-Louise. Plusieurs personnes qui l'avaient connu autrefois s'écriaient : « *C'est lui, c'est bien lui !* » Il y en avait quelques unes qui témoignaient un étonnement naïf de ce qu'il avait vieilli, depuis vingt-cinq ans qu'elles ne l'avaient vu. Le soir, quelques maisons particulières furent illuminées.

XXV.

Avenir perdu. — M. de S... — Anecdotes impériales. — Le roi Jérôme. — La pétition. — L'eau bénite de cour. — La couronne poétique. — Les girouettes.

J'étais rendu décidément à la vie privée : un seul jour, en jetant à bas le colosse qui soutenait tant d'existences, m'avait fait perdre le fruit de mes études, et un avenir assuré. Ce brusque changement dans ma position n'en amena guère dans mon caractère insouciant et léger ; et puis, à l'âge que j'avais alors, réfléchit-on au lendemain ? Il semble que la nature veuille nous dédommager par une dose proportionnelle d'espérance, des longs jours auxquels nous sommes encore condamnés. Il arrive toujours trop tôt, le moment qui vient nous arracher à nos illusions!

Je m'ennuyais à Paris : quoique je n'aie jamais été grand patriote, la présence des alliés soulevait en moi quelque chose de national. Je ne sais pourquoi, moi qui m'étais si bien accoutumé à voir nos armées aller chez eux, il me semblait que la leur n'aurait jamais dû arriver jusque chez nous. Je suis sûr que beaucoup d'entre eux pensaient comme moi.

Rien ne me retenant dans la capitale, je me décidai à aller passer quelque temps chez un ami de ma famille, ancien chambellan de l'empereur, et que les événemens de 1814 avaient engagé à se retirer dans une belle maison de plaisance, située à dix lieues de Paris, sur la route de Fontainebleau. En quelques heures, mes préparatifs sont faits, je vais retenir ma place rue Dauphine, et le lendemain, avant midi, j'étais chez M. de S...

Il me reçut très bien : il m'avait souvent invité à venir le voir, et il parut approuver le moment que je choisissais. Il n'avait auprès de lui que son neveu, chef d'escadron dans les chasseurs de la garde, qu'une blessure reçue dans la retraite de 1813 avait privé du bras droit. Quelle société pour un page habitué à une vie active ! Heureusement M. de S.... me mit tout de suite à mon aise :

— Mon cher Edouard, me dit-il, regarde-toi ici comme chez ton père ; va, viens, fais tout ce qui te plaira ; à la campagne, je ne connais que la liberté. La société de mon neveu et la mienne ne te paraîtront pas sans doute bien gaie ; ne te gêne pas pour nous. On déjeûne à onze heures et l'on dîne à six : rappelle-toi seulement cela.

Je remerciai beaucoup M. de S.... de la latitude qu'il m'accordait, et pour commencer à en profiter, je pris un fusil et j'allai dans le parc, où je m'amusai à tirer des moineaux jusqu'à l'heure du dîner. Le son de la cloche m'avertit qu'on allait se mettre à table ; je me hâtai de gagner la salle à manger, où je fis un dîner beaucoup plus agréable que je ne m'y étais attendu. Le jeune invalide avait cette gaîté des camps tempérée par l'éducation, et qui a quelque chose de vraiment original. Du bras qui lui restait, il était d'une adresse merveilleuse à remplir et à vider son verre, et le bon vin donnait à sa physionomie et à ses paroles une tournure fort divertissante. L'ex-chambellan avait de l'esprit, une prodigieuse mémoire ; et comme il avait beaucoup vu, il aimait à raconter. Il nous amusa infiniment par le récit d'une anecdote que je vais rapporter ici, parce qu'elle y trouve naturellement sa place.

L'ex-roi de Westphalie, Jérôme Bonaparte, avant d'arriver à la dignité suprême, menait à Paris la vie d'un riche héritier, fréquentait les spectacles et les lieux de plaisirs. Il s'était lié avec quelques jeunes auteurs que l'on citait à cette époque pour leur esprit, leur gaîté et leur insouciance. Le soir de sa nomination, il rencontre à la sortie du Vaudeville deux de ses plus intimes compagnons de folie, MM. de C.... et P.... L....

— Ma foi, mes amis, je suis bien enchanté de vous voir ; vous savez, je suis nommé roi de Westphalie.

— Oui, sire, et permettez-nous d'être les premiers...

— Comment, comment, de pareilles cérémonies, entre nous! Bon si j'étais à ma cour ; mais ici! plus de *vous* ; *toi*, comme par le passé, toujours la même amitié vive et franche... et... allons souper.

Jérôme conduit ses deux amis chez un des meilleurs restaurateurs du Palais-Royal, où il fait servir un vrai souper de roi. On bavarde, on rit, on dit de ces folies qui sont si drôles quand elles ne sont pas préparées, et l'on boit d'autant. Quand le vin eut un peu échauffé les têtes :

— Mes amis, dit Jérôme, ne nous quittons plus ; si vous le voulez, je vous emmène avec moi ; toi, C....., tu seras secrétaire de mes commandemens ; toi, P......, qui aimes les livres, je te fais mon bibliothécaire.

La proposition est acceptée et ratifiée aussitôt par une nouvelle bouteille de vin de Champagne.

Il faut enfin songer à se séparer. On demande la carte ; Jérôme tire sa bourse ; mais le roi de Westphalie, dont le trésor n'était pas encore organisé, y trouve un peu moins de deux louis, somme bien insuffisante pour payer un total de près de 100 fr. Les deux nouveaux dignitaires, en combinant leur fortune, pouvaient réunir à peu près un petit écu. Comment faire ? à une heure du matin, impossible de trouver des ressources. On se décide enfin à faire monter le maître de la maison et à lui exposer la situation. Il prend assez bien la chose et se contente de demander à ces messieurs de lui laisser leurs noms.

— Moi, monsieur, je suis secrétaire des commandemens du roi de Westphalie.

— Moi, bibliothécaire du roi de Westphalie.

— Très bien, messieurs, dit le restaurateur qui commence à croire qu'il a affaire à des fripons ; et ce monsieur, là-bas, c'est probablement le roi de Westphalie?

— Vous l'avez dit, s'écrie Jérôme, je suis le roi de Westphalie.

— Ah! messieurs, c'est trop fort ; et nous allons voir si vous oserez aussi vous moquer du commissaire de police.

— De grâce, dit Jérôme, qui commençait à trembler de la tournure que prenait la scène, pas de bruit ; si vous vous méfiez de nous, je vais vous laisser ma montre qui vaut bien dix fois la valeur de votre carte.

Et aussitôt il remet entre les mains du traiteur une montre magnifique qu'il tenait de la générosité de Napoléon, et au dos de laquelle était même son chiffre en diamans, puis il sort avec ses deux amis.

Le restaurateur, en examinant la montre, ne doute pas qu'elle ne soit volée, et il va la porter chez le commissaire. Celui-ci, reconnaissant le chiffre impérial, court chez le préfet de police ; le préfet chez le ministre de l'intérieur ; le ministre chez l'empereur, qui était à Saint-Cloud, et, le lendemain matin, paraît dans le *Moniteur* une ordonnance portant que le roi de Westphalie partira immédiatement pour son gouvernement, et qu'il ne pourra nommer à aucune place, à aucun emploi avant d'être arrivé dans sa capitale.

Une autre aventure, dans laquelle M. de S... lui-même avait joué un rôle, me paraît digne aussi d'être rapportée. Je le laisse parler :

« Un de mes parens, émigré rentré en France après avoir obtenu sa radiation de la liste fatale, apprit en y arrivant que tous ses biens avaient été vendus, à l'exception d'un hôtel qu'il avait à Paris ; mais cet immeuble étant occupé par une administration publique, il paraissait assez difficile d'en obtenir la restitution. Il vint me trouver et me demander la marche qu'il fallait suivre. Je lui dis qu'il fallait préparer une pétition ; mais que, pour qu'elle remplît le but, il était indispensable de trouver quelqu'un d'influent qui la présentât à l'empereur et qui eût assez de crédit pour la lui faire lire. Après quelques momens de réflexion, je pense à l'impératrice Joséphine qui m'avait toujours témoigné beaucoup de bienveillance, et je promets de lui parler de cette affaire.

» Le lendemain, trouvant une occasion favorable, je me hasarde à présenter la demande de mon protégé. A peine ai-je prononcé son nom, que l'impératrice s'écrie qu'elle l'a beaucoup connu avant la révolution, qu'elle se charge avec plaisir de son affaire, et qu'elle veut que je le lui amène le lendemain, après l'heure où elle déjeûnait habituellement. Je cours faire part de cette bonne nouvelle à mon parent, qui se met aussitôt à rédiger sa pétition, et le lendemain, à l'heure indiquée, nous arrivons au palais. Joséphine nous reçoit avec les grâces qui ne la quittaient jamais, promet à l'émigré rentré de lui obtenir justice, et lui demande sa supplique. Elle la reçoit sans la lire, la dépose sur une table, et nous nous retirons après nous être épuisés en remerciemens. Le lendemain, j'étais de service aux Tuileries ; l'impératrice m'aperçoit :

— » J'ai remis, me dit-elle, à l'empereur la pétition de votre ami ; nous devons lue ensemble, il m'a promis d'y faire droit ; ainsi assurez-le qu'il peut être tranquille.

» Je m'incline et j'attends avec impatience le moment où mes devoirs me permettront d'aller porter à mon parent des espérances si flatteuses. Tout à coup un valet de pied du palais vient m'annoncer que son domestique est au bas du grand escalier et demande à me parler un instant pour une affaire pressante. Je descends, et je trouve avec lui mon pauvre émigré, la figure longue et l'air confondu. Je m'empresse de lui faire part des paroles bienveillantes de l'impératrice; mais quelle est ma surprise quand il me dit qu'il a commis la veille une cruelle bévue, et qu'au lieu de sa pétition il a remis à Joséphine le mémoire de son tailleur.

» Je réprimai un éclat de rire, et j'avisai avec mon malencontreux cousin aux moyens de sortir de cette position embarrassante. L'impératrice avait assuré qu'elle avait lu la demande avec l'empereur; était-il possible d'aller lui dire : « Madame, vous avez menti, car vous n'avez pas cette pièce ! » Enfin je prends la vraie pétition, j'engage mon protégé à ne pas désespérer, et je remonte au palais. Ayant fait demander à Joséphine la permission de lui parler un instant et l'ayant obtenue :

— » Madame, lui dis-je, mon ami s'est rappelé qu'il a oublié une chose essentielle dans la pétition dont vous avez bien voulu vous charger ; en voici une nouvelle : comme mon devoir me conduira plus d'une fois aujourd'hui auprès de S. M. l'empereur, me permettrez-vous de la lui remettre de votre part ?

— » Très volontiers, répond Joséphine ; mais cette précaution était inutile, l'affaire ira d'elle-même.

» Malgré cette assurance, je n'en présente pas moins la supplique à l'empereur, en lui disant que l'impératrice le priait de vouloir bien y jeter les yeux. Il la parcourut rapidement. J'ignore si Joséphine lui parla de cette affaire, mais peu de jours après mon cousin rentra en possession de son hôtel. »

L'ex-chambellan nous raconta encore beaucoup d'autres anecdotes plus ou moins piquantes sur l'intérieur de la cour impériale ; la plupart m'étaient connues, et elles le sont trop aujourd'hui de tout le monde pour trouver place ici.

Tous les jours se passaient de la même manière ; cette vie, quoique douce, me paraissait un peu uniforme. La chasse et la promenade, la promenade et la chasse, voilà les seules distractions que m'offrait le château de M. de S..., et franchement ce n'était pas assez. Enfin, un jour je jetai les yeux sur une nombreuse bibliothèque. Etonné de n'avoir pas encore pensé à cela, je résolus de poursuivre mon éducation, que j'avais diablement négligée, surtout sous le rapport littéraire. La collection de M. S... m'offrait pour cela mille ressources, et je me hâtai d'en profiter. En parcourant tous ces livres, artistement rangés sur de larges rayons, il me tomba sous la main trois volumes dont les titres m'étaient bien connus, car on les avait distribués avec profusion à toutes les personnes du palais : c'était la *Couronne poétique de Napoléon* et la *Couronne poétique du roi de Rome*. J'avoue que je n'avais jamais lu ces ouvrages : je n'aime pas les vers bassement adulateurs, et je crois que si la poésie veut de grandes et belles actions, elle exige surtout de l'indépendance. N'ayant rien de mieux à faire, je me mis à les parcourir : la campagne est la providence des mauvais ouvrages. Et puis, j'étais bien aise de connaître tous les poètes qui avaient contribué à tresser ces couronnes. Les événemens me faisaient assez pressentir que le sceptre allait échapper à Napoléon ; je savais que MM. les faiseurs de petits vers sont assez ordinairement les bardes de la circonstance, et j'étais sûr de retrouver les noms de tous les chantres de Napoléon dans le premier recueil en l'honneur de ceux qui devaient lui succéder. La suite me prouva que j'avais deviné juste.

Un soir, tandis que M. de S... nous faisait la lecture du *Nain jaune*, un de ses voisins de campagne entra précipitamment dans le salon, et nous annonça le débarquement de l'empereur sur les côtes de Provence. On peut juger de notre étonnement à une nouvelle si inattendue pour les uns et si impatiemment désirée par les autres. Cet événement ne nous permettant pas de rester plus long-temps éloigné du centre, M. de S... et moi, nous partîmes le lendemain matin... Quelques jours après nous avions déjà, comme tout le monde, repris nos fonctions aux Tuileries.

XXVI.

Humanité de l'empereur. — Les plans, les cartes et les vingt-quatre bougies. — Les courriers et les estafettes. — Le premier contrôleur Collin. — Les quatre boulets. — La lorgnette en danger. — Simplicité des goûts de l'empereur.

Au commencement de ces Mémoires, j'ai donné une esquisse de la manière de vivre de Napoléon et de celle des personnes qui composaient ordinairement sa suite, lorsqu'il occupait le quartier-général de sa grande armée ; je vais compléter ce tableau, en transcrivant ici tout ce que j'avais omis précédemment.

L'empereur, en toutes choses, ne paraissait jamais si grand, si admirable, que lorsqu'il était au milieu de ses troupes : c'était lui réjouir le cœur que de lui en parler ; c'était lui faire oublier toutes ses peines que de l'entretenir de sa garde. On l'a accusé de ne l'avoir pas assez ménagée, dans la désastreuse campagne de Waterloo surtout! mais ni la ligne, ni la garde n'ont jamais eu à affronter un danger quelconque qu'il ne fût à leur tête. Les soldats l'adoraient ; il les chérissait tous : aucun ne peut lui avoir conservé plus d'attachement qu'il n'en avait pour eux.

Après la bataille de Wagram, si meurtrière des deux côtés, Napoléon, selon son habitude, parcourut le champ de bataille. Il y trouva un jeune maréchal-des-logis de carabiniers qui vivait encore, quoiqu'il eût eu la tête traversée d'un coup de biscaïen ; mais la chaleur et la poussière avaient coagulé le sang presque aussitôt, de telle sorte que le cerveau n'avait reçu aucune impression extérieure. L'empereur mit aussitôt pied à terre, lui tâta le pouls, et, avec son mouchoir, lui déboucha les narines qui étaient pleines de terre. Lui ayant mis ensuite un peu d'eau-de-vie sur les lèvres, le blessé ouvrit les yeux, parut d'abord insensible à l'acte d'humanité dont il était l'objet, puis les ayant ouverts de nouveau, il les fixa sur Napoléon qu'il reconnut : des larmes mouillèrent son visage. Le malheureux devait mourir, à ce que dit Yvan qui était présent. Malgré cet arrêt, l'empereur fit apporter un brancard ; le jeune sous-officier fut transporté à l'ambulance et recommandé par lui : quinze jours après, il était guéri. Il vint, la tête encore empaquetée, remercier l'empereur, qui le fit sur-le-champ lieutenant, et lui donna la croix, la sienne propre, qu'il détacha de sa poitrine pour la poser lui-même sur le cœur de ce brave, qui put se vanter de devoir véritablement la vie à son empereur.

Après de semblables inspections, Napoléon rentrait dans sa tente et dînait avec ses maréchaux : on parlait des événemens de la journée, on arrêtait les dispositions pour le lendemain ; après quoi S. M. renvoyait tout le monde, ne gardant auprès d'elle que ceux qui lui étaient absolument nécessaires : Berthier, Caulaincourt, deux officiers d'ordonnance, un secrétaire particulier et le page de service : alors il se confinait dans la partie de sa tente la plus reculée, qu'on appelait le cabinet.

Parler de ce cabinet de l'empereur, c'est indiquer, pendant une campagne, la pièce la plus importante du quartier-général, laquelle servait d'habitation et de lieu de travail pour lui et ses secrétaires. Il y attachait plus d'importance peut-être qu'à la pièce qu'il habitait lui-même.

Lorsque Napoléon bivouaquait auprès de ses troupes, il y avait, tout près de sa propre tente, une autre tente, plus grande, destinée à faire le *cabinet*, et toujours disposée avec la plus minutieuse exactitude. Au milieu était une grande table, sur laquelle on déployait la meilleure carte du théâtre de la guerre. Pour la Saxe, par exemple, c'était celle de Pétri, parce que l'empereur s'y était accoutumé depuis l'année 1806, et qu'il l'estimait par dessus toutes les autres. Il se servait aussi quelquefois de celle de Blanckemberg : c'était du reste les mêmes exemplaires. On l'orientait avant qu'il fût entré dans son *cabinet;* on y enfonçait des épingles à têtes de deux couleurs, pour marquer ses corps d'armée et ceux de l'ennemi. C'était l'affaire du directeur du bureau topographique, qui travaillait toujours avec lui et qui avait une parfaite connaissance des positions. Si cette carte n'était pas prête, on devait la disposer immédiatement après l'arrivée de Napoléon, car c'était la chose à laquelle il tenait le plus.

Pendant la nuit, les cartes étaient constamment entourées de vingt-quatre bougies, entre lesquelles il y avait un compas. Lorsque l'empereur montait à cheval, un des pages de service portait la carte nécessaire sur la poitrine; elle y était fixée par un bouton, afin qu'étant toujours à sa portée, il pût la lui présenter toutes les fois que Napoléon disait : *La carte!*

Aux quatre coins de ce cabinet, il y avait, lorsqu'on pouvait en trouver, de petites tables sur lesquelles travaillaient les secrétaires particuliers, quelquefois Napoléon lui-même, et son directeur du bureau topographique. Ordinairement, il leur dictait étant tout à fait habillé, très souvent avec le chapeau sur la tête, et se promenant dans l'appartement, toujours les mains croisées sur le dos. Il était accoutumé à voir exécuter, avec une incroyable célérité, tout ce qui sortait de sa tête; personne n'écrivait assez vite pour lui, et tout ce qu'il dictait devait être mis aussitôt sur le papier.

La vitesse avec laquelle il écrivait est vraiment inconcevable; mais ce qui l'est encore plus, c'est l'habitude de le suivre, que ses secrétaires étaient parvenus à prendre. Il y en avait un entre autres, tout jeune encore, qui surpassait tous les autres en vitesse; c'était M. Planat : son habileté contrariait ses collègues, qui craignaient que Napoléon n'en exigeât autant d'eux.

Autant que je fus à même de le voir, il y avait toujours deux secrétaires qui travaillaient au cabinet près de l'empereur : ils étaient chargés de l'expédition. Il arrivait, par exemple, un rapport d'un maréchal commandant en Allemagne, et, au même moment, il se rappelait qu'il avait à répondre à une dépêche venant d'Espagne, ou à rédiger une note diplomatique, ou enfin à donner des dispositions sur ce qui regardait une branche quelconque de l'administration : alors un secrétaire devait écrire cet ordre, ou copier les positions de vingt brigades des différens corps d'armée, qui toutes lui étaient parfaitement connues. C'était un travail bien pénible pour celui qui n'en avait pas l'habitude.

Il est étonnant qu'avec si peu de monde Napoléon ait pu suffire à cette foule d'occupations, sans en déranger la marche régulière. Je ne calcule point ici les défauts, en fait d'administration, résultant de la négligence des autorités subalternes; je ne parle que des travaux qui devaient passer par le cabinet et qui semblaient exiger un plus grand nombre de travailleurs. Mais il en fallait peu, grâce à la méthode simple et laconique à laquelle Napoléon les avait accoutumés. Peu de mots, un signe, un trait, fournissaient la matière à ces travaux très détaillés, dont on chargeait les autres, et l'on ne travaillait au cabinet que sur les objets d'un intérêt particulier pour Napoléon. Ces objets concernaient surtout les fortifications. Il connaissait particulièrement les positions des armées, la composition des différentes masses, leur combinaison et leur emploi; mais les ordres du détail étaient l'affaire de Berthier, qui les faisait exécuter par son nombreux état-major.

Un style concis dans la rédaction et une sérieuse attention aux moindres détails contribuaient naturellement à la prompte expédition des affaires. Les secrétaires de l'empereur étaient accoutumés à une marche rapide, qui s'étendait même sur des objets insignifians. Lorsqu'il avait entendu un rapport ou arrêté quelque chose, on pouvait être sûr que dans moins de vingt-quatre heures l'expédition en était faite.

La marche des affaires allait d'un si bon train, que dans celles qui devaient passer par plusieurs bureaux, on pouvait même fixer le jour où tel et tel objet serait terminé. Sans doute, c'est beaucoup pour un quartier-général lorsqu'il s'agit de choses d'un intérêt secondaire et étrangères aux ordres stratégiques. Cette rapidité provenait du caractère bouillant de Napoléon. Il y avait des momens où tout le monde était dans une attente silencieuse et triste; et ce morne silence préludait à quelque orage prêt à éclater de sa part. Alors chacun épiait le moment où le coup allait tomber, mais quelquefois aussi l'état d'incertitude durait toute une journée.

On ne voyait dans le cabinet de Napoléon ni archivistes, ni greffiers. Mais il y avait un gardien du portefeuille. On avait choisi pour cette place l'homme le plus calme de toute la France, M. Fon..... Au milieu des alarmes de la guerre, sa manière de vivre était toujours tranquille, mais aussi des plus ennuyeuses. Une fidélité éprouvée pendant quinze ans lui méritait cette place. Du reste, il portait la livrée comme les serviteurs d'un rang inférieur et jouissait de la même considération que les valets de chambre; il avait l'inspection des portefeuilles du cabinet, de toutes les caisses et caissons des archives auxquelles appartenait le bureau topographique. Jamais il ne quittait la porte du cabinet, à moins qu'il n'y fût remplacé pour cause de maladie. Il lui fallait, pour remplir cet emploi, une forte constitution; car nuit et jour il devait être à son poste, l'empereur s'éveillant souvent et se mettant sur-le-champ au travail. Du reste, cette place n'était pas difficile à remplir. En voyage, M. Fon.... se plaçait sur le devant l'un des fourgons du cabinet.

Deux chasseurs de la garde à cheval étaient destinés à transporter les travaux géographiques d'un intérêt secondaire : on les appelait guides du portefeuille. Ils étaient choisis chaque fois pour ce poste d'honneur par l'officier de service de la même arme ; l'aide-de-camp de service leur remettait le portefeuille. Ils suivaient immédiatement l'adjudant, ou les autres personnes qui approchaient le plus de l'empereur, qu'il fût à cheval ou en voiture ; ne perdant jamais de vue leurs fonctions, ils auraient renversé sur leur passage tous ceux qui auraient pu, même sans le vouloir, les entraver d'une seconde dans leur course.

En général, ceux qui devaient suivre Napoléon étaient accoutumés à garder leur poste avec la persévérance la plus opiniâtre ; c'était l'effet de la rigueur que mettait le grand-écuyer à les surveiller ; cette surveillance s'étendait sur toutes les branches de la maison impériale. Après la mort du grand-maréchal, tous les ordres concernant la marche, le séjour, les écuries, les relais, la bouche, les domestiques, et particulièrement les courriers et les estafettes, émanaient de M. de Caulaincourt. C'était lui qui avait les clés des malles que les courriers apportaient ; il les ouvrait et remettait à l'empereur tout ce qui le concernait, aussi bien en marche que lorsqu'il avait son quartier-général.

Un courrier arrivait-il tandis qu'on était en marche, M. de Caulaincourt descendait de cheval à la hâte, conduisait le courrier à l'écart, ouvrait la malle, courait après la voiture de l'empereur, lui remettait les dépêches ; après quoi on voyait une quantité d'enveloppes sortir des deux côtés de la berline. Ces papiers tombaient quelquefois sur les chevaux qui entouraient sa voiture ; car, lorsque Napoléon voyageait ainsi, on y fourrait tous les papiers qu'il n'avait pas eu le temps de lire dans son cabinet. Il s'amusait à les parcourir lorsqu'il était en plein air, si la position du pays lui était connue ou indifférente. Tous les rapports inutiles étaient déchirés et jetés par la portière. Le prince Berthier était chargé de les lacérer après, et il le faisait de manière qu'il eût été difficile d'en réunir les morceaux ; mais quand Napoléon avait peu de chose à faire, il se chargeait lui-même de ce soin, ne pouvant rester oisif un seul instant.

Le chef d'état-major général l'accompagnait toujours, et quand il ne pouvait le suivre, le roi de Naples ou M. de Caulaincourt le remplaçaient. Lorsque l'empereur n'avait rien à dire à son compagnon de voyage, il jouait avec la houppe de sa voiture, et quand il se lassait de cet exercice, il s'endormait ; mais pour éviter l'ennui, lorsqu'il n'y avait que peu ou pas de dépêches importantes, on remplissait la voiture de journaux et d'écrits périodiques qu'on envoyait de Paris. A peine les avait-il parcourus rapidement, qu'ils avaient le sort des enveloppes et volaient par la portière : quelquefois c'était des romans nouveaux ; et comme ce genre de lecture ne lui convint jamais, dès que l'ennui commençait à se faire sentir, l'ouvrage faisait le saut ; mais il était promptement ramassé par nous autres, qui, moins dédaigneux que notre maître, faisions grand cas de ses rebuts. Un roman en campagne était une bonne fortune pour un page.

Le grand-écuyer pourvoyait avec un zèle inexprimable à tous les besoins de l'empereur. Il s'acquittait de cette tâche pénible avec une exactitude et une attention que rien n'égalait. Une activité sans bornes était la principale de ses qualités, et, malgré la quantité de commissions dont il était chargé, il lui restait toujours assez de temps pour entrer dans les détails les plus minutieux de ce qui concernait l'économie de la maison impériale.

Il avait le talent de dire tout en peu de mots; il n'avait qu'un seul secrétaire. Lorsque celui-ci était resté la nuit près de l'empereur, il était encore le premier à son poste ; tout le monde était forcé de suivre son exemple : l'ordre et l'exactitude régnaient ainsi dans le service le plus compliqué.

Le duc de Frioul, néanmoins, fut toujours celui qui plut le mieux à l'empereur. M. de Caulaincourt avait en lui quelque chose de froid et de cérémonieux qui gênait Napoléon; cependant il lui parlait constamment avec hardiesse, il ne lui cachait rien de ce que les autres n'osaient dire, de peur de s'attirer une disgrâce. Mais à cette habitude de dire la vérité, il joignait une affectation dans la manière de rendre ses hommages, soit en paroles, soit en actions, qu'il portait quelquefois jusqu'à l'exagération. Il aurait été excellent courtisan sous Louis XIV. Malgré cela, il était très aimé de l'armée, parce qu'il était l'interprète de tous les malheureux.

Le directeur du bureau topographique fut long-temps le colonel Bacler-d'Albe. Ses grandes connaissances géographiques, son amour pour le travail et de longs et importans services lui valurent la confiance de l'empereur; mais cette confiance l'avait rendu l'esclave des volontés du souverain. Napoléon le faisait appeler sans cesse la nuit et le jour; il ne pouvait disposer d'un quart d'heure : sa vie était consacrée à une activité pénible. Heureusement que sa manière de vivre était parfaitement d'accord avec cette continuelle application. Il était chargé principalement de la rectification des cartes, de la combinaison et de la préparation des matériaux, de la fixation des marches et de toutes les lignes d'occupation. Napoléon s'exprimait en peu de mots; M. d'Albe le comprenait et exécutait à sa manière la tâche qui lui était imposée. L'habitude d'être toujours avec l'empereur lui avait donné le droit de prendre un ton qui eût causé la disgrâce de tout autre ; cependant le monarque ne s'en choqua jamais.

Malgré ses longs et importans services, M. d'Albe, qui avait les droits les plus incontestables aux emplois supérieurs, n'obtint jamais d'avancement : Napoléon, qui ne pouvait se passer de lui, se serait bien gardé de lui donner un emploi qui l'eût éloigné de sa personne ; aussi, le laissat-il toujours dans une sorte d'abandon. M. d'Albe avait sous lui deux officiers du génie. Ces trois individus, quatre secrétaires intimes et le premier officier d'ordonnance formaient une espèce de conseil privé, séparé de toutes les autres branches de la maison impériale. Comme les attributions de ce conseil émanaient directement de la personne de l'empereur et suivaient une marche particulière, il avait toujours une pièce séparée au palais, pour la facilité de ses communications.

Ordinairement le prince de Wagram seul mangeait avec l'empereur, à moins que Murat ou le vice-roi d'Italie ne fussent au quartier-général. Si Berthier était malade, le grand-écuyer le remplaçait. L'empereur buvait et mangeait très sobrement. Berthier lui versait à boire : il parlait fort peu. Roustan et le page de service apportaient et remportaient les plats.

On voit, d'après cet exposé fidèle de la manière de vivre de l'empereur au quartier-général, que les officiers de sa suite ne manquaient pas d'occupation. Trop heureux encore dans la journée, lorsqu'il poussait un peu loin ses reconnaissances, si quelques boulets ennemis, en passant par dessus la tête de Napoléon, n'allaient pas donner dans le groupe qui était derrière lui, et dont nous autres faisions toujours partie. C'est que malheureusement j'ai vu souvent le canon et de très près ; le souvenir du duc de Frioul ne sortira jamais de ma mémoire : j'étais à côté du maréchal lorsqu'il tomba frappé du coup mortel.

Je puis donc, mieux que personne, parler de cet événement, qui priva Napoléon d'un serviteur et d'un ami, et l'armée d'un de ses plus dignes chefs.

Il était sept ou huit heures du soir, le 20 mai 1813, lorsque Napoléon arriva à son quartier-général de Bautzen. Après avoir engagé ses maréchaux à donner quelques heures de repos aux soldats, il s'assit pour prendre le modeste repas qu'on lui avait préparé ; puis apercevant le premier contrôleur de la bouche, M. Colin :

— Ah ! ah ! vous voilà, monsieur le téméraire, lui dit-il en souriant, et se tournant vers Berthier, il ajouta : Ce diable d'homme n'est-il pas venu ce matin me chercher au milieu de la mitraille pour me donner une croûte de pain et un verre de vin. La place n'était pas commode, n'est-ce pas, Colin ? vous vous souviendrez long-temps de ce déjeuner !

— Oui, sire, et surtout des obus qui caracolaient autour de Votre Majesté.

Le lendemain, jour de la bataille de Bautzen, l'empereur ne quitta point les pas de l'avant-garde. Les boulets se croisaient en tous sens. Napoléon témoigna à plusieurs reprises son humeur, en voyant l'armée ennemie lui échapper toujours.

— Comment ! s'écriait-il, après un tel carnage, aucun résultat ! pas un prisonnier ! ces gens-là ne nous laisseront pas un clou !

Au même moment, un chasseur des guides de son escorte est coupé en deux par un boulet. Napoléon, qui le voit rouler sous les pieds de son cheval, dit en s'adressant au grand-maréchal :

— Duroc, qui est celui-là ?

— Sire, c'est un guide ; la fortune nous en veut bien aujourd'hui.

Il devait en faire une cruelle épreuve.

L'empereur, apercevant un monticule d'où il pouvait voir tout ce qui se passait, descend rapidement le chemin creux pour gagner un petit sentier qui conduisait à cette hauteur. Le maréchal Duroc, le duc de Trévise, le duc de Vicence et le général du génie Kirgener, le suivaient au grand trot, serrés les uns contre les autres. Tout à coup quatre boulets partent des rangs ennemis ; l'un d'eux vient frapper un gros arbre près de l'empereur et ricoche aussitôt. Arrivé sur le plateau qui domine le ravin, Napoléon se retourne pour demander sa lunette, et ne voit plus auprès de lui que le duc de Vicence ; ce dernier est presque aussitôt accosté par le duc Charles de Plaisance qui lui parle bas à l'oreille. Napoléon s'informe de ce que c'est.

— Sire, dit le duc de Plaisance, le grand-maréchal vient d'être tué !

— Duroc !.... Allons donc, cela ne se peut pas ; il était à côté de moi tout à l'heure.

J'étais de service auprès de l'empereur : j'arrive, pâle et défait avec la lunette, et je confirme la terrible nouvelle. J'ai dit que j'étais à côté du maréchal quand il tomba. Le boulet qui avait frappé l'arbre était venu ricocher sur le général Kirgener qui avait été tué raide, et ensuite sur le duc de Frioul ; mais ce dernier n'était pas encore mort. L'empereur, remarquant mon air attéré, me dit d'un ton moitié sévère, moitié goguenard :

— Ah ! est-ce que tu as peur, toi ?
— Non, sire ; mais la lunette de Votre Majesté l'a échappé belle.

L'empereur me serra le bras sans ajouter un mot.

Les docteurs Larrey et Yvan étaient accourus ; mais tous les efforts de la science devaient être impuissans : le boulet avait déchiré les entrailles. Le maréchal mourut le lendemain matin, vers trois heures.

Je ne puis mieux terminer ce tableau détaillé du quartier-général de l'empereur que par quelques traits sur les principaux personnages qui l'entouraient, en commençant par le prince de Wagram, son chef d'état-major.

C'était lui qui, après Napoléon, jouissait des plus grandes prérogatives et de tous les honneurs : il avait su se concilier l'estime générale. Malgré son âge, il avait conservé une activité extraordinaire. A cheval, il était toujours supérieurement monté. Le grand-veneur aimait la chasse au point que, quand un oiseau passait au dessus de sa tête, il laissait tomber les rênes, même en galopant, et faisait mine de lui lâcher un coup de fusil. Malgré tout son zèle pour le service de l'empereur et le ton sérieux avec lequel il parlait à ses subalternes, jamais on ne le vit impoli. Avec Napoléon, son ton variait selon l'occasion : il était familier quand il s'agissait de converser, et respectueux lorsqu'il recevait des ordres ou qu'il rendait compte de leur exécution : dans ces derniers cas, il tenait toujours son chapeau à la main.

On peut juger combien Napoléon imposait à ceux qui l'entouraient par sa manière d'être avec ses plus proches parens. Il les avait rendus grands et puissans ; mais il n'en était pas moins fier avec eux, à moins que, comme son frère Lucien, ils ne lui opposassent de la fermeté et de l'indépendance. Aussi Napoléon ne faisait-il que peu de cas de son frère le roi de Westphalie, quoiqu'il l'aimât plus que les autres. Mais il témoignait beaucoup d'estime pour le roi de Naples, dont il appréciait la valeur.

Le prince Murat, malgré son costume théâtral qui ne s'accordait guère avec la dignité d'un souverain, n'en était pas moins le général de cavalerie le plus remarquable de l'armée.

Son coup d'œil sûr et perçant, son habileté à juger des positions et des forces de l'ennemi, son intrépidité froide dans les grands dangers, sa contenance guerrière, sa taille remarquable et noble, tout jusqu'à la beauté et la vigueur de ses chevaux contribuait à lui donner l'aspect d'un héros. A la tête de sa cavalerie, il bravait tous les périls et se jetait les yeux fermés au milieu des bataillons ennemis. C'était lui que Napoléon employait, concurremment avec le prince de la Moskowa, dans les circonstances les plus critiques.

La franchise et le ton résolu de Murat, son air toujours calme, dégénéraient quelquefois en une espèce d'insouciance. Le zèle et la précision avec laquelle il s'acquittait de tous ses devoirs convenaient à l'empereur, qui semblait goûter beaucoup de plaisir dans sa conversation. La bonne humeur de Murat ne se démentait jamais : même au milieu des affaires les plus sérieuses, il avait toujours le mot pour rire ; mais son beau-frère ne le considérait que sous le rapport militaire. Aussitôt qu'il était question de politique, Napoléon lui tournait le dos et s'adressait à Maret, à Berthier, à Caulaincourt, ou à tout autre. Murat se retirait alors, et l'on voyait clairement qu'il ne voulait ou qu'il ne pouvait pas se mêler de la conversation.

Dans les combats et pendant les marches, l'empereur, qui avait toujours Murat à sa gauche, formait avec lui un contraste frappant. En effet, quelle tournure devait avoir Napoléon avec son petit chapeau à trois cornes, sa redingote grise ou bleue, sa petite taille, son gros ventre, ses cheveux plats et sa mauvaise tenue à cheval, auprès de son beau-frère qui attirait tous les regards par son air noble, par son costume brillant et par les riches harnais de son cheval? Sa figure, ses beaux yeux, ses favoris épais, ses cheveux noirs et bouclés, qui retombaient en longs anneaux sur le collet d'une kurtka (costume polonais), dont les manches étroites avaient une ouverture au dessous de l'épaule, devaient exciter l'attention. Le collet de son son habit était richement brodé en or; l'habit était serré par une ceinture dorée, à laquelle pendait un cimeterre léger à lame étroite, à la manière des Orientaux. Le manche était d'un très beau travail, garni de brillans et orné des portraits de sa famille. Il portait ordinairement un pantalon collant couleur de pourpre, dont les coutures étaient brodées en or, et des bottines de peau jaune, ou même de Nankin. L'éclat de cette parure, était encore rehaussé par un bonnet à la polonaise, garni d'une aigrette et de plumes blanches d'autruche. Son cheval était brillamment harnaché à la hongroise ou à la turque : une housse bleue ou pourpre, brodée en or, ou une peau de tigre flottante, le recouvrait presque en entier. Lorsqu'il faisait froid, Murat portait par dessus son brillant costume une superbe pelisse de velours vert foncé, garnie de fourrure de zibeline. La livrée de ses domestiques, de ses écuyers et de ses pages était rouge foncé et bleu de ciel.

Napoléon, malgré son goût personnel pour la simplicité, amait beaucoup que sa suite parût avec éclat. Son état-major, ses adjudans étaient largement rétribués; les officiers d'ordonnance, ainsi que les pages, recevaient de fortes gratifications à la fin de chaque campagne ou de chaque voyage : aussi plusieurs d'entre nous étaient-ils coquets comme des petites-maîtresses.

XXVII.

L'empereur Alexandre et Mme Krudner. — Retour de l'empereur à Paris. — Réintégrations générales. — Revue de la garde nationale. — L'invalide et la pétition. — Discours de l'empereur. — Encore un serment. — Nouveau portrait de Napoléon. — Le *Petit Tondu*. — Le lycée impérial. — Les aigles de l'île d'Elbe. — L'empereur au Théâtre-Français. — Allusions. — Le Champ-de-Mai.

Pendant ce temps, l'empereur de Russie s'amusait à Vienne avec Mme Krudner qu'il défiait de s'habiller aussi vite que lui; et quoique Alexandre ne mît qu'une minute et trente-cinq secondes à faire sa toilette, sa belle antagoniste le battait ordinairement d'une vingtaine de secondes. Louis XVIII s'occupait à faire déterrer les os du dauphin, et la duchesse d'Angoulême, après avoir fait promettre solennellement à son oncle d'abolir la fête de la mi-carême, était en voyage dans le midi de la France.

L'empereur, de retour de l'île d'Elbe, fit son entrée à Paris sur les neuf heures du soir, le 20 mars 1815. Il resta dans sa calèche tirée par des chevaux de poste, sans autre escorte qu'une foule d'officiers-généraux qui empêchaient même qu'on pût distinguer la voiture. Il avait passé la barrière d'Italie et suivi les boulevarts neufs. L'armée royale, qui avait été dirigée le matin même contre lui, se joignit à son escorte. Il entra au Tuileries par le guichet situé presque en face du Pont-Royal, et descendit au château : il était plus de dix heures. Une nouvelle foule d'officiers vint l'entourer ; et en un instant, il fut soulevé de terre et porté sur les épaules de la multitude, par le grand escalier qui aboutit au salon des Maréchaux, jusque dans ses appartemens, où il fut félicité par quelques dames de sa cour. La plus belle de toutes, madame de B..., transportée de joie, passa un de ses jolis bras autour du cou de Napoléon, et fondit en larmes sans pouvoir articuler une seule parole.

Il ne s'était trouvé qu'un bataillon de la garde nationale, dispersé dans les divers postes du château, au moment où l'empereur avait fait son entrée, de sorte qu'il n'avait pu contenir la foule qui s'était précipitée dans le palais et jusque dans les appartemens intérieurs.

Napoléon avait fait demander les anciens ministres, en leur ordonnant à chacun d'aller reprendre son portefeuille. Toutes les personnes qui avaient appartenu à sa maison, une grande partie des gens qui comptaient dans celle de l'impératrice, et tous les officiers de la couronne, se présentèrent successivement aux Tuileries. Je ne fus pas un des derniers, comme on doit bien le penser ; et ce fut un singulier spectacle que de voir le service rétabli aussi vite, et chacun à sa place. On se retrouvait dans le même salon où l'on s'était quitté un peu plus d'un an auparavant, et sans presque s'être rencontré depuis. Dès les huit heures du soir du même jour, les choses avaient été réinstallées. Napoléon avait trouvé son appartement fait, son dîner préparé ; on eût dit qu'il revenait de Fontainebleau ou de Saint-Cloud.

Malgré les nombreuses occupations que l'empereur venait de se créer, je le vis très souvent, quoique mes fonctions auprès de sa personne ne fussent rien moins qu'arrêtées. Entre autres circonstances où je pus l'examiner tout à mon aise et remarquer les différens changemens qui s'étaient opérés en lui, ce fut à la première revue de la garde nationale, qui eut lieu le dimanche suivant ; la seconde fois, le vendredi d'ensuite au Théâtre Français. Comme j'avais eu, l'année précédente, l'occasion de voir les princes de la maison de Bourbon à la tête de la garde nationale et au même théâtre, je pus faire une comparaison entre les deux réceptions et apprécier ce que l'on appelle la popularité de l'une et de l'autre dynastie.

La première cérémonie était un événement que paraissaient redouter les partisans femelles de Napoléon. On avait semé le bruit que, le jour de cette revue, on devait attenter à sa vie ; plusieurs personnes m'avaient confié en secret leurs soupçons et avaient ajouté que ce crime devait être consommé par une jeune et jolie femme. Le moment qui avait été choisi pour l'exécution de cet attentat était celui où toute la garde nationale serait sous les armes, parce que l'on pensait que ce corps, quels que fussent ses sentimens politiques, aimerait mieux défendre ses propriétés et assurer la tranquillité de la capitale, que de tirer vengeance d'un crime commis sur un individu.

J'étais aux Tuileries, dans les appartemens de la reine Hortense, qui se tenait à l'une des croisées avec quelques dames de la cour. La belle madame *** était du nombre; elle me manifesta la plus grande inquiétude en me disant :

— Je ne crains rien de la garde nationale, mais je ne suis pas tranquille en voyant tout ce monde se presser autour des marches du vestibule où l'empereur doit monter à cheval tout à l'heure.

— Ne craignez rien, madame, lui répondis-je : ce sont de ces bruits que les *ultras* se plaisent à faire courir, ne pouvant pas faire autre chose.

Elle se remit et semblait avoir oublié ses craintes, lorsqu'elle entendit les détonations du canon des Invalides qui annonçait aux Parisiens la soumission de Marseille et des provinces méridionales de la France.

A une heure et demie, vingt-quatre bataillons de la garde nationale étaient rangés dans la cour des Tuileries; il n'y avait ce jour-là, sous les armes, aucune garde impériale ni aucune troupe de ligne; mais on voyait beaucoup de militaires avec leurs anciens uniformes parmi les spectateurs qui étaient autour du vestibule, et qui consistaient principalement en femmes fort élégantes et en individus de tout âge appartenant à la classe ouvrière du peuple.

La belle Mme *** et moi, nous attendions en silence à une fenêtre sur laquelle nous nous étions appuyés; son inquiétude se manifestait de nouveau, lorsqu'elle fut à l'instant dissipée par les cris unanimement répétés de : *Vive l'empereur!* qui nous annoncèrent que Napoléon venait de monter à cheval. En effet, il parut à mes yeux et parcourut d'abord au galop la gauche de la ligne. Lorsque de nouveaux cris nous annoncèrent qu'il revenait, un de ses aides-de-camp, je crois que c'était M. ***, passa au grand galop sous les fenêtres du château, en faisant signe avec son épée de reculer, et nous vîmes bientôt après Napoléon lui-même, avec tout son état-major et toute sa suite. Au milieu de ces plumets et de ces brillans uniformes, il ne se distinguait que par son petit chapeau d'habitude et par un habit vert uni, orné d'un seul crachat et de la décoration ordinaire des simples membres de la Légion-d'Honneur.

L'empereur fit l'inspection de tous les pelotons; et comme il passait près de l'endroit où je m'étais placé pour le voir plus à mon aise, il s'arrêta tout à coup et parla à un militaire dans les rangs. Un invalide placé près de moi dit tout haut sans s'adresser à personne :

— Voyez comme il s'arrête pour lire la pétition d'un simple soldat!

Et en prononçant ces mots, une grosse larme roula le long de sa joue.

J'eus occasion de voir Napoléon à plusieurs reprises, comme il passait à travers les rangs. Il se reposait un instant à la fin de chaque ligne et s'arrêtait de préférence devant les vieux soldats qui lui présentaient des pétitions. Les acclamations se succédaient à mesure qu'il allait de droite à gauche et de gauche à droite. Les premiers bataillons se rapprochèrent et se serrèrent contre le palais; on ouvrit les grilles de l'arc de triomphe, et les vingt-quatre bataillons restant entrèrent de la place du Carrousel dans la cour, où l'empereur en fit aussi la revue de la même manière. On laissa ensuite un espace vide au milieu de la cour, entre le palais et l'arc de triomphe; Napoléon s'y plaça avec tout son état-major; alors un corps nombreux d'officiers de la garde nationale quitta les rangs et se précipita vers l'empereur qui leur adressa un discours que je n'entendis pas, mais qui fut souvent interrompu par des applaudissemens et couvert à la fin par des milliers de voix, qui s'écrièrent toutes ensemble : *Nous le jurons!* Je criai comme les autres. On a plus de peine qu'on ne pense à se défaire de ses mauvaises habitudes.

Après diverses évolutions, Napoléon revint sur ses pas et se plaça devant la porte du vestibule de l'Horloge à la tête de son état-major, pour passer la revue de tous les corps qui se disposaient à défiler par colonnes devant lui. Il y eut un mouvement qui fit avancer le grand nombre de spectateurs qui l'entouraient, de sorte que le public ne se trouvait plus qu'à dix pas de sa personne; le plus grand nombre lui faisaient face, et ne laissaient juste qu'assez de place pour que les colonnes pussent défiler entre eux et l'empereur. L'état-major était derrière ; le comte de Lobau, l'épée nue à la main, se tenait à la gauche du souverain.

A peine un régiment fut-il passé, que Napoléon mit soudain pied à terre : M. de Menou s'empara aussitôt de la bride de son cheval ; mais il n'arriva pas assez à temps pour tenir l'étrier. Les maréchaux et l'état-major mirent aussi pied à terre, à l'exception du comte de Lobau. Un grenadier de la garde, sans armes, se plaça à la gauche de l'empereur et un peu en arrière ; quelques curieux se pressaient à sa droite. Les grenadiers à cheval ne prenaient vraiment pas assez de soin de les contenir à une distance respectueuse.

Les troupes employèrent deux heures à défiler devant lui ; un assassin qui n'eût pas été désarmé par le prestige de ce beau spectacle, aurait pu profiter de ce temps pour faire feu sur lui ou même pour le poignarder.

Ce vaste palais, cette confusion majestueuse et imposante, cette multitude d'armes étincelantes dans le lointain, cette foule immense assemblée autour de nous, cet appareil de guerre et de souveraineté, tout me rappela mes anciens souvenirs ; ce que j'avais vu l'année précédente s'effaça, pour ainsi dire, de ma mémoire ; je n'avais plus devant les yeux que Napoléon, et dans mon admiration, je crus me voir moi-même dans son état-major. Il faut dire aussi que la persuasion où j'étais que l'on voulait faire encore une fois, sur sa personne, un essai du droit qu'une nation puissante a de se choisir un souverain, ne contribuèrent pas peu à augmenter mon ravissement.

Ceux qui avaient accompagné l'empereur à l'île d'Elbe essayèrent de tracer son portrait à cette époque ; mais je puis dire qu'il ne me parut semblable à aucun, à l'exception de celui qui fut placé dans le salon de réunion qui précédait la salle du corps législatif. Sa figure était très pâle, ses lèvres étaient minces et façonnées de manière à donner à sa bouche une douceur admirable.

Depuis son départ, il me parut avoir contracté de nouvelles habitudes, celle, entre autres, de retirer ses lèvres comme quelqu'un qui mâche quelque chose ; mais j'ai appris depuis que ce mouvement n'était occasionné que parce qu'il avait presque toujours dans la bouche un morceau de gomme ou quelques pastilles, pour se guérir d'une toux. Ses cheveux me parurent beaucoup plus bruns qu'ils n'étaient auparavant, ils étaient clair-semés sur les tempes et commençaient à grisonner ; comme il avait toujours eu la coutume de les porter très courts, je suppose que c'est ce qui lui fit donner par les soldats le sobriquet affectueux de *notre petit tondu*. Il était très engraissé, mais son ventre était si peu saillant que l'on distinguait toujours la forme de sa taille. Il tenait généralement ses mains jointes par devant ou par derrière, mais quelquefois il les séparait pour se frotter le front, prendre plusieurs prises de tabac et regarder à sa montre. Il paraissait souffrir quelques douleurs internes. Il parlait peu, mais lorsqu'il disait quelques mots, il souriait de la manière la plus agréable. Il regardait tout ce qui se passait autour de lui ; il fronçait les sourcils et les rapprochait l'un de l'autre comme pour voir les objets plus distinctement. Enfin, il passa toute cette longue revue avec un air d'impatience visible.

A mesure que les premières colonnes d'un régiment défilaient devant lui, il portait l'index de sa main gauche à son chapeau, pour rendre le salut, mais il ne se découvrait ni ne remuait la tête. Lorsque les régimens avançaient, les cris de : *Vive l'empereur!* se faisaient entendre ; plusieurs soldats sortirent de leurs rangs, ayant à la main des pétitions que prenait le grenadier posté à sa gauche. Une ou deux fois il arriva que le pétitionnaire, craignant de quitter son rang, faillit perdre l'occasion favorable ; mais Napoléon, s'en apercevant, faisait un signe au grenadier de s'approcher et prenait lui-même le placet. Un petit enfant de cinq ou six ans, en tenue complète des chasseurs de la garde, marchant à la tête d'une compagnie, excita des éclats de rire universels par l'air d'importance qu'il se donna et avec lequel il présenta les armes à l'empereur en passant devant lui. Napoléon l'ayant aperçu se prit à rire comme les autres, et se retournant il parla à quelqu'un qui était derrière lui. Cependant un second enfant, vêtu en pionnier et marchant en tête d'un régiment de cette arme, s'avança directement vers lui, ayant au bout de sa petite hache une pétition que l'empereur prit de la manière du monde la plus gracieuse et lut sur-le-champ avec beaucoup de complaisance. Peu de temps après, un homme de mauvaise mine, en demi-uniforme avec une épée au côté, sortit du milieu de la foule ou de la garde nationale, et se précipita vers l'empereur ; il en était à très peu de distance, lorsque le grenadier de la gauche et un officier firent un pas en avant, et le saisissant au collet, le poussèrent pour le faire reculer : cela ne fit aucune impression sur l'empereur, je ne remarquai même pas d'altération dans ses traits. Sans s'émouvoir en rien, il fit signe aux soldats de lâcher leur prisonnier, et le pauvre diable s'approchant de si près qu'il pouvait le toucher, lui parla quelque temps avec chaleur en portant la main sur son cœur. Napoléon l'écouta sans l'interrompre et lui donna une réponse qui parut beaucoup le satisfaire. Je vois encore Napoléon dans ce moment : la tranquillité imperturbable de sa contenance, au premier mouvement du soldat, se changeant par degrés en regards d'attention et de bonté, ne sortira jamais de ma mémoire. Je n'étais ni un *bonapartiste*, ni un *ultra*, je sentis mes yeux humides de larmes lorsque je fus revenu de ma première surprise : c'est une faiblesse qu'éprouvent presque toujours les gens sensibles à la lecture d'un trait d'héroïsme frappant, et surtout à l'aspect de cette sérénité d'âme qui constituait le caractère des grands hommes de l'antiquité.

Pendant la revue, l'empereur s'étant aperçu d'un certain mouvement parmi son état-major, se retourna subitement, et vit qu'il avait lieu à l'occasion d'une jolie paysanne qu'un de ses aides-de-camp avait placée près de lui, et aux remerciemens de laquelle il répondait d'un ton moitié galant, moitié goguenard. La dernière légion de la garde nationale fut suivie de quatre-vingt-dix écoliers du lycée impérial, qui se précipitèrent hors de leurs rangs avec des pétitions, en courant et poussant des cris d'allégresse. L'empereur parut alors pour la première fois dans le ravissement; il riait aux éclats, et se tournait à droite et à gauche pour témoigner sa satisfaction. L'année précédente, ces jeunes gens avaient voulu combattre pour la défense de la capitale; ils s'étaient encore enrôlés cette fois. La jeunesse en général paraissait dévouée jusqu'à l'enthousiasme à l'empereur qui s'attacha, plus que tout autre souverain, au perfectionnement de son éducation militaire.

Aussitôt que tous les élèves du lycée impérial eurent défilé devant lui, l'empereur revint au grand vestibule, monta lestement dans les appartemens, et donna audience aux personnages qui s'y trouvaient. C'était la nouvelle cour, composée principalement de militaires et de membres de l'Institut ; je remarquai parmi les premiers un général de brigade qui, autrefois, n'aurait pu être gradé ni même admis à la cour d'aucun souverain légitime de la chrétienté : c'était un nègre.

L'accueil fait à l'empereur fut de différens genres. La garde nationale, qui était presque toute composée de marchands, et qui, m'a-t-on assuré, avait beaucoup gagné depuis le peu de jours de tranquillité dont la France avait joui, regarda le retour de Napoléon comme le signal de la guerre; aussi ne l'applaudit-elle que très faiblement : quelques légions cependant le reçurent avec des cris très vifs et souvent répétés ; ils élevaient leurs bonnets sur leurs baïonnettes ; cet enthousiasme aurait sans doute été partagé par toutes les classes de citoyens, si l'on eût pu prévoir que l'empereur avait les mêmes espérances de paix que le précédent gouvernement.

Le dimanche précédent, Napoléon avait passé la revue de la garde impériale. Il est aisé de concevoir que la satisfaction fut plus visible et plus pure de part et d'autre. Les soldats donnèrent l'élan à leur enthousiasme, et l'empereur parut se complaire en voyant l'excès de leur joie; il baisa les aigles de sa garde de l'île d'Elbe. Je n'y étais pas, ainsi je ne pourrais donner les détails que j'aurais voulu ; mais madame ***, qui y avait assisté, m'assura que, comme elle était près de lui, elle vit ses yeux briller de joie, et que faisant allusion à la conduite des Bourbons à l'égard de ce superbe corps, elle lui entendit dire au maréchal Bertrand, en montrant les grenadiers qui étaient à la tête de ce corps :

— Et ils ne voulaient pas se servir de telles gens !

Quant à la manière dont l'empereur fut reçu le soir même au *Théâtre-Français*, il me serait impossible d'en donner une idée. La salle était tellement remplie que l'on avait voulu renvoyer les musiciens; mais ceux-ci, qui n'étaient pas fâchés d'assister à une représentation qui promettait d'être extraordinaire, ne voulurent pas quitter leurs chaises, persuadés que leur présence pourrait être de quelque utilité, bien qu'on donnât une tragédie. Ils ne trompaient pas. On jouait *Hector* : avant le lever de la toile, les airs de la *Victoire* et de la *Marseillaise* furent demandés et exécutés au milieu des plus bruyantes acclamations; les spectateurs accompagnaient les exécutans en chantant le refrain. *Gavaudan* se trouvait placé à la première galerie; il chanta quelques couplets ajoutés à la Marseillaise ; ils étaient assez mauvais pour qu'on pût les lui attribuer, ce qui n'empêcha pas le parterre de les répéter avec enthousiasme. Napoléon n'arriva dans sa loge qu'à la troisième scène de la tragédie. Les *vivat* se firent entendre et continuèrent jusqu'à ce que S. M., après avoir salué à droite et à gauche, se fût assise. On recommença la pièce. Le public accueillit avec transport tout ce qui offrait quelque allusion au retour du prisonnier de l'île d'Elbe.

A ce vers :

> Enfin il reparaît ! C'est lui !... c'était Achille !

tout le parterre se leva et interrompit l'acteur par les plus bruyantes acclamations ; l'empereur était très attentif à ce qui se passait sur le théâtre : il ne parlait à personne de ceux qui étaient derrière lui et n'avait pas l'air de faire attention aux bravos dont il était l'objet. La tragédie achevée, il se retira si précipitamment, que le public n'eut pas le temps de s'apercevoir qu'il n'était plus dans sa loge. Tout le monde en parut fâché : on aurait voulu le saluer par de nouvelles acclamations.

J'étais de service le jour de l'assemblée du Champ-de-Mai. Je m'attendais à un spectacle imposant, tel qu'on devait l'espérer d'une cérémonie empruntée aux anciens Romains, et où devaient s'agiter les intérêts de la France. La relation que je vais en donner prouvera combien j'étais dans l'erreur.

Le 7 juin, une décharge de cent coups de canons, placés près du pont d'Iéna, annonça la veille de la cérémonie ; le lendemain une semblable décharge eut lieu au point du jour. Un programme de la fête et une ordonnance du ministre de la police furent affichés et colportés dans Paris pour prévenir les accidens.

J'avais déjà visité le théâtre préparé pour cette réunion. C'était un vaste amphithéâtre de bois peint et de canevas, formant un pentagone demi-circulaire, et situé au bout du Champ-de-Mars, en face de l'Ecole-Militaire. Il était ouvert de tous les côtés et séparé dans le milieu par un vide où l'on avait élevé une autre charpente couverte d'un dais, et renfermant un autel et des sièges pour les prêtres, les musiciens et autres célébrans qui devaient assister à la messe. Les divisions nominales étaient marquées par les piliers du bâtiment sur lesquels étaient placées de grandes aigles dorées. Au dessous étaient écrits les noms des départemens, dont l'énumération présentait à la pensée une idée véritable de l'étendue et de la force de l'empire.

Un édifice des mêmes matériaux était élevé contre le fronton de l'Ecole-Militaire ; il était surmonté au milieu d'un dais carré, et se projetait en ailes oblongues des deux côtés. Sous le dais était une suite de gradins tapissés, partant de la croisée principale du premier étage du bâtiment ; et à moitié chemin, à peu près, entre la croisée et la terre, était une plate-forme pour le trône. Cette structure formait pour ainsi dire une corde dont l'amphithéâtre était l'arc. Outre ces édifices, il y avait encore à la distance de vingt toises, en tête, ou plutôt sur le derrière de l'amphithéâtre, une simple plate-forme en pyramide, avec un escalier de quinze pieds de haut de chaque côté, et sur laquelle était un fauteuil uni et découvert, le tout formant un bloc que, selon l'expression de Napoléon, la personne qui s'y assied, et non le travail du charpentier, fait appeler un trône. Tous ces édifices du moment avaient plus d'appareil que de magnificence ; ils étaient assez mal imaginés, l'assemblée devant être assise le dos tourné à la multitude du Champ-de-Mars et même à l'empereur lorsqu'il serait monté sur le trône.

A midi un quart, le canon annonça que Napoléon sortait des Tuileries. Le Champ-de-Mars présentait alors un spectacle vraiment merveilleux : la foule si diverse, si tranchée, qui garnissait les gradins et qui se pressait sur les monticules qui bordent cet immense enclos, offrait à l'esprit de l'observateur un vaste sujet de réflexions. Les députations de l'armée occupaient les deux ailes de l'amphithéâtre. Les électeurs n'avaient observé aucun ordre en se plaçant. Sur quinze cents qui devaient être rassemblés, je suis sûr qu'il en manquait la moitié : car la cour avait distribué une si prodigieuse quantité de billets, qu'il aurait fallu un emplacement du double pour que tous ceux que leur devoir appelait à la cérémonie pussent y trouver place.

Les croisées et le haut de l'École-Militaire étaient garnis de femmes; le plain-pied du théâtre était occupé par les électeurs et les porte-étendards dont les aigles brillantes et les drapeaux tricolores offraient un coup d'œil éblouissant. Les aigles avaient d'abord été groupées à à chacune des ailes; mais lorsque la cérémonie commença, elles furent rangées en ligne autour du terre-plain, qui faisait face au pavillon du trône. Ce trône était un fauteuil de pourpre doré, au pied duquel était un coussin de la même couleur; à droite étaient deux fauteuils ordinaires, et un seul à gauche. De chaque côté, derrière le trône et sous le dais, étaient deux tribunes carrées, et au dessous un rang d'autres tribunes.

Dans la tribune à gauche étaient placés les enfans de la reine de Hollande; les membres de la cour de cassation, de la cour des comptes, du conseil de l'Université, de la cour impériale et des autres tribunaux de Paris, qui, tous en robes, prirent place dans ces tribunes.

La garde à pied était rangée des deux côtés du grand amphithéâtre : toutes les troupes de ligne et la gendarmerie étaient sous les armes, une partie dans le Champ-de-Mars, l'autre sur la route.

Une demi-heure après, le canon du pont d'Iéna avertit que le cortège impérial entrait dans la plaine; nous avions vu auparavant les lanciers rouges défiler sur le pont, et la cavalerie de la garde, avec une longue suite de voitures, avancer le long du palais projeté du roi de Rome, de l'autre côté de la rivière. A mesure que cette cavalerie s'apppprochait de l'amphithéâtre, elle se rangeait en haie des deux côtés devant l'infanterie, de manière à laisser un passage entre elles deux, tout le long de la plaine depuis la rivière jusqu'au trône. Une ligne de la garde impériale à pied formait aussi un passage du côté gauche de l'amphithéâtre pour pratiquer une entrée dans l'intérieur aux voitures de la cour. Peu après le comte Hullin, commandant de Paris, son état-major et les hérauts d'armes tournèrent par ce passage à gauche; vinrent ensuite quatorze voitures de la cour traînées par six chevaux bais. Dans l'avant-dernière était le prince Cambacérès, archi-chancelier de l'empire, et dans la dernière les trois frères de l'empereur. Ils s'avancèrent lentement et firent le tour de l'amphithéâtre. Après un court intervalle, parut un escadron de lanciers, suivi des officiers de service, des aides-de-camp et des pages qui précédaient immédiatement la voiture de l'empereur. C'était un char doré dont les panneaux étaient de glace, et surmonté d'une immense couronne aussi dorée, qui couvrait toute l'impériale. Deux maréchaux de l'empire se tenaient à cheval de chaque côté de la voiture qui était traînée par huit chevaux blancs richement harnachés, coiffés de grandes plumes blanches et conduits par autant de palfreniers. On voyait distinctement Napoléon à travers les glaces; il avait une toque de plumes et le manteau impérial.

Il fit le tour de l'amphithéâtre en saluant de chaque côté, aux acclamations des soldats et du peuple, auxquelles se joignaient des décharges répétées d'artillerie des batteries de l'Ecole-Militaire. Un escadron de chasseurs de la garde fermait la marche.

Aussitôt, les pages, descendus précipitamment de l'escalier pratiqué à la croisée, vinrent se ranger de chaque côté des marches, depuis la plateforme du trône jusqu'en bas. On plaça un grenadier de la garde de chacun des côtés de l'escalier. Les tribunes sous le dais commencèrent alors à se remplir : les grands officiers de la Légion-d'Honneur et les maréchaux occupaient celle de la gauche ; dans celle de droite se placèrent les conseillers d'Etat. Plusieurs grands officiers de la couronne se rangèrent sur les marches à la droite du trône ; ils portaient des manteaux à l'espagnol et des toques ornées de plumes. Le duc de Vicence et le comte de Ségur, grand-maître des cérémonies, se tenaient sur la plus haute de ces marches. L'archi-chancelier, en manteau bleu, parsemé d'abeilles d'or, descendit alors sur la plate-forme, et vint s'asseoir sur le fauteuil qui lui était destinée, un peu au dessous de ceux qui étaient placés à droite du trône. L'archevêque de Tours, le cardinal Cambacérès et quatre évêques se placèrent dans la tribune de l'autel.

Il était une heure : le bruit de l'artillerie se faisait encore entendre, lorsque Napoléon parut entouré des princes de sa famille. Il descendit de la croisée sur la plate-forme, et l'assemblée se leva au milieu des acclamations. Tout le monde était découvert, excepté l'empereur, qui s'avança précipitamment, inclina deux ou trois fois la tête, et monta sur son trône, où il s'assit en s'enveloppant de son manteau. Il avait l'air soucieux. Ses frères se placèrent à ses côtés : Lucien à gauche, Joseph à sa droite.

A peine Napoléon fut-il assis, qu'un officier, qui se tenait sur les marches à la gauche du trône, fit avec son épée un signe auquel les tambours répondirent pour faire cesser le feu. On plaça devant Napoléon un prie-dieu couvert de velours, et la messe fut chantée par les officians et les musiciens de l'Opéra.

Les prières et les chants terminés, une foule de monde s'avança sur le terre-plain et monta les escaliers du trône. C'étaient les députations centrales des électeurs de l'empire, choisies dans tous les collèges quelques jours auparavant. Ces députés remplissaient toutes les marches, et ils furent admis en bloc auprès de l'empereur. L'un d'eux, l'avocat Duboys, député d'Angers, s'approcha à la droite du trône, et lut avec beaucoup d'action un discours qu'il tenait à la main. Quoiqu'il parlât très haut, il me fut impossible de l'entendre de l'endroit où j'étais assis. Je remarquai seulement que Napoléon donna des signes d'approbation à plusieurs passages de cette adresse ; des applaudissemens éclatèrent dans l'assemblée quand l'orateur eut fini : alors l'archi-chancelier se leva, s'avança vers l'empereur avec une liasse de papiers dans les mains, et lui présenta l'acceptation de la constitution; le maître des cérémonies reçut l'ordre d'en porter le résultat au héraut d'armes. Un officier brandit son épée, les tambours partirent, et le héraut proclama d'une voix forte l'acceptation de l'acte. Après une nouvelle salve d'artillerie, la députation descendit quelques degrés et se rangea pour faire place aux assistans du grand-chambellan, qui placèrent devant l'empereur une petite table sur laquelle était une écritoire en or. L'archi-chancelier posa la constitution sur la table, présenta une plume au prince

Joseph, qui la donna à Napoléon, et celui-ci signa négligemment. On enleva la table, et l'empereur d'une voix haute et claire, qui arrivait jusqu'où j'étais placé, adressa quelques mots à l'assemblée. Je me rappelle qu'il commença ainsi : *Empereur, consul, soldat, je tiens tout du peuple.* La fin de son discours fut suivie des cris de : *Vive l'empereur! vive Marie-Louise !*

Quand les acclamations eurent cessé, l'archevêque de Bourges, premier aumônier de l'empereur, se mit à genoux et présenta à Napoléon la Bible sur laquelle il jura d'observer et de faire observer la constitution. Le *Te Deum* fut chanté dans la tribune de l'autel ; les tambours battirent ; les escaliers du trône furent débarrassés, et les aigles qui étaient des deux côtés s'avancèrent au centre du terre-plain, formant une longue masse d'or depuis la tribune de l'autel jusqu'en face du trône. Les ministres de l'intérieur, de la guerre et de la marine descendirent de leurs places et revinrent bientôt après suivis de beaucoup de porte-drapeaux et d'un corps d'officiers qui se pressèrent vers le trône. Carnot portait l'aigle de la garde nationale de Paris, le maréchal Davoust, celle du premier régiment de ligne, et Decrès, celle du premier corps de la marine.

Peu de temps après, l'empereur, accompagné des grands dignitaires, se perdit à nos regards au milieu de l'éclat des uniformes, des aigles et des drapeaux ; il descendit les marches, traversa le terre-plain, passa par l'ouverture pratiquée en face de l'autel, et marchant dans les rangs des soldats, monta sur la plate-forme érigée au milieu du Champ-de-Mars. Il s'assit ensuite sur cette espèce de trône entouré des maréchaux et de la cour qui occupaient les marches des quatre côtés de cette construction. Je parvins jusqu'au cercle extérieur de l'amphithéâtre, et je fus témoin d'un spectacle dont il est impossible de décrire la magnificence.

L'homme, la circonstance, tout conspirait à exciter en moi une admiration indéfinissable. Elle fut encore augmentée lorsque les baïonnettes, les casques, les cuirasses, brillant aussi loin que la vue pouvait porter ; les drapeaux des lanciers voltigeant et la musique se faisant entendre dans la plaine, annoncèrent que cette masse imposante allait s'ébranler.

Je ne pus d'abord distinguer ce qui se passait sur la plate-forme ; mais je vis les aigles s'incliner à gauche devant le trône et défiler ensuite dans la plaine, où celles destinées pour les troupes furent remises à leurs régimens respectifs ; le reste fut reporté à l'Ecole-Militaire. Napoléon, en sa qualité de commandant de la garde nationale de Paris, remit les aigles au président du département, aux douze arrondissemens. Ensuite une foule d'officiers s'étant rassemblés devant le trône, il leur fit une allocution, qui fut interrompue par les acclamations répétées : *Nous le jurons!* La garde nationale jura de ne jamais souffrir que la capitale fût souillée par le contact des étrangers ; la garde impériale jura de surpasser ses anciens exploits ; enfin, il se fit dans cette seule journée plus de sermens qu'il ne s'en était défait depuis le commencement de la révolution.

Toutes les troupes, montant à 50,000 hommes, avec leurs aigles, défilèrent alors devant le trône, dans le plus grand ordre. La garde impériale marchait de droite à gauche et les autres de gauche à droite.

Il était trois heures et demie lorsque le dernier bataillon passa devant l'empereur. Il se leva alors de son trône, descendit de la plateforme, retourna, avec sa suite, dans l'intérieur de l'assemblée et reprit sa première place. Après avoir salué plusieurs fois d'une manière très affable, il remonta promptement les marches avec sa cour. Le cortége quitta bientôt l'amphithéâtre dans le même ordre qui avait présidé à son arrivée. Le départ fut également annoncé par les batteries de l'École-Militaire et du pont d Iéna.

Le spectacle qu'offrit cette journée ne peut être sorti de la mémoire de ceux qui en furent les témoins, et bien certainement il était dans la pensée de tous qu'à aucune époque de la révolution les Français n'avaient paru mieux disposés à défendre leur liberté et leur indépendance. Napoléon lui-même dut quitter le Champ-de-Mars, persuadé qu'il pouvait compter sur les sentimens qu'on lui montrait. Il ne songea dès lors qu'à aller à la rencontre de l'orage qui se formait contre lui en Belgique.

XXVIII.

Départ de l'empereur pour l'armée. — Enthousiasme de la garnison de Paris. Post-scriptum du *Moniteur*. — Bulletin daté de Ligny. — Joie des Parisiens. — Ordre au service de la maison de l'empereur d'aller s'installer à l'Élysée-Bourbon. — Retour de Napoléon. — D... et les bavardages. — Le prince Jérôme. — Désastres de Waterloo. — Conseil extraordinaire. — Les ministres.

Napoléon avait quitté Paris tout à coup pour se rendre à son grand quartier-général de Lille. La lutte vraiment impériale qui allait s'engager devait être décisive. L'occupation prochaine de la capitale de la Belgique par nos troupes et la retraite de Wellington sur Anvers devaient nécessairement être suivies de propositions de paix. Tel était le langage de tous ceux des serviteurs de l'empereur qui étaient persuadés que l'enthousiasme de l'armée française et le génie de son chef les rendaient invincibles. Je ne rencontrais pas une seule personne dans le palais qui pensât le contraire. Les plus timides hochaient la tête, mais ils n'osaient s'expliquer catégoriquement ; ceux qui étaient dans la confidence des sourdes intrigues que l'on faisait agir (et il y en avait quelques uns), prédisaient hardiment que la France devait succomber si l'alliance des souverains étrangers n'était pas dissoute par les premiers succès de l'empereur. D'autres enfin, qui étaient de bonne foi (c'était le plus grand nombre), soutenaient que jamais les Anglais ne pourraient résister à la valeur de la garde impériale, puisqu'ils n'avaient pas encore été mis en opposition avec elle. Pour moi, j'avouerai naïvement que je mettais ma confiance entière dans la fortune de Napoléon. Mais, hélas ! cet astre qui s'était levé si radieux sous le beau ciel de l'Italie avait pâli dans les plaines de Moscou : il devait s'éclipser tout à fait dans les nuages orageux de Waterloo.

Avant d'abandonner la capitale, Napoléon en avait confié le commandement militaire au général Cafferelli, qui s'était empressé, le jour même de sa nomination à ce poste éminent, de publier un *ordre du jour* relatif à la défense de Paris et de ses environs. Une légion entière de la garde nationale et presque tous les corps qui se trouvaient alors dans la capitale avaient juré solennellement, dans des banquets, de mourir sur les retranchemens qu'ils avaient construits quelques jours auparavant. Les nouveaux efforts qu'allait entreprendre l'empereur commençaient donc sous les plus heureux auspices.

Pendant les trois premiers jours qui suivirent le départ de S. M., les amis et les serviteurs de la famille impériale s'arrachaient les journaux pour voir les nouvelles ; mais aucune feuille quotidienne ne pouvait encore en donner : le *Moniteur* même n'était rempli que de longs articles littéraires. Cependant au numéro du 16 juin, un petit *post-scriptum*, daté de onze heures du soir, annonçait ce qui suit :

« L'armée, commandée par l'empereur en personne, a forcé le passage
» de la Sambre, près Charleroi, et chassé les avant-postes de l'armée
» alliée jusqu'à Namur. Nous avons fait 2,000 prisonniers et pris 8 piè-
» ces de canon, quatre régimens (on ne les désignait pas) ont été taillés
» en pièces. L'armée de l'empereur a peu souffert, mais elle a fait une
» perte sensible par la mort du général Letort, qui a été tué sur les hau-
» teurs de Fleurus en conduisant une charge de cavalerie. L'enthou-
» siasme des habitans de Charleroi et des autres pays que nous traver-
» sons ne saurait se décrire. »

Les journaux du 18 donnaient enfin les détails officiels de cette première affaire et le texte de la proclamation de l'empereur à son armée, datée d'Avesnes, le 14 juin ; elle ressemblait à toutes celles que j'avais lues depuis dix ans. Seulement à la fin il rappelait à ses soldats le souvenir de Marengo, d'Austerlitz et de Friedland.

Le *Moniteur* du 18 contenait, en cinq ou six lignes, la nouvelle suivante :

« Derrière Ligny, le 16 juin, à neuf heures du soir, l'empereur vient
» de remporter une victoire complète et décisive sur les armées prus-
» sienne et anglaise, réunies sous les ordres du duc de Wellington et du
» maréchal Blücher. L'armée débouche en ce moment par le village de
» Ligny, en face de Fleurus, à la poursuite de l'ennemi. »

A la réception de cette nouvelle, que Napoléon avait gagné une bataille décisive à Ligny, quoiqu'elle fût annoncée d'une manière assez brève dans ses détails, nous nous livrâmes aux démonstrations de la joie la plus vive. Le lendemain, on tira aux Invalides cent un coups de canon pour l'annoncer aux Parisiens, qui firent éclater une allégresse franche et générale. Cependant le bulletin de cette bataille n'était point encore connu ; mais au milieu de la joie universelle on ne fit que peu d'attention à cette circonstance assez remarquable. Toutefois, l'agitation de quelques hauts personnages qui vinrent aux Tuileries devint visible surtout lorsque la nuit du 19 au 20 se fut écoulée sans qu'il fût parvenu de nouvelles. Ce jour-là, vers les onze heures du matin, une dépêche apportée au palais par un courrier du quartier-général de l'empereur, et remise à M........, qui nous en fit part aussitôt, ordonnait à tous les officiers de la maison de S. M., de service ou non, qui se trouveraient à Paris, de se rendre à l'instant même à l'Elysée-Bourbon. Cet ordre, émané du grand-maréchal, donna lieu à mille bruits divers, qui changèrent bientôt toutes nos espérances en de cruelles alarmes. Néanmoins chacun fit ses dispositions ; je me rendis comme les autres à mon poste, croyant tout simplement que l'impératrice Marie-Louise étant partie de Vienne pour venir rejoindre l'empereur, comme le bruit en avait couru, S. M. avait choisi de préférence l'Elysée-Bourbon au lieu des Tuileries ou de Saint-Cloud.

Dans le cours de cette matinée, des renseignemens rassemblés dans la journée ne contribuèrent pas peu à me faire craindre que, malgré le bulletin de Ligny, tout n'allât fort mal. Le caractère de l'empereur m'était connu ; plusieurs demi-mots échappés à M...... me faisaient pressentir de grands malheurs. D'un autre côté, j'observais les différens partis qui agitaient MM. les pairs et surtout MM. les représentans. Napoléon, enveloppé par quatorze puissances alliées, d'accord pour la première fois, n'était pas moins pressé par ses ennemis de l'intérieur. Peut-être même ses amis, peu intelligens ou peu unis, ne lui étaient pas moins contraires. Mais ses succès en Belgique eussent rallié ceux-ci et dispersé tous les autres. Il tenait surtout à humilier Wellington, dont les lenteurs, selon lui, faisaient la moitié du mérite. Il avait regardé comme un coup de politique d'aigrir contre ce général le parti de l'opposition. Enfin, il avait senti qu'en partant pour l'armée, il allait commencer le dernier acte de la tragédie, et son dernier mot avait été : *Quitte ou double.*

A quatre heures du matin, une voiture grise et couverte de poussière entre dans la cour de l'Elysée-Bourbon ; je la reconnais pour être de la suite de l'empereur. A peine étais-je descendu, qu'une seconde voiture, suivie d'une troisième et dernière, redouble mon agitation et confirme mon pressentiment. Derrière celle-ci les portes se fermèrent en silence, et mon camarade D....., sorti de la première, s'avança vers moi, me pressa la main, et les dents serrées, balbutia ces mots foudroyans :

— *Ça va mal,* nous sommes perdus !

Cependant la troisième voiture était ouverte. Dans le fond se tenait à demi-couché un homme pâle, que je pris d'abord pour l'empereur : c'était son frère, le prince Jérôme, blessé à la main qu'il tenait en écharpe. Ce prince, fatigué et endormi, descendait lentement. Napoléon le poussa sur le marche-pied, s'élança, enjamba l'escalier et gagna ses appartemens, sans dire un mot, sans regarder personne. Nous nous hâtons à sa suite.

L'empereur entre dans la pièce qui lui avait été préparée pour son cabinet. Il s'assied un instant : je lui présente des dépêches qu'il jette sur une table après avoir choisi la moins volumineuse : c'était un billet parfumé. Il le lit rapidement, et lève deux ou trois fois les yeux au ciel. Au milieu de sa lecture : *Un bouillon!* me dit-il ; un moment après : *Une écritoire!* Il écrit et plie : *A la reine Hortense,* en me faisant signe de prendre une plume et de m'asseoir pour tracer l'adresse. Le message part. Le consommé arrive ; l'empereur en prend la moitié. *M. de ***, écrivez,* ajoute-t-il alors. J'écris, et je mande le duc de Bassano et le comte Regnault de Saint-Jean-d'Angely. Cela fait, Marchand le débotte : il se couche tout habillé. Il me renvoie en me donnant l'ordre de venir l'éveiller aussitôt que les deux ministres seront arrivés, et ne tarda pas à s'endormir.

En remontant chez moi par le petit escalier qui ouvre sur le palier du grand, je me heurtai contre deux personnes qui, tapies dans un coin, conféraient si intimement qu'elles m'aperçurent à peine et ne se dérangèrent pas : c'était le prince Jérôme, occupé (du moins je le suppose) à faire panser sa blessure par un homme que je voyais pour la première fois. Après m'être excusé de mon mieux auprès du prince, j'entrai dans ma chambre.

Je glisse sur les réflexions auxquelles je me livrai, et qui ne me permirent pas de m'abandonner au sommeil. D...., que j'attendais, ne vint qu'au moment où l'empereur, qui s'était éveillé tout seul, me fit avertir de l'arrivée des ministres. Mon ami me dit en substance : qu'après les premiers avantages de Charleroi et la brillante affaire de Fleurus, nous avions tout perdu, par deux causes évidentes, auxquelles on pourrait en ajouter une troisième, mieux sentie peut-être et moins prouvée. La première de ces causes était l'inflexibilité de l'empereur, qui, à la suite des deux journées victorieuses, avait voulu étonner le monde, fortifier la France et consterner l'Europe par un troisième triomphe décisif. Projet sublime, mais risqué, qui devait conduire le vainqueur au trône de l'opinion, et le vaincu à Sainte-Hélène ; projet pénétré par le *finassier* Wellington, et qu'il a déconcerté en amenant son héroïque auteur jusque dans le gouffre où devaient expirer sa puissance, son influence et presque sa gloire.

Tout ce que me dit mon ami m'offrait un résultat affreux, sans m'instruire des détails, et me comprima à un point tel que lorsque j'entrai dans le cabinet de l'empereur. Je ne savais plus ce que je faisais.

Alors Napoléon, s'adressant à MM. Regnault de Saint-Jean-d'Angely et Maret, qui étaient survenus et qui venaient de s'asseoir, l'empereur dit :

— Un mal qu'on peut réparer n'est pas grand, je l'avoue ; mais lorsqu'il devient irréparable, il faut se résigner. S'avançant ensuite vers moi : A propos, monsieur de ***, tous vos camarades sont couchés et dorment encore, n'est-ce pas ?

— Sire à l'heure qu'il est, je le suppose.

— Ce sont des paresseux ; allez de ma part leur dire de se lever et de vouloir bien me faire l'*amitié* (l'empereur appuya sur ce mot avec un air goguenard) de se tenir dans le salon de service et d'y attendre mes ordres.

— Oui, sire, balbutiai-je.

Je sortis pour m'acquitter de ma commission, et lorsqu'elle fut faite, je me mis à réfléchir sur ma nouvelle position. Je me voyais cumulant trois ou quatre emplois différens ; il me parut qu'à mes fonctions ordinaires, il fallait que j'ajoutasse encore celles de valet de chambre, de préfet du palais, de secrétaire, que sais-je !... Dix ans plus tôt cela m'aurait sans doute mené un peu loin ; il était trop tard, tout était consommé. Voilà sans doute la raison qui fit que quelques années après je ne me vis pas couché sur une espèce d'almanach ou de dictionnaire, sur lequel étaient inscrits les noms de tous ceux qui, sous l'empire, avaient exercé plusieurs fonctions à la fois et qu'on avait qualifiés de *cumulards*. Enfin, j'entrai dans le cabinet de l'empereur.

— Eh bien ?

— Sire, j'ai exécuté les ordres de Votre Majesté.

— C'est bien, asseyez-vous là et restez tranquille.

M. de Bassano, assis dans un coin de l'appartement, avait un air glacé ; le comte Regnault, debout devant une table, donnait des coups de crayon à un papier manuscrit ouvert devant lui. L'empereur se promenait, rongeait ses ongles et prenait du tabac à chaque seconde. Puis, s'arrêtant tout à coup :

— Eh bien ! ce bulletin ?

— Le voilà corrigé, répondit le ministre d'Etat.
— Voyons ? ajouta l'empereur.

Toute l'Europe a lu le *Moniteur* du 21 et son supplément extraordinaire qui éclairait notre défaite.

Aux deux tiers du bulletin, l'empereur frappant du pied, s'écria : *Elle était gagnée !* Quand le comte Regnault eut achevé, il dit en soupirant : *Elle est perdue !*

On se sépara après que l'ordre aux ministres eut été expédié. Maret demeura avec l'empereur qui malgré sa fatigue reçut plusieurs visites ; je me retirai. De ma fenêtre, je reconnus parmi les voitures celles de Cambacérès, de Decrès, de M. de Caulaincourt et de Carnot.

XXIX.

Dernière espérance de l'empereur. — Conduite et sentimens de quelques-uns des officiers de sa maison. — Le général Drouot et le duc de Rovigo. — Napoléon quitte l'Elysée pour se retirer à la Malmaison. — Préparatifs de départ. — MM. de Lavalette et le colonel Labédoyère. — Départ. — Itinéraire. — Le général Becker. — Le prince Joseph. — Arrivée de Napoléon à Rochefort. — Conclusion.

Cependant, au milieu de ses préparatifs de départ pour Malmaison, l'empereur conservait encore un reste d'espoir. Il entendait le bruit de la canonnade dans l'éloignement, comme un coursier de bataille entend la trompette. Il offrit au gouvernement provisoire de marcher contre Blücher comme simple général, promettant qu'après l'avoir écrasé (et il l'aurait fait), il se mettrait en route pour s'expatrier. Pendant un moment, il espéra tellement que cette dernière faveur lui serait accordée, qu'il m'ordonna de tenir ses chevaux tout prêts, afin de pouvoir se mettre à la tête de l'armée au premier avis. Mais le gouvernement provisoire rejeta cet offre. J'ai ouï dire qu'en entendant lire cette dernière proposition de Napoléon, Fouché s'écria :

— Cet homme se moque-t-il de nous?

Il est certain que si Napoléon s'était trouvé une fois à la tête de sa garde, il eût été bientôt maître du gouvernement, quel que pût être d'ailleurs le résultat définitif de son entreprise. Je crois qu'il lui serait peut-être bien arrivé de faire fusiller quelques uns de ceux dont il avait eu tout le temps d'apprécier et le dévoûment et les bons offices. Heureusement pour eux les choses tournèrent différemment.

A tout moment, je voyais ceux qui la veille assuraient l'empereur qu'il pouvait compter sur eux à la vie à la mort (c'était leur expression favorite), filer tout doucement sans rien dire, en emportant avec eux tout ce qui pouvait tomber sous leurs mains. J'en vis d'autres qui venaient l'assiéger pour lui emprunter de l'argent, ou lui demander avec une basse jactance le paiement des appointemens qui pouvaient leur être dus depuis Waterloo. Des officiers d'étatmajor, des chambellans, remplissaient les antichambres et le salon de service de leur ci-devant maître.

Napoléon aurait voulu emmener le général Drouot, qui l'avait suivi dans son premier exil ; mais ce général, qui venait d'être nommé au commandement de la garde impériale, crut de son devoir de ne pas abandonner son poste dans un moment où la France était en danger. Napoléon n'insista pas; mais il regretta Drouot, dont l'attachement et la fidélité lui étaient connus.

Le père et la mère du général Bertrand vinrent du Berry pour le voir. Quoique bien sûr des sentimens du général pour lui, Napoléon, dans la crainte d'alarmer la sensibilité de cette famille, ne lui parla pas de son projet d'embarquement pour l'Amérique. Il demanda au duc de Rovigo s'il pouvait compter sur lui pour l'accompagner; celui-ci jura qu'il ne l'abandonnerait pas, et qu'il était décidé à le suivre jusqu'au bout du monde. L'empereur ne pensant pas à son argent, le duc de Rovigo, qui craignait une saisie, lui demanda des instructions à ce sujet et se rendit aussitôt à la trésorerie de la couronne pour le retirer. Il fit bien de se hâter; car il venait à peine d'en sortir, muni d'espèces, qu'il arriva au payeur un ordre de fermer tout crédit, et de ne se dessaisir d'aucuns fonds en faveur de qui que ce fût.

La fortune de l'empereur était bien mince, encore se composait-elle de ce qu'il avait rapporté de l'île d'Elbe. De toutes les personnes auxquelles il avait donné de l'argent, il en était bien peu qui n'en eussent conservé plus qu'il ne lui en restait à lui-même.

Depuis que l'abdication définitive était connue, des groupes nombreux se réunissaient chaque jour sous les fenêtres de l'Elysée; on lui témoignait un intérêt que n'éprouvaient pas beaucoup de ceux qu'il avait comblés de faveurs. Dans ces groupes, on disait hautement qu'on voulait le livrer aux ennemis, et il était souvent obligé de se montrer pour calmer les inquiétudes de la foule, composée, en grande partie, d'artisans. Chaque fois qu'il paraissait, les cris de vive l'empereur! se faisaient entendre comme aux plus beaux jours de sa grandeur. Enfin l'affluence devint si considérable, que Fouché s'en alarma et fit inviter Napoléon à se retirer à la Malmaison, sous prétexte de calmer les esprits qui pourraient se porter à quelques mouvemens séditieux.

L'empereur se rendit à l'invitation et quitta l'Elysée. On poussa la précaution jusqu'à faire entrer sa voiture dans le jardin pour qu'il pût y monter sans être aperçu du public qui encombrait les avenues du palais, et on le fit sortir par la grille qui donne sur l'avenue de Marigny, à l'extrémité du jardin. Il se prêta à tout ce que l'on voulut. Son sacrifice était fait et il fut entier de sa part.

Mais avant de rendre compte du voyage que fit l'empereur, de Malmaison jusqu'à Rochefort, je crois utile de donner le nom de tous ceux de ses serviteurs qui lui restèrent fidèles en l'accompagnant à Sainte-Hélène, d'où ils ne revinrent en France qu'après sa mort.

Tout ce qui composait la maison impériale avait été remercié, pour ne pas dire licencié, le jour même de la seconde abdication de Napoléon à l'Elysée. Ceux de ses officiers qui l'avaient suivi à Malmaison ne l'avaient fait que par condescendance ou par attachement véritable; car ils n'avaient plus rien à espérer d'un monarque déchu pour toujours. L'empereur fit donc lui-même la liste de tous ceux qui voulurent le suivre et partager son exil. Elle était longue. Après maintes réclamations, le personnel de sa nouvelle maison fut ainsi arrêté.

Service d'honneur.

1° Le général Bertrand, grand-maréchal du palais, Mme Bertrand et ses trois enfans devaient partir avec eux;

2º Le général Montholon, remplissant les fonctions de grand-écuyer : sa femme et ses deux enfans devaient l'accompagner ;

3º Le général Gourgaud, grand-maître de la garderobe ;

4º Le comte de Las-Cases, secrétaire du cabinet, et son fils, qui le rejoignit plus tard ;

5º Le capitaine Prowtowski, aide-de-camp.

Service de la chambre.

1º Marchand, premier valet de chambre ;

2º Saint-Denis et Novarez, valets de chambre ordinaires ;

3º Santini, huissier.

Service de la bouche.

1º MM. Cipriani, maître-d'hôtel ;

2º Pierron, officier de bouche et chef-d'office ;

3º Rousseau, argentier et sommelier ;

4º Lepage, cuisinier.

Service des écuries et livrée.

1º Archambaud aîné, premier piqueur ;

2º Archambaud cadet, palefrenier ;

3º Gentilni, valet de pied.

De toutes ces personnes, le général Gourgaud, Mme Montholon et ses enfans, le comte Las-Cases et son fils, Prowtowski et Santini revinrent en France à diverses époques.

Cipriani mourut à Sainte-Hélène.

La famille du général Bertrand ne revint en France qu'après la mort de l'empereur.

M. de Lavalette entra à la Malmaison la veille du jour où l'empereur devait effectuer son départ. Il y trouva réunies toutes les personnes qui s'attachaient encore à sa destinée. Il apportait à Napoléon les ordres dont on pouvait avoir besoin pour les maîtres de postes sur les deux routes qui mènent à Rochefort par le Berry et le Poitou.

Des officiers supérieurs de la garde vinrent le voir : il les embrassa l'un après l'autre : tous fondaient en larmes.

Une foule d'administrateurs et d'officiers de tout grade voulaient suivre la fortune de leur ancien chef; mais Fouché avait semé la division parmi eux. Les uns avaient conservé leurs places ; d'autres avaient été séduits par des promesses d'avancement ou de sécurité. Labédoyère lui-même recula à l'approche du départ, et resta à Paris sur l'assurance qu'on lui donna que tout était oublié. Il ne tarda pas à faire la cruelle épreuve qu'il est des choses que les rois ne pardonnent jamais.

Napoléon se trouvait seul avec nous, lorsqu'un jeune homme vint le prévenir qu'il avait vu dans la plaine Saint-Denis un corps de cavalerie ennemie qui descendait la Seine et paraissait se diriger vers la Malmaison. Ce jeune homme le supplia de partir au plus tôt. L'empereur, sensible à cette marque d'intérêt, le remercia.

Les voitures furent amenées au péristyle du château, excepté la sienne, qui resta dans la cour des cuisines. Elle sortit la première par les allées du parc. Comme c'était celle qui avait le moins d'apparence, les regards ne s'y arrêtèrent point. Elle se rendit par les bois du *Butart* à Rocquancourt, et, laissant Versailles à gauche, elle alla à

Saint-Cyr rejoindre la route de Chartres. Napoléon n'arriva à Rambouillet qu'à l'entrée de la nuit. Sa suite avait été divisée en deux parties: la première était composée de plusieurs voitures dans lesquelles se trouvaient Mme Bertrand et ses enfans, M. et Mme Montholon et un enfant, M. de Las-Cases et son fils, ainsi que plusieurs officiers qui avaient demandé à accompagner l'empereur. Toutes les voitures devaient gagner la route d'Orléans, passer par Châteauroux, et se trouver à un jour fixe à Rochefort.

Le second convoi se composait d'une seule calèche d'été, dans laquelle se trouvaient l'empereur, le général Bertrand, le duc de Rovigo et le général Becker. Marchand, premier valet de chambre de Napoléon, était sur le siége, et un courrier allait une demi-lieue en avant pour faire préparer les relais.

Tous les voyageurs étaient habillés en bourgeois, sans aucun signe de distinction. Ils n'avaient pas de bagages, mais ils s'étaient pourvus d'armes offensives et défensives.

Une autre voiture, dans laquelle était le général Gourgaud avec les bagages de l'empereur, marchait cinq ou six lieues en arrière.

Arrivée à Rambouillet, la voiture où se trouvait l'empereur, au lieu de passer par la ville, prit la grande avenue du château. Napoléon y passa la nuit. Le lendemain, de très bonne heure, il sortit, avec ses compagnons de voyage, par la porte du parc qui donne sur la route de Chartres, et de là parvint, sans être reconnu, jusqu'à Châteaudun, où la maîtresse de poste accourut, tout agitée, à la portière, demander à ceux qui s'y trouvaient s'ils venaient de Paris et s'il était vrai qu'il fût arrivé un nouveau malheur à l'empereur. Elle avait à peine fait cette question, qu'elle le reconnut, et, sans ajouter un mot, elle leva les yeux au ciel, et rentra en pleurant dans sa maison.

Arrivés à Saint-Maixent, cinq ou six lieues en avant de Niort, les voyageurs virent du monde assemblé sur la place de l'Hôtel-de-Ville. La garde nationale était en alerte depuis les nouveaux désordres de la Vendée; elle arrêta les équipages pour demander les passeports. Le général Becker répondit en sa qualité de commissaire du gouvernement, et exhiba le sien ainsi que les ordres dont il était porteur.

Napoléon passa encore cette ville sans avoir été reconnu.

Arrivé à Niort, l'illustre proscrit descendit à l'hôtel de la *Boule-d'Or* où il passa le reste de la nuit. Le lendemain matin, dès que le bruit de son arrivée se fut répandu, une foule considérable vint assiéger les avenues de l'hôtel, et y resta toute la journée. Les officiers, les troupes, les notables témoignèrent le même empressement et les mêmes regrets de voir l'empereur s'éloigner. Au moment de son départ, les troupes qui occupaient Niort demandèrent avec instances qu'il leur permît de lui fournir une escorte.

Un piquet de cavalerie légère l'accompagna jusqu'à Rochefort, où il attendit les voitures qui avaient pris la route du Berry.

Le prince Joseph qui, en partant de Paris, avait pris la route de Bordeaux, où il voulait s'embarquer pour l'Amérique, les avait rencontrées en chemin et avait voulu dire un dernier adieu à son frère. Les voitures de ce prince furent arrêtées en arrivant à Saintes; on le conduisit lui-même à la municipalité, sous prétexte de visiter les voyageurs de la suite et de reprendre les millions qu'ils emportaient avec eux. L'autorité croyant que Napoléon faisait partie de ce convoi, procéda à cette recherche avec des formes assez brusques : Joseph fut conduit chez le maire qui lui demanda son nom.

— Monsieur, répondit l'ex-roi d'Espagne, je voyage sous le nom que porte mon passeport, mais je suis le prince Joseph, frère de l'empereur.

A cette confidence, le maire accabla Joseph d'égards ; il lui dit que toute la ville avait été mise en mouvement par un garde-du-corps, mais qu'il allait tout employer pour rétablir l'ordre et faire atteler les voitures. Le convoi se remit en route, escorté jusqu'à Rochefort par la gendarmerie départementale.

Depuis son arrivée dans cette ville, Napoléon n'était occupé que de son départ pour l'Amérique, qu'il voulait effectuer immédiatement. Il ne pensait pas que rien pût y mettre empêchement, et il se livrait à son projet avec tant de sécurité, qu'il avait emmené des chevaux de choix et une foule de petits objets qui devaient lui rendre la vie plus douce.

A Rochefort, comme dans toutes les villes où il avait été reconnu, Napoléon fut accueilli avec toutes les expressions des sentimens les plus dévoués. En attendant qu'il pût mettre à la voile, il s'établit à la préfecture maritime, où il resta jusqu'au 8 juillet, jour où tout fut prêt pour son départ. Après avoir embrassé tous ses anciens compagnons d'armes, il vint s'embarquer à la rive droite de l'embouchure de la Charente, près du château de Fourras. Une affluence de peuple considérable s'était portée sur ce point, la tristesse se peignait sur tous les visages ; on n'entendait partout que des acclamations de douleur et de regrets.

Les obstacles que l'empereur rencontra dans l'exécution du projet qu'il avait conçu de se rendre aux Etats-Unis sont trop connus pour que je les rappelle ici. L'île Sainte-Hélène lui avait déjà été assignée pour refuge... On sait le reste !...

FIN DE LA PREMIÈRE PARTIE.

ALMANACH

DE L'AN VIII (1800)

Contenant les noms de tous les membres composant le Consulat, le Sénat Conservateur, le Tribunat, le Corps Législatif, les Ministères et le Conseil d'État.

CONSULAT.
Au palais des Tuileries. (1)

PREMIER CONSUL.
BONAPARTE, de l'île de Corse, département du Golo.

SECOND CONSUL.
CAMBACÉRÈS, ex-ministre de la justice.

TROISIÈME CONSUL.
LEBRUN, ex-membre de la commission des anciens.

SECRÉTAIRE-D'ÉTAT.
MARET, ex-ambassadeur à Gênes.

SECRÉTAIRE DES CONSULS ET ARCHIVISTE.
LAGARDE, ex-secrétaire général du directoire exécutif.

SÉNAT CONSERVATEUR.
Au palais du Luxembourg.

SIÉYÈS, président.
ROGER-DUCOS, } secrétaires.
LACÉPÈDE,

Beaupuy (Dordogne) de la commission des anciens.
Bertholet, administ. de la Monnaie.
Bougainville, vice-amiral.
Cabanis (Seine) de la commission des cinq-cents.
Casa-Bianca (Raphaël) gén. de div.
Chasset (Rhône).

Choiseul-Praslin, ex-constituant.
Cholet (Gironde) de la commission des cinq-cents.
Clément de Ris, ex-commissaire de l'instruction publique, ex-président de l'ad. d'Indre-et-Loire.
Cornet (Loiret), de la commission des anciens.

(1) Bonaparte vint habiter le palais des Tuileries le 30 pluviose an VIII (19 février 1800). Cet événement produisit une hausse de cinq pour cent sur la rente. Le 5 0/0 qui était coté à 20 fr. monta à 21 fr.

Cornudet, de la commission des anciens.
Cousin (Seine), ex-administrateur.
Creuzé-Latouche, de la commission des cinq-cents.
Dailly, ex-constituant.
Darcet, de l'Institut national.
Davouts, administrateur du département de la Seine.
Dépère (Mathieu) Lot-et-Garonne, de la commission des anciens.
Destuff-Tracy, ex-constituant.
Dizez, ex-conventionnel, commissaire du gouvernement à l'administration centrale du département des Landes.
Drouin (Louis), négociant à Nantes.
Dubois-Dubais (Calvados), des anciens.
Fargues (Basses-Pyrénées), de la commission des anciens.
François (de Neufchâteau), ex-directeur, ex-législateur, ex-ministre de l'intérieur.
Garan-Coulon, ex-conventionnel, substitut du commissaire du gouvernement au tribunal de cassation.
Garat (Seine-et-Oise), de la commission des anciens.
Hatry, ex-général en chef.
Herwyn (Lys) de la commission des anciens.
Jacqueminot (Meurthe), de la commission des cinq-cents.
Journu-Aubert, ex-législateur, négociant, à Bordeaux.
Kellermann, ex-général en chef.
Lacépède, professeur au Muséum d'histoire naturelle.
Lagrange, de l'Institut national.

Lambrechts, ex-min. de la justice, président de l'administration centrale de la Dyle.
Laplace, membre de l'Institut, ex-ministre de l'intérieur.
Laville-Leroux, ex-constituant.
Lecouteulx-Canteleu, ex-constituant, président de l'administration de la Seine.
Lejean (Lazare), nég., à Marseille.
Lemercier (Charente-Inférieure), de la comm. des anciens.
Levavasseur, nég., présid. du tribunal de commerce de Rouen.
Lenoir-Laroche (Seine), de la commission des anciens.
Lespinasse, général de division.
Monge, ex-ministre de la marine.
Morard de Galles, vice-amiral.
Péré (Hautes-Pyrénées), de la commission des anciens.
Perregaux, banquier.
Pléville-Lepeley, vice-amiral.
Porcher (Indre), de la commission des anciens.
Resnier, ex-envoyé de la république, à Genève, archiviste des relations extérieures.
Roger-Ducos, ex-directeur.
Rousseau (Seine), de la commission des anciens.
Serre (Gironde), ex-conventionnel.
Serrurier, général de division.
Siéyès, ex-directeur.
Vernier (Jura), de la commission des anciens.
Vien, peintre, de l'Institut national.
Villetard (Yonne), de la commission des cinq-cents.
Vimar (Seine-Inférieure), de la commission des anciens.
Volney, de l'Institut national.

TRIBUNAT.

Au palais Égalité.

Adet, ex-ministre de la république aux Etats-Unis d'Amérique.
Alexandre, chef de division au ministère de la guerre.
Andrieux (Seine), des cinq-cents.
Arnoult (Seine), des cinq-cents.
Bailleul (Seine-Inf.), des cinq-cents.
Barra (Ardennes), des cinq-cents.
Beauvais (Seine-Inférieure), de la commission des cinq-cents.

Benjamin Constant (du Léman).
Bérenger (Isère), de la commission des cinq-cents.
Barthélemy (Corrèze) des cinq-cents.
Bezard (Oise), des cinq-cents.
Bitouzet-Linières, des cinq-cents.
Boisjolin, professeur à l'Ecole centrale du Panthéon.
Bosc (Aube), des cinq-cents.
Boutteville (Somme), des anciens.

Caillemaire, des anciens.
Cambe (Aveyron), des cinq-cents.
Carret (Rhône), des cinq-cents.
Chabaud (Allier), des anciens.
Chabot-Latour (Gard), des cinq-cents.
Chalan (Seine-et-Oise), des cinq-cents.
Chassiron (Charente-Inférieure), de la commission des anciens.
Chauvelin, ex-ambassadeur de la république à Londres.
Chazal (Gard), de la commiss. des cinq-cents.
Chenard, des cinq-cents.
Chénier (Seine), de la commission des cinq-cents.
Costé (Seine-Inférieure), des cinq-cents.
Courtois, des anciens.
Crassous (Hérault), ex-législateur.
Curée (Hérault), des cinq-cents.
Daunou (Pas-de-Calais), de la commission des cinq-cents.
Debry (Jean), des cinq-cents.
Despierre jeune, des cinq-cents.
Demonceaux (Aisne), administrateur des hospices civils de Paris.
Desmeuniers, ex-constituant.
Desrenaudes (Corrèze), homme de lettres.
Dieudonné (Vosges), des anciens.
Dubois (Vosges), ex-législateur, commissaire de la trésorerie.
Duchêne (Drôme), des cinq-cents.
Duverrier, ex-secrétaire général de la justice.
Fabre (Aude), des cinq-cents.
Faure (Seine), des cinq-cents.
Favart (Puy-de-Dôme), des cinq-cents.
Gallois, de l'Institut.
Ganhil, homme de loi.
Garat-Mailla (Basses-Pyrénées), homme de lettres.
Garry, fils aîné (Haute-Garonne), homme de loi.
Gaudin (Emile), de la commission des cinq-cents.
Gilet-la-Jacqueminière (Loiret).
Gilet (Seine-et-Oise), des cinq-cents.
Ginguené, ex-ambassad. à Turin.
Girardin (Stanislas), ex-législateur.
Goupil-Préfeln fils (Orne), commission des anciens.
Gourlay (Loire-Inf.), commission des cinq-cents.
Grenier (Puy-de-Dôme), des cinq-cents.
Guinard (Lys), des cinq-cents.
Guttinguer (Seine-Inférieure), des anciens.
Huguet (Seine), des anciens.
Imbert (Seine-et-Marne), ex-législateur.
Isnard, ingénieur des ponts et chaussées.
Jacquemont, chef de division au ministère de l'intérieur.
Jar-Panvilliers (Deux-Sèvres), des cinq-cents.
Jaucourt, ex-législateur.
Jubé, adjudant-général, ex-commandant de la garde du directoire.
Labrouste (Gironde), des cinq-cents.
Lahary, des anciens.
Laloi (Haute-Marne).
Lamoriguières, professeur de langues.
Laussat (Basses-Pyrénées), commission des anciens.
Lebreton, membre de l'Institut et chef de division au ministère de l'intérieur.
Lecointe-Puyraveau (Deux-Sèvres), des anciens.
Legier (Forêts), des cinq-cents.
Legonidec, substitut du commissaire du gouvernement au tribunal criminel du département des Landes.
Le Goupil-Duclos (Calvados), des cinq-cents.
Le Jourdan (Bouches-du-Rhône), des anciens.
Leroy, ex-commissaire près le bureau central.
Ludot (Aude), des cinq-cents.
Malès (Corrèze), des cinq-cents.
Malherbes (Ille-et-Vilaine), des cinq-cents.
Mallarmé (Meurthe), des cinq-cents.
Mathieu (Oise), de la commission des cinq-cents.
Miot, ex-ministre à Florence, secrétaire-général de la guerre.
Mongez, administrateur de la Monnaie.
Mouricaut (Seine), des anciens.
Noël, homme de lettres, ex-ambassadeur, chef de division au ministère de l'intérieur.
Parent-Réal (Pas-de-Calais), de cinq-cents.

Pénière (Corrèze), des cinq-cents.
Perrée (Manche), ex-législateur.
Picaut (Seine-et-Marne), des anciens.
Portiez (Oise), des cinq-cents.
Riouffe, homme de lettres.
Roujoux (Finistère), des anciens.
Savoye-Rolin, ex-avocat général à Grenoble.
Say (J.-B.), homme de lettres.
Sédillez (Seine-et-Marne), commission des anciens.
Thibaut (Loire-et-Cher), commission des cinq-cents.
Thiessé (Seine-Inférieure), commission des cinq-cents.
Trouvé, ex-ambassadeur près la république Cisalpine.
Vezin, des cinq-cents.

CORPS LÉGISLATIF.

Au palais ci-devant des Cinq-Cents.

Albert aîné (Seine), des anciens.
Albert jeune (Bas-Rhin), des cinq-cents.
Alard (Rhône), des anciens.
Auquetin (Seine-Inférieure), des anciens.
Appert (Loiret), des anciens.
Aubert (Seine), des cinq-cents.
Auguis (Deux-Sèvres), des cinq-cents.
Auverlot (Gemmappes), des cinq-cents.
Barborier (Drôme), des anciens.
Baillon (Nord), des anciens.
Barraillon (Creuse), des anciens.
Baron (Marne), des anciens.
Barré (Sarthe), des anciens.
Barrière (Basses-Alpes), des cinq-cents.
Barraut (Lozère), des anciens.
Bassaget (Vaucluse), des anciens.
Bassenges (Ourthe), des cinq-cents.
Bazoche (Meuse), des anciens.
Beauchamp (Allier), des cinq-cents.
Béerembroeck (Deux-Nèthes), des anciens.
Belleville, ex-ministre de la république.
Belzais-Courmesnil (Orne).
Bergeras (Basses-Pyrénées), des anciens.
Bergier (Puy-de-Dôme), ex-législateur.
Berquier-Neuville (Pas-de-Calais), des cinq-cents.
Berthesen (Gard), ex-conventionnel.
Blaraut (Gemmappes), des anciens.
Boéri (Indre), des cinq-cents.
Boileau (Yonne), des cinq-cents.
Bollet (Pas-de-Calais), des anciens.
Bollioude (Ardèche), des cinq-cents.
Bordes (Ariége), des cinq-cents.
Bouisserin (Charente-Inférieure), des anciens.
Bourdon (Seine-Inférieure), des anciens.
Bourglaprade (Lot-et-Garonne), des cinq-cents.
Bourgeois (Seine-Inférieure), des anciens.
Brault (Vienne), des anciens.
Bréard (Charente-Inférieure), ex-conventionnel.
Brémoutier (Seine-Inférieure), des cinq-cents.
Bucaille (Pas-de-Calais), ex-constituant.
Cacault (Loire-Inf.), des cinq-cents.
Cazenave (Basses-Pyrénées), des cinq-cents.
Castagner (Tarn), des cinq-cents.
Castaing (Orne), des cinq-cents.
Cayre (Rhône), des cinq-cents.
Cazaux (Haute-Gar.), des cinq-cents.
Chaillot (Seine-et-Marne), des cinq-cents.
Champion (Meuse), des anciens.
Champion (Jura), des anciens.
Charrel (Isère), des cinq-cents.
Chatry-Lafosse (Calvados), des anciens.
Cherrier (Moselle), ex-convention.
Chollet-Beaufort (Puy-de-Dôme), des cinq-cents.
Clary, Nicolas (Bouches-du-Rhône), négociant.
Clavier (Loire-Inf.), des cinq-cents.
Clavière (Cantal), des cinq-cents.
Clauzel (Ariége), des cinq-cents.
Cochon-Duviviers (Charente-Inf.), officier de santé de la marine.
Collard (Forêts), des cinq-cents.
Collet (Yonne), des cinq-cents.
Combes-Dounous (Lot), des cinq-cents.

Compayre (Tarn), des cinq-cents.
Cornilleau (Sarthe), ex-législateur.
Coulmiers (Seine), ex-constituant, adm. de l'hospice de Charenton.
Coutausse (Lot-et-Garonne), des anciens.
Couzard (Gironde), des cinq-cents.
Creveulier (Charente), des cinq-cents.
Crochon (Eure), des cinq-cents.
Dabray (Alpes-Maritimes), des cinq-cents.
Dalphonse (Allier), des anciens.
Daniel (Nord), des cinq-cents.
Danet (Morbihan), des anciens.
Daracq (Landes), des cinq-cents.
Dauphole (Hautes-Pyrénées), des cinq-cents.
Dadelay-Dagier (Drôme), des anc.
Defrance (Seine-et-Marne), ex-conventionnel.
Delamarre (Oise), des anciens.
Delattre (Somme), des cinq-cents.
Delecloy (Somme), des anciens.
Delneufcourt (Gemmappes), des anciens.
Delort (Corrèze), des anciens.
Delpierre aîné (Vosges), des cinq-cents.
Delzonse (Cantal), des anciens.
Desmazières (Maine-et-Loire), des anciens.
Desnos (Orne), des cinq-cents.
Desprez (Orne), des cinq-cents.
Devaux (Lys), des cinq-cents.
Devinck-Thierry (Escaut), des cinq-cents.
Dillon (Vendée), des cinq-cents.
Drulh (Haute-Garonne), ex-conventionnel.
Dubosq (Calvados), des cinq-cents.
Dubourg (Oise), des anciens.
Duflos (Pas-de-Calais), des cinq-cents.
Dumas (Mont-Blanc), ex-conventionnel.
Dumoulin (Nord), des cinq-cents.
Dupin (Nièvre), des anciens.
Duplaquet (Aisne), des cinq-cents.
Dupoix (Landes), des cinq-cents.
Dupuis (Seine-et-Oise), ex-conventionnel.
Durand (Loire-et-Cher), des cinq-cents.
Dutroubornier (Vienne), des cinq-cents.
Duval (Seine-Inf.), ex-ministre de la police.

Duvillard (Léman), chef de bureau à la trésorerie.
Engerrand (Manche), des cinq-cents.
Enjubault (Mayenne), des cinq-cents.
Eschasseriaux jeune (Charente-Inférieure), des cinq-cents.
Estaque (Ariége), des anciens.
Eversdyck (Escaut), des cinq-cents.
Fabry (Ourthe), des cinq-cents.
Faure (Haute-Loire), des anciens.
Febvre (Jura), des cinq-cents.
Félix-Faulcon (Vienne), des cinq-cents.
Fery (Dyle), des cinq-cents.
Florent-Guyot (Côte-d'Or), ex-ministre plénipotentiaire à La Haye.
Fontenay (Indre-et-Loire), ex-législateur.
Foubert (Dyle), des cinq-cents.
Fouquet (Cher), des anciens.
Fourmi (Orne), des anciens.
Fournier (Hérault), des anciens.
Franck (des Forêts), des anciens.
Frecheville, des cinq-cents.
Frochot (Côte-d'Or), ex-constituant.
Fulchiron aîné, banquier.
Gantois (Somme), des cinq-cents.
Garnier-Deschenes (Seine-et-Oise), des cinq-cents.
Gassendi (Basses-Alpes), ex-constituant.
Gaudin (Vendée), des anciens.
Gauthier (Côte-d'Or), des anciens.
Geoffroy (Cosme), de Saône-et-Loire, ex-législateur.
Germain (Jura), des cinq-cents.
Gesnouin (Finistère), des cinq-cents.
Gheysens (Lys), des anciens.
Gilbert, professeur à l'école vétérinaire d'Alfort.
Gintrac (Dordogne), des anciens.
Girod (Ain), des cinq-cents.
Girot-Pouzols (Puy-de-Dôme).
Gonnet (Somme), des anciens.
Gossuin (Nord), des cinq-cents.
Goyet-Dubiginon (Mayenne), des anciens.
Grappe (Doubs), des cinq-cents.
Grégoire (Meurthe), ex-conventionnel.
Grenot (Jura), des cinq-cents.
Guérin (Deux-Sèvres).
Guérin (Loiret), des cinq-cents.
Guichard (Yonne), des cinq-cents.
Guilmot (Côte-d'Or), des cinq-cents.

Gurail (Basses-Pyrénées), des cinq-cents.
Guiter (Pyrénées-Orientales), ex-conventionnel.
Guyot-Desherbiers (Seine), des cinq-cents.
Hardy (Seine-Inférieure), des cinq-cents.
Hémart (Marne), des cinq-cents.
Hopsomère (Escaut), des anciens.
Houdébert (Sarthe), des cinq-cents.
Hubard (Meuse-Infér.), des anciens.
Huon (Finistère), des anciens.
Hattinguais (Seine-et-Marne), des cinq-cents.
Jacomet (Pyrénées-Orientales), des anciens.
Jacomin (Drôme), des cinq-cents.
Jalod (Jura), des cinq-cents.
Jan (Eure), des anciens.
Jourdan (Nièvre), des cinq-cents.
Jouvent (Hérault), des cinq-cents.
Juhel (Indre), des cinq-cents.
Kervélegan (Finistère), des cinq-cents.
Laborde (Gers), ex-législateur.
Lachieze (Lot), des anciens.
Lacrampe, (Hautes-Pyrénées), des cinq-cents.
Lafont (Lot-et-Garonne), des cinq-cents.
Lagrange (Lot-et-Garonne), des anciens.
Lamétherie (Saône-et-Loire), ex-constituant.
Langlois (Eure), des anciens.
Lapotaire (Morbihan), des anciens.
Lacher (Haute-Marne), des anciens.
Latour-d'Auvergne, capitaine de grenadiers.
Laumond (Creuse), des cinq-cents.
Leblanc (Oise), des cinq-cents.
Leblanc (H.-Alpes), des cinq-cents.
Leblond, bibliothécaire des Quatre-Nations.
Lecerf (Eure), des anciens.
Leclerc (Maine-et-Loire), ex-conventionnel.
Leclerc (Seine-et-Oise), général.
Lefevre-Cayet (Pas-de-Calais), ex-législateur.
Lefèvre-Laroche, ex-administrateur du département de la Seine.
Lefebvrier (Morbihan), des cinq-cents.
Legier (Loiret), des cinq-cents.
Legrand (Indre), ex-législateur.
Le Mayod (Morbihan), des anciens.
Lemée (Côtes-du-Nord), des anciens.
Le Mesle (Seine-Inf.), des cinq-cents.
Le Moine (Calvados), ex-conventionnel.
Lenormand (Calv.) des cinq-cents.
Lerouge (Aube) des anciens.
Leroux, Etienne (Seine), des cinq-cents.
Leroi (Eure), des cinq-cents.
L'Espinasse (Haute-Garonne), ex-législateur.
Le Soierne (Ourthe), des anciens.
Lévêque (Calvados), ex-commissaire central du département.
Lobjoy (Aisne), des anciens.
Louvet (Somme), des cinq-cents.
Loyaud (Vendée), des anciens.
Lucas (Allier), ex-constituant.
Luminais (Vendée), des cinq-cents.
Mallein (Isère), des anciens.
Mansord (Mont-Blanc), des cinq-cents.
Maras (E.-et-Loir), des cinq-cents.
Marc-Aurèle (Hte-Gar.), ex-consul.
Martinel (Drôme), des cinq-cents.
Massa (Alpes-Maritimes), ex-conventionnel, commissaire central du département.
Maugenest (Allier), des cinq-cents.
Maupetit (Mayenne), des anciens.
Ménard (Dordogne), ex-conventionnel.
Ménessier (Aube), des cinq-cents.
Méric (Aube), des anciens.
Metzger (Ht.-Rhin), des cinq-cents.
Meyer (Escaut), des cinq-cents.
Mayer (Tarn), des anciens.
Mollevault (Meurthe), des cinq-cents.
Montaut-Desilles (Vienne), des anciens.
Montardier (Seine-et-Oise).
Monseignat (Aveyron), des cinq-cents.
Morand (Deux-Sèvres), des anciens.
Moreau-Sigismont (Mont-Terrible), des anciens.
Morel (Marne), des cinq-cents.
Mosneron aîné, ex-législateur.
Moulland (Calvados), des anciens.
Nairac (Char.-Infér.), des cinq-cents.
Olbrechts (Dyle), des anciens.
Ornano, Michel (Liamone).
Ortalle (Gemmappes), des cinq-cents.
Paillard (Eure-et-Loir), des anciens.
Pampelonne (Ardèche), ex-constituant.
Papin (Landes), des anciens.

Pellé (Seine-et-Oise), des anciens.
Pémartin (Basses-Pyrénées), des cinq-cents.
Perrier (Grenoble), négociant.
Perrin (Vosges), des anciens.
Pictet-Diodati (Léman), memb. de l'administ. centrale du départ.
Pigeon (Dordogne), des cinq-cents.
Pilatre (Maine-et-Loire), ex-conventionnel, administrateur des hospices civils.
Pillet (Loire-Inf.), des cinq-cents.
Poisson (Manche), des anciens.
Poulain, Célestin (Marne), des cinq-cents.
Poultier (Pas-de-Calais), des cinq-cents.
Provost (Mayenne), des cinq-cents.
Rabasse (Seine-Inf.), des cinq-cents.
Rabaud (Gard), des anciens.
Raingeard (Loire-Inf.), des anciens.
Rallier (Ille-et-Vilaine), des cinq-cents.
Ramel (Loire), des cinq-cents.
Rampillon (Vienne), des cinq-cents.
Réguis (Basses-Alpes), des anciens.
Renaud-Lascours (Gard).
Renault (Orne), des cinq-cents.
Reybaud-Clauzonne (Var), ex-accusateur public au trib. crimin.
Ricard (Rhône), des cinq-cents.
Richard (Loire), des anciens.
Ricour (Lys), des cinq-cents.
Rivière (Nord), des anciens.
Rodat (Aveyron), des anciens.
Rœmers (Meuse-Inférieure), des cinq-cents.
Roger-Martin (Haute-Garonne), ex-législateur.
Rossée (H.-Rhin), ex-législateur.
Rousseau-Detlonne (Ardennes).
Rouvelet (Aveyron), des cinq-cents.
Saint-Martin (Ardèche), des cinq-cents.
Saint-Pierre Lesperet (Gers), ex-administrateur du département.

Sallenave (Basses-Pyrénées), des cinq-cents.
Salligny (Marne), des anciens.
Savary (Eure), des cinq-cents.
Seret (Allier), des cinq-cents.
Schirmer (Haut-Rhin), des anciens.
Sieyes-Léons (Var), ex-administrateur.
Simon (Sambre-et-Meuse), des anciens.
Simon (Seine-et-Marne), des cinq-cents.
Simonet (Yonne), des anciens.
Tack, Paul (Escaut), des cinq-cents.
Tardy (Ain), des cinq-cents.
Tarte (Sambre-et-Meuse), des cinq-cents.
Tarteyron (Gironde), des anciens.
Teissier (Bouches-du-Rhône), nég. commissaire de la comptabilité intermédiaire.
Thénard (Charente-Inférieure), des cinq-cents.
Thévenin (Puy-de-Dôme), des anciens.
Thierry (Somme), des anciens.
Toulgoët (Finistère) des anciens.
Trottier (Cher), des cinq-cents.
Trumeau (Indre), des cinq-cents.
Turgan (Landes), des anciens.
Vacher, Charles (Cantal) des anciens.
Van-Kempen (Nord), des anciens.
Van-Ruymbeke (Lys), des cinq-cents.
Vergniaud (Haute-Vienne), des cinq-cents.
Verne (Loire), des anciens.
Vigneron (Haute-Saône), ex-conventionnel.
Villars (Haute-Garonne), ex-conventionnel.
Villers (Loire-Inférieure), ex-conventionnel.
Villiot (Escaut), des cinq-cents.
Vozelle (Haute-Loire), des cinq-cents.

CONSEILLERS D'ÉTAT.

Section de la guerre.

Brune, président, général en chef de l'armée de Hollande.
Dejean, ex-général du génie.
Lacuée (Lot-et-Garonne), des cinq-cents.
Marmont, ex-chef de brigade dans l'artillerie à cheval.
Pétiet (Seine), ex-ministre de la guerre, des cinq-cents.

Section de la marine.

Gantheaume, président, contre-amiral.
Champagnie, ex-constituant.
Dufalga, à l'état-major.

Fleurieu, ex-ministre de la marine, ex-législateur.
Lescalier, commissaire-auditeur en la cour martiale maritime.
Rédon.

Section des finances.

Defermont, président, commissaire à la trésorerie nationale.
Duchâtel (Gironde), ex-conventionnel et administrateur de l'enregistrement.
Devaisnes.
Dufresne, ancien premier commis des finances, ex-législateur.
Dubois (Vosges), ex-commissaire de la trésorerie nationale.
Jollivet, ex-conservateur des hypothèques.

Reigner, de la commission des anciens.

Section de la justice.

Boulay (Meurthe), président, de la commission des cinq-cents.
Berlier (Seine), des cinq-cents.
Emmery (Moselle), ex-constituant.
Moreau-Saint-Méry, ex-constituant.
Réal, ancien procureur au Châtelet, comm. du directoire près le dép.

Section de l'intérieur.

Rœdérer, président, ex-constituant.
Bénézech, ex-ministre de l'intérieur.
Chaptal, de l'Institut national.
Crétet (Côte-d'Or), des anciens.
Fourcroy, de l'Institut national.
Regnault (Saint-Jean-d'Angély), ex-constituant.

DEUXIÈME PARTIE.

LA RÉPUBLIQUE ET LE CONSULAT.

I

La première garnison.

Tant de fables et d'erreurs historiques ont été accréditées sur les premières années de Napoléon, que nous devons déclarer que cet article n'est pas un caprice d'imagination : c'est de l'histoire contemporaine et rien de plus. Les faits, les noms et les dates sont d'une rigoureuse exactitude. Nous avons écrit sur des documens authentiques et d'après les renseignemens de témoins oculaires, pour la plupart acteurs dans les scènes que nous allons raconter. C'est à l'extrême obligeance de M. le baron de Coston, lieutenant-colonel du 4e régiment d'artillerie, aujourd'hui en retraite, et auteur de la *Biographie des premières années de Napoléon Bonaparte*, que nous sommes redevables de ces précieux détails. Non seulement cet honorable militaire a publié les matériaux de cet excellent ouvrage qui lui a coûté vingt ans de travail et de consciencieuses recherches, mais encore lui-même en a livré quelques extraits aux feuilles littéraires de Paris. Le livre de M. le baron de Coston est peut-être le plus beau monument qu'on ait élevé, jusqu'à ce jour, à la mémoire du jeune lieutenant d'artillerie devenu, en moins de dix années, le héros de notre siècle et la gloire de la France.

Dès le matin du 2 septembre 1785, une grande nouvelle vint faire écho dans toutes les classes et sur tous les bancs de l'école royale militaire de Paris : Louis XVI avait signé, la veille, l'ordonnance de promotion de cinquante-huit lieutenans en second pour les divers régimens d'artillerie de La Fère, de Grenoble, de Metz, de Toul, d'Auxonne, de Besançon et de Strasbourg.

Personne n'aurait pu dire comment cette nouvelle avait si tôt franchi les murs de l'école ; néanmoins, elle était le sujet de tous les entretiens, depuis la salle de discipline jusqu'au cabinet du directeur général des études, M. de Walfort, *mestre des camps* d'infanterie des armées du *Roy*, logeant à l'école et remplissant les fonctions de M. le marquis Timburne-Valence, lieutenant-général, gouverneur et inspecteur, dont le titre n'était que purement honorifique.

Réunis par petits pelotons, chacun commentait la nouvelle ordonnance suivant ses intérêts, ses vœux et ses projets. C'était partout un brouhaha de chuchottemens, d'exclamations, de discussions et de récriminations. Les uns (ceux qui avaient passé un brillant examen) étaient dans une joie difficile à dépeindre. Les autres (les arriérés, les paresseux) étaient, au contraire, tristes et fâchés de rester un an de plus à l'école et de perdre leurs plus intimes amis. Les classes se firent au milieu de ces mille préoccupations : les professeurs ne furent pas toujours les maîtres, et, pendant une semaine entière, le réglement resta presque suspendu.

Au bout de ce temps, toute hésitation cessa : le nom des heureux était proclamé. Devant l'école assemblée, les nouveaux officiers furent félicités et reconnus par le ministre de la guerre, le maréchal de Ségur; mais le brevet et l'ordre de service n'arrivèrent que plus tard, dans les premiers jours d'octobre.

Que de projets, que de rêves pour nos jeunes gens pendant ces derniers jours passés sous le joug! L'un ne voyait rien moins que le bâton de maréchal de France pour prix de quelques années de service; l'autre visait à l'inspection générale de l'artillerie; un troisième, plus modeste, n'ambitionnait que les épaulettes de colonel. Il en était beaucoup qui n'avaient aucune de ces idées de rapide avancement. Dans leur brevet, ceux-là ne voyaient guère qu'une permission de sortir de l'école, un congé prolongé, une dispense d'assister plus longtemps à des exercices fastidieux autant que monotones. Quelques uns, en petit nombre il est vrai, y voyaient aussi *un permis* de visiter la maison paternelle, d'embrasser leur mère et leurs sœurs; d'étaler, devant elles et les voisins, un brillant uniforme. Mais tous, éprouvant le besoin d'émotions nouvelles, n'attendaient que le signal pour s'envoler et se disperser de toutes parts comme une nichée d'oiseaux échappés de leur cage.

Ce signal si impatiemment attendu fut enfin donné. Le 10 octobre, cinquante-huit brevets et autant d'ordres de service arrivèrent à l'école militaire, paraphés et signés par le roi. Chacun reçut le sien et connut officiellement sa destination : cinq entraient au régiment de Grenoble; six au régiment d'Auxonne; six autres à celui de Besançon; huit à celui de Toul; douze à celui de Metz; quatorze à celui de Strasbourg; enfin, sept étaient incorporés au régiment de La Fère, en garnison à Valence depuis 1783.

Ces derniers, dont nous indiquerons les noms dès à présent, parce que dans la suite ils reviendront souvent sous notre plume, étaient : MM. Damoiseau, de Ville-sur-Aerc, de Bellefonds, de Bussy, de Bonaparte, Marescot, de la Noue et des Mazis.

Le 2 novembre suivant, vers les dix heures du soir, deux élèves, conduits par un sergent instructeur, sortaient de l'école royale militaire; et, suivis d'un commissionnaire portant leur petite valise, se dirigeaient vers les Turgotines (1) de Lyon. Ils arrivèrent au bon moment, payèrent leurs places, embrassèrent le vieux sous-officier, et se juchèrent aussitôt dans la roulante machine. A peine étaient-ils assis, qu'un vigoureux coup de fouet retentit, et tout fut rapidement entraîné vers Fontainebleau.

— Enfin, je suis libre! s'écria le plus jeune, en donnant à son voisin une violente *poussée*, comme pour essayer en même temps un peu de cette liberté qu'il attendait depuis si longtemps.

Et la voiture roula pendant deux jours et trois nuits. On traversa Fontainebleau, Montargis, Nevers, Moulins, Roanne; et, le 5, on était à Lyon. La voiture fut abandonnée comme une prison cent fois plus hor-

(1) Espèces de diligences établis par le ministre Turgot, qui leur donna son nom. Elles avaient remplacé les coches en usage sous Louis XV.

rible que celle de l'école. On prit logement dans un modeste hôtel, situé non loin des bureaux de l'administration des Turgotines, au faubourg de Vaise; une heure après, les deux jeunes gens faisaient leur entrée à Lyon.

Ils portaient encore l'habit d'uniforme de l'école royale militaire de Paris. Ce costume, qui dessinait bien la taille avantageuse du premier et montrait beaucoup trop les membres grêles du second, était élégant et sévère. C'était un habit bleu de roi, à collet droit avec retroussis amarante, serré au poignet et fermé sur la poitrine avec des boutons d'argent uni, sans légende ni écusson; le chapeau à claque, orné d'un petit cordonnet à la ganse et d'une mince garniture d'argent, sans cocarde. La culotte courte était rouge, sans aucun ornement de fantaisie; les souliers avaient de petites boucles d'argent. Cet uniforme attira les regards de maints badauds lyonnais et contraria souvent ceux qui le portaient.

Ces deux enfans, car l'un n'avait pas plus de seize ans, et l'autre dix-sept, avaient une tournure assez distinguée. Le plus âgé était réellement un fort joli garçon, un cavalier bien tourné, aux traits réguliers et délicats, au teint blanc, aux joues rosées, au regard calme et doux, aux cheveux longs et bouclés. Le plus jeune, au contraire, était pâle et maigre, de petite taille et d'un aspect un peu étrange. Ses traits réguliers, mais un peu durs, ses cheveux lisses et rudes, sa tête, fortement caractérisée et à angles droits, tout donnait à sa personne quelque chose qui contrastait avec l'insouciance ordinaire à d'aussi jeunes gens. De ses yeux, ni bleus ni noirs, mais tenant à la fois de ces deux nuances, s'échappaient par instans des étincelles, des éclairs. Loin d'expliquer ce que cet ensemble avait d'énigmatique, sa parole semblait y concourir encore. Douce et sonore, mais brève et d'un accent italien fortement prononcé, elle avait quelque chose d'harmonieux et de saisissant qui plaisait à entendre, qui forçait à écouter et imposait toujours un peu aux auditeurs.

Le blond était le chevalier Alexandre des Mazis, alors cadet d'une honorable famille de la Beauce, qui plus tard devint intendant général du mobilier de la couronne impériale. Le brun se nommait Napoléon de Bonaparte, le futur empereur et roi, le vainqueur de Marengo, d'Austerlitz, de Wagram, de la Moskowa, etc., etc.

A Lyon, la vie de lieutenant en second commença pour nos voyageurs. Les professeurs n'étaient plus là, ni le vieux sous-officier, ni le conducteur de la Turgotine non plus. Les cafés, le théâtre et quelques établissemens *moins distingués* furent successivement visités. L'argent diminua dans la bourse de l'un et de l'autre. Napoléon n'était pas riche, et son compagnon n'avait pas non plus les mines du Pérou. Encore quelques petites fredaines, et il falloit quitter Lyon sans avoir acheté plusieurs ouvrages qu'on ne pouvait trouver que là. Heureusement pour eux, la Providence y pourvut.

Dans une excursion à Fourvières, les deux amis rencontrèrent un M. Barlet, ancien secrétaire des commandemens de M. le comte de Marbeuf, gouverneur de l'île de Corse. Ce monsieur reconnut parfaitement le jeune Bonaparte qu'il avait vu souvent pendant son séjour à Ajaccio. On lui fit comprendre la situation précaire où les premières escapades avaient mis les finances de la communauté: M. Barlet s'exécuta sur-le-champ de très bonne grâce. Il fit plus: bien connu dans la ville, il présenta les jeunes gens à plusieurs amis, les fit dîner à sa table, et ne les quitta qu'après avoir garni leur bourse de ce qu'il fallait pour se rendre à Valence. En même temps et en particulier, il remit à Napoléon une lettre de recommandation pour M. Tardivon, de Valence, ancien abbé général de l'ordre de Saint-Ruff.

C'était le cas de partir sur-le-champ; mais, pressés sans doute de prendre un avant-goût de la vie de garnison, des Mazis et Bonaparte restèrent à Lyon encore quelques jours, et ne quittèrent cette ville que le 9 au matin, à pied, la tête tant soit peu lourde et la bourse aussi légère qu'avant la rencontre de M. Barlet.

Le 10, ils couchèrent à Vienne en Dauphiné. Le lendemain, exténués de fatigue et mourant de faim, ils arrivèrent d'assez bonne heure à Saint-Vallier, gros bourg sur la rive gauche du Rhône, à six lieues seulement de Valence : ils avaient fait deux étapes. Ce n'était ni étonnant ni extraordinaire. Frêles, délicats, d'une constitution faible, ils étaient peu habitués à la marche et avaient pourtant fait plus de sept lieues en moins de dix heures, sans autre repas qu'une tasse de lait à Roussillon et un peu de pain et de vin dans un petit hameau nommé Laveyron. Des Mazis surtout était exténué; car ce n'avait été que pour faire plaisir à son camarade qu'il avait adopté ce régime de trappiste. Mais Napoléon le lui avait conseillé afin de se ménager quelques petites ressources pour les premiers jours de leur arrivée à Valence.

A Saint-Vallier, cependant, on se trouva si mal de ce régime de diète et de marches forcées, qu'il fut abandonné d'un commun accord. Un souper confortable était nécessaire pour rétablir les voyageurs : on le commanda. Ce repas se prolongea jusqu'au soir ; et, vers les neuf heures, ils se mirent au lit, presque reposés des fatigues de la journée.

— Nous arriverons de bonne heure ! s'écria Napoléon en se couchant. Combien comptez-vous d'ici à Valence ? demanda-t-il à l'aubergiste.

— Cinq fortes lieues, monsieur.

— Cinq lieues ! Eh bien ! des Mazis, nous partirons à six heures, parce que avant midi nous aurons rejoint notre garnison.

Puis se retournant vers l'hôtelier, qui partait en emportant la lampe.

— Vous nous reveillerez à cinq heures du matin et vous nous préparerez une tasse de lait à chacun.

— Oh ! pour cela, mes jeunes seigneurs, soyez tranquilles. Ce sera prêt avant vous, bonne nuit !

Et l'aubergiste descendit. Il n'était pas au bas de l'escalier que nos jeunes officiers dormaient du sommeil le plus profond, du sommeil des vieux invalides.

Le lendemain matin, neuf heures sonnaient au clocher quadrangulaire du village, que Bonaparte et des Mazis dormaient encore. Il est probable que ce jour-là le coq n'avait point chanté dans la basse-cour du pauvre logeur de Saint-Vallier, et que partant, tout le monde, aubergiste et voyageurs, s'étaient oubliés sur l'oreiller.

Le fait est que le soir on avait bu un peu plus que d'habitude, et que le matin régnait un de ces brouillards épais qui, d'ordinaire, vers les derniers jours d'automne, enveloppent si bien toute la vallée du Rhône, qu'on ne distingue plus le fleuve des rochers blancs qui forment son lit, et des coteaux verts qui lui servent de barrières ; un de ces brouillards qui désespèrent les voyageurs et les mariniers.

Il fallut bien se lever pourtant. L'hôte rustique s'excusa de son mieux sur le souper, sur le brouillard, sur le besoin de se reposer avant d'arriver au lieu de destination ; mais nos jeunes gens l'accueillirent assez mal, Napoléon surtout se montrait de fort mauvaise humeur.

— Je suis sûr que ce manant, dit-il à des Mazis, ne nous a point réveillés afin de nous vendre à déjeûner. Si tu veux me croire, nous ne resterons pas un moment de plus à Saint-Vallier. Tournon n'est qu'à deux ou trois lieues, et là, si nous pouvons pénétrer dans l'intérieur du collége, les meilleurs des amis et le plus copieux des repas nous attendent.

Des Mazis ne fut nullement de cet avis. Il opina pour déjeûner tout de suite. L'aubergiste ne se fit pas répéter cet ordre.

Un instant après les jeunes gens étaient à table. Une petite omelette, des pommes de terre frites, un rond de beurre et quelques châtaignes grillées, le tout arrosé d'une bouteille de ce vin des bords du Rhône, si spiritueux, les mirent en veine de causerie comme la veille. Les projets d'avenir furent revus, corrigés et embellis. Pendant ce temps le ciel s'éclaircissait. Une bouffée de vent dissipa le brouillard : le soleil parut, et l'aubergiste fut le premier à dire qu'on pourrait facilement réparer le temps perdu. Bonaparte, se levant alors de table, ne fit qu'un bond pour gagner la grand'route, pendant que son compagnon soldait le petit compte de la veille avec celui du déjeûner du matin.

Deux heures après, nos jeunes gens découvraient le coteau de l'Ermitage. Ils avaient successivement passé par Serves, Erôme, Gervans et Crozes, et arrivèrent à Tournon vers midi. Ils s'informèrent si le collége s'ouvrait quelquefois pour les étrangers. Sur la réponse qu'ils désiraient, les deux amis traversèrent le Rhône avec le bateau de traille et se présentèrent aussitôt au collége royal, dans lequel ils devaient l'un et l'autre rencontrer des amis d'enfance.

Dans ce magnifique établissement, alors tenu par les oratoriens et depuis peu de temps organisé en école militaire (1), le jeune Corse et son compagnon furent bien accueillis des professeurs et des élèves. Parmi ces derniers, Napoléon reconnut plusieurs compatriotes : un fils de Buattafuoco, celui de Casalta, qui plus tard commanda avec lui en Corse un bataillon de gardes nationaux volontaires ; enfin ceux de M. de Gentille, proches parens de Pozzo di Borgo, qui, trente ans plus tard, devait contribuer à sa ruine et se déclarer son ennemi implacable.

Après avoir parcouru cette vaste école, on voulut visiter aussi le château, vieil édifice qui sert aujourd'hui de prison et d'où Bonaparte espérait découvrir Valence. De là, en effet, la vue s'étend sur la chaîne centrale des Alpes, sur le cours du Rhône et de l'Isère et se prolonge jusqu'à l'horizon à travers d'immenses plaines. On ne put cependant distinguer cette ville que comme un point blanchâtre, perdu dans les vapeurs du fleuve. Là encore, les deux élèves de l'école royale de Paris rencontrè

---

(1) Il n'y avait d'abord en France que deux écoles royales militaires : celle de Paris et celle de La Flèche. Plus tard, jugées insuffisantes, une déclaration de Louis XVI, du 1er février 1776, porta de cinq cents à six cents le nombre des élèves boursiers de l'Etat. En suite de cette décision royale intervint, le 28 mars de la même année, un règlement ministériel signé par M. le comte de Saint-Germain, successeur de M. le duc de Choiseul au département de la guerre. Ce règlement créa dix nouvelles écoles royales militaires, et désigna sous ce titre les colléges de Brienne, Pont-à-Mousson, Beaumont, Rabais, Effiat, Pont-le-Voy, Vendôme, Tiron, Sorrève et Tournon.

rent enfin dans le personnel du collége une de leurs anciennes connaissances de Brienne : le sieur Daboval, maître d'escrime (1), qui pendant quinze mois avait donné ses leçons à Bonaparte. Lui aussi, après le départ du jeune Corse pour Paris, avait quitté l'école, préférant les riches oratoriens de Tournon aux pauvres minimes de Brienne. Daboval accompagna les nouveaux officiers dans leur visite au château, et se montra pour eux plein de prévenances et de soins.

En quittant le vieux château pour retourner au collége, nos jeunes gens rencontrèrent plusieurs élèves en uniforme. C'étaient les compatriotes de Napoléon, qui, avec l'autorisation des professeurs, avaient fait préparer un petit gala et quelques rafraîchissemens qu'ils venaient lui offrir ainsi qu'à des Mazis. Ce dîner improvisé fut accepté sans façon, dévoré de bon appétit et terminé par un toast porté à la prospérité des nouveaux officiers et à la prompte délivrance de ceux que leurs études retenaient encore à l'école.

Ce petit repas de condisciples et d'amis, ces visites, ces explorations avaient pris plusieurs heures. Il était tard lorsqu'on se remit en route de l'autre côté, sur la rive gauche du Rhône. Le soleil ne se voyait plus que sur le sommet des montagnes du Dauphiné, et la nuit montrait déjà sa robe grise dans la plaine, au moment où nos jeunes gens arrivaient au bac de l'Isère, à une lieue et demie tout au plus de la capitale du Valentinois. La rivière fut franchie, et aussitôt sur l'autre rive on se remit en marche avec un nouveau courage ; et, après une heure de course faite au pas accéléré, on arriva sur la hauteur de Marcerolles, presqu'en face de Valence.

Napoléon quitta tout aussitôt le chemin, grimpa sur un petit monticule situé non loin de la propriété de M. Béranger (de la Drôme), et se mit à parcourir l'ensemble et les détails du pays et de la ville qu'ils allaient habiter désormais. Il fit remarquer à des Mazis que les murailles et la citadelle de cette place de guerre ne lui paraissaient pas imprenables, encore qu'on les leur eût annoncées comme l'œuvre de Vauban. Entre les deux amis la discussion dura quelques instans sur la force de ces murs, de ces bastions, qui pourtant étaient en meilleur état qu'aujourd'hui, et la conclusion fut que, dès 1785, cette bonne ville de Valence n'avait déjà plus que le nom de place de guerre.

Il fallut songer ensuite à réparer les désordres que plusieurs heures de marche avaient causés à la culotte rouge, à l'habit bleu et à la coiffure de l'école militaire. Chacun fit de son mieux. Tout fut brossé, secoué, nettoyé. On tenait à se présenter assez convenablement à l'entrée d'une ville qu'on devait peut-être habiter plusieurs années. Ces dispositions, ces préparatifs de toilette se firent dans une sorte de taverne située presque à l'entrée du Bourg-lès-Valence, à droite de la route, aujourd'hui nommé *la Table-Ronde*.

Enfin, le 12 novembre 1785, à sept heures du soir, Napoléon et des Mazis arrivaient devant la tour penchée de Saint-Félix. Un instant après, ils entraient à Valence. Ce fut dans cette ville que l'ordre du ministre

(1) Ce Daboval vivait encore il y a quelques années. Il s'était retiré à Nogent-sur-Seine (Aube), où il mourut en février 1834, âgé de plus de quatre-vingts ans. Pendant son règne, Napoléon avait accordé à Daboval une pension qu'il perdit par suite des événemens de 1815.

qui les envoyait rejoindre le régiment royal d'artillerie de la Fère, qui y tenait garnison depuis près de trois ans, leur parvint (1).

Rien ne peut moins se comparer à l'ancienne capitale du comté de Valentinois que le chef-lieu actuel du département de la Drôme. Vers la fin du siècle dernier, Valence n'était qu'une petite ville formée de quatorze couvents ou abbayes, de quelques greniers à sel ou à blé et d'un certain nombre d'étroites et tortueuses ruelles, protégées contre un coup de main du dehors par un double rempart de pierres mal unies et des fossés sans eau. De près, au milieu de ces rues pleines de boue, tapissées de fumier, remplies d'eau croupissante, on eût dit un fragment de l'intérieur de Paris au temps de la Ligue. De loin, avec ses bastions, ses murs, ses tours, ses fossés, ses portes fermées, c'était une position militaire dominant le Rhône, mais dominée à son tour par la citadelle bâtie par François Ier ou par tout autre de ses prédécesseurs, suivant l'érudition du touriste, et réparée par Vauban.

Depuis lors, c'est-à-dire depuis la grande régénération de 1789, le siècle, le pays, le monde, les hommes et les choses ont fait bien du chemin dans la voie du progrès. Valence n'est pas restée en arrière.

Lorsque Bonaparte et des Mazis y arrivèrent, elle commençait à sortir des entraves qui l'enserraient de toutes parts. Cependant, en ne comptant ni les prêtres ni les religieux des deux sexes qui encombraient quatorze prieurés, couvents ou abbayes, sa population, réunie à celle du bourg, s'élevait à peine à cinq mille âmes. Les faubourgs de Saunière et de Saint-Jacques, aujourd'hui si actifs, si animés, si commerçans, se composaient seulement de quelques maisons éparses. Les fortifications étranglaient la cité. Du côté du nord, de l'est et du sud, le mur d'enceinte et les fossés remplaçaient le boulevart d'Orléans et ce qu'on appelle le Cagnard.

Ces charmantes promenades, qui dissimulent bien la nudité des murs en ruines de la ville, étaient alors le champ de manœuvres des chasseurs et des lièvres des environs. Le Champ-de-Mars lui même, nouvellement acheté à l'évêque de Valence, n'offrait à l'œil qu'un vaste terrain vierge encore de cette belle forêt de platanes et d'acacias qui forment la plus belle promenade, et sous lesquels on va presque chaque jour se reposer un moment. Du côté de l'ouest, au lieu de ce magnifique pont jeté par les frères Seguin d'une rive à l'autre du Rhône comme une gigantesque soudure entre la Drôme et l'Ardèche, nos grands parens n'avaient qu'une traille et un bac pour traverser le fleuve. Enfin, sur les quais de la Lanterne et de la Basse-Ville, aujourd'hui bordés de si belles maisons, ne se trouvait alors qu'une ligne rompue de pauvres maisonnettes dont le Rhône venait tantôt ébranler et tantôt baigner les pieds.

(1) Le régiment d'artillerie de La Fère fut envoyé à Valence au commencement de 1783. Le second bataillon, dont faisait partie Napoléon, quitta cette ville le 12 août 1786, pour aller réprimer à Lyon la révolte dite des Deux Sous. De là, et après un court séjour, tout le régiment se rendit à Douai. Il y arriva le 27 octobre suivant. En 1789, au moment de la réunion des états-généraux, il tenait garnison à Auxonne avec plusieurs compagnies détachées dans les environs. Un détachement de cent hommes, commandé par M. du Manoir, lieutenant en premier, et Bonaparte, lieutenant en second, fut envoyé à Seurre, petite ville de Bourgogne, pour réprimer une manifestation populaire occasionnée par les achats de grains. Dans cette affaire, qui fut sérieuse, puisque deux négocians de Lyon, MM. Gayet et Morlay, désignés comme accapareurs, y perdirent la vie, Napoléon se conduisit, dit-on, avec autant de prudence que de fermeté.

En passant sous la porte Saint-Félix, Bonaparte et son compagnon ne se hasardèrent que d'un pas tremblant dans la rue qui s'ouvrait devant eux, et qui, à cette époque comme aujourd'hui, était pourtant une des plus belles et des plus fréquentées. Ils rencontrèrent un hôtel entre la rue du Jeu-de-Pomme et celle des Chaufours, non loin du prieuré de Saint-Félix et du couvent de Notre-Dame. Ils s'arrêtèrent en cet endroit, déposèrent leur petit paquet et demandèrent le chemin de l'Hôtel-de-Ville ou de la Commune, comme on disait alors.

C'était tout près de là, dans la même rue, à quelques cents pas plus avant dans l'intérieur de la ville (1), Napoléon s'y rendit aussitôt, laissant à son ami le soin de commander le souper.

A la Commune, la nuit avait déjà donné congé aux employés. Le jeune lieutenant fut sur le point de renoncer à son billet de logement et de renvoyer au lendemain la déclaration de son arrivée. Mais le concierge courut en toute hâte avertir le secrétaire du présidial, et celui-ci arriva bientôt. Il salua Bonaparte, s'excusa de l'avoir un moment fait attendre et lui demanda l'ordre ministériel qui l'envoyait à Valence.

— Nous sommes deux, monsieur, lui répondit Napoléon, et voici deux ordres et deux brevets au lieu d'un. Mon camarade, fatigué d'une longue et difficile route, a compté sur votre obligeance pour excuser son absence, et m'a chargé de vous présenter ses papiers et les miens : les voici. Veuillez bien, je vous prie, les vérifier et me délivrer les billets de logement auxquels ils donnent droit. Demain, sans doute, M. le chevalier, moins fatigué, aura l'honneur de vous voir et de vous remercier lui-même.

Ces paroles, aujourd'hui d'une politesse toute simple, étaient alors si extraordinaires, dans la bouche d'un jeune gentilhomme, d'un officier ; braves gens alors habitués à ne relever leur origine que par une insolence proverbiale vis-à-vis des bourgeois, que le vieil employé en fut tout émerveillé.

Il ne jeta qu'un coup d'œil rapide sur l'ordre de route de l'officier absent, et ne regarda pas même celui de Bonaparte. Il s'assit, prit dans un carton un petit papier en partie imprimé, remplit les blancs, le signa et le remit à Napoléon qui lut :

« AU NOM DU ROI,

» Mademoiselle Claudine Bou, propriétaire du café du Cercle, est som-
» mée de loger une fois deux lieutenans en second au régiment royal
» d'artillerie de la Fère et de leur fournir ce que de droit. »

Et plus bas :

« A mademoiselle Claudine-Marie Bou,
» à l'angle de la grand'rue du Croissant (2),
» A Valence (Dauphiné). »

— Ce n'est pas loin d'ici, ajouta le vieil employé. La maison n'a pas d'enseigne, mais vous la trouverez sans peine. Elle est située dans la

---

(1) L'Hôtel-de-Ville était alors dans la maison Brun, vaste bâtiment dont l'entrée est rue du Petit-Saint-Jean et la façade principale rue Saint-Félix. Elle appartient aujourd'hui à M. Accarie et est habitée par sa famille et par celle de M. Brun, banquier, qui n'a de commun que le nom avec le premier propriétaire.

(2) La maison qu'habitait Mlle Bou, en 1785, appartient aujourd'hui à M. Fiéron père, avoué. Après la mort de cette demoiselle, son frère, ancien agent de change, la vendit au propriétaire actuel.

Grand'Rue, tout près de la place des Clercs, non loin de la *Maison des Têtes*. Le premier venu se fera un plaisir de vous y conduire, parce qu'à Valence tout le monde est honnête et obligeant... Et puis, fit le bureaucrate en relevant sur son front ses bésicles vertes, je dois ajouter que chacun désirant conserver l'école d'artillerie, nouvellement établie dans notre ville, celui qui vous conduira vous saura gré de lui avoir fourni l'occasion de rendre un petit service à un nouvel officier de notre garnison, à un jeune homme aussi poli que vous.

— Très bien, monsieur, je vous remercie, fit Napoléon, pressé de finir cette séance déjà trop longue.

Il sortit et revint à l'hôtel où il avait laissé des Mazis. Cinq minutes après, le futur empereur et son compagnon se présentaient, au nom du roi, chez leur nouvelle hôtesse.

En 1785, Mlle Bou avait cinquante ans. C'était une femme de haute taille, au visage assez régulier, de la tournure de toutes les bourgeoises aisées de ce temps-là. Malgré ses rides précoces, il était facile de voir qu'elle avait été jolie jadis. Elle se *mettait* bien simplement, mais d'une manière convenable, et avec cette recherche particulière à toutes les vieilles filles. Dans les grandes occasions, sa mise; toujours décente et très propre, devenait presque recherchée. Dans son café, elle se tenait le plus souvent avec une robe d'indienne. Sa coiffure consistait en un bonnet de lin ou de tulle blanc, garni de dentelle, à grandes mentonnières croisant sous le menton et arrêtées sur le sommet de la tête par une épingle d'or; le dimanche et dans les circonstances extraordinaires, elle mettait par dessus cette coiffure un chapeau de paille noire, garni d'une dentelle de la même couleur.

Au moral, Mlle Bou était ce qu'on nomme partout *une bonne femme*. Complaisante et affable avec tous, elle était généralement aimée. Jamais elle n'avait entendu souffler autour d'elle les calomnies qui presque toujours déchirent la réputation des vieilles demoiselles. Personne n'ignorait à Valence que c'était le seul désir de soigner son vieux père qui lui avait fait refuser plusieurs partis convenables. Il n'y avait ni passion ni chagrin dans sa résolution de célibat. Ses habitudes étaient simples et exactement les mêmes depuis l'âge de dix-huit ans. Avant tout, elle était cafetière, ouvrait son établissement à sept heures en hiver, à six heures en été; elle préparait le café, le chocolat, le thé des privilégiés; le déjeûner, le dîner et le souper de son père et le sien. Le reste de la journée elle ravaudait le linge de la maison ou faisait quelques petites broderies. Mlle Bou était instruite pour son temps : elle savait lire, écrire, compter; elle tenait elle-même ses livres et faisait la correspondance de la maison. Sa conversation n'était dédaignée par aucun de ceux qui fréquentaient le cercle, pas même M. de Sucy, le commissaire des guerres, et l'abbé Marboz, curé du Bourg-lès-Valence, qui devint plus tard évêque constitutionnel et membre de la Convention nationale. Enfin, Mlle Bou était une excellente femme, qui, malgré sa position et les préjugés du temps, aurait pu être reçue partout, tant elle avait su mériter l'estime et la considération de la population au milieu de laquelle elle vivait depuis un demi-siècle.

Quant au père Bou, c'était un vieux brave homme, avec toutes les habitudes bonnes et mauvaises des négocians retirés des affaires. A l'époque où Bonaparte fut logé chez lui, ou plutôt chez sa fille, il était déjà très âgé. Malgré ses quatre-vingts ans, on voyait qu'il était de ces hommes dont on dit au premier coup d'œil : « Voilà un fameux gaillard qui se fait vieux. » Sa taille était haute; sa figure, toute sillonnée de profondes rides, avait une certaine dignité, entièrement due, il est vrai, à une couronne de cheveux blancs qui laissaient nus le front et le dessus de la tête. Dans la maison, qu'il ne quittait que rarement, M. Bou portait une vieille redingote longue, un vieux gilet sans forme toujours bien fermé, une vieille culotte courte en velours, de vieux souliers à boucles, et enfin un vieux chapeau comme on n'en voit plus, un chapeau d'une forme indescriptible. Les jours de fêtes ou de promenades, M. Bou prenait une vieille canne et un jabot neuf. A le voir au milieu de la place ou le long des fossés de la ville, appuyé sur le jeune officier corse, on eût dit le père et le fils, malgré la propreté minutieuse et la tournure distinguée de l'un et l'accoutrement de l'autre. Au moral, M. Bou était un vieillard du meilleur caractère : vieux, mais exempt des infirmités de son âge, encore alerte et obligeant, il était rieur par état, caustique et railleur. Les affaires lui avaient fait connaître un peu le monde. Il prenait place quelquefois dans son café-cercle autour de la table au tapis vert, et alors il monopolisait, il accaparait pour lui la conversation. On l'entendait parler de tout, des hommes, des événemens, de la politique du jour et des lois, jusqu'à ce que la fatigue ou un accès de toux le forçât de quitter le poste.

Entre ces deux principales figures de la nouvelle demeure du jeune officier d'artillerie, nous pourrions placer celle de Catherine Mayousse, la vieille servante dévouée, bien plutôt maîtresse que domestique de la maison ; mais toutes les femmes de cette classe parlent, agissent et s'habillent à peu près de même.

Tranquille sur sa demeure, Napoléon, avant de se donner tout entier aux devoirs de son service, voulut s'enquérir et se fixer sur le prix et les conditions de sa pension. Mlle Bou lui dit que le règlement y avait pourvu; que tous les lieutenans, sans exception, mangeaient rue de la Pérollerie, aux *Trois-Pigeons*, et que le prix, réglé par le colonel, était le même pour tous ; cependant il crut devoir aller chez Gény, le maître d'hôtel. Il s'arrangea avec lui pour prendre à volonté, tantôt deux et tantôt un seul repas par jour, moyennant 27 livres par mois. Ce prix et ces conditions disent assez la sobriété proverbiale de Napoléon, qui plus d'une fois passa la journée avec un seul repas.

Il fallait s'occuper ensuite et sans retard de la grand affaire des visites ordonnées par l'usage et les réglemens militaires.

Le régiment royal d'artillerie de la Fère était alors commandé par M. le chevalier de Lance, colonel d'artillerie, brigadier des armées du roi, officier de Saint-Louis et de l'ordre royal, militaire et civil de Saint-Michel. La première visite était de droit pour cet officier supérieur. On devait, en arrivant, lui montrer le brevet qui conférait le grade, et l'ordre ministériel qui envoyait dans son régiment. En conséquence, le 14 novembre 1785, MM. de Bonaparte et des Mazis, en grande tenue et accompagnés par le capitaine Gabriel des Mazis, frère aîné de celui-ci, se firent annoncer chez leur supérieur immédiat.

L'accueil du colonel fut froid. C'est à peine s'il jeta les yeux sur quelques lettres de Paris dont le chevalier des Mazis s'était muni d'avance. Napoléon, au contraire, fixa un moment l'attention du vieil officier. Il l'interrogea, le questionna sur son pays, les mœurs, les usages des habitans, leur pensée sur la dernière révolution qui les arrachait à la république de Gênes et à la guerre civile. Il s'étonna de ce que, né dans une contrée montagneuse, coupée, impraticable à l'artillerie légère, il eût précisément choisi cette arme.

Timide quelquefois devant ses camarades et pour de petites choses, Bonaparte devenait hardi, ferme et même éloquent quand l'occasion arrivait de l'être. Il répondit sans hésiter au colonel de Lance :

— Depuis que j'ai reçu les bienfaits du roi, je ne suis plus Corse que de naissance, comme des Mazis est île la Beauce, comme nous sommes tous de notre province...

— Mais pourquoi artilleur plutôt que cavalier, officier d'infanterie, ou bien encore marin ?

— Parce que j'ai senti là (et il appuyait le doigt sur son front) quelque chose qui me disait que l'artillerie était la seule arme où la médiocrité ne pût se faire jour, la seule arme dans laquelle il peut y avoir double mérite à dépasser ceux qui déjà marchent bien.

— Oui, tout cela est vrai ; mais la Corse, la Corse, où jamais un canon monté ne pourra être employé ; la Corse, jeune homme, qu'en dites-vous ?

— Je n'en dis rien, mon colonel. Depuis les bienfaits que j'ai reçus de la France, la Corse n'existe plus pour moi (1). Et d'ailleurs, si mon pays, se séparant du royaume, m'appelait à son aide, où plutôt si les Génois tentaient de s'en emparer, le seul devoir, le mérite, le talent d'un officier d'artillerie n'est-il pas, le cas échéant, d'établir des batteries, de placer des obusiers, de faire rouler des canons là justement où on ne pouvait le faire avant lui ?

— Vous avez raison, jeune homme ; persistez dans ces sentimens, et d'avance je vous prédis la carrière de gloire et de fortune que doit espérer tout officier brave et instruit qui a l'honneur de servir dans le corps royal de l'artillerie.

Et le colonel, se levant aussitôt, reconduisit les trois jeunes gens jusqu'à sa porte.

La seconde visite fut pour M. de Bouchard, maréchal de camp, commandant l'école d'artillerie, et en cette qualité logé, aux frais de l'État, à la citadelle. Il y occupait en effet, dans la maison dite *Hôtel du Gouvernement*, un assez vaste appartement, le même où, en 1794, fut enfermé et mourut le vénérable Pie VI.

Vint ensuite le tour de MM. le vicomte d'Urtubie, lieutenant-colonel ; Labarrière, major ; de Monjobert, de Curzi, Durand, de Baudesson et de Quintin, tous cinq chefs de brigade ; Soine, aide-major, ayant rang de capitaine ; de Goy, quartier-maître trésorier ; dom Toussaint, aumônier ; et enfin Leffray, chirurgien-major. Chacun de ces messieurs composant l'état-major du régiment, reçut nos deux jeunes gens avec une grande bienveillance, et leur donna toute sorte d'encouragement.

(1) Jamais promesse n'a été mieux tenue. Devenu consul et empereur, Napoléon, il faut le dire, ne fit rien de particulier pour la Corse. Ses compatriotes ne lui doivent ni édifice ni monument, ni bienfait d'aucune espèce. Cette île, il est vrai, a depuis été dotée de grand nombre d'améliorations ; mais elle les doit surtout au gouvernement de juillet.

Ces premières visites de rigueur terminées, Napoléon fut d'avis de renvoyer les autres à plus tard. Des Mazis n'était pas moins fatigué que lui de ces courses officielles. Les deux lieutenans se séparèrent donc. L'un revint chez Mlle Bou, l'autre rejoignit le logement de son frère, pour y attendre les ordres de leur colonel.

Le lendemain, 15 novembre 1785, au rapport du régiment, MM. de Bonaparte et des Mazis furent reçus, mais non reconnus, en qualité de lieutenans en second. Le service actif ne commença légalement et réellement pour le premier que ce jour-là.

Dès le matin, un sous-officier se présenta chez Mlle Bou pour en donner avis à M. de Bonaparte. Il lui remit en même temps un petit billet de l'état-major. C'était un état nominatif du personnel de la compagnie dans laquelle il était placé pour faire d'abord son service de bas officier, et où il compterait ensuite pour son grade. Ce tableau dont nous nous dispensons de donner la figure, mais qui ressemblait exactement à ces étiquettes collées sur une planchette en bois très mince et placées sur toutes les portes de nos casernes, portait écrit de la plus belle bâtarde de sergent-major :

RÉGIMENT ROYAL D'ARTILLERIE DE LA FÈRE.
Bombardiers (1). — 5e Brigade.
Compagnie d'Autume.

Capitaine : M. le chevalier Masson d'Autume.
Lieutenant en 1er : M. de Coursy.
Lieutenant en 2e : M. de Bonaparte.
Lieutenant en 3e (officier de fortifications) : M. Grosbois.
Sergent-major ; Le sieur Brenier.
Sergens : Les sieurs Boichard, Langevin, Pichon et Gillet.
Canonniers et bombardiers : cent vingt hommes.

Quelques instans après, un autre sous-officier, un sergent de la compagnie d'Autume, le nommé Langevin (2), se présenta chez Napoléon au nom de M. d'Uriubie. C'était un avis officiel par lequel cet officier supérieur le prévenait que, placé dès le matin comme lieutenant en second, il n'était pas moins tenu, aux termes des réglemens militaires, de faire pendant trois mois le service de soldat et de bas officier d'artillerie, avant d'être reconnu lieutenant en second devant le régiment sous les

(1) L'ordonnance royale du 3 novembre 1776 avait changé toute l'ancienne organisation du corps royal d'artillerie. En 1785, ce corps d'élite se composait de sept régimens, divisés chacun en deux bataillons et cinq brigades, dont une de bombardiers, marchant au centre et séparée des quatre autres. Les brigades se subdivisaient en compagnies de canonniers et une de sapeurs. La brigade du centre était composée tout entière de bombardiers. La même ordonnance donnait le commandement de chacune des deux compagnies de sapeurs aux deux premiers capitaines en second, que les états militaires de cette époque font toujours figurer à la gauche des capitaines commandans. Il en était de même dans les compagnies de bombardiers. Elles étaient données, dit M. de Coston, aux quatre moins anciens capitaines commandans qui, à mesure des vacances, passaient à une compagnie de canonniers. Cela explique le grand nombre de capitaines sous les ordres desquels servit Napoléon tout le temps qu'il demeura dans l'artillerie. Cependant il n'en eut que quatre ou cinq tout au plus. L'orgueil de quelques uns lui en ont prêté plus d'une douzaine.

(2) Le sergent Langevin revit Bonaparte au siége de Toulon et lui rappela son séjour à Valence et la circonstance de sa nomination dans la compagnie dont il était sergent ; il se fit tuer quelques jours après à l'attaque de la redoute *le Petit Gibraltar.*

armes, et d'en remplir les fonctions dans la compagnie du chevalier Masson d'Autume ou de tout autre, s'il y avait mutation pendant cet intervalle. Ce billet, qui existe encore, se terminait ainsi :

« En conséquence, monsieur, vous aurez à vous conformer aux or-
» dres qui vous seront ultérieurement donnés par vos supérieurs immé-
» diats, à l'effet de monter successivement trois gardes comme simple
» canonnier, trois comme caporal et autant comme sergent et sergent-
» major. Vous ferez aussi la grande et la petite semaine obligatoire,
» l'une et l'autre, pour ces deux derniers grades. »

Les frères des Mazis rejoignirent Napoléon dans la matinée. Le cadet avait reçu exactement et à peu près à la même heure les communications officielles faites à son ami. Comme lui, on l'avait prévenu qu'à dater du 20 novembre, il aurait à faire le service de soldat et de sous-officier, encore qu'il eût été classé, pour son grade, dans la 3e brigade, compagnie des sapeurs, commandée par le capitaine M. de Lagohière.

Tout en devisant sur ces notifications de l'état-major du régiment, nos trois amis s'acheminèrent vers la rue Saint-Félix. Arrivés en face de l'hôtel de l'*Ecu-de-France*, où mangeaient les capitaines, des Mazis aîné offrit sans façon à Bonaparte de dîner avec lui et son frère, en petit comité.

— Faure, lui dit-il, est la célébrité de cette ville (1); c'est sans contredit le meilleur restaurateur, le cuisinier le plus renommé du pays.

Napoléon ne se fit pas trop presser. Il accepta, et les trois amis dînèrent ensemble.

C'est pendant ce dîner que, pour la première fois, le futur empereur entendit parler de Mlle du Colombier, pour laquelle il s'éprit plus tard. Mme du Colombier née de Carmaignac, tenait un assez beau train de maison : elle recevait ; et, grâce à son esprit et à la beauté de sa fille, ses salons étaient toujours remplis. Mais, pendant plus de huit mois, elle demeurait à la campagne, à Basseaux, près de la rivière de Veore, dans une jolie propriété encore aujourd'hui possédée par sa famille. A Valence, elle n'avait pas maison montée : ce qui l'obligeait à recourir souvent au sieur Faure, l'habile cuisinier. Pendant le dîner de Napoléon et des frères des Mazis, un valet se présenta et demanda, pour Mme du Colombier divers plats qui lui furent aussitôt remis.

— Qui est donc cette madame du Colombier? demanda Alexandre à Gabriel des Mazis.

(1) Napoléon a toujours conservé un bon souvenir des tourtes de Faure, le restaurateur, et des petits pâtés de Couriol, qui était en même temps confiseur. En 1811, dans une occasion solennelle, l'empereur recevait les félicitations de tous les corps de l'Etat et les députations des cent trente départemens de l'empire français. Tout à coup, il quitte un groupe de grands dignitaires, s'approche de M. Planta, maire de Valence, et comme tel président de la députation de la Drôme, et lui dit brusquement :
— Eh bien ! monsieur Planta, comment se portent vos compatriotes? sont-ils toujours aussi gourmands que de mon temps?
—Mais, sire..., répond M. Planta tout abasourdi de cette singulière apostrophe et ne sachant qu'y répondre.
— Et Couriol, continue l'empereur, fait-il encore de ces excellens petits pâtés pour lesquels sa boutique ne désemplissait pas? Faure et Couriol sont les célébrités de Valence : comme tels je ne les ai pas oubliés.
Cette plaisanterie dite, Napoléon change de conversation, entretient un moment les députés de Valence des besoins et des demandes de leur ville, et les quitte bientôt après en les saluant d'un geste affectueux.

— Ma foi ! mon cher, c'est une femme d'esprit, dont la fille a tourné la tête à plus d'un de nos camarades.

— Diable ! fit Alexandre.

— La mère est déjà un peu âgée. Elle a, dit-on, plus de cinquante ans ; mais on s'en aperçoit peu en l'écoutant parler, tant elle a d'esprit : sa fille est ravissante.

— Hum ! hum ! fit celui-ci. Elle est donc bien jolie, cette demoiselle de... du... Comment dis-tu, des Mazis?

— Du Colombier, mon cher, répartit celui-ci.

— Mais oui, continua Gabriel ; elle n'est pas mal. L'hiver dernier, je la voyais souvent. Figure-toi une grande et belle fille, au maintien distingué, au visage doux et sérieux, avec de beaux cheveux blonds bouclés légèrement autour de son front et qui encadrent son visage. Elle a la peau blanche et satinée ; de plus, elle sait chanter et danser à ravir. Sa voix, sa tournure, son maintien et la transparence de son teint donnent à toute sa personne quelque chose d'aérien et de céleste qui...

— Vous en parlez avec enthousiasme, interrompit Napoléon. En seriez-vous amoureux? Dans ce cas, je vous préviens, ma foi, que, si le portrait est ressemblant, dès ce soir vous avez un rival qui, avec quelques recommandations pour Mme du Colombier, saura bientôt conquérir ses grandes et petites entrées.

La conversation en resta là, et le dîner s'acheva sans autre incident.

Cependant, le dessert venu, quelques flèches furent lancées contre les gros plumets qu'on avait visités la veille. Le chirurgien-major Leffray, le chef de brigade Montjobert, et surtout le pauvre aumônier, furent véritablement passés par les armes. Napoléon rit de bon cœur de quelques lazzis, mais ne laissa échapper un seul trait contre personne ; il voulut même arrêter ces plaisanteries et changer de conversation, en proposant de régler l'emploi du temps de liberté qui leur restait encore.

En effet, soit par erreur, soit par une attention bienveillante du lieutenant-colonel, les deux jeunes amis avaient encore cinq jours de liberté. Le service ne devait commmencer pour eux que le 20 novembre. Il fut convenu que ce temps serait consacré à se faire un chez soi ; à s'orienter dans la ville et à se présenter dans les maisons auxquelles on était recommandé, à dépenser les économies de l'école et de la maison, enfin à rendre les visites ordonnées par l'usage et les réglemens militaires. Pour se conformer en tout à ce programme, Bonaparte consacra le reste de la journée à visiter les capitaines du régiment.

Le soleil était depuis longtemps descendu des Cornes de Crussol (1) sur les eaux bleues du Rhône, et Napoléon dormait toujours. Personne, dans la maison Bou, ne l'avait entendu remuer. Encore une fois, depuis Lyon, la fatigue l'avait emporté sur les habitudes de la famille et de l'école militaire.

Il était neuf heures. On vint de la part de des Mazis s'informer auprès de Mlle Bou de la santé de son commensal, et demander s'il était prêt pour le déjeûner. A ces questions, on fit cette réponse :

— Le jeune officier dort.

Pendant ce temps, les habitués du Cercle arrivaient. Peu à peu la salle

(1) On nomme ainsi, à Valence, les ruines d'un vieux château bâti, on ne sait précisément à quelle époque, sur une hauteur qui domine la vallée du Rhône et peut s'apercevoir d'une très grande distance.

de lecture et celle du billard se remplirent. M. Bérenger, le père de M. Bérenger (de la Drôme), vint s'asseoir et causer avec M. Marc-Aurel, dont le magasin de librairie était voisin, et qui, connaissant beaucoup le capitaine des Mazis, voulait un des premiers, voir son frère Alexandre. Vint ensuite Mme Blachette, attirée sans doute d'aussi bonne heure par le même motif de curiosité. Là se trouvait encore, dans la partie reculée de la pièce, M. de Sucy, qui fut ordonnateur en chef à l'arrivée d'Egypte. Vers les dix heures, grand nombre d'officiers de tout grade vinrent se joindre à ces messieurs. La salle du rez-de-chaussée surtout fut littéralement envahie par les lieutenans. Conduits par M. Gabriel des Mazis, depuis peu de temps commissionné capitaine, le plus ancien d'entre eux, ils vinrent sans façon visiter leur jeune camarade.

Réveillé en sursaut par son ami des Mazis, Napoléon se leva et se vêtit à la hâte. Pour la première fois, depuis son départ de Lyon, il endossa l'uniforme de son grade (1). Il sortit ensuite sur le palier, là où était le billard, et fut successivement embrassé par tous ses nouveaux collègues. Parmi eux il retrouva quelques condisciples de l'école de Brienne et deux ou trois compatriotes. Ces derniers furent embrassés avec une si vive émotion et une telle ferveur, que quelques uns demandèrent à M. des Mazis s'ils n'étaient point parens avec Bonaparte. Napoléon l'entendit, et, élevant la voix, répondit d'un ton dégagé :

— Non, messieurs, nous ne sommes pas frères, pas même cousins, avec d'Ivoley, Marzy et Antonini ; mais tous nous sommes nés en Corse.

Puis, après une courte pause, il ajouta en élevant la voix :

— Et là, dans cette île, quand une *vendetta* ne vous a faits, d'avance, irréconciliables ennemis, le titre de compatriote veut dire ami sincère et dévoué jusqu'à la mort! Demandez à ces messieurs.

Et Napoléon indiquait de la main les trois lieutenans que nous venons de nommer.

Ce geste, ces derniers mots, l'accent surtout avec lequel ils furent prononcés, l'extérieur de celui qui parlait et le mouvement d'adhésion que firent comme par instinct les quatre insulaires, frappèrent tous les assistans. Le capitaine Gabriel prit ensuite Napoléon par la main et le présenta à tous les lieutenans comme leur camarade, à eux, et comme un ancien condisciple et son meilleur ami, à lui.

Pour la seconde fois, chacun félicita de grand cœur le nouveau lieutenant en second, et on quitta la maison Bou pour aller déjeûner à la pension, chez Gény, qui, comme nous l'avons dit, tenait l'hôtel des Trois-Pigeons.

Ce repas de bien-venue fut très gai et même un peu bruyant, bien que présidé par un officier d'un grade supérieur, le capitaine des Mazis. Peu à peu le front de Napoléon s'y dérida. Il se montra moins sérieux et plus rieur qu'il ne l'était d'ordinaire. En général, il fut favorablement jugé et bien accueilli. Il est vrai que quelques lettres parties de Paris ou de Brienne, et peut-être des deux endroits à la fois, avaient tellement dépeint sous de sombres traits le jeune Bonaparte, que ceux-ci, trouvant beaucoup moins que ce qu'on leur avait annoncé, se firent une opinion toute contraire à celle qu'on avait voulu leur donner. Il y avait d'ailleurs dans la physionomie de Napoléon, malgré sa taille et ses traits

(1) Cet uniforme avait été fait à Lyon avec les fonds si obligeamment prêtés par M. Barlet, dont nous avons parlé précédemment.

amaigris, quelque chose de grave, de recueilli, mais en même temps de ferme et de décidé, qui imposait à tout le monde. Ses yeux bleus et brillans, que faisaient ressortir encore son teint hâlé et ses longs cheveux noirs, allaient chercher la pensée jusqu'au fond du cœur. Il ne riait que rarement et du bout des lèvres, sans néanmoins que l'expression de son visage condamnât ceux qui, autour de lui, se livraient à des excès d'hilarité. Il répondait vite et bien à toutes les questions ; mais il en faisait rarement, et semblait presque toujours préoccupé d'une pensée unique, d'une idée fixe. Aussi, après ce repas, qui dura plus de deux heures, la plupart des convives attribuèrent-ils cette préoccupation, cette mélancolie mêlée d'une sorte de fière raideur, non au caractère naturel, mais à des chagrins de famille !

Logé militairement chez Mlle Bou, Napoléon devait chercher à louer ailleurs une petite chambre meublée en rapport avec sa position et l'indemnité de logement accordée par le règlement. Il retourna donc dans la Grand'-Rue pour remercier et prendre congé de ses hôtes de la veille.

— Madame, dit-il en entrant chez son hôtesse, je viens vous remercier de l'accueil hospitalier et bienveillant que vous nous avez fait hier soir. Pour ma part, j'en garderai toujours le souvenir. Je me suis cru un moment chez moi, près de ma mère. Aussi je regretterai toujours cette chambre où j'ai passé ma première nuit de garnison, et où j'ai fait de si beaux rêves.

Napoléon n'aimait pas les phrases. Il en faisait peu ; mais il avait été tellement touché de l'accueil de la famille Bou, qu'il avait cru devoir préparer ce petit remerciement. Il espérait quelque effet : il ne se trompa pas. Ces paroles émurent le vieux père Bou autant que sa fille. Tous deux se consultèrent et se comprirent sur la réponse à faire au jeune officier. Jusque-là, leur cercle avait été ouvert à l'état-major ; mais les officiers ne venaient pas dans les salons de la maison. Mlle Bou s'était toujours opposée au désir de son père de les loger en garni ; mais le souper de la veille, et surtout la vue de ce pauvre jeune homme si oublié, si timide, si posé, que son compagnon de route lui-même semblait abandonner, intéressa si bien la bonne demoiselle, qu'elle lui offrit spontanément de le garder chez elle tant qu'il jugerait à propos d'y rester.

— Je vous donnerai la chambre aux rideaux rouges, là-haut près du billard, lui dit-elle ; la chambre où vous avez passé la nuit, la chambre dont vous m'avez raconté tout à l'heure de si jolis rêves.

— Mais, fit Napoléon en avançant d'un pas vers la vieille fille, à combien le loyer ? La bourse d'un sous-lieutenant n'est jamais bien remplie, et le règlement n'est pas plus généreux qu'il ne faut.

— Peu de chose, presque rien, lui répondit-elle ; mon père vous le dira, et d'ailleurs nous serons toujours d'accord.

— Je ne fais point de pareils marchés. Avant de conclure, il m'importe de savoir si votre prix n'est pas plus élevé que l'indemnité accordée par le roi.

— Soyez tranquille, mon officier ; la somme ne sera pas si forte que vous ne puissiez la payer, ni moins élevée que ne le veut la justice. Nous voulons vous garder, et nous serons heureux si vous restez avec nous.

Le fait est que Mlle Bou ne savait pas elle-même le prix qu'il fallait demander.

— Eh bien! madame, dit Napoléon, que votre volonté soit faite. J'accepte le logement que vous m'offrez : la chambre où j'ai si bien dormi.

Et le marché fut conclu sans autre convention.

Dès lors, le nouveau commensal fut traité comme le fils adoptif de la famille.

II
Napoléon nommé sergent.

Le soir du 5 août 1796, jour de la bataille de Castiglione, quelques vieux soldats, assis autour du feu d'un bivouac, dissertaient à leur manière sur les opérations de la journée. Si Wurmser et ses lieutenans n'étaient pas ménagés par les orateurs de ce club improvisé, chacun d'eux, en revanche, s'extasiait à tour de rôle sur les *moyens* et la *capacité* du jeune général qui commandait alors en chef l'armée d'Italie.

— Faut convenir, disait le vieux Latouche, dont le bras gauche en écharpe était décoré de trois chevrons, faut convenir tout de même que le p'tit caporal leur z'y taille de fameuses croupières, à ces kinzerlichs! Avant-hier, à Lotano, bloquée l'Autriche! Aujourd'hui, à Castiglione, v'là que ces archivieux pousse-cailloux de Wurmser vient de se faire démolir comme une vieille barraque, quoi! Enfin, gn'y a pas à dire, c'est qu'ils n'ont pas seulement eu le temps de humer une chique, tous ces généraux de Pitt et Cobourg. Eh bien! que j'dis, fameux! le *petit caporal* : n'est-ce pas, vous autres?

— Fameux! père Latouche, répondit-on à la ronde.

— Et vous ne vouliez pas me croire, quand je vous disais, au passage des Alpes, que je l'avais vu un peu manœuvrer à Toulon, et qu'il se peignait dur. Pourtant, faut être juste : l'armée d'Italie est composée de lurons d'une certaine espèce, et j'ignore oùsqu'il trouverait des lapins taillés de cette trempe-là. Mais c'est égal, il faut un solide aplomb tout de même pour se remuer comme il se remue. Et ces tartufes d'Italiens qui croyaient que Wurmser allait nous avaler tout crus, nous et le p'tit caporal! Ah! oui, le plus souvent! même qu'il va crânement se dissimuler incognito, votre Wurmser, allez, et remonter le Tyrol un peu vite. Ah! vieux carotteur! Bonaparte t'a signé ta feuille de route aujourd'hui, hein? Faut jouer des quilles, mon vieux, et t'as deux gars à tes trousses, Masséna et Augereau, qui te feront doubler l'étape d'une solide manière, je t'en réponds.

— Ah ça! père Latouche, dit alors un des plus jeunes du cercle, il m'est d'avis, d'après tout cela, que depuis Lodi il a mérité de monter en grade, notre petit caporal!

— Pas mal observé, fit Latouche. Ecoutez, vous autres les vieux!... parlons peu, mais parlons bien! Je m'en vas donc vous récapituler ses titres à l'avancement. 1° Le troupier français n'avait pas de pain, pas de souliers, pas d'habits, pas de paie; eh bien! aujourd'hui, en veux-tu? en voilà : il a de tout, le troupier d'Italie; même qu'il a la satisfaction de gratter les écus de ces vieux sournois de pontifes à calottes rouges. Et d'un. 2° Ces propres à rien d'Italiens assassinent nos camarades à Milan et à Pavie : le p'tit caporal leur z'y a fait payer cher le caprice; nous avons allumé nos pipes à l'incendie de Binasque, et tous ceux qui étaient à Pavie peuvent avoir dans leur sac, comme votre serviteur, quelque fine relique en or ou quelques bons dieux d'argent, sans compter... mais chut ! faut pas tout dire, les agrémens comme les désagrémens ! Et de deux. 3° A Borghetto, le p'tit caporal, qui se dit : « Ces pieds crottés de cavaliers ça se fait tirer l'oreille, au lieu que mes pauvres troupiers donnent toujours ; mettons en danse la cavalerie, Murat en tête, et voyons voir un peu ce que ça fera. » C'est des purs Français tout de même, les cavaliers ; aussi, Dieu de Dieu ! quelle averse de coups de sabre sur ces mangeurs de soupe d'Autrichiens ! et de trois. 4° Mantoue bloquée, et Beaulieu disloqué, sans avoir le temps de numéroter ses membres, et v'là que l'Autriche envoie le citoyen Wurmser pour se dire deux mots avec le petit caporal, qui te le renverra par ce vieux farceur de télégraphe. Et de quatre. Et à Lonato, à Reveredo, à Castiglione aujourd'hui... Est-ce que vous prenez ça pour de la camelote, vous autres ? Eh bien ! maintenant, voyons voir ; trouvez-vous qu'il ait mérité de l'avancement, celui qui a fricassé toutes ces pommes de terre en deux tours de casserole ? Allons ! que chacun donne son avis. Les opinions sont libres, comme disent à Paris ces muscadins du Directoire, que ça n'a que de la langue et des toupets poudrés.

— Excusez ! père Latouche, à propos de muscadins et de toupet, voilà pas mal de temps que vous astiquez la parole, ce m'semble, se mit alors à dire Morel, dit *le Parisien*, en accompagnant sa réflexion d'un bruyant éclat de rire.

— Oui, c'est vrai, répliqua Latouche visiblement piqué de la réflexion ; mais j'ai plus que de la langue, moi !... j'ai là un briquet qui a un fameux fil.

Et, en disant ces mots, le vieux soldat frappait sur la poignée de son sabre, et son regard fixe provoquait le Parisien.

— Allons ! allons ! connu ! s'écria tout le cercle en s'interposant. Père Latouche, il est décidé que le petit caporal a mérité de l'avancement. Rrrrran ! — fit-il, en imitant le roulement d'un tambour, — faites-le reconnaître.

Alors Latouche, étendant sa large main, dit d'une voix forte :

— Soldats de l'armée d'Italie ! au nom des vieux troupiers ici présens, vous reconnaîtrez le citoyen Napoléon Bonaparte pour votre sergent, et vous lui obéirez en conséquence.

En ce moment, l'orateur fut interrompu par un petit homme à la figure pâle, au teint maladif, aux yeux étincelans, vêtu d'une redingote grise, coiffé d'un petit chapeau à trois cornes sans bordure ni plumet, et ne portant aucune marque de distinction. Ce petit homme lui frappa légèrement sur l'épaule, en lui disant avec bienveillance :

— Et à quelle époque le sergent peut-il espérer de passer sous-lieutenant ?

A cette voix bien connue, tous portèrent respectueusement le revers de la main droite à leur front.

— Nous verrons, citoyen général, répondit Latouche d'un air sérieux, en retroussant fièrement sa moustache.

III
Un Grognard.

Blaise Alboise fut un de ces hommes que la France républicaine et impériale peut opposer avec orgueil aux plus belles figures des temps héroïques, et proposer à l'éternelle admiration des générations à venir.

En 1792, lorsque l'appel aux armes détermina vers la frontière le sublime élan de la jeunesse française, Alboise s'enrôla dans le premier bataillon des volontaires de Seine-et-Oise, qui fut dirigé sur l'armée de Sambre-et-Meuse. Là, bien que le volontaire n'eût encore que seize ans, il se distingua tout d'abord par sa bravoure. Ce fut surtout à l'affaire de Neuvied. Le commandant de son bataillon ayant fait un appel au courage de ses jeunes soldats à propos d'une batterie ennemie dont le feu continu gênait les mouvemens de la demi-brigade, et qu'il était important d'enlever, Alboise se présenta le premier et offrit de diriger ce hardi coup de main. Après avoir reçu de son commandant des instructions quelque peu ambiguës, Alboise, qui ne les a pas bien comprises, se recueille un instant ; puis, après un moment de réflexion :

— Mais où diable nous envoies-tu, citoyen commandant ? lui demande-t-il.

— Eh parbleu ! ne le vois-tu pas ?... à la mort !

— A la mort !... Eh bien ! à la bonne heure... mais il fallait donc le dire tout de suite... Suffit !

Et se tournant vers sa petite troupe :

— Allons, vous autres ! s'écria-t-il, pas de charge, en avant, marche ! Faites comme moi, et vive la nation !

Une demi-heure après, Alboise s'était rendu maître de la batterie prussienne ; mais les trois quarts des siens étaient morts.

En 1796, Alboise faisait partie de cette héroïque armée d'Italie dont Schérer venait de remettre le commandement en chef au général Bonaparte, et ce fut en qualité de simple grenadier, dans la 65e demi-brigade, qu'il prit part à toutes les affaires qui signalèrent cette magnifique campagne. Mais il faut le dire, si Alboise était un brave soldat, c'était aussi le pessimiste le plus original de l'armée. C'est à lui peut-être que les vieux soltats de l'empire durent, dans la suite, l'épithète de *grognards*, laquelle toutefois ne leur fut donnée d'une manière officielle qu'à l'époque où Napoléon était à l'île d'Elbe. Bon fils, camarade dévoué, excellent soldat, Alboise n'avait d'autre défaut que celui de *raisonner* et de ne paraître jamais content. Il blâmait tout, se plaignait de tout, en tout temps, en tout lieu, à tout propos. Pendant les vingt années qu'il passa au service, on n'entendit presque jamais une parole approbative sortir de sa bouche ; presque jamais son visage ne fut déridé par le moindre signe de satisfaction. En garnison, il se plaignait du repos ; en campagne, il se plaignait de la fatigue. Lorsque son sac était bien garni, il le trouvait trop lourd ; lorsqu'il devenait léger, il se plaignait de ne pouvoir le remplir. Cette humeur maugréante faisait dire à ses camarades que, dans le régiment des *mal-contens*, Alboise serait infailliblement devenu colonel : tout le monde de l'en estimait pas moins, et ses officiers lui pardonnaient ses travers en considération d'une foule de précieuses qualités, et notamment d'une noblesse de caractère et de pensée qui allait quelquefois jusqu'au sublime. Pour donner une idée de son désintéressement et de sa modestie, il suffira de dire qu'il refusa constamment les grades auxquels il avait droit, en disant :

— C'est déjà beaucoup pour moi que de savoir obéir ; que serait-ce donc s'il me fallait commander ?

Ce ne fut qu'après seize années de service effectif qu'il consentit à accepter les galons de caporal ; encore son acceptation tint-elle, comme nous le verrons, à une circonstance toute particulière. Mais continuons rapidement sa biographie par ordre chronologique.

C'était au mois de mai 1796, quelques jours avant l'affaire de Lodi. Napoléon, visitant les postes avancés, se plaignait des fréquentes fusillades qu'il avait entendues.

— Il ne faut pas, disait-il, user ainsi sa poudre à tirer sur des buissons.

A ces mots, une douzaine de balles sifflent à ses oreilles. Un grenadier s'élance et lui fait un rempart de son corps. Un moment après, le général en chef demande brusquement à ce soldat :

— Que fais-tu là ? Pourquoi as-tu quitté ton poste ?

— J'attendais que vous me donniez la permission d'aller dénicher quelques uns de ces corbeaux tyroliens qui se sont perchés dans le buisson là-bas.

— Est-ce que tu t'imagines qu'ils sont restés à t'attendre ? Retourne à ton poste.

— Mon général, les autres sont dans le ravin, comme hier.

— Raison de plus, ils te tueraient.

— Ouitch !... ça leur est défendu ; ils sont trop maladroits ! S'ils savaient viser juste, ils nous auraient déjà descendus tous les deux : moi d'abord, vous après.

— Tu ne manquerais donc pas leur chef ?

— Dites un mot, je l'éclipse.

— Allons, puisque tu le veux, va !... mais ne t'y fie pas !

Et le soldat partit en sifflant le refrain de la *Marseillaise*.

C'était Alboise.

Au bout d'une demi-heure, comme on le croyait mort, parce qu'on avait entendu un grand nombre de coups de feu du côté où il s'était dirigé, il reparut. Il n'avait perdu que son chapeau.

— C'est fait ! dit-il au général en chef. Je vous avais bien dit qu'ils ne savent pas viser : maintenant ils n'ont plus qu'à enterrer leur officier de kinserlichs.

— Merci, dit Napoléon, je me souviendrai de toi.

— C'est toujours ça, reprit le grenadier : mais il ne faut pas vous tracasser la tête pour si peu de chose.

Alboise suivit Napoléon en Egypte ; mais il ne revit son général face à face qu'après le dernier siége de Saint-Jean-d'Acre. Quoique ayant reçu à cette affaire une effroyable blessure à la tête, ce soldat persistait à se tenir dans les rangs, parce qu'à la fin de la journée le général en chef devait passer la revue de sa demi-brigade, qui s'était brillamment distinguée à cette affaire. On sait que Napoléon était doué d'une mémoire prodigieuse, et qu'il se rappelait parfaitement la figure, le nom et les actions de chacun de ses soldats. Quant il vint à passer devant Alboise, il s'arrêta un moment, comme pour rappeler quelques idées confuses :

— Je te reconnais à présent, lui dit-il ; je t'ai vu à Lodi, lorsqu'on tiraillait nos postes avancés. Tu es un brave ; mais, mon pauvre garçon, il paraît que les Turcs sont moins maladroits que les Tyroliens ; ils t'ont fait là une bien mauvaise plaisanterie.

— C'est vrai ! dans ce maudit pays de sauterelles et de mamam ouchis, il fait chaud pour moi de toutes les façons : mais c'est encore pour vous, je n'en ai point de regret.

— Ah ça! comment t'appelles-tu donc, et de quel pays es-tu?

— Je m'appelle Blaise Alboise; je suis de Pontoise, département de Seine-et-Oise.

— J'en suis *bien oise*, reprit Napoléon en riant et en imitant la prononciation du soldat. Et si je te donnais un fusil d'honneur, qu'est-ce que tu me dirais?

— Je vous dirais merci, comme vous à Lodi; vous vous le rappelez?...

— Oui, oui; mais guéris-toi, d'abord; j'y penserai.

— A votre aise, quand vous aurez un petit moment de libre.

Malheureusement la blessure d'Alboise fut longue à se cicatriser complétement. Napoléon revint à Paris, et le brave soldat fut oublié. Il y a toute apparence qu'il eut, lui, plus de mémoire, bien qu'il n'en dît mot à personne. A son retour en France, après Marengo, son ancien général étant déjà premier consul, lorsqu'il fut question de décider si Napoléon serait proclamé, ou non, consul à vie, Alboise ne laissa pas échapper l'occasion qui lui était offerte de manifester hardiment son opinion. Le dépouillement du scrutin fut publié par le sénat le 15 août 1802. Sur 3,577,259 votans, 3,576,285 avaient voté *pour*, et 974 *contre*; et, chose incroyable, presque tous les votes négatifs avaient été donnés dans l'armée.

Dans un régiment de ligne, un grenadier osa signer *non* en très gros caractères sur le registre où chaque soldat émettait son vote. (Ceux qui ne savaient pas écrire devaient apposer une petite barre pour la négative ou une croix pour l'affirmative.) Cette opposition unique causa un grand scandale. Le colonel du régiment, craignant qu'on ne le rendît responsable du mauvais effet qu'une telle insubordination pouvait produire dans l'esprit de l'armée, comme imbue des principes républicains, fit venir près de lui le grenadier *mal pensant*. Il lui adressa d'abord des complimens sur sa belle tenue, persuadé que par la douceur il obtiendrait une rétractation éclatante; mais voyant que ce moyen ne lui réussissait pas, il lui dit en relevant sa moustache :

— Comment! c'est toi, Alboise! toi qui as l'honneur d'être grenadier de la première du deuxième; toi qui as fait les campagnes d'Italie, qui as été en Egypte; c'est toi qui ne veux pas que ton ancien général soit ton chef! Tu déshonores ta grenade!... Est-ce que j'ai signé *non*, moi!... Et cependant je n'ai pas eu l'honneur d'aller aux Pyramides!

— Les Pyramides! les Pyramides!... répond Alboise, que ce discours commençait à impatienter; qu'est-ce que ça prouve, les Pyramides? Vous avez signé *oui*, mon colonel, c'est bien, vous en aviez le droit : je ne suis pas là pour vous contredire; mais, moi, c'est différent.

— Eh! par quelle raison, grenadier Alboise?

— Par la raison que, si je me suis battu pendant dix ans pour qu'il n'y ait pas de rois en France, ce n'est pas non plus pour qu'il y ait à leur place des premiers consuls à vie. C'est aussi mon idée. Et puis, quand même, n'avez-vous pas dit que les volontés étaient libres?...

— C'est-à-dire... ce n'est pas moi, c'est le sénat... Mais sais-tu bien que lorsque le citoyen premier consul saura cela, il est capable de te faire mettre à la salle de police pour le reste de tes jours?

— Rien du tout! Cela lui sera bien égal! Et puis, ce que vous me dites là, mon colonel, c'est bon pour vous ou les habits brodés qui ont peur de perdre leurs grades ; moi, je ne crains pas de perdre le mien. Je le lui dirais à lui-même, au citoyen premier consul ; je ne suis pas comme lui, moi, *j'ai de la mémoire : lorsque je promets quelque chose à quelqu'un, je tiens ma promesse.*

On voit qu'Alboise avait été piqué au vif de l'oubli de Napoléon relativement au fusil d'honneur qu'il lui avait promis en Egypte, et qu'il ne lui avait pas donné.

Le premier consul apprit bientôt que, dans un régiment de ligne, un grenadier avait donné un vote négatif. Il demanda son nom.

— Alboise! s'écria-t-il en portant la main à son front ; ah! oui, oui, Alboise, de Pontoise, ajoute-t-il en souriant ; je le connais de longue date. On lui dira de ma part que j'ai donné l'ordre de le faire passer dans la garde consulaire, dans *ma* garde, reprit-il en appuyant sur le mot.

Plus tard, la vieille garde impériale ayant été formée avec le noyau de la garde consulaire, Alboise s'y trouva incorporé dès l'origine. De ce moment, sa manie de *grogner* à tout propos ne fit que croître jusqu'au jour de sa mort, qui fut peut-être la première circonstance de sa vie dont il parut satisfait.

On sait que la nuit qui précéda la bataille d'Austerlitz, l'empereur, voulant juger de l'effet qu'avait produit sur ses soldats la proclamation qu'il leur avait fait lire le matin, parcourut à pied et incognito tous leurs bivouacs. Arrivé à l'un de ceux occupés par la garde, un grenadier, qui nettoyait la batterie de son fusil, l'ayant reconnu, lui jeta ces paroles sans cesser son travail et sans avoir l'air de le remarquer :

— Ah! tu veux de la gloire! Eh bien! sois tranquille, va! on t'en *flanquera* demain matin, de cette gloire! Un peu de patience, on t'en *flanquera* !

C'était Alboise.

Dès le commencement de l'action, un bataillon du 4e de ligne ayant été enfoncé par les cuirassiers de la garde impériale russe :

— Bessières! Bessières! cria l'empereur en passant au grand galop devant les grenadiers à cheval de sa garde, tes invincibles à la droite de ce bataillon !

Un instant après, les deux gardes impériales s'étant trouvées en présence, cavaliers, artillerie, étendards russes, tout resta au pouvoir de Bessières.

La vieille garde à pied vit ses exploits et murmura; deux fois elle demanda à grands cris à se porter en avant; mais l'empereur la maintint au repos. Ses grenadiers le maudissaient alors.

— Il n'y a donc rien pour nous aujourd'hui? s'écria l'un d'eux, qui se dépitait plus que les autres de rester ainsi inactif. (C'était encore Alboise.) Napoléon fait un signe avec la main, et, se retournant du côté d'Alboise, dont la voix lui est parfaitement connue :

— Silence! lui dit-il, tu es trop gourmand.

Le lendemain, en passant la revue de sa garde, il s'arrêta devant lui :

— Ne t'ai-je pas donné une arme d'honneur en Egypte? lui demanda-t-il.

— Oh! donné! donné! c'est-à-dire que vous l'aviez promise; mais il me paraît que dans ce temps-là la fabrique allait peu, car je ne l'ai jamais reçue. Au surplus, puisque vous vous en souvenez, ça suffit : je n'ai plus de rancune.

— Et tu fais bien, car tu sais que maintenant nous sommes gens de revue.

— Et de parole, ajouta Alboise, avec une intention malicieuse.

Vint le jour de la distribution des croix. Alboise n'avait reçu aucune lettre d'avis. Dieu sait s'il était de mauvaise humeur !

— Aux noms des braves que vous venez d'appeler, dit l'empereur, en élevant la voix, à l'officier supérieur qui remplissait les fonctions de secrétaire de la chancellerie, ajoutez sur votre liste celui d'un de mes vieux braves, celui du grenadier Alboise !

— Présent !... s'écrie aussitôt une voix de stentor qui sort des rangs; présent ! présent !

— Approche. Tu vois que j'ai de la mémoire et que je suis de parole. Tiens, voilà ce que je te devais; continue à servir d'exemple à nos jeunes conscrits; il serait à désirer qu'ils te ressemblassent tous.

— Pas dégoûté ! murmura tout bas Alboise, tandis que Napoléon détachait sa croix et la présentait au grenadier, qui, la recevant d'une main, de l'autre fit le salut militaire, et retourna tranquillement à son rang au bruit des acclamations unanimes de ses camarades.

Lors de l'entrevue de Napoléon avec Alexandre à Erfurt, au mois de septembre 1808, au milieu de l'affluence de rois, de princes et de grands personnages de toute sorte qui les entouraient, les deux empereurs aimaient à s'isoler de cette foule d'automates dorés, et à passer ensemble des journées entières dans la plus parfaite intimité. Un matin que Napoléon sortait à pied de son palais, accompagné d'Alexandre, sous le bras duquel il avait amicalement passé le sien, il s'arrêta devant le grenadier qui, posé en faction au bas de l'escalier, lui présentait les armes. C'était Alboise. Napoléon le regarda un moment en secouant la tête d'un air d'orgueil, et faisant remarquer à Alexandre ce soldat dont le visage est orné d'une cicatrice qui part du front et descend jusqu'au milieu de la joue :

— Que pensez-vous, mon frère, lui dit-il, des soldats qui survivent à de pareilles blessures ?

— Et vous, mon frère, répond Alexandre, que pensez-vous des soldats qui les font ?

— Ils sont morts, ceux-là !... murmura Alboise d'une voix grave, sans rien perdre de son immobilité.

Nous ne pensons pas qu'il y ait dans Corneille de plus sublime dialogue.

Alexandre, dont la belle réponse avait un moment embarrassé Napoléon, se tourna alors vers ce dernier en disant avec courtoisie :

— Mon frère, ici comme ailleurs, la victoire vous reste.

— Mon frère, c'est qu'ici, comme ailleurs, mes grognards ont donné.

Et Napoléon s'éloigna en faisant un geste de remerciement à Alboise, qui ne détourna même pas les yeux.

A quelque temps de là, se promenant seul et à pied dans le quartier de sa garde, l'empereur aperçoit Alboise assis tranquillement sur une pierre, non loin d'un magasin à fourrages, et battant le briquet pour allumer une pipe qu'il tient à la bouche. Il se dirige de ce côté. Alboise se lève, mais il n'en continue pas moins de battre le briquet en disant :

— Pardon, mon empereur, mais c'est le diable pour faire prendre l'amadou; il fait tant de vent !... Vous permettez, n'est-ce pas?

— Eh mais ! jusqu'à un certain point. Ne crains-tu pas de mettre le feu à ce magasin de paille? Ce serait mal travailler pour le roi de Prusse que de lui brûler ses villes.

— Ah! bah! le roi de Prusse, répond dédaigneusement Alboise; encore un drôle de monarque, celui-là! qu'il n'ait pas peur! si on lui brûle sa Prusse... eh bien! on la lui paiera!

Pendant ce temps Napoléon examina le grenadier, qui, frappant plus vite et plus fort sur sa pierre, n'en fait cependant jaillir aucune étincelle, et il ajoute :

— Je te dois quelque chose, Alboise.

— A moi, mon empereur!... crois pas!... Vous m'avez donné la croix il y a deux ans à cause de cette balafre que j'ai reçue il y en a huit; c'est moi qui vous dois du retour. Patience, on s'acquittera!

— Ce n'est pas pour la balafre : c'est vieux cela ; c'est pour ce que tu as dit dernièrement à l'empereur Alexandre, lorsque tu faisais ta faction.

— Je n'ai pas fait de sottises à cet empereur. Pourquoi a-t-il eu l'air de vouloir mécaniser la garde!... Est-ce que par hasard il se serait plaint de moi à mes chefs?

— Non assurément, reprit Napoléon, puisque je veux te récompenser.

— Il n'y a pas de quoi! Et puis je n'ai besoin de rien. Cependant, si vous voulez me faire une politesse, histoire de dire : « Tiens, voilà!... » eh bien! à la première garde montante, dites-moi bonjour comme vous me l'avez dit l'autre fois.

— Eh bien! bonjour, mon brave, et touche là!

Et l'empereur lui tendit la main.

A ce geste de Napoléon, la vue du vieux soldat se trouble, de grosses larmes coulent de ses yeux : c'est peut-être le seul mouvement de sensibilité extérieure qu'il ait eu en sa vie. D'une main, retirant précipitamment la pipe qu'il avait conservée à la bouche, il la jette et la brise sous son pied, tandis que de l'autre main il saisit celle que lui présente l'empereur.

— Oh! toujours! mon empereur! à la vie! à la mort! Alboise ne vous dit que cela...

— Oui, je te crois, répond Napoléon en essayant de retirer sa main, qui est prise comme dans un étau ; entre nous, comme tu le dis, c'est à la vie! à la mort!... Adieu!

L'année suivante, Alboise était à Schœnbrunn, car il ne quitta pas d'un instant les drapeaux. Après la parade, qui avait lieu chaque jour, à onze heures, dans la cour du château, l'empereur donnait volontiers audience aux soldats qui avaient quelques droits à faire valoir ou quelque grâce à demander. Un grenadier sort des rangs et vient à lui.

— Ah! ah! c'est aujourd'hui ton tour, mon vieux Alboise? Que me veux-tu? parle.

— Sire, il m'est arrivé un grand malheur.

— Une injustice qu'on t'a faite? un passe-droit! Tu viens réclamer, n'est-ce pas?

— C'est pas ça. J'ai une bonne femme de mère qui vivait *chouettement* du produit de la moitié de ma croix que je lui ai abandonnée et d'une espèce de baraque qu'elle appelait sa maison. Le feu a pris à la baraque. Absente maintenant. Comme il ne lui reste plus que soixante-deux ans et des yeux pour pleurer, j'ai trouvé que ce n'était pas assez pour vivre, et alors je viens...

— Tu viens me demander une pension pour elle, interrompit l'empereur qui n'aimait pas les longues digressions ; c'est juste ; la mère d'un brave comme toi doit compter sur moi : j'écrirai ce soir au ministre de la guerre. Es-tu content ?

— Non, sire !

— Diable ! tu es bien difficile ! Que veux-tu que je te donne ? un bon sur le payeur de la garde ?

— Sire, ce n'est pas encore ça : non pas que je trouve votre signature mauvaise ; mais le temps que le trésorier et toute la musique mettront à enregistrer, timbrer et *patarafer* votre bon, la bonne femme aura descendu sa dernière garde. Tenez, mon empereur, je ne vais pas par quatre chemins ; je viens vous emprunter de l'argent de la main à la main. Et peur que vous ne croyiez que c'est une *carotte de longueur* que je veux vous tirer, comme les chapeaux à plumes et les bottes à glands d'or de l'état-major, voici mon brevet de décoré ; mon livret ; vous toucherez mon prêt, le reste de ma croix ; le quartier-maître du régiment vous comptera tout cela à chaque trimestre ; il n'osera pas vous *faire la queue*, à vous, j'en réponds !

— Garde tout cela ; entre deux vieilles connaissances comme nous, la parole suffit, tu le sais bien. Tiens, voilà une cartouche pour ta mère (c'était un rouleau de mille francs) ; tu m'en rendras une pareille quand tu seras colonel.

— Oh ! oh ! un moment ! interrompit le vieux grenadier avant de tendre la main ; j'accepte, mais à une condition : c'est que ça ne vous gênera pas, car autrement...

— Allons ! prends, te dis-je !

— Merci, mon empereur ; mais en ce cas vous direz à mon colonel que je consens maintenant à être nommé caporal, non pas par ambition, mais seulement pour avancer un peu l'époque du remboursement.

Le lendemain, Alboise reçut une sardine de caporal, sans paraître plus satisfait que de coutume.

Ce fut surtout pendant la campagne de Russie que son humeur maugréante se développa tout entière : ces longues marches à travers un pays incendié et désert étaient pour lui un texte inépuisable.

— Je vous demande un peu, disait-il sans cesse, ce que nous allons voir dans un pays de purs sauvages, où on fait une demi-douzaine d'étapes sans trouver seulement une pomme de terre !... Encore si on pouvait de temps en temps se repasser quelques coups de fusil en manière de nations civilisées !... Pas moyen de causer avec ces mangeurs de chandelles ! C'est dégoûtant ! Quant à moi, j'aimerais presque autant la paix qu'une guerre comme ça.

Ce fut bien autre chose encore lorsque après l'incendie de Moscou Alboise commença cette désastreuse retraite, errant sans vêtemens, sans munitions, sous un ciel de neige, sur un sol parsemé de cadavres. Plus de discipline ; tous les rangs étaient confondus ; la grande armée n'était plus qu'un amas d'hommes allant indistinctement du nord au midi. La présence de Napoléon à pied au milieu des soldats, souffrant comme eux des mêmes besoins, des mêmes privations, pouvait seule étouffer les murmures.

Un jour, en parcourant les rangs épars de la vieille garde, dont les débris marchaient avec ceux de l'état-major général, il reconnut le vieux caporal, quoique sa coiffure ne se composât pour le moment que d'un sac à avoine qui lui cachait la moitié du visage.

— Ah ! mon pauvre Alboise, lui dit-il en secouant la tête, tu es toujours le même : je suis content de toi.

— Ma foi ! il n'y a pas de mal que vous soyez content, murmura Alboise, car il y en a *diablement* qui ne le sont guère.

L'empereur n'eut pas l'air de comprendre et reprit :

— Je le serais encore bien davantage si j'étais certain, à mon arrivée en France, d'y trouver cent mille hommes comme toi.

— Flatteur ! murmura Alboise entre ses dents.

La dernière fois qu'ils se rencontrèrent, ce fût encore en un jour de malheur : on passait la Bérésina.

— Te voilà maintenant pontonnier, lui dit l'empereur, tu ne manques jamais les bonnes occasions !

— Partout où vous êtes, je sais qu'on attrape toujours quelque chose... Présent !

— Te rappelles-tu le jour où nous nous vîmes pour la première fois, interrompit Napoléon, essayant de détourner ainsi la conversation.

— Oui, c'était en Italie, un jour qu'il faisait chaud ; mais la température a *crânement* changé depuis.

— Comment ! est-ce que tu aurais froid ?

— Moi ! froid !... Allons donc ! je ne le sens pas ; et il y a de bonnes raisons pour ça, ajouta-t-il en portant la main à son visage, couvert d'un large emplâtre ; tenez, pas plus de nez que sur la main : il est resté dans les traînards ; mais c'est égal, quand je vous vois, ça me réchauffe.

Lorsque le tour d'Alboise fut venu de passer sur le pont, entraîné par la foule qui se ruait comme une avalanche, il fut précipité dans le fleuve. Malgré les énormes glaçons qui menaçaient à chaque instant de le broyer dans leur choc, il arriva un des premiers sur la rive opposée que le canon des Russes balayait déjà. A peine avait-il fait quelques pas qu'il roula sur la neige : un boulet venait de lui fracasser les deux jambes. Un de ses camades s'approcha pour le secourir :

— Marche, marche ! lui dit-il d'une voix éteinte, car il va t'en arriver autant.

— Caporal Alboise, je ne veux pas vous abandonner.

— Va ton train... je suis plus heureux que vous autres, dans un moment je n'aurai plus froid !

Puis, faisant un dernier effort, l'héroïque soldat se traîna sur les mains jusqu'au bord d'un fossé où la neige s'était amoncelée ; ce fut sur ce lit de glace qu'il s'étendit comme pour mourir plus doucement. Il arracha sa croix, celle que Napoléon lui avait donnée à Austerlitz, et après l'avoir portée plusieurs fois à ses lèvres, il la brisa entre ses dents et en avala les morceaux, pour qu'elle ne tombât pas entre les mains des Cosaques ; après quoi il bégaya un dernier *Vive l'empereur!* suivi d'une imprécation contre les Russes, et il mourut.

Et lorsque cette nouvelle lui parvint, Napoléon secoua tristement la tête :

— J'aurai de la peine à le remplacer, dit-il en essuyant, sur sa joue, une grosse larme à moitié gelée.

VI

Une Traversée.

Le jour du départ, nous nous rendîmes, dès le matin, Regnault de Saint-Jean d'Angély et moi, chez le généralissime, où les personnes qui devaient s'embarquer sur le même bâtiment que lui se réunissaient. Une heure après l'*Orient* mettait à la voile.

Ce n'est pas sans difficulté que l'escadre sortit de la rade. Plusieurs vaisseaux labourèrent le fond sans pourtant s'arrêter ; mais le nôtre, qui portait cent vingt canons et tirait plus d'eau, toucha. Il penchait assez sensiblement pour donner de l'inquiétude aux nombreux spectateurs qui couvraient le rivage, et surtout à Mme Bonaparte qui, du balcon de l'Intendance, suivait nos mouvemens. Elle fut bientôt rassurée en voyant le vaisseau, dégagé, entrer majestueusement en pleine mer, aux acclamations générales qui se mêlaient aux fanfares de la musique des régimens embarqués, et au bruit de l'artillerie des forts et de l'escadre.

On éprouvait des émotions de plus d'un genre, à l'aspect de cette flotte chargée de tant de milliers d'hommes qui, s'attachant à la fortune d'un seul, et s'engageant dans une expédition dont la plupart ignoraient le but, et dont tous ignoraient la durée, s'exilaient avec joie, s'abandonnaient, avec une confiance que donne la certitude du succès, à un avenir dont on ne pouvait calculer les chances. Non seulement ils se regardaient comme favorisés par le sort, mais ils étaient regardés ainsi par la majorité de la nation. Ils avaient été choisis en effet parmi de nombreux compétiteurs, et un nombre de volontaires égal à celui des volontaires embarqués, ne se consolait de cette préférence que dans l'espoir de faire partie d'une nouvelle expédition qui devait suivre incessamment la première. Jamais expédition cependant n'avait affronté de périls plus évidens ; jamais expédition n'eut autant besoin d'être favorisée par la fortune. C'en était fait si la flotte eût rencontré les Anglais dans la traversée : non que cette élite de l'armée d'Italie ne fût assez nombreuse, mais précisément par le motif opposé.

Distribuée sur les vaisseaux dont l'équipage était complet, l'armée de terre triplait sur chaque bord le nombre des hommes nécessaires à sa défense. Or, en pareil cas, tout ce qui est superflu est nuisible. Le combat engagé, il y aurait eu confusion dans les mouvemens, gêne dans les manœuvres, et le canon de l'ennemi aurait nécessairement rencontré trois hommes là où, d'après les données ordinaires, il devait n'en rencontrer qu'un, ou même aucun. Ajoutez à cela l'embarras produit par le matériel de l'artillerie de terre, les haubans en étaient encombrés, les ponts en étaient obstrués. En cas d'attaque, il eût fallu jeter tout cela à la mer, et commencer par sacrifier à la défense les moyens de conquête. Une victoire même eût ruiné l'expédition ; plût à Dieu que Bonaparte ne se trouvât pas dans la nécessité d'en rencontrer une !

Telles sont les réflexions qui m'assaillirent dès que j'eus mis le pied sur le vaisseau amiral.

La flotte une fois en pleine mer, et chacun casé dans le quartier qu'il devait occuper, on servit le premier repas. Militaires et civils, chacun prit à table la place que lui assignaient son grade et ses fonctions. Quoique je n'eusse ni fonction ni rang, je fus placé, avec Regnault, à la table particulière où l'amiral et le chef de l'état-major seuls avaient leur couvert, mais à laquelle il invitait tous les jours quelqu'un de ses premiers commensaux, honneur qu'il me fit quelquefois.

Cette mesure était sage. Indépendamment de ce qu'elle laissait aux convives de la grande table une liberté que la présence du généralissime aurait un peu gênée, elle lui donnait, à lui, le moyen de témoigner par des prévenances son estime pour les militaires qu'il distinguait, et aussi d'indemniser par une faveur ceux d'entre les civils que les prétentions de certains militaires avaient offensés.

Bonaparte eut, dès le lendemain de l'embarquement, plus d'une indemnité de ce genre à distribuer, et, malheureusement pour moi, j'y eus droit plus que personne.

Tout s'était assez bien passé la veille, quant au repas : les militaires s'étaient placés avec les militaires, les civils avec les civils. On pouvait croire que c'était par pur effet de convenance ; mais le soir, il ne fut pas possible de prendre le change. La grande chambre, après le souper, avait été divisée, par des toiles, en autant de petits cabinets qu'il y avait de personnes à la première table ; et, pour prévenir toute contestation, une liste arrêtée par le général indiquait à chacun la case qu'il devait occuper et que désignait un numéro. Chacun, en conséquence, y avait fait porter son hamac et ses effets. En sortant du salon du général, où j'avais passé la soirée, quand j'allai pour prendre possession de ma chambre à coucher, je ne fus pas peu surpris de voir qu'au mépris de l'ordre établi un officier s'y était installé, et qu'il s'emparait, sans plus de façon, d'un hamac bien garni qui m'avait été donné par l'intendant de la marine. J'ouvrais la bouche pour réclamer ma chambre et mon lit, quand j'entendis ce colloque qui s'engageait à quelques pas de là entre des individus de conditions très différentes, un officier supérieur et un domestique :

— Fichez-moi cette valise hors d'ici et mettez-y la mienne.

— Mais, commandant, c'est la valise du citoyen Berthollet, à qui ce cabinet appartient.

— Ce cabinet est à côté de celui du général Dufalga. Mon grade me donne rang immédiatement après le général Dufalga. Ce cabinet m'appartient donc. Fichez moi cette valise dehors.

— Mais, commandant, où voulez-vous que je la porte ?

— Où vous voudrez... au diable !

Et mon officier se loge dans la place qu'il vient d'emporter d'assaut. Le domestique porte la valise au cabinet d'à côté.

Mon grade me place immédiatement après l'adjudant-général, s'écrie un chef de brigade qui, montant d'un degré, s'empare du cabinet évacué.

Un chef de bataillon se met en vertu du même droit à la place de celui-ci, et fait la même réponse à ce pauvre diable, qui la reçoit successivement de tous les officiers aussi empressés à serrer les rangs et à remplir le vide, qui se fait à côté d'eux, que s'ils manœuvraient sous le canon de l'ennemi. Bref, quoiqu'il fût membre de l'Institut aussi bien que le général en chef, le savant n'en fut pas moins relégué, de cascade en cascade, à la fin de la colonne, comme le dernier des sous-lieutenans.

A quoi ne devais-je pas m'attendre, moi qui n'étais ni sous-lieutenant, ni même membre de l'Institut ? Indigné autant que surpris du peu d'égards qu'un jeune homme avait pour l'âge et le mérite de Berthollet, et jugeant bien qu'on ne me traiterait pas mieux, je me retirai, et, sans plus d'explications, j'allai conter ma déconvenue à l'amiral, qui avait de l'amitié pour moi, et n'avait pas oublié que, l'année précédente, je lui avais fait donner à Corfou 50,000 fr. pour les besoins de son escadre. Je recueillis ce soir-là l'intérêt de ce service.

— Mon pauvre ami, me dit Bruéïs, je ne vous laisserai pas dans l'embarras, vous qui m'en avez tiré. Je n'ai pas de hamac à vous offrir, mais je vais vous donner un bon matelas et des draps. Quant à un cabinet, il faut vous en passer, peut-être n'en serez-vous pas plus mal logé pour cela. On mettra votre matelas par terre dans le bureau de l'état-major, sous les hamacs du secrétaire du général en chef et de l'aide-de-camp de service, de Bourrienne et Duroc, à côté du munitionnaire Collot à qui l'on a joué le même tour qu'à vous.

Trop heureux d'avoir un matelas, je me couchai sous le lit du capitaine Duroc, à côté du munitionnaire Collot qui couchait sous le lit du citoyen Bourrienne. Il n'y aurait pas eu pour moins de deux millions de valeur dans ce petit coin du bâtiment, si les gens qui s'y trouvaient eussent réuni leurs fortunes respectives, quoiqu'il s'en fallût de deux millions que moi, le capitaine Duroc et même le citoyen Bourrienne nous fussions des millionnaires.

Le lendemain, après dîner, le général en chef recevant tout le monde, j'allai comme tout le monde lui faire ma cour : il jasait avec Bruéïs et Berthier.

— Eh bien ! Arnault, me dit Bonaparte, comment avez-vous passé la nuit?

— Aussi bien qu'on peut la passer sous un lit, général.

— Sous un lit?

— Où je n'aurais eu d'autres matelas que le plancher, sans la charité de l'amiral.

— N'aviez-vous donc pas de lit? Est-ce qu'il n'existait pas un cabinet?

— Tout cela m'a été pris aussi lestement que donné.

— Et par qui?

— Je ne sais.

— Je veux le savoir.

— Permettez, général, que je ne vous en dise pas davantage sur cet article. Me siérait-il de me plaindre, lorsqu'un homme qui a bien d'autres droits que moi aux égards, n'en a obtenu aucuns, lorsque Berthollet s'est vu expulsé du gîte que vous lui aviez assigné et qu'il ne se plaint pas?

— Qu'est-ce que cela, Berthier? on a manqué d'égards pour Berthollet! Sachez ce qu'il en est, et rendez-m'en compte.

Il ne fut pas difficile à Berthier de vérifier le fait. Le soir même, Berthollet fut réintégré dans son rang, et l'usurpateur eut ordre de garder les arrêts pendant huit jours; ce qui l'affligea plus que moi, j'en conviens.

Toute sévère qu'elle était, cette leçon ne le corrigea cependant pas. Dès le lendemain, je crois, il eut un tort de même nature avec le médecin en chef de l'armée, ce en quoi il eut doublement tort. Le moins malin des médecins n'a-t-il pas mille moyens innocens de se venger? et celui-là était justement le plus malin qui ait endossé la robe de Rabelais.

— Souvenez-vous, mon cher ami, qu'il ne faut offenser personne, pas même le médecin en chef, dit Desgenettes à son imprudent agresseur.

Tous les soirs, comme tous les matins, ou plutôt comme à toutes les heures du jour, Bonaparte se faisait rendre compte du bulletin sanitaire de l'armée. Deux petites véroles s'y étant déclarées, un vaisseau, le *Causse*, avait été changé en hôpital, et on y envoyait tout malade dont l'état offrait quelque symptôme de cette effroyable contagion.

Quelques jours après le fait dont il s'agit :

— Tout le monde se porte-t-il bien sur l'*Orient*? dit le généralissime au médecin en chef.

— Tout le monde, général, à une personne près.

— Qui donc?

— Un tel. Il avait passé une mauvaise nuit, et s'étant couché avec un violent mal de tête, il m'a fait demander ce matin.

— Et comment l'avez-vous trouvé?

— Mais... pas très bien. Le mal de tête n'a pas cessé; il a de la fièvre.

— Un mal de tête... de la fièvre...

— Et des maux de cœur, général.

— Et des maux de cœur! mais ce sont là des symptômes de petite vérole !

— La petite vérole, en effet, s'annonce comme cela.

— Il a donc la petite vérole?

— Je ne dis pas cela, général, ce n'est peut-être qu'une indisposition momentanée.

— Me répondez-vous que ce n'est pas la petite vérole?

— C'est ce dont je ne puis répondre, quand même il l'aurait eue.

— En ce cas-là, qu'il aille à l'hôpital. Si ce n'est qu'une indisposition légère, le voyage ne lui fera pas grand mal; si, au contraire, c'est la petite vérole, nous sauverons peut-être un millier d'hommes sur les trois mille qui sont ici. Renvoyez le malade, et songez à votre responsabilité. Je laisse la chose à votre décision.

Desgenettes retourne au lit du malade, lui tâte le pouls, lui fait tirer la langue :

— Qu'en pensez-vous? lui dit Berthier, qui, par ordre exprès du général, assistait à cette visite.

— Ce que j'en disais tout à l'heure.

— Alors, qu'on mette à l'instant la chaloupe en mer, et vous, mon cher, habillez-vous.

— A moins que vous ne préfériez être transporté dans votre lit comme vous êtes, ce qui peut se faire, dit le docteur.

— Transporté! où donc? s'écrie le malade.

— A l'hôpital, répond Berthier.

— Il n'est guère qu'à trois quarts de lieue, une petite lieue tout au plus. La mer est douce, le vent n'est pas mauvais : ce sera l'affaire d'une petite demi-heure, ajoute le docteur.

— Mais vous me traitez comme si j'avais la petite vérole! Est-ce que j'ai la petite vérole, docteur ?

— Je ne vous dis pas cela.

— Vous l'entendez, général, je n'ai pas la petite vérole. N'est-ce pas, cher docteur?

— Je ne vous dis pas cela non plus, répond le cher docteur.

Le malade eut beau protester, il fallut s'habiller. Deux matelots s'emparèrent de son bagage. Le docteur lui prêtant l'appui de son bras, les conduisit jusqu'à l'échelle qu'il lui fallut descendre pour s'embarquer.

— Croyez-vous que ce soit la petite vérole ? dit-il, chemin faisant, à son conducteur.

— J'espère que non, lui répondit Desgenettes ; je crois même que d'ici à trois jours nous vous reverrons mieux portant que jamais.

— Eh bien alors !...

— Eh bien ! encore une fois je ne puis répondre de rien. Ma responsabilité est grande. Bon voyage, mon cher ami, prenez patience ; vous en aurez besoin. C'est un assez maussade séjour que l'hôpital. Vous aurez tout le temps d'y faire des réflexions, et de penser à ce que je vous ai dit dernièrement.

— Qu'est-ce donc que vous m'avez dit, cher docteur ?

— Qu'il ne faut offenser personne, pas même le médecin en chef de l'armée.

Bientôt nous vîmes le malade, étendu sur son matelas, s'éloigner dans la chaloupe qui le portait, en le berçant, à l'hôpital, où on l'envoyait pour être traité de la maladie qu'il n'avait pas. Le surlendemain il revint mieux portant et plus poli que jamais. La leçon ou plutôt la médecine avait réussi au point qu'il en remercia le docteur, de qui je tiens cette histoire, qu'il racontait avec une expression pareille à celle que devait prendre Panurge en racontant *comment il se vengea de Pindenault.*

Les premiers momens passés, chacun s'accommoda à son sort ; et, comme du plus au moins chacun était mal, chacun prit son mal en patience. Les plaintes cessèrent ; mais tout en se résignant à supporter ces contrariétés qui naissaient de la force des choses, on s'indignait des injures qui venaient de la volonté des individus, et que la charité chrétienne peut seule nous donner la force de pardonner ; or, dans ce temps-là, comme en ce temps-ci, ce n'était pas la vertu dominante que la charité chrétienne, parmi les militaires surtout.

L'ennui était le plus grand mal dont la majeure partie des passagers eût à se défendre. Pendant les premiers jours, on avait eu recours au jeu ; mais comme le jeu n'était rien moins que modéré, et que les ressources des joueurs n'étaient pas inépuisables, l'argent de tous se trouva bientôt réuni dans quelques poches, pour n'en plus sortir. Alors on se rejeta sur la lecture, et la bibliothèque fut d'une grande ressource. J'en avais la clé, je devins un homme important.

En me la donnant, dès le lendemain de notre embarquement, le général en chef m'avait aussi donné des instructions. Elles portaient que je prêterais des livres aux personnes à qui il permettait d'entrer dans la chambre du conseil qui lui tenait lieu de salon, mais qu'elles les liraient là, et sans autrement les déplacer. « Ne prêtez, avait-il ajouté, que des romans ; gardons pour nous les livres d'histoire. »

Les premiers jours, j'eus peu de demandes à satisfaire, j'ai dit pourquoi ; mais dès que les joueurs malheureux, à l'exemple de celui de Regnard, s'avisèrent de chercher des consolations dans la philosophie, j'eus un peu plus d'occupation. Notre collection de romans suffisait à peine. Le temps du déjeûner au dîner était celui qu'ils donnaient à la lecture, couchés sur le divan qui régnait autour de la pièce. De temps à autre Bonaparte sortait de sa chambre, et faisait le tour de la pièce, jouant pour l'ordinaire avec celui-ci et avec celui-là, c'est-à-dire tirant les oreilles à l'un, ébouriffant les cheveux de l'autre, ce qu'il pouvait se permettre sans inconvénient, chacun, à commencer par Berthier, ayant adopté la coiffure à la Titus.

Dans une de ces tournées, la fantaisie prit au général en chef de savoir ce que chacun lisait.

— Que tenez-vous là, Bessières?
— Un roman! général.
— Et toi, Eugène?
— Un roman! général.
— Et vous, Bourrienne?...
— Un roman! général.

M. de Bourrienne tenait *Paul et Virginie*, ouvrage que, par parenthèse, il trouvait détestable. Duroc lisait aussi un roman, ainsi que Berthier qui, sorti par hasard dans ce moment-là de la petite chambre qu'il avait auprès du général en chef, m'avait demandé quelque chose de bien sentimental, et s'était endormi avec *les Passions du jeune Werther*.

— Lectures de femme de chambre! dit Bonaparte avec quelque humeur, étant tracassé pour le quart d'heure par le mal de mer. Ne leur donnez que des livres d'histoire, reprit-il; des hommes ne doivent pas lire autre chose.

— Alors pour qui garderons-nous les romans, général? dis-je; car nous n'avons pas ici de femmes de chambre.

Bonaparte rentra chez lui sans me répondre, et je ne me fis pas scrupule de déroger à cette injonction; autrement la bibliothèque n'eût été qu'un meuble de luxe, personne ne me demandant guère de livres d'histoire que Sulkowski, qui avait toujours en main un volume de Plutarque.

C'était un homme de Plutarque aussi que ce jeune Polonais dont le généralissime avait fait son aide-de-camp. Doué d'une intelligence égale à son courage, qui était à toute épreuve, il jugeait son chef avec une sévérité souvent extrême; il le haïssait tout en l'admirant. C'était néanmoins un des hommes sur lesquels Bonaparte pouvait le plus se reposer, parce qu'il était homme d'honneur, et que le sentiment de son devoir lui tenait lieu d'affection.

Le général passait quelquefois la matinée entière dans sa chambre, couché tout habillé sur son lit.

Un jour il me fait appeler par Duroc.

— N'avez-vous rien à faire? me dit-il.
— Rien, général.
— Ni moi non plus. C'est peut-être la première et la dernière fois de sa vie que Bonaparte ait dit cela. Lisons quelque chose; cela nous occupera tous les deux.

— Que voulez-vous lire? de la philosophie? de la politique? de la poésie?

— De la poésie.
— Mais de quel poète?
— De celui que vous voudrez.
— Homère vous conviendrait-il? C'est le père à tous.
— Lisons Homère.
— L'Iliade, l'Odyssée ou la Batrachomyomachie?

— Comment dites-vous?

— Le combat des rats et des grenouilles, ou la guerre des Grecs et des Troyens, ou les voyages d'Ulysse? Parlez, général.

— Pas de guerre pour le moment : nous voyageons; lisons des voyages. Cependant je connais peu l'Odyssée : lisons l'Odyssée.

Je vais chercher l'Odyssée, et comme je rentrais, Duroc, qui, averti par la sonnette, était venu prendre les ordres du général, reçoit injonction de ne laisser entrer qui que ce soit, et de ne revenir lui-même que quand on l'appellera. Il sort, et me laisse tête-à-tête avec Bonaparte, membre de l'Institut et général en chef de l'armée d'Orient, conduisant en Egypte l'élite des Français.

— Par où commençons-nous, général?

— Par le commencement.

Me voilà donc lisant tout haut comme quoi les *poursuivans* de Pénélope mangeaient, tout en lui faisant la cour, l'héritage du prudent Ulysse, le patrimoine du jeune Télémaque et son douaire à elle; égorgeant les bœufs, les écorchant, les dépeçant, les faisant rôtir ou bouillir, et s'en régalant, ainsi que de son vin.

Je ne puis dire à quel point cette peinture naïve des mœurs antiques égayait mon seul auditeur.

— Et vous nous donnez cela pour beau! me disait-il; ces héros-là ne sont que des maraudeurs, des polissons, des *fricoteurs* (1). Si nos cuisiniers se conduisaient comme eux, en campagne, je les ferais fusiller les uns après les autres. Voilà de singuliers rois, ma foi!...

J'avais beau m'épuiser à lui faire remarquer par quelle noblesse d'expression la simplicité de ces tableaux était relevée; j'avais beau répéter qu'il fallait juger ces tableaux d'après l'âge auquel ils appartiennent, et non d'après le nôtre; que leur fidélité, sur laquelle portait sa critique, n'était pas le moindre de leurs mérites; que les rois de cette époque n'étaient pas plus riches et plus puissans que les barons du moyen-âge; je ne pouvais le ramener à mon avis.

— Et vous appelez cela du sublime! vous autres poètes, répétait-il en riant. Quelle différence de votre Homère à mon Ossian! Lisons un peu Ossian.

Et prenant un exemplaire d'Ossian relié en peau de vélin, avec dentelle en or, doublé de soie et doré sur tranche, lequel était sur une petite table auprès de son lit, comme jadis Homère auprès du lit d'Alexandre, Bonaparte se met à lire, ou plutôt à déclamer *Témora*, son poème favori.

(1) *Fricoteurs*, mot très français, bien qu'il ne soit pas encore enregistré dans le dictionnaire de l'Académie; c'est une qualification très usuelle à l'armée. Le *fricoteur* est un maraudeur perfectionné; il consomme et cuit ce que l'autre dérobe cru. Uniquement occupé du solide, le *fricoteur* reste sur les derrières ou s'écarte sur les flancs des colonnes pendant qu'elles marchent à la gloire. *Tournez la gueule du côté de la marmite*, ai-je entendu dire dans mon enfance par paillasse devenu général, dans je ne sais quelle farce des petits théâtres du boulevart du Temple. Les *fricoteurs* sont toujours tournés de ce côté-là. Ce commandement est tous les jours, pour eux, l'ordre du jour.

Pris sur le fait, les *fricoteurs* sont quelquefois traités avec sévérité. Leurs délits, toutefois, sont moins de la compétence du conseil de guerre que de celle de la chambrée. On ne les condamne que rarement à passer par les armes; cependant il y en a eu des exemples. Mais souvent ils s'exposent à recevoir la savate, punition plus rigoureuse qu'on ne croit, mais qui compromet pas au moins leur tête. (*Note de l'Éditeur*.)

Or, il était loin de faire valoir ce qu'il lisait. Par suite de son peu d'habitude à lire haut, la langue lui tournait souvent. Remplaçant tantôt un *t* par un *s*, et tantôt un *s* par un *t*, il faisait quelquefois des liaisons qu'on pourrait appeler *dangereuses*, estropiant les mots, ou mettant un mot pour un autre, effet de sa précipitation qui prêtait un caractère moins épique que burlesque à son enthousiasme, et à l'emphase avec laquelle il débitait son texte.

— Ces pensées, ces sentimens, ces images, disait-il, sont bien autrement nobles que les rabâchages de votre Odyssée. Voilà du grand, du sentimental et du sublime : Ossian est un poète ; Homère n'est qu'un radoteur.

— Homère, il est vrai, général, radote quelquefois : Horace le lui reproche, ainsi que vous. Cependant, si Horace ressuscitait et s'il jugeait Ossian, je doute qu'il partageât en tout votre opinion sur ce barde. Les premières pages du rapsode écossais lui plairaient sans doute, mais il s'apercevrait sans doute aussi, aux pages suivantes, que ce rapsode n'a qu'un ton et qu'une couleur. Certes, ce n'est pas à moi qu'on reprochera de ne pas aimer Ossian ; j'admire ses beautés ; j'aime peut-être aussi ses défauts ; mais je ne préfère à aucun poète épique connu, et encore moins à Homère, le plus sublime de tous, s'il n'en est pas le plus parfait.

Bonaparte, qui ne s'est jamais tenu pour battu, allait répliquer quand on ouvre la porte : c'était Duroc.

— Qu'est-ce ? dit Bonaparte en fronçant les sourcils. Que voulez-vous ? je n'ai point appelé, je n'ai point sonné.

— Général, comme l'escadre a mis en panne, le général Kléber a profité de l'occasion pour venir vous voir. Il est là, dans la chambre du conseil.

— Ne vous avais-je pas dit d'attendre pour entrer que je sonnasse ? ai-je sonné ? Pourquoi vous permettre de déroger à mes ordres ?

— J'ai cru, général, que la circonstance...

— Vous avez mal cru, monsieur, rien ne vous autorise à désobéir. Retirez-vous, et ne rentrez pas que je ne vous appelle... Allons, retirez-vous...

Duroc se retira tout déconcerté ; je ne l'étais guère moins que lui. Quelques secondes de silence succédèrent à cette explosion. Tout signe d'humeur ayant disparu :

— Général, lui dis-je doucement, vous avez été bien sévère pour ce pauvre Duroc, qui a cru bien faire.

— N'est-il pas militaire ? Ne sait-il pas ce que c'est qu'un ordre ?

— La circonstance pouvait faire passer là-dessus ; le général Kléber peut avoir des choses importantes à vous dire ; plus importantes, sans doute, que celles que je vous dis. Il ne peut pas revenir à volonté.

— Il n'appartient à personne de juger de l'importance des objets dont nous nous occupons ; eût-elle porté sur des objets très graves, notre conversation n'en eût pas moins été interrompue.

— Mais, ne va-t-on pas, d'après votre sévérité, lui prêter une toute autre importance que celle qu'elle a ? Kléber s'imaginera que nous décidons ici du sort du monde, tandis que nous ne nous occupons que de questions fort innocentes, puisque je plaide ici pour Homère, contre Ossian.

Cette réflexion ayant fait rire Bonaparte, il me dit :

— Ne me donnez pas, je vous prie, plus d'importance que je n'en veux avoir.

Et puis il s'était levé ; et tout en s'acheminant vers la porte, sans quitter toutefois ses pantoufles, il avait ajouté :

— Allons voir Kléber !

Le temps était superbe. C'est à cette station, je crois, que le convoi parti de Gênes, le convoi qui portait Baraguay-d'Hilliers, fit sa jonction avec nous. La flotte cependant exécutait des évolutions ; et tandis que trois cents bâtimens de transports restaient immobiles autour du vaisseau amiral, immobiles aussi, les bâtimens de guerre, défilant à notre poupe, venaient successivement le saluer de leurs aubades, auxquelles répondait la musique des guides, qui était sur notre bord. Rien de brillant comme le spectacle que se donnaient réciproquement les vaisseaux de l'escadre.

La musique des guides était excellente.

Bonaparte, qui connaissait toute l'influence de l'harmonie sur le soldat, exigeait, par politique plus que par goût, que Bessières, qui commandait les guides, apportât une attention particulière à la composition de cette partie du personnel de ce corps d'élite. Aussi ses musiciens ne reculaient-ils devant aucun des morceaux qui leur avaient été fournis par le Conservatoire, si difficiles qu'ils fussent ; et exécutaient-ils les symphonies d'Haydn, et les ouvertures de quelque opéra que ce fût, avec autant de facilité que la *Marseillaise* et *Ça ira*.

Avec quel plaisir je leur entendis exécuter la *Chasse du jeune Henri* ! Jamais cette composition, où le génie de Méhul a réuni tous les genres d'expression, n'a eu plus de charme pour moi.

J'éprouvai aussi la même jouissance quand j'entendis les marches triomphales qu'à ma demande Méhul avait composées pour l'armée d'Orient ; mais, je dois le dire, les militaires, à commencer par le général en chef, ne partageaient pas mon enthousiasme, ce qui, après tout, conclut ici contre Méhul et prouve que, dans la circonstance, il n'avait pas atteint le but, si bonne que fût sa musique ; car presque tous les militaires préféraient un pont-neuf bien populaire aux compositions d'un des plus beaux génies qui aient existé. Le généralissime était de cet avis, et ne s'en taisait pas.

Dans une discussion qui s'était élevée entre lui et moi à ce sujet, et dans laquelle il n'avait pas ménagé Méhul, comme en cherchant à démontrer la différence de la musique vague à la musique appliquée à l'expression des passions, je me prévalais de l'autorité de Gluck et de Sacchini :

— De qui me parlez-vous là ? me dit-il avec quelque impatience ; qu'est-ce qu'est-ce que ces gens-là ? qui diable les connaît ?

— Général, répartis-je avec quelque vivacité, si vous ne connaissez pas ces gens-là, j'ai eu tort de parler musique avec vous.

Et je me retirai.

Le lendemain, comme Bonaparte ne m'avait pas vu dans la matinée au salon :

— Arnault me boude, dit-il à Regnault (c'était vrai) ; allez donc le chercher. Ce que j'ai dit hier n'était qu'une plaisanterie. Je ne voulais pas le chagriner ; je ne voulais que m'amuser.

Je ne me fis pas prier, comme on pense, pour remonter.

— Eh bien ! me dit-il en riant, m'en voulez-vous toujours? Il ne fait pas bon attaquer Méhul devant vous, pas plus que les gens que vous aimez.

— Vous voyez général ce que je ferais si, devant moi, quelqu'un se montrait injuste envers vous.

Jamais il n'a parlé depuis du talent de Méhul, en ma présence s'entend.

Bonaparte sentait mal la musique. Ce n'était tout au plus pour lui qu'un moyen de distraction, d'amusement. La musique chatouillait quelquefois son oreille, mais elle n'allait jamais jusqu'à son âme. Cela tenait évidemment à son organisation. Quoique doué d'une voix douce, sonore, il ne chantait pas juste, et le chant n'était chez lui que l'expression de la mauvaise humeur. Dans ses momens de contrariété, se promenant les mains croisées sur le dos, il fredonnait de la manière la moins juste qui se puisse ; alors chacun savait ce que cela signifiait.

— Si tu as quelque chose à demander au général, ne le fais pas en ce moment : il chante, me dit un jour Junot.

Quand nous fûmes à la hauteur de Bastia, Berthier, que le général en chef chargea d'une mission pour cette ville, m'ayant proposé de l'y accompagner, nous nous embarquâmes sur l'*Arthémise*, l'une des frégates qui, l'année précédente, avait fait partie de l'escadre de Corfou. Lavalette et le citoyen Collot étaient aussi de ce voyage, qui nous plaisait par cela seul qu'il faisait diversion à nos habitudes. Standelet, pendant cette excursion, nous amusa beaucoup avec ses histoires de marine, avec ses exploits de flibustiers. Berthier, qui était bonhomme et qui aimait les braves, conçut à cette occasion pour ce capitaine un intérêt qui ne lui fut pas inutile dans la suite.

On apprend toujours quelque chose en voyage : celui-ci nous apprit que notre matelas, étendu sur les planches de l'*Orient*, était un lit meilleur que celui qu'il nous fallut partager avec les insectes de Bastia, et qu'à cela près qu'il y avait de la salade et des fraises, le dîner du bord valait cent fois mieux que celui qu'on nous servit à l'auberge, et non pas *gratis*, ainsi que peut l'attester le citoyen Collot qui en avança le prix, et à qui il n'a jamais été remboursé. Le lendemain, à l'heure du dîner, nous étions de retour sur l'*Orient*.

L'escadre avançait majestueusement, mais lentement; plus d'un motif l'empêchait de presser sa course : d'abord, il lui fallait attendre divers convois, qui, soit des ports d'Italie, soit de ceux des îles, devaient la rejoindre à des points indiqués ; puis, entourée de cette multitude de vaisseaux de transport sur lesquels le personnel et le matériel de l'armée étaient répartis, il lui fallait régler sa marche sur celle du plus mauvais voilier.

C'était un admirable spectacle que celui de cette innombrable réunion de bâtimens de toute grandeur, ville flottante au dessus de laquelle les vaisseaux de haut bord s'élevaient comme les églises de la capitale au dessus de ses plus hautes maisons, et que l'*Orient*, comme une cathédrale, dominait de toute la hauteur de son colosse.

Le jour, cette flotte éparpillée occupait une surface de deux lieues de diamètre à peu près; mais quand le soir approchait, se resserrant au signal donné, elle venait se grouper autour des vaisseaux de guerre, comme des moutons autour du berger, comme des poussins autour de leur mère. Ramassés par voie de réquisition, ces bâtimens de transport, qui marchaient pour la plupart contre leur gré et les patrons, dans l'espoir de se sauver la nuit, restaient quelquefois en arrière. Alors commençait une véritable chasse. De même que le berger détache un chien contre la brebis qui s'écarte du troupeau, l'amiral détachait une frégate contre le bâtiment déserteur, qui bientôt était ramené à l'ordre. On ne lui épargnait pas à cet effet les coups de canon qu'on dirigeait à la vérité de manière à ce que le boulet ne portât pas dans le bord, mais de façon à ce qu'on pût les compter, et pour cause ; car l'administration de la marine, qui n'aime pas tirer sa poudre aux moineaux, se faisait très bien payer celle qui se brûlait à cette occasion. Chaque coup de canon était une lettre de change de vingt-quatre francs tirée, au profit du bord d'où il partait, sur le bord sur lequel il était adressé. En cas de désobéissance obstinée, on eût coulé bas le bâtiment réfractaire : le salut de la flotte l'exigeait ainsi. L'escadre de Nelson étant dans la Méditerranée, un bâtiment, si on n'y mettait ordre, aurait pu l'éclairer sur notre marche.

Par suite du même intérêt, on arrêtait tous les bâtimens qu'on rencontrait, de quelque nation qu'ils fussent. On avait le droit de les contraindre à rester avec la flotte. Le généralissime n'usa qu'avec modération de ce droit du plus fort. Après avoir questionné les capitaines et pris d'eux les renseignemens qu'il en voulait obtenir, il les faisait relâcher en leur disant qu'il s'en fiait à leur parole.

C'est ainsi qu'il en usa particulièrement avec des Suédois, aux intérêts desquels sa rigueur eût porté un dommage considérable, et qui, deux mois après, remplirent les gazettes de Stockholm des témoignages de reconnaissance et de leur admiration pour le général Bonaparte.

V

Hébert.

Ce que je vais vous dire n'est point un conte fait à plaisir : c'est une biographie vraie, bien qu'elle soit contemporaine.

L'homme dont j'ai à vous parler, je l'ai vu, j'ai entendu de sa bouche le récit des événemens de sa vie. Je n'ai fait que mettre en ordre mes impressions et mes souvenirs (1).

Depuis long-temps 89 était débordé : trois assemblées et une monarchie étaient tombées pêle-mêle dans le gouffre béant de la révolution. A l'intérieur, une politique terrible promenait encore sur les places publiques son niveau d'acier. Le Directoire continuait la Convention qu'il avait tuée ; mais le pays n'était pour rien dans ses mesures de terreur ; ce n'était plus le fanatisme de la liberté, ce n'était plus la foi... c'était la peur. Au dehors, la France reposait avec orgueil ses regards fatigués sur les plus jeunes et les plus nobles de ses enfans : quatorze armées, sorties des flancs généreux de la mère-patrie, opposaient des soldats improvisés aux vieilles bandes de l'Europe ; là aussi sans doute coulait du sang généreux ; mais là au moins on ne jugeait pas, on se battait.

Tous ces corps, officiers et soldats, se composaient presque entièrement de volontaires, et parmi ces jeunes aventuriers était l'homme obscur qui

---

(1) Nous devons cette nouvelle à l'obligeance de notre ancien camarade du Lycée impérial, M. Ch. Dupeuty, auteur du drame si palpitant d'intérêt et si national de *Napoléon à Schœnbrunn et à Sainte-Hélène*.

(*Note de l'Auteur*)

a donné son nom à cet article. *Hébert* faisait partie de cette première armée d'Italie qui resta trois ans dans les Alpes, sous Dumerbion, Kellermann et Schérer.

Au premier cri : *A la frontière!* il s'était mis en route, tambour battant, au son d'une musique fort belle, mais fort mal exécutée; et, comme le cornet à piston n'était pas encore inventé, il figurait lui-même, en qualité de fifre, à la tête de la colonne, écorchant noblement les oreilles des patriotes, depuis la capitale jusqu'au quartier-général de l'armée des Hautes-Alpes.

De son propre aveu, l'enthousiasme se refroidit un peu dans son cœur, la première année de sa station dans les montagnes; mais il était à la fois brave et industrieux; il montrait à danser au son de son instrument favori, et il cumulait même, l'ambitieux, ces joyeuses fonctions de *maestro* avec celles de barbier de la compagnie. L'or et l'argent n'étaient pas communs à l'armée des Alpes, pas plus dans les goussets que sur les uniformes, et, pour comble de malheur, les assignats ne passaient pas. Mais comme Hébert avait lu, je ne sais où, que les peuples primitifs méprisaient la monnaie qu'ils ne savaient pas fabriquer, et faisaient le commerce par échange, il appliqua ce système des premiers âges aux vices de la civilisation.

Il apprenait donc volontiers le pas de basque pour une ration d'eau-de-vie, et il faisait la barbe, pendant huit jours, moyennant une ration de pain de munition : ce n'était pas cher. Pourtant ce genre de commerce pensa lui devenir fatal : il manqua d'être fusillé comme recéleur, un jour qu'un adjudant de mauvaise humeur trouva dans son sac une poule *maraudée*; Hébert tenait cette innocente femelle du coq gaulois d'un Parisien auquel il avait enseigné à danser la gavotte. Par bonheur, l'adjudant était à jeun depuis deux jours : il mangea généreusement le corps du délit, et les preuves matérielles manquèrent devant le conseil de guerre.

Hébert prenait donc son métier de héros en patience; mais il faut le dire pourtant, quand il était en faction sur ces cimes brûlées par le soleil du jour et glacées par les brises de la nuit, il lui arrivait de répéter plus d'une fois :

— Diable! c'est superbe, la gloire ; mais c'est *embêtant*.

Que voulez-vous? c'était un blasphème, ou au moins un barbarisme ; mais ce pauvre garçon, qui criait : « Vive la patrie ! » ne savait pas bien au juste ce que c'était qu'une patrie ; son intelligence ne concevait pas bien pour qui et pourquoi il se vouait à cette dure profession de soldat ; il lui fallait un objet plus net, plus distinct, pour s'attacher à toujours. Le moment n'était pas éloigné où son dévoûment allait trouver à qui s'adresser, où sa vie tout entière devait se confondre dans une autre existence supérieure à la sienne, où le Séide, en un mot, allait trouver son Mahomet.

Or, vers le mois de mars 1796, il arriva à cette armée, oubliée dans les rochers de la Ligurie, un jeune officier-général. Il était petit, brun et de cette pâleur jaune si commune aux tempéramens lymphatiques ; rien, dans l'extérieur du nouveau venu, ne plaisait à l'œil, au premier abord, si ce n'était une main blanche et soignée qu'il avait déjà fort belle.

Un étranger se serait donc étonné que le Directoire, qui avait à produire tant d'hommes nouveaux, dont la force herculéenne égalait le courage, eût précisément choisi, pour retremper le moral d'une armée nue, sans pain et sans munitions, ce petit Corse, dont la frêle constitution semblait ne pouvoir résister à deux nuits de bivouac. Et pourtant, tandis que cet homme promenait son regard calme et scrutateur sur ces glorieux débris de l'armée d'Italie, et qu'il recevait le commandement des mains inhabiles de Schérer, le soldat faisait retentir l'air de ses acclamations, et les échos des Alpes durent porter jusqu'aux avant-postes de Beaulieu le cri de : *Vive le général Bonaparte !* C'est que le soldat se souvenait du siége de Toulon, de la première campagne du Piémont, et, sans confiance dans ses généraux, il acceptait comme une espérance celui que bientôt il ne devait plus appeler que le *petit caporal.* Aussi, comme on s'était fait brave pour le recevoir ! comme cette affreuse misère d'uniformes en lambeaux était devenue tout à coup riche de propreté ! La compagnie d'Hébert, entre autres, se faisait remarquer par la coquetterie des queues et de la barbe : il convenait modestement lui-même qu'il s'était surpassé. Bonaparte, à qui rien n'échappait, éprouva une satisfaction visible de cet amour-propre physique de l'armée : le soldat découragé était redevenu homme ; il ne pouvait cacher son dénûment, mais il avait trouvé moyen de s'en faire une parure, c'était pauvre, bien pauvre, mais c'était sublime de misère.

Quelques dignes et simples paroles échappèrent au jeune général, quelques uns de ces mots dont il possédait déjà le secret ; il accola de nobles épithètes à ces fragments d'uniformes si bien portés. Or, comme en ce moment il s'était arrêté devant le rang d'Hébert, le barbier-soldat prit cela directement pour lui ; et, quoiqu'il fût interdit de parler dans les rangs, il se permit de dire assez haut :

— Voilà un général qui s'y connaît, et celui qui a l'honneur d'être son perruquier est un être bien heureux.

Bonaparte sourit, regarda fixement le volontaire, mais il ne demanda pas son nom. Peut-être avait-il pensé un moment à combler les vœux du pauvre diable ; mais ces fonctions ambitionnées étaient remplies auprès de lui par un domestique qu'il aimait beaucoup ; il passa donc sans dire mot. « Enfoncé ! » dit tout bas Hébert ; et, comme on venait de rompre les rangs, il fit un immense jeté-battu en forme d'ailes de pigeon, dans l'exécution duquel il entrait certainement plus de dépit que de légèreté.

— Imaginez-vous, disait Hébert, quand il en était à raconter cette partie de sa vie, imaginez-vous que, quinze jours après, je ne sais pas comment le petit caporal avait fait, ni nous non plus ; mais nous étions descendus en Italie, sur le dos des Autrichiens, comme sur une montagne russe ; nous avions tous des habits neufs, des souliers neufs, des plumets neufs, de la *vraie* argent dans le gousset, et nous consommions le riz, le vin et le macaroni à discrétion ; sans compter les Italiennes qui étaient beaucoup plus belles et pas si cruelles que les ours de leurs montagnes. C'étaient des étapes du bon Dieu !

Nous abrégeons le bulletin pour arriver à l'époque où le grand homme et l'homme obscur vont faire enfin connaissance.

C'était après Reveredo, Bassano et Saint-Georges ; l'aide-de-camp Marmont était allé porter au Directoire les drapeaux autrichiens ; et toute la ligne bien gardée, l'armée était au repos, tandis que Bonaparte se délassait, à Milan, des fatigues de la guerre, par ces travaux administratifs qui sont devenus des monumens impérissables. De temps à autre, pourtant, il s'échappait, montait à cheval, et allait promener l'œil du maître sur les cantonnemens épars.

Les plus heureux, parmi les divers corps, avaient été logés dans les villes; mais, dans un pays où le fanatisme pouvait, à chaque instant, appeler les populations à la révolte, on campait plus généralement, et cela au milieu des faisceaux d'armes, prêts à répondre par le bruit du canon aux cloches des *Pâques véronaises*. C'étaient partout des hameaux, des villages de bois; chaque escouade avait sa cabane ornée de toutes les allégories familières à l'esprit du soldat. On admirait ici des boutiques, là des bals champêtres, des cafés, des traiteurs; tout cela décoré d'enseignes et de noms empruntés au boulevart du Temple, aux Champs-Elysées et au Palais-Royal. On aurait dit la *Fête des Loges* au milieu des plaines de la Lombardie.

En parcourant ces campemens si animés et si variés, le général en chef jeta les yeux sur une des boutiques les plus apparentes, dont la façade se faisait remarquer par une superbe couche de bleu clair, sur laquelle l'artiste avait ingénieusement appliqué des étoiles en papier d'or; c'était d'un luxe insolent. Au dessus de la porte, sur le même fond bleu, étaient découpées, en papier d'argent, des lettres qui formaient l'enseigne suivante: *au Rasoire d'honneure Hébert-perruquetier*. L'inscription était surmontée de l'instrument désigné, soutenu et suspendu au moyen d'une faveur tricolore.

Le général, en lisant ces mots burlesques, fronça le sourcil: il convient d'en dire le motif.

Depuis quelque temps, Bonaparte avait institué des sabres et des fusils d'honneur, qui devenaient la récompense d'une action d'éclat, et il savait que ses rivaux de l'armée du Rhin avaient cherché à tourner cette institution en ridicule; entre autres plaisanteries, il lui était revenu que Moreau avait décerné à son cuisinier *une casserole d'honneur*. Or, il crut voir quelque analogie entre ce fait, qui lui avait été rapporté, et l'inscription qu'il avait sous les yeux; il donna l'ordre qu'on fît venir le propriétaire de la cabane, et voulut l'interroger lui-même.

— Ton nom?

— Hébert, comme mon père et ma mère.

— N'as-tu pas fait partie de l'armée du Rhin?

— Jamais. Volontaire d'Italie, j'aime mieux ça.

— Pourquoi t'es-tu permis de te moquer, par cette ridicule inscription, des armes d'honneur que j'accorde aux plus braves de mes soldats?

— Citoyen général, je le jure par le firmament, qui est de la couleur de ma boutique, s'il y a une plaisanterie là-dessous, elle n'est pas de moi, elle est de mes camarades.

— Explique-toi, si tu n'aimes mieux la prison.

— J'aime mieux m'expliquer. Voilà la chose: Il y a de ça trois semaines, avant le campement, je me trouvais en train de raser à l'ambulance un grenadier de la 32e demi-brigade, qui avait été un peu égratigné à Lodi, et qui allait reprendre son service. Mais comme de raison, il voulait se parer pour la fête, et ne pas se présenter en négligé aux Autrichiens.

— Au fait.

— Il était donc assis sur une borne, vu qu'il n'y avait pas de chaises, et je le rajeunissais pendant qu'on se battait à deux cents pas de là…

— Abrége, abrége.

— Il avait déjà la moité de la figure supérieurement rasée, et j'attaquais l'autre côté... Mais ne voilà-t-il pas qu'il nous arrive, à une toise de nous, une grenade ou un obus des autres, qui nous couvre de terre des pieds à la tête...

— Le grenadier n'a pas bougé, j'en suis sûr.

— Ni moi non plus, citoyen général... C'est-à-dire si, j'ai bougé, au contraire. « Ne vous dérangez pas, camarade, que je dis à l'ancien ; » et là-dessus je m'approche de l'obus, j'en arrache la mèche, je l'éteins sous mon pied, et je reviens achever mon homme, sans lui faire seulement une goutte de sang. C'est d'après ça que les camarades ont cru devoir me rendre l'hommage que vous voyez au dessus de ma cabane. Voilà la vérité, citoyen général, la vérité vraie, aussi vrai que vous vous appelez le petit caporal.

Bonaparte n'avait pu contenir un mouvement de joie, car il venait de trouver un de ces hommes de fer dont il aimait à s'entourer, quel que fût le grade ou l'emploi qu'il destinât à chacun d'eux auprès de sa personne.

— Tu ne trembles pas facilement, à ce qu'il paraît ?

— Comme vous voyez, général.

— Eh bien ! Hébert, viens me trouver à Milan.

Et il piqua des deux.

— Qui est-ce qui veut ma baraque, mon sabre, mon fusil ? Qui est-ce qui veut mon argent ? Ohé ! les camarades, partagez-vous tout, excepté le rasoir d'honneur. Cherchez un barbier pour la compagnie, j'ai ma pratique, moi ; je vais à Milan ; je vais raser le p'tit caporal. Vive le p'tit caporal !

Tels étaient les cris et mille autres plus extravagans encore que faisait entendre, après le départ du général, notre nouveau parvenu ; et après avoir grisé tous ceux qu'il rencontra, y compris le grenadier de Lodi, lui-même, plus ivre encore de joie que de vin d'Italie, Hébert partit pour Milan au grand galop sur un vieux cheval de réforme qu'il avait acheté huit francs.

Quelques jours après, Hébert était logé dans les communs d'un beau palais, convenablement vêtu à la bourgeoise, et d'une gravité sérieuse qui sentait d'une lieue les fonctions qu'il remplissait : il était définitivement attaché au menton du général. Plus tard, le reste de la tête lui fut également dévolu, par la retraite du coiffeur en titre, et aucune expression ne saurait dire les bouffées d'orgueil qui lui montèrent alors au cerveau : Masséna n'était pas son cousin ! Malheureusement, pour donner une idée de l'état de son âme à cette époque de sa vie, il n'a pas écrit de Mémoires, et l'on n'a retrouvé que des fragmens épars des lettres qu'il adressait à son vieux père.

En voici un échantillon.

« De notre quartier-général de Milan, le 6 octobre 1796.

» Mon cher père, nous venons encore d'envoyer douze millions à ce scélérat de Directoire. Je vous envoie, par la même occasion, trois louis pour faire le garçon. »

« Le 10. — Je saisis l'occasion, mon cher père, d'une caisse de tableaux de M. Raphaël et d'une foule d'autres particuliers, que nous expédions à

Paris, pour vous adresser mon portrait et celui du héros pour lequel je me ferais couper la queue s'il le fallait. J'ai profité du dessin que vous m'avez fait apprendre pour le peindre moi-même, en pied et assis, au moment où je lui fais la barbe, etc., etc. »

« Du 3 novembre. — Il paraît que les Autrichiens n'en ont pas encore assez, car ils recommencent ; mais nous allons monter à cheval. Soyez calme. »

« Du 14. — Ça chauffe, mon cher père. Le général Vaubois s'entortille depuis quelques jours ; il n'y a pas besoin de longue-vue pour voir ça. Aujourd'hui j'ai eu peur... pas pour moi, s'entend! mais pour celui qui est mon autre père. Le petit caporal a eu deux chevaux tués sous lui, et les balles sifflaient que c'était une bénédiction ; s'il y en a une pour lui à l'avenir, je la demande pour moi au bon Dieu. »

Les autres débris de lettres ne signifient rien, ou ne présentent aucun sens, à l'exception du dernier :

« Enfin, *nous* avons signé le traité de Campo-Formio, dit-il ; vous verrez ça, papa ; *nous* avons donné la paix à l'Europe, et *nous* partons demain : par exemple, je ne sais pas à quelle heure, mais ce sera de bon matin, car je suis commandé pour une heure après minuit. »

Hébert suivit le général en chef à Rastadt, puis à Paris, et descendit avec lui rue Chantereine.

Hors de son service, le valet de chambre-coiffeur aimait à s'arrêter dans les lieux publics, sur les boulevarts, et là, se mêlait aux groupes : partout il entendait l'éloge de son maître. Il est vrai qu'il n'aurait pas fallu que quelque citoyen mal avisé eût l'air même d'en penser mal : Hébert aurait compromis sa dignité. Heureusement, un tel malheur n'était pas à craindre, car jamais popularité ne fut portée à un plus haut degré : depuis MM. les directeurs, si jaloux de sa gloire, jusqu'au dernier homme du peuple qui en était si reconnaissant, le nom de Bonaparte était vraiment l'objet d'un culte national. Et, en rentrant à l'hôtel, Hébert se disait, comme doutant encore de son bonheur :

— Et c'est moi qui ai l'honneur d'accommoder cette tête-là ! Ce n'est pas possible, je rêve.

Aussi, qu'on fût venu lui offrir des monceaux d'or pour remplir le même office, même auprès du Grand-Turc, il aurait refusé avec indignation. Ses mains devaient être pures de tout autre contact, et il ne se permettait même pas de se raser lui-même : il avait son perruquier.

. . . .

— Terre ! crient de toutes parts les matelots en vigie, sur l'*Orient*, le *Franklin*, le *Peuple Souverain*, la *Sérieuse* et le *Tonnant*, qui formaient l'avant-garde de l'escadre française... — Terre ! terre ! répètent, sur la seconde ligne et l'arrière-garde de la flotte, les équipages du *Spartiate*, de la *Diane*, du *Guillaume-Tell*, de l'*Aquilon*, du *Généreux* et de la *Justice*. — Terre ! terre ! terre ! redisent les trente mille voix des vainqueurs d'Arcole et de Rivoli, et les tambours battent aux champs, les trompettes font résonner leurs fanfares, et la *Marseillaise* donne un concert aux hôtes étonnés de la Méditerranée : l'armée d'Italie est devenue une armée navale, et le petit caporal est passé grand-amiral.

On est devant Malte ; les chevaliers de Jérusalem voient flotter devant leur rocher les larges plis du pavillon tricolore, et l'île inexpugnable devient la conquête de la république en moins de temps qu'il n'en faut pour le raconter. Au large, toutes voiles dehors, l'escadre continue bientôt sa marche audacieuse : la fortune dérobe tous ses mouvemens à l'amiral Nelson, et bientôt Bonaparte, la main appuyée sur la large épaule de Kléber, saute sur cette terre d'Égypte, objet de ses rêves et de son ambition.

Hébert, comme on le pense bien, avait suivi son général sans savoir où il allait, sans le demander jamais, mais content et glorieux, parce qu'il était avec lui. Sa position s'était sensiblement améliorée, sous le rapport des appointemens, et surtout sous celui de l'amour-propre ; car le général, dans ses momens de bonne humeur, lui adressait souvent la parole. Un jour même, il lui avait publiquement tiré l'oreille ; c'était un témoignage tout spécial de sa faveur. Donc, une fois, entre autres, au Caire ou à Alexandrie, le dialogue suivant s'établit entre nos deux héros :

— Eh bien, Hébert, que penses-tu de ce pays-ci ?

— Citoyen général, je trouve qu'il y fait très chaud ; mais comme vous avez aussi chaud que moi, je ne dis rien.

— Et les Pyramides ?

— C'est bon pour écrire son nom comme au belvéder du Jardin-des-Plantes.

— Et les habitans ?

— Ces indigènes n'ont pas assez de cheveux, et beaucoup trop de barbe.

— Et les mamelucks ?

— Excusez, général, mais je ne peux rien en dire, vu que vous avez jugé à propos d'en prendre un à votre service : ce petit Arabe de Roustan...

— Silence, Hébert ; vous êtes jaloux, ce n'est pas bien. C'est un essai que j'ai voulu faire : les mamelucks sont de braves cavaliers, j'en veux avoir un escadron dans mon armée : ce sera un beau trophée à rapporter en France.

Hébert ne souffla pas le mot, essuya soigneusement des rasoirs de la plus grande finesse, les serra dans un nécessaire de vermeil qui portait le chiffre de Joséphine Beauharnais, et son service terminé, il se retira respectueusement. Pourtant ses traits étaient bouleversés, car ce n'était jamais sans une rage concentrée qu'il parlait de Roustan ; une haine instinctive en avait fait pour lui l'objet d'une antipathie insurmontable. En sortant, il trouva le mameluck couché en travers de la porte, sur un tapis de peaux de lions. Un moment l'envie de le broyer sous les pieds lui traversa la cervelle ; heureusement que cette idée ne fit que passer.

L'Égypte fut dure aux soldats de Bonaparte, dure aux matelots de Brueïs, dure à la France, dont les braves enfans crièrent en vain : Patrie! dans ces affreux déserts.

Tout souffrait, tout mourait au souffle empesté de Jaffa : le général comme le simple cavalier, le médecin comme son malade, l'ennemi comme son ennemi : terrible égalité du malheur qui devait se renouveler, douze ans plus tard, sous le ciel glacé de la Russie !

Pendant ces rudes épreuves, Hébert ne pensait pas même à être malade : il s'apercevait à peine que le sang sortait de ses yeux, que sa bouche altérée ne buvait que du sable, en traversant le désert. Le regard attaché sur son général, il avait inventé des soins nouveaux pour diminuer ses fatigues, pour donner à son corps une force égale à celle de la grande âme qui l'habitait. Quand, après une marche pénible, brûlante, homicide, il était trompé, comme toute l'armée, par ce prestige du mirage qui vous fait voir à l'horizon de riantes et fraîches campagnes, il sautait de joie, riait comme un enfant, puis il ajoutait :

— Oh! comme mon général va goûter un doux repos sous cet ombrage!

Enfin, ni la peste dont le sauva Desgenettes, ni une balle turque qui lui fracassa la mâchoire à Saint-Jean-d'Acre, ne purent lui faire peur, lui arracher une plainte, une seule larme ; mais un événement affreux, une blessure plus cuisante que toutes celles du sabre des mamelucks, devait bientôt déchirer ce cœur si dévoué.

Un matin l'on apprit que le général Bonaparte venait de s'embarquer pour la France avec Berthier, Lannes, Marmont, Murat ; il avait emmené avec lui Roustan !... et lui, lui Hébert, il l'avait oublié !

Pour la première fois de sa vie, il pleura ; sa raison parut l'abandonner, sa blessure se rouvrit, et il fit une maladie longue et dangereuse. Quand il fut guéri, Kléber, qui l'aimait, voulut se l'attacher.

— Merci, général, lui répondit Hébert avec une mélancolie à la fois comique et touchante ; vous avez certainement de fort beaux cheveux ; mais ce ne sont pas les siens !...

Et tous les jours, les yeux fixés sur le rivage, il répétait à tous et à tout propos :

— Quand donc partira-t-il un vaisseau pour l'Europe ?

. . . .

Verdau ! Verdau ! Verdau ! Ce cri répété trois fois par une sentinelle avancée, et resté trois fois sans réponse, fut suivie d'une explosion d'arme à feu, et le grenadier hongrois qui avait tiré se replia sur un poste de kaiserlihs qui gardait un petit bois près du village de Marengo.

L'alerte avait été donnée, et, quelques instants après, l'homme que la balle n'avait pas atteint fut amené par une forte patrouille devant le commandant autrichien. Cet homme avait été pris au moment où il allait se jeter à la nage, et traverser un large ruisseau pour gagner la plaine. Son costume devait naturellement inspirer peu de confiance, et ses habits en lambeaux, ses pieds sanglans et déchirés, disaient assez qu'il n'avait pas suivi les routes fréquentées. Il devait, en outre, avoir un motif bien important pour se dérober à la curiosité des troupes allemandes au milieu desquelles il venait de tomber.

Aussi, l'officier autrichien, assis militairement sur l'affût d'un canon, ne vit-il en lui qu'un espion de l'armée française, et son interrogatoire ne fut ni long ni poli.

— Qui es-tu ?

— Autrefois j'étais quelque chose, aujourd'hui je ne puis plus rien.

— D'où viens-tu ?

— D'Egypte, sans m'arrêter.

— Tu mens... tu veux me tromper.

— Commandant, je n'ai jamais menti. Une fois, un homme m'avait dit cela, il ne l'a jamais dit à d'autres.

— Ah! tu as de l'audace, du courage ; tant mieux pour toi, tu vas en avoir besoin. Où allais-tu lorsqu'on t'a surpris ?

— Au quartier-général des Français.
— Comme soldat?
— Non, pas comme soldat.
— Alors c'était pour y rapporter sans doute ce que tu as vu, ce que tu as entendu. Tu joues ta vie contre quelques pièces d'or; eh bien, je t'annonce que tu as perdu la partie.
— Moi! un espion!...

Et le rouge monta à la figure du pauvre homme déguenillé.
— Commandant, ajouta-t-il, vous n'avez pas le droit d'insulter un prisonnier.
— Eh bien! réponds... si tu n'es pas un vagabond, ou mieux que cela, qu'allais-tu faire au quartier-général des Français?
— Ce que les Autrichiens n'ont jamais pu faire... j'allais faire la queue au premier consul.

A cette réponse très peu mesurée, l'Autrichien leva sa canne sur laquelle il s'appuyait; mais, craignant sans doute de salir son jonc aristocratique, il le ramena vers la terre, s'en aida pour se lever, et, avec tout le flegme d'un héros germanique, il prononça cette sentence:
— Qu'on emmène cet homme, et s'il ne peut justifier d'une feuille de route comme soldat, qu'on le fusille comme espion. Ma pipe!

Et il se mit gravement à fumer.

Hélas! il n'avait rien de ce qu'on lui demandait, le malheureux! et un sergent se disposait déjà à exécuter les ordres de son commandant. Encore quelques minutes, et nous n'aurions jamais su, ni vous, ni moi, quel était ce pauvre diable qui avait si maladroitement donné dans une embuscade autrichienne. Les Allemands eux-mêmes, en supposant qu'ils eussent retenu quelques mots français, n'auraient pu s'en douter; car le prisonnier, dont l'attitude était calme et résignée, n'avait prononcé que ces paroles:
— Allons, c'est fini, je ne le verrai plus!

Par bonheur, comme dans les mélodrames, les choses vraies ont quelquefois aussi leurs dénouemens providentiels. Or, ce jour-là, le *Deus ex machina*, arriva fort à propos. Ce Dieu était tout uniment le général Gardanne qui accourait, par ordre du premier consul, pour déloger un corps de 5,000 Autrichiens, et les rejeter au delà de la Bormida. L'action venait de s'engager à l'improviste; les boulets français tombaient déjà comme un orage qui frappe avant d'avoir menacé, et notre prisonnier, espion ou honnête homme, eut la satisfaction de voir couper en deux, par un de ces projectiles intelligens, l'officier tudesque qui l'avait condamné: cela lui arriva au moment où il montait à cheval, après avoir, au préalable, achevé sa bienheureuse pipe.

Ce fut une affreuse mêlée, un combat court, mais acharné, puis une déroute complète.

Oublié par les Autrichiens, tué peut-être par un Allemand ou par un Français, qu'était devenu pendant ce temps-là celui qu'on voulait fusiller tout à l'heure? Ce ne fut que le lendemain qu'on eut de ses nouvelles.

Le lendemain donc, le premier consul était sous sa tente, à la Pedra-Bona. Près de lui on voyait Berthier, son major-général, puis des secrétaires, des aides-de-camp, des généraux. Tout cela écrivait, recevait des instructions, et partait avec l'élan de la jeunesse et du dévoûment, porter des ordres rapides qui devaient être plus rapidement encore exécutés.

C'était la veille de la bataille de Marengo! Un moment de repos avait succédé à cette matinée si active, et le premier consul s'était retiré dans la partie de sa tente où il accordait quelques instans aux soins domestiques.

Un bruit inaccoutumé se fit entendre en dehors.

— Qu'y a-t-il? demanda le général.

—Oh! rien, citoyen premier consul, répliqua un officier : un homme d'un aspect plus qu'équivoque qui voulait absolument pénétrer jusqu'à vous.

— Peut-être un de ces Italiens fanatiques qui en veulent à vos jours, dit un autre.

—Pourquoi cela? reprit Bonaparte. Quand je ne crains pas le poignard, devez-vous le craindre pour moi?

En ce moment, le bruit redouble; l'homme insistait, et, malgré les deux grenadiers de la garde consulaire qui étaient en faction, malgré Roustan qui l'avait saisi au corps, il voulait parler au premier consul.

Berthier sortit : l'homme l'appela par son nom, par son titre; puis il parla du Caire, d'Alexandrie, des Pyramides. Berthier rentra, rendit compte de ces particularités à Bonaparte, dont la curiosité fut vivement piquée.

— Qu'on lui demande comment il se nomme, s'écria Bonaparte.

— Hébert, dit un officier, qui revint aussitôt.

— Hébert! reprit le premier consul, comme recueillant un souvenir... Qu'il entre.

On sait comment le grand capitaine avait la mémoire des noms et de la figure du dernier de ses soldats comme de ses serviteurs. Aussi, malgré l'extérieur peu soigné de son ancien barbier, un premier coup d'œil lui suffit pour le reconnaître. Hébert, de son côté, n'eut pas besoin du moindre examen pour se rappeler ces traits caractérisés dont l'image ne l'avait pas abandonné un seul instant.

Et cependant il y avait quelque différence entre le général qu'il avait perdu en Egypte et le premier consul qu'il retrouvait en Italie. Une remarque particulière à ses habitudes et à sa profession le frappa surtout d'une manière fort pénible; les longs cheveux du général Bonaparte étaient tombés sous le ciseau, ce qui, sans doute, avait donné naissance au changement que les soldats avaient apporté dans le surnom familier qu'ils donnaient à leur chef : le petit caporal avait été débaptisé; on l'appelait alors *le petit tondu*.

— Toi ici, mon pauvre Hébert! furent les premiers mots qu'une voix chérie et respectée envoya comme une consolation au fidèle serviteur.

— Moi-même, citoyen consul. J'ai donné tout ce que j'avais, après votre départ d'Egypte, pour une place à fond de cale sur un vaisseau qui revenait en Europe.

— Et, comme moi, tu as échappé aux Anglais?

— Arrivé en France, j'ai appris que vous vous étiez nommé consul, après avoir fait sauter les autres par les fenêtres à Saint-Cloud.

— Il fallait venir me trouver à Paris.

— C'est aussi ce que j'ai fait; mais vous étiez parti pour l'Italie. Alors je vous ai suivi, sans le sou, mendiant mon pain, marchant la nuit pour éviter les Autrichiens, et bien décidé à vous rejoindre, pour vous prouver que je ne vous en voulais pas de m'avoir oublié en Egypte.

Bonaparte le regarda fixement ; puis, prenant le ton de sévérité douteuse qui annonce d'ordinaire une pensée contraire à la parole :

Ah! tu ne m'en veux pas!... Mais si je t'en voulais, moi, de cette liberté que tu prends? Puis, qu'espérez-vous, monsieur ; savez-vous si j'ai besoin de vous, si vous n'êtes pas remplacé?...

— Citoyen consul, j'étais de votre chambre en Egypte, il faut que j'en sois encore en Italie.

— Ah! il faut ! Et si je vous refusais ?

— Je vous servirais malgré vous.

— Et comment cela, s'il vous plaît ?

— Je me remettrais soldat, et je me ferais tuer pour vous.

Comme tout le monde s'était retiré, la suite de la conversation n'a pu être connue que plus tard, par une indiscrétion d'Hébert.

— J'ai oublié bien du monde en Egypte, dit Bonaparte ; mais la France m'appelait. Quant à toi, le mal peut se réparer : je suis monté en grade, il est juste que tu en profites, Hébert : tu es maintenant mon premier valet de chambre.

En sortant de la tente, Hébert fut accueilli tout différemment qu'à son entrée. Roustan lui-même lui offrit la main. Mais le nouveau venu passa outre sans regarder le mameluck, et alla se préparer à ses importantes fonctions.

La matinée qui suivit ce jour mémorable fut plus mémorable encore. Le général Mélas, qui avait fui la veille, revint subitement sur ses pas, et ses 40,000 hommes, se déployant avec ordre, se formèrent en bataille devant les 20,000 conscrits du premier consul. Un instant le grand homme de guerre fut étonné ; mais un instant aussi lui suffit pour concevoir le plan de la bataille sanglante qu'on venait lui offrir. Ses instructions données à ses braves lieutenants, Bonaparte reprit le calme habituel à toutes les grandes actions de sa vie. Hébert fut appelé, et c'est lui qui fit la toilette de Marengo.

Deux jours après, l'Autriche demandait la paix, et Hébert trinquait avec une ancienne pratique qu'il avait rencontrée sur le champ de bataille : c'était le grenadier de la 32e, le grenadier de Lodi, que vous connaissez, et qui venait de passer dans la garde consulaire, base première de cette colonne de granit qu'on appela plus tard la vieille garde.

Nous n'avons pas la prétention, dans un récit aussi simple, de dire les merveilles de cette époque du consulat, à laquelle il n'a manqué qu'un poète. De cette source si pure naquit l'empire, qui eut aussi ses gloires, mais qui tua la liberté.

Vous concevez bien qu'Hébert n'était pas un de ceux qui blâmaient l'avènement du héros. Pour lui, la loi divine et humaine était là.

Napoléon empereur, Hébert fut nommé concierge du château de Rambouillet, et son vieux père huissier du palais.

Une jeune fille fraîche et blonde s'était rencontrée qui lui avait plu pour elle-même et non pour sa fortune. Le château de Rambouillet devint sa demeure, et l'empereur paya la dot de Mme Hébert.

Tous ceux qui ont vécu sous l'empire ne savent pas également qu'après Saint-Cloud, le château de Rambouillet était la résidence favorite de l'empereur. Cette connaissance est tus particulière à ceux dont les familles avaient leurs propriétés dans cette partie du département de Seine-et-Oise.

Dans les intervalles trop courts de ce long duel à mort que la France soutenait contre toute l'Europe, la cour de Rambouillet était belle à voir, moins riche, mais plus gaie que la cour splendide des Tuileries.

Là, j'ai vu neuf rois, vingt maréchaux et trente princes; là, j'ai vu Eugène, Hortense et Joséphine... là aussi j'ai vu Marie-Louise et le roi de Rome... le roi de Rome qui seul avait fait pardonner le divorce.

Des chasses brillantes avaient donné la vie à la forêt silencieuse ; mais l'empereur, qui aimait mieux la guerre que son image, ne prenait guère à ces plaisirs qu'une part officielle.

Pendant que tout ce monde historique qui l'entourait se lançait avec ardeur à la poursuite du cerf ou du sanglier, lui, dans sa calèche, avec Duroc et Berthier, traversait au pas les longues allées de chasse. Dans sa voiture, une petite table avait été disposée, et il dictait des projets de décrets, de monumens : il préparait ces travaux immortels que devait compléter son conseil d'Etat.

La chasse finie, il sautait d'un seul bond sur un de ces chevaux arabes qu'on lui a connus, et faisant alors un détour de plusieurs lieues, il revenait au château par la pente rapide qui fait face à la grille. Cette montagne, il la descendait toujours au grand galop ; puis, arrivé à la grille, il arrêtait subitement son cheval, manœuvre à lui familière, mais qui fit souvent vider les étriers aux gens de l'escorte qui tenaient à honneur de l'imiter.

Je me souviens particulièrement, à ce sujet, d'un monsieur fort bien né, un noble rallié de l'ancien régime, qui ne manquait jamais cette chute involontaire. Il eût été désolé que l'*usurpateur* s'aperçût de sa mésaventure; aussi était-ce toujours à voix basse qu'il disait à un autre compagnon d'infortune :

— Ce Bonaparte est un casse-cou ! jamais il ne saura monter à cheval.

Au milieu de ces fêtes souvent interrompues par des campagnes et renouvelées après des victoires, Hébert était heureux. Sa femme avait été mise à la tête de la lingerie par le grand-maréchal du palais. Outre ce surcroît de bien-être, madame Hébert avait encore donné à son mari deux beaux enfans, dont l'aîné fut envoyé par l'empereur, et à ses frais, au lycée de Versailles.

En ce moment, Napoléon et Hébert étaient arrivés au comble de la fortune.

La fortune se lassa... Un jour arriva où tout cet édifice croula par sa base. Une armée engloutie sous les glaces de la Russie, une autre armée anéantie par les patriotes espagnols, livrèrent l'empereur aux colères et aux vengeances des rois si long-temps vaincus. En vain le héros se débattit, avec des débris héroïques, sur le sol de la France : Dieu se décida pour les gros bataillons.

Napoléon abdiquant à Fontainebleau, Hébert dut abdiquer à Rambouillet, et un monsieur noble vint lui demander les clés de son château. Hébert voulut suivre son maître à l'île d'Elbe; mais quarante mille hommes demandèrent la même faveur ; bien peu l'obtinrent, et le vieux soldat d'Egypte ne fut pas du nombre : on le trouva peut-être trop fidèle.

Cependant Napoléon n'avait pas dit son dernier mot : les cent-jours devaient encore étonner, soulever la France, et lui demander le reste du sang de ses braves.

A la première nouvelle du retour de l'empereur, Hébert partit pour Rambouillet, et le monsieur noble fut obligé de lui rendre son château : c'était trop juste.

Hélas! ce ne fut qu'un éclair!... Celui qui avait deux fois rendu leurs États à Frédéric et à François II, qui avait donné la vie sauve à Alexandre, le jour d'Austerlitz, était proscrit pour la seconde fois par Alexandre, par Frédéric et par François II.

Avant de quitter la France, Napoléon avait voulu revoir la Malmaison. Il y a un grand enseignement dans cette simple visite, un grand acte de repentir. La Malmaison! le tombeau de Joséphine! Le général Bonaparte retrouvait là les souvenirs de son bonheur; l'empereur malheureux, l'expiation de la plus grande de ses fautes.

Hébert était parti pour Paris; car, cette fois, il était bien décidé à réclamer ses droits, et à suivre Napoléon partout où il plairait à la sainte-alliance de fixer le lieu de son exil.

Vains efforts! dévoûment inutile! Au moment où Hébert était absent, une voiture de voyage à deux chevaux, de la plus grande simplicité, s'arrêtait devant la grille fermée du château de Rambouillet : cette voiture contenait quatre personnes : le général Becker, Rovigo, Bertrand et Napoléon.

Sa première parole, en descendant de voiture, fut :
— Hébert! où donc est Hébert?

Personne ne se présentait pour lui ouvrir la grille. Mme Hébert accourut, pâle, défaite, se soutenant à peine, et pourtant sa main si faible tenait l'énorme trousseau de clés, ouvrait les grilles, les appartemens, comme eût fait la main de l'homme le plus vigoureux.

L'empereur passa la nuit à Rambouillet, et, le lendemain, au moment de son départ, la pauvre femme, tombant à genoux, couvrait de pleurs et de baisers les mains de Napoléon. Il la releva, la consola, et lui donna des ordres avec calme, pour l'envoi de quelques meubles à Rochefort, où il se rendait. Puis, comme elle pleurait toujours, il la baisa au front, elle, simple femme de concierge, qui faisait honte à une impératrice!

— « Dites à Hébert que je ne l'oublierai pas, » furent ses dernières paroles.

Il partit; et, une heure après, quand Hébert revint au château, il trouva sa femme étendue sans connaissance, près d'une croisée, où sans doute elle avait voulu suivre le proscrit d'un dernier regard. Depuis ce moment, une pâleur mortelle remplaça les fraîches couleurs de son visage, un amaigrissement progressif creusa ses joues, et ses forces l'abandonnèrent : elle avait été frappée à mort.

Un petit nombre d'anciens officiers à demi-solde et quelques commis ou négocians lyonnais se souviennent peut-être encore d'un hôtel garni tenu par Hébert, en 1817, rue de Grenelle-Saint-Honoré. On payait tant qu'on pouvait, mais on ne payait pas toujours; car les *brigands de la Loire* étaient bien pauvres, pour des brigands. La maison allait mal, si mal, qu'un matin il ne restait que l'honneur pour tout bien au propriétaire, qui suivait le convoi de sa femme à son dernier asile, avec ses deux fils, ruinés comme lui; lui qui avait été l'ami de Napoléon, eux qui avaient sauté sur les genoux de deux impératrices!

Hébert partit pour Munich, à pied, sans ressources, et le prince Eugène l'accueillit avec bienveillance ; mais tant de Français étaient là qui demandaient !... Il fallut revenir.

Oh ! alors ce fut une misère sans exemple ! (Je crois qu'il avait perdu ses deux enfans.) Le pain lui manqua bientôt, et il serait mort de faim, si le duc d'Orléans, depuis roi, ne l'avait fait inscrire au nombre des travailleurs qui traînaient la brouette à Neuilly. Hébert gagnait 30 sous par jour, et voyait venir la vieillesse. Certes, il eut plus d'une fois l'envie d'en finir avec la vie, et le courage ne lui manqua pas... Mais une pensée dominait son esprit : il croyait fermement que l'empereur reviendrait un jour.

Cette dernière illusion ne devait pas lui rester long-temps.

Vers les premiers jours du mois de juillet 1821, le bruit se répandit rapidement à Paris que le climat de Sainte-Hélène avait devoré sa victime. La nouvelle fatale se confirma, et la France dut renoncer à recevoir même les cendres de son héros. L'Europe avait peur de l'ombre de Napoléon.

Tout était fini pour Hébert ; sa vie semblait s'être éteinte ; sa misère même, il la défiait ; car à une époque donnée, il s'était promis d'y échapper. Plus de femme, plus d'enfans, plus d'empereur, Dieu avait tout frappé... Dieu ne pouvait lui défendre d'aller les rejoindre. Voici donc l'arrangement qu'il avait pris avec lui-même : dès le premier jour où la nouvelle de la mort de l'empereur lui parut certaine, un crêpe parut à son chapeau ; ce deuil il devait le porter un an, et, l'année expirée, il se serait tué.

Mais le Dieu des bonnes gens ne pouvait abandonner ainsi une de ses meilleures créatures : le ciel lui devait un dédommagement, le plus cher, le plus précieux de tous : un souvenir de son empereur.

Napoléon avait fait un testament : des copies nombreuses en circulèrent bientôt en France, et à côté des noms de Muiron, de Dugommier, de Bertrand, de Gourgaud, de Larrey, de Bessières et de tant d'autres, un nom obscur se trouva comme témoignage de cette vertu du grand homme : la mémoire du cœur pour les services qui partaient du cœur.

A la fin d'un des codicilles du proscrit de Sainte-Hélène, Hébert lut ces mots, à travers les larmes qui venaient obscurcir ses yeux :

« Vingt mille francs à Hébert, dernièrement concierge à Rembouillet, et qui était de ma chambre en Egypte (1). »

Hébert l'égyptien est mort depuis quelques années, et il a dû mourir au dessus du besoin, si le legs a été acquitté. Pour moi, je ne sais qui l'on doit le plus admirer, ou du maître qui s'était souvenu, ou du fidèle serviteur qui n'avait jamais oublié.

VI

Une séance de l'Institut d'Égypte.

L'histoire est si grande dame, si infatuée de ses hauts noms, si dédaigneuse des petits, qu'il y a plaisir et justice à tendre la main aux hommes secondaires et à mettre en relief le côté saillant de leur vie. Pugnet est l'un des mille satellites qui évoluèrent autour de Napoléon, et se per-

---

(1) Voir le testament de Napoléon.

dirent dans son immense sphère d'attraction. Un jour, une heure, il fut en contact avec lui : voici comment.

Né à Lyon, élève de la faculté de Paris, Pugnet servait aux armées quand le Directoire décréta, en 1797, une campagne orientale, et trouva Napoléon pour la réaliser.

Artiste plutôt que praticien, Pugnet passait déjà pour un extravagant aux yeux de ses confrères, moins à cause de son système médical, qui n'était que l'exagération de la doctrine de Brown, que par suite de ses allures de désintéressement et de philanthropie. On l'appelait *gâte métier*, car il soignait pour soigner, guérissait pour guérir : son meilleur salaire était sa joie intérieure, dans la conscience d'avoir fait le bien. Les malades de choix pour lui c'étaient les pauvres : il les cherchait, leur faisait la cour ; riche, il eût payé le privilége de leur donner des soins. Avec sa complexion toute nerveuse et son exquise sensibilité, il avait pris au sérieux le sentimentalisme des thèses médicales. Il voulait être payé par le cœur, et comme les alcôves dorées ne lui donnaient pas ce retour, il préférait les hôpitaux et les mansardes.

Voilà ce qu'était Pugnet quand il s'enrôla pour la croisade républicaine. Dans les débuts de la campagne, il fit peu : quelques dyssenteries, quelques ophthalmies dans les hospices du Moristan ou de la ferme d'Ibrahim-Bey, qu'était cela pour un zèle si actif et si profond ? Heureusement pour lui, survint l'expédition de Syrie, et à sa suite la hideuse peste d'Orient, intense et ne pardonnant guère, la peste au premier degré, comme la rêvait Pugnet, pour se prendre corps à corps avec elle. A cette époque, le choléra ne s'était pas naturalisé européen : en fait de maladies étranges, mystérieuses, foudroyantes, la peste était ce qu'on savait de mieux : qu'on se figure les joies du docteur !

Il fut admirable de dévoûment. Obscur et inaperçu, il s'établit à demeure dans une ambulance improvisée sur la cime du Mont-Carmel. Là, s'absorbant dans ses malades, identifié à eux, ne voyant qu'eux, dans une atmosphère morbide, avec une natte pour tout lit, sans infirmiers, sans aides, sans linge, sans médicamens. Il passa quarante jours à étudier ce mal qui tuait si vite. Quand il ne pouvait sauver, il aidait à mourir. Mille faits avaient prouvé la contagion : ses collègues tombaient un à un ; le simple toucher tuait un homme ; la sueur, les hardes d'un malade avaient leur venin ; et de tout cela Pugnet ne tenait le moindre compte : on ne l'eût pas cru sous le coup d'un péril, tant son front était serein, tant il avait conservé ses façons habituelles.

A l'heure de la retraite, ce dévoûment continua en face de l'armée : le dernier à l'arrière-garde, Pugnet formait la queue de l'ambulance sanitaire ; il surveillait les services en retard, et faisait ramasser les malades délaissés sur la route. Ce fut en cette occasion que le général en chef le vit, et tant de zèle le frappa.

— Desgenettes, dit-il au médecin en chef, vous avez là un officier de santé qui me paraît bien méritant. Quelle sollicitude ! quelle intelligence ! Vous me donnerez son nom.

Le médecin en chef allait répondre, quand une alerte de Naplousains coupa court à l'entretien : le nom de Pugnet n'arriva pas alors jusqu'à Napoléon ; ce fut ailleurs et autrement.

La retraite s'effectua : après quatre mois de stérile campagne, l'armée revit l'Egypte, et, pour se consoler d'un désappointement militaire, Napoléon organisa quelques divisions scientifiques. Le 1er thermidor an VII (19 juillet 1799), une séance solennelle eut lieu à l'Institut du Caire. Simple membre de cette assemblée, le général en chef aimait à suivre ses travaux. Ce n'était plus alors le conquérant de l'Italie et de l'Egypte, le maître à la parole brève; mais le bon, l'aimable académicien, l'égal de ses collègues. Le costume même caractérisait ce changement. Point d'uniforme, point de chapeau monté, mais la petite capote devenue classique depuis; le langage était au ton de l'habit, affectueux, réservé, peu affirmatif.

Ce furent les allures de Napoléon, au début de la séance du 1er thermidor. Quand le président l'eut ouverte, il prit la parole pour demander qu'une commission nommée par l'Institut s'occupât d'un travail médical à la fois et statistique sur la peste qui avait décimé le corps expéditionnaire. Monge était prévenu : il agréa la demande et nomma Desgenettes, Larrey et Geoffroy, membres de la commission. Cet incident n'eût été rien, si Desgenettes ne l'eût pas relevé comme une attaque directe et personnelle.

Quelques bruits avaient en effet couru dans l'armée, qui accusaient le médecin en chef de s'être trompé sur la nature du mal et de l'avoir, dans l'origine, déguisé sous le nom de *fièvre à bubons*. La nomination d'une espèce de comité d'enquête semblait à Desgenettes un écho de ces bruits, mêlés de haute et formelle censure. Il se leva :

— Monsieur le président, s'écria-t-il, veuillez me rayer de la liste de la commission. Je ne puis ni ne veux en faire partie.

A ces mots, articulés avec quelque aigreur, on peut se figurer la surprise de l'assistance. Napoléon se contint toutefois; il persista, s'étonna du refus, discuta les principes des corporations scientifiques :

— On se doit à elles, disait-il; on ne s'appartient pas.

Mais, au lieu de se radoucir, le médecin en chef ne répondait que par des *non* qui s'accentuaient peu à peu jusqu'à la colère; alors les rôles changèrent, et la bombe fit éclat : l'académicien à capote grise s'effaça devant le général en chef.

— Voilà comme vous êtes tous, dit-il d'une voix impérative, avec vos principes d'école, médecins, chirurgiens et pharmaciens : plutôt que d'en sacrifier un seul, vous laisseriez périr une armée, une société entière.

Cette blessante apostrophe fut suivie de phrases plus virulentes encore, au point que des murmures partirent des divans circulaires où se groupait l'auditoire. Ces murmures, Pugnet seul avait pu les hasarder; car Pugnet se trouvait là, fanatique de son art, et l'ayant pos au point de vue idéal. L'attaque personnelle contre Desgenettes lui importait peu; mais la sortie générale contre la profession l'avait froissé dans ses affections les plus vives. Sa rancune ne finit pas avec la séance. Le soir, il écrivait à Bonaparte :

« Général, vous avez parlé hier avec bien du mépris des hommes les
» plus honorables. Y songiez-vous? Vous qui avez grandi par la guerre,
» cette lèpre de l'humanité, avez-vous caractère pour censurer un rôle
» de paix et de philanthropie? Et que sommes-nous, nous chirurgiens,
» nous médecins, sinon vos réparateurs, à la suite, chargés de cicatri-
» ser les blessures que vous faites?

» Pugnet. »

Au vu d'une lettre si étrange, signée d'un nom inconnu, la première impression de Bonaparte fut une surprise mêlée de colère.

— Existe-t-il parmi les médecins, demanda-t-il à Berthier, un fou du nom de Pugnet?

Et sur sa réponse affirmative :

— Qu'on réclame de Desgenettes, poursuivit-il, un rapport sur les services et la personne de Pugnet.

Par bonheur, Desgenettes savait déjà l'escapade du docteur; il le tira d'affaire par un merveilleux à-propos : « Général, écrivit-il, à une » autre époque, vous me demandâtes un travail semblable; vous sou- » vient-il de l'officier de santé si zélé, si plein de dévoûment lors de la » retraite en Syrie? Eh bien! ce médecin dont vous voulûtes savoir le » nom, cet homme qui fit tant pour nos malades, c'est Pugnet. »

La leçon était indirecte, elle fut reçue noblement. Le jour même, Desgenettes et Pugnet dînèrent à la table du général en chef qui, prenant ce dernier par les favoris avec une familiarité tout amicale :

— Jeune homme, vous êtes du Midi, n'est-ce pas? Mauvaise tête et bon cœur. Disposez de moi, je suis à vous.

Et Napoléon se montra, pendant le dîner, d'un abandon si aimable, d'une bonté si vraie, que le pauvre Pugnet fut touché au cœur.

En Égypte, le docteur ne demanda rien; mais, à son retour en France avec Geoffroy, il trouva le premier consul à Lyon, où il présidait une assemblée d'Italiens pour l'organisation future de la Péninsule. Cette fois il se présenta à lui en solliciteur; il lui remit une supplique. Que demandait-il, cet excellent Pugnet? Lui, si simple, si désintéressé, que voulait-il? Une sinécure en France, bien tranquille, bien rétribuée? Non. Pugnet avait étudié la peste dans l'Orient; il demandait à être envoyé dans l'Occident pour y faire connaissance avec la fièvre jaune. On préparait alors l'expédition de Saint-Domingue; il sollicitait une place de médecin dans l'armée coloniale. Il insista tant qu'elle lui fut donnée.

Ici finit ce chapitre de la vie du docteur; vie méritante et pleine dans son petit cadre. Le reste a peu de choses saillantes. A Saint-Domingue comme en Syrie, il fit du dévoûment comme il savait en faire, secrètement, sans fanfaronnade; admirable toujours, insoucieux du danger, héroïque sans y prétendre, et la fièvre jaune le respecta comme la peste l'avait fait.

VII

Une distraction de Napoléon.

Depuis deux mois environ, Napoléon régnait sur le Caire et sur l'Égypte. Quarante jours avaient suffi à cette conquête.

Maître de la vallée du Nil, le général en chef de l'expédition d'Égypte commençait à se lasser de n'avoir rien à vaincre. La catastrophe navale d'Aboukir, qui l'acculait dans sa conquête comme dans une impasse, pesait sur ses rêves d'avenir et versait de l'amertume sur ses gloires. Il était harassé d'inaction. Dans les premières semaines de l'occupation, quelques distractions militaires, administratives, scientifiques ou littéraires, avaient donné une sorte d'emploi à son activité infatigable. Avec Poussielgue, il avait organisé pour le pays une nouvelle assiette d'impôts; avec Cafarelli, il avait tracé le plan d'une ceinture de forts destinés à défendre la capitale contre les ennemis du dedans et du dehors; avec Denon et Dolomieu, il avait réglé le programme des incursions archéologiques; avec Monge et Berthollet, il avait fondé l'Institut d'Egypte. Il avait en outre improvisé un laboratoire de chimie, une bibliothèque, deux hôpitaux, une imprimerie française, une imprimerie arabe, des moulins à vent sur l'île de Raoudah, des ateliers pour la fabrication des poudres : tout cela en deux mois, au milieu des mouvemens du corps de l'armée de Desaix et de la courte campagne de Salahié. C'eût été vingt fois trop pour un autre, ce n'était pas assez pour lui.

Après les affaires sérieuses, vinrent les choses frivoles. A la suite de l'armée étaient débarqués des milliers d'industriels, qui s'abattirent sur l'Egypte comme sur un Eldorado imaginaire. Ces gens-là croyaient y trouver des pyramides d'or massif, des momies avec une escarboucle au front et des diamans à tous les doigts. Désappointés, ils firent comme les enfans du laboureur, ils fécondèrent le champ où ils avaient cherché un trésor fantastique. Grâce à eux, le Caire prit en peu de jours une physionomie française; on y vit bientôt des cafés et des restaurans, des boutiques de bottiers, d'ébénistes, des brasseries anglaises où l'on remplaça le houblon par des plantes indigènes. On eut un théâtre d'amateurs avec une troupe. Tel officier d'état-major que nous pourrions nommer tenait alors, avec grande distinction, l'emploi des jeunes premières, et chantait la romance devenue célèbre : *Petits oiseaux, le printemps vient de naître*, que Rigel, attaché à l'expédition, composa en Egypte. Il y a plus, le Caire eut son Tivoli. Un sieur Dargevel, ancien garde-du-corps, et condisciple de Napoléon à l'école de Brienne, créa, dans le palais d'un bey fugitif, un jardin public qui prit ce nom. C'était un vaste et beau local, ombragé d'orangers et de citronniers, coupé de ruisseaux limpides et parsemé de pelouses. Aux jours non fériés, le Tivoli égyptien devenait un simple lieu de causerie et de délassement; mais, dans les grandes fêtes, cette enceinte s'illuminait de feux, s'animait des jeux d'acrobates, de jongleurs et de psylles, de danses d'almées, les bayadères de l'Orient.

Ce fut dans une fête de ce genre que Napoléon aperçut pour la première fois madame***, sa passion en Egypte. Par suite d'ordres très sévères, peu de femmes avaient suivi l'armée; cette dame n'avait pu braver la consigne qu'à la faveur d'un déguisement. Elle aimait tant alors... non pas Napoléon, mais son mari, simple officier. Ce couple, au moment du départ, en était à la plus douce phase de sa lune de miel; comment se séparer en de telles heures, quand on s'abandonne si doucement aux saintes illusions de la jeunesse, quand on croit à l'éternité de cette fièvre du cœur? Dans ces occasions, si l'on se nomme Juliette, on s'empoisonne; Virginie, on se noie; Mme***, on se déguise et l'on s'embarque. La passion est si ingénieuse ! La passion brave les risques de mer, les chances de captivité, les dangers des batailles, les privations de toute nature; son rôle est de souffrir.

Mme*** était donc en Egypte par dévoûment conjugal. Ce qu'une guerre entraîne d'ennuis et de peines lui était rendu en amour. Elle ne regrettait rien, elle ne désirait rien : elle était heureuse. Douée de cette beauté qui se tient sur la limite des deux nuances tranchées, ni blonde, ni brune, ni petite, ni grande, Mme*** attirait à elle, non pas d'une façon impérieuse et brusque, mais d'une manière douce, insensible et continue. Elle frappait moins qu'elle ne plaisait ; on ne disait pas : « Qu'elle est belle ! » mais on s'oubliait à le penser. Sa taille gracieuse, ses beaux cheveux cendrés, ses yeux charmans de langueur, toute sa personne potelée et délicate avait singulièrement ému le brillant état-major d'Egypte ; mais la jeune épouse frayait peu avec les officiers, et l'union de ce couple était demeurée jusque alors l'envie et l'édification de l'armée.

Malheureusement Napoléon désœuvré, Napoléon couronné d'Arcole et de Rivoli, vainqueur aux Pyramides et presque Pharaon d'Egypte, Napoléon se rencontra sur le chemin de cette pauvre colombe si aimante. Mon Dieu ! qu'est-ce donc que nos vertus humaines, si fragiles qu'un souffle les brise, si incertaines qu'un grain de sable les renverse sur le terrain le plus uni ? Un seul homme dans toute l'armée pouvait troubler ce ménage calme et pur ; et cet homme, à qui d'habitude le temps, l'occasion, la volonté manquaient, se trouva avoir cette fois, la volonté, l'occasion, le temps. Napoléon aperçut Mme*** au Tivoli égyptien, un soir de fête ; à travers le prisme des illuminations et au milieu des enivremens de la musique, il la distingua et ce fut fini. Pendant toute la soirée, il ne cessa de tenir fixé sur elle son regard profond et expressif ; puis, quand il eut ainsi fait pénétrer peu à peu dans l'âme de cette femme et sa volonté et son désir, il s'approcha d'elle avec une grâce charmante, causa long-temps, affecta des petits soins significatifs, et mit en public, pour parler ainsi, une tache au front de cet ange. Elle, confuse et tremblante, sentit alors l'appel de l'orgueil, bien plus puissant que celui de l'amour ; elle s'épanouit de vanité ; elle trouva au fond de son cœur la justification de ces hommages dans le rang, dans le nom, dans les gloires de celui qui les lui adressait, et dès ce soir-là, quoique pure encore de fait, elle était déjà coupable au fond du cœur.

Cette ivresse de l'amour-propre se fût dissipée sans doute, si Napoléon n'eût appliqué à la conquête de ce cœur son obstination et sa vivacité césariennes. Ce qu'il avait d'abord pris pour un caprice devint une passion réelle et profonde ; et comme, revenue de la fascination du premier jour, Mme *** opposait à cette poursuite une force née du sentiment de son devoir, l'amour du héros s'exalta de tous les obstacles qu'il éprouvait. Les prétextes de rencontres ne manquaient pas à un homme qui régnait militairement sur toutes les volontés. La générale Vernier et la femme du capitaine étaient à peu près les seules Françaises de distinction qui eussent suivi l'armée, et leur concours, dans les premiers jours de l'occupation, était utile, tant pour établir quelques relations avec les dames franques, juives ou chrétiennes établies au Caire, que pour pénétrer dans les secrets des harems des beys fugitifs.

Mme *** était donc ainsi soumise à une espèce de réquisition politique, à laquelle elle ne pouvait pas se soustraire, et à des visites de Napoléon qui devenaient de jour en jour plus dangereuses pour elle. Bon gré, mal gré, il fallut qu'elle se résignât à faire les honneurs des salons du palais de l'Esbekiéh.

Le général en chef n'abusa point de cette circonstance : à son âge on est généreux, on ne calcule pas l'amour. D'ailleurs, c'était dans un moment où son âme était tourmentée de confidences poignantes au sujet de Joséphine ; et on eût dit que toute la puissance de ce cœur méridional cherchait un aliment et une issue. A la passion qui s'impose avait succédé la passion qui supplie. Mme *** avait trouvé en elle assez de souvenirs de vertu, assez de conscience du devoir, pour vaincre la première ; elle ne fut pas aussi forte contre la seconde.

On conçoit tout ce qu'une pareille liaison, avec un tel homme, dut éveiller en elle d'exaltation passionnée et de dévoûment absolu. Il lui sembla dès lors que sa destinée, obscure et modeste, allait se fondre dans cette grande destinée, et que les reflets de cette auréole lumineuse allaient dorer son jeune front. Belles et fugitives illusions.

Un embarras existait toutefois encore. L'époux était un homme d'honneur ; on le trompa d'abord. Promu au grade de chef d'escadron, il reçut l'ordre de s'embarquer sur-le-champ et de porter au Directoire quelques uns des drapeaux conquis sur les mamelucks. En effet, le chef d'escadron quitta Alexandrie ; mais, capturé par les Anglais à la hauteur de Malte, il reparut en Egypte à la suite d'un cartel d'échange. Sa disgrâce conjugale lui fut révélée par ses camarades. Un divorce devint inévitable : il fut prononcé devant un commissaire des guerres.

Voilà donc Mme *** presque reine d'Egypte, et pour lui donner l'équivalent de ce titre, les soldats la nommaient *Clioupâte*. Logée dans le palais même du général en chef, toujours élégamment et richement costumée, elle faisait les honneurs de sa table et l'ornement de son salon. Bonne d'ailleurs, douce, affable, spirituelle, elle conquit parmi les intimes de l'état-major des amitiés honorables et précieuses ; elle obligea avec grâce et discernement. Quel songe d'or pour une femme ! Elle tenait là, sous sa main, lié par des chaînes de fleurs, l'homme dont le génie remplissait le monde ; elle était l'héroïne du plus beau, du plus glorieux roman ; elle avait autour d'elle une cour où l'on distinguait des noms comme ceux de Monge, de Berthollet, de Denon, de Murat, d'Eugène Beauharnais, noms promis à l'avenir de nos fastes ; elle était jeune, elle était jolie, elle était reine. « Vivre six mois ainsi, puis mourir ! » diront quelques femmes, non pas celles qui s'enveloppent dans leur bonheur comme dans un chaste vêtement ; mais celles qui aspirent à des conquêtes éclatantes, celles qui mettent toute leur âme à la suite d'un météore.

Du reste, entre Napoléon et Mme ***, ce fut long-temps une passion toujours croissante. On avait dressé pour elle un joli cheval arabe, et presque tous les jours, revêtue d'un riche uniforme, elle suivait le général en chef dans ses excursions les plus lointaines, caracolait à ses côtés, arpentait la plaine de Giseh ou visitait les sombres cavernes des Pyramides. Allait-on visiter les travaux de l'île de Rahoudab, elle se mêlait à l'escorte. Allait-on rendre visite au vieux cheik el Bekri, président du Caire, elle en était encore, buvait le café du digne musulman, fumait ses pipes et avalait ses sorbets parfumés. Elle portait au cou le portrait du héros ; lui, les cheveux de sa maîtresse ; en un mot, c'était un échange de soins infinis et de tendresses incessantes. Quand l'expédition de Syrie eut été résolue, Mme *** déclara qu'elle voulait suivre l'armée, et long-temps il fallut combattre ses projets d'amazone ; elle voulait entrer en campagne, combattre, faire le service d'aide-de-camp.

Enfin elle se désista ; mais, pour la consoler de son absence, il fallut que Napoléon lui écrivît les lettres les plus tendres. Là, quittant le style de chef d'armée, il lui détaillait ses traverses et ses inquiétudes, les ravages de la peste, les longueurs du siége, les chances fatales et sombres de l'avenir. Ces lettres existent, nous en avons eu plusieurs entre les mains, qui font foi d'un abandon qui venait du cœur.

Cet amour, né en Egypte et réchauffé par son soleil, dura ainsi, rais et vif, jusqu'au moment où il s'agit de quitter cette terre lointaine. Napoléon se lassa à la fois de ces deux conquêtes. L'ambition étouffa l'amour. Après la bataille d'Aboukir, quand les troupes ottomanes eurent été rejetées dans les flots qui les avaient vomies, la pensée d'un retour en France prit chez le vainqueur un caractère fixe et opiniâtre. Il sentait que la patrie avait besoin de lui. Mais pour cela il fallait tromper l'armée, tromper ses amis, tromper sa maîtresse. Une indiscrétion lui eût été fatale. Mme *** fut sacrifiée à ce mobile. Napoléon, simulant une tournée dans le Delta, la laissa au Caire, comme la preuve vivante que son absence ne serait pas de longue durée; elle fut cette fois un instrument dans ses mains.

Cependant, la veille du départ, la pauvre Ariane semblait avoir le pressentiment d'un abandon prochain. Arrivée en costume de hussard dans le jardin du palais, où le général cherchait à endormir les indiscrétions de Monge et de Berthier, qu'il savait un peu commères, Mme *** ne perdit pas Napoléon un seul instant de vue, observant avec inquiétude ses gestes et ses mouvemens, cherchant à creuser sa pensée sous l'enveloppe dont il la couvrait. Bonaparte fut impénétrable : seulement, de temps à autre, il disait gaîment et avec une familiarité gracieuse :

— Diable ! diable ! voilà un petit hussard qui nous espionne. Gardez-moi cela à vue, Berthollet.

Berthollet était du voyage.

Le héros partit, et Mme *** fut veuve pour la seconde fois. Cependant, comme elle fit quelque bruit de ses douleurs auprès de Kléber, celui-ci, soit de guerre lasse, soit pour envoyer un embarras à Napoléon, en retour de ceux que le général en chef lui avait légués, autorisa la jeune délaissée à s'embarquer sur l'*America*, transport français qui emmenait Junot, Rigel et Lallemand. Les infortunes de notre héroïne n'étaient pas terminées. L'*America* fut prise par les Anglais, qui conduisirent les passagers à Malte. Relâchée au bout de quatre mois seulement, Mme *** fut débarquée à Marseille, où l'attendait un cruel et dernier désappointement : Napoléon avait retrouvé sa femme, et pour maîtresse, il avait alors assez de l'autorité souveraine. Un ordre formel, parti de Paris, obligea Mme *** à fixer sa résidence en Provence, où une pension lui fut assurée. Plus tard, toutefois, le premier consul se départit de cette rigueur. Il acheta pour elle un beau château aux environs de la capitale, et chargea un de ses intimes de lui chercher un parti convenable. On trouva un ancien propriétaire, dont les forêts étaient engagées dans une affaire de cartons de bureau, et compromises par la législation confuse de l'époque. Comme cadeau de noces, Napoléon y ajouta un consulat, un des plus productifs et des plus beaux que l'on connût ; ainsi fixée de nouveau, Mme *** renonça à ses doux rêves.

Son premier époux eut, en revanche, assez de bonheur. En 1814, il voulut, au retour des guerres impériales, convoler en secondes noces. Sa femme s'étant remariée sans obstacle, il ne croyait pas que la chose fît question pour lui. Cela fut pourtant ainsi. Le divorce prononcé en Egypte, devant un simple commissaire des guerres, péchait par les formes légales : on prétendit qu'il était nul. Il fallut de longues démarches pour établir en droit qu'on ne pouvait être l'époux d'une femme mariée régulièrement à un autre, et que, celle-là manquant, on était libre d'en choisir une autre.

Telle est l'histoire de cette passion de Napoléon. On lui en a imputé de fausses, celle-ci est vraie; tous les soldats d'Egypte s'en souviennent. Il n'y joua point, comme dans la foule des aventures controuvées, le rôle d'un roué de la régence, ou celui de Tibère faisant enlever de force, par ses prétoriens, les actrices dont il s'était subitement épris. Il s'attacha à cette femme naïve et jeune, peut-être par désœuvrement, puis par amour sincère; et s'il la quitta d'une façon si brusque, c'est que de telles choses ne devaient être, dans cette grande et belle vie, que des accidens ordinaires; c'est qu'il y avait en haut une étoile toujours mobile, dans la direction de laquelle il devait fatalement marcher.

VIII
Une fête chez M. de Talleyrand.

En juin 1789, me promenant à Versailles autour de la pièce d'eau dite des Suisses, j'avais remarqué un personnage qui, solitairement et philosophiquement couché sous un arbre, *lentus in umbra*, paraissait plongé dans la méditation et plus occupé de ses idées que des idées d'autrui, bien qu'il eût un livre à la main. Sa figure, qui n'était pas sans charme, m'avait frappé, moins par son expression que par un mélange de nonchalance et de malignité qui lui donnait un caractère particulier: on eût dit d'une tête d'ange animée de l'esprit d'un diable; c'était évidemment celle d'un homme à la mode, d'un homme plus habitué à occuper les autres qu'à s'occuper des autres, d'un homme enfin qui, malgré sa jeunesse, était déjà rassasié des plaisirs de ce monde. Cette figure-là, je l'aurais prêtée à un page ou à un colonel en faveur, si la coiffure et le rabat ne m'eussent dit qu'elle appartenait à un ecclésiastique, et si la croix pastorale ne m'eût prouvé que cet ecclésiastique était un prélat. C'est, me dis-je, quelque premier aumônier qui vient digérer ici entre la messe et les vêpres, et je passai outre.

Une année s'était écoulée sans que j'eusse rencontré de nouveau cet homme de Dieu, et cette année est celle pendant laquelle s'est accomplie la première période de la révolution.

Le 14 juillet 1790, comme cinq cent mille curieux qui garnissaient le talus du Champ-de-Mars, j'assistais à la messe qui se célébrait en plein vent, à l'occasion de la fédération, quand, sur un monticule élevé au centre de cette vaste arène, à l'autel où le divin sacrifice devait se consommer, au milieu des soldats et des lévites, la chape sur le dos, la mitre en tête, la crosse à la main, s'avance non du pas le plus ferme, mais avec la plus ferme contenance, un évêque qui répand avec une prodigalité toute patriotique des flots d'eau bénite et de bénédictions sur le peuple, l'armée et aussi sur la cour.

— C'est l'abbé Talleyrand de Périgord, c'est l'évêque d'Autun! dit-on.

Quel fut mon étonnement de reconnaître dans ce pontife de la révolution mon prélat de Versailles. Depuis une année, j'avais entendu parler de l'évêque d'Autun. Sa physionomie m'expliqua sa conduite, sa conduite m'expliqua sa physionomie. Chez qui que ce soit, jamais le moral et le physique ne se sont mieux accordés.

Je n'avais vu M. de Talleyrand que de très loin. Je le vis de plus près enfin, quand il revint en France, où il fut rappelé en 1796, sur la proposition de Chénier, par un décret spécial de la Convention.

Peu après son retour sans condition encore, comme il avait quelque loisir, il vint passer vingt-quatre heures à Saint-Leu, chez Mme de Latour, où je me trouvais. Il fut, comme on l'imagine, l'objet de toute mon attention. Je croyais, à parler franchement, qu'il ne m'accorderait qu'une très faible partie de la sienne : il en fut autrement. Déterminé ce jour-là à plaire à tout le monde, ou peut-être en ma faveur à une femme aimable avec laquelle il avait fait ce petit voyage, il me traita avec une bienveillance à laquelle je me laissai prendre. J'y répondis par l'abandon le plus complet, et je m'amusai fort pendant toute cette soirée, où, tout en riant, je lui gagnais quelques écus, ce dont il peut se souvenir, car alors il n'était guère plus riche que je ne l'étais à mon retour de l'exil, où il m'a fait envoyer en 1815. On s'étonnera peut-être qu'il se soit laissé battre par moi toute une soirée, mais c'était à un jeu de hasard et non à un jeu de finesse.

Je n'imaginais pas alors que ce prélat rentrât jamais dans les affaires publiques, et qu'il pût raccommoder sa fortune autrement que par des spéculations de Bourse, que ce ci-devant agent du clergé entendait aussi bien que le plus délié des agens de change. L'apôtre de la constitution de 1791 ne me paraissait pas pouvoir devenir celui de la constitution de l'an III. Je me trompais. Quand je revins d'Italie, le citoyen Talleyrand était ministre. Le 18 fructidor et l'active amitié de Mme de Staël l'avaient porté à la place de Charles Lacroix. Il était donc ministre du Directoire quand je me retrouvai avec lui chez le général Bonaparte. La bienveillance qu'on m'y témoignait fortifia sans doute celle qu'il semblait me porter, mais qui n'allait cependant pas jusqu'à la confiance.

La conversation brisée qu'il eut avec moi ne roula guère que sur des intérêts de littérature ; il me parla de plusieurs écrivains, et particulièrement de Champfort. Je fus assez surpris de ne pas lui voir adopter vivement les éloges que je donnais à cet académicien, dont l'esprit et les talens lui avaient été plus d'une fois utiles, ce que je savais de Champfort lui-même, qui s'applaudissait d'avoir trouvé dans l'évêque d'Autun un organe par lequel il pouvait faire proclamer à la tribune ses propres opinions.

Ce ministre venait ce soir-là inviter le général à une fête qu'il lui préparait à l'hôtel des relations extérieures, et le prier d'en déterminer le jour. Il pria aussi madame Bonaparte de vouloir lui donner la liste des personnes qu'elle désirait faire inviter. J'y fus probablement porté, car le lendemain je reçus une invitation.

Cette fête, où l'élite de la société de Paris était réunie, se composa, comme toutes les fêtes, d'un bal et d'un souper. Je n'en aurais pas parlé si elle n'avait pas donné lieu à un incident assez piquant pour qu'on en tienne note.

Le général Bonaparte, chez qui j'avais dîné, m'avait amené avec lui. Entrant dans la salle du bal : « Donnez-moi votre bras, » me dit-il en s'emparant en effet de mon bras. Puis, jugeant à mon regard que cette exigence m'étonnait : « Je vois là, ajouta-t-il, nombre d'importuns tout prêts à m'assaillir ; tant que nous serons ensemble, ils n'oseront pas entamer une conversation qui interromprait la nôtre. Faisons un tour dans la salle; vous me ferez connaître les masques, car vous connaissez tout le monde, vous. »

Ce n'était certes pas par désobligeance que j'avais pensé d'abord à me tenir à l'écart. Je craignais, à parler franchement, qu'on m'accusât de quelque fatuité, si je m'attachais aux pas d'un homme qui seul avait le droit d'attirer l'attention, et qu'on ne m'attribuât la prétention de vouloir briller de son reflet. A sa réquisition, mes scrupules s'évanouirent. Me voilà donc circulant, bras dessus, bras dessous, au milieu des danseurs, des curieux, des envieux, j'en devais rencontrer aussi. Malgré cette précaution, la foule se groupa bientôt autour de nous, et les gens dont le général voulait se garder furent justement ceux dont il devint aussitôt la proie.

Le voyant cerné par eux, et la conversation s'étant engagée malgré lui, comme il avait lâché mon bras, je profitai de ma liberté, non pour me promener dans le bal, mais pour m'asseoir; je me mis sur une banquette placée dans la première pièce entre les deux fenêtres. A peine étais-je là que Mme de Staël vint s'asseoir à côté de moi.

Je connaissais peu cette dame. Sur le désir qu'elle en avait témoigné, je m'étais laissé conduire chez elle par Regnault de Saint-Jean-d'Angely, avant mon voyage d'Italie, mais je n'y étais pas retourné, bien que j'y eusse été encouragé par l'accueil que j'avais reçu d'elle, par ses invitations, et que j'attachasse à ses prévenances tout le prix qu'on y pouvait mettre.

— On ne peut pas aborder votre général, me dit-elle, il faut que vous me présentiez à lui.

D'après la confidence qu'il venait de me faire, et certaines préventions que je lui connaissais contre Mme de Staël, dont il redoutait l'esprit dominateur, craignant qu'elle n'éprouvât quelque rebuffade, je tâchai de la distraire de cette résolution, sans cependant m'expliquer. Il n'y eut pas moyen. S'emparant de moi, elle me mène droit à Bonaparte, à travers le cercle qui l'environnait et qui s'écarta ou plutôt qu'elle écarta. Forcé de faire ce qu'elle désirait, et voulant toutefois décliner la responsabilité dont un regard très significatif me grevait déjà :

— Mme de Staël, dis-je, prétend avoir besoin auprès de vous d'une autre recommandation que son nom, et veut que je vous la présente; permettez-moi, général, de lui obéir.

Le cercle se resserre alors autour de nous, chacun étant curieux d'entendre la conversation qui allait s'engager entre deux pareils interlocuteurs. On croyait voir Talestris avec Alexandre, ou la reine de Saba avec Salomon. Mme de Staël accabla d'abord de complimens assez emphatiques Bonaparte, qui y répondit par des propos assez froids, mais très polis : une autre personne n'eût pas été plus avant. Sans faire attention à la contrariété qui se manifestait dans ses traits et dans son accent, Mme de Staël, déterminée à engager une discussion en règle, le poursuit cependant de questions tout en lui faisant entendre qu'il est pour elle le premier des hommes :

— Général, ajoute-t-elle, quelle est la femme que vous aimeriez le plus?

— La mienne, madame.

— C'est tout simple; mais quelle est celle que vous estimeriez davantage?

— Celle qui aimerait le mieux à s'occuper de son ménage.
— Je le conçois encore ; mais enfin quelle serait pour vous la première des femmes ?
— Celle qui ferait le plus d'enfans, madame.

Et Bonaparte se retira, laissant Mme de Staël au milieu d'un cercle plus égayé qu'elle de cette boutade.

Toute déconcertée d'un résultat qui répondait si mal à son attente :
— Votre grand homme, me dit-elle, est un homme bien singulier.

La singularité de cette scène est expliquée par celle des personnages. D'après le caractère connu de Mme de Staël et l'influence fondée ou non qu'on lui attribuait dans l'affaire de fructidor, Bonaparte crut qu'elle se rapprochait de lui moins pour l'admirer que pour le dominer, et qu'elle le flattait comme on flatte, comme on caresse son cheval pour le monter. Jaloux alors de son indépendance, comme il le fut depuis de son autorité, il se hâta d'écarter par un mot cette indiscrète amazone qui, remise de son désappointement, revint pourtant depuis à la charge et finit par recevoir une atteinte un peu plus rude. La manie de Mme de Staël était de gouverner tout le monde, et celle de Bonaparte de n'être gouverné par personne : *Inde iræ.*

Telle est l'histoire exacte de cette entrevue dont on a tant parlé. Si Mme de Staël avait eu autant de jugement que d'esprit, elle s'en serait tenue à cette expérience ; mais en matière de conduite du moins, le jugement n'était pas sa qualité dominante.

Amusante pour ceux qui furent témoins de cet incident, la fête fut charmante pour tout le monde. Le nom de Bonaparte, proclamé par toutes les bouches, l'était aussi par l'orchestre. Une contredanse qui portait son nom fut exécutée pour la première fois dans ce bal, et devint dès lors la contredanse favorite dans tous les bals, à la guinguette comme dans les salons.

La danse fut interrompue par un banquet splendide pendant lequel Laïs, le Tyrtée de l'époque, chanta des couplets fort spirituels, composés pour le héros de la fête par les Pindares du Vaudeville. En célébrant ses exploits passés, on célébrait aussi les exploits futurs dont ils étaient le pronostic, et le succès de la grande expédition dont les apprêts occupaient l'attention de toute l'Europe. Un trait, qui terminait un impromptu fait par le trio sur ce sujet, fut surtout applaudi. Je n'en ai pas retenu les vers, mais en voici le sens : « Pour celui qui a fait signer la paix à l'Autriche sous les murs de Vienne, aller mettre au delà du détroit l'Angleterre à la raison, *ce n'est pas la mer à boire.* » Jamais Bonaparte ne fut plus loué et moins flatté.

IX

Le Duel impossible.

Un des derniers jours du mois d'octobre 1800, Napoléon s'entretenait de la situation des affaires religieuses avec Fouché, ministre de la police générale, et M. Mathieu, ex-membre du conseil des Anciens.

— Il est fâcheux, disait ce dernier, que l'on n'ait pas, dans le temps, accordé une protection plus efficace aux théophilanthropes ; les doctrines de ces honnêtes utopistes étaient du moins dégagées de toute superstition.

— Mais qu'est-ce donc que vos théophilanthropes? demanda le premier consul; connaît-on bien leurs dogmes? Est-ce là une religion?

— Oui, sans doute, c'est une religion, répartit M. Mathieu, et la plus belle, la plus pure de toutes : sa doctrine a pour base les préceptes de la loi naturelle ; pour but, la pratique des vertus et le respect des devoirs. C'est, en un mot, une religion purement morale et sociale.

— Oh! reprit vivement Napoléon, ne me parlez pas d'une religion qui ne me prend qu'en vie, sans m'enseigner d'où je viens et où je vais. En fait de religion, l'enthousiasme sera toujours préférable à la raison; c'est l'enthousiasme qui fait les grands hommes et les grandes choses. Il n'y a pas de superstition qui n'ait un côté sublime.

— A la bonne heure, dit Fouché ; mais ne serait-ce pas là surtout que le sublime toucherait au ridicule ?

— C'est une question que vous n'avez peut-être pas assez creusée, monsieur, répondit Napoléon. Certes, de notre temps, il faudrait autre chose qu'une croix de bois pour faire la conquête du monde ; mais voyez cependant ce que cette religion a fait récemment encore chez les paysans vendéens? Les sentimens religieux ne sont pas encore éteints en France, et cela est fort heureux. Il serait, au reste, assez facile d'évaluer la somme de toutes les croyances, en dressant une sorte d'inventaire général de l'esprit religieux, superstitieux et mystique en France. Il ne s'agirait pour cela que de recueillir, dans chaque localité, des renseignemens exacts non seulement sur ce qui reste d'attachement aux choses de la religion chrétienne, mais aussi sur tous les genres de superstitions, de préjugés, de coutumes, de croyances populaires ayant trait au spiritualisme. C'est un travail que je vous saurai gré de faire exécuter, monsieur le ministre ; cela amènera certainement des rapprochemens singuliers et des découvertes fort curieuses.

Le travail se fit (1) ; et il y eut matière à recherches et à renseignemens, depuis les prodiges, les pieuses jongleries et les pélerinages, jusqu'aux sorciers, aux jeteurs de sorts et aux tireurs de cartes.

Dans un des rapports présentés au consul sur les phases diverses et les résultats de cette enquête, il fut longuement question d'un nommé Capiou, paysan bas-normand du département de l'Orne, qui se mêlait de prédire l'avenir, et jouissait d'un grand crédit, non seulement dans son canton, mais encore dans toute l'étendue de sa province.

« L'influence de cet homme est telle, disait le rapport, que, lors de la
» dernière insurrection, les trois quarts des insurgés du département
» n'ont pris les armes contre la république, ou ne se sont portés à des
» tentatives criminelles contre les personnes et les propriétés, qu'après
» avoir consulté Capiou. »

Napoléon jugea tout d'abord le parti qu'il pourrait tirer de ce personnage. Il entrait, d'ailleurs, dans sa nature de vouloir connaître tous les hommes qui avaient quitté les sentiers battus, et qui, n'importe par quel moyen, avaient acquis une influence sur les masses à l'aide de cette longue crise politique qui s'achevait.

(1) Il fut confié à un employé du ministère de la police du nom de Térasson, homme de beaucoup de mérite, qui, plus tard, passa au ministère des cultes, sous la direction du comte Bigot de Préameneux.

— Je veux voir ce Capiou, dit-il à Fouché, il faut le faire venir à Paris.

— C'est la chose du monde la plus facile, répondit le ministre ; dans trois jours il sera ici ; mais je crains que nous n'en soyons pour les frais de voyage de ce rustaud.

Napoléon ne répliqua pas ; et, passant à un autre ordre d'idées, s'occupa d'affaires plus sérieuses. Les jours suivans, il ne parla plus du paysan bas-normand, et Fouché, croyant qu'il avait mis en oubli l'ordre qu'il avait donné de le mander, s'attendait à voir le premier consul témoigner quelque surprise, lorsqu'un matin il vint lui annoncer gravement que le sorcier du département de l'Orne était en bas et qu'il attendait les ordres qu'il lui plairait de donner à son égard.

— Qu'on le fasse entrer, répondit Napoléon sans adresser nulle question à son ministre, et sans lui recommander de prendre aucun autre soin.

Capiou fut introduit :

C'était, au premier aspect, un paysan grossier et stupide ; mais, en l'examinant avec attention, il n'était pas difficile de deviner, sous sa grossière enveloppe, une intelligence supérieure : le front large et élevé de cet homme révélait la volonté et la puissance ; son nez proéminent et ses larges narines annonçaient la sensualité, et la profondeur excessive de son regard dénotait à la fois la réflexion, la perspicacité et la finesse.

— C'est donc vous, citoyen, qui vous ingérez de prédire l'avenir ? lui demanda Napoléon.

— Oui' da ! monseigneur le premier consul, répondit Capiou avec l'accent bas-normand le plus prononcé ; j'ons fait la chose, et je n'm'en défendons point, dam'vâir !

— Il n'y a cependant pas de quoi se vanter ! reprit le premier consul.

— Vair ! je n'me vantons point y tout !

— Voici un drôle bien effronté, dit à voix basse Napoléon à Fouché ; cela, du reste, ne me surprend pas, et je m'attendais à ne pas le trouver autre. Mais laissez-nous seuls, afin que j'aie le plaisir de le forcer dans ses derniers retranchemens.

Fouché se retira, et Napoléon, se rapprochant du paysan bas-normand :

— Puisque vous êtes sorcier, maître Capiou, lui dit-il en souriant, vous allez sans doute pouvoir me dire pourquoi on vous a amené ici ?

— Ma foi Dieu ! la belle malice ! Vraiment que ce n'est pas pour mes beaux yeux qu'on m'a payé la *guinguette* (1) ; vous voulez m'éprouver ? Eh ben ! marchais, dégoisez-moi tout d'même vos questions.

— Encore une fois, je vous demande ce que vous êtes venu faire ici ?

— Monseigneur le premier consul, vous me pardonnerez c'te hardiesse ; mais vrai, je n'pourrais pas vous répondre si vous n'me baillez pas votre main gauche.

Napoléon tendit obligeamment sa main délicate et blanche au prétendu sorcier, qui la prit, l'examina, la palpa, et tout à coup s'écria d'un ton d'inspiré :

— Eh ! eh ! tout ce qui est noir n'est pas si diable ! Vous voulez du bien à notre saint-père le pape, et vous avez grandement raison..

— Que dites-vous là ? fit Napoléon en retirant sa main.

(1) Les Bas-Normands désignent sous ce nom la diligence.

— Espérez un peu (1)... Faut croire qu'on n'écoute point aux portes... Vous ferez la paix de la France avec notre saint-père, et vous aurez grandement raison : c'est Capiou qui vous le dit, monseigneur le premier consul.

Il n'en fallait pas davantage pour impressionner vivement Napoléon, naturellement ami du merveilleux. Le concordat, en effet, était déjà résolu dans le secret de sa politique et de ses sentimens religieux; déjà même il en avait laissé transpirer quelque chose, et, un soir qu'il en parlait au cercle de Joséphine, Monge lui avait dit :

— Il faut espérer cependant que nous n'en viendrons pas aux billets de confession.

— Il ne faut jurer de rien, répondit sèchement Napoléon.

Quoi qu'il en soit, le prophète normand fut congédié assez froidement; mais le ministre de la police eut ordre de le retenir à Paris et de pourvoir amplement à ses besoins.

Le concordat était signé. La plupart des principaux chefs de l'armée, réunis à cette époque à Paris, firent éclater leur mécontentement contre cet acte; et, soit qu'ils le considérassent comme une atteinte et un reproche à ce passé glorieux auquel ils avaient concouru, soit qu'ils y vissent le premier pas de Napoléon pour s'élever, sans eux, à d'autres destinées que celles dont décide la gloire des armes, soit enfin que quelques rivalités jalouses entretinssent sourdement leur irritation, des menaces furent proférées, de violentes résolutions se discutèrent, et il sembla qu'une résolution, fatale au premier consul, fût sur le point de se trahir par quelque éclatante manifestation.

Ce fut au moment de cette agitation, impalpable en quelque sorte, mais sur laquelle Fouché concentrait tous ses moyens d'action, sans pouvoir parvenir à en connaître, ou du moins à en démasquer les fauteurs, qu'un matin il reçut la visite du prophète bas-normand, dont il avait perdu à peu près le souvenir.

— Monsieur le ministre, dit d'un air humble et d'un ton assez indifférent Capiou, n'voulez-vous donc point m'renvoyer au pays? M'est avis qu'ici, à Paris, je ne suis pas trop bon à grand'chose?

— Et que feriez-vous de mieux là-bas ? répondit Fouché, à qui les intrigues du moment donnaient de l'humeur. Voulez-vous aller seconder, en Vendée, les intrigues de tous les brouillons qui conspirent ? Prenez-y garde, maître Capiou, on ne brûle plus les sorciers, mais on n'a pas encore perdu l'habitude de mettre du plomb dans la tête des conspirateurs.

— Oh! vraiment, c'est nous prendre pour plus sot qu'je n'sommes. Si je voulions conspirer, je ne demanderais pas à partir, mais ben à rester. Y paraîtrait qu'ça va grand train tout d'même.

— Vous en savez donc quelque chose, Capiou ? dit le ministre, frappé du ton dont avaient été dites ces dernières paroles.

— Dame! répliqua le Normand d'un air narquois, j'pourrions ben en savoir plus long qu'ceux qui sont payés pour s'en informer.

— Et que savez-vous, mon brave? dit Fouché, en donnant à son visage en museau de fouine un air presque caressant.

— Chacun son métier, not'maître ; ce n'est pas notre affaire de *donner* des renseignemens.

(1) Attendez un peu.

— Bon, bon, soyez tranquille, j'entends ce que parler veut dire ; on paiera généreusement vos services, et, pour commencer, voici un à-compte. Mais il ne s'agit pas de nous faire quelque histoire en l'air ; songez-y, maître Capiou, la récompense alors serait tout autre. Voyons, que savez-vous des conspirateurs et de leurs projets ?

Capiou serra d'abord soigneusement, dans une bourse de cuir, les dix louis que Fouché venait de lui donner, puis il répondit, en paraissant s'animer un peu :

— L'premier consul court de gros risques, car les conspirateurs l'entourent : ce sont les officiers supérieurs de son état-major... Hier on était convenu de le renverser de son cheval à la parade et de le fouler aux pieds ; mais on a changé d'avis, et aujourd'hui on cherche un autre moyen... Ces gens-là veulent faire la guerre au bon Dieu !... et pourtant le premier consul a sagement fait de conclure un accommodement avec notre saint-père (1).

— Tout cela est bien vague, reprit le ministre ; il nous faudrait des noms et surtout des faits précis.

— Laissez! laissez ! je le crois ma fine ben, dit le Normand en reprenant son air niais ; c'est aussi un à-compte que je vous donnons, monsieur le ministre !

Fouché était trop habile pour se fâcher ; il s'exécuta de bonne grâce et tira dix autres louis du tiroir de son bureau, et, les remettant à Capiou :

— J'espère, lui dit-il, que nous parviendrons à vous délier la langue tout à fait ?

Le Bas-Normand ne répondit pas un mot ; mais il tira de sa poche des papiers qu'il présenta au ministre : c'étaient trois libelles, imprimés en placards, sous la forme d'adresse aux armées françaises. Les injures y étaient prodiguées contre le tyran corse, l'usurpateur, le déserteur assassin de Kléber ; des sarcasmes contre les capucinades ; un appel à l'insurrection et à l'extermination ; rien n'y était épargné. Fouché lut ces placards à plusieurs reprises ; et n'en pouvait croire ses yeux (2).

— Maître Capiou, dit-il enfin, je vous tiens pour un habile homme ; mais, mon brave ami, il ne faut pas faire les choses à moitié : voici des actes, des pièces ; ce sont les noms des individus qu'il nous faut, à présent, faire connaître ?

Capiou se gratta l'oreille et garda le silence.

— Allons! allons! poursuivit Fouché, je vois bien qu'il faut encore graisser le ressort de la machine.

Et dix louis passèrent encore de la caisse du ministre dans la bourse de cuir du Bas-Normand.

— Ces papiers, dit Capiou, ont été imprimés à Rennes, où se trouve actuellement le quartier-général de Bernadotte, commandant l'armée de l'Ouest ; ils ont été envoyés à Paris par la diligence, cachés dans un panier de beurre de Bretagne, adressé à M. le commandant Rapatel, aide-de-camp du général Moreau.

(1) Napoléon s'occupa du concordat, malgré l'opposition des petits publicistes, et malgré ses dangers personnels, qu'il n'ignorait pas. (Bourrienne, tome II.)

(2) M. Desmarets, qui parle de ce fait singulier dans ses *Témoignages historiques*, avait conservé un exemplaire de ces proclamations, présentant le singulier mélange de la rudesse républicaine et des cauteleuses provocations royalistes.

Fouché courut aussitôt aux Tuileries, et s'empressa de faire part de sa découverte à Napoléon. Celui-ci, ne doutant pas que Moreau ne fût au moins dans la confidence de cette publication, qui devait jeter des brandons de discorde dans tous les rangs de l'armée, enjoignit au ministre d'avoir, sans délai, une explication avec ce général.

Le résultat de cette entrevue se trouva, comme on pouvait le prévoir, peu satisfaisant. Moreau se tint sur un ton léger de réserve goguenarde et à peine négative, affectant de plaisanter sur cette *conspiration de pot à beurre*, comme à sa table et dans son salon il avait ridiculisé la plus glorieuse des institutions, en décernant à son cuisinier une casserole d'honneur, et un collier d'honneur à son chien.

Fouché rendit compte du peu de succès de cette démarche à Napoléon, qui, ne pouvant plus cette fois concentrer le paroxisme de sa colère, s'écria :

— Il faut qu'un pareil état de rivalités finisse ! Il n'est pas juste que la France souffre, tiraillée entre deux hommes ! S'il se croit en état de gouverner, eh bien ! soit ! Que demain, à quatre heures du matin, il se trouve au bois de Boulogne : son sabre et le mien en décideront ; je l'attendrai ! Ne manquez pas, Fouché, de le prévenir ; c'est un ordre, entendez-vous ; exécutez-le ?

Il était près de minuit quand le ministre sortit des Tuileries avec une si étrange commission : Moreau fut appelé sur-le-champ.

Le lendemain, au point du jour, Napoléon se rendit au bois de Boulogne, accompagné seulement de Rapp et de Savary. Moreau ne se fit pas attendre ; il parut bientôt accompagné de son aide-de-camp Rapatel et d'un médecin, Bernier, son ami.

— Je me rends à vos ordres, dit-il au premier consul. Il en sera ce que vous voudrez des ridicules propos que l'on m'a prêtés, et ce ne sera pas la chose la moins bizarre de ce temps-ci, que deux généraux se soient coupés la gorge à propos de commérages.

— Mais, interrompit Napoléon, ces commérages sont graves, car il s'agit de la sûreté de la république, du bonheur de la France ! Depuis long-temps vous cherchez à me renverser, peut-être pis. Eh bien ! l'occasion est belle, mieux vaut un duel qu'un... Non ! dit-il après un moment, je ne veux pas dire tout ce que je sais.

Aux derniers mots qu'avait laissé échapper Napoléon, Moreau avait vivement porté la main à la garde de son sabre. Le premier consul avait fait le même mouvement.

— Encore une fois, dit Moreau, de l'accent calme de l'homme qui sait demeurer maître de lui ; encore une fois, je suis à vos ordres, et il en sera ce que vous voudrez ; mais je proteste de toute la force de ma conscience contre l'intention que vous me prêtez.

Napoléon parut réfléchir ; puis après quelques secondes de silence et de recueillement :

— Général, je veux croire à votre parole, dit-il, et si vous affirmez sur l'honneur que je me suis trompé...

— Je l'affirme ! répliqua vivement Moreau.

En ce moment, arrivait Fouché qui, à tout événement, s'était fait accompagner du Normand Capiou, cause principale de ce menaçant conflit.

— J'accours, dit le ministre, pour donner de nouveaux éclaircissemens.

— C'est inutile, interrompit le premier consul, j'ai la parole du général, et il n'y a pas d'éclaircissemens qui vaillent cela.

Puis il tendit la main à Moreau, qui la serra avec cordialité en disant :

— Notre destinée semble bien étrange ; qui pourrait dire où nous allons?

— A cet égard-là, répondit Napoléon, je n'en sais vraiment pas plus que vous ; mais, ajouta-t-il en souriant et en désignant Capiou qu'il venait d'apercevoir à l'écart, voici un de ceux qui ont la prétention d'en prévoir et d'en deviner plus que nous là-dessus.

Moreau regarda le Bas-Normand, et dit avec un geste d'incrédulité :

— Voilà un sorcier qui n'a pas l'air d'avoir inventé la poudre.

— Faut point m'le reprocher trop durement, m'sieu le général, répondit fièrement Capiou ; ça s'rait p't'être queuqu'chose d'ben heureux pour vous, si dans treize ans on ne connaissait plus cette vilaine drogue.

— Je crois que le drôle a la prétention de m'effrayer, dit Moreau d'une voix méprisante ; mais en même temps troublée.

— Sur ma foi d'Dieu ! je n'y pensions point, reprit Capiou ; mais la poudre, ben sûr, vous fera plus de mal qu'à moi, et ce ne sera pas le collier d'honneur de votre chien qui pourra y mettre obstacle.

— Va-t'en, drôle ! dit le premier consul d'un ton sévère.

Et intérieurement cependant, il n'était pas si mécontent qu'il le voulait paraître de l'apostrophe du paysan bas-normand au général en chef.

Treize ans s'écoulèrent ; et, le 26 août 1813, le canon tonnait aux portes de Dresde. Il s'agissait tout à la fois de venger l'honneur de nos armes, compromis dans la désastreuse retraite de Russie, et de préserver de l'invasion de l'étranger le sol de la France. La bataille fut longue et sanglante ; mais enfin nous demeurâmes maîtres du champ de bataille, arrosé, à la vérité, du sang de nos plus braves soldats.

Vers la fin de la journée, deux paysans des environs amenèrent au quartier-général un superbe lévrier qu'ils avaient trouvé, poussant des hurlemens lamentables, sur une petite éminence jonchée de cadavres ennemis, et qu'ils n'avaient pu parvenir à amener avec eux qu'en emportant une botte de forme étrangère, et qu'à sa torsade et à son gland d'or on reconnaissait pour avoir appartenu à un officier supérieur dont la cuisse, sans doute, avait été emportée dans l'action.

La botte, que l'on examina avec attention, portait le nom et l'adresse d'un ouvrier de New-York, en Amérique, et sur le collier du chien on lisait cette inscription : *J'appartiens au général Moreau*.

Bientôt cette nouvelle se répandit ; mais les officiers supérieurs qui se trouvaient près de Napoléon ne pouvaient croire à la présence de Moreau dans l'armée ennemie. Toute incertitude à ce sujet cessa, lorsqu'on eut fait part de ces singulières circonstances à Napoléon.

— C'est ainsi que cet homme devait finir ! dit-il.

En effet, on sut bientôt que Moreau avait eu la cuisse droite emportée, à la fin de la journée, par un boulet lancé au hasard. Trois jours après, ce général, qui n'avait jamais été blessé en servant sa patrie, mourut. Le vainqueur de Hohenlinden, devenu l'allié des Russes, rendit le dernier soupir sur un brancard que les Cosaques lui firent de leurs lances.

La prédiction du Bas-Normand Capiou se trouva ainsi justifiée.

X
Le Poète et les Canards sauvages.

Devenu premier consul, Bonaparte ne négligea aucun des moyens qu'il jugea nécessaires à l'affermissement de son autorité naissante. La France était dégoûtée de révolutions : partout se faisait sentir, avec la lassitude du passé, le besoin d'un avenir différent. On s'attachait à tout ce qui semblait promettre le repos ; il fallait d'autres choses, et par conquent d'autres hommes ; aussi le premier soin de l'homme nouveau fut-il d'enfoncer plus avant encore dans le mépris et l'horreur publique les artisans de nos troubles et les fanatiques de révolutions.

Une sagacité prompte fit sentir à Bonaparte que le levier tout-puissant qui venait de l'élever si subitement et si haut ne lui fournissait pas un point d'appui suffisant pour l'y soutenir. C'est dans les rangs de nos savans, de nos gens de lettres, de nos premiers artistes qu'il alla chercher des appuis moins visibles et plus effectifs. Il se mit à donner, à sa campagne de Malmaison, des dîners sans grand apparat, où se trouvaient invités successivement, et avec un adroit mélange de convives, les hommes que leur caractère, leur talent, leur influence ou leur popularité lui désignaient comme pouvant lui être utiles pour l'accomplissement de ses desseins.

La plupart de ces dîners se passaient en causeries littéraires, et il y régnait, de part et d'autre, une grande bonhomie.

Au sortir de table, le maître de la maison prenait tour à tour et au hasard chacun des convives qu'il avait le désir de s'attacher, et, tout en se promenant bras dessus bras dessous, soit dans le salon, soit au jardin, il disait en peu de mots ce qui pouvait mener à son but, qu'il ne perdait jamais de vue.

L'ambition des places, un sentiment de curiosité, l'espoir de jouer un rôle dans les événemens qui se couvaient, le désir plus louable et si naturel de voir de près un jeune capitaine que déjà couvrait une immense illustration militaire ; que de motifs faisaient parcourir la route de Paris à la Malmaison !

Quoique Ducis eût eu déjà de fréquentes relations avec Bonaparte au retour de sa première expédition d'Italie, son nom ne fut cependant pas placé des premiers sur ces listes d'invitation ; mais le premier consul avait fait reprendre au Théâtre-Français la tragédie de *Macbeth*, il profita de cette circonstance pour inviter l'auteur. Ducis n'hésita pas à accepter et se rendit chez le premier consul, accompagné de son ami Legouvé, qui avait également reçu une invitation pour ce jour-là ; et en partant, Ducis lui dit en parlant de Bonaparte : « Mon cher, nous savons maintenant ce qu'il peut, tâchons de savoir ce qu'il veut. »

Pendant la soirée, la conversation vient à se porter sur les affaires du moment. Bonaparte parle de ses projets en homme que la victoire a habitué à vaincre les obstacles.

— Il vous faut, dit-il à ses invités, des lois toutes autres que celles que vous avez eues jusqu'ici. Quand tout le monde marche au hasard, tout le monde se heurte. Je ne vois de plan régulier nulle part : votre administration est encore sans système, parce que votre dernier gouvernement était sans volonté. Je rétablirai l'ordre partout. Je veux placer la

France dans un tel état, qu'elle puisse dicter des lois à l'Europe. Je ferai toutes les guerres nécessaires, dans l'unique but de la paix. Je vous donnerai des institutions fortes; je les mettrai en harmonie avec vos besoins et vos habitudes; je protégerai la religion : je veux que ses ministres soient à l'abri du besoin...

— Et après cela, général? interrompit doucement Ducis.

— Après cela? reprit le premier consul en souriant, quoique un peu étonné : après cela, papa Ducis (c'est ainsi qu'il le désignait toujours), si vous êtes content de moi..: eh bien! vous me nommerez juge de paix dans quelque canton.

Et tout le monde de rire de cette naïve ambition.

Au bout de quelque temps, Ducis reçoit une nouvelle invitation, à laquelle il s'empresse de se rendre, comme à la première. Il y a cette fois, dans l'accueil qu'il reçoit du premier consul, quelque chose de plus caressant; il est, pendant le dîner, l'objet de plusieurs distinctions qu'on juge propres à le flatter.

Après le café, Bonaparte s'empare du poète et l'emmène dans le parc, où ils firent quelques tours de promenade; et c'est là qu'après un échange mutuel de politesses s'établit entre eux le petit dialogue suivant :

— Comment êtes-vous arrivé ici, papa Ducis ?

— Mais, citoyen général, dans une bonne voiture de place, qui m'attend à votre porte, et qui doit me ramener, ce soir, à la mienne.

— Quoi!... en fiacre?... à votre âge!... cela ne convient pas, je ne veux plus de cela.

— Citoyen général, je n'ai jamais eu d'autre voiture, quand le trajet m'a paru trop long pour mes jambes.

— Non, vous dis-je, cela ne se peut plus : il faut qu'un homme de votre âge, de votre talent, ait une bonne voiture à lui, bien simple, bien suspendue... Laissez-moi faire, je veux arranger cela.

— Citoyen général, reprend Ducis en apercevant au même moment une bande de canards sauvages qui traversait un nuage au dessus de leur tête, vous êtes chasseur ?

— Mais... oui... répond le premier consul qui ne devine pas trop où Ducis veut en venir.

— Vous voyez cet essaim d'oiseaux qui fend la nue ?

— Quel rapport ?...

— Bien, il n'y en a pas un là qui ne sente de loin l'odeur de la poudre et ne flaire le fusil d'un chasseur.

— Que voulez-vous dire ?

— Que je suis un de ces oiseaux, citoyen général : je me suis fait canard sauvage.

Après cette singulière réplique, il était difficile que la conversation allât plus loin; cependant Bonaparte attacha peu d'importance à cette saillie du poète, qu'il ne regarda que comme un caprice passager qu'il lui serait facile de vaincre quand il le voudrait; et lorsqu'il forma le sénat, il voulut que le nom de Ducis fût placé sur la liste des membres qui devaient le composer; mais il refusa opiniâtrément, quoiqu'avec mesure et dignité, se bornant à répondre aux instances et aux prières de ses amis pour lui faire accepter cette haute dignité : *Ma détermination est arrêtée.*

Le premier consul vint à créer l'ordre de la Légion-d'Honneur. Ducis avait des droits incontestables à cette institution, qui avait pour objet de récompenser toutes les gloires, de décorer tous les talens. A la fin de l'année 1803, cette distinction lui fut décernée par le grand conseil de la Légion-d'Honneur, qui, à son origine, avait seul le pouvoir des nominations. Ducis refusa encore, et expliqua le motif de son refus dans une lettre qu'il écrivit à M. de Lacépède.

L'empereur en fut instruit; et sans témoigner le moindre mécontentement contre un exemple dont la contagion était peu à craindre, il se contenta de dire :

— Eh bien ! c'est moi qui resterai son obligé ; le père Ducis est un original.

En effet, pendant quelques jours on se dit tout bas : *Le vieux Ducis est devenu tout à fait fou !* puis il n'en fut plus question.

Cependant, comme on faisait, après quelques jours, à Mme de Boufflers, le récit de l'*entêtement* de Ducis (c'était ainsi qu'on qualifiait ce qui n'était de sa part qu'un acte de conscience) : *Je le reconnais bien là !* s'écrie cette dame, qui aimait beaucoup Ducis; *c'est un vrai Romain.*

— *Au moins pas du temps des empereurs*, reprit le chevalier de Boufflers avec cette finesse d'esprit qui lui était si naturelle.

XI

Une Surprise.

Dans une matinée d'automne de l'année 1803, au milieu des bois qui entourent le parc de la Malmaison, Napoléon, suivi d'un seul aide-de-camp, se promenait en causant avec Népomucène Lemercier, qui, la veille, avait lu une tragédie à la cour consulaire, assemblage hétérogène de guerriers républicains et de grands seigneurs d'autrefois, où les uns venaient perdre leur rudesse et les autres donner des leçons d'étiquette. Napoléon redoutait les lettres, bien qu'il les aimât, cependant il sentait combien elles sont indispensables à l'éclat du trône ; il les appelait donc près de lui, mais il prétendait les soumettre aussi à son absolutisme. L'instinct de son génie lui révélait assez sûrement les beautés et surtout les défauts d'un ouvrage.

Il aimait la discussion littéraire, et quelquefois les auteurs n'y perdaient rien. Tout en devisant, les deux promeneurs passèrent insensiblement de la tragédie à la politique ; la conversation s'échauffait. L'un ne cédait rien à l'autre, le guerrier et le poète traitaient de puissance à puissance.

— Vous êtes tout Romain, Lemercier, disait le héros au philosophe ; mais il faut apprécier les choses selon le siècle où l'on vit.

— Oui, répondit l'auteur de la *Panhypocrisiade ;* mais la science d'un gouvernement est de diriger son siècle et de ne pas contraindre sa direction ; le chef d'un Etat ne doit faire ni plus ni moins que n'exige la société, et quand elle s'ouvre une route nouvelle, il doit marcher à sa tête ; c'est pour lui une cause de salut et un acte de probité ; la probité est non moins indispensable au chef qui peut tout, qu'au moindre citoyen; le meilleur gouvernement est le plus juste ; il est aussi le plus durable.

— En ce cas, répliqua le consul en prenant avec vivacité une prise de tabac, je ne crains rien pour le mien, car j'aime, avant tout, l'équité, et je ne fais que ce que désire la nation; elle sent qu'elle s'est trop avancée, elle redemande quelque chose au passé pour améliorer son avenir. Dans un terrain aussi mouvant que le nôtre, il faut rebâtir sur les vieux fondemens.

Le poète ne répondit rien ; mais un sourire malin erra sur ses lèvres et il lança au grand capitaine un regard plus expressif qu'un long discours.

La querelle qui éclata un peu plus tard entre les deux personnages, à propos du refus de serment exigé alors des membres de la Légion-d'Honneur, aurait pu s'enflammer dans cet entretien, si le consul, qui cherchait à le rompre, n'eût aperçu un ancien militaire cheminant à travers le bois.

— Qui es-tu? lui cria-t-il à quelques pas de distance.

Le soldat s'arrête, reconnaît son général, et, immobile, la main relevée sur l'oreille, répond :

— Un de vos anciens soldats d'Egypte, mon général.

— Oui, je te reconnais, tu as servi dans mes guides ; tu étais près de moi à Saint-Jean-d'Acre.

— Et en voilà la preuve ! fit le soldat en montrant la profonde cicatrice qui brillait sur sa mâle figure.

— Oui, tu te nommes Triaire ; c'est toi qui, le premier, plantas le drapeau français au sommet du rempart.

— C'est encore vrai, mon général ; et je roulai avec un pan de muraille dans le fossé, où je serais encore si vous-même ne m'en aviez fait retirer.

— Tu as la mémoire excellente.

— Ah! dame! et je me souviens aussi que le jour même vous me fîtes donner un sabre d'honneur, sans compter une petite pension de trois cents francs, à mon retour en France.

— Que fais-tu maintenant ? où demeures-tu?

— Je suis marié, mon général, et je demeure à Nanterre, pays de ma femme ; elle m'a apporté un peu de biens, cinq quartiers de terre, assez bonne la terre, puis une petite maison et une vache, sous vot'respect. Avec tout cela et ce que je tiens de vous, mon général, je vis content, sans oublier le passé, nos batailles, nos canons et tout le train train : j'y pense tous les jours.

Le consul sourit, puis il lui dit d'un ton grave :

— Tu es riche en effet, tu es trop riche, mon brave, et tu es heureux cependant?.. Où vas-tu en ce moment?

— A Versailles, pour toucher ma pension, échue d'hier.

— Le consul demanda à son aide-camp un crayon et un bout de papier, sur lequel il écrivit quelques lignes.

— Sais-tu lire? demanda-t-il à Triaire.

— Eh! pardieu! excusez, mon général ; si j'avais su lire, un peu écrire seulement, j'aurais fait mon chemin comme tant d'autres ; je serais peut-être... du moins j'aurais été sergent. Oh! que c'est malheureux de ne pas savoir lire ; mon père me disait toujours que...

— Tiens! reprit le consul en l'interrompant, tu remettras ce papier de ma part au payeur général de Versailles. Adieu, mon brave, nous nous reverrons.

Et il congédia le vieux soldat. Puis, s'adressant à ses compagnons de promenade :

— Ce brave soldat se croyait encore à une fête en rappelant ses périls;

la joie brillait dans ses yeux. Il ne faut que savoir s'y prendre, on fait des hommes tout ce qu'on veut.

— C'est vrai, répliqua Lemercier, avec son sourire fin et son coup d'œil pénétrant ; la grande difficulté, citoyen premier consul, est de se commander à soi-même.

A ces mots, ils rentrèrent dans le parc.

Le soldat d'Egypte, enchanté de la rencontre de son héros, chemine d'abord fort joyeux ; mais l'ignorance et la défiance ne se séparant guère, l'homme qui ne peut voir les choses que sous une face les juge presque toujours mal. Triaire éprouve un vif désir de connaître ce qu'expriment les lignes que le consul a tracées sur le papier qu'il tourne et retourne vainement. Enfin, l'inquiète curiosité du vieux soldat s'augmente sans cesse, et il s'entretient avec lui-même.

— Le consul, à qui j'ai raconté franchement tout ce qui m'était arrivé d'heureux, m'a dit : « Tu es riche, trop riche, mon brave; » oui, il a dit cela. Peut-être a-t-il tracé sur ce petit méchant bout de papier l'ordre de retrancher une partie de ma pension pour la donner à un autre moins à son aise que moi. Ça se pourrait ; en me quittant, ou plutôt en me montrant mon chemin comme s'il m'avait dit : « *File vite!* il faisait une certaine mine renfrognée, il regardait de travers, ou moi, ou ce petit pékin qui était avec lui, car c'était un pékin ; il n'avait point d'uniforme; enfin, il en voulait à un de nous deux. Morbleu ! que c'est embêtant de ne savoir pas lire ! Ça me tracasse trop; faut que je sache ce qu'il y là-dessus. Si ce bûcheron que je vois au coin de l'allée savait déchiffrer ce papier; ça n'est pas défendu, ce billet est ouvert, et il n'y est question que de moi, ça me regarde, je peux le faire lire sans manquer à la consigne.

Malheureusement le bûcheron n'était pas plus savant que le soldat. L'incertitude devenait un véritable tourment pour Triaire.

— Maudit papier, s'écria-t-il, je te brûlerais volontiers pour allumer ma pipe; mais, peste ! il faut le porter au payeur, et quand ce maudit papier contiendrait l'ordre de me faire fusiller, je le remettrais encore à son adresse.

Et le pauvre soldat, tout en songeant, bougonnant, raisonnant, marchait à pas redoublés sur Versailles.

A la descente de la colline du Chenay, il rencontra un porte-balle :

— Vous savez lire ? lui demande brusquement Triaire, votre état vous y oblige, lisez-moi ce papier.

Le porte-balle, surpris, prend le billet et le retourne dans tous les sens.

— Lisez donc! lui dit le soldat avec impatience.

— C'est au crayon qu'on a écrit là-dessus.

— Eh bien ! au crayon ; lisez toujours.

— Ah ! que je lise, mon ancien ; quelle chienne d'écriture ! c'est un chat qui a griffonné ce papier.

Triaire le lui arracha des mains avec fureur.

— Un chat, pékin ! si toi et cent mille autres comme toi tombaient sous sa griffe, tu verrais ce que c'est que le chat.

— Ma foi, dit le passant, ce n'en est pas moins un ignorant qui a bon besoin d'aller à l'école.

— A l'école ! Ah ! c'est justement lui qui y mène les autres, et Dieu sait comme il les étrille. Passe ton chemin, il est temps. Vive le consul et Saint-Jean-d'Acre !

Le porte-balle ne se fit pas répéter deux fois l'avis, et il fut très persuadé que le vieux soldat s'était échappé de Charenton.

Triaire avait en effet la tête bouleversée ; l'entrevue avec son ancien général, la joie, la crainte, l'incertitude, le mettaient en fièvre ; cependant il fut assez maître de lui pour faire ce raisonnement :

— Si ce papier contient un ordre de réduction, il sera toujours temps de le remettre après le paiement ; le consul ne m'a pas commandé de le présenter auparavant : recevons comme par le passé, et après nous verrons.

Triaire arrive au bureau et reçoit ; puis il présente au payeur le papier fatal, de la part du premier consul qu'il vient de quitter, ajoute-t-il, dans les bois de la Malmaison. Le payeur prend le billet, le parcourt attentivement, se tourne vers Triaire, le prie de s'asseoir et lui présente lui-même une chaise avec un empressement presque respectueux. Il sort et rentre presque aussitôt ; quoique l'écriture de Napoléon fût en effet presque illisible, le payeur avait parfaitement déchiffré l'ordre de compter à Triaire 500 fr., qu'il lui présenta avec une civilité fort rare chez les hommes d'argent et de bureau.

— Bon ! s'écria le soldat d'Egypte en rayonnant de joie, le petit caporal fait toujours bien les choses. Il m'a dit : « Nous nous reverrons,» je ne manquerai pas au rendez-vous.

Il courut le lendemain à la Malmaison, où il obtint la permission de remercier son illustre protecteur, qui depuis ne cessa de le combler de bienfaits.

Le brave Triaire, qui a fait partie de l'armée du Rhin sous Kellermann, qui a combattu au pied des Pyramides, en Italie, en Portugal, vit encore à Nanterre sous le toit que lui donna sa femme, cachant sous la blouse du laboureur ses deux décorations si noblement acquises. Il cultive les cinq quartiers de terre dont il vanta la fécondité au premier consul. Il est heureux, mais ses yeux presque éteints se mouillent encore de pleurs lorsqu'il raconte la générosité et les victoires de son héros.

Triaire est entouré du respect de tous les habitans de Nanterre. Point de cérémonie publique où ce brave ne soit invité : on se plaît à le voir briller au milieu d'une population qui trouve en lui un débris vivant de cette époque de gloire, que vingt-cinq années à peine séparent de nous, mais que tant de malheurs semblent éloigner de plus d'un siècle. Triaire se refuse aux honneurs qu'on veut lui rendre, il fuit la foule et se cache. Cependant, il y a quatre ans environ, il traversait le village de Nanterre à la tête d'un cortége formé autour d'une jeune fille remarquable par sa grâce et sa décence. Vêtue de blanc, le front voilé, elle marchait vers le temple, où, la couronne de roses à la main, l'attendait le pasteur du lieu, pour lui remettre le prix flatteur que la commune décerne à la plus sage. Cette rosière était la fille du brave Triaire ; après avoir reçu toutes les distinctions du courage, ce guerrier semblait heureux et fier de voir sa fille obtenir la récompense de la vertu. Chaque mère la montrait à son fils, et l'on s'entretenait de sa vie exemplaire, employée dès l'enfance à servir, à soulager son vieux père. On racontait que le grand-chancelier de la Légion-d'Honneur, instruit de sa piété filiale et de sa précoce intelligence, lui avait envoyé une admission gratuite à la maison royale de la rue Barbette, et l'on admirait comment la jeune Triaire avait obstinément refusé cette faveur méritée, en disant :

— Je serais heureuse de m'instruire, mais mon père a besoin de moi; je ne veux apprendre à travailler que pour le servir.

XII
Le duc d'Enghien,
ÉTUDE HISTORIQUE, SUIVIE DE PIÈCES JUSTIFICATIVES.

Quand un homme obscur, innocent ou coupable, tombe, privé des garanties judiciaires, sous le glaive d'un tribunal exceptionnel, quelques voix généreuses s'élèvent toujours, çà et là, pour protester contre cette violation des droits imprescriptibles de la justice et de l'humanité; mais quand cet homme porte un nom illustre dans les fastes de la patrie, quand à l'éclat d'une haute naissance il joint les qualités brillantes d'un chef de parti, cet événement prend un caractère de gravité qui appelle l'attention du monde entier. L'erreur et la calomnie s'en emparent, le modifient, l'exagèrent et le dénaturent selon le besoin des circonstances, et ce n'est qu'avec beaucoup de peine que l'histoire peut, ensuite, démêler le faux du vrai dans ces romans juridiques, et rendre à chacun des acteurs la part d'éloge ou de blâme qui lui appartient véritablement.

Tels furent, dans notre vieille monarchie, les procès de Jacques Molé, grand-maître des Templiers, sous Philippe-le-Bel ; du maréchal de Biron, au temps de Henri IV; de Lally-Tolendal, sous le règne de Louis XV; enfin tels furent, au commencement du XIXe siècle, à l'époque du consulat, le procès et l'exécution du duc d'Enghien, restés jusqu'à ce jour une sorte d'énigme pour tout le monde, excepté pour ceux qui commandèrent, ou pour ceux qui obéirent.

On se tromperait étrangement si l'on croyait que, aveugle admirateur d'une époque à laquelle nous avons consacré, depuis dix ans, nos études, nos veilles, notre application tout entière, nous eussions le dessein d'amoindrir l'excessive sévérité d'un acte que la conscience publique a blâmé, comme inutile au fond, comme illégal dans la forme. Non, à Dieu ne plaise que nous tentions de réveiller la polémique passionnée que souleva, dix ans après, à l'époque de la restauration, ce funèbre épisode de l'histoire contemporaine. Nous prétendons uniquement, dans un récit impartial et puisé aux sources les plus authentiques, raconter le drame judiciaire de Vincennes tel qu'il s'est passé graduellement; lui rendre son caractère véritable, et restituer à chacun des acteurs ce qui lui appartient, soit en bien, soit en mal.

Nous n'essaierons pas non plus de justifier la mémoire de Napoléon du fait que la haine des partis lui a reproché avec le plus d'acharnement, dans une vie si pleine, d'ailleurs, d'actions grandes et généreuses. Le captif de Sainte-Hélène a assumé toute la responsabilité de cet acte, en disant dans son testament : « J'ai fait arrêter et juger le duc d'Enghien, parce » que cela était nécessaire à la sûreté, à l'intérêt et à l'honneur du peuple » français, lorsque le comte d'Artois entretenait, de son aveu, soixante » assassins à Paris. Dans une semblable circonstance, j'agirais encore de » même. » Et tous les rois de la terre eussent fait ainsi. Ne l'ont-ils pas prouvé depuis, à l'égard de Murat et de Napoléon ?... Mais de la condamnation à l'exécution, il y avait toute la discussion qui sépare la menace du fait ; l'intimidation efficace de l'épouvante sans but ; la politesse intelligente de la fureur stupide. Nous prouverons jusqu'à l'évidence, et pièces en mains, que si le premier consul a ordonné l'arrestation et la mise en jugement du duc d'Enghien, il n'en a point ordonné l'exécution ; et, qu'au contraire, il a qualifié cette exécution de *crime inutile*. Nous démontrerons, par des documens irrécusables, que la main mystérieuse qui trama, dans l'ombre, toutes les phases de cette déplorable affaire ne fut pas mue par la volonté du chef de l'Etat. Dans l'intérêt du pays, dans l'intérêt de sa conservation personnelle, Napoléon autorisa l'enlèvement du duc d'Enghien d'un territoire neutre. Cet acte est répréhensible, sans doute, au point de vue du droit des gens, droit qu'au surplus ses ennemis, l'Autriche, la Prusse, la Russie et l'Angleterre surtout, ont elles-mêmes violé tant de fois à son égard ; mais cet acte international, ainsi que la mise en accusation du prince, peut trouver son explication, sinon son excuse, dans les nécessités impérieuses du moment. Voilà toute la part du premier consul ; son intérêt même lui commandait de ne pas aller au delà. Ce qu'il voulait, ce qu'il devait vouloir dans la situation des choses, c'était un jugement qu'il pût sans cesse opposer, comme une menace de représailles, aux attentats que l'émigration fomentait sans cesse contre sa personne. En ce cas, et comme otage, un prince vivant valait mieux qu'un cadavre.

Quoi qu'il en soit, trente-huit années ont passé sur cet événement si controversé ; vingt-six ans ont passé sur l'expiation solennelle qui en fut faite par la restauration, et cependant, s'il a laissé des traces profondes dans les souvenirs de la génération qui s'en va, les hommes de la génération nouvelle s'intéressent volontiers aux récits qui ont pour objet la sanglante trilogie d'Ettenheim, de Strasbourg et de Vincennes.

Nous avons eu bien des écueils à éviter dans cette triste narration, bien des scrupules à vaincre, bien des susceptibilités à ménager, mais aussi bien des facilités pour distinguer le faux du vrai, au milieu de tant de versions contradictoires, erronées ou mensongères, nous qui, bien jeune encore, avons connu personnellement quelques uns des juges du duc d'Enghien. Des mains sûres ont soulevé pour nous un coin du voile qui couvrait ce déplorable événement ; pour nous, des témoins muets, jusqu'ici, ont retrouvé la parole ; pour nous enfin, le donjon de Vincennes a révélé une partie de ses secrets. Le récit que nous entreprenons ne repose donc pas sur nos seuls souvenirs : ce que nous racontons, on nous l'a dit ; ceux qui nous l'ont dit l'ont vu, et parfois même ceux qui l'ont vu ont concouru à le faire.

Autrefois, nous avons côtoyé le fossé où un petit tertre de gazon avait été élevé sur la tombe de l'infortuné duc d'Enghien, et nous avons encore présent à nos yeux le petit chemin tracé sur l'herbe que l'on suivait pour y arriver. Les détails qui se rattachent à cette grande catastrophe et que nous avons retrouvés dans nos souvenirs de jeunesse ont été depuis confirmés, vérifiés, complétés par le témoignage et le rapport d'hommes graves, sensés, honorables, et qui, pour tout au monde, même pour flatter leur propre parti, ne voudraient, pas plus que nous, trahir les saintes lois de la vérité.

I
Le dernier de la race.

Louis-Antoine-Henri de Bourbon, duc d'Enghien, était né, le 2 août 1772, au château de Chantilly. Fils unique de Joseph de Bourbon et de Mathilde d'Orléans, son éducation, comme celle de la plupart des grands seigneurs de l'époque, fut négligée ; cependant son esprit, bien qu'il ne fût encore qu'un enfant, ne tarda pas à le faire remarquer à la cour de Louis XVI. Ses instincts guerriers, sa franchise, la générosité de son cœur, et plus que tout cela la droiture de son caractère, révélèrent de bonne heure chez lui tout ce que, dans des circonstances plus favorables, on eût pu attendre de l'unique rejeton de la maison de Condé (1).

En sa qualité de prince du sang, le duc d'Enghien fut reçu chevalier de l'ordre du Saint-Esprit, dès l'âge de quatorze ans. Lorsqu'il parut au chapitre, revêtu de l'ancien costume des chevaliers, le petit manteau de velours sur l'épaule, le collier d'or en sautoir sur son pourpoint de satin blanc, toute la cour fut frappée des grâces de sa jeunesse. Il rappelait ce joli comte d'Enghien de Cérizoles, que du Guast avait promis de conduire prisonnier aux dames de Milan. Quelques jours après, le jeune prince vint siéger pour la première fois au parlement de Paris. La présence du prince de Condé, son grand-père, et du duc de Bourbon, son père, excita une sorte d'enthousiasme dans l'assemblée. Aussi le premier président, en répondant au discours du duc d'Enghien, fit-il remarquer que la cour des pairs n'avait point encore vu siéger dans son sein trois générations ensemble.

Le duc d'Enghien, à peine âgé de dix-huit ans, émigra avec sa famille, le 17 juillet 1789, trois jours après la prise de la Bastille. Bientôt, à la voix du prince de Condé, une armée d'émigrés se forma sur les bords du Rhin, et se disposa à pénétrer, les armes à la main, sur le territoire français. Le duc avait été revêtu d'un commandement important dans cette armée, où son aïeul et son père tenaient le premier rang, en l'absence d'un frère de Louis XVI.

Par une fatalité singulière, il semble que le nom de Condé, qui brille d'ailleurs d'un si vif éclat dans notre histoire militaire, doive toujours se trouver mêlé à nos discordes civiles. Au temps de nos guerres de religion, les Condé se jettent dans les rangs des protestans ; sous la minorité de Louis XIV, un duc d'Enghien, qui n'a pu faire oublier, par sa victoire de Rocroy, ses coupables égaremens, met son épée au service de la Fronde et finit par accepter, des Espagnols, un commandement dans l'armée qui vient ravager la France. Les trois Condé du XVIIIe siècle devaient imiter ces précédens de famille. Imbus de tous les préjugés de leur origine, égarés par le fanatisme de l'époque, et soldés par l'Angleterre, qui a toujours de l'or au service de toutes les entreprises qu'on peut tenter contre nous, ils voulaient, disons-nous, revenir en conquérans dans cette France qu'ils avaient abandonnée en vaincus, afin d'y rétablir par la force ces priviléges que la marche progressive de la civilisation avait anéantis. Ces Coriolans au petit pied, dépositaires de ce qu'ils appelaient *l'honneur fran-*

---

(1) Cette maison, l'une des plus anciennes de France, descendait de Robert, comte de Clermont, sixième fils de saint Louis.

çais, signèrent un pacte avec l'étranger, et ne craignirent pas de jeter la guerre civile dans nos provinces ; car la patrie, pour eux dont l'éducation avait faussé les idées, ce n'était point la France, c'était la royauté ; ce n'était point le territoire national, c'était le sol des Tuileries ; c'était le parquet des salons de Versailles.

Certes, nous l'avons dit, nous avons déploré autant que personne, au point de vue de l'humanité et en raison des conséquences calomnieuses qu'en tira l'esprit de parti contre la gloire du consulat, cette sanglante tragédie, commencée à Ettenheim et terminée à Vincennes ; mais, si nous étions quelque peu superstitieux, nous serions tentés de voir dans la fatale complication de faits qui en précipita le dénouement la main de la Providence qui, souvent, s'appesantit sur toute une race et punit les enfans des fautes de leurs pères. L'antique maison des Condé semblerait avoir subi cette loi des vengeances divines. Le dernier de la race, tombant sous les balles françaises, aux portes de Paris, payait peut-être ainsi le sang français répandu depuis trois siècles par ses ancêtres ; et le père de ce malheureux prince, trouvant, vingt-six ans après, un trépas ignoble au fond même de son château, ne léguant à l'histoire que la lugubre légende d'un homme assassiné, ou, ce qui est aux yeux de la morale, d'un suicide, viendrait confirmer encore cette grande pensée du moraliste religieux. C'est aussi l'application de ces paroles philosophiques qu'un esclave jetait aux triomphateurs romains : « Souviens-toi que tu » n'es qu'un homme ! »

Le duc d'Enghien, après avoir suivi ses parens en Belgique, puis à Turin, auprès du roi de Sardaigne, et enfin à Worms, sur la rive gauche du Rhin, prit part aux campagnes de l'armée de Condé contre la France. Lors de la paix d'Amiens, ce corps, à la solde de l'Angleterre, fut licencié à Gratz, en Styrie. Le jeune prince, qui n'avait cessé de commander à l'avant-garde, ne vit pas sans peine la suspension des hostilités ; mais il fallait se résoudre à la paix. Après être resté dix mois en Styrie, il fit demander au vieux cardinal de Rohan, devenu si tristement célèbre par le fameux *procès du collier*, la permission de résider à Ettenheim, en Brisgaw, qui faisait jadis partie de l'apanage des anciens archevêques de Strasbourg ; cette permission lui fut accordée. Le cardinal étant venu à mourir peu de temps après, l'électeur de Bade écrivit au duc que : « il pouvait continuer de demeurer dans son duché sans crainte d'y être » inquiété (1). »

Le duc d'Enghien profita du moment où l'Europe avait repris un peu de calme pour faire une course en Autriche et visiter les vieux châteaux cachés au fond des bois ou attachés, comme des nids d'aigles, au sommet des rocs tapissés de mousse, dont les pieds sont baignés par les eaux du Danube. A Græffenstein et à Durichstein, on lui montra les cachots où Richard Cœur-de-Lion avait été enfermé. Dans le premier de ces châteaux, il dit au comte de Cayla, son compagnon, en laissant tomber l'anneau qui avait retenu l'illustre prisonnier :

— Pour moi, j'aimerais mieux la mort que la prison.

Le prince de Condé ayant rejoint en Angleterre son fils le duc de Bourbon, le duc d'Enghien, son petit-fils, se hâta de retourner à Ettenheim,

(1) Lettre du grand duc de Bade au duc d'Enghein, en date du 14 mai 1798. (*Papiers saisis à Ettenheim et envoyés au premier consul.*)

dont il aimait la solitude, pour y vivre selon ses goûts, au moyen de la pension que le gouvernement anglais lui avait assignée comme à la plupart des émigrés français réfugiés sur les bords du Rhin.

II
La petite maison d'Ettenheim.

L'habitation que le duc d'Enghien avait choisie à Ettenheim, et qu'il s'était plu à embellir, était située non loin du Rhin et à peu de distance des lisières de la forêt Noire. L'aspect pittoresque de cette demeure, qui s'élevait entre deux allées de hauts peupliers, invitait l'âme à la mélancolie. Un jardin et un verger, entourés de murs tapissés de pariétaires, de lichen et de vigne-vierge, s'étendaient au delà du bâtiment principal, à une distance de cinq arpens. Un petit lac, où se jouaient quelques cygnes domestiques, répandait au dehors ses eaux vertes et transparentes par une petite rigole qui venait se perdre en traçant mille sinuosités sur la pelouse, dans la petite rivière d'Ullenbach, qui coulait dans le voisinage du domaine. Quand le prince se reposait sur la terrasse de sa maison, il pouvait apercevoir, d'un côté, le Rhin, roulant comme un serpent ses ondes écailleuses; de l'autre côté, les sombres arceaux de la forêt plantée de chênes et de hêtres aussi vieux que le monde s'offraient à sa vue. Au delà du fleuve, il pouvait donc distinguer les premiers remparts des frontières de France, et, en se retournant, contempler des images de guerre. César, Attila, Charlemagne avaient traversé ces chemins pittoresques, et l'aigle romaine, le dragon des Huns, la redoutable bannière des Francs, à trois époques fameuses dans les annales de l'Europe, s'étaient frayé un passage au travers de l'antique forêt Noire.

Dans les petits voyages qu'il entreprenait, la Suisse avait ses préférences, à cause des tableaux imposans qu'elle offrait à son imagination, des mœurs simples de ses habitans et de leur histoire belliqueuse et rude comme leur pays. Parfois il y fit de singulières rencontres. Un jour qu'il était allé à Coire, sous le nom de comte de Saint-Maur, mais dans un costume très simple, un régiment français venait d'évacuer cette ville, il n'y restait plus qu'un officier nommé Peignier. Ce militaire, ennuyé du séjour qu'il avait été forcé d'y faire, fut enchanté d'apprendre l'arrivée de trois Français: c'étaient le duc d'Enghien et ses deux compagnons. La connaissance fut bientôt faite. L'officier avait de l'esprit, et parlait de la guerre en homme qui s'y connaissait. Le lendemain, le prince prenait son bâton de voyage et se disposait à se mettre en route, quand arriva l'officier. Le duc l'engagea à déjeûner avec lui, puis, avant de se séparer, serrant avec cordialité la main de sa nouvelle connaissance, il lui dit:

—Adieu, monsieur, j'espère un jour vous rencontrer ailleurs.

— Moi aussi, répondit celui-ci en s'inclinant respectueusement; mais pourvu que ce ne soit pas au pont d'Offembourg.

Cet officier commandait le détachement qui avait attaqué ce pont, alors que le duc d'Enghien le faisait couper. Cette petite aventure le rendit plus circonspect; et, dans la suite, il se plut à raconter qu'il avait été reconnu par un officier *républicain* avec lequel il avait déjeûné et qui avait eu le bon goût de respecter son incognito.

Le duc aimait passionnément la chasse et se livrait à cet exercice avec toute l'ardeur d'un prince; mais ces parties de chasse si fréquentes, et qui duraient souvent huit ou dix jours, cachaient les assiduités d'un jeune homme auprès d'une femme, jeune comme lui, belle, sensible et en qui les trésors du cœur rehaussaient encore l'éclat d'une naissance illustre. En effet, à quelques lieues d'Ettenheim vivait, retirée dans le château d'Est, la princesse Charlotte de Rohan, nièce du cardinal de ce nom. Les amours du duc d'Enghien et de la princesse sa cousine que, disait-on, il avait épousée secrètement, étaient mystérieuses, l'exquise courtoisie du prince les couvrait d'un voile impénétrable. « A Etten-
» heim, on me croyait depuis trois jours occupé à poursuivre un san-
» glier dans la forêt (écrivait-il une fois à Mme de Rohan), et on était
» bien loin de supposer que, pendant ces trois jours, je me trouvais auprès
» de vous, goûtant les charmes délicieux de votre entretien et ne son-
» geant pas du tout aux sangliers et aux daims de la forêt Noire. O
» mon amie, pourquoi ma vie tout entière ne peut-elle vous être consa-
» crée? pourquoi les devoirs de ma position, de mon rang, de ma nais-
» sance me forcent-ils d'abandonner si souvent le séjour enchanteur que
» vous habitez et où j'oublie si facilement, à vos genoux, les peines et
» les tribulations de ma pénible existence (1)? »

Ces séjours répétés au château habité par Mme de Rohan devaient le perdre, ainsi que le mystère dont le prince s'entourait pour s'y rendre. La police consulaire supposa des voyages à Paris, des conciliabules avec les conspirateurs qu'on y arrêtait journellement; et, par une fatalité inconcevable, comme on le verra plus tard, un nom mal prononcé par un espion, et par conséquent mal écrit dans un rapport de police, vint transformer en certitude ce qui n'était qu'une supposition.

Le duc avait aussi un grand attachement pour un petit chien, compagnon de son émigration, que Mme de Rohan lui avait donné. Elle avait elle-même attaché au cou du lévrier un collier d'argent sur lequel elle avait fait graver, avec son chiffre, les armes de la maison de Condé.

La petite cour du prince, si l'on peut appeler *une cour* la réunion de quelques fidèles amis du malheur, se composait : du général marquis de Trumery, du colonel baron de Grunstein, du lieutenant Schmidt, de l'abbé Wembronn, ancien promoteur de l'évêché de Strasbourg ; de l'abbé Michel, secrétaire de ce dernier et du nommé Jacques, que le prince n'appelait jamais autrement que *son fidèle Jacques*. La domesticité se réduisait à trois personnes, parmi lesquelles un valet de chambre du nom de Ferrand. Les deux autres s'appelaient, l'un Poulain, l'autre Canone (2).

Le prince s'échappait souvent d'Ettenheim pour venir à Strasbourg, où plusieurs fois on le vit le soir au spectacle. D'autres fois il traversait le Rhin pour prendre le plaisir de la chasse dans la forêt de Saverne, et passait ainsi plusieurs jours sur le territoire français, sans que les autorités militaires et civiles parussent y faire la moindre attention. Dans l'intervalle de ses excursions, de ses parties de chasse et de ses visites à Mme de Rohan, le prince jouissait des douceurs de l'intimité. Il faisait

(1) *Mémoires relatifs à la catastrophe de Mgr le duc d'Enghien.* (Correspondance.)

(2) Rapport fait par le citoyen Charlot, chef du 38e escadron de la gendarmerie nationale, au général Moncey.

des parties d'échecs avec le marquis de Trumery et le baron de Grunstein, ou bien écoutait une lecture de l'abbé Wembronn. Il parlait de guerre ou d'histoire, mais rarement de politique. Le duc n'aimait pas que cette matière servît d'aliment à la conversation de ses amis.

— Quand le temps sera venu, leur disait-il, de mettre l'épée hors du fourreau, nous le ferons; mais jusque-là, messieurs, point de discours sur les affaires de l'Europe, qui ne nous regardent pas en ce moment. Sachons jouir des ressources de notre retraite, et s'il nous faut conspirer, eh bien ! que ce ne soit que contre l'ennui.

Des émigrés relégués à Offembourg venaient souvent visiter le prince. Non seulement sa table leur était toujours ouverte, mais encore il mettait volontiers sa bourse à leur disposition. Dans maintes occasions, la générosité de son cœur lui fit inventer d'ingénieux moyens pour soulager des infortunes cachées et des misères profondes.

Un jour, le comte de Mareuil prenait congé de lui. Déjà il était monté sur un pauvre coursier étique qui composait tout le personnel de son écurie, quand le prince découvrit les fontes de la selle, et prenant les pistolets qui s'y trouvaient :

— Mon cher comte, lui dit-il, il faut que je vous avoue ma faiblesse : depuis long-temps je convoite vos pistolets, et je n'ose vous prier de me les céder ?

— Monseigneur, répliqua aussitôt le comte, ces pistolets n'ont pas une grande valeur ; je les ai achetés en Hongrie il y a trois ans, et je vous certifie qu'ils sont très ordinaires ; cependant, dès qu'ils vous plaisent, permettez-moi d'avoir l'honneur de vous en faire hommage.

— Je les accepte, répondit lu duc ; mais, puisque je n'hésite pas à recevoir un don de votre main, imitez-moi, et recevez de la mienne un dédommagement bien faible du sacrifice que vous me faites.

Et il remit au comte une boîte d'écaille garnie en or, qui contenait vingt-cinq louis : les pistolets ne valaient pas vingt-cinq francs.

Un autre fois, le duc apprend que le chevalier Rosoland, ancien colonel émigré, était malade à Offembourg, et dans un état voisin de l'indigence. Il va le visiter, et s'arrêtant devant une mauvaise estampe représentant le passage du Rhin par Louis XIV, suspendue dans l'humble chambre de l'officier :

— Voilà, dit le prince, une bien belle gravure, et qui ornerait parfaitement mon petit salon d'Ettenheim.

— Ah ! si j'osais l'offrir à Votre Altesse, répondit le colonel, je serais trop heureux.

— Soyez-le donc, mon cher chevalier, répondit le duc, car je l'accepte, et je vais l'emporter ; mais, puisque vous voyez que j'agis sans façon avec vous, j'espère que vous agirez de même avec moi. Mon grand-père m'a envoyé d'Angleterre une centaine de louis pour remonter mon petit équipage de chasse, qui n'en a pas besoin, acceptez-en la moitié.

L'officier rougit, en même temps qu'une larme de gratitude brilla dans ses yeux.

— Allons, allons, dit le duc en lui serrant la main avec effusion, est-ce que des soldats comme nous ne doivent pas mettre tout en commun : leurs peines, leurs plaisirs, leurs bourses et leurs épées ?

C'est ainsi que le descendant du grand Condé, dans les lieux mêmes témoins des exploits de ses ancêtres, vivait en partageant le pain de l'exil avec des compagnons plus malheureux que lui, lorsque cette existence si douce commença d'être troublée par les inquiétudes que lui exprimaient ses parens. Ils redoutaient pour lui le voisinage de la France et le goût tout particulier qu'il avait pour les excusions secrètes. Son grand-père lui écrivit à ce sujet :

. . . .

« Vous êtes bien près : prenez garde à vous, et ne négligez aucune
» précaution pour être averti à temps et faire votre retraite en sûreté,
» en cas qu'il passât par la tête du consul de vous faire enlever. N'allez
» pas croire qu'il y ait du courage à tout braver à cet égard : ce ne se-
» rait qu'une imprudence impardonnable aux yeux de l'*univers*, et qui
» ne pourrait avoir que les suites les plus affreuses. Ainsi, je vous le
» répète, prenez garde à vous, et rassurez-nous en nous répondant que
» vous sentez parfaitement ce que je vous demande, et que nous pou-
» vons être tranquilles sur les précautions que vous prendrez. Je vous
» embrasse.
» Louis-Joseph de Bourbon. »

Le prince était touché de cette sollicitude toute paternelle; mais sa raison se révoltait contre l'intention qu'on lui supposait de vouloir rentrer dans son pays. Il répondit donc :

« Assurément, mon cher papa, il faut me connaître bien peu pour
» avoir pu dire, ou cherché à faire croire que j'avais mis le pied sur
» le territoire républicain autrement qu'avec le rang et à la place où
» le hasard m'a fait naître. Je suis trop fier pour courber bassement
» la tête, et le premier consul pourra peut-être venir à bout de me dé-
» truire, mais il ne me fera pas m'humilier. On peut prendre l'incognito
» pour voyager dans les glaciers de la Suisse, comme cela m'est arrivé
» l'an passé, n'ayant rien de mieux à faire; mais pour venir en France,
» quand j'en ferai le voyage, je n'aurai pas besoin de m'y cacher. Je
» puis donc vous donner ma parole d'honneur que pareille idée ne m'est
» jamais entrée et ne m'entrera jamais dans la tête. Je vous embrasse,
» cher papa, et vous prie de ne jamais douter de mon profond respect
» comme de ma tendresse.
» L.-A.-H. de Bourbon (1). »

Ettenheim, 18 juillet 1803.

Les alarmes de ses parens ne devaient être que trop fondées; l'expression de leur inquiétude leur arrivait comme ces pressentimens précurseurs de grandes catastrophes; mais de sa part, soit légèreté soit indifférence ou trop grande sécurité, le prince continua ses excursions sur les bords du Rhin, et n'en fut pas moins fidèle à son amour chevaleresque pour sa belle châtelaine.

Cependant, à la fin du mois de février 1804, un étranger de bonne mine passe à Ettenheim, devant la maison du duc. Il s'arrête à l'auberge du *Soleil*, et s'informe si un nommé Stohl, ancien militaire, habite toujours le pays. On lui répond affirmativement, et on ajoute que depuis quelques jours il est absent. Le voyageur semble contrarié de cette absence, et, fatigué qu'il paraît être, s'asseoit dans l'auberge. La conversation s'engage avec le maître sur des sujets en apparence indifférens ; le nom du duc d'Enghien s'y trouve mêlé comme par hasard ; l'étranger sait bientôt la

(1) Pièces relatives à la catastrophe de monseigneur le duc d'Enghein.

vie du prince, le nombre des amis qui vivent avec lui, celui de ses serviteurs et le nom des émigrés français qui viennent habituellement le visiter. L'hôte, naturellement bavard, ajoute à ces détails quelques particularités intimes. Tout allait bien jusque-là, lorsque le confiant hôtelier, voyant le voyageur prendre des notes sur calepin, en se faisant répéter les noms de ceux qu'il vient de citer, est frappé d'une idée lumineuse ; il s'échappe et court chez le fidèle Jacques lui faire part des soupçons qu'il vient de concevoir ; puis il revient chez lui à la hâte... Mais l'étranger avait disparu.

On rapporta cette circonstance au prince, qui se moqua des craintes manifestées par Jacques ; et comme ce dernier ne pouvait s'empêcher de trouver étrange la disparition subite de cet homme, le duc lui répondit en riant :

— Croyez-vous donc que ce soit un sorcier ?

— Non, monseigneur, mais prenez garde que ce ne soit un revenant (1).

Une quinzaine de jours après, le 13 mars, à huit heures du matin, tandis que Féron, valet de chambre du prince, était occupé à arroser les fleurs qui garnissaient les fenêtres de l'appartement de son maître, deux hommes remontaient la petite ruelle qui conduit à l'église d'Ettenheim : l'un de ces hommes, que Féron reconnut pour être ce Stohl, dont nous avons parlé, faisait des signes à l'autre, comme pour lui indiquer les issues et l'entrée principale de la maison du duc. La mauvaise réputation de ce Stohl, et l'air mystérieux qu'il prenait en parlant à son compagnon, attirèrent l'attention de Féron ; il appela doucement son camarade Canone ; et tous deux, placés derrière les vases de fleurs, purent examiner sans être vus. Canone assura que la figure de l'étranger ne lui était pas inconnue, que c'était bien certainement un gendarme déguisé, et qu'il l'avait rencontré plusieurs fois à Strasbourg; puis il sortit aussitôt pour aller prévenir son maître qui se promenait tranquillement dans les environs. Le duc fit monter à cheval une personne de sa maison, afin de rejoindre ce prétendu gendarme et de le questionner. Il ne fut pas difficile à l'espion déguisé de donner le change sur ses intentions. Par des réponses adroites, il sut même inspirer une sécurité à laquelle le prince n'était que trop disposé. Néanmoins, pour rassurer ses amis, le duc ordonna quelques patrouilles ; mais la nuit ayant été tranquille, on oublia bientôt les vagues inquiétudes de la veille ; et le lendemain 14, le prince, plein de confiance dans l'avenir, se leva de bonne heure et se rendit à une partie de chasse dans la forêt Noire.

III

L'Enquête.

On était au mois de février 1804. La conspiration de Georges Cadoudal, qui venait d'éclater tout à coup à Paris, avait profondément ému les partisans de Napoléon. Déjà Georges, Moreau et Pichegru étaient arrêtés, ainsi que leurs complices présumés : MM. de Polignac, de Rivière, Lajolais et beaucoup d'autres. Toutes les déclarations s'accordaient à révéler un projet d'attentat contre la personne du premier consul. L'un des princes de la maison de Bourbon devait, disait-on, se rendre à Paris

(1) Le comte de CHOULOT, *Mém. et Voy. du duc d'Enghien*, pag. 97.

pour en assurer l'exécution. On l'y croyait même déjà : c'était l'idée qui dominait dans l'instruction du procès ; la rumeur publique, qui va toujours au delà du vrai, et même du possible, prétendait que ce prince était caché dans l'hôtel du comte de Cobentzel, ambassadeur d'Autriche ; et c'était à ce point que des curieux rôdaient chaque jour aux alentours de cet hôtel, situé faubourg Saint-Honoré, pour y voir le personnage mystérieux et assister à l'invasion que la police ne pouvait pas tarder à y faire (1).

Napoléon, qui jusque alors avait traité assez légèrement les complots tramés contre sa vie, parut prendre à cœur cette dernière circonstance que le grand-juge Regnier, qui avait remplacé Fouché au ministère de la police, avait fait valoir énergiquement. Il ne s'agissait plus, disait-on, d'un crime isolé et péniblement ourdi par quelques obscurs démagogues : la conjuration de Georges se manifestait sur une grande échelle, et les élémens dont elle se composait étaient bien autrement puissans que ceux employés par les derniers sicaires de Robespierre, ou par quelques chouans fanatiques. La vieille noblesse française avait accepté un rôle actif dans le complot ; deux généraux républicains, qui avaient conservé dans l'armée de nombreux partisans et d'ardens admirateurs, Moreau et Pichegru, étaient impliqués dans la conspiration et avaient promis, à la cause royaliste, le secours de leur influence, de leurs talens et de leurs épées ; enfin l'Angleterre, parjure comme toujours, après avoir déchiré le traité d'Amiens, masquant sa haine et sa jalousie contre la France sous le mensonger désir de rétablir le frère de Louis XVI sur le trône d'Henri IV, l'Angleterre, disons-nous, par l'organe de ses ambassadeurs, de ses ministres et de ses chargés d'affaires insinuait aux différens cabinets de l'Europe « que le jour de la vengeance était arrivé, » et que la chute prochaine de l'*homme* qui avait fixé les destinées de la » France allait rétablir l'équilibre politique de l'Europe (2). » Le *Morning Chronicle*, du 30 janvier 1804, disait qu'on avait affiché dans la ville de Londres un écrit commençant par ces mots : « L'assassinat de Bo-» naparte et la restauration de Louis XVIII devant arriver prochaine-» ment, la plupart des émigrés s'en retournent sur le continent. » D'après une lettre du général Monnet, écrite de Flessingue, une personne arrivant d'Angleterre lui avait dit « que depuis trois semaines on » annonçait tous les jours à la Bourse de Londres l'assassinat du premier » consul (3). » En d'autres termes, c'était promettre la restauration des Bourbons, l'asservissement de la France, le démembrement de ses provinces et la souillure de son glorieux drapeau.

A une séance du conseil d'Etat que présidait Napoléon, il trouva l'occasion de s'expliquer sur tous ces bruits qu'il qualifia d'absurdes et d'invraisemblables :

— La population de Paris, s'écria-t-il, ne s'est-elle pas imaginé de dire que les princes de la famille déchue étaient cachés dans l'hôtel de l'ambassadeur d'Autriche, comme si je n'oserais pas les aller chercher dans cet asile ! Sommes-nous donc à Athènes, où les criminels ne pouvaient être poursuivis dans le temple de Minerve ! Le marquis de Bed-

(1) DESMARETS, *Témoignages historiques*, pag. 125.
(2) *Correspondant de Hambourg*, janvier 1804.
(3) *Moniteur* des 3 et 7 ventose an XII (23 et 27 février 1804).

mar, conspirant au sein même de la république de Venise, ne fut-il pas arrêté dans son propre palais par ordre du sénat, et ne l'eût-on pas pendu sans la crainte des Espagnols? Le droit des gens a-t-il été respecté, à Vienne, à l'égard de Bernadotte, notre ambassadeur, quand le drapeau national, arboré sur son hôtel, a été insulté par une foule menaçante? Eh bien! si aujourd'hui j'avais la certitude qu'un grand personnage, quel qu'il soit, se fût réfugié chez M. de Cobentzel, se croyant ainsi à l'abri sous l'immunité de l'ambassadeur d'Autriche, je n'hésiterais pas à faire saisir le coupable et son receleur privilégié; vous entendez bien, messieurs, son receleur privilégié, pour les livrer tous deux à un tribunal qui sans doute les condamnerait; et je ferais exécuter le jugement! Oui, messieurs, je le ferais exécuter, répéta Napoléon en élevant la voix, et en frappant sur son bureau du plat de ses deux mains, je vous en donne ma parole (1). »

Il était de notoriété publique que le gouvernement anglais avait à sa solde les princes et une foule d'émigrés. Un ordre du conseil privé de S. M. britannique, en date du 14 janvier 1804, enjoignait à ces derniers de se rendre sur les bords du Rhin, en accordant à chacun d'eux un traitement, savoir : aux officiers-généraux 5 shellings par jour; aux colonels et lieutenans-colonels 4 shellings; aux capitaines 3 shellings; aux officiers subalternes 1 shelling et demi, et aux simples émigrés nobles, soit à pied, soit à cheval, 1 shelling. En conséquence, une circulaire du prince de Condé leur avait fait un appel. C'était un fait reconnu de toute la ville de Hambourg qu'un nommé Maillard y était chargé des fonds pour recruter les émigrés et les expédier sur le Rhin. La rive droite se couvrait journellement de ces nouveaux légionnaires (2). A des considérations déjà si puissantes, et que les courtisans de la Malmaison ne manquaient pas d'exagérer, vint se joindre un nouvel incident : l'instruction du procès de Georges apprit que tous les huit ou dix jours un homme jeune encore, d'une belle stature, blond de cheveux, pâle et maigre de visage, d'une tournure distinguée et d'une mise élégante, était venu le soir en cachette chez Georges et y avait été reçu avec de grands égards. A son arrivée dans l'appartement du chef vendéen, tout le monde se levait par respect et ne s'asseyait plus, pas même MM. de Polignac et de Rivière. L'inconnu, après avoir adressé quelques paroles polies aux assistans, se retirait seul avec Georges dans un cabinet où il s'enfermait pendant des heures entières pour écrire, ou conférer librement.

Cette révélation excita la curiosité : on jugea que tant d'égards et tant d'obséquiosités ne pouvaient s'adresser qu'à un personnage du plus haut rang. Récapitulant toutes les circonstances des faits déjà révélés par l'instruction, on comprit qu'aucun des conjurés, y compris Georges lui-même, qui était leur chef, n'aurait pu, dans le cas où la conspiration eût réussi, se mettre à la tête d'un mouvement général, et qu'un personnage intéressé, qu'un prince de la maison de Bourbon pouvait seul, dans ces conditions données, remplir le rôle de lieutenant-général du royaume. On passa en revue les princes français. Ce ne pouvait pas être le comte d'Artois : son caractère bien connu devait lui interdire ce poste aventureux. Ce n'était pas non plus le duc de Berry : les domestiques de Georges, qui le connaissaient parfai-

---

(1) Pelet (de la Lozère). *Le premier consul au conseil d'État.*
(2) *Moniteur* du 10 ventôse an XII (1er mars 1804.)

tement, assuraient que ce n'était pas lui. Ce ne pouvait être le duc d'Angoulême : il était à Mistau, auprès de son oncle, le comte de Lille (1). Ce ne pouvait être non plus, ni le prince de Condé, ni le duc de Bourbon, qu'on savait positivement à Londres. Tous les soupçons s'arrêtèrent donc naturellement sur le duc d'Enghien. Une particularité, une méprise de nom, comme nous l'avons dit plus haut, vint donner encore plus de force à ces conjectures. On va voir l'effet fatal que produisit cette méprise.

Il y avait beaucoup d'espions autour d'Ettenheim. Le préfet de Strasbourg, M. Shée, oncle du général Clark, et le général Leval qui commandait la division militaire, y avaient chacun les leurs; la police de Paris ne chômait donc pas de rapports. Un juif allemand, qui était un de ces espions les plus assidus, accourt un matin chez le général et lui dit dans son baragouin :

— *Il être arrivé hier à Ettenheim, chez le dic d'Enghien, M. Dumérié.*

C'était du général Thumery que ce juif voulait parler; mais le général Leval, qui croit que le juif, prononçant le français avec l'accent allemand, ne peut dire le nom de *Dumouriez* autrement, s'imagine que ce transfuge est à Ettenheim, et en donne aussitôt avis à la police de Paris. On peut juger de l'effet que produisit une telle nouvelle. Elle ne fit qu'accroître l'inquiétude, l'irritation; et dès lors la détermination fut prise irrévocablement de s'emparer de la personne d'un prince aussi dangereux que le paraissait être le duc d'Enghien, qui venait à Paris, croyait-on, et qui avait donné asile, à Ettenheim, au général Dumourier, aussitôt qu'il était arrivé de Londres.

Le premier consul envoya chercher le conseiller d'Etat Réal, *chargé spécialement de toutes les affaires concernant la sûreté publique*, et lui ordonna de s'entendre avec le général Moncey, premier inspecteur général de la gendarmerie, pour envoyer immédiatement à Ettenheim un officier intelligent, qui pût prendre tous les renseignemens désirables sur la vie, les habitudes et l'entourage du prince. Vingt-quatre heures après, non pas un officier, mais un sous-officier (2) résidant à Strasbourg, se rendait, déguisé, à Ettenheim, pour y compléter ces observations; puis il revenait à Strasbourg rédiger un rapport circonstancié de tout ce qu'il avait entendu dire et de tout ce qu'il avait remarqué, et remit ce rapport à son colonel.

« Le duc d'Enghien, disait le sous-officier dans sa relation, mène une
» vie mystérieuse. Il reçoit à Offembourg un grand nombre d'émigrés
» qui se réunissent chez lui. Il fait des absences fréquentes qui durent
» quelquefois huit, dix et même douze jours, sans qu'on puisse en pé-
» nétrer les secrets : ce peut être à Paris qu'il se rend. »

Ces derniers renseignemens fournis par les habitans d'Ettenheim et des environs, qui connaissaient parfaitement le prince, donna lieu à des interprétations bien funestes pour lui. Le général Moncey, en sa qualité d'inspecteur général de la gendarmerie, reçut ce rapport, et au lieu de suivre la hiérarchie gouvernementale, en l'adressant sur-le-champ

(1) Louis XVIII.
(2) Le maréchal-des-logis Pfersdorff, le même que l'on a vu dans le chapitre précédent venir une première fois à Ettenheim et s'arrêter au *Soleil d'Or*, et une seconde fois, le 13 mars, deux jours avant l'enlèvement du prince. Ce maréchal-des-logis joua un rôle très actif dans cette affaire.

à Réal, par excès de zèle, le porta lui-même au premier consul en venant à l'ordre à la Malmaison (1). Telle fut peut-être la cause de tout le mal. Nous ignorons quelles paroles échappèrent à Napoléon en recevant cette communication, mais sa colère dut être violente. Une révélation soudaine lui montrait un Bourbon armé aux portes de Strasbourg, attendant la catastrophe sanglante des Tuileries, un état-major d'émigrés près de lui, et le général Dumouriez envoyé de Londres pour diriger par son expérience les plans d'invasion et les défections; et enfin deux ministres anglais, sir Francis Drake, à Munich, et Spencer Smith, à Stuttgard, combinant tous les mouvemens, et renouant, sur cette frontière, les trames de Pichegru. Cette masse de faits et de présomptions le frappa vivement; son esprit s'éclaira de mille lueurs funestes; rien ne pouvait être capable d'arrêter sa détermination.

En effet, Réal, venant le soir au travail, trouva le premier consul couché, pour ainsi dire, sur une table où était développée une immense carte géographique. Il y étudiait la ligne du Rhin d'Ettenheim à Strasbourg; il mesurait les distances, calculait les heures de marche; puis, relevant la tête tout à coup, et s'adressant à Réal, il lui dit d'un ton dans lequel perçait le dépit et le sarcasme :

— Eh bien! monsieur le conseiller chargé de la police, vous ne me dites pas que M. le duc d'Enghien n'est qu'à quatre lieues de ma frontière, où il songe à organiser des complots militaires?

Réal, surpris de l'interpellation, répondit :

— Précisément, général, je venais vous entretenir au sujet du duc d'Enghien, non pour vous apprendre qu'il réside à Ettenheim, parce que tout le monde le sait, mais pour vous dire qu'il n'a pas quitté cette résidence, seul fait qu'il s'agissait de vérifier.

Mais Napoléon s'était remis à étudier sa carte; tout entier à sa première opinion, il n'interrompait son étude que par des mouvemens d'indignation et de menaces. Réal continua :

— Et pour en parler, général, j'attendais que j'eusse reçu le rapport de la gendarmerie : je l'ai maintenant.

— Et moi aussi! s'écria alors Napoléon. C'est précisément la gendarmerie qui m'a appris ce que je viens de dire (puis après une pause): Vous m'avouerez que ceci passe la plaisanterie! Suis-je donc un chien qu'on peut assommer dans la rue, tandis que mes meurtriers seront des êtres sacrés! On m'attaque corps à corps, je rendrai guerre pour guerre. Je serais aussi par trop *simple* de le souffrir plus long-temps!

Et à M. de Talleyrand qui entrait :

— Que fait donc M. Massias à Carlsrhue, ajouta-t-il, lorsque des rassemblemens armés se forment à Ettenheim?

Sur la réponse du ministre des relations extérieures, que M. Massias ne lui avait rien transmis à ce sujet, Napoléon reprit avec emportement :

— Je saurai punir leurs complots! la tête de l'un d'eux me répondra des coupables! (2)

Supposons maintenant que Réal fût arrivé à la Malmaison avant le général Moncey et qu'il eût dit au premier consul :

— Si un prince Bourbon est à Paris, ce ne peut être le duc d'Enghien,

(1) DESMARETS, *Témoignages historiques*, page 126.
(2) DESMARETS, *Témoignages historiques*, page 128.

car j'ai la preuve qu'il est toujours à Ettenheim. Ces rassemblemens d'officiers de Condé auprès de lui méritent attention, il est vrai; mais quant à Dumouriez, il y a nécessairement mal-entendu : un Condé, quel qu'il soit, ne marchera jamais avec Dumouriez.

D'après ce langage parfaitement sensé qu'eût tenu le conseiller d'État, le duc d'Enghien ne fût plus apparu que comme un simple auxiliaire dans la conspiration; Napoléon l'eût sans doute fait éloigner du Rhin, comme suspect, et surtout il n'eût pas songé à venger sur lui des trames ourdies par la politique de l'Angleterre. Malheureusement l'effet contraire était produit, qui désignait le prince comme ressort pricipal du complot tramé contre la vie du chef de l'État, et c'est dans cette pensée, seule qu'il faut chercher les causes de la catastrophe de Vincennes.

IV

Résolution et dispositions.

Cependant, bien que la crise où se trouvait le premier consul fût des plus critiques, l'arrestation du duc d'Enghien sur un territoire étranger était une mesure trop décisive pour qu'il la prît seul et sans consulter l'opinion de son conseil. Il vint donc à Paris le lendemain, 10 mars, et dans la matinée, il réunit aux Tuileries un conseil composé des deux consuls ses collègues, de M. de Talleyrand, du grand-juge Régnier et, de Fouché, qui n'était alors que sénateur, mais qui, en sa qualité d'ancien ministre de la police, était présumé pouvoir donner des renseignemens utiles. L'arrestation du prince *comme otage* contre les complots devait seule être mise en délibération. Deux points furent posés : 1° la question gouvernementale et de sûreté publique ; 2° les convenances diplomatiques ; car il fallait envahir le grand-duché de Bade et violer les lois de la neutralité germanique. Mais avant d'entamer la discussion générale, le grand-juge fit l'exposé de l'état de la conspiration quant à *l'intérieur* : M. de Talleyrand lut ensuite un long rapport sur les ramifications des conjurés à *l'extérieur*, dans lequel étaient détaillées toutes les menées de l'émigration et toutes les folies de Drack. Les élémens de ce rapport avaient été fournis par l'agent de police Mehé de la Touche, parfaitement instruit de ce qui se passait sur les bords du Rhin, et étaient appuyés de quelques correspondances officieuses concernant les émigrés qui habitaient l'électorat de Baden. Le rapport du ministre des relations extérieures se terminait par la proposition *d'enlever le duc d'Enghien de vive force pour en finir* (1).

— Certes, dit Napoléon, en répétant cette dernière phrase de M. de Talleyrand, il faut en finir, et la tête du coupable m'en fera justice.

— J'ose penser, général, dit Cambacérès, que si un tel personnage était en votre pouvoir, la rigueur n'irait pas jusque-là.

— Que dites-vous ? répliqua le premier consul, en s'agitant sur son fauteuil ; sachez que je ne veux pas ménager ceux qui m'envoient des assassins !

— Et en prononçant ces mots, il se leva et marcha dans le salon avec une agitation extrême. Pendant ce temps, Cambacérès continuait son opposition à l'enlèvement du duc sur un territoire étranger, avec la ré-

(1) Le duc de ROVIGO, *Mémoires*, tome II, *chapitre supplémentaire*, page 349.

serve cependant de s'emparer de lui s'il mettait le pied sur le territoire français. Cette persistance lui attira de la part du premier consul cette dure apostrophe :

— Vous êtes devenu bien avare du sang d'un Bourbon, lui dit-il en le mesurant de la tête aux pieds (1).

— Puisque le duc d'Enghien vient quelquefois sur le territoire, ainsi qu'on le prétend, objecta encore Cambacérès sans se déconcerter, il est plus simple de lui tendre un piége, et de lui appliquer purement et simplement la loi sur les émigrés.

Napoléon regarda fixement Cambacérès, puis faisant un geste intraduisible :

—Vous nous la donnez belle ! s'écria-t-il. Après que les journaux de la capitale ont été remplis des détails de cette affaire, vous croyez qu'il donnera dans un piége ?

Et le consul, persistant dans les conclusions du rapport de M. de Talleyrand (2), revint sur celui de la gendarmerie, et partit de cette idée fixe que le duc d'Enghien était venu à Strasbourg et même à Paris. Ce dernier fait fut posé par lui comme prouvé.

— Parbleu ! ajouta-t-il avec vivacité, le calcul est bien facile à faire : il faut soixante heures pour venir d'Ettenheim à Paris, en passant le Rhin au bac de Rhineau, et soixante heures pour retourner. Cela fait cinq jours ; puis cinq jours à rester à Paris pour tout observer et tout diriger ; voilà l'emploi des absences signalées du duc d'Enghien. Voilà l'intervalle des visites mystérieuses faites chez Georges parfaitement expliqué.

Cette coïncidence, comme nous l'avons dit, devait être funeste au prince. On n'en discuta pas moins encore quelque temps sur cette matière. Ensuite le premier consul ayant recueilli les voix qui s'étaient réunies à l'opinion du ministre des relations extérieures, et par conséquent à la sienne, leva la séance, passa dans son cabinet, et dicta à son secrétaire les ordres nécessaires pour l'enlèvement du duc d'Enghien. Berthier, ministre de la guerre, devait donner mission au général Ordener de se rendre dans la nuit et en poste à Strasbourg. Le but de sa mission était de se porter sur Ettenheim avec trois cents dragons du 26e régiment, de cerner la ville, d'y enlever le duc d'Enghien, le général Dumouriez et tous les individus de leur suite. Deux cents autres dragons, sous les ordres du général Caulaincourt, devaient s'emparer de la baronne de Reich à Offembourg, et jeter des patrouilles jusqu'à Ettenheim, afin de seconder les mesures prises par Ordener. Un courrier devait être expédié sur l'heure si le duc d'Enghien ne se trouvait pas à Ettenheim (3).

En conséquence de cet ordre, Berthier fit appeler le général Ordener, et lui remit des instructions spéciales, et en tout conformes à celles qui

(1) BIGNON, *Histoire de France*, tome III, chap. 35, p. 337.
(2) Dans ses *Mémoires*, le duc de Rovigo dit textuellement, tom. II, chap. IV, pag. 53, *qu'il tient ces détails de monseigneur le duc de Cambacérès, qu'il n'a pas dû nommer de son vivant* ; puis il ajoute en note à la page suivante : « Je sais que, depuis sa mort, on se donne beaucoup de mouvement pour
» faire supprimer cette circonstance qui est rapportée dans ses Mémoires manu-
» scrits ; mais il n'en est pas moins vrai qu'elle y est telle que je viens de la citer,
» et, assurément, s'il eût vécu, il n'aurait fait aucun sacrifice à celui qui est le
» plus intéressé à la faire disparaître. »
(3) Lettre du premier consul au ministre de la guerre, datée de Paris le 19 ventose an XII (10 mars 1804). Voir les *Piéces justificatives*, à la fin de cette *Etude historique*.

avaient été données par le premier consul. Seulement, des mesures de police plus intimes étaient indiquées au général, auquel on remit 12,000 fr. en or, pour distribuer, comme gratification et frais de voyage, aux soldats et aux officiers.

De son côté, M. de Talleyrand adressait au baron d'Edelsheim, ministre d'état à Carlsruhe, une dépêche laconique, à la date du 20 ventôse an XII (11 mars 1804), dans laquelle il s'exprimait ainsi :

« Monsieur le baron, je vous ai envoyé une note dont le contenu ten-
» dait à l'arrestation du comité d'émigrés français siégeant à Offem-
» bourg, lorsque le premier consul, par l'arrestation successive des *bri-*
» *gands* envoyés en France par le gouvernement anglais, comme par
» la marche et le résultat du procès instruit ici, reçut connais-
» sance de toute la part que les émigrés d'Offembourg avaient aux
» terribles complots tramés contre sa personne et contre la sûreté de la
» France. Il a appris de même que le duc d'Enghien et le général Du-
» mouriez se trouvaient à Ettenheim, et n'a pu voir sans la plus pro-
» fonde douleur qu'un prince auquel il lui avait plu de faire éprouver
» les effets de son amitié avec la France pût donner asile à ses enne-
» mis les plus cruels, et laissât ourdir tranquillement des conspirations
» aussi évidentes dans ses états.

» En cette occasion si extraordinaire, monsieur le baron, le premier
» consul a cru devoir donner à *deux petits détachemens* l'ordre de se
» rendre à Offembourg et à Ettenheim pour y saisir les instigateurs d'un
» crime qui, par sa nature, met hors du droit des gens tous ceux qui
» manifestement y ont pris part. C'est le général Caulaincourt qui, à cet
» égard, est chargé des ordres du premier consul. Vous ne pouvez pas
» douter qu'en les exécutant il n'observe tous les égards que S. A. peut
» désirer. Il aura l'honneur de remettre à votre excellence la lettre que
» je suis chargé de lui écrire à ce sujet.

» Recevez, monsieur le baron, l'assurance de ma haute estime.

» Ch.-M. Talleyrand (1). »

Cette dépêche devait effectivement être remise par le général Caulaincourt au ministre du grand duc de Bade, au moment où le détachement français se porterait sur Ettenheim. C'était tout simplement un acte de notification. En exécution des instructions qu'ils avaient reçues du ministre de la guerre, chacun séparément, les deux généraux Ordener et Caulaincourt se rendirent donc en poste à Strasbourg, où ils se communiquèrent leurs dépêches. De son côté, M. de Shée avait reçu de semblables instructions. Or, les ordres émanés du cabinet du premier consul devant toujours être exécutés militairement, il ne pouvait y avoir ni retard ni observations à présenter. Tous se mirent aussitôt en devoir de préparer l'exécution. On s'entendit avec Méhé de la Touche. Mais, avant de rien entreprendre, il fallait reconnaître les lieux pour examiner quels pouvaient être les moyens d'attaque et de défense. Méhé proposa d'envoyer en observation un officier ou un sous-officier de gendarmerie; et, en conséquence, le maréchal-des-logis Pfersdorff fut choisi de préférence, comme connaissant déjà les localités. Il se déguisa, passa le Rhin et arriva à Ettenheim, comme il y était arrivé quinze jours auparavant; et, cette fois, il y rencontra tout d'abord Stohl, qui n'était autre qu'un espion de

(1) *Courrier de Leyde,* du 30 avril 1804.

police, ils se mirent, ainsi que nous l'avons dit précédemment, à explorer les lieux ensemble. Pfersdorff parvint à obtenir des serviteurs mêmes du prince tous les renseignemens désirables ; puis il revint à Strasbourg rendre compte du succès de sa mission au chef de son corps, le colonel Charlot, qui sur-le-champ prit, de concert avec le général Ordener, le général Leval, le général Fririon et M. de Shée, le préfet, toutes les mesures qui pouvaient concourir à l'enlèvement du prince, qui devait avoir lieu la nuit suivante.

V

L'Enlèvement.

Dans la nuit du 14 au 15 mars 1804, la petite ville d'Ettenheim se voit tout à coup cernée par deux escadrons de cavalerie. Les habitans se réveillent en sursaut en entendant ce bruit étrange de chevaux qui fait trembler leurs vieilles murailles. Celui qui paraît être le chef de cette troupe rassure les habitans :

— C'est d'accord avec le grand duc, leur dit-il ; il ne s'agit que d'une simple mesure de police que le gouvernement français, qui est son allié, a cru devoir prendre au sujet de quelques émigrés qui conspirent contre la vie du premier consul (1).

Ainsi parle le commandant en s'adressant au bourgmestre, et un détachement de dragons se dirige vers la maison qu'habite le prince. Il était cinq heures du matin ; le duc d'Enghien, qui, la veille, était rentré fort tard d'une partie de chasse où il avait poussé jusqu'au lieu appelé le Schwartz Wald, dormait profondément, lorsqu'il fut réveillé par son valet de chambre Féron, qui entra précipitamment dans sa chambre en criant avec effroi :

— Monseigneur ! monseigneur ! ce sont les Français !

Le duc, sans demander d'autres explications, se lève, s'habille à la hâte et court dans le salon, où se trouve déjà le colonel Grunstein et plusieurs autres de ses commensaux habituels.

— Que me veut-on ? demanda-t-il en ouvrant une fenêtre qui donnait sur le devant de la maison.

— Ouvrez, ou je fais enfoncer les portes ! cria une voix du dehors.

C'était celle du colonel Charlot qui, sous les ordres des généraux Ordener et Fririon, avait déjà investi l'habitation et se préparait à lancer ses gendarmes à l'assaut.

— Une injonction !... une menace !... répliqua le duc en sautant sur un fusil à deux coups qui se trouvait dans un coin du salon ; et, l'armant aussitôt, il ajouta :

— L'insolent va payer cher sa hardiesse !

Mais le colonel Grunstein saisit vivement le fusil par le canon en disant au prince :

— Monseigneur, vous êtes-vous compromis ?

— Non, répond celui-ci.

(1) Cet officier, sans s'en douter, disait vrai. Le grand duc de Bade s'était mis tout entier à la disposition du premier consul en se hâtant, par un décret qui, à la vérité, ne fut publié à Carlsrhue que le 16 mars, et lorsque déjà le duc d'Enghien avait été enlevé, d'expulser tous les émigrés réfugiés dans son duché. (Voir les *Pièces justificatives*.)

— Eh bien? reprend Grunstein, toute résistance devient inutile; nous sommes cernés, et j'aperçois beaucoup de baïonnettes; il paraît que cet officier est commandant lui-même. Songez, monseigneur, qu'en le tuant vous vous perdez et nous aussi.

Alors le prince jeta son arme loin de lui :

— Vous avez raison, Grunstein, répondit-il; je puis bien jouer ma vie, mais il m'est défendu de risquer celle de mes amis. Ouvrez! ajouta-t-il en s'adressant à son domestique Canone qui était survenu, ouvrez, et que tout ce tintamarre ait une fin.

Les domestiques ouvrirent les portes. Au même instant, les soldats entrèrent pêle-mêle avec les officiers qui les commandaient; les généraux Ordener et Fririon arrivèrent un peu après. En un moment, les dragons et les gendarmes, qui avaient mis pied à terre en dehors de la maison, inondèrent le jardin, la cour et les écuries, car le maréchal-des-logis Pfersdorff avait escaladé les murs d'enceinte avec une cinquantaine de cavaliers.

— Qui de vous est le ci-devant duc d'Enghien? demande le colonel Charlot en s'avançant le pistolet au poing.

Cette demande était motivée par l'absence de tout signalement positif; on n'avait que des renseignemens incertains sur la physionomie du prince qui, en cet instant, n'était revêtu d'aucun insigne distinctif et portait une veste de chasse, de longues guêtres, et tout ce qui compose le vêtement d'un campagnard; aussi y eut-il un moment de silence. Un généreux dévoûment pouvait sauver le duc : le baron de Grunstein, qui déjà l'avait empêché de faire feu sur le colonel, allait répondre, lorsque le prince, échangeant un rapide coup d'œil avec lui, regarda des gendarmes en leur disant :

— Si vous êtes chargés d'arrêter le duc d'Enghien, vous devez avoir son signalement?

— Puisque vous ne voulez pas l'indiquer, répliqua le colonel, je vous arrête tous.

— Eh bien! c'est moi, monsieur, dit le prince en relevant la tête et en faisant deux pas vers le général Fririon.

— Alors, monsieur, vous êtes mon prisonnier; sauf plus tard à faire constater votre indentité.

— Je ne sais, répliqua le duc avec une sorte de dignité, si vous avez ce droit; mais vous avez la force pour vous, et cela suffit. Quant à vous, monsieur, ajouta-t-il en jetant un regard dédaigneux sur le général Ordener, il paraît que vous n'avez pas craint de prêter l'appui de votre épée à un insigne guet-apens :

— Monsieur, répondit Ordener vivement et avec dignité, un militaire obéit et ne raisonne pas; j'accomplis un devoir.

— Il est des ordres et des devoirs, reprit Grunstein, qu'un officier ne doit ni recevoir, ni accomplir.

— Taisez-vous, monsieur! repliqua Ordener irrité.

— Je me tais, répondit Grunstein; mais des voix plus fortes que la nôtre se feront entendre, et peut-être moi-même, ajouta-t-il d'un ton de menace, pourrai-je un jour vous faire entendre la mienne... dans d'autres lieux.

Pendant ce temps, le colonel Charlot, qui avait arrêté le marquis de Trumery dans une maison voisine, revint dans celle du prince et la visita minutieusement. Il saisit les papiers du duc, et, quand tous les recoins des appartemens eurent été explorés, il reçut des généraux l'ordre de donner le signal du départ.

Les prisonniers, au nombre de dix, furent conduits à un moulin, à peu de distance de la ville, où le général Fririon avait ordonné au bourgmestre de se rendre, afin qu'il pût reconnaître le duc et légaliser le signalement qu'on en dressa sur-le-champ (1).

Le fidèle Jacques était venu plusieurs fois dans ce moulin. Une des portes de la chambre dans laquelle étaient les prisonniers donnait sur une large planche qui servait à traverser le cours d'eau, au dessus de la roue du moulin. Il fit un signe au duc qui s'approcha de lui.

— Ouvrez cette porte rapidement, lui dit-il à voix basse, passez sur la planche que vous trouverez à vos pieds, jetez-la ensuite dans l'eau et vous êtes sauvé ; pendant ce temps, moi, je leur barrerai le passage.

Le duc se dirigea vers cette porte sans affectation. Un enfant, effrayé par la présence des soldats, l'avait barricadée !

Ce mouvement du prince trahit son intention, car un officier de gendarmerie fit placer à l'instant un factionnaire devant cette porte.

Toutes les perquisitions terminées à Ettenheim, on fit monter le duc dans une espèce de charriot découvert, escorté par des soldats ; puis on se dirigea précipitamment vers le Rhin. Pendant ce court trajet, un gendarme de l'escorte, appuyant sa main sur le brancard du charriot comme pour s'aider à marcher, dit de façon à n'être entendu que du prince qui occupait le devant :

— Lorsque vous serez dans le bac, tâchez de vous placer près de moi, et, si vous savez nager, jetez-vous dans le Rhin.

Déjà le duc avait eu cette pensée ; il l'avait même communiquée à Jacques ; mais, arrivé sur les bords du fleuve, le colonel Charlot se plaça à côté du prince que les gendarmes eurent ordre de serrer de près dans le bateau ; il dut perdre alors tout espoir de se sauver. Dès qu'on eut débarqué sur l'autre rive, on le surveilla un peu moins ; on le laissa marcher à pied jusqu'à Pflofsheim, où on le fit déjeuner à l'auberge de l'*Aigle-Blanc*. En sortant de cette hôtellerie, il monta en voiture avec Grunstein, le colonel Charlot et un officier de gendarmerie. Le maréchal-des-logis Pfersdorff, monta sur le siége de la voiture. Pendant le trajet, le duc parla avec une grande liberté d'esprit.

— Je ne sais qui m'attire une si désagréable aventure, dit-il au colonel Charlot ; il y a là-dessous quelque méprise.

— Bientôt, monsieur, répondit celui-ci, vous serez à même de la réparer.

— Où me conduisez-vous ?

— A Strasbourg, monsieur.

— Et ensuite ?...

— Monsieur, je l'ignore.

Effectivement le duc arriva à Strasbourg à cinq heures et demie du soir, descendit chez le colonel, où il se reposa un moment ; puis, à six heures, on le fit monter dans un fiacre qui le conduisit à la citadelle de la ville, où il fut écroué. Ses amis, ses domestiques, qui étaient venus

(1) Voici ce signalement : « Taille d'un mètre quarante-deux centimètres, » cheveux et sourcils châtains : figure ovale, yeux gris tirant sur le brun ; bou- » che moyenne, nez aquilin, menton un peu pointu ; bien fait de sa personne. »

avec lui de Pflofsheim dans une mauvaise charrette, arrivèrent peu après, et comme lui furent déposés dans la citadelle. On étendit quelques matelas par terre, dans une chambre dépendante du logement du gouverneur, et des gendarmes furent posés en sentinelle tout autour (1). La figure impassible des gardes, les plaintes de son petit lévrier qui, depuis l'auberge de l'Aigle-Blanc, avait suivi, en courant, la voiture de son maître, et par dessus tout l'inquiétude de ses compagnons, ajoutèrent encore aux angoisses du prince. Après avoir tracé à la hâte quelques lignes au crayon, sur son agenda, il se jeta sur un matelas pour tâcher d'y trouver quelque repos. Le baron de Grunstein lui ayant demandé discrètement s'il n'y avait rien dans les papiers qu'on avait saisis chez lui qui pût le compromettre :

— Rien qu'on ne sache déjà, lui répondit-il ; je me suis battu contre la France, et voilà tout ; mais depuis dix ans la France n'est elle-même qu'un champ de bataille. Je ne pense pas qu'ils veuillent ma mort. Ils me jetteront peut-être dans quelque forteresse, pour leur servir d'otage. Je sens cependant que j'aurai de la peine à m'habituer à cette vie-là.

VI

La Citadelle de Strasbourg.

Le lendemain matin, 16 mars, en même temps que le gouverneur de la citadelle entrait dans la pièce où le duc d'Enghien et ses compagnons avaient passé la nuit, pour les prévenir que chacun d'eux allait avoir un logement séparé, les généraux Leval et Fririon arrivèrent. Leurs manières réservées en abordant le prince, et le ton embarrassé qu'ils mirent dans leurs discours, commencèrent à jeter dans son esprit quelques sinistres pressentimens. Dès qu'ils furent partis, le duc fut transféré dans un pavillon de la citadelle où, par une faveur qu'il ne devait pas conserver long-temps, il pouvait correspondre avec les chambres de MM. Trumery, Schmit et Jacques; on lui accorda la jouissance d'un petit jardin, mais on le sépara du colonel Grunstein : « Cette séparation ajoute » encore à mon malheur, » écrivit-il dans le journal qu'il laissa de sa captivité à Strasbourg. Dans l'après-midi, ce fut le tour du colonel Charlot de venir, accompagné d'un magistrat de sûreté, visiter le prince, pour faire en même temps, devant lui, l'inventaire des papiers qui avaient été saisis à Ettenheim, et qui furent examinés scrupuleusement. A toutes les questions que leur adressait le duc, ceux-ci répondaient par des paroles évasives ou se taisaient obstinément. Enfin, blessé de ce silence, il leur dit :

— Messieurs, je ne vous importunerai plus, agissez comme bon vous semblera ; mon seul désir, c'est que vous n'ayez pas, un jour, à regretter la conduite que vous tenez aujourd'hui envers moi.

Mais si quelques hommes, oubliant les égards dus au malheur, poussèrent jusqu'à la rudesse, envers le dernier des Condé, le fanatisme du devoir, il en est d'autres qui eurent, en revanche, pour lui les attentions les plus touchantes. De ce nombre fut M. Machim, major de la place. Il vint le voir le soir, tandis qu'il était au lit, et chercha, par des discours

(1) Journal du duc d'Enghien écrit par lui-même, et dont l'original a été remis au premier consul, le 1er germinal an XII (22 mars 1804). Voir les *Pièces justificatives* à la fin de cette *Etude historique*.

affectueux et des espérances consolatrices, à alléger les ennuis d'une captivité déjà si triste. Le duc avait écrit le matin à madame de Rohan pour la rassurer sur son enlèvement. Cette lettre, dit-on, ne parvint à la princesse que huit jours après, c'est-à-dire lorsqu'il n'existait plus.

Le duc passa la journée du 17 aussi tristement que la précédente; il ne reçut aucune visite, ne vit pas son fidèle Jacques, et n'entendit pas parler du domestique qu'il avait prié le gouverneur d'envoyer à franc étrier à Est, résidence de la princesse. Il y a toute apparence que ce fut dans cette journée du 17 qu'il écrivit au premier consul cette lettre dont l'existence donna lieu à une si vive controverse après la restauration (1).

Dans la nuit du samedi au dimanche 18 mars, à une heure du matin, le prince fut éveillé par quelques coups frappés à sa porte. Il crut d'abord que c'étaient les pas de la sentinelle qui veillait près de là; mais bientôt le colonel Charlot entre dans sa chambre et lui dit:

— Levez-vous, monsieur, il faut partir.

— Où va-t-on me conduire? demanda le prince.

— Chez le général commandant la division, répondit le colonel.

Le duc s'habilla à la hâte; mais, mu par un sinistre pressentiment, il réclama la faveur d'embrasser encore ses amis, de presser la main de ses serviteurs. Le colonel accorda généreusement au duc cette faveur, qui devait être la dernière. Ceux-ci furent introduits; le duc les pressa dans ses bras, et seul parmi ses compagnons de captivité qu'il ne devait plus revoir, et qui pleuraient, il conserva son calme et sa fermeté.

— Adieu, mes amis, leur dit-il; adieu! nous nous reverrons peut-être! Mais, si Dieu a disposé de mes jours, accordez un souvenir à notre vieille amitié en ne m'oubliant pas tout à fait.

(1) M. le baron de Saint-Jacques, dans une lettre adressée au *Journal des Débats*, le 10 novembre 1823, a démenti l'existence de cette lettre et soutenu qu'elle n'avait pas été, qu'elle n'avait pu être écrite, en ajoutant que, n'ayant **presque pas** quitté le duc pendant ses trois jours de captivité à Strasbourg, il pouvait affirmer que rien de semblable n'avait été fait par le prince. M. le baron de Saint-Jacques avait sans doute plus d'un motif pour parler ainsi en 1823: commensal habituel de la maison de Condé, il ne pouvait corroborer par son témoignage une démarche qui, toute naturelle qu'elle eût été, pouvait passer, de la part du duc d'Enghien, pour la tacite reconnaissance de Bonaparte comme chef de l'État; mais nous objecterons qu'une lettre semblable ne se montre pas aux serviteurs, quelque dévoués et affectionnés qu'ils soient. Bien que M. le baron de Saint-Jacques ait été décoré du titre honorifique de secrétaire des commandemens de Mgr le duc d'Enghien (qui naturellement dans son exil n'avait rien à commander), il est plus que probable que le prince n'aurait pas jugé à propos de lui communiquer une pièce importante dont, par excès de zèle peut-être, M. le baron de Saint-Jacques aurait pu donner connaissance au duc de Bourbon et au prince de Condé. Qu'auraient dit ces deux moteurs de l'émigration, s'ils avaient appris que leur fils, que leur petit-fils, demandait avec instance au premier consul à commander sous ses ordres un corps de l'armée française? Qu'auraient-ils dit s'ils avaient appris que le dernier de leur race professait pour les talens militaires du vainqueur de Marengo une sorte d'admiration? M. le baron de Saint-Jacques aura été mal servi par sa mémoire, ou plutôt les exigences de sa position l'auront forcé à démentir l'existence de cette lettre; mais elle a été écrite et envoyée sous le couvert de M. de Talleyrand, qui l'a reçue et qui, au lieu de la remettre de suite au premier consul, comme l'honneur et l'humanité lui en faisaient un devoir, l'*oublia* dans sa poche pendant deux jours, et ne la remit que le 22 mars à Napoléon, c'est-à-dire le lendemain du jour de l'exécution du prince. — O'MÉARA, t. 1, pag. 321 (ou 921). — LAS CASES, *Mémorial*. — DAMAS HINARD; *Napoléon, ses opinions, ses jugemens*, t. 1, pag. 437. — Le duc de ROVIGO, *Supplément à ses Mémoires*.

Alors on sépara le prince de tous les siens, même du fidèle Jacques. On n'excepta de cette rigueur que le petit lévrier qui semblait comprendre le sort qui menaçait son maître, et qui le caressait comme s'il se fût douté que le temps pressait, et qu'il fallait se hâter de lui témoigner son attachement. Le colonel, précédé de deux gendarmes qui portaient des flambeaux, prit enfin le bras du duc et le conduisit ainsi jusqu'à la place de l'Eglise, où une voiture de poste à six chevaux les attendait. On fit monter le prince le premier; le lieutenant Peternau se plaça à côté de lui, deux autres gendarmes occupèrent le devant de la voiture; un maréchal-des-logis, nommé Blistersdorff, occupa le siége; puis, le signal du départ donné, la voiture bardée de gendarmes roula rapidement vers la capitale.

Le prisonnier traversa sans s'arrêter Nancy, Troyes et Melun, glorieuses stations des campagnes du grand Condé, et arriva le 20 mars, à deux heures de l'après-midi, à la barrière de Pantin, où on lui fit faire halte. Un exprès fut dépêché au premier consul, à la Malmaison, pour qu'il décidât du lieu où l'on devait conduire le prince. Celui-ci attendit dans sa voiture le retour du courrier, qui ne revint qu'à cinq heures du soir porteur d'un ordre, qu'il remit au commandant de l'escorte, de pousser jusqu'à Vincennes. On repartit aussitôt en tournant les murs de la capitale, sur les monumens de laquelle le duc vit, pour la dernière fois, le soleil couchant projeter ses derniers rayons.

XVII
A la Malmaison.

Aussitôt après l'entrée du duc d'Enghien à la citadelle de Strasbourg, le préfet, M. Shée, avait informé le premier consul, par la voie du télégraphe, du succès de l'expédition, «qui, disait-il, avait été conduite avec prudence et habileté.»

Le surlendemain, une estafette remit à Napoléon, avec une liasse de papiers, une lettre du général Ordener, datée de Strasbourg, le 21 ventose an XII (15 mars 1804), et ainsi conçue :

« Mon général, j'ai l'honneur de vous adresser le procès-verbal et les
» papiers qui ont été saisis chez le duc d'Enghien. A mesure que les
» autres papiers seront vérifiés, le général Caulincourt vous les fera pas-
» ser. Quoique ma mission soit remplie, j'attendrai vos ordres pour
» mon retour à Paris.

» Je vous salue avec respect.

» ORDENER. »

A cette lettre était jointe une copie du rapport fait par le colonel Charlot au général Moncey, premier inspecteur général de la gendarmerie, le 24 ventose an XII (15 mars 1804). Ce rapport, qui contenait les détails que nous avons donnés sur l'enlèvement du prince, disait en outre :

« Au moment de l'arrestation du duc, j'entends crier : *Au feu!* (en
» médiocre allemand). Je me porte sur-le-champ à la maison où je
» comptais enlever Dumouriez, et, chemin faisant, j'entends sur divers
» points répéter le même cri : *Au feu!* J'empêche un individu de péné-
» trer dans l'église, probablement pour y sonner le tocsin, tandis que je

» rassure en même temps les habitans du lieu, qui sortaient de leurs
» maisons, tout effrayés, en leur disant : *C'est convenu avec votre sou-*
» *verain,* assurance que j'avais déjà donnée au grand-veneur de l'élec-
» teur, qui, aux premiers cris, avait couru au logement du duc. Arrivé
» à la maison où je comptais enlever Dumouriez, j'ai arrêté, à sa place,
» le marquis de Thumery, que j'ai trouvé d'un calme qui m'a rassuré.

» Les autres arrestations ont été opérées sans bruit. J'ai pris des ren-
» seignemens pour savoir si Dumouriez avait paru à Ettenheim ; on m'a
» assuré que non ; alors j'ai supposé qu'on avait confondu son nom avec
» celui du général Thumery.

» Je ne puis, dans cette circonstance, donner trop d'éloges à la con-
» duite ferme et courageuse du maréchal-des-logis Pfersdorff. C'est lui
» que j'avais envoyé, encore la veille, à Ettenheim, et qui m'a désigné
» le logement de nos prisonniers ; c'est lui qui a placé, en ma présence,
» toutes les védettes aux issues des maisons. Au moment où je sommais
» le duc de se rendre, Pfersdorff, à la tête de quelques gendarmes et
» dragons du 22e, pénétrait dans la maison par derrière, en franchissant
» les murs de la cour ; ce sont eux qui ont été aperçus par le colonel
» Grunstein, en qui a déterminé ce dernier à empêcher le duc de faire
» feu sur moi. Je vous demande, mon général, le brevet de lieutenant
» pour le maréchal-des-logis Pfersdorff, à l'emploi duquel il a été pro-
» posé à la dernière revue de l'inspecteur-général Virion.

» Le duc d'Enghien m'a assuré qu'il estimait Bonaparte comme un
» grand homme ; mais, qu'étant prince du sang de la famille Bourbon,
» il lui avait voué une haine implacable, ainsi qu'aux Français, auxquels
» il ferait la guerre dans toutes les occasions. Il entend que le premier
» consul le fera enfermer, et m'a dit qu'il se repentait de n'avoir pas tiré
» sur moi, ce qui aurait, a-t-il ajouté, décidé de son sort par les armes.

» Le chef du 38e escadron de la gendarmerie nationale,
« CHARLOT. (1) »

Napoléon examina les papiers qui avaient été saisis chez le duc d'Enghien et les garda.

Le même jour, 17 mars, dans l'après-midi, une dépêche télégraphique, transmise au préfet de Strasbourg, lui enjoignait de faire transférer le prince à Paris.

Le 20 mars suivant, l'ordre une fois donné de conduire le duc d'Enghien à Vincennes, Cambacérès et Lebrun furent mandés à la Malmaison, où se trouvait déjà M. de Talleyrand. Les trois consuls réunis prirent la mesure suivante, sous le contre-seing de Maret, comme acte du gouvernement, en date du 29 ventose an XII (20 mars 1804).

« Art. 1er. Le ci-devant duc d'Enghien, prévenu d'avoir porté les armes
» contre la république française, d'avoir été et d'être encore à la solde
» de l'Angleterre, de faire partie de complots tramés par cette der-
» nière puissance contre la sûreté intérieure et extérieure de l'Etat,
» sera traduit devant une commission militaire composée de sept
» membres nommés par le général gouverneur de Paris, qui se réunira
» au château de Vincennes ;

(1) **Mémoires de Napoléon**, tome V. Pièces relatives à la catastrophe du duc d'Enghien, numérotées 29 et 30.

» Art. 2. Le grand-juge, le ministre de la guerre et le général gouverneur de Paris sont chargés de l'exécution du présent arrêté.

» *Signé* : BONAPARTE.

» *Et plus bas* : HUGUES MARET. (1) »

Quelques instans après, vers les cinq heures du soir, le général Savary, qui, en sa qualité d'aide-de-camp du premier consul, était ce jour-là de service, fut appelé dans son cabinet, et reçut de Napoléon une lettre cachetée, avec ordre de la porter sur-le-champ au gouverneur de Paris. (Cette lettre était l'arrêté que venaient de prendre les consuls.) En arrivant chez Murat, Savary se croisa sous la porte avec M. de Talleyrand, qui, parti de la Malmaison avec lui, sortait de chez le gouverneur de Paris. Murat, qui était indisposé au point de ne pouvoir marcher, dit à Savary, après avoir pris connaissance de sa missive :

— Voilà qui est suffisant. Ne retournez pas à la Malmaison ; j'aurai à vous envoyer, ce soir, des ordres qui vous concerneront.

Alors Murat s'occupa de régulariser le contenu de l'acte du gouvernement, en désignant les sept militaires qui devaient composer le conseil de guerre, et qui furent :

Le général Hullin, commandant les grenadiers à pied de la garde des consuls, président ;

Le colonel Guitton, du 1er régiment de cuirassiers ;

Le colonel Bazancourt, du 4e régiment d'infanterie légère;

Le colonel Ravier, du 18e de ligne ;

Le colonel Barrois, du 96e de ligne ;

Le colonel Rabbe, commandant le 2e régiment de la garde municipale de Paris ;

Et le citoyen Dautencourt, major de la gendarmerie d'élite, comme devant remplir les fonctions de capitaine rapporteur.

Chacun des membres de cette commission reçut séparément, et sans aucun énoncé de motifs, l'ordre de se rendre à Vincennes, le soir même. Ce fut à ce point que l'un d'eux, le colonel Guitton, crut un moment que le gouverneur de Paris l'envoyait à Vincennes *pour y garder les arrêts*.

A six heures, l'ordre du gouverneur de Paris de prendre sous son commandement une brigade d'infanterie qui devait se trouver réunie à la barrière Saint-Antoine, et de se rendre avec elle au château de Vincennes, fut expédié à Savaray. La gendarmerie d'élite, dont il était colonel, avait également reçu l'ordre de Murat d'envoyer son infanterie et un escadron de sa cavalerie à Vincennes *pour y tenir garnison*. Cette mesure dut étonner son commandant ; mais Savary ayant reçu le double de cet ordre, s'y conforma et courut à la caserne de la gendarmerie d'élite située à l'Arsenal, pour faire consigner tout le monde, car c'était précisément l'heure à laquelle officiers et soldats en sortaient pour n'y plus rentrer qu'à l'heure de l'appel, c'est-à-dire après la retraite. Les autres casernes étant situées dans le faubourg Saint-Germain ou dans le faubourg Saint-Honoré, les détachemens qui avaient reçu l'ordre de marcher durent traverser Paris pour gagner la barrière du Trône. Cet éloignement fut cause que quelques unes de ces troupes n'arrivèrent qu'à deux heures

---

(1) *Extrait des registres des délibérations des consuls de la république.* — *Moniteur* du 24 mars 1804.

du matin à Vincennes. Savary, qui s'y était rendu d'avance, fit entrer dans le château la gendarmerie d'élite arrivée la première, et la posta dans la cour, avec défense de laisser communiquer les soldats avec le dehors sous quelque prétexte que ce fût; puis, au fur et à mesure que les autres troupes arrivèrent, il leur fit prendre position sur l'esplanade du côté du parc.

Dans l'après-midi de ce même jour, à cinq heures, M*** (nous ignorons le nom de ce personnage qui n'a jamais été désigné autrement), vint chez Réal, qu'il trouva dans son cabinet, occupé à travailler avec un chef de ses bureaux. Celui-ci se retira aussitôt. La conférence dura trois quarts d'heure. Aussitôt que M*** fut parti, Réal fit appeler un employé supérieur de son administration, et lui dit :

— Le duc d'Enghien doit être conduit à Vincennes aujourd'hui, et jugé aussitôt son arrivée.

Puis, lui montrant quelques papiers qu'il tenait à la main, il ajouta :

— Voici l'arrêté du gouverneur qui ordonne la formation de la commission militaire et prescrit le mode de jugement. Ces papiers viennent de m'être remis par M*** qui m'a prévenu que le premier consul m'attendait ce soir à la Malmaison après son dîner. Rendez-vous donc à l'instant chez Régnier et remettez-les-lui.

L'employé supérieur alla de suite à l'hôtel du grand-juge. Ce ministre était à son dîner. Son valet de chambre le prévint qu'un employé supérieur avait une communication importante à lui faire. Régnier se leva de table et vint, un flambeau à la main, au devant de ce dernier qu'il introduisit dans son cabinet; et, après avoir pris lecture des pièces qui lui étaient remises, il parut très affecté, car il dit d'une voix émue :

— Ah! mon cher monsieur, si l'on m'avait consulté, ce n'est pas cela que j'aurais conseillé (1).

A huit heures Réal était à la Malmaison. Après avoir eu avec ce conseiller d'État une longue conversation dans son cabinet, le premier consul le congédia en lui disant ces paroles que ceux de ses officiers qui étaient dans le salon de service entendirent parfaitement :

— Il est bien convenu que vous irez demain matin de très bonne heure à Vincennes, pour y interroger le duc d'Enghien. Ne l'oubliez pas, Réal; c'est une affaire qu'il importe de tirer au clair.

Pour apprécier l'importance et la nécessité de cet ordre, il faut connaître les pièces suivantes, qui devaient former la base principale de l'interrogatoire que Napoléon devait fait subir au prince.

On avait arrêté à Ettenheim, indépendamment du duc, des gens de sa maison et de M. Thumery, deux généraux de l'armée de Condé: MM. de Vauborel et de Mauroy, qui furent amenés à Paris le lendemain de leur arrestation, avec les papiers saisis chez eux. Dans ceux du général Vauborel se trouvait un billet de la main du duc d'Enghien, signé par lui, et ainsi conçu :

« Je vous remercie, mon cher Vauborel, de votre avertissement sur
» les soupçons que mon séjour ici pourrait inspirer à Bonaparte, et sur
» les dangers auxquels m'expose sa tyrannique influence en ce pays.
» Là où il y a du danger, là est le poste d'honneur pour un Bourbon. En
» ce moment où l'ordre du conseil privé de S. M. britannique enjoint

(1) Fragmens historiques sur la catastrophe du duc d'Enghien, p. 258 et 259.

» aux émigrés retraités de se rendre sur les bords du Rhin, je ne sau-
» rais, quoi qu'il en puisse arriver, m'éloigner de ces dignes et loyaux
» défenseurs de la monarchie. »

Dans les papiers du même général était une copie de l'ordre ci-dessus mentionné du conseil privé, enjoignant à tous les émigrés pensionnés par l'Angleterre de se rendre sur le Rhin, sous peine d'être déchus de leur pension. Cet ordre était du 14 janvier 1804.

Une lettre écrite au duc d'Enghien par le comte de Lanau, colonel du régiment de son nom à l'armée de Condé, en date du 11 février 1804, était aussi écrite en ces termes :

« Monseigneur,
» Si, comme je le pense, les vues énergiques des gouvernemens qui nous protégent si particulièrement sont reconnues par les grandes puissances comme le seul moyen de rendre la tranquillité à l'Europe, par une paix juste, ces bases seront nécessairement le rétablissement de la monarchie. C'est ce qui me fait désirer vivement que Votre Altesse ait le projet de s'éloigner un peu des rives du Rhin. Monseigneur verra également, comme moi, que, si l'ennemi a quelque crainte du continent, sa première opération sera de prévenir et d'occuper la rive droite du Rhin. C'est un coup de main qui ne demande pour son exécution que l'ordre de marcher, et cette idée m'est pénible. La personne de Votre Altesse nous est trop précieuse pour n'être pas alarmé des dangers qu'elle pourrait courir.

» Je demande compte à M. Thumery, et sous le secret, des démarches que l'ambassadeur nous a autorisés de faire auprès de MM. Laujamets et de Risson. »

A cette lettre était joint un billet postérieur du comte de Lanau, en date du 28 février, dans lequel il accusait réception d'une lettre du prince, du 24 du même mois, avec copie de l'ordre du jour de Strasbourg, qui annonçait à la garnison la découverte de la conspiration de Georges et l'arrestation de Moreau. « M. le comte Réal, dit Desmarets dans ses *Témoignages historiques*, page 123, a possédé long-temps ces autographes. »

Enfin, dans une lettre horriblement maculée, sans date et sans signature, mais adressée au prince, se trouvait encore ce fragment, qui fut le seul qu'on put déchiffrer :

« Il importe fort peu par qui l'animal soit terrassé ; il suffit que vous
» soyez tout prêts à joindre la chasse, lorsqu'il sera temps de le mettre
» à mort (1). »

C'était pour avoir l'explication de ces pièces, auxquelles Napoléon attachait peut-être plus d'importance qu'elles n'en méritaient, qu'il avait chargé Réal d'aller interroger le duc. La fatalité voulut que ce conseiller n'arrivât à Vincennes qu'après l'exécution du jugement, ainsi qu'on le verra dans la suite de ce récit.

VIII

A Vincennes.

A cette époque, le château de Vincennes, qui n'avait pas encore été

(1) La duchesse d'Abrantès ; *Mémoires*, tome VII, p. 9.

classé parmi les prisons d'Etat (1), se trouvait dans le plus complet délâbrement. Néanmoins la citadelle avait un gouverneur : c'était le chef de bataillon Harel, aveuglément dévoué au premier consul. Harel était le même personnage qui, quatre ans auparavant, avait abandonné le gouvernement républicain et livré à la police consulaire Cerrachi, Topino-Lebrun et Demerville, hommes courageux et fiers, qui ne désavouèrent aucun de leurs actes, et qui plus tard portèrent sans sourciller leur tête sur l'échafaud. Le commandement de Vincennes avait été le prix de ce double service. Le gouvernement avait sans doute compris qu'il fallait les clés d'une prison pour récompense à l'homme qui lui avait livré des prisonniers.

Or, le 20 mars, date à la fois glorieuse et néfaste (2) dans notre histoire contemporaine, Harel, en faisant, à dix heures du matin, une sorte d'inspection du château confié à sa garde, s'aperçoit qu'un petit mur de cinq pieds de haut, attenant au pavillon de la Reine, situé dans le fossé de la citadelle qui fait face à la forêt, menace ruine, et que déjà une certaine quantité de plâtre et de moellons s'en est détachée et couvre une plate-bande plantée de légumes. Voulant éviter les frais que le charroi de ces décombres aurait occasionnés s'il avait fallu les transporter hors de la citadelle, Harel fait appeler le nommé Bonnelet, journalier employé dans le château, et lui ordonne de creuser, à peu de distance de ce petit mur, un trou carré de quatre ou cinq pieds de profondeur, pour y enfouir les gravois qui se sont amoncelés (3), et lui recommande de semer la terre qu'il en retirerait sur les plates-bandes environnantes destinées à être bientôt ensemencées (4). Bonnelet va chercher ses outils et se met à l'ouvrage ; mais une pluie fine et glaciale vient à tomber et

(1) Le décret qui organisait les prisons d'Etat dans l'étendue de l'empire français ne date que du 3 mars 1810.

(2) On sait combien Napoléon attachait d'importance aux anniversaires ; ses bulletins et ses actes en font foi : voici quelques éphémérides de cette date dont les rapprochemens sont curieux :
20 mars 1779. Charles Bonaparte père arrive à Paris avec son fils Napoléon, pour le placer à l'Ecole militaire de Brienne.
— 1785. Napoléon apprend la mort de son père.
— 1794. Napoléon arrive à Nice en qualité de commandant en chef de l'armée d'Italie.
— 1800. Bataille d'Héliopolis en Egypte.
— 1804. Le duc d'Enghien arrive à Vincennes et y est fusillé dans la nuit.
— 1808. Abdication de Charles IV, roi d'Espagne.
— 1809. Bataille d'Abensberg (en Autriche), gagnée par Napoléon.
— 1811. Naissance du roi de Rome.
— 1814. Prise de Toul (en France), par les armées coalisées.
— 1815. Retour de Napoléon à Paris.
— 1821. Napoléon à Saint-Hélène écrit son dernier codicille.

(3) *Procès-verbal d'exhumation du corps du duc d'Enghien*, déposition du témoin Bonnelet, page 306.
C'est ce qui a fait dire qu'on avait creusé une fosse avant le jugement du prince. Nous ne répondrons qu'un mot à cela : le duc d'Enghien n'arriva à Vincennes qu'à six heures du soir, le même jour il est vrai ; mais non seulement le commandant ignorait qu'il dût y être envoyé, mais encore, lorsqu'il y vint, il ne savait pas que ce fût lui et par quel motif on lui envoyait ce prisonnier au château.

(4) Les fossés de Vincennes étaient alors plantés d'arbres fruitiers et de légumes à l'usage du gouverneur et des employés de la citadelle. (**DULAURE**. *Tableau des environs de Paris* ; article Vincennes.)

le force d'interrompre son travail : il va dîner. Sur les trois heures de l'après-midi, la pluie, qui a cessé, lui permet de se remettre à l'ouvrage ; la besogne avance et le trou était presque achevé, mais non comblé, lorsqu'arrive Harel, qui, trouvant l'opération trop lente, gronde Bonnelet qu'il accuse de nonchalance et qu'il menace de renvoyer du château. Tandis que celui-ci tâche de s'excuser, survient un brigadier de gendarmerie appelé Aufort, en résidence de la citadelle, qui dit au gouverneur, avec qui il a été jadis dans les gardes-françaises :

— Mon commandant, je vous cherche partout. Il vient d'arriver au château une ordonnance qui a à vous parler. C'est très pressé. Je l'ai fait monter à votre logement, où il vous attend.

Alors Harel dit à Bonnelet d'un ton d'impatience :

— Allons, paresseux, laissez-là vos outils ; vous achèverez demain cette besogne qui aurait dû être terminée depuis long-temps (1).

Et, suivi de Aufort, il remonte au château. Il était alors cinq heures et demie du soir.

Arrivé chez lui, Harel trouve un gendarme mouillé jusqu'aux os et couvert de boue des pieds à la tête, qui lui dit, dès qu'il a déclaré sa qualité :

— Mon commandant, avez-vous un logement disposé pour recevoir un prisonnier d'importance?

— Pour le moment, non, répondit Harel ; je n'ai que mon appartement à lui offrir, ou la salle du conseil.

— N'importe ; j'ai ordre de vous dire de préparer tout de suite une chambre pour y faire coucher, ce soir, le prisonnier qui va vous arriver dans quelques instans, car je n'ai que peu d'avance sur lui (2).

— Qui vous envoie? De qui tenez-vous cet ordre ? Pourquoi ne me le transmet-on pas écrit? demande encore Harel.

— Je l'ignore, mon commandant. C'est le colonel Charlot qui a accompagné le prisonnier dans sa voiture, escorté par nous jusqu'à la barrière de Bondy, qui m'a chargé de vous dire cela ; je ne fais pas partie de sa brigade ; mais j'ai manqué crever mon cheval pour arriver plus vite. Je n'en sais pas davantage.

— C'est bien ; mais, comme vous ne m'avez pas remis d'ordre écrit, je ne dois pas vous donner de reçu : vous pouvez vous en aller.

Aussitôt que l'ordre de transférer le duc d'Enghien à Vincennes était arrivé de la Malmaison, le colonel Charlot avait dépêché ce gendarme pour en prévenir le gouverneur.

En effet, six heures sonnaient à l'horloge du donjon, lorsque le duc d'Enghien arriva devant la porte principale du château. Les dernières lueurs du jour ne coloraient plus qu'à peine la cime des grands arbres de la forêt qui lui sert de ceinture, et l'on commençait à distinguer difficilement les objets. La voiture qui conduisait le prince fit un temps d'arrêt.

Prévenu que le prisonnier d'*importance* qui lui avait été annoncé un

(1) « Le lendemain l'entrée du fossé lui ayant été interdite (a déclaré Bonnelet dans le *procès-verbal d'exhumation du duc d'Enghien*, page 306), ce n'est que le surlendemain qu'il put aller voir le trou qu'il avait fait, et qu'il trouva comblé ; la terre était relevée par dessus en forme de sépulture ; tout le monde disait dans Vincennes, a ajouté Bonnelet, que monseigneur le duc d'Enghien avait été fusillé et enterré dans les fossés de la citadelle.

(2) *Récit de Harel.* (BOURRIENNE, *Mém.*, t. 5, chap. 22, page 330.)

quart d'heure auparavant, était arrivé, Harel alla au devant de lui. Le duc descendit de voiture avec calme et fut accueilli par le gouverneur, avec la silencieuse attitude qui convient à un geolier; celui-ci le conduisit dans son appartement, parce que la chambre qu'il lui avait fait préparer à la hâte n'était pas encore chauffée (1). Le duc, exténué de fatigue et de faim, s'assit près de la cheminée du salon de Harel, et lui dit :

— Monsieur, je n'ai rien pris depuis mon départ de Strasbourg; pourrais-je avoir quelque chose à manger ?

Le château n'étant pas approvisionné, le commandant s'adressa à Aufort pour tâcher de trouver quelque chose dans le village. Ce dernier se hâta d'aller chez un traiteur de sa connaissance, qui, par bonheur, ayant eu ce jour-là quelque monde dans son établissement, n'avait pas épuisé toutes ses provisions. Aufort put se procurer un potage, un fricandeau et quelques légumes qu'il s'empressa d'apporter chez le commandant. Pendant ce temps, celui-ci avait dressé lui-même une petite table avec un couvert. A peine le prince s'était-il attablé, que, se retournant vers Harel qui se tenait debout à quelque distance, tandis qu'Aufort s'occupait du service, il lui dit d'un air gracieux :

— Monsieur, j'ai une faveur à vous demander, et j'espère que vous ne me trouverez pas indiscret : j'ai amené avec moi un compagnon de voyage; le petit chien que vous voyez; c'est le seul ami dont on ne m'ait pas séparé, et il est, comme moi, à jeun depuis Strasbourg. Me permettrez-vous qu'en votre présence je partage avec lui mon repas ?

Harel ayant répondu par un signe d'adhésion, le prince versa sur une assiette la moitié du potage et l'offrit à son lévrier, qui s'en accommoda parfaitement.

Le repas achevé, le prince caressa le fidèle animal et demanda au gouverneur si la chambre qui lui était destinée était prête pour le recevoir. Sur la réponse d'Harel, qu'elle devait l'être, le duc se leva, Harel prit un flambeau, et, suivi du brigadier Aufort, conduisit immédiatement le duc dans une pièce du troisième étage de la tour principale du donjon. On mit à sa disposition, sur sa demande, des plumes et du papier. Deux factionnaires furent placés à sa porte (2).

Il était alors neuf heures du soir. Il faisait un temps affreux; la pluie fouettait sur toutes les vitres du château avec un bruit sinistre. Harel ayant demandé au prisonnier s'il pouvait lui être utile à quelque chose, celui-ci le pria de lui envoyer la malle qu'on avait enlevée de la voiture, lorsqu'il était arrivé, et qui contenait divers effets d'habillement. Harel se retira, donna des ordres en conséquence à un nommé Godard, canonnier, qui lui servait de domestique, et quelques minutes après cette malle était dans la chambre du prisonnier, qui changea de linge et se mit au lit. Déjà il commençait à goûter quelque repos, lorsque la porte de sa chambre s'ouvrit avec précaution. Cette fois, ce n'était pas le gouverneur qui se présentait, c'était un lieutenant de la gendarmerie d'élite, chargé spécialement de surveiller le prince. Cet officier, appelé Noirot, avait autrefois servi dans le régiment *Royal-Navarre*, qui avait alors pour colonel le comte de Crussol. Le duc, dans son enfance, était allé quelquefois chez M. de Crussol, et s'y était rencontré avec M. Noirot, qui

(1) *Récit de Harel.* (BOURRIENNE, *Mém.* tom. V, chap. XXII, pag. 336.)
(2) Récit du brigadier Aufort.

le reconnut et lui rappela plusieurs particularités de ses visites. Il en résulta de la part du prince une sorte de confiance pour cet officier qu'il pria de ne le point quitter. M. Noirot le lui promit, bien éloigné de penser que la séparation dût être si prompte.

Tout en devisant, le prince promena ses regards autour de lui, et les arrêtant sur la seule fenêtre garnie de barreaux de fer qui recevait le jour, lui dit :

— Voilà un bien triste logement ?

— Prince, lui répondit M. Noirot, un de vos ancêtre a comme vous habité cette forteresse, il y a cent cinquante ans ; il en est sorti après quelques mois de captivité ; espérez que vous en sortirez de même, et que votre séjour ne sera pas plus long que le sien.

— C'est vrai, ajouta le prince en souriant amèrement, je suis ici en pays de connaissance ; mais le grand Condé avait un jardin, des fleurs à cultiver... Si on voulait m'accorder la même faveur !... Attendons à demain, et, comme vous le dites, espérons.

Tout à coup un roulement de voiture se fait entendre dans la cour.

— Qu'est cela ? demande le duc en se dressant sur son lit ; seraient-ce mes amis, mes compagnons d'infortune qu'on m'amènerait ?

— Prince, je l'ignore, répondit l'officier.

Il était de bonne foi ; car ce bruit était causé par l'arrivée du général Hullin, président de la commission qui allait s'assembler pour juger sans désemparer le duc d'Enghien prévenu d'un crime d'État. Cependant M. Noirot, ayant vu le duc s'assoupir, s'était retiré. Il y avait à peine une heure qu'il reposait, lorsqu'on vint l'éveiller doucement : c'était le rapporteur, M. Dautencourt, capitaine major de la gendarmerie d'élite, assisté du chef d'escadron Jacquin, des gendarmes à pied du même corps Serva, Tarsit ; et du lieutenant Noirot qui, fidèle à la promesse que le prince avait reçue de lui, avait fait en sorte d'être présent à ce commencement de procédure.

— Eh bien ! pourquoi si tôt ? demanda le prince, que l'obscurité qui régnait dans la chambre avait empêché d'apercevoir le nombre des personnes qui s'y étaient introduites. Le jour ne paraît pas encore... Quelle heure est-il donc ?

— Monsieur, il est minuit, lui répondit M. Dautencourt, profondément affecté de la mission qui lui avait été imposée. Je suis envoyé ici, ajouta-t-il, pour vous interroger.

— On est bien pressé, répliqua le prince en s'habillant ; il me semble que quelques heures plus tard vous auraient bien mieux convenu... et à moi aussi... Je dormais si bien (1) !

M. Dautencourt s'excusa en rejetant sur les devoirs de sa charge son importunité.

— Monsieur, ajouta-t-il, veuillez écouter attentivement les questions que je vais vous adresser, et veuillez y répondre.

Et M. Dautencourt procéda avec politesse à l'interrogatoire. Le prince répondit avec franchise et dignité.

Le capitaine lui demanda son âge, le lieu de sa naissance, l'époque à laquelle il avait quitté la France, les pays où il avait résidé depuis sa

(1) Le comte DE CHOULOT, *Notice sur la vie et la mort de M. le duc d'Enghien*, page 114.

sortie du territoire, et enfin où il s'était retiré depuis la paix conclue entre l'empereur d'Allemagne et la république.

Le prince lui répondit qu'il était né à Chantilly et qu'il avait trente-deux ans.

— Je suis sorti de France, ajouta-t-il, au mois de juillet 1789, avec le prince de Condé, mon grand-père, mon père, M. le comte d'Artois et les enfans de ce prince. J'ai traversé Mons, Bruxelles, et de là je me suis rendu à Turin, chez le roi de Sardaigne, où je suis resté à peu près seize mois. De Turin, toujours avec mes parens que j'ai suivis partout, je suis allé à Worms et sur les bords du Rhin. Le corps de Condé s'y est formé; j'y ai fait toute la guerre. J'ai terminé ma dernière campagne aux environs de Gratz, où le corps de Condé, qui était alors à la solde de l'Angleterre, a été licencié. Je suis ensuite resté à Gratz et dans les environs à peu près neuf mois, attendant des nouvelles de mon grand-père, qui était passé en Angleterre et devait m'informer du traitement que cette puissance me ferait. Dans cet intervalle, j'ai obtenu du cardinal de Rohan la permission d'aller dans son pays, à Ettenheim en Brisgaw, et, après la mort du cardinal, j'ai demandé officiellement à l'électeur de Bade la permission d'y prolonger mon séjour, ce qui m'a été accordé.

Aux questions successives que lui adressa M. Dautencourt sur ses relations avec l'Angleterre, sur le traitement qu'il en recevait, sur ses correspondances avec les princes français, sur le grade qu'il avait à l'armée des émigrés, sur ses liaisons avec Pichegru et Dumouriez, sur ses projets relatifs à la république, le prince répondit avec toute la modération et toute la simplicité possibles, et avoua naïvement la vérité.

— Je ne suis jamais allé en Angleterre, dit-il ; je continue d'en recevoir un traitement provisoire : il le fallait bien, je n'avais que cela pour vivre. Les raisons qui m'avaient déterminé à rester à Ettenheim n'existant plus, je me proposais d'aller me fixer à Fribourg, ville beaucoup plus agréable qu'Ettenheim, que je n'ai habitée que parce que l'électeur m'avait accordé la permission de chasse. Naturellement j'entretenais des correspondances avec mon grand-père, depuis que je l'avais quitté à Vienne ; avec mon père que je n'ai pas vu depuis 1794 ou 1795. Avant la campagne de 1796, je servais comme volontaire au quartier-général de mon grand-père, et, depuis cette époque, comme commandant d'avant-garde. Je n'ai jamais eu de relations avec Pichegru. Je ne connais pas davantage le général Dumouriez. Depuis la paix, j'ai écrit à quelques amis ; mais cette correspondance, ajouta-t-il en terminant, n'avait rien de commun avec l'objet dont on parle.

L'interrogatoire achevé, le prince dit au capitaine Dautencourt :

— Monsieur, avant de signer le présent procès-verbal, je fais *avec instance* la demande d'avoir une audience particulière du premier consul. Mon nom, mon rang, ma façon de penser et l'horreur de ma situation me font espérer qu'il ne se refusera pas à ma demande (1).

Ces mots furent écrits textuellement et signés de la main du prince au bas du procès-verbal. Après quoi M. Dautencourt signa, ainsi que ceux qui l'avaient assisté ; mais, toujours par la même fatalité qui présida à

---

(1) M. le baron de Saint-Jacques n'a pu démentir ces paroles du prince. Or, le vœu que le malheureux duc formait en ce moment n'est-il pas le corollaire de la lettre écrite de Strasbourg au premier consul ?

cette déplorable affaire, Napoléon devait ignorer ce dernier vœu du dernier des Condés.

IX

Le Jugement.

Pendant ce temps, les troupes qui étaient sous les ordres de Savary s'étaient déployées en ordre autour de Vincennes, tandis que la gendarmerie d'élite était entrée dans le château par le pont-levis qui s'était abaissé pour elle, comme il s'était abaissé quelques heures auparavant pour le prince. De son côté, Harel, prévenu de l'arrivée des membres du conseil, avait fait préparer, dans le pavillon de la porte du bois, une table couverte d'un tapis vert ; un feu pétillait dans l'immense foyer de cette pièce. Là s'assirent le président Hullin et les divers colonels des régimens de Paris qui avaient été désignés par Murat. A défaut de dossier, les membres de la commission se passèrent de main en main l'interrogatoire que le prince avait subi une heure auparavant. Un des juges demanda au président les pièces à charge. Hullin lui mit sous les yeux l'arrêté du gouvernement consulaire, en disant :

— Il n'y a point de pièces à charge.

Un autre demanda la communication des pièces à décharge.

— Il n'y en a pas non plus, répondit le greffier Molin.

— Comment ! il n'y a ni pièces à charge ni pièces à décharge ? s'écria-t-on (1) ; et à ces mots tous se regardèrent avec étonnement.

— Eh bien ! répliqua le président, qu'on réunisse les témoins ; je procéderai à leur audition au fur et à mesure.

Après un moment de silence le greffier répondit de nouveau :

— Il n'y a pas de témoin.

Les juges se regardèrent encore.

— Le défenseur de l'accusé est-il présent ? demanda Hullin.

Personne ne répondit, parce que le prince n'avait pas de défenseur ; mais, à défaut de pièces, de témoins et de défenseurs, les juges allaient puiser dans la franchise même des réponses du duc les élémens de sa culpabilité et de sa condamnation.

Alors Hullin ne prononça plus que ces mots :

— Qu'on amène le prisonnier.

Un quart d'heure après, le duc d'Enghien parut devant ses juges, libre et sans fers il est vrai, mais aussi seul et sans défenseur. Les débats s'engagèrent (2).

Cela se passait dans une vaste pièce du château de Vincennes, qui servait jadis aux réunions du conseil du gouverneur et de ses hom—

(1) Ces pièces, comme nous l'avons dit plus haut, avaient été remises à Réal par Napoléon qui, puisqu'il avait chargé ce conseiller d'Etat d'aller à Vincennes le lendemain matin pour interroger le prince, était loin de se douter qu'on apporterait tant de précipitation dans les débats de cette affaire, et à plus forte raison dans l'exécution du jugement qui en fut le déplorable résultat.

(2) En faisant observer tout ce que cette irrégularité et cette précipitation procédurières avaient de véritablement inique, M. Dupin aîné s'est écrié dans une généreuse exaltation : « Un accusé, sans défenseur, n'est plus qu'une victime
» abandonnée à l'erreur ou à la passion des juges. Celui qui condamne un hom-
» me sans défense cesse d'être armé du glaive de la loi : il ne tient plus qu'un
» poignard ! »

mes d'armes. On avait placé en avant du large foyer de cette pièce une longue table qu'éclairaient des chandelles emprisonnées dans des lanternes de fer. Le général Hullin, en grand uniforme, était assis devant cette table, dont il occupait le milieu en sa qualité de président. Il avait à ses côtés les colonel désignés comme juges, placés par rang d'ancienneté, et ayant tous cette physionomie gravement impassible de l'homme qui se voit appelé à décider une question de vie ou de mort. Derrière le général Hullin, debout et se chauffant les pieds, le dos tourné au foyer, se tenait le général Savary. A droite et à gauche, on remarquait des gendarmes d'élite avec leurs armes, quelques soldats de la garnison de Vincennes, consignés ; les employés civils et militaires habitant la citadelle, et, çà et là, des officiers supérieurs amenés par la curiosité, et auxquels leur grade avait donné accès dans la salle d'audience. Telle était la composition de l'auditoire.

Quant au prince, il était vêtu d'un frac bleu entièrement boutonné, d'une cravate blanche et d'un pantalon gris clair. Ses bottes, dites à la *Souaroff*, avaient des éperons ; il portait sur la tête une casquette à visière, bordée d'un large galon d'or. Assis sur un tabouret recouvert de cuir, placé en face et à dix pas du président, le regard tout à la fois doux et fier, il tenait les bras croisés sur sa poitrine, et attendait avec calme les questions qu'allait lui adresser Hullin. Le front de ce dernier paraissait soucieux, et l'émotion intérieure qui l'agitait se devinait à la fermeté même et à la rudesse qu'il s'efforçait de donner à sa voix.

L'horloge du château sonnait deux heures de la nuit, lorsque enfin le président, s'adressant à l'accusé, prit la parole en ces termes :

— Avez-vous porté les armes contre la république ?

— Je les ai portées pour le roi, pour le trône et pour recouvrer le légitime héritage de mes aïeux.

— Avez-vous conspiré contre les jours du premier consul ? vous êtes-vous lié au complot d'assassinat tramé par Georges?

— Est-ce au duc d'Enghien, au petit-fils du grand Condé qu'on ose adresser une pareille demande ?

Alors le duc, entraîné par le cours des idées qu'il tenait de sa naissance et de son éducation de prince, rappela la gloire de ses ancêtres, l'élévation de son rang, la loyauté de son caractère, le droit que tant de titres lui semblaient avoir au respect, et à l'intérêt des Français. Le président le pressant de nouveau sur ces chefs d'accusation, le duc ne put se contenir, et répondit :

— Monsieur, je vous ai dit non !

— Pourtant tout le fait croire.

— Encore une fois, non ! monsieur, reprit le prince exaspéré.

— Monsieur, lui dit-il, vous prenez soin de nous rappeler votre naissance et votre nom ; cela vous importe peu. Je vous fais des questions positives, et, au lieu d'y répondre, vous vous jetez dans des digressions tout à fait étrangères. Je vous engage à chercher d'autres moyens de défense. Prenez-y garde, ceci pourrait tourner à mal. Prétendez-vous nous persuader avec votre naissance, sur laquelle vous revenez sans cesse, que vous étiez indifférent aux événemens, quand ils pouvaient vous être si profitables ? Cela est trop incroyable pour que je puisse me dispenser de vous en faire l'observation. Je vous le répète, faites-vous d'autres moyens de défense ; vous ne sauriez trop y réfléchir, monsieur.

Pendant ce discours, le rouge était monté au front du prince, qui reprit avec exaltation et en restant à son point de vue personnel :

— Monsieur, je ne serai jamais indifférent aux événemens quand ils pourront s'accorder avec l'honneur. J'ai combattu pour des droits légitimes, pour relever un trône que des factions ont abattu ; ce n'est pas contre ma patrie, mais contre la révolution que j'ai porté les armes ; cette révolution qui n'a eu pour trône que des échafauds, la France elle-même ne l'a vue qu'avec horreur ; elle ne se la rappelle qu'avec exécration !

Durant cette séance, il y eut une grande animation de part et d'autre ; le duc parla chaleureusement : chaque fois qu'il s'agissait de sa vie et de la part militaire qu'il avait prise aux campagnes du Rhin, il avouait tout ; il avait servi sous les ordres de son père et de son aïeul ; c'était son devoir, répétait-il ; il était émigré, fidèle aux Bourbons, c'était chose de famille.

Alors quelques membres de la commission, Hullin lui-même, offrirent au prince, par d'autres questions posées avec ambiguïté, l'avantage de revenir sur cette déclaration ; mais le prince leur dit après un moment de silence :

— Je vous comprends fort bien, messieurs, et j'apprécie vos intentions bienveillantes ; mais je ne puis me servir des moyens que vous m'offrez.

Le duc engagea ensuite un débat, pour ainsi dire corps à corps, avec le président, quand il fut question de la conspiration de Georges ; et puis il revint sur ses précédentes déclarations en ajoutant :

— Mais mon intention n'était pas de rester indifférent aux événemens ; j'avais demandé à l'Angleterre du service dans ses armées, et elle m'avait fait répondre qu'elle ne pouvait m'en donner, mais que j'eusse à rester sur le Rhin, où incessamment j'aurais un rôle à jouer. J'attendais, monsieur. Je n'ai plus rien à vous dire (1).

Ce fut ce terrible aveu du prince que la commission aurait voulu l'empêcher de faire, qui le perdit sans retour, car le président lui dit avec une émotion profonde :

— Monsieur, songez-vous bien à ce que vous nous dites, et ignorez-vous que les commissions militaires sont sans appel ?

A ces mots, le prince baissa la tête et répondit d'un ton de résignation :

— Je le sais, monsieur, et je ne me dissimule pas le danger que je cours. Je désire seulement, comme j'en ai déjà exprimé le vœu, obtenir du premier consul la faveur d'une entrevue.

Les questions étant épuisées, le président déclara, d'une voix éteinte

(1) Le duc de ROVIGO, Mém. tom. II, chap. 5, page 62. Savary ajoute : « Telle fut la réponse du duc d'Enghien ; je l'ai écrite à l'instant même : j'ai
» écrit celle-ci de mémoire long-temps après ; mais je ne crois pas en avoir ou-
» blié une seule syllabe ; si elle n'est pas à son procès, c'est assurement parce
» qu'on l'aura soustraite ou bien qu'on aura négligé de la recueillir.
» Malheureusement la déclaration du duc d'Enghien, qu'il restait sur le Rhin
» pour y attendre des ordres, offrait une coïncidence frappante avec l'existence
» du complot. Cet aveu a dû paraître à des officiers jugeant avec la rigueur du
» code militaire, et sous l'influence de circonstances aussi graves, une cause suf-
» fisante de condamnation, car des hommes aussi honorables que les membres
» de cette commission ne se seraient pas dégradés au point de faire fléchir leur
» conscience devant un ordre sanguinaire. Il n'est donc pas permis de douter
» qu'ils n'aient agi selon leur conscience. Aucun ordre, a dit Napoléon, ne
» peut justifier la conscience d'un juge. » (Le baron de MENNEVAL, Lettre
à M. Thiers, page 51.)

que les débats étaient fermés, et ordonna qu'on fît sortir de la salle tous ceux qui avaient assisté aux débats. Le prince fut reconduit à sa chambre par le capitaine-rapporteur et M. Noirot, avec lesquels il causa encore quelque temps. Il leur parla de leurs campagnes, de la gloire acquise en Italie et en Egypte par les armées françaises, et enfin de l'espérance qu'il avait d'obtenir bientôt une audience du premier consul ; puis ces deux officiers se retirèrent, car le prince devait avoir besoin de repos. Celui-ci se jeta tout habillé sur son lit. Il était quatre heures du matin.

La commission délibéra à huis clos sur les six questions posées par le général Hullin : les voix furent recueillies séparément sur chacune des questions, en commençant par le membre le moins âgé, le président devant émettre son opinion le dernier. La commission déclara, à l'unanimité, le nommé Louis-Antoine-Henri de Bourbon, duc d'Enghien, coupable sur toutes les questions. Le président ayant ensuite posé la question relative à l'application de la peine, et les voix ayant été recueillies de nouveau et dans la forme déjà suivie, la peine de mort fut prononcée de même à l'unanimité, conformément au code pénal militaire.

Ce jugement fut formulé, expédié et signé par tous les juges composant la commission. Une demi-heure s'était à peine écoulée, que le général Hullin, triste et péniblement préoccupé, manda le major Dautencourt, lui parla à voix basse, lui fit connaître le prononcé de la sentence de mort et lui transmit l'ordre qu'il avait reçu de la faire exécuter sur-le-champ. D'où venait cet ordre ? Qui pouvait frapper un Condé, un condamné de cette importance politique, sans l'assentiment et même contre la volonté expresse du premier consul, resté à la Malmaison, comme nous l'avons dit plus haut ?

Quoi qu'il en soit, un officier de gendarmerie s'adressa au gouverneur Harel, et le prévint que l'exécution du jugement prononcé contre le duc d'Enghien devant avoir lieu immédiatement, il fallait qu'il fît creuser une fosse.

— Cela n'est pas facile, répondit celui-ci, la cour est pavée.

L'officier ayant demandé une autre place, on choisit l'un des fossés du château. Harel alla trouver le nommé Godard, employé chez le garde d'artillerie Germain : ces deux garçons ne s'étaient pas couchés ni l'un ni l'autre, ayant assisté au procès du prince. Le gouverneur donna l'ordre à Godard de délivrer trois pelles et trois pioches à des gendarmes qui, munis de ces ustensiles pris au magasin (1), descendirent dans le

(1) Déposition de Godard, ancien canonnier à Vincennes, dans le *procès-verbal de l'exhumation du corps du duc d'Enghien*, page 307. Ce témoin ajoute :
« Que le lendemain il alla chez le commandant redemander les pelles et les pio-
» ches qu'il avait délivrées aux gendarmes et qu'il devait rétablir au magasin ;
» que le commandant lui ayant dit qu'il pouvait les aller chercher dans le fossé,
» il y était descendu, et qu'ayant demandé à un homme qui travaillait, s'il sa-
» vait où elles pouvaient être, celui-ci répondit qu'il les trouverait au pied du
» *pavillon de la Reine*. Qu'en approchant d'un petit mur alors existant, il aper-
» çut par terre une espèce de calotte près d'un pommier (depuis arraché), et
» qu'ayant dès le matin entendu dire que monseigneur le duc d'Enghien était le
» prisonnier qu'il avait vu la veille au soir en lui portant sa malle, lequel avait
» été fusillé pendant la nuit et enterré dans le fossé, la vue de cette calotte lui
» causa une émotion qui lui permit à peine d'y arrêter long-temps les yeux ;
» qu'il se pressa d'entrer dans l'enceinte au pied du pavillon et d'y ramasser
» ses pelles et ses pioches qui étaient jetées çà et là sur *deux fosses* nouvelle-
» ment faites présentant une élévation d'un pied au dessus de terre dans la forme
» de sépultures. »

fossé et creusèrent une fosse au bas du *pavillon de la Reine*, à dix pieds environ du petit mur en dégradation, et à six pieds du trou non comblé qui avait été fait le matin par Bonnelet.

Pendant ce temps, M. Delga, adjudant d'infanterie de gendarmerie, était venu trouver Savary qui, après l'évacuation de la salle du conseil ordonnée par le général Hullin, était allé rejoindre les troupes de sa brigade postées sur l'esplanade, et lui avait dit, avec une profonde émotion, qu'on lui demandait un piquet pour exécuter la sentence de la commission militaire :

— Eh bien! donnez-le, avait répondu froidement Savary.

— Mais, mon colonel, où dois-je le placer?

— Là où vous ne pouvez blesser personne, car déjà les maraîchers de Vincennes sont sur la route pour se rendre aux divers marchés de Paris.

— En ce cas, dans le fossé de Vincennes, reprit M. Delga, et le plus près du mur possible (1).

— Soit, dit Rovigo.

Ce fut là, en effet, que cet officier fit toutes ses dispositions. Pendant ce temps, Savary fit mettre les troupes qu'il commandait sous les armes et leur annonça qu'elles allaient assister à une exécution. Il était cinq heures et demie du matin.

X

L'Exécution.

D'après la loi, le gouverneur de Vincennes devait présider à l'exécution. Harel était prévenu. Suivi du brigadier Aufort qui portait une lanterne à la main, il monta à la chambre du condamné. La rapidité du voyage et l'émotion du vif débat qu'il venait de soutenir avaient fatigué le prince, et, comme son aïeul la veille de la bataille de Rocroy, il dormait d'un profond sommeil, ayant son petit chien couché à ses pieds. Aufort l'éveilla en lui touchant légèrement le bras.

— Qu'est-ce encore? demanda le duc avec un peu d'impatience, en se réveillant.

Alors, d'une voix mal assurée, Harel l'invite à se lever promptement et à venir avec lui. Le prince, sans faire de réflexions, se jette en bas du lit :

— Monsieur, je suis prêt, dit-il au gouverneur en mettant sa montre dans son gousset.

Harel prend le bras du prince, et, la lanterne à la main, s'avance vers l'escalier étroit et tortueux par lequel ils doivent descendre.

— Mais, lui demande le duc avec vivacité, où me conduisez-vous?

— Monsieur, veuillez me suivre et rappelez tout votre courage.

On continue de s'acheminer, et, dans cet obscur trajet, tandis que Harel éclaire les pas du duc, celui-ci, tout en sondant du pied les marches usées de l'escalier, répète de temps en temps la même question : « Où me conduisez-vous? » Enfin, arrivé au dernier palier du pavillon, sentant le frais du dehors, il ajoute :

— Si c'est pour m'enterrer vivant dans un cachot, j'aime mieux qu'on me conduise à la mort sur-le-champ.

(1) « Il n'y eut pas d'autre motif de préférence », ajoute le duc de Rovigo, dans l'*Extrait de ses Mémoires*, page 29.

Son guide, profondément ému, ne répond toujours que par les mêmes paroles :

— Monsieur, rappelez tout votre courage.

Lorsqu'ils furent parvenus au bas de l'escalier, une petite porte s'ouvrit et le prince se trouva dans le fossé. Autant qu'un brouillard humide pouvait lui permettre de distinguer les objets, il aperçut devant lui un piquet d'infanterie de gendarmes d'élite, occupé à charger ses armes ; plus haut, sur l'esplanade, en arrière du parapet qui domine le fossé, se tenait un groupe d'officiers supérieurs, ayant sans doute mission d'assister, comme témoins, à l'exécution : c'étaient les mêmes officiers qui avaient assisté aux débats dans la salle du conseil ; et, en portant ses regards plus bas, il remarqua, à quelque pas de lui, à sa gauche, une fosse nouvellement creusée, comme nous l'avons dit. A la vue de l'appareil militaire qu'on avait déployé, le duc devina l'affreuse vérité ; son courage se ranima et, relevant la tête :

— Grâces à Dieu ! s'écria-t-il, je mourrai de la mort d'un soldat !

Il avait craint de descendre dans un cachot ; mais maintenant plus d'incertitude : c'est de la mort que chacun de ses pas le rapproche ; il s'avance d'un pas ferme.

M. Dautencourt, en sa qualité de capitaine rapporteur, lui lit d'une voix vacillante la sentence du conseil de guerre. Le prince l'écoute attentivement : rien chez lui ne décèle la faiblesse.

— Que Dieu pardonne à mes juges, comme je leur pardonne, dit le prince. Allons ! messieurs, faisons tous notre devoir ; mais au moins, ajouta-t-il en jetant un regard assuré autour de lui, me serait-il permis d'avoir, pour un instant seulement, un prêtre catholique ?

— Il veut mourir comme un capucin ! s'écria une voix cruelle qui partit du groupe d'officiers supérieurs qui bordait la crête du fossé.

Alors le duc releva la tête, et d'un ton plein de dignité, se retournant vers la troupe placée au port d'armes devant lui :

— Messieurs, dit-il, j'ai à demander un service important pour moi, mais facile à remplir pour la personne qui s'en chargera.

Le silence ayant accueilli ces paroles, le prince continua :

— Y a-t-il parmi vous un homme d'honneur qui veuille s'engager à rendre un dernier service à un homme qui va mourir ?

A ces mots, les soldats se regardèrent comme pour se consulter entre eux. M. Noirot, ayant fait quelques pas vers le prince, celui-ci devina sa généreuse intention et lui dit :

— Oui, monsieur Noirot, venez à moi ; j'ai une prière à vous faire.

— Me voici, répondit l'officier, en s'approchant du prince et en mettant la main sur son cœur comme pour lui donner l'assurance qu'il pouvait compter sur sa parole. Le duc lui parla tout bas, et de si près, que personne ne put l'entendre :

— Puis-je compter, continua le prince en haussant la voix, que vous exécuterez ponctuellement mes dernières volontés ?

— Vos intentions seront remplies, répondit M. Noirot profondément ému ; recevez-en ma parole d'honneur.

Et ce dernier, faisant quelques pas vers le piquet de gendarmes, leur demanda :

— Quelqu'un parmi vous a-t-il une paire de ciseaux ?

Ces derniers mots se répétèrent de rang en rang. L'un des soldats en avait une; elle passa de main en main ; le prince la reçut et s'en servit pour couper une mèche de ses cheveux. Il tira ensuite un anneau de son doigt, renferma ces objets dans un papier qu'il remit à l'officier, en lui adressant encore quelques mots. De nouveau celui-ci sembla faire quelques protestations, puis il alla rejoindre ses camarades. Le prince élevant la voix s'écria :

— Mes amis !...

— Tu n'as pas d'amis ici! interrompit la même voix, partie du même groupe d'officiers supérieurs.

Cette atroce parole, jetée à un homme qui allait mourir, fit frissonner le duc ; mais bientôt, reprenant tout son calme, il s'écria encore avec un geste plein de dignité :

— Eh bien ! qu'on m'indique ma dernière place de bataille !

Alors l'adjudant Delga, chargé de l'exécution militaire, prit le duc par le bras, le rapprocha de quelques pas du piquet qui, pendant ce temps, s'était placé en face du petit mur, et lui dit à demi-voix :

— Monsieur, il faut vous mettre à genoux.

— Monsieur, répliqua fièrement le duc, un Condé ne fléchit le genou que devant Dieu.

M. Delga tira un mouchoir de sa poche et le lui présenta ; mais le prince le repoussa doucement en ajoutant :

— Monsieur, j'ai vu la mort de plus près sans en être intimidé.

A ces mots, l'adjudant s'éloigna et ne pouvant, à cause du brouillard, commander le feu, selon l'usage, en levant et en abaissant la pointe de son épée, s'adressa aux soldats :

— Apprêtez vos armes ! fit-il.

— Visez au cœur ! s'écria le duc en redressant la tête, et en prenant une pose héroïque.

— En joue !... Feu ! commanda l'adjudant.

A l'instant, le duc tomba la face contre terre... Les balles avaient frappé juste ; le prince était mort comme il l'avait souhaité, en soldat (1).

A peine l'explosion avait eu lieu qu'on entendit le lévrier du prince pousser des gémissemens dans la chambre du vieux donjon où on l'avait attaché et dont le vent et les ondées de la nuit avaient brisé plus d'un carreau (2).

Tout était fini. Il ne s'agissait plus que d'inhumer ce cadavre sanglant

---

(1) Un bourgeois de Paris. Notice historique sur S. A. S. monseigneur le duc d'Enghien.
Les relations imprimées en 1814 et 1815 disent qu'on plaça sur la poitrine du prince une lanterne pour que les coups fussent dirigés plus sûrement ; quelques autres prétendent que le duc aurait tenu lui-même cette lanterne d'une main ferme jusqu'au moment de l'explosion. Tous ces détails sont controuvés. Il était six heures du matin, et à six heures, au mois de mars (le 21), on voit un homme à six pas.

(2) Ce petit animal, durant les premiers jours qui suivirent la catastrophe, venant sans cesse à la place où le duc avait succombé, rassembla par ses plaintes continuelles, devant le parapet qui borde le fossé, une foule de curieux telle, que ce fut bientôt un pèlerinage pour le voir. Chacun s'extasiait sur sa fidélité et devisait à sa manière sur l'événement de Vincennes ; mais bientôt l'autorité y mit ordre, en plaçant des factionnaires sur l'esplanade pour empêcher les passans de s'approcher et en interceptant toute communication de la citadelle avec le fossé. Alors le lévrier du duc d'Enghien n'alla plus gémir sur la tombe de son maître.
(BOURRIENNE, Mém., t. 5, chap. 22, page 335.)

de la victime. Quelques gendarmes s'approchèrent; l'un d'eux lui retira sa montre (1); les autres, ayant soulevé le corps, le jetèrent, tout habillé et la tête la première, non pas dans la fosse qui avait été préparée seulement deux heures auparavant, mais dans celle qui avait été creusée le matin par Bonnelet (2), pour recevoir les décombres, et ils le recouvrirent ensuite de gravois amoncelés à côté (3). La fosse destinée au prince fut comblée avec la terre qu'on en avait extraite; puis on laissa un factionnaire sur ce champ funèbre pour en écarter les curieux. Savary renvoya alors les troupes dans leurs casernes respectives. La lugubre tragédie qui avait mis en mouvement tant d'acteurs venait d'avoir son sanglant et rapide dénouement.

XI

L'Énigme.

Savary, en revenant de Vincennes à Paris, immédiatement après l'exécution du prince, rencontra la voiture de Réal, qui, au contraire, se rendait à Vincennes en costume de conseiller d'Etat. Sur un signe de Savary, le cocher arrête ses chevaux.

— Où allez-vous? demande à Réal l'aide-de-camp de Napoléon qui s'est approché de la portière.

— A Vincennes, répond le conseiller d'Etat. J'ai reçu hier au soir, du premier consul, l'ordre de m'y transporter ce matin pour interroger le duc d'Enghien.

— Eh bien! c'est inutile, réplique Savary étonné, et qui lui raconte aussitôt tout ce qui vient de se passer.

Réal semble plus étonné encore de ce qu'il apprend, que Savary lui-même de ce que le conseiller d'Etat vient de lui dire.

— Et vous, demanda à son tour Réal, où allez-vous?

— Je vais à la Malmaison, rendre compte au premier consul de ce que j'ai vu.

A ces mots, Réal fit tourner bride et rentra dans Paris. Savary piqua des deux et arriva à la Malmaison.

L'aide-de-camp est introduit. Napoléon l'écoute avec la plus grande surprise. Il ne peut concevoir pourquoi on a jugé le prince avant l'arrivée de Réal. Ses yeux de lynx sont fixés sur Savary à qui il dit :

— Il y a là quelque chose que je ne saurais comprendre. Que la commission ait prononcé sur les aveux du duc d'Enghien, cela ne me surprend pas. Mais enfin, on n'a obtenu ces aveux qu'en procédant au jugement qui ne devait avoir lieu qu'après que Réal l'aurait interrogé sur un point qu'il nous importait d'éclaircir. Puis il répétait encore : — Il y a

(1) Cette montre fut remise le jour même au général Hullin.

(2) « Après s'être assurés (les commissaires) de la direction dans laquelle le corps était posé, et avoir reconnu qu'il était de bas en haut, nous avons constaté que le premier objet qui avait été aperçu était un pied de botte contenant des ossemens que nous avons reconnus être ceux du pied droit, etc. » (Extrait du *procès-verbal d'exhumation du corps du duc d'Enghien*.)

(3) C'est ce qui a fait dire, après l'exhumation, que pour en finir plus vite on avait écrasé la tête de l'infortuné avec un pavé. « Nous tournâmes à gauche en suivant les remparts; et, passant ainsi devant le tertre de gazon élevé au duc d'Enghien, sur son corps fusillé et sur sa tête écrasée par un pavé, nous côtoyâmes le fossé, etc. » (Le comte Alfred DE VIGNY, *Servitude et grandeur militaire*, chap. 2, page 151.)

là quelque chose qui me surpasse! Voilà un crime qui ne mène à rien (1).

Après que le jugement avait été signé des juges, l'un d'eux, le colonel Barrois, aujourd'hui lieutenant-général, avait fait au président cette proposition (appuyée sur la demande que le condamné avait faite lui-même d'une audience au premier consul) de surseoir à l'exécution du jugement (2). Le général Hullin se mit donc à écrire une lettre dans laquelle, se rendant l'interprète du vœu *unanime* de la commission, il faisait part au premier consul du désir qu'avait témoigné le prince d'avoir une entrevue avec lui, et le suppliait en outre de commuer une peine que la rigueur de la loi n'avait permis aux juges ni d'éluder, ni d'atténuer. A cet instant, un homme, qui s'était constamment tenu dans la salle du conseil (3), s'approcha de lui et, se plaçant derrière son fauteuil, lui dit :

— Que faites-vous là ?

— J'écris au premier consul, répondit Hullin, pour lui exprimer le vœu du conseil et celui du condamné.

— Votre affaire est finie, répliqua celui-ci en lui ôtant la plume des mains; maintenant cela me regarde.

Ce *maintenant cela me regarde* fit croire au président que l'avertissement n'en serait pas moins donné au chef de l'Etat. Cette confiance fut partagée par les membres du conseil et notamment par le colonel Guitton avec qui nous avons eu, il y a long-temps, nous qui écrivons ces lignes, plusieurs entretiens à ce sujet; mais tous devaient être bientôt désabusés.

Harel, interpellé dans la cour du château par un officier supérieur qui lui fit remarquer le déploiement de forces extraordinaire qui avait lieu, la singulière précipitation qu'apportait la commission militaire, et enfin l'étrangeté de tout ce qui se passait autour de lui, répondit :

— Que voulez-vous ; je ne suis plus rien ici; c'est un autre qui commande à ma place (4).

Or, quel était ce personnage mystérieux, ce pouvoir occulte qui arrêtait au passage les communications de la commission militaire avec le premier consul ?... Qui commandait à Vincennes à la place du gouverneur, et qu'enfin personne n'ose appeler par son nom? Voilà ce que l'histoire n'a pu encore pénétrer... L'avenir éclaircira peut-être cette énigme du passé.

La capitale apprit tout à la fois, par le *Moniteur* du 22 mars 1804, l'enlèvement d'Ettenheim, l'arrivée à Vincennes, le jugement et l'exécution du duc d'Enghien. La surprise fut grande, et une sorte de stupeur régna dans Paris quand les détails furent connus. Les uns croyaient à l'innocence du prince, les autres assuraient qu'il avait conspiré; mais le plus grand nombre ne voyait dans cet événement déplo-

(1) Le duc DE ROVIGO, *Mém.* tom. II, chap. VI, page 66.
(2) Le baron de MENNEVAL; *Lettre à M. Thiers sur quelques points de l'Histoire de Napoléon et sur la mort du duc d'Enghien,* page 49.
(3) « Et que je nommerais à l'instant, si je ne faisais cette réflexion que, même en me défendant, il ne me convient pas d'accuser. » Voilà ce qu'ajoute le général Hullin dans son écrit intitulé : *Explications offertes aux hommes impartiaux au sujet de la commission militaire appelée à juger le duc d'Enghien,* page 123.
(4) Le comte HULLIN. *Explications offertes aux hommes impartiaux au sujet de la commission militaire appelée à juger le duc d'Enghien,* page 117.

rable, qu'un gage donné par le premier consul aux vieux jacobins et aux révolutionnaires endurcis. Ce mot attribué faussement à Napoléon, le soir même, et qui fut répété dans quelques salons de Paris : « Désormais on ne pourra pas dire que je veuille jouer le rôle de Monck (1), » ne fit qu'accréditer cette croyance.

Il y eut une anecdote épouvantable sur M. de Talleyrand : on l'accusa d'avoir tiré sa montre à l'heure fatale de la mort de l'unique rejeton de la famille des Condés, chez une princesse de ses amies où il avait joué gros jeu toute la nuit (2), et d'avoir dit, en faisant rouler sur le tapis les pièces d'or qu'il avait devant lui :

— Il est six heures!... le duc d'Enghien ne doit plus exister.

Le soir même (21 mars), M. de Talleyrand donna un grand bal auquel tout le corps diplomatique fut invité. Rien ne fut plus triste que ce bal, où quelques personnages de distinction s'efforcèrent de paraître. De ce nombre était la princesse Dolgorowski et M. de Moustier qui, sous Louis XVIII, devint ambassadeur (3).

On a prétendu également que le premier consul *s'était obstiné dans ce crime* (4), malgré les larmes de Joséphine; on a dit qu'elle s'était jetée à ses genoux pour obtenir la grâce du duc d'Enghien, etc. Tout cela a été imaginé par l'esprit de parti pour rendre Napoléon odieux. Joséphine, pas plus que le public, ne sut rien de cette affaire qu'après la conclusion. Elle n'apprit l'enlèvement du prince, et par conséquent son arrivée à Vincennes, son jugement et son exécution, qu'au retour de Savary à la Malmaison, le 21 au matin, lorsqu'il n'y avait plus de grâce à solliciter ou à obtenir. S'il en eût été autrement, on peut affirmer que n'écoutant, comme toujours, que la bonté de son cœur, elle eût sollicité la grâce du duc d'Enghien avec toute la persévérance qu'elle apportait dans les occasions de ce genre, et qu'elle n'eût pas cessé ses instances, auprès de son mari, avant de l'avoir obtenue. On peut affirmer également que, selon l'habitude, Napoléon se fût laissé fléchir aux prières de Joséphine.

Le prince qui venait de succomber portait, comme le vainqueur de Rocroy, le titre de duc d'Enghien. Or, telle était l'admiration que le premier consul professait pour le grand Condé, que, lorsqu'il sortait de son cabinet des Tuileries, il ne manquait jamais de saluer le buste du vaillant capitaine qu'il avait ordonné de relever dans la *grande galerie de Diane*. Ce respect pour la mémoire de l'aïeul eût certainement contribué à sauver le descendant, si une fatalité que rien ne peut expliquer encore n'avait précipité les événemens, à l'insu même et contre le gré du premier consul, de manière à rendre inutile tout ce qui eût pu concourir au salut du prince.

Quoi qu'il en soit, le lendemain du jour de l'exécution, quelle ne fut pas la surprise ou plutôt l'indignation qu'éprouva Napoléon, en sortant de

(1) On sait que Monck, général anglais, se servit de sa popularité et de son ascendant sur l'armée pour rétablir sur le trône d'Angleterre Charles II, fils de Charles Ier, décapité.

(2) CAPEFIGUE. *L'Europe pendant le Consulat et l'Empire de Napoléon*, tom. IV, pag 421.

(3) Le duc DE ROVIGO ; *Mém.*, tom. II, pag. 379, et il ajoute en parlant de ce fait : « C'est M. de Moustier qui me l'a attesté. »

(4) Expression textuelle du duc de ROVIGO. *Extrait de ses Mémoires*, pag. 89.

son cabinet, de grand matin, de trouver étalés à ses pieds, dans la grande galerie, les débris du buste du grand Condé qu'une main ennemie avait renversé de son piédestal pendant la nuit. Malgré l'enquête sévère qui fut ordonnée pour découvrir le coupable, on ne le connut jamais.

Quelque temps après, un homme honorable, attaché à Davoust en qualité de secrétaire (1), partit de Paris par la diligence pour aller à Boulogne rejoindre son général qui commandait une division du camp. Il remarqua, placé en face de lui dans la voiture, un homme dont la physionomie annonçait une de ces afflictions profondes qui absorbent l'âme tout entière. Cet homme, pendant toute la journée, ne rompit son silence que par des soupirs qu'il ne pouvait étouffer. Le secrétaire de Davoust l'observait avec une sorte d'intérêt curieux, mais respectait sa douleur. Cependant, comme à cette époque l'affluence des voyageurs était grande sur la route de Paris à Boulogne, le soir, l'auberge où s'arrêtait habituellement la diligence se trouva tellement encombrée qu'il n'y avait pas assez de chambres pour en donner une à chaque voyageur. Il fallait donc mettre deux personnes dans la même pièce, et le secrétaire fit en sorte de se trouver avec son mystérieux compagnon. Quand ils furent seuls, il lui adressa la parole avec ce ton sympathique qui fait qu'une question n'est jamais indiscrète. Il lui dit qu'il n'avait pu voir indifféremment l'expression douloureuse qu'il remarquait en lui ; il lui demanda quel était le motif de son affliction, et lui offrit généreusement ses services pour le cas où elle serait de nature à être calmée par des consolations ou bien par la mise en commun de sa bourse. L'inconnu ne pouvait résister plus long-temps aux instances de celui qui semblait prendre une part si vive à ses peines, lui répondit :

— Monsieur, je vous remercie bien sincèrement de l'intérêt que vous me témoignez; je n'ai besoin de rien ; il n'y a plus pour moi de consolations possibles : le mal dont je souffre ne finira qu'avec ma vie. Vous allez en juger, car vos paroles justifient trop la confiance que j'ai en vous pour que je vous cache quelque chose. J'étais naguère encore brigadier dans la gendarmerie d'élite ; un soir je fais partie d'un détachement commandé pour aller à Vincennes. Nous partons du quartier à neuf heures, et nous arrivons dans le château à onze heures. Nous passons la nuit sous les armes ; à la pointe du jour, l'officier qui nous commandait fait descendre douze gendarmes de ce détachement dans un des fossés de la citadelle pour procéder à une exécution militaire. Hélas ! monsieur, j'étais du nombre. On amène devant nous un homme dont je ne distingue pas bien la figure à cause du brouillard. Le condamné échange avec l'officier quelques paroles que je ne comprenais pas, tant j'étais ému... C'était la première fois que je coopérais à une exécution de cette nature. On commande le feu. L'homme tombe... J'apprends que nous venons de fusiller le duc d'Enghien ! Or, son grand-père avait été mon parrain, car mon père était un des serviteurs de la maison du prince de Condé !... Ah ! monsieur, vous figurez-vous mon désespoir !

À ces mots, l'étranger couvrit son visage de ses deux mains.

(1) M. DE BOURIENNE, qui raconte le même fait dans ses *Mémoires*, tom. V, chap. XXI, pag. 320, ajoute : « Selon la coutume que j'ai adoptée quand je n'ai pas vu ou entendu les choses dont je parle, je commence par rapporter sous quelle garantie j'adopte le fait : je le tiens d'une personne que je ne veux pas nommer, mais qui l'a entendu elle-même raconter à l'ancien secrétaire du général Davoust. »

— Comment ! demanda le secrétaire de Davoust vivement ému, vous ignoriez que le condamné fût le duc d'Enghien ?

— Eh! monsieur, comment aurais-je pu croire que c'était lui ? réplique celui-ci en sanglotant; nous avions entendu dire, un moment auparavant, que celui que l'on allait fusiller était un brigand, un conspirateur, un chouan, que sais-je ? J'ai quitté le service, notre commandant, le général Savary, m'a fait obtenir ma retraite ; je me retire dans ma famille. Hélas ! que ne l'ai-je fait plus tôt ! Tenez, monsieur, ajouta l'étranger après un silence et en tirant de son sein un petit objet soigneusement enveloppé de papier, voici une précieuse relique qui ne me quittera jamais !

— Qu'est-ce donc ? demanda le secrétaire de Davoust.

— Peu de chose : jugez-en vous-même.

Et l'étranger ayant déplié le papier montra une petite paire de ciseaux qu'il couvrit de larmes et de baisers.

Ces ciseaux étaient ceux dont le prince s'était servi pour couper ses cheveux avant de mourir.

XII

A qui la faute ?

Les détracteurs de Napoléon ont commencé par faire un crime *abominable* de l'affaire déplorable du duc d'Enghien, que nous-même avons blâmée sous plusieurs rapports ; et puis, le crime abominable une fois établi, ils ont tenté d'en faire une tache sanglante pour la mémoire du premier consul. Ils ont dit et imprimé que ce fut par ses ordres que le sang du duc d'Enghien coula: si la mémoire de Napoléon avait besoin de justification, on pourrait répondre qu'il ne fut rien moins que vindicatif et sanguinaire. Toute sa vie est là pour attester, au contraire, qu'il était bon, généreux, magnanime ; qu'il pardonnait avec une facilité même excessive ; qu'il ne commit jamais ni crime, ni bassesse, ni cruauté, ni perfidie ; que personne n'oublia les griefs les plus légitimes aussi promptement que lui les siens, et cependant quel prince eut jamais à punir plus d'ingratitudes et de félonies ? Quel souverain fit jamais preuve, envers les ingrats et les félons, de plus d'indulgence et de longanimité ?

Enfin, si Napoléon eût été homme à compter le crime parmi les droits exceptionnels de l'homme d'Etat, quels crimes lui eussent été plus profitables que l'assassinat du comte de Lille (1) et celui du comte d'Artois ? La proposition lui en fut faite plusieurs fois : il la rejeta toujours avec mépris et indignation (2).

Lorsque les Espagnols s'étaient soulevés en faveur de Ferdinand, ce prince et son frère don Carlos, seuls héritiers du trône d'Espagne, étaient à Valençay, au fond du Berry ; leur mort eût mis fin sans doute aux affaires d'Espagne ; elle lui fut conseillée ; mais elle eût été aussi injuste que criminelle : Ferdinand et don Carlos sont-ils morts en France ?

Nous pourrions citer cent autres exemples donnés par lui, et dans lesquels les devoirs de l'humanité l'emportent toujours sur les intérêts

(1) Louis XVIII.
(2) MONTHOLON, *Mémoires pour servir à l'Histoire de Napoléon*, tome II, page 234.

de la politique; qu'on compare ces exemples de générosité avec ceux qu'en pareilles circonstances tant de rois ont donnés dans le sens contraire, et l'on comprendra que Napoléon, qui, simple particulier, eût été un parfait honnête homme, fut un honnête homme sur le trône, ce qui est avéré. Napoléon était trop fort pour être cruel, et son épée était trop glorieuse pour jamais devenir un poignard.

A Sainte-Hélène, il disait un jour au général Montholon :

— On m'a souvent offert, a un million par tête, la vie de ceux que je remplaçais sur le trône ; on les voyait mes compétiteurs, on me supposait avide de leur sang; mais ma nature eût-elle été différente, eussé-je été organisé pour le crime, je me serais refusé à celui-ci (la mort du duc d'Enghien), tant il m'eût été inutile et purement gratuit. J'étais si puissant, je me trouvais si fortement assis, et lui, il paraissait si peu à craindre ! Toutefois, au fort de la crise de Georges et de Pichegru, assailli d'assassins, on crut le moment favorable pour me tenter, et on me renouvela l'offre de me défaire de celui d'entre eux que la voix publique, en Angleterre aussi bien qu'en France, mettait à la tête de ces horribles machinations. Je me trouvais à Boulogne, où le porteur de la proposition était venu me trouver ; j'ordonnai qu'on me l'amenât :

— Eh bien? monsieur, lui dis-je en le voyant.

— Oui, général, répondit cet homme, nous vous délivrerons du comte d'Artois pour un million.

— Monsieur, je vous en promets deux, si vous me le livrez vivant.

— Oh ! général, c'est ce que je ne saurais garantir, balbutia l'homme que le ton de ma voix et la nature de mon regard déconcertaient fort en ce moment.

— Monsieur, me prenez-vous donc pour un assassin? Sachez que je veux bien infliger un châtiment pour donner un grand exemple, mais que je n'emploierai jamais un guet-apens.

Et Napoléon ajouta avec une de ces inflexions de voix qui lui étaient habituelles :

— Je le chassai. Aussi bien c'était déjà pour moi une trop grande souillure que sa présence (1).

Ce ne fut qu'en 1810 que Réal expliqua en partie au duc de Rovigo, ministre de la police en remplacement de Fouché, cette énigme d'Ettenheim et de Vincennes dont jusque alors il n'avait pu trouver le mot. Il lui apprit comment, en suivant l'instruction du procès de Georges, on avait quitté les traces de ce dernier pour courir sur celles du duc d'Enghien, qui cependant n'avait été nommé par personne, mais qu'on crut apercevoir sous le mystère dont se couvrait l'inconnu qui se rendait secrètement chez Georges et pour lequel chacun des conjurés témoignait un si profond respect. Réal parla à ce propos des conjectures que l'on avait formées sur ce personnage, et de la résolution qui fut prise, en conséquence, d'enlever le duc d'Enghien qu'on croyait avoir deviné. « On ne voulait d'abord, dit-il, que confronter le prince avec les agens de Georges pour s'assurer s'il était bien réellement le personnage que recevait le soir ce chef du complot. Ce n'était que dans le cas où il aurait été reconnu positivement qu'il devait être mis en accusation et jugé. Tel était le but de l'expédition d'Ettenheim. Quant à la sentence de mort qui,

(1) Le comte de Las-Cases, *Mémorial de Sainte-Hélène*, entretiens du mercredi 20 novembre 1816, tom. VII, pag. 337 et suivantes.

une fois l'accusation portée, ne pouvait être douteuse, d'après le code pénal militaire, nous avons dit comment les sentimens du premier consul, comme ses intérêts de garantie, s'opposaient à ce qu'elle fût exécutée. Il voulait un otage, voilà tout. Si l'exécution avait eu lieu néanmoins d'une manière si brusque, si imprévue, ce n'avait pu être que par l'effet d'une intrigue odieuse dont les moteurs ont su échapper à la publicité, et même aux révélations de ceux qui les connaissaient, tels que le gouverneur Harel et le général Hullin. Réal ajouta qu'il était disposé à croire que les gens haut placés, compromis sans doute dans les conspirations royalistes de cette époque, et intéressés à dépister le gouvernement, avaient, par une influence occulte, trouvé moyen de faire hâter la catastrophe, pour que la vérité, dans cette affaire, ne fût pas entièrement connue.

« On ne songeait pas au général Pichegru, dit encore Réal, lorsqu'on découvrit que le petit général boiteux qui avait accompagné Moreau au boulevart de la Madeleine était le général Lajolais (1) ; on l'arrêta ; on le confronta avec un des domestiques de Georges qui le reconnut parfaitement. Un mot échappé à ce dernier, sur la maison où il était descendu en arrivant à Paris, fit connaître la présence de Pichegru dans la capitale. Aussitôt on employa tous les moyens pour se saisir de sa personne : cent mille francs promis à celui qui le livrerait eurent bientôt fait d'un soi-disant ami un traître. Vingt jours s'étaient écoulés depuis l'arrestation de Pichegru, lorsque le duc d'Enghien fut enlevé. Il fallait quelque temps pour réunir des matériaux contre Pichegru, dont il n'avait pas encore été question. Il fut d'abord interrogé seul, et comme il se renfermait dans un système de dénégation absolue, on prit le parti de le confronter successivement avec tous les individus arrêtés et compromis dans la même affaire. Ce fut dans une de ces confrontations qu'il fût enfin reconnu pour le personnage mystérieux qui se rendait chez Georges, tous les dix ou douze jours, qu'on avait soupçonné faussement être le duc d'Enghien, et devant qui les conjurés gardaient une attitude respectueuse.

» En apprenant ces particularités, continua Réal, je fus frappé de stupeur. Je courus chez le premier consul et lui fis part de cette importante découverte. A cette révélation, Napoléon devint rêveur, et, après quelques minutes de silence s'écria :

— » Ah ! malheureux Talleyrand, que m'as-tu fait faire ?

» Mais il était trop tard ; le duc d'Enghien était mort victime de cette fatale méprise. »

A Sainte-Hélène, Napoléon est revenu souvent sur la catastrophe de Vincennes. Un jour, après avoir causé avec M. de Las-Cases de la jeunesse et du sort du malheureux duc d'Enghien, il termina en disant :

— Et j'ai appris depuis qu'il m'était favorable. On m'a assuré qu'il ne parlait pas de moi sans quelque estime. Et voilà pourtant la justice distributive d'ici bas !

Napoléon considéra toujours cette affaire sous deux points de vue bien distincts : celui du droit commun, ou de la justice établie ; et celui du droit naturel, ou de la justice exceptionnelle. Dans l'intimité, il raisonnait volontiers d'après le droit commun, et finissait toujours par dire : « Peut-être me reprochera-t-on d'avoir été sévère ; mais on ne saurait

(1) Témoignage de Fauche Borel.

m'accuser d'aucune violation du droit des gens, parce que, bien qu'on ait eu recours à la calomnie et au mensonge, dans cette déplorable affaire, toutes les formes ont été régulièrement observées. »

Mais, avec les étrangers, Napoléon s'attachait presque exclusivement aux exigences de la politique.

« Si je n'avais pas eu pour moi les torts du coupable et les lois du pays, disait-il, à défaut de condamnation légale, il me serait resté le droit de la loi naturelle : celui de la légitime défense. Le duc d'Enghien et les siens n'avaient d'autre but que de m'ôter la vie. J'étais assailli de toutes parts, et à chaque instant, c'était du tabac empoisonné, des fusils à vent, des machines infernales, des embûches de toute espèce. Je m'en lassai à la fin, et je saisis l'occasion de les épouvanter jusque dans Londres ; et cela me réussit. A compter de ce jour, les conspirations cessèrent. Eh! qui pourrait y trouver à redire? Quoi! à cent cinquante lieues de distance de moi, on me portera journellement des coups à mort ; aucune puissance, aucun tribunal sur la terre ne saurait m'en faire justice, et je ne rentrerais pas dans le droit naturel, dans le droit de rendre guerre pour guerre? Quel est l'homme, de sang-froid et d'équité, qui oserait me condamner? De quel côté ne jetterait-il pas le blâme, l'odieux, le crime? Le sang appelle le sang! C'est la réaction inévitable, infaillible ; malheur à qui la provoque!... Quand on s'obstine à susciter des commotions politiques, on s'expose à en être victime. Il faudrait être niais pour croire, après tout, qu'une famille aurait l'étrange privilége d'attaquer journellement ma vie, sans me donner le droit de riposter : les chances doivent être égales. »

« Je n'avais personnellement jamais rien fait à aucun d'eux, disait encore Napoléon ; mais une grande nation m'avait placé à sa tête ; la presque totalité des souverains de l'Europe avait accédé à ce choix ; mon sang, après tout, n'était pas de boue, il était temps de le mettre à l'égal du leur. Qu'eût-ce donc été si j'avais étendu plus loin mes représailles ?

» On aurait mauvaise grâce à se jeter sur le droit des gens, quand on le violait si impunément soi-même. La violation du territoire de Bade, sur laquelle on s'est tant récrié, demeure étrangère au fond de la question. L'inviolabilité du territoire n'a pas été imaginée dans l'intérêt des coupables, mais bien dans celui de l'indépendance des peuples et de la dignité du prince. C'était donc au souverain de Bade seul à se plaindre, et il ne le fit pas, au contraire. »

Et Napoléon concluait que les véritables auteurs de cette catastrophe étaient, au dehors, les mêmes que les auteurs, les fauteurs et les excitateurs des assassinats tramés contre lui.

Puis, avec ses intimes, il ajoutait relativement à la précipitation qui avait procédé à cette déplorable affaire :

« La faute peut en être attribuée à un excès de zèle autour de moi, à des vues privées, à des intrigues mystérieuses. J'ai été poussé inopinément ; on a, pour ainsi dire, surpris mes idées ; on a précipité mes mesures, enchaîné leurs résultats. J'étais seul un jour, ajouta-t-il ; je me vois encore à demi assis sur le coin de la table où j'avais dîné, et achevant de prendre mon café ; on accourt m'apprendre une trame nouvelle ; on me démontre avec chaleur qu'il est temps de mettre un terme à de si horribles attentats : qu'il est temps enfin de donner une leçon à ceux qui se sont fait une habitude de conspirer contre ma vie ; que le duc d'Enghien faisait partie de la conspiration actuelle ; qu'il avait paru à Strasbourg, qu'on croyait même qu'il était venu jusqu'à Paris ; qu'il devait pénétrer par l'Est au moment de l'explosion, tandis que le duc de Berry débarquerait par l'Ouest. Or, je ne savais même pas précisément qui était le duc d'Enghien ; la révolution m'avait pris bien jeune, je n'allais point à la cour, j'ignorais où il se trouvait. On me satisfit sur tous ces points. — Mais, s'il en est ainsi, m'écriai-je, il faut se saisir de lui, et donner des ordres en conséquence. Or, tout avait été prévu ; les pièces se trouvèrent prêtes, il n'y eut qu'à signer, et le sort du prince se trouva décidé. Il était depuis quelque temps à trois lieues du Rhin, dans les Etats de Bade. Si j'eusse connu plus tôt ce voisinage et son importance, je ne l'eusse pas souffert, et cet ombrage de ma part lui eût sauvé la vie.

» Quant à l'opposition qu'on prétend que je rencontrai et aux sollicitations qui, dit-on, me furent faites, rien de plus faux ; on a imaginé cela après coup pour me rendre odieux.

» Assurément, si j'eusse été instruit à temps, de certaines particularités concernant les opinions et le caractère du duc d'Enghien, si surtout j'avais vu la lettre qu'il m'écrivit, et qu'on ne me remit, Dieu sait pour quel motif! qu'après qu'il n'existait plus, bien certainement j'eusse pardonné (1). »

Enfin, M. de Bourrienne, que certes on n'accusera pas de partialité envers Napoléon, d'après la manière dont il a rendu compte de ce fatal événement, dit dans ses Mémoires, tome 5, chap. XXI, page 318 et 319 :

« J'ai dû me livrer d'abord aux rapprochemens des faits, à l'appréciation des paroles contradictoires attribuées à Bonaparte et rapportées par divers auteurs. Voici maintenant ce qu'en résumé je sais de positif sur la mort du duc d'Enghien :

» Je sais que la colère du premier consul portait sur les rassemblemens d'émigrés qui avaient lieu dans les Etats du grand duché de Bade, et qui semblaient le braver jusque sur la frontière. Je sais que l'intention de Bonaparte fut d'abord de leur faire peur, plutôt que de leur faire mal ; il ne voulait qu'effrayer les émigrés pour les contraindre à s'éloigner. Je sais que, dans ce moment, le duc d'Enghien fut averti par une lettre adressée à la personne pour laquelle il était à Ettenheim (la princesse de de Rohan), du danger qu'il courait s'il restait dans cette résidence. Je sais que sur cet avis, il résolut d'aller rejoindre son grand-père. Je sais que pour cela il fallait qu'il traversât une partie des États autrichiens. Je sais que le chancelier Stuart écrivit à Vienne, à M. de Cobentzel, pour qu'un passeport lui fût délivré immédiatement. Je sais que le cabinet autrichien fut très lent à répondre, et je sais que, s'il eût répondu immédiatement, le prince aurait été sauvé. Je sais que c'est à un déplorable excès de zèle, à ce zèle aveugle de quelques hommes pour Bonaparte, dont j'ai parlé si souvent, que fut due la trop prompte exécution du duc d'Enghien. »

(1) Le comte DE LAS CASES, *Mémorial de Sainte-Hélène* (conversation du mercredi 29 novembre 1816), tom. 8, pages 310 et suivantes. Il s'agit ici de la lettre écrite au premier consul, par le prince, de la prison de Strasbourg, qui fut envoyée à M. de Talleyrand, que celui-ci garda deux jours en poche, et qu'il ne remit à Napoléon que le lendemain de l'exécution. Quand on rapproche cette circonstance du soin qui fut pris d'empêcher l'entrevue que l'infortuné désirait avoir avec le premier consul, on ne peut que conclure à un odieux parti pris, de la part de certains subalternes.

Et maintenant, après les éclaircissemens surabondans qui précèdent, et que nous avons puisés aux sources les plus authentiques, nous le demandons à tout homme impartial, à tout homme de bonne foi, s'il y eut faute dans la déplorable affaire du duc d'Enghien, à qui doit-elle être attribuée?... Et la gloire de Napoléon n'est-elle pas pure de toutes les calomnies sanglantes par lesquelles l'esprit de parti a tenté vainement de la flétrir?

XIII
L'Anniversaire.

Par un de ces retours du sort qui ont été si fréquens depuis un demi-siècle, douze ans, jour par jour, après la mort du duc d'Enghien, la famille, les amis et quelques anciens serviteurs du prince redemandaient à la terre le dépôt qu'elle renfermait (1).

On découvrit le terrain dans une étendue de dix pieds sur douze environ. On était à peu près arrivé à deux pieds de profondeur, lorsqu'un des travailleurs ayant ramené avec sa pioche un débris de botte, s'écria :

— Voici le prince!

A ce mot, il se fit un silence solennel : tous les assistans se découvrirent, attendant avec une émotion plus facile à sentir qu'à exprimer le résultat de leurs recherches.

Alors on interrogea chaque partie de cette terre humide, et on recueillit un crâne brisé par les balles, l'os d'une jambe cassé par le plomb d'une main mal dirigée, une chaîne d'or qui entourait encore les vertèbres du cou, quelques pièces de monnaie dans une bourse de cuir, un cachet aux armes de Condé, l'anneau d'une boucle d'oreilles et quelques ossemens blanchis (2).

Le lendemain, un cercueil était exposé dans une chapelle improvisée, dans le même *pavillon de la porte du bois* où le conseil de guerre, qui avait condamné le prince, douze ans auparavant, s'était tenu... Sur ce cercueil était une plaque d'argent où ces mots étaient gravés :

« Ici est le corps de très haut et très puissant prince Louis-Antoine-
» Henri de Bourbon-Condé, duc d'Enghien, prince du sang, pair de
» France, mort à Vincennes le 21 mars 1804, âgé de 31 ans, 9 mois, 19
» jours (3) ».

Aujourd'hui la dépouille mortelle du duc d'Enghien repose encore dans la chapelle de Vincennes, sous les lambris de marbre chargés de cette épitaphe élogieuse qui ne fait que montrer tout ce que les choses humaines ont d'instabilité. Nous croyons qu'il eût mieux valu que les ossemens mutilés du prince restassent ensevelis à l'endroit même où il avait reçu la mort avec tant de courage, et qu'il ne fallait d'autre cénotaphe au duc d'Enghien que le fossé de Vincennes.

Il existe à la bibliothèque royale un dessin de la citadelle, pris par un officier, dans la nuit du 20 au 21 mars 1804. On ne voit que le château

(1) Actes et pièces concernant l'exhumation du corps de Mgr le duc d'Enghien, qui a eu lieu le 20 mars 1816, en exécution des ordres de S. M. Louis XVIII.
(3) Procès-verbal de MM. les médecins, et chirurgiens commissaires du roi, pour l'exhumation du corps du duc d'Enghien.
(4) Procès-verbal de l'enquête. *Moniteur* du 23 mars 1816.—Dulaure, *Histoire des environs de Paris.*

au milieu des ombres silencieuses de la nuit ; et, dans un des fossés, trois gendarmes qui creusent une tombe à la douteuse et sinistre clarté de la lune. Ce dessin, qui manque d'ailleurs d'exactitude pittoresque, en dit plus à l'imagination que toutes les épitaphes de la chapelle. En général, les hommes ont toujours tort de gâter, en les changeant, les sépultures qu'a désignées la Providence elle-même.

Quelques années plus tard (1), quand la restauration eut ramené d'autres idées et changé momentanément le point de vue politique de tout le monde, le besoin de montrer son zèle d'une part, et la crainte d'une solidarité dangereuse d'autre part, donnèrent naturellement lieu à des éclaircissemens, ou plutôt à des débats passionnés sur l'affaire du duc d'Enghien. Personne, comme on le pense bien, ne voulut garder sa part d'action dans ce triste épisode, et alors la plupart de ceux qui y avaient participé, soit directement soit indirectement, se jetèrent réciproquement la responsabilité embarrassante de cet acte (2). M. de Talleyrand, pour se justifier, adressa à Louis XVIII une lettre restée secrète ; car M. de Talleyrand ne jugea pas à propos de mettre le public dans la confidence de sa justification. Nous ne savons par conséquent si cet homme d'Etat, comme on appelle les gens de cette sorte, qui servit successivement avec une fidélité et une moralité politique si avantageusement connues, la République, l'Empire, la Restauration et la Révolution de juillet, parvint à établir parfaitement son innocence aux yeux de Louis XVIII qui, du reste, était peu difficile en pareille matière ; mais ce qu'il y a de certain, c'est qu'à défaut de preuves matérielles incontestables, la grande voix de Napoléon a mis à la charge de son ministre de terribles paroles, du haut de son rocher de Sainte-Hélène, en proclamant que M. de Talleyrand lui avait conseillé *obstinément* l'enlèvement du duc d'Enghien et sa mise en jugement, et qu'il avait gardé pendant deux jours, par un étrange oubli, la lettre que le malheureux prince lui avait écrite de Strasbourg.

La postérité jugera en dernier ressort.

Tandis que la restauration donnait lieu à mille fables absurdes relativement à la catastrophe de Vincennes, l'esprit de parti ne manqua pas de prétendre, comme toujours en pareille circonstance, que tous ceux qui avaient pris quelque part, volontairement ou non, à cette triste affaire, subissaient déjà la peine de la coopération, et que chacun portait, pour le moins, ce lugubre souvenir dans son âme, comme un trait empoisonné.

Sans doute, au milieu des circonstances toutes nouvelles qu'amenait la restauration, et des débats accusateurs et passionnés qu'elle avait élevés à propos du malheureux duc d'Enghien, la plupart des hommes que le devoir militaire avait forcés à concourir à son arrestation, à sa garde, à son jugement et à son exécution, durent regretter que le sort les eût désignés, entre tous, pour y prendre part.

C'est ainsi, par exemple, que M. Dautencourt, capitaine rapporteur dans cette affaire, écrivit au duc de Rovigo : « Pût-il dépendre de moi
» de me trouver à cent batailles et jamais à un jugement ! »

(1) En 1822 et 1823.
(2) Entre autres, le duc de Rovigo, le duc de Vicence, le duc d'Alberg et le comte Hullin.

Sans doute encore, ce vœu d'un honnête homme et d'un loyal militaire a été partagé par tous les juges du duc d'Enghien.

Sans doute enfin, le général Guitton mourut dans une sombre mélancolie ; — sans doute, le général Hullin, devenu aveugle, après avoir eu la mâchoire fracassée par le coup de pistolet que lui tira, à bout portant, le général Malet, traîna jusqu'à quatre-vingts ans et plus une existence lourde et souffrante; — sans doute, le colonel Rabbe faillit être fusillé dans cette même affaire Malet (1) et ne dut son salut qu'à la protection du duc de Rovigo, alors ministre de la police ; — sans doute, M. Delga, qui avait commandé le peloton qui exécuta l'arrêt de mort porté contre le duc d'Enghien, tomba sur le champ de bataille de Wagram, atteint de deux balles autrichiennes (2); sans doute Murat, mourut fusillé comme l'infortuné duc, sur les plages de la Calabre ; — sans doute, un cancer à l'estomac trancha les jours de M. de Caulaincourt ; — sans doute, les ducs de Rovigo et de Vicence, comme le général Bazancourt, succombèrent à la suite d'une longue et cruelle maladie.

Mais il n'y a, dans tous ces faits, rien qui sorte du cours ordinaire des destinées humaines. Il n'est pas nécessaire d'avoir jugé qui que ce soit, pour devenir aveugle, pour être fusillé, pour être tué sur un champ de bataille, pour finir par un cancer à l'estomac et pour mourir de vieillesse dans son lit. S'il en était autrement, il faudrait convenir que la Providence aurait une étrange justice distributive, puisque de tous les hommes qui prirent part à l'affaire de ce membre de la famille des Bourbons, celui qui volontairement provoqua l'enlèvement du prince, et qui peut-être, commissionnaire étrangement oublieux, empêcha la clémence du premier consul de descendre sur le prisonnier de Vincennes, M. de Talleyrand, en un mot, est mort très paisiblement dans son lit, riche, adulé encore, et honoré, même à son heure dernière, de la visite d'un Bourbon.

Concluons de tout ceci qu'il est une chose plus impénétrable encore que les décrets de la Providence : c'est la justice des hommes!

PIÈCES JUSTIFICATIVES

ET ÉCLAIRCISSEMENS HISTORIQUES.

Lettre du premier consul au ministre de la guerre.

Paris, le 19 ventose an XII (10 mars 1804).

Vous voudrez bien, citoyen général, donner ordre au général Ordener, que je mets à cet effet à votre disposition, de se rendre dans la nuit, et en poste, à Strasbourg. Il voyagera sous un autre nom que le sien ; il verra le général qui commande la division.

Le but de sa mission est de se porter sur Ettenheim, de cerner la ville,

(1) Déjà cet officier supérieur était monté dans un des fiacres qui conduisaient les condamnés à la plaine de Grenelle pour y être exécutés, lorsque le ministre prit sur lui de surseoir à l'exécution de Rabbe ; puis, dans un rapport particulier qu'il adressa à l'empereur, alors en Russie il le recommanda à sa clémence.
(2) Extrait des Mémoires de M. le duc DE ROVIGO, page 20, intercalé dans les *Mémoires historiques sur la catastrophe du duc d'Enghien.*

d'y enlever le duc d'Enghien, Dumouriez, un colonel anglais et tout autre individu qui serait à leur suite. Le général de division, le maréchal-des-logis de gendarmerie qui a été reconnaître Ettenheim, ainsi que le commissaire de police, lui donneront tous les renseignemens nécessaires.

Vous ordonnerez au général Ordener de faire partir de Schelestadt trois cents hommes du 26e de dragons, qui se rendront à Rheinau, où ils arriveront à huit heures du soir.

Le commandant de la division enverra quinze pontonniers à Rheinau, qui arriveront également à huit heures du soir, et qui, à cet effet, partiront en poste sur les chevaux de l'artillerie légère. Indépendamment du bac, il prendra des mesures pour qu'il y ait là quatre ou cinq grands bateaux, de manière à pouvoir faire passer, d'un seul voyage, trois cents chevaux.

Les troupes prendront du pain pour quatre jours et se muniront de cartouches. Le général de la division y joindra un capitaine et un lieutenant de gendarmerie, avec trois ou quatre brigades de gendarmerie.

Dès que le général Ordener aura passé le Rhin, il se dirigera droit sur Ettenheim, marchera à la maison du duc et à celle de Dumouriez ; et, après cette expédition terminée, il fera immédiatement son retour sur Strasbourg.

En passant à Lunéville, le général Ordener donnera ordre que l'officier des carabiniers qui a commandé le dépôt à Ettenheim se rende à Strasbourg, en poste, pour y attendre ses ordres.

Le général Ordener, arrivé à Strasbourg, fera partir secrètement un agent, soit civil, soit militaire, et s'entendra avec lui pour qu'il vienne à sa rencontre.

Vous donnerez l'ordre que, le même jour et à la même heure, deux cents hommes du 26e de dragons, sous les ordres du général Caulaincourt (auquel vous donnerez des ordres en conséquence) se rendent à Offembourg, pour y cerner la ville et arrêter la baronne de Reich, si elle n'a pas été prise à Strasbourg, et autres agens du gouvernement anglais, au sujet desquels le préfet et le citoyen Méhée, actuellement à Strasbourg, lui donneront des renseignemens.

D'Offembourg, le général Caulaincourt dirigera ses patrouilles sur Ettenheim, jusqu'à ce qu'il ait appris que le général Ordener a réussi. Ils se prêteront des secours mutuels.

Dans le même temps, le général de la division fera passer trois cents hommes de cavalerie à Kehl, avec quatre pièces d'artillerie légère, et enverra un poste de cavalerie légère à Wilstadt, point intermédiaire entre les deux routes.

Les deux généraux auront soin que la plus grande discipline règne, et que les troupes n'exigent rien des habitans : vous leur ferez donner à cet effet douze mille francs.

S'il arrivait qu'ils ne puissent pas remplir leur mission, et qu'ils eussent l'espoir, en séjournant trois ou quatre jours ou en faisant des patrouilles, de réussir, ils sont autorisés à le faire.

Ils feront connaître aux baillis des deux villes, que, s'ils continuent à donner asile aux ennemis de la France, ils s'attireront de grands malheurs.

Vous ordonnerez que le commandant de Neufbrisach fasse passer cent hommes sur la rive droite du Rhin, avec deux pièces de canon.

Les postes de Kehl, ainsi que ceux de la rive droite du fleuve, seront évacués dès l'instant que les deux détachemens auront fait leur retour.

Le général Caulaincourt aura avec lui une trentaine de gendarmes ; du reste, le général Caulaincourt, le général Ordener et le général de la division tiendront un conseil, et feront les changemens qu'ils croiront convenables aux présentes dispositions.

S'il arrivait qu'il n'y eût plus à Ettenheim ni Dumouriez, ni le duc d'Enghien, on rendrait compte, par un courrier extraordinaire, de l'état des choses.

Vous ordonnerez de faire arrêter le maître de poste de Kehl et les autres individus qui pourraient donner des renseignemens sur tout cela.

Signé : BONAPARTE

Ordre du ministre de la guerre au général Ordener.

Paris, le 20 ventose an XII (11 mars 1804).

En conséquence des dispositions du gouvernement qui met le général Ordener à celle du ministre de la guerre, il lui est ordonné de partir de Paris, en poste, aussitôt après la réception du présent ordre, pour se rendre le plus rapidement possible, et sans s'arrêter un instant, à Strasbourg. Il voyagera sous un autre nom que le sien. Arrivé à Strasbourg, il verra le général de la division. *Le but de sa mission est de se porter sur Ettenheim, de cerner la ville, d'y enlever le duc d'Enghien, Dumouriez,* un colonel anglais et tout autre individu qui serait à leur suite. Le général commandant *la division, le maréchal-des-logis* qui a été reconnaître Ettenheim, ainsi que le commissaire de police, lui donneront tous les renseignemens nécessaires.

Le général Ordener donnera ordre de faire partir de Schelestadt trois cents hommes du 26e de dragons qui se rendront à Rheinau, où ils arriveront à huit heures du soir. Le commandant de la 5e division enverra quinze pontonniers à Rheinau, qui y arriveront également à huit heures du soir, et qui, à cet effet, partiront en poste sur les chevaux d'artillerie légère. Indépendamment du bac, il se sera assuré qu'il y a là quatre ou cinq grands bateaux, de manière à pouvoir passer, d'un seul voyage, trois cents chevaux. Les troupes prendront du pain pour quatre jours, et se muniront d'une quantité de cartouches suffisante. Le général de la division y joindra un capitaine, un lieutenant de gendarmerie et une trentaine de gendarmes.

Dès que le général Ordener aura passé le Rhin, il se dirigera sur Ettenheim, marchera droit à la maison du duc d'Enghien et à celle de Dumouriez. Cette opération terminée, il fera son retour sur Strasbourg. En passant à Lunéville, le général Ordener donnera ordre à l'officier de carabiniers qui aura commandé le dépôt à Ettenheim de se rendre à Strasbourg en poste, pour y attendre ses ordres. Le général Ordener, arrivé à Strasbourg, fera partir bien secrètement un agent, soit civil, soit militaire, et s'entendra avec lui pour qu'il vienne à sa rencontre. Le général Ordener est prévenu que le général Caulaincourt doit partir avec lui pour agir de son côté. Le général Ordener aura soin que la plus grande discipline règne, que les troupes n'exigent rien des habitans. S'il arrivait que le général Ordener ne pût pas remplir sa mission, et qu'il eût l'espoir, en faisant faire de fréquentes patrouilles, de réussir, il est autorisé à le faire. Il fera connaître au bailli de la ville que, s'il continue à donner asile aux ennemis de la France, il s'attirera de grands malheurs. Il donnera l'ordre au commandant de Neufbrisach de faire passer cent hommes sur la rive droite du Rhin, avec deux pièces de canon. Le poste de Kehl, ainsi que ceux de la rive droite, seront évacués aussitôt que les deux détachemens auront fait leur retour.

Le général Ordener, le général Caulaincourt, le général commandant la 5e division, tiendront conseil, et feront les changemens qu'ils croiront convenables aux présentes dispositions. S'il arrivait qu'il n'y eût plus à Ettenheim ni Dumouriez, ni le duc d'Enghien, le général Ordener me rendra compte, par un courrier extraordinaire, de l'état des choses, et il attendra de nouveaux ordres. Le général Ordener requerra le commandant de faire arrêter le maître de poste de Kehl, et tous les autres individus qui pourraient donner des renseignemens.

Je remets au général Ordener une somme de douze mille francs pour lui et le général Caulaincourt. Vous demanderez au général commandant la 5ᵉ division militaire que, dans le temps où vous et le général Caulaincourt ferez votre expédition, il fasse passer trois cents hommes de cavalerie à Kehl, avec quatre pièces d'artillerie légère. Il enverra aussi un poste d'artillerie à Wilstadt, point intermédiaire entre les deux routes.

Signé : ALEX. BERTHIER.

Lettre du gouverneur de Paris.

Le 29 ventose an XII de la république (20 mars 1804).

Le général en chef, gouverneur de Paris,

En exécution de l'arrêté du gouvernement en date de ce jour, portant que le ci-devant duc d'Enghien sera traduit devant une commission militaire composée de sept membres, nommés par le général gouverneur de Paris, a nommé et nomme pour former ladite commission, les sept militaires dont les noms suivent :

Le général Hullin, commandant les grenadiers à pied de la garde des consuls, président ;

Le colonel Guitton, commandant le 1ᵉʳ régiment de cuirassiers ;

Le colonel Bazancourt, commandant le 4ᵉ régiment d'infanterie légère ;

Le colonel Ravier, commandant le 18ᵉ de ligne ;

Le colonel Barrois, commandant la 96ᵉ demi-brigade ;

Le colonel Rabbe, commandant le 2ᵉ régiment de la garde municipale de Paris ;

Le citoyen Dautencourt, major de la gendarmerie d'élite, qui remplira les fonctions de rapporteur.

Cette commission se réunira sur-le-champ au château de Vincennes, pour y juger, sans désemparer, le prévenu, sur les charges énoncées dans l'arrêté du gouvernement, dont copie sera remise au président.

Signé : J. MURAT.

Interrogatoire du duc d'Enghien.

L'an XII de la république française, aujourd'hui, 29 ventose (20 mars 1804), douze heures du soir ; moi, capitaine-major de la gendarmerie d'élite, me suis rendu, d'après l'ordre du général commandant le corps, chez le général en chef Murat, gouverneur de Paris, qui me donna de suite l'ordre de me rendre au château de Vincennes, près du général Hullin, commandant des grenadiers de la garde des consuls, pour en prendre et recevoir d'ultérieurs.

Arrivé au château de Vincennes, le général Hullin m'a communiqué : 1° une expédition de l'arrêté du gouvernement du 29 ventose, présent mois, portant que le ci-devant duc d'Enghien serait traduit devant une commission militaire composée de sept membres nommés par le général gouverneur de Paris ; 2° l'ordre du général en chef, gouverneur de Paris, de ce jour, portant nomination des membres de la commission militaire, en exécution de l'arrêté précité ; lesquels sont les citoyens Hullin, général des grenadiers de la garde ; Guitton, colonel du 1ᵉʳ des cuirassiers ; Bazancourt, commandant le 4ᵉ régiment d'infanterie légère ; Ravier, commandant le 18ᵉ d'infanterie de ligne ; Barrois, commandant la 96ᵉ demi-brigade, et Rabbe, commandant le 2ᵉ régiment de la garde de Paris ;

Et portant que le capitaine-major soussigné remplira auprès de cette commission militaire les fonctions de capitaine-rapporteur ; le même ordre portant encore que cette commission se réunira sur-le-champ au château de Vincennes, pour y juger, sans désemparer, le prévenu sur les charges énoncées dans l'arrêté du gouvernement sus-daté.

Pour l'exécution de ces dispositions, et en vertu des ordres du général Hullin, président de la commission, le capitaine soussigné s'est rendu dans la chambre où se trouvait couché le duc d'Enghien, accompagné du chef d'escadron Jacquin, de la légion d'élite, et des gendarmes à pied du même corps nommés Serva et Tharsis, et encore du citoyen Noirot, lieutenant au même corps : le capitaine-rapporteur soussigné a reçu de suite les réponses ci-après sur chacune des interrogations qui lui ont été adressées par le citoyen Molin, capitaine au 18e régiment, greffier, choisi par le rapporteur.

— A lui demandé ses nom, prénoms, âge et lieu de naissance.

A répondu se nommer Louis-Antoine-Henri de Bourbon, duc d'Enghien, né le 2 août 1772, à Chantilly.

— A lui demandé à quelle époque il a quitté la France.

A répondu : Je ne puis le dire précisément; mais je pense que c'est le 16 juillet 1789. Je suis parti avec le prince de Condé, mon grand-père, mon père, le comte d'Artois et les enfans du comte d'Artois.

— A lui demandé où il a résidé depuis sa sortie de France.

A répondu : En sortant de France, j'ai passé, avec mes parens que j'ai toujours suivis, par Mons et Bruxelles; de là, nous nous sommes rendus à Turin, chez le roi de Sardaigne, où nous sommes restés à peu près seize mois. De là, toujours avec mes parens, je suis allé à Worms et aux environs, sur les bords du Rhin ; ensuite le corps de Condé s'est formé, et j'ai fait toute la guerre. J'avais, avant cela, fait la campagne de 1792 en Brabant, avec le corps de Bourbon, à l'armée du duc d'Albert.

— A lui demandé où il s'est retiré depuis la paix faite entre la république française et l'empereur.

A répondu : Nous avons terminé la dernière campagne aux environs de Gratz; c'est là où le corps de Condé, qui était à la solde de l'Angleterre, a été licencié, c'est-à-dire à Wendish Facstricz, en Styrie ; qu'il est ensuite resté pour son plaisir à Gratz ou aux environs, à peu près six ou neuf mois, attendant des nouvelles de son grand-père, le prince de Condé, qui était passé en Angleterre, et qui devait l'informer du traitement que cette puissance lui ferait, lequel n'était pas encore déterminé. « Dans cet intervalle, j'ai demandé au cardinal de Rohan la permission d'aller dans son pays à Ettenheim, en Brisgaw, ci-devant évêché de Strasbourg ; » que depuis deux ans et demi il est resté dans ce pays. Depuis la mort du cardinal, il a demandé à l'électeur de Bade, officiellement, la permission de rester dans ce pays, qui lui a été accordée, n'ayant pas voulu y rester sans son agrément.

— A lui demandé s'il n'est point passé en Angleterre, et si cette puissance lui accorde toujours un traitement.

A répondu n'y être jamais allé; que l'Angleterre lui accorde toujours un traitement, et qu'il n'a que cela pour vivre.

A demandé à ajouter que les raisons qui l'avaient déterminé à rester à Ettenheim ne subsistant plus, il se proposait de se fixer à Fribourg en Brisgaw, ville beaucoup plus agréable qu'Ettenheim, où il n'était pas allé, attendu que l'électeur lui avait accordé la permission de chasse dont il était fort amateur.

— A lui demandé s'il entretenait des correspondances avec les princes français retirés à Londres ; s'il les avait vus depuis quelque temps.

A répondu : que naturellement il entretenait des correspondances avec son grand-père, depuis qu'il l'avait quitté à Vienne, où il était allé le conduire après le licenciement du corps ; qu'il en entretenait également avec son père, qu'il n'avait pas vu, autant qu'il peut se le rappeler, depuis 1794 ou 1795.

— A lui demandé quel grade il occupait dans l'armée de Condé.

A répondu : Commandant de l'avant-garde en 1796. Avant cette campagne, comme volontaire au quartier-général de son grand-père ; et toujours, depuis 1796, comme commandant d'avant-garde ; et observant qu'après le passage de l'armée de Condé en Russie, cette armée fut réunie en deux corps, un d'infanterie et un de dragons, dont il fut fait colonel par l'empereur ; et que c'est en cette qualité qu'il revint aux armées du Rhin.

— A lui demandé s'il connaît le général Pichegru ; s'il a eu des relations avec lui.

A répondu : Je ne l'ai, je crois, jamais vu ; je n'ai point eu de relations avec lui. Je sais qu'il a désiré me voir. Je me loue de ne pas l'avoir connu, d'après les vils moyens dont on dit qu'il a voulu se servir, s'ils sont vrais.

— A lui demandé s'il connaît l'ex-général Dumouriez, et s'il a des relations avec lui.

A répondu : Pas davantage ; je ne l'ai jamais vu.

— A lui demandé si, depuis la paix, il n'a point entretenu de correspondance dans l'intérieur de la république.

A répondu : J'ai écrit à quelques amis qui me sont encore attachés, qui ont fait la guerre avec moi, pour leurs affaires et les miennes. Ces correspondances n'étaient pas de celles dont on croit qu'il veuille parler.

De quoi a été dressé le présent, qui a été signé par le duc d'Enghien, le chef d'escadron Jacquin, le lieutenant Noirot, les deux gendarmes et le capitaine-rapporteur.

« Avant de signer le présent procès-verbal, je fais, avec instance, la
» demande d'avoir une audience particulière du premier consul. Mon
» nom, mon rang, ma façon de penser et l'horreur de ma situation, me
» font espérer qu'il ne se refusera pas à ma demande. »

Signé : L.-A.-H. de BOURBON.

Et plus bas :

NOIROT, lieutenant ; JACQUIN.

Pour copie conforme :
Le capitaine faisant les fonctions de rapporteur,
DAUTENCOURT.
MOLIN, capitaine-greffier.

JUGEMENT.

Commission militaire spéciale, formée dans la première division militaire, en vertu de l'arrêté du gouvernement, en date du 29 ventose an XII, de la république une et indivisible.

Au nom du peuple français,

Ce jourd'hui 30 ventose an XII (20 mars 1804) de la république, la commission militaire spéciale formée dans la première division militaire, en vertu de l'arrêté du gouvernement, en date du 29 ventose an XII, composée, d'après la loi du 19 fructidor an V, de sept membres, tous nommés par le général en chef Murat, gouverneur de Paris, et commandant la première division militaire ;

Lesquels président, membres, rapporteurs et greffiers ne sont ni parens, ni alliés du prévenu au degré prohibé par la loi ;

La commission convoquée par l'ordre du général en chef, gouverneur de Paris, et réunie au château de Vincennes, dans le logement du commandant de la place, à l'effet de juger le nommé Louis-Antoine-Henri de Bourbon, duc d'Enghien, né à Chantilly, le 2 août 1772, taille de 1 mètre 780 millimètres, cheveux et sourcils châtains clairs, figure ovale, longue, bien faite, yeux gris tirant sur le brun, bouche moyenne, nez aquilin, menton un peu pointu, bien fait ; accusé :

1o D'avoir porté les armes contre la république française ;

2o D'avoir offert ses soins au gouvernement anglais, ennemi du peuple français ;

3o D'avoir reçu et accrédité près de lui des agens dudit gouvernement anglais, de leur avoir procuré le moyen de pratiquer des intelligences en France, et d'avoir conspiré avec eux contre la sûreté intérieure et extérieure de l'Etat ;

4o De s'être mis à la tête d'un rassemblement d'émigrés français et autres, soldés par l'Angleterre, formé sur les frontières de la France, dans les pays de Fribourg et de Baden ;

5o D'avoir pratiqué des intelligences dans la place de Strasbourg, tendantes à faire soulever les départemens circonvoisins pour y opérer une diversion favorable à l'Angleterre ;

6o D'être l'un des fauteurs et complices de la conspiration tramée par les Anglais contre la vie du premier consul, et devant, en cas de succès de cette opération, rentrer en France.

La séance ayant été ouverte, le président a donné ordre au rapporteur de donner lecture de toutes les pièces, tant celles à charge que celles à décharge.

Cette lecture terminée, le président a ordonné à la garde d'amener l'accusé, lequel a été introduit libre et sans fers devant la commission.

Interrogé sur ses nom, prénoms, âge, lieu de naissance et domicile ;

A répondu se nommer Louis-Antoine-Henri de Bourbon, duc d'Enghien, né à Chantilly, le 2 août 1772, âgé de 32 ans, ayant quitté la France depuis le 16 juillet 1789.

Après avoir fait procéder à l'interrogatoire de l'accusé par l'organe du président, sur tout le contenu de l'accusation dirigée contre lui; ouï le rapporteur en ses conclusions, et l'accusé en ses moyens de défense ; après que celui-ci a eu déclaré n'avoir plus rien à ajouter pour sa justification, le président a demandé aux membres s'ils avaient quelques observations à faire ; sur la réponse négative, et avant d'aller aux opinions, il a ordonné à l'accusé de se retirer.

L'accusé a été reconduit à la prison par son escorte, et le rapporteur, le greffier, ainsi que les citoyens assistant dans l'auditoire, se sont retirés sur l'invitation du président, la commission délibérant à huis clos.

Le président a posé les questions ainsi qu'il suit :

Louis-Antoine-Henri de Bourbon, duc d'Enghien, accusé,

1o D'avoir porté des armes contre la république française ; est-il coupable ?

2o D'avoir offert ses services au gouvernement anglais, ennemi du peuple français ; est-il coupable ?

3o D'avoir reçu, accrédité près de lui des agens dudit gouvernement anglais ; de leur avoir procuré les moyens de pratiquer des intelligences en France ; d'avoir conspiré avec eux contre la sûreté extérieure et intérieure de l'Etat ; est-il coupable ?

4o De s'être mis à la tête d'un rassemblement d'émigrés français et autres soldés par l'Angleterre, formé sur les frontières de la France, dans les pays de Fribourg et de Baden; est-il coupable ?

5o D'avoir pratiqué des intelligences dans la place de Strasbourg, tendantes à faire soulever les départemens circonvoisins, pour y opérer une diversion favorable à l'Angleterre ; est-il coupable ?

6o D'être l'un des fauteurs et complices de la conspiration tramée par les Anglais contre la vie du premier consul, et devant, en cas de succès de cette conspiration, entrer en France ; est-il coupable ?

Les voix recueillies séparément sur chacune des questions ci-dessus, en commençant par le moins ancien en grade, le président ayant émis son opinion le dernier,

La commission déclare le nommé Louis-Antoine-Henri de Bourbon, duc d'Enghien,

1o A l'unanimité, coupable d'avoir porté les armes contre la république française ;

2° A l'unanimité, coupable d'avoir offert ses services au gouvernement anglais, ennemi du peuple français ;

3° A l'unanimité, coupable d'avoir reçu et accrédité près de lui des agens du gouvernement anglais ; de leur avoir procuré les moyens de pratiquer des intelligences en France et d'avoir conspiré avec eux contre la sûreté intérieure et extérieure de l'Etat ;

4° A l'unanimité, coupable de s'être mis à la tête d'un rassemblement d'émigrés français et autres soldés par l'Angleterre, formé sur les frontières de la France, dans les pays de Fribourg et de Baden ;

5° A l'unanimité, coupable d'avoir pratiqué des intelligences dans la place de Strasbourg, tendantes à soulever les départemens circonvoisins, pour y opérer une diversion favorable à l'Angleterre ;

6° A l'unanimité, coupable d'être l'un des fauteurs et complices de la conspiration tramée par les Anglais contre la vie du premier consul, *et devant, en cas de succès de cette conspiration, entrer en France.*

Sur ce, le président a posé la question relative à l'application de la peine. Les voix recueillies de nouveau dans la forme ci-dessus indiquée, la commission militaire spéciale condamne, à l'unanimité, à la peine de mort le nommé Louis-Antoine-Henri de Bourbon, duc d'Enghien, en réparation des crimes d'espionnage, de correspondance avec les ennemis de la république, d'attentat contre la sûreté intérieure et extérieure de l'Etat.

Ladite peine prononcée en conformité des articles 2, titre IV du code militaire, des délits et des peines, du 21 brumaire an V, 1er et 2e section du titre 1er du code pénal ordinaire, du 6 octobre 1791, ainsi conçu, savoir :

Article II (du 21 brumaire an V). Tout individu, quel que soit son état, qualité ou profession, convaincu *d'espionnage* pour l'ennemi, sera puni de mort.

Article Ier (du 6 octobre 1791). Tout complot ou attentat contre la république sera puni de mort.

IIe (*ibid*). Toute conspiration et complot tendant à troubler l'Etat par une guerre civile, en armant les citoyens les uns contre les autres, ou contre l'exercice de l'autorité légitime, sera puni de mort.

Enjoint au capitaine-rapporteur de lire de suite le présent jugement, en présence de la garde assemblée sous les armes, au condamné.

Ordonne qu'il en sera envoyé, dans les délais prescrits par la loi, à la diligence du président et du rapporteur, une expédition tant au ministre de la guerre qu'au grand-juge, au ministre de la justice et au général en chef gouverneur de Paris.

Fait, clos et jugé sans désemparer, les jour, mois et an dits, *en séance publique*, et les membres de la commission militaire spéciale ont signé, avec le rapporteur et le greffier, la minute du jugement.

Signé : P. HULLIN, BAZANCOURT, RABBE, BARROIS, DAUTENCOURT, *rapporteur*, GUITTON, RAVIER.

Nota. La minute ne porte pas la signature du greffier Molin.

Journal du duc d'Enghien écrit par lui-même, et dont l'original a été remis au premier consul, le 1er germinal an XII (le jeudi 22 mars 1804).

« *Le jeudi* 15 *mars* — à Ettenheim, à cinq heures du matin, ma maison a été cernée par un détachement de dragons et des piquets de gendarmerie (total : deux cents hommes environ) ; deux généraux (1), un

(1) Ordener et Fririon.

colonel des dragons et le colonel Charlot, de la gendarmerie de Strasbourg. A cinq heures et demie, les portes enfoncées; emmené au moulin près la tuilerie; mes papiers enlevés, cachetés; conduit dans une charrette, entre deux haies de fusiliers, jusqu'au Rhin. — Embarqué pour Rheinau. — Débarqué et marché à pied jusqu'à Pflofshein; déjeûné dans l'auberge. — Monté en voiture avec le *colonel Charlot, le maréchal-des-logis de la gendarmerie, un gendarme sur le siège et Grunstein.* — Arrivé à Strasbourg chez le colonel Charlot vers cinq heures et demie; transféré une demi-heure après, dans un fiacre, à la citadelle. — Mes compagnons d'infortune venus de Pflofsheim à Strasbourg, avec des chevaux de paysans, dans une charrette; arrivés à la citadelle en même temps que moi. — Descendus chez le commandant; logés dans son salon pour la nuit, sur des matelas, par terre. Des gendarmes à pied dans la pièce d'avant; deux sentinelles dans la chambre, une à la porte. — Mal dormi.

Vendredi 16. — Prévenu que j'allais changer de logement, je suis à mes frais pour la nourriture, et probablement le bois et la lumière. — Le général Leval, commandant la division, accompagné du général Fririon, l'un de ceux qui m'a enlevé, viennent me voir. Leur abord est très froid. — Je suis transféré dans le pavillon à droite en entrant sur la place en venant de la ville. — Je puis communiquer avec les chambres de MM. de Thumery, Jacques et Schmitt, par des dégagemens, mais je ne puis sortir, ni moi, ni mes gens; on m'annonça pourtant que j'aurais la permission de me promener dans un petit jardin qui se trouve dans une cour derrière mon pavillon. — Une garde de douze hommes et un officier est à ma porte. — Après le dîner, on me sépare de Grunstein, auquel on donne un logement seul, de l'autre côté de la cour; cette séparation ajoute encore à mon malheur. — J'ai écrit ce matin à la princesse; j'ai envoyé ma lettre par le commandant au général Leval; je n'ai point de réponse.— Je lui demandais d'envoyer un de mes gens à Paris; sans doute, tout me sera refusé. — Les précautions sont extrêmes de tous côtés pour que je ne puisse communiquer avec qui que ce soit. Si cette position dure, je crois que le désespoir s'emparera de moi. — A quatre heures et demie, on vient visiter mes papiers, que le colonel Charlot, accompagné d'un commissaire de sûreté, ouvre en ma présence. On les lit superficiellement. On en fait des liasses séparées, et on me laisse entendre qu'ils vont être envoyés à Paris. Il faudra donc languir des semaines, peut-être des mois! Le chagrin augmente plus je réfléchis à ma cruelle position. Je me couche à onze heures; je suis excédé et ne puis dormir. Le major de la place, M. Machin, a des formes très honnêtes; il vient me voir quand je suis couché; il cherche à me consoler par des mots obligeans.

Samedi 17. — Je ne sais rien de ma lettre. Je tremble pour la santé de la princesse; un mot de ma main la réparerait. Je suis bien malheureux. On vient me faire signer le procès-verbal de l'ouverture de mes papiers. Je demande et obtiens d'y ajouter une note explicative, pour prouver que je n'ai jamais en d'autres intentions que de servir et faire la guerre. — Le soir, on me dit que j'aurai la permission de me promener dans le jardin, même dans la cour, avec l'officier de garde, ainsi que mes compagnons d'infortune, et que mes papiers sont partis pour Paris par courrier extraordinaire.

Dimanche 18. — On vient m'enlever à une heure et demie du matin; on ne me laisse pas le temps de m'habiller; j'embrasse mes malheureux compagnons, mes gens; je pars seul avec deux officiers de gendarmerie et deux gendarmes. Le colonel Charlot m'a annoncé que nous allions chez le général de division, qui a reçu des ordres de Paris. Au lieu de cela, je trouve une voiture avec six chevaux de poste, sur la place de l'Eglise.

On me campe dedans. Le lieutenant Pétermann monte à côté de moi ; le maréchal-des-logis Blitersdorff sur le siège ; deux gendarmes, un dedans, l'autre dehors

***

Paris, le 2 germinal de l'an XII (28 mars 1804).

Le conseiller d'état... etc., etc.,

A reçu du général de brigade Hullin, commandant les grenadiers de la garde, un petit paquet contenant des *cheveux*, un *anneau d'or* et une *lettre*; ce petit paquet portant la suscription suivante : *Pour être remis à Mme la princesse de Rohan, de la part du ci-devant duc d'Enghien*.

Signé : RÉAL.

***

PROCÈS-VERBAL D'ENQUÊTE CONCERNANT L'EXHUMATION DU CORPS DU DUC D'ENGHIEN, EN EXÉCUTION DES ORDRES DU ROI (1).

L'an mil huit cent seize, le lundi dix-huit mars, nous, Armand-Joseph de Laporte-Lalanne, conseiller d'état, chef du conseil de Son Altesse sérénissime monseigneur le prince de Condé, membre de la Légion-d'Honneur ;

Et Louis-Etienne-François Héricart-Ferrand de Thury, maître des requêtes, membre de la chambre des députés, colonel de la 9e légion de la garde nationale, officier de la Légion-d'Honneur, inspecteur en chef du corps royal des mines,

Commissaires du roi, nommés, en vertu de ses ordres, par monseigneur le garde des sceaux, ministre de la justice, conformément à la lettre de Sa Majesté du quinze présent, pour dresser les actes relatifs à l'exhumation et à la translation, dans une chapelle de dépôt établie dans le château de Vincennes, du corps de très haut et très puissant prince Louis-Antoine-Henri de Bourbon-Condé, duc d'Enghien, prince du sang, pair de France, né le 2 août 1772, fils de très haut et très puissant prince Louis-Henri-Joseph, duc de Bourbon, prince du sang, grand-maître en survivance, et de très haute et puissante princesse Louise-Marie-Thérèse-Batilde d'Orléans,

Assistés de M. le chevalier de Contye, maréchal-de-camp, gentilhomme et aide-de-camp de Son Altesse sérénissime monseigneur le prince de Condé,

Et de M. le chevalier Jacques, colonel, aide-de-camp et secrétaire des commandemens de S. A. S. monseigneur le duc de Bourbon,

Lesquels nous ont été adjoints en vertu des ordres du roi dont monseigneur le garde des sceaux nous a donné communication ;

Nous nous sommes transportés à Vincennes à l'effet d'y procéder à l'enquête ordonnée par Sa Majesté, pour constater l'authenticité du dépôt du corps de monseigneur le duc d'Enghien dans le lieu désigné comme étant celui de sa sépulture actuelle.

Etant arrivés au château de Vincennes le susdit jour, à onze heures du matin, nous y avons été reçus par M. le marquis de Puyvert, maréchal-de-camp, questeur de la chambre des députés et gouverneur dudit château ;

Lequel nous a introduits dans une salle servant provisoirement de salle du conseil.

Nous y avons trouvé réunis M. le comte Armand de Beaumont, colonel, lieutenant de roi du château ;

M. le comte de Braschi du Cayla, pair de France, lieutenant-général des

(1) Louis XVIII.

armées du roi, premier gentilhomme de la chambre de S. A. S. monseigneur le prince de Condé ;

M. le vidame de Vassé, lieutenant-général des armées du roi, premier écuyer de S. A. S. monseigneur le prince de Condé, et ci-devant premier gentilhomme de la chambre de monseigneur le duc d'Enghien, son adjudant-général ;

M. le comte de Rully, pair de France, lieutenant-général des armées du roi, premier gentilhomme de la chambre de S. A. S. monseigneur le duc de Bourbon ;

En présence desquels nous avons procédé à ladite enquête, ainsi qu'il suit :

Ont comparu les témoins ci-après dénommés, savoir :

Premièrement, le sieur Blancpain (Jean-Baptiste), brigadier de gendarmerie en retraite, demeurant à Paris, rue des Francs-Bourgeois, n° 12, lequel, après serment de dire vérité, a déposé ainsi qu'il suit :

Ayant reçu, le vingt mars mil huit cent quatre, du général Savary, à la caserne des Célestins, rue du Petit-Musc, l'ordre d'aller à Vincennes avec la gendarmerie d'élite dans laquelle il servait, il s'y rendit aussitôt.

Arrivé au château de Vincennes avec ce détachement, il y fut sur-le-champ établi surveillant d'un prisonnier de haute importance qu'il a su depuis être monseigneur le duc d'Enghien, et en sa qualité de surveillant, il fut placé au haut de l'escalier de son logement.

Il l'a accompagné à deux reprises au pavillon dit de la porte du bois, à cinquante pas environ du pavillon de la Reine, au pied duquel s'est faite l'exécution.

Il en a été témoin de ladite place, sans pouvoir cependant distinguer bien précisément ce qui se passait, si ce n'est qu'il a entendu, à deux ou trois reprises, le général Savary, qui se tenait en haut, sur le bord extérieur du fossé, et vis-à-vis, ordonner à un adjudant de commander le feu. Il n'y avait d'autres lumières dans le fossé que celle d'une lanterne éclairée de plusieurs chandelles, et placée à quelque distance.

Aussitôt après que le prince fut tombé, il a vu les gendarmes s'approcher de son corps et l'emporter tout habillé pour le déposer dans une fosse préparée derrière un mur de cinq à six pieds de hauteur environ, et distant de trois pas du lieu de l'exécution, lequel servait de dépôt de décombres. La fosse fut fermée sur-le-champ.

Le prince était vêtu d'un pantalon gris, bottes à la hussarde, cravate blanche, ayant sur la tête une casquette à double galon d'or, laquelle, à ce qu'il a entendu dire, fut immédiatement jetée dans la fosse. Le prince portait deux montres, dont l'une seulement lui fut enlevée par un gendarme et remise par lui à Savary ; l'autre est restée sur sa personne, ainsi que les bagues qu'il avait aux doigts et dont une portait un brillant.

Enfin, sur le bord extérieur du fossé, avec le général Savary, se trouvaient plusieurs officiers-généraux, parmi lesquels il a reconnu le général Caulaincourt, écuyer de Bonaparte, qu'il avait vu descendre de voiture dans la cour (1).

N'ayant rien autre chose à déclarer, a signé avec nous, témoin, après lecture faite.

Signé : Blancpain, Laporte-Lalanne, le vicomte Héricart-Ferrand de Thury.

Secondement, le sieur Bonnelet (Louis-François), âgé de soixante ans, manouvrier, demeurant à Vincennes, rue de la Pissote, n° 107, lequel, après serment de dire la vérité, a déclaré :

Que le jour même où monseigneur le duc d'Enghien est arrivé au châ-

---

(1) Ce fait est inexact en ce qui touche M. de Caulaincourt. Le gendarme auteur de cette déposition s'est rétracté. Il est d'ailleurs prouvé, par la déclaration unanime de quatre témoins dignes de foi, que M. de Caulaincourt était à Lunéville le même jour où le gendarme croit l'avoir vu à Vincennes.

teau de Vincennes, le commandant du château, M. Harel, lui donna, à lui Bonnelet, vers les dix heures du matin, l'ordre de creuser une fosse pour y enfouir des décombres et immondices formés par l'écroulement d'un mur de quatre à cinq pieds de haut, au bas du pavillon de la Reine; qu'il y avait travaillé depuis midi jusqu'à la fin du jour, et qu'il y avait fait une fosse de quatre pieds et demi de profondeur, sur cinq de largeur et six de longueur;

Que le lendemain l'entrée du fossé lui ayant été interdite, ce n'est que le surlendemain qu'il a pu aller voir le trou qu'il avait fait, qu'il l'a trouvé comblé et la terre relevée par dessus, en forme de sépulture;

Que pendant un certain temps, mais dont il ne peut déterminer la durée, il y a eu une sentinelle placée vis-à-vis en haut, sur le bord extérieur du fossé, et qu'elle ne permettait à personne d'approcher pour regarder dans le fossé;

Enfin, que, dès le lendemain, tout le monde disait, dans Vincennes, que monseigneur le duc d'Enghien avait été fusillé et enterré dans les fossés du château.

Ce qui est tout ce que le témoin a dit connaître, et, ayant déclaré ne savoir signer, il a apposé sa croix que nous avons certifiée

Ici est la croix du sieur Bonnelet.

Signé : Laporte-Lalanne, le vicomte Héricart-Ferrand de Thury.

Troisièmement, M. Godard (Guillaume-Auguste), employé aux octrois et demeurant à Vincennes, rue de la Charité, n° 181, âgé de quarante-trois ans, lequel, après serment de dire vérité, nous a déclaré :

Qu'au mois de mars 1804, il était canonnier au sixième régiment d'artillerie, et employé comme artificier au château, sous les ordres du sieur Germain, garde d'artillerie;

Que ledit sieur Germain se trouvant, le 20 mars, indisposé, M. Harel, commandant, qui avait d'abord été chez le garde d'artillerie, alla le trouver lui, Godard, et lui donna l'ordre de délivrer trois pelles et trois pioches que des gendarmes vinrent eux-mêmes chercher au magasin, en présence de M. Harel;

Qu'ensuite, sur l'ordre qu'il en reçut dudit Harel, il se transporta chez ce commandant dont l'épouse lui demanda de lui apporter deux bouteilles d'eau-de-vie, parce qu'elle n'en avait point et que *ces messieurs* pourraient en avoir besoin;

Que tout le monde, dans le château, était consigné, et que lui seul, Godard, en sa qualité, avait permission de circuler;

Qu'il savait qu'il était entré au château un prisonnier de distinction, arrivé dans une voiture à six chevaux, à l'entrée de la nuit, et qui avait une casquette à double galon d'or, lorsqu'il était descendu de voiture, lui présent;

Qu'il était persuadé, en fournissant les outils, qu'ils étaient destinés à répandre un grand tas de fumier nouvellement jeté dans le fossé par la troisième arcade de la cour, et s'élevant au dessous de manière à favoriser l'évasion du prisonnier;

Qu'après avoir porté à la dame Harel les deux bouteilles d'eau-de-vie qu'elle avait demandées, il alla se coucher vers minuit et demi;

Que le lendemain il alla chez le commandant redemander les pelles et les pioches qu'il avait délivrées le soir aux gendarmes, et qu'il devait rétablir au magasin;

Que le commandant lui ayant dit qu'il pouvait les aller chercher dans le fossé, il y était descendu, et qu'ayant demandé à un homme qui travaillait, s'il savait où elles pouvaient être, cet homme lui répondit qu'elles étaient au pied du pavillon de la Reine;

Qu'en approchant au pied d'un petit mur qui existait alors, il aperçut à terre une espèce de calotte de maroquin vert, près d'un pommier (depuis arraché), et qu'ayant dès le matin entendu dire que monseigneur le duc d'Enghien était le prisonnier qu'il avait vu la veille, lequel avait été fusillé pendant la nuit, et enterré dans le fossé, la vue de cette calotte lui causa une émotion qui lui permit à peine d'y arrêter plus long-temps les yeux;

Qu'il se pressa d'entrer dans l'enceinte au pied du pavillon et d'y ramasser ses pelles et ses pioches qui étaient jetées çà et là sur la fosse nouvellement faite, en présentant une élévation d'un pied au dessus de la terre, dans la forme d'une sépulture.

Et a signé avec nous le comparant la présente déclaration, après lecture faite;

Signé: Godart, Laporte-Lalanne, le vicomte Héricart-Ferrand de Thury.

Fait au château de Vincennes, à quatre heures de l'après-midi, le lundi 18 mars 1816.

Signé: Laporte-Lalanne, le vicomte Héricart-Ferrand de Thury, le chevalier de Contye, le chevalier Jacques, le comte de Braschi du Cayla, le vidame de Vassé, le vicomte de Rully, le général marquis de Puyvert et le comte Armand de Beaumont.

Le 20 mars 1816, nous, commissaires du roi, nous sommes de nouveau transportés au château de Vincennes pour y continuer l'enquête par nous commencée le dix-huit du présent mois, à l'effet de constater le lieu où monseigneur le duc d'Enghien a été inhumé.

Entrés à onze heures dans la salle du conseil, nous y avons trouvé les personnes présentes à notre procès-verbal d'enquête du dix-huit, et en outre;

M. le comte de Pradel, directeur général de la maison du roi, ayant *par intérim* le portefeuille de la maison de S. M.;

M. le marquis Aymar de la Chevalerie, maréchal-de-camp, aide-de-camp de S. A. S. monseigneur le prince de Condé;

M. le chevalier de Jaubert, écuyer de S. A. S. madame la duchesse de Bourbon;

M. de Jalabert, vicaire général du diocèse de Paris, le siège vacant;

M. Guérin, chevalier de Saint-Michel, médecin de S. A. R. monseigneur le duc de Berri et de monseigneur le prince de Condé;

M. de Bonnie, ancien chirurgien de l'hôpital des gardes-françaises, et chirurgien de S. A. S. monseigneur le prince de Condé;

M. le comte de Béthisy, maréchal-de-camp des armées du roi, commandant la troisième brigade d'infanterie de la garde royale, membre de la chambre des députés;

M. de Saint-Félix, membre de la Légion-d'Honneur, premier aide des cérémonies de France;

M. le vicomte Charles de Geslin, second aide des cérémonies, chevalier de Saint-Louis, lieutenant-colonel de cavalerie;

M. Héricart de Montplaisir, docteur en médecine de la Faculté de Paris, nommé commissaire du roi;

M. Delacroix, chirurgien honoraire de S. A. S. monseigneur le prince de Condé, nommé commissaire du roi;

M. de Chamfort, maire de la commune de Vincennes;

M. le marquis de Courtemanche, maréchal-de-camp, ci-devant premier aide-de-camp de monseigneur le duc d'Enghien;

M. le comte de Chaillon de Jonville, colonel, aide-de-camp de monseigneur le duc d'Enghien;

En présence desquels nous avons procédé à la continuation de l'enquête ainsi qu'il suit:

Nous avons fait comparaître madame Bon (Madeleine), ancienne religieuse, demeurant à Paris, rue Picpus, n° 31, chez M. Rochette, opticien, laquelle, après serment de dire vérité, a dit:

Qu'étant, à l'époque du mois de mars 1804, maîtresse de pension à

Vincennes, elle avait, entr'autres élèves, les filles de Mme Harel, qui venaient prendre des leçons chez elle comme externes ;

Que le 29 mars les ayant ramenées à leur mère, sur les cinq heures après midi, elle vit arriver dans la cour du château une voiture à six chevaux et en descendre un homme, d'une figure et d'une taille distinguées, qui fut reçu par le sieur Bourdon, employé au château, et par le sieur Harel, commandant.

Qu'étant montée chez la dame Harel, elle y apprit, de la bouche même du commandant, que ce personnage était vraisemblablement un prince que le sieur Harel paraissait ne pas connaître ; qu'elle ne put en savoir davantage, étant sortie, sur les six heures, de chez Mme Harel, qu'elle laissa dans une douleur profonde ;

Que le lendemain on lui dit que le personnage qu'elle avait vu la veille était Mgr le duc d'Enghien, lequel avait été fusillé dans la nuit, et enterré sur-le-champ dans les fossés ; qu'on lui en montra même la place, dans une enceinte au pied du pavillon de la Reine, formée par le petit mur de quatre à cinq pieds de longueur, et a signé après lecture faite.

Signé : Bon, Laporte-Lalanne et vicomte Héricart-Ferrand de Thury.

La déclaration de la dame Bon ayant achevé de confirmer les indications qui nous avaient été données sur le lieu où Mgr le duc d'Enghien avait été inhumé, nous avons cru devoir nous abstenir d'en recevoir d'autres.

Et vers l'heure de midi, M. le comte Anglès, ministre d'Etat, préfet de police, désigné par S. M. pour légaliser l'exhumation, par sa présence, étant arrivé et s'étant réuni à nous, nous sommes descendus dans les fossés, accompagnés des personnes ci-dessus dénommées, et auxquelles s'étaient joints Mme Bon, le sieur Godard et le nommé Bonnelet. Ces deux derniers nous ont conduits à la place qu'ils nous avaient indiquée dans leur déclaration au pied du pavillon de la Reine, et Bonnelet s'est mis au nombre des travailleurs.

Nous avons cru devoir, pour plus de sûreté, faire découvrir le terrain dans une étendue de dix pieds, sur douze environ ; et au bout d'une heure et demie de travail, la fouille étant à peu près à quatre pieds de profondeur, on a découvert le pied d'une botte, et dès ce moment nous avons été assurés du succès de nos recherches.

MM. Héricart de Montplaisir, Delacroix, Guérin et Bonnier sont descendus dans la fosse, et ont pris personnellement la direction des travaux qui ont été continués avec les plus grandes précautions. Le résultat a été constaté par le rapport qu'ils en ont dressé et qui sera annexé au présent.

Les personnes les moins exercées pourront se convaincre, par la lecture de ce rapport, qu'il ne nous est rien échappé des restes précieux que nous avions à recueillir.

Nous en sommes particulièrement redevables au zèle religieux que messieurs les médecins ont mis non seulement à diriger les travailleurs, mais à les remplacer eux-mêmes.

Après s'être assurés de la direction dans laquelle le corps était posé, ils se sont occupés de retirer, avec les plus grands ménagemens et par parcelles, la terre qui le recouvrait.

C'est ainsi qu'ils sont parvenus à découvrir :

1º Une chaîne d'or avec son anneau, que M. le chevalier Jacques a reconnue pour être celle que le prince portait habituellement, et qui, en effet, a été trouvée près de ses vertèbres cervicales. Cette chaîne et les petites clés de fer qui accompagnent le cachet d'argent mentionné ci-dessous nous avaient été annoncées d'avance par M. le chevalier Jacques, le fidèle compagnon d'armes de monseigneur le duc d'Enghien, qui s'est enfermé avec lui dans la citadelle de Strasbourg, et ne s'en est séparé que lorsque le prince a été amené à Paris, parce qu'il ne lui a pas été permis de le suivre;

2° Une boucle d'oreille; l'autre n'a pas été retrouvée;

3° Un cachet d'argent aux armes de Condé, encastré dans une agrégation ferrugineuse fortement oxydée, et où nous avons reconnu une petite clé de fer ou d'acier;

4° Une bourse de maroquin à soufflet, contenant onze pièces d'or et cinq pièces d'argent ou cuivre;

5° Soixante-dix pièces d'or, ducats, florins et autres, faisant vraisemblablement partie de ceux qui lui avaient été remis par M. le chevalier Jacques au moment de leur séparation, renfermés dans des rouleaux cachetés en cire rouge dont nous avons trouvé quelques fragmens.

Tous ces objets inventoriés par nous et par M. le comte Anglès, ont été mis à part, et nous sommes restés chargés de ce précieux dépôt.

On a recueilli également des débris de vêtemens, parmi lesquels se trouvent les deux pieds de bottes, et les morceaux d'une casquette portant l'empreinte d'une balle qui les avait traversés. Ces débris, ainsi que la terre recueillie autour du corps, ont été réunis aux ossemens et placés dans un cercueil de plomb.

Cette opération terminée, nous sommes remontés au château, le corps porté par des sous-officiers de la garde royale, escorté d'une garde d'honneur, et suivi d'un grand concours de militaires de tous grades de la garnison du château, et d'autres personnes qui avaient été témoins de l'exhumation.

Le cercueil a été déposé dans une salle provisoire préparée pour le recevoir, en attendant le jour de demain, où il sera transporté dans la chapelle qui lui est destinée.

Le cercueil a été recouvert, soudé par les plombiers, et renfermé dans une caisse de bois avec cette inscription sur une plaque d'argent:

« Ici est le corps de très haut et très puissant prince, Louis-Antoine-Henri de Bourbon-Condé, duc d'Enghien, prince du sang, pair de France, mort à Vincennes, le 21 mars 1804, âgé de 31 ans, 9 mois 19 jours. »

M. le chapelain du château a fait entourer le cercueil de cierges, et, assisté d'un autre ecclésiastique, il est resté pour réciter les prières de l'église.

M. le marquis de Puyvert a fait placer une garde à la porte de la salle, ainsi que dans le fossé, à l'endroit où la fouille a été faite.

Fait au château de Vincennes, le mercredi vingt mars mil huit cent seize.

Signé : Laporte-Lalanne, le vicomte Héricart-Ferrand de Thury, le chevalier de Contye, le chevalier Jacques, le comte Anglès, le marquis Aymer de la Chevalerie, le comte Armand de Beaumont, le comte Baschi du Cayla, le vidame de Vassé, le comte de Pradel, le vicomte de Rully, Saint-Félix, Bonnie, Guérin, Jalabert, vicaire-général; Charles de Geslin, le général comte Charles de Béthisy, le marquis de Courtemanche, Héricart de Montplaisir, Delacroix, le chevalier Jaubert, Chamfort, Roger, curé de Vincennes; l'abbé Rougier, chapelain; le général marquis de Puyvert, le comte Chaillon de Jonville.

Le jeudi vingt-un mars mil huit cent seize, nous, commissaires du roi, nous étant transportés au château de Vincennes, nous y avons trouvé rassemblées toutes les personnes dénommées dans les actes précédens.

A onze heures du matin, le clergé étant survenu, nous nous sommes rendus à l'endroit où le corps de monseigneur le duc d'Enghien avait été provisoirement déposé hier.

La levée du corps s'est faite avec les cérémonies d'usage, et de suite nous nous sommes mis en marche, précédés du clergé, pour nous rendre au pavillon de la porte du bois où était dressée la chapelle de dépôt, le cercueil porté par des sous-officiers des différens corps de la garde, et accompagné des insignes que portaient les anciens officiers de la maison de monseigneur le duc d'Enghien, savoir : M. le vidame de Vassé, son ancien adjudant-général, la couronne; M. le marquis de Courtemanche, le collier de l'ordre du Saint-Esprit; et M. le comte Chaillon de Jonville, aide-de-camp du prince, l'épée.

Toute la garnison était sous les armes, et rendait avec un respect religieux les honneurs militaires aux derniers restes du prince, qui, malgré les malheurs du temps, a laissé de profonds souvenirs dans le cœur de tous les soldats français.

Au pied du pavillon, M. le marquis de Puyvert a fait faire halte et, se retournant vers la troupe qui servait d'escorte, il a dit :

« Soldats,

» Cette pompe funèbre nous rappelle des souvenirs déchirans, mais
» bien chers à des cœurs français. Voilà tout ce qui nous reste d'un
» prince si brave, digne rejeton d'une race féconde en héros. Ses pre-
» miers exploits nous promettaient encore un grand Condé. Leur éclat
» alarma l'insatiable ambition de ce tyran qui ravagea la France pour
» désoler l'Europe. Il fit de sa mort le gage sanglant d'une union régi-
» cide, et son atroce perfidie l'immola au pied de cet antique donjon où
» le plus illustre de ses aïeux fonda le berceau de la monarchie.

» Honorons sa mémoire par des regrets éternels, par un dévoûment
» sans bornes à son auguste race, et pour lui rendre un dernier hom-
» mage digne de son cœur, jurons à ses mânes de vivre et de mourir,
» comme lui, fidèles à nos sermens, fidèles à nos rois légitimes.

» Vive le roi! Vivent à jamais les enfans de Saint-Louis! Gloire aux
» Condés! »

Ce discours, prononcé avec le sentiment qui l'avait inspiré, a excité le plus vif enthousiasme; les soldats versaient des larmes; et l'impression produite par le discours de M. le gouverneur, sur ceux qui avaient été à portée de l'entendre, s'étant communiquée de proche en proche aux plus éloignés, la cour du château a retenti du cri de : *Vive le roi!*

C'est ainsi que toutes les fois que l'occasion s'en est présentée, nous avons pu reconnaître le bon esprit de la garnison de Vincennes, et les sentimens de loyauté et de dévoûment à son roi dont elle est animée.

C'est dans la salle même où s'est tenu le conseil de guerre, la nuit du 20 au 21 mars, que l'on a cru devoir établir la chapelle de dépôt. C'est là que les restes précieux du prince sont conservés à la vénération des anciens compagnons d'armes et des âmes pieuses qui viendront lui offrir des prières d'expiation.

Nous les y avons déposés en attendant que l'ancienne sainte-chapelle, fondée par Saint-Louis, et encore existante dans la cour du château, puisse les recevoir, conformément aux intentions du roi.

M. l'abbé Rougier, chapelain du château, à qui la garde en a été confiée, y est resté pour célébrer le saint sacrifice, tandis que nous nous rendions à l'église paroissiale, où, par les ordres de M. le grand-maître des cérémonies, un service solennel avait été préparé.

La messe a été célébrée par M. du Chilleau, ancien évêque de Châlon-sur-Saône, au milieu d'un concours tel, que l'église n'a pu contenir que la moindre partie des personnes qui auraient voulu ou dû y entrer.

M. Roger, curé de Vincennes, qui, pendant son émigration, a été à portée d'acquérir une connaissance personnelle des traits de bonté et de magnanimité dont se composait toute la vie de Mgr le duc d'Enghien, s'est particulièrement attaché à les retracer, et ces traits, qui rappelaient à un grand nombre de ses auditeurs des souvenirs douloureux et chers, ont été accueillis par eux comme le plus pur et le plus digne hommage qui pût être rendu à la mémoire d'un héros, l'objet de leurs profonds regrets.

Après la cérémonie, nos fonctions étant terminées, nous sommes rentrés au château dans la salle du conseil, et nous y avons clos le procès-verbal de nos opérations, en présence des personnes nommées pour y concourir et qui ont signé avec nous.

Fait à Vincennes, le jeudi 21 mars 1816, à trois heures de l'après-midi.

Signé: Laporte-Lalanne, le vicomte Héricart-Ferrand de Thury, le chevalier de Contye, le chevalier Jacques, le comte Anglès, le marquis Aymer de la Chevalerie, le comte Armand de Beaumont, le comte de Baschi du Cayla, le vidame de Vassé, le comte de Pradel, le vicomte de Rully, Saint-Félix, Bonnie, Guérin, Jalabert, vicaire-général ; Charles de Geslin, le général comte de Béthisy, le marquis de Courtemanche, Héricart de Montplaisir, Delacroix, le chevalier Jaubert, Chamfort, Roger, curé de Vincennes ; l'abbé Rougier, chapelain ; le général marquis de Puyvert, le comte Chaillon de Joinville, Jean-Baptiste, évêque de Châlon-sur-Saône.

> Pour copie conforme :
> Les commissaires du roi,
> LAPORTE-LALANNE, le vicomte HÉRICART-FERRAND DE THURY, le chevalier de CONTYE, le chevalier JACQUES.

Note du baron Massias, ancien chargé d'affaires de France près la cour de Bade.

J'étais chargé d'affaires à la cour de Bade, lorsque le duc d'Enghien fut arrêté à Ettenheim, village sur les bords du Rhin, à vingt lieues environ de Carlsruhe, et dans le ressort de ma légation. Cette arrestation eut lieu, sans que ni moi, ni le ministre de Bade en eussions eu aucune communication préalable.

Quelques jours après cette catastrophe, des gendarmes, venus de Strasbourg, avaient rôdé dans le pays, ils étaient même entrés dans mes bureaux, y avaient fait des questions, dont je ne pouvais alors deviner les motifs. Ils tenaient surtout à savoir, de mon secrétaire, si j'étais informé que le général Dumouriez eût paru à Ettenheim. Or, parmi les officiers de la maison du duc d'Enghien, il en était un, nommé *Tumery*. J'ignore si j'écris correctement l'orthographe de son nom ; mais ce que je sais parfaitement, c'est qu'il se prononce, avec l'accent alsacien, comme celui de Dumouriez. Aussi, les journaux de Paris, le *Moniteur* lui-même, annoncèrent-ils que *le général Dumouriez, avec tout son état-major*, était à Ettenheim chez le prince.

Dès que je sus que ce dernier avait été enlevé, et transféré dans la citadelle de Strasbourg, j'écrivis sur-le-champ au ministre des affaires étrangères, pour lui dire combien, durant son séjour dans l'électorat, séjour dont mes dépêches l'avaient antérieurement avisé, la conduite du duc d'Enghien avait été mesurée et innocente. Ma lettre doit être aux archives, c'est la seule dans laquelle j'aie jamais cité du latin. Pour donner plus de poids à ma pensée, et plus de créance à mon assertion, j'avais emprunté ces mots de Tacite : *Nec beneficio, nec injuria cognitus* : ce qui, au reste, expliquait parfaitement ma position envers l'auguste personnage, que l'intérêt de la vérité seul me portait à défendre.

Il fut victime des rapports de ceux qui exploitent les conspirations, et de ce qu'on appelle si faussement et si odieusement la politique. Quelques jours après la catastrophe, je reçus une lettre du ministre des affaires étrangères, qui me donnait l'ordre d'aller à Aix-la-Chapelle où je trouverais l'empereur Napoléon auquel j'aurais à rendre compte de ma conduite.

En arrivant, j'allai trouver le maréchal Lannes, avec qui j'avais fait les guerres d'Espagne et d'Italie, et à l'amitié duquel je devais ma place et toutes mes espérances. Il m'apprit que j'étais accusé d'avoir épousé la proche parente d'une intrigante dangereuse, et d'avoir favorisé la conspiration du duc d'Enghien. Il me connaît si bien, qu'il ne souffrit pas même que je lui donnasse des explications sur ma conduite, et qu'il me dit qu'avant de m'avoir vu, il avait répondu de moi à l'empereur.

Sorti de chez le maréchal, j'allai chez le ministre des affaires étrangères, auquel je rappelai ce dont l'avait instruit ma correspondance, savoir : la vie simple, paisible, innocente du prince, et la non-parenté de ma femme avec la baronne de Reich, fait dont il était assuré par un certificat bien en règle que je lui avais envoyé. Il me dit que tout s'arrangerait.

Le jour de mon audience étant fixé, je fus introduit, avec lui, dans le cabinet de l'empereur.

Il me fut d'abord facile de voir qu'il ne me considérait point comme un conspirateur ; je ne crus pas moins devoir me tenir sur mes gardes, connaissant son adresse, et l'intérêt qu'il avait que je n'eusse pas tout à fait raison.

Il commença par me demander des nouvelles du grand duc et de sa famille ; et, sans autre transition, après avoir entendu ma réponse : — Comment, monsieur Massias, me dit-il, vous que j'ai traité avec bonté, avez-vous pu entrer dans les misérables intrigues des ennemis de la France ?

Je connaissais, comme je l'ai dit, son adresse et son habileté ; je sentis que si j'entrais sans autres motifs dans ma justification, il profiterait de certaines circonstances pour en tirer des inductions, sur lesquelles je n'aurais pas le moyen de donner des explications catégoriques. Je pris donc le parti de faire l'étonné, et n'eus pas l'air de comprendre ce qu'il voulait dire. Alors il s'écria avec un geste, et en faisant un pas en arrière : — En vérité, on dirait qu'il ne sait ce que je veux lui dire ! — Même étonnement, même signe d'ignorance de ma part.—Comment ! reprit-il vivement, mais sans colère, n'avez-vous pas épousé une proche parente d'une misérable intrigante, la baronne de Reich ? — Sire, lui répondis-je en lui montrant le ministre, monsieur, que voilà, a indignement trompé la religion de Votre Majesté. Il a su de moi que ma femme n'était point parente de cette baronne de Reich, et je lui en avais antérieurement envoyé le certificat bien en règle. A ces mots, l'empereur recula d'un pas en souriant, marcha à droite et à gauche dans son cabinet, toujours en nous regardant ; puis, se rapprochant de moi, il me dit d'un ton radouci : — Vous avez cependant souffert des rassemblemens d'émigrés à Offembourg.—Sire, j'ai rendu fidèlement compte de tout ce qui se passait dans ma légation. Comment me serais-je avisé de persécuter quelques malheureux, tandis que, avec votre autorisation, ils passaient le Rhin par centaines et par milliers. Je ne faisais qu'entrer dans l'esprit de votre gouvernement. —Vous auriez pourtant dû empêcher les trames que le duc d'Enghien ourdissait à Ettenheim.—Sire, je suis trop avancé en âge pour apprendre à mentir ; on a encore trompé, sur ce point, la religion de Votre Majesté.—Croyez-vous donc, poursuivit-il en s'animant, que si la conspiration de Georges et Pichegru avait réussi, ils n'eussent pas passé le Rhin, et ne seraient pas venus en poste à Paris ? Je baissai la tête et ne répondis rien.

Napoléon, prenant alors un air dégagé, me parla de Carlsruhe, de quelques objets intéressans, et me congédia.

Le lendemain, il fit une distribution publique et solennelle de croix de la Légion-d'Honneur, qu'il avait nouvellement instituée. D'après ses réglemens, j'y avais droit, et comme chargé d'affaires, et comme portant les épaulettes de colonel ; il la distribua à tous mes collègues présens, et je fus le seul à qui il ne la donna pas. Le maréchal Lannes, que je vis le soir, me dit que l'empereur avait été très content de mon courage et de ma probité, mais qu'il avait voulu punir mon manque de respect envers mon supérieur, M. de Talleyrand.

Je revins à Carlsruhe. Un ou deux mois après mon retour, on me dit qu'un chambellan de l'empereur demandait à me parler; c'était M. le comte de Beaumont. Il me remit une lettre du grand-maréchal du palais, Duroc, dans laquelle il était dit que Sa Majesté devait bientôt envoyer à Carlsruhe sa fille adoptive, la princesse Stéphanie, épouse du grand duc de Bade, il la confiait à mes soins et à ma probité; que, pour tout ce qui la concernait, je ne devais point correspondre avec le ministre des affaires étrangères, mais directement avec lui-même.

Environ un an après l'arrivée de la princesse, l'empereur me nomma résident consul-général à Dantzick. J'occupais à peine depuis huit jours ce nouveau poste, que je reçus ma nomination à la place d'intendant de la ville, avec de gros émolumens.

Et à mon retour en France, où ma santé me força de revenir en congé, il me nomma baron, avec l'autorisation de créer un majorat.

Signé : Baron MASSIAS.

FIN DE LA DEUXIÈME PARTIE.

TROISIÈME PARTIE.

NAPOLÉON, L'EMPIRE ET LA GRANDE ARMÉE.

I

Étiquette à la cour impériale.

Au moment de la révolution française, les seules cours d'Espagne et de Naples suivaient encore l'étiquette imposée par Louis XIV. La cour de Pétersbourg avait copié nos formes de salons. Celles de Vienne et de Berlin étaient devenues bourgeoises. Il ne restait plus vestige du bel esprit, de l'élégance et de la fatuité de la cour de Versailles ; de sorte qu'en arrivant à la souveraine puissance, Napoléon trouva, comme on le dit vulgairement, table rase et maison nette. Or, il voulut, à tort ou à raison, composer une cour, ressusciter en partie les us et coutumes de la vieille monarchie, et, comme il en fit lui-même l'aveu, trouver un juste-milieu raisonnable pour allier la dignité du trône aux mœurs nouvelles, en faisant servir cette création à l'amélioration des manières et du langage de l'ancienne et de la nouvelle aristocratie.

Certes, ce n'était pas une petite affaire que de relever un trône sur le terrain même où, onze ans auparavant, on avait juridiquement dressé l'échafaud, et où, chaque année, on avait juré constitutionnellement haine aux rois ; ce n'était pas une petite affaire, dis-je, que de rétablir des titres, des dignités, des décorations, au milieu d'un peuple qui avait combattu et constamment triomphé pour les détruire tous. Cependant Napoléon qui faisait toujours ce qu'il voulait, par la grande raison qu'il voulait et savait vouloir, surmonta de haute lutte toutes les difficultés. Il se fit empereur, créa une noblesse, composa une cour, et bientôt la victoire sembla prendre soin elle-même d'affermir et d'illustrer subitement ce nouvel ordre de choses. L'Europe entière le reconnut tel ; il y eut même un moment où on aurait pu croire que toutes les cours du continent étaient accourues à Paris pour composer celle des Tuileries, qui devint dans la suite la plus brillante et la plus nombreuse qu'on pût voir. Elle eut chaque semaine de grandes et de petites réceptions, des banquets, des bals, des concerts et des spectacles ; on y étala une magnificence et une grandeur extraordinaires, et si la personne du souverain conserva une extrême simplicité, qui servait en quelque sorte à le faire ressortir, c'est que ce luxe, ce faste qu'il encourageait autour de lui, étaient dans ses combinaisons et non dans ses goûts. La cérémonie du couronnement, les fêtes du mariage de Marie-Louise et celles du baptême du roi de Rome dépassèrent en splendeur toutes celles qui avaient eu lieu jusque-là ; elles ne seront peut-être jamais égalées.

Ce fut le **18 mai 1804**, à Saint-Cloud, que Napoléon fut pour la première fois salué du nom de *sire* par Cambacérès, qui vint à la tête du sénat lui présenter le sénatus-consulte organique relatif à la fondation de l'empire. Après le discours du futur archi-chancelier, où l'on vit reparaître la qualification de majesté, Napoléon partit immédiatement pour Paris, afin d'assister au premier grand lever, qui eut lieu le lendemain même. L'assemblée fut plus nombreuse et plus brillante que jamais. Tout ce qu'il y avait de ministres français et étrangers, tous les généraux, tout ce que la capitale comptait d'hommes illustres dans toutes les classes, dans toutes les spécialités, furent présentés au nouvel empereur par son frère Louis, qui commença de remplir près de lui, ce jour-là, les fonctions de grand-connétable.

En rétablissant de prime-abord les *grands* et les *petits levers*, ainsi que les *grands* et les *petits couchers* de l'ancien régime, Napoléon y mit cette différence, qu'au lieu d'être réels, ils ne furent jamais que nominaux, c'est-à-dire que, loin d'être employés à des détails de toilette, tels qu'ils existaient en fait sous les rois de l'ancienne monarchie, ces instans ne furent réellement consacrés qu'à recevoir le matin et le soir ceux des officiers de sa maison qui avaient des ordres directs à recevoir de lui. Beaucoup de gens qui semblent aujourd'hui l'avoir oublié, attachaient un très grand prix à cette distinction. Napoléon s'adressait alors à chaque individu, et écoutait avec bienveillance ce qu'on avait à lui dire; sa *tournée* achevée, il saluait, et chacun se retirait. Quelques personnes voulaient-elles l'entretenir en particulier, elles attendaient que tout le monde fût sorti ; et, se rapprochant de l'empereur, elles restaient seules avec lui, et en obtenaient le moment d'audience qui leur était nécessaire.

Les *présentations* spéciales et les *admissions* au palais furent également rétablies, autrement dits les *grandes* et les *petites entrées* d'autrefois; mais ce n'était plus la naissance qui en avait fait le privilége : elles étaient accordées soit à la position qu'on occupait dans le gouvernement, soit à l'influence des services qu'on était à même de rendre.

Dès ce moment, Napoléon prit à tâche de faire revivre au dehors tout ce qui pouvait, en fait de cérémonial et de représentation, mettre la cour des Tuileries en harmonie avec les autres cours de l'Europe; et au dedans, il voulut que les formes anciennes fussent alliées aux mœurs de l'époque. Le palais prit donc une physionomie toute nouvelle. Des réglemens d'étiquette furent longuement discutés dans un conseil formé *ad hoc* et présidé par l'empereur en personne, qui prit autant de part à ces longues et minutieuses discussions qu'à celles du code civil. Il fut aidé dans ce travail par l'homme qu'il nomma avec raison son grand-maître des cérémonies : M. de Ségur. Et puis, on compulsa toutes les ordonnances des anciens rois, on consulta les anciens serviteurs de Louis XVI; Mme Campan, qui avait été *première femme* de la reine Marie-Antoinette, eut de longs entretiens avec l'impératrice Joséphine; on interrogea surtout les vieux courtisans, ces piliers vivans de l'*Œil-de-Bœuf* de Versailles. « Comment cela se faisait-il du temps de la reine? comment en agissait-on avec le roi? » Telles étaient les questions que Joséphine adressait à ceux qu'elle supposait pouvoir y répondre.

Ce fut ainsi qu'à tort ou à raison les *us* et coutumes de l'ancien régime furent remis peu à peu à l'ordre du jour.

Dans l'origine, cette résurrection donna lieu à des scènes assez plaisantes, en raison de l'embarras que les personnes employées depuis longtemps au service particulier de Napoléon éprouvèrent à s'y conformer. Elles répétaient dix fois en une minute : *Sire, général, citoyen premier sonsul*. L'empereur souriait et n'avait pas l'air de faire attention à ces défauts de mémoire. Cela dura peu, du reste. MM. les nouveaux grands-officiers, les chambellans surtout, surent bientôt leur rôle. Il se présenta pour leur donner des leçons une nuée d'hommes de l'ancienne cour, qui avaient obtenu de l'empereur d'être rayés de la liste des émigrés, et qui sollicitèrent ardemment, pour eux et pour leurs femmes, les charges encore vacantes à la cour impériale.

Plus tard, l'empereur créa des titres empruntés à l'ancienne féodalité; mais ces titres de chevalier, de baron, de comte, de duc et même de prince, étaient sans valeur réelle, sans prérogative; ils atteignaient toutes les naissances, tous les services, toutes les professions. Napoléon avait pensé qu'ils ne seraient qu'un rapprochement utile avec les mœurs de la vieille Europe au dehors et qu'un hochet innocent pour toutes les vanités au dedans. « Combien d'hommes, disait-il, demeurent enfans par la vanité ! » Il fit donc reparaître les cordons et les ordres, et en répandit sur toute la société; il en gratifia tous les genres de talens, toutes les espèces d'illustrations; et, chose singulière, plus il en accordait, plus ils semblaient acquérir de prix. « Le désir d'obtenir la simple décoration de la Légion-d'Honneur, disait-il à Sainte-Hélène, alla toujours croissant : ce devint une espèce de fureur ! » En effet, après la campagne de Wagram, ayant envoyé cette décoration à l'archiduc Charles, frère de l'empereur d'Autriche, on remarqua que, par un raffinement de galanterie qui n'appartenait qu'à Napoléon, ce fut la croix d'argent, celle de simple légionnaire, qu'il lui donna. Napoléon lui-même n'en porta jamais d'autre.

Quatre mois avant la cérémonie du couronnement, Napoléon s'était composé une *maison civile* dans laquelle furent compris, entre autres : un grand-maréchal, des gouverneurs du palais, des maîtres de cérémonies, des hérauts d'armes, des écuyers, des chambellans, des pages, un service des grandes et des petites écuries, des maîtres-d'hôtel, des huissiers de la chambre et du cabinet, une vénerie, une faculté de médecine et un nombreux clergé. Cependant je ne crois pas que l'empereur ait jamais eu un prédicateur en titre, et qu'on lui ait connu un confesseur.

Ce nombreux personnel fut choisi également parmi les hommes nouveaux que la révolution avait élevés et dans les familles anciennes qu'elle avait renversées.

Les premiers se considérèrent comme placés sur un terrain qu'ils avaient acquis, les seconds comme reprenant possession de ce lieu qui leur appartenait. Pour Napoléon, il ne chercha dans cet amalgame que l'extinction des haines et la fusion des partis : résultat impossible. « Malgré cela, dit-il un jour, il est aisé d'apercevoir la différence qui existe entre les uns et les autres. En général, les anciens nobles mettent bien plus d'empressement et de grâce dans leurs fonctions que les nouveaux. La plus illustre duchesse de l'ancien régime se précipiterait pour renouer le cordon d'un des souliers de l'impératrice, tandis qu'une dame de la nouvelle noblesse, la femme d'un de mes maréchaux, par exemple, y répugnerait, dans la crainte qu'on ne la confondît avec une femme de chambre du palais. L'ancienne duchesse n'aurait pas cette crainte, elle a trop de tact pour cela. »

Les emplois dans lesquels consistait ce qu'on appelait le *service d'honneur* dans la maison de LL. MM. étaient pour la plupart très peu rétribués, bien qu'ils obligeassent à de grandes dépenses ; mais ils mettaient à même, chaque jour, de vivre sous les yeux du maître, et d'un maître tout-puissant : c'était là une source inépuisable d'honneurs et de richesses, parce que ceux qui en étaient revêtus se rappelaient à propos ces paroles prononcées hautement par Napoléon : « Je ne veux pas qu'un officier de ma maison, quel qu'il soit, lorsqu'il aura des besoins réels, s'adresse à d'autres qu'à moi pour qu'on lui soit en aide. »

Or, personne mieux que Napoléon ne savait donner, donner bien, à propos et souvent.

A l'occasion de son mariage avec Marie-Louise, l'empereur fit une recrue nombreuse de chambellans, de dames du palais, etc., dans les premiers rangs de l'aristocratie, pour montrer à l'Europe qu'il n'existait plus qu'un parti en France, et pour entourer sa nouvelle épouse de noms historiques. Toutefois, il ne crut pas devoir choisir dans cette classe la dame d'honneur, dans la crainte que l'archiduchesse d'Autriche, dont il ne connaissait pas encore le caractère, n'arrivât avec des préjugés de naissance qui eussent par trop enorgueilli l'ancien parti : aussi fit-il un autre choix en nommant à cette haute dignité madame la duchesse de Montebello, pour laquelle il professait justement une estime toute particulière.

Depuis cet instant jusqu'au moment de nos revers, les plus anciennes et les plus illustres familles sollicitèrent avec ardeur la faveur d'entrer dans la maison de LL. MM. Comment ne l'eussent-elles pas désirée? Napoléon gouvernait le monde ! il avait fait de la France et des Français la première nation, le peuple par excellence. La puissance, la gloire, la force, la richesse lui servaient de cortége. On était fier d'appartenir directement à la personne de l'empereur ou de l'impératrice : c'était, chez nous comme à l'étranger, un titre à la considération, aux hommages et au respect. Du reste, la magnificence et la splendeur qui régnaient à la cour impériale reposaient sur un ordre et une régularité d'administration qui ont fait l'étonnement de ceux qui, plus tard, sont venus en fouiller les débris.

L'empereur fut long-temps indécis sur la question de savoir s'il devait rétablir aussi le *grand couvert*, tel qu'il avait lieu dans la grande galerie de Versailles, c'est-à-dire le dîner en public, chaque dimanche, de toute la famille impériale. Après beaucoup d'avis pour et contre, le *grand couvert* fut rayé du répertoire, et à cette occasion, Napoléon fit les réflexions suivantes : « Je conçois que ce spectacle de toute ma famille réunie pût paraître moral au peuple, et produire sur son esprit un très bon effet ; ce serait d'ailleurs le moyen le plus naturel pour que chacun pût me voir à son aise, chez moi, ainsi que ma femme, mes frères et mes sœurs ; mais tout ce monde est libre de venir nous voir à la messe, chaque dimanche, ou au spectacle, lorsque nous y allons ; là, du moins, on concourt à un acte religieux, ou on prend part à nos plaisirs ; tandis que venir aux Tuileries, nous voir manger, n'attirerait que par la curiosité ; on voudrait voir seulement de quelle façon nous portons les morceaux à la bouche, à peu près comme on va au Jardin-des-Plantes pour voir les animaux y prendre leur nourriture. Ce serait nous donner un ridicule mutuel ; nous en avons déjà bien assez. La souveraineté est une haute magistrature qui ne doit se montrer qu'en exercice : expédiant des affaires, passant des revues, réparant des torts, accordant des grâces, et dépouillée en quelque sorte des besoins ou des infirmités de l'homme vulgaire. »

L'empereur avait une idée fixe qui, bien certainement, eût été mise à exécution, si son avenir n'eût été si tôt interrompu. Cette idée favorite était de se voir en tournée perpétuelle dans les départemens de l'empire français, qui en comptait alors à peu près une fois plus qu'aujourd'hui : il eût visité et non parcouru ces départemens les uns après les autres, entouré de l'impératrice, du roi de Rome, de sa famille et de toute sa cour ; il eût voulu que cet immense attirail, loin d'être onéreux aux localités, fut au contraire un bienfait pour toutes. Une tenture des Gobelins, traînée à sa suite, eût meublé et décoré ses stations, ses campemens. « Quant aux personnes de ma cour, disait-il à cette occasion, elles seront logées à la craie, chez les bourgeois, qui regarderont leurs hôtes plutôt comme un bienfait que comme un fardeau, parce qu'ils seront toujours pour eux la certitude de quelque avantage ou de quelque faveur. C'est là que je saurai, dans chaque localité, prévenir la fraude, châtier les dilapidateurs, récompenser le mérite et réparer les injustices du sort. J'ordonnerai la construction de nouveaux édifices, je rétablirai les ponts, je réparerai les chemins, je ferai des routes nouvelles, j'ouvrirai des canaux, je dessécherai les marais, je fertiliserai les terres ; mais pour cela il faut que le ciel m'accorde dix années de tranquillité. Cela étant, je ferai de Paris la capitale de l'univers, et de la France un véritable roman. »

Voilà ce que Napoléon disait au maréchal Duroc, le soir d'une belle matinée du mois de mai 1811, en se promenant avec lui dans cette délicieuse vallée de Fleury, qui sépare les bois de Meudon du parc de Saint-Cloud. Aujourd'hui je ne citerais pas cette date si elle ne coïncidait, jour pour jour, avec une autre date, de dix ans plus ancienne, et qui rappelle une autre vallée : celle de Sainte-Hélène !

II

Clémence et pardon.

Si quelques gens ont dépeint Napoléon comme un homme violent, c'est qu'ils ne l'ont jamais approché. Sans doute, absorbé qu'il était par les affaires de l'Etat, contrarié dans ses vues, entravé dans ses projets, il avait ses impatiences, ses inégalités de caractère ; mais, au fond, il était généreux. Dans ses mauvais momens, on l'eût calmé facilement, si, loin de chercher à l'apaiser, quelques uns de ses conseillers ne se fussent appliqués à exciter sa colère.

Après la condamnation de Georges Cadoudal et de ses complices, tous ceux des condamnés à mort qui se recommandèrent à la clémence de l'empereur furent graciés. Georges lui-même avait écrit à Murat, alors gouverneur de Paris, une lettre fort digne, dans laquelle il sollicitait, non pas sa grâce, mais celle de ses compagnons. Dans cette lettre, que Napoléon lut avec une émotion qu'il tâcha vainement de dissimuler, Georges offrait de se jeter le premier sur la côte d'Angleterre. « Ce n'était, disait-il, que changer le genre de mort ; mais du moins celle-là devait être utile à sa patrie. » Cette supplique fut lue et commentée en conseil privé. Napoléon se montra tout disposé à pardonner ; mais de maladroits conseillers lui représentèrent que ce serait encourager les assassins et démoraliser les hommes chargés de défendre la vie du chef de l'Etat. L'échafaud fut dressé, et Georges périt avec neuf de ses complices. Mais cette sanglante exécution excita un sentiment de pitié général; il fut plus vif peut-être chez l'empereur que chez aucun autre.

Un dimanche du mois de juin 1804, tandis que la princesse Louis était occupée, dans le petit salon vert de Saint-Cloud, à arroser les fleurs dont les jardinières de sa mère étaient toujours abondamment garnies, Napoléon entra dans cette pièce sans être annoncé.

— Hortense, que faites-vous donc là toute seule et si matin? demanda-t-il à sa belle-fille, dont la physionomie ordinairement si calme et si ouverte semblait singulièrement attristée.

— Sire, répond la fille de Joséphine, un peu surprise de cette brusque apparition, Votre Majesté le voit bien.

En effet, elle tenait encore à la main le petit arrosoir de vermeil dont se servait habituellement l'impératrice.

— C'est bien. Et que fait-on chez ma femme?

— Sire, on y pleure, et maman plus que toute autre.

— Comment ! on y pleure !... Qu'y a-t-il donc?... Je veux le savoir.

A peine l'empereur est-il entré dans la chambre à coucher de l'impératrice, que Mme de Polignac, qui l'y attendait avec plusieurs dames, se jette à ses pieds et lui demande la grâce de son mari, condamné à mort dans la conspiration de Georges.

La présence de Mme de Polignac causa d'abord quelque étonnement à l'empereur; il s'arrêta et l'examina avec attention ; puis, s'efforçant de la relever :

— Je suis étonné, madame, dit-il, de trouver votre mari mêlé à une telle affaire. Ne s'est-il donc jamais souvenu d'avoir été mon camarade à l'Ecole militaire ?

Mme de Polignac, autant que ses sanglots pouvaient le lui permettre, s'efforça d'éloigner de son mari toute idée de participation.

L'empereur, vivement ému, lui répondit :

— Je puis pardonner à votre mari, parce que ce n'est qu'à ma vie qu'il en voulait. Allez, madame, et dites que c'est moi, son ancien camarade, qui lui fais grâce de la vie.

Et l'empereur sortit, avec un geste qui indiquait qu'il ne voulait pas qu'on l'accompagnât.

Le dimanche suivant, ce devait être le tour de la sœur et de tante de M. de Rivière. L'impératrice s'était encore chargée de leur faciliter un libre accès auprès de l'empereur, quoique la veille il eût répété : « Tu sais que je n'aime pas les scènes; je ne veux voir aucun parent des condamnés. Ceux qui auront des grâces à solliciter n'auront qu'à m'adresser leurs demandes par écrit : j'ai donné des ordres au grand-juge Régnier et des instructions à Duroc. » Cette fois, ayant appris par une indiscrétion de Joséphine que ces deux dames devaient se tenir aux aguets lorsqu'il irait entendre la messe à la chapelle du château, il approuva d'avance le recours en grâce de M. de Rivière.

Le général Lajolais avait été de même condamné à mort. Sa femme et sa fille furent, aussitôt après le jugement, transférées de Strasbourg à

Paris. En arrivant, Mme Lajolais fut conduite à la Conciergerie ; et sa fille, sans ressource, fut réduite à aller implorer l'hospitalité d'un ami de sa famille. Ce fut alors que cette jeune personne, âgée de quatorze ans et belle comme un ange, déploya une présence d'esprit que l'amour filial seul peut donner dans un âge aussi tendre.

Un matin, elle sort de Paris avant le jour, seule, sans avoir fait part de sa résolution à personne ; elle se présente toute en larmes à la grille du château de Saint-Cloud. Ce n'est qu'avec beaucoup de peine qu'elle parvient à la franchir ; mais ne se laissant rebuter par aucun obstacle, elle arrive jusqu'à un huissier de service, qui, par bonheur pour elle, était M. Dumoutiers, digne homme s'il en fut.

— Monsieur, lui dit-elle, on m'a promis que vous me conduiriez tout de suite à Mme la princesse Louis ; je ne vous demande que ce service : ne me le refusez pas.

— Qui donc vous a fait cette promesse, mademoiselle ? Avez-vous obtenu une audience ?

— Hélas ! non, monsieur ; mais je viens demander à l'empereur la grâce de mon père : il est condamné à mort. Oh ! je vous en supplie, faites-moi parler à l'empereur.

M. Dumoutiers refusa d'abord de se mêler de cette affaire ; mais enfin, ému par les larmes et les prières de la jeune fille, il prit sur lui d'aller trouver Mme Louis. Celle-ci, craignant d'exciter le mécontentement de son beau-père, descend chez sa mère pour lui demander conseil. Mais, aux premiers mots, elle est interrompue par Joséphine, qui lui dit : « Je suis désolée, ma chère enfant, de ne pouvoir rien faire pour cette pauvre créature. Bonaparte est parti pour la chasse ce matin. Dis-lui qu'elle revienne.

— Mais, maman, d'ici là, son père sera peut-être exécuté.

— Demain, te dis-je, amène-moi ta protégée ; nous aviserons au moyen de la placer sur le passage de l'empereur. Quelle tournure a-t-elle ?

— Elle est charmante. Je n'ai jamais vu de personne plus intéressante.

— Je veux la voir... Il faut que tu la gardes avec toi... ou plutôt, renvoie-la, parce que si Bonaparte en était instruit, tout pourrait manquer. Qu'elle vienne demain matin à dix heures.

Mme Louise prit sur elle de garder Mlle Lajolais jusqu'au lendemain, en la cachant soigneusement à tous les yeux ; elle ne mit dans sa confidence que Mlle Augué, qui était bien plus son amie que sa première femme de chambre, et le lendemain, en descendant chez sa mère, elle la prévint que Mlle Lajolais venait d'arriver à Saint-Cloud.

— Conduis-la dans la petite galerie, lui dit Joséphine, elle épiera le moment où Bonaparte entrera au conseil : il ne peut faire autrement que de passer par là en sortant de son cabinet. De mon côté, je ferai en sorte d'arriver en même temps que lui.

— Moi, maman, je ne la quitterai pas.

Enfin, à midi, un huissier annonce l'empereur. Madame Louis, se tenant à l'écart, désigne des yeux à sa protégée l'empereur qui, entouré de quelques conseillers d'État, s'avance à pas lents dans la galerie.

Aussitôt que Mlle Lajolais l'aperçoit, elle s'élance au devant de lui, et se précipitant à ses genoux s'écrie :

— Grâce ! sire, grâce pour mon père !

Napoléon, surpris de cette brusque apparition, s'arrête, et, jetant un regard sévère à sa belle-fille ainsi qu'à Joséphine qui vient d'entrer dans la galerie opposée :

— Encore ! fit-il d'un ton d'impatience ; j'avais pourtant dit que je ne voulais plus de ces choses-là !

Et se croisant les bras sur la poitrine, il tourne la tête, allonge le pas et se dispose à passer outre : ce fut alors que commença une scène vraiment déchirante.

Mademoiselle Lajolais se traîne aux genoux de l'empereur.

— Laissez-moi, mademoiselle, lui dit d'abord Napoléon d'un ton d'humeur et en la repoussant. Je saurai qui a osé vous introduire ici malgré ma défense.

— Ah ! sire, grâce, grâce !... C'est pour mon père !

Alors, se retournant brusquement, Napoléon examine la suppliante avec plus d'attention, et lui dit d'un ton bref :

— Comment s'appelle votre père ? qui êtes-vous ?

— Sire, je suis Mlle Lajolais ; mon père va mourir.

— Ah ! oui, je sais ; mais, mademoiselle, c'est pour la seconde fois que votre père se rend coupable d'un attentat contre l'Etat. Je ne puis rien accorder : laissez-moi.

— Hélas ! sire, je le sais bien, lui répond la pauvre enfant dans son ingénuité ; mais la première fois, papa était innocent, et aujourd'hui, sire, ce n'est pas justice que je vous demande : c'est grâce. Grâce pour lui, ou.... je me tuerai !

A ces mots, à ce mouvement, l'empereur, profondément touché, prend les petites mains de Mlle Lajolais, et les pressant dans les siennes, il lui dit d'une voix entrecoupée :

— Eh bien ! oui, oui, mon enfant, je lui fais grâce, grâce à cause de vous ; mais assez, assez, relevez-vous, mademoiselle, je vous en prie, et laissez-moi passer, maintenant.

Il était temps que l'empereur se retirât. L'émotion chez lui était arrivée au comble, surtout lorsqu'il avait vu Mlle Lajolais tomber lourdement sur le tapis, en proie à une violente attaque de nerfs.

Les soins que l'impératrice et sa fille prodiguèrent à Mlle Lajolais la rappelèrent bientôt à la vie, et bien qu'épuisée de fatigue, elle supplia encore Joséphine et sa protectrice de la laisser partir sur-le-champ pour Paris.

Elle fut confiée à M. Lavalette, alors aide-de-camp de l'empereur, et à sa femme, dame d'atours de l'impératrice, qui l'accompagnèrent jusqu'à la Conciergerie.

Arrivée dans le cachot où le prisonnier était enfermé, la jeune fille se jeta à son cou pour lui annoncer la grâce tant désirée. Sa joie et ses sanglots lui ôtaient la parole, elle ne put que pousser des cris étouffés. Tout à coup ses yeux se ferment, ses genoux fléchissent, et encore une fois elle tombe privée de connaissance dans les bras de Mme Lavalette.

Hélas ! quand elle reprit ses sens cette seconde fois, elle avait perdu la raison : Mlle Lajolais était folle.

Le soir même, l'empereur apprit ce nouveau malheur : « Pauvre enfant !... » murmura-t-il bien bas. Puis, essuyant furtivement une larme qui coulait sur sa joue, il ajouta : « Un père qui a une pareille fille est encore plus coupable : j'aurai soin d'elle et de sa mère. »

III

Une lettre de Napoléon à l'impératrice Joséphine.

Avec un homme comme l'empereur, c'est souvent dans un geste, dans un mot qu'il fallait saisir toute une vaste pensée, car il était rare qu'il prît la peine de s'expliquer.

On s'est souvent demandé pourquoi il avait abandonné son plan de descente en Angleterre, pour attaquer cette puissance par un système qui demandait l'asservissement de l'Europe.

Serait-ce vouloir faire un commentaire trop subtil des mouvemens involontaires de Napoléon que de chercher les premiers symptômes de cette résolution dans l'aventure suivante, dont j'ai été témoin à Boulogne?

Nous étions le soir chez l'empereur avec quelques officiers, lorsqu'un aide-de-camp entre assez subitement et nous annonce qu'un orage s'est déclaré et qu'une canonnière vient d'être entraînée. Napoléon prend son chapeau, et, sans nous dire un mot, s'élance hors de son appartement en murmurant avec colère :

— Encore l'orage !

Nous le suivîmes et arrivâmes bientôt avec lui sur le rivage. La nuit était obscure, le vent mugissait violemment ; on entendait les cris des marins qui s'appelaient l'un l'autre, et de temps à autre le canon d'alarme du malheureux navire.

— Allons au secours de vos camarades ! s'écrie l'empereur.

On ne répondit pas, mais dans ce moment la lune s'étant dégagée des nuages qui l'enveloppaient, Napoléon put voir qu'on avait mis à peine quelques embarcations à la mer. A cet aspect, il s'irrite, il appelle, et remarquant l'indécision autour de lui, il dit avec hauteur :

— Ah ! les marins ont peur de la mer ! Eh bien ! je vais envoyer chercher mes grenadiers.

A ces mots on se précipite. L'empereur presse l'embarquement de la voix et du geste, et bientôt il reste presque seul sur le rivage. Pendant quelque temps, il suit des yeux les embarcations qui s'éloignent à force de rames ; mais bientôt elles disparaissent dans l'obscurité et parmi le mouvement des vagues. Pendant ce temps, la grève se peuplait de curieux de toutes sortes, parmi lesquels beaucoup d'habitans de Boulogne. On entendait le sourd murmure de leur conversation, à côté du sombre bruissement de la mer. Le canon d'alarme coupait seul, comme un grand cri, ces deux bruits monotones. A chaque coup, l'empereur jetait un regard inquiet du côté des vagues, puis se retournait du côté des habitans dont il tâchait de saisir les propos. A plusieurs fois il crut entendre ces mots répétés assez haut : « Quelle folie ! la mer n'est pas tenable, ils y périront tous ; il valait mieux abandonner la canonnière... Voilà ce que c'est que de vouloir se mêler de ce qu'on ne sait pas... »

Cependant le canon résonnait sans cesse. L'empereur s'arrête tout à coup, il semble vouloir plonger son regard dans cette mer immense qui s'étend devant lui ; bientôt une lueur brille au loin, c'est encore un coup de canon.

— Ils ont dérivé à plus d'une lieue, s'écrie-t-il ; ils vont périr sur les rochers de la côte. Où sont les embarcations? ne voyez-vous rien?

— Rien, sire, répondis-je.
— Il faut y aller... Un canot, vite un canot...
Un officier de marine croit pouvoir faire une observation sur l'état de la mer; Napoléon le regarde, et lui dit d'un ton sévère :
— Vous n'avez donc pas d'oreilles? vous n'entendez donc pas ce vaisseau qui agonit là-bas?
Un nouveau coup se fit entendre...
— C'est peut-être son dernier soupir.
Le canot est aussitôt amené, l'empereur s'y élance, je le suis : nous avions avec nous quatre rameurs et l'officier de marine dont j'ai parlé.
— Au canot, monsieur ! dit aussitôt l'empereur.
Les rameurs se mettent à l'œuvre et luttent vigoureusement contre les vagues. L'empereur était debout sur la proue, un pied posé sur le bord du canot, de façon que les flots, qui quelquefois nous inondaient, se brisaient et se fendaient sur son genou. Il regardait fixement devant lui
— Avançons-nous? dit-il plusieurs fois à voix basse.
— A peine, sire, répondit l'officier.
— Vos rameurs manquent de force et de courage, dit Napoléon.
— On ne peut pas leur demander plus qu'ils ne font ; mais la mer est si mauvaise !
— La mer, la mer, dit l'empereur en regardant les vagues qui nous soulevaient, elle se révolte, mais on peut la vaincre.
A ce moment, nous fûmes repoussés par une lame qui nous fit perdre tout le chemin que nous avions fait. Il semblait que ce fût une réponse de l'Océan. L'empereur frappa du pied, les rameurs recommencèrent, et nous regagnâmes du terrain. Un nouveau rayon de lune éclaira cette scène, à sa lueur nous aperçûmes quelques embarcations.
— Ils se trompent, s'écria l'empereur, la canonnière est là-bas à gauche. Les maladroits, ils se jetteront dans la croisière anglaise. Il faut les avertir. Quelqu'un ! allez dire...
Il se retourna, et s'aperçut que son habitude de commandement l'avait emporté. Il n'y avait près de lui ni état-major, ni aide-de-camp ; sa volonté et ses ordres ne pouvaient sortir de cette barque et restaient emprisonnés par la mer. Napoléon tenait sa tabatière, il la jeta avec colère contre une vague qui venait sur nous. On eût dit qu'il voulait conjurer l'orage. Cela n'empêcha pas la mer de nous inonder entièrement ; le canot fut presque rempli, le danger devint imminent. L'officier de marine se hasarda à en faire l'observation.
— La mer est horrible, sire, dit-il, bientôt nous ne serons plus maîtres de nous diriger.
— Nous laisserons donc périr ces malheureux? dit l'empereur
— Sire, reprit l'officier, notre perte ne les sauvera pas.
L'empereur ne répondit rien, et je fis signe à l'officier de retourner à terre. Aussitôt Napoléon s'assit sur la proue et demeura plongé dans de profondes réflexions. Enfin nous touchâmes terre. Nous descendîmes. L'empereur, en s'élançant, me pressa le bras, en me disant :
— La terre, entendez-vous, la terre, elle ne manque pas au pied du soldat, elle ne se gonfle ni ne s'entr'ouvre. Elle est docile, elle a toujours un champ de bataille prêt pour la victoire. Oh ! la terre, la terre !...
Et en disant ces paroles, il la frappa du pied avec enthousiasme.
La nuit s'était passée, et l'on vint nous apprendre que la canonnière

avait été ramenée par les premières embarcations. L'empereur entra, je le suivis ; il se mit à écrire, et me remit sa lettre : elle était pour Joséphine. Je présumai que, sans doute, il y avait exprimé et développé les pensées que j'avais cru deviner dans le peu de mots qu'il m'avait dits. Je partis le lendemain, et remis moi-même la lettre à l'impératrice, que j'allais rejoindre : elle la lut devant moi, et me dit aussitôt :

— Vous avez passé une terrible nuit ?

— L'empereur vous la dépeint peut-être, repris-je, curieux de connaître ce qu'il avait écrit, sous l'influence qui le dominait, après sa vaine tentative ; un orage peint de la main de l'empereur, cela doit être un tableau.

— Mais à peu près, me dit Joséphine, il y fait de la poésie ; voyez.

Elle me tendit la lettre, et je lus ce qui suit :

« Port de Boulogne, le 2 thermidor.

» Madame et chère femme, depuis quatre jours que je suis loin de
» vous, j'ai toujours été à cheval ou en mouvement, sans que cela prît
» nullement sur ma santé.

» M. Maret m'a instruit du projet où vous étiez de partir lundi ; en
» voyageant à petites journées, vous aurez le temps d'arriver aux eaux
» sans vous fatiguer.

» Le vent ayant beaucoup fraîchi cette nuit, une de nos canonnières,
» qui était en rade, a chassé et s'est engagée sur des rochers, à une lieue
» de Boulogne. J'ai tout cru perdu, corps et biens ; mais nous sommes
» parvenus à tout sauver. Ce spectacle était grand : des coups de canon
» d'alarme, le rivage couvert de feux, la mer en furie et mugissante ; toute
» la nuit dans l'anxiété de sauver ou de voir périr ces malheureux ;
» l'âme était entre l'éternité, l'Océan et la nuit. A cinq heures du matin
» tout s'est éclairci, tout a été sauvé, et je me suis couché avec la sen-
» sation d'un rêve romanesque ou épique, situation qui eût pu me faire
» penser que j'étais tout seul, si la fatigue de mon corps trempé m'avait
» laissé d'autre besoin que de dormir.

» Mille choses aimables.

» Tout à vous,
» Napoléon Bonaparte. »

Je gardai cette lettre que l'impératrice voulut bien me donner, et dont le style m'avait émerveillé.

Il ne s'y trouvait pas un mot de ce qui m'avait frappé ; cependant j'oserais jurer, moi qui ai vu l'impatience de l'empereur luttant contre les vagues, et l'accent assuré de sa voix lorsqu'il toucha la terre, que ce fut à partir de ce jour qu'il douta d'une expédition où sa volonté ne pouvait pas tout.

Huit ans plus tard, il devait apprendre en Russie que la terre a aussi ses obstacles, plus puissans que le plus puissant génie.

IV

Les petits cadeaux entretiennent l'amitié.

La manière de donner vaut mieux que ce qu'on donne : cet axiome vulgaire trouvait son application chez Napoléon, qui possédait à un haut degré le don exquis de distribuer les faveurs et de semer les bienfaits avec une gracieuse bonhomie. Il savait rehausser les moindres cadeaux qu'il faisait par de séduisantes paroles. Dans ces circonstances, ordinairement imprévues, le son de sa voix avait quelque chose de flatteur et de caressant; ses yeux respiraient la bonté la plus indulgente, et son sourire, ce sourire qui suffisait à rassurer les rois dont les couronnes vacillantes étaient menacées par le gain d'une dernière victoire, se reposait sur vous avec un charme indicible.

Toutefois, l'empereur n'était pas prodigue. Le budget de sa maison, comme celui de l'Etat, était tenu avec une sévérité puritaine. En veut-on la preuve? Un jour que son premier valet de chambre avait été chargé par lui de reconduire le roi de Rome auprès de Mme de Montesquiou, sa gouvernante, qui l'avait amené, Constant vint lui rendre compte de sa mission. Napoléon le retint à causer; puis, après lui avoir légèrement tiré les oreilles, selon son habitude, et lui avoir adressé quelques questions personnelles :

— À propos, ajouta-t-il, de combien sont vos appointemens?
— De six mille francs par an, sire.
— Et Collin, savez-vous quels ont les siens?
— Sire, M. Collin a douze mille francs.
— Douze mille francs!... Constant, cela n'est pas juste. Vous êtes mon premier valet de chambre, vous ne devez pas avoir moins que mon premier contrôleur : dès à présent, je double vos appointemens. Allez dire à Estève de venir, je veux lui parler à ce sujet.

Le trésorier de la couronne se présente : Napoléon l'informe de la nouvelle décision qu'il vient de prendre à l'égard de Constant.

— Sire, lui répond Estève, les comptes de l'année sont faits. Votre Majesté a elle-même arrêté les dépenses et signé le budget de sa maison; pour cette augmentation de fonds, une ordonnance m'est indispensable.

— C'est juste, reprit l'empereur, ce qui est fait est fait. Je ne dois ni ne veux rien changer à votre comptabilité; vous la tenez trop bien pour cela, monsieur le comte Estève : je m'arrangerai autrement. C'est très bien.

Et sur un signe, le trésorier général s'étant retiré, Napoléon dit à Constant :

— Jusqu'à la fin de l'année, ce sera le baron Fain qui vous donnera chaque mois cinq cents francs sur ma cassette particulière; l'année prochaine, je ferai régulariser cette dépense, soyez-en bien sûr.

Comme on le voit, l'emploi des moindres sommes dans la maison de leurs majestés était justifié avec une scrupuleuse exactitude. L'omission de quelques centimes dans un compte général eût fait encourir de graves reproches à l'intendant général de la liste civile; mais autant Napoléon aimait, comme Sully, à se rendre raison des minces dépenses, autant, dans les occasions importantes, il aimait aussi à ne point calculer la portée d'une largesse ou la magnificence d'un cadeau. L'impératrice Joséphine le plaisantait quelquefois sur ce qu'elle appelait spirituellement *ses bouffées de générosité*. Napoléon lui répondait avec malice :

— Oui, moque-toi de moi! C'est bien à toi à parler, toi qui ne te contentes pas de brûler la bougie par les deux bouts à la fois : afin d'aller plus vite, tu l'entamerais par le milieu.

— Cela n'empêche pas, reprenait Joséphine, que souvent tu ne sois plus prodigue que moi avec tes prétendus petits cadeaux ; je te le prouverai quand tu voudras.

A ces paroles, Napoléon riait aux éclats et disait gaîment en se frottant les mains :

— C'est possible; mais au moins, moi, ma chère amie, je sais ce que je fais ; j'ai mes raisons : *les petits cadeaux entretiennent l'amitié.*

Ce dicton populaire était la grande excuse de l'empereur dans ses accès de générosité, et il en faisait en riant une application financière et administrative.

—

On sait l'espèce de manie qu'il avait d'improviser des mariages ; on sait avec quelle promptitude il menait ces sortes d'affaires. Malheureusement, toutes celles de ce genre qu'il arrangea ne tournèrent pas aussi heureusement qu'il l'aurait désiré, bien qu'il prît lui-même le soin de doter magnifiquement les époux. Le cadeau de noces obligé, qu'il se chargeait toujours d'offrir à la mariée, était donné avec cette délicatesse et ce bon goût qui distinguaient ses procédés intimes. La veille du mariage de celui de ses aides-de-camp qu'il aimait peut-être le plus, cet officier-général était de service auprès de sa personne. Napoléon lui dit alors, d'un ton badin, le soir à son coucher, après lui avoir donné *l'ordre*, c'està-dire la dernière consigne :

— Maintenant, j'espère que tu ne vas pas oublier que c'est demain que tu te maries bien décidément.

— Oh! certainement, sire.

— Je te donne un congé de vingt-quatre heures, parce qu'il faut que chacun fasse ses affaires ; mais après-demain matin j'entends que tu reprennes ton service auprès de moi... Tu me présenteras ta femme après. A propos, j'allais l'oublier ; tiens, tu lui donneras ce bouquet : c'est mon bouquet de noces ; tu diras à ta future que c'est de la part d'un de tes meilleurs amis ; tu ajouteras que s'il n'a pas fait choix de fleurs naturelles, ce n'a été qu'afin que ce bouquet se conservât plus long-temps. Et puis, avant de te mettre au lit, informe-toi si les postes de mes *vieux lapins* sont bien chauffés, s'il y a de l'eau dans les bidons; il gèle aujourd'hui : l'administration du chauffage fait son service tout de travers, je ferai laver la tête à l'entrepreneur. Bonsoir.

Le lendemain, après avoir admiré ces fleurs artificielles dont la fraîcheur et la délicatesse l'eussent disputé à la nature même, la jeune mariée déroula le papier qui l'entourait et vit que le bouquet était attaché par une chaîne composée d'un nombre infini de perles fines, séparées de distance en distance par de gros brillans entourés de turquoises et de rubis d'Orient ; c'était le plus galant joyau qu'on pût imaginer ; mais le général fut moins touché de ce riche cadeau pour sa future, que des paroles que l'empereur lui avait adressées la veille :

« Dis à ta femme que c'est de la part d'un de tes meilleurs amis. » Voilà quel était pour le général son véritable présent de noces.

Napoléon était pourtant avare de présens à l'égard des personnes qui composaient son service particulier. Il ne leur donnait jamais d'étrennes, et par conséquent elles ne devaient compter que sur leurs appointemens, augmentés, il est vrai, de larges gratifications lorsqu'elles l'avaient accompagné, soit dans un voyage, soit dans une de ses campagnes; mais, en ce cas, l'empereur exigeait que chacun des officiers de sa maison se fît honneur des émolumens qu'il recevait, et que son costume répondît à sa position. C'était vraiment chose extraordinaire que de voir le maître de la moitié de l'Europe s'occuper de la toilette d'un de ses huissiers; c'était au point que lorsqu'il voyait à l'un d'eux le même habit trois jours de suite, il lui disait en fronçant le sourcil :

— Ah! ah! vous vous êtes bien négligé aujourd'hui! est-ce que vous seriez malade?

En revanche, lorsqu'il remarquait à un de ses serviteurs un habit neuf et de bon goût, il ne manquait jamais de s'arrêter devant lui et de lui en faire compliment, en lui disant d'un ton de bienveillante approbation :

— Monsieur, vous êtes bien beau aujourd'hui! à la bonne heure! c'est très bien, j'aime à vous voir ainsi.

A l'époque de son mariage avec Marie-Louise, de même qu'à celle de la naissance du roi de Rome, aucun des officiers de la maison de leurs majestés ne reçut de présent, parce que l'empereur trouva que le chiffre des dépenses occasionnées par ces deux solennités s'était élevé beaucoup plus haut qu'il ne l'avait présumé. Cependant, dans les premiers jours de janvier 1812, et sans aucune circonstance déterminante, si ce n'était celle du jour de l'an, Napoléon dit un matin à son premier valet de chambre, comme celui-ci finissait de l'habiller :

— Constant, continuez à me servir comme vous le faites, j'aurai soin de vous.

En même temps il lui mit dans la main trois papiers chiffonnés qui ressemblaient à des papillotes de bonbons, en ajoutant :

— Voilà de mes pastilles de sucre de pomme, prenez-les; vous êtes enrhumé, elles vous feront du bien.

Et puis, ayant mis son chapeau sur sa tête, il passa sans paraître écouter les remercîmens que son premier valet de chambre, plus ému de l'intérêt que son maître daignait prendre à sa santé que de la valeur de son cadeau, lui adressait le plus sincèrement du monde; mais à peine Napoléon s'était éloigné, que Constant, voulant faire usage du remède, déroula les diablotins de sucre de pomme : c'étaient trois pièces de quarante francs entourées chacune d'un billet de mille francs. Nous ne savons si on trouvera bien intéressans ces détails intimes; mais il nous ont paru propres à faire connaître le caractère de l'empereur et ses manières habituelles avec les gens de sa maison. En outre, ces particularités peuvent faire apprécier la sévère économie qu'il apportait dans son intérieur, économie qui, chez lui, était une règle de prudence dont il s'écartait volontiers, comme on le voit, lorsque sa générosité ou sa bonté naturelle l'y entraînait.

On sait que Napoléon ne souffrait pas qu'on le fît attendre, et qu'il aimait assez à avoir tout son monde sous la main; c'est pour ces deux raisons qu'un soir, après avoir beaucoup travaillé avec Réal, il se prit à dire à ce conseiller d'Etat :

— A propos! avez-vous une campagne?

— Oui, sire, répondit celui-ci, j'en ai une assez gentillette, à cinq lieues de Paris.

— C'est trop loin; à tout moment je puis avoir besoin de vous. On ne peut vous aller chercher à cinq lieues d'ici : il faut que vous en achetiez une autre beaucoup plus rapprochée de moi, et cela tout de suite.

— Sire, je ne puis acheter une autre maison sans avoir vendu l'ancienne ; Votre Majesté sait très bien qu'on ne se défait pas d'une propriété du jour au lendemain.

— Nous ne nous entendons pas du tout, mon cher ; je ne vous dis pas de vendre votre maison, moi ; je vous dis, au contraire, d'en acheter une autre. Je comprends parfaitement qu'après avoir travaillé avec moi comme vous l'avez fait aujourd'hui, vous ayez besoin de repos, d'un peu de distraction, qu'il vous faille respirer le grand air, à une lieue ou deux lieues tout au plus de Paris, parce que vous comprenez à votre tour que, si j'ai besoin de vous, il ne vous faut qu'un quart d'heure pour être ici : achetez donc une autre campagne, c'est essentiel.

— Sire, je comprends très bien ce que Votre Majesté daigne m'expliquer ; mais, règle générale, pour acheter, il faut de l'argent.

— Eh ! monsieur, n'avez-vous pas d'assez beaux traitemens ?

— Sire, je me fais honneur de la générosité de Votre Majesté, mais je ne fais pas d'économies.

— Et vous avez tort. Au surplus, faites tout ce que vous voudrez, arrangez-vous comme bon vous semblera ; mais achetez une autre campagne, achetez-la tout de suite, dès demain, il le faut ; je le veux.

Le lendemain, après la séance du conseil d'Etat, que Napoléon avait lui-même présidée et à laquelle Réal avait assisté :

— Eh bien ! lui demanda l'empereur, avez-vous enfin trouvé une campagne à acheter ?

— Eh ! mon Dieu, sire, ce ne sont pas les campagnes à acheter qui manquent, ce sont les *achetoirs.*

— Le mot est nouveau, reprit Napoléon en riant ; mais, n'importe, cherchez toujours.

— Sire, j'aurai beau chercher, Votre Majesté sait aussi bien que moi que, grâce à elle, nous ne sommes plus au temps où les propriétés se donnaient pour rien.

— Qui sait ? cherchez bien, vous dis-je ; les bonnes idées viennent quelquefois en dormant.

Le lendemain, à son réveil, Réal recevait un bon de 400,000 francs payables à vue au trésor et destinés uniquement à l'acquisition d'une maison de plaisance. C'est ainsi que ce conseiller d'Etat devint propriétaire de la délicieuse habitation de Boulogne, que possède aujourd'hui M. le baron Rothschild.

Il arrivait quelquefois qu'un général avait besoin de se *remonter,* ou qu'un célèbre manufacturier éprouvait une gêne momentanée dans son commerce, ou enfin qu'un grand dignitaire voulait payer ses dettes ; en ce cas, il suffisait de demander une audience particulière à l'empereur pour lui faire un emprunt qu'il ne refusait jamais lorsque le solliciteur était digne d'intérêt. Après avoir écouté le réclamant, Napoléon faisait formuler à l'instant même par un de ses secrétaires une ordonnance, sur sa cassette particulière, de cent, deux cent, trois cent mille francs, plus ou moins, selon les besoins exprimés, et remettait lui-même cette ordonnance au solliciteur. Puis, séance tenante, il se faisait faire par ce dernier une simple reconnaissance ou bien un billet à ordre de la valeur de la somme avancée, après lui avoir fait la recommandation inévitable de donner un bon emploi à cet argent.

—

Un matin, à l'heure ordinaire de sa visite, Corvisart entre fort ému dans la chambre à coucher de l'empereur.

— Qu'avez-vous donc aujourd'hui, docteur? lui demanda le maître de ce ton goguenard qu'il avait toujours avec son premier médecin, vous avez la physionomie bouleversée : auriez-vous tué quelqu'un avec préméditation?

— Pardon, sire, mais je n'ai pas sujet de rire : je viens de voir une chose qui m'a vivement affligé.

— Quoi donc?... Tous vos malades seraient-ils sur pied?

— Au contraire, sire. Le pauvre Laville-Leroux vient de tomber frappé d'apoplexie, ici même, au bas du grand escalier de Votre Majesté.

— Comment! chez moi, docteur, s'écria l'empereur : c'est une perte véritable pour le sénat. Diable!

— Sire, j'ai prodigué à ce sénateur tous les soins ; mais il était trop tard.

— C'est cela! toujours le même refrain, reprit l'empereur avec un mouvement d'impatience ; vous voyez bien, docteur, que vous avez tort de ne pas coucher ici ; mais vous êtes d'un entêtement !... Ce pauvre Laville-Leroux! c'était un brave et honnête homme. Tenez, Corvisart, ajouta l'empereur avec bienveillance, puisque vous l'avez assisté à ses derniers momens, il est juste que vous soyez un de ses héritiers. Je lui ai prêté, il y a un an, cent mille francs : il m'a fait son billet que j'ai là, je vais vous le donner, il servira à établir une sorte de compensation, comme dit M. Azaïs, pour les personnes auxquelles vous avez sauvé la vie et qui ne vous ont payé que d'ingratitude.

Corvisart, ignorant la position pécuniaire dans laquelle se trouvait M. Laville-Leroux au moment de sa mort, sachant d'ailleurs qu'il laissait des héritiers directs et craignant, en homme prudent qu'il était toujours dans de semblables affaires, que le billet ne fût pas payé *à vue*, dit spirituellement à l'empereur le lendemain, en venant comme de coutume faire sa visite du matin :

— Sire, hier Votre Majesté a oublié une chose essentielle en me donnant le billet de M. Laville-Leroux.

— Quoi donc, docteur? répondit l'empereur d'un air étonné.

— Oh! presque rien, sire, une petite formalité. Votre Majesté n'a pas songé qu'il fallait que ce billet fût endossé par elle et passé à mon ordre, pour être régulier.

— Ah! je comprends, s'écria l'empereur en riant et en tirant une oreille à son médecin. C'est juste, docteur : vous faites bien de ne vouloir pas courir les risques d'un protêt.

Et Napoléon écrivit de sa main ces mots en travers du billet :

« Bon pour cent mille francs, à valoir sur mon compte du prochain trimestre, que le comte Estève paiera à vue au baron Corvisart. »

» NAPOLÉON.»

Nous devons ajouter que ces cent mille francs furent religieusement restitués, bientôt après, à M. Estève par la famille de ce sénateur, lorsque le partage des biens qu'il avait acquis par les plus honorables travaux fut effectué. Le même jour que ce triste événement avait eu lieu, à peine l'empereur avait-il fini de déjeûner, que Talma fut introduit. Il avait fait appeler le grand artiste pour le consulter sur l'effet que produirait le rôle d'une tragédie que la Comédie-Française remettait au répertoire. Après une demi-heure d'entretien, Napoléon montre au célèbre tragédien un magnifique camée antique qu'il avait reçu d'Italie : c'était une tête d'empereur romain dont le travail était admirable.

— Comment le trouvez-vous, Talma? lui demanda-t-il avec intérêt.
— Fort beau, sire.
— Est-ce que vous n'y voyez rien de particulier? Regardez-le bien.
— Sire, en l'examinant avec attention, il me semble que ce profil a une grande ressemblance avec celui de Votre Majesté.
— C'est vrai, et je suis enchanté que vous vous soyez aperçu de cette ressemblance, parce que ce camée, comme bijou, eût été une bagatelle que je n'aurais pas osé vous offrir, tandis que, comme portrait, c'est un souvenir qui vous plaira et que vous ne pouvez vous dispenser d'accepter de moi.

Et puis, il ajouta comme d'habitude, en souriant :
— Talma, les petits cadeaux entretiennent l'amitié.

Et lorsque, quelques années après, Napoléon, oublié à Sainte-Hélène, faisait au comte Bertrand l'honneur d'échanger sa montre contre la sienne, il savait encore trouver le moyen de rattacher à ce troc un souvenir de gloire pour son grand-maréchal.

— Tenez, Bertrand, lui dit-il, cette montre sonnait deux heures de la nuit, à Rivoli, lorsque j'ordonnai à Joubert d'attaquer.

C'est ainsi que savait donner l'empereur.

V

Superstition.

Par une belle matinée du mois de juin 1804, une voiture sans armoiries aux panneaux, mais remarquable par son élégance fastueuse et la perfection irréprochable d'un attelage gris pommelé, s'arrêta rue de Tournon, devant une maison d'assez modeste apparence. Un chasseur mit pied à terre, entra sans adresser la parole au concierge, gravit les douze marches d'un petit perron faisant angle sur le côté gauche de la cour, et bientôt reparut suivi d'une femme jeune encore, petite, grosse, d'un aspect commun dans son ensemble, mais dont le regard pénétrant, les noirs sourcils, les traits fortement accentués, la démarche virile avaient quelque chose de bizarre et de saisissant.

Cette femme monta lestement dans la voiture, et les chevaux partirent au grand trot.

Trois quarts d'heure après, le riche équipage arrivait à la Malmaison, et l'alerte et courte petite femme était introduite dans l'appartement de Mme Bonaparte, qui, depuis quelques jours seulement, avait été saluée du titre d'impératrice.

— Soyez la bien-venue, ma chère sibylle, dit la nouvelle souveraine en se levant avec empressement de son *somno*, à la vue de la visiteuse ; je n'eus jamais autant qu'aujourd'hui besoin de votre science et de vos avis: il s'agit de me donner l'explication d'un rêve tout à fait extraordinaire.

Ce matin, un peu avant le jour, étant profondément endormie, je me suis figurée que je voyais tous les souverains de l'Europe réunis dans une salle immense. Bonaparte, Napoléon, veux-je dire, présidait à cet imposant congrès de rois. J'étais assise près de lui. A un signal donné, toutes ces têtes couronnées se levèrent et commencèrent à défiler devant nous en s'inclinant respectueusement. Un seul, le czar, l'empereur de Russie, rétrograda au moment d'arriver au pied du trône. Il alla reprendre silencieusement sa place, et de là, assis, couvert, il examina avec attention ce qui se passait. Tout à coup il disparut ; puis il revint, et, sur un signe que je lui fis, il s'approcha et salua gracieusement Napoléon. Ce changement subit, cette sorte de rapprochement imprévu, me causa une si grande joie, que je me réveillai en sursaut. J'étais seule, et je me trouvai assise sur mon lit.

Joséphine se tut. Mlle Lenormand, car c'était elle, Mlle Lenormand, qui l'avait écoutée dans un recueillement silencieux, parut quelques instans absorbée dans une profonde méditation, une sorte de contemplation intérieure ; bientôt son visage s'anima, ses yeux brillèrent d'un éclat fébrile, ses lèvres s'agitèrent sans produire aucun son, comme si elle eût répondu à une sorte d'intuition secrète ; puis enfin, d'une voix saccadée et masculine, elle s'écria :

— Quel brillant avenir !... que de splendides merveilles !... Napoléon sera le maître du monde, tous les rois le craignent et l'admirent. Un seul, des régions glacées où il commande, tentera d'obscurcir l'éclat de cet astre éblouissant ; mais par les soins de Votre Majesté impériale, il reviendra bientôt à de plus prudentes résolutions. C'est à vous, madame, à vous, noble impératrice et reine, que le destin réserve la gloire de conjurer l'orage, de le dissiper avant qu'il éclate avec fureur.

Elle se tut ; l'espèce d'agitation qui venait de s'emparer d'elle parut s'éteindre : ses yeux se voilèrent ; sa tête retomba sur sa poitrine haletante.

Cette scène bizarre et rapide avait produit sur l'esprit superstitieux de Joséphine une profonde impression (1), et lorsque la pythonisse, relevant par degré son front pâle et agité, eut recouvré quelque calme, elle commença à la presser de questions :

Quel était le souverain dont on devait craindre le jalouse et audacieuse inimitié ? que fallait-il faire pour se rendre ce puissant antagoniste favorable ?

La sibylle ne répondit pas d'abord ; elle tira d'un étui de peau de chagrin quelques cartes mystérieusement tarottées, puis, après les avoir disposées d'une façon particulière et examinées dans un profond recueillement :

— L'empereur de Russie, dit-elle, le fils et successeur de Paul Ier, a dû envoyer à Paris un agent secret chargé d'étudier l'esprit public ; cet agent doit rendre compte directement à l'empereur de ses impressions et de ses découvertes. Il n'a, du reste, aucune mission diplomatique ; son séjour doit demeurer inconnu de l'ambassadeur de Russie lui-même...

(1) Des nobles, des prêtres, des magistrats, des militaires, des grands seigneurs, des potentats fameux, se pressèrent plus d'une fois pour faire agréer leurs offrandes à la pythonisse de la rue de Tournon. Napoléon ne dédaigna pas de la consulter ; il est constant que l'impératrice Joséphine la recevait dans son intimité.

(*Biographie Jay, Jouy, Norvins.*)

— Tout ceci est gros de menaces, interrompit Joséphine ; mais qu'y puis-je ? en quoi suis-je intéressée dans un pareil fait ?

— Votre Majesté pourrait, reprit la chiromancienne d'un ton grave, faire rechercher le personnage dont ces tarots fidèles annoncent la venue et le séjour ; peut-être serait-il possible de le séduire, de le gagner. Je ne vois rien de net, rien de bien précis sur les moyens à employer pour se rendre favorable cet agent mystérieux ; mais ce que je puis affirmer, ce que j'ose garantir avec certitude, c'est qu'il est à Paris, que sa mission est grave, décisive peut-être, et qu'il s'occupe de la remplir et d'en justifier l'importance avec autant de persévérance que d'habileté.

— J'aviserai, dit gravement Joséphine, qui depuis quelques semaines s'efforçait de se mettre à la hauteur du rôle suprême où l'étoile prédestinée de Bonaparte venait d'élever la veuve du général Beauharnais.

J'aviserai est un mot superbe, inventé pour déguiser la nullité des incapacités supérieures ; par exception, le *j'aviserai* de Joséphine signifiait la ferme volonté d'agir. Pendant tout le jour, la pauvre et désolée impératrice avisa : elle se dit d'abord qu'il lui fallait un confident, un homme sûr et capable, qui ne s'effrayât pas des difficultés, et elle pensa naturellement au ministre de la police Fouché. Puis, grâce à ce tact intime que possèdent, à un si éminent degré, les femmes, elle comprit tout le danger qu'il y aurait à faire une telle confidence à un homme sur qui elle ne pouvait pas compter, et elle chercha un autre dépositaire de son secret.

Le soir était venu, et Joséphine, indécise, se disait toujours qu'il importait d'aviser, lorsqu'on lui annonça la visite de Cambacérès, nommé depuis quinze jours seulement prince archi-chancelier de l'empire.

— Voilà précisément l'homme qu'il me faut, pensa-t-elle ; il ne me trahira pas, car il n'a plus rien à désirer, sinon la stabilité de l'édifice qu'il a contribué à élever.

Cambacérès fut introduit.

— Monsieur l'archi-chancelier, lui dit Joséphine, votre visite arrive on ne peut plus à propos ; j'allais donner des ordres pour vous faire prier de vous rendre ici, j'ai à vous entretenir d'une affaire d'Etat.

— D'une affaire d'Etat ? s'écria Cambacérès, manifestant à la fois par l'expression de son visage et l'inflexion de sa voix l'incrédulité et la surprise.

Puis se remettant promptement, il ajouta :

— Pardon, madame ; mais nous allons si vite depuis quelque temps, que parfois je ne sais plus en vérité où j'en suis. Je tâcherai, que Votre Majesté n'en doute pas, de me rendre digne de la nouvelle marque de confiance dont elle daigne en ce moment m'honorer.

— Voici de quoi il s'agit, reprit avec une gravité presque comique l'impératrice : j'ai la certitude, la preuve même, que la Russie entretient à Paris un agent chargé d'étudier l'esprit public. Le nom de cet agent, ses titres, sa demeure, j'ignore tout cela ; il faut le découvrir et agir de telle sorte que les rapports qu'il fait au czar nous soient complétement favorables. Vous comprenez, monsieur l'archi-chancelier, toute l'importance du service que nous pouvons rendre en cette occasion à la France, car la Russie reste désormais la seule puissance continentale vraiment redoutable. L'empereur, qui plus tard en sera instruit, vous témoignera assurément sa satisfaction à ce sujet, car j'entends vous laisser tout le mérite de l'entreprise, toute la gloire du succès.

— Il y aurait un moyen bien simple de découvrir ce personnage, dit Cambacérès après quelques secondes de réflexion, ce serait d'en parler à Fouché.

— Gardez-vous-en bien, interrompit Joséphine ; cet homme, moitié fouine, moitié renard, ne m'inspire aucune confiance ; il travaillerait pour lui seul. Et puis, pour mettre sa responsabilité à couvert, il en parlerait à l'empereur, qui se fâcherait. Il ne faut pas que Napoléon sache un mot de tout cela avant que nous ayons atteint le but... Enfin, j'ai la certitude que le bien ne peut pas se produire par cette voie ; cette affaire doit rester entre nous seuls. Me promettez-vous votre concours efficace, monsieur l'archi-chancelier ?

— Trop heureux d'être agréable à Votre Majesté en même temps que je puis servir l'Etat, répondit Cambacérès en s'inclinant ; vous pouvez, madame, compter sur mon dévoûment absolu ; dès demain, dès ce soir, je m'occuperai activement de cette affaire.

Deux heures après cette conversation, le prince archi-chancelier rentrait dans son hôtel, et assis, la figure inquiète, devant son bureau, il grommelait entre ses dents, en se frappant le front :

— Comment diable veut-elle que je découvre ce personnage ?

—

Deux jours s'étaient écoulés ; l'archi-chancelier était d'une humeur détestable ; il avait mis en campagne, pour découvrir l'agent secret, quelques serviteurs intelligens qui avaient en vain prodigué l'argent, multiplié les démarches, sans rien découvrir ; il avait fait prendre adroitement des informations sur tous les Russes de distinction qui se trouvaient à Paris ; on n'avait pu recueillir aucun indice, rien apprendre qui fût propre à faire déduire quelque induction.

— C'est à en devenir fou ! disait-il en se promenant à grands pas dans son cabinet. Mais aussi quelle fantaisie de s'adresser à moi pour une affaire de police, quand elle a sous la main Réal, Fouché, Cochon-Laparant !... Il s'agit du bien de l'Etat : voilà un grand mot qui couvre bien des sottises.

Le prince continuait d'exhaler son impatience sur ce ton, quand un des huissiers de la chancellerie vint demander si son excellence pouvait recevoir M. Léopold Clion.

— Qu'il aille au diable ! s'écria Cambacérès.

Puis se ravisant presque aussitôt :

— Faites-le entrer, dit-il ; j'ai précisément besoin de lui.

Léopold Clion appartenait à une famille d'honnêtes gens qui avait autrefois rendu d'importans services à Cambacérès. C'était un garçon d'esprit, qui eût pu faire un chemin rapide, si l'amour des plaisirs eût été chez lui moins vif, et qu'il eût un peu plus pensé à l'avenir. Plus d'une fois le prince archi-chancelier l'avait mis dans des positions avantageuses et où il ne lui fallait que vouloir, pour être, selon le terme parisien, en passe d'arriver à tout ; jamais il n'avait su se tenir en place, de telle sorte que, pour la quatrième ou cinquième fois, il se trouvait sans emploi et sans ressources. Cambacérès ne l'avait cependant pas entièrement abandonné ; il l'aimait à cause de son esprit, de sa joyeuse humeur, de son insouciance même ; il le recevait fréquemment, et quelquefois l'aidait même de sa bourse, tout en le grondant bien fort pour son désordre et sa prodigalité.

Cambacérès venait de concevoir l'idée de mettre Léopold à la recherche de l'agent secret dont la présence à Paris et la mission l'occupaient si fort.

— Voyons, monsieur le drôle, dit-il en l'apercevant, est-ce encore quelque triste aventure où votre honteuse pénurie ordinaire qui vous amène en solliciteur à mon hôtel ?...

Et comme Léopold s'apprêtait à l'interrompre : — Ecoutez-moi attentivement, poursuivit-il ; il s'agit de me prouver aujourd'hui si vous n'êtes réellement pas tout à fait indigne de ma confiance. Je puis vous charger d'une mission délicate, qui exige de l'adresse, de la persévérance, de l'esprit, et surtout une inviolable discrétion.

— Monseigneur peut compter sur mon dévoûment, sur mon zèle. Je m'estimerais mille fois heureux si je pouvais...

— Tâchez d'abord, interrompit l'archi-chancelier, de m'écouter, et ensuite de ne pas agir à l'étourdie : il se trouve en ce moment à Paris un Russe de distinction, qui se cache, et qui a un grand intérêt à ne pas être dépisté. Vous croyez-vous capable de le découvrir, de le trouver sans recourir à l'aide de qui que ce soit ?

— Je me sens capable de tout entreprendre pour y parvenir, répondit Léopold, et cela ne me paraît pas entièrement impossible, pourvu que monseigneur puisse me donner quelques renseignemens, me mettre sur la trace par quelque indice.

— Et précisément, c'est ce qui m'est impossible ! Ce Russe doit parfaitement parler le français ; ce doit être un homme d'esprit et de sens, éminemment doué du talent d'observation ; dans le monde parisien, il doit faire assez bonne figure pour être admis partout, tout voir, tout apprécier, tout recueillir. Voilà, monsieur, ce que je puis vous communiquer et vous dire... Il y a bien encore quelque chose qui pourrait le faire reconnaître, c'est qu'il tient nécessairement un journal où s'enregistrent quotidiennement ses impressions, puis il doit adresser en Russie de fréquens messages... J'espère que vous me comprenez et qu'il n'est pas nécessaire que j'insiste sur toutes les déplorables conséquences que pourraient avoir une indiscrétion, une inconséquence. Maintenant allez, et puissiez-vous justifier, en cette occurence délicate, la confiance que je ne crains pas de placer en vous.

— Monseigneur, dit Léopold en se levant de son siége, et avec le salut respectueux d'un homme qui s'apprête à prendre congé, votre altesse me permettra-t-elle de lui faire observer...

— Ah ! oui, je devine, interrompt en souriant l'archi-chancelier, l'antienne ordinaire.

— Les recherches actives auxquelles votre confiance m'oblige à me livrer sans retard nécessitent un train de vie, des relations que la médiocrité de ma position ne me permettrait pas de soutenir.

— Cela est vrai, et ne croyez pas que ce qui motive votre remarque soit un oubli ; je voulais éprouver si vous aviez bien compris toute la portée de votre rôle.

L'archi-chancelier, en disant ces mots, prit sur son bureau une petite cassette qu'il ouvrit en pressant un bouton presque imperceptible ; il en tira trois rouleaux de pièces d'or qu'il donna à Léopold Clion.

— J'espère que cela vous suffira, lui dit-il, mais là ne se bornera pas la récompense que l'on vous destine, en cas de réussite. Tâchez donc de profiter de cette occasion heureuse pour sortir de la mauvaise position où vous vous êtes laissé choir par votre faute. Adieu ; puisse le succès récompenser vos efforts et justifier mes bontés.

Léopold Clion avait empoché les rouleaux avec une dextérité merveilleuse ; la joie dans l'âme, le front radieux, il s'était élancé hors de l'hôtel de la chancellerie. Une fois dans la rue, il se prit à réfléchir. De long-temps il ne s'était trouvé à la tête d'une somme aussi ronde, et sa première pensée fut de se rendre au Palais-Royal, et d'aller faire un dîner à la fois coquet et confortable chez l'un des restaurateurs à la mode alors : Legacque, Billiotte, Méaut ou Véry.

— Je possède la confiance du prince archi-chancelier de l'empire, dit-il à part soi ; c'est beau, c'est très beau même, mais ce n'est pas une raison pour que je me laisse mourir de faim ; au contraire, et je serai bien plus capable de découvrir le mystérieux Moscovite à la piste duquel me voilà lancé, lorsque j'aurai dîné moi-même comme un prince. Les grandes pensées viennent de l'estomac, assure l'illustre Grimod de la Reynière, et j'ai essentiellement besoin de réfléchir. Rien, d'ailleurs, ne stimule et ne titille l'imagination comme un moka généreux humé à la sortie d'un dîner à trois services.

Or, durant ce monologue gastronomique, que plus tard Brillat-Savarin ou M. de Périgord eussent classé au rang des méditations, Léopold Clion avait instinctivement suivi le chemin du Palais-Royal. Au moment d'arriver dans la cour étroite qui séparait alors les galeries de bois des baraques où se tenait la Bourse, il rencontra un de ses amis.

— Parbleu ! mon cher Adrien, s'écria-t-il en lui serrant cordialement la main, c'est le ciel qui t'envoie sur mon passage ! Je me trouvais dans la déplorable alternative de ne pas dîner ou de dîner seul. Donne-moi le bras, mon brave camarade, et allons choquer joyeusement un verre de vieux constance et de pétillant aï au plaisir de nous revoir après une si longue séparation.

— Tu parles en grand seigneur et en sage, répondit celui que Léopold venait d'accoster si brusquement.

— Parbleu ! ne suis-je pas du bois dont on les fait ? reprit celui-ci. Mais allons, la foule se presse et se hâte dans le jardin, peut-être ne trouverions-nous plus de place, et c'est ici seulement qu'on jouit à la fois des plaisirs de la table et de ceux non moins ravissans de la vue d'un panorama sans égal.

— Bien ! très bien ! A ton air, à ta parole, je devine que tu es en fonds.

— Toujours est-ce qu'un homme qui se respecte manque jamais, à Paris, d'argent ?

— Parfois, et pour ma part je te dirai tout net que tu m'obligerais de me prêter cinq ou six écus.

— Ah ! Adrien, quel langage ! entre amis comme nous, demande-t-on de telles misères ?

— Tu me refuses ?

— Cinq ou six écus ? assurément !... Vingt-cinq ou trente louis, à la bonne heure ; ils sont tout à ton service, et de grand cœur... Mais allons dîner d'abord.

Adrien ne se fit pas prier, et la confiance de son camarade d'études doubla la dose d'assurance, de sérénité et d'appétit que la nature, du reste, lui avait départie très largement. Le dîner fut choisi, il dura longtemps; à la seconde bouteille de champagne, Léopold prêta, avec un laisser-aller fraternel, vingt-cinq napoléons à son convive; mais, bien qu'il fût devenu très expansif, il ne dit pas un mot de la mission dont il était chargé; seulement, il se proposa *in petto* de ne commencer ses investigations que le lendemain, afin de pouvoir donner sa soirée aux charmes de l'amitié et un peu aussi à ceux de la digestion.

Léopold, on le voit, était un digne élève et adepte de l'archi-chancelier, dont la réputation n'était pas moins grande comme gastrosophe que comme légiste, jurisconsulte et administrateur.

Vers dix heures cependant, le dîner fini, et comme il n'y a pas de plaisir qui n'ait pour terme naturel le désenchantement et la fatigue, Adrien et Léopold se levèrent de table, disant tous deux à la fois, comme si la pensée eût été entre eux deux commune :

— Eh bien ! que faisons-nous ?

— Il y aurait une chose toute simple à faire, dit Léopold après quelques secondes de silence : ce serait de nous donner la satisfaction de faire sauter la banque de la roulette ou du trente-et-un.

— Il est certain, répondit Adrien, que nous aurions une rude revanche à prendre contre le tapis vert et ses séduisantes déceptions.

— Prenons-la complète, fit Léopold; et tous deux ils gravirent l'obscur et fameux escalier du tripot connu à cette époque sous le nom de grand salon de Paphos.

Avant minuit les deux amis sortaient de l'antre fatal, les traits renversés, le pouls battant d'un accès fébrile, les vêtemens en désordre, les cheveux hérissés, la bourse à sec.

— Que devenir ? disait Léopold en se frappant le front. Plus rien... absolument rien !

— Quant à moi, mon parti est irrévocablement arrêté, fit Adrien ; il y a assez long-temps que je lutte : la Seine est profonde, et je vais y ensevelir mes ennuis.

— Un beau remède ! interrompit Léopold, la ressource de la valetaille sans place et des grisettes sans amoureux. Si tu n'as pas d'autre consolation à m'offrir...

— Que veux-tu ? il n'y a dans cet exécrable pays aucune ressource... A l'étranger, du moins, en Allemagne, en Prusse, en Russie, j'ai pu, aux mauvais jours, donner des leçons, comme maître de langues ; j'enseignais le français, ou quelque chose d'approchant. Mais que diable enseignerai-je aux Parisiens ? Irai-je leur proposer des leçons de russe ?

— Quoi ! s'écria Léopold, comme si quelque chose d'extraordinaire se passait en lui, tu sais le russe ?

— Mais oui, et à la rigueur...

— Tu sais le russe ! Ah ! mon ami, mon cher Adrien, nous sommes sauvés !... Tu sais le russe !... Mais alors tu n'es plus un homme, tu es un dieu !... Ecoute : je te proclame prince ; entends-tu bien ? Dès ce moment tu es une altesse, une altesse sérénissime, impériale même, pour peu que cela puisse te faire plaisir... Tu sais le russe ! Ah ! j'avais bien raison de dire tantôt que c'était le ciel qui te jetait sous mes pas... C'est que tu ne sais pas : quand je t'ai rencontré, je cherchais un Russe; ce Russe était devenu nécessaire à mon existence; il me le fallait mort ou vif... Plus heureux que Diogène, je puis dire aujourd'hui : J'ai trouvé mon homme !... Tu es mon Russe, Adrien... tu es le prince... le prince... Attend que je te trouve un nom hyperboréen : le prince Pétrolow. Tu parcours la France pour t'instruire ; en conséquence, tu observes les hommes et les choses, tu tiens un journal de tes observations, de tes vues, et tu écris souvent à Saint-Pétersbourg...

— Quel diable de salmigondis me fais-tu là? dit enfin Adrien auquel la volubilité de son ami n'avait pas permis jusque alors de témoigner sa surprise.

— Cela n'est pas ton affaire; tu n'as rien à voir pour le moment en tout ceci ; contente-toi d'être prince ; il me semble que cela n'est pas déjà si désagréable.

— C'est selon, si le titre ne rapporte rien.

— Il rapportera tout ce que nous voudrons ; et maintenant allons nous coucher, car il s'agit pour demain d'être frais et dispos.

— Et nous déjeûnerons comme nous avons dîné aujourd'hui ?

— Mieux ! crois-moi, et n'aie nul souci de l'avenir.

— Au moins, tu m'expliqueras ce mystère?

— Ce mystère?

— Oui.

— Cela te fait l'effet d'un mystère? Eh bien ! à moi aussi ; mais comme les mystères ne s'expliquent pas, tu n'en sauras pas plus que moi.

— Au moins, j'en saurai autant ?

— Cela ne sera pas difficile, car je ne sais rien, absolument rien

— Mais alors, pourquoi veux-tu me faire passer pour un prince?

— Mon Dieu, c'est la chose du monde la plus simple : je te fais prince comme je te ferais pacha à plusieurs queues, émir, mamouchi. Les produits sont en raison des besoins ; voilà tout.

— Le diable m'emporte si tu n'es pas fou !

— Pas que je sache ; mais le principal est que mon projet soit d'un succès assuré ; et nous saurons demain précisément ce que ma folie nous rapportera.

—

Le lendemain, sitôt que le prince archi-chancelier fut visible, Léopold Clion entra dans son cabinet, la tête haute, l'air radieux.

— Ah! ah! fit Cambacérès, il paraît que nous avons fait merveille?

— Monseigneur, je n'ai rien négligé pour arriver au résultat que désirait si vivement votre altesse, et je crois presque avoir réussi.

— Très bien, mon cher Clion, contez-moi cela par le menu ; vous avez trouvé mon agent russe?

— J'ai même eu l'honneur de dîner avec lui. Je dois dire avant tout à votre altesse que, dans le cours de mes pérégrinations trop souvent forcées, j'ai rencontré en Suisse, il y a trois ans, un Russe de la plus haute distinction, avec lequel une conformité d'âge, de caractère, et sans doute aussi d'humeur, me fit contracter une sorte de liaison, ou du moins d'intime familiarité. Hier, après avoir pris congé de votre altesse, je me rappelai cette circonstance, et je me ressouvins en même temps que j'avais aperçu, il y a quelques mois, à Paris ce personnage, dont une sorte de timidité m'avait éloigné ; car, je l'avoue, lorsque je suis brouillé avec la fortune, je n'aime pas me trouver en contact avec ceux que j'ai connus dans une meilleure situation, et alors je n'étais guère en état de faire une figure présentable. Comme, grâce à la générosité de votre altesse, le même obstacle ne m'arrêtait plus, je cherchai à découvrir mon ancienne connaissance, et je parvins enfin, bien qu'il eût depuis lors changé de titre et de nom, à le rejoindre et à me faire présenter à lui. Il se fait appeler le baron Silmer, mais son véritable nom est Pétrolow, son titre est celui de prince ; c'est du reste un homme charmant, instruit, facile, gracieux autant qu'on puisse le désirer, mais en même temps d'une extrême réserve, et, dans toutes circonstances de la vie, essentiellement maître de lui. Le prince m'a convié à dîner ; au désert, nous avons longuement causé, surtout des changemens politiques survenus en France durant ces deux dernières années, et je me suis aperçu que mon interlocuteur m'accablait de questions qui, pour être présentées avec adresse, n'en étaient pas moins dictées par un but tout autre qu'une curiosité de touriste, un simple intérêt de voyageur.

— C'est très bien, mon cher Clion, c'est parfaitement bien, dit Cambacérès, lorsque le jeune homme eut terminé ; et maintenant, puisque vous avez renoué vos relations avec ce personnage, il faut faire tous vos efforts pour me l'amener.

— Peut-être ne sera-ce pas chose facile, le prince me paraît défiant ou au moins extrêmement réservé ; j'ose espérer cependant que le bonheur que j'éprouve à seconder les intentions de votre altesse me donnera le talent de surmonter les difficultés. Ah! monseigneur, c'est maintenant que je regrette d'avoir été placé par mes fautes dans une si humble situation.

Cambacérès comprit parfaitement le sens de cette exclamation, qui n'était rien moins que philosophique.

— Diable! fit-il, il me semblait que les subsides étaient de nature à durer plus de vingt-quatre heures ; mais il ne faut pas trop compter avec ses amis, et vous êtes des miens, Léopold.

En parlant ainsi, l'archi-chancelier ouvrait de nouveau la bienheureuse petite cassette ; cette fois, ce fut une demi-douzaine de rouleaux d'or qu'il en tira et qu'il remit à Clion.

— Je suis très content, lui dit-il en même temps, du zèle et de l'intelligence dont vous venez de faire preuve. Continuez, car, en me secondant, vous servez votre pays. Amenez-moi surtout votre prince russe ; c'est à cela que je tiens par dessus tout.

— Je vous l'amènerai, monseigneur! s'écria Léopold, que la joie exaltait à la vue de l'or ; je vous l'amènerai, je m'en porte garant sur ma tête.

Par bonheur, il lui était d'une extrême facilité de tenir parole ; aussi, dès le lendemain soir, une voiture de remise l'amenait, en compagnie d'Adrien, à l'hôtel du prince archi-chancelier.

— Ah ça ! disait Léopold pendant le trajet, ne va pas oublier que tu es Russe. Parle français tant que tu voudras, mais ne perds pas de vue la Russie un seul instant... C'est que, vois-tu, pour le moment, le russe est une langue admirable, une langue précieuse.

— Sois donc tranquille, répondait le faux Pétrolow, tu peux t'en rapporter à ma prudence, à ma réserve, et au danger aussi auquel nous exposerait quelque imprudence.

Devisant ainsi ils arrivèrent.

Le prince Pétrolow fut présenté à l'archi-chancelier, qui l'accueillit d'une manière affable et distinguée ; il causa longuement avec lui, fit adroitement plusieurs questions sur les sentiments de l'empereur de Russie pour la France, et le sonda sur l'effet qu'avait produit à la cour de Saint-Pétersbourg l'investiture impériale de Napoléon.

Adrien éluda adroitement de répondre d'une manière explicite à son interlocuteur ; il s'exprima avec une réserve toute diplomatique ; mais en même temps il laissa deviner que cette réserve pourrait cesser d'être aussi sévère lorsqu'il aurait l'honneur d'être plus directement connu du prince. Cambacérès invita le seigneur russe à le venir visiter aussi fréquemment qu'il le pourrait.

Cette première visite ne pouvait guère avoir d'autre résultat, et chacun se retira satisfait.

Le lendemain, Cambacérès s'empressa d'aller à la Malmaison, et rendit compte à l'impératrice de tout ce qu'il avait été assez heureux pour faire en si peu de temps.

Joséphine, au comble du ravissement, témoigna le vif désir qu'elle ressentit de voir et d'entretenir le prince Pétrolow.

L'archi-chancelier, après avoir opposé une semi-résistance, promit de le lui présenter, à moins d'obstacles qu'il ne pouvait pas prévoir.

Cinq jours s'écoulèrent sans que l'on entendît parler ni du prince russe ni de Léopold.

Cambacérès, étonné et impatient, envoya chercher son jeune protégé Clion, qui se rendit aussitôt auprès de lui. Questionné par l'archi-chancelier, Léopold dit qu'il avait vu le prince Pétrolow la veille, qu'il lui avait paru préoccupé, et l'avait brusquement quitté sous un prétexte assez vague, après l'avoir entretenu seulement quelques instans.

— Il faut que vous l'alliez trouver aujourd'hui, dit Cambacérès ; vous l'inviterez à venir dîner ce soir à la chancellerie ; prenez mon coupé ; s'il fait quelque difficulté, décidez-le, et tâchez de me l'amener de bonne heure, de façon que je puisse l'entretenir quelques instans avant que mes convives d'habitude soient arrivés.

Léopold partit, et n'eut pas de peine à trouver le faux prince russe qui l'attendait.

— Mon ami, lui dit-il, je crois que le moment est venu de frapper un coup décisif ; l'archi-chancelier t'invite à dîner ; il m'a chargé de t'amener dans sa voiture...

— J'y vais, interrompit Adrien.

— Au contraire, tu n'iras pas, reprit Léopold, ou du moins tu n'iras que lorsque je t'aurai préparé les voies. Laisse-moi faire ; avant une heure je reviendrai te chercher et je te donnerai des instructions précises.

Léopold retourna chez Cambacérès.

— Ah ! monseigneur, quel désastreux contre-temps, dit-il dès qu'il fut introduit dans le cabinet de l'archi-chancelier. J'arrive de chez le prince Pétrolow, que je viens de trouver sur le point de son départ. Ses malles sont faites et les chevaux de poste commandés. Surpris d'abord, inquiet ensuite, d'après le peu que votre altesse m'a permis d'entrevoir et de deviner sur l'importance de la mission dont est chargé Pétrolow, je lui ai témoigné l'étonnement que me causait cette brusque résolution; alors, avec la bienveillance affectueuse dont il daigne m'honorer, il m'a témoigné qu'il était lui-même tout à fait contrarié d'être contraint de partir si tôt.

— Je ne présumais pas, ajouta-t-il, avoir besoin de sommes aussi importantes que celles qu'il m'a fallu pour terminer les affaires qui m'ont amené à Paris. Il ne me reste, je vous l'avoue, à l'heure qu'il est, que ce qui m'est indispensable pour arriver décemment en pays de connaissance. J'ai bien ici des compatriotes qui se feraient un plaisir de mettre à ma disposition tout ce dont je puis avoir besoin, mais j'ai le plus grand intérêt à ce qu'ils ignorent mon voyage et le séjour que je viens de faire à Paris. Gardez-moi ce secret, je vous prie, mieux que vous n'avez fait auprès de M. le prince archi-chancelier, auquel vous m'obligerez de présenter mes excuses et l'assurance qu'il ne faut rien moins que l'urgence impérieuse de mes affaires pour me faire manquer à la promesse que je lui avais faite de ne point quitter Paris sans avoir l'honneur de le revoir.

Vous pensez, monseigneur, continua Léopold, que je ne me suis pas tenu pour battu ; j'ai vivement insisté ; j'ai dit à Pétrolow qu'il me compromettait vis-à-vis de votre altesse ; qu'il ne pouvait refuser votre invitation, ne fût-ce que pour s'acquitter de la manière obligeante dont vous aviez daigné l'accueillir. Tout a été inutile ; il a obstinément persisté dans sa résolution de départ.

— Mais êtes-vous bien sûr, dit Cambacérès, que le prince vous ait dit la vérité ? serait-ce, en effet, le besoin d'argent qui l'obligerait à quitter Paris?

— Je le crois, car, sans défiance qu'il est de moi, il n'aurait nul motif de m'en imposer, surtout en recourant à un prétexte qui, en soi, a quelque chose de mesquin, presque d'humiliant.

— En ce cas, retournez près de lui avec toute la célérité possible ; dites-lui que je ne lui pardonnerais pas de me priver du plaisir, de lui rendre un léger service : dites-lui que je veux être son banquier discret, et que, de toute manière, dussé-je lui faire fermer les barrières, il faut qu'il dîne aujourd'hui avec moi.

Moins d'un quart d'heure après, Léopold était chez le prétendu prince Pétrolow.

— Ecoute, lui dit-il, l'archi-chancelier te croit obligé de quitter Paris par besoin d'argent ; à toute force il veut t'en prêter pour que tu demeures. Tu comprends que, la situation donnée, un prince russe, un agent confidentiel du czar ne peut se contenter d'une misère ; quand on tient la bobine à discrétion, il faut prendre du galon en véritable indiscret : tu demanderas vingt-cinq mille francs.

— J'en demanderai trente, répondit Adrien, et on s'empressera de me les donner ; ah ! va, tu n'as pas besoin de me faire mon thème ; j'ai deviné désormais ce que l'on croit obtenir de moi, et je saurai mener notre affaire à bien, sans nous compromettre ni l'un ni l'autre ; ceci est de la diplomatie transcendante qu'il s'agit tout simplement de combiner avec les égards et le respect que doit inspirer le code. Tu vas me voir à l'œuvre, et tu jugeras si je sais saisir l'esprit d'un rôle.

Et cela dit d'un ton moitié insoucieux, moitié railleur, ils partirent, se dirigeant vers l'hôtel de l'ex-second consul.

Cambacérès vint au devant de Pétrolow dès qu'il l'aperçut.

— Savez-vous, mon cher prince, dit-il en l'abordant avec une gracieuse affabilité, que si votre nation nous juge aussi sévèrement que vous, elle nous fait une grave injure. Vous doutez que nous devions saisir avec empressement l'occasion d'être agréable à un homme d'honneur ?

— Pardonnez-moi, monseigneur répondit Pétrolow, je rends à votre loyale nation toute justice ; mais, étant à peine connu de vous, ne désirant l'être de qui que ce soit durant ce voyage, j'ai pensé n'avoir rien de mieux à faire que de quitter Paris, loin duquel des affaires pressantes et de graves intérêts m'appellent, sauf à y revenir dans un délai qui, je pense, et je dirai même j'espère, ne sera pas long.

— Non, prince, non, interrompit d'un ton persuasif l'archi-chancelier, il ne faut pas songer à nous quitter aussi brusquement ; daignez prendre la peine de passer, avant que mon monde arrive, dans mon cabinet, nous allons régler cette petite affaire, afin qu'il n'en soit plus question.

Adrien ne se fit pas prier davantage ; il suivit dans son cabinet l'archi-chancelier, et lorsqu'il en sortit, au bout de quelques instans, il avait précieusement renfermé, dans son portefeuille, un bon sur le trésor, de 30,000 fr., somme dont il avait dit avoir besoin seulement, et pour laquelle il avait voulu faire un billet, que Cambacérès avait courtoisement refusé.

Le dîner fut de ceux qui méritèrent à l'archi-chancelier de l'empire une réputation dont le souvenir s'est précieusement conservé ; les vins étaient délicieux, et les gens du service avaient ordre de verser fréquemment au prince russe.

Adrien n'était pas dupe de cet empressement ; mais, comme il était bon convive et se sentait la tête assez forte pour résister même à de plus fortes séductions, il fit bravement raison à toutes les santés qu'il plut de porter à l'amphitryon et à son inamovible commensal gastronomique, M. d'Aigrefeuille.

Lorsqu'au sortir de table, toute la compagnie eut passé dans le salon, Cambacérès, attirant Pétrolow dans une embrasure de fenêtre, sous prétexte de demander son avis sur un délicieux moka sucré avec les premiers produits de la betterave, que venait de cristalliser Chaptal, il lui fit de nouveau ses offres de services, et finit par amener adroitement la conversation sur les dispositions dans lesquelles l'empereur de Russie se trouvait vis-à-vis de la France, et surtout de l'empereur.

Adrien feignit d'abord d'être surpris, presque embarrassé de la question ; mais bientôt, se remettant et parlant lentement, comme s'il eût pesé intérieurement la portée de chacune de ses paroles :

— Ce serait mal reconnaître les honorables procédés de votre altesse, répondit-il, que de garder un silence absolu sur cette question ; néanmoins, le service même que je viens d'accepter de votre courtoisie hospitalière...

— J'espère, dit Cambacérès en l'interrompant, que vous ne vous préoccupez nullement de cette bagatelle.

— Je crois à la probité politique de votre altesse, à son amour d'un pays à la puissance et à la prospérité duquel elle a concouru si puissamment pour son présent et son avenir, et je le lui prouverai en faisant loyalement des confidences qu'elle n'exigerait pas. Vous désirez savoir quels sont les sentimens de l'empereur, mon maître, et de la cour de Russie, relativement à la nouvelle dignité où vient de s'élever Napoléon ? Personne, je l'avoue, ne serait mieux que moi en position de donner à cet égard des renseignemens assurés ; mais, votre altesse le sait mieux que je ne pourrais le dire, de telles confidences ne peuvent se faire sans de nécessaires restrictions, et le laisser-aller d'une causerie tête-à-tête entraîne quelquefois plus loin que la prudence et le devoir ne le permettent. Je n'ignore pas, d'ailleurs, que votre altesse est le conseiller le plus intime et le plus justement apprécié de Napoléon; vous lui reporteriez nécessairement mes confidences, et je déclare, du reste, ne voir à cela nul inconvénient. Mais je tiens positivement à ce que mes opinions, mes vues, mes paroles, ne parviennent à l'empereur que d'une manière précise et exempte d'interprétations, même involontaires. J'écrirai donc tout ce que je ne puis dire à ce sujet; je le promets à votre altesse, je m'y engage ; et avant deux jours, elle aura entre les mains une note qui satisfera, je pense, au désir qu'elle vient de me faire l'honneur de me témoigner.

Cambacérès exprima au prince combien cette réserve lui paraissait convenable; il redoubla de soins, de prévenances, auprès du jeune étranger auquel il finit par offrir de le présenter le lendemain à l'impératrice Joséphine.

— Je craindrais de me compromettre, répondit Adrien ; j'ai le plus grand intérêt à ce que ma présence à Paris soit ignorée.

— Soyez tranquille, répliqua l'archi-chancelier, c'est sans apparat, à la Malmaison, presque dans l'intimité, que je veux vous présenter à Sa Majesté. Il faut qu'à votre retour en Russie vous emportiez une idée de tout ce que la grâce dans la puissance, la séduction dans la grandeur peuvent offrir de plus accompli.

— J'accepte donc, à demain, répondit Pétrolow.

Quelques instans après l'archi-chancelier s'approcha de Léopold.

— Mon cher Clion, lui dit-il, je suis très content de vous ; vous avez fait preuve en cette occasion d'une connaissance, d'une sûreté de coup d'œil que je ne vous soupçonnais pas. C'est bien, très bien, je tâcherai d'obtenir pour vous quelque mission honorable et avantageuse.

La joie des amis était plus grande encore que celle de l'archi-chancelier. Dès qu'ils furent sortis, ils tinrent conseil pour aviser à ce qu'il leur restait à faire.

— Je crois, dit Léopold, qu'il ne serait pas mal que nous allassions faire un petit tour en Angleterre. Si nous partions demain.

— Du tout. Demain Sa Majesté l'impératrice me fait l'honneur de me recevoir en audience particulière, et ma foi je ne serai pas fâché de me trouver tête-à-tête avec cette excellente Joséphine, qui est encore une fort jolie femme.

— Ah ça ! Adrien, est-ce que tu ne crains pas de tendre un peu trop le ressort ?

— Je n'entrevois pas le moindre danger; on se jette à notre tête, nous nous laissons faire, et nous pouvons de la sorte aller très loin.

— Très loin, en effet, trop loin, peut-être, et pour ma part, si j'ai grand souci de voyager, ce ne sera jamais par la grande route de Toulon que je voudrais prendre le chemin d'Italie.

— Poltron ! laisse-moi faire ; ne suis-je pas le plus engagé ? Je suis bien aise de causer un peu avec l'impératrice Joséphine ; et puis 30,000 francs ne peuvent pas durer toujours, et s'il était possible de doubler la somme, cela m'agréerait fort et ne te déplairait pas, que je sache.

— Eh bien, soit! *Audaces, etc.* Mais, à propos de latin, je remarque que le russe ne t'a pas servi à grand'chose jusqu'à présent.

— Cela pourra venir ; j'ai des projets là-dessus. Au fait, le métier de prince est fort de mon goût, et je n'y renoncerai qu'à regret...

— A ton aise. De ma seule volonté je t'ai fait prince ; vois si tu te sens au cœur de quoi t'élever au rang suprême de majesté!

—

Prévenue par l'archi-chancelier de la visite que devait lui faire le prince Pétrolow, Joséphine s'était levée toute joyeuse. Dans la matinée, Napoléon vint à la Malmaison, et l'impératrice se montra charmante.

— Bon Dieu ! madame, lui dit en souriant l'empereur, comment faites-vous pour être plus gracieuse, plus jolie encore aujourd'hui que de coutume ?

— C'est que je suis contente, répondit-elle, et que rien, comme vous le savez, ne sied à notre sexe comme le bonheur.

— Que vous est-il donc arrivé d'heureux ? dites, que je prenne, en bon mari, la part qui me revient dans vos petites félicités.

Joséphine hésita avant de répondre, mais les choses étaient désormais si avancées, le succès lui paraissait si certain, qu'elle crut pouvoir se dispenser de garder plus long-temps une réserve qui lui pesait. Elle raconta donc à Napoléon comment, avec l'aide de Cambacérès, elle avait découvert et gagné à peu près un agent secret envoyé à Paris par l'empereur de Russie, avec une mission dont les conséquences devaient être de la nature la plus délicate et la plus grave.

— Mais, dit l'empereur, après l'avoir écoutée attentivement, êtes-vous bien assurés, M. le prince archi-chancelier et vous, de ne pas être dupes de quelque intrigant.

— Cambacérès a obtenu là-dessus des renseignemens certains, répondit Joséphine; d'ailleurs, l'agent russe doit nous remettre, en réponse à toutes les questions qui lui ont été posées, une note précise et explicite. Vous pourrez examiner cette pièce, et, je n'en doute pas, elle lèvera vos doutes, que j'oserais presque qualifier d'injurieux pour notre zèle et la perspicacité de M. l'archi-chancelier.

Napoléon se tut; après quelques instans de réflexion, la chose ne lui paraissait pas impossible. Il dit à Joséphine qu'elle pouvait recevoir le seigneur russe; puis, après s'être occupé d'autres soins, il retourna à Paris.

A peine arrivé aux Tuileries, il fit appeler Fouché.

— La police est bien faite, monsieur, lui dit-il durement dès son entrée, je vous en félicite! la Russie entretient à Paris des agens secrets, et vous êtes le dernier à en être instruit !

— Sire, répondit Fouché, sans se montrer troublé de cette boutade, habitué qu'il était à en supporter de semblables de la part de Napoléon, j'ai la certitude que cela n'est pas.

— Je vous dis, moi, que cela est positif! Le prince Pétrolow est ici, avec mission d'observer l'esprit public. Cet homme ne peut pas remplir sa mission sans se montrer. Comment est-il possible que vous ignoriez sa présence ?

— On a trompé Votre Majesté. La Russie n'a à Paris que des agens avoués pour le moment, et il n'y a pas de prince Pétrolow. Je ne sais quel but peut se proposer l'inventeur d'une fable que l'on n'a pas sans dessein accréditée près de Votre Majesté.

— Mais ce n'est pas une fable, encore une fois, interrompit l'empereur avec impatience. Ce seigneur a dîné hier chez le prince archi-chancelier, et il est à peu près convenu qu'il était envoyé par Alexandre.

— Sire, il y a là quelque intrigue que je découvrirai promptement. D'abord, permettez-moi de faire remarquer à Votre Majesté que c'est tout au moins un singulier agent secret que celui qui va prendre pour confident le premier dignitaire de l'Etat.

— C'est vrai, dit Napoléon en se radoucissant, et cela m'avait aussi frappé ; mais cependant on a des renseignemens si précis qu'il est impossible de n'y pas croire.

— Je prends l'engagement de donner promptement à Votre Majesté des nouvelles certaines de ce prince, que je soupçonne fort d'être un diplomate de contrebande.

— Peut-être, fit Napoléon, pourrai-je savoir tout de suite à quoi m'en tenir. L'impératrice le recevra aujourd'hui ; probablement même est-il déjà à la Malmaison, où Cambacérès doit le conduire. Venez, monsieur le ministre, et vous m'y accompagnerez.

— Je suis aux ordres de Votre Majesté, répondit Fouché, mais je désirerais qu'elle daignât m'accorder quelques instans pour que je puisse prévenir et amener un des secrétaires de mon cabinet qui a lui-même vécu à la cour de Saint-Pétersbourg.

Cependant l'archi-chancelier et le faux Pétrolow étaient partis de Paris; ils arrivèrent à la Malmaison de bonne heure, ce qui les obligea d'attendre quelque peu ; bientôt ils furent introduits, et Cambacérès présenta le seigneur étranger à l'impératrice, qui lui fit un excellent accueil. Aux questions que Joséphine lui adressait, avec plus de curiosité sans doute que d'adresse, Adrien répondit avec aisance, avec naturel, et sans paraître le moins du monde embarrassé.

Joséphine, durant le cours de cet entretien, éprouvait une satisfaction, une joie que trahissaient peut-être trop indiscrètement ses regards veloutés et ses paroles bienveillantes; le prince archi-chancelier, de son côté, prenait part à la conversation qui, naturellement, roula sur la Russie, et dont chaque phrase, comme il arrive dans un pourparler diplomatique, se termine invariablement par un point d'interrogation.

Tout à coup, Napoléon et Fouché entrèrent sans avoir été annoncés. Adrien ne se déconcerta pas ; il se pencha vers Cambacérès, et, parlant à demi-voix :

— Monsieur l'archi-chancelier, lui dit-il, suis-je victime d'une trahison ?

— J'espère que vous ne le croyez pas, répondit de même Cambacérès, et je suis aussi étonné que vous.

— Pardon, madame, dit Napoléon en prenant place sur la causeuse où se tenait nonchalamment assise l'impératrice, je croyais vous trouver seule, et je voulais vous présenter un jeune créole, un compatriote, auquel M. le duc d'Otrante s'intéresse, et qui, amené tout jeune en Europe, ayant depuis lors voyagé presque constamment, parle toutes les langues, depuis votre doux et nonchalant dialecte tropical, jusqu'aux idiomes de l'Afrique et de l'Asie : ce jeune homme est un véritable polyglotte.

— S'il parle russe, dit Joséphine, en souriant gracieusement à l'empereur, voici le prince Pétrolow, qui m'a fait l'honneur de me venir visiter, et qui mieux que personne pourra décider de son mérite.

Adrien, qui s'était levé, s'inclina respectueusement, et presque aussitôt le polyglotte fut introduit.

Fouché lui adressa la parole en allemand, Napoléon lui parla en italien, Cambacérès en anglais.

Adrien, sans hésiter et lorsqu'à son tour il y fut convié par l'empereur, l'interrogea en russe. Le jeune secrétaire engagea alors une assez longue conversation avec lui, puis répondit à chacun de ses interlocuteurs dans les langues différentes dont eux-mêmes s'étaient servis.

— Sire, dit Fouché à Napoléon qui l'avait attiré sous le péristyle du parc, cet homme-là parle le russe, mais j'ai la certitude que ce n'est qu'un audacieux intrigant.

— Eh bien! avisez, monsieur le ministre de la police; faites seulement que ce personnage ignore qu'il est observé. J'ai à cœur de voir la note manuscrite qu'il doit remettre à M. l'archi-chancelier.

Cependant Cambacérès, qui craignait les reproches de l'empereur, était impatient de se retirer. Il ne tarda pas à prendre congé, et partit avec le prince Pétrolow, qu'il reconduisit dans sa voiture.

— Je suis fâché, dit l'archi-chancelier, chemin faisant, que l'empereur nous ait surpris ; mais je compte sur l'esprit de l'impératrice, et je me porte fort que votre présence à la Malmaison ne pourra vous compromettre en aucun point.

— Eh! mon Dieu! répondit Adrien de l'air le plus naturellement indifférent, une fois le premier mouvement de surprise passé, je n'ai pas été du tout fâché de me trouver face à face avec l'empereur.

Mais, mentalement, il ajoutait à part soi : — Du diable si l'on m'y rattrape!

En quittant l'archi-chancelier, il alla trouver Léopold qui l'attendait.

— Cher ami, lui dit-il, hier tu voulais aller en Angleterre; aujourd'hui, moi, je m'embarquerais pour la Chine. Avant une heure, toute la police de Paris sera à nos trousses... Ce que nous avons donc de mieux à faire, c'est de gagner du pied lestement.

Le soir même, au lieu de la note semi-officielle que devait lui faire tenir le prince Pétrolow, l'archi-chancelier recevait une lettre dans laquelle Léopold Clion lui annonçait que le prétendu agent russe n'était qu'un intrigant dont il avait été dupe, et à la poursuite duquel il se mettait, car il avait pris la fuite en toute hâte à l'issue de sa présentation au château de la Malmaison.

A quelque temps de là, deux jeunes écervelés, qui se disaient originaires du Haut-Canada pour expliquer la pureté avec laquelle, bien qu'étrangers, ils parlaient la langue française, mangeaient joyeusement, aux eaux de Bade, une trentaine de mille francs, dont l'origine paraissait assez suspecte, à voir le train dont leurs joyeux détenteurs les menaient.

Napoléon rit beaucoup de cette aventure ; Cambacérès aussi s'efforça de rire quand elle fut indiscrètement ébruitée, mais Fouché prétendait qu'il riait jaune.

En dépit de cette hardie mystification, Joséphine continua de rêver; et Mlle Lenormand, de son côté, expliqua comme devant la cartomancie, commenta le présent et devina l'avenir au plus juste prix, sans perdre la confiance de ses dupes.

VI

Le Couronnement.

Un soir du mois d'avril 1804, se trouvant seul avec Joséphine à Saint-Cloud, Napoléon était allé prendre dans la bibliothèque un volume de Voltaire; et, tout en se promenant diagonalement dans le petit *salon bleu* (où de son côté Joséphine était occupée à coucher ses oiseaux), il s'était mis à déclamer quelques vers pris au hasard. Après avoir récité ceux-ci, que notre grand tragique place dans la bouche d'Antoine, en s'adressant à César :

> César, tu vas régner; voici le jour auguste
> Où le peuple romain, pour toi toujours injuste,
> Changé par tes vertus, va reconnaître en toi
> Son vainqueur, son appui, son vengeur et son roi...

Napoléon s'arrête, pose le livre sur un meuble, et s'adressant à sa femme qui, comme on sait, avait toujours manifesté pour les formes monarchiques et aristocratiques un goût très prononcé :

— On peut être empereur d'une république, lui dit-il, mais non pas roi d'une république : ne sens-tu pas, ma chère amie, combien ces deux termes jurent ensemble?

Il y avait long-temps déjà que Napoléon avait parlé à sa famille et à ceux des partisans les plus dévoués à son gouvernement du titre d'*empereur*, comme étant celui qu'il jugeait le plus convenable à la nouvelle souveraineté qu'il voulait fonder en France. Il trouvait que ce n'était pas rétablir tout à fait l'ancien régime, et il s'était appuyé principalement sur ce que ce titre avait été celui que César avait porté.

Le tribun Curée fut le premier qui, le 30 avril 1804, dans le tribunat assemblé, aborda cette grande question, en proposant d'élever le premier consul à la dignité d'empereur. Carnot osa seul, parmi ses collègues, combattre cette motion préparée de longue main par les courtisans de l'époque consulaire et suffisamment annoncée par la journée de Saint-Cloud, par le vote pour le *consulat à vie* et par la signature du concordat.

Toutefois, ce ne fut pas sans peine qu'on parvint à rallier la majorité des esprits à l'adoption de cette grande mesure. Les vieux partisans de la légitimité ne signèrent cette capitulation qu'à la dernière extrémité. Quant à l'armée, cette sorte d'échange fut acceptée par elle avec acclamation. Les différens corps de l'Etat furent assemblés et consultés. Le peuple enfin se montra peut-être plus enthousiaste encore que l'armée elle-même. Il est vrai que rien n'avait été négligé pour aider à cet élan.

Les choses en étaient là, lorsque Napoléon, qui, mieux que personne, savait la puissance qu'exerce sur les masses le prestige des anniversaires, résolut de mettre à profit celui du 14 juillet, pour étaler aux yeux des Parisiens toutes les pompes impériales et leur donner ainsi un avant-goût de celles qu'il méditait pour le sacre. Mais d'un autre côté, il changea tellement la cause primitive de cette commémoration toute républicaine, qu'il aurait été impossible de reconnaître en elle l'anniversaire de la première fédération. Et puis, il faut l'avouer, il n'était pas fâché d'effacer peu à peu ces souvenirs, qui commençaient à lui peser, et pour mieux y parvenir, il voulut d'abord que cette solennité eût lieu le 15 et non pas le 14. « Elle tombera un dimanche, dit-il à cette occasion, de sorte qu'il n'en résultera aucune perte de temps pour les ouvriers qui voudront y assister. » Ce motif, qui me parut très juste, était encore plus adroit; car, à vrai dire, il ne s'agissait plus d'honorer les vainqueurs de la Bastille, mais bien les vainqueurs de l'Italie, de la Suisse, de la Hollande, et de faire à chacun d'eux la remise de la croix de la Légion-d'Honneur. La cérémonie fut magnifique. Tous les militaires présens à Paris y assistèrent. Ce fut dans l'église même de l'hôtel des Invalides qu'elle eut lieu, et les nombreux assistans y semblèrent plus dévots à l'empereur qu'au dieu des chrétiens.

Dès le mois de juin précédent, Napoléon, étant à Saint-Cloud, avait réuni en petit comité quelques conseillers d'état, parmi lesquels se trouvaient Berthier, Treilhard, Regnault de Saint-Jean d'Angély, Muraire, Cambacérès, etc., etc., pour apprendre d'eux s'il devait ou non mander le pape à Paris afin de lui faire légitimer sa nouvelle dignité. Les avis étant partagés, Napoléon trancha la question à sa manière en s'écriant : « Au fait, est-ce que la chute des Bourbons est mon ouvrage ?... Je n'ai trouvé qu'un trône vacant et la place vacante d'un trône. Ce trône que je n'ai point renversé, je le relève aujourd'hui. Je le relève pour moi et les miens, c'est vrai; mais c'est parce qu'il ne serait pas en mon pouvoir de le relever pour tout autre!... Le chef de l'Église peut donc venir ici me reconnaître. Dans son propre intérêt à lui et dans celui de la France, il le doit. » Une lettre écrite à peu près dans ce sens fut portée au saint-père à Rome, au mois de septembre suivant, par le général Cafarelli, alors aide-de-camp de Napoléon. Pie VII, se plaçant au dessus de toutes les préventions qu'on chercha à élever dans son esprit, et pénétré de cette pensée que *le grand Bonaparte*, comme il l'appelait habituellement, avait toujours été dirigé par la Providence, quitta Rome aussitôt pour se rendre à Paris; et dès le commencement du mois d'octobre, on s'occupa activement de tout ce qui devait rehausser l'éclat du couronnement, qui devait avoir lieu à l'église métropolitaine de Notre-Dame.

L'annonce de cette grande solennité fut accueillie partout avec joie, principalement par la classe commerçante de Paris. L'affluence des étrangers ramenait l'ancien luxe et occupait un grand nombre d'artistes et d'ouvriers qui, depuis longues années, n'avaient guère trouvé à exercer leur talent et leur industrie.

Ces intérêts positifs firent dans la capitale plus de partisans à l'empire que l'opinion de la réflexion.

On se pressait en foule pour aller admirer chez Biennais, chez Odiot et chez Foncier les joyaux qui devaient servir au sacre : le sceptre, la main de justice et cette couronne surtout, dont la forme légère et les feuilles d'or rappelaient moins l'antique bandeau des rois de France que celui des Césars.

Le dépôt de ces riches objets fut fait, la veille de la cérémonie, à l'Archevêché.

Déjà Napoléon avait envoyé à l'église métropolitaine un grand nombre d'aubes brodées en or et garnies de dentelles, des nappes magnifiques, des vases sacrés, des chandeliers et des ornemens sacerdotaux en vermeil et d'un travail exquis ; ce qui rappelait un peu la coutume des rois de la première et de la seconde races, qui envoyaient d'avance, aux évêques chez lesquels ils voulaient manger et *s'esbattre*, leur linge et une partie de leur vaisselle plate, avec cette différence que ceux-ci remportaient le tout après leurs joyeux festins, tandis que Napoléon donna et laissa tout.

Le pape étant attendu à Fontainebleau le 20 novembre, Napoléon partit le 19 pour aller l'y recevoir.

C'était le premier voyage qu'il faisait à cette résidence royale, restaurée et remeublée entièrement par ses soins.

L'empereur alla à la rencontre du saint-père, sur la route de Nemours, et cette fois, pour éviter tout cérémonial, il prit le prétexte d'une partie de chasse. La nouvelle vénerie avec ses équipages était dans la forêt. Napoléon arriva à cheval et en habit de chasse avec sa suite. A la demi-lune située au sommet de la côte, il joignit sa sainteté, qui fit arrêter sa voiture et voulut descendre ; mais comme il y avait beaucoup de boue sur la chaussée, elle hésita un moment, ayant des mules de satin blanc brodées en or. Il fallut pourtant bien s'y décider, Napoléon ayant déjà mis pied à terre. Les deux souverains s'embrassèrent, et la voiture de l'empereur fut avancée de quelques pas. Des valets de pied étaient apostés pour tenir les deux portières ouvertes. Au moment d'y monter, l'empereur prit celle de droite, un des écuyers indiqua au pape celle de gauche, de façon qu'ils montèrent ensemble. L'empereur prit naturellement place à la droite, et ce premier pas décida de l'étiquette, qui ne donna plus lieu à aucune difficulté.

Le court trajet qui restait à faire pour arriver au château offrit cette singularité, que l'escadron de mamelucks de la garde marchait immédiatement derrière la voiture dans laquelle le pape se trouvait tête à tête avec Napoléon. Il était assez curieux de voir ces pauvres Turcs rivaliser de zèle et de respect pour le vicaire de Jésus-Christ.

Tous les évêques de France et d'Italie étant réunis à Paris, où ils avaient été appelés, chacun d'eux avait amené avec lui plusieurs ecclésiastiques, si bien qu'on en rencontrait se promenant au Palais-Royal presque autant qu'on aurait pu en rencontrer dans les rues de Rome.

Dès son arrivée à Fontainebleau, Napoléon avait placé auprès du saint-père un service d'honneur composé des principaux officiers de sa maison, parmi lesquels figuraient MM. le sénateur de Viry, de Luçay et le général Durosnel, pour faire le service de chambellan, de préfet et d'écuyer cavalcadour auprès du pape.

Après s'être reposé deux jours dans ce palais, sa sainteté vint habiter aux Tuileries le pavillon de Flore. L'impératrice, suivie de la presque totalité de ses dames, vint aussitôt lui rendre visite. Le pape donna à toutes sa bénédiction, et gratifia chacune d'elles d'un chapelet. A dater de ce jour, le jardin et la cour des Tuileries furent remplis du matin au soir d'une foule immense. Joséphine s'amusait beaucoup de ce coup d'œil.

Les actions et les discours du saint-père étaient devenus le sujet de toutes les conversations de la capitale. On louait sa bonté, sa simplicité ; tout le monde voulait recevoir sa bénédiction. La malignité n'y perdit pourtant rien. Cent calembourgs (ce genre de plaisanterie était alors fort à la mode) étaient chaque jour forgés et répétés partout, même dans l'intérieur du palais. Je n'en citerai qu'un, par cette raison même que celui-là est exécrable. Une vieille marquise du faubourg Saint-Germain s'était écriée, disait-on, en apprenant que le saint-père arrivait pour sacrer l'empereur : *Le pape Pie se tache.* Quoi qu'il en soit, tout le monde fut d'avis qu'il était impossible de se conduire d'une manière plus convenable que ne le faisait le saint-père. De son côté, Napoléon avait pour lui les prévenances les plus respectueuses.

Vingt mille lettres closes de convocation à tous les fonctionnaires civils et militaires qui devaient assister à la cérémonie du couronnement avaient été expédiées par l'empereur dans tous les départemens de la France. Cette lettre, fort curieuse à cause de la forme du langage qu'on y avait employé pour la première fois, était ainsi conçue :

« La divine Providence et les constitutions de l'empire ayant placé la
» dignité impériale héréditaire dans notre famille, nous avons désigné le
» onzième jour du mois de frimaire prochain (2 décembre 1804, vieux
» style) pour la cérémonie de notre sacre et de notre couronnement.
» Nous aurions voulu pouvoir, dans cette auguste circonstance, rassem-
» bler sur un seul point l'universalité des citoyens qui composent la na-
» tion française ; toutefois, et dans l'impossibilité de réaliser une chose
» qui aurait eu tant de prix pour notre cœur, désirant que cette solen-
» nité reçoive son principal éclat de la réunion de ceux dont le dévoû-
» ment à l'Etat et à notre personne sacrée nous est connu, nous vous
» faisons tenir cette lettre pour que vous ayez à vous trouver à Paris
» avant le 7 du mois prochain et à y faire connaître votre arrivée à notre
» grand-maître des cérémonies. Sur ce, nous prions Dieu qu'il vous ait
» en sa sainte et digne garde.
» Ecrit en notre palais de Saint-Cloud, le 4 brumaire an XIII.

» *Signé :* NAPOLÉON. »

Et plus bas :

« *Le secrétaire d'Etat :* H. B. MARET. »

Dans les premiers jours de décembre, les voitures de LL. MM., celles des princes et princesses de la famille impériale qui devaient former le cortége étaient conduites à vide chaque matin, attelées de six ou huit chevaux, devant Notre-Dame et aux alentours, par les cochers, postillons et piqueurs des écuries. Ces voitures, au nombre de cinquante, exécutèrent ainsi plusieurs répétitions jugées nécessaires pour connaître au juste l'espace qu'offraient le parvis Notre-Dame et ses environs, afin de pouvoir les y placer sans encombre.

De son côté, M. de Ségur commença à la métropole la mise en scène de cette grande solennité, pour laquelle Isabey avait fait une foule de croquis et de dessins commandés par l'empereur. A cet effet, le grand-maître des cérémonies donna plusieurs rendez-vous à la métropole même à tous les hauts personnages que le rang ou les fonctions qu'ils remplissaient à la cour appelaient à jouer un rôle dans cette grande représentation ; mais la plupart des illustres acteurs, les grands dignitaires surtout, ne se pressaient guère de se rendre à ces invitations. Le grand-maître des cérémonies dut craindre un moment que les choses allassent tout de travers. S'en étant expliqué avec Napoléon, un soir qu'il y avait également répétition au château, l'empereur lui répondit le plus sérieusement du monde :

— Ne vous inquiétez pas ; mes maréchaux ne sont-ils pas chargés, comme chefs d'emploi, de la plus difficile besogne? Eh bien ! fiez-vous à eux pour l'habileté et la promptitude des manœuvres ; ils s'y entendent, je vous en réponds.

Tout étant disposé ainsi, la veille du couronnement, l'empereur, précédé de son service d'honneur, et suivi d'un grand nombre d'officiers de sa maison civile, se rendit dans la matinée chez le souverain pontife pour lui faire une visite de cérémonie, manière honnête de lui recommander d'être exact le lendemain. Cette visite ne dura que cinq minutes. Napoléon s'étant retiré, le saint-père donna comme de coutume sa bénédiction à tout le monde. C'était sa seule occupation : il la donnait dans sa chambre à coucher, dans son cabinet, dans sa chapelle, dans les escaliers, dans sa voiture, par la fenêtre, etc. Je suis tenté de croire qu'il donna plus de bénédictions dans le peu de temps qu'il séjourna à Paris, qu'il n'en reçut lui-même pendant toute la durée de son pontificat.

Enfin le grand jour arriva !...

La veille il avait fait un temps affreux : il était à craindre que la marche du cortége ne fût troublée par le vent ou la pluie ; mais, par une sorte de protection spéciale que la Providence semble accorder à tous les pouvoirs naissans, en même temps que le jour parut, le ciel prit une teinte moins sombre, et le soleil éclaira la foule immense qui, dès huit heures du matin, bordait le chemin des Tuileries à Notre-Dame.

Ce jour-là, qui était le dimanche, des croisées ayant vue sur la rue Saint-Honoré furent louées à raison de cent francs chacune. Les acclamations qui éclataient de toutes parts avaient cet élan de vérité qu'on peut distinguer aisément de ces clameurs soudoyées à l'avance et dont on a été si souvent à même d'apprécier la valeur.

Bien avant que le jour parût, la plus grande activité avait régné dans le château des Tuileries. On se complimentait sur sa tournure, sur son nouveau costume ; on demandait des avis, on recevait des conseils, et tout le monde trouvait que le temps ne marchait pas assez vite au gré de l'impatience générale.

Ceux surtout que l'importance de leurs fonctions appelaient auprès de l'empereur étaient sur pied depuis long-temps.

La plupart des dames qui devaient accompagner l'impératrice eurent le courage, après s'être fait coiffer à deux heures du matin, de demeurer assises devant leur cheminée jusqu'au moment de passer leur robe pour paraître dans les grands appartemens.

Napoléon, lui aussi, était debout dès sept heures du matin ; car ce ne devait pas être une petite affaire que d'endosser le costume qu'on lui avait façonné.

Après avoir pris une demi-tasse de café à huit heures, il manda tous les officiers de sa maison civile, et en leur présence des valets de chambre commencèrent sa grande toilette.

Autrefois, en pareille circonstance, c'eût été un prince du sang, ou tout au moins le premier gentilhomme, à défaut du grand-maître de la garderobe, qui eût passé la chemise au souverain ; mais en ce moment Napoléon, qui ne songeait pas encore à restaurer complétement l'ancienne étiquette, prit la chemise des mains de Constant, son premier valet de chambre, pour remplir lui-même cet office; il s'y prit avec tant de précipitation qu'il la déchira du haut en bas en se trompant de côté. Ce désastre réparé, on entreprit de l'habiller. Ce fut alors de sa part une longue kyrielle de malédictions et d'apostrophes contre le tailleur, le bonnetier et le cordonnier.

A mesure qu'on lui passait une pièce de son costume :

— Voilà qui est trop étroit! s'écriait-il; ceci est trop lourd! Cela monte trop haut! Cette chaussure est trop large! Ces gens-là n'ont pas le sens commun! etc.

Voici quel était l'ensemble de ce costume, éclatant d'or et de pierreries :

Brodequins de velours blanc, lacés par devant et parsemés de paillottes d'or. Pantalon de tricot de soie collant, avec les coins brodés d'or, surmontés de la couronne impériale, figurée par de petites perles fines, des turquoises, des grenats; veste de satin blanc, avec les boutons en diamans; habit court, forme de polonaise, en velours cramoisi, avec revers et paremens de velours blanc brodés d'or sur toutes les coutures. Le demi-manteau à la Henri III, également de velours cramoisi, doublé de satin blanc, recouvrant l'épaule gauche et retenu, à droite sur la poitrine, par une double agrafe en saphirs et en émeraudes; un col de mousseline uni, une collerette et un rabat de dentelle d'un prix inestimable; enfin une toque en velours noir rappelant un peu cette sorte de bonnets appelés *pouf*, que les femmes de la cour portaient avant la révolution. Cette toque avait par devant une aigrette de diamans surmontée d'une colossale plume blanche, retenue par une ganse en brillans gros comme le pouce, avec le diamant le Régent pour bouton. Les gants, tout unis, étaient de tricot de soie blanc. Par dessus tout cela, le grand-cordon de la Légion-d'Honneur passé en sautoir, avec la plaque d'argent et la croix de simple légionnaire sur la poitrine. Enfin l'épée, en forme de glaive, à fourreau de velours vert et à poignée d'or d'un travail très précieux, était attachée à une ceinture de velours noir, large de quatre doigts, brodée d'or et de perles, avec une multitude de petites étoiles en diamans.

L'empereur, ainsi habillé, se rendit à dix heures dans la galerie de Diane, où l'attendait l'impératrice, entourée des princesses, sœurs de l'empereur, et de toutes ses femmes. Mme de Larochefoucault, sa dame d'honneur, portait la queue de son manteau. En grand habit (selon l'expression consacrée), Joséphine avait une tournure pleine de noblesse et de grâce. Je vis en ces temps-là bien des reines et des princesses, jamais souveraine ne sut mieux trôner sans l'avoir appris.

On avait préparé à l'Archevêché des espèces de cellules où chacun pût remédier au désordre de sa toilette ou la compléter. Ce fut là que Napoléon compléta son costume, en revêtant le grand manteau du sacre de velours cramoisi, parsemé d'abeilles d'or et doublé d'hermine et de satin blanc. Retenu sur ses épaules par des torsades d'or avec des agrafes en brillans, ce manteau, qui avait 22 aunes de circonférence, pesait 80 livres. Quoique constamment soutenu par cinq grands dignitaires, cette espèce de chlamyde écrasait l'empereur par son poids. Ces préliminaires achevés, on se dirigea vers la cathédrale. Au moment où le cortége parut sous le portail, un cri étourdissant de : Vive l'empereur! fut poussé d'un même élan et avec un ensemble tel, qu'on eût dit d'une explosion :

les vitraux de l'église en frémirent, les murs en furent comme ébranlés.

Lorsque le cortége fut arrivé à moitié chemin du portail et du chœur de l'église, le pape descendit de son dais : tout le clergé métropolitain le précédait conduit par M. de Pradt, marchant comme de coutume la tête haute, les pieds en dedans et les coudes en dehors. Sa sainteté, suivie des cardinaux en robe rouge et en bas bleus, vint au devant de LL. MM. et les accompagna processionnellement jusqu'à leurs fauteuils devant lesquels étaient des prie-dieu placés à l'entrée du chœur. Là, tout le cortége fit une pause. LL. MM. s'agenouillèrent et on chanta le *Veni, creator*, ensuite, le saint père s'étant à son tour agenouillé, prononça une courte prière, se releva et retourna s'asseoir sous son dais, à gauche de l'autel.

Le cortége ayant rétrogradé arriva au grand trône, où LL. MM. montèrent. Alors chacun occupa la place indiquée par le cérémonial.

Le pape s'étant approché de l'autel, l'office commença.

Il fut célébré par le saint-père en personne et écouté par tous les assistans avec le recueillement le plus parfait. J'ai assisté à bien des anniversaires depuis trente ans, j'ai vu bien des solennités de toutes sortes, mais jamais le spectacle qu'offrait l'intérieur de Notre-Dame le jour du couronnement ne sortira de ma mémoire. On avait fait restaurer et peindre à neuf toute l'église ; on y avait construit des galeries et des tribunes décorées avec une richesse incroyable. Dès neuf heures du matin, elles étaient envahies par une foule impatiente. Les chants sacrés retentissant sous cette voûte immense, aux arceaux gothiques, aux vitraux bariolés, appelant les bénédictions d'en haut sur la tête glorieuse de Napoléon, en présence du souverain pontife ; ces vieilles murailles, recouvertes de tentures resplendissantes, tous les grands corps de l'État, les députations de toutes les villes de l'empire, des milliers de plumes flottantes qui ombrageaient les chapeaux des sénateurs, des conseillers d'État, des tribuns ; les hautes cours de judicature avec leurs costumes à la fois éclatans et sévères, cette multiplicité d'uniformes brillans d'or et d'argent ; au milieu du chœur, cet innombrable clergé dans toute sa pompe sacerdotale ; et puis, aux travées des étages supérieurs de la nef, ces femmes jeunes et belles, étincelantes de fleurs et de pierreries ; toutes les célébrités de l'empire, une foule d'étrangers de distinction accourus du fond de l'Allemagne et des extrémités de l'Italie ; enfin, le bruit du canon, le son des cloches, les acclamations de cette foule en délire, tout cela formait un ensemble pompeux, brillant, grandiose, sublime, qui frappait tout le monde d'une émotion profonde, que les uns témoignaient par des larmes, les autres par une sorte de stupeur, et tous par le plus religieux silence.

Une fois Napoléon assis, chacun l'examina attentivement, en cherchant à deviner ses impressions secrètes. Il me parut constamment calme. Seulement la longueur de la cérémonie sembla le fatiguer. Je crus même observer que deux ou trois fois il dissimula un long bâillement, en portant sa main à sa joue, comme s'il eût éprouvé une légère démangeaison ; et, lorsque, plus tard, le pape lui fit la double onction, sur le front et sur les mains, je supposai, à la direction de ses regards, qu'il songeait plutôt au moyen de s'essuyer qu'à toute autre chose. A l'offertoire commencèrent les *grandes évolutions*. M. de Pradt donna, le premier, le signal ; M. de Ségur le répéta, et tout le monde se disposa a aller à l'offrande. Cinq dames du palais portant, la première un cierge, le long duquel étaient incrustées cinq pièces d'or, la seconde le pain d'argent, la troisième le pain d'or, les deux autres les vases sacrés, quittèrent leurs places et ouvrirent la marche. Tout le cortége défila ensuite dans le même ordre et avec la même régularité que précédemment. Après cette seconde cérémonie, le pape récita une oraison que l'empereur écouta comme tous les autres, avec convenance.

Le saint-père continua la messe.

Enfin l'empereur descendit de son trône et vint seul s'agenouiller à son prie-dieu. Tout à coup, je le vis se relever au moment où le pape allait prendre la couronne impériale déposée sur l'autel; il s'avança précipitamment, l'enleva des mains du saint-père et se la posa fièrement sur la tête. A cet instant, son visage se colora, ses yeux brillèrent d'un éclat inaccoutumé, sa taille parut plus haute de dix pieds.

Mais le moment qui excita le plus vivement l'attention fut celui où Joséphine reçut la couronne des mains de Napoléon et fut sacrée, par lui, impératrice et reine.

Lorsqu'il avait été temps pour elle de paraître dans le grand drame, sur un avertissement de M. de Pradt, elle était descendue du trône et s'était avancée vers les marches de l'autel où l'attendaient l'empereur et le pape. Joséphine marcha lentement, les yeux baissé, l'air recueilli, suivie de tout son service d'honneur.

Arrivée devant Napoléon, tremblante d'émotion, elle s'agenouilla, et, élevant ses regards et son âme bien plutôt vers lui que vers Dieu, on vit distinctement de grosses larmes couler de ses yeux et rouler sur ses mains jointes.

L'empereur n'était pas moins ému; mais il se contint et ne perdit rien de sa gravité.

Il prit lentement sur l'autel la petite couronne surmontée de la croix destinée à l'impératrice, il la posa d'abord sur sa tête à lui, puis il la mit sur celle de Joséphine avec tant de majesté, qu'on eût dit qu'il n'avait fait toute sa vie que mettre des couronnes sur sa tête et sur celle des autres. Enfin, lui prenant les deux mains, il la releva avec une dignité et une grâce parfaites.

Le saint-père ayant fait à l'impératrice un petit sermon de circonstance, celle-ci repassa au milieu de nous pour retourner s'asseoir sur le grand trône : l'attendrissement était général.

Napoléon était descendu vers l'autel pour aller rejoindre l'impératrice; le clergé et toutes les belles voix choisies par l'abbé Rose entonnèrent le *Vivat in excelsis*, et le cortége se remit en marche pour la quatrième fois afin de regagner le grand trône. LL. MM. y entendirent le *Te Deum*. Il fut entonné par le saint-père.

Après l'*Ite missa est*, sa sainteté se dérangea une dernière fois pour venir présenter l'évangile à l'empereur, qui eut toutes les peines du monde à retirer son gant avant de prononcer son serment; ce qu'il fit la main étendue sur le livre saint.

Il est juste de dire que personne ne l'entendit.

Pendant ce temps, M. Maret (le duc de Bassano), secrétaire d'état, ayant dressé le procès-verbal de cette prestation de serment, M. de Ségur appela M. de Talleyrand, le grand-chambellan appela l'archi-chancelier, celui-ci les présidents du sénat, ceux-là les présidents du corps législatif, ces derniers ceux du tribunat, et ainsi de suite, pour leur faire signer ce procès-verbal auquel il aura nécessairement fallu ajouter une rallonge, comme à ces lettres de change endossées par les maisons de commerce.

Cette formalité causa un remue-ménage général d'allées et venues interminables.

Enfin, l'archi-chancelier présenta cet acte à la signature de Napoléon lui-même. Cela fait, LL. MM. reprirent le chemin de l'archevêché, puis celui des Tuileries au milieu des mêmes acclamations.

Jamais je n'entendis de plus belle musique que celle qui avait été exécutée à Notre-Dame ce jour-là. Elle était de la composition de Paësiello, de l'abbé Rose et de Lesueur. Un orchestre, composé de plus de cinq cents musiciens, offrait la réunion des premiers talens de Paris et d'Italie, sous la direction de Nourrit père et de Laïs, Lesueur, Kreutzer, Persuys et Rey, qui s'étaient adjoint tout ce que l'Opéra, Feydeau et le Conservatoire possédaient de célébrités.

Le soir, toutes les rues de la capitale furent illuminées. Les flammes du Bengale furent allumées sur tous les édifices publics; mais rien n'était plus magnifique que le jardin des Tuileries; la grande allée était bordée de guirlandes en verres de couleur. Chaque arbre des autres allées était éclairé par des myriades de lampions. Enfin, une colossale étoile, élevée sur la place de la Concorde, dominait tous ces feux. Quant au château, on eût dit d'un palais de flammes.

Cette cérémonie avait été longue et singulièrement fatigante ; elle avait duré plus de cinq heures, y compris l'aller et le retour. Il était six heures et demie quand LL. MM. rentrèrent aux Tuileries.

Tout le monde mourait de faim, de froid, de fatigue. La première chose que fit Napoléon, ce fut de quitter son magnifique et lourd costume, pour réendosser le modeste uniforme des grenadiers de la garde, qu'il portait de préférence ; et alors il se laissa aller sur une chaise, les jambes allongées, les bras pendans, et s'écria, en poussant un gros soupir :

— Enfin, je respire !... Je crois que de ma vie je ne me suis senti aussi las !... Je me coucherai de bonne heure aujourd'hui !

Il est probable qu'au château chacun avait envie d'en faire autant. Le saint-père donna l'exemple. Il se coucha presque aussitôt son retour au pavillon de Flore : il n'avait gagné à tout cela qu'un concordat et une courbature.

VII

Une Impertinence.

« Il était plus que niais de ma part de *bouder* l'empereur, me dit un jour la comtesse de Bradi, qui savait tout au plus si j'existais ; cependant je m'en passai la fantaisie. Je me rengorgeai avec satisfaction, seule dans mon château de Bebrechien, avec mon vieux beau-frère et mes deux petits enfans, le 2 décembre 1804, jour où l'on couronnait à Paris Napoléon Bonaparte empereur. Je me représentais les pompes de Notre-Dame, puis les magnifiques plaisirs qui les suivraient : c'était dans mon esprit des bals fréquens et qui se prolongeaient jusqu'à l'aurore ; et je n'y dansais point... Et je n'avais même pas voulu risquer l'offre d'un billet pour une seule des fêtes du couronnement !... Je lisais avec emphase à mon curé, et à deux ou trois vieilles demoiselles, habitantes du bourg, les descriptions que contenaient les journaux : j'étais sincèrement admirée de ces bonnes gens, et leurs éloges retentissaient dans tout le canton de Neuville. Préférer à vingt-deux ans un séjour isolé au milieu de la forêt d'Orléans, et au plus fort de l'hiver, aux joies de Paris, par dédain pour un *usurpateur*, pour nourrir, sans distraction, un enfant en maillot, paraissait respectable; aussi brillais-je fort à quelques yeux de province; mais il me le faut avouer, excepté mes parents, et la députation corse, venue pour assister au sacre, personne à Paris ne s'aperçut de mon absence. Quand les bals de société commencèrent, je jugeai, que j'en avais fait assez pour ma conscience politique, et je partis à la fin de décembre pour la capitale, où je trouvai tout le monde enrhumé, à commencer par M. de Bradi : c'était dans la cathédrale, que depuis les sénateurs jusqu'au président de canton ces hommes qui n'avaient point de couronnes pour préserver leurs têtes du froid, en furent saisis : les vieux eurent des catharres, les jeunes des grippes; l'empereur seul n'eut rien : on en fit des chansons.

La députation corse venait bien souvent chez moi avec mon cousin Francesco Chiappe, que Joseph Bonaparte fit alors nommer procureur général, mais qui, grâces au ciel, méritait encore plus par ses talens et son caractère. Il y avait entre autres, parmi les députés, un certain homme qui me ravit d'abord par son maintien, sa conversation et sa grâce particulière à porter l'épée, que personne, excepté les militaires, ne savait plus porter. Je me mis à le louer : on m'apprit qu'il était fils d'un cordonnier ; je fis l'éloge du bon air d'un autre : il avait été rameur de felouque. C'était vraiment une étude à faire que celle de ces hommes qui avaient tout deviné, qui n'étaient ni étonnés, ni dédaigneux, qui avaient tant d'esprit et de mesure, et qui se trouvaient au même point que les gens avec lesquels ils se rencontraient, sans avoir passé par les tortures de notre éducation. M. Gaffori, député aussi, mais aristocrate de naissance et d'opinion, me désapprouvait par son silence quand je répétais que je m'accommoderais volontiers d'une société d'artisans qui ressembleraient à ses collègues.

Cependant il m'avait prise en gré, parce que je n'avais pas voulu venir à Paris pour le couronnement, où lui n'avait assisté que pour s'enorgueillir du choix de ses concitoyens, qu'il représentait fort dignement.

Très jeune encore, M. Gaffori détestait (c'est bien le mot), il détestait l'empereur; et m'avoua un soir, devant beaucoup de monde, *qu'il aurait bien du plaisir à lui marcher sur le pied*. Cette idée me parut incompréhensible, et ces expressions, folles. Je me moquai de tout ; et il reprit très sérieusement, *qu'il se donnerait cette satisfaction, et devant témoins*. Mon cousin et d'autres députés promirent de me rendre compte de cet exploit, puis nous oubliâmes l'engagement que venait de prendre M. Gaffori.

A quelques jours de là, réunie, je ne sais à quelle occasion, avec toutes les députations de la France, dans la grande galerie du Louvre, celle de Corse vit arriver auprès d'elle l'empereur, qui s'avança pour écouter l'orateur et adresser quelques questions aux députés. Sans aucun prétexte, M. Gaffori s'approcha alors de très près de Napoléon, et, comme il se l'était promis, il lui marcha plusieurs fois sur les pieds... Le soir même, M. Gaffori, devant ses collègues qui me le confirmèrent, me raconta ce curieux fait. J'étais interdite, un peu fâchée. « Que voulez-vous ? me dit M. Gaffori, il me semble toujours le voir au bal de Corse, ne trouvant pas une femme qui voulût danser avec lui, tant ses bas étaient mal tirés. » Cette réponse ne me satisfit point. J'étais blessée que l'homme qui tenait le sceptre de France n'inspirât pas plus de respect. Comment, disais-je, peut-on se rappeler un bal, des femmes impertinentes, une chaussure, au milieu de la galerie du Louvre, ornée d'aigles victorieuses, et face à face avec l'homme qui, le jour de son couronnement, célébrait l'anniversaire de la bataille d'Austerlitz! Cependant, j'en conviens, puisque l'on devait marcher sur les pieds de notre maître, j'aimais mieux que ce fût un Corse qui eût ce tort qu'un autre.

Au reste, ce Gaffori est d'une bonne race, que le courage anoblirait, si elle en avait besoin. Madame sa mère, dans une de ces querelles corses si vives et si sanglantes qu'elles semblent de véritables guerres, défendait sa maison avec quelques parens contre un parti ennemi : les portes s'ébranlent, les assaillis perdent l'espoir de résister et parlent de capituler; Mme Gaffori demande pour se recueillir quelques instans, qui lui sont accordés.

Elle les emploie à faire placer dans une salle basse un baril de poudre, s'assied auprès, tenant une mèche allumée, et envoie dire à ses défenseurs *qu'ils sauteront*, mais qu'ils ne se rendront pas. On trouva qu'il était possible de tenir encore...

Heureusement que M. Gaffori arriva enfin à la tête d'une troupe à ses ordres, et fit lever le siége de la maison

VIII

Le cabinet particulier et les secrétaires intimes de l'Empereur.

Les *Mémoires de M. de Bourrienne* ont donné lieu à de nombreux démentis; on a reproché souvent et avec raison à l'ex-*secrétaire intime* de Napoléon d'avoir dénaturé un grand nombre de faits dans l'intérêt de sa réputation et de sa vanité. Non seulement Bourrienne a dénaturé certains faits, mais il en est d'autres qu'il a entièrement passés sous silence; j'aime à croire que c'est la faute de sa mémoire; quoi qu'il en soit, il est une circonstance qu'il eût dû se rappeler, comme ayant influé sur toute sa destinée. Elle m'a été racontée par un haut dignitaire de l'empire, qui vit encore, et je vais, en la répétant, suppléer à l'*étourderie* de l'ancien camarade de collége de Napoléon.

La disgrâce définitive de Bourrienne, sous le consulat, ne fut le résultat, comme lui-même a essayé de le faire croire, ni de *prétendues jalousies excitées par la faveur dont il jouissait auprès du maître*, ni de la supposition qu'il fait que *Napoléon, en le conservant auprès de lui, aurait craint qu'on ne s'imaginât qu'il ne pouvait se passer de sa personne*. Ces idées ont plu à Bourrienne, et il y est revenu plusieurs fois dans *ses Mémoires*, sans songer à tout ce qu'elles avaient d'invraisemblable. Que Bourrienne ait été considéré comme *utile* et même *très utile* dans ses fonctions de *secrétaire intime et particulier*, très bien; mais qu'il se soit jugé *indispensable pour le gouvernement et l'état*, personne assurément ne pensera que Napoléon ait pu concevoir une semblable inquiétude. Il n'est pas de ministre de cette époque, même le plus influent, qui eût pu jamais avoir une telle pensée, et encore bien moins la proclamer après la mort de l'empereur. Un personnage bien autrement important que M. de Bourrienne, le maréchal Berthier, compagnon d'armes inséparable de Napoléon, qui souvent le citait comme *le meilleur chef d'état-major du monde*, ne conserva-t-il pas, depuis les dernières campagnes d'Italie jusqu'en 1814, toute sa confiance? L'empereur craignit-il jamais que sa renommée militaire pût en souffrir?... Il faut donc chercher d'autres causes que celles assignées par Bourrienne à cet éloignement du cabinet du premier consul : voici celles dont je puis certifier l'exactitude.

Des bruits fâcheux s'étaient répandus sur une affaire tout à fait étrangère aux fonctions que remplissait Bourrienne auprès du premier consul. On prétendait que ce secrétaire était gravement compromis : il s'agissait d'une spéculation commerciale avec la maison Coleau, dans laquelle Bourrienne était intéressé. La banqueroute de cette maison ayant divulgué le secret d'une association qui jusque alors avait été ignorée, Napoléon en avait pris beaucoup d'humeur, parce qu'il ne lui paraissait pas convenable qu'un des dépositaires des secrets de l'Etat fût mêlé dans des affaires de banque et de fournitures ; cette mauvaise humeur du premier consul se changea bientôt en un vif chagrin, lorsqu'on en vint à ne parler de rien moins que d'un stellionnat dont Bourrienne (disait-on) se serait rendu coupable. Les choses en étaient là, lorsque Napoléon, dans une de ses causeries intimes avec M. Gaudin, alors ministre du trésor public, parla à ce dernier des propos que l'on tenait sur le compte de son secrétaire, propos du reste dont il semblait profondément affligé.

— Un homme (dit-il à ce ministre), un homme qui m'est attaché depuis si long-temps! un homme que j'aimais comme on aime un frère, cela est affreux! je n'en reviens pas. Mais quelle suite pensez-vous donc que pourrait avoir cette maudite affaire si elle était rigoureusement poursuivie?

— Eh ! mais, citoyen premier consul, j'aime à croire que les bruits qui circulent ne sont que le résultat de la malveillance ; car si une telle accusation se trouvait fondée, elle donnerait lieu à une poursuite criminelle, et vous savez, comme moi, quelles en seraient les terribles conséquences.

— Je vois bien (reprit Napoléon avec émotion), que décidément je ne puis plus garder Bourrienne ; d'ailleurs, ce n'est pas la première fois qu'on se plaint de lui ; et cependant je ne lui ai jamais rien refusé (1). Quiconque veut me servir doit être irréprochable ; moi, je puis vivre dans une maison de verre !

Quelques jours après, le secrétaire intime avait quitté le cabinet particulier pour la seconde et dernière fois, et Napoléon ne dissimulant plus

(1) De l'aveu même de M. de Bourrienne, il n'a jamais eu de Napoléon, tant qu'il est resté attaché à son cabinet, de traitement fixe. Il prenait dans la caisse particulière du premier consul ce qu'il croyait devoir s'adjuger pour ses émolumens, et sous ce rapport, ils n'avaient cessé l'un et l'autre d'être camarades, comme ils l'étaient à Brienne. Jamais Napoléon ne lui demanda ni comptes, ni reçus; seulement Bourrienne le prévenait quand il avait besoin d'argent. « C'est bien » (lui disait Napoléon) ; tenez, voici la clé de mon secrétaire, prenez ce dont » vous avez besoin, je ne dois ni ne veux le savoir. » Et Bourrienne prenait.

(*Note de l'éditeur.*)

l'éloignement qu'il ressentait pour Bourrienne, défendit même qu'on lui parlât en sa faveur. Cependant l'intervention de Fouché et de M. de Talleyrand fut plus puissante auprès du chef de l'Etat que celle des membres de sa famille qui avaient essayé de faire revenir le premier consul sur ce qu'ils appelaient ses *susceptibilités à l'égard de Bourrienne*, et sans doute plus que tout cela, un reste de bienveillance de Napoléon pour son ancien camarade de collège, lui fit donner quelques missions secrètes, tant en Prusse qu'en Saxe; mais là, Bourrienne fut encore dénoncé. Rappelé à Paris *par ordre*, force fut à lui de rentrer dans la vie privée, complétement disgracié qu'il était. En 1804, et lorsque Napoléon vint à s'emparer des rênes de l'Etat et à légitimer ainsi les faveurs que la fortune n'avait cessé de lui accorder depuis dix ans, ce nouvel ordre de choses ayant paru favorable à Bourrienne, qui ne s'était jamais tenu pour battu complétement, l'ex-secrétaire chercha par tous les moyens possibles, non seulement à rentrer en grâce auprès de son ancien maître, mais encore à reconquérir le poste qu'il avait occupé trois ans auparavant.

Il faut l'avouer, dans cette circonstance, l'empereur garda à son ancien secrétaire une rancune que (pour nous servir de son expression), le temps n'avait fait que *faisander*; aussi tous les moyens qui furent employés échouèrent-ils; l'empereur tint bon, cette fois, et il n'y eut pas jusqu'à la bonne Joséphine qui fut contrainte de battre en retraite, devant ces sévères paroles :

— Ma chère amie, occupez-vous de vos chiffons, et laissez là Bourrienne, dont j'ai défendu qu'on prononçât jamais le nom devant moi, vous le savez bien.

En désespoir de cause et comme dernière ancre de salut, Bourrienne conçut l'idée de s'adresser à un nommé Leclerc, celui des anciens valets de chambre de Napoléon pour lequel le nouveau monarque avait une espèce de faible. Ce Leclerc était un franc original, portant le dévoûment à son maître jusqu'au fanatisme (il le lui a prouvé dans maintes occasions), et connaissant parfaitement la faiblesse que celui-ci avait pour lui, sachant en profiter lorsqu'il le fallait ou qu'il le voulait, il n'en avait jamais abusé, parce qu'il était doué de beaucoup d'esprit naturel et surtout de beaucoup de tact. Ce fut donc à ce serviteur, qui chaque matin apportait à l'empereur la tasse de café qu'il prenait en se levant, que Bourrienne eut recours; il va le trouver au château :

— Vous seul, mon cher Leclerc, lui dit-il, parlez assez familièrement à l'empereur pour obtenir l'audience qui m'est si nécessaire; car s'il consent à me voir, à m'entendre un instant, je me justifierai pleinement des mauvais propos dont on l'a entretenu sur mon compte, et alors ce sera à vous seul que j'aurai l'obligation d'être rentré en grâce.

— Je me donnerais bien de garde de prononcer votre nom devant l'empereur, répond Leclerc; n'ai-je pas été témoin de la manière dont il a *rembarré* Joseph, Louis, madame Murat, que sais-je encore, et l'impératrice elle-même? Il me chasserait sans rémission. Ne savez-vous donc pas qu'il leur a fermé la bouche par un mot que je n'oserais vous répéter?...

— C'est égal, mon cher Leclerc, risquez la demande d'une audience particulière pour moi, j'ai le pressentiment que votre franc-parler l'emportera sur ceux qui ont cherché à me rapprocher de l'empereur. Ils s'y sont mal pris ; mais vous, ce sera différent, et vous pourrez compter, de ma part, sur une reconnaissance éternelle : ne me connaissez-vous donc pas ?

Leclerc lutta encore, mais il faut le dire, comme il avait eu déjà à Bourrienne quelques obligations particulières et qu'au fond il n'était ni ingrat ni courtisan, il se laissa séduire et promit de faire une tentative ; puis, après un moment de réflexion, il ajouta :

— Venez demain matin, à l'heure de mon service ; si l'empereur est de bonne humeur, j'essaierai de vous introduire ; mais s'il est mal disposé, je ne réponds de rien.

Le lendemain, Bourrienne fut exact ; il attendit Leclerc dans le petit salon qui précédait immédiatement la chambre à coucher de l'empereur. Là, ne se trouvait encore que le valet de pied de garde, la nuit, dont il était bien connu. A six heures du matin Leclerc arriva ; un coup de sonnette le fit entrer chez son maître qui, selon son habitude, le questionna sur une foule de choses assez insignifiantes. Napoléon se plaisait à faire jaser ce serviteur dévoué, et ce jour-là positivement, il était d'humeur causeuse, disposition qui parut favorable au valet de chambre pour servir son protégé, et dont il profita habilement en montrant l'envie de se taire plus que de coutume : l'empereur en fit la remarque.

— Tu es bien discret aujourd'hui ! est-ce que tu es malade ?

— Non, sire ; mais il y a quelqu'un, là à côté, qui m'attend.

— Diable ! de si bonne heure ! Qui est-ce donc ?

— Oh ! sire, ajouta Leclerc avec un air d'indifférence, c'est une personne que Votre Majesté ne veut pas voir, et qui m'a beaucoup tourmenté pour tâcher de lui ménager une audience particulière ; mais j'ai refusé.

— Et vous avez bien fait, monsieur, répliqua l'empereur d'un ton sévère ; de quoi vous mêlez-vous d'oser faire entrer chez moi quelqu'un que vous savez que je ne veux pas voir ?

— Sire, c'est ce que lui ai dit, et sur l'observation que je lui ai faite que je n'oserais jamais prendre la liberté de...

— De m'en parler, n'est-ce pas ?... interrompit l'empereur avec vivacité. Vous avez répondu que vous vous en chargiez ?... Quelle est cette personne ?

— Sire, je n'ose à présent la nommer à Votre Majesté.

— Et moi, je veux la connaître ; parlez à l'instant.

— Eh bien ! sire, c'est... M. de Bourienne.

A ces mots, l'empereur se leva de sa chaise : il était furieux, et repoussant du pied un guéridon qui alla tomber à quelques pas de lui :

— C'est un *tripoteur !* s'écria-t-il, un..... que je ne veux pas voir !... Et vous, monsieur, vous êtes un drôle ! Sortez, sortez vite ; je n'ai point besoin de vos services en ce moment.

Et Napoléon, en disant ces mots, était tremblant de colère.

Pendant ce temps, Bourrienne était resté dans une incertitude extrême ; et lorsque Leclerc vint à sortir de la chambre de l'empereur, tout abasourdi par les dures paroles qu'il venait d'entendre, il ne savait comment lui annoncer la fâcheuse réussite de sa mission ; celui-ci ne lui laissa pas le temps de s'expliquer, et l'abordant d'un air radieux :

— Eh bien ! mon cher Leclerc, Sa Majesté consent à me recevoir, n'est-ce pas ?

— Oui... oui... répond Leclerc d'un ton moitié goguenard, moitié contrit ; je viens de parler pour vous ; l'empereur est *drôlement* disposé en votre faveur... Entrez, si vous en avez l'envie, vous pourrez en juger vous-même.

— J'en étais certain ! s'écrie Bourrienne ; et il entre dans la chambre de l'empereur avec une sorte d'assurance.

En le voyant, Napoléon reste stupéfait. L'étonnement, la colère, l'indignation le rendent muet. Interprétant en sa faveur les divers sentiments qui l'agitent et qui se peignent sur son visage, Bourrienne se jette à ses genoux, implore son pardon, invoque des souvenirs d'enfance.... Et l'empereur, tout en l'accablant de reproches, l'écoute, lui presse les mains, le relève tout ému qu'il est, et lui dit enfin d'un ton attendri :

— Assez, Bourrienne, assez.... oui, je vous pardonne, j'oublie tout, mais c'est à cause de votre femme, de votre famille que j'estime, que j'aime, que je veux bien encore faire quelque chose pour vous ; cependant je ne puis vous garder auprès de moi ; c'est désormais de toute impossibilité. Je vais m'occuper de vous caser ; mais je vous en préviens, et Napoléon appuya sur ces mots, faites en sorte que je n'entende plus parler de vous qu'en bien, ou sinon... Allons, Bourrienne, laissez-moi maintenant ; il ne faut pas qu'on nous trouve ensemble ; Duroc vous fera savoir ma volonté, incessamment vous recevrez des instructions de Talleyrand... Allons, adieu ! partez.

Quinze jours après, l'ex-secrétaire intime était nommé au consulat de Hambourg avec le titre de ministre plénipotentiaire.

Un dernier mot encore sur Bourrienne.

A la manière dont Napoléon le traita dans cette circonstance, il est évident qu'il n'avait point encore oublié tout à fait l'ami de collége, le confident, le secrétaire intelligent, actif, infatigable, qui avait le talent de saisir sur un mot sa pensée, bien que chez lui les pensées se succédassent avec une incroyable rapidité. Il faut l'avouer, Bourrienne avait incontestablement une partie des rares qualités qu'exigeaient les fonctions qu'il remplissait auprès d'un génie qui ne se reposait jamais ; il est probable que Napoléon, qui tenait tant à ses amis d'enfance, et chez qui l'habitude avait la force de l'affection, ne se serait jamais séparé de lui, s'il eût cru pouvoir le maintenir dans une place qui exigeait tous les genres d'intégrité ; mais déjà, et alors même que Bourrienne jouissait de toute la confiance du premier consul, celui-ci avait plusieurs fois témoigné le désir de s'attacher un jeune homme qui fût travailleur, discret et capable d'aider son secrétaire que réellement il accablait de besogne ; mais il ne voulait pas que ce secrétaire adjoint lui vînt de Bourrienne. Napoléon en parlait un jour à son frère Joseph.

— Pourrais-tu me donner quelqu'un qui me convînt pour travailler dans mon cabinet ? Je ne veux ni d'un paresseux ni d'un bavard.

— Ma foi, je ne connais personne. Cependant j'ai à Morfontaine un jeune homme que j'emploie à classer les livres de ma bibliothèque ; je l'ai peu vu, mais il m'a semblé avoir de l'intelligence. Il est fort doux, fort modeste ; son écriture, du reste, est fort belle.

— Un jeune homme, dis-tu ?... Comment s'appelle-t-il ?

— Je t'avoue que j'ai su son nom parce qu'il m'a écrit, il y a quelque temps; depuis, je l'ai totalement oublié.

— N'importe, je vais l'envoyer chercher tout de suite ; je veux le voir.

Le premier consul dit un mot à son premier aide-de-camp Duroc. Un officier des guides est appelé. Ce dernier reçoit l'ordre de prendre une voiture, d'aller à Morfontaine et d'en ramener un jeune homme dont on ne lui dit pas le nom, mais qu'on lui désigne comme étant employé à la bibliothèque du château. L'officier croit qu'il s'agit d'une arrestation ; il se fait accompagner d'une escorte, part, arrive à Morfontaine, et enlève le bibliothécaire sans lui donner le temps de respirer, sans lui fournir la moindre explication, le surveillant comme un prisonnier d'Etat.

De retour à Paris, l'officier rend compte de sa mission ; et Duroc lui dit :

— Conduisez ce jeune homme dans le cabinet de Bourrienne.

Ce dernier, prévenu de l'arrivée du nouveau secrétaire, l'installe aussitôt sans lui faire aucune question et le met au travail. Le soir, le nouveau venu, qui n'avait pas cessé de travailler, allait tomber d'inanition, lorsque Bourrienne, s'apercevant de l'altération de son visage, s'avisa de lui adresser la parole pour lui demander s'il n'était pas indisposé.

— Non, monsieur ; mais j'ai grand'faim.

— Comment, vous avez faim ?

— Oui, monsieur; je n'avais pas déjeûné ce matin quand on m'a amené ici, et je n'ai pas encore dîné.

— Et pourquoi ne l'avez-vous pas dit ?

— Monsieur, je n'ai pas osé.

Bourrienne s'empressa de faire donner à son jeune collaborateur tout ce dont il avait besoin, et rendit compte au premier consul de ce qui venait de se passer. Cette modestie, cette simplicité plurent beaucoup à Napoléon. De temps en temps il faisait causer son protégé ; et s'apercevant qu'il avait des qualités qui ne demandaient qu'à être développées, il s'attacha de plus en plus à lui, et lorsqu'il fut forcé de se séparer de Bourrienne, il le lui donna pour successeur.

Ce jeune homme était M. de Menneval.

Si les fonctions de secrétaire du cabinet de l'empereur étaient honorables à remplir, il faut le dire, ces fonctions étaient une rude tâche. Il fallait en quelque sorte travailler jour et nuit, se condamner à une espèce de réclusion ; car ce n'était que rarement que l'empereur permettait à un de ses secrétaires de s'absenter du cabinet. Aussi préférait-il les célibataires.

Dès le matin, à peine était-il habillé (toujours avant cinq heures en été, jamais plus tard que sept heures en hiver), Napoléon descendait dans son cabinet, et il fallait bien que chacun fût à son poste pour être mis, par lui, en *besogne*.

Trois tables étaient placées dans le cabinet de l'empereur; l'une, très belle, pour lui; c'était un ancien bureau qui avait appartenu à Louis XIV, et sur lequel, dit-on, avait été signé l'édit de Nantes. Cette table était au milieu de la pièce, le dos du fauteuil devant la cheminée, et la fenêtre en face. A gauche de la cheminée était une petite pièce, servant également de cabinet, et dans laquelle se tenait ordinairement un des secrétaires adjoints à M. de Menneval. Par ce cabinet, on pouvait communiquer avec le garçon de bureau qui se tenait constamment dans une encoignure, et avec les grands appartemens de plain-pied donnant sur la cour.

Quand l'empereur était devant son bureau, assis dans le large fauteuil dont il mutilait sans cesse les bras à coups de canif, il avait vis-à-vis de lui et un peu à sa droite, à côté de la fenêtre, un grand corps de bibliothèque garni de cartons. Tout à fait à droite était la grande porte du cabinet; elle conduisait immédiatement, au moyen de quelques marches, dans la chambre à coucher de l'empereur. Après avoir traversé cette pièce, on passait dans un petit salon qu'on appelait le *salon d'attente*; puis venait le grand salon où se tenait habituellement les officiers de sa maison. Les personnes étrangères au château entraient dans le cabinet de l'empereur par l'autre côté, c'est-à-dire par le pavillon de Flore; de sorte qu'il leur fallait, avant d'y arriver, passer par la petite pièce dont j'ai parlé, celle où se tenait, jour et nuit, un garçon de bureau.

Deux autres tables fort modestes étaient encore dans le cabinet, de chaque côté de la fenêtre. Il n'y en avait jamais qu'une seule d'occupée, celle de droite; l'autre servait à entreposer les cartons, les papiers et les livres dans lesquels on avait à puiser des recherches. En été, on avait en perspective le feuillage des beaux marronniers des Tuileries; mais il fallait se tenir debout et près de la croisée pour apercevoir les promeneurs du jardin. Le secrétaire qui travaillait sur la petite table de droite tournait le dos à l'empereur, de sorte qu'il n'avait besoin que d'un léger mouvement de tête pour le voir lorsqu'il avait quelque chose à lui dire. Le secrétaire qui occupait la petite pièce à côté n'entrait jamais dans le cabinet lorsque l'empereur s'y trouvait, à moins qu'on ne l'y appelât de sa part, ou qu'il le fît lui-même. Souvent et par désœuvrement, Napoléon allait le trouver et causait avec lui. Il ne donnait jamais d'audience particulière autre part que dans son cabinet. Jamais il ne faisait fermer les portes de communication : s'il voulait être seul, il envoyait promener dans la grande antichambre du pavillon de Flore ses secrétaires; il en agissait ainsi lorsqu'il voulait être en tête-à-tête avec la personne qu'il recevait.

Parmi ses habitudes particulières, il avait encore celle de de s'asseoir à moitié sur les tables, appuyant un de ses bras sur celui qu'il occupait, en balançant ses jambes de telle sorte qu'il imprimait à la table un mouvement d'oscillation tel, qu'il était impossible d'écrire alors ce qu'il dictait.

— Ah! pardon, disait-il alors; c'est une mauvaise habitude.

— C'est vrai, sire, osa lui répondre un jour le jeune P..., qu'il affectionnait beaucoup.

— Au moins, monsieur le drôle, répliqua Napoléon en lui tirant l'oreille de manière à lui faire mal, n'est-ce pas à vous à m'en faire apercevoir?

— Sire, c'est encore vrai, reprend P....., presque avec des larmes dans les yeux.

— Très bien, monsieur, j'aime à ce qu'on avoue ses torts. Et l'empereur de rire, de se mettre debout et de continuer à dicter en se promenant les bras croisés sur le dos.

Au retour de Milan, en 1805, où Napoléon était allé se faire couronner roi d'Italie, le travail de son cabinet particulier était devenu si considérable qu'il était impossible à un seul homme d'y suffire. M. de Menneval en avait prévenu l'empereur, et celui-ci songeait à lui trouver deux auxiliaires, lorsque deux jeunes gens, protégés par M. Maret, alors ministre de la secrétairerie d'état, furent proposés et admis à l'honneur de travailler dans le cabinet de l'empereur, conjointement avec M. de Menneval. Ce furent le jeune P....., dont je parlais tout à l'heure, et M. de M...... Ils étaient très exacts et très laborieux ; aussi les voyait-il avec beaucoup de bienveillance. Logés au palais, et, par conséquent, nourris, chauffés, etc., ils recevaient en outre un traitement fixe de 8,000 fr. par an chacun. On va croire qu'avec tous ces avantages, ces messieurs étaient dans l'aisance : il n'en était rien. S'ils étaient assidus aux heures de travail, ils ne l'étaient pas moins à celles des plaisirs, quand la journée était achevée ; d'où il advenait que le deuxième trimestre était à peine commencé que les appointemens de l'année étaient dépensés. L'un d'eux surtout, P...., avait contracté tant de dettes, et ses créanciers se montraient si impitoyables, connaissant ses ressources et sa position, que, sans une circonstance imprévue, il aurait été infailliblement remercié, si la connaissance de ces faits fût parvenue aux oreilles de l'empereur.

Après avoir passé des nuits entières à réfléchir sur la délicatesse de sa situation, et n'imaginant pas de moyen pour sortir d'embarras en satisfaisant ceux de ses créanciers qui le traquaient à toutes les issues du château avec une persévérance sans exemple, le pauvre P... avait cherché une distraction toute naturelle à son anxiété dans le travail. Il se rendait chaque jour, dès cinq heures du matin, dans le cabinet de l'empereur. Comme à pareille heure personne ne pouvait l'entendre, tout en préparant la besogne de la journée, il s'amusait à siffler l'air de cette romance de Blangini : *Il est trop tard*, alors fort en vogue.

Or, un matin que Napoléon avait déjà travaillé seul dans son cabinet, ce qui lui arrivait quelquefois, il en sortait pour aller se mettre au bain, lorsque entendant siffler dans le petit cabinet qui précédait le sien, il revint immédiatement sur ses pas :

— Diantre ! déjà ici, monsieur ! dit-il à P... d'un air satisfait. Ceci est exemplaire. Menneval doit être content de vous. Qu'avez-vous d'appointemens ?

— Huit mille francs, sire, et lorsque j'ai l'honneur de suivre Votre Majesté en voyage, on me donne une gratification.

— Diable ! à votre âge cela est fort joli. Il me semble qu'en outre de cela on vous loge et on vous nourrit.

— En effet, sire.

— Alors, je ne m'étonne plus si vous chantez ; car vous devez être très heureux, n'est-ce pas ?

En disant ces mots, Napoléon se frotta les mains. P... jugeant à ce tic particulier que l'empereur est de bonne humeur, et qu'une occasion favorable de sortir d'embarras une bonne fois lui est offerte, P....., dis-je, se résout à lui faire l'aveu de la fâcheuse position dans laquelle il se trouve.

— Hélas ! sire, je devrais l'être, dit-il d'un ton contrit, et cependant je ne le suis pas.

— Ah !... Et pourquoi cela ?

— Sire, parce que j'ai trop d'Anglais à mes trousses d'abord, et qu'ensuite j'ai à soutenir mon vieux père, qui est presque aveugle, ma mère et une de mes sœurs, qui n'est pas encore mariée.

— Mais, monsieur, vous ne faites là que ce qu'un bon fils doit faire. A propos ! que voulez-vous dire avec vos *Anglais?* Il y en a donc ici ! Est-ce que par hasard vous auriez de ces gens-là à nourrir?

—Non, sire, mais ce sont eux qui m'ont prêté de l'argent lorsque je n'en avais pas ; je n'ai pu encore le leur rendre. Tous ceux qui ont des dettes appellent aujourd'hui leurs créanciers des Anglais.

— Assez, assez, monsieur, je comprends... Ah ! vous avez des créanciers !... Comment, avec les appointemens que vous avez, vous faites des dettes !... Il suffit ; je ne veux pas avoir plus long-temps près de moi un homme qui a recours à l'*or des Anglais,* lorsqu'avec celui que je lui donne il peut vivre honorablement. D'ici à une heure vous recevrez votre démission. Adieu, monsieur.

Et l'empereur, après s'être exprimé de cette manière, prit sa tabatière sur son bureau, puis lançant un regard sévère à P..... : « Adieu, monsieur, » répéta-t-il encore avec une intention marquée ; et il remonta dans sa chambre à coucher en laissant ce jeune homme dans un tel état de désespoir, que, déterminé à se tuer, déjà il s'était emparé d'un poinçon et s'en allait frapper au cœur, lorsque fort heureusement pour lui quelqu'un entra dans le cabinet. C'était de M......., son collègue, qui parvint, non sans peine, à faire rentrer le calme et l'espérance dans l'âme de son ami.

A peine une demi-heure s'était écoulée que le général Lemarrois, aide-de-camp de Napoléon, entra et remit à P..., une lettre cachetée, en lui disant :

—C'est de la part de l'empereur.

P..., ne doutant plus de son malheur, prend la lettre en fondant en larmes et la donnne à de M..., incapable qu'il était de pouvoir la lire lui-même.

Celui-ci l'ouvre, elle était ainsi conçue :

« Je voulais vous chasser de mon cabinet, car vous l'avez mérité ;
» mais j'ai songé à votre vieux père aveugle, m'avez-vous dit, à
» votre mère, à votre jeune sœur, et je vous ai pardonné à cause
» d'eux ; et, comme ce sont eux surtout qui doivent avoir à souffrir
» de votre inconduite, je vous envoie, avec un congé pour aujourd'hui
» seulement, un bon de 12,000 fr. qu'Estève a ordre de vous payer à
» l'instant. Débarrassez-vous, avec cette somme, de tous les *Anglais* qui
» vous tourmentent, et faites en sorte de ne plus retomber dans *leurs*
» *griffes*; car alors je vous abandonnerais sans retour. Du reste, conti-
» nuez à travailler comme vous l'avez fait jusqu'à présent, et j'oublierai
» tout. A demain, monsieur.   NAPOLÉON. »

Un *vive l'empereur !* étourdissant sortit de la bouche de M.....

Quant à P..., la joie et le saisissement semblaient lui avoir ôté la parole ; tout en pleurs, il embrassa le général Lemarrois et son collègue, et, partant comme un trait, il alla annoncer à sa famille ce que certaines gens du faubourg Saint-Germain, qui eurent connaissance de ce trait, appelèrent *un nouvel acte de la tyrannie impériale.*

Cependant l'empereur, qui était toujours juste, ne demandait pas mieux que de donner également une gratification à de M..., dont il n'avait jamais eu qu'à se louer ; mais comme il ne faisait rien sans but et sans motif, il voulut que celui-ci lui fournît l'occasion de se montrer généreux envers lui, se ménageant du reste de la lui offrir tout naturellement. Malheureusement de M..., qui se trouvait à peu près dans la même position que P..., ne sut pas profiter de cette bonne disposition de l'empereur ; elle faillit, au contraire, tourner à son désavantage.

Napoléon, avant tout, voulait être obéi et servi sur-le-champ. Il n'aimait pas que l'on remît au lendemain ce qu'on pouvait faire le jour même, et ce n'était que très rarement qu'il ajournait un travail. Si ce travail ne lui plaisait pas, il chargeait un de ses secrétaires de le faire et de le lui présenter à jour et à heure fixes ; malheur à lui si cette besogne n'était pas achevée à propos, car il ne haïssait rien tant que la paresse ou l'inaction ! Une négligence de ce genre de la part de M... fit qu'il ne reçut pas la gratification qui lui était réservée : voici comment :

Il y avait déjà quelques jours que P... avait touché ses 12,000 fr. Son collègue était seul et debout devant la fenêtre du cabinet de l'empereur, lorsque Napoléon entre, prend sur son bureau un cahier et le lui remet en disant :

— Faites-moi une copie de ce rapport, il me la faut ce soir à onze heures.

Puis il sort.

De M...., toujours debout, avait pris le rapport et s'apprêtait à le lire sans quitter sa place, lorsque l'empereur rentrant tout à coup après être sorti, aperçoit son secrétaire toujours devant la croisée : ce dernier ne l'attendait certainement pas si tôt.

— Que faites-vous encore là, monsieur ? lui dit Napoléon d'un ton sévère ; je parie que vous vous amusez à regarder les femmes qui se promènent sur la terrasse.

Et s'approchant lui-même de la fenêtre :

— J'en étais sûr ! s'écria-t-il.

En effet, la terrasse du bord de l'eau, alors promenade à la mode, était couverte de jolies femmes qui, chaque jour, venaient à pareille heure faire admirer leur toilette. Mais au lieu de s'excuser comme il aurait dû le faire, de M... répondit :

— C'est vrai, sire, cela m'arrive quelquefois ; cependant je puis assurer à Votre Majesté que dans ce moment je réfléchissais à la longueur de ce rapport.

— Alors, monsieur, raison de plus pour ne pas vous amuser à badauder.

— Sire, j'avais besoin de me reposer un peu.

— Quand on est las, monsieur, réplique l'empereur presque impatienté, on s'asseoit. C'est devant votre table que j'aurais dû vous trouver en rentrant et non devant cette fenêtre... à laquelle je ferai mettre un abat-jour, si cela continue, murmura-t-il entre ses dents.

Tout cela n'eût été rien encore ; mais la copie du rapport ne s'étant pas trouvée expédiée le soir à onze heures, comme elle aurait pu l'être, Napoléon n'en témoigna pas son mécontentement d'abord à de M....; mais, plus tard, l'occasion s'étant présentée de lui reprocher la négligence qu'il avait apportée à cette expédition de rapport, l'empereur ne la laissa pas échapper : il apprit à son jeune secrétaire ce qu'il avait perdu dans cette circonstance.

Par suite, de M... eut beau redoubler de zèle et d'activité, se rendre dans le cabinet dès cinq heures du matin, siffler même l'immense répertoire des romances de Blangini, tout fut inutile ; l'empereur fit la sourde oreille; il ne voulut ni comprendre ce langage musical, ni pardonner le petit acte de paresse dont le jeune homme s'était rendu coupable; peut-être aussi trouva-t-il que son secrétaire ne sifflait pas juste. Quoi qu'il en soit, de M... n'eut part à aucune des faveurs qui, à certaines époques de l'année, pleuvaient sur la tête de ceux qui, comme lui, approchaient d'aussi près l'empereur.

IX
Les chasses de l'Empereur.

Napoléon n'était pas né chasseur; s'il se livrait à cet exercice, c'était pour se conformer en tout aux exigences de l'étiquette, qui en font un royal passe-temps.

La vénerie impériale était composée économiquement sous le rapport du personnel, à s'en rapporter à l'état nominatif qui se composait ainsi, savoir:

Le prince de Neufchâtel, grand-veneur;
M. d'Hannecourt, commandant de la vénerie;
MM. de Bongars et Caqueray, ses deux lieutenans, qui vivaient toujours dans les bois;
M. de Girardin, capitaine des chasses à tir;
Un lieutenant de chasse à tir, qui, de plus, était porte-arquebuse de l'empereur.
M. de Beauterne, excellent homme, qui tirait parfaitement parce qu'il n'avait qu'un œil, complétait ce qu'on appelait les officiers supérieurs de la vénerie.

Venaient ensuite six capitaines forestiers.

Quand l'empereur allait à une de ces chasses (la chasse au tir, par exemple), il partait du château avec les personnes qu'il avait invitées, le grand-veneur, l'aide-de-camp de service, quelquefois le grand-écuyer, deux pages, Roustan (le mameluck), un des chirurgiens de service par quartier, deux piqueurs d'écurie et une demi-douzaine de valets de pied.

La veille, Berthier avait transmis les ordres de l'empereur au capitaine forestier de la circonscription où il avait dessein d'aller. Toutes les mesures avaient été prises pour rassembler dans certaines localités le plus de gibier possible. Les gardes le refoulaient, par des battues continuelles, dans une enceinte que l'on entourait ensuite de poteaux. Cette enceinte n'avait guère plus d'une lieue carrée de superficie.

Quelques heures avant l'arrivée de Napoléon, on traçait dans les bruyères trois petits chemins, vulgairement appelés *trottins*, que l'on sablait après les avoir autant que possible nivelés: un pour l'empereur (celui du milieu); un pour le grand-veneur (celui de la droite); et le troisième (à la gauche de S. M.), pour les personnes auxquelles elle accordait la faveur de chasser et de tirer près d'elle.

Il était facile de prévoir, dans les résidences impériales telles que Fontainebleau, Rambouillet ou Compiègne, que l'empereur allait y venir chasser, par la multitude de gens de toutes sortes, journaliers et paysans du voisinage, qui accouraient de toute part pour se mettre volontairement sous les ordres des officiers de chasses.

On affublait chacun d'eux d'une paire de guêtres de buffle, qui leur montait presque jusqu'aux hanches; et pour les faire reconnaître des gendarmes d'élite qui formaient une espèce de cordon autour de l'endroit où la chasse devait avoir lieu, on leur remettait une plaque qu'ils s'agrafaient au bras gauche ; après quoi, armés d'une gaule ou du classique manche à balai, ils étaient ensuite placés en rayon et à distance suffisante pour être hors de la vue des chasseurs, afin d'effrayer le gibier qui fuyait à l'approche de l'empereur, et de le refouler dans les lieux d'où il tentait de s'échapper.

A Versailles et à Saint-Germain, on employait de préférence les soldats de la garnison, que l'on accoutrait et que l'on armait de la même façon.

Ces *rabatteurs* étaient quelquefois en si grand nombre, qu'ils formaient une chaîne et avançaient ainsi au fur et à mesure que Napoléon marchait dans la direction du petit chemin sablé.

M. de Beauterne faisait charger, sous ses yeux, les fusils de l'empereur et les remettait au premier page, qui les passait immédiatement à Napoléon ; c'étaient presque toujours des armuriers de la garde qui les chargeaient, concurremment avec les piqueurs et Roustan. Ce dernier se montrait très habile et fort expéditif. Le devoir des armuriers consistait principalement à s'assurer de l'état du canon et de la batterie de l'arme après le coup tiré.

Napoléon n'aimait pas les fusils à deux coups ; il ne se servait habituellement que de petits fusils simples, à canons courts et très légers, ayant appartenu à Louis XVI, qui, comme on sait, aimait passionnément la chasse, et auxquels, prétendait-on, ce monarque avait travaillé de ses mains.

L'empereur tirait mal, parce qu'il se donnait à peine le temps d'ajuster, et qu'il n'appuyait pas bien la crosse à l'épaule. Or, comme il voulait que ses fusils fussent fortement chargés et bourrés, il arrivait qu'après la chasse il avait l'épaule, le bras et quelquefois les mains meurtris.

L'enceinte de la chasse était ordinairement garnie de filets suspendus à des poteaux de distance en distance. On relançait ainsi dans l'arène le gibier qui venait se bloquer dans cette espèce de blousé ; à la fin de la chasse, les rabatteurs se rapprochaient en cercle, de manière à emprisonner tout ce qui avait échappé à un véritable massacre, et au dernier coup de fusil, tout ce qui tombait encore était mis en tas : c'est ce qu'on appelait alors le *bouquet de chasse*.

Si l'empereur avait ses ramasseurs, le chasseur avait pareillement les siens.

Il était expressément défendu aux ramasseurs de toucher au gibier tué par d'autres que par les chasseurs au service desquels ils étaient employés. M. d'Hannetcourt, un carnet et un crayon à la main, marchait à la tête de petites voitures en forme de brouettes, traînées par ces ramasseurs et destinées à recevoir le gibier tué. Il inscrivait toutes les pièces et disait à la fin de la chasse : « Sire, tant de pièces tuées par Votre Majesté, tant par le grand-veneur, tant par MM., etc. » Le nombre s'élevait quelquefois jusqu'à mille ou douze cents pièces : lapins, lièvres, faisans, cailles, perdrix, etc. Alors Napoléon faisait lui-même la distribution du gibier qu'il avait tué de sa main.

Il faut l'avouer, ces parts étaient souvent expédiées à Paris et vendues. Les meilleurs fournisseurs des Chevet et des Corcelet du temps étaient de grands dignitaires à grosses épaulettes, grands calculateurs s'il en fut, et auxquels les marchands de comestibles payaient à beaux deniers comptans le gibier dont l'empereur faisait cadeau pour décorer leurs tables. Certes, il était loin de se douter que tant de fiers personnages se montrassent plus intéressés que ne l'étaient ceux que, dans leur superbe dédain, ils appelaient des péquins de boutiquiers.

L'empereur n'était ni heureux ni adroit à la chasse : une fois il fit éclater un fusil dans ses mains ; un autre jour, en visant un sanglier avec sa carabine, il alla blesser très grièvement à la cuisse un pauvre diable de valet de la vénerie ; enfin, une autre fois, le brave maréchal Masséna et Berthier marchaient en avant et non loin de Napoléon : une compagnie de perdrix part, l'honneur du premier coup de fusil appartient à l'empereur : il tire, et Masséna reçoit dans l'œil un plomb écarté. On s'empresse pour lui porter secours : Napoléon s'écrie : « Berthier! c'est vous qui venez de blesser Masséna! » Le grand-veneur s'en défend, l'empereur insiste, Berthier se tait, et chacun rentre de très mauvaise humeur.

Aussitôt arrivé à la Malmaison, l'empereur mande l'aide-de-camp de tour.

— Partez sur-le-champ pour Paris ; dites à Larrey de venir à Rueil sans perdre un moment, parce que Masséna est malade : il lui remettra en même temps ce billet ; allez !

L'ordre est exécuté. Larrey arrive à Rueil :

— Monsieur le maréchal, l'empereur vient de me faire dire que vous étiez indisposé ; j'arrive...

— Parbleu ! il le sait bien, voyez.

— Ce n'est pas dangereux, monsieur le maréchal ; cependant l'œil me paraît bien malade.

— Est-ce que je deviendrai borgne ?

— Je ne dis pas cela, mais il faut bien du soin... A propos, j'oubliais de vous remettre ce billet de la part de Sa Majesté.

— Lisez, mon cher Larrey, car je n'y vois pas du tout.

Et Larrey, ayant fait sauter le cachet, lut à haute voix :

« Mon cousin, aussitôt que votre santé vous le permettra, vous parti-
» rez pour aller prendre le commandement en chef de l'armée de Por-
» tugal. Et sur ce, je prie Dieu qu'il vous ait en sa sainte et digne
» garde. » NAPOLÉON. »

— Le diable d'homme ! s'écria Masséna avec un sourire qui déguisait mal sa joie, il faut toujours qu'il vous jette la poudre aux yeux !

Telle fut la cause pour laquelle Masséna devint borgne et commanda en chef l'armée de Portugal.

En revanche, dans une autre circonstance, l'empereur fut assez heureux pour sauver la vie à un enfant.

Il chassait le daim dans les bois de Ville-d'Avray. La meute renverse, en se précipitant, une petite fille qui portait dans ses bras un enfant de six mois ; la vie de la petite fille et de l'enfant était en grand péril : Napoléon se jette à bas de son cheval, se précipite au milieu des chiens, ramasse l'enfant et le remet sain et sauf dans les bras de sa mère.

Lorsque l'empereur chassait le cerf ou le sanglier, il partait du château à la pointe du jour. Le prince de Neufchâtel indiquait, à l'avance, le rendez-vous de chasse aux personnes que Napoléon avait désignées pour chasser avec lui.

Rien ne distinguait le costume de l'empereur de celui du plus simple piqueur, si ce n'est le chapeau qui n'était autre que celui qu'il portait habituellement, et qui, par conséquent était tout uni. Quelquefois il endossait par dessus l'habit de chasse une redingote bleue ou d'un gris de fer très foncé; mais alors il fallait qu'il fît très froid ou qu'il plût beaucoup.

Quant aux princesses et aux dames qui les accompagnaient, elles partaient du rendez-vous général en calèche à quatre chevaux (l'impératrice seule en avait six à la sienne), et toutes suivaient ainsi les diverses directions de la chasse. Leur costume était une élégante amazone bleu-clair ou vert, avec une toque en forme de chapeau d'homme, surmontée d'une plume blanche ou noire, et sans voile.

A une de ces grandes chasses à laquelle l'impératrice assistait (c'était à Fontainebleau), le cerf, poursuivi par l'empereur, étant venu se jeter sous les roues de la calèche de Joséphine, cet asile le sauva; l'impératrice, touchée des larmes de la pauvre bête, la prit sous sa protection.

— Bonaparte, dit Joséphine à Napoléon, qui, ayant suivi le cerf de très près, était arrivé presque aussitôt que lui, je te demande sa grâce, ne le tue pas : il est si beau !

L'empereur ayant ordonné qu'on l'épargnât, l'impératrice détacha sa petite chaîne d'or, et voulut qu'elle fût mise au cou du cerf :

— Au moins, dit-elle, ceci attestera son inviolabilité et le protégera contre les chasseurs.

— Contre les chasseurs, reprit en souriant Napoléon, c'est possible; mais contre les voleurs, je ne t'en réponds pas. Je parie que la bête n'existera pas demain.

Aux grandes chasses de Rambouillet, le rendez-vous était toujours à l'étang de la Tour, où un riche pavillon, magnifiquement décoré, était préparé. En conséquence, on dressait deux tables pour le déjeûner : la première pour l'empereur, l'impératrice et les personnes qui étaient invitées (les dames suivant la chasse l'étaient toujours de droit); et la seconde pour les officiers supérieurs de la vénerie et de la maison civile et militaire.

Les piqueurs, les valets de pied, et les gendarmes d'élite qui avaient suivi la chasse se tenaient en dehors de cette tente.

Le repas durait peu, comme toujours.

Napoléon essaya une fois d'une chasse au faucon dans la plaine de Rambouillet. Cette chasse n'avait été commandée que pour mettre à l'essai la fauconnerie que son frère, le roi de Hollande, lui avait envoyée en présent. L'empereur se plut médiocrement à cette chasse, et la fauconnerie hollandaise fut partagée entre le Jardin-des-Plantes et la ménagerie de la Malmaison.

A la même époque, il y eut une grande chasse au sanglier dans la forêt de Compiègne, à laquelle l'empereur avait invité un ambassadeur de la Porte, tout récemment arrivé à Paris. L'excellence turque suivit la chasse sans qu'aucun muscle de son austère visage annonçât l'impression que lui causait ce genre de divertissement. La bête ayant été forcée, Napoléon fit présenter un de ses fusils à l'ambassadeur, pour qu'il eût l'honneur de tirer le premier; mais il s'y refusa, ne concevant pas, sans doute, quel plaisir on pouvait trouver à tuer à brûle-pourpoint, un pauvre animal épuisé, à qui il ne restait pas même la ressource de fuir pour se défendre.

Lorsqu'après la chasse l'empereur devait dîner avec l'impératrice, ou passer la soirée dans les grands appartemens, il changeait entièrement de costume. Excepté dans cette circonstance, il ne s'habillait jamais deux fois en un jour. Mais il n'y a pas d'exemple qu'il ait jamais paru au cercle du soir autrement qu'en culotte blanche de casimir, en bas de soie et en souliers à boucles, même en arrivant de voyage.

Au commencement de 1813, on remarqua que l'empereur n'était jamais allé aussi fréquemment à la chasse. « Il faut bien, dit-il alors, que je me donne du mouvement et que les journaux en parlent, puisque ces imbéciles d'Anglais répètent tous les jours, dans leurs pamphlets, que je ne puis plus remuer et que je ne suis plus bon à rien. Patience, lorsque j'aurai rejoint mon quartier-général, je leur ferai bien voir que je suis aussi sain de corps et d'esprit. »

X
Le jour de l'an au palais de Saint-Cloud.

L'impératrice Joséphine avait dans le cœur tous les trésors de la tendresse maternelle. Ce sentiment, poussé chez elle à l'extrême, se reportait naturellement sur les enfans; aussi en avait-elle sans cesse autour d'elle, et se plaisait-elle à les questionner et à leur faire de jolis cadeaux. Il ne se passait guère de semaine où elle n'achetât de magnifiques jouets pour les leur distribuer elle-même; elle y joignait toujours un bon conseil ou une sage recommandation. Que de fois ne vit-on pas le boudoir de l'impératrice ressembler aux beaux magasins de joujoux qui existent dans nos passages !... Mais c'était surtout à l'époque du jour de l'an qu'il fallait voir ce coquet bazar ! En entrant dans l'étroit cabinet qui servait d'antichambre à la salle de bain, on aurait cru entrer dans une des galeries d'Alphonse Giroux; on y voyait entassés les uns sur les autres des bijoux, des étoffes, des porcelaines et des sacs de bonbons. Il y avait des rouleaux de sucre de pomme qui ressemblaient à des bâtons de maréchal, et des poupées plus grandes que les petites filles à qui elles étaient destinées; les tambours et les trompettes se trouvaient à côté des régimens de cavalerie légère en plomb et des pistolets en chocolat.

La veille du 1er janvier 1805, Joséphine sachant que le lendemain elle ne pourrait quitter l'empereur de toute la journée, à cause des grandes réceptions des Tuileries, donna ses ordres à Mme de Larochefoucault, sa dame d'honneur, pour qu'elle prévînt les personnes qui devaient venir lui souhaiter la bonne année avec leurs enfans, de ne se présenter que le surlendemain, 2 janvier, à Saint-Cloud, où elle se rendrait tout exprès.

Ce fameux jour arriva bientôt, et, dès le matin, on aurait pu croire que l'impératrice n'était autre qu'une maîtresse de pension. Tous les joujoux, les armes, les bonbons avaient été apportés de Paris.

A midi, Joséphine annonça qu'elle allait procéder elle-même à la distribution; alors on passa dans la salle des prodiges, où petits et grands convoitèrent d'un œil avide les riches babioles étalées çà et là.

Chacun des enfans reçut le cadeau qui lui avait été destiné à l'avance; après quoi tous l'embrassèrent et lui récitèrent un petit compliment. Il y en eut quelques uns à qui l'émotion ou la joie fit perdre subitement la mémoire; Joséphine n'eût pas l'air d'y faire attention. A ceux qui, plus tard, devaient entrer dans une école militaire, elle avait fait un présent analogue à l'état qu'ils voulaient suivre : les uns reçurent un étui de mathématiques, les autres un sabre ; presque tous auraient voulu une paire de pistolets : malheureusement il n'y en avait pas pour tout le monde. Dès leur arrivée, les plus jeunes s'étaient élancés sur les chevaux de bois ; les poupées et les boîtes à ouvrage étaient échues aux petites demoiselles. Cette distribution d'étrennes achevée, la troupe joyeuse fit un tel tapage, que l'impératrice se vit forcée de leur laisser le champ libre, et de se retirer dans sa chambre à coucher; mais à peine fut-elle partie, que des discussions s'élevèrent de toutes parts.

Les petits garçons avaient décidé à l'unanimité qu'on jouerait *à la guerre*, et voulurent enrôler de force les petites filles. Celles-ci s'y étaient opposées en masse ; quelques unes même avaient protesté hautement contre cette espèce de violence, lorsque le jeune Achille Zaluski (fils d'un général polonais naturalisé français, pour lequel Napoléon avait la plus grande estime), qui, de sa propre autorité, s'était élu chef de la troupe, décida que celles des petites filles qui s'étaient montrées les plus récalcitrantes allaient être provisoirement enfermées dans la citadelle pour y rester jusqu'à ce qu'elles consentissent à obéir à ce nouveau mode de conscription, en venant se ranger sous les drapeaux. Or, la citadelle désignée n'était autre que le délicieux boudoir de Joséphine, situé à côté de la petite bibliothèque éclairée par une fenêtre formée d'une seule glace sans tain, et tendue de soie verte, brodée d'abeilles d'argent.

Il fut question un moment d'improviser un conseil de guerre, de juger et même de fusiller la petite Emma, qui, à ce qu'il paraît, s'était mise à la tête de l'opposition, lorsque, fort heureusement pour elle, Mme de Larochefoucault vint interposer son autorité, et menacer M. Achille de ne lui donner que du pain sec au goûter, s'il voulait s'opposer à ce que les petites demoiselles jouassent entre elles comme bon leur semblerait ; et, dans la crainte qu'elles ne fussent encore inquiétées, elle les fit passer dans la *citadelle*. Une fois ces enfans séparés, il n'y eut plus de contestation : mais, en revanche, il se fit double tapage.

En entendant ces joyeux rires, Joséphine paraissait enchantée ; mais Napoléon, qui était arrivé à Saint-Cloud sur ces entrefaites pour travailler plus librement, et dont le cabinet était situé positivement au dessous du petit salon bleu, monta chez sa femme et lui demanda d'un ton moitié gai, moitié sérieux, la cause du bruit qui se faisait au dessus de sa tête. Joséphine le lui dit.

— Tu devrais bien, reprit-il, distribuer tes étrennes lorsque je n'y suis pas. Je vais aller moi-même prier tes petits invités de faire moins de vacarme, et s'ils continuent...

— Laisse donc ces pauvres enfans s'amuser, ajouta Joséphine ; ils jouent à la guerre. Est-ce que tu ne fais pas pas plus de bruit qu'eux, toi? S'ils te voient, tu les effraieras ; je vais envoyer quelqu'un qui saura bien les contenir.

— Ah! ils jouent à la guerre!... répéta Napoléon en souriant ; cela doit être drôle ; je ne serais pas fâché de voir comment ils s'y prennent.

Et, marchant sur la pointe des pieds, tout en se frottant les mains, l'empereur arrive à la porte du salon. Il écoute un moment et ne distingue que ces mots : *En avant!... Fonçons!... Je l'ai tué!... Ce n'est pas vrai!... Si!... Tiens!... Mort!...* Puis des pleurs se mêlent à des cris immodérés, à des éclats de voix retentissans. Alors Napoléon tourne doucement le bouton de la porte et se montre :

—Eh bien ! qu'est-cela ? dit-il d'un ton sévère ; on pleure ici

A ces mots la petite troupe tourne la tête, les armes s'abaissent, tous restent immobiles de surprise et de crainte.

L'empereur promène ses regards sur cette réunion de petits diables, tous plus gentils les uns que les autres ; il ne peut s'empêcher de sourire en remarquant la façon grotesque dont chacun d'eux s'est accoutré : celui-ci s'est fait, avec une feuille de papier, un chapeau à trois cornes sur lequel, à défaut de cocarde, il a attaché un énorme macaron ; celui-là a placé sa petite veste sur une de ses épaules pour mieux figurer le dolman d'un hussard ; un autre, le petit Adolphe, s'est dessiné une paire de moustaches avec de l'encre de chine, et de la palatine d'une petite fille s'est fait une ceinture dans laquelle il a passé un plioir de nacre de perle en guise de poignard : ses manches sont retroussées jusqu'au coude ; il tient un pistolet de chaque main. Sous ce déguisement, M. Adolphe a une mine si espiègle que Napoléon s'est assis pour le regarder plus à son aise ; il lui fait signe de venir à lui, et le plaçant entre ses deux jambes :

— Comment vous appelez-vous, monsieur le rodomont ? lui demanda-t-il en tâchant de garder son sérieux.

—Je m'appelle Adolphe.

—Je parie que c'est vous qui avez crié le plus fort tout à l'heure ?

—Dame ! aussi, c'est Achille qui ne veut jamais que je sois le général : c'est toujours lui qui l'est !

— Ce n'est pas juste : chacun doit l'être à son tour. Et où est ce M. Achille ?

—Le voici là-bas ; c'est celui qui a une cuirasse.

Et Adolphe, en se retournant, avait désigné du doigt à l'empereur un petit garçon un peu plus grand que lui, qui s'était fait une espèce d'armure d'un livre de musique sur lequel brillait, en sautoir, une étoile de sucre candi.

— Ah ! ah ! continue Napoléon, je vais lui parler à ce M. Achille, qui s'érige ici en maître.

Et donnant une petite tape sur la joue d'Adolphe, l'empereur le laisse aller et appelle M. Achille. Celui-ci accourt en gambadant, et d'un seul bond vient se placer à califourchon sur les genoux de Napoléon, qui lui dit aussitôt :

— Comment s'appelle votre papa, monsieur Achille ?

Il s'appelle le général Zaluski.

A ce nom, la physionomie de l'empereur s'anime, ses yeux deviennent brillans, il attire l'enfant plus près de lui, et, le regardant avec tendresse :

— Zaluski, dis-tu ; mais c'est un de mes bons amis, c'est un brave !... Et toi, qu'est-ce que tu veux être un jour ?

— Moi ? je veux être comme papa ; je veux avoir deux grosses épaulettes en or, avec un grand sabre qui coupe bien.

— Diable !... Et qu'en ferais-tu ?

— Je tuerais tous les ennemis !

— Vraiment ! Mais j'espère bien que d'ici là nous n'en aurons plus.

— Et puis, ajoute l'enfant, je veux avoir autour du cou un beau ruban rouge, comme papa, avec une belle croix d'honneur bien grande : c'est joli ça !... mais pas comme celle-là.

En parlant ainsi, il arrache l'étoile de sucre candi qu'il a sur la poitrine et la fait craquer sous ses dents.

— Ceci est autre chose, reprend l'empereur; tu vas un peu vite en besogne. Quel âge as-tu maintenant ?

— J'aurai neuf ans le jour de la fête de maman.

— Eh bien ! dans une vingtaine d'années d'ici...

— Mais je veux tout cela auparavant. Papa m'a dit qu'à dix-huit ans je serais officier.

— C'est que ton père t'a jugé d'après lui. Au surplus, cela dépend de toi. En attendant, tiens... lorsque tu auras cassé ton sabre, tu en achèteras un autre.

Et Napoléon avait tiré de sa poche une pièce de 40 francs, et la lui avait donnée. Il engagea ensuite M. Achille à continuer de jouer avec ses petits camarades, et recommanda à tous de faire un peu moins de bruit si cela leur était possible.

— Adieu, mes petits amis, leur dit-il en les quittant; amusez-vous bien ; mais surtout ne vous battez pas *pour de bon*, je vous le défends.

Ce serait se tromper que de croire que la recommandation de Napoléon fut suivie à la lettre. Le petit Adolphe, jaloux sans doute de ce que l'empereur avait donné à Achille de quoi acheter un autre sabre, tandis que lui n'avait rien eu que l'oreille tirée, lui chercha querelle sous prétexte qu'il ne voulait pas le laisser le *premier à la tête*, bien que les autres ne fussent pas plus grands que lui. La dispute s'étant échauffée, ils allaient en venir aux mains, lorsque Mme de Larochefoucault, suivie des mamans, vint les prévenir que le goûter les attendait. A ce mot magique, les sentimens de haine qui animaient les deux petits rivaux furent oubliés pour faire place au désir et à la certitude de se bien régaler.

La petite troupe s'étant mise sur deux rangs, en laissant de côté le privilége de la taille et du grade, se dirigea au pas accéléré, en exécutant les *rrrans plans plans* avec accompagnement obligé de tambours et de trompettes, vers la citadelle en question, où un buffet magnifique avait été dressé comme par enchantement. L'impératrice était accourue sur le passage de ses petits protégés pour les voir encore une fois, et de ses blanches mains s'était bouché les oreilles tant que le défilé avait duré.

—

Neuf ans s'étaient écoulés; c'était au commencement de 1814; l'Europe, qui naguère encore obéissait aux ordres de Napoléon, s'était liguée contre lui. La grande armée avait fait des prodiges. Après autant de victoires que de combats, fort du succès de chaque jour, l'empereur était venu le 6 mars s'établir à Craone, et pour ainsi dire se camper au milieu des bivouacs de l'armée russe, concentrée sur tous les points environnans.

Là, pendant la nuit, il reconnut lui-même les différentes positions de l'ennemi, et le lendemain, à la pointe du jour, toute l'armée se déploya pour livrer bataille. A huit heures du matin, les cris des soldats signalèrent la présence de l'empereur : l'action s'engagea. C'était de la possession définitive d'un plateau, pris et perdu alternativement, que dépendait le succès de la journée. La grande difficulté était de pouvoir s'y maintenir, après s'en être emparé une dernière fois. Il est quatre heures, le jour commence à baisser et rien n'est encore décidé. Napoléon jette un regard indécis sur sa vieille garde qui est là, derrière lui, immobile, mais impatiente... Il n'a qu'un mot à dire, et tout peut finir en un instant. Peut-être va-t-il le prononcer, ce mot, lorsque tout à coup un aide-de-camp arrive à bride abattue, en criant :

— L'empereur !... l'empereur !... où est l'empereur ?

Napoléon sort aussitôt du groupe de son état-major et s'avance couvert de boue, car il n'y a qu'un instant qu'il a roulé avec son cheval dans un fossé.

— Qu'est-ce? dit-il; me voilà ! que me veut-on ?

— Sire, reprend l'aide-de-camp en mettant pied à terre, nous sommes maîtres du plateau.

— Enfin !... s'écrie l'empereur, en élevant les bras ; qu'on amène mon cheval !

Et tandis que Roustan tient l'étrier, il continue de s'adresser à l'aide-de-camp qui, la figure pâle, l'habit couvert de sang, semble avoir à peine la force de se tenir debout.

— Qui vous envoie?... Est-ce le maréchal ou votre général?

— Sire... ce n'est pas mon général ; il a été tué sur le plateau par les grenadiers russes... et... moi-même... je...

Il n'en put dire davantage : ses yeux se ferment, il chancelle et tombe.

— Qu'on prenne le plus grand soin de cet officier, dit Napoléon d'une voix émue; il est capitaine... Un moment, messieurs, attendez !

Détachant sa croix aussitôt, il se baisse et la place sur la poitrine du jeune aide-de-camp blessé mortellement. Celui-ci fait un dernier effort; il saisit la main de l'empereur et la portant à ses lèvres, lui dit d'une voix entrecoupée et presque éteinte :

— Ah! sire... je meurs content. Je l'avais bien dit à Votre Majesté, il y a neuf ans, à Saint-Cloud, que je serais digne un jour de porter cette croix... Sire, vous ne me reconnaissez donc pas?... Je suis Achille Zaluski...Dites à mon père que je meurs digne de lui... quant à ma pauvre sœur...

A ces mots, sa tête se pencha, ses lèvres s'agitèrent encore, mais on n'entendit plus rien.

Pendant ce temps, Napoléon l'avait regardé avec attention et comme en cherchant à rappeler un souvenir confus; les dernières paroles du jeune aide-de-camp le firent tressaillir.

— Oui, oui, noble enfant, je m'en souviens, dit-il, d'une voix étouffée par l'émotion qu'il éprouvait. A cheval, messieurs ! ajouta-t-il en élevant la voix ; puis, en passant devant le front d'un escadron de la garde rangé en bataille, il s'écria :

— Hors de selle, grenadiers ! la bataille est gagnée.

Il continua sa route suivi de son état-major et aux cris prolongés de vive l'empereur ! qui se faisaient entendre sur toute la ligne.

Alors quelques uns des grenadiers qui venaient de mettre pied à terre s'approchèrent d'Achille, dont le corps était resté là gisant près de son cheval, couvert d'écume. L'un d'eux, après l'avoir considéré quelque temps en silence, hocha la tête, et, se croisant les bras sur sa poitrine, murmura d'un ton de compassion :

— Pauvre lieutenant ! si jeune ! Napoléon le fait capitaine ; il lui donne sa propre croix... Eh bien ! pas du tout ! plus personne !... C'était pourtant pas le cas de mourir.

— Qu'est-ce que tu marmottes là, à toi tout seul ? reprend aussitôt un grenadier qui s'était penché sur le corps du jeune homme, croyant qu'il respirait encore. Quelle bêtise !... puisque le lieutenant lui avait promis, il y a neuf ans, de se faire tuer aujourd'hui ; tu n'as donc pas compris ce qu'il a dit ?

Le lendemain, Achille reçut les honneurs dus aux braves qui meurent pour la patrie.

Deux jours après, et tandis que Napoléon prenait toutes ses dispositions pour enlever Reims aux alliés, il aperçut le général Zaluski : il le fit appeler.

— Général, lui dit-il d'un ton grave, votre fils est mort au champ d'honneur : le saviez-vous ?

— Sire, je le savais.

— Il a une sœur, n'est-ce pas ?

— Oui, sire... Elle n'avait plus que lui et moi.

— Et moi, donc ! reprit vivement Napoléon ; vous m'oubliez, général. J'ai signé hier son admission à mon institution impériale d'Écouen ; je me charge de sa dot. J'avais décoré son frère. Général, je vous ai fait ce matin grand-officier de la Légion-d'Honneur...

— Merci, merci, sire !.. Mais mon fils !.. Je n'ai plus de fils !..

Et comme deux ruisseaux de larmes coulaient sur les joues pâles et amaigries du vieux Polonais, Napoléon mit pied à terre avec précipitation et lui tendant les bras :

— Viens, mon pauvre Zaluski, lui dit-il d'un ton pénétré, viens embrasser ton empereur, car lui aussi est bien malheureux !

A ces mots, le père d'Achille se précipita dans les bras de Napoléon, en laissant un libre cours aux sanglots qui le suffoquaient.

Mlle Zaluski entra à Écouen pour passer presque aussitôt à la maison royale de Saint-Denis. Seulement l'empereur n'eut pas le temps de la doter comme il le voulait, parce qu'on l'envoya bientôt, lui aussi, pleurer à Sainte-Hélène un fils vivant, mais exilé comme lui. Le souvenir d'Achille est toujours présent à la mémoire de sa sœur. Dernièrement encore, en me parlant de lui, les yeux de la fille du brave Polonais étaient baignés de pleurs ; elle me montrait silencieusement, dans un cadre noir placé au dessus de sa cheminée, une couronne dont les feuilles étaient vieilles et jaunies, un petit sabre d'enfant et une croix de la Légion-d'Honneur : c'étaient la première couronne qu'Achille avait su mériter au Lycée impérial, les étrennes qu'il avait reçues de l'impératrice Joséphine à Saint-Cloud, et la décoration que l'empereur avait détachée de sa poitrine, à Craone, pour la poser sur le cœur encore palpitant de son frère.

XI

Deux séances de l'Institut.

La première fois que je vis Napoléon, me disait dernièrement un de mes parents, membre de l'Académie des sciences, c'était un soir, à l'Institut national où m'avait mené mon père. J'avais environ quatorze ou quinze ans, et je m'étais figuré, comme beaucoup d'autres, que le héros de l'armée d'Italie devait avoir une taille colossale. Certes, ma surprise fut grande en voyant un petit homme, maigre et jaune, coiffé sans poudre et portant une longue queue. Napoléon jouissait déjà d'une gloire qui était en route pour faire le tour du monde et l'immortaliser. Quelques jours plus tard, je reconnus mon héros à une séance publique du même Institut national, qui était déjà commencée quand il y arriva. L'enceinte était fermée par une balustrade en bois blanc, et ce ne fut pas sans surprise que je vis le futur empereur des Français, roi d'Italie, etc., etc., enjamber la balustrade et passer tout bonnement par dessus, pour s'éviter de faire quelques pas de plus et d'entrer dans l'enceinte par la porte ordinaire réservée aux membres de l'Institut.

Peu de temps après, c'est-à-dire vers la fin du mois de décembre 1797, après avoir subi les honneurs que la politique d'un gouvernement jaloux et peureux avait cru devoir lui décerner après son retour d'Italie, et le banquet où l'avaient convié les deux conseils (celui des anciens et celui des cinq-cents), dont la bienveillance n'était guère plus franche que celle du directoire, Napoléon fut nommé membre de l'Institut, en remplacement de Carnot, proscrit comme royaliste et retranché civilement à la suite des événemens de la journée du 18 fructidor. J'assistai à sa réception.

Ce jour-là, à six heures du soir (les séances académiques avaient lieu alors après le dîner), Napoléon se rendit, de sa petite maison de la rue de la Victoire, au Louvre, où l'Institut siégeait.

Durant ce trajet, me fut-il assuré, on arrêta plusieurs fois sa voiture pour la visiter, en conséquence d'un décret du directoire qui ordonnait la combustion de toutes les marchandises anglaises. Le général supporta très patiemment cette mesure vexatoire, qu'il pouvait faire cesser d'un mot; mais il avait recommandé à son cocher de ne pas le faire connaître. Ces messieurs inspectèrent donc et fouillèrent le modeste coupé de Napoléon, qui resta calme et impassible tout le temps que dura cette visite.

La séance fut brillante. L'assemblée était composée de l'élite de la société de Paris. Le désir de voir l'homme à qui on devait une paix acquise par tant de victoires y attira plus de spectateurs que l'éloquence des académiciens n'y avait amené d'auditeurs; aussi regardait-on plus qu'on n'écoutait.

Un seul lecteur captiva l'attention publique, mais par cela même qu'il n'y faisait pas distraction : ce fut Chénier. Il lut un poème à la louange du général Hoche. Ce poème, où respirait la haine la plus énergique contre l'Angleterre, fut écouté avec une sorte de satisfaction, qui se changea bientôt en enthousiasme, quand du héros mort, passant au héros vivant, et s'adressant à un sentiment non moins vif que les regrets dus aux rares qualités de Hoche, je veux dire l'espérance que l'on fondait sur le génie de Napoléon, il le désigna par le surnom d'*Italique*. Les applaudissemens, les acclamations qui s'élevèrent de toutes parts, prouvèrent que ces beaux vers exprimaient les sentimens de toute l'assemblée :

>Si jadis un Français des rives de Neustrie
>Descendit dans leurs ports, précédé de l'effroi,
>Vint, combattit, vainquit, fut conquérant et roi,
>Quels rochers, quels remparts deviendront leur asile,
>Quand Neptune irrité lancera dans leur île

D'Arcole et de Lodi les terribles soldats,
Tous ces jeunes héros, vieux dans l'art des combats
La grande nation à vaincre accoutumée,
Et le grand général guidant la grande armée ?...

La séance levée, Napoléon retourna chez lui, où il n'arriva pas sans avoir été arrêté et interpellé de nouveau ; mais ces importunités ne durent pas lui faire oublier les hommages qui lui avaient été prodigués dans cette soirée. Au surplus, personne ne dut attacher plus de prix que lui au titre de *membre de l'Institut*, car, à dater de ce jour-là, il le prit dans tous ses actes publics.

Neuf ans plus tard, c'était, je crois, un lundi du mois d'octobre 1806, j'assistais à une des séances ordinaires de l'Institut, non plus comme simple spectateur, mais bien comme membre attaché à la section des sciences physiques. M. Geoffroy Saint-Hilaire présidait la séance; le comte Davy était vice-président ; Cuvier et Delambre, secrétaires perpétuels, étaient au bureau. Ampère occupait en ce moment la tribune, et lisait un mémoire du plus haut intérêt sur son admirable *Théorie des courans électriques*. L'Académie était absorbée par l'attention que commandait ce travail d'une haute intelligence, lorsque tout à coup une agitation extraordinaire, suivie d'un murmure général, vint à se répandre parmi les membres, à la vue d'un étranger qui, vêtu d'un habit bleu foncé et décoré de la Légion-d'Honneur, parut à la porte de la salle, entra mystérieusement, fit de la main un geste qui arrêta tout à coup ce murmure, et, s'étant approché d'un fauteuil vide, y prit place.

Cependant M. Ampère, chez lequel il y avait autant du Leibnitz que du La Fontaine, et dont l'extrême distraction était aussi connue que son vaste savoir, n'avait pas remarqué ce mouvement, bientôt diminué par l'intérêt même de sa lecture, et sans doute aussi par le soin qu'avait mis à le calmer l'inconnu dès son arrivée. Le mémoire lu, Ampère le déposa sur le bureau de l'Académie, et recueillit de toutes parts les témoignages d'admiration que ce beau travail méritait à de si justes titres. Cette manifestation de l'estime de ses confrères avait retenu quelques minutes l'honorable académicien au bas de la tribune, de sorte qu'il n'était retourné que plus tard à sa place.

Mais quel est son étonnement ! son fauteuil est occupé par l'étranger qui vient d'arriver et qu'il ne connaissait pas du tout. Ampère, un peu piqué, tourne autour de ce siége avec une sorte de gêne, n'osant prier celui qui l'occupe de le lui céder ; il tousse avec affectation, et cherche, avec cette politesse naïve qui lui était habituelle, à faire deviner à l'étranger sans gêne qu'il a usurpé la place qui lui appartient. Mais, soit que l'inconnu ne le comprît pas, ou qu'il ne voulût pas le comprendre, il le regardait froidement, mais ne bougeait pas. Ampère, s'enhardissant de plus en plus, commence à murmurer plus distinctement ; et, s'adressant enfin à ses voisins, il leur dit de manière à être entendu distinctement de l'inconnu :

— Il est vraiment étrange qu'on vienne ainsi, et sans autres formes, s'emparer d'une place qui ne vous appartient pas !

Mais le savant ne rencontre partout qu'un sourire silencieux ; alors, poussé à bout, il dit à haute voix à M. Geoffroy Saint-Hilaire :

— Monsieur le président, je dois vous faire remarquer qu'une personne totalement étrangère à l'Académie s'est emparée de ma place, et siége parmi nous.

Cette espèce de dénonciation occasionne tout à coup une nouvelle rumeur. M. Geoffroy Saint-Hilaire répond au plaignant :

— Vous êtes dans l'erreur, monsieur ; cette personne à laquelle vous faites allusion est membre de l'Académie des sciences.

— Et depuis quand ? demanda Ampère fort étonné.

— Depuis le 5 nivôse an VI, répondit l'étranger.

— Et dans quelle section, s'il vous plaît, monsieur ? demande encore Ampère d'un ton ironique.

— Dans la section de mécanique, mon cher et savant collègue, répondit encore l'étranger.

— Cela est un peu fort ! s'écria Ampère ; et, prenant un annuaire de l'Institut, il l'ouvre avec vivacité, et lit à cette date : « Napoléon Bonaparte, membre de l'Académie des sciences, nommé dans la section de mécanique le 5 nivôse an VI. »

C'était Napoléon qui était venu ce jour-là courber sa tête sous le niveau de la science.

Ampère, excessivement troublé, se confond en excuses ; sa vue était tellement affaiblie depuis deux ans, qu'il n'avait pas reconnu l'empereur...

— Voilà, monsieur, lui dit gaîment Napoléon, l'inconvénient qu'il y a de ne pas fréquenter ses collègues. Je ne vous vois jamais aux Tuileries : je saurai bien vous forcer à venir au moins y souhaiter le bonjour.

Ces paroles, dites avec une extrême bienveillance, rassurèrent le grand mathématicien ; et, ayant aperçu un fauteuil vide un peu plus loin, il alla s'y asseoir tranquillement et comme s'il ne s'était rien passé.

Alors M. Geoffroy Saint-Hilaire demanda à l'empereur s'il voulait bien que la séance continuât.

— Mais sans doute, monsieur le président, lui répondit Napoléon ; il n'y a rien de nouveau : seulement l'assemblée s'étant augmentée d'un de ses membres, elle est plus complète, et voilà tout.

Le comte Laplace parut à la tribune et communiqua un mémoire *sur les probabilités*, que l'empereur parut écouter avec un vif intérêt.

Un ingénieur, étranger à l'Académie, M. Brunel, succéda à Laplace. Il lut un mémoire sur les routes souterraines que l'on peut construire sous le lit des fleuves, et entra, à ce sujet, dans quelques détails sur les merveilleux travaux qu'il avait eu l'occasion d'achever en Angleterre.

Pendant tout le temps que dura cette lecture, l'empereur parut absorbé dans ses réflexions. M. Brunel descendu de la tribune, M. Geoffroy Saint-Hilaire eut à nommer une commission pour faire un rapport sur ce qui venait d'être entendu. L'Académie éprouva une profonde surprise quand le président dit à haute voix :

— Je nomme membres de la commission qui examinera le travail de M. Brunel : S. M. l'empereur et roi et MM. Monge et Poisson.

Alors tous les regards se dirigèrent vers Napoléon, qui se levant à demi :

— Monsieur le président, dit-il, j'accepte avec plaisir.

Cette mémorable séance fut levée.

Avant de partir, l'empereur causa quelques instants, au milieu des illustres savants qui lui prodiguaient toutes les marques de leur reconnaissance et de leur admiration ; puis, après les avoir engagés à venir le voir aux Tuileries plus souvent, il se retourna vers Ampère, et lui dit le plus gaîment du monde en lui tendant la main :

— Quant à vous, mon cher collègue, je vous attends demain à dîner ; ce sera pour sept heures; je vous placerai à côté de l'impératrice, afin que vous ne la preniez pas pour une autre.

Puis il monta en voiture et retourna aux Tuileries.

Le lendemain, l'empereur ne se mit à table qu'à huit heures du soir, après avoir attendu son collègue de l'Institut pendant une heure. Ampère avait oublié l'invitation.

XII

Promenades incognito.

L'une des plus habituelles fantaisies de Napoléon, fantaisie qui du reste lui procura souvent de piquantes jouissances, c'était de parcourir Paris incognito, à la manière du célèbre sultan que l'auteur des *Mille et une Nuits* a immortalisé dans ses contes. Toujours accompagné de son grand-visir Giaffar, c'est-à-dire du grand-maréchal du palais, ou, à son défaut, de l'aide-de-camp de service, l'empereur sortait des Tuileries quelquefois avant le jour. La personne qu'il emmenait avec lui était alors chargée de répondre au qui vive des factionnaires échelonnés autour du jardin : l'empereur ! Le commandant du poste venait seul le reconnaître. Après l'échange des mots d'ordre et de ralliement, cet officier de garde ouvrait la grille par laquelle Napoléon voulait sortir du jardin, et l'empereur s'échappait ainsi de ce qu'il appelait en plaisantant sa prison des Tuileries.

Dans ses excursions à travers la ville, il était toujours vêtu d'une redingote grise ou bleu foncé comme dans les derniers temps, entièrement boutonnée sur la poitrine. Il portait un chapeau rond à larges bords; son compagnon n'avait rien non plus qui pût faire deviner son rang. Ces promenades faisaient grand bien à Napoléon, en ce qu'elles le délassaient d'un travail presque continuel, et lui procuraient quelquefois des aventures très piquantes.

Que ce fût de grand matin ou à la nuit close, lorsque Duroc voyait l'empereur sortir de ses appartemens intérieurs ainsi vêtu, il savait d'avance ce qu'il avait à faire, et, sans autre information, allait *se déguiser*, c'est-à-dire endosser un habit bourgeois.

Quelquefois aussi, au lieu de sortir du palais par l'un des pavillons du jardin, surtout si c'était en été et que les Tuileries fussent encore ouvertes aux promeneurs, Napoléon traversait la cour du château et s'esquivait par le guichet qui est en face la *rue de l'Echelle*. Duroc lui donnait le bras. Ils entraient ainsi dans les boutiques de la rue Saint-Honoré pour y marchander ou même y acheter quelques objets de mince valeur. Il lui arrivait quelquefois de se risquer jusqu'à pénétrer dans les galeries du Palais-Royal; mais il fallait qu'il n'y aperçût que peu de monde ; ordinairement ces excursions du soir ne s'étendaient guère plus loin.

Lorsque l'empereur entrait dans une boutique, le grand-maréchal faisait étaler à ses yeux les objets qu'il paraissait vouloir acheter, et pendant ce temps, Napoléon commençait son rôle de questionneur. Il n'y avait alors rien de plus comique que de le voir s'efforcer de prendre les manières, le langage et le ton suffisant d'un homme à la mode, lui qui d'ordinaire était si positif, si simple et si naturel. Que de gaucherie n'avait-il pas à vouloir se donner des grâces, quand, rehaussant les bords de sa cravate noire, se soulevant sur la pointe des pieds et se baissant tout à coup en ployant les jarrets, il disait d'un ton protecteur :

— Eh bien ! madame, que dit-on de nouveau depuis que l'empereur a fait la paix ?... Est-on content ?... Votre commerce prospère-t-il ?... Votre boutique me semble assez bien approvisionnée : il doit venir beaucoup d'acheteurs chez vous ?

A ces mots de *boutique assez bien approvisionnée,* qui sonnaient mal à l'oreille de la marchande, celle-ci regardait de travers ce singulier questionneur ; sa figure se rembrunissait et elle ne répondait que par monosyllabes, où même ne répondait pas du tout, ne sachant trop à qui elle avait affaire ; quelquefois même, soupçonnant que ce devait être au moins un *révolutionnaire,* pour couper court aux questions indiscrètes d'un chaland dont les allures n'étaient pas celles d'*un homme comme il faut,* elle appelait son mari ou un commis pour la débarrasser de cet importun. Il arriva même un jour (c'était peu de temps après le couronnement) que l'empereur ayant demandé d'un ton moqueur à un bijoutier de la *rue de la Loi* (la rue Richelieu) ce qu'on pensait de *ce farceur de Napoléon*, celui-ci, qui était un de ses plus dévoués admirateurs, croyant avoir affaire à un ancien jacobin ou à un espion de police mal déguisé, sauta sur un balai qui se trouvait à sa portée et en menaça l'homme assez osé pour parler mal devant lui et avec tant d'irrévérence de Sa Majesté l'empereur et roi. Le grand-maréchal se hâta de s'interposer, en excusant tant bien que mal *son ami,* qui n'avait eu que le temps de sortir pour éviter autre chose que des menaces. A en croire l'empereur, le moment où, pour avoir mal parlé de lui dans cette boutique, il avait failli être chassé à coups de balai, avait été un des plus gais et des plus heureux de sa vie.

Il faut le dire, dans ce costume d'Araoun-al-Raschid, comme lui-même l'appelait, Napoléon avait une physionomie et une tournure des plus étranges. Cela venait de la manière dont il se coiffait avec ce chapeau rond que, faute d'habitude, il portait tantôt très en arrière, tantôt très en avant, et rabattu sur les yeux pour ne pas être reconnu. Quant à la redingote, sa coupe et son ampleur étaient véritablement burlesques. Napoléon ne pouvait souffrir être gêné dans ses vêtemens, et bien moins encore d'être serré. Michel, son tailleur, lui faisait des habits et surtout des redingotes qui lui allaient, pour me servir d'une comparaison alors à la mode, comme si on lui en eût pris mesure sur une guérite ; enfin le soin même qu'il prenait alors pour déguiser ses gestes, son attitude et sa démarche ordinaire sous les manières et la démarche des gens vulgaires, tout cela faisait de Napoléon un être à part qu'on ne pouvait s'empêcher de regarder en souriant comme une sorte d'originalité vivante. Du reste, si ces excursions *incognito* ne tournaient pas toujours au profit de son amour-propre, ceux qui étaient assez heureux pour le recevoir étaient certains de s'en trouver bien.

N'étant encore que premier consul, et se promenant un matin dans la délicieuse orangerie de la Malmaison, alors fort étroite, il aperçut un homme qu'on appelait *le père Olivier* : c'était un ancien jardinier du

Petit-Trianon, auquel Louis XV avait quelquefois adressé la parole dans ses jours de joyeuse humeur. Le père Olivier, fier de cette faveur insigne, le disait à qui voulait l'entendre. Napoléon, surpris de voir un vieillard travailler avec tant d'activité, quoiqu'il parût succomber sous le poids des ans, s'approcha et lui dit d'un ton plein d'intérêt :

— Que gagnez-vous par jour, mon brave homme ?

A ces mots, le vieux jardinier essaya de se redresser tout à fait, et regardant Napoléon, qu'il n'avait jamais vu, lui répondit en ôtant son bonnet :

— Quarante-cinq sous par jour, monsieur le colonel.

— Ce n'est pas trop ! Mais pourquoi ne vous vois-je pas habillé de la même façon que les autres ?

Les jardiniers de la Malmaison avaient alors une espèce d'uniforme composé d'un habit-veste et d'un pantalon couleur gris de fer.

— Ma foi ! je ne sais pas, répondit le père Olivier ; il faut croire que M. Lucas (c'était le nom du jardinier en chef) met de côté l'argent de mon habit pour me faire des rentes après ma mort.

— Ah ! ah ! vous croyez cela ? continue Napoléon, en riant de la réflexion du vieillard ; en ce cas, voici 200 francs pour vous payer de votre vivant le premier semestre arriéré de vos rentes. A l'avenir, vous recevrez tous les ans 400 francs avec un habit pareil à celui des autres.

— Ah Dieu ! est-ce possible ! s'écrie le père Olivier, transporté de joie à la vue de l'or que Napoléon lui met dans la main. On voit bien que vous êtes de la maison du citoyen premier consul : comment se porte-t-il ?

— Très bien. C'est lui qui m'a dit de vous donner cet argent : n'êtes-vous pas ici le doyen des jardiniers ?

— Bien sûr ! Ah ! le digne vainqueur d'Italie ! que je voudrais seulement le voir un brin avant de mourir !... Mais je crains bien que non ; je n'ai jamais eu de chance.

— Bah ! bah ! vous l'avez peut-être vu déjà sans vous douter que ce fût lui. Avez-vous été militaire autrefois ?

— Non, monsieur le colonel, parce que de mon temps, du temps de feu S. M. Louis XV, on ne se battait pas comme à présent.

— C'est juste ; malgré cela, vous avez dû voir beaucoup de choses ?

— Oh ! oui. J'ai vu bien des fois le roi avec Mme la comtesse Dubarri. Ils me parlaient, dame ! comme je le fais avec vous, ni plus ni moins ; mais vous, pour les avoir connus comme moi, vous êtes trop jeune.

— C'est vrai ; mais j'en ai beaucoup entendu parler.

— Je le crois. Quant à moi, maintenant, pourvu que mon orangerie soit propre et que les terrassiers ne me fassent pas trop *endéver*, ça m'est égal la politique ; j'ai toujours été dans les modérés, je ne me mêle pas du gouvernement.

— Et vous avez raison ; je connais bien des personnes qui seraient charmées d'en pouvoir dire autant. Adieu, mon brave homme, au revoir.

— Bien des excuses, monsieur le colonel, et bien des remercîmens au citoyen premier consul. C'est tout comme feu S. M. Louis XV.

— Oui, oui, à quelque différence près ! dit Napoléon en souriant et en continuant tranquillement sa promenade.

Hélas ! le père Olivier ne jouit pas long-temps du bienfait qui était venu soulager sa vieillesse, car lorsqu'il vint à apprendre, le soir même, que c'était le premier consul en personne qui lui avait donné cet or, qui lui avait promis un habit neuf, qui avait enfin causé avec lui, il éprouva un si vif transport de joie, qu'il mourut subitement d'apoplexie foudroyante, en s'écriant :

— Ah ! mon Dieu ! c'était lui !

Quelques années plus tard, après avoir été couronné à Milan et avoir institué son fils adoptif, le prince Eugène, vice-roi d'Italie, l'empereur et Joséphine firent un assez long séjour dans cette capitale de la Lombardie. Tous deux allaient souvent se promener dans une petite île de la rivière Olodna, non loin du palais qu'ils occupaient. Un matin, après avoir déjeuné gaîment dans ce lieu, comme ils s'en revenaient au palais, ils passèrent près d'une chaumière devant la porte de laquelle était assise une pauvre femme. Napoléon lui fait signe de s'approcher et lui adresse en italien plusieurs questions auxquelles elle répond avec franchise, ne connaissant ni l'empereur ni l'impératrice.

— Bonne femme, continua-t-il, pourquoi ne faites-vous pas réparer le toit de votre maison ?...

— Hélas ! mon cher seigneur, c'est que nous sommes trop pauvres, d'autant plus que mon mari n'a pas toujours d'ouvrage et que nous avons trois enfans à élever.

— Quel état a-t-il votre mari ?

— Il est tourneur, il fait des béquilles et des jambes de bois pour les blessés ; mais comme malheureusement il n'y a plus de guerre, l'ouvrage ne va plus.

A ces mots de béquilles et de jambes de bois, la figure de l'empereur s'était un peu assombrie ; il avait jeté un regard d'intelligence à Joséphine, qui, ayant passé son bras sous le sien, le pressa doucement pour dire à son mari qu'elle avait compris toute sa pensée: aussi baissa-t-elle les yeux sans prononcer une parole.

— Oh ! oh ! ne faire que des béquilles et des jambes de bois, reprit Napoléon d'un ton d'indifférence, c'est en effet un mauvais métier à présent ; on n'en a plus besoin.

— Certainement ! et voilà pourquoi nous sommes si arriérés.

— Combien vous faudrait-il donc, ma bonne femme, pour vous mettre au dessus de vos affaires ? dit Joséphine avec une bonté charmante.

— Hélas ! ma belle dame, il me faudrait trop.

— Mais encore, reprit Napoléon, combien vous faudrait-il ?

— Il nous faudrait au moins... au moins... Et la vieille femme, regardant le ciel et comptant sur ses doigts comme pour faire une récapitulation, dit enfin en laissant échapper un gros soupir : — Il ne nous faudrait pas moins de quatorze louis d'or ; mais nous ne les gagnerons jamais en notre vie ; l'ouvrage va si mal à présent que l'on ne se bat plus et qu'on n'a plus besoin de bé...

— On a toujours besoin de chaises ! s'écria l'empereur en coupant brusquement la parole à la vieille femme, pour qu'elle ne vînt point à répéter ces mots de béquilles et de jambes de bois qui paraissaient avoir attristé Joséphine. Dites à votre mari, ajouta-t-il, qu'il fasse des chaises; on en aura toujours besoin !

Puis, ayant dit un mot à l'oreille du préfet du palais, qui les avait accompagnés, Napoléon prit des mains de ce dernier un rouleau de cinq cents francs qu'il brisa en comptant lui-même les pièces de vingt francs qu'il jetait l'une après l'autre dans le tablier de la vieille femme, qui ne pouvait en croire ses yeux ; Joséphine ne parvint qu'à grand' peine à la persuader que cet or n'était pas faux et que tout était bien pour elle.

Au commencement de 1813, après les désastres de Moscow, Napoléon, voulant juger par lui-même de l'esprit qui animait le peuple des faubourgs de la capitale, résolut de les parcourir tous, en commençant par le faubourg Saint-Antoine. Un jour donc, accompagné seulement d'un de ses aides-de-camp, le grand-maréchal étant gravement indisposé, il monte dans un fiacre et se fait conduire sur la place de la Bastille ; là, mettant pied à terre, il entre dans la grande rue de Charonne. Arrivé à l'extrémité de cette rue, il s'arrête quelque temps pour examiner des maçons qui travaillent à un immense bâtiment en construction ; puis il en aperçoit un qui, tout à coup reste immobile et comme en arrêt devant lui.

— Me reconnais-tu ? demanda-t-il d'un ton bref au maçon, en se rapprochant de lui peu à peu.

— O mon empereur !..... toujours ! balbutie cet homme, en portant militairement à son front le revers de sa main droite, tandis que de la gauche il laissait échapper l'outil dont il se servait.

— Moi aussi, je te reconnais ! reprend Napoléon. Tu t'appelles Grégoire Boivin ; tu étais caporal dans le second régiment des chasseurs à pied de ma garde ; tu as été blessé deux fois à Essling. Sur la proposition de ton colonel, je t'ai fait décorer; quelque temps après, j'ai approuvé ton admission à mon hôtel des Invalides... Pourquoi te vois-je ici aujourd'hui ?

Grégoire était là, comme une statue, sans faire un geste, sans dire un mot.

— Tu t'es fait mettre à la porte de l'hôtel, n'est-ce pas ?.... qu'avais-tu fait ?

Même immobilité, même silence de la part de Grégoire, qui baisse les yeux.

— Tu ne te le rappelles plus ?... Eh bien ! moi, je vais te le dire ; tu sais que j'ai de la mémoire : un matin, après avoir fait *des sottises*, tu as dit *des bêtises*.

— O mon empereur ! interrompit vivement Grégoire, en relevant fièrement la tête : ce n'était pas des *bêtises* ce que j'ai dit, vous le savez bien !

— Comment ! n'as-tu pas crié comme un fou : *Vive la république !* après t'être grisé avec les mauvais sujets de l'hôtel ?... A ton baptême, ton parrain t'avait bien nommé.

— Que voulez-vous, mon empereur ! je me suis ressouvenu que j'étais volontaire de 93. Alors, comme je m'étais un peu gargarisé la veille, le lendemain matin j'ai crié...

— *Vive la république !* te dis-je. Eh bien ! qu'est-ce que cela signifie, *ta république ?* Est-ce que cela ressemble à quelque chose ? On t'a chassé, on a bien fait : tu n'as eu que ce que tu méritais.

— Je n'en disconviens pas, mon empereur ; mais vous m'avouerez tout de même que c'est bien dur, quand on vous aime comme moi, quand on s'est battu comme moi, quand on a femme et enfans comme moi, de se voir sans pain sur la planche, pour s'être fourré un verre de vin de trop dans la tête.

Et en disant ces mots, le maçon, que les paroles de l'empereur avaient un peu attendri, ne put retenir deux grosses larmes qui coulèrent le long de ses joues basanées. Napoléon, vivement ému, reprit :

— Ah ! tu as des enfans ! Alors, c'est différent ! Que ne me l'as-tu fait savoir plus tôt ! Quel âge a ton aîné ?

— J'en ai deux des aînés : c'est-à-dire qu'ils sont jumeaux et tous les deux conscrits l'année prochaine.

— C'est bien. Qu'as-tu fait de ta croix ?

— Ma croix ! répète Grégoire en ouvrant précipitamment sa veste, et en étalant un chiffon de ruban de couleur indécise qu'il frappe du plat de ses deux mains : Ma croix ! absente pour cause de réparations urgentes et d'accouchement de Mme Grégoire ; mais pour ce qui est du ruban, présent ! le même que celui que mon colonel m'a donné à la parade. Seulement il a fait son temps et demande à être réintégré au magasin.

Après avoir regardé Grégoire d'un air de satisfaction, l'empereur prit quinze napoléons dans la bourse de son aide-de-camp, et les mettant dans la main du maçon :

— Tiens, voilà pour payer les réparations *urgentes* de ta croix qui, je le soupçonne, n'est pas chez le bijoutier, et aussi pour boire à ma santé avec tes camarades, mais modérément, tu m'entends ? Et puis, s'il te prend encore fantaisie de crier quelque chose, eh bien ! crie *vive la France !* Cette fois tu auras de l'écho, et personne ne le trouvera mauvais. A propos, tu viendras demain aux Tuileries, tu demanderas à parler à l'aide-de-camp de service, tu diras au concierge que c'est de ma part : on te laissera passer. Adieu, reste là, je ne veux pas que tes camarades sachent qui je suis.

Le lendemain Grégoire Boivin reçut l'ordre de sa réintégration à l'hôtel des Invalides, car il n'avait pas de pension, et l'empereur n'aurait pas souffert qu'un de ses braves soldats mourût de faim, parce que, selon ses propres expressions, *il lui était arrivé, étant gris, de dire des bêtises qui n'avaient pas le sens commun.*

—

Impatient de voir le monument de la place Vendôme entièrement terminé, l'empereur gourmandait chaque jour ses architectes pour la lenteur qu'ils apportaient à leurs travaux, « quoique, disait-il, ni l'argent ni les bras ne leur manquassent. » Il se rendait souvent sur les lieux pour juger l'effet que produirait l'érection de la colonne dont il venait de doter la capitale ; enfin, lorsque l'immense échafaudage qui devait servir à fixer sur la maçonnerie les plaques de bronze, ces *fac simile* de nos victoires, fut presque achevé, il voulut le visiter lui-même, et dans ce but il sortit du palais avant le jour. C'était vers le milieu de l'automne. Suivi cette fois de son grand-maréchal du palais, il traversa le jardin des Tuileries et se rendit sur la place Vendôme au moment où le jour commençait à poindre.

— Que me disaient donc Fontaine et Percier avec leur encombrement ! A les en croire, plusieurs chantiers de bois auraient été transportés ici ; je ne vois rien de tout cela, s'écria l'empereur.

— Sire, est-ce que Votre Majesté n'entend pas le bruit que font les scies des charpentiers ?

— Une... deux... trois... quatre... Il y en a tout au plus une demi-douzaine ! A quoi diable songent donc MM. les entrepreneurs !... Ils se font cependant payer assez cher !... Ah ! ah ! Duroc, venez donc par ici, ajoute Napoléon, en entraînant le grand-maréchal d'une main, tandis que de l'autre il abaissait sur ses yeux son chapeau à larges bords. Il venait d'apercevoir une charpente énorme que des ouvriers essayaient vainement de poser sur des rouleaux pour la changer de place. Ces gens-là ne savent pas s'y prendre, continua-t-il ; je gagerais qu'il ne se trouve pas parmi eux un artilleur. Ah ! les maladroits ! Mais c'est absolument comme s'il s'agissait de changer une pièce de douze d'encastrement... Il faut que je leur donne une leçon.

— Y pensez-vous, sire ! Votre Majesté veut donc se compromettre ? Non seulement elle peut se blesser, mais encore elle peut être reconnue.

— Vous avez toujours peur ! interrompit Napoléon. Est-ce que je ne me rappelle pas mon ancien métier ! Jugez-en vous-même, Duroc, ce n'est tout simplement qu'une de nos manœuvres de force : les deux premiers servans de droite en tête, et de l'ensemble !

— Sire, vous avez raison ; mais Votre Majesté me permettra de lui faire observer...

— Au fait, c'est vrai : mais ils n'y entendent rien ; et puisqu'il s'agit d'un monument de gloire à élever en l'honneur de la France, je crois, sans me flatter, y avoir suffisamment mis la main. Allons voir de l'autre côté ce qu'on y fait.

Après avoir examiné la gigantesque charpente dans tous ses détails et s'être promené à l'entour pendant trois quarts d'heure, l'empereur continua son chemin en suivant la rue Napoléon (aujourd'hui rue de la Paix), dont les nouvelles maisons s'élevaient çà et là par enchantement, et, tournant à droite, il remonta le boulevart en disant gaîment à Duroc :

— Il faut que MM. les Parisiens soient bien paresseux dans ce quartier, puisque toutes les boutiques sont encore fermées, quoiqu'il fasse grand jour.

Chemin faisant, l'empereur remarqua telle et telle maison qui, par leur avancement, masquaient le point de vue qui s'étend sur le boulevart ou qui obstruaient la voie publique ; il en prit note sur son calepin pour en parler à Fontaine la première fois qu'ils travailleraient ensemble. Tout en causant ainsi, il arriva devant les Bains chinois, qui depuis peu avaient été repeints à neuf. Comme il critiquait la décoration extérieure et les rochers qui supportent les bâtimens, le café qui dépendait de l'établissement s'ouvrit.

— Si nous entrions là pour déjeûner, dit-il à Duroc ; qu'en pensez-vous ? Cette tournée ne vous a-t-elle pas donné de l'appétit ?

— Sire, c'est trop tôt : il n'est encore que huit heures.

— Bah ! bah ! votre montre retarde toujours ! Moi, j'ai faim. Et d'ailleurs, ce sera du temps d'éconmisé pour le reste de la journée.

Et sans attendre de réponse, l'empereur entre sans façon dans le café, s'assied à une table, appelle le garçon et lui demande des côtelettes de mouton, une omelette aux fines herbes (c'étaient ses mets favoris) et du vin de Chambertin. Après avoir mangé de très bon appétit et avoir pris une demi-tasse de café qu'il prétendit être meilleur que celui qu'on lui servait habituellement aux Tuileries, il appelle le garçon, lui demande la carte, et se lève en disant à Duroc :

— Payez et rentrons, il est temps.

Puis, se posant sur le seuil de la porte du café, les mains derrière le dos, il se met à siffler entre ses dents un récitatif italien, en se dandinant sur l'une et l'autre jambe comme pour marquer la mesure.

Le grand-maréchal s'était levé en même temps que l'empereur, et, après avoir fouillé vainement toutes ses poches, il acquit enfin la certitude que, dans la précipitation qu'il avait mise le matin à s'habiller, il avait oublié sa bourse ; or, il sait que Napoléon ne porte jamais d'argent sur lui.

Cependant le garçon arrive et présente au grand-maréchal, resté comme pétrifié à sa place, la carte à payer, dont le chiffre s'élève à douze francs. Tous deux se regardent quelque temps sans rien dire : le premier parce que pareille chose ne lui est pas encore arrivée; le second, parce qu'il a deviné tout d'abord la cause de l'embarras que Duroc cherche en vain à dissimuler. Pendant ce temps, l'empereur, qui ignore l'incident et qui n'a rien vu, peu habitué qu'il est à ce qu'on le fasse attendre, ne conçoit pas la lenteur que met Duroc à le rejoindre ; déjà même il a tourné la tête plusieurs fois de son côté, en disant d'un ton d'impatience :

— Allons donc, dépêchons, il se fait tard...

Le grand-maréchal comprenant enfin que cette situation critique ne peut durer plus long-temps, et pensant que pour en sortir il ne s'agit que d'avouer franchement son embarras, prend son parti, et s'approchant de la maîtresse du café, qui se tient silencieuse et indifférente au comptoir, parce qu'elle se doute de la requête qui va lui être présentée, il lui dit d'un ton poli, mais un peu honteux :

— Madame, mon ami et moi nous sommes sortis ce matin un peu précipitamment ; nous avons oublié de prendre notre bourse... mais je vous donne ma parole que dans une heure je vous enverrai le montant de cette carte.

— C'est possible, monsieur, répond froidement la dame ; mais je ne vous connais ni l'un ni l'autre, et tous les jours je suis attrapée de la même manière. Vous sentez que...

— Madame, interrompt le grand-maréchal, auquel cette réponse a fait monter le rouge au visage, nous sommes des gens d'honneur, nous sommes officiers de la garde.

— Oui, jolies pratiques, en effet, que MM. les officiers de la garde !

A ces mots de gens d'honneur et d'officiers de la garde que l'empereur a distingués, il présume que quelque quiproquo s'est engagé à son insu, et se retournant une dernière fois en frappant du pied :

— Qu'est-ce donc ? dit-il.

Mais sur un signe que lui fait Duroc, il demeure immobile à sa place, renfonce son chapeau sur sa tête et cesse de siffler. C'est au garçon de café qu'est réservé l'honneur de mettre fin à cette scène qui n'avait rien de comique pour les principaux acteurs. Il est loin de reconnaître l'empereur dans le petit individu à la tournure si grotesque, au geste si impératif, à l'air si impatient, qui s'est tenu constamment sur le seuil à regarder les passants sans se mêler de rien ; mais quant au grand-maréchal, il a une idée confuse d'avoir vu cette figure-là parmi les officiers-généraux qui sont ceux-là pour défiler la parade dans la cour des Tuileries; il prend donc à son tour la parole :

— Madame, dit-il à la maîtresse, puisque ces messieurs ont oublié de prendre leur argent, je réponds pour eux, persuadé que de braves officiers de la garde ne voudraient pas faire tort à un pauvre garçon de café comme moi.

— Ah! voilà comme vous êtes toujours, répond celle-ci avec humeur, c'est encore douze francs de perdus pour moi.

— Non, madame, reprend celui-ci avec une sorte de dignité, je vais vous les remettre à l'instant.

Et tirant de sa poche cette petite somme, il la donne à sa maîtresse, qui l'accepte tout en continuant de grommeler contre ceux qui, dit-elle, ont la mauvaise habitude de dépenser de l'argent sans en avoir. Pendant ce temps, le grand-maréchal avait encore une fois tiré sa montre et l'avait présentée au garçon en lui disant :

— Tenez, mon ami, voilà ma montre que je vous prie de garder, jusqu'à ce que je me sois acquitté envers vous. Je vous remercie pour moi et surtout pour *mon ami* qui est là et qui doit s'impatienter, car nous avons affaire.

— Monsieur, je n'ai pas besoin de ce gage ; j'ai la conviction que vous êtes de très honnêtes gens.

— Oui, mon ami, reprit Duroc, vous n'aurez point à vous repentir de votre confiance ; et il rejoignit l'empereur.

Ils continuèrent de suivre le boulevart en pressant le pas dans la crainte d'être suivis, et se dirigèrent du côté du passage des Panoramas, que Napoléon avait compris dans l'itinéraire de sa promenade. Chemin faisant, Duroc lui raconta les détails de l'incident qui les avait retenus ; l'empereur en rit de bon cœur, et s'extasia sur la générosité de ce garçon de café qui, sans les connaître, avait cependant payé leur déjeuner.

— Ce doit être un enfant de Paris, dit-il, je le parierais, car ils sont tous comme cela ; se livrant à leur premier élan, jetant leur argent à tort et à travers, à la tête du premier venu, sans réflexion comme sans regret. Ah! c'est surtout en campagne qu'on peut juger ces gaillards-là ! Auraient-ils pour solde le traitement que je donne à mes maréchaux, qu'ils trouveraient encore le moyen de n'en pas avoir assez.

Ils arrivèrent ainsi causant dans le passage des Panoramas, qui était alors le plus riche et le plus élégant de tous ceux de la capitale. Une boutique attira l'attention de l'empereur : c'est le magnifique magasin d'albâtre qu'on y voyait encore il y a quelques années. Deux vases superbes, style *Médicis*, exposés à la montre, lui paraissant de très bon goût, il entra dans ce magasin, dont la porte était ouverte, pour en demander le prix. Il regarda à droite et à gauche, et n'aperçut qu'une grosse servante qui continuait de balayer, mais d'une manière si gauche, dans la crainte de casser quelque chose, qu'il ne put s'empêcher de rire, de ce rire si franc qu'il avait oublié depuis Brienne. Quant à Duroc, il était resté en dehors, ne croyant pas sa présence très utile dans ce magasin.

— Ah ça ! dit Napoléon à la servante, après que sa gaîté fut un peu calmée, il n'y a donc personne ici ! ni maître, ni maîtresse ! Il paraît que ce sont des paresseux qui se lèvent tard !

— Est-ce que vous venez pour acheter quelque chose ? lui demande la servante d'un air goguenard et en suspendant son travail ; puis regardant l'empereur, les deux mains et le menton appuyés sur le manche de son balai, elle l'examina curieusement à son tour.

— Certainement ! Je veux savoir ce que valent ces deux vases.

— Tiens ! je ne m'en serais pas doutée, reprit-elle ; mais je vais sonner madame.

La marchande descendit bientôt en ajustant précipitamment un fichu sur ses épaules.

— Qu'y a-t-il pour votre service, monsieur? demande-t-elle sèchement à l'empereur.

— Madame, quel est le prix de ces deux vases ?

— Est-ce pour les acheter, monsieur?

— Parbleu ! apparemment ! dit l'empereur un peu surpris de la demande.

— Quatre mille francs, pas un liard de moins.

— Quatre mille francs ! s'écrie Napoléon, que le ton et les manières de cette femme n'ont pas prévenu en sa faveur. Quatre mille francs ! mais c'est horriblement cher, madame, beaucoup trop cher pour moi.

Et touchant légèrement de la main le bord de son chapeau comme pour saluer, il va sortir du magasin lorsque la marchande, posant ses deux mains sur ses hanches, ajoute en ricanant :

— Cela se voit, du reste ! Ils m'en coûtent cependant cinq mille, à moi ! Mais ne vaut-il pas mieux vendre à perte que de mourir de faim ? On fait de si belles affaires maintenant ! Toujours la guerre ! Tout le monde se plaint ; le commerce ne va pas ; les marchands se ruinent ; mais il n'en faut pas moins payer les impôts !...

Aux premières paroles de cette femme, la physionomie de l'empereur avait pris une expression difficile à décrire : elle s'était d'abord colorée légèrement, et peu à peu elle avait repris cette teinte pâle qui lui était naturelle ; mais tous les muscles de son visage s'étaient crispés ; ses lèvres étaient bleues, ses yeux lançaient des éclairs ; il s'était croisé les bras sur la poitrine et serrait les poings.

— Avez-vous un mari, madame? lui demanda-t-il en l'interrompant, de cette voix éclatante qui imposait même aux plus aguerris ; où est-il ? pourquoi ne le vois-je pas ?

— Eh ! là, là, ne vous fâchez pas, monsieur ; j'en ai un, Dieu merci ! mais il est sorti ce matin de très bonne heure pour toucher un peu d'argent. C'est difficile, les rentrées ! personne n'a le sou ! Au surplus, que lui voulez-vous ? ne suis-je pas là ?

— Assez, madame, assez! Je voulais dire à votre mari que peut-être je prendrais ces vases... plus tard... je verrai...

Et Napoléon, plus honteux de son emportement que de la scène que vient de lui faire cette femme, sort du magasin dans une agitation qu'il a peine à dissimuler.

— Ma foi ! dit-il à Duroc, je viens d'avoir mon fait ! Une sotte femme, une espèce de mégère qui se mêle de politique, tandis qu'elle ne devrait s'occuper que de ses vases ! Oh ! je laverai la tête au mari, car c'est à lui qu'en est la faute.

Comme on voit, tout n'était pas bénéfice dans le chapitre de l'*incognito*, bien que de tels désillusionnemens fussent rares. Nos deux nobles coureurs d'aventures rentrèrent au palais, où ils eurent bientôt oublié, l'un la marchand d'albâtre, l'autre le déjeûner qu'ils avaient fait à crédit.

Six semaines environ s'étaient écoulées lorsqu'un matin, à son petit lever, l'empereur dit à Duroc :

— Je n'ai pas grand'chose à faire aujourd'hui : si nous allions nous promener un peu tandis qu'il est encore de bonne heure ?

—Sire, il fait bien froid ; et puis c'est aujourd'hui la veille de Noël, presqu'un jour de fête. Aux approches du jour de l'an, il y a toujours beaucoup de monde dans les rues qui avoisinent le Palais-Royal et sur les boulevarts; où Votre Majesté pourrait-elle aller sans risquer d'être reconnue ?

— C'est vrai ; Duroc, attendons à ce soir. Mais à propos, et l'affaire du café des Bains chinois, qu'est-elle devenue ?

— Ma foi, sire, je suis honteux d'avouer à Votre Majesté que je n'y ai plus songé depuis; j'ai même oublié de faire remettre, au garçon qui nous a tirés de notre mauvais pas, le prix de la carte qu'il a soldée pour nous.

— Dites pour vous, reprit Napoléon avec vivacité. C'est mal, Duroc, c'est bien mal : permis à moi d'oublier de pareilles choses; mais vous...

—Sire, je vais réparer cet oubli.

— Oui, certes; aujourd'hui, à l'instant même, il le faut réparer dignement; vous m'entendez !... Par la même occasion, vous ferez dire au mari de la femme aux vases de m'apporter lui-même ceux que j'ai marchandés l'autre jour; moi aussi, j'ai un oubli à réparer envers elle : ah! ah ! c'est à mon tour, et nous allons voir !

Il était dix heures du matin ; un valet de pied, auquel le grand-maréchal avait donné des instructions précises, entrait au café des Bains chinois, et s'adressant à la maîtresse de la maison :

— Madame, n'est-ce pas ici que deux messieurs, vêtus l'un et l'autre de redingotes bleues, sont venus déjeûner un matin, il y a six semaines environ, et que, n'ayant pas d'argent...

— Oui, monsieur, répond la dame un peu troublée, car cet homme porte la livrée de la maison de l'empereur.

— Eh bien! madame, c'étaient S. M. l'empereur et monseigneur le grand-maréchal du palais ; puis-je parler au garçon qui a payé pour eux?

— Certainement... oui... monsieur...

La dame sonne et se trouve presque mal; elle ne parle de rien moins que d'aller se jeter à l'eau si on ne lui permet d'aller se jeter aux pieds de l'empereur; le valet de pied s'adressant au garçon, lui remet un rouleau de cinquante napoléons et lui dit :

— Monseigneur le grand-maréchal du palais m'a chargé de vous dire que si vous aviez quelque faveur à solliciter pour vous ou pour quelqu'un des vôtres, il serait fort aise à son tour de pouvoir vous être utile.

Ce garçon s'appelait Dargens; il se hâta de profiter des intentions bienveillantes du grand-maréchal, qui le plaça dans la maison de l'empereur en qualité de valet de pied. Il ne tarda pas à gagner la confiance de Joséphine, qui le prit à son service particulier, lorsque après son divorce elle se retira à la Malmaison ; et, singulière destinée des hommes de ce temps-là, il finit par entrer en 1814, au service de lord Wellington!...

Un quart d'heure après sa visite aux Bains chinois, le même valet de pied entra dans le beau magasin d'albâtre du passage des Panoramas, et s'adressant au maître de la maison.

— Monsieur, lui dit-il, vous êtes mandé au château à l'instant même, avec les deux vases que S. M. l'empereur a marchandés dans votre magasin il y a six semaines ; hâtez-vous, monsieur, car Sa Majesté attend.

— Ah ! mon Dieu ! s'écria-t-il, est-ce qu'il veut me faire fusiller?... Puis, s'adressant à sa femme, qui ne disait mot, tant elle était altérée : Je m'en doutais, tu auras parlé politique, tu auras dit du mal du gouvernement, comme cela t'arrive tous les jours ; et devant qui encore ? devant S. M. l'empereur et roi !... Tu ne sauras jamais retenir ta maudite langue ; que de fois ne te l'ai-je pas dit !... Et toi qui l'as pris pour un mouchard !... Ah ! mon Dieu ! c'est fini, on va me conduire à la plaine de Grenelle !...

La frayeur faisait perdre la tête à ce pauvre homme, que le valet de pied avait toutes les peines du monde à rassurer. Enfin, ayant recouvré un peu de force, il put monter dans un fiacre et arriver aux Tuileries. On l'introduit aussitôt dans le cabinet de l'empereur, où il se voit seul et face à face avec lui : à peine peut-il se soutenir, tant il est tremblant.

— Ah ! ah ! monsieur, on vous trouve enfin !... dit Napoléon d'un ton de maître et s'efforçant de ne pas rire ; je suis bien aise de vous voir.

Et prenant dans un tiroir de son bureau huit billets de banque de mille francs, il les présente au marchand, qui ne sait s'il doit avancer la main pour les recevoir ; puis il ajoute avec cette phraséologie brève et cet accent incisif qui lui sont ordinaires lorsqu'il n'a que des reproches à adresser :

— Je suis allé l'autre jour dans votre magasin. J'ai marchandé deux vases. Votre femme en a voulu 4,000 francs, me disant qu'ils lui en coûtaient 5,000. Tenez, quoique ce soit un mensonge, en voilà huit... Prenez donc !... Il y en a quatre pour les vases, et quatre pour vous dédommager de la colère que votre femme m'a causée contre vous ; mais dites-lui bien qu'elle ait à ne plus se mêler que de son pot-au-feu, et non de politique, ou, morbleu ! je la fais camper à Bicêtre, et vous aussi, pour lui apprendre à se taire. Allez ! monsieur, c'est tout ce que j'avais à vous dire !

Or, ce même jour, veille de Noël, le maréchal Marmont, le général Lauriston, Corvisart, la veuve du général Valhubert, Mme Devaux, dame du palais de Joséphine ; le comte Darberg, chambellan de l'empereur, et quelques autres personnes appartenant à la maison de Leurs Majestés dînaient chez le comte Lavalette, à l'hôtel des Postes. On avait beaucoup parlé, pendant le dîner, de l'histoire de la marchande d'albâtre, dont les vases avaient été admirés dans le salon de service par les familiers du château, et naturellement il avait été question des promenades anonymes de Sa Majesté. Les convives étaient très gais. Il était près de minuit, le valet de chambre de M. Lavalette vint annoncer au maréchal que son cabriolet était là.

— Je ne m'en vais pas aujourd'hui, répond Marmont ; et s'adressant à Lavalette : Mon cher directeur, lui dit-il, arrange-toi comme tu voudras, mais je ne sors pas de chez toi ce soir ; j'y suis trop à mon aise pour m'en aller.

— Eh bien ! monsieur le maréchal, restez avec nous, reprend madame Lavalette, je vous donnerai à souper à tous, et nous ferons le réveillon.

— En effet, c'est aujourd'hui ! s'écria Lauriston.

— Alors, messieurs, dit à son tour madame Valhubert, ne faites pas les choses à demi, et conduisez-nous à la messe de minuit.

— Approuvé! nous vous donnerons le bras.

— Nous acceptons, dit madame Lavalette ; mais à quelle église irons-nous?

— Parbleu! ma chère amie, nous irons à notre paroisse, dit son mari, à Saint-Eustache, il n'y a que deux pas d'ici.

— Allons donc, s'écrie Corvisart, est-ce que c'est là une paroisse? Il faut aller à Saint-Roch; là, du moins, on y dit la messe en musique ; et puis, c'est plus cohue.

— Va pour Saint-Roch! s'écria Lavalette ; j'ai dans l'idée que nous nous y amuserons.

Quoique les dames n'eussent pas fait de grandes toilettes pour venir dîner familièrement chez le directeur-général des postes, il leur était cependant impossible d'aller à une messe de minuit en robes à manches courtes et coiffées en cheveux ; Mme Lavalette offrit de mettre à leur disposition tout ce qui leur serait nécessaire pour changer de toilette. Les chapeaux, les douillettes et les cachemires de cette dame d'atours de l'impératrice remplacèrent aussitôt les fleurs, les robes décolletées et les écharpes transparentes. En quelques instans le travestissement est complet; mais ces dames n'ont pas songé à la tournure grotesque qu'il leur donne, l'une a une robe beaucoup trop longue, l'autre s'est coiffée d'un chapeau qui n'entre pas assez, toutes rient beaucoup de se voir ainsi costumées.

Cependant on monte en voiture et l'on arrive à Saint-Roch. Lauriston marchait en tête de cette espèce de procession ; et, avec sa canne qu'il faisait rebondir par mégarde sur les dalles, il ressemblait singulièrement à un suisse de paroisse. Marmont, Lavalette, Corvisart et les autres personnes qui le suivaient ne pouvaient vraiment pas s'empêcher de rire aux larmes, malgré tous leurs efforts. Tout à coup, au détour d'un pilier plus sombre que le reste de l'église, deux hommes passent rapidement près d'eux. Ils sont vêtus de redingotes brunes entièrement boutonnées. Le plus petit des deux s'avance vivement vers le groupe, et dit d'une voix grave et saccadée :

— Messieurs, ces rires sont inconvenans ! vient qui veut à l'église ; mais quand on y vient, il ne faut pas s'y tenir avec moins de décence qu'aux Tuileries !

Et le petit homme disparaît derrière le pilier, laissant les joyeux promeneurs comme frappés d'une apparition fantastique, car tous ils ont cru entendre une voix qui leur est bien connue...

Ils ne se trompaient pas : c'était celle de l'empereur.

XIII

Avant, pendant et après Iéna.

Tandis que Napoléon distribuait les couronnes autour de lui et qu'il faisait asseoir ses frères sur les trônes de Naples, de Hollande et de Westphalie, la Russie et l'Autriche s'occupaient de réparer les désastres d'Austerlitz. Sur ces entrefaites, une note du cabinet de Berlin comparable, pour l'extravagance des idées, au fameux manifeste publié par le duc de Brunswick en 1792, fut adressée à M. de Talleyrand, alors ministre des relations extérieures. Cette note débutait par une espèce de considérant où il était dit, en parlant de Napoléon :

« .... Lequel est parvenu à ce degré d'ambition que rien ne peut satisfaire, et qui marche sans cesse d'usurpation en usurpation, etc. »

Elle se terminait par une sommation faite à l'armée française, par l'armée prussienne, d'avoir à évacuer l'Allemagne par journées d'étape.

Lorsque Talleyrand donna connaissance à Napoléon de cet *ultimatum*, dicté par l'orgueil dans un moment de délire, et attribué, cette fois encore, au vieux duc de Brunswick, l'empereur n'en laissa pas achever la lecture, et arrachant cette pièce des mains de l'ex-évêque d'Autun pour la froisser convulsivement dans les siennes :

— Assez, assez, prince de Bénévent ! lui dit-il avec un regard terrible.

Puis il ajouta avec un sourire amer :

— Je plains le roi de Prusse de ne pas entendre le français, car bien certainement il n'a pas lu cette rapsodie qu'on a l'audace de m'envoyer en son nom !

A partir de ce moment, l'empereur ne fut plus occupé que des préparatifs de la campagne qui allait s'ouvrir. Lorsqu'il eut étudié exactement sur la carte les positions de l'ennemi, qui occupait déjà toute la Bavière, il dit :

— Mon armée sera le 8 en présence des Prussiens. Je les battrai le 10 à Saalfeld ; ils se retireront sur Iéna ou sur Weimar, où je les battrai encore. Le 14 ou le 15, l'armée prussienne n'existera plus, et, du 20 au 25, mes aigles victorieuses planeront sur les clochers de Berlin.

Napoléon aurait eu le don de seconde vue qu'il n'aurait pas mieux deviné. Le 13, il était à Iéna, où il établit son quartier-général.

Or, à quatre heures du soir, les premières compagnies de nos éclaireurs ayant débouché du haut de la montagne qui dominait, découvrirent les premières lignes ennemies ; l'empereur alla les reconnaître : le soleil n'était pas encore couché.

Il quitta ensuite l'habitation de la princesse de Reus-Lobensten pour venir établir son bivouac au milieu de sa garde, et invita à souper ceux des chefs de corps qui étaient présens.

Avant de se coucher, il voulut s'assurer par lui-même qu'aucune voiture de munition n'était restée en bas. Ayant descendu la montagne, il trouva toute l'artillerie du maréchal Lannes engagée dans un ravin que l'obscurité avait fait prendre pour un chemin.

Ce défilé était tellement resserré que l'essieu des pièces portait des deux côtés sur le rocher. Dans cette position, l'artillerie ne pouvait ni avancer ni reculer, parce qu'il y avait deux cents fourgons à la suite les uns des autres, et cette artillerie était justement celle qu'il comptait employer la première le lendemain, celle des autres corps étant restée en arrière.

Cette vue l'irrita. Il s'informa d'abord du général qui commandait en chef l'artillerie de l'armée, fort étonné de ne pas le trouver là ; puis, sans se répandre en reproches inutiles contre ce chef de corps, en véritable officier d'artillerie, il rassembla les canonniers, leur fit prendre les outils du parc, fit allumer les falots, et lui-même en prit un avec lequel il éclaira les artilleurs qui, sous sa direction, travaillèrent à creuser et à élargir le ravin jusqu'à ce que la fusée des essieux cessât de porter sur le roc.

Napoléon ne se retira que lorsque les premières voitures furent passées, ce qui n'eut lieu que vers une heure du matin; puis il songea à regagner son bivouac. Mais, avant d'y retourner, il voulut donner un dernier coup d'œil aux avant-postes les plus voisins.

Au commencement de la nuit, il avait fait une gelée blanche, accompagnée d'un brouillard assez semblable à celui qu'on avait remarqué la veille d'Austerlitz. Cette disposition de l'atmosphère avait engagé l'empereur à former ses troupes en grosses masses qui se touchaient presque, afin d'être plus facilement déployées le lendemain. La vaste plaine qu'elles occupaient n'était pas à plus de deux cents toises de la position des Prussiens. Les sentinelles ne distinguaient rien à dix pas d'elles. La première, entendant marcher quelqu'un dans l'ombre et s'approcher des lignes, cria deux fois : *Qui vive?* et s'apprêtait à faire feu à la troisième interrogation.

L'empereur, vivement préoccupé, ne fit pas de réponse.

Une balle siffla à son oreille et le tira de sa rêverie.

S'apercevant alors du danger qu'il vient de courir et de celui dont il est nécessairement menacé, il se jette ventre à terre.

Cette précaution était sage, car à peine s'était-il tenu quelques secondes dans cette posture, que d'autres balles sifflèrent au dessus de sa tête.

Ce premier feu essuyé, Napoléon se relève, appelle à lui, se dirige vers le poste le plus voisin et se fait reconnaître.

Il y était encore lorsque le soldat qui avait tiré le premier y arrive, après avoir été relevé de sa faction.

C'était un jeune voltigeur du 12e de ligne. L'empereur lui ordonna de s'approcher, et le tirant par l'oreille qu'il pinça assez fortement :

— Ton nom? lui demanda-t-il.

— François Morissot, répond le soldat stupéfait, car il vient de reconnaître l'empereur.

— Comment, drôle! tu me prends pour un Prussien.

Puis, s'adressant aux soldats qui l'entourent, il ajoute en souriant :

— M. Morissot, à ce qu'il paraît, ne jette pas sa poudre aux moineaux : il ne tire qu'aux empereurs.

Le pauvre voltigeur était si troublé de l'idée qu'il eût pu tuer le *petit caporal*, que ce fut avec peine qu'il parvint à balbutier ces mots :

— Dame! mon empereur, faites excuse... c'était la consigne... Si vous ne répondez pas, ce n'est pas ma faute... Il fallait me dire au moins que vous ne vouliez pas répondre.

Napoléon le rassura, et lui dit en quittant le poste :

— Monsieur Morissot, c'est moi qui ai eu tort; aussi ne vous fais-je pas de reproches. Du reste, mon brave, c'était assez bien ajusté pour un coup tiré à tâtons; mais écoute, dans quelques heures il fera jour, tire plus juste, et je te prouverai que je n'ai pas de rancune.

Il était près de trois heures du matin lorsque l'empereur fut de retour à son bivouac. Il s'enveloppa du manteau bleu à petit collet, qu'il avait porté à Marengo et à Austerlitz, lequel, quinze ans plus tard, lui servit de linceul à Sainte-Hélène, et s'endormit profondément.

—

Le 14 octobre 1806, à la pointe du jour, Napoléon était à cheval. La grande armée avait pris les armes une heure auparavant.

Il passa devant toutes les lignes, en rappelant aux soldats qu'il y avait un an, à pareil jour, qu'ils avaient pris Ulm.

— L'armée prussienne est cernée, leur dit-il, elle ne se bat plus que pour effectuer sa retraite. Le corps qui la laisserait passer serait perdu d'honneur !... Soldats, ajouta-t-il en élevant la voix, je lui retirerai ses aigles.

— Marchons ! marchons ! *Vive l'empereur !* s'écria-t-on de toutes parts. Aussitôt l'armée s'étendit dans toutes les directions, et l'action s'engagea sur toute la ligne par un feu terrible.

Au milieu de la mêlée, les troupes françaises conservaient toute la gaîté nationale.

Un soldat du 45e de ligne (les enfans de Paris), que ses camarades appelaient l'*empereur*, parce qu'en effet il était de petite taille et qu'il avait quelque ressemblance avec Napoléon, impatienté de l'obstination des Prussiens, s'écrie :

— A moi, grenadiers ! en avant ! suivez l'empereur !

Et il se jette au plus épais.

Ses camarades le suivent, en donnant l'exemple, et la garde du roi de Prusse est enfoncée.

Après l'action, Napoléon nomma son homonyme caporal sur le champ de bataille, et lui donna lui-même l'accolade en le décorant. Dès ce jour, les soldats du 45e n'appelèrent plus ce brigadier autrement que le *grand caporal*, pour le distinguer du *petit*, qu'il avait eu l'insigne honneur d'embrasser.

—

Le surlendemain de la bataille, Napoléon, dans une petite calèche découverte, partit pour Weimar. Là, après avoir refusé au roi de Prusse l'armistice que ce prince lui avait fait demander, il alla coucher à Hambourg, où était le maréchal Davoust avec son corps d'armée.

Ce fut en allant de Mersbourg à Halle que l'empereur traversa le champ de bataille de Rosback. Il avait si présentes à l'esprit les dispositions de l'armée du grand Frédéric et celles de la nôtre à cette époque, qu'arrivé dans Rosback même, il dit à son aide-de-camp Savary :

— Galopez dans cette direction ; vous trouverez à un quart de lieue d'ici la colonne que les Prussiens ont élevée en mémoire de cet événement.

Si la moisson n'eût pas été faite, Savary n'aurait jamais pu découvrir cette colonne. Placée au milieu d'une plaine immense, elle n'était guère plus haute que les bornes que l'on voit sur nos routes pour marquer les distances. Dès qu'il l'eut trouvée, l'aide-de-camp noua son mouchoir au bout de son sabre et l'agita en l'air pour servir de direction à l'empereur, qui vint le rejoindre aussitôt.

Toutes les inscriptions de ce monument avaient été effacées par le temps.

Après avoir tourné tout à l'entour en silence et les bras croisés sur la poitrine, Napoléon prit un élan de quelques pas et appliqua un vigoureux coup de talon de botte à la colonne pour la jeter bas. Il s'y reprit à plusieurs fois, en disant :

— Allons donc ! Cela ne doit pas tenir. Il ne s'agit que de donner du pied dedans !

Mais comme la colonne ne bougeait pas et que nos moindres tentatives l'avaient essoufflé, ayant aperçu dans le lointain la division Suchet qui se remettait en marche, il fit dire à ce général de lui envoyer quelques sapeurs. Il ne fallut qu'un moment à ceux-ci pour déterrer la colonne et la charger sur une charrette qu'on fit partir immédiatement pour Paris.

En voyant ce trophée s'éloigner, l'empereur dit, comme à part lui :
— Et maintenant qu'ils viennent en faire autant de notre colonne, à nous! je serai dessus, moi.

Il se mit en route aussitôt après pour Postdam, et descendit au palais, qu'il trouva intact.

La cour de Prusse avait fui avec tant de précipitation qu'elle n'avait rien pu enlever.

Napoléon alla visiter le caveau où reposait, dans un cercueil de bois de cèdre sans ornemens, les cendres du grand Frédéric. Puis il parcourut les châteaux du grand et du petit Sans-Souci ; ce dernier surtout l'intéressa vivement. Il voulut voir l'appartement que Frédéric avait habité. On l'avait toujours religieusement respecté ; aucun des meubles n'avait été changé ni déplacé. L'empereur les examina curieusement, faisant jouer les serrures, ouvrant les armoires et touchant à tout ce qu'il trouvait sous sa main.

— Ma foi! dit-il d'un ton de surprise en s'asseyant sur un vieux canapé, ce n'est certainement pas à la magnificence de son mobilier que cet appartement doit son prix : car il n'est guère de magasin de friperie à Paris où l'on ne puisse trouver un plus beau meuble. Je ne pense pas qu'il existe de vieille douairière au Marais qui ne soit mieux logée.

Mais ce qui le charma le plus, ce fut de trouver dans la chambre à coucher où était mort le monarque prussien, suspendus à une espèce de patère, l'épée, la ceinture et le grand cordon des ordres que portait le Frédéric ; il s'en empara avec vivacité.

— Ah! ah! messieurs, s'écria-t-il avec enthousiasme en s'adressant à ceux qui l'entouraient, je préfère ces trophées à tous les trésors du roi de Prusse.

L'empereur ouvrit ensuite quelques uns des livres qui se trouvaient sur une petite console de marbre placée entre les deux croisées, persuadé que c'étaient les ouvrages que le monarque lisait de préférence. Il y trouva en effet quelques notes marginales écrites de sa propre main.

Napoléon les lut.

Il est présumable que l'une d'elles lui donna de l'humeur, car, refermant aussitôt le volume, il le jeta sur la console en disant seulement :
— Ce n'est pas vrai !

Enfin il se fit ouvrir la petite porte par laquelle Frédéric descendait lorsqu'il allait passer des revues dans la grande plaine de sable voisine du château, puis il revint à Postdam et y passa la nuit.

Il avait défendu que les appartemens de la reine Wilhelmine fussent occupés par qui que ce fût.

Toute la garde était arrivée la veille à Charlottembourg. Dès qu'elle fut rassemblée, on donna l'ordre de se mettre en grande tenue, et le 25 octobre, comme il l'avait prédit un mois auparavant, étant encore à

Saint-Cloud, Napoléon fit son entrée triomphale dans la capitale de la Prusse.

Sur la place principale de Berlin s'élevait une colonne supportant le buste du grand Frédéric.

Arrivé sur cette place, Napoléon fit au galop le tour de cette colonne, puis se plaça à cinquante pas, et, baissant la pointe de son épée, il ôta son chapeau, tandis que les tambours battaient aux champs et que les troupes défilaient au pas ordinaire, musique en tête, entre lui et la colonne, et présentaient les armes en passant devant le buste du roi.

Cette manœuvre, si conforme au caractère de l'empereur, ne fut pas du goût de quelques vieux grognards, qui, la moustache encore toute noircie de la poudre d'Iéna, auraient préféré un bon billet de logement à cette cérémonie vraiment sublime dans son genre. Aussi ne dissimulèrent-ils pas leur mauvaise humeur. L'un d'eux notamment exprima son mécontentement assez haut pour que ses paroles arrivassent directement aux oreilles de l'empereur.

— Ohé! le buste!... on s'en *moque* pas mal du buste! avait dit ce soldat en se servant d'un mot beaucoup plus retentissant :

Napoléon fit un mouvement brusque sur son cheval, et, étendant le bras pour désigner la compagnie qui défilait, il s'écria d'une voix retentissante :

— Halte! grenadiers!.. Capitaine, faites sortir des rangs celui de vos hommes qui s'est permis de parler!.. Ce doit être le n° 8 ou 9 du second rang. Qu'il vienne ici me répéter, à moi, ce qu'il vient de dire tout à l'heure.

Un caporal de grenadiers sortit bientôt des rangs, et sans changer de port d'arme, s'avança les yeux baissés vers l'empereur et resta impassible devant lui.

Napoléon reconnut ce sous-officier : c'était un de ceux qu'il appelait les *anciens.*

— Ah! ah! fit-il en torturant la petite cravache qu'il tenait à la main; c'est-à-dire que ce sont toujours les mêmes!.. Ceux qui ne connaissent aucune discipline, ceux qui gâtent ma garde!.. de mauvais soldats!

A ces mots de *mauvais soldats*, un léger tremblement agita tous les membres du caporal; il redressa la tête en grommelant quelques sons inarticulés; mais bientôt il la baissa et redevint immobile.

Napoléon lui demanda d'un ton plus bref mais moins sévère :

— Voyons, qu'avais-tu à grogner tout à l'heure? Sais-tu seulement quel est ce buste?

— Connais pas! murmura bien bas le caporal.

— Ah! tu ne le connais pas, reprit Napoléon, en appuyant sur chacun de ces mots, eh bien! moi je vais te l'apprendre, ignorant! Ce buste, c'est celui d'un grand capitaine qui était plus sévère que moi sur la discipline, car il eût fait impitoyablement punir le premier homme de son armée qui se fût permis de parler sous les armes. Dis-le à tes camarades, afin qu'ils ne l'oublient pas. Maintenant, retourne à ta compagnie; tu mériterais que je te fisse déposer tes galons, car tu n'es pas digne de porter la grenade. Allons, va-t'en!

Ce sous-officier, s'il avait eu le choix, aurait mieux aimé recevoir un boulet dans la poitrine que de telles paroles. Lorsqu'il se fut éloigné, l'empereur dit à demi-voix au major-général :

— Je suis persuadé, maintenant, qu'il n'arrivera jamais à ce gaillard-là d'ouvrir la bouche dans les rangs. Il m'eût été trop pénible d'avoir à punir quand je ne veux que récompenser ; j'ai mieux aimé lui *laver la tête*; cela servira de leçon aux bavards et aux faiseurs de réflexions.

Les autres régiments continuèrent de défiler dans l'ordre le plus parfait et dans le plus grand silence ; mais le soir les soldats, ne pouvaient se rendre compte de la déférence que le *petit caporal*, disaient-ils, avait montrée le matin *pour la boule d'un monarque qui avait été enfoncé comme les autres.*

Après cette parade, Napoléon descendit au palais du roi de Rome et s'y établit. Les troupes furent cantonnées dans les environs de Custrin et de Stettin ; la garde fut logée chez les bourgeois de Berlin. Tout le reste du jour, l'empereur fut assiégé de députations ; il en vint de Saxe, de Weymar, de partout. Il les accueillit presque toutes avec assez de bienveillance ; mais il n'en fut pas de même du corps diplomatique prussien. En revanche, ayant aperçu dans la foule un curé des environs d'Iéna qu'il savait s'être donné beaucoup de peine pour secourir les blessés sans distinction de drapeau, il alla à lui, le remercia avec effusion et lui donna en même temps une magnifique tabatière en or ornée de son portrait, en ajoutant du ton le plus aimable :

— Monsieur l'abbé, ceci est en l'honneur des soldats français que vous avez soulagés.

Le soir, l'empereur se retira de bonne heure.

Arrivé dans sa chambre à coucher, suivi de Rapp, qui était de service auprès de lui :

— Regarde au réveil du grand Frédéric l'heure qu'il est ? demanda-t-il à son aide-de-camp.

— Neuf heures, sire.

— C'est justement l'heure à laquelle il est mort il y a vingt ans, ajouta-t-il d'un air méditatif.

Et comme Rapp, après avoir accroché cette grosse montre au chevet du lit de l'empereur, auquel l'épée du monarque prussien avait été également suspendue, regardait avec curiosité une paire de pistolets d'arçon qui lui avaient appartenu, l'empereur devinant la pensée de son aide-de-camp, lui dit :

— Les miens sont plus beaux, n'est-ce pas? mais n'importe ! ces pistolets sont, avec cette épée, un monument précieux. Ne sais-tu pas que l'ambassadeur d'Espagne m'a apporté aux Tuileries l'épée de François Ier ? L'hommage était grand : il a dû coûter aux Espagnols. Et l'envoyé de Perse ne m'a-t-il pas fait présent aussi d'un sabre qui aurait appartenu à Gengiskan ? Eh bien ! toutes riches que sont ces armes, je les eusse données pour la lame de cette épée si mesquine, à en juger par la poignée ; tiens, regarde !

Napoléon avait pris l'épée du grand Frédéric, l'avait examinée un moment avec attention, puis l'ayant tirée du fourreau :

— Oh ! oh ! fit-il en posant le bout du doigt sur la pointe de la lame, elle est bien vieille, mais elle pique encore ! Je vais l'envoyer au gouverneur des Invalides ; mes vieux soldats des campagnes de Hanovre la garderont comme un témoignage des victoires de la grande armée et de la vengeance qu'elle a tirée du désastre de Rosbach.

— Sire, se hasarda à dire Rapp, à la place de Votre Majesté, je ne me dessaisirais pas de cette épée, je la garderais pour moi.

A ces mots, Napoléon jeta à son aide-de-camp un regard indéfinissable, et, lui prenant l'oreille, lui dit avec douceur cette parole si belle d'un légitime orgueil :

— Est-ce que je n'ai pas la mienne, monsieur le donneur de conseils ?

XIV
Les feuilles d'or.

On sait qu'un des passe-temps favoris de Napoléon, lorsque la paix ou quelque armistice, toujours trop courts, le ramenaient à Paris, était de parcourir incognito les quartiers populeux, et de pénétrer ainsi dans les familles laborieuses et les ateliers, afin de voir de près ce peuple *qu'il aimait tant*, comme il devait dire plus tard dans le dernier vœu de son agonie ; ce peuple sur l'amour et l'admiration duquel était bâtie sa puissance.

Un jour qu'avec Duroc il traversait les appartemens des Tuileries, où l'on faisait quelques réparations nécessaires, il remarqua que les ouvriers doreurs, malgré les précautions rigoureuses dont ils s'entouraient, perdaient, par l'action du vent, une certaine quantité de feuilles d'or.

— Cette perte, renouvelée chaque jour, et lorsque l'on exécute de grands travaux, doit être considérable, dit Napoléon au maréchal du palais.

— Pardon, sire, répondit Duroc, cette perte est de peu d'importance, les feuilles employées par ces ouvriers sont si légères...

— Légères tant que vous voudrez, insista Napoléon ; c'est de l'or, et il n'en faut pas beaucoup pour faire une grosse somme.

— Sire, pour se faire une idée de cette légèreté, reprit Duroc, il suffit de penser que l'or passé au laminoir, après diverses préparations, et ensuite battu dans un livre de baudruche, peut être réduit en feuilles tellement minces, qu'elles deviennent en quelque sorte impalpables, et qu'il en faudrait plus d'un millier pour composer l'épaisseur d'une feuille de papier.

— Oh ! oh ! voilà qui est trop fort ! Qui diable vous a fait un pareil conte ? interrompit l'empereur en souriant.

— Ce n'est rien moins qu'un conte, sire, et je puis assurer à Votre Majesté que je suis certain de ce que j'avance.

— Mais songez donc à ce que c'est que l'épaisseur d'une feuille de papier, et dites-moi si vous comprenez, quelle que soit la ductilité de la matière et la perfection des procédés, comment cette épaisseur pourrait se diviser mille fois.

— Je conviens, sire, que cela doit paraître incroyable, impossible ; mais cela est, cela se pratique tous les jours.

— Parbleu ! monsieur l'entêté, il faut que je me donne le plaisir de vous convaincre d'exagération. Préparez-vous à m'accompagner cette après-midi : habit bourgeois, chapeau rond, pas de décoration ; vous prendrez un cabriolet bien simple que nous conduirons nous-mêmes.

Cet ordre fut ponctuellement exécuté ; et, vers trois heures, l'empereur et le grand-maréchal parcouraient en cabriolet le quartier Saint-Martin. Bientôt le véhicule s'arrêta à la porte d'un des batteurs d'or les plus en réputation ; on mit pied à terre, et Napoléon, suivi de Duroc, entra dans l'atelier. L'empereur se fit passer pour un Italien que le désir de connaître toutes les merveilles de notre industrie avait amené à Paris.

— Ce que l'on m'a dit de l'immense étendue que vous pouvez donner à un grain d'or m'a semblé tellement prodigieux, ajouta-t-il en s'adressant au maître de la maison, que je suis venu tout exprès ici, afin de vous prier de m'expliquer les divers procédés au moyen desquels vous obtenez ce résultat.

Le batteur d'or donna, avec autant de simplicité que de précision, les détails techniques que son interlocuteur lui demandait.

— Mais est-il vrai, demanda Napoléon, que vous puissiez faire que mille feuilles d'or battu, superposées les unes aux autres, ne forment que l'épaisseur d'une feuille de papier ordinaire?

— Rien n'est plus vrai, monsieur, répondit le fabricant.

— Je le crois, puisque vous l'affirmez ; cependant le fait me semble tellement extraordinaire, que je voudrais le voir de mes yeux pour en demeurer bien convaincu.

Le batteur d'or assura qu'il était facile de donner cette satisfaction à l'étranger. En effet, faisant réunir mille feuilles d'or, il les pressa dans les feuillets d'un livret. Napoléon, forcé, lorsque l'opération fut terminée, de convenir que Duroc lui avait dit vrai, jeta un regard de satisfaction sur l'atelier dont sa présence n'avait en rien interrompu les travaux, et dit, comme en se parlant à lui-même et à demi-voix :

— Que de merveilles dans les plus petites choses !

En ce moment, une jeune ouvrière quitta la place qu'elle occupait près d'un établi, pour prendre le livre que lui présentait le maître, afin que les feuilles d'or fussent, par elle, remises dans l'ordre habituel ; mais à peine eut-elle fait quelques pas, que, se trouvant face à face avec l'empereur :

— Ah ! mon Dieu ! fit-elle en accompagnant cette exclamation d'un mouvement de surprise.

Napoléon, voyant qu'il était reconnu, fit à la jeune fille un signe d'intelligence imperceptible pour l'engager à ne pas trahir son incognito. La gentille ouvrière comprit à merveille ; mais son exclamation avait attiré l'attention de tout l'atelier, et il fallait la justifier.

— Qu'avez-vous donc ? lui demanda sévèrement le maître.

— Rien, monsieur, répondit-elle, ou plutôt, pardonnez-moi... c'est que monsieur, que je n'avais pas vu d'abord, ressemble d'une manière tellement frappante à mon frère, mort glorieusement à Marengo, que je n'ai pu retenir un cri de surprise.

Tandis que la jeune fille donnait cette explication, Duroc s'empressait de distribuer quelques pièces d'or aux ouvriers et aux ouvrières ; puis il se hâta de rejoindre l'empereur, qui déjà avait regagné le cabriolet.

— Toutes les femmes, dit alors Napoléon au grand-maréchal, possèdent l'esprit du moment à un degré incroyable. N'avez-vous pas été, comme moi, surpris et charmé de la présence d'esprit de cette jeune fille, ainsi que de l'adresse avec laquelle elle a fait prendre le change à son maître, en même temps qu'elle tirait le plus grand parti possible de sa situation ?... Je veux lui tenir compte de tout cela... Vous vous ferez informer de son adresse, et demain, avant l'heure qui l'appelle à son travail, vous lui ferez porter vingt-cinq louis par Constant.

Le lendemain, dès six heures du matin, le valet de chambre de l'empereur arrivait tout essoufflé au sixième étage d'une maison de la rue Saint-Méry, et pénétrait dans une petite mansarde proprette et rangée avec une coquette symétrie. Une jeune fille, qui arrosait des fleurs sur l'unique fenêtre du modeste logement, interrompit cette occupation pour venir au devant du visiteur.

— C'est à mademoiselle Julie Bélinard, sans doute, que j'ai l'honneur de parler ? dit celui-ci.

— Oui, monsieur, c'est moi-même, répondit la jeune fille.

— L'empereur a été charmé, mademoiselle, continua le valet de chambre, de l'esprit d'à-propos dont vous avez fait preuve, hier, à votre atelier. Grâce à vous, il a pu échapper à une de ces petites ovations qu'il évite autant que possible. Je suis chargé, par Sa Majesté, de vous remettre, à titre de souvenir et de témoignage de satisfaction, ce petit présent.

En disant ces mots, Constant présentait à la jeune ouvrière une jolie bourse verte, brodée d'abeilles, et contenant 500 fr. en napoléons.

— De l'argent ! c'est de l'argent, s'écria Julie ; mais je n'ai pas besoin d'argent, monsieur, j'en gagne assez, plus même qu'il ne m'en faut.

— Eh bien, mademoiselle, ces quelques pièces d'or à l'effigie de l'empereur, qui vous les offre, grossiront vos petites économies : ne faut-il donc pas songer à votre dot ?...

A peine ces paroles étaient prononcées, que le visage de la jeune fille, vive, enjouée, rieuse tout à l'heure, se couvrit d'un voile de sombre inquiétude et de tristesse.

— Monsieur, dit-elle après quelques instants de silence, puisque l'empereur a bien voulu faire quelque attention à moi, pauvre fille presque abandonnée, cela m'encourage à lui demander une grâce ; mais, il faudrait que Sa Majesté daignât m'accorder une audience de quelques minutes ; serez-vous assez bon pour me présenter ?

Constant était si loin de s'attendre à cette demande, qu'il demeura d'abord interdit, et ne sachant comment y répondre.

— Mais, mademoiselle, dit-il enfin, ignorez-vous donc qu'une audience de l'empereur est une chose de la plus haute importance ?

— C'est parce que je le sais, répondit sans se troubler la jeune ouvrière, c'est parce que je sais cela, que je songe à profiter d'une circonstance qui ne se présentera jamais. Peut-être aussi ai-je quelque droit à cette faveur, ajouta-t-elle ; mon père, brave officier, tué à la bataille de Fleurus, a servi dans le même régiment que l'empereur, alors qu'il n'était lui-même que lieutenant.

Le valet de chambre de Napoléon hésita, puis il se décida à emmener la jeune fille, sauf à la faire reconduire, si l'empereur ne paraissait pas d'humeur à accueillir la demande tant soit peu indiscrète qu'elle le chargeait de lui adresser. Moins d'un quart d'heure après, tous deux arrivèrent aux Tuileries, et, contre toute attente, Napoléon, souriant au récit que Constant lui faisait du résultat de son ambassade, accordait sans difficulté, et surtout sur-le-champ, l'audience sollicitée.

— Que me voulez-vous, mademoiselle ? demanda, de son ton séduisant, l'empereur à la jolie ouvrière, dont le corsage trahissait l'émotion ; quel est ce grand secret qui ne peut avoir que moi pour confident?

Julie, d'abord interdite, et dont un rouge de pourpre avait coloré les joues, se remit bientôt, et d'une voix assurée :

— Sire, dit-elle, mon père, sans doute on vous l'aura rappelé déjà, était un vieil et brave officier que le feu de l'ennemi a enlevé sur le champ de bataille de Fleurus ; mon frère unique, mortellement atteint à Marengo auprès de Desaix, n'a pas survécu à ses blessures... Ma famille a donc payé sa dette à la patrie !

— Sans doute, mon enfant, et la patrie a un devoir à remplir vis-à-vis de la fille et de la sœur de si braves gens ; c'est à moi désormais qu'il appartient d'acquitter cette dette.

— Ah ! sire, combien cela vous serait facile ; d'un mot, Votre Majesté peut assurer pour toujours mon bonheur.

— Parlez, que désirez-vous que je puisse vous accorder? interrompit l'empereur.

— Henri Bélinard, mon cousin, est de la conscription de cette année, dit en rougissant, mais d'une voix ferme et assurée la jeune fille ; sire, dispensez-le de servir, c'est la seule grâce que je veuille jamais vous demander.

La physionomie de Napoléon, jusque-là calme et sereine, se rembrunit tout à coup. De semblables demandes lui arrivaient de toutes parts, et rien ne pouvait l'affecter plus péniblement ; l'esprit militaire lui était trop nécessaire, il avait accompli de trop grandes choses à l'aide de ce formidable levier, pour qu'il lui fût possible de consentir à son affaiblissement. Pour la France telle qu'il l'avait faite, il en avait la conscience, là était la question de vie ou de mort.

— Mademoiselle, dit-il de cet accent bref et sévère devant lequel s'abaissèrent tant de prétentions justifiées, tant d'héréditaires orgueils, mademoiselle, quand on a l'honneur de devoir la naissance à un brave officier français, on devrait savoir et se souvenir que la patrie a besoin de tous ses enfans... Et puis, qu'y a-t-il au fond de tout cela ? quelque subite amourette... et c'est moi, l'empereur, l'ancien compagnon d'armes de votre père, que vous voulez rendre complice de votre légèreté... de votre faiblesse peut-être !

Ces paroles sévères, si bien faites pour atterrer celle à qui elles étaient adressées, produisirent un effet tout différent sur la jeune ouvrière du batteur d'or. Se redressant de toute la hauteur de son innocence, elle oublia que l'homme qui l'offensait était le maître du monde, et son courage l'éleva à ce point de sublime exaltation, qu'elle n'hésita pas à répondre à l'outrage par la menace :

— Ah ! sire, s'écria-t-elle, je sens maintenant qu'il y a une puissance capable de braver la vôtre même, c'est celle que donne le désespoir !... Henri sera soldat, puisque vous êtes inflexible, mais vous me répondrez de lui sur votre tête, et s'il éprouve le sort de mon père et de mon frère ; malheur à vous !...

Cette véhémente apostrophe de la jeune fille, ces imprécations inattendues, cette bizarre issue d'un entretien accordé avec tant de bienveillance ; toute cette scène rapide parut tellement extraordinaire à Napoléon, qu'il n'en put d'abord croire le témoignage de ses sens ; puis, la colère succédant à l'étonnement, il sonna avec violence et s'écria :

— Que l'on mette dehors cette folle !...

Le 10 décembre 1812, au point du jour, et par un froid de dix-huit degrés, une misérable chaise de poste traversait les rues de Varsovie. Deux hommes couverts de pelisses et enveloppés de fourrures étaient dans cette voiture : l'un d'eux était Caulaincourt, l'autre Napoléon.

— Votre Majesté veut-elle descendre au palais de l'ambassade? demanda timidement le duc de Vicence.

— Non, non !... je veux que ma présence ici soit ignorée; nous descendrons au premier hôtel venu, et vous irez sur-le-champ prévenir de Pradt... vous me l'amènerez.

La voiture, arrivée dans la cour de l'hôtel d'Angleterre, s'arrêta; Caulaincourt s'empressa de mettre pied à terre et se rendit aussitôt au palais de l'ambassadeur. En même temps, Napoléon, passant pour un simple officier supérieur de l'armée française, était introduit dans une simple salle basse, sans feu, et dont les volets étaient à demi fermés. Sans songer à donner aucun ordre aux domestiques qui l'avaient introduit, et qui, surpris de sa préoccupation, se retiraient, il se mit à se promener d'un pas agité, mais rendu plus pesant par les doubles bottes fourrées qui le chaussaient :

— Quel désastre ! disait-il en se frappant le front... On ne manquera pas de m'accuser d'impéritie, d'imprévoyance... et cependant je ne puis pas empêcher qu'il gèle. Peut-être dira-t-on que je suis demeuré trop long-temps à Moskow... Cela est possible ; mais il faisait beau ; la saison a devancé l'époque ordinaire... Et d'ailleurs j'y attendais la paix !... On me reprochera d'avoir abandonné mes soldats ; mais je pèse plus sur mon trône qu'à la tête de mon armée... Mon armée !... où est-elle? détruite ! ensevelie sous la neige !... Eh ! mon Dieu, je ne commande pas aux élémens !

Comme il venait de prononcer ces derniers mots d'une voix stridente, la porte de la petite salle où il se trouvait s'ouvrit brusquement et livra passage à une femme qui s'avança d'un pas assuré. Une pâleur livide couvrait son visage, mais de ses yeux, creusés par la misère et la souffrance, des éclairs semblaient jaillir à travers les ténèbres qui l'environnaient.

— Qu'est-ce? que me veut-on? s'écria Napoléon.

— Te souviens-tu des feuilles d'or et de ma prière, répondit une voix claire et perçante comme la pointe d'un poignard... Bourreau, qu'as-tu fait de Henri Bélinard ? Il est mort, n'est-ce pas ? Cache-toi dans l'ombre pour ne pas voir son sang qui a rejailli sur toi !

— Qu'on arrête cette furie ! s'écria l'empereur, oubliant l'incognito, dont il s'était enveloppé.

— Et qui m'arrêterait? répondit la voix. Ici, je suis ton égale ; là-haut, je serai ton juge !

En ce moment, un grand retentissement se fit dans l'hôtel. C'était l'ambassadeur français, l'évêque-abbé de Pradt, qui arrivait, accompagné du comte Stanislas Potocki et du ministre des finances. Caulaincourt, entrant pour les annoncer, demeura muet et immobile de surprise en voyant l'empereur en proie à une exaltation tellement violente, qu'elle approchait du délire.

— Arrêtez cette femme! emparez-vous d'elle! criait-il en frappant du talon de sa botte sur le parquet.

Caulaincourt regarda autour de lui : il ne vit personne. M. de Pradt crut un instant que la raison de l'empereur avait succombé sous le poids de l'effroyable revers qui venait de le frapper ; mais il fut presque aussitôt rassuré quand il entendit le grand homme énumérer toutes les ressources à l'aide desquelles il devait reprendre victorieusement l'offensive :

— Je vais chercher trois cent mille hommes, dit-il d'une voix assurée; le succès rendra les Russes audacieux, tant mieux ! Je leur livrerai deux ou trois batailles sur l'Oder, et dans six mois je serai encore sur le Niémen..... Je quitte mon armée à regret, mais il faut surveiller la Prusse et l'Autriche.

Quelques jours plus tard, en remontant dans la voiture qui allait l'emporter d'une extraordinaire vitesse sur Paris, Napoléon disait avec inquiétude à Caulaincourt :

— Vous êtes bien assuré de n'avoir vu personne dans cette étroite et sombre salle basse où vous êtes venu me trouver?

— J'en suis certain, sire.

— C'est bien! et voilà cependant, ajouta-t-il, une singulière apparition!

Puis il rompit sur ce sujet, qui semblait l'agiter péniblement, et dont il ne fut plus question pendant le voyage. Mais, dès le lendemain de son arrivée à Paris, il donna ordre à Constant de faire les recherches nécessaires pour savoir ce qu'était devenue la jeune ouvrière du batteur d'or. Au bout de quelques jours, le valet de chambre lui rapporta qu'elle avait quitté Paris depuis plusieurs mois, après avoir vendu son modeste mobilier ; c'était là tout ce qu'il avait pu découvrir.

Le 15 avril 1813, Napoléon, après cette noble et touchante entrevue où il avait placé sa femme et son fils sous la sauvegarde de l'honneur et de la fidélité de la garde nationale de Paris, quittait les Tuileries pour aller se mettre à la tête de la nouvelle et puissante armée qu'il venait de créer comme par enchantement. Les cris enthousiastes de *vive l'empereur!* l'avaient accueilli sur son passage, des cours du Louvre à l'extrémité du faubourg Saint-Martin, lorsqu'au moment où il passait la barrière, un cri sinistre se fit entendre, apportant à son oreille ces mots qui y retentirent comme un sifflement aigu :

— Feuilles d'or!... Henri!... Malheur! malheur!...

—

Le 7 mars 1815, Napoléon marchait sur Grenoble à la tête d'un petit nombre de braves qui l'avaient accompagné à l'île d'Elbe. Le moment décisif était arrivé : le destin de la France dépendait d'un coup de fusil. Superstitieux comme tant de grands hommes, l'empereur se rappelait avec satisfaction les présages heureux des jours précédens, lorsque tout à coup une jeune femme arriva en courant jusqu'à la colonne impériale, devant laquelle elle tomba à genoux en élevant ses mains vers le ciel.

— Encore cette femme! s'écria Napoléon, qui reconnut tout d'abord Julie Bélinard; quelle déplorable fatalité !

— Ah! sire, par pitié, ne me maudissez pas! s'écria la jeune femme. Pardonnez à une malheureuse dont le désespoir troublait la raison...

Oui, Votre Majesté disait vrai : la patrie est une mère qui a besoin de tous ses enfans. C'est ainsi que pense mon Henri, que j'ai retrouvé, et qui, avant une heure, sera près de vous avec tout le régiment dont il fait partie.

— Que dites-vous ? s'écria Napoléon, en s'empressant de relever la pauvre femme, dont les yeux versaient des larmes de joie.

— La vérité, sire : le 7ᵉ régiment de ligne vient au devant de vous avec l'aigle glorieuse et la cocarde nationale... Me pardonnez-vous, sire ?

— Oh ! de grand cœur, dit Napoléon, qui déjà entendait retentir dans le lointain les cris et les vivats du régiment de Labédoyère.

Le 18 juin suivant, Henri Bélinard tombait mortellement blessé sur le plateau du Mont-Saint-Jean : et huit jours plus tard, des mariniers tiraient de la Seine, près des Tuileries, le cadavre d'une jeune femme. Un étui, trouvé dans ses vêtemens, contenait un écrit portant cette suscription :

A l'Empereur Napoléon.

A l'intérieur étaient écrits ces seuls mots :

« Sire, je meurs pour ne pas vous maudire.

» JULIE BÉLINARD. »

XV

Entrevue de deux empereurs.

Une campagne de sept mois avait suffi à Napoléon pour détruire les armées de la Prusse et conquérir cette monarchie. Il avait repoussé les Russes sur leurs frontières. L'entrevue de Tilsitt eut lieu entre les deux empereurs ; le roi de Prusse y fut admis ; la paix y fut conclue. Alexandre reconnut la confédération du Rhin et l'établissement de la dynastie napoléonienne sur les trônes de Naples, de Hollande et de Westphalie.

Dans cet état de choses, Napoléon et Alexandre résolurent de se rapprocher ; en conséquence, Napoléon écrivit, le 14 septembre 1808, au grand-duc de Bade, la lettre suivante :

« Mon frère,

» L'empereur de Russie et moi nous nous sommes donné rendez-vous à Erfurth, le 27 septembre, pour conférer sur la situation des affaires de l'Europe, sur les moyens de mettre fin aux troubles du monde et de rétablir la tranquillité générale. Je partirai de Paris le 20. Sachant la part que Votre Altesse royale prend à ce qui me regarde, j'ai cru devoir l'informer moi-même de cet événement. »

La cour de Vienne en ayant été instruite par son ambassadeur à Paris, l'empereur d'Autriche saisit avec empressement l'occasion qui rapprochait Napoléon de ses frontières, pour lui renouveler les témoignages de l'amitié et de la haute estime qu'il lui avait vouées, et lui envoya le baron Vincent pour lui porter l'assurance de ces sentimens invariables. Il se flattait que Napoléon n'avait jamais cessé d'en être convaincu, et que, si les fausses représentations qu'on avait répandues sur les institutions intérieures et organiques qu'il avait établies dans sa monarchie lui avaient laissé, pendant un moment, des doutes sur la persévérance de ses intentions, les explications que le comte de Metternich avait présentées à ce sujet les auraient entièrement dissipées. Le baron Vincent était chargé de les confirmer et d'y ajouter tous les éclaircissemens désirables.

Le 23 septembre, le général Oudinot vint à Erfurth en qualité de gouverneur, avec des employés militaires et des maréchaux-des-logis; il prit le commandement de la ville et ordonna, de concert avec l'autorité locale, toutes les dispositions pour recevoir les empereurs de France et de Russie. Un bataillon de grenadiers de la garde à pied, le 1er régiment d'infanterie légère qui s'était distingué à Austerlitz et à Iéna, le 1er de hussards et le 6e de cuirassiers, arrivèrent du 19 au 24 à Erfurth, pour en former la garnison.

Le prince de Bénévent, le duc de Bassano, secrétaire d'État, le ministre des affaires étrangères Champagny, et plusieurs autres personnages s'y rendirent.

Chaque jour la ville se remplissait des serviteurs de l'empereur Napoléon et d'étrangers : le théâtre fut réparé et décoré pour la Comédie française, qui fut envoyée de Paris.

L'empereur partit de Saint-Cloud le 22, accompagné du prince de Neufchâtel, du grand-maréchal duc de Frioul, du général Nansouty, premier écuyer, du duc de Rovigo et du général Lauriston, aides-de-camp, et du premier chambellan Rémusat. A Metz, Napoléon donna audience aux autorités. A Mayence, il visita la tête du pont de Cassel, et trouva, en descendant de voiture, le grand-duc de Hesse-Darmstadt et sa famille, le prince héréditaire de Bade et les envoyés de plusieurs princes de la confédération. A Francfort, le prince-primat alla au devant de lui; le grand-duc de Wurtzbourg, les princes de Nassau-Usingen et un très grand nombre de personnages de distinction lui firent leur cour.

Pendant ce temps, l'empereur Alexandre était aussi parti de ses États. Le 19, le prince héréditaire de Weimar arriva dans cette ville, revenant en toute hâte de Saint-Pétersbourg, et apportant l'assurance de l'arrivée prochaine de Napoléon.

Le 24, à dix heures du matin, le grand-duc Constantin, accompagné du général Hittorff et de l'aide-de-camp Alsuffiew, fut reçu au château par la duchesse et le prince héréditaire; le duc s'était déjà rendu à Eisenach pour y recevoir l'empereur Napoléon.

Le 25, on attendait l'empereur Alexandre, au devant duquel le conseiller intime Wollzogen et le chambellan de Ziegesar s'étaient rendus de Leipzick pour l'y recevoir et prendre ses ordres.

Le duc régnant d'Oldenbourg, le prince de Mecklenbourg-Schwerin, et le prince Paul étaient déjà à la cour de Weimar. Le peuple en foule se rendait au bois de Webicht, par où Alexandre devait venir. Toute la cour était réunie, et le prince héréditaire, accompagné de plusieurs cavaliers, était allé à cheval au devant de lui. Enfin, à sept heures du soir, des hussards et le son de toutes les cloches annoncèrent qu'il approchait. Il parut avec le prince héréditaire, dans une voiture de la cour, attelée de huit chevaux, escortée par des dragons français, des hussards et des chasseurs du duc. A la suite d'Alexandre étaient le grand-maréchal comte de Tolstoï, le ministre des affaires étrangères Romanzow, le prince Galitzin, les aides-de-camp-généraux prince Wolkonsky, Gagarin, Trubeskoï, comte Ozarofsky, et Schouwaroff, l'aide-de-camp Araktschejew, le ministre Speransky, le médecin conseiller d'état Wyly, etc.

La duchesse, accompagnée de la princesse Caroline, du grand duc

Constantin, des princes présens et entourée de toute sa cour, reçut Alexandre au château; il donna la main à la duchesse, se rendit dans la grande salle et s'entretint long-temps avec elle.

L'ambassadeur français en Russie, le duc de Vicence, vint d'Erfurth le complimenter.

Le soir il y eut un souper de 30 couverts; les officiers du duc voulurent servir l'empereur et son frère; ils s'y refusèrent.

Le duc de Vicence repartit pour aller annoncer à l'empereur Napoléon l'arrivée d'Alexandre à Weimar.

Dès le 26, on attendait Napoléon à Erfurth. Les arcs de triomphe étaient élevés partout, et toutes les autres dispositions faites pour sa réception étaient prêtes. Les troupes étaient sous les armes, les canons postés, les autorités du pays rassemblées.

Un ordre de l'empereur vint annoncer qu'il ne voulait aucune cérémonie pour sa réception, et surtout point d'arc de triomphe; on se mit sur-le-champ à l'œuvre pour les détruire. L'arrivée de l'empereur fut retardée jusqu'au lendemain : le roi de Saxe était déjà à Erfurth.

Le 27, à dix heures du matin, le canon annonça Napoléon. Tout se mit en mouvement; le canon tonna; les cloches sonnèrent, et les cris de *vive l'empereur!* mêlés au *vivat* allemand, se firent entendre. Sa voiture était précédée par une garde d'honneur à cheval, composée des principaux habitans et suivie de cuirassiers et de hussards, d'officiers de sa suite, d'aides-de-camp et de généraux. Il s'arrêta aux portes de la ville, où le magistrat le complimenta. Arrivé à son palais, il fut reçu par le roi de Saxe et plusieurs princes allemands. Tout cela fut l'affaire de cinq minutes. Napoléon était dans une voiture fermée; la curiosité publique et une attente de plusieurs jours ne furent donc pas satisfaites; mais à midi il monta à cheval pour aller visiter le roi de Saxe; en allant et en revenant, tout le monde put le voir : il se montra de son palais à la foule.

L'empereur Alexandre était annoncé. Les troupes étaient sur la route de Weimar. A une heure, Napoléon sortit en voiture de la ville, monta à cheval, passa les troupes en revue, et, accompagné du prince de Neufchâtel, de généraux et d'une suite brillante, alla au devant de l'empereur de Russie, auquel le duc de Vicence et le maréchal duc de Montebello étaient allés annoncer que Napoléon était à cheval pour venir au devant de lui. Alexandre partit en calèche, avec le grand-duc Constantin et le duc de Montebello qu'il invita à l'accompagner.

Ce fut à deux lieues d'Erfurth, entre les villages d'Ottstandt et de Nora, non loin d'un poirier planté sur le bord du chemin, que ces deux grands hommes se rencontrèrent : Alexandre sauta hors de sa voiture, Napoléon descendit de cheval : ils s'embrassèrent avec toute l'effusion de l'amitié; Napoléon embrassa aussi le grand-duc Constantin, et lui présenta le prince de Neufchâtel; les deux empereurs marchèrent ensuite quelque temps en conversant d'une manière très animée. Napoléon portait l'ordre de Saint-André de Russie, et Alexandre le grand-cordon de la Légion-d'Honneur.

Les deux empereurs et leurs officiers montèrent à cheval; Napoléon fit présenter à Alexandre un cheval avec une shabraque d'ours noir, sellé et bridé comme celui qu'il montait habituellement en Russie, et au grand-duc Constantin un cheval harnaché à la manière des hulans.

Les empereurs rencontrèrent le duc de Weimar, qui avait reçu Napoléon à Eisenach, et s'en retournait dans sa résidence. Ils s'arrêtèrent; le duc leur fit son compliment; ils continuèrent leur route par Linderbach. Vu de la montagne, vis-à-vis Erfurth, le cortége présentait un coup d'œil magnifique. Les salves continuelles de l'artillerie légère étaient répétées par les remparts de Pétersbourg et de Cyriaksbourg; les cloches sonnaient; cinq mille hommes, le général Oudinot à leur tête, étaient en parade. Les deux empereurs firent leur entrée à Erfurth, environnés de leurs nombreuses suites en grand uniforme et aux acclamations de la foule accourue de toutes parts. Ils mirent pied à terre devant le palais de l'empereur Alexandre (la maison du négociant Triebel); ils s'embrassèrent encore et y entrèrent en se donnant le bras. Un moment après, ils remontèrent à cheval et se rendirent au palais de Napoléon (l'hôtel du gouvernement), où ils dînèrent avec le roi de Saxe seul, le grand-duc Constantin étant indisposé. Après dîner, Napoléon alla chez Alexandre; ils s'entretinrent en particulier. Le soir, la ville fut illuminée.

L'affluence des étrangers augmentait chaque jour. C'étaient les rois de Saxe, de Wurtemberg, de Bavière; le roi et la reine de Westphalie; le prince-primat, presque tous les princes de la confédération du Rhin, le prince Guillaume de Prusse; c'étaient des ministres, des officiers de cour, un nombreux domestique; c'étaient des curieux accourus de toutes les parties de l'Europe pour voir les deux empereurs; c'étaient jusqu'à des marchandes de modes et des restaurateurs de Paris qui venaient spéculer sur cette grande réunion. Erfurth se trouva changée comme par enchantement. Dans ses rues habituellement solitaires se pressaient alors, du matin au soir, dans leurs brillans équipages, les rois, les reines, les courtisans, venant rendre hommage aux deux régulateurs du monde. Le mouvement des troupes, l'arrivée et le départ des courriers, la foule des curieux et des oisifs donnaient à cette petite ville d'Allemagne la vie et l'aspect d'une capitale. On ne demandait point de passeports aux étrangers, on ne leur imposait point de cartes de sûreté; tout respirait la confiance.

L'Autriche figura dans cette grande réunion par un ambassadeur. Le baron Vincent vint, de la part de l'empereur François, complimenter les deux empereurs. Il remit la lettre de son maître à Napoléon et en eut une longue audience; son arrivée à Erfurth fit sensation et donna lieu à bien des conjectures.

Voici quel était le train de vie habituel des deux empereurs.

A neuf heures du matin, lever, où se rendaient les princes, les ministres, les ambassadeurs; il durait une demi-heure.

Alexandre envoyait tous les jours son grand-maréchal Tolstoï demander des nouvelles de Napoléon, qui, de son côté, envoyait aussi une personne de sa cour demander des nouvelles d'Alexandre.

Après le lever, les empereurs travaillaient, recevaient des députations ou donnaient des audiences.

Après midi, ils montaient à cheval ensemble pour se promener ou passer des revues.

Napoléon était à la fois l'Agamemnon et l'Achille de cette réunion de rois. Il en faisait les honneurs; il était le principal objet de la curiosité et de l'intérêt. Alexandre, les rois et les reines dînaient habituellement chez lui; il faisait aux autres princes l'honneur de les inviter.

Après le dîner, les deux empereurs allaient ensemble au spectacle; ce n'était pas un des moindres phénomènes de l'époque que la présence, au centre de l'Allemagne, de la première société dramatique de France. La salle était trop petite pour le nombre des spectateurs; elle n'en pouvait contenir que trois cents : on n'y entrait donc que par billets. Le premier jour, les empereurs se placèrent dans une loge : c'était celle de Napoléon; ensuite ils descendirent au parquet pour être plus près du théâtre. Là étaient pour eux deux fauteuils; à leurs côtés, des chaises pour les rois, les princes, les maréchaux, les ministres; les généraux étaient au parterre, et les dames dans les loges.

Après le spectacle, qui finissait vers dix heures, Napoléon se rendait chez Alexandre, et ils restaient ensemble jusqu'à minuit et quelquefois plus tard.

Jamais un plus brillant répertoire n'avait, en si peu de jours, occupé la scène. Du 28 septembre au 14 octobre, on représenta *Cinna*, *Andromaque*, *Britannicus*, *Zaïre*, *Mithridate*, *OEdipe*, *Iphigénie en Aulide*, *Phèdre*, *la Mort de César*, *les Horaces*, *Rodogune*, *Mahomet*, *le Cid* et *Manlius*. Jamais on n'avait vu jouer quinze jours de suite, les premiers talens de la scène française, Talma, Saint-Prix, Lafon, Damas; Mlles Raucourt, Duchesnois et Bourgoin.

Quelle impression faisait le théâtre français sur les Allemands ! Presque tous ceux qui voyaient pour la première fois la tragédie trouvaient de l'exagération dans la déclamation, la mimique et l'action; notre pathétique leur paraissait de la fureur. Ce jugement provenait de la différence qui existe entre le caractère des deux nations et leur théâtre.

Le 1er octobre, après la représentation de *Britannicus*, Talma était chez l'empereur. La conversation s'engagea sur la manière dont il avait joué Néron; l'empereur fit la remarque que Talma, fidèle au caractère que l'histoire a donné à cet empereur, montrait trop, dès son arrivée en scène, le despote; que, d'après l'intention de Racine, dans le commencement de la pièce, Néron ne devait pas paraître cruel; que c'était seulement lorsque son amour était contrarié qu'il devenait jaloux (scène 8, acte 3), et que son caractère violent se développe tout entier; que l'acteur devait donc garder pour les derniers actes toute la force de l'expression. Talma reconnut la justesse de ces remarques.

Au milieu de cette affluence de rois, de princes, de personnages titrés et décorés, la vie ne laissait pas que d'être uniforme et passablement ennuyeuse. Il n'y avait pas d'autre ressource que le théâtre, dont l'étendue était très bornée; des centaines d'étrangers ne savaient comment dépenser leur oisiveté.

Quant aux deux empereurs, ils passaient ensemble les journées dans le charme d'une parfaite intimité et les communications les plus familières de la vie privée. C'étaient comme deux jeunes gens de bonne compagnie dont les plaisirs auraient été en commun, et qui n'auraient rien eu de caché l'un pour l'autre. Ils se donnaient les plus grandes marques d'affection; Alexandre y professait hautement les sentimens d'une tendre amitié et d'une admiration véritable pour l'empereur Napoléon. Dans un de leurs entretiens, Alexandre soutenait que l'hérédité du trône était un abus; Napoléon passa plus d'une heure et employa toute son éloquence et toute sa logique à lui prouver que cette hérédité était la garantie du repos et du bonheur des peuples... Peut-être n'était-ce de sa part qu'un peu d'esprit.

Le 6 octobre, tout Erfurth se transporta à Weimar ; le duc donnait une fête aux empereurs ; elle devait commencer par une chasse. Les deux empereurs partirent à midi d'Erfurth, et furent reçus aux frontières de Weimar par le duc et sa vénerie ; ils arrivèrent au milieu des fanfares, des cors et des acclamations des spectateurs. La chasse dura jusqu'à quatre heures. On y tua quarante-sept cerfs, cinquante-deux chevreuils, trois cents lièvres et un renard ; c'était peu pour tant d'augustes chasseurs, dans un pays où de simples gentilshommes comptent souvent par milliers les victimes de leurs plaisirs. Les traqueurs qui poussaient le gibier sous le feu impérial et royal étaient habillés en sauvages ; c'est-à-dire de tricot rouge, avec une ceinture et une couronne de feuilles de chêne. Cette grotesque mascarade parut amuser Napoléon.

A cinq heures, les empereurs, en calèche de chasse, firent leur entrée à Weimar ; la duchesse les reçut au château. Il y eut un dîner de seize couverts. La table était en fer à cheval ; au centre, les deux empereurs, Napoléon à gauche, Alexandre à droite ; à la gauche du premier, la duchesse de Weimar, le roi de Saxe, le prince primat, le prince de Bénévent, le prince héréditaire de Mecklenbourg-Schwerin, le duc de Weimar. A la droite d'Alexandre, la reine de Westphalie, le roi de Wurtemberg, le roi de Westphalie, le grand-duc Constantin, le prince Guillaume de Prusse, le prince de Neufchâtel, le duc d'Oldembourg, le prince héréditaire de Weimar. Les places du roi de Westphalie et du grand-duc Constantin restèrent vacantes, pour cause d'indisposition, dit-on. Un concert était préparé, et il ne put avoir lieu. Les empereurs allèrent au théâtre, où l'on donna la *Mort de César*. La ville et le château étaient magnifiquement illuminés ; on se rendit ensuite au bal.

Napoléon traita avec une grande distinction la duchesse de Weimar, pour laquelle il était rempli d'estime : il parla à la plupart des dames, et s'entretint long-temps avec Wieland et Goethe. Il se retira à une heure après minuit.

Le 7, Napoléon entraîna tout son cortège de rois, de princes, et l'empereur de Russie, sur le théâtre d'une de ses plus grandes victoires, le champ de bataille d'Iéna. Le duc de Weimar avait fait tout préparer pour cette excursion. Sur le point le plus élevé du mont Napoléon, d'où le jour du combat (14 octobre 1806) l'empereur, entouré de ses gardes, commandait, on avait construit un temple élégant.

De cette hauteur, on découvrait la ville d'Iéna et la plaine où s'était donnée la bataille. Au dessous, sur la pente de la colline où Napoléon avait bivouaqué, dans la nuit du 13 au 14, étaient plusieurs tentes, dont la plus grande était destinée au déjeûner des empereurs. Les tables étaient dressées en plein air pour les personnes de leur suite. A une certaine distance était allumé un feu de bivouac qui produisait un bon effet. Le chemin qui conduit au mont Napoléon était rempli de spectateurs.

A dix heures du matin, arrivèrent les rois en voiture, et le duc de Weimar en habit de chasse, à cheval avec ses officiers. Les deux empereurs parurent ensuite en calèche, à l'endroit où le chemin du temple se sépare de celui d'Apolda ; les empereurs furent accueillis au son des trompettes, aux cris des *vivat* de la bourgeoisie d'Iéna, ayant à sa tête son préfet. Napoléon s'arrêta devant le temple, à parcourir une carte de la contrée. Deux députations de l'Université d'Iéna furent reçues par les empereurs qui s'entretinrent long-temps avec elles. Napoléon fit appeler le bourguemestre de cette ville, M. Vogel, pour avoir des renseignemens sur les pertes qu'elle avait éprouvées pendant la guerre. En récompense du soin que ce magistrat, ainsi que le docteur Starke, avaient pris des blessés français, il leur donna la décoration de la Légion-d'Honneur. Les empereurs montèrent à cheval et parcoururent les positions des deux armées. Ils chassèrent à Apolda, et retournèrent à Erfurth à cinq heures du soir, où on reprit le train de vie ordinaire.

Des distributions de faveurs firent présager le départ de tous ces illustres hôtes. Le comte de Romanzow et le comte de Tolstoï reçurent le grand-cordon de la Légion-d'Honneur ; Wieland et Goethe reçurent chacun la croix de chevalier du même ordre. Le ministre Champagny, les ducs de Montebello et de Vicence l'ordre de Saint-André.

L'Académie des sciences tint une séance solennelle, et admit au nombre de ses membres le duc de Bassano, le comte Champagny, le prince Sapieha et M. Bourgoing, ministre de France à Dresde. A cette époque, les journaux français, notamment le *Journal de l'Empire* (*des Débats* aujourd'hui), faisaient de fort sottes critiques de la littérature allemande qu'ils ne connaissaient pas, et la tournaient en ridicule.

Bientôt commença le départ des rois et des princes.

Le 14, à midi, l'empereur de Russie et son frère Constantin quittèrent Erfurth. Napoléon les accompagna jusqu'à l'endroit où il était allé recevoir Alexandre ; là, les deux empereurs se firent leurs adieux. Ainsi finit cette mémorable entrevue.

Le jour où les deux empereurs se séparèrent, des courriers russes et français allèrent porter des propositions de paix à l'Angleterre. Napoléon fut de retour à Saint-Cloud le 18 octobre. Dans son discours à l'ouverture de la session du corps législatif, le 25, il dit : « L'empereur de Russie et moi nous nous sommes vus à Erfurth ; notre première pensée a été une pensée de paix. Nous avons même résolu de faire tous les sacrifices pour faire jouir, plus tôt s'il se peut, les dix millions d'hommes que nous représentons, de tous les bienfaits du commerce maritime. Nous sommes d'accord et invariablement unis pour la paix comme pour la guerre. »

Six mois après, l'Autriche nous faisait la guerre, et l'empereur de Russie ne tardait pas à se réunir aux ennemis de la France, pour ne plus s'en séparer jusqu'à ce que l'Europe eût accablé le grand homme dont il s'était honoré de se dire l'ami.

XVI

L'Illuminé.

A l'époque du glorieux traité de Tilsitt, au mois de juillet 1807, Napoléon écrivait à l'impératrice Joséphine :

« La reine de Prusse est vraiment charmante ; elle est pleine de co-
» quetterie pour moi : mais n'en sois point jalouse, mon cœur est comme
» une toile cirée sur laquelle tout cela ne fait que glisser. Il m'en coû-
» terait trop cher pour faire le galant. »

La reine de Prusse ne fut pas du reste à cette époque la seule femme jeune, gracieuse et séduisante qui tenta de plaire à Napoléon. Presque toutes les dames de la cour quêtèrent, à Berlin, un regard ou un sourire du grand homme; parmi elles, toutefois, aucune ne mit autant de puissans ressorts en jeu pour y parvenir que la comtesse de H..., adorable personne unie depuis six mois seulement au plus vieux des généraux-chambellans.

Un jour que, chez la reine, on parlait en petit comité de Napoléon :

— Quelque farouche que soit cet insatiable conquérant, dit en souriant la comtesse, je suis persuadée qu'il ne serait pas entièrement impossible de l'apprivoiser et de le rendre à peu près traitable.

— Prenez garde, comtesse, fit malicieusement observer la reine, il y aurait, je crois, plus de danger à réussir qu'à échouer ; il ne faut pas jouer avec la poudre.

— Que Votre Majesté se rassure, en ce qui me concerne du moins, reprit la comtesse de H... Quoi qu'il pût m'arriver, et dans toutes les occurrences possibles, mon patriotisme me fournirait des consolations suffisantes.

Ces paroles, dites avec une sorte d'exaltation concentrée, firent sourire toutes les dames qui se trouvaient réunies au cercle ; la reine seule arrêta sur la comtesse un regard profond, comme pour lui dire qu'elle avait compris toute sa pensée.

Ses intentions ainsi avouées, la comtesse, belle entre les belles, pleine d'esprit, de grâce, de distinction, s'abandonna sans contrainte aux agaceries, aux demi-confidences, à tout le manége enfin de la coquetterie. Par malheur, par bonheur peut-être, Napoléon, en amour comme en diplomatie, comme en guerre, ne semblait vulnérable que quand il lui convenait de l'être ; à peine remarqua-t-il madame de H..., et bientôt, quittant la capitale de la Prusse, il fut de retour aux Tuileries, à Paris (1).

— Eh bien! chère comtesse, dit la reine à madame de H... le lendemain du jour où l'empereur venait de quitter Berlin, vous l'avez donc laissé partir sauvage comme devant ?

— Oh! répondit vivement la jeune comtesse, croyez que je n'ai pas dit mon dernier mot.

C'est qu'en effet de ce moment elle avait à venger son amour-propre, son orgueil froissé. Déjà, dans son esprit, son projet de vengeance était arrêté.

Une exaspération fanatique contre Napoléon commençait dès lors à se manifester en Allemagne; les écoles, les comptoirs, les brasseries de la Saxe et de la Prusse exhalaient en quelque sorte des idées de meurtre. L'amour de la patrie, le sentiment de l'indépendance nationale faisaient fermenter toutes les jeunes têtes ; dès lors on pouvait prévoir que, pour ces nouvelles castes d'illuminés qui se formaient, tous les moyens seraient bons, épurés qu'ils leur sembleraient être par le noble but de leurs efforts.

Au nombre de ces fanatiques qui parlaient tout haut de purger le monde du nouvel Attila, se faisait remarquer, par une exaltation qu'il ne

(1) Napoléon méprisait les femmes qui lui faisaient des avances ; il disait un jour de Mme de Staël : « Je ne puis pas souffrir cette femme-là, parce que je n'aime pas les femmes qui se jettent à ma tête, et Dieu sait combien elle m'a fait de cajoleries ! » (*Mémoires de Bourrienne.*)

cherchait ni à dissimuler ni à contraindre, le jeune baron de la Sahla, frêle enfant de dix-sept ans à peine (1), qui, dans les circonstances ordinaires de la vie, n'eût pu voir sans trembler la lame d'une épée, mais auquel l'idée de l'indépendance menacée de l'Allemagne inspirait un courage une résolution capables de tout entreprendre et de tout braver.

La Sahla aimait Mme de H...; c'était son premier amour.

— Noble comtesse, lui disait-il quelques semaines après le départ de Napoléon, adorable Marie, n'aurez-vous donc pas pitié de moi, qui donnerais ma vie, mon âme, pour un seul de vos regards ?...

— Baron Ernest, répondit la comtesse après quelques instans passés dans une sorte de méditation contemplative, j'ai juré de renoncer à tout ce qui touche au monde, à ses exigences, à ses préjugés, tant que le tyran de l'Allemagne sera debout.

— Qu'il meure donc ! s'écria le jeune Saxon dont le visage s'illumina subitement.

— Oui, qu'il meure, lui qui n'a pas craint de dire : « Cette fière noblesse prussienne, je lui ferai mendier son pain ! (2) »

Ce mot, comme un trait empoisonné, s'attacha au cœur de la Sahla.

— Eh bien, dit-il d'une voix sourde et menaçante, je mendierai s'il le faut pour arriver jusqu'à lui... je le frapperai ! et alors, serez-vous à moi, comtesse Marie ?

Mme de H..., pour toute réponse, lui tendit sa blanche main sur laquelle il déposa un baiser de feu.

Quelques jours s'écoulèrent pendant lesquels la Sahla fit ses préparatifs de départ. Il venait fréquemment retremper son courage près de la comtesse, et, grâce à ses discours, à ses encouragemens, à ses promesses, il en vint bientôt à ce point d'exaspération que la vue seule d'un uniforme français l'exaltait jusqu'aux plus injurieuses bravades. Ce fut dans ces dispositions qu'il vint prendre congé de Mme de H... pour se mettre en route vers Paris.

— Allez, baron Ernest, lui dit la comtesse en l'embrassant, puissiez-vous être bientôt de retour pour me rappeler ma promesse ; allez, et que Dieu guide votre bras.

Arrivé en France, la Sahla ne négligea rien pour entretenir en lui ce qu'il appelait le feu sacré ; à plusieurs reprises, il insulta les officiers et les soldats qu'il rencontrait, voulant par ses provocations, réprimées aussitôt que faites, s'enhardir à l'idée du sang versé en répandant le leur ou le sien sur le terrain du duel. Enfin, il se disposa à frapper le grand coup (3). Trois jours après son arrivée à Paris, il écrivit en ces termes à la comtesse :

« Marie, pensez à moi et priez ! Le tyran doit sortir aujourd'hui
» pour aller à la chasse. Je serai sur son passage, et lorsque vous rece-
» vrez cette lettre, il est probable que ni lui ni moi ne serons plus de ce

(1) Dominique-Ernest de la Sahla était né à Choulan, dans le royaume de Saxe. Frédéric Staaps, qui tenta d'assassiner Napoléon à Scœnbrunn, en 1809, était également Saxon.

(2) Napoléon, dans sa colère, avait proféré cette menace, en 1806, à Berlin même.

(3) La Sahla, dans le second interrogatoire qu'il subit, s'exprima plus tard ainsi : « J'étais surpris du courage dont je me sentais animé, car je suis si
» craintif naturellement que la vue d'une épée me fait trembler ; mais sur ce
» point, pour risquer ma vie contre un Français, j'étais un lion. »

» monde... Le courage ne peut me manquer, ô Marie aimée! car en ce
» moment suprême votre chaste et dernier baiser me brûle le cœur. »

L'espérance de la Sahla fut déçue le jour où il écrivait cette lettre ; armé d'un poignard et de deux paires de pistolets de forte portée, il se tint constamment aux abords des Tuileries, épiant le moment où le tambour, en battant aux champs, lui annoncerait la sortie de l'empereur. Cette étoile, qui déjà tant de fois avait sauvé le grand homme, ne devait pas permettre qu'il tombât sous les coups d'un fanatique. Napoléon avait changé de projet, il ne sortit point.

Six mois s'écoulèrent ainsi sans que le jeune Baron pût approcher de l'empereur. Cependant ses ressources s'épuisaient, son fanatisme devenait moins sombre, peut-être son courage allait faiblir.

Il avait dû cacher son voyage à sa famille. Ses lettres à la comtesse H... étaient toutes demeurées sans réponse. Un jour, il se trouva sans pain, et fut obligé d'emprunter une très modique somme à un de ses compatriotes que le hasard lui fit rencontrer. Cette circonstance raviva sa haine ; et, le soir même, il rentrait au modeste domicile qu'il occupait sous un faux nom depuis son arrivée, lorsqu'une femme, passant près de lui, lui jeta ces mots qu'il put seul entendre :

— Baron Ernest, le tyran de l'Allemagne est encore debout!

La Sahla se retourne, s'élance, mais déjà l'apparition mystérieuse s'est évanouie. A la voix cependant, à l'accent de reproche qui l'a frappé, il a reconnu la comtesse.

Dès le lendemain il recommença ses courses autour du palais des Tuileries. C'était un jour de revue. Napoléon, après avoir parcouru les rangs à pied, selon son habitude, s'avançait au milieu des spectateurs. Tout à coup un jeune homme, fendant la foule, cherche à se frayer un passage vers l'empereur ; mais cette précipitation même s'oppose à l'exécution de son projet, et M. Réal, qui marchait à quelque distance en avant, arrête le bras de l'assassin au moment où il tire de sa poche un pistolet chargé et armé.

Cet assassin, c'était la Sahla.

Instruit aussitôt de ce qui venait de se passer, Napoléon voulut interroger lui-même l'homme qui avait essayé d'attenter si audacieusement à sa vie.

— Si ce n'est pas un fou, dit l'empereur, ce doit être un homme de forte trempe... Aurait-il donc osé tirer sur moi à bout portant au milieu de ma garde?

La Sahla fut amené, et Napoléon ne put s'empêcher de témoigner sa surprise en voyant devant lui ce frêle blondin aux joues pâles, à la lèvre imberbe et au regard doux.

— Que vous avait-on promis pour me tuer ? demanda Napoléon (1).

— Rien. Je voulais délivrer le monde du tyran qui l'opprime ; je n'avais pas d'autre but, d'autre vouloir.

— Comptiez-vous sur l'impunité?

— Je ne m'occupais en rien de ce qui pourrait m'arriver.

(1) Cet interrogatoire est presque semblable à celui que Napoléon fit subir à Staaps, à la suite de l'attentat de Schœnbrunn ; mais on peut le considérer comme authentique, car M. Réal, qui le rapporte, y assistait et le rédigea par écrit le même jour.

— Comment cette pensée vous est-elle venue, à vous qui paraissez si doux ?

— Oui, je suis doux, craintif même ; mais, pour frapper l'oppresseur de ma patrie, je me sens de la force et du courage.

—C'est du fanatisme, dit Napoléon, voilà comme on pervertit les idées, comme on dérange de pauvres faibles têtes. Puis, après avoir gardé le silence quelques instans : — Ecoutez, dit-il en s'adressant au prisonnier, je vais vous faire rendre vos armes ; vous serez libre, et vous pourrez dès demain retourner dans votre famille ; car vous devez avoir un père, une mère peut-être, à la douleur de laquelle vous n'avez donc pas pensé ? Ecoutez, je ne vous demande pour tout cela que votre parole de ne rien entreprendre jamais contre moi.

Une larme avait brillé dans les yeux de la Sahla en entendant ces nobles paroles. Il hésita ; puis, après quelques momens de réflexion, il demanda vingt-quatre heures pour faire une réponse définitive.

Le lendemain, il déclara avec le plus grand calme qu'il ne pouvait engager la parole qu'on lui demandait.

— Avez-vous bien compris ? lui dit le duc d'Otrante, qui était venu lui-même à Vincennes pour connaître sa résolution, avez-vous bien compris qu'il s'agit de vous rendre à la liberté, de vous renvoyer dans votre pays, au sein de votre famille qui vous pleure ?

— J'ai compris tout cela, répondit le jeune Saxon d'un ton résigné ; mais il y a une chose plus précieuse encore que je perdrais sans retour, et mon choix est fait. J'attends la mort.

L'empereur eut pitié de ce pauvre insensé, et ne voulut pas qu'on le jugeât. Dominique-Ernest, baron de la Sahla, fut, à dater de ce jour, écroué au donjon de Vincennes, sous la qualification de prisonnier d'état.

Là, pendant cinq années, ce jeune homme montra une véritable force d'âme ; il n'eut pas un moment d'humeur, ne fit entendre aucune plainte, aucune récrimination, et, placé au secret le plus rigoureux, ne demanda jamais aucun adoucissement à son sort. Une fois seulement il tenta de jeter par la fenêtre de sa cellule une lettre qu'il était parvenu à écrire, espérant sans doute que le vent l'emporterait dans la campagne et qu'elle pourrait tomber aux mains d'honnêtes gens qui la feraient parvenir à son adresse. Cette lettre, ramassée sur le revers du fossé et renvoyée au ministre de la police par le directeur de la prison, M. Fauconnier, auquel elle avait été rapportée, portait pour suscription :

« A madame la comtesse de H..., à Berlin. »

Voici quel en était le contenu, que le ministre fit immédiatement traduire :

« Madame,

» Je m'étais proposé trop de bonheur ou trop de gloire ; Dieu m'a tout
» ôté. Mais il a laissé votre image dans mon cœur, et je ne m'en plains
» pas. Je ne sais pas précisément où je suis, ni ce qu'on a l'intention de
» faire de moi ; mais, quoi qu'il arrive, je ne puis être malheureux, car
» tant que je vivrai ma pensée sera à vous, et quand le souffle de Dieu
» aura cessé de m'animer, je vous attendrai au ciel.

» Ne me plaignez donc pas, Marie adorée, mais gardez-moi votre
» cœur, qui doit être mon seul bien dans ce monde et dans l'autre.

» Ernest de la Sahla. »

Le désastre des armes françaises et l'entrée des alliés à Paris en 1814 rendirent la liberté au baron de la Sahla.

Presque en même temps, il apprit que la comtesse de H..., devenue veuve, avait épousé un jeune colonel prussien, et qu'elle se trouvait, avec son mari, dans la capitale de la France.

C'était le marquis de Lamaisonfort, arrivé à Paris avec le comte d'Artois, lieutenant-général du royaume, et remplissant provisoirement les fonctions de ministre de la police, qui faisait part lui-même au malheureux la Sahla de ces diverses circonstances : « Je n'ai pas le droit de me plaindre, répondit celui-ci avec résignation ; je n'ai pas su la mériter. »

Et il supporta ce nouveau malheur avec la même fermeté qu'il avait montrée durant ses cinq ans de captivité. Cependant il fit quelques démarches pour obtenir une entrevue de la comtesse ; il lui écrivit ; mais ses lettres demeurèrent sans réponse. Un jour enfin, il osa l'aborder dans le jardin des Tuileries qu'elle traversait seule.

— Vous êtes un fou, monsieur, lui dit-elle quand il se nomma ; le mieux est d'oublier le passé.

La Sahla se retira tristement.

— Elle a raison, se dit-il, l'homme qu'elle haïssait vit encore, et j'avais promis de le tuer !

Vers le milieu du mois de juin de la même année, une voiture armoriée passait sur le pont Royal. Tout à coup un jeune homme qui paraissait attendre depuis long-temps sur le trottoir, profitant d'un embarras qui ralentissait la course des chevaux, s'élance vers la portière, l'ouvre, et d'une voix grave et élevée :

— Comtesse d'H..., s'écrie-t-il, je n'ai pu le tuer, mais je puis mourir!

A peine ces mots étaient prononcés que le malheureux s'était précipité dans le fleuve.

Deux jours après, on pouvait lire sur les funèbres registres de la Morgue :

« Dominique-Ernest, baron de la Sahla, né à Chaulan, Saxe, trouvé mort dans la Seine, le 19 juin 1814. »

XVII

Saint-Cyr. — Ecouen.

Parmi les institutions que Napoléon protégeait d'une manière toute spéciale, il en était deux qu'il affectionnait de préférence : celle des orphelines de la Légion-d'Honneur, autrement dit Ecouen, dont il avait confié la direction à Mme Campan, et l'école militaire de Saint-Cyr, commandée par le général Belaveine. Il était rare que, dans l'intervalle d'une campagne à une autre, l'empereur ne fît pas une visite à ses petites protégées, ou qu'il n'allât pas voir ses petits lapins, comme il désignait l'un et l'autre de ces établissemens.

Or, dans les premiers jours de décembre 1809, la neige couvrait la terre ; le commandant Coteau, sous-directeur des études de Saint-Cyr, entre après la théorie du matin et d'un air joyeux dans le quartier des vétérans (les élèves de seconde année), en leur disant avec sa voix de chef de l'école, d'intonation :

— Messieurs!... l'empereur chasse en ce moment dans les environs de Versailles!... Il ne doit pas avoir chaud ! ajoute-t-il en frappant l'une dans l'autre, et comme pour les réchauffer, ses mains recouvertes de gants dont la peau avait au moins quatre lignes d'épaisseur.

— Vive l'empereur !...

Telle fut l'acclamation générale et prolongée que provoqua spontanément chez les élèves la nouvelle que leur apprenait le commandant Côteau.

Aussitôt le *bataillon d'instruction* (les élèves vétérans) se met sous les armes, ayant à sa gauche la *classe de recrues* (les élèves de première année), honteuse de son noviciat, et à sa droite les professeurs, les officiers et sous-officiers attachés à l'école. En avant du front de bataille, le général Belaveine, avec sa jambe de bois, ses petits yeux gris et sa canne à béquille, se tient au milieu des officiers supérieurs qui composent l'état-major et sourit de contentement à chacun d'eux, bien que ce général ne soit pas rieur de son naturel. Tout à coup le galop de plusieurs chevaux retentit sur le pavé de l'avenue : c'est l'empereur !... Il entre dans la cour.

— Portez armes ! Fixe !

Commande le capitaine Saget. Les tambours battent au champ, tous les officiers se découvrent. Le général s'avance au devant de Napoléon, qui déjà est descendu de cheval. La suite en a fait autant : elle ne se compose que de l'aide-de-camp arrivé avant lui pour prévenir le général de l'arrivée de S. M. Puis le prince de Neufchâtel, un écuyer, deux pages et un piqueur. L'escorte, les voitures et les équipages de chasse sont restés à Trianon.

Tout ce que je viens de rapporter ici n'a été que l'affaire d'un moment. En mettant pied à terre, Napoléon a ôté son chapeau à deux reprises différentes devant le drapeau de l'école, qui s'est incliné à son approche, et des cris de *vive l'empereur !* ont été articulés aux oreilles du général Belaveine de façon à le rendre sourd, s'il ne l'était déjà.

Le registre des punitions est la première chose que Napoléon demande à voir.

L'adjudant de l'école le lui apporte, et le premier nom qui frappe ses regards est celui du jeune Lapagerie, cousin de l'impératrice.

L'empereur fut d'abord mécontent; mais bientôt on le vit sourire, au fur à mesure qu'il parcourait les nombreux feuillets de ce registre, sur lequel se trouvait mentionnée la cause des punitions que l'adjudant s'était vu *forcé*, selon lui, d'*affliger* aux élèves. Ce brave officier, qui certes n'avait pas, comme M. le vicomte d'Arlincourt l'eut depuis, la prétention de créer un nouveau style, avait néanmoins précédé l'auteur du *Solitaire* dans l'emploi des inversions. Ainsi, le jeune Lapagerie avait été condamné à six jours de salle de police, et se trouvait calfeutré, depuis la veille, pour avoir commis deux fautes ; la première : « Avoir laissé pousser ses favoris, dans son sac ayant un rasoir ; » et la seconde : « Pour de pelures de légumes avec un eustache, le corps-de-garde avoir semé. » Le fait était que cet élève, très joli garçon de sa personne, avait oublié, en se faisant la barbe, de couper une petite paire de favoris qui allait on ne peut mieux à l'air de son visage ; et qu'ensuite, avant d'être mis en faction, il s'était amusé à manger un navet cru qu'il avait déterré près du polygone, après l'avoir épluché dans le corps-de-garde.

Napoléon dit au commandant :

— Général, je vous demande grâce pour le cousin de ma femme, faites-le venir à sa compagnie, je ne serais pas fâché de le voir aujourd'hui.

Le commandement de : *Trois pas en arrière, ouvrez vos rangs...* et celui de : *Présentez armes !* ayant été exécutés, comme toujours, avec un admirable ensemble et une précision unique, l'empereur, d'un air de satisfaction qui se lisait sur son visage, commença immédiatement sa revue d'inspection.

En passant devant le plus ancien des capitaines de l'école, Napoléon lui jeta un regard affectueux : c'était promettre à cet ancien officier, en échange de la croix de simple légionnaire qu'il avait sur la poitrine, une croix de moindre dimension, mais surmontée d'une petite couronne d'or avec une coquette rosette en ruban. Cette différence, toute minime qu'elle paraît, était d'autant plus grande qu'elle était plus rare, et par conséquent plus enviée ; car le pas qui séparait alors le chevalier de l'officier de la Légion-d'Honneur était immense à franchir.

En parcourant les rangs, l'empereur examina avec attention le fourniment de chacun des élèves du bataillon, ouvrant le sac à celui-ci, rajustant les buffleteries de celui-là ; il redressa la plupart des schakos posés trop en avant ou trop en arrière sur la tête. Arrivé devant le jeune Lapagerie, qui avait repris son rang, il s'arrêta, et prenant un air sévère :

— Ah ! ah ! lui dit-il, vous voilà, monsieur !.. Pourquoi donc ne vous conformez-vous pas à l'ordonnance ? Votre général a été trop bon pour lever vos arrêts à cause de moi !... Qu'à l'avenir il ne vous arrive plus de vouloir faire ici le muscadin ! Vous avez l'honneur d'être le cousin de l'impératrice, monsieur, et par conséquent le mien ; par cette raison, vous devriez plus que tout autre donner à vos camarades l'exemple de l'obéissance aux réglemens !

Puis, le regardant d'un œil moins sévère, et adoucissant le ton, il ajouta à demi-voix :

— Je suis fâché, Lapagerie, de vous avoir trouvé en faute ; mais je suis persuadé que cela n'arrivera plus, n'est-ce pas ?... Allons, la tête un peu plus haute, le pouce allongé sur la première capucine, le canon perpendiculaire : bien, c'est cela !

Arrivé devant le tambour-major de l'école, Napoléon s'arrêta encore.

C'était un homme magnifique que ce sous-officier ; il pouvait avoir cinq pieds huit pouces, et plus d'une fois, dans les ateliers de nos célèbres peintres de bataille, il avait servi de modèle. D'un mouvement de tête Napoléon l'avait toisé, tandis que lui, une main appuyée sur la hanche, et l'autre sur sa canne à grosse pomme, s'était posé fier et immobile en avant de ses tambours, comme un consul romain devant une légion prétorienne.

— A la bonne heure ! dit l'empereur le plus sérieusement du monde ; voilà comme je voudrais qu'ils fussent tous dans ma garde.

— Sire, j'y étais, répond le tambour-major en se redressant encore davantage.

— Parbleu ! je le sais bien : tu en es sorti pour te marier, pour faire une folie. Est-ce que tu crois que je ne te reconnais pas ?... Il ne tiendrait qu'à toi d'y rentrer. As-tu des enfans ?

— Oui, sire.

— Des garçons ?

— Oui, sire, j'en ai trois.

— Alors c'est différent, je t'engage à rester où tu es; mais quand tes enfans seront grands, *grands comme toi*, entends-tu bien? leur place est toute trouvée.

Et Napoléon s'approcha d'un autre groupe dont le vieux Fraboulet faisait partie. Il fit à ce dernier un geste de la main pour qu'il vînt à lui, et ce sergent d'artillerie s'avança au pas ordinaire, la main droite collée au schako... mais en présence de son empereur, il se trouva intimidé comme une jeune fille.

Napoléon dit au vieux canonnier en le regardant fixement :

— Et toi, mon vieux camarade, sais-tu écrire, maintenant?

A cette question inattendue, le pauvre sergent reste interdit : les muscles de son visage se contractent, et l'énorme morceau de tabac qu'il tient en permanence dans sa bouche passe dix fois, en une seconde, de gauche à droite et de droite à gauche; mais il ne peut trouver une parole.

— Je te demande si tu sais écrire maintenant? répète Napoléon.

— Oui, mon empereur, répond enfin Fraboulet en faisant un effort sur lui-même. Je suis conservateur du magasin à poudre; c'est moi *que je* soigne la fabrication des gargousses, *que je* veille aux mèches, *que je* démontre aux élèves la théorie du pointage, *que je*...

— C'est bon... bien... assez! répond l'empereur en agitant sa main comme pour lui dire qu'il n'en veut pas savoir davantage; mais en même temps il lui fait un signe de tête bienveillant.

Fraboulet avait été décoré au camp de Boulogne lors de la création de la Légion-d'Honneur, et plus tard, n'ayant pu être nommé officier, pour l'indemniser, Napoléon lui avait accordé une dotation de 365 fr. de rente hypothéqués sur ses domaines extraordinaires de Westphalie.

La revue d'inspection terminée, les manœuvres commencèrent.

Dans le court intervalle de repos qui les sépare du *défilé*, Napoléon ne cessa de s'entretenir avec le général Belaveine, les officiers supérieurs de l'école et le commandant Saget, théoricien profond, *ferré* sur *l'école de bataillon*, et qui trouvait toujours assez de mérite chez un *sujet* quand il avait un beau port d'armes, qu'il marchait la tête haute, les pointes basses et les coudes au corps. S'étant avisé de dire un jour, en présence de Napoléon, qu'un peuple était assez savant lorsqu'il savait croiser la baïonnette en trois temps et deux mouvemens, l'empereur l'avait gratifié d'un sourire d'approbation et d'une dotation que, du reste, il avait su mériter par ses services.

Le défilé s'exécuta à ravir, et l'empereur, après avoir levé toutes les punitions, quitta Saint-Cyr au milieu de vivats et d'acclamations capables de fendre un cerveau qui, comme le sien, n'y aurait point été accoutumé.

De retour à Versailles, au lieu de continuer la chasse ou de revenir à Paris, Napoléon déjeûna à Trianon; puis il monta en voiture en annonçant qu'il allait visiter Ecouen, voulant, avait-il dit au prince de Neufchâtel, faire d'une pierre deux coups.

On se mit en route en passant par Sèvres, le parc de Saint-Cloud, le bois de Boulogne, le *chemin de la Révolte*, Saint-Denis, etc.; plus de neuf lieues furent franchies en moins de deux heures et demie.

Un page suivi d'un piqueur était parti en avant pour annoncer cette visite à Mme Campan. Celle-ci, quoiqu'il ne fît pas beau, se promenait dans le petit bois qui avoisine le château, lorsqu'une dame surveillante vit arriver sur la plate-forme le piqueur à la livrée de l'empereur. Elle court avertir la surintendante qui revient en toute hâte : à la grille du château elle trouve le page, très occupé de son cheval couvert d'écume. Il prévient la surintendante que l'empereur est sur la route d'Ecouen, et qu'il n'a pas plus de dix minutes d'avance sur S. M. Le temps manquait pour que les élèves pussent revêtir ce qu'on appelait le grand uniforme (la robe blanche et la ceinture de couleur distinctive). Aussi cette directrice donna-t-elle l'ordre que les élèves restassent en classe, et que toutes les dames fussent à leur poste respectif. Quelques momens après, la voiture de l'empereur entrait dans la cour.

Mme Campan, accompagnée de toutes les dames dignitaires, reçut Napoléon dans le grand vestibule d'entrée et le conduisit, selon son désir, dans les classes du rez-de-chaussée qu'il parcourut d'abord. Il interrogea ensuite quelques unes des *petites* sur plusieurs choses fort simples. Bien qu'un peu troublées, elles ne répondirent pas mal. Il examina les bas que quelques unes d'elles tricotaient, en prit un, l'ouvrit, y passa la main et l'inspecta comme l'eût fait une bonne ménagère ; puis s'adressant à la surintendante, il lui dit :

— Madame, présentez-moi les trois élèves les plus distinguées.

— Sire, je puis en présenter non pas seulement *trois* à Votre Majesté, mais *six*, si elle daigne me le permettre.

Pour toute réponse, Napoléon fit une pirouette sur le talon et monta visiter les dortoirs, la salle de dessin et l'infirmerie.

Pendant ce temps, toutes les élèves pensionnaires s'étaient rendues à la chapelle, où il arriva bientôt. L'abbé Gauthier, premier aumônier, le conduisit jusqu'à la place qui lui avait été préparée dans le chœur.

A la *prière*, Napoléon s'agenouilla comme tout le monde, mais il se releva aussitôt que les élèves eurent commencé de chanter en chœur une autre prière qui appelait les bénédictions du ciel sur leur bienfaiteur. Ce chant qu'il entendait pour la première fois, exécuté avec une mesure lente par un grand nombre de voix jeunes et fraîches soutenues du jeu de l'orgue, émut Napoléon à un point tel, que chacun s'en étant aperçu partagea le sentiment qu'il éprouvait.

Sorti de la chapelle, l'empereur se rendit sur la plate-forme qui sépare le château du bois ; là, bien qu'il fît très froid et que la neige commençât à tomber, toutes les élèves furent rassemblées par division et par classe ; elles formaient deux rangs qui se prolongeaient jusqu'à l'entrée du parc.

En les parcourant, Napoléon dit en souriant à Mme Campan :

— Vous commandez là un bien joli régiment, je ne passe pas souvent de semblables revues ; toutes ces jeunes filles sont la santé même.

— Sire, cela est dû à la pureté de l'air qui règne ici.

— Et à vos bons soins, mesdames, reprit-il en faisant un aimable salut aux dames institutrices qui l'entouraient, et auxquelles ces mots flatteurs avaient fait baisser les yeux.

Alors il renouvela sa demande à la surintendante au sujet de la présentation des trois élèves les plus distinguées.

— Sire, répondit cette dame avec une certaine dignité, je prendrai la respectueuse liberté de faire observer à Votre Majesté que je commettrais une injustice envers beaucoup de leurs compagnes aussi avancées que celles que je pourrais avoir l'honneur de lui présenter.

A ces mots, Napoléon fronça légèrement le sourcil ; mais il ne répondit pas plus que la première fois.

A la fin du dîner, qui avait été un peu pressé, il entra au réfectoire et se plaça au dessous de la chaire.

L'une des *grandes* venant à réciter les *grâces* qui se terminaient toujours par des vœux pour lui, il leva la tête et lui fit un salut charmant. Il adressa en même temps à une des dames surveillantes quelques questions sur le nombre et le choix des mets dont se composaient habituellement les repas des élèves. On répondit à ses demandes. S'adressant pour la troisième fois à Mme Campan, il lui dit en prenant une prise de tabac :

— Enfin, madame, je vois bien qu'il me faut en passer par où vous voulez ; quand même, chacun ne doit-il pas obéir ici ? Nommez-moi donc vos six élèves.

Mais la surintendante en nomma *douze*, et au fur et à mesure qu'elle appelait une élève par son nom, celle-ci accourait se placer devant l'empereur, ce qui lui attirait quelques paroles flatteuses.

Le nombre de *six* toléré par lui étant complet, et voyant d'autres élèves continuer de se placer à côté de leurs compagnes, Napoléon laissa échapper des oh! oh! d'autant plus expressifs dans sa bouche, qu'il venait de s'apercevoir qu'il s'était pris lui-même au piège sans s'en douter. Trop poli et surtout trop bon pour songer seulement à démentir Mme Campan, il fut bien forcé, comme il l'avait dit, d'en passer par là : il s'exécuta donc de bonne grâce. D'ailleurs, ces jeunes filles l'avaient si agréablement ému à la chapelle!...

Les ayant toutes regardées et interrogées avec une bienveillante attention, il leur fit un petit salut de la main en leur disant :

— Au revoir, mesdemoiselles.

Et, se retournant vers Mme Campan, qu'il avait eu l'air de bouder un instant, il ajouta :

— Madame, vous adresserez à Duroc la liste de vos *douze* élèves avec une note pour chacune d'elles, et moi, je vous enverrai des bonbons pour toutes. Adieu, madame, je suis très satisfait. Je rendrai compte à l'impératrice, ainsi qu'à la reine de Hollande, votre protectrice, de la visite que je vous ai faite aujourd'hui.

Et il monta en voiture.

Le même jour, à sept heures du soir, en se mettant à table pour dîner, l'empereur dit gaîment à Joséphine :

— A propos ! je suis allé voir ce matin ton cousin Lapagerie.

— Eh bien ! comment as-tu trouvé ce pauvre jeune homme ?

— J'ai trouvé ce pauvre jeune homme à la salle de police.

— Oh mon Dieu ! qu'est-ce cela ?

— Peu de chose, tranquillise-toi ; seulement il a voulu faire le coquet ; il tient de famille, mais l'adjudant de l'école, qui s'occupe beaucoup plus de faire exécuter les ordonnances que lui envoie Clarke que celles insérées dans le journal des *Modes* qu'on t'envoie tous les jours, sans respect pour sa parenté avec toi, a mis le petit cousin en pénitence, c'est-à-dire au pain et à l'eau, dans une chambre qui n'a que les quatre murs. Je lui ai un peu lavé la tête en présence de ses camarades. Du reste, il se porte à merveille, et je ne doute pas qu'il ne fasse un jour un charmant officier.

— Tant mieux, car il t'aime bien.

— Je crois qu'il t'aime davantage encore... En sortant de là, je suis allé faire ma visite à l'ancienne maîtresse de pension de ta fille.

— Comment ! de Saint-Cyr tu as été à Écouen ?... Quelle course ! mes pauvres chevaux !

— Bah ! bah ! j'y suis allé en me promenant avec mes pages... Sais-tu que ces petits messieurs-là voudraient singer ceux d'autrefois ?

— En quoi donc ?

— C'est que tu ne sais pas que, lorsqu'ils se doutent que je veux aller à Écouen, ils se disputent à qui sera d'escorte.

— Cela ne doit pas t'étonner : on est si heureux de pouvoir se trouver avec toi !...

— Oh ! ce n'est pas pour moi, s'écria Napoléon en se frottant les mains; je ne suis pas leur dupe. C'est pour les pensionnaires de Mme Campan. Ma foi ! je t'avoue qu'il y en a de vraiment charmantes ; leur directrice m'a attrapé, mais je ne lui en veux plus ; je te conterai cela.

Puis, après un moment de silence, et comme par suite d'une de ces réflexions bizarres qui lui venaient si souvent, il reprit :

— Moi, ma chère amie, j'aurais été un très mauvais page ; mais je t'assure que je n'aurais jamais eu d'idée semblable. Se disputer à qui m'accompagnerait ! Je crois qu'ils se battraient entre eux si Gardanne n'y mettait bon ordre.

— Ce sont tous de bons et braves jeunes gens, reprit Joséphine ; ils t'aiment bien aussi, ceux-là.

— Je le sais, et je leur en tiens compte ; d'ailleurs, ils m'ont déjà fourni d'excellens officiers. Sois tranquille, je leur ferai faire un jour de beaux mariages.

— Encore ! s'écria tout à coup l'impératrice avec une sorte de dépit mal déguisé ; depuis ton retour, tu ne rêves que mariage !... Eh ! mon Dieu ! marie tous ceux que tu voudras, pourvu que tu ne songes pas, comme tout le monde le dit ici, à te remarier toi-même ; voilà tout ce que je demande au ciel ; car, crois-moi bien, si jamais tu m'abandonnais, tu cesserais d'être heureux.

A cette sortie, à laquelle il était loin de s'attendre, Napoléon se leva brusquement de table, en jetant à Joséphine un de ces regards qui faisaient vaciller la couronne sur la tête des rois ; et, prenant son chapeau avec vivacité, il quitta le salon sans prononcer une seule parole.

Quant à l'impératrice, qui s'était levée presque en même temps, une fois seule, elle devint pensive et inquiète ; les larmes lui vinrent aux yeux en abondance, des larmes d'amour et de regret ; car elle venait de comprendre que cette fois elle était allée trop loin.

On était, je l'ai dit, à la fin de l'année 1809 ; il y avait à peine un mois que l'empereur était de retour de Schœnbrunn, et, avec un homme tel que lui, les causes en apparence les plus insignifiantes amenaient quelquefois les résultats les plus sérieux. En effet, à l'instant même, Napoléon venait d'arrêter irrévocablement le divorce qu'il projetait depuis long-temps. Quelques jours après (le 18 décembre), il épousait la fille de l'empereur d'Autriche, quoique plusieurs membres de sa famille, Murat entr'autres, lui eussent objecté que les alliances avec l'Autriche avaient toujours, tôt ou tard, porté malheur à la France.

XVIII
Trois mois à Schœnbrunn, en 1809.

Dans les premiers jours d'avril 1809, l'archiduc Charles, imaginant qu'il y avait une armée française en Bavière, fit connaître au cabinet des Tuileries qu'il avait reçu de l'empereur d'Autriche, son frère, l'*ordre de se porter en avant et de traiter en ennemi tout ce qui opposerait de la résistance.* Pareille déclaration ayant été adressée à la Russie et à toutes les puissances alliées de l'empire français, en conséquence de cette communication, l'armée autrichienne, au mépris du traité de Presbourg, pénétra sur le territoire bavarois.

Une dépêche télégraphique fit connaître à Napoléon cette nouvelle invasion de l'Autriche.

Elle lui fut apportée le 10 avril par Berthier, à neuf heures du soir, tandis qu'il assistait à une représentation d'*Andromaque*, aux Tuileries.

A peine eut-il jeté les yeux sur cette dépêche que, frappant de son poing fermé sur le bras du fauteuil vide qui était à côté de lui, dans sa loge, il s'écria : « Eh bien ! voilà du nouveau à Vienne !... A qui en veulent-ils donc, maintenant ?... L'empereur d'Autriche a-t-il été piqué de la tarentule ?... Ah ! ah ! puisqu'ils m'y forcent, je la leur donnerai belle ! » Et à la fin du troisième acte de la tragédie, il quitta le spectacle, rentra dans ses appartemens intérieurs, où un conseil de ministres fut immédiatement convoqué.

Jamais l'empereur n'avait été pris si au dépourvu; mais l'Autriche n'avait pas mis en ligne de compte l'activité, le génie et la puissance de Napoléon qui, d'un mot et comme par enchantement, rassembla une armée formidable sur les bords du Rhin, en même temps que tous les souverains de la confédération, fidèles à leurs engagemens, se mirent sur le pied de guerre. Ayant donné les derniers ordres, il partit de Paris, le 13 avril 1809, à quatre heures du matin, emmenant avec lui l'impératrice Joséphine, qu'il laissa le 15 à Strasbourg ; puis il passa le Rhin à la tête de ses belles phalanges et marcha en toute hâte au secours de la Bavière : quelques semaines étaient à peine écoulées qu'il était maître de Vienne.

Après avoir cantonné son armée dans les pays conquis, Napoléon quitta son bivouac de Znaïm le 13 juillet et vint s'établir pour la seconde fois à Schœnbrunn, où il arriva le même jour à trois heures après-midi.

Aussitôt la maison de l'empereur se forma et se maintint sur le même pied qu'à Saint-Cloud ou aux Tuileries. Tous ceux des officiers de la maison civile qui étaient restés à Paris ou à Strasbourg reçurent l'ordre de se rendre au plus tôt à Schœnbrunn, de même que ceux de la maison militaire quittèrent leurs corps respectifs pour venir au palais et commencèrent leur service. Toute la garde impériale fut campée à Schœnbrunn même ou aux alentours.

Le lendemain 14, Napoléon nomma maréchaux de l'empire les généraux Oudinot, Marmont et Macdonald, puis s'occupa des récompenses qu'il avait à décerner à son armée. Il accorda des pensions aux soldats, fit élever leurs enfans dans des lycées et des écoles militaires, créa des places pour ceux qui, hors d'état de servir encore à la guerre, pouvaient remplir des fonctions administratives. Ce fut ainsi que MM. de Contades, Duverdier, Delavédrine, Arcambal et une foule d'autres furent inscrits pour des emplois civils qu'ils remplirent à leur retour en France ; car Berthier, en sa qualité de premier garde-note, avait soin d'écrire à chaque ministre pour que les ordres de l'empereur fussent ponctuellement exécutés. Personne ne fut oublié, les troupes même les plus éloignées du quartier-général se ressentirent de ces bienfaits, parce qu'il existait entre Napoléon et ses compagnons de gloire une solidarité intime, réciproque, à laquelle l'empereur ne manqua jamais.

Du 13 juillet au 17 octobre suivant, Napoléon habita constamment Schœnbrunn. Il n'alla à Vienne que rarement et incognito. M. de Montesquiou, qui venait de succéder à M. de Talleyrand dans ses fonctions de grand-chambellan, avait monté somptueusement, au théâtre de Schœnbrunn, un spectacle allemand et italien : de sorte que chaque soir on pouvait entendre soit le *Don Juan* de Mozart, soit le *Barbier de Séville* de Paësiello, ou voir le ballet de la *Rosière*, exécuté par une assez bonne troupe de danseurs dirigée par M. Aumer, du grand Opéra de Paris. Napoléon assistait assez souvent à ce spectacle pendant trois quarts d'heure au plus, lorsque c'étaient les Italiens qui jouaient. Jamais il ne resta au ballet. Les travaux du cabinet étaient dirigés par lui comme s'il eût été à Paris. Les parades militaires avaient lieu, à neuf heures du matin, dans la grande cour du château. On y descendait par un bel escalier en forme de fer à cheval. Assez ordinairement, la plupart des officiers-généraux de l'armée et presque tous les officiers supérieurs de la garde, lorsqu'ils n'étaient point de service, se tenaient sur les dernières marches et sur les bas-côtés. Napoléon, en descendant du palais, s'arrêtait toujours ou pour leur adresser quelques questions ou pour les demandes qu'ils pouvaient avoir à lui faire.

L'empereur alla chasser plusieurs fois dans la magnifique forêt qui fait suite au parc de Schœnbrunn ; mais c'est qu'il n'y avait pas eu d'audience publique ces jours-là. Cela était rare, car tout le temps qu'il demeura à Schœnbrunn, il consacra au moins quatre jours par semaine à recevoir ceux des Français qui se trouvaient en Autriche par suite des événemens de la guerre, et même les Autrichiens de distinction, pourvu qu'ils parlassent le français.

Il ne faut pas croire, toutefois, qu'on pénétrait auprès de l'empereur aussi facilement qu'on le faisait auprès de saint Louis sous le fameux chêne de Vincennes : peu de personnes étaient refusées, mais il fallait donner son nom, sa qualité et son adresse deux jours à l'avance au chambellan de service. Cela fait, on pouvait être certain d'être admis au jour indiqué. Napoléon tenait ordinairement ces sortes d'audiences dans la salle des gardes, qui est très vaste.

Un de ses secrétaires (M. Fain ou M. de Menneval) se tenait près de lui pour écrire ses ordres. Le prince Berthier ou le grand maréchal, ou l'aide-de-camp de service, était toujours présent, tenant à la main un carnet et un petit porte-crayon que Napoléon lui prenait vivement des mains lorsqu'il voulait écrire une note ou une recommandation en marge de la pétition qui lui était présentée ; déchiffrait ensuite la note ou la recommandation qui le pouvait !

Chacun était admis à son tour devant l'empereur ; mais tous ceux qui se trouvaient présens pouvaient entendre les paroles prononcées par lui, en réponse aux demandes qui lui étaient faites ; il avait même besoin, dans ces occasions, d'élever la voix, qu'il avait naturellement brève, pleine et grave tout à la fois, comme s'il eût voulu témoigner ainsi que sa justice ne craignait point la publicité.

Le 18 juillet, un décret accorda deux croix d'honneur à l'artillerie légère du 3e corps, quatre croix au 3e régiment de la Vistule, six croix au 44e régiment de ligne, huit croix à la division du duc de Rivoli, et dix croix à celle d'Oudinot, auxquelles on dut en partie le succès de la bataille de Wagram ; en tout, trente croix à répartir entre 250,000 hommes.

La munificence des gouvernans a singulièrement augmenté depuis ce temps, du moins sous ce rapport.

Le 15 août, il y eut *Te Deum* à Saint-Etienne de Vienne, gala le soir chez le général Andréossi, gouverneur de la ville, et la nuit illumination générale. Le même jour, le prince de Neufchâtel fut nommé prince de Wagram ; le maréchal Masséna, prince d'Essling ; le maréchal Davoust, prince d'Eckmülh. La veille, Napoléon avait créé ducs Maret, Oudinot, Macdonald, Clarck, Champagny, Regnier et Gudin. Enfin il institua, en faveur des mutilés des champs de bataille, l'ordre des Trois-Toisons, qu'on appela plaisamment l'ordre du Sépulcre, à cause des conditions, des blessures qu'il fallait avoir reçues et des batailles auxquelles on devait avoir assisté pour être éligible. Le but véritable de cette nouvelle décoration était la destruction de l'ordre de la Toison-d'Or, dont une partie appartenait à la couronne d'Espagne, une autre à celle des Pays-Bas, et la troisième à celle d'Autriche. Napoléon, à qui appartenaient les Pays-Bas et qui tenait l'Espagne, voulait humilier l'Autriche, vaincue pour la troisième fois, en créant l'ordre des Trois-Toisons. A chaque pas ne retrouve-t-on pas dans cette période de notre histoire la pensée gigantesque de la souveraineté européenne ?

L'armistice de Znaïm une fois conclu, des plénipotentiaires avaient été nommés pour traiter définitivement de la paix. On ne pouvait encore prévoir comment se termineraient les négociations, lorsqu'un événement dont les détails furent peu connus dans le temps, parce que Napoléon défendit expressément qu'on en parlât, décida de l'état de l'Europe : je veux parler de la tentative d'assassinat faite par Staabs sur la personne de l'empereur.

Le 13 octobre, M. de Champagny étant venu le matin de Vienne à Schœnbrunn pour travailler avec l'empereur, l'empereur entra dans le cabinet, et sans qu'aucune altération se fît remarquer sur son visage, il dit :

— Savez-vous que le prince de Lichtenstein avait raison lorsqu'il vous a conté qu'on lui avait fait la proposition de m'assassiner.

— Que veut dire Votre Majesté ?

— Oui, de m'assassiner ; on vient de le tenter à l'instant ; suivez-moi, vous allez voir.

M. de Champagny étant entré avec Napoléon dans le salon où se trouvaient déjà rassemblés Berthier, Savary, Rapp et l'officier de gendarmerie qui veillait sur Staabs, que l'on venait d'amener au palais, la présence de Napoléon ne fit aucune impression sur ce jeune homme, qu'un amour aveugle de la patrie avait égaré. Lorsque l'empereur, après lui avoir fait subir un assez long interrogatoire et avoir fait appeler Corvisart pour lui faire tâter le pouls, lui eut adressé cette question :

— Si je vous faisais grâce, m'en sauriez-vous gré ?

— Je chercherais à vous tuer plus tard, répondit Staabs.

— Diable ! s'écria Napoléon en reculant d'un pas, il paraît qu'un crime n'est rien pour vous.

— Vous tuer n'est pas un crime, ajouta Staabs, c'est un saint devoir.

La férocité de ces paroles contrastait singulièrement avec le ton doux et l'air modeste, sans bravade, sans arrogance, avec lesquels Staabs les prononçait. La froide et inébranlable résolution qu'elles annonçaient, et ce fanatisme si fort au-dessus de toutes les craintes humaines, firent sur Napoléon une impression d'autant plus profonde qu'il affecta plus de tranquillité. A un signe, tous ceux qui étaient présents se retirèrent, excepté M. de Champagny, qu'il retint par le bras.

— Monsieur le duc de Cadore, dit Napoléon d'une voix émue, il faut faire la paix, la paix, entendez-vous ? Retournez à Vienne à l'instant même, appelez près de vous les plénipotentiaires autrichiens : vous êtes convenu des points les plus importans. La contribution de guerre seule vous arrête. Vous différez de cinquante millions ; partagez la différence par la moitié, si vous ne pouvez avoir mieux, et que cela finisse. La dernière rédaction que vous m'avez présentée me convient, ajoutez-y les dispositions que vous jugerez utiles, je m'en rapporte entièrement à vous. Allez, monsieur le duc ; mais faites la paix, il le faut absolument.

Le même jour, à onze heures du soir, le prince de Lichtenstein et M. de Bubna étaient chez le ministre français.

Le débat fut long. M. de Champagny arrachait million à million. En homme habile, il arriva jusqu'à quatre-vingt-cinq. Vers les trois heures de la nuit, tous les points étaient réglés. M. de la Bénaudière, alors chef de la première division au ministère des affaires étrangères, qui avait accompagné le ministre, fut appelé pour expédier les deux copies du traité, qui étaient signées à cinq heures, et à six M. de Champagny était de retour à Schœnbrunn. Napoléon le vit entrer dans son cabinet avec inquiétude.

—Eh bien ! qu'avez-vous fait cette nuit ? demanda-t-il.

—La paix, sire.

—Et le traité est signé ?

—Oui, sire : le voilà.

A cette vue, la figure de Napoléon s'épanouit.

— Ah ! ah ! voyons donc ce traité ?

M. de Champagny lui en fit la lecture.

— Quoi ! quatre-vingt-cinq millions, lorsque j'étais disposé à me contenter de soixante-quinze ! Cela est très bien, monsieur le duc.

Et chaque article que lui lisait le ministre obtenait le suffrage de Napoléon, qui manifestait sa joie en se frottant les mains et en accompagnant ce geste de ses exclamations favorites.

Cette lecture achevée, l'empereur prit le papier des mains du ministre, le replia ; puis, le mettant dans la poche du pan de son habit, il se promena diagonalement sans dire mot.

Enfin, se retournant vivement :

— Monsieur le duc, voilà un bon traité ; je suis très satisfait. Adieu ; allez vous reposer : vous devez en avoir besoin.

Et lui faisant de la main un signe amical, il ajouta :

— A demain.

C'était bien rarement qu'il arrivait à Napoléon d'exprimer son approbation. Dès ce moment l'empereur donna ses ordres pour le départ de Schœnbrunn, qui fut fixé au 17 octobre.

Dans la matinée, Napoléon donna une dernière audience à tout ce que l'armée comptait de notabilités.

Il venait de faire signe au général Lamarque de venir lui parler, lorsqu'il aperçut dans le salon de service un baron autrichien qui chaque soir était venu assidûment lui faire sa cour. N'étant pas accoutumé à voir ce personnage au palais dans la journée, Napoléon s'avança vers lui en lui disant d'un ton gai :

— Ah ! ah ! bonjour monsieur le baron, je suis bien aise de vous voir ce matin... Eh bien ! qu'y a-t-il de nouveau ? que disent les habitans de Vienne?

— Sire, ils sont pénétrés d'admiration pour Votre Majesté, et chacun d'eux a vu dans le soldat français qu'il a eu à loger un protecteur de plus.

A ces mots, l'empereur fit une petite grimace. Peut-être allait-il répondre un peu brusquement à cette flagornerie, lorsque le maréchal Bessières parut à l'extrémité du salon. Napoléon quitta précipitamment le baron allemand, alla au devant du brave maréchal, dont la vue sembla lui rendre sa belle humeur ; il le félicita sur l'état de sa santé, et, prenant une de ses mains dans les siennes, il lui demanda aussi ce que disaient les Viennois.

— Ma foi, sire, répond Bessière, s'il faut parler franchement à Votre Majesté, ils nous donnent à tous les diables du matin au soir.

— Ceci me paraît plus croyable, répliqua l'empereur en jetant un regard moqueur sur le baron allemand, qui s'inclina ; il ne faut pas s'abuser : je n'écoute pas les faiseurs d'histoires, moi ! Je sais à quoi m'en tenir sur *leurs contes* et sur *leur compte*.

Après avoir ri avec tous les assistans de ce mauvais jeu de mots, Napoléon leva l'audience.

Le soir même il quitta Schœnbrunn et se rendit directement au château de Nymphembourg, où toute la cour de Bavière se trouvait réunie.

La paix ayant été ratifiée le 26, Napoléon quitta Nymphembourg aussitôt et revint à Strasbourg. Dans cette ville, des rapports de police qui lui furent remis vinrent tout à coup troubler sa bonne humeur. On avait fait circuler dans Paris le bruit ridicule qu'il avait été subitement atteint d'une aliénation mentale. Ce propos absurde blessa vivement Napoléon, qui s'écria d'un ton de menace : « C'est encore ce faubourg Saint-Germain qui imagine ces belles choses !... Ils me feront tant que je finirai par envoyer tout ce monde là dans la Champagne pouilleuse. »

De Strasbourg, il se rendit d'un seul trait à Fontainebleau, où il arriva le 29, sur les six heures du soir. Comme on ne l'attendait pas si tôt, aucun des officiers de sa maison ne se trouva dans le château pour le recevoir. Il était si impatient de revoir la capitale que le lendemain, à quatre heures du matin, bien qu'il fît un temps affreux, il monta à cheval et fit le trajet de Fontainebleau à Paris à franc étrier.

Toute l'escorte resta en arrière. Un chasseur de la garde, seul, put le suivre.

Ce fut ainsi que, le 30 octobre 1809, à sept heures du matin, l'empereur fit son entrée aux Tuileries, mouillé jusqu'aux os.

Napoléon était alors à l'apogée de sa gloire.

XIX
Petites parades, inspections, grandes revues et promotions.

Napoléon faisait peu de cas de la bravoure ordinaire ; il la regardait comme une qualité commune à tous les Français : l'intrépidité seule était quelque chose à ses yeux ; aussi eût-il tout passé à un intrépide ; c'était son expression.

Lorsqu'un militaire sollicitait une grâce, soit aux audiences, soit aux revues, il ne manquait jamais de lui demander s'il avait été blessé, parce qu'il prétendait que chaque blessure était un quartier de noblesse : il honorait et récompensait particulièrement cette sorte d'illustration.

Quand, placé devant le front d'un régiment, il lui arrivait de demander au colonel quel était le plus intrépide de ses officiers, la réponse ne se faisait point attendre. L'empereur s'adressait ensuite au corps d'officiers qui l'entourait et renouvelait sa question :

— Quel est le plus brave d'entre vous, messieurs ?
— Sire, c'est *un tel !*

Les deux réponses étaient toujours semblables.

— *Un tel*, disait alors Napoléon, je vous fais baron ! je récompense en vous, non seulement la valeur personnelle, mais encore celle du corps dont vous faites partie. Vous ne devez pas cette faveur à moi seul, vous la devez également à vos camarades.

Puis il faisait approcher le nouveau dignitaire et ajoutait en élevant la voix et en lui tendant les bras :

— Baron *un tel*, venez embrasser votre empereur !

Et il lui donnait l'accolade.

Il en était de même pour les soldats les plus distingués par leur courage et leur conduite ; ils montaient en grade ou recevaient, sur les fonds de sa cassette, des gratifications, des pensions même, si peu qu'ils eussent été blessés à quelques chaudes affaires.

En 1807, après la journée d'Eylau, il accorda une pension de 600 fr. à un jeune soldat qui, faisant sa première campagne, était allé chercher, à travers un escadron de cuirassiers russes, son commandant blessé mortellement, et qui, le portant sur ses épaules, l'avait défendu avec son sabre, *comme s'il eût défendu son père*, disait Napoléon, en racontant ce trait d'intrépidité qu'il mettait au niveau de ceux dont l'antiquité nous a transmis le souvenir.

Aux Tuileries, à Saint-Cloud, au quartier-général, n'importe où Napoléon se trouvait, il était rare qu'il ne passât pas la revue des troupes qu'il avait pour ainsi dire sous la main, au moins deux ou trois fois par semaine ; en outre, tous les jours après son déjeûner, il descendait pour faire défiler devant lui la parade du bataillon et de l'escadron de la garde de service à sa résidence.

A cette petite parade, appelée *garde montante*, était ordinairement mandé un régiment nouvellement réorganisé ou qui arrivait du dépôt, ou qui arrivait de l'armée, ou enfin qui devait être dirigé sur un point éloigné.

Après que Napoléon lui avait fait faire l'exercice et exécuter quelques évolutions commandées de préférence par le prince Eugène, qui avait un organe magnifique, ou, en son absence, par le général Mouton, un de ses aides-de-camp, ou enfin par le beau et brave Dorsène, colonel d'un des deux régimens de grenadiers à pied de la vieille garde, que la nature avait doué de ce même avantage de sonorité auquel Napoléon attachait un grand prix, il ordonnait le *défilé*. Tout militaire, quel que fût son grade, avait le droit de s'approcher de l'empereur et de lui parler de ses intérêts particuliers. Napoléon écoutait, questionnait et prononçait au moment même. Si c'était un refus, il était motivé et de nature à ce que l'amertume en fût adoucie. Tout le monde était à même de voir, à ces petites parades, le simple soldat quitter son rang, lorsque son régiment passait devant le grand état-major, se diriger vers l'empereur d'un pas grave et mesuré, présenter les armes et s'approcher de lui jusqu'à pouvoir toucher sa botte. Napoléon prenait la pétition fichée au bout de la baïonnette du fusil du solliciteur, la lisait en entier et accordait aussitôt la demande dont elle était l'objet, pourvu, toutefois, que cette demande fût en harmonie avec les réglemens. Ce noble privilège donnait à chaque soldat le sentiment de sa force et de ses devoirs, en même temps qu'il servait de frein pour contenir ceux des supérieurs qui auraient été tentés d'abuser de leur autorité.

Un régiment étranger au service de l'empire, les *éclaireurs de la Confédération du Rhin*, arrivé depuis peu à Paris, et qui devait repartir aussitôt pour se rendre à son cantonnement, avait été mandé, à la parade du matin, par l'empereur, qui voulait en passer lui-même l'inspection. Après avoir manifesté au colonel sa satisfaction de la belle tenue de ses hommes, se retournant vers ses officiers d'ordonnance et s'adressant au plus jeune d'entre eux : « Monsieur de Salm, lui dit Napoléon, ceux-ci doivent vous connaître; approchez-vous et commandez-leur la charge en douze temps avec quelques feux de deux rangs. » Le prince rougit comme une jeune fille ; mais sans se déconcerter il s'inclina, sortit du groupe de l'état-major général, tira son épée et s'acquitta de la tâche que l'empereur venait de lui imposer, de façon à mériter l'approbation de tous.

Peu de temps après, un fait de même genre se représenta dans un cas différent, et avec des circonstances assez piquantes.

C'était une des grandes revues de la garde que Napoléon passait habituellement le premier dimanche de chaque mois, après la messe, dans la cour des Tuileries; cette fois il y avait appelé les élèves de l'École militaire de Saint-Cyr, arrivés le matin tout exprès. Parmi ces jeunes gens il distingua un sergent âgé tout au plus de 17 ou 18 ans, mais d'une tenue remarquable et qui avait l'air singulièrement déterminé. L'empereur, qui aimait à épier l'avenir de ses officiers, fit sortir des rangs le jeune homme, l'interrogea un instant, puis lui ordonna de commander les évolutions et de faire exécuter le maniement d'armes au 1er régiment de grenadiers de la garde qui se trouve rangé en bataille en face de lui.

Il faut rappeler ici que l'école de Saint-Cyr a été de tout temps renommée par l'admirable précision de ses exercices, tandis que la vieille garde, plus occupée du souvenir de ses conquêtes que de ceux de l'*école de peloton*, n'avait plus la même prétention.

Cependant le sergent se place à trente pas en avant du centre de ce régiment, qui n'est composé entièrement que de vieilles moustaches, et commande d'une voix qui ne trahit aucune émotion :

— Attention !... Portez... armes !...

Le mouvement s'exécute, mais mollement et sans ensemble.

— Ce n'est pas cela ! s'écrie le jeune homme avec mécontentement, nous allons recommencer.

L'empereur sourit ; quelques vieux grognards trouvent la chose drôle, l'élève de Saint-Cyr recommence :

— Attention !... Présentez... armes !

Nouveau mouvement, nouveau manque d'ensemble de la part du régiment.

— Corbleu ! ce n'est pas ça, vous dis-je !

Et le sergent s'éloignant encore de la ligne pour mieux la parcourir des yeux :

— Tenez ! dit-il, voilà comme cela se fait. Une, deux, vivemen

Et ce mouvement est au même instant exécuté, par lui, d'une manière parfaite.

L'empereur rit tout haut ; mais quelques grenadiers froncent le sourcil : un troisième commandement arrive.

— Attention, cette fois !... Croisez... yette !

On obéit encore, mais aussi imparfaitement que les deux premières fois.

— Mais ce n'est pas cela du tout ! s'écrie l'élève de l'école en frappant la terre de la crosse de son fusil, c'est dégoûtant ! vous n'y entendez rien, vous manœuvrez tous comme des ganaches !

A ce mot de *ganache*, d'un bout à l'autre de la ligne des murmures éclatent ; les épithètes de *pékin*, de *blanc-bec* sortent des rangs. L'empereur les a entendues, il s'avance... tout se tait. Il s'approche du sergent, lui demande son fusil, et, se plaçant entre le régiment de la garde et les élèves de Saint-Cyr qui lui font face, il commande lui-même l'exercice à ces derniers.

L'école stimulée par ce qui vient de se passer sous ses yeux, moins peut-être que par la voix puissante de Napoléon, exécute avec une précision unique et un admirable ensemble tous les mouvemens qui lui sont commandés, et lorsque l'empereur juge que l'humeur de ses *vieux lapins* (comme il les qualifiait quelquefois) a eu le temps de se calmer, il se retourne et leur dit en souriant et en leur montrant les élèves de Saint-Cyr : « Allons, mes enfans, il faut avouer que ce n'est pas mal ! » Puis, s'avançant vers le jeune sergent, il lui rend son fusil en ajoutant d'un ton grave et de façon à être entendu de tout le monde : « Et cependant, monsieur, nous faisions mieux que cela quand nous étions jeunes ! »

Ces mots réparèrent tout, et les cris de *vive l'empereur* ! retentirent dans tous les rangs.

Pendant ces revues, il arrivait quelquefois à Napoléon de visiter lui-même le sac des soldats, d'examiner leur livret, de prendre un fusil des mains d'un conscrit faible et débile, et de lui dire d'un ton gai et encourageant : « Allons, jeune homme, celui-là n'est pas plus lourd que les autres ; nous nous y accoutumerons, n'est-ce pas ? »

Un matin avant la parade, passant l'inspection du 2ᵉ bataillon des chasseurs à pied de la garde de service au château ce jour-là, il s'arrêta devant un soldat, l'examina des pieds à la tête, et lui dit enfin avec un ton de reproche :

— Romeuf, pourquoi ne te vois-je pas la croix que je t'ai donnée à Boulogne ?

Napoléon connaissait presque tous les soldats de sa vieille garde par leur nom.

— Mon empereur, répond le chasseur, si la croix est absente sur l'habit, elle est présente sur la peau. Le sabre d'un kinzerlich me l'a coupée en quatre sur l'estomac, vous savez bien à Essling, où votre chapeau est tombé de cheval ; mais j'en ai gardé les morceaux, je vais vous les montrer.

Et Romeuf tirant de son sein un petit paquet de papier le remet à l'empereur, qui l'ouvre aussitôt.

— En ce cas, dit Napoléon après avoir vu ce que le papier contenait, je vais te proposer un échange : veux-tu ?

Le soldat fit la grimace et ne répondit rien. Napoléon ajouta :

— Je t'offre ma croix pour les morceaux de la tienne ?

Le chasseur garde encore le silence.

— Est-ce que ce marché ne te convient pas ?... Réponds-moi donc ?

— Je m'en vais vous dire, mon empereur, répondit enfin Romeuf d'un air d'hésitation ; il me conviendrait, puisque c'est votre idée ; mais ce serait à une condition : c'est que vous prendriez bien garde de perdre les morceaux de la mienne.

— Tu tiens donc beaucoup à ces graillons-là ? reprend Napoléon en simulant un air de dédain et en faisant sauter les débris de la croix dans le papier qu'il tient toujours ouvert dans sa main.

Romeuf ne dissimule alors qu'avec peine l'indignation que ce mot de *graillon* vient de lui causer, et redressant la tête avec une sorte de fierté :

— Des graillons ! répète-t-il en se mordant les lèvres : excusez, mon empereur ; mais sans le graillon dont vous parlez, François Romeuf descendrait la garde indéfiniment : j'aime mieux mes morceaux, je les ferai recoller par l'armurier.

— Alors, mon vieux camarade, puisque tu y tiens tant, garde ta croix et la mienne, les braves comme toi méritent bien d'en avoir deux.

Et l'empereur lui ayant tiré la moustache, s'éloigna en disant aux officiers de son état-major :

— Oh ! oh ! messieurs, Romeuf et moi sommes de vieilles connaissances, il y a long-temps que nous nous sommes vus pour la première ois ; seulement il est un peu susceptible.

Il serait difficile de peindre l'effet magique que produisaient de semblables paroles. Elles devenaient pour le soldat un sujet continuel d'entretien et un stimulant incroyable. Celui-là jouissait d'une immense considération dans sa compagnie, duquel on pouvait dire : « L'empereur lui a parlé. »

Une autre fois, les pontonniers défilaient avec leurs caissons d'équipages, Napoléon s'écrie : « Halte à la tête ! » Et désignant un caisson au général Bertrand qui n'était pas encore grand-maréchal du palais, il lui dit d'appeler un des officiers de la compagnie. Celui-ci se présente.

— Monsieur, lui demande Napoléon, qu'y a-t-il dans ce caisson ?

— Sire, des boulons, des clous, des vis, des cordes, des marteaux, des scies, des tenailles et des chevilles de bois de huit et douze pouces.

— Voilà tout ce que contient ce caisson ?

— Pas autre chose, sire.

— Et combien de tout cela ?

L'officier donne le nombre exact de chaque nature d'objets.

— Maintenant, c'est ce que nous allons voir, ajoute Napoléon.

Le caisson est aussitôt vidé : les pièces étalées et comptées, leur nombre se trouve exact ; mais, pour s'assurer qu'on ne laisse rien dans le caisson, Napoléon monte sur l'essieu de la roue, et regarde : le caisson est entièrement vide. Il redescend, et faisant à l'officier un signe de main très amical, il ajoute : — Vous aviez raison, monsieur, mais on peut se tromper; il serait à désirer que tous les officiers de l'armée connussent leur affaire aussi bien que vous connaissez la vôtre.

Cette action de l'empereur provoqua des battemens de mains et de bruyans vivats : « A la bonne heure ! disaient les pontonniers, dans ce langage qui leur était particulier, à la bonne heure ! en voilà un qui veille aux grains. Comme si le petit tondu était homme à se laisser faire la queue !... plus souvent !... »

On voit qu'en passant ces inspections Napoléon descendait jusqu'aux moindres détails, et qu'il voulait tout voir par ses yeux. Il examinait les soldats un à un pour ainsi dire, il interrogeait la physionomie de chacun d'eux pour y lire le degré de satisfaction ou de mécontentement qu'il pouvait éprouver, et questionnait tout le monde indistinctement.

Un soir qu'il parcourait seul les bivouacs établis aux environs de son quartier-général de Boceguillas, pendant la malencontreuse campagne d'Espagne de 1808, il entendit quelques soldats, harassés par les marches et les privations, murmurer et se plaindre tout haut. Napoléon s'arrêta :

— Qu'y a-t-il donc ? s'écrie-t-il; on n'est pas content ici, ce me semble !

Et s'approchant d'un vieux soldat qui avait une mine plus renfrognée que celle des autres :

— Et toi, comment te portes-tu ?

Pas de réponse.

Napoléon, l'interrogeant du regard, ajoute d'un ton sévère :

— Je te demande comment vous vivez ici.

Le vieux grognard se croise les bras, baisse les yeux et reste muet.

Alors un lieutenant qui a entendu la dernière question de l'empereur s'avance, et lui dit d'un ton qu'il tâche de rendre attendrissant :

— Ah ! sire, nous vivons ici de dévoûment !

— Comment vous appelez-vous, monsieur ? lui demande vivement l'empereur en lui lançant un regard foudroyant.

— Vergnac, sire.

— J'aurais parié qu'il y avait du *gnac* dans votre nom.

Et tournant brusquement le dos à cet officier, Napoléon continue sa promenade sans laisser autrement deviner le déplaisir que venait de lui causer une flatterie si peu de saison.

A Paris, il était rare qu'aux grandes revues hebdomadaires que l'empereur passait dans la cour du château et dans le Carrousel, il n'accordât pas quelques faveurs, ne fît pas des distributions de titres ou de croix, ou de nouvelles promotions dans les régimens qu'il avait sous les yeux.

En ce cas, ces promotions comportaient toujours avec elles une sorte de prestige, un certain à-propos qui frappait d'autant plus le moral du soldat que Napoléon possédait au suprême degré le grand art de savoir dramatiser le fait le plus ordinaire, comme le plus simple récit.

A la dernière de ses revues, qui eut lieu à la fin de janvier 1814, tout en distribuant ses regards à cette masse de braves qui, sans le savoir, contemplaient la plupart leur empereur pour la dernière fois, Napoléon distingue un soldat qui, vieux déjà, ne porte cependant que les insignes de sergent. Ce sous-officier a de grands yeux qui brillent comme des flambeaux sur un visage bronzé par vingt campagnes ; une paire de moustaches énormes cache la moitié de cette figure et la rend encore plus formidable et plus bizarre. L'empereur lui fait signe de sortir des rangs et de venir à lui. A cet ordre, le cœur du vieux brave, si ferme, si intrépide, ressent une émotion qui, jusqu'à ce jour, lui est restée inconnue : une vive rougeur couvre ses joues.

— Je t'ai déjà vu quelque part, lui dit Napoléon avec intérêt, mais il y a long-temps : comment t'appelles-tu ?

— Noël, sire.

— Noël ! j'en connais plusieurs. Ton pays ?

— Enfant de Paris !

— Ah ! interrompt l'empereur, est-ce que tu n'étais pas en Italie avec moi ?

— Oui, sire, au pont d'Arcole.

— C'est juste, je te reconnais maintenant ; et tu es devenu sergent ?

— A Marengo, sire.

— Mais depuis ?...

— Depuis... répéta Noël en baissant tristement la tête, depuis, rien, sire.

— Tu n'as donc pas voulu entrer dans la garde ?

— Au contraire, c'est la seule chose que j'aie désirée ; car j'étais à Austerlitz, à Wagram, enfin à toutes les grandes batailles.

— Cela ne m'étonne pas. As-tu déjà été proposé pour la croix ?

— Toutes les fois, sire.

— Nous allons savoir cela tout à l'heure ; retourne à ton rang.

Napoléon s'approche alors du colonel et s'entretient avec lui à voix basse pendant cinq minutes. Des regards lancés de temps en temps sur Noël font présumer qu'il fait le sujet de cette conversation.

En effet, Noël est un de ces précieux soldats, vaillans et calmes, esclaves du devoir et de la discipline, constans et dévoués, comme les aime Napoléon. Il s'est distingué dans maintes affaires ; mais sa modestie, on pourrait même dire sa timidité, ne lui a pas permis de solliciter l'avancement auquel il a droit depuis long-temps ; on a pris l'habitude de l'oublier ; il n'est même pas encore décoré.

Napoléon a deviné qu'on s'était rendu coupable envers Noël d'une grande injustice ; c'est donc à lui de la réparer et de la réparer d'une manière éclatante. Il rappelle le sous-officier : « Tiens, Noël, lui dit-il, il y a long-temps que tu l'as méritée, car depuis long-temps aussi tu es un brave. »

et l'empereur attache lui-même sur la poitrine du vieux soldat la croix qu'il vient de détacher de la sienne.

A un signal du colonel, les tambours battirent un ban, le plus grand silence régna sur toute la ligne, et le colonel, présentant au régiment le nouveau chevalier de la Légion-d'Honneur, s'écria d'une voix forte :

— Au nom de l'empereur ! reconnaissez le sergent Noël comme sous-lieutenant dans votre régiment.

Aussitôt le front de bataille présente les armes, et la musique fait entendre une fanfare.

Noël, dont le cœur est vivement ému, croit rêver : il regarde l'empereur, il voudrait se jeter à genoux ; mais la physionomie impassible de Napoléon, qui semble plutôt rendre justice qu'accorder une grâce, le retient.

Sans faire semblant de remarquer les sentimens divers qui agitent le vieux soldat, Napoléon fait un nouveau signe d'intelligence au colonel qui, agitant son épée au dessus de sa tête pour faire battre les tambours, reprend de sa voix puissante :

— Au nom de l'empereur ! reconnaissez le sous-lieutenant Noël comme lieutenant dans votre régiment !

Ce nouveau coup de tonnerre manque de renverser le Parisien. Ses genoux le soutiennent à peine ; ses yeux, qui depuis vingt ans n'ont jamais su pleurer, se mouillent et s'obscurcissent ; il chancelle : ses lèvres balbutient, mais elles n'expriment aucune parole distincte.

Enfin, après un troisième roulement de tambour, il entend son colonel s'écrier encore :

— Soldats ! au nom de l'empereur !... reconnaissez le lieutenant Noël comme capitaine dans votre régiment !

Napoléon imprima alors à son cheval un léger mouvement, et suivi de son brillant état-major, continua gravement sa revue ; après avoir jeté un regard froid sur le pauvre Noël qui, la figure pâle d'émotion, les lèvres convulsivement agitées et sans pouvoir articuler une parole, était tombé dans les bras de son colonel comme frappé de mort subite.

XX

Wilhelmine.

Les premiers rayons d'un beau soleil de septembre frappaient les obélisques de granit rose qui s'élèvent, surmontés d'aigles dorées, à l'entrée du palais du Schœnbrunn, et se réfléchissaient sur les armes polies des troupes rangées en bataille dans la vaste cour. Les tambours battaient aux champs ; l'empereur passait la revue qui avait lieu chaque jour, comme s'il eût été aux Tuileries, car il en était venu à se regarder comme chez lui dans chaque résidence royale de l'Europe. Satisfait des mouvemens qui avaient été exécutés, il alla se placer devant le palais pour assister au défilé, et quand les derniers rangs eurent dépassé la grille, et qu'il eut congédié tous ceux que leur service ne retenait pas près de lui :

— Allons, messieurs, dit-il à son état-major, il est encore de bonne heure, le temps est beau pour la promenade ; qui m'aime me suive.

Et il partit au galop.

Il prit d'abord la grande route ; mais bientôt, faisant un détour, il s'enfonça dans la campagne. Partout la guerre y avait empreint ses stigmates fatales : on ne rencontrait que des villages à demi brûlés, ou détruits par l'artillerie, des champs foulés sous les pieds des chevaux ou sillonnés par les roues des caissons, des bois tombés sous la hache des sapeurs; tous ces maux, si prompts à faire et si lents à réparer, que la conquête traîne après elle.

Napoléon avait laissé peu à peu se ralentir le pas de son cheval, et, livré à ses méditations, il s'abandonnait avec insouciance à l'instinct de sa monture. L'intelligent animal, comme s'il eût deviné les désirs de son maître, le conduisit vers un petit vallon écarté que le hasard de sa situation avait préservé des ravages de la guerre. A mesure que les traces des fureurs humaines disparaissaient pour laisser reparaître la nature dans sa beauté primitive, les sombres pensées qui rembrunissaient le visage de l'empereur et imposaient silence à tout ce qui l'entourait, semblaient se dissiper pour faire place à des idées plus riantes; son front soucieux s'éclaircit, et son regard satisfait parcourut le paysage qui l'environnait ; c'était une gorge étroite, bornée par des coteaux boisés; dans le bas-fond, une douzaine de maisonnettes, propres et riantes, étaient groupées autour d'un moulin qu'alimentait un petit ruisseau babillard, où de vieux saules miraient leur feuillage grisâtre. L'empereur se dirigea vers le hameau et le traversa lentement : au bruit des chevaux, les habitans se montrèrent aux portes et aux fenêtres, suivant des yeux les cavaliers avec une inquiète curiosité. Devant une habitation plus considérable et plus élégante que les autres, était rassemblé un groupe d'enfans que quelques femmes s'efforçaient de faire rentrer dans la maison pour les empêcher de se jeter sous les pieds des chevaux.

— Wilhelmine ! Wilhelmine ! cria un des petits étourdis, viens donc vite voir les Français.

A cet appel, une jeune fille d'environ seize ans se montra sur le seuil; elle était simplement vêtue, mais elle ne portait pas, comme ses compagnes, le court jupon et le bonnet de velours des Viennoises; son costume, quoique fort simple, était celui des dames de la ville. A peine eut-elle aperçu, au milieu de la troupe dorée des cavaliers, le petit chapeau et la redingote grise de Napoléon :

— C'est lui ! s'écria-t-elle.

Et elle s'élança en avant pour le mieux voir.

A cette exclamation, Napoléon avait tourné la tête pour apercevoir celle qui l'avait prononcée. Il ne lui fut pas difficile de la deviner en rencontrant deux beaux yeux bleus attachés sur lui, pleins d'un naïf enthousiasme. Ainsi immobile, avec sa beauté candide, sa taille élancée, sa longue robe blanche, son chapeau de paille qui, retombé en arrière dans le mouvement qu'elle avait fait, lui formait une espèce d'auréole, on aurait dit, à sa fervente attitude, d'une jeune sainte en extase. L'empereur, charmé de cette ravissante apparition, porta la main à son chapeau et salua en souriant la jeune fille, qui se réfugia aussitôt, rouge et confuse, derrière le groupe d'enfans qui l'avait suivie. Cet incident égaya la promenade de l'empereur, qui se retourna plus d'une fois pour revoir sa belle admiratrice, et ne cessa d'en parler jusqu'à son retour au château. Il va sans dire que toute la suite renchérit sur le langage du maître. L'un de ces hommes que, pour leur malheur, les souverains trouvent toujours prêts à servir leurs penchans bons ou mauvais, se hasarda à dire que sans doute la belle enthousiaste n'avait pas été fâchée de se faire remarquer de l'empereur, et qu'assurément elle ne demanderait pas mieux que de le voir de plus près, si elle pouvait être assurée que Sa Majesté le désirait. Sa Majesté ne répondit que par un sourire, qui fut interprété comme un consentement, et l'officieux personnage mit si bien le temps à profit, que, peu d'heures après, il vint prévenir l'empereur que la jeune personne, transportée, ravie à l'idée d'approcher de Sa Majesté, avait consenti sans peine à se laisser conduire au château dans la soirée. L'empereur reçut cette nouvelle à peu près comme si on lui eût annoncé que son dîner était servi.

Quoi qu'on en ait dit, Napoléon faisait peu de cas des femmes. L'amour ne tenait dans sa vie ni la place pompeuse qu'il occupait dans celle de Louis XIV, ni la place honteuse qu'il s'était faite dans celle de Louis XV. Quant à lui, empereur, il profitait des occasions que la cupidité, l'ambition, une vaine exaltation jetaient sur son passage, comme il buvait le verre de vin de Chambertin que ses serviteurs tenaient à sa portée, jusque sous le canon de Moscou, au péril de leur vie, et dont il se serait passé cent fois s'il avait dû lui coûter seulement la peine de le demander. Ce n'était pas que Napoléon fût un homme vicieux ; mais il avait le sentiment de l'ordre bien plus que celui de la morale ; il faisait cas des bons ménages, et se serait, je crois, fait scrupule de mettre le trouble dans une famille ou de tendre des piéges à l'innocence ; mais, du reste, il se passait assez volontiers ses fantaisies, et pourvu qu'il prît la peine de se cacher de sa femme et d'éviter le scandale, il se croyait parfaitement irréprochable. Du moins, les femmes savaient toujours à quoi s'en tenir avec lui ; il ne leur laissait pas la plus petite illusion ; en ceci, comme en toute autre chose, logicien impitoyable, il semblait dire à toutes :

— Etes-vous femme de bien ? tenez-vous à votre mari et à votre ménage ? je vous estimerai comme telle. Etes-vous une femme tendre et passionnée ? contentez-vous de m'aimer à l'écart, sans rien prétendre au delà. Etes-vous une femme avide ? je vous paie. Etes-vous une femme ambitieuse ? n'essayez pas de vous jouer à moi, car vous n'avez rien à m'offrir qui vaille à mes yeux la moindre parcelle de ma puissance.

C'était clair, il n'y avait pas à s'y tromper, encore moins à le tromper lui-même ; si quelques unes l'ont tenté à leurs dépens, je ne les plains pas.

Le soir arriva, et Napoléon, occupé à dicter des dépêches, ne se souvenait plus de l'audience qu'il avait accordée, quand son messager, tout fier du succès qu'il avait obtenu, prit sur lui d'entr'ouvrir la porte du cabinet. Sa vue rappela à Sa Majesté qu'une affaire plus agréable la réclamait. Elle n'interrompit cependant point sa dictée, mais elle pensa qu'elle pouvait mettre à profit le temps qu'on employait à sceller les paquets, et se hâta de passer dans un cabinet où l'on avait introduit la jeune fille. Ce cabinet, entièrement revêtu de laque, était brillamment éclairé ; la lueur des bougies se reflétait dans les panneaux polis, dont le fond noir et détachait merveilleusement la blanche figure de la belle Allemande. Elle portait une robe d'organdie, ouverte par derrière en façon de tablier, suivant une mode d'alors, et rattachée par des nœuds de ruban rose ; une branche de laurier rose ornait sa ceinture, ses cheveux châtain-clair descendaient en mille boucles le long de ses joues et de son cou de cygne.

L'empereur, charmé à son aspect, s'arrêta un moment pour la considérer, tandis que la jeune personne lui faisait une profonde révérence, une révérence timide, souple, gracieuse, d'une suavité pleine de décence. Si, comme on l'a dit, ainsi que le style est tout l'homme, une révérence est toute la femme, celle-là valait un poème.

Napoléon s'avança alors avec un assez galant empressement.

— Comment vous nomme-t-on, mademoiselle? demanda-t-il tout d'abord.

— Wihelmine, sire, lui fut-il répondu d'une voix basse et tremblante.

— Wilhelmine ! c'est le nom de la reine de Prusse ; il paraît qu'en Allemagne toutes les jolies femmes l'ont adopté.

En débitant ce compliment cavalier, il prit la main de sa belle conquête pour la conduire vers un canapé, et, touchant sa robe, il lui demanda, avec un peu d'émotion, si ce n'était pas là du *linon*, étoffe qui, sans doute, se liait pour lui à quelque doux souvenir. Wilhelmine, surprise de la question, lui répondit que non d'un air étonné. L'empereur la fit asseoir sur le sopha, et se plaçant près d'elle, il prit ses deux petites mains dans une des siennes, et passa l'autre bras autour de sa taille. Effrayée de ce geste familier, la pauvre enfant recula précipitamment et fondit en larmes. Ce mouvement où, d'après la démarche de la jeune fille, Napoléon ne vit qu'une inutile simagrée, lui donna de l'humeur.

— Qui êtes-vous? lui demanda-t-il brusquement... Qui est votre père?

— Le baron de Z..., capitaine au service de l'empereur d'Autriche.

A ces mots, l'empereur fronça le sourcil.

— La fille d'un gentilhomme ! d'un militaire ! dit-il en se reculant à son tour ; et c'est vous, mademoiselle, qui venez trouver un homme la nuit !

— Ah ! sire, s'écria la jeune fille éperdue, je ne pensais pas que vous étiez un homme !

Cette naïve exclamation alla chercher, pour la chatouiller doucement, la fibre la plus délicate de l'orgueil impérial : le front de Napoléon s'éclaircit ; le sourire de ses jours de triomphe illumina son visage. Il n'avait pas soupçonné ce pur et innocent enthousiasme dont il était l'objet ; mais il venait de le comprendre, et il en était plus flatté que du grossier encens qui lui était journellement prodigué. Délicieusement ému, il se leva et fit lentement deux ou trois tours par la chambre, les mains croisées sur le dos ; puis enfin, s'arrêtant devant la pauvre fille demeurée à sa place, immobile et tremblante :

— C'était donc l'empereur Napoléon que vous vouliez voir? lui dit-il en souriant doucement.

— Oui, sire, répondit-elle en levant sur lui ses beaux yeux humides, et souriant à son tour au milieu de ses larmes.

— Eh bien ! mon enfant, reprit-il avec une bonté toute paternelle, le voilà, regardez-le bien.

Wilhelmine profita de la permission ; involontairement ses mains se joignirent, son genou fléchit à demi ; et, dans cette attitude d'une adoration muette, elle demeura quelques minutes en contemplation devant le grand homme qui s'y prêtait avec complaisance. Un léger coup sur la joue la tira de son extase ; elle tressaillit en rougissant, et l'empereur, en riant, se rassit à côté d'elle ; et alors il se plut à lui faire raconter comment, tout enfant encore, les exploits du premier consul avaient frappé sa jeune imagination ; comment on lui avait appris qu'en France il avait établi la religion et puni les méchans, comment ensuite il était devenu empereur, couronné par le pape. Elle savait la terreur que son nom inspirait à l'Allemagne, où, chaque fois qu'il paraissait, il forçait tous les rois à demander la paix; et toujours, dans ses rêves, elle rêvait de l'empereur Napoléon, et elle était sûre qu'elle le verrait un jour, parce qu'elle avait tant prié Dieu pour obtenir cette grâce ! Enfin, le matin, elle l'avait reconnu tout de suite d'après ses portraits; et, cependant, ajouta-t-elle, il me paraît à présent qu'ils ne vous ressemblent plus du tout.

L'empereur écoutait ce naïf babil, tout en caressant doucement une des petites mains de la jeune fille qu'il tenait dans les siennes; il se plaisait à contempler dans cette âme candide, comme dans un pur miroir, le reflet de sa gloire, et son image magnifiée par l'admiration des peuples. Tout à coup un nuage passa de nouveau sur son front. Il attacha sur la jeune Allemande cet œil d'aigle qui semblait pénétrer au fond des cœurs; et, de sa voix brève et impérieuse :

— Votre mère, lui dit-il, vous a laissé venir seule ici?

— Ma mère! répondit-elle en secouant tristement la tête, hélas! je ne l'ai plus.

Le regard de l'empereur s'adoucit.

— Une orpheline! reprit-il; et quelles sont donc ces femmes que j'ai vues ce matin avec vous?

— Ma nourrice et ma sœur de lait. Quand la ville de Vienne fut menacée d'être bombardée par les Français, on renvoya chez leurs parens toutes les élèves de ma pension; et moi, dont le père était à l'armée, et qui n'avais point de parens à Vienne, je demandai à être conduite chez ma nourrice, espérant que je serais plus en sûreté dans cet endroit écarté que dans la ville même. Ma pauvre nourrice, elle était si contente, quand ce monsieur est venu m'offrir de me conduire près de Votre Majesté! Elle m'a dit : — Va, ma fille, va voir le grand empereur des Français, cela te portera bonheur.

L'empereur sourit de nouveau avec satisfaction; mais reprenant bientôt l'espèce de brusquerie sous laquelle il dissimulait d'ordinaire un attendrissement auquel il n'aimait pas à céder.

— Savez-vous, dit-il en changeant d'entretien, que vous parlez le français à merveille; on ne vous prendrait jamais pour une Autrichienne.

— Je ne suis pas Autrichienne, sire, reprit-elle vivement; ma mère était Alsacienne, et mon père est de Prague.

— Vraiment?... En ce cas, vous êtes à demi ma sujette, et par conséquent sous ma protection. C'est pourquoi, ajouta Napoléon en prenant un air sérieux, vous ne devez pas rester ici plus long-temps. Il tira le cordon d'une sonnette, et demanda son premier valet de chambre.

— Constant, dit-il, faites préparer une voiture, et disposez-vous à accompagner mademoiselle de Z.... avec tous les égards dus à une noble et honnête demoiselle, à la fille d'un brave officier.

Le premier valet de chambre répondit par une inclination respectueuse, et se retira pour exécuter les ordres qu'il venait de recevoir. L'empereur se rapprocha alors de Wilhelmine qui s'était levée en même temps que lui, mais sans oser quitter sa place, et, lui prenant les mains, il la regarda un moment en hochant la tête :

— Vous êtes enthousiaste, dit-il, c'est une dangereuse maladie chez les femmes, surtout quand elles sont jeunes et jolies, et qu'elles n'ont ni mère ni mari pour les protéger. Ainsi, croyez-moi, dites à votre père de vous marier au plus vite.

A ce conseil un peu cru, la pauvre Wilhelmine rougit si fort que les larmes lui en vinrent aux yeux.

— Eh bien ! eh bien ! qu'y a-t-il là qui doive vous effrayer ? reprit Napoléon avec une gaîté brusque. Avec un pareil visage et une jolie dot, les *épouseurs* ne doivent pas vous manquer, et rien ne s'oppose à ce que vous en choisissiez un à votre goût.

— Mon père est sans fortune, sire, dit la jeune personne en essayant de surmonter sa confusion.

— Qu'importe ! ne suis-je pas là, moi ? Avez-vous oublié que votre visite à l'empereur Napoléon doit vous porter bonheur ?

Elle joignit les mains dans un mouvement de gratitude ; mais un geste de Napoléon arrêta ses remerciemens sur ses lèvres.

La porte se rouvrit, et Constant annonça que tout était prêt. L'empereur fit alors à la belle fille un signe de la main, et la congédia avec ces simples paroles :

— Bonsoir, mon enfant, dormez bien.

Appuyé contre la console, il la vit se retirer le cœur palpitant et les yeux humides ; et, après son départ, il demeura quelques instans immobile dans la même attitude. Cet entretien avait réveillé en lui un souvenir dès long-temps oublié : les pures et douces émotions de ses premières amours, alors que, simple lieutenant d'artillerie, il obtenait d'une belle fille de son âge un furtif rendez-vous à la pointe du jour, dont tout le bonheur se réduisait à manger ensemble, assis sur le même banc, des cerises fraîchement cueillies. Hélas ! depuis long-temps, les pensées dévorantes, les soins desséchans avaient fait évanouir ces naïves délices. Depuis long-temps, la riante végétation qui parait le flanc de la montagne avait disparu sous les couches de lave successivement refroidies ; mais, pour un moment, la brise fugitive venait de lui rapporter les émanations lointaines des fleurs qui l'embaumaient jadis. Ce fut toutefois l'affaire de quelques minutes.

— Allons, se dit-il en se passant la main sur le front, ce n'est pas le moment de me livrer à de pareils enfantillages. Et, retournant à son cabinet, il reprit le fil de ses dépêches, levier puissant qui soulevait l'Europe. Toutes ces dépêches cependant ne furent pas politiques.

Le lendemain, de grand matin, une ordonnance arriva au galop dans le petit village de..., mit pied à terre devant la maison de Wilhelmine, et remit à cette dernière un gros paquet scellé aux armes impériales. Le paquet contenait 300,000 francs en billets de banque et une lettre adressée, non à la jeune fille, mais à son père :

« Monsieur le baron Z..., l'empereur ayant eu occasion de voir Mlle
» Wilhelmine de Z..., m'ordonne de vous dire que l'intérêt qu'elle lui a
» inspiré comme fille d'une Française et d'un brave militaire, l'a porté
» à lui accorder une somme de 300,000 francs destinée à faciliter son
» établissement, auquel Sa Majesté vous invite à songer le plus tôt pos-
» sible, l'iso'ement étant d'autant plus dangereux pour une jeune fille
» qu'elle a plus d'innocence, de beauté et de candeur. Sur ce, monsieur
» le baron, etc. »

A l'heure où les courtisans se rendaient à ce qu'on appelait *le lever de* l'*empereur,* quoique alors il fût toujours levé depuis long-temps, l'officieux Mercure de la veille vint présenter son visage souriant. Il ne tint pas compte du froncement de sourcils qui accueillit ses salutations, et, s'obstinant à se trouver toujours sur le passage de Napoléon, il attira sur sa tête l'orage qu'il aurait pu éviter.

— Depuis quand, monsieur, s'écria l'empereur en prenant ce que lui-même appelait sa figure d'ouragan, depuis quand me croyez-vous capable de porter le trouble dans une famille honorable et d'abuser de l'ignorance d'une honnête jeune fille ? Suis-je donc un Louis XV ? et me connaissez-vous si mal ?

A cette apostrophe, le personnage étourdi, confondu, balbutia, perdit la tête et ne sut plus quelle contenance tenir ; avant qu'il eût pu trouver un mot à répondre, l'empereur lui avait tourné le dos, et adressait au reste de l'assemblée une sorte d'allocution sur la nécessité des bonnes mœurs et de l'union des familles. C'était son thème ce jour-là. Aussitôt toutes les voix furent à l'unisson : l'anecdote de la veille avait déjà transpiré, et un des courtisans hasarda, par forme d'allusion, quelques mots sur la continence de Scipion.

— Bah ! dit l'empereur avec impatience, la continence de Scipion ! encore un de ces radotages historiques que je suis las d'entendre répéter. Le beau mérite que de respecter une femme qui ne se souciait pas de lui, quand il en avait tant d'autres à sa disposition !

— Certes, reprit l'interlocuteur en souriant, si la conquête du grand Scipion eût été mieux disposée en sa faveur, je doute que l'éloge de sa continence fût arrivé jusqu'à Votre Majesté ; car qu'y a-t-il au dessus de la possession d'une belle femme ?

— Mon cher, reprit Napoléon en lui pinçant l'oreille d'un air mi-souriant, mi-rêveur, il est quelquefois plus doux d'y renoncer.

XXI

Mariage de Napoléon et de Marie-Louise.

Le divorce était consommé ; Joséphine était définitivement reléguée à la Malmaison, et il n'y avait que quelques jours que Napoléon avait abandonné Trianon pour revenir aux Tuileries, lorsqu'il convoqua un conseil extraordinaire, où furent appelés, indépendamment des ministres et des grands-officiers de la couronne, tous ceux des membres de la famille impériale (son frère Louis excepté) qui se trouvaient à Paris. L'empereur exposa de nouveau les graves raisons d'Etat qui l'avaient déterminé, pour l'affermissement de l'empire, à chercher dans une autre union l'espérance depuis long-temps perdue de transmettre son trône à une postérité directe ; puis il fit entendre qu'il était maître de choisir sa nouvelle épouse, soit dans la maison d'Autriche, soit dans celle de Russie, soit enfin dans les cours souveraines de l'Allemagne. Tous ceux qui faisaient partie de ce conseil, probablement instruits de la secrète détermination de l'empereur, donnèrent leur assentiment au choix d'une princesse autrichienne. Le prince Eugène, entre autres, fut de cet avis, alléguant pour motif principal la religion catholique dans laquelle l'archiduchesse était née ; mais Murat, contre son ordinaire, s'avisa de faire de l'opposition et se prononça pour une princesse russe : il motiva son opinion sur l'avantage que présentait une alliance avec le souverain le plus puissant de l'Europe, et combattit énergiquement celle de l'Autriche par tous les souvenirs de l'histoire et les leçons d'une triste expérience :

— Sire, vous le savez, ajouta-t-il, une alliance de famille avec l'Autriche a toujours été fatale à la France ; vous serez obligé de supporter toutes les fautes de ce gouvernement et d'en partager le pesant fardeau.

— Bah! s'écria l'empereur, est-ce que les souverains ont des parens lorsqu'il s'agit des intérêts de leurs peuples ?

— Je parie, reprit Murat, que si jamais nous avons besoin de l'Autriche comme alliée, nous ne trouverons en elle ni énergie, ni ressources, ni fidélité.

— Prévention, que tout cela !

— Soit, mais au moins Votre Majesté sera-t-elle forcée d'avouer qu'une alliance avec la Russie ne présente aucun des dangers que j'ai signalés.

Ces observations, toutes sensées qu'elles étaient (et toutes justifiées qu'elles furent par la suite), ne purent rien contre une résolution bien arrêtée. L'empereur d'Autriche avait offert à Napoléon sa fille, *son enfant chéri*, selon son expression, et Napoléon se regardait déjà comme l'époux de l'archiduchesse. En conséquence, le soir même de la tenue du conseil, l'arrangement définitif du mariage fut conclu par le prince Eugène avec le prince de Schwartzemberg ; ainsi, le fils de Joséphine dut encore signer l'acte politique qui déshéritait sa mère.

A voir tous ces noms qui figurèrent, en 1810, aux fêtes du mariage de Napoléon et de Marie-Louise, on croirait lire un journal officiel d'hier. Et cependant il y a de cela trente-sept ans.

L'empereur avait lui-même dicté le programme du cérémonial.

Ce programme fut ponctuellement suivi par tout le monde, excepté par lui.

Il avait donné au chevalier de Beauharnais des instructions particulières dans lesquelles il lui était enjoint de ne point user des prérogatives de sa charge, c'est-à-dire de ne point offrir sa main à l'impératrice lorsqu'elle aurait à monter ou à descendre les escaliers. Napoléon était-il jaloux à ce point qu'il ne voulût pas qu'un autre que lui pût toucher la main de sa femme, ou bien cette recommandation ne lui fut-elle inspirée que par un sentiment de convenance et de délicatesse? Plus tard on sut à quoi s'en tenir : Napoléon était déjà jaloux et très jaloux de Marie-Louise, et dans la suite il le devint encore davantage. Toutefois, cette recommandation intime ne lui profita guère, car, dès que le prince de Trauttmansdorff eut demandé à la fille de son souverain la permission de lui baiser la main, en prenant congé d'elle à Braunau, non seulement cette faveur lui fut accordée sans difficulté, mais elle le fut de même à toutes les personnes qui composaient sa nouvelle maison, à celles qui faisaient partie de l'ancienne, et jusqu'aux serviteurs des rangs les plus inférieurs.

Napoléon n'avait encore que quarante ans : Marie-Louise entrait à peine dans sa dix-neuvième année. Elle était blonde, d'une taille élevée, et, sans être jolie, se présentait parée des grâces qui accompagnent ordinairement la jeunesse.

L'empereur fut dès ce moment avec tout le monde plus affable encore que de coutume ; il redoubla de soins pour sa personne ; je crois même qu'il devint coquet, car il chargea ses valets de chambre de renouveler entièrement sa garderobe, de lui faire faire ses habits plus justes et d'une coupe moins rococo, de lui choisir du linge plus beau, et enfin de lui commander un chapeau neuf!... Depuis huit jours il posait devant Isabey, et ne se plaignait pas trop de la longueur des séances. Son portrait achevé, il l'envoya à Marie-Louise, qui lui donna le sien en échange. En un mot, il fit pour plaire à sa nouvelle épouse plus de frais qu'il n'en fit jamais pour telle femme que ce fût, sans même en excepter Joséphine : on va en juger.

Un soir qu'il était au salon avec son beau-frère Murat, la reine Hortense et la princesse Stéphanie, sa nièce, celle-ci lui demanda malicieusement s'il savait valser.

— Ma foi, répond Napoléon, un peu étonné de la demande, je n'ai jamais pu aller au delà d'une première leçon, parce qu'après deux ou trois tours il me prend des éblouissemens qui m'empêchent de continuer ; mais à quoi bon cette question ?

— Sire, reprend la princesse, c'est qu'il est fâcheux que Votre Majesté ne sache pas valser : les Allemandes étant folles de la valse, l'impératrice, devant nécessairement partager le goût de ses compatriotes et ne pouvant avoir d'autre cavalier que Votre Majesté, se trouvera privée d'un grand plaisir.

— Ah! mon Dieu! vous avez raison, Stéphanie ; il faut absolument que je sache valser; mais comment vais-je faire ?... Si vous vouliez être assez bonne pour me l'apprendre, vous me donneriez une leçon tous les jours. Tenez! commençons tout de suite, afin que je vous donne une idée de mon savoir-faire.

L'empereur se lève, enlace de ses bras la taille de sa nièce, et fait quelques pas avec elle en fredonnant la fameuse valse de *la reine de Prusse*. Mais à peine a-t-il fait assez gauchement deux ou trois tours dans le salon, que la tête lui tourne, et que, n'y voyant plus, il est obligé de s'arrêter et de s'appuyer contre une console pour ne pas tomber. Murat l'ayant aidé à s'asseoir, lui dit en souriant :

— Sire, en voilà bien assez pour nous convaincre que vous ne serez jamais qu'un mauvais écolier ; Votre Majesté est faite pour donner des ordres, et non pour en recevoir.

— Ma foi, mon cher, reprend l'empereur tout essoufflé et s'essuyant le front, ne pouvant faire valser ma femme, je tâcherai de la faire danser ; j'ai pour moi *la Monaco*, ce n'est pas difficile. Il est vrai que c'est toujours la même chose, mais il faudra bien qu'elle s'en contente.

L'empereur n'avait voulu s'en rapporter qu'à ses propres yeux du soin de juger si la corbeille et les présens de noces étaient dignes de Marie-Louise. Toutes les parures, les fleurs, les étoffes, les dentelles et les pierreries avaient été par son ordre apportées aux Tuileries, et étalées sous ses yeux dans l'ancien cabinet de toilette de Joséphine, pour être ensuite emballées en sa présence. Au moment où un des emballeurs plaçait plusieurs paires de souliers de satin dans une caisse particulière, Napoléon prit un de ces souliers, et après avoir examiné curieusement et retourné en tous sens :

— Voilà, s'écria-t-il, un soulier de bon augure ! Il n'y a pas, je crois, beaucoup de pieds aussi jolis que celui-là.

Puis, appliquant un petit coup de la semelle sur la joue d'un de ses pages qui avait en souriant avancé la tête pour juger, lui aussi, de la petitesse du pied de sa souveraine, il lui dit moitié gaîment et moitié sérieusement :

— Tiens, attrape !... voilà, monsieur, ce que l'on gagne à être trop curieux et à oser se permettre de rire de ce que je dis.

A Strasbourg, Marie-Louise se reposa deux jours. Après avoir passé par Châlons, elle déjeûna à Sillery, chez le comte de Valence, traversa Reims et arriva au dernier relais qui devait la conduire à Soissons, où elle devait passer la nuit, et suivre ainsi toutes les dispositions prescrites par le programme. L'entrevue ne devait avoir lieu que le lendemain à Compiègne; mais l'impatience de Napoléon dérangea tout le protocole. Un peu en avant de Soissons, l'impératrice fut, pour ainsi dire, enlevée d'autorité et menée d'un seul trait jusqu'à Compiègne. Voici comment, dans les salons du château, le trait fut raconté.

L'empereur, qui apprit par les estafettes échelonnées sur la route que Marie-Louise n'était plus qu'à dix lieues de Soissons, appela son premier valet de chambre :

— Constant !... vite, vite, allez commander la petite calèche, et venez m'habiller.

Napoléon, en effet, veut surprendre sa fiancée et se présenter à elle sans se faire annoncer ; il rit tout seul comme un enfant de l'effet que cette première entretevue va produire ; il soigne sa toilette avec plus de recherche que de coutume, et, par une coquetterie de gloire, recouvre le tout de la petite redingote grise qu'il portait à Wagram ; puis, accompagné seulement de Murat, il s'échappe furtivement par une porte du parc et monte dans cette calèche sans armoiries, qui est conduite par des gens sans livrée.

Cette escapade a pour but, non seulement de satisfaire le sentiment de curiosité auquel il n'a pas la force de résister, mais encore de simplifier l'article relatif au cérémonial du lendemain, qui disait :

« Lorsque LL. MM. se rencontreront dans la tente du milieu (où elles
» devaient entrer en même temps, chacune par le côté opposé), l'impé-
» ratrice s'inclinera pour se mettre à genoux ; l'empereur la relèvera,
» l'embrassera, et LL. MM. iront s'asseoir en face l'une de l'autre, sur
» les trônes disposés à cet effet. »

Quelle que soit la déférence qu'un mari puisse exiger de sa femme, il eû été un peu dur pour la fille des Césars de satisfaire à cet article peu galant du cérémonial. La brusque entrevue de Napoléon et de Marie-Louise rendit inutile cette exigence de pure étiquette.

L'empereur avait déjà dépassé Soissons et était arrivé à Courcelles au moment où les premiers courriers de l'impératrice s'occupaient de faire préparer les relais. Jugeant inutile d'aller plus loin, il descend de sa calèche, la fait ranger de côté, et comme la pluie continuait de tomber par torrens, il alla s'abriter sous le porche de l'église, située hors du village, à moitié d'une petite côte qui domine toute la route.

Il y avait un quart d'heure qu'il se tenait ainsi à l'écart avec le roi de Naples, lorsqu'il aperçoit la première voiture du cortége de Marie-Louise. Sur-le-champ il rebroussa chemin, et au moment où l'on s'apprête à changer de chevaux, Napoléon se précipite seul vers la berline dans laquelle est l'impératrice.

L'écuyer de service, M. de Saluces, qui le reconnaît, et qui n'est pas dans le secret de l'*incognito*, s'empresse de mettre pied à terre pour déployer le marche-pied, en annonçant : *L'empereur !* Mais Napoléon ne lui en laisse pas le temps ; il escalade la voiture, se jette au cou de Marie-Louise et l'embrasse à plusieurs reprises. Celle-ci, qui n'est nullement préparée à cette brusque visite, demeure tout interdite; elle se débat et pousse des cris. La reine de Naples, qui est avec elle, la rassure en lui répétant :

— Mais, madame, c'est l'empereur !..

Marie-Louise veut alors se mettre aux genoux de Napoléon qui devine son intention et s'oppose par un nouveau baiser à cette marque de respect à laquelle il tient fort peu ; enfin il donne l'ordre de pousser en toute hâte et directement vers Compiègne.

Onze heures sonnaient à l'antique horloge du château lorsque la voiture de LL. MM. entrait au grand galop dans la cour d'honneur. Ce soir-là il n'y eut pas cercle ; chacun se retira immédiatement après que l'impératrice fut entrée dans ses appartemens.

Le lendemain matin, Napoléon fit honneur à un succulent déjeûner qu'il fit apporter à onze heures, près du lit de Marie-Louise. Il ne fut servi que par les femmes de l'impératrice, qui ne se leva que fort tard. Cette matinée dut être doublement fatigante pour elle, en ce que des personnes qu'elle connaissait à peine lui en présentèrent une foule d'autres qu'elle ne connaissait pas du tout. Après ces présentations d'étiquette, LL. MM. partirent pour Saint-Cloud, où un nombre prodigieux de personnes de toutes conditions attendaient les nouveaux époux.

L'archi-chancelier Cambacérès était assis devant une table sur laquelle était un énorme registre, relié en maroquin vert, doré sur tranches ; M. Régnault de Saint-Jean-d'Angely, placé à côté de lui, devait remplir les fonctions de secrétaire de l'état civil. L'empereur s'étant assis, invita, par un geste de la main, l'impératrice et tout ceux qui avaient droit à une chaise ou à un tabouret à faire de même ; puis, ayant aspiré une prise de tabac, il fit un signe au grand-maître des cérémonies, qui fit approcher de l'estrade tous ceux qui formaient le cercle. Alors l'archi-chancelier se leva, et saluant l'empereur :

— Sire, Votre Majesté a-t-elle intention de prendre pour légitime épouse S. A. I. madame l'archiduchesse Marie-Louise d'Autriche, ici présente ?

— *Certainement, monsieur*, répondit Napoléon, qui ne put s'empêcher de sourire.

— Madame, continua Cambacérès en s'adressant à l'impératrice, est-ce la libre volonté de Votre Altesse impériale de prendre pour son légitime époux l'empereur Napoléon, ici présent ?

— *Oui, monsieur*, répondit-elle en baissant les yeux.

— Au nom de la loi et des constitutions de l'empire, continua Cambacérès, S. M. l'empereur Napoléon et S. A. I. madame l'archiduchesse Marie-Louise d'Autriche sont unis en mariage.

Un cri général de *vive l'empereur ! vive l'impératrice !* éclata dans la galerie.

Aussitôt M. Régnault de Saint-Jean-d'Angely présenta l'acte à signer à l'empereur qui, se pressant trop de prendre de l'encre, avec la plume qu'il avait pour ainsi dire arrachée des mains de Cambacérès, fit un gros *pâté* sur le papier au moment d'y apposer son nom, circonstance qui fit sourire quelques uns des assistans ; d'autres la regardèrent comme d'un fâcheux augure. Marie-Louise signa d'une main qui paraissait mal assurée ; puis vint le tour des membres de la famille impériale et des nombreux témoins : l'oncle de l'impératrice, le grand-duc de Wurtzbourg, signa le dernier, après avoir placé sur son long nez une petite paire de lunettes sans branches dont il essuya très longuement les verres auparavant.

Le même jour, à sept heures, il y eut au palais grand dîner de famille. Contre son ordinaire, Napoléon but du vin de Champagne au dessert.

Le lendemain, eurent lieu dans Paris des illuminations que la magnificence ne saurait égaler. Chaque maison particulière rivalisait de lumières avec les édifices publics. La Seine était chargée de petits batelets ornés de verres de couleur et remplis de musiciens. Nul accident ne troubla cette admirable soirée, tant la police, sous l'empire, était soigneuse à tout prévoir.

Une seule voiture non armoriée circula lentement ce soir-là au milieu des cinq ou six cent mille personnes qui piétinaient sur les quais, dans les rues et sur les places qui avoisinent les Tuileries. Cette voiture portait deux augustes époux en simple costume bourgeois : aucune suite ne les accompagnait.

Le cadeau que la ville de Paris offrit à Marie-Louise, dans cette circonstance, consistait en une toilette complète en vermeil, de la plus grande richesse. Les plus grands talens avaient été appelés à fournir les dessins de ce présent de noces. Celui qui fut fait à Napoléon consistait en un magnifique service de table, aussi en vermeil, estimé huit cent mille francs; c'est le même qui servit par la suite dans *les grands couverts* et qui fut revendiqué, en 1814, par le trésor royal, comme faisant partie du mobilier de la couronne.

Tous les autres arts rivalisèrent en même temps pour célébrer l'union de Napoléon avec la fille des Césars. Cela donna lieu à bien des niaiseries, mais à de belles choses aussi. L'empire tout entier prit part à ces solennités. Chaque ville, chaque bourgade eut sa fête. Pendant plus d'un mois, les grands corps de l'Etat se donnèrent des bals et de splendides banquets, et chaque jour, au palais, les officiers de la maison firent couler des flots de champagne à la santé de Leurs Majestés. Ces acclamations étaient si bruyantes et répétées si souvent que Napoléon fut enfin obligé de mettre un terme à la manifestation d'un enthousiasme *infiniment trop prolongé*, disait-il en souriant. Il donna donc aux contrôleurs du palais l'ordre de pousser un peu moins à l'*ivresse* générale, parce que, ajouta-t-il encore gaîment, ces messieurs me brisent la tête avec les meilleures intentions du monde.

XXII

Le bal, l'incendie et le boulet de canon.

Dans les premiers jours du mois de juin 1810, au retour d'un voyage que Napoléon et Marie-Louise avaient fait en Belgique, il y eut à Paris, à l'occasion de leur mariage qui avait été célébré deux mois auparavant, une suite de fêtes dont les plus remarquables furent sans contredit celle que la ville de Paris offrit à Leurs Majestés à l'Hôtel-de-Ville, et celle qu'elles acceptèrent de l'armée, représentée par les maréchaux, à l'École-Militaire. Malheureusement tous ces plaisirs devaient se terminer par la plus épouvantable catastrophe.

Le prince de Schwartzemberg, ambassadeur d'Autriche, voulant à son tour célébrer dignement le mariage de la fille de son souverain, annonça un bal à l'hôtel qu'il occupait rue de Provence, au coin de la rue du Mont-Blanc (l'ancien hôtel Monthesson). Cette fête avait été fixée au dimanche 1er juillet. Selon l'usage et pour se conformer à l'étiquette, le prince, accompagné de tous les secrétaires de l'ambassade d'Autriche, était allé, quelques jours auparavant, à Saint-Cloud, en grande cérémonie, inviter l'empereur, qui lui avait gracieusement répondu :

— Oui, prince, j'accepte votre invitation, désirant ainsi prouver à mon beau-père, votre souverain, l'amitié que je lui porte dans la personne de son ambassadeur, dont je fais le plus grand cas; seulement, avait-il ajouté en souriant, je dois vous prévenir que je n'ai jamais été un beau danseur, et qu'il est défendu à l'impératrice, par ordonnance du médecin, de se livrer au plaisir du bal. (La grossesse de Marie-Louise avait déjà été annoncée officiellement par le *Moniteur*.) Ce sera une grande privation pour elle; mais, en revanche, nous nous promènerons, nous causerons.

— En ce cas, sire, je prie Votre Majesté de fixer elle-même le jour où mes nombreux compatriotes auront le bonheur de la voir et de la posséder.

— Eh bien! le plus tôt possible... Dimanche prochain, si cela vous arrange; ce jour-là, personne n'a rien à faire.

Le prince de Schwartzemberg avait envoyé des invitations à tout ce que Paris comptait de plus éminent dans les grands corps de l'Etat et parmi les étrangers de distinction qui se trouvaient à Paris. Chacun avait brigué la faveur d'être admis à une fête dont à l'avance on vantait la somptuosité; plus de quatre mille personnes de tout rang s'y rendirent avec une indicible joie.

On avait élevé dans le jardin de l'hôtel une immense salle de danse, les appartemens n'étant pas assez vastes pour contenir tous les invités. Cette salle improvisée était construite en planches, recouvertes de toiles peintes à l'huile; de riches tentures d'or et de soie décoraient l'intérieur, et des draperies de gaze, brodées d'argent, flottaient aux portiques extérieurs de ce temple, sur lequel brillait un large écusson d'azur aux armes de France et d'Autriche, ingénieusement mariées.

Afin d'éviter l'encombrement, on avait décidé que l'hôtel aurait trois entrées : la première était accessible seulement aux têtes couronnées et aux altesses impériales et royales; les autres invités devaient entrer par la seconde, et la troisième, conduisant directement dans l'intérieur de l'hôtel, était réservée aux familiers de la maison et aux gens de service; dès le matin, toutes les mesures de sûreté avaient été prises pour faciliter la circulation et prévenir tout accident. Dans l'après-midi, une compagnie de grenadiers de la vieille garde vint prendre possession de l'hôtel de l'ambassadeur, parce qu'il était d'usage, lorsque l'empereur devait honorer de sa présence un des théâtres de la capitale ou assister à une fête, qu'il se fît précéder par un détachement de grenadiers de sa garde, qui desservaient ce qu'on appelle *les postes d'honneur*. Dans cas, on choisissait les plus beaux hommes d'un bataillon, et de préférence ceux qui étaient décorés. Cette fois, Napoléon l'avait recommandé, comme s'il eût mis un malicieux amour-propre à montrer aux militaires de toutes les nations de l'Europe qui ne pouvaient manquer de se trouver à cette fête, un échantillon des soldats qui les avaient vaincus tant de fois.

— Rapp, avait-il dit à l'aide-de-camp de service, n'oublie pas de donner l'ordre au major-général de la garde de fournir aujourd'hui un poste chez l'ambassadeur d'Autriche; une compagnie entière, entends-tu? Il n'y a pas de mal que les *autres* voient que mes vieilles moustaches ont encore bon pied et bon œil, et, ajouta-t-il gaîment en frappant sur l'épaule de son aide-de-camp, qu'ils sont toujours solides au poste.

La fête fut précédée d'un grand dîner diplomatique, auquel tous les ministres français et les ambassadeurs des puissances étrangères avaient été invités.

L'ancien hôtel Monthesson et ses dépendances brillaient, bien avant la nuit, d'une illumination magnifique; peu à peu les voitures arrivèrent de tous côtés sur plusieurs files, et, quoiqu'elles n'allassent qu'au pas, elles avaient beaucoup de peine à se frayer un passage à travers la multitude qui encombrait les abords. Ce fut alors que les postes furent confiés à la garde impériale : des factionnaires furent posés à toutes les portes extérieures, avec des consignes très rigoureuses. Or, sur les neuf heures du soir, l'affluence était devenue tout à coup si considérable, on avançait avec tant de difficulté, que beaucoup de hauts personnages descendirent de voiture dans les environs, au risque de se faire écraser par les équipages qui se pressaient, et achevèrent leur course à pied.

Déjà nombre de rois et d'altesses impériales et royales s'étaient présentés à l'entrée principale de l'hôtel, et les factionnaires les avaient laissé passer en présentant les armes, grâce à la précaution que prenaient leurs laquais de jeter leur nom comme à la cantonade. Le roi de Saxe se présente à son tour; un de ses valets de pied le nomme; mais un des grognards de faction, ne pouvant croire à la réalité de tant de rois et de princes, s'imaginant enfin qu'on se joue de lui pour éluder sa consigne, s'écrie d'une voix formidable :

— Halte-là !... les bourgeois n'entrent pas ici !

Le cocher, qui connaît les usages, veut avancer : le factionnaire croise brusquement la baïonnette devant ses chevaux, en ajoutant :

— Encore un roi !... Ce n'est pas possible, on me fait la queue ! en voilà plus de trente que je compte ! assez de rois comme cela ! Allons ! arrière !...

— Mais, grenadier, lui crie le cocher qui avait arrêté court ses chevaux, c'est S. M. le roi de Saxe que je mène.

— C'est une *blague* !... Il ne passera pas... Libre à ce monarque d'aller prendre la file comme les simples particuliers qui ne sont pas couronnés.

Durant ce colloque, le roi avait mis la tête à la portière. Quelques personnes le reconnurent alors et essayèrent de faire entendre raison au grognard; mais ce dernier ayant mis tranquillement l'arme au bras, s'était contenté de leur répondre avec un froid laconisme :

— C'est la consigne.

Les valets de pied du roi vinrent à leur tour pour témoigner de l'identité de la personne de leur maître; mais le vieux grognard resta inflexible.

— Quand ce serait le roi des Maroquins, ou de n'importe quoi, leur dit-il, il ne passera pas ! tout ça c'est des monarques de contrebande; et d'ailleurs je n'en connais qu'un : c'est l'empereur Napoléon et son auguste épouse, la fille à François. Quand il se présentera lui, ou tous les deux ensemble, je les laisserai entrer ; mais, quant au reste, bien fâché de la peine, ni vu, ni connu !... Allons, au large !

Et le grognard croisa de nouveau la baïonnette sur le groupe qui l'entourait et qui recula prudemment.

Au dire de ceux qui ont assisté à cette fête, on aurait cru, en entrant dans la salle du bal, assister à l'une des fêtes dont nous parlent les contes des fées. C'étaient des fleurs avec leurs parfums enivrans, c'était une musique délicieuse, c'étaient surtout des femmes ravissantes de jeunesse et de beauté ; tout cela éclairé par des milliers de girandoles dont le cristal reflétait tous les feux du prisme.

A dix heures, le bruit des tambours et des fanfares annonça la présence de l'empereur et de l'impératrice : Leurs Majestés arrivaient de Saint-Cloud. L'ambassadeur alla à leur rencontre, accompagné de toute la famille des Schwartzemberg et d'un grand nombre d'Autrichiens de distinction, parmi lesquels se faisait remarquer M. de Metternich par l'énorme quantité de décorations dont il avait déjà la poitrine bariolée. Ce cortége s'avança au devant des augustes invités et leur adressa les complimens d'usage. Napoléon, donnant le bras à Marie-Louise, traversa assez rapidement les appartemens et le jardin, sans donner beaucoup d'attention aux ingénieuses surprises et aux flatteuses allégories qu'on avait accumulées sur son passage. Lorsqu'il fut entré dans la salle du bal, on fut frappé de la gaîté de son visage. Il avait quitté l'impératrice et l'avait laissée avec ses dames et le prince de Schwartzemberg, pour commencer ce qu'il appelait sa *tournée*. Le bras familièrement passé sous celui du roi de Saxe qu'il venait de rencontrer, et qui sans doute lui racontait, comme il l'avait dite à tout le monde, la plaisante algarade que lui avait faite la sentinelle à son arrivée, il se montra partout, parla à tout le monde et accorda, avec une bienveillance charmante, toutes les faveurs qui lui furent demandées ; grondant doucement ceux des jeunes invités qui ne dansaient pas ; en un mot, jamais il n'avait semblé plus satisfait, lorsque tout à coup, au détour d'un pilastre, s'étant trouvé face à face avec un étranger vêtu d'un riche uniforme, sa figure devint sérieuse ; il fronça le sourcil : ses regards étaient courroucés. Ce militaire était un ancien compagnon d'armes de Moreau, qui avait donné sa démission à l'issue du fameux procès de ce général et était allé le rejoindre plus tard en Amérique, où il avait choisi son lieu d'exil. Cet officier l'avait quitté ensuite pour aller prendre du service dans l'armée suédoise, où il occupait un grade assez élevé. Napoléon, qui n'avait ignoré aucun de ces détails, lui dit d'un ton sévère :

— Ah ! ah ! monsieur ! vous ici !... Par quel hasard, et que venez-vous y faire ?

— Sire, répondit ce dernier sans se déconcerter, j'ai obtenu de mon souverain un congé pour venir en France visiter ma famille que je n'avais pas vue depuis long-temps.

— Ah oui ! votre souverain *actuel*, reprit Napoléon avec une inflexion de voix qui faisait facilement deviner l'intention qu'il mettait à ses paroles ; il vous a engagé à venir à Paris, assister au bal de l'ambassadeur d'Autriche, persuadé que vous vous y trouveriez en pays de connaissance, n'est-ce pas ?

— Sire...

L'empereur ne le laissa pas achever et l'interrompit en disant :

— Ceux qui vous ont conseillé de venir ici aujourd'hui ont fait une *bêtise*; et vous, monsieur, vous avez fait une *sottise* en vous y trouvant.

Puis il lui tourna le dos et passa outre.

Après avoir fait quelques pas en silence, car pendant ce court incident la foule qui n'avait cessé d'entourer les deux souverains s'était tenue à l'écart par convenance, Napoléon dit au roi en se penchant à son oreille :

— Me faire trouver nez à nez avec l'ancien confident de Moreau! Conçoit-on une pareille balourdise!

Le roi de Saxe hasarda quelques mots pour calmer l'empereur, que cette brusque rencontre avait singulièrement contrarié; Napoléon reprit avec ironie :

— Et ce monsieur qui a renié sa patrie, et qui vient ici se pavaner, revêtu d'une casaque étrangère! En vérité, j'admire son aplomb. Il s'attendait peut-être à ce que je lui parlasse de son ancien patron, que je m'informasse de l'état de sa santé!... Ah! mon Dieu! la pauvre tête!... Il aurait mieux valu pour la gloire du vainqueur de Hohenlinden, qu'il ne fût jamais venu au monde. Et l'empereur avait accompagné ces derniers mots d'un sourire forcé, qui aurait donné beaucoup à penser à tout autre qu'à cet excellent roi de Saxe. — Tenez, mon frère, reprit-il en baissant la voix et en pressant le bras du roi, ne me parlez pas d'un homme qui se laisse mener par sa femme, parce qu'alors cet homme n'est ni lui, ni sa femme : il n'est rien du tout. N'est-ce pas madame Moreau qui poussa son mari de façon à ce qu'il vînt se casser le nez sur les marches du palais?... Avec un caractère comme le sien, cet homme doit nécessairement finir mal! Quant à ce monsieur de tout à l'heure, je ne suis pas assez Autrichien pour croire qu'il soit venu à Paris rien que pour s'amuser à voir danser des *ronds-de-chats*. Demain je parlerai à Savary; je veux savoir à quoi m'en tenir sur son compte... Mais ne parlons plus de cela, et faisons un tour dans le jardin, car il fait bien chaud ici.

En effet, la chaleur était excessive; mais les danses n'en continuaient pas moins. On avait ouvert toutes les fenêtres de la salle de bal, et beaucoup de personnes, les femmes surtout, avaient suivi l'empereur dans le jardin, pour le voir plus facilement et pouvoir respirer plus à leur aise.

Il était alors minuit. Un vent léger qui s'éleva tout à coup vint agiter les draperies extérieures; un rideau de gaze, flottant au gré de ce courant d'air, s'engagea dans une girandole de bougies et s'enflamma. Un aide-de-camp du prince Berthier accourt, s'élance, atteint la draperie, l'attire à lui pour l'arracher; mais elle se déchire par la moitié; une partie reste dans ses mains, tandis que l'autre va communiquer le feu à deux autres draperies. La flamme se propage avec rapidité le long des guirlandes de fleurs artificielles; le comte Dumanoir, M. Trobriant, le comte de San-Miguel, beaucoup d'autres personnes essaient vainement d'éteindre le feu; il gagne les plafonds de papier, et en quelques secondes, l'incendie, comme une longue traînée d'artifice, s'empare de toute la salle. Bientôt, au silence d'un premier moment de stupeur, succède le cri terrible : *Le feu!... le feu!...* Et la foule se précipite en désordre de la salle de bal dans le jardin, et se réfugie dans les appartemens de l'hôtel. A ces clameurs sinistres, la terreur devient générale ; on ne songe qu'à soi et à ceux qu'on aime : on veut fuir, on se heurte, on s'entasse, et les flammes continuent leurs progrès.

Quoique séparée de l'empereur, Marie-Louise eût pu se sauver facilement ; mais, par une sorte d'héroïsme dont cette princesse n'a donné en sa vie que cette seule preuve, elle se dirigea tranquillement vers le trône qui avait été disposé pour Napoléon et pour elle, y monta, et attendit avec une dignité imposante que l'empereur vînt lui-même la chercher.

Dès le commencement de l'incendie, les officiers de la maison de Leurs Majestés s'étaient mis à la recherche de l'empereur dans le jardin. Ils l'avaient enfin trouvé dans un bosquet écarté, occupé à jouer avec des petits enfans qu'il faisait danser en rond autour de lui ; aussitôt il leur donna l'ordre de faire avancer sa voiture.

— Messieurs, venez avec moi, ajouta-t-il.

Et à ces mots, il se dirige précipitamment vers la salle du bal, agité par l'appréhension secrète que tout cela n'est peut-être qu'un attentat dirigé contre sa personne. La rencontre fortuite d'un ancien confident de Moreau dans les salons de l'ambassadeur lui semble justifier ses appréhensions ; il se garde bien toutefois de communiquer cette idée que partagent quelques uns de ses officiers. Ceux-ci, craignant également pour l'empereur une trahison, se pressent autour de lui, la main sur la garde de leur épée... Heureusement qu'il n'était rien de tout cela. Napoléon s'élance dans la salle du bal, en exhortant la foule qui s'y trouve à agir avec prudence et générosité ; il escalade les degrés du trône, enlève l'impératrice dans ses bras, en lui disant à demi-voix :

— Louise, je t'en prie, viens vite, car ceci devient sérieux.

Et toujours entouré de ceux qui ne l'ont pas quitté un instant, il parvient à arracher sa femme à une mort qui eût été certaine, s'il eût tardé quelques minutes de plus à l'entraîner dans le jardin.

— La voiture est-elle arrivée ? demanda-t-il alors.

— Oui, sire, lui répond un de ses écuyers, elle est devant la petite porte, à l'extrémité du jardin.

— Monsieur, ce n'est pas là l'ordre que j'avais donné : faites-la conduire devant la grande porte de l'hôtel ; c'est par là que je suis entré ici, c'est en présence de tous ceux qui s'y trouvent que je veux en sortir avec l'impératrice... Hâtez-vous.

Quand la voiture eut pu percer la foule compacte de laquais, de soldats, des officiers de police et des curieux qui encombraient les abords de l'hôtel, il partit, en disant à un de ses aides-de-camp :

— Restez ici pour voir ce qui se passe ; je vais revenir, n'en dites rien.

Arrivé sur la place Louis XV, il fit arrêter la voiture, et dit à sa femme :

— Ne te tourmente pas, ma pauvre Louise, je reviendrai bientôt ; mais tu sens que, dans une circonstance si critique, il faut qu'on me voie chez l'ambassadeur de ton père. Allons, adieu, tranquillise-toi.

Napoléon descend de voiture, donne l'ordre au premier écuyer de reconduire l'impératrice à Saint-Cloud, entre aux Tuileries, demande ses chevaux à l'instant même, remplace sa fine chaussure par des bottes à l'écuyère, endosse sa redingote grise, et, accompagné seulement d'un écuyer, revient en toute hâte sur le lieu de l'incendie pour diriger les secours. Cette fois il rentre chez le prince de Schwartzemberg par la petite porte du jardin.

La présence inattendue de Napoléon, revêtu de son costume populaire, à la lueur des décombres embrasés, dont la teinte livide éclairait sa figure ordinairement si pâle, mais si calme dans le danger, produisit sur la foule un effet électrique : ce fut comme une fantastique apparition.

Pendant la courte absence de l'empereur, l'incendie avait fait d'immenses progrès dans l'hôtel de l'ambassadeur. Une demi-heure avait suffi pour consumer entièrement les frêles constructions de la salle provisoire du bal. Quelques minutes après l'arrivée des pompiers, la toiture d'une partie de cette salle s'écroulait avec fracas, au milieu d'imprécations, des cris de douleur et de l'épouvante générale.

La présence du chef de l'Etat avait d'abord contenu la foule ; mais dès qu'il avait été parti, elle s'était ruée sur un seul point, ce qui avait rendu son écoulement presque impossible. Le parquet de l'un des salons ne pouvant résister à un poids si considérable, auquel se joignait un trépignement de pieds continuel, vint à craquer dans plusieurs endroits et s'entr'ouvrit... De nouvelles victimes furent bientôt dévorées par les flammes qui les enveloppèrent.

D'autres scènes non moins sinistres se passaient dans le jardin. La mère appelait sa fille ; les femmes leurs maris ; les sœurs leurs frères. Tout à coup, au milieu des débris fumans, on vit s'élancer une femme, jeune et belle, couverte de diamans, poussant des cris inarticulés : c'était la princesse de Schwartzemberg, belle-sœur de l'ambassadeur. La malheureuse mère allait chercher au milieu des flammes ses enfans qui, à son insu, étaient restés dans le jardin à l'abri de tout danger. Comme elle entrait dans cette fournaise, un lustre lui tomba sur la tête et lui fracassa le crâne : on ne la vit plus reparaître. Le prince Eugène avait eu le bonheur de remarquer une petite porte dérobée, pratiquée derrière le trône de Leurs Majestés pour faciliter le service des rafraîchissemens. Ce fut par ce dégagement qu'il sortit avec la vice-reine.

La reine de Naples étant tombée, fut quelque temps foulée aux pieds, et ne fut redevable de son salut qu'au grand-duc de Wurtzbourg, qui lui fit un rempart de son corps.

La reine de Westphalie dut à son époux, comme la princesse Auguste, d'être arrachée à une mort certaine. Le roi Joseph, frère de l'empereur, portant dans ses bras sa femme évanouie, s'élança sur les degrés déjà embrasés ; l'escalier s'écroula sous lui : le prince Kourakin et une foule d'autres personnes furent précipités en même temps. Beaucoup de dames furent atteintes par le feu dans leurs vêtemens de gaze et blessées mortellement, tandis que d'autres couraient çà et là dans le jardin comme frappées de vertige. L'une de ces dernières fut trouvée à cheval sur le chaperon du mur qui traversait le jardin de la rue, n'osant descendre d'un côté ni de l'autre, et ne pouvant expliquer comment elle s'était trouvée ainsi portée.

Mais enfin, lorsque l'empereur reparut, l'ordre se rétablit peu à peu, et chacun reprit courage. Des renforts de troupes de la garde arrivèrent successivement ; Napoléon leur indiqua les postes qu'ils devaient occuper. Le général Hullin, commandant la place de Paris, et le préfet de la Seine accoururent auprès de lui et lui firent un rapport où il fût question du préfet de police et du colonel des pompiers, lesquels, dans cette circonstance, n'avaient point apporté, disait-on, toute l'activité qu'on était en droit d'attendre d'eux.

— Je sais, je sais, disait l'empereur d'un ton courroucé; mais ce n'est ici ni le lieu ni le moment de faire de la morale. Demain, je leur *laverai la tête à tous* comme ils le méritent.

Cependant les flammes venaient d'entamer les bâtimens de l'hôtel. Il s'agissait d'empêcher que ce nouvel incendie se propageât. Napoléon organisa sur-le-champ une chaîne. Les grenadiers s'alignèrent à cet effet sur deux rangs. Napoléon se plaça parmi eux et prit part à la manœuvre des seaux. Cet exemple produisit l'effet qu'il en attendait; en un instant, tous les grands personnages présens, qui jusque alors s'étaient bornés à donner des conseils, rois, princes, ducs, barons, Français et étrangers, tous mirent habit bas, retroussèrent leurs manches de chemise et se joignirent à la chaîne, qui se prolongeait jusque dans la cour de l'hôtel de M. Regnault de Saint-Jean-d'Angély, situé en face de celui de l'ambassadeur, de l'autre côté de la rue de Provence, où un service de tonneaux avait été organisé. Or, dans un de ces mouvemens, le jet d'une pompe atteignit l'empereur au milieu de la poitrine et le renversa dans le mélange de boue et de cendres fumantes où il stationnait.

— Ce n'est rien, dit-il en se relevant avec agilité, à ceux qui s'empressaient autour de lui; j'en ai vu bien d'autres!

Malgré toute l'activité que sa présence avait imprimée aux secours, les flammes continuaient à faire des progrès; on ne devait plus espérer rien sauver, lorsque heureusement un orage qui couvait dans le ciel depuis la veille éclata tout à coup comme un puissant auxiliaire sur cette vaste fournaise. La pluie, qui tomba long-temps par torrens, fit plus que tout le reste pour étouffer complétement l'incendie. Napoléon ne se retira qu'à quatre heures du matin, et lorsqu'il se fut assuré que le dernier tison était éteint.

La foule des étrangers qui n'avait point quitté l'hôtel de l'ambassadeur s'écoula peu à peu après lui, et bientôt il ne resta plus, sur ces ruines fumantes, que des soldats et quelques fonctionnaires chargés de maintenir l'ordre et de faire procéder aux recherches. On ne saurait dire la quantité d'objets précieux, de décorations de tous les ordres de l'Europe, de montres, de tabatières d'or, de bijoux, de diamans, qu'on retrouva dans les décombres. D'après les ordres de l'empereur, les soldats de la garde furent chargés des fouilles, et tous les objets retrouvés furent fidèlement déposés par eux entre les mains du duc de Rovigo. Ce nouveau ministre de la police avait fait entourer l'hôtel d'un cordon de troupes et avait donné la consigne de laisser sortir du cercle tous ceux qui le voudraient, mais de n'y laisser entrer aucune personne inconnue. Cette mesure était sage; car, dès le commencement de l'incendie, un grand nombre d'adroits filous s'étaient introduits chez l'ambassadeur, et, sous le prétexte de porter des secours, avaient fait main basse sur tout ce qu'ils avaient trouvé à leur convenance. Ce fut ainsi que le prince Kourakin, ambassadeur de Russie, fut porté évanoui, par ces industriels, dans une arrière-cour de l'hôtel, et que là, tandis que les uns éteignaient avec l'eau du ruisseau le feu qui s'était attaché à ses vêtemens, les autres enlevaient ses boutons, ses épaulettes, ses ordres en brillans. On dit que ce prince avait sur lui pour plus de 80,000 fr. de diamans qu'on lui vola de cette façon.

Chez le comte Regnault de Saint-Jean-d'Angély, les appartemens du rez-de-chaussée, ainsi que l'office et tous les ustensiles de la cuisine furent pillés : dans la loge du suisse, on ne laissa que les quatre murs et une vieille halebarde.

Quand l'orage eut entièrement cessé et que les personnes blessées (plus de deux cents l'étaient très grièvement) eurent été transportées chez elles, en un mot, lorsqu'il n'y eut plus rien à craindre, la garde impériale, qui avait fait preuve de tant de zèle, prit enfin un peu de repos. Quelques grenadiers se réunirent dans un des vestibules de l'hôtel dont les murs avaient été noircis et lézardés par l'action du feu. Certes, jamais vins plus exquis et chair plus délicate n'avaient été distribués à ces braves. Les rafraîchissemens et les comestibles disposés pour la fête dans les caves de l'hôtel étaient les seules choses qu'eût épargnées la flamme. Les fatigues de la nuit ne devaient pas peu contribuer à leur faire faire bon accueil, et tout en devisant à leur manière sur les déplorables incidens dont ils avaient été témoins, les grognards dévoraient les galantines de volaille, les suprêmes à la financière, les gelées au marasquin, etc.

— Je voudrais bien connaître, disait un jeune grenadier, la bouche pleine de massepains à la vanille, le facétieux pompier qui s'est amusé à *seringuer* le petit caporal au milieu de l'estomac. Ce pékin-là ! je me donnerais volontiers le plaisir de le faire passer, à sec, par le robinet de sa pompe, pour lui apprendre à badiner devant ses chefs avec des armes à feu.

— Laisse donc, lui répondit un camarade qui achevait d'avaler sa huitième glace framboisée, il ne l'a pas fait exprès. Est-ce qu'il l'aurait osé ?... N'est-ce pas, caporal Ploquet, que ce n'est pas de sa faute, à cet infirme de pompier ?

— Hein ! fit le caporal Ploquet, qui fumait tranquillement sa pipe, enfoncé jusqu'aux épaules dans un édredon de satin cramoisi à franges d'or, sur lequel il s'était assis les jambes croisées à la manière des Turcs ; qu'est-ce qui parle ?

— Quand le petit caporal est tombé là-bas ? reprit le camarade.

— Ah oui ! contre cette petite *estatue* de Cupidon qui n'a plus qu'un bras ; je sais, je sais... Eh bien ! je n'y étais pas ; j'étais en train, avec le Mâconnais, de tirer par les jambes une princesse batave qui s'était incrustée sous une masse de banquettes, et qui flambait avec ; n'est-ce pas, Mâconnais ?

— Laissez-le donc dormir, caporal Ploquet ! dit un autre ; le Mâconnais est malade, il a trop mangé hier au soir après sa faction.

— De quoi, de quoi ! s'écria alors un vieux soldat dont les moustaches étaient entièrement brûlées et qui s'était étendu par terre, la tête appuyée sur le coffre brisé d'un nécessaire en bois des îles.

— Vous êtes un peu malade, n'est-ce pas ? lui dit-on.

— C'est vrai que je suis indisposé. C'est cette drogue dont m'a fait manger un grand flandrin en culotte jaune, avec son sac de taffetas noir derrière la tête. Il me demanda ce que je voulais. — Histoire de casser une croûte, lui *répons-je* ; du vin à vingt, et n'importe quoi de ce qu'il y aura à la cuisine. Cet esclave m'apporte une espèce d'oie, et bourrée en dedans de petites pommes de terre noires, dures et biscornues, qui avaient un goût de moisi, que cinq cents millions de diables en auraient pris les armes, et il me dit en allemand : — Voilà ! c'est ce que nous avons de plus excellent.

— Mâconnais, vous n'êtes encore qu'un conscrit, reprit le caporal Ploquet d'un ton de suffisance ; c'étaient des *truffes*, tout ce qu'il y a de plus cher au monde ; il y en a de toutes les couleurs et de toutes les grosseurs. Moi qui vous parle, j'en ai mangé des boisseaux à Berlin, l'année dernière, chez une vieille Berlinoise, riche comme un Crésus, où je faisais des mirotons dans ses marmites d'argent, et où je buvais plusieurs gouttes tous les matins dans de grands verres de diamant. Mâconnais, vous n'avez jamais fréquenté la bonne société ; vous ne connaissez pas ce qui est bon. Les *truffes* !... Mais il n'y a que les maréchaux de l'empire qui ont le droit d'en manger en fricassée.

— C'est possible, répondit le Mâconnais en faisant la grimace ; mais j'aime mieux les haricots rouges de l'ordinaire.

A ces mots, le caporal Ploquet lança au Mâconnais un regard de pitié, tout en bourrant sa pipe qu'il avait achevé de fumer.

Un roulement de tambours mit fin à cette conversation. La garde impériale se rassembla dans la cour de l'hôtel, et, après avoir été relevée par la garde de Paris, elle retourna à son quartier de l'Ecole-Militaire.

Dans cette déplorable circonstance, les pompiers étaient arrivés trop tard, et leurs pompes étaient en si mauvais état, qu'il leur avait fallu plus d'un quart d'heure de dispositions avant de pouvoir les faire agir avec efficacité.

L'empereur, qui sut toutes ces particularités, vraies ou fausses, fit appeler le colonel des pompiers le lendemain à Saint-Cloud et le destitua. Quant au préfet de police, qu'il manda de même, après lui avoir reproché très vivement son peu de prévoyance, il ajouta :

— Monsieur, je vous remplacerai dès que j'aurai trouvé un homme sur lequel je puisse compter, retirez-vous.

Les accidens causés par l'incendie étaient innombrables ; parmi ceux qui en souffrirent le plus, on signala le prince Kourakin, sur le corps duquel la foule avait passé. Pendant trois mois il fut obligé de garder le lit. Plus de trente personnes avaient trouvé la mort dans cette triste soirée. Plusieurs femmes s'étaient noyées dans un petit bassin fort peu profond, situé au milieu du jardin, soit qu'elles y fussent tombées évanouies, soit qu'elles s'y fussent précipitées elles-mêmes pour éteindre la flamme qui s'attachait à leurs vêtemens.

La malheureuse princesse de Schwartzemberg ne fut retrouvée que le matin dans le cratère refroidi de la salle de bal : ce n'était plus qu'un cadavre informe, rétréci et carbonisé. On ne la reconnut qu'à une chaînette d'or passée autour de son cou et à laquelle étaient attachés plusieurs petits cœurs en pierres précieuses, formant un mot cabalistique, comme c'était alors la mode d'en porter. Paris fut plongé dans la consternation ; les plus riches familles se comptaient avec effroi, tremblantes de se trouver incomplètes. On se rappela que, dans une circonstance à peu près semblable, les fêtes du mariage de Louis XVI, encore dauphin, avec l'archiduchesse d'Autriche Marie-Antoinette, avaient été changées en un jour de deuil ; la superstition s'empara de ce rapprochement.

Le souvenir de cette catastrophe poursuivit long-temps l'empereur lui-même ; il en parlait à tout propos. Son imagination avait été frappée ; et, comme il était un peu fataliste, il se persuada que cet incendie et ce violent orage étaient un avertissement providentiel, et que tôt ou tard il fallait un holocauste au destin. La gravité des événemens politiques qui vinrent à se succéder si rapidement, put seule affaiblir ce pressentiment.

En effet, trois années avaient suffi pour faire descendre la France de cet apogée de gloire et de puissance où elle était parvenue ; ce même prince de Schwartzemberg, qui s'était trouvé trop heureux de ce que Napoléon avait daigné, trois ans auparavant, honorer ses fêtes en y paraissant, était devenu, depuis, son ennemi le plus acharné. Il commandait un des corps de l'armée des coalisés : la plupart des princes, naguère ses alliés, et qu'un seul de ses regards faisait alors trembler, avaient tourné leurs armes contre lui.

On était aux derniers jours du mois d'août 1813. L'empereur attaquait Dresde. Depuis quarante-huit heures on se battait avec une égale furie de part et d'autre : la bataille continuait. L'empereur fit redoubler le feu ; la ligne de nos batteries gagna du terrain ; elle entoura les collines environnantes et forma devant lui comme une ceinture de flamme. Le fracas de tant de bronzes avait fini par faire crever les sombres nuées qui, depuis le matin, enveloppaient le champ de bataille.

La lueur des éclairs permit de distinguer au loin, sur les hauteurs de Nottnitz, de nombreux chevaux de main. Le quartier-général des alliés est rassemblé sur ce point ; tous les souverains de l'Europe sont encore une fois en présence. Le prince de Schwartzemberg est avec eux : l'empereur le sait. Sur ces entrefaites, une batterie de la garde, placée dans un bas-fond, avait ralenti son feu, puis l'avait tout à fait cessé. Napoléon court à cette batterie ; il apprend qu'elle est découragée par l'inutilité de ses coups.

— N'importe ! dit-il au commandant, il faut attirer l'attention de l'ennemi de ce côté ; faites recommencer le feu.

Puis, s'adressant aux canonniers, il ajoute :

— Hé ! vous autres, de l'ensemble ! Ne foulez pas trop, vous fatiguez vos pièces inutilement ; c'est aux pointeurs, c'est aux servans à faire attention ! Que diable ! reprend-il après avoir braqué sa lorgnette sur Nottnitz ; je vois du monde là-bas, beaucoup de monde qui ne devrait pas y être ; il ne tient qu'à vous de l'en chasser. Allons, en batterie !... Surtout ne vous pressez pas, si vous voulez faire de bonne besogne.

Quelques secondes sont à peine écoulées, que ces vieux artilleurs recommencent un feu si bien nourri que Napoléon sent la terre trembler sous les jambes de son cheval ; il le flatte de la main, il caresse sa crinière :

— A la bonne heure ! s'écrie-t-il, voilà qui est bien ; continuez ainsi, et on verra !

Mais au même instant un mouvement extraordinaire a lieu sur cette hauteur ; un personnage important vient sans doute d'être frappé par un de nos boulets. Le plateau est évacué presque aussitôt, la pluie redouble, les éclairs se succèdent plus vifs, au milieu de la fumée du canon qui s'élève lentement.

— Cette fois, nous n'avons pas fait *chou-blanc*, dit un vieux pointeur en passant son gant sur la lumière de sa pièce pour l'essuyer.

— J'en étais sûr ! reprend l'empereur qui avait constamment tenu sa lorgnette braquée sur le même point ; votre serviteur, je ne vois plus personne.

Et il partit au galop. Le soir on amena à son bivouac un paysan du village de Nottnitz, où les souverains avaient eu leur quartier-général pendant les deux jours qu'avait duré cette première bataille ; il le fit interroger par le duc de Vicence. Cet homme raconta qu'en effet un grand personnage avait été blessé par un de nos boulets, sur les trois heures de l'après-midi, au milieu de l'état-major des alliés. Il l'avait vu ; ce devait être un général du premier rang ; mais il ignorait son nom. Il était à cheval à côté de l'empereur de Russie au moment où il avait été atteint. Alexandre paraissait lui porter un vif intérêt ; on s'était hâté de le transporter hors de la portée de nos canons. Le chirurgien particulier de l'empereur d'Autriche était venu aussitôt lui faire l'amputation ; puis on l'avait transporté sur des piques de Cosaques jusqu'à Dippoldiswald.

En apprenant ces détails, Napoléon se persuada que c'était le prince de Schwarzemberg qui avait été frappé.

— Ah ! ah ! monsieur l'ambassadeur d'Autriche, dit-il en hochant la tête, il y a trois ans à pareille époque, vous me donniez le bal à Paris ; je me rappelerai long-temps ce funeste bal ! Je vous le rends aujourd'hui à Dresde, avec cette différence que vous m'aviez courtoisement invité au vôtre, et que Dieu m'est témoin que ce n'est pas moi qui vous ai convié à celui-ci. Vous y êtes venu de votre plein gré et sans que rien ne vous y forçât !... Vous n'avez que ce que vous méritez, monsieur de Schwartzemberg !...

Et, comme honteux de s'être laissé aller à un premier mouvement peu généreux, qui était loin de s'accorder avec ses sentimens naturels d'humanité, il reprit aussitôt :

— Cependant c'était un brave homme, je le regrette. J'ai toujours eu dans l'esprit le souvenir de ce bal comme un pressentiment sinistre. il est bien évident maintenant que c'est à lui que le présage s'adressait, et non à moi : je suis plus tranquille.

Mais le lendemain on apprit d'un officier russe, fait prisonnier pendant la nuit, que le prince était sorti sain et sauf des derniers combats, et que c'était lui qui avait présidé à la retraite des alliés.

— En ce cas, qui donc a été frappé ? dit l'empereur avec une sorte d'anxiété ; je donnerais volontiers mon meilleur cheval pour le savoir !

Une circonstance fortuite vint enfin éclaircir ce mystère. Un magnifique lévrier, qui suivait le brancard du personnage blessé, fut pris et amené au roi de Saxe, qui envoya le collier de l'animal au prince de Neufchâtel. Napoléon était avec quelques-uns de ses maréchaux et le général Bacler d'Albe, occupé à suivre, sur une immense carte, la marche de l'ennemi, lorsque le major-général de l'armée entra précipitamment dans sa tente et lui dit avec émotion :

— Tenez, sire, regardez ; voici le mot de l'énigme que Votre Majesté avait tant à cœur de deviner ce matin.

Napoléon prend le collier que Berthier lui présente, l'examine attentivement, tressaille et s'écrie d'une voix retentissante :

— C'est donc lui !... Et par un boulet de la garde !... Tenez, messieurs, il est facile de le deviner à l'étiquette du sac... Ah ! la Providence est juste ! tel est le châtiment qu'elle réserve au traîtres, à ceux qui portent les armes contre leur patrie ! C'était celui-là qui devait purger la fatalité du bal de l'ambassadeur d'Autriche !

Autour de ce collier, en cuir de Russie, on lisait ces mots gravés sur une petite bandelette d'argent : *J'appartiens au général Moreau.*

XIII

Un prisonnier d'Etat.

La postérité n'est pas venue pour Napoléon : les hommes de mil huit cent quinze en avaient fait un pygmée ; ceux de mil huit cent trente en font un demi-dieu. C'est seulement dans un avenir plus éloigné peut-être qu'on ne pense, et lorsque nos souvenirs et nos traditions, à nous autres contemporains, auront passé, que l'empereur, qui fut à lui seul une dynastie, occupera historiquement et à toujours la place que lui assignent la justice et l'impartialité.

Un fait incontestable, c'est que, malgré son immense supériorité, Napoléon ne put se défendre de l'enivrement, de l'espèce de vertige qu'éprouvent tous ceux qui sont montés d'en bas au faîte du pouvoir. Parmi ses fautes, et elles furent nombreuses, peut-être n'en est-il pas qui témoigne de cette vérité aussi hautement que sa brusque rupture avec le pape Pie VII, et l'histoire constatera que les rigueurs dont il ne craignit pas d'user envers un vieillard d'un noble caractère et d'une résignation évangélique marquèrent en quelque sorte d'un sceau fatal le premier pas que Napoléon faisait vers l'abîme où sa fortune et son génie devaient s'engloutir.

Déjà, depuis quelque temps, Pie VII était retourné à Savone par l'ordre de l'empereur, lorsque le cardinal di Pietro, que le pape en quittant Rome avait nommé son délégué, fut mandé à Paris. Il s'y rendit, sans cesser toutefois d'administrer les affaires de l'Eglise : mais ayant refusé d'assister à la cérémonie religieuse du mariage de Napoléon avec Marie-Louise, il fut immédiatement relégué à Semur ; on lui défendit en même temps de porter les insignes de sa dignité, et il lui fut interdit de correspondre avec le pape.

Calme au milieu de cette tempête soulevée par l'orgueil blessé de Napoléon, Pie VII puisait dans sa conscience et sa foi la force nécessaire à la lutte qu'il avait à soutenir. Une sentence d'excommunication fulminée contre l'empereur fut expédiée secrètement à plusieurs évêques et cardinaux français, ainsi qu'au cardinal di Pietro ; mais la police dont M. de Chabrol entourait le pape était assez bien faite pour que la liste des personnes auxquelles la bulle avait été adressée fût connue à Paris avant même que cette bulle y arrivât (1).

Furieux de cet acte d'hostilité, assez bien motivé cependant pour pouvoir passer pour une imparfaite représaille, Napoléon donna l'ordre d'arrêter les cardinaux italiens qui étaient en France et de les enfermer à Vincennes. Quarante-huit heures après, le cardinal di Pietro était enlevé à Semur, jeté dans une voiture de poste et amené à Paris sous l'escorte d'un officier de gendarmerie.

Il était huit heures du soir lorsque la voiture toute poudreuse s'arrêta dans la cour du ministère de la police, alors situé sur le quai Voltaire. Le

(1) Voici en quels termes la *Biographie des contemporains* s'exprime sur le service que rendit, à cette époque, à la cause impériale M. de Chabrol de Volvic, auquel son dévoûment, après le 18 brumaire, avait fait confier l'importante préfecture de Montenotte : « Il se trouva, de fait, un des surveillans du pape, détenu à Savone ; son adresse à remplir cette mission difficile lui valut et les indulgences du pontife et les bienfaits de l'empereur. »

ministre était absent, ainsi que Desmarest, qui d'ordinaire le suppléait dans de pareilles circonstances. Ce fut l'inspecteur général Pâques qui reçut l'éminence ultramontaine.

— Monsieur, dit tout d'abord le cardinal, d'une voix volubile et avec un accent italien fortement prononcé. monsieur, on m'a forcé de partir sans me donner même le temps de déjeûner, et je n'ai rien pris de toute la route qu'on m'a fait faire d'une seule traite : je vous prie, avant tout, de me faire donner à dîner.

Monsieur le cardinal, répondit Pâques, vous dînerez à l'hôtel de la Force.

— Alors je vous serai fort obligé de me faire conduire tout de suite à cet hôtel, car j'ai le plus grand besoin de prendre quelque nourriture.

— J'aurai l'honneur de conduire moi-même votre éminence ; mais souffrez auparavant que je prescrive quelques dispositions indispensables.

— Oh! mon Dieu, ne vous mettez pas en peine ; croyez bien que je ne suis pas dans une disposition d'esprit à m'occuper des misères corporelles, un plat de macaroni, le premier poisson venu, quelques légumes, un peu de pâtisserie et de dessert...

Pâques sourit d'un air moitié fin, moitié surpris, que l'éminence ne remarqua pas ; puis il sortit et ne reparut qu'au bout d'une heure. Le cardinal ne chercha pas cette fois à dissimuler sa mauvaise humeur.

— Pourquoi ne pas avouer tout simplement que l'on a résolu de me faire mourir de faim ? s'écria-t-il.

— Pardon, monsieur le cardinal, interrompit Pâques ; j'ai tardé un peu, mais enfin me voici...

— Et vous allez me conduire à cet hôtel de la Force ?

— A l'instant même.

— C'est fort heureux ! Mais hâtez-vous, de grâce, car je suis exténué.

On monte en voiture à la grande satisfaction du cardinal, qui ne doute pas que l'hôtel de la Force ne soit une résidence convenable, où il doive être traité avec tous les égards et le respect dus à son caractère, à son âge et à sa dignité de prince de l'Eglise. Bientôt l'équipage s'arrête dans une petite ruelle étroite et sombre devant une porte basse. Pâques met pied à terre le premier ; il invite le cardinal à descendre, puis il lui recommande de baisser la tête. Le prélat s'incline.

—Encore, encore, monseigneur, dit Pâques, il s'agit d'entrer par cette petite porte.

—Voilà une singulière entrée pour l'ancienne demeure des ducs de la Force, dit le cardinal.

Il avait à peine formulé cette observation, suite de son erreur, que déjà il se trouvait dans une salle voûtée, entouré d'hommes revêtus d'un uniforme sinistre, et presque tous tenant à la main un trousseau d'énormes clés.

— Passez par ici, lui dit d'une voix rude et brutale un de ces hommes.

Le cardinal ne revenait pas de sa surprise ; il se retourna pour interroger son conducteur, mais déjà l'inspecteur général Pâques avait disparu.

— Où suis-je donc? s'écria-t-il.

— Oh! soyez tranquille, vous êtes en sûreté. Vous êtes à la Force, voilà tout, répondit un des gardiens.

— Comment ? cet hôtel de la Force est donc une prison ?
— A vrai dire, c'est quelque chose d'approchant...

Le cardinal se tut : un quart d'heure après on le conduisit dans une étroite cellule, meublée d'un misérable lit, d'une table vermoulue et d'une chaise. A peine le prélat y fut-il entré que des cris, des juremens, des blasphèmes se firent entendre de la cellule voisine à sa droite.

— Qu'est-ce ? qu'est-ce donc ? fit le cardinal tout effrayé.

— Ah ! dame, il ne faut pas faire trop attention ; c'est un voleur qui se purge de la bile qu'il amasse ici depuis six mois.

Au même moment, des chants obscènes, des éclats de rire et des trépignemens cadencés retentirent dans la cellule de droite.

— Encore ! s'écria le cardinal.

— Oh ! de ce côté-là, c'est différent, continua le guichetier : c'est une brave, belle et joyeuse fille qu'on a envoyée ici pour faire un peu pénitence.

Le prélat n'y put pas tenir davantage; la résignation dont il s'était armé lui échappa.

— Oh ! c'est trop horrible ! s'écria-t-il; placer un cardinal de la sainte Eglise romaine entre un voleur et une fille perdue !

— Il est vrai que ça peut paraître incohérent et d'une familiarité exagérée, fit le gardien ; mais, dame ! tout ça dépend de l'habitude ; la vie est un voyage, comme dit l'opéra ; toute la question est de louvoyer sa barque et de voir comment l'heure de la bourrasque se terminera.

Le cardinal ne répliqua pas, car, au langage de son interlocuteur, il comprenait, avec sa finesse italienne, que peut-être n'était-il pas si abrupte qu'il semblait s'efforcer de le paraître.

Dès qu'il fut seul, il se jeta tout habillé sur le grabat qui lui était destiné. Un quart d'heure après on lui apporta quelques mets envoyés par le directeur de la maison, mais préparés toutefois avec plus de soin que ceux du vulgaire des prisonniers. Il ne toucha pas à cette nourriture grossière, et il y avait soixante-douze heures qu'il n'avait mangé, lorsqu'on vint lui annoncer qu'il allait être conduit chez le ministre de la police. Bientôt, en effet, on le fit monter en voiture, et il arriva à l'hôtel du quai Voltaire. Cette fois, ce fut par le conseiller d'Etat Réal qu'il fut reçu.

— Ah ! monsieur, lui dit tout d'abord le prélat, on a chez vous bien peu de respect pour notre sainte religion et bien peu d'égards pour ses ministres.

— Croyez, monsieur le cardinal, répondit Réal, que je serais au désespoir qu'on eût manqué à la déférence qui vous est due à tant de titres.

— De la déférence !... de la déférence !... Mais savez-vous, monsieur, où l'on m'a fait coucher, moi, cardinal ?... entre un voleur et une prostituée !...

— C'est mal, c'est fort mal, dit Réal ; et cependant une fois en sa vie, au moins, notre Seigneur Jésus-Christ s'est trouvé en plus mauvaise compagnie encore.

— C'est vrai, c'est vrai, monsieur ; il est certain que notre Seigneur... mais... un cardinal, un cardinal... de la sainte Eglise romaine confondu avec le rebut de la civilisation !

— Je conviens, répliqua le conseiller d'Etat, qu'on aurait pu faire mieux, et je donnerai des ordres pour que pareille chose n'arrive pas à l'avenir ; je dois néanmoins, et vous daignerez excuser cette formalité, je dois avant tout vous faire subir un interrogatoire.

— Je sais, je sais ; mais sur ce point vous pouvez, monsieur, parfaitement vous abstenir, car je ne répondrai à aucune de vos questions. En mon âme et conscience, je crois ne devoir compte de ma conduite qu'à Dieu, et après lui au sacré collége.

— Soit ; rien ne vous contraint à répondre à mes interrogations, et ce n'est là d'ailleurs qu'une affaire de forme ; ce que nous avons intérêt à savoir, nous le savons ; ainsi, vous ne pouvez nier que vous ayez reçu, il y a trois jours, une lettre du pape.

— Certes non, je ne le nierai pas. J'ai reçu une lettre ; elle m'est parvenue par une main sûre ; le cachet était intact, et je l'ai brûlée après l'avoir lue... Oh ! votre police est bien adroite ; mais Dieu est pour nous !

— Il est clair que notre police ne peut pas lutter avec Dieu, et c'est quelquefois très malheureux... Eh bien ! voyons, puisque vous convenez que cette lettre vous est parvenue, il ne doit pas vous en coûter davantage de me dire ce qu'elle contenait ?

— Oh ! pour cela, c'est une autre affaire ! ne l'espérez pas, mon cher monsieur, vous ne le saurez jamais.

— Vrai, monsieur le cardinal ; permettez-moi de vous dire que cela est fâcheux !

— Pour vous, oui ; et j'en suis désolé, en vérité, car, à tout prendre, vous paraissez un galant homme ; mais je dois vous déclarer que, dussé-je passer le reste de ma vie enfermé dans votre horrible hôtel de la Force, je ne vous dirai jamais un mot du contenu de cette lettre.

— Cela est réellement contrariant.

— En effet, je le crois.

— Sans doute ; car si vous ne voulez pas absolument me dire ce que contenait cette malencontreuse lettre ; je me verrai dans la nécessité de le rappeler moi-même à votre souvenir.

— Oh ! fit le cardinal en souriant, ceci n'est qu'une ruse de guerre, mais moins fin que moi ne s'y laisserait pas prendre ; le cachet, je vous le répète, était intact.

— Oui, parfaitement intact, j'en suis assuré.

— Or, la lettre m'ayant été remise par une main sûre, je suis bien tranquille, et si la persécution doit s'appuyer sur ce prétexte, du moins ne pourra-t-elle atteindre que moi.

— Mon Dieu, au fond, nous nous trouvons d'accord plus que vous ne pensez, monsieur le cardinal ; aussi ai-je commencé par vous prier de me dire le contenu de cette lettre.

— Donc, vous ne le connaissez pas.

— Pardon, je ne concède pas ce point, la conséquence n'est pas rigoureuse.

— Quoi ! vous persistez à soutenir que vous savez ce qu'elle contenait ?

— Sans aucun doute.

— Et vous pourriez me le dire à l'instant, exactement ?

— Très exactement ; je puis même faire plus, et vous en mettre sous les yeux la traduction, car elle était écrite en italien.

— Pour le coup, c'est trop fort !

— Oui, c'est fort, répondit Réal, et en même temps, tirant un papier d'un carton de son bureau, il commença à lire d'une façon indifférente la traduction de la lettre. A mesure que cette lecture avançait, le cardinal donnait les signes d'une indicible surprise.

— Voici qui confond l'imagination, s'écria-t-il quand le conseiller d'Etat eut terminé, j'ai minutieusement examiné le cachet; il était intact, j'en ai la certitude, et j'ai brûlé la lettre sans la communiquer à personne!

— Je vous arrête là, monsieur le cardinal; certes, il me serait aisé d'user de représailles et de vous dire que jamais vous ne saurez comment nous sommes parvenus à nous procurer la copie de cette lettre; mais je veux agir plus loyalement avec vous... Tout ceci d'ailleurs n'est pas mystérieux autant que vous pourriez peut-être le supposer : vous avez brûlé la lettre, n'est-ce pas?

— Oui, moi-même; j'ai vu la flamme la consumer sous mes yeux.

— Fort bien ; mais vous n'en avez pas dispersé les cendres. Ces cendres, ces vestiges négligés par vous, nous nous les sommes procurés ; un de nos plus habiles chimistes, un Fourcroy, un Chaptal, les a soumis à une analyse investigatrice, et nous avons retrouvé textuellement le contenu de la lettre.

— Pas de dérision, monsieur, je vous prie ; vous ne me supposez pas une crédulité assez puérile pour admettre cette fable ingénieuse. Vous avez employé un autre moyen ?

— Cela pourrait bien être ; mais cet autre moyen, je ne vous le ferai connaître que si vous consentez vous-même à me dire quel a été près de vous l'intermédiaire secret de sa sainteté.

— Impossible, monsieur ; j'aime mieux croire à l'analyse des cendres.

— Comme bon vous semblera : gardons chacun notre secret.

— Je voudrais toutefois, dit encore le cardinal après quelques instants de silence, vous demander une grâce : ce serait de ne pas me faire conduire de nouveau à cet hôtel de la Force.

— Telle n'a pas été un instant mon intention, répondit Réal; veuillez avant tout me faire l'honneur de dîner avec moi, monsieur le cardinal ; je vous accompagnerai moi-même dans un château où vous trouverez des personnes de connaissance.

— Et où je serai prisonnier?

— C'est avec douleur que je me vois dans la nécessité de vous répondre affirmativement.

— Que la volonté de Dieu s'accomplisse! fit le cardinal,

Le dîner se passa assez gaîment, et le digne prélat y fit honneur avec un appétit propre à donner témoignage d'une grande résignation. Le soir venu, le cardinal et le conseiller d'Etat montèrent dans une voiture qui les conduisit à Vincennes, et là monsignor di Pietro fut mis en possession d'un petit appartement qui lui avait été préparé. Il eut bientôt pour compagnons de captivité les cardinaux Gabrielli et Oppironni, ainsi que l'abbé d'Astros, vicaire général du diocèse de Paris, dont le siége était vacant depuis la mort du cardinal Dubelloy. M. d'Astros blâma fort la position où s'était placé le cardinal di Pietro; il lui reprocha surtout sa trop grande franchise.

— Il ne fallait à aucun prix, disait-il, avouer que vous eussiez reçu une lettre du saint père.

— Mais si vous n'avez rien avoué, vous, monsieur l'abbé, répliqua le prélat italien, comment se fait-il que vous soyez amené ici?

— Oh! moi, c'est différent, et certes, ce n'est pas faute de discrétion. Voici comment je me suis trouvé enferré dans cette malheureuse affaire. J'arrivais aux Tuileries, où je devais complimenter l'empereur à l'occasion de sa fête, lorsque M. Réal, m'abordant, me dit :

— Monsieur, l'abbé, veuillez, je vous prie, prendre la peine de venir avec moi ; S. M. l'empereur m'a chargé de vous parler.

Je le suivis; il me conduisit à sa voiture, dans laquelle il m'invita à monter; il prit place près de moi, et ordonna de conduire à mon hôtel. Chemin faisant :

— Monsieur l'abbé, me dit-il, ne savez-vous rien de relatif à la bulle d'excommunication lancée par le pape?

— Rien qui me soit personnel, lui répondis-je ; j'en ai eu connaissance comme tout le monde.

— Et vous n'avez reçu à ce sujet aucun message de sa sainteté ?

— Aucun.

— C'est ce qu'il faudra examiner.

Le mot n'était pas poli ; mais j'eus l'air de ne pas y faire attention. Au bout de dix minutes nous arrivions à l'hôtel de l'archevêché ; Réal entra sans façon dans mon cabinet.

— Monsieur l'abbé, me dit-il alors, je crois que vous feriez sagement d'avouer que vous avez reçu une missive du pape. J'aurais pu faire comme votre éminence, dire que j'avais reçu une lettre et que je l'avais brûlée ; mais j'avais résolu de garder jusqu'à la fin mon secret : je tins bon, je n'avouai rien ; mais le malheur voulut que l'attention de Réal fût tout d'abord attirée par une corbeille placée sous un bureau, et destinée à recevoir les papiers sans utilité. Il prend quelques uns de ces papiers, et le premier sur lequel il jette les yeux se trouve être précisément la minute de la réponse que j'avais faite à sa sainteté, et dans laquelle, en accusant réception de la bulle d'excommunication, j'instruisais le saint père que par mes soins elle avait été publiée dans le diocèse.

Deux heures plus tard j'étais amené ici, et vous voyez, monsieur le cardinal, que ce n'est pas du moins le manque de discrétion qui m'y conduit.

— Oh! oh! monsieur le vicaire général, s'écria le prélat avec son accent saccadé qui ajoutait à l'étrangeté de l'exclamation, si j'ai, moi, été trop franc, convenez que vous avez été, vous, bien étourdi!

Le cardinal di Pietro resta à Vincennes jusqu'en 1813, époque où il lui fut enfin permis de se rendre près du pape, alors prisonnier à Fontainebleau. Durant sa longue détention, il n'avait pas perdu un seul instant sa quiétude et sa bonne humeur; il ne paraissait même pas conserver une rancune bien profonde contre Napoléon, car plus d'une fois on l'entendit dire d'un ton de bonhomie narquoise, à l'annonce de quelque nouvelle victoire de l'empereur :

— Encore! Eh, qu'est-ce que ce damné d'homme ferait donc, s'il n'était pas excommunié?

XXIV

A propos de la tragédie de Mahomet.

La tragédie de *Mahomet II* (1) fut représentée le 9 mars 1811, c'est-à-dire peu de jours avant la naissance du roi de Rome. Talma, chargé du rôle principal, en retarda long-temps la mise en scène. Malgré toute la sublimité de son talent, il avait une manie : celle de vouloir toujours substituer ses propres idées à celles de l'auteur, et de ne chercher dans toutes ses combinaisons que celles qui pouvaient faire dominer le personnage qu'il devait représenter. Il donnait quelquefois d'excellens conseils ; mais il fallait se tenir en garde contre la multitude de changemens qu'il proposait, et qui ne tendaient à rien moins qu'à refondre le premier plan et la marche de la composition. Ma pièce avait été lue au comité de la Comédie-Française sous le titre insignifiant d'*Eronyme*. Talma, chargé du rôle de Mahomet, voulut que la tragédie portât ce nom. Je cédai par déférence, et l'on verra bientôt que j'eus sujet de m'en repentir. Ce nouveau titre m'imposait l'obligation de développer dans toutes ses parties le caractère historique du farouche conquérant, et dans ma première version, il ne paraissait qu'en seconde ligne, puisque tout l'intérêt portait sur Eronyme. Il résultait de ce changement, léger en apparence, une sorte d'embarras et de confusion dans la conduite générale de la pièce.

Enfin, après six mois de répétitions et de remaniemens, le jour de la représentation fut inscrit sur l'affiche. Je me rendis le matin vers midi au théâtre, et les acteurs m'apprirent, avec un mécontement marqué, que la représentation ne pouvait avoir lieu, parce que Talma n'était pas encore satisfait de son costume. Que l'on juge de mon désappointement! Talma était absent ; j'allai chez lui. En quittant le péristyle du théâtre, j'eus le déplaisir de voir afficher le *Légataire universel*.

En entrant chez Talma, qui logeait alors rue de Seine, à l'ancien hôtel Mirabeau, je le vis entouré de trois ou quatre individus, avec lesquels il s'entretenait : c'étaient des tailleurs. J'aperçus, sur une table dressée au milieu de la chambre, des dolmans, des tuniques, des châles, des turbans, sans compter une multitude de barbes. Aussitôt qu'il m'aperçut, il s'écria :

— Ah! mon bon, je suis bien aise de vous voir.

— Je venais m'assurer, lui dis-je, si une indisposition subite vous empêchait de jouer ce soir ; mais je m'aperçois à votre figure et à l'éclat de votre voix que j'ai entendue en montant, que vous vous portez à merveille. Quelle raison me donnez-vous pour justifier un ajournement qui me paraît sans motif?

— Comment, sans motif! me répondit-il ; mais je n'ai point encore complété mon costume. J'en ai bien la plus grande partie, mais la plus essentielle me manque, celle qui doit donner le plus de physionomie à Mahomet... la barbe.

— Mais il me semble que vous n'avez ici que l'embarras du choix.

(1) De M. Baour-Lormian. C'est à la bienveillance de cet honorable et savant académicien que nous devons les détails piquans qu'on va lire et qu'il a bien voulu nous communiquer. (*Note de l'Auteur.*)

— En voici plus de quinze que Dublin m'a fait essayer : aucune n'a le genre de nuance que j'exige.

Là-dessus il tâcha de me prouver que sans une barbe convenable il ne pouvait représenter dignement le vainqueur de Byzance. J'eus beau le presser, ce ne fut que huit jours après qu'il parut dans le harem de la rue de Richelieu avec une barbe de son goût.

Les premiers actes furent accueillis avec une extrême faveur ; mais au cinquième, une situation malheureuse, dans laquelle Mahomet démentait son caractère, fut généralement improuvée. Éclairé par le grand jour de la scène, malgré mon amour-propre d'auteur, je ne pus me dissimuler que le public avait raison, et, le rideau baissé, je me rendis dans la salle d'assemblée des comédiens, avec l'intention de retirer sur-le-champ ma pièce du répertoire. Tous les acteurs se récrièrent, et surtout Talma. Comme sa barbe avait parfaitement réussi, je compris aisément qu'il ne serait pas fâché de la montrer encore quelquefois aux spectateurs. Peut-être aussi entrevoyait-il la possibilité d'atténuer d'une manière sensible les défauts du cinquième acte, et sa confiance me rendit presque la mienne. La pièce fut donc affichée pour le surlendemain ; mais la Comédie-Française reçut l'ordre de la jouer le même jour aux Tuileries.

L'impératrice, alors au dernier temps de sa grossesse, ne pouvait se déplacer ; on improvisa dans un salon du rez-de-chaussée un petit théâtre dont trois acteurs remplissaient l'étendue. Lorsque Talma-Mahomet fit son entrée, il ne put être suivi que d'un seul janissaire. J'assistai dans la coulisse à ce simulacre de représentation, que le grand tragédien appelait plaisamment une lecture habillée. L'assemblée, comme on peut le croire, était peu nombreuse. Elle se composait uniquement de l'empereur, de l'impératrice, des ministres, des grands officiers de la maison, des dames de service au palais et de quelques membres du corps diplomatique. La pièce fut écoutée dans un silence absolu ; tel que l'exigeait une étiquette ridicule qui fait languir l'action et glace le jeu des acteurs.

J'avais retouché de mon mieux ce néfaste cinquième acte : *Mahomet* fut joué onze fois, et onze fois, après d'unanimes applaudissements, la même situation, quoique modifiée, provoqua les mêmes marques d'improbation. Dès ce moment, je ne délibérai plus et je déclarai aux comédiens que *Mahomet II* ne ferait plus partie de leur répertoire.

Six semaines après, je reçus l'invitation de me rendre au château ; l'empereur me faisait demander pour le lendemain à dix heures précises du matin. On peut croire que je fus exact au rendez-vous. M. de Rémusat me reçut, et, après m'avoir fait traverser des couloirs éclairés jour et nuit par des lampes, il m'introduisit dans un salon de médique grandeur, meublé sans faste, mais avec beaucoup d'élégance. Les murs étaient décorés par des tableaux de l'école moderne ; on y remarquait l'*Ossian* de Gérard et son *Bélisaire*. Napoléon était assis devant une petite table incrustée de porcelaine de Sèvres à compartiments, et dont les pieds de bronze triangulaires étaient richement ciselés. On voyait sur cette table quelques mets, entre autres des crépinettes, dont lui-même avait donné la recette à son maître-d'hôtel, car Napoléon était devenu quelque peu friand. Son visage, par extraordinaire, avait une expression presque joviale. Il se trouvait en ce moment au faîte de sa gloire et de sa puissance. L'Europe tributaire se taisait devant lui ; un fils, habillé dès son berceau de la pourpre royale, venait de naître pour affermir sa dynastie, et semblait lui présager un éternel avenir. Tant de bonheur avait déridé son front, naturellement sombre et soucieux. En m'apercevant, il me dit, avec cette parole brève et incisive qui lui était si familière :

— J'ai lu votre tragédie : elle est détestable !

Si je n'avais su que l'empereur se faisait un malin plaisir d'intimider d'abord les personnes qu'il faisait appeler, ce début était de nature à me dérouter complètement. Je me tus et il continua :

— Votre Mahomet est un imbécile de s'être engoué sottement d'une pimbêche qui ne veut pas de lui. Un pareil homme, qui coupait la tête à ses maîtresses, ne doit point se mêler d'une intrigue de sérail; c'est le rapetisser : il fallait le placer dans le cadre politique. Corneille seul savait faire parler et agir les rois; mais, vous autres poètes, vous n'y entendez rien. Parce que vous savez faire des vers, vous vous croyez de grands hommes. Les vers ne sont que la broderie de l'étoffe dramatique.

Je l'écoutais attentivement et ne pouvais lui répondre, car il ne m'en eût pas laissé le temps.

— Les petites scènes d'amour sont usées pour la tragédie, continua-t-il; notre époque grandit ; il faut que tout grandisse avec elle.

Je ne dois pas oublier de dire qu'il coupait chaque membre de ses phrases saccadées par une gorgée de café dont il paraissait savourer délicieusement l'arome.

— Pourquoi, reprit-il tout à coup, avez-vous retiré votre pièce? elle continuait d'attirer la foule.

— Oui, sire ; mais on s'obstinait à murmurer au dénoûment.

— Vous ne dites pas tout : vous avez eu peur de Geoffroy. C'est un chien hargneux qui aboie; il fallait, comme vos confrères, jeter un gâteau au miel dans la gueule du cerbère ; votre *Mahomet*, malgré ses défauts, aurait eu vingt représentations. Ce nombre constatait un succès; c'est vous-même qui avez ratifié votre chute.

Après avoir prononcé ces mots, il acheva de vider la petite tasse de porcelaine placée devant lui ; puis, se levant, il fit quelques pas dans le salon, et, revenant à moi, il me dit d'un ton bienveillant :

— Allons, je vous ai tenu assez long-temps sur la sellette ; j'ai dû froisser un peu votre amour-propre languedocien ; mais vous avez bravement soutenu l'assaut, et j'aime cela. J'ai causé de votre pièce avec Talma; il m'en a lu quelques scènes qui sont fort bien : quant au mérite de la poésie, tout le monde s'accorde là-dessus. Maintenant, que prétendez-vous faire?

— Puisque Votre Majesté le permet, j'aurai l'honneur de lui dire que je ne me tiens pas pour battu.

— A la bonne heure ! dit Napoléon en souriant.

— Mon intention est, non pas de retoucher, mais de refondre l'ouvrage. Eclairé par l'expérience, je tâcherai qu'il plaise au monarque qui n'a pas besoin que le pouvoir suprême donne du prix à son suffrage.

— Ferez-vous encore Mahomet amoureux ?

— Oui, sire; mon cadre l'exige.

— Au moins ne lui donnez pas un rival, car, s'il en a un, et qu'il le découvre, il faut qu'il le tue sur-le-champ, et alors votre pièce est finie. Je vous le répète, il faut plus vous appuyer sur l'histoire que sur le roman; notre tragédie a besoin d'être renouvelée, il nous faut des conceptions larges; les vers ne doivent venir qu'après.

Sa physionomie familière redevint alors grave et sévère, et d'un signe de tête il me congédia.

Comme il passait dans la pièce voisine :

— Sire, lui dis-je, oserai-je demander à Votre Majesté la permission de lui soumettre mon nouveau travail ?

— Volontiers, me dit-il ; et il me quitta.

En rentrant chez moi, j'écrivis la conversation qu'on vient de lire, pour n'en point oublier les détails. C'est ainsi que l'empereur se plaisait à encourager les écrivains, en leur accordant l'honneur d'être admis à son entretien ; et j'ai plus d'une fois obtenu cette faveur. Trente-six ans se sont écoulés depuis cette époque. Ma pièce, refaite sur un plan plus vaste et en grande partie d'après les observations judicieuses de Napoléon, attend dans mon portefeuille et attendra long-temps sans doute que MM. les comédiens français se décident à la soumettre au jugement du public.

XXV

Naissance du roi de Rome.

C'était le 20 mars 1811.

Ce jour-là le soleil se leva radieux comme s'il eût voulu éclairer de ses rayons d'or une journée solennelle. A peine les grilles du jardin des Tuileries étaient-elles ouvertes que cent mille personnes encombrèrent la terrasse et les parterres qui faisaient face au palais. Toutes parlaient bas et marchaient doucement, comme dans la chambre d'un malade qu'on craint d'éveiller. Marie-Louise allait être mère. « Sera-ce un garçon ou une fille ? » telle était la question qui préoccupait tous les esprits. On savait que le bronze des Invalides devait annoncer la délivrance de l'impératrice : cent coups de canon devaient être tirés pour un héritier du trône, et vingt seulement pour une fille.

En attendant, chacun devisait à sa manière sur le grand événement qui se préparait; quelques uns même comptaient tellement sur la destinée de l'empereur, qu'à l'exemple de nos voisins d'outre-mer, ils offraient de parier deux contre un que Marie-Louise accoucherait d'un garçon. Au milieu du bourdonnement de la foule impatiente, l'horloge du palais vint à sonner. Aussitôt un coup de canon, que les échos du jardin répercutèrent, se fit entendre dans la direction des Invalides. Chacun se tut et resta immobile à la place où il se trouvait. Cent mille personnes écoutèrent ; on n'entendit plus que ces mots, prononcés à intervalles égaux par toutes les bouches à la fois : *Deux! trois! quatre!* Après le vingtième, on eût dit que la mort avait passé sur toute cette multitude. Le vingt-unième coup retentit enfin : une immense acclamation y répondit. C'étaient cent mille voix qui criaient à la fois : Vive l'empereur !

Pendant ce temps, Napoléon s'était placé derrière le rideau d'une fenêtre du palais. Tous les regards se dirigent vers cette fenêtre qui vient de s'ouvrir : c'est lui ! Il veut parler, mais des cris d'enthousiasme couvrent sa voix.

Ne pouvant se faire entendre de cette foule en délire, il se met à applaudir avec elle.

Ce fut un beau jour pour lui et pour les Parisiens. On s'embrassait, on se félicitait, on se serrait la main, comme si un enfant était né à tous, car cet enfant fixait les incertitudes de l'avenir. On n'entrevoyait plus de guerres, parce qu'on espérait que la paternité calmerait chez l'empereur son amour des conquêtes, en reportant sur le roi de Rome toutes les ambitions de son âme.

Dans la soirée du 19 mars, les grands officiers civils et militaires de la maison impériale avaient été convoqués, ou, pour mieux dire, consignés au palais. Tous passèrent la nuit dans le grand salon qui précédait la chambre à coucher de l'impératrice, d'où parfois les plaintes qu'elle laissait échapper parvenaient jusqu'à eux. Dans cette circonstance importante, Napoléon ne quitta pas sa femme, et chercha par de gais propos à lui faire oublier ses souffrances, en tâchant de lui prouver que, selon son expression, « son état était la chose du monde la plus naturelle. » Vers les cinq heures du matin, Dubois, voyant que les douleurs avaient cessé chez la malade, prévint l'empereur que ce calme pourrait être long.

— Tant pis ! répondit-il ; cette incertitude me tue. Je serais resté trente-six heures à cheval que je ne me trouverais pas plus harassé. Je vais aller me mettre au bain ; cela me fera quelque bien, n'est-ce pas, docteur ?

Dubois ayant répondu par un signe de tête affirmatif, Napoléon se retira en marchant sur la pointe des pieds, comme s'il eût craint que le bruit de ses pas ne troublât le calme qui régnait dans l'appartement. Aussitôt un ordre du grand-maréchal vint congédier tous ceux qui avaient été appelés la veille comme témoins, avec recommandation de ne pas s'éloigner, c'est-à-dire qu'il leur fut permis d'essayer de dormir assis ou debout dans les salons du palais. Mais à peine y avait-il dix minutes que Napoléon était dans son bain que les douleurs reprirent plus incessantes, et plus vives, chez Marie-Louise. Dubois, inquiet de l'état de l'impératrice, monta chez l'empereur, et, dans une agitation extrême, lui dit :

— Sire, je suis le plus malheureux des hommes. Sur mille accouchemens, peut-être ne s'en présente-t-il pas un si laborieux que celui qui se prépare.

A ces mots, l'empereur quitte le bain, et il a hâte de retourner auprès de sa femme.

— Dubois, lui dit-il, un homme comme vous est impardonnable de perdre la tête dans un moment comme celui-ci. Il n'y a rien qui doive vous troubler. Faites comme pour la femme d'un de mes grenadiers. Que diantre ! la nature n'a pas deux lois. Vous n'avez rien à craindre ; aucun reproche ne peut atteindre un praticien tel que vous.

Dubois ne lui dissimule pas qu'il va y avoir un grand danger à courir, soit pour la mère, soit pour l'enfant.

— Je vous le répète, répliqua Napoléon, agissez comme si vous attendiez le fils d'un marchand de la rue Saint-Denis. Ne faites attention ni à moi ni à ceux qui vous entoureront. Ne vous occupez que de l'impératrice. Allons, docteur, ne vous démoralisez pas !

L'empereur parlait ainsi à l'accoucheur pour le rassurer, et cependant une vive inquiétude le préoccupait lui-même. Il entra chez sa femme, et jugea tout d'abord que le moment critique était venu. Marie-Louise éprouvait alors une crispation terrible ; tout portait à croire que l'enfant serait étouffé. Dubois, immobile et pâle, était là, inactif, en présence de la patiente.

— Eh bien! docteur, lui dit Napoléon dans une angoisse inexprimable, qu'attendez-vous? pourquoi ne délivrez-vous pas l'impératrice? n'est-il pas temps?

— Sire, je ne puis rien faire qu'en présence de Corvisart.

Ce dernier, qu'on s'était empressé d'aller chercher, n'était pas encore arrivé.

— Eh! qu'avez-vous besoin de lui? reprit Napoléon avec une sorte d'emportement; que peut vous apprendre Corvisart? Si c'est un témoin ou une justification que vous vous réservez, me voilà, moi! Ne vous rappelez-vous plus ce que je vous disais tout à l'heure? Dubois, je vous ordonne d'accoucher l'impératrice.

A ces mots, qui n'admettaient ni réplique ni retard, le docteur obéit. Pendant ce temps, Napoléon, le visage bouleversé, cherchait à faire passer dans l'âme de sa femme une confiance qu'il n'avait pas lui-même.

— Allons, ma bonne Louise, lui dit-il tendrement, un peu de patience, cela ne sera pas long; pense à moi, pense à ton fils, car c'est un fils, j'en ai la certitude.

En effet, Marie-Louise poussait des gémissemens qui faisaient tressaillir les personnes présentes, et jusqu'aux grands dignitaires qui attendaient avec anxiété dans le salon voisin qu'on vînt les avertir qu'il était temps d'entrer. L'un d'eux, ne pouvant supporter plus long-temps l'impression qui le dominait, perdit connaissance; on fut obligé de l'emporter. Mais lorsque l'impératrice vit Dubois s'emparer des instrumens qui devaient hâter sa délivrance, elle fit entendre des cris affreux.

— Mon Dieu! s'écriait-elle tout en pleurs, veut-on donc me sacrifier?

Napoléon continuait de la tenir dans ses bras, aidé de Mme de Montesquiou et de Corvisart, qui était arrivé sur ces entrefaites. Mme de Montesquiou sut habilement profiter d'un moment de répit pour rassurer l'impératrice, en lui disant qu'elle-même s'était trouvée dans la nécessité d'avoir recours au même moyen. L'empereur, qui devina l'intention de cette dame, la remercia d'un regard. Cependant Marie-Louise, persuadée qu'on en usait avec elle différemment qu'avec toute autre, ne cessait de répéter du ton le plus lamentable:

— Faut-il donc me tuer parce que je suis impératrice? (Elle avoua depuis qu'elle avait été dominée par cette idée.) Au moins, laissez-moi mourir tranquille.

Enfin, elle fut délivrée; mais le danger avait été si grave que l'étiquette réglée par l'empereur fut mise de côté. Le nouveau né, déposé à l'écart sur le tapis, parce qu'on ne s'occupait que de sa mère, y resta quelques instans sans qu'aucune des personnes présentes s'inquiétât de lui, tant on était persuadé qu'il n'était pas né viable. Ce fut Corvisart qui le premier le releva, le secoua dans ses bras et lui fit pousser le premier cri.

Cependant Napoléon n'avait pu résister à tant d'émotion. Il s'était retiré.

Dès qu'il sut que tout était fini, il vint embrasser Marie-Louise, puis ce fils dont la naissance devait être pour lui la dernière faveur de la fortune.

Au moment où la nouvelle de l'heureuse délivrance de l'impératrice fut annoncée à la foule, on vit s'élever dans les airs une nacelle dans laquelle était Mme Blanchard, la célèbre aéronaute, chargée de semer par milliers, dans les campagnes, un bulletin annonçant le grand événement, en même temps que des courriers étaient expédiés à toutes les cours de l'Europe. Les grands corps de l'Etat et des députations de tous les régimens de l'armée vinrent successivement féliciter Napoléon et déposer aux pieds de l'enfant royal le tribut ordinaire de leurs hommages et de leur fidélité, et pendant quelques jours, ce ne fut dans la capitale que réjouissances et illuminations.

Au milieu de la joie tumultueuse de la cour et de la ville, personne au palais n'avait songé à instruire Joséphine, retirée au château de Navarre, du grand événement qui venait d'avoir lieu. Elle ne l'apprit que par les journaux et par les manifestations de la joie publique qu'elle partagea sincèrement. Cependant, blessée d'un tel oubli, dans un premier moment de dépit qu'il eût été plus digne d'elle d'étouffer, elle écrivit de sa propre main à l'empereur une lettre de *félicitations* que nous avons donnée dans notre première partie (1).

Napoléon lui répondit sur-le-champ. Un de ses pages partit à franc étrier pour Navarre et remit à Joséphine la lettre de l'empereur, conçue en termes dont la simplicité et le laconisme sont remarquables ; la voici :

« Ma bonne amie, je reçois ta lettre, je te remercie. Mon fils est gros
» et bien portant. J'espère qu'il viendra à bien. Il a ma poitrine, ma
» bouche et mes yeux. Tu le verras. Il remplira sa destinée. Je suis
» toujours très content d'Eugène. Adieu, je t'embrasse de tout mon
» cœur.

» Aux Tuileries, 22 mars 1811. » NAPOLÉON. »

Le même jour, dans l'après-midi, une troupe nombreuse, composée des charbonniers et des forts de la halle de Paris, arriva dans la cour des Tuileries, bouquets en main, musique en tête, en poussant des vivats et des cris de joie. L'empereur se mit à la fenêtre, et les acclamations redoublèrent. Une députation de ces braves gens fut admise dans la galerie de Diane. Napoléon la reçut et accueillit le compliment que le chef de la troupe lui débita au nom de leurs corporations. La visite achevée, comme l'empereur allait passer dans un autre salon :

— A propos, monsieur le comte d'Arberg, dit-il en souriant au chambellan de service qui avait introduit cette députation, j'espère que vous ferez rafraîchir tous ces gaillards-là ?

— Sire, balbutia celui-ci piqué sans doute que l'empereur le chargeât d'une semblable commission, j'oserai faire respectueusement observer à Votre Majesté que c'est un soin qui ne me regarde pas, et...

— Monsieur, interrompit Napoléon, je vous prie de vous en charger...
Et s'adressant à M. de Talleyrand :

— Prince de Bénévent, ajouta-t-il, n'êtes-vous pas de mon avis ? Lorsqu'on fait crier les gens de façon à les enrouer, c'est bien le moins qu'on les désaltère.

— Sire, répondit M. de Talleyrand, désireux de venir au secours de son protégé, M. d'Arberg aurait fort à faire, car non seulement ces mes-

(1) Voir les pages 126 et 127.

sieurs sont nombreux, mais encore je suis persuadé qu'il ignore les devoirs qu'imposait jadis la charge de grand-échanson.

— C'est la vérité, sire, ajouta le chambellan en s'inclinant ; mais je puis assurer à Votre Majesté que je n'ai pas eu besoin de stimuler l'enthousiasme de ces braves gens : c'est de bonne volonté et de grand cœur qu'ils ont manifesté leur amour pour Votre Majesté.

—Alors raison de plus, répliqua Napoléon ; c'est du vin de Champagne qu'il faut leur donner pour boire à la santé de mon fils, à celles de ma femme et de la France.

— Sire, ces honnêtes gens vont vider les caves du palais, ajouta M. de Talleyrand.

— Tant mieux ! reprit Napoléon, cela fera aller le commerce, et les marchands de vin de Champagne feront des vœux pour que l'impératrice me donne beaucoup d'enfans.

Les intentions de l'empereur furent parfaitement exécutées. Les charbonniers et les forts de la halle, auxquels s'étaient joints quelques surveillans du jardin et la plupart des garçons de peine du château, vidèrent plus de trois cents bouteilles de champagne dans la galerie à jour du rez-de-chaussée, qui a vue sur le jardin, où, par les soins du préfet du palais, des tables avaient été dressées comme par enchantement. En entendant de son cabinet les toasts bruyans portés au nouveau-né, Napoléon souriait de bonheur et se frottait les mains.

— Cela va bien ! répétait-il gaîment.

A cette joie du peuple, des courtisans et du maître, les poètes prirent bientôt leur part. M. de Montalivet, ministre de l'intérieur, se chargea de tresser leur couronne. Millevoie, Michaud, le jeune Casimir Delavigne, Piis, Désaugiers, etc., ornèrent la couronne du roi de Rome de beaucoup de fleurs de rhétorique. Triste fatalité ! Les vers des poètes porteraient-ils malheur à tous ces pauvres enfans qui naissent sous les lambris d'un palais? Quels enfans furent plus chantés que le dauphin, fils de Louis XVI ? que le premier-né de la reine Hortense ? que le fils du grand homme? enfin que le duc de Bordeaux? Que sont-ils devenus? qu'est devenu le roi de Rome? cet enfant à qui de si belles destinées étaient promises ? Relégué dans le palais de Schœnbrunn, éloigné de sa mère, séparé pour toujours de son père, il quitta avec joie une existence sans passé comme sans avenir. Une couronne de cyprès est la seule couronne restée sur sa tête ! Que Dieu préserve donc ces enfans des couplets des poètes, des harangues, des corps municipaux et des manifestations bruyantes d'une armée ; car pour eux ces explosions d'allégresse officielle sont presque toujours de funestes augures. Heureux ceux qui, en venant au monde, ne reçoivent pour hommage que les caresses d'une mère, et dont le berceau n'est entouré que des affections de la famille !

XXVI

Napoléon architecte.

Les monumens plaisaient à l'imagination de l'empereur. Ses projets de constructions gigantesques remplissaient mieux que quoi ce fût le vide des momens d'inaction. Il disait :

— Les monumens font partie de l'histoire des peuples ; leur longue durée témoigne de leur civilisation long-temps après que ces peuples ont disparu de la terre, ce sont d'irrécusables témoins qui attestent comme vrais, aux générations à venir, des conquêtes qu'elles seraient souvent tentées de regarder comme fabuleuses.

Napoléon savait aussi que les beaux-arts donnent aux grandes actions une longue renommée et consacrent le souvenir des princes qui les ont encouragés.

— Une grande réputation, disait-il encore, c'est un grand bruit : plus ce bruit est grand, plus il s'étend au loin. Les institutions, les nations, tout cela tombe ; mais le bruit reste et se prolonge d'échos en échos, jusqu'aux siècles les plus reculés.

L'empereur aimait d'ailleurs la France avec passion ; il voulait que son nom fût attaché à elle par des liens indestructibles. Dans toutes ses actions on retrouve ce sentiment instinctif de l'avenir, de même que partout le conduisaient ses victoires ; sa seule préoccupation, c'était l'opinion de la France. A l'exemple d'Alexandre à Arbelles, qui s'applaudissait moins d'avoir vaincu Darius que d'avoir conquis le suffrage des Athéniens, il dit le soir de la bataille d'Austerlitz, en présence de ceux qui l'entouraient :

— On parlera de moi à Paris !

Dès les premiers jours de sa puissance consulaire, Napoléon avait appelé auprès de lui les plus habiles architectes et leur avait ordonné de s'occuper de la restauration de l'hôtel des Invalides. La première pensée d'un homme qui devait le pouvoir suprême à la carrière des armes devait être d'embellir la retraite des compagnons et des témoins de sa gloire.

— Ce sera l'Elysée des braves, dit-il à ce sujet, et, pour eux, la plus noble des illustrations.

Le lion de Saint-Marc, rapporté de Venise, orna la belle fontaine bâtie au milieu de l'Esplanade. Les quatre chevaux de Corinthe, cette ancienne création du génie des Grecs, ce trophée de tant de victoires, transporté, dans la suite des âges, de la Grèce à Rome, de Rome à Constantinople, de Constantinople à Venise, et enfin de Venise à Paris, fut destiné à servir d'attelage au char de la Victoire qui devait être placé sur l'arc-de-triomphe du Carrousel, consacré *à la gloire de la grande armée*. On sait qu'à la restauration, conformément au *traité de Paris* conclu, en 1815, avec les puissances étrangères, Canova fut délégué par l'Autriche pour venir enlever ces chevaux, en même temps qu'un grand nombre de statues et de tableaux qui ornaient le musée Napoléon. Le célèbre sculpteur s'étant présenté chez M. de Talleyrand pour lui faire part des instructions qu'il avait reçues, l'ex-grand-chambellan de l'empereur lui fit cette demande :

— Mais en quelle qualité êtes-vous accrédité auprès de nous ?

— Prince, c'est en qualité d'ambassadeur, lui répondit Canova.

— Vous vous trompez : c'est d'*emballeur*, que vous voulez dire, reprit M. de Talleyrand.

Mais revenons. Au retour de la première campagne de Prusse, à peine Napoléon avait-il pris le temps de se reposer des fatigues du voyage, qu'il parcourut le château des Tuileries pour examiner les réparations et juger des embellissemens qu'on y avait faits pendant son absence. Selon son habitude, il critiqua beaucoup et s'emporta contre les architectes, qui, disait-il plaisamment, *sont la ruine des empires*. Regardant alors par une des fenêtres de la salle des maréchaux, il demanda à M. de Fleurieu, gouverneur du château, qui l'accompagnait avec le premier architecte, pourquoi le haut de l'arc-de-triomphe du Carrousel était recouvert d'une toile :

— Sire, c'est à cause des dispositions qu'il est nécessaire de prendre pour la pose de la statue de Votre Majesté, qui va être placée dans le char, entre deux Génies qui le conduisent.

— Comment !.. Qu'est-ce que cela signifie ?... s'écria vivement Napoléon. Je ne le veux pas !

Puis, se retournant vers M. Fontaine, il ajouta :

— Est-ce que ma statue était dans le dessin que vous m'avez présenté ?

— Non, sire, c'était celle du dieu Mars.

— Eh bien ! pourquoi me mettre à la place du dieu Mars ?

— Sire, ce n'est pas moi ; c'est M. Denon.

— Denon a eu tort, reprit Napoléon avec impatience. De la flatterie, toujours de la flatterie ! Et l'on s'imagine me plaire ou me servir ! Je veux qu'on ôte cette statue, entendez-vous, monsieur Fontaine ; je veux qu'elle disparaisse ! cela n'a pas le sens commun ! Est-ce à moi à m'ériger des statues ? Que le char et les Génies soient achevés ; mais que le char reste vide ; comprenez-vous ?

Ainsi fut fait. La statue immédiatement descendue et reléguée dans l'orangerie, située sous la galerie des tableaux du Louvre, y était encore en 1830 ; elle était en plomb et remarquable par sa ressemblance.

C'était en 1804 que l'empereur avait conçu l'idée d'élever l'arc-de-triomphe du Carrousel. Quoique tous les devis fussent faits et les détails réglés, il restait une question importante à décider : celle de l'emplacement du monument. Les raisonneurs, ceux qui s'empressent toujours de donner des avis qui ne leur sont pas demandés, répétèrent que l'*endroit proposé*, en face de la grande entrée des Tuileries du côté du Carrousel, était mal choisi : les uns voulaient que le monument fût bâti au pont tournant ; les autres sur la place Louis XV ; ceux-ci dans la grande allée des Champs-Elysées ; ceux-là sur la place de la Bastille. Ces divers propos revinrent à Napoléon.

— Tous ces gens-là sont étranges, dit-il ; les uns craignent que l'arc ne tue le château, les autres que le château ne tue l'arc. Comment faire pour contenter tout le monde ?

Et il exprima le désir de voir répondre à ces observations par une discussion publique dans les journaux.

— Sire, la meilleure réponse à toutes ces objections sera la construction de l'arc même, dit M. Fontaine.

Ce ton de confiance décida l'empereur, qui répondit :

— Vous avez raison ; ces gens-là n'y entendent rien, vous dis-je ; ils s'occupent de niaiseries et négligent la chose principale. J'ai toujours vu faire une porte à une grille, mais je n'ai jamais vu faire de grille à une porte.

C'est à la suite de cette discussion qu'il dit, en parlant des nombreux embellissemens projetés pour la capitale :

— Paris manque d'édifices, il faut lui en donner. C'est à tort que l'on a cherché à borner cette grande cité ; sa population peut, sans inconvénient, être doublée, et elle le sera un jour. Il peut se présenter telle circonstance où tous les rois de l'Europe s'y trouveront ensemble; il leur faut donc un palais et tout ce qui en dépend. Si le cas échéait, pourrais-je décemment les loger en garni ?

Ce fut encore Napoléon qui, contre l'avis d'une commission de marins et d'ingénieurs, voulut faire d'Anvers un port où pussent entrer les gros vaisseaux de guerre. L'avis de la commission ne laissait que le choix de Flessingue ou de Terneuse. Napoléon ne voulut ni de l'un ni de l'autre.

— Flessingue n'est qu'une avant-garde, objecta-t-il ; l'ennemi peut voir tout ce qui s'y passe ; quant à Terneuse, on serait dans la boue, l'air y est pestilentiel ; il n'y a nulle population. Anvers a, au contraire, un air sain et cent mille âmes : il faut que l'Escaut devienne navigable.

On lui représenta que c'était impossible. Napoléon leva les épaules, en insistant davantage encore, et l'impossibilité disparut. Cette expression forte de la volonté de l'empereur se lie à une autre anecdote dont elle sera le passeport.

Les opérations des ingénieurs chargés de vérifier les sondes et les passes de l'Escaut étaient décrites sur une carte immense qu'il fallut dérouler sur le tapis du cabinet impérial. Tandis que l'un des membres de la commission lisait son rapport, l'empereur et le ministre de la marine Decrès, couchés sur cette carte, suivaient de l'œil le détail des sondes, et examinaient les points présentés comme obstacles par le peu de profondeur de l'eau et par la formation de bancs qui, détachés de leurs gisemens naturels, iraient se reformer ailleurs, obstacles que Napoléon s'attachait à contester, et qu'il prétendait n'être pas invincibles. Après d'inutiles remontrances sur la question de possibilité, on se rejeta sur l'excessive dépense qu'entraînerait une entreprise aussi colossale. L'objection étant encore repoussée, M. Decrès finit par ouvrir son âme tout entière :

— Mais, sire, dit-il, après tant de sacrifices pour ce grand établissement maritime, si un jour Anvers cessait d'appartenir à la France ?

A ces mots, l'empereur, moitié colère, moitié plaisanterie, se relève brusquement, saisit le coin de la carte sur lequel le ministre est encore étendu et l'enveloppe dans l'énorme toile, en lui disant :

— Eh bien ! monsieur, même en ce cas, je ne regretterais pas mon argent : Anvers appartiendra toujours à un ennemi de l'Angleterre.

Napoléon tenait aussi à l'honneur de continuer les ouvrages commencés avant lui. En s'occupant de terminer le Panthéon, il conçut la pensée de rendre cet édifice à sa première destination.

— Le maître-autel, dit-il, sera dédié à Sainte-Geneviève, patronne de Paris. On placera dans cette église les tombeaux qui sont au musée des Petits-Augustins, en les rangeant comme ils le sont, par ordre de siècles. Ils sortent des temples, il convient de les y faire rentrer.

A la même époque, il décida que l'église de Saint-Denis, qui, selon son expression, *n'était qu'un vaste cercueil rempli d'une poussière de rois oubliés*, et qui servait alors d'hôpital militaire, serait évacuée pour être mise en état de recevoir le chapitre impérial. Il fit plus, il alla un matin visiter cette basilique, et indiqua lui-même tous les changemens qu'il désirait qu'on y fît, désigna l'emplacement de nouvelles chapelles, et ordonna que les noms des rois qui avaient eu leur sépulture dans l'église fussent, selon leur rang dans les dynasties royales, gravés sur des tables de bronze ou de marbre noir. Enfin il arrêta le plan du caveau qui devait recevoir les dépouilles mortelles des membres de la famille impériale. Mais, au milieu des soins donnés aux travaux de l'ordre le plus élevé, aux ouvrages propres à éblouir les yeux de la France et des étrangers, Napoléon portait un intérêt non moins vif à des objets de détail, à des améliorations d'une obscure utilité dont, assurément, il ne calculait pas qu'on dût jamais lui faire un mérite. Les bornes établies dans les rues de la capitale, pour protéger les piétons contre les voitures, avaient, par l'extension abusive des devantures de boutiques, cessé de remplir leur destination. L'empereur en fit la remarque dans une de ses promenades *incognito*, et y vit l'occasion de nombreux accidens. Il écrivit le jour même au ministre de l'intérieur pour qu'il veillât à ce que ces bornes fussent remplacées le plus tôt possible, et, à cette occasion, il imagina le premier d'assujétir les propriétaires à poser des trottoirs devant leurs maisons.

— Il faut, disait-il que l'ouvrier puisse se promener dans les rues de Paris sans craindre à tout moment d'être écrasé par le cabriolet d'un banquier.

On voit que l'homme d'État, le grand capitaine, le monarque le plus puissant de l'Europe, eût fait de nos jours un excellent sergent de ville.

En 1808, l'empereur, étant en Espagne, témoigna le désir d'aller, aussitôt après son retour en France, passer quelques jours à Rambouillet. En conséquence, on s'occupa de restaurer et de meubler ce château qui, depuis la révolution, n'avais pas été habité. Napoléon y vint effectivement en février, et la première chose qu'il demanda à voir en arrivant, ce fut la salle de bains. Son premier valet de chambre l'y conduisit. Mais à peine y fut-il entré qu'il s'arrêta en jetant les yeux autour de lui avec des signes non équivoques de mécontentement.

— Quelle bêtise! s'écria-t-il enfin. Quel est celui qui a pu concevoir une idée aussi biscornue? Constant, faites appeler le grand-maréchal.

L'architecte, en effet, avait fait peindre à fresque, sur les murs de cette salle, les portraits en pied de la plupart des femmes qui composaient la famille impériale, entre autres, Madame Mère, Joséphine, sa fille Hortense, la princesse Pauline, etc. Au fur et à mesure que Napoléon arrêtait ses regards sur chacune de ces figures, il haussait les épaules et répétait son exclamation favorite : *Quelle bêtise!* Lorsque le grand-maréchal arriva :

— Duroc, faites venir le peintre qui a fait ce beau chef-d'œuvre, et qu'il l'efface au plus vite. Comment s'appelle-t-il?

— Sire, je l'ignore.

— Eh bien! je ne veux pas le savoir non plus; mais il faut que ce barbouilleur honore bien peu les femmes pour avoir commis une pareille inconvenance. Ce doit être une bête que cet homme-là, je le parierais. Qu'on fasse en sorte de ne plus l'employer, du moins pour moi.

Dans toutes les circonstances de sa vie, Napoléon montra toujours un grand respect pour tout ce qui tenait aux convenances. En voici une autre preuve. Lorsqu'il fut question de décorer la place Louis XV d'une fontaine, ayant demandé à l'architecte chargé des travaux de lui soumettre un plan, celui-ci le lui présenta. Il se composait de quatre nayades jetant de l'eau par les mamelles. Cette idée parut inconvenante à l'empereur, qui rendit le plan à l'architecte en lui disant d'un ton de mauvaise humeur

— Ôtez-moi ces nourrices, monsieur, les nayades étaient vierges.

Depuis long-temps l'empereur avait l'intention de restaurer le château de Versailles, mais le chiffre de dépenses que lui avait présenté l'architecte Gaudouin, chargé de ces travaux, l'avait tellement épouvanté qu'il les avait ajournés indéfiniment. Cependant, au mois de mars 1809, au sortir d'une visite qu'il avait faite à l'école de Saint-Cyr, il fit arrêter sa voiture devant l'escalier de l'orangerie de Versailles, appelée *les cent marches*, traversa les cours du château et, s'arrêtant devant la grille de la place d'Armes, se mit à contempler silencieusement cette masse imposante de bâtimens magnifiques restés déserts depuis la révolution. Après un quart d'heure d'examen, Napoléon ayant fait ce geste de la tête qui lui était habituel lorsqu'il avait pris une grande détermination, remonta en voiture en disant au duc de Vicence, sur le bras duquel il était appuyé :

— Décidément, il me faut en passer par les six millions que Gaudouin demande : je ne puis laisser plus long-temps messieurs les rats manger ce château, ou bien dans trois siècles on viendra visiter les ruines de Versailles comme on va visiter celles de Babylone, où, par parenthèse, on ne voit pas une pierre. C'est maintenant une question de nationalité.

Quelques jours après l'empereur dictait la note suivante au baron Fain :

« Je ne demande pas mieux que de m'occuper du château de Versail-
» les, si M. Fontaine me présente un projet raisonnable, dont la dépense
» ne puisse excéder six millions ; mais aux conditions suivantes :
» 1º Moi, l'impératrice et notre maison nous serons logés commodé-
» ment ; je veux un cabinet et une salle de bains entièrement isolés. 2º
» On trouvera six logemens de rois, douze de princes, vingt-quatre de
» grands-officiers ; des écuries pour deux cents chevaux. 3º On réparera
» le côté du château appelé *Pavillon des ministres*, et on en rebâtira un
» autre, parallèle à celui-ci, dont l'architecture est détestable. 4º On ré-
» parera également l'intendance, la chancellerie, la petite salle de spec-
» tacle appelée l'*Opéra* et la chapelle ; il y faudra des tableaux ; il doit
» s'en trouver en quantité dans les greniers du château. 5º On recons-
» truira entièrement le grand escalier. 6º On abattra les vieilles
» constructions de Louis XIII ; elles n'avaient pas le sens com-
» mun. 7º Tous les appartemens devront communiquer entre eux
» de plain-pied, depuis la première pièce de l'aile gauche, jus-
» qu'à la dernière de l'aile droite, de manière à ne faire de ces appar-
» temens qu'*une seule et longue enfilade, et comme une immense ga-
» lerie de tableaux*. 8º On ne devra nullement perdre de vue ma ma-
» nufacture d'armes, à laquelle je tiens beaucoup : elle fait d'ailleurs
» grand bien à la ville de Versailles : on pourra la caser, soit à l'inten-
» dance, soit à la grande chancellerie, on verra. Alors, le château de-
» viendra habitable, et je pourrai bien y aller passer une partie de l'été
» chaque année. Mais avant qu'on exécute ce projet, il faut que l'archi-
» tecte chargé des travaux puisse certifier, sur parole, qu'il ne dépas-
» sera pas, dans leur exécution, les six millions que j'accorderai vo-
» lontiers ; sinon, je ne veux plus en entendre parler, et les travaux
» qu'il aura commencés resteront à sa charge. »

On voit, d'après cette note, que nous transcrivons textuellement, que, dans la restauration et les embellissemens qui viennent d'être faits au château de Versailles, les nouveaux entrepreneurs ont suivi et exécuté, pour ainsi dire mot à mot, le projet que Napoléon avait conçu vingt-cinq ans auparavant.

Peu de temps après la naissance du roi de Rome, ayant fait appeler M. Fontaine, un matin, tandis qu'il était en train de déjeûner, il lui demanda ce qu'on dépenserait pour élever, à l'extrémité de la terrasse du bord de l'eau, un petit pavillon avec ses dépendances, afin d'y aller quelquefois déjeûner avec l'impératrice et son fils. Tandis que M. Fontaine essayait d'établir un devis approximatif, il ajoute :

— Voyons, ne marchandons pas, dites-moi le prix au juste.

— Mais, sire, cela ne peut coûter moins de cinq cent mille francs.

— Cinq cent mille francs ! répéta Napoléon en se levant de table avec vivacité ; comment ! cinq cent mille francs, pour pouvoir déjeûner à l'air quand il fait beau ! Dix mille francs, au plus, voilà ce que je veux dépenser.

— Sire, c'est impossible.

— En ce cas, j'aime mieux prendre mon café près de la fenêtre ; de cette manière mon déjeûner ne me coûtera pas plus de trente sous. Cinq cent mille francs ! répéta-t-il encore en se promenant dans le salon ; mais je ne m'étonne pas du tout que les architectes aient ruiné Louis XIV... C'est une honte, ajouta-t-il un moment après en regardant par l'une des croisées de la pièce le quartier de la garde impériale, situé sur le quai d'Orsay ; c'est une honte de faire des bâtimens si affreux.

Et ayant ordonné qu'on lui présentât plusieurs plans pour cette caserne, il en choisit un d'après lequel fut immédiatement commencé le magnifique palais que l'on admire aujourd'hui sur le quai d'Orsay, au coin de la rue Belle-Chasse, et qui n'a été achevé qu'en 1837.

Jamais salle de spectacle ne subit en moins de temps plus de révolutions que celle du château des Tuileries. Commencée en 1805, et élevée sur les débris de la salle des séances de la Convention, elle ne fut entièrement terminée qu'au mois de décembre 1811. La démolition de cette salle donna lieu à des observations curieuses de la part de Napoléon, qui dit, entre autres choses, un jour qu'il était resté à voir les ouvriers dépecer la vieille charpente :

— Cette construction est parfaitement en harmonie avec l'époque où elle a été faite. On voit bien que les entrepreneurs obéissaient à des maîtres qui commandaient la hache à la main. Je ne conçois pas comment cette salle ne s'est pas écroulée vingt fois sous le poids de cette foule agitée, toujours turbulente et trépignante que la passion y rassemblait sans cesse ; et si cet accident, par un effet naturel, fût arrivé pendant une de ces honteuses séances, et eût causé la mort de quelques fougueux montagnards, je le demande, que d'épouvantables suspicions ! Qui en aurait été la cause ? l'ignorance d'un architecte !... Ah ! bon Dieu ! que les révolutions des empires tiennent quelquefois à peu de chose !

A quelques jours de là, Talma était chez l'empereur :

— Parbleu ! mon cher Talma, lui dit Napoléon, je veux que vous puissiez juger des changemens que j'ai fait subir à la salle de spectacle ; vous allez venir avec moi ; je veux vous montrer tout cela ; seulement vous prendrez garde de vous casser le cou.

— Sire, je ne crains rien ; je serai là sur mon terrain.

— J'avoue que ce n'est pas le mien, reprit gaîment Napoléon.

Et prenant le bras du grand artiste, il le guida lui-même à travers les corridors les plus obscurs ; puis, après avoir escaladé les loges, les banquettes du parterre et les balustrades de l'orchestre, ils arrivèrent sur le plancher du théâtre. Les nouveaux travaux que Napoléon avait fait exécuter étaient en effet fort importans et fort curieux, parce qu'il avait voulu qu'on pût représenter de grands opéras et des ballets. Les changemens à vue, les trappes, les vols de char avaient exigé des machines difficiles à établir dans un emplacement si étroit ; mais tout s'était aplani devant sa puissante volonté. Lui et Talma étaient seuls ; la pâle lueur d'un quinquet les éclairait à peine ; tout à coup Napoléon dit au célèbre tragédien :

— Savez-vous qu'il y a des Anglais qui paieraient bien cher pour être à votre place ! S'ils pouvaient y glisser un de leurs agens, l'occasion serait belle pour se défaire de moi.

— Ah ! sire, s'écria Talma, vous me faites frémir ; si quelqu'un, caché...

— Rassurez-vous, reprit Napoléon en frappant familièrement sur l'épaule de Talma ; l'histoire se respecte trop pour me laisser mourir dans une trappe comme un héros de mélodrame ; je suis persuadé qu'elle me réserve quelque chose de mieux !

Le goût de bâtir est une passion commune aux princes les plus vulgaires. Ce qui importe au peuple, c'est que ce goût s'applique à des objets d'un intérêt véritable. On a prétendu que l'empereur, dans les immenses travaux qu'il avait ordonnés, cherchait plutôt l'éclat que l'utilité : c'est une erreur et une injustice. Sa principale étude, au contraire, était de restreindre chaque genre de construction dans la limite des convenances. Deux pensées l'occupaient en même temps : servir le pays par des constructions nouvelles, et fournir par ce moyen du travail à des classes dont la guerre rendait les professions inactives.

En 1813, après les victoires de Lutzen et de Bautzen, par lesquelles l'armée française semblait avoir ressaisi sa vieille gloire, Napoléon donna de nouveaux ordres pour que les embellissemens de Paris se continuassent avec activité ; puis, laissant son armée sur les bords du Rhin, il revint à Saint-Cloud le 7 novembre, se rendit au sénat le 9, et le 10 appela tous ses architectes pour qu'ils eussent à lui rendre compte de l'état dans lequel se trouvaient les constructions qu'il leur avait confiées avant de partir pour la Saxe. Le 19 du même mois, il vint résider à Paris, et le 21 il visita dans le plus grand détail les nouvelles galeries du Musée (celles du rez-de-chaussée) et les bâtimens qui avaient été ajoutés au Louvre du côté de la rue Saint-Honoré. Il crut s'apercevoir qu'on avait fait peu de besogne depuis l'époque de son départ. Cette idée n'était pas juste ; seulement la disposition de son esprit n'était plus la même. En rentrant aux Tuileries, il demanda ses chevaux, sortit du palais par la place du Carrousel, et alla visiter la Halle au blé, dont il admira la nouvelle couverture en fer, ouvrage entrepris sous la direction du célèbre Boulanger ; puis, ayant passé par le quartier des halles, suivi d'une foule prodigieuse qui criait *vive l'empereur !* lui présentait des pétitions et lui offrait en termes énergiques des bras pour le défendre, il traversa le Pont-Neuf pour aller visiter les travaux qui s'exécutaient au Luxembourg. Il ne s'était fait accompagner que de l'aide-de-camp de service, d'un écuyer et de son premier architecte. Ce jour-là, un de ses pages ayant profité de l'absence du maître pour aller, lui aussi, faire sa promenade sur les quais, se trouva sur le passage de sa majesté au moment où, arrivée à l'entrée de la rue de Seine, elle se dirigeait vers le Luxembourg. Poussé malgré lui par les flots de la foule, le page se vit porté jusque sous la tête de son cheval. L'affluence et le tumulte lui firent espérer qu'il ne serait pas aperçu, car il était expressément défendu aux pages de sortir du palais lorsqu'ils étaient de service, et encore bien plus de revêtir l'habit bourgeois; mais le jeune étourdi acquit bientôt la preuve du contraire : l'empereur l'avait parfaitement reconnu. Le soir, avant de se mettre à table pour dîner, l'empereur lui fit un signe du doigt en lui disant :

— Venez ici!

Puis, le prenant par une oreille qu'il tira cette fois un peu plus fort que de coutume, il ajouta :

— Ah! ah! monsieur le drôle! que faisiez-vous donc ce matin, si près de moi, dans le faubourg Saint-Germain?

Le page baissa la tête, et n'essaya même pas de se justifier.

— Ah! vous vous déguisez pour courir la pretentaine! Vous connaissez cependant l'ordre! mais, bast! on se moque de l'ordre, n'est-ce pas? Je vois ce que c'est : vous vous mêlez aussi de m'espionner?

Ce reproche, que l'empereur ne lui adressait que pour plaisanter, fut pris au sérieux par le jeune homme, qui, relevant la tête avec une sorte de fierté et sans proférer un mot, lança à l'empereur un regard qui avait plus d'éloquence que toutes les paroles qu'il eût pu trouver pour se justifier d'un tel soupçon. Napoléon comprit toute la pensée de son page, car, lâchant aussitôt l'oreille qu'il avait tenue jusque alors, il lui donna du bout des doigts un de ces petits soufflets qui équivalaient de sa part aux plus grands complimens, et il lui dit d'un ton de bienveillance :

— Eh bien! je me trompe; ce n'était pas pour m'espionner. Mais réfléchis un peu : si, lorsque je vais me promener, tout le monde faisait comme toi, qui est-ce qui garderait la maison?

Le dernier ordre que Napoléon donna le 14 janvier 1814, quelques heures avant son départ pour commencer cette admirable et fatale campagne de France, fut d'assigner de nombreux travaux à la classe indigente, car il sentait plus que jamais le besoin de se populariser, et il craignait toujours qu'en son absence les ouvriers de la capitale, qu'il aimait tant, ne vinssent à manquer de moyens d'existence.

Comme on le voit, et comme surtout l'attestent à la fois les beaux et innombrables monumens et les gloires nationales de son règne, Napoléon aimait la bâtisse, selon l'expression vulgaire; mais il n'aimait pas que cela. S'il est vrai qu'il se plût à manier la truelle, ce n'était jamais que pour se reposer un instant la main des autres plus lourds et plus utiles attributs de sa puissance : la main de justice et l'épée. Il avait donné le Rhin pour frontière à la France et il avait créé le Code, lorsqu'il songea à ressusciter Versailles.

XXVII

Deux visites au lycée Napoléon.

Un des premiers soins de Napoléon en arrivant au pouvoir avait été de coordonner l'instruction publique avec son système général de gouvernement. Plus tard il créa à Paris quatre collèges principaux, sous la qualification de *lycées* : le lycée impérial, le lycée Napoléon, le lycée Bonaparte et le lycée Charlemagne. Voulant visiter lui-même ces établissemens, il commença par celui qu'il avait doté de son nom et pour lequel, soit dit en passant, il montra toujours une certaine préférence. Il y arriva un jour sans que personne fût prévenu de sa visite, accompagné seulement du grand-maréchal du palais, de M. Chaptal, ministre de l'intérieur, et de quelques autres personnes qu'il laissa en dehors du collège : il avait voulu que son arrivée ne causât dans la maison aucun dérangement. La présence de l'empereur au milieu de nos écoles produisait toujours un effet merveilleux. Il exerçait un tel prestige sur les hommes faits, qu'on peut juger de l'enthousiasme qu'il devait inspirer à une jeunesse dont l'imagination avait été frappée en même temps par le récit des batailles de l'antiquité et par la lecture des bulletins de la grande armée.

Suivi du proviseur du lycée, du censeur et des sous-directeurs, Napoléon parcourut les cours, l'infirmerie, les classes: il interrogea plusieurs élèves ; puis, entrant au réfectoire tandis que ces derniers étaient à dîner, il voulut goûter à la soupe et à l'*abondance*. Ayant pris la timbale d'un élève, il la porta à ses lèvres et la rendit en disant :

— Mes enfans, cela ne vous grisera pas, c'est vrai ; mais je vous assure que de mon temps, à Brienne, on nous mettait encore plus d'eau.

Cette visite dura une heure et demie. En se retirant, très satisfait de tout ce qu'il avait vu, il témoigna au proviseur le désir que toutes les punitions infligées aux élèves fussent levées, et qu'un congé extraordinaire leur fût accordé pour le restant du jour. De leur côté, ceux-ci, voulant consacrer le souvenir de cette visite, décidèrent à l'unanimité que la timbale dans laquelle l'empereur avait bu ne servirait désormais à personne. Elle fut exposée dans la salle du conseil, après avoir été placée sous un verre bombé, sur le socle élégant duquel fut gravée cette inscription : *l'empereur Napoléon a bu dans cette timbale le...* 1805 ; tous les élèves se cotisèrent pour acheter une autre timbale à leur camarade, contraint, bien à contre-cœur, de renoncer ainsi à un objet qui eût été pour lui une véritable relique.

Le soir de cette journée, en racontant à Joséphine et à ceux qui se trouvaient avec elle dans le salon les détails de la visite qu'il avait faite le matin à *ses petits lycéens*, Napoléon lui dit :

— Sais-tu, ma chère amie, que j'ai fait ce matin le professeur, le pédant ?

— Cela ne m'étonne pas, lui répondit malignement l'impératrice.

— Et que je ne m'en suis pas mal tiré. Imaginez-vous, messieurs, que j'ai examiné les élèves de seconde année de mathématiques, et que je me suis assez souvenu de mon Bezout et de mon Legendre pour faire une démonstration au tableau. Je vais m'occuper très sérieusement de la police intérieure de mes lycées. Je veux que les élèves aient tous la même tenue ; j'en ai trouvé qui étaient très bien vêtus, mais d'autres l'étaient fort mal ; c'est absurde, c'est au collège plus que partout ailleurs qu'il faut de l'égalité. Au reste, ces petits jeunes gens m'ont fait grand plaisir à voir. J'ai dit à Duroc de me donner les noms de ceux que j'ai interrogés ; je veux les récompenser, quoiqu'ils ne m'aient pas paru bien forts. Et puis, je retournerai les voir un de ces jours, cela fera bien, cela donnera de l'émulation. Tous ces petits gaillards-là, c'est autant de graines d'officiers : il faut planter pour recueillir.

Cette promesse ne devait se réaliser que sept ans plus tard ; et il ne fallut rien moins que la naissance du roi de Rome pour la lui rappeler.

Dans la nuit du 19 au 20 mars 1811, le bourdon de Notre-Dame et les cloches de toutes les paroisses de Paris annoncèrent l'accouchement prochain de la nouvelle impératrice. Vingt et un coups de canon devaient être tirés si Marie-Louise mettait au monde une princesse; cent un devaient signaler la naissance d'un héritier de l'empire. Le 20 mars, à dix heures du matin, le premier coup de canon se fit entendre. Chacun fut frappé comme d'une commotion électrique : on comptait chaque coup avec une anxiété indicible. Après le vingt et unième coup, le plus grand silence régna sur la capitale; mais lorsque le vingt-deuxième fut entendu, un cri de joie éclata de toutes parts et se mêla long-temps au bruit de l'artillerie tonnante.

En présence d'une si grande explosion d'enthousiasme, les offrandes symétriques de la poésie sont bien froides et bien mesquines; la voix du peuple est si retentissante qu'elle étouffe toutes les autres; mais à cet époque la manie *versiculaire* était si commune, qu'il n'y avait pas dans tout l'empire français un seul chef-lieu d'arrondissement qui n'eût son poète de circonstance. Il n'est si petite commune qui n'adressât au roi de Rome une hymne, une cantate, une ode, que sais-je! Jamais plus d'encens ne fut brûlé dans la cassolette impériale. Mais on ne se borna pas à inhumer ces poésies éparses dans le *Journal de l'Empire* (aujourd'hui le *Journal des Débats*); ces messieurs de l'Académie, qu'on appelait alors l'*Institut*, proposèrent d'accorder deux prix : un premier et un second; et quatre *accessit*, aux six meilleures pièces de vers, français, latins, grecs, italiens, allemands, espagnols, portugais et même hollandais, que ce grand événement devait nécessairement inspirer. Plus de cinq cents pièces furent imprimées, signées et publiées dans deux gros volumes ayant pour titre : *Hommages poétiques à leurs Majestés impériales et royales, sur la naissance de leur auguste fils S. M. le roi de Rome*. Après vingt-six ans, ce monument courtisanesque est curieux à parcourir; on y découvre plus d'un nom qu'on est tout surpris de rencontrer là. Aucun de ces concurrens, il est vrai, n'obtint les prix de poésie française, parce qu'ils furent tous deux décernés à de jeunes écoliers : le premier fut remporté par Barjaud de Montluçon, âgé de seize ans, et le second par M. Casimir Delavigne, à peu près du même âge, et l'un et l'autre élèves au lycée Napoléon.

Quand l'empereur apprit le résultat de ce concours et la position des deux lauréats :

— Vraiment! s'écria-t-il en se frottant les mains, ce sont deux élèves de mon lycée qui ont été couronnés ?... Je veux qu'on me présente ces deux petits gaillards!

Puis, après un moment de réflexion, et comme cherchant quelques souvenirs, il ajouta :

— Mais ne leur dois-je pas une visite?... Oui, je me le rappelle... Il y a long-temps; c'était après mon retour d'Italie. Ces bons jeunes gens! ma foi, c'est le cas ou jamais : j'irai demain.

Le lendemain, lorsqu'un bruit inaccoutumé de chevaux et de voitures signala l'arrivée de l'empereur dans la grande cour du collège, tous les élèves, rangés dans une grande salle qui avait été disposée à cet effet, battirent des mains; une rougeur subite colora tous les visages lorsqu'une voix annonça : *l'empereur !...* Un *vivat* assourdissant le salua.

— Bonjour, bonjour, messieurs, dit Napoléon visiblement ému de cette réception.

S'étant ensuite approché des deux lauréats, que le proviseur lui présenta, et après les avoir rassurés par un regard plein de bienveillance, il dit à Barjaud de Montluçon :

— C'est donc vous, mon jeune ami, qui avez su mériter le premier prix ?

— Oui, sire, répondit modestement Barjaud en baissant les yeux.

— Je vous en félicite bien sincèrement. On m'a lu vos vers ; mais si vous voulez me les lire vous-même, je les entendrai encore avec plus de plaisir : vous devez facilement vous les rappeler ?... Allons, un peu de hardiesse, je vous écoute.

Le jeune élève commença. A chaque instant, Napoléon faisait un signe de tête approbatif en disant à voix basse :

— Bien ! très bien (1) !

Lorsque Barjaud eut achevé, malgré la recommandation qui avait été faite aux élèves, par les professeurs, de garder le silence, cédant à leur entraînement et à leur amitié pour un camarade dont ils s'enorgueillissaient, ceux-ci firent entendre une triple salve d'applaudissemens ; Napoléon en avait lui-même donné le signal. Le calme étant rétabli, l'empereur dit à M. Casimir Delavigne :

— Vous, mon petit ami, qui avez obtenu le second prix, que puis-je faire pour vous ?

(1) Voici quelques strophes de cette ode en quelque sorte inédite puisqu'elle n'existe dans aucun recueil imprimé :

  Quels flots religieux assiégent cette enceinte ?
  Pour qui montent les vœux de la prière sainte ?
  La voûte retentit de solennels concerts,
  L'airain sacré résonne, et l'écho qui s'éveille
    Apporte à mon oreille
  La voix du bronze en feu qui gronde dans les airs.

  O France ! quels momens de bonheur et de joie !
  Quel heureux avenir à tes yeux se déploie !
  L'éclat du plus beau jour brille sur tes enfans.
  Tout fier d'un rejeton qui croît sous son ombrage,
    Le cèdre au vert feuillage
  Laisse voir des forêts ses rameaux triomphans.

. . . .

  Rome, relève-toi plus brillante et plus fière,
  Jette tes vêtemens tout souillés de poussière ;
  Viens t'asseoir de nouveau sur le trône des arts.
  O Rome, ne dis plus que ta gloire est passée !
    Ta splendeur effacée
  Reprend tout son éclat sous de nouveaux Césars.

  Couché sous les débris du Capitole antique,
  L'aigle romain s'arrache au sommeil léthargique
  Où jadis l'enchaîna dans ses temples déserts ;
  Il agite son aile, il frémit d'espérance,
    Et l'aigle de la France
  L'invite à s'élancer dans l'empire des airs.

  Ils s'envolent tous deux des champs de la victoire ;
  Ils ont associé leur essor et leur gloire ;
  Mais l'aigle des Romains s'étonne, à son réveil,
  Qu'un autre ait su monter au séjour du tonnerre,
    Et, planant sur la terre,
  Soutienne, mieux que lui, les regards du soleil.

Le jeune poète, qui n'avait pas de fortune et qui devait être un jour le soutien de sa famille, répondit d'une voix timide :

— Sire, je demande à Votre Majesté d'être exempté de la conscription.

A ces mots, Napoléon fronça légèrement le sourcil, et après avoir hoché la tête, il répondit assez laconiquement :

— Accordé !

Puis, se retournant vers Barjaud, il répéta :

— Et vous, jeune homme, que me demanderez-vous ?

La poitrine haletante, l'œil en feu, Barjaud répondit avec vivacité d'une voix haute et assurée :

— Sire, l'honneur d'être admis bientôt dans votre armée !

— Bien ! bien ! jeune homme ! s'écria Napoléon en saisissant la main de Barjaud qu'il pressa à plusieurs reprises ; oui, mon ami, à bientôt, je ne vous oublierai pas ; à votre âge, Homère, lui aussi, m'eût demandé une épée !

On sait avec quel talent M. Casimir Delavigne se rendit plus tard l'interprète des douleurs de la France après les immenses désastres de Waterloo ; quant à Barjaud de Montluçon, le souvenir de la visite et des paroles de Napoléon avait laissé dans son âme une de ces impressions qui ne s'effacent jamais. Au commencement de 1813, après les désastres de Moscow, il écrivit à l'empereur et lui demanda l'exécution de sa promesse. Admis dans les tirailleurs de la jeune garde, avec un brevet de lieutenant, il se couvrit de gloire à Lutzen et à Bautzen ; déjà même il avait obtenu par sa bravoure le grade de capitaine avec la décoration de la Légion-d'Honneur, lorsque, dans une charge à la baïonnette qu'il fit à la tête de sa compagnie, à Leipsick, il tomba mort atteint de deux balles qui lui traversèrent la poitrine. Napoléon, en apprenant cette nouvelle, s'écria douloureusement :

— Mon pauvre Barjaud !... La France y perd peut-être un grand poète ; mais moi j'y perds certainement un ami et un bon officier.

XXVIII

Napoléon dilettante.

Napoléon, consul, possédait à un haut degré le goût et le sentiment de la musique. Devenu empereur, il fit construire, sur l'emplacement de la Convention, qui était aux Tuileries, une chapelle et une salle de spectacle, par Fontaine et Percier, ses architectes.

La chapelle fut inaugurée par une messe solennelle. Huit chanteurs et vingt-sept symphonistes, sous la direction de Paësiello, formaient primitivement le corps des musiciens. Mais Napoléon, trouvant que les artistes titulaires n'étaient pas assez nombreux pour exécuter de grandes compositions dans une aussi vaste enceinte, compléta, par une nouvelle organisation, le chant et la symphonie.

Par suite de ces modifications, Lesueur fut nommé maître de chapelle, en remplacement de Paësiello, qui donna sa démission et voulut retourner en Italie, parce que le climat de Paris ne convenait pas à sa femme. Voici les noms des musiciens qui brillaient à la chapelle impériale : parmi les chanteurs et les cantatrices, Rolland, Nourrit, Lays, Martin, Mmes Branchu, Armand, Lelong ; parmi les instrumentistes : Kreutzer, Baillot,

Pradher, Grasset, Boulanger, Vogt, Bh. Duvernoy. C'était là, sans contredit, l'élite des beaux talens de l'époque. Napoléon déployait dans le choix de ses artistes le même discernement, la même intelligence qu'il apportait dans le choix de ses généraux.

Ce fut à Dresde, en 1806, que Napoléon conçut la pensée de se former une musique particulière, et sur-le-champ il mit ce projet à exécution. Après avoir entendu les artistes réunis dans cette ville pour charmer les loisirs de la cour de Saxe :

— Madame Paër, vous chantez à ravir. Quels sont vos appointemens? dit-il.

— Sire, quinze mille francs.

— Vous en recevrez trente. M. Briuzé, vous me suivrez aux mêmes conditions.

— Pardon, sire, mais nous sommes engagés.

— Avec moi, vous le voyez, l'affaire est terminée; Talleyrand se chargera de la partie diplomatique, cela le concerne.

Napoléon avait vu représenter, à Dresde, *Achille*, opéra nouveau de Paër. Le sujet, la pièce, la musique, les acteurs, tout fit sur lui une vive impression. Dès ce moment, Paër devint son compositeur favori, et il forma le projet de s'attacher une des plus belles illustrations musicales de l'époque. Mais la réalisation de ce plan offrait de sérieuses difficultés, car Paër était lié par un contrat à vie, et plus encore par les liens de la reconnaissance, avec le roi de Saxe, dont il dirigeait la musique de chapelle et celle du théâtre de la cour depuis quatre ans.

L'empereur dînait à Dresde avec le comte Alexandre de Larochefoucauld, lorsque Paër lui fut présenté. Il le complimenta sur son opéra d'*Achille*, et renouvela les offres brillantes qui avaient été faites en son nom. Le maestro fit valoir son engagement avec le roi de Saxe. Clarke, qui était présent à cet entretien, dit alors qu'il connaissait un moyen d'arranger cette affaire d'une façon qui mettrait le maestro à l'abri de tout reproche de la part du roi; ce moyen, tout à fait militaire, consistait à livrer Paër à de bons gendarmes qui le mèneraient, de brigade en brigade, à la suite de l'empereur. Mais on n'eut pas besoin de recourir à cet expédient, car, quelques jours après, le roi signifia au compositeur, par un message spécial, qu'il fallait suivre Napoléon ou quitter Dresde sur-le-champ, parce qu'il était impossible qu'un artiste que Napoléon voulait attacher à son service demeurât à celui de la cour de Saxe. A cette époque, tous les souverains de l'Europe s'inclinaient devant Napoléon. Paër fut donc cédé par un traité secret, et, dans cette circonstance, la diplomatie joua un beau rôle, car elle dota la France d'un grand talent de plus.

Napoléon nomma Paër directeur de la musique des concerts et du théâtre de la cour, avec un traitement annuel de 30,000 fr. A ces brillans avantages, la munificence impériale ajoutait encore chaque année une gratification de 12,000 fr.

A ce trait, qui fait honneur à la générosité de Napoléon, nous en ajouterons un autre qui montre combien il était magnifique envers les artistes d'un véritable talent. En 1807, Crescentini avait été engagé à Vienne. Dans ces temps de guerres, l'Autriche payait ses soldats et ses chanteurs avec un papier-monnaie dont le crédit se perdait de jour en jour, et les écus avaient pour Crescentini un merveilleux attrait. Lorsque M. de Résumat lui fit des propositions de la part de l'empereur, il fut tellement séduit par la certitude d'empiler des pièces d'or au lieu de plier des assignats, qu'il borna modestement à 6,000 fr. le prix de ses services annuels. M. de Résumat et le duc de Bassano lui firent remarquer la modicité d'une telle demande :

— Je vous accorde les 6,000 fr., dit le duc, et vous ordonne, au nom de l'empereur, d'en accepter vingt-quatre encore en faveur de votre talent.

Crescentini se soumit respectueusement aux volontés de son nouveau maître.

Tous les musiciens distingués qui arrivaient de Paris étaient invités à se faire entendre aux concerts de l'empereur, sous la condition expresse qu'ils voudraient bien accepter, en argent, une récompense honorable et proportionnée à leur mérite. Les virtuoses, les femmes surtout, refusaient toujours leurs honoraires, dans l'espérance qu'on les remplacerait par quelque bijou, la valeur en eût-elle été moindre que la somme offerte ; un cadeau de Napoléon était l'objet de leurs plus ardens désirs. Mme Catalani elle-même n'obtint pas cette faveur, mais elle fut richement dédommagée : 6,000 francs comptant, une pension de 1,200 francs, et la salle de l'Opéra prêtée, tous frais payés, pour deux concerts, dont la recette s'éleva à 50,000 francs, tel fut le prix que Napoléon offrit à cette grande cantatrice pour les deux apparitions qu'elle fit à Saint-Cloud en 1806.

Comme on voit, l'empereur protégeait royalement la musique et les musiciens, et, sous ce rapport, il mérite d'occuper la première place parmi les rois dilettanti qu'a possédés la France. La première fois que Napoléon entendit à la chapelle de Versailles l'oratorio de *Débora* :

— J'ai déjà remarqué plusieurs de vos ouvrages, dit-il à Lesueur ; mais c'est à *Débora* que je donne la préférence. Combien avez-vous fait de messes ou d'oratorios ?

— Sire, vingt-deux.

— Vous devez avoir barbouillé bien du papier ; c'est encore une dépense, et je veux qu'elle soit à ma charge. Monsieur Lesueur, je vous accorde 2,400 francs de pension pour payer le papier que vous savez si bien employer. C'est pour payer le papier, entendez-vous ; car, pour un artiste de votre mérite, le mot de gratification ne doit pas être prononcé.

L'empereur s'avisait parfois de singuliers stratagèmes pour attirer en France les artistes supérieurs que leurs opinions politiques éloignaient de lui. Voici comment il s'y prit à l'égard de Zingarelli, un de ses plus fanatiques adversaires. Nous empruntons cette anecdote au curieux ouvrage de M. Castil-Blaze sur la *Chapelle de musique des rois de France*. En 1811, un *Te Deum* solennel fut chanté dans toutes les églises de l'empire, à l'occasion de la naissance du roi de Rome. L'ordre parti des Tuileries arrive jusqu'à la capitale de la chrétienté. L'église de Saint-Pierre était parée, et le peuple romain venait au rendez-vous pour entendre le *Te Deum*. Au moment de commencer, on s'aperçoit que les chanteurs et les symphonistes manquent à l'appel. Ils ne sont point à leur poste, pas même le maître de chapelle Zingarelli. Zingarelli ne reconnaît pas le fils de Napoléon pour son souverain. Il renie le nouveau-né.

Napoléon n'entendait pas raillerie en matière de *Te Deum* ; sur-le-champ un message secret prescrit au préfet de Rome de faire arrêter Zingarelli, et de le conduire à Paris de brigade en brigade ; mais le préfet adoucit la rigueur de l'ordre impérial, et, sur la parole du musicien, le laissa partir par la diligence, avec promesse de ne pas s'égarer en chemin.

Arrivé à Paris, Zingarelli se loge sur le boulevart des Italiens, et fait savoir à l'empereur qu'il attend ses ordres. Huit jours s'écoulent : point de nouvelles. Enfin, un matin, on sonne à sa porte : c'était un envoyé du cardinal Fesch. Il aborde le maestro avec une politesse affectueuse, le comble d'éloges, et termine en lui présentant mille écus de la part de Napoléon, pour les frais d'un voyage entrepris par son ordre. Pendant plus de deux mois, Zingarelli ne reçut pas d'autres visites : il se croyait oublié, lorsqu'un jour on lui commanda une messe solennelle avec chœur et symphonie.

— Une messe, dit-il ; va pour la messe ; mais qu'il ne touche pas la corde du *Te Deum* pour son prétendu roi de Rome ; cette corde sonnerait mal.

La messe fut composée en huit jours, chantée et trouvée digne de son auteur. Le maestro reçut 6,000 fr.

Il fut chargé bientôt après de mettre en musique cinq versets choisis dans le *Stabat*.

— J'ai promis de ne pas faire de *Te Deum*, se dit-il encore ; mais rien ne m'empêche de composer un *Stabat* : va pour le *Stabat*. Je reste en paix avec ma conscience.

Le *Stabat* fut exécuté au palais de l'Élysée par Crescentini, Lays, Nourrit père, Mmes Branchu et Armand ; il produisit un effet merveilleux, l'empereur en fut ravi.

Après ce nouveau succès, aucune requête de la cour ne vint plus mettre à contribution le génie du maestro.

Ce silence durait depuis un mois, lorsque Zingarelli fit prévenir le cardinal Fesch que les obligations de sa place de maître de chapelle de l'église de Saint-Pierre exigeaient sa présence à Rome, et qu'il désirait savoir quand il lui serait permis de partir.

— Demain, aujourd'hui même, répondit-on ; M. Zingarelli est parfaitement libre. Son séjour à Paris est une bonne fortune pour vous, il est vrai, mais Sa Majesté serait fâchée qu'il lui fît négliger ses affaires.

Zingarelli retourna donc à Rome ; et ce ne fut pas sans plaisir qu'il disait de temps en temps sur sa route :

Je n'ai pourtant pas fait chanter de *Te Deum* pour notre prétendu roi.

De tous les compositeurs dramatiques de son temps, Paësiello était celui que Napoléon affectionnait le plus. Cependant, son admiration n'était pas sans bornes, et il faisait parfois des critiques qui révélaient son intelligence musicale. Un jour il venait d'entendre l'air de *Nina*, de Paësiello ; cet air était arrangé avec des accords en syncope, sous lesquels un trait à chaque premier temps de mesure. L'empereur dit à Kreutzer :

— Paësiello a voulu peindre l'agitation d'un père à qui l'on vient d'apprendre que sa fille a perdu la raison. Son image est imparfaite, son orchestre est trop tranquille ; il me semble que l'effet serait bien meilleur si le trait rapide était répété dans les intervalles des repos.

On s'empressa de rectifier l'accompagnement d'après l'idée de Napoléon, et cette rectification fut approuvée par les juges les plus compétens.

XXIX

Le dragon de dix ans.

— Mais, mon ami, tu es fou ! répétait ma mère, en me regardant tendrement ; vouloir présenter cet enfant à l'empereur !

— Je te dis que je veux que l'empereur le voie, répondait mon père en nettoyant avec une petite brosse les décorations qu'il venait de détacher de son uniforme.

— Tu te feras rire au nez par l'empereur.

— L'empereur ne se moque jamais de ceux qui se battent bien et qui ne font que des garçons, reprit mon père d'un ton qui voulait dire à ma mère que cette discussion devait se borner là ; ainsi, n'en parlons plus, ma chère amie. Habille Achille de façon à ce qu'il fasse honneur à son père et au régiment dont il aura un jour l'honneur de faire partie. Quant à toi, farceur, me dit mon père, n'aie pas peur et répète bien le compliment de ta mère, ou sinon je te fais coucher à perpétuité sans souper.

C'était en 1813, quelques jours avant que Napoléon ne quittât Paris pour aller, à la tête de sa nouvelle armée, commencer la fameuse campagne de Saxe. Le grand homme était venu demander à la France des soldats, et la France, à qui les sacrifices ne coûtaient rien lorsqu'il s'agissait de sa gloire, lui avait donné une jeune armée, qui, dès les premières affaires mérita les éloges de ses devanciers et se montra digne des éloges de ses vieux chefs. Or, pendant qu'on organisait de nombreux bataillons de marche dans toute la France, tandis qu'une foule de braves jeunes gens, avec le sarrau de toile sur le dos, faisaient l'exercice en arrivant à l'étape et apprenaient, tout en marchant, à charger le fusil qui devait faire reculer les coalisés, moi aussi, j'avais grandi pour la gloire napoléonienne ; mais, hélas ! je n'avais encore que dix ans, et mon père maudissait chaque jour la bêtise qu'il avait faite, disait-il, de ne pas se marier dix ans plus tôt.

— Que faire de cela ? ajoutait-il en me toisant des pieds à la tête ; ce n'est bon à rien. Morbleu ! dix ans, j'enrage !

Puis, s'adressant à moi, il me passait la main dans les cheveux, me les ramenait coquettement sur le côté du front et s'écriait :

— Pourquoi n'en as-tu pas quinze ? tu aurais fait un joli dragon ; et, à côté de moi, au feu, l'œil fixe, la dragonne bien assujettie au poignet, tu aurais attendu de pied ferme les Russes, les Prussiens, les Autrichiens et tous ces paltoquets-là ; mais, dix ans ! Mon Dieu, mon Dieu, quelle bêtise j'ai faite !

Et en disant ces mots, mon respectable père donna un coup de sa botte sur le derrière de son chien, parce que je ne pouvais pas monter à cheval avec lui, et que ma mère ne m'avait pas mis au monde dix ans plus tôt. Le sacrifice d'Abraham était la chose du monde la plus simple à ses yeux ; en faisant de Napoléon le père Éternel, mon père doublait Abraham, et votre serviteur remplissait le rôle de jeune premier, c'est-à-dire celui d'Isaac.

Or, ce jour-là il y avait grande parade dans la cour des Tuileries et au Carrousel ; douze cents cavaliers, partis de la place d'Armes de Versailles, étaient arrivés la veille à Paris pour passer sous les yeux de l'empereur. Mon père commandait ce beau corps. Huit jours auparavant il m'avait fait faire par le maître tailleur du régiment un uniforme complet de dragon : l'habit vert, à revers cramoisi, comme le fameux 15, dont mon père était colonel.

Le matin donc il s'était mis dans la tête de me présenter à son empereur et avait donné ses ordres en conséquence à ma mère, qui avait rédigé une phrase qu'elle m'avait fait apprendre la veille. A huit heures du matin, comme elle présidait à ma toilette, en présence de mon père, qui recommandait qu'on me frottât fort le visage que j'avais toujours très barbouillé, afin que l'empereur pût me remarquer, ma pauvre mère, quoique bien dévouée au gouvernement impérial, ne voulait pas entendre parler de cette présentation ; mais son tendre cœur eût été bien autrement alarmé si elle avait eu connaissance de la façon dont mon père avait imaginé qu'elle dût avoir lieu, cette présentation.

A neuf heures, le dragon Guibou se présente à la porte de la petite pièce, qui composait la moitié de notre appartement, en disant :

— Les chevaux du colonel sont prêts.

Mon père me prend la main, et, en descendant l'escalier, j'ai bien soin de laisser traîner mon petit sabre pour attirer l'attention. Nous sommes dans la cour. O surprise !... ô bonheur !... Un joli petit cheval corse, équipé, paqueté comme ceux des officiers du 15e, est à côté du cheval de bataille paternel ; je suis hissé dessus par mon père, dont l'œil est humide de joie, en me voyant si bien juché sur le petit quadrupède. Ma mère, de la fenêtre de sa chambre, nous aperçoit ; elle jette un cri, elle veut descendre ; d'un geste, mon père lui indique qu'il faut qu'elle reste là où elle est : ma pauvre mère s'agite, se tourmente, elle ne sait si elle doit rire ou pleurer. Heureusement pour moi que la grande porte vint à se refermer sur nous ; alors, fier et heureux, je me rendis avec mon père au quai d'Orsay, où le régiment, rangé en bataille, attendait pour se mettre en marche que le colonel fût arrivé. Nous nous rendîmes au Carrousel ; j'étais en tête du régiment, le sabre au poing, entre mon père et le gros major. Au *qui vive!* de la sentinelle du guichet, d'après les instructions de mon père, je répondis en même temps que le brigadier d'avant-garde : France! 15e dragons ! puis nous allâmes prendre rang à la suite des escadrons des grenadiers à cheval de la garde.

Midi sonne au pavillon de l'Horloge, les tambours battent aux champs, les trompettes se font entendre ; le général Lobau, aide-de-camp de l'empereur, commande la parade, et avec cette voix formidable qui l'avait fait surnommer le Stentor de l'armée il s'écrie :

— Présentez... armes!...

L'empereur arrive, son œil est animé, les traits de son visage sont épanouis ; il lui semble, en admirant ces belles troupes, qu'il doit voir encore briller le soleil d'Austerlitz. L'inspection commence, elle est passée avec l'exactitude scrupuleuse que l'on connaît à l'empereur ; mais au moins avec lui on sait à quoi s'en tenir, parce qu'on sait ce qu'il exige. Il a parcouru tous les rangs de l'infanterie, c'est le tour de la cavalerie ; il approche, mon petit cœur bat avec violence, la phrase que ma mère m'a apprise, je la cherche en vain ; hélas! elle m'est échappée ; mon père est là qui augmente mon trouble, il jure contre ses soldats et me pince le bras jusqu'au sang pour me faire retrouver mon compliment. Napoléon est déjà à la hauteur de nos trompettes ; au commandement de garde à vous!... tirez... sabres!... que crie mon père, sans la dragonne, mon sabre me tombait des mains.

— Qu'est-ce que ce soldat? dit l'empereur en s'approchant de mon père.

— Sire, c'est mon fils; depuis son enfance, vous avez pourvu à ses besoins; il a voulu remercier lui-même Votre Majesté aujourd'hui. Parle donc, Achille!

Mon compliment était à cent lieues de ma mémoire; mon regard était arrêté sur la figure de Napoléon, dont les yeux me fixaient avec une bonté qui avait quelque chose de paternel.

— Mon petit bonhomme, aimes-tu bien ton père? me dit-il en me donnant sur le visage un petit coup du gant qu'il tenait à sa main.

J'étais remis; il fallut répondre.

— Vivent l'empereur et le 15e dragons!... et mort aux ennemis de la France!... m'écriai-je avec enthousiasme et en m'élevant sur mes étriers.

Napoléon sourit; il comprit le dévoûment de ses soldats en entendant cette patriotique exclamation sortir de la bouche d'un de leurs enfans.

— C'est dommage qu'il n'ait pas dix ans de plus, dit en souriant l'empereur à mon père, il aurait fait la campagne avec nous.

Quand mon père, qui l'avait suivi jusqu'à la gauche du régiment, se retourna pour aller reprendre son poste en tête :

— Demain, colonel, reprit Napoléon, vous pourrez faire vos dispositions pour envoyer votre petit dragon à Fontainebleau; Berthier vous fera expédier son brevet ce soir.

Mon père se contenta de remercier l'empereur en lui faisant, avec son sabre, le salut militaire.

Lorsque nous défilâmes devant lui, Napoléon nous salua avec cette grâce qu'il mettait à tout quand il était satisfait. Ma mère, quoique j'eusse oublié mon compliment, avait entendu mon exclamation; car, grâce à l'obligeance de quelques officiers et au respect que lui portaient les soldats de mon père, qui la connaissaient bien tous, elle était parvenue à se glisser jusqu'au milieu de nos chevaux. Elle était ivre de joie.

Le soir, une ordonnance m'apporta mon brevet d'élève à l'école de Fontainebleau; et le lendemain mon père était en route pour Mayence. Deux ans après, j'étais licencié de l'école, mon père proscrit, le 15e dragons anéanti, et ma mère implorait le duc de Feltre pour qu'il daignât accorder à la femme et aux enfans d'un brave qui avait trente-trois ans de service effectifs, dont seize en qualité d'officier, avec vingt-deux campagnes dans le souvenir et neuf blessures sur le corps, un secours pour se procurer le morceau de pain qui leur manquait.

XXX
Deux charges de cuirassiers.

Un de ces braves et beaux jeunes gens qui chaque année sortaient de l'école militaire de Saint-Germain pour aller prendre rang d'officier dans nos braves régimens de cavalerie, Adolphe Varhubert, arriva le 6 mai 1813 à Lunéville, où se trouvait le dépôt du régiment de cuirassiers auquel il venait d'être attaché. Varhubert fut reçu par ses nouveaux camarades avec cette cordialité franche qui de tout temps a fait du corps d'officiers comme une famille; sa bien-venue fut largement fêtée dans un banquet dont la prévoyance d'une tendre mère lui avait permis de faire les frais en garnissant lourdement sa bourse. Chacun se félicita de l'acquisition que faisait le corps d'un officier paraissant aussi distingué; deux ou trois des plus anciens cependant, par suite de ces traditions routinières que l'on a toujours à faire disparaître des régimens, se proposèrent *in petto* de voir si le nouveau venu était aussi franc du collier qu'à table; l'occasion, du reste, ne pouvait pas tarder à se présenter, et aux façons résolues que Varhubert avait témoignées, on pouvait juger qu'il suffirait d'un propos piquant, du moindre sarcasme pour être en mesure de le tâter. Dès le lendemain on sut à quoi s'en tenir sur la bravoure du jeune officier, et en même temps sur son esprit, sa gaîté et sa bonne camaraderie.

Après le déjeûner pris à la pension des officiers, mais arrosé de quelques bouteilles de vin du Rhin, toujours à la santé du nouveau venu, une partie d'impériale s'engagea, et celui qui jouait avec Varhubert ayant perdu plusieurs fois de suite, laissa échapper quelques jurons énergiques, et finit par dire à son partner qu'il ne pouvait jouer plus long-temps avec lui; qu'à n'en pas douter il était Normand et que l'on devait compter dans sa famille quelque pendu dont il avait de la corde en poche.

— Vous avez tort, monsieur, de plaisanter les morts, répondit Varhubert sans s'émouvoir; qui sait si vous n'irez pas bientôt leur tenir compagnie?

— Tout beau, tout beau, monsieur le frais émoulu des bancs de l'école, répondit l'officier de cuirassiers; vous n'avez sans doute pas la main aussi assurée pour manier l'épée que pour caresser la dame de pique?

— C'est ce que vous apprendrez quand vous voudrez, monsieur le beau joueur.

— Messieurs, dit en se levant son adversaire, vous êtes sans doute aussi curieux que moi de voir à l'œuvre cet habile homme; je viens de succomber sous ses coups à la triomphe, peut-être n'est-il pas d'une égale force à tous les jeux.

Tout le monde se leva gaîment, et Varhubert, on le pense, ne fut pas le dernier.

— Où allons-nous? demanda un des témoins.

— Derrière le rempart, mon enfant, dit le plus vieux de la compagnie: je connais un endroit délicieux d'où nous n'aurons pas deux cents pas à faire pour arriver au Grand-Canard, dont les salmis sont si justement renommés.

— Il paraît, dit Varhubert, que monsieur a consulté sa bourse et son estomac, et qu'il en a reçu un bon conseil.

— Que dit-il donc? Plaît-il? est-ce que c'est moi qui me bats?... Ce serait tant pis, mon garçon, car j'ai plus d'un bon coup à votre service; mais je défie le plus madré de me faire trouver un écu... Au reste, l'usage est là, et les nouveaux venus...

— L'usage, reprit vivement Varhubert, est la loi des sots: les anciens peuvent s'en accommoder, mais les nouveaux venus de ma trempe s'en moquent.

— Bravo! s'écria l'ancien, voilà un bon mot qui pourra bien te coûter une laide grimace; mais d'honneur, je serais fâché que la leçon fût trop forte, car j'aime les lurons comme toi.

Cependant on marchait toujours, et l'on arriva bientôt au lieu désigné. L'ancien réclama l'honneur de donner ce qu'il appelait l'initiative au nouveau, et les deux champions mettent aussitôt l'épée à la main. Varhubert, calme, décidé, attaqua tout d'abord son adversaire avec beaucoup de vigueur.

— Bien cela, disait le vieux soldat... Plus haut le fer... ferme!... Effacez la poitrine... et parez ce coup de seconde... Ce gaillard-là a un poignet de fer... nous en ferons quelque chose ; mais il ne faut pas trop le fatiguer pour la première fois... Allons, seulement une égratignure de six lignes...

Et cette dernière parole était à peine prononcée, que Varhubert se sentait atteint au bras droit ; la blessure n'avait pas une ligne de plus ni de moins que ne l'avait annoncé le vieux sabreur. Le jeune homme ne voulût pas même qu'on le pansât, et il pressa son second adversaire de se mettre en garde. Les témoins firent de justes observations : ils ne voulaient pas que le blessé engageât un nouveau combat ; mais ce dernier insista si vivement, qu'il fallut bien que son premier agresseur se rendît à ses pressantes injonctions.

Le combat fut plus long cette fois ; mais pour Varhubert l'issue n'en fut pas plus heureuse. Le fer de son adversaire l'atteignit au côté droit, glissa sur les côtes, et sortit un peu au dessous de l'épaule.

— Diable! s'écria Varhubert, je n'ai pas la main heureuse. Tandis que les témoins s'empressaient autour de lui, on reconnut avec joie que la blessure n'était pas assez grave pour que cette affaire n'eût pas la suite qu'avait prévue le vieux sabreur; bon gré mal gré, il fallut que Varhubert se laissât porter à l'auberge du Grand-Canard, où la bande joyeuse commença à faire bombance, sans s'inquiéter de savoir quel serait, en définitive, le généreux amphitryon.

La réconciliation avait été plus prompte encore que la querelle, et non seulement personne ne gardait rancune à Varhubert, mais il était en quelque sorte le héros de la fête. Porté dans un large fauteuil, soutenu de deux moelleux oreillers, il figurait fort gravement une sorte de présidence, tandis que ses joyeux amis buvaient à son prompt rétablissement avec un enthousiasme si sincère qu'en un instant la table présenta le glorieux aspect d'un champ de victoire jonché de morts et de débris. On mangea comme des écoliers, on but comme des tambours, et la soirée était déjà ort avancée avant que personne songeât à retourner au quartier.

On retardait ainsi le quart d'heure de Rabelais ; auquel chacun s'était bien gardé de penser d'abord ; il vint enfin. La carte était étourdissante : vingt bouteilles de bordeaux, vingt de champagne, le reste à l'avenant, puis enfin, pour clore dignement le bulletin de cette courte campagne ; une majestueuse addition dont le total effrayant s'élevait au delà de cent écus.

Or, toutes les poches des convives sondées, fouillées, pressurées, retournées, à peine pouvait-on parfaire le tiers de la somme.

— Quel parti prendre cependant? On connaissait de longue main l'hôte du Grand-Canard, et l'on savait qu'il n'était pas homme à entendre raison sur le chapitre crédit ; à minuit, il n'était d'ailleurs pas facile de trouver quelque expédient pour sortir de ce mauvais pas. La gaîté des convives était sensiblement diminuée, et déjà le remords saisissant nos écervelés à la gorge, en menaçait plus d'un d'une indigestion, quand Varhubert s'écria :

— Allons, mes amis, puisqu'il le faut, je me dévoue, et je vous tirerai d'embarras.

— Toi? mais tu as dix écus à peine, et il en faut cent !

— Aussi n'est-ce pas de mon pécule qu'il s'agit; ce que j'ai, je prétends le garder : je veux seulement que ce Grand-Canard intraitable nous accorde du temps.

— Impossible! le vieux reître se ferait plutôt couper en quatre comme un salmis, que de nous accorder vingt-quatre heures.

— C'est ce que nous allons voir. D'abord, je vous préviens que je me sens excessivement faible; je ne sais si ma seconde blessure est plus grave qu'il n'a semblé d'abord au docteur, mais il est certain que je me sens défaillir.

— Sacrebleu! s'écria le vieux loustic, il fallait donc le dire plus tôt; je vais réveiller tous les chirurgiens de la ville.

— Inutile, mon ami, je n'ai besoin pour le moment que d'un notaire et d'un prêtre.

— Que nous chante-t-il à présent? Le vin que nous avons bu lui a-t-il tourné la cervelle?

— Voulez-vous sortir d'ici sans bourse délier?

— Autant vaudrait dire au diable s'il veut se moquer du bon Dieu.

— Eh bien! alors, sans commentaires, faites-moi donner deux oreillers de plus; attendrissez-vous si bon vous semble, mais que l'on m'amène, sans plus tarder, un prêtre et un notaire.

L'assurance et le ton goguenard de Varhubert rendirent la confiance aux moins rassurés, et tandis que les uns criaient, commandaient, priaient pour que de prompts secours fussent donnés au blessé, d'autres battaient le pavé, cherchant un garde-notes et un abbé, sans trop comprendre comment il serait possible de satisfaire l'hôte du Grand-Canard avec une pareille monnaie.

Cependant Varhubert était entouré des gens de la maison. Le sang qu'il avait perdu en assez grande abondance, sa pâleur, les taches qui souillaient ses vêtemens, le désespoir de ses amis, tout s'accordait à la fois pour persuader qu'effectivement sa blessure était bien plus dangereuse qu'on ne l'avait présumé d'abord.

— Allons, jeune homme, lui disait l'hôte, un peu de courage; que diable, on ne meurt pas pour un coup d'épée.

— C'est selon, mon ami... Je sens que le poumon a été touché... Ce n'est pas la mort qui m'effraie, et j'espère le prouver en faisant mon testament... Mes chers amis, c'est maintenant que je me sens heureux d'avoir été comblé des dons de la fortune : je pourrai du moins, grâce à mes vingt mille livres de rente, reconnaître les soins affectueux que vous me prodiguez.

— Vingt mille livres de rente, et il va faire son testament ! se dit l'hôte *in petto*. Mais, mon officier, dans l'état où vous êtes, un bon lit vous conviendrait mieux qu'un fauteuil.

— J'avoue, mon cher, qu'un bon lit... mais ces malheureux lits d'auberge...

— Mon officier, c'est dans le mien, dans mon propre lit que je veux vous faire porter. Allons, François, Bertrand, Thérèse, Latinette...

Puis baissant la voix il ajoutait :

— Vingt mille livres de rente, c'est quelque fils de fermier général.

—Allons vite ! que l'on m'aide à transporter ce brave gentilhomme dans ma chambre...

— Ah ! mon cher hôte, je ne saurai trop reconnaître tant de zèle, de dévoûment, combien je regretterais sincèrement que le notaire arrivât trop tard.

— Vous verrez, marmottait l'hôte, que le scélérat de garde-notes arrivera quand il n'y aura plus personne !

Varhubert fut accompagné par ses camarades jusque dans la chambre de l'hôte : ils ne voyaient pas encore comment tout cela finirait ; mais on ne parlait plus de la malencontreuse carte, et c'était le point important. Enfin le prêtre arriva le premier.

— Ah ! mon père, s'écria Varhubert, quel soulagement votre présence apporte à mon âme ; que je me trouverais heureux de vous pouvoir faire ma confession générale ; mais je le sens, ma dernière heure est proche ; le notaire va arriver, et vous le savez, un des devoirs les plus impérieux du chrétien en face de la mort, est de faire un louable usage des biens qu'il possède en ce monde... Or, mon père, j'ai à disposer de vingt mille livres de revenu, et il ne me reste peut-être pas cinq minutes à vivre... Au nom du ciel, donnez-moi l'absolution !

— Je vous la donnerai de grand cœur, mon cher fils, mais vous savez combien l'Église et ses ministres sont pauvres... Les gens de votre profession ont d'ailleurs d'ordinaire la conscience passablement chargée ; j'espère que vous allez mériter par vos bonnes œuvres envers notre sainte mère l'Église l'absolution que vous sollicitez.

L'abbé prononçait ces dernières paroles comme le notaire entra.

— Eh ! vite donc, monsieur, s'écria l'hôte, le malheureux sera peut-être sans connaissance dans un quart d'heure.

Une table était déjà dressée près du lit ; le notaire s'y installa, et Varhubert commença ainsi à lui dicter ses dernières volontés :

— M'étant toujours tenu dans le giron de notre mère la sainte Église catholique, apostolique et romaine, et désirant par mon œuvre pie racheter les fautes de ma jeunesse, je lègue à un de ses respectables ministres... — Comment vous nommez-vous, mon père ?

— Gervais Rigault, mon fils.

— A l'un de ses respectables ministres, Gervais Rigault, du diocèse de Lunéville, une rente viagère de cinq mille livres, hypothéquée sur mes meilleures propriétés...

— Diable ! pensa l'hôte, s'il y va de ce train, le testament ne sera pas long, et ce ne sera pas le cas de dire aux derniers les bons.

Ces réflexions judicieuses furent interrompues par Varhubert, qui continua ainsi :

— Item, je lègue à la 2ᵉ compagnie du 1ᵉʳ escadron du 2ᵉ régiment de cuirassiers, auquel j'ai l'honneur d'appartenir, tous les vins de mes caves et les servantes de mes fermiers.

— Mais voilà qui est épouvantable ! s'écria l'abbé.

— Doucement, mon père, laissez-moi achever, je vous prie... Et les servantes de mes fermiers, à la charge par eux d'en faire autant de ressières.

Malgré la gravité de la cérémonie, un éclat de rire étouffé couvrit un instant la voix du testateur.

— Les mourans ne plaisantent pas, messieurs, dit-il d'une voix faible et pourtant assurée ; l'institution des rosières est fort respectable... ma dernière maîtresse en était une, et je sais à quoi m'en tenir... Continuons, s'il vous plaît...

Item, je lègue à mon respectable hôte, homme vénérable, aimable, incomparable, dont je veux reconnaître l'estime pour le corps de cuirassiers en général, et en particulier pour ceux de messieurs les militaires appartenant au 2ᵉ régiment, qu'il a l'honneur de recevoir chez lui ; je lègue, dis-je, à cet estimable citoyen...

L'hôte du Grand-Canard avait les larmes aux yeux d'attendrissement et suffoquait de reconnaissance.

— A cet estimable citoyen, la perle des bourgeois de Lunéville, vingt mille livres espèces ; plus une somme de 319 livres, montant de la carte de ce jour, le tout qui lui sera compté dans le délai de trois mois, à partir de mon décès, par mon exécuteur testamentaire, à la charge par lui de me faire enterrer décemment... ce qui sera très prochain... car je sens que je perds le peu de forces qui me reste.

— Ah ! mon officier, mon général, mon prince ! s'écria l'hôte, soyez tranquille sur ce qui est de cela ; vous aurez la croix d'or et la plus riche bannière ; les cloches sonneront en volée tant que le service durera ; je vous promets le plus magnifique bout de l'an par dessus le marché, sans compter les messes hautes et basses... Ah ! ah ! sainte Vierge, vous en aurez de toutes les paroisses, de tous les prix... Faut-il que je voie ainsi périr à la fleur de l'âge un si brave gentilhomme !... Jésus ! rien que d'y penser je suis capable d'en mourir de chagrin...

Et l'excellent hôte du Grand Canard, sentant son éloquence faiblir, se mit à gémir de toute sa force, suant sang et eau pour faire sortir de son orbite rebelle quelques larmes, provoquées par la joie bien plutôt que par la douleur.

— C'est bien, mon brave hôte, reprit Varhubert d'une voix qui semblait devenir plus faible de moment en moment ; c'est bien, je suis content, très content de vous... si j'en avais le temps je changerais l'article pour doubler le legs... que le ciel m'accorde vingt-quatre seulement, et nous reviendrons là-dessus... Puis se tournant du côté du notaire :
— Écrivez, monsieur, lui dit-il.

— Item, je lègue à mes braves camarades du 2ᵉ régiment, cantonnés à Lunéville, une somme de 30,000 francs, à la charge et conditions par eux d'en dépenser les deux tiers au moins en banquets et festins à ma mémoire. Il est entendu que le respectable hôte du Grand-Canard, dont les soins pieux ont prolongé de quelques momens une douloureuse agonie, sera, dans ces circonstances, exclusivement chargé de la fourniture des comestibles.

A ce dernier trait, l'aubergiste se prit à pleurer tout de bon, tandis que les camarades de Varhubert faisaient tous leurs efforts pour contenir le fou-rire qui menaçait de les étouffer. Le joyeux moribond, qui de son côté commençait à craindre que la comédie ne se terminât pas aussi heureusement qu'elle avait commencé, se hâta d'arriver au dénoûment. Il déclara donc que ses legs de conscience étant consignés au testament, il laissait le reste de sa fortune à ses héritiers naturels, et, après avoir nommé le vieux sabreur son exécuteur testamentaire, il lui recommanda à plusieurs reprises de tenir la main à ce que le respectable hôte fût traité selon ses intentions ; puis après avoir de nouveau demandé au prêtre sa bénédiction, il dit d'une voix éteinte :

— Mes bons amis, aucun de vous n'est cause volontairement de ma mort, et ce ne sont pas vos regrets et vos soins qui peuvent en retarder le cruel moment ; je veux donc vous épargner le spectacle affligeant de mon agonie. Faites-moi seulement l'amitié de dire cinq *pater* et cinq *ave* chacun pour le repos de mon âme, et retournez au quartier.

La bande joyeuse ne se le fit pas dire deux fois, et toutes les lèvres se mirent en mouvement à la fois, comme les dociles instrumens d'un orchestre, au premier signal du maestro. Or, le *pater* était assurément de l'hébreu pour la plupart de nos étourdis, et Dieu sait ce que leurs bouches impies marmottèrent à la place. Quoi qu'il en soit, Varhubert ayant laissé langoureusement tomber sa tête sur son épaule et paraissant sans connaissance, tous ses camarades se retirèrent, laissant auprès du moribond le prêtre et l'aubergiste, braves gens qui se croyaient en conscience obligés de fermer les yeux à l'honnête homme qui les avait traités si magnifiquement. Une demi-heure après, le prétendu moribond dormait à poings fermés.

— Miséricorde ! monsieur le curé, je crois qu'il ronfle.

— Rassurez-vous, mon ami, c'est le râle.

— Vous croyez, monsieur le curé ?

— Vraiment, je voudrais bien voir qu'il en revînt !... un païen qui s'est fait donner deux fois l'absolution sans se confesser.

— Pourtant, s'il en revenait ?...

— Impossible, vous dis-je... D'ailleurs, il y aurait abus de confiance, surprise... escroquerie à l'aide de promesses fallacieuses... S'il avait le malheur d'en revenir, ce serait un homme ruiné, perdu de réputation... Car, voyez-vous, mon ami, le clergé prend, c'est juste, mais il ne rend jamais, c'est une règle sans exception.

— C'est comme les aubergistes, mon père, ils ont la bonne... la sainte habitude, voulais-je dire, de ne rendre que ce qu'il leur est impossible de garder... Mais écoutez donc... avez-vous entendu beaucoup de moribonds râler de cette force-là ?

— Il est possible que cela soit causé par un épanchement intérieur...

— Vraiment, les vauriens se sont épanché à l'intérieur une assez belle quantité de mes meilleurs vins... Mais malheureusement le testament est là...

Tant que dura la nuit, Varhubert continua son vigoureux somme, au grand déplaisir de ses gardiens, qui s'attendaient à chaque instant à lui voir rendre l'âme. Au point du jour, il ouvrit les yeux, et comme les fumées de la veille l'avaient singulièrement altéré : A boire ! à boire ! s'écria-t-il aussitôt qu'il eut aperçu quelqu'un près de lui. L'hôte s'empressa de lui présenter un verre d'eau, qu'il avala à moitié d'un seul trait, mais s'arrêtant tout court : — Quelle diable de drogue me donnez-vous là ?... N'y a-t-il donc plus de vin dans votre cave, Grand-Canard, mon ami ?

— Pardonnez-moi, mon gentilhomme, mais vous êtes si faible... un mourant...

— Vous avez parbleu raison, et ma léthargie me faisait perdre la mémoire... Mais enfin, puisque je suis faible, ne pourrait-on me donner quelque tonique qui me rendît un peu de force ?

— Ah! cher curé, dit l'hôte à demi-voix, mes pressentimens ne m'ont pas trompé. Il en reviendra.

— Qu'il s'en avise, et je le fais excommunier.

— Ce sera sagement fait, mon père, mais le testament?

— Ne vous occupez donc pas des intérêts de ce monde, et donnez-lui ce qu'il demande.

— Quoi! du vin.

— Allez, vous dis-je, le vin est le père de la fièvre, et la fièvre est la plus sûre alliée des légataires.

L'hôte eût de grand cœur vidé ses caves s'il ne se fût agi que de cela pour avancer l'heure du convoi dont il devait faire les frais; il partit donc comme un trait, et reparut bientôt portant sous chaque bras deux bouteilles du meilleur et du plus généreux de ses vins.

— D'honneur! mon cher hôte, dit Varhubert après en avoir longuement dégusté un verre, je ne crois pas avoir jamais rien bu de meilleur. Versez donc, je vous prie... encore, car je suis bien malade, et c'est le coup de l'étrier... Ah ça! voulez-vous donc que j'entreprenne à jeun le grand voyage?... N'ayez-vous pas sous la main quelque débris présentable encore?...

L'hôte sortit en faisant une grimace piteuse, et bientôt Varhubert se trouva dans son lit en face d'un vaste pâté qu'il attaqua bravement en l'arrosant de telle sorte que le dernier verre de la provision du bonhomme ne tarda pas à saluer la dernière bouchée du restaurant déjeûner; puis, sans dire merci ni bonsoir à la compagnie, il remit la tête sur l'oreiller et recommença à ronfler de plus belle.

— Hélas! fit l'aubergiste d'un ton dolent, je l'avais bien dit, que le scélérat en reviendrait.

— Ne nous défions pas de la Providence, reprit le prêtre d'un air contrit, il nous reste la chance d'une indigestion.

Mais deux heures s'écoulèrent, et Varhubert continua de dormir du sommeil de l'innocence et de la digestion; le prêtre se retira pâle de colère, et l'aubergiste commença à se promener piteusement de long en large en s'arrachant les cheveux.

— Ne vous désolez pas ainsi, mon ami, dit Varhubert qui se réveilla tout à coup: je me sens mieux, je vous le jure; rassurez-vous, je suis sauvé, sauvé à tel point que je veux à l'instant même me rendre au quartier pour consoler mes bons amis... Faites-moi donner mes vêtemens, je vous prie.

A ces mots, l'hôte ébahi ne pouvait répondre du geste ni de la voix; il demeurait immobile, médusé.

— Mais, monsieur, le testament?... dit-il d'une voix suppliante.

— Eh bien! n'est-il pas en sûreté chez le notaire?... Soyez tranquille, si j'en réchappe cette fois, je vous promets de me faire tuer à la première occasion, et vous ne perdrez rien pour attendre.

— Tout cela est bel et bon, répondit l'hôte, qui commençait à flairer la mystification; mais quand on compte sur les souliers d'un mort on est exposé à marcher long-temps nu-pieds; il me faut mes trois cent dix-neuf livres, ou...

— Tout beau! tout beau! bonhomme, vous avez perdu l'esprit, je pense! Oubliez-vous que le montant de votre compte est porté au testament? Ce qui est écrit est écrit... Il y a contrat bilatéral dont vous avez accepté toutes les clauses avec joie ; et le notaire pourrait le certifier, au besoin... Diable, mon camarade du Grand-Canard, vous avez la mémoire courte !...

Le pauvre aubergiste semblait anéanti, et Varhubert, qui s'était hâté, tout en établissant d'une manière si lumineuse cette belle question de droit, avait enfilé l'escalier et se trouvait déjà plus près de la ville que de l'hospitalière maison, avant qu'il eût pu se reconnaître, et revenir du stupéfiant désappointement que lui causait cet événement.

Deux mois après, Varhubert rejoignait son régiment, et prouvait à ses camarades du 2e régiment qu'il n'était pas moins bon compagnon devant l'ennemi qu'à table et que sur le terrain.

—

Cependant l'armée française se rassemblait ; elle ne pouvait tarder à entrer en campagne ; les régimens arrivaient de toutes parts, bien équipés, bien armés et tous pleins d'ardeur. Varhubert retrouva deux anciens amis, Bernier et Albert, qui, comme lui, venaient d'être faits officiers, mais dont la bourse n'était guère mieux garnie qu'autrefois ; cela n'empêcha pas les trois amis de faire bombance pendant quelques jours ; mais les fonds de Varhubert furent bientôt épuisés, et il fallut avoir recours aux expédiens. Ils réfléchissaient tous trois à l'issue d'un bon dîner dont la carte devait emporter leur dernier écu ; tout à coup Bernier s'écria :

— Parbleu ! mes amis, nous ne sommes qu'à sept lieues de Valenciennes !

— Cela nous avance beaucoup, répondit Varhubert ; si c'est là tout ce que tu as à nous offrir...

— Laissez-moi donc développer ma proposition ; nous ne sommes qu'à sept lieues de Valenciennes ; et j'ai, dans cette ville, un respectable oncle, curé de son métier, et assez bon diable de son naturel, mais passablement dur à la desserre. Il y a bien quelques années que le brave homme n'a eu de mes nouvelles. Je pense donc qu'il ne serait pas impossible d'obtenir de lui un léger subside capable de nous faire prendre patience. Mais il ne faut pas se montrer là en uniforme ; mon respectable oncle a horreur de l'uniforme depuis que je lui en ai fait payer trois en un an, alors que j'étais à l'école militaire. Je me rappelle que la dernière fois que je le vis, il me dit :

— Mon ami, tu as choisi là un mauvais métier ; je ne conçois pas que l'on se fasse casser les bras et les jambes pour le seul plaisir de se faire mettre à l'hôpital et d'aller mourir aux Invalides.

— Mon cher oncle, répondis-je, il faut bien faire quelque chose, et j'aime à voir du pays.

— Eh bien ! est-ce qu'on a besoin d'avoir un sabre au côté pour cela ? Voyage, mon garçon ; fais un pèlerinage en Terre-Sainte, par exemple, et tu gagneras des indulgences plénières pour toute la famille.

— Je lui promis bien d'y penser, continua Bernier. Voici donc ce que j'imagine : nous obtenons une permission de trois jours, et nous partons. Arrivés à Valenciennes, nous louons des habits de pèlerins ; ça ne doit pas être rare, et nous allons chez le curé. Nous arrivons de la Terre-Sainte, et nous avons naturellement une soif d'enfer et une faim de tous les diables... D'ailleurs, nous avons tant de choses admirables à raconter que l'on se hâte de nous faire mettre à table. Mais voici le beau de l'affaire. Nous apportons une foule de reliques du plus grand prix, des reliques qui valent un royaume, mais dont nous donnons les deux tiers pour 25 louis, attendu que nous n'en faisons pas un objet de spéculation... Eh bien ! comment le trouvez-vous celui-là ?

Plus la proposition était extravagante, mieux elle devait être accueillie. Dès le soir même la permission fut obtenue, et le lendemain les amis étaient à Valenciennes. Ce ne fut pas sans peine que l'on se procura les costumes nécessaires ; mais enfin on en vint à bout, et vers la fin du jour, les trois amis, bourdon en main, se présentèrent chez le pasteur.

— Mon respectable oncle, s'écria Bernier en se jetant dans les bras du bonhomme, recevez mes remercîmens pour le saint conseil que vous m'avez donné dans le temps !...

— Grand Dieu !... serait-il possible !... c'est toi, Bernier !... et tu reviens ?...

— De la Terre-Sainte, mon très cher oncle. Dieu merci, la famille ne manquera pas d'indulgences.

— Ah ! mon ami, elles ne pouvaient arriver plus à propos, car nous sommes au temps de l'abomination et de la désolation. Depuis qu'on a vendu les biens du clergé !... Conçois-tu cela, Bernier ? avoir vendu les biens du clergé ! c'est une rage, une frénésie.

— Nous en avons de toutes les façons : des petites, des grandes, des plénières, des archi-plénières... ce qui, pour le moment, mon cher oncle, ne nous empêche pas de mourir de faim.

— Allons donc, Thérèse, dépêchez-vous, ma fille ; ces pauvres gens ont dû tant souffrir !

Malgré l'abomination de la désolation dont se plaignait le curé, son garde-manger était toujours bien garni ; aussi la table se trouva-t-elle promptement couverte.

— Apportez de la bière, dit le pasteur, de ma bonne bière que vous savez.

— Non, mon oncle, s'écria Bernier, non, cela est inutile ; il ne nous est pas permis de boire des liqueurs fortes.

— C'est donc un vœu que vous avez fait, mes enfans ?

— Oui, monsieur, répondit Varhubert avec le plus grand sang-froid ; nous avons fait vœu de ne boire que du vin.

— C'est un singulier vœu pour des pèlerins, mes chers fils...

— C'est que nous avons voulu que les biens périssables de ce monde nous rappelassent en toutes circonstances les biens qui sont promis au juste dans le ciel... Prenez et buvez, a dit Jésus, prenez et buvez, ceci est mon sang... Or, ce sang, monsieur le curé, c'était d'excellent vin de lacryma-christi, certains auteurs disent du tokai... Il est vrai que saint Augustin nous apprend que ce pouvait bien être du vin de Chypre... Il y a des auteurs qui penchent pour le champagne, d'autres pour le bourgogne ; mais, dans tous les cas, il est certain que ce n'était pas de la bière... Vous comprenez, monsieur le curé...

Le saint homme ne comprenait pas du tout ; il ne se rappelait pas que saint Augustin eût rien dit de pareil ; mais, craignant de passer pour un ignorant, il fit signe en soupirant à Thérèse, qui disparut et rapporta bientôt un panier de douze bouteilles. Les trois pèlerins mangèrent comme des écoliers et burent comme des Anglais, malgré les questions multipliées du pasteur, qui faisait tous ses efforts pour amener des temps d'arrêt dans ces rapides évolutions mâchelières.

— Vous disiez donc, mes enfans, que vous apportiez des reliques précieuses ?

— Des reliques impayables, mon oncle. Tenez, voici trois dents du chien qui mordit saint Pierre, quand il renonça son maître...

A ces mots, il fouilla dans sa poche ; mais comme les douze bouteilles étaient vides, et que les amis avaient le cerveau tant soit peu chargé des vapeurs de ce vieux bourgogne, au lieu des dents qu'il annonçait, Bernier présenta à son oncle une pipe élégamment culottée.

— Qu'est-ce que cela, mon ami ?

— C'est, répondit Bernier en s'apercevant de sa méprise, c'est la pipe de Malchus... qui perdit une oreille au jardin des Oliviers.

— Malchus... Cet homme-là fumait ?

— Comme un Hollandais, mon cher oncle, et il y avait de quoi.

— Et n'avez-vous point quelque morceau de la vraie croix ?

— Quelque... Dis donc, Varhubert n'avons-nous pas quelque morceau de la vraie croix ?

— Certainement ; tu sais que pour éviter la convoitise des gens à qui nous étions obligés de demander l'hospitalité, je pris le parti d'en faire faire un manche au couteau de la sainte Vierge.

Et il exhiba un mauvais couteau dont il s'était muni à tout événement.

— Voici, dit Albert, un morceau du saint suaire.

— Mais, mon cher frère, je croyais que le saint suaire tout entier était à Besançon ?

— Certainement il y est, monsieur le curé ; personne n'en doute ; mais le saint suaire est une de ces reliques qui ont le privilége de se trouver en même temps dans plusieurs lieux différens.

Il n'y avait rien à répliquer à cela : le curé était dans l'admiration ; la vieille Thérèse était tentée de se prosterner devant de si saintes choses. Les amis achevèrent de vider leurs poches ; celui-ci en tira un fragment de la robe de saint Joseph ; celui-là les boutons de la culotte de saint Chrysostôme ; Pigault la guimpe de la sainte Vierge. Le brave pasteur était dans l'admiration, et se béatisait d'autant qu'il comprenait moins ; aussi les trois écervelés eurent-ils un succès admirable.

— J'espère, mon cher neveu, dit enfin le curé, après un soigneux inventaire, que vous ne me refuserez pas quelqu'une de ces saintes reliques ?

— Nous rougirions, mon cher oncle, d'en faire un objet de spéculation, et nous vous les céderons avec d'autant plus de plaisir, au prix coûtant, que c'est à votre intention que nous les avons acquises... pour 25 louis ; c'est un marché d'or... et les indulgences par dessus le marché... Remarquez, je vous prie, que nous ne vous comptons pas le port.

Le visage du curé se rembrunissait à chaque parole ; 25 louis ! dans ces temps de désolation où l'on vendait les biens du clergé !

— Hélas ! mes frères, dit-il en soupirant, je ne suis pas riche.

— Raison de plus, mon oncle ; c'est une pacotille que vous placerez avantageusement. Il y a, certes, mille contre un à gagner.

— Les fidèles deviennent plus rares de jour en jour.

— Et les reliques, donc ! on n'en trouve plus... Profitez de l'occasion les temps peuvent devenir meilleurs, et trop heureux sont ceux qui peuvent placer aussi sûrement leur argent.

— Vingt-cinq louis ! disait mentalement le bonhomme, c'est un beau denier... il y a bien des messes là-dedans !... Ma paroisse, il est vrai, sera pourvue de reliques de manière à me faire des envieux ; et, si les confrères en sont curieux, ils ne les auront qu'à bonnes enseignes.

Après ce judicieux raisonnement, le curé alla chercher la somme, que les honnêtes pèlerins empochèrent de bonne grâce ; puis, comme toutes les bouteilles étaient vides, et qu'il se faisait déjà tard, Bennier donna le signal de la retraite en promettant à son oncle de le venir voir le lendemain ; mais le lendemain, les trois amis avaient rejoint le régiment, et, huit jours après, ils entraient en campagne.

XXXI
Une nuit à Provins.

. . . .
. . . . . Cette bonne dame, déjà courbée par l'âge, et qui avait habité à Provins la ville haute, continua de s'exprimer ainsi :

— Au mois de février 1814, plusieurs combats avaient été livrés à peu de distance de la ville ; je fus obligée de recevoir et de loger beaucoup de militaires. Depuis quelques jours, cependant, ma maison était devenue libre, et j'étais occupée à y remettre un peu d'ordre quand, dans les premiers jours de mars, à la nuit tombante, ma domestique vint m'annoncer un officier qui venait loger chez moi.

Au même instant je vis entrer un homme de petite taille, assez gros, le teint jaune, les cheveux noirs et plats ; une redingote grise qu'il avait endossée par dessus son uniforme ne me permit de voir ni ses épaulettes, ni ses décorations, de sorte qu'il me fut impossible de deviner même quel pouvait être son grade dans l'armée française.

Je lui témoignai d'abord très franchement la contrariété que me faisait éprouver sa visite inattendue, et entrant en conversation avec lui, je lui demandai d'où il venait. Il me dit qu'il arrivait de Bray-sur-Seine.

— En ce cas, lui dis-je, vous deviez vous trouver à cette bataille où, m'a-t-on dit, l'empereur de Russie et le roi de Prusse ont failli être pris ; racontez-moi donc comment les choses se sont passées ?

— Volontiers, me dit-il.

Et l'étranger me fit avec beaucoup de détails la description du terrain et de l'emplacement que chaque corps de l'armée française occupait pour couper la retraite aux alliés ; puis il ajouta :

— Madame, connaissez-vous l'empereur ?

— Je ne l'ai vu qu'une seule fois, lorsqu'il n'était encore que général de l'armée d'Italie ; si je le revoyais aujourd'hui, je ne le reconnaîtrais certainement pas.

— Eh bien ! regardez-moi bien, ce sera comme si vous le voyiez ; on prétend que je lui ressemble étonnamment. Au surplus, jamais je ne le quitte, et à moins d'être dans sa chemise, je défie à qui que ce soit d'être plus près de lui que moi.

— Mais, monsieur, où allez-vous maintenant ? lui demandai-je.

— Je vais à Paris ; quand j'ajouterais que je vais *créer des ordres*, vous ne comprendriez pas, je pense ?

— Comment ! vous me dites que vous ne quittez jamais l'empereur, et vous voilà ici ; vous parlez d'aller à Paris !

— C'est juste ; cependant il y a quelques occasions.

— Avez-vous un billet de logement ? Vous savez que nous ne pouvons recevoir que les militaires qui ont leurs papiers en règle.

— En ce cas, madame, vous allez me renvoyer, car je n'ai ni billet, ni papiers.

— Oh ! non, vous ne sortirez certes pas pour cela ; mais, puisque vous paraissez savoir tant de choses, dites-moi donc si les Cosaques reviendront encore ?

— Hélas ! gardez-vous d'en douter, répondit l'étranger en faisant un gros soupir, on ne nous soutient pas. Puis il ajouta en souriant : Si seulement les femmes voulaient prendre des chapeaux et se mettre derrière nous, nous ferions fuir tous ces ramassis par delà le Rhin ; mais nous sommes abandonnés par tout le monde.

Comme il finissait de parler, j'entendis frapper un coup violent à la porte, et je m'écriai en me levant :

— Ah ! mon Dieu ; ce sont eux peut-être ! que je suis malheureuse, ma maison va être pillée !

L'officier vint à moi, me prit les deux mains dans les siennes et me dit avec beaucoup de douceur :

— Tranquillisez-vous, madame, c'est sûrement quelqu'un qui a à me parler.

Effectivement, ma domestique vint annoncer deux chirurgiens-majors qui demandaient le commandant, et je vis entrer deux messieurs dont l'un était d'une taille remarquable ; tous deux laissaient voir, sous leur redingote, l'uniforme d'officier-général.

Le commandant (il paraît que mon officier était un commandant) s'était assis auprès du feu et se balançait sur sa chaise ; il fit aux deux officiers un signe de la main et mit un doigt sur sa bouche comme pour leur recommander ou de parler bas ou même de ne pas parler bas du tout ; puis, sans se déranger il leur dit :

— Messieurs, saluez madame et demandez-lui pardon de vous présenter devant elle sans y avoir été invités.

Ces officiers me firent un gracieux salut pendant que, pour faire honneur à ces nouveaux hôtes, je m'empressais d'allumer deux autres bougies.

Le commandant leur ayant adressé quelques mots à l'oreille, ces deux officiers s'en allèrent immédiatement après. Alors j'offris à souper à mon visiteur ; il me répondit qu'il attendrait mon heure pour cela.

— En ce cas, lui dis-je, vous attendrez long-temps, car je ne soupe que très rarement, et aujourd'hui que je ne me porte pas très bien, je compte ne pas manger ; mais il me reste un poulet, et puisque les Cosaques vont revenir, je vais vous le faire préparer ; j'aime mieux que ce soit un Français qui le mange qu'un Prussien.

— Un poulet ! s'écria-t-il, un poulet ! mais, madame, c'est du luxe. Quelques pommes de terre cuites sous la cendre, c'est tout ce qu'il faut à un soldat.

Je lui demandai s'il avait un domestique, et que, dans ce cas, il aurait dû l'amener avec lui.

— Non, me dit-il, je suis seul ; nous sommes déjà assez malheureux de dévorer ainsi les habitans, sans leur imposer encore des gens inutiles ; mais puisque vous avez tant de bontés, ajouta-t-il, me permettrez-vous de vous demander une grâce?... Ce serait de souper ici sur cette petite table, auprès de ce bon feu.

— Monsieur, faites comme si vous étiez chez vous, fut ma seule réponse.

Pendant qu'on préparait le poulet du commandant, je continuai de causer avec lui.

Je lui parlai de l'empereur, je lui dis que c'était un héros, et qu'ayant vu Frédéric... Il m'interrompit tout à coup en me disant d'un ton qui avait quelque chose de singulier, et en me faisant une inclination de tête un peu équivoque :

— Madame, vous faites beaucoup d'honneur à Bonaparte en le comparant au roi de Prusse.

J'ajoutai que cependant je le blâmais de ne pouvoir se tenir tranquille, et que je ne concevais pas comment, lui, ne se trouvait pas content d'être empereur des Français, le premier souverain du monde.

Le commandant m'écoutait en souriant et se balançait toujours sur sa chaise ; par momens je m'animais et je marchais dans la chambre en lui parlant avec beaucoup de chaleur. Alors il se levait, venait à moi et me prenait les mains en me disant :

— Mais, madame, calmez-vous donc, vous vous ferez mal ; mon Dieu, que vous êtes vive !

— L'empereur, ajouta-t-il, a trois sottises à se reprocher : la première, c'est d'avoir gorgé d'or ses généraux ; la seconde, d'avoir quitté Joséphine qui l'aimait tant ; et la troisième, d'avoir épousé une Autrichienne.

— Si les Cosaques arrivent, lui dis-je, je m'enfuis.

Il me prit encore les mains en me disant :

— Ne faites jamais cette folie-là, parce que vous perdriez tout. Je m'y connais, madame, suivez mon conseil : vous avez une habitation commode, demandez toujours des chefs de préférence à des soldats, et votre propriété sera respectée.

Pendant que nous causions, on servit. Le commandant mangea le poulet presque entier en disant de temps en temps :

— Dieu ! le bon poulet ! je n'en ai jamais mangé de meilleur !

A neuf heures, je le congédiai en lui disant :

— Monsieur, je vous demande bien pardon de vous laisser seul ; mais moi, il faut que je me couche.

— Et moi aussi, me dit-il.

Alors il me remercia beaucoup de la manière dont je l'avais reçu, et me dit qu'il ne me ferait pas ses adieux le lendemain pour ne point interrompre mon sommeil.

Je pris un flambeau pour le conduire jusqu'à la chambre que je lui avais fait préparer ; il y eut alors entre nous un grand débat de politesse ; il prit la bougie, m'offrit la main, et nous arrivâmes ainsi tous les deux jusqu'à sa chambre.

— Quel bon feu ! quel bon lit ! s'écria-t-il après avoir ouvert la porte et jeté un coup d'œil dans la pièce ; il y a long-temps que je n'aurai été aussi bien couché !

Je lui souhaitai le bonsoir, et je me retirai.

Lorsque ma domestique s'était levée le lendemain, à cinq heures du matin, elle avait vu le commandant, déjà levé, se promener dans la chambre, les mains croisées sur le dos.

Très peu de jours après, je logeai un colonel d'état-major, à qui je racontai ces détails; il m'assura que le commandant n'était autre que l'empereur lui-même : je ne m'en étais pas doutée.

XXXII

Une halte pendant la campagne de France en 1814.

Au dire de nos savans tacticiens, dans cette courte campagne si remplie de prodiges, Napoléon fit souvent dépendre sa fortune d'un coup de main habilement conçu, hardiment exécuté. Ne me croyant pas apte à décider des questions aussi délicates, je m'abstiens, et je me borne à rappeler, d'après tous les hommes compétens en pareille matière, qu'en aucun temps le génie de Napoléon ne déploya plus de ressources, plus de fécondité, plus de présence d'esprit, plus d'héroïsme, rien aussi n'est plus admirable, si ce n'est l'ardeur d'une poignée de braves qui, devenus comme insensibles aux souffrances, conservaient, au milieu de toutes les privations imaginables, une gaîté intarissable et un dévoûment sans bornes; ils semblaient renaître et se multiplier devant ces masses ennemies toujours grossissantes.

En cinq jours, l'empereur avait successivement écrasé les cinq corps de troupes dont se composait l'armée de Silésie, commandée par le prince de Schwartzemberg qui s'avançait sur Paris. Il semblait que, dans un si puissant danger, il eût retrouvé les sublimes inspirations qui présidèrent aux merveilleux faits d'armes de ses premières campagnes d'Italie. Mais, malgré d'aussi brillans avantages et bien que ses braves soldats n'eussent jamais reculé devant les fatigues, Napoléon sentit la nécessité de leur laisser quelques jours de repos, d'autant mieux qu'étant entré en négociation avec Schwartzemberg, il espérait conclure un armistice; Soissons d'ailleurs était défendu par une bonne garnison et pouvait arrêter l'ennemi, tandis que ses maréchaux attaqueraient Blücher en queue et en flanc et le prendraient comme dans un piége.

Malheureusement, cette fois encore, les Prussiens échappèrent, je ne sais comment, aux combinaisons de l'empereur au moment même où il croyait les tenir. A peine Blücher s'était-il présenté devant Soissons, que les portes lui avaient été ouvertes. Le général Moreau commandait cette place et s'était empressé de la livrer à Bulow, ce qui avait ainsi assuré aux alliés le libre passage de l'Aisne.

En apprenant cette fâcheuse nouvelle, Napoléon s'écria :

— Ce nom de Moreau me sera donc toujours fatal !

Il ne voulut pas aller plus loin, il s'arrêta dans un gros bourg, où il bivouaqua.

Le lendemain, avant de se mettre en route, il accorda des fonds au maire de la commune pour la réparation de l'église, que les Prussiens avaient dévastée. Un chirurgien qui faisait partie des notables de l'endroit s'étant approché de l'empereur pour le remercier au nom des habitans, Napoléon, après l'avoir regardé avec attention, lui dit aussitôt :

— Vous avez servi, monsieur ; je vous reconnais.

— C'est vrai, sire ; j'étais à l'armée d'Egypte avec Votre Majesté.

— Pourquoi ne vous vois-je pas la croix ?

— Sire, parce que je ne l'ai pas.

— Ah! ah! c'est juste. Vous ne l'avez donc jamais demandée ?

— Jamais, sire.

— Bien que ce soit un tort que vous ayez eu envers moi, monsieur, c'est moi qui veux le réparer ; j'espère qu'à l'avenir vous porterez celle que je vais vous faire donner à l'instant : qu'on appelle Berthier !

En quelques minutes le brevet fut signé par d'empereur, et remis au nouveau chevalier.

— Il n'est qu'une seule manière, monsieur, de vous montrer reconnaissant envers moi, lui dit Napoléon en le quittant, c'est d'avoir le plus grand soin des malades et des blessés de notre armée.

Dans la même journée, on vint annoncer à Napoléon que Blücher, quoique grièvement blessé à Méry, quelques jours auparavant, descendait les deux rives de la Marne à la tête d'un corps prussien composé de quatre-vingt mille hommes de troupes fraîches, sans doute pour s'emparer de Meaux. Schwartzemberg, informé aussi du mouvement du généralissime prussien, avait coupé court aux négociations entamées pour reprendre immédiatement l'offensive à Bar-sur-Seine. Napoléon, dont le génie embrassait d'un si rapide coup d'œil toutes les opérations de l'ennemi, mais qui ne pouvait être à la fois partout, résolut d'aller en personne combattre Blücher, tout en laissant croire à sa présence devant Schwartzemberg. A cet effet, un corps d'armée fut envoyé à la rencontre des Autrichiens, et dès que nos troupes furent à portée de l'ennemi, elles firent retentir l'air de ces cris d'allégresse qui annonçaient toujours la présence de l'empereur parmi elles. Pendant ce temps, suivi de tout son état-major, il se portait en toute hâte à la rencontre de Blücher ; mais une perte, en quelque sorte irréparable dans les circonstances où nous nous trouvions, dut ralentir cette marche.

La veille, 26 mars, les alliés s'étaient emparés d'un convoi composé d'une énorme quantité de poudre, d'obus, de boulets et de munitions de toutes sortes ; ils firent imprimer aussitôt un bulletin dans lequel ils rendaient compte de cette capture. Un exemplaire de cet ordre du jour tomba entre les mains du maréchal Macdonald, qui pensa qu'une telle pièce devait être immédiatement communiquée à l'empereur, qui ne souffrait pas qu'on apportât le moindre retard à lui apprendre de mauvaises nouvelles ; aussi Napoléon s'écria-t-il tout d'abord :

— Ils mentent.

Le maréchal insista, l'empereur persista à ne pas y croire.

— Non ! mille fois non ! monsieur le maréchal, s'écria-t-il, je vous dis qu'on vous a trompé... Et d'ailleurs, c'est impossible !

Macdonald lui remit alors le bulletin qui était imprimé en allemand et en français.

L'empereur l'examina avec beaucoup d'attention :

— Tenez ! s'écria-t-il de nouveau en indiquant du doigt, examinez vous-même ; c'est aujourd'hui le 27, n'est-ce pas ?... Eh bien ! ce bulletin est daté du 29 : cette pièce est donc fausse.

Macdonald, qui avait fait plus attention à la nouvelle en elle-même qu'à la date, demeura comme stupéfait et balbutia :

— Ma foi... sire... Votre Majesté a raison...

— Parbleu ! reprit Napoléon en déguisant mal la joie qu'il ressentait d'une semblable découverte, je le savais bien ; mais maintenant, est-ce que j'ai jamais gain de cause avec vous, messieurs ?... Vous ne croyez plus aux paroles de votre empereur !...

Et se retournant vers Drouot qui gardait le silence, absorbé qu'il était par l'examen du bulletin :

— Eh bien ! qu'en dis-tu, toi ?

— Hélas ! sire, répondit Drouot qui avait quelques connaissances de l'art typographique, je dis que la nouvelle n'est que trop vraie ; il n'y a là qu'une faute d'impression : le 9 est un 6 retourné.

— Vraiment ! reprit l'empereur ; et, après un minutieux examen, il dit à demi-voix : C'est possible, vous aviez raison, monsieur le maréchal ; vous pouvez rejoindre vos troupes.

Comme Macdonald saluait sans ajouter un mot, l'empereur fit quelques pas, et lui prenant vivement la main, la lui serra avec un sentiment indéfinissable, en lui disant :

— Pardon, Macdonald, j'avais tort ; mais c'est une fatalité !

Le soir de cette journée, après avoir fait quatorze lieues à cheval, nous fîmes halte au petit village d'Herbisse, où Napoléon se disposa à passer la nuit. Le presbytère avait été désigné d'avance par Berthier, comme devant être le quartier-général.

En voyant arriver chez lui l'empereur avec son état-major, ses maréchaux, ses officiers d'ordonnance et ce qu'on appelait le *service d'honneur*, le curé d'Herbisse faillit perdre la tête de joie et de surprise, lorsque surtout Napoléon, après avoir mis pied à terre dans la cour du presbytère, lui dit avec ce ton de bienveillance qui savait si bien captiver :

— Bonjour, monsieur le curé, nous venons vous demander l'hospitalité pour une nuit seulement ; mais ne vous effrayez pas de notre visite : nous nous ferons tous si petits, que nous espérons ne pas trop vous gêner.

Il s'établit ensuite dans une pièce unique située au rez-de-chaussée, qui servait en même temps à notre hôte de salon, de chambre à coucher, de cuisine et de salle à manger.

Le prince de Wagram ayant fait observer à l'empereur qu'il serait très mal dans une salle aussi petite et aussi humide, Napoléon lui répondit en riant et en lui désignant deux de ses officiers :

— Je serai toujours plus à mon aise, que ces messieurs-là !

Dans ce moment, en effet, nous venions, l'aide-de-camp de je ne sais plus quel général et moi, de nous enfoncer jusqu'à la ceinture dans une mare que nous n'avions pu deviner dans la cour, dissimulée qu'elle était par des broussailles. Nous en fûmes quittes pour faire une faction d'un quart d'heure devant un grand feu de fagots qu'on alluma tout exprès pour nous deux.

En un instant l'empereur s'était trouvé entouré de ses bougies, de ses cartes et de ses papiers, et il s'était mis au travail avec autant de calme qu'il l'eût pu faire dans son cabinet des Tuileries ; quant aux autres, il leur fallut beaucoup plus de temps pour s'installer.

Ce n'était pas chose facile, pour tant de monde, que de trouver place dans cette espèce de masure qui composait le presbytère d'Herbisse, y compris même ses dépendances.

Heureusement ces messieurs, bien qu'il y eût parmi eux plus d'un prince et d'un grand dignitaire de l'empire, se montraient alors fort accommodants et très disposés à se prêter à la circonstance.

Les officiers d'ordonnance, véritable dandies de l'armée, faisaient cercle autour de la nièce du curé, grosse réjouie qui leur chantait des cantiques sur l'air ô *Fontenay!* tandis que ceux-ci l'accompagnaient en chœur. Pendant ce temps le bon curé, au milieu du mouvement qu'il se donnait pour faire dignement les honneurs de chez lui, se vit brusquement attaqué sur son terrain, c'est-à-dire sur son bréviaire, par le maréchal Lefèvre, qui, dans sa jeunesse, avait commencé quelques études pour entrer dans les ordres, et « n'avait conservé de sa première vocation, disait-il au curé, que la coiffure, parce que c'était la plus tôt peignée. » Le brave maréchal entremêlait les citations latines de ces locutions militaires dont il n'était point avare; et cet amalgame faisait rire aux éclats tous les assistants et le curé plus que tout autre. Ce dernier lui dit, le plus sérieusement du monde :

— Monseigneur, si vous aviez continué vos études pour la prêtrise et que vous fussiez entré au séminaire de Saint-Sulpice, je suis persuadé que vous seriez au moins cardinal aujourd'hui.

— Comment! *au moins*, reprit le duc de Dantzick, vous voulez dire par là que j'aurais pu être pape.

— Et pourquoi non, monsieur le maréchal? dit le général de l'aide-de-camp tombé avec moi dans la mare; si l'abbé Maury eût été sergent en 89, peut-être serait-il à présent maréchal de l'empire comme vous.

— Ou... mort! ajouta le duc de Dantzick en se servant d'un terme plus énergique; et ce serait tant mieux pour lui, car il n'aurait par la charité de voir tous ces gredins de Cosaques campés à vingt lieues de Paris!

— Bah! monseigneur, reprit le curé en se signant, avec l'aide de Dieu et de l'empereur nous les en chasserons.

— Oui!... va-t'en voir s'ils viennent! murmura entre ses dents le maréchal, qui se hâta de changer de conversation.

Cela me rappelle qu'un ami d'enfance du duc de Dantzick, qui certes n'avait pas fourni une aussi belle carrière que lui, vint le voir à Paris huit jours avant son départ pour cette malheureuse campagne. Le maréchal l'accueillit avec empressement et le logea dans son hôtel. L'ami ne cessait de se récrier sur la richesse des meubles, la beauté des appartemens, l'excellence de la cave, et toujours il ajoutait :

— Ah! que vous êtes heureux!

— Je crois, mon cher, que tu es jaloux de ce que je possède, lui dit Lefèvre. Eh bien! si tu veux, je t'offre de te le donner à meilleur marché que je ne l'ai eu : descends avec moi dans la cour, je vais te tirer vingt coups de fusil à dix pas; si je ne te tue pas, tout est à toi! Ne veux-tu pas te risquer?... Sache donc qu'on m'en avait tiré plus de mille à moi, et de bien plus près, avant que je fusse arrivé où tu me vois.

Mais revenons. Peu de temps après notre prise de possession du presbytère, arriva le mulet de la cantine, si impatiemment attendu. Le curé ne possédant qu'une table qu'il avait donnée à l'empereur, nous en improvisâmes une avec un volet posé sur un tonneau; au lieu de chaises, on se servit de grosses bûches sciées en trois, que l'on décora du nom de tabourets. Les officiers-généraux s'assirent; les autres restèrent debout. Le curé ayant pris place à la table entre le maréchal Lefèvre et son chef d'état-major, tout le monde fit honneur au repas, qui ne se composait que de bœuf froid, de pommes de reinette et d'une omelette vraiment pyramidale; il n'y manquait qu'une chose, c'était du beurre; mais l'excellent vin dont le curé avait couvert la table avec profusion fit oublier la pauvreté et la maigreur du menu; la naïve bonhomie de l'amphitryon fit même de ce repas l'un des plus gais auxquels j'aie assisté, surtout lorsque le maréchal, après avoir mangé une énorme tranche de bœuf, dit sérieusement à son hôte :

— Maintenant, monsieur le curé, voulez-vous me faire l'amitié de me passer le dessert?

Le curé, après lui avoir offert l'assiette de pommes de reinette, ajouta :

— Monseigneur, vous plairait-il manger d'une nonette de Reims? Il m'en reste encore quelques unes.

Ce fut alors un éclat de rire interminable.

Enfin on vint à parler de la position topographique d'Herbisse et de ses environs. Le curé ne pouvait revenir de son étonnement de ce que ses convives connaissaient si bien le pays.

— Ah ça! s'écria-t-il en nous regardant les uns après les autres, vous êtes donc tous Champenois?

Pour mettre fin à sa surprise, le chef d'état-major du maréchal tira de sa poche un plan sur lequel il lui fit lire le nom des plus petites localités.

Cependant, le souper fini, on s'occupa du coucher. On trouva dans une grange voisine un abri et quelques bottes de paille; il ne resta en dehors que les officiers de service, assis ou couchés sur le seuil de la chambre occupée par l'empereur, et le mameluck Roustan, à qui Napoléon avait donné ordre d'entrer pour l'éveiller, n'importe à quelle heure de la nuit, dans le cas où une estafette se présenterait au quartier-général.

Le lendemain, dès quatre heures du matin, l'empereur, qui ne s'était pas déshabillé, sortit de sa chambre en enjambant par dessus ceux de ses officiers qui dormaient encore çà et là; il les réveilla en leur pinçant le bout de l'oreille :

— Allons, messieurs les paresseux, leur disait-il gaîment, levez-vous donc; est-ce que l'on dort ainsi lorsqu'on a les Cosaques à ses trousses ? Allons, allons ! tout le monde à cheval !..

En un moment nous fûmes debout, et l'empereur, pressé d'en finir avec Blücher, quitta le presbytère bien avant le jour, après avoir recommandé que la marche se fît en silence et dans le plus grand ordre; le bon curé dormait encore. A son réveil, il dut trouver dans sa poche une bourse contenant 1,000 fr. en or, que le fourrier du palais y avait placée par ordre de l'empereur.

FIN DE LA TROISIÈME PARTIE.

QUATRIÈME PARTIE.

LA RESTAURATION, LES CENT-JOURS ET LA RÉVOLUTION DE JUILLET.

I

Le rêve réalisé.

Les victoires de l'empire ont placé si souvent nos soldats dans des positions exceptionnelles, qu'il est naturel qu'ils aient conservé de ce temps un souvenir presque magique, et que plus de trente ans qui se sont écoulés n'aient pu déraciner encore les espérances fantastiques de nos vieux grognards. L'histoire suivante qui, commencée en 1806, ne se dénoua à Tours que vingt ans plus tard, c'est-à-dire en 1826, et au milieu de toute une population étonnée, ne fit qu'augmenter et fortifier ces sentimens.

En 1806, la garde impériale comptait au nombre des grenadiers de son second régiment, Moreau, recrue de vingt ans, que sa taille et sa tournure martiales tirèrent du dépôt pour l'acheminer vers la Prusse, où l'empereur concentrait ses troupes pour l'ouverture de la campagne. Moreau était mieux qu'un joli homme, c'était un homme remarquablement beau, grand, bien pris, la figure animée, l'œil fier ; un sculpteur n'aurait eu qu'à couvrir sa noire chevelure d'un casque grec, pour en faire à son gré ou Hector ou Ajax. Moreau ignorait ses avantages : fils d'un cultivateur tourangeau, il était au village trop jeune et trop naïf pour comprendre les agaceries des jeunes filles ; il partit donc sans exciter de regrets que parmi ses compagnons. Arrivé à Bamberg, ville de Bavière où fut établi le premier quartier-général de la grande armée, Moreau se trouva sur le chemin de l'empereur qui fut frappé de sa figure et surtout de sa belle tenue, et dit, en le désignant du doigt :

— Celui-ci est pour ma garde.

A ces simples paroles, le jeune soldat crut entendre remuer dans sa giberne le bâton de maréchal de France.

On était alors dans les premiers jours d'octobre ; la terre était durcie par le froid, et la seule verdure qui vînt récréer l'œil du soldat, était celle de quelques bruyères, de quelques haies de tamarins épars çà et là dans la campagne, jalons naturels pour les régimens pendant le jour, et abris des sentinelles durant la nuit ; mais la gaîté grave de la garde s'accommodait de tout, et trouvait à tout des contrastes ; les plus vieux soldats, sous le ciel pesant et brumeux de l'Allemagne, reportaient leurs souvenirs sur les campagnes riantes de l'Egypte, le soleil ardent de Thèbes, le puits du désert, et la datte qui se balance sous les larges feuilles du palmier, et qui attendait jadis, pour mûrir, l'arrivée des demi-brigades. Moreau, accroupi devant le feu du bivouac, se serrait dans son manteau, et écoutait avidement tous ces discours :

— Et tout cela n'était rien, ajoutait un vieux soldat ; car du soleil, l'eau d'un fleuve et des fruits, cela se rencontre à peu près partout ; mais des sultanes !... Tout le monde en a eu, en Egypte ; mon caporal en avait trois, avec leurs coffrets remplis de diamans, de perles et de pastilles du sérail.

Ce fut donc au milieu du récit de toutes ces bonnes fortunes réservées à l'armée française, que Moreau parcourut une partie de la Prusse et entra dans la vaste plaine d'Iéna. Ce que l'armée y fit le 15 octobre, cette grande bataille d'Iéna qui livra Berlin à l'empereur, n'a aucun rapport avec l'histoire de Moreau ; seulement nous dirons qu'il y montra une valeur digne des grenadiers au milieu desquels il combattait, et nous rappellerons qu'à la suite de cette bataille, l'empereur décréta qu'*un temple de la Gloire* serait élevé à la grande armée, sur la place de la Madeleine, et que ce monument n'est autre que l'église de la Madeleine achevée aujourd'hui et dont on a changé seulement le nom et la première destination.

Après la victoire, l'armée marcha sur Berlin, en établissant des garnisons sur tous les points militaires ; le bataillon dont Moreau faisait partie s'arrêta à Weimar, et lui-même fut envoyé, avec un billet de logement, à un petit château distant de Weimar d'un quart de lieue à peu près.

C'était chose curieuse à voir que la bonne mine et l'air gai de Moreau, arpentant une des routes larges et droites de la Saxe ; il marchait légèrement sans se soucier ni du poids de son sac ni de son fusil ; il repassait dans son esprit les chances diverses de sa vie de six mois ; en mai paysan, en octobre soldat, et grenadier de la garde ! Sa compagnie avait perdu beaucoup de monde ; elle avait fait des prodiges de valeur ; on nommerait des sous-officiers, on donnerait des croix, il pouvait être fait caporal ! il pouvait être décoré ! Toutes ces réflexions le conduisirent jusqu'au château, ou, pour mieux dire, à la maison de plaisance qu'il devait occuper militairement.

Il sonna, la porte s'ouvrit si rapidement qu'il se trouva dans la cour presque sans s'en douter : c'était un piége de l'ennemi. Deux dogues furieux l'assaillirent et cherchèrent à lui faire payer cher l'hospitalité qu'allaient lui donner leurs maîtres.

— A bas, Médor !.. Ici, César !.. Tout beau... Hô !... Hé !... Si vous ne retenez pas vos chiens, je vais être forcé de m'en débarrasser malgré moi.

Mais les gens de la maison faisaient la sourde oreille, et les chiens, semblables aux molosses qui attaquèrent le vieil Homère, allaient mettre en pièces le soldat, lorsque Moreau, avec la crosse de son fusil, abattit l'un à ses pieds, et prenant l'autre par une patte de derrière, le jeta d'un bras vigoureux contre la muraille de la cour ; puis il s'avança tranquillement vers la porte principale. Elle était seulement poussée, et entrant dans le vestibule, il vit s'enfuir de tous côtés les domestiques effrayés ; c'était un sauve qui peut général.

D'un naturel patient et doux, Moreau aurait volontiers ramené à lui les habitans du château par de bons traitemens ; il faisait d'ailleurs partie d'un corps qui s'était toujours distingué par son exacte discipline ; mais lâcher des chiens contre un soldat français, contre un grenadier qui venait de vaincre à Iéna, c'était aller plus loin qu'il n'est permis à la mauvaise humeur des vaincus, et Moreau comprenait qu'il avait des réparations à exiger. Il entre donc dans les appartemens du rez-de-chaussée restés déserts, monte l'escalier, parcourt plusieurs pièces, et guidé par le son d'une voix humaine, il arrive enfin dans une pièce reculée, et se trouve face à face avec une jeune dame qui faisait courir ses jolis doigts sur le clavier d'un piano.

— *Mein herr !* dit la jeune dame ; puis voyant cette cocarde tricolore qui tranchait sur le bonnet à poil, et cet uniforme étranger pour elle, elle se rappela subitement les malheurs de sa patrie, et dit en faisant une révérence un peu empreinte de la raideur germanique :

— Monsieur !...

Ses mains avaient abandonné le clavier, et elle était debout, immobile devant le jeune soldat.

Moreau a bien souvent depuis raconté cette première entrevue dans le style moitié bouffon, moitié sentimental, si familier à nos vieux soldats. Toute sa colère s'éteignit, son fusil trembla dans sa main, et cette beauté du Nord avec ses cheveux blonds, ses yeux bleus et sa peau plus blanche que l'hermine, lui parut bien supérieure à toutes les brunes houris de l'Egypte, à toutes les sultanes circassiennes, dont les vieux grognards lui assourdissaient les oreilles. La jeune comtesse (Moreau était chez une comtesse de Drucken) le regardait d'un œil où perçait un intérêt mêlé d'un peu de frayeur, et jamais œil de femme ne s'était reposé sur le jeune homme ni avec autant de bonté, ni avec cette langueur caressante qui semble promettre de la tendresse tout en demandant protection.

— Vous excuserez bien mes gens, dit-elle, comme une personne qui lit dans la pensée de celui à qui elle parle ; il faut qu'ils soient bien malheureux pour être inhospitaliers. Ils sont coupables, sans doute ; mais la douleur ne raisonne pas.

Moreau était si ému qu'il se sentit prêt à demander pardon pour lui-même, et qu'il s'en voulut à la mort d'avoir tué un des chiens de la comtesse.

Il fut bien reçu ; il habita l'appartement du maître, et ces mêmes domestiques, qui l'avaient si mal accueilli d'abord, devinrent ses serviteurs dévoués. Moreau ne s'étonnait de rien ; il trouvait tout simple d'être dans un beau château, de se promener le matin dans un parc magnifique, de monter le soir dans une jolie calèche, d'être servi par les laquais galonnés, et de dîner à trois services avec madame la comtesse. A en croire les récits miraculeux du bivouac, on en avait vu bien d'autres en Egypte ! Tout naturellement il se mit à faire la cour à la comtesse ; en lui faisant la cour, il l'aima, et l'amour fit ici un de ses miracles ordinaires : il inspira le jeune soldat, adoucit ses manières, délia son esprit, lui donna de la grâce et de la délicatesse. Moreau eut cette retenue, cette timidité à laquelle les femmes croient reconnaître une grande passion, ou du moins une passion sincère ; la comtesse ne s'y trompa pas ; et elle prit sur Moreau un empire dont sa coquetterie lui fit plusieurs fois essayer l'étendue. Le grenadier se tira de ces épreuves avec bonheur et convenance.

La comtesse Diana de Drucken était une jeune veuve sans enfans, que sa famille voulait remarier au moment de l'invasion étrangère, et qui résistait pour jouir pendant quelques années encore du doux état de veuve. La campagne de 1806 vint déranger le plan de la famille de Drucken, et l'arrivée au château du jeune grenadier jeta dans le cœur de Diana une passion imprévue; car, il faut l'avouer, la jeune comtesse répondit à l'amour de Moreau; il était jeune, beau, vainqueur; on pouvait plus mal choisir.

L'amant heureux voyait un avenir brillant se dérouler devant lui. Il aimait véritablement, et ce fut sans aucune arrière-pensée d'ambition ou de fortune qu'il proposa sa main à la jeune veuve.

— Je ne suis, lui dit-il, qu'un des soldats de l'empereur Napoléon; mais c'est parmi eux qu'il choisit ses capitaines, et je sens que je le deviendrai. D'ailleurs, maintenant que vous m'aimez, votre patrie est la France.

On pouvait faire plus d'une objection à ce raisonnement; mais la comtesse, soit amour, soit dissimulation, acquiesça à cette demande, ou le feignit du moins.

— Il faut, répondit alors le soldat, que j'en parle au gros-major, qui en dira deux mots à l'empereur, et tout s'arrangera.

Il était temps que Moreau fît sa demande et acquît la certitude de voir s'éterniser le bonheur dont il jouissait. L'armée allait se porter en avant, et les détachemens échelonnés dans les divers cantonnemens reçurent l'ordre de rejoindre le quartier-général. Moreau partit baigné des pleurs de la nouvelle matrone d'Ephèse; l'espérance d'un prochain retour adoucit cependant ses adieux. La comtesse jura d'être fidèle; le jeune soldat promit de ne pas se faire tuer et de revenir avec la croix d'honneur et l'épaulette d'officier. Il reprit son fusil; il croisa de nouveau sur sa poitrine ses blanches buffleteries, et en descendant le chemin qui l'avait conduit au château, il s'arrêtait parfois pour fixer son regard sur la plate-forme élevée, et voir la jeune comtesse agitant un mouchoir blanc en signe d'adieu. Son imagination complaisante s'égarait volontiers en mille espérances probables; les riches fermages qui l'entouraient, les bois, les vergers, les prairies, tout était à lui. L'amour de la comtesse lui donnait tout. Ses vassaux seraient allemands, il est vrai; n'importe! il serait bon prince. Le but de sa vie était changé; son ambition s'était déplacée. Ce n'était plus le bâton de maréchal qu'il entendait bruire dans sa giberne vide, mais le parchemin du ministre scellé du grand sceau de l'empire qui l'autorisait à épouser celle qu'il aimait, sa vie, son amour, la comtesse Diana de Drucken enfin.

Moreau rejoignit son régiment; il se garda bien de parler de sa bonne fortune à ses camarades; mais il alla trouver le major et lui fit sa confidence.

— Ah! ah! grenadier, lui dit celui-ci, nous avons donné dans l'œil à une Allemande..... Très bien! mon garçon; mais le *conjungo* n'est pas à l'ordre dans le régiment; d'ailleurs, l'aumônier est au dépôt; on ne peut lui parler qu'après la campagne.

Le régiment de la garde dont Moreau faisait partie arriva à Postdam quelques heures seulement après l'empereur, et se rangea en bataille sur la place qui avoisine le palais de *Sans-Souci* pour être immédiatement passé en revue. Napoléon traversa les rangs, monté sur un cheval blanc, le visage gai, et souriant aux braves vainqueurs d'Iéna qui, dans quelques jours, allaient occuper Berlin ; quand il fut devant Moreau, celui-ci sortit des rangs, et présentant les armes, il demanda la faveur de dire un mot à son empereur.

— Parle, lui dit Napoléon.

— Sire, je voudrais me marier, si c'était votre bon plaisir.

— Au milieu d'une campagne !... et quelle est la cantinière qui t'a séduit ?

— Sire, ce n'est pas une cantinière, c'est une dame des environs d'Iéna, qui est belle comme une payse, et qui est plus riche que la femme du maire de Tours.

L'empereur sourit, et le jeune soldat continua :

— Cette femme me veut absolument pour son mari ; et moi, je lui ai promis d'avoir un jour la croix et d'être capitaine.

— Son nom ? dit l'empereur.

— La comtesse Diana de Drucken.

Le front de Napoléon devint soucieux.

— Fi donc ! dit-il, un soldat français et de ma garde encore, s'oublier ainsi, se dégrader, s'allier à une étrangère, épouser une ennemie de la France ! une mésalliance !... Va ! rentre dans ton rang.

Et l'empereur, en souriant, piqua les flancs de son cheval et courut au galop vers un autre point.

La campagne s'acheva ; à celle de 1806 succéda celle de 1807, puis une troisième, et toujours la guerre se ranimant d'elle-même, nous conduisit ainsi jusqu'à cette funeste campagne de Russie qui précéda la campagne de France dont le déplorable dénoûment eût lieu à Fontainebleau.

Moreau était devenu sergent, il avait la croix ; mais toujours enchaîné au drapeau, il blanchissait sous le harnais, et le doux souvenir de Diana s'éloignait de ses rêves sans que son amour diminuât. Il écrivait à Weimar, il écrivait à la comtesse de Drucken ; mais la poste était infidèle, ou la comtesse parjure. Il ne recevait point de réponse, pas un mot, pas un souvenir. Enfin avec les Bourbons vint une paix coûteuse ; Moreau revit son vieux père et le clocher de son village. On voulut le marier avec une jeune et jolie fille ; une grosse meunière aurait volontiers mis son moulin sous la protection de son briquet et de sa croix d'honneur; mais il était fiancé de la comtesse, et il refusa tous les partis, attendant toujours la calèche armoriée qui devait le conduire dans ses terres. Las un jour de ne rien voir venir sur la grande route, il emprunta quatre trimestres de sa pension de légionnaire, et, le havresac sur le dos, avec un bâton à la main, il prit un matin le chemin de la Prusse.

Moreau n'était plus ce beau grenadier, leste, frais et dispos, qui, sur les pas de l'empereur, courait de victoire en victoire ; mais c'était un homme rassis, dont le front était sillonné de rides et le dos un peu voûté ; par une disposition particulière aux soldats de l'empire, il avait conservé toutes des illusions et toutes les espérances de la jeunesse.

Il arrive à Weimar, il gravit le chemin qui conduit au château de la comtesse. Diana avait disparu, les nouveaux propriétaires ne connaissaient pas cette dame, et si cette fois il ne fut pas accueilli par des dogues irrités, il put du moins se convaincre qu'on entendait peu le français en Allemagne.

Tours le vit revenir quatre mois après, pauvre, obscur, et toujours nourrissant une espérance que ses compatriotes regardaient avec raison comme une de ces idées fixes, l'une des avenues de la folie, lorsqu'en 1826 les pavés de la grande rue de Tours retentirent tout à coup sous les pas de six chevaux de poste attelés à une superbe berline de voyage; un jeune homme en descendit et demanda aux premiers individus qu'il rencontra si Moreau, ancien grenadier, de la vieille garde, vivait encore, et s'il habitait Tours... Le vieux soldat de Napoléon était là, assis tristement sur un banc de pierre, les deux mains appuyées sur un bâton, et réchauffant sa tête blanchie aux rayons printanniers du soleil. L'accent allemand du jeune homme parvient jusqu'à ses oreilles; il s'élance :

— C'est moi Moreau, dit-il, second régiment, premier bataillon, seconde compagnie, que l'empereur, à Postdam, empêcha de se marier... Ma fiancée m'appelle? Diana m'envoie chercher!... Me voilà!

C'était chose attendrissante que de voir ce vieillard à cheveux blancs relever sa tête et épanouir son visage à un souvenir d'amour.

— C'est vous? lui dit le jeune homme en l'embrassant; montez dans cette voiture, je suis chargé de vous conduire au château de Drucken.

Et la berline repartit au grand galop, emportant le vieux grenadier et laissant les Tourangeaux dans l'admiration.

Madame la comtesse Diana de Drucken avait voulu effectivement épouser le jeune grenadier; mais sa famille, après le départ des Français, trouva facilement les moyens de l'en empêcher, sans pouvoir la déterminer néanmoins à prendre un autre mari : le motif de ses refus était assez légitime pour arrêter la volonté d'une famille entière; la faute de la comtesse, sa faiblesse pour un de nos beaux compatriotes avait eu des suites; sans s'en douter, Moreau avait un fils au château de Drucken. Tout ce qu'on avait obtenu de la comtesse, c'était de ne jamais rappeler Moreau auprès d'elle. L'enfant avait été élevé sous le nom de sa mère et sous ses yeux.

Il est un moment où toutes les considérations humaines tombent et s'effacent devant les devoirs. La comtesse, au lit de mort, fit venir son fils et lui déclara le nom de son père. Le jeune homme courut à Tours et enleva le vieux soldat pour le faire jouir en Prusse d'une fortune nouvelle. Moreau, en arrivant au château de Drucken, au lieu d'accomplir des fiançailles, ne put que prier sur un tombeau : la comtesse était morte !...

En ce moment, ce brave homme achève doucement sa vie sous les yeux de son fils, au milieu d'une aisance et d'un luxe qu'il n'avait pas connus jusque alors; mais cet événement naturel, quoique peu commun, a laissé des traces profondes chez les bons Tourangeaux, et surtout chez les vieux soldats qui habitent ce pays : ils sont persuadés que le grenadier de Napoléon a été enlevé par une jeune et belle princesse d'outre-Rhin, et qu'avec une couronne sur le front et un sceptre d'or en main, il règne sur cent millions d'Allemands.

II

Les Orphelines de la Légion-d'Honneur.

ECOUEN ET SAINT-DENIS.

Après la victoire d'Austerlitz, un décret daté du champ de bataille assura de nouvelles récompenses au courage malheureux; et Napoléon, qui déjà disposait des destinées de la France, et réglait pour ainsi dire avec l'épée celles de l'Europe, mu sans doute par une des grandes et sublimes pensées qui lui étaient habituelles, décida que l'État se chargerait d'élever à ses frais les filles, les sœurs et les nièces de ceux que décorait déjà l'étoile de la Légion-d'Honneur. Les enfans des guerriers morts en combattant avec gloire devaient retrouver les soins de la maison paternelle à Ecouen, dans cette antique demeure des Montmorency et des Condé : ces héros n'auraient pu lui choisir une plus noble destination.

Habitué à rapprocher de lui toutes les supériorités, n'en redoutant aucune, Napoléon chercha long-temps la personne que son expérience, son nom, ses talens, pouvaient placer à la tête de ce nouvel établissement; enfin il choisit Mme Campan.

Ecouen était à créer tout entier. La nouvelle directrice commença donc ce grand ouvrage, aidée des conseils de l'élève, de l'ami de Buffon, du comte de Lacépède, alors grand-chancelier de la Légion-d'Honneur. La surveillance qu'exigeaient la santé, l'instruction et jusqu'aux jeux des élèves, les principes religieux qui servent de base à l'éducation, la distribution méthodique et graduelle du temps pour chaque étude spéciale, tous ces soins d'une administration compliquée furent compris par Mme Campan avec autant de bonheur que de discernement; et l'empereur, qui descendait si facilement des plus hautes pensées politiques à l'examen des moindres détails, qui inspectait un pensionnat de jeunes filles comme il aurait passé la revue de ses vieux grenadiers, voulut connaître tout ce qui concernait l'ameublement, le régime, l'instruction et l'éducation de ses protégées. En conséquence, les réglemens intérieurs de la maison lui furent soumis.

Dans le rapport circonstantié que lui adressa Mme Campan à ce sujet, il était dit : « Les élèves entendront la messe tous les dimanches et les jeudis. » Napoléon raya ces derniers mots, et écrivit en marge : « tous les jours. » Puis il ajouta au bas du rapport : *C'est très bien.*

Plus tard, dans une conversation que la directrice eut avec lui pour le même objet, elle lui demanda qu'il fût accordé à son établissement des pompiers.

— Votre surveillance doit suffire, dit Napoléon.

— Oui, sire, dans les cas ordinaires; mais puis-je empêcher le feu du ciel?

— C'est juste, vous avez raison.

Et l'empereur, qui sentait toujours la vérité lorsqu'on savait la lui faire découvrir, arrêta qu'à l'avenir quatre pompiers seraient de garde, jour et nuit, au château.

D'après les réglemens de la maison, chaque élève devait prendre soin d'une compagne plus jeune, et lui tenir, pour ainsi dire, lieu de mère. Elles ne pouvaient être admises que jusqu'à douze ans; passé dix-huit, elles retournaient au sein de leur famille, à moins qu'elles ne préférassent être attachées à la maison en qualité de *novices*. Elles ne sortaient jamais. Une élève de semaine, choisie parmi *les grandes*, était chargée de montrer l'établissement aux étrangers, quand ceux-ci en avaient obtenu l'autorisation délivrée par le grand-chancelier. Il ne leur était permis d'écrire qu'à leur père et mère, à leurs oncles, à leurs tantes et à leurs grands-parens. Elles ne recevaient de lettres que des mains de la directrice.

A six heures du matin en été, à sept heures en hiver, la cloche les appelait à l'église, et de là au déjeûner. Alors elles entraient en récréation. A dix heures elles se rendaient dans leurs classes. On interrompait l'étude, à midi, pour faire le second déjeûner, qui ne consistait qu'en un morceau de pain sec; ensuite elles reprenaient l'étude jusqu'à trois heures. Venait alors le dîner, et la récréation jusqu'à six heures, puis les ouvrages à l'aiguille jusqu'à sept. Récréation jusqu'à huit; souper et prière du soir. A neuf heures toutes les élèves étaient couchées.

Jamais on ne les laissait seules ou abandondées à elles-mêmes un moment, ni le jour ni la nuit; les dames surveillantes ne les quittaient pas : elles couchaient auprès d'elles dans les dortoirs où d'autres dames faisaient encore des rondes d'heure en heure. Chacune des élèves marquait son trousseau, confectionnait son linge; elles commençaient la journée par faire leur lit, approprier et ranger leurs pupitres.

Pour les études, les élèves étaient distribuées en sections : chaque section comprenait deux classes; chaque classe était indiquée par la couleur de la ceinture. Tous les trois mois les inspections avaient lieu, et deux fois l'année seulement, sous le nom de *grand concours*, présidé par le grand-chancelier, accompagné de la directrice, de l'inspectrice générale, de la trésorière et des autres dames dignitaires, les élèves étaient réunies dans une salle immense, appelée *salle Hortense*, où des prix et des ceintures leur étaient distribués (1).

(1) *Le grand concours pour les orphelines de la Légion-d'Honneur* était pour elles comme le jour du jugement dernier : les récompenses y étaient distribuées à chacune selon ses œuvres, et si beaucoup d'élèves sentaient la veille leur cœur palpiter d'espérance en songeant que le lendemain elles seraient proclamées *une des bien*, et qu'elles échangeraient une *ceinture verte* contre une *ceinture violette*, quelques autres redoutaient ce moment parce qu'elles devaient être déclarées, aux yeux de tous, *sujettes insoumises*, et recevoir *la ceinture grise*. Tout, dans ce jour si impatiemment attendu par le plus grand nombre, si redouté par quelques unes, avait quelque chose d'imposant et de solennel.

Et d'abord on donnait aux élèves des *bas blancs*, ce qui était une grande fête pour elles, car elles n'en portaient habituellement que des *bleus*. Ensuite, au signal de la cloche, elles étaient conduites par leurs *dames surveillantes* dans la *salle d'inspection* où avaient été disposés des gradins en amphithéâtre dont les derniers s'élevaient jusqu'au cintre. Cette vaste salle circulaire avait été décorée à l'avance d'*exemples* d'écriture et de dessins exécutés par les élèves qui avaient été jugées dignes des honneurs de l'exposition. En face de l'amphithéâtre était le fauteuil réservé au grand-chancelier de la Légion-d'Honneur, avec un bureau, de chaque côté duquel devaient s'asseoir la surintendante et l'inspectrice générale. D'autres siéges étaient çà et là et un peu en avant, pour les *dames dignitaires*: nulle personne étrangère à l'institution ne pouvait assister à cette cérémonie pas même une mère pour applaudir au succès de sa fille.

— Chut! silence, mesdemoiselles! s'écriaient quelques dames; voici M. le maréchal!

Et le grand-chancelier, suivi des dames dignitaires, entrait dans la salle. Alors toutes se levaient en masse; le cri prolongé de *vive le maréchal!* se faisait entendre de toutes parts : et celui-ci y répondait par des saluts pleins de bienveillance. Lorsque le calme et le silence avaient succédé à l'agitation et aux chuchottemens que cette apparition ne manquait jamais de produire, le grand-chancelier prononçait, debout, un tout petit *discours de circonstance*, qu'à l'exception des dames placées près de lui, personne n'entendait ni n'écoutait, ce qui n'empêchait pas les élèves, une fois que l'orateur avait fini, de s'écrier de nouveau et à tue-tête : *Vive notre bon maréchal!* Celui-ci répondait à ces applaudissemens par de nouveaux saluts.

C'était alors que les deux premières sections descendaient des gradins, et venaient former un demi-cercle autour de la petite table devant laquelle le souverain juge était assis. Il commençait par interroger les élèves, une à une, sur les différens points d'histoire, de géographie et de calcul. Après quoi chacune re-

Jusqu'en 1809, l'organisation de l'institution d'Ecouen ne fut que provisoire; mais, au mois de mars de cette année, un nouveau décret rendu par l'empereur l'arrêta définitivement : il donnait à la reine de Hollande le titre de protectrice des maisons impériales de la Légion-d'Honneur; la directrice échangea le sien contre celui de surintendante. Du reste, rien ne fut changé aux habitudes intérieures ; seulement un établissement, à peu près semblable à celui-ci, fut créé à Saint-Denis, où les jeunes personnes qui, aux termes du règlement d'admission, ne pouvaient pas être reçues gratuitement, n'y furent pas moins admises en payant 1,000 francs de pension par an, et même une demi-pension de 500 francs.

Dans une visite que fit Napoléon aux élèves d'Ecouen, il les trouva réunies dans les classes, s'occupant d'ouvrages à l'aiguille. Après avoir adressé à chacune d'elles quelques questions ou un mot obligeant, il demanda tout à coup à Mlle Brouard combien elle pensait employer d'aiguillées de fil pour faire une chemise :

— Sire, lui répondit-elle, je n'en emploierais qu'une, si je pouvais la prendre assez longue.

Cette réponse, si juste et si naïve à la fois, valut à la jeune élève une chaîne d'or que l'empereur lui donna. Dans son enthousiasme, elle jura de ne s'en séparer jamais.

Six semaines environ après cette visite de Napoléon, qui avait eu lieu dans les premiers jours de janvier 1814, comme il passait par Ecouen,

tournait à sa place. Chaque section venait ainsi subir un examen qui quelquefois ne tournait à l'avantage ni de l'examinateur ni de l'élève. Pour ce pas, la faute en était à l'inspectrice qui, de droit, remplissait les fonctions de souffleur. Au surplus, personne n'attachait une grande importance à cet examen dont le programme était connu un mois d'avance : les élèves réservaient leur amour-propre pour une meilleure occasion, la danse, par exemple.

A un signe de la maîtresse de ronds de jambes, s'élançaient de chaque côté de la salle, en sautillant et en fredonnant, celles des jeunes filles jugées pour les meilleures danseuses, afin d'exécuter, au son du piano, une contredanse inédite. Ce dérangement était ordinairement interrompu par les éclats de rire et les battemens de mains des *petites classes*, surtout lorsqu'*une des grandes*, en passant devant le maréchal, faisait une révérence un peu gauche et par trop prétentieuse. Et puis ce n'étaient pas les pieds des figurantes qu'il fallait examiner pour savoir si les pas étaient formulés avec grâce et précision, c'était le visage de la respectable maîtresse de danse, dont les traits se contractaient à faire peine par l'impatience qu'elle éprouvait lorsque l'une de ses écolières venait à manquer son *solo*. Nouvelles sylphides, ces petites nymphes reprenaient ensuite leur vol aérien pour aller se jucher sur les régions les plus élevées de l'amphithéâtre.

Après le bal venait le concert; il durait au moins une heure. On y entendait depuis la classique *sonatine* jusqu'à la *brillante fantaisie* de Kalbrenner; depuis la plaintive romance de Plantade jusqu'au bruyant finale de Spontini. Les divers exercices étaient immédiatement suivis de la distribution des *bons cachets* : c'étaient les prix.

Il ne faut pas croire que ces prix ressemblaient à ceux que l'on donne aux jeunes élèves dans les collèges; ce n'étaient ni de verdoyantes couronnes, ni de beaux volumes dorés sur tranches. Leurs prix à elles, pauvres orphelines de la Légion d'Honneur, ne consistaient qu'en de petits carrés de papiers sur lesquels était écrit le nom de l'élève qui avait su les mériter, avec désignation de la spécialité d'étude dans laquelle elle s'était le plus distinguée. Eh bien! ce modeste petit morceau de papier, bien fin, bien transparent, entouré d'une simple vignette, causait à celle qui le recevait une joie indicible. Oh! qu'elles étaient fières de leurs petits papiers!

Cette distribution achevée, on passait à une autre : celle du *pain de midi*. Les bonnes le leur donnaient, et cette fois elles ne le mangeaient pas *tout seo*, grâce aux bonbons et aux tablets de chocolat dont leurs parents avaient eu le soin de les pour se rendre au quartier-général, le maître de poste de ce village, qui savait que les élèves attendaient encore les bonbons que l'empereur leur avait promis pour leurs étrennes (ce maître de poste était un ancien lieutenant de la garde qui comptait sa fille au nombre des élèves), eut la hardiesse de lui dire :

— Sire, vos petites protégées comptent toujours sur les bonbons de Votre Majesté.

— Ah! ah! je m'en souviens, répondit l'empereur en riant ; eh bien! je ferai dire à Lacépède de les leur envoyer.

Peut-être y songea-t-il; mais il est probable que ce furent MM. les Cosaques qui s'en régalèrent, car, tout alléchées qu'elles étaient de cette nouvelle promesse, elles ne tâtèrent pas de ces friandises, parce que bientôt après, des fenêtres du château qui leur servait d'asile, les orphelines de la Légion-d'Honneur purent distinguer, dans la plaine qui s'étendait à leurs yeux, les feux des bivouacs russes et prussiens.

Après la restauration, le grand-chancelier de la Légion-d'Honneur ayant ordonné à la surintendante de la maison royale de Saint-Denis qui avait remplacé Mme Campan, de faire disparaître tout ce qui pouvait rappeler le souvenir de *l'usurpateur*, quelques-unes rendirent les petits cadeaux qu'elles en avaient reçus. Mlle Brouard garda toujours sa chaîne cachée sur sa poitrine, quoique le règlement défendît aux élèves de porter aucun bijou.

Un jour qu'elle était au bain, une surveillante aperçoit la chaîne et veut la *confisquer*. Dans cette intention, elle ordonne à la jeune personne approvisionner, la veille seulement, afin d'être sûrs qu'il leur en resterait pour le lendemain.

Après un moment d'entr'acte et de causeries particulières, de nouveau *chut ! chut ! mesdemoiselles* l'appelaient l'attention sur l'institutrice, qui prenait un grand registre dans lequel étaient inscrits les noms des élèves jugées dignes de passer dans une classe supérieure. Alors la distribution des ceintures qui distinguaient ces classes se faisait en commençant par les petites. L'inspectrice nommait d'abord celles des élèves qui, dans chacune des sections, avaient mérité *la médaille* ; le maréchal la leur remettait en les complimentant avec une bonté toute paternelle, puis il distribuait lui-même les nouvelles ceintures aux élèves. La liste épuisée, on en appelait encore quelques autres : mais, hélas ! c'étaient celles à qui la ceinture grise était dévolue ! Elles devaient la garder six mois, de même que la médaille dont leurs compagnes avaient su se rendre dignes. Au reste, cette ceinture était la plus forte punition qui pût être imposée à la maison royale, si on en excepte celle du *renvoi* ; mais cette peine n'était infligée que fort rarement, et pour des motifs extrêmement graves.

Le grand concours achevé, les élèves rentraient un moment dans leurs classes. Là, elles s'embrassaient, se félicitaient franchement au milieu des pleurs, des trépignemens et des plaintes des pauvres amies qui, n'ayant pas eu le bonheur de passer dans une section plus avancée, se désolaient d'être forcées de quitter leurs *intimes*.

L'heure du dîner venue, toutes se rendaient au réfectoire ; et, quoique le menu ordinaire fût toujours bon et suffisant, on y ajoutait, ce jour-là, un plat d'excellente pâtisserie avec une crème. C'était l'instant que le maréchal choisissait de préférence pour faire ses adieux.

Enfin cette journée aussi fatigante en émotions diverses se terminait par les justes témoignages de déférence, de gratitude et d'amitié que les pensionnaires prodiguaient à leurs *dames institutrices* ; puis, toutes regagnaient leurs dortoirs, impatientes d'être au lendemain : car le lendemain était *un jour de grand congé*. La plupart d'entre elles étaient bien sûres d'embrasser leurs chères mamans, et de pouvoir leur montrer avec une sorte d'orgueil les bonnes notes qui leur étaient échues en partage.

(*Note communiquée par une ancienne élève de Saint-Denis.*)

de la lui livrer. Celle-ci refuse en objectant qu'elle la tient cachée sous ses vêtemens, et qu'ainsi elle n'est pas répréhensible.

Une plainte est aussitôt portée par cette dame à l'inspectrice générale; nouveau refus de la part de Mlle Brouard. Celle-ci la mène à l'instant devant la surintendante : toujours même résistance. On la menace de faire venir deux hommes de peine pour la deshabiller et lui ôter de force ce qu'elle s'obstine à ne pas donner de gré; Mlle Brouard, bien décidée à ne pas obéir, dit que c'est un don de l'empereur, et qu'elle le conservera malgré tout jusqu'à la mort. La salle de correction, où elle reste pendant plusieurs jours, ne fait que l'affermir dans sa résolution. Enfin on fait un rapport au grand-chancelier sur la conduite de l'élève, et celui-ci vient à Saint-Denis où il fait donner rendez-vous à sa mère, Mme la baronne Jubé, mariée en secondes noces. Il ordonne que toutes les personnes de la maison soient rassemblées dans la salle d'inspection, et là, en présence de toutes ses compagnes, il dégrade la jeune coupable, c'est-à-dire, lui fait ôter sa ceinture ; et puis, dans un discours adressé aux élèves, dans lequel il qualifie d'insubordination ce qui n'est qu'un sentiment naturel de reconnaissance, il leur conseille de profiter de la leçon; après quoi Mme la baronne Jubé est engagée à emmener sa fille qui, à partir de ce jour, ne doit plus faire partie de la maison royale de Saint-Denis.

Ce fut une grande désolation parmi les compagnes de la pauvre Brouard qui était généralement aimée, toutes aussi s'écrièrent qu'on pouvait les renvoyer en masse, parce qu'elles partageaient les mêmes sentimens.

Quelque temps après, à la première visite que la duchesse d'Angoulême fit à la maison royale, dont elle voulut être la nouvelle protectrice, elle n'eut pas occasion d'être satisfaite des sentimens que les élèves manifestèrent ; les dames ayant ordonné de crier *vive le roi!* toutes les pensionnaires crièrent *vive l'empereur!* ce qui justifie en quelque sorte la froideur que cette princesse témoigna toujours à l'établissement de Saint-Denis et l'enthousiasme que les anciennes élèves manifestaient et font encore éclater aujourd'hui au seul nom de Napoléon, quoique dès ce moment il leur eût été défendu, sous peine de *renvoi*, d'accorder même un souvenir à celui qui fut leur bienfaiteur et leur second père.

III

Waterloo.

Depuis 1815, le 18 juin a toujours été et sera toujours, nous aimons à le penser, un jour de douloureuse mémoire pour la France ; mais cette année, des circonstances que la restauration elle-même avait su empêcher, ont fait un si pénible contraste avec le deuil public, qu'on ne lira peut-être pas sans quelque intérêt les détails qui vont suivre, et qu'a rappelés à notre souvenir le récent anniversaire de cette catastrophe nationale.

« Waterloo! journée incompréhensible!.... Concours de fatalités
» inouïes!... Grouchy, Ney, d'Erlon... Y a-t-il eu trahison? n'y a-t-il eu
» que fatalité?... Ah! pauvre France!... Etonnante campagne, où, en
» moins de trois jours, j'ai vu trois fois s'échapper de mes mains un
» triomphe assuré!... Et pourtant j'avais tout prévu, tout disposé, tout

» accompli !... Mes ennemis, je les avais anéantis à Ligny !... Je les au-
» rais écrasés à Waterloo si chacun eût fait son devoir, si mes ordres
» avaient été fidèlement exécutés. Singulière défaite, où, malgré la plus
» horrible catastrophe, la gloire du vaincu n'a pas souffert, et où celle
» du vainqueur n'a pas augmenté : la mémoire de l'un survivra à sa des-
» truction, la mémoire de l'autre s'ensevelira peut-être dans son triom-
» phe!... On en parlera long-temps... La postérité me rendra justice ! »

Telles furent les paroles que prononça Napoléon à Sainte-Hélène, lorsque, déjà couché sur son lit de mort, il vint à parler de Waterloo pour la dernière fois.

Le 12 juin 1815, à deux heures du matin, et accompagné seulement de son grand-maréchal du palais, il avait quitté Paris pour se rendre à son quartier-général, où déjà la plus grande partie de sa nouvelle maison militaire l'avait précédé. En montant en voiture, il dit avec une sorte de satisfaction et de bienveillance aux officiers de sa maison civile qui l'attendaient dans le grand vestibule du château pour le voir encore :

— Ah ! ah ! messieurs, vous ne vous êtes pas couchés?... Adieu ! adieu !... La poire est mûre... Cette fois c'est un duel à mort entre moi et l'Europe !... J'espère vous revoir bientôt. Adieu, messieurs.

Et il s'élança dans sa voiture.

Le 13, l'empereur était à Avesnes; le 14 il arriva à Beaumont, où il avait porté son quartier-général. Là, il fit camper son armée sur trois directions; elle ne se composait que de 122,000 combattans ayant avec eux 350 bouches à feu.

Le soir du même jour, il fit publier une proclamation qu'il avait dictée le matin à l'un de ses secrétaires. Comme César et Frédéric, Napoléon ne manquait jamais de rappeler les grandes époques et de consacrer ainsi certains jours.

« C'est aujourd'hui l'anniversaire de Marengo et de Friedland qui dé-
» cidèrent deux fois du destin de l'Europe!... (disait-il). Alors, comme
» après Austerlitz, comme après Wagram, nous fûmes trop généreux !...
» A Iéna, contre ces mêmes Prussiens aujourd'hui si arrogans, vous
» étiez un contre deux, à Montmirail un contre trois. Les insensés !...
» Un moment de prospérité les a aveuglés : l'humiliation du peuple fran-
» çais n'est pas en leur pouvoir !... S'ils entrent en France, ils y trou-
» veront leur tombeau !... Pour tout Français qui a du cœur, le moment
» est venu de vaincre ou de mourir. »

Ces nobles sentimens échauffèrent toutes les âmes, et jamais l'ardeur de combattre ne fit pressentir un plus beau triomphe.

Le 15, à la pointe du jour, les trois colonnes composant l'armée française se mirent en mouvement. Dans quelques combats d'avant-postes, les Prussiens furent entièrement repoussés; Charleroi fut pris, et, dans la nuit du 15 au 16, l'armée entière passa la Sambre et bivouaqua dans un carré de quarante lieues, au milieu des armées ennemies réunies et stupéfaites de l'habileté et de la vivacité des manœuvres de Napoléon. Ce premier succès était d'autant plus remarquable que, dans cette même nuit, le général Bourmont avait abandonné l'armée. A cette nouvelle, l'empereur fit sur-le-champ, aux plans d'attaque qu'il avait préparés pour le lendemain, les changemens que cette défection inattendue rendait nécessaires. Chose singulière, on raconte qu'une sorte d'instinct semblait avoir révélé à Napoléon la future conduite de Bourmont.

Il lui avait refusé avec humeur le commandement d'une division qu'il sollicitait. Celui-ci, désespéré de rester sans emploi, avait eu recours d'abord au comte Lobau; mais, rebuté par cet aide-de-camp de Napoléon, il s'était adressé ensuite au général Gérard après avoir sollicité l'appui du maréchal Ney, qui avait eu la faiblesse de se porter son garant auprès de l'empereur.

Le 16, dans la nuit, ce maréchal, qui commandait l'aile gauche de l'armée, reçut de l'empereur l'ordre formel d'occuper, à la pointe du jour, avec ses quarante-trois mille hommes, la position des *Quatre-Bras*, sur la route de Bruxelles, en gardant en même temps celle de Nivelle et de Namur; mais, au moment où le prince prenait les armes pour exécuter cet ordre, une canonnade qui se fit entendre sur son flanc droit le fit hésiter : croyant les alliés réunis sur ce point et craignant d'être tourné, il attendit de nouvelles instructions de Napoléon.

Bientôt instruit de l'inaction du maréchal, l'empereur le blâma d'avoir perdu huit heures, et lui réitéra l'ordre de se porter en avant.

A deux heures de l'après-midi, l'empereur ayant ordonné un changement de front sur Fleurus, tout annonçait que nous allions avoir affaire à l'armée prussienne. Le comte Gérard s'étant approché pour lui demander quelques instructions relatives à l'attaque du village de Ligny, Napoléon lui dit :

— Il se peut que dans trois heures d'ici le sort de la guerre soit décidé ; cela dépend de Ney : s'il exécute bien mes ordres, il n'échappera pas un canon de l'armée prussienne; elle est prise en flagrant délit.

On sait que, dans cette bataille, le général Gérard acquit de nouveaux titres de gloire, et qu'à la fin de la journée Napoléon dit encore :

— Je dois à Gérard un bâton de maréchal.

Vers les quatre heures, au moment où les deux armées se pressaient de toutes parts, et tandis que les canons faisaient trembler la terre, l'empereur s'écria :

— Si cela continue seulement une heure de plus, il ne restera debout, dans la plaine, que l'armée française !

Peu d'instans après, il donna l'ordre à Dorsenne, commandant la division des grenadiers à pied de la vieille garde, de faire enlever, par un de ses bataillons, une briquetterie derrière laquelle s'étaient retranchés bon nombre de Prussiens.

Ce mouvement s'exécuta en un clin d'œil. Les Prussiens débusqués, une nuée de tirailleurs de la ligne se mirent à leur poursuite. Dès ce moment la bataille était gagnée.

En voyant la garde se développer devant lui, si calme et si héroïque à la fois, Napoléon dit en souriant au grand-maréchal :

— Voilà des braves qui avaleraient de bien bon cœur mes petits *rin-tintins* de la ligne pour leur apprendre à charger sans les attendre : mes grognards ne leur pardonneront pas d'avoir fait la besogne sans eux.

Vers la fin de l'action, le feld-maréchal Blücher avait été renversé de cheval dans une charge de cuirassiers de la division Delort et foulé aux pids des chevaux. Nos cuirassiers continuèrent leur mouvement sans le reconnaître. Ce général en chef, tout meurtri de contusions, parvint, non sans peine, à remonter sur le cheval d'un dragon hanovrien et s'échappa.

Le soir, l'empereur alla complimenter dans leurs bivouacs plusieurs régimens qui s'étaient battus toute la journée. Quelques paroles, un sourire, un salut de la main, un signe de tête, suffisaient à récompenser cette foule de braves qui venaient de vaincre. Le nombre de morts et de prisonniers faits sur l'ennemi avait été considérable ; tout son matériel, 70 canons et quarante drapeaux étaient restés entre ses mains.

Le lendemain 17, le maréchal Ney ayant reçu, comme je l'ai dit, l'ordre d'attaquer l'arrière-garde de l'armée anglaise, le comte de Lobau, pour favoriser cette attaque, se porta, par la chaussée de Namur, sur la ferme des Quatre-Bras : en même temps Napoléon arriva au galop, et, s'apercevant que cette position était encore occupée par l'ennemi, il envoya à Ney un officier d'ordonnance pour le presser de déboucher dans cette direction.

Le combat s'engagea alors avec un acharnement indicible. Les troupes de Ney ne paraissaient point encore. L'empereur, impatienté, expédia l'ordre aux chefs de corps de hâter leur marche. Le combat continua. Napoléon alla se placer sur une petite éminence d'où il pût tout voir. A peine y est-il depuis quelques minutes, que deux ou trois boulets viennent ricocher à ses pieds et le couvrent de terre ; alors il change de place en disant :

— Je vois qu'il est temps d'en finir.

A peine avait-il parlé qu'un nouveau boulet passe à trois pieds de lui et tue un chasseur de l'escorte dont le corps va rouler dans les jambes de son cheval ; un instant après, le comte d'Erlon arrive sur le terrain, puis le général Reil, bientôt suivi du maréchal Ney.

— Enfin ! s'écrie l'empereur.

Il fait appeler sur-le-champ le maréchal, qui n'avait été ni moins brave ni moins dévoué ce jour-là que pendant tout le reste de sa belle et glorieuse vie, mais qu'une sorte d'hallucination semblait avoir frappé, et il lui témoigne son mécontentement de tant de lenteurs et d'incertitudes.

— Vous venez de me faire perdre trois heures bien précieuses, lui dit-il.

— Sire, j'ai cru que le duc de Wellington...

— Monsieur le maréchal, il ne fallait croire que ce que je vous disais.

Puis il ajouta d'un ton moins brusque :

— A propos, et votre protégé Bourmont, dont vous me répondiez tant?

— Sire, balbutia le maréchal, il m'avait paru si dévoué !... J'en aurais répondu comme de moi-même.

— Allez, allez, monsieur le maréchal, ceux qui sont bleus restent bleus, ceux qui sont blancs restent blancs.

Et l'empereur partit au grand galop pour se porter sur un autre point.

Il résulta de tant de lenteurs que l'avant-garde française n'étant arrivée, le 17, devant Waterloo qu'à six heures du soir, Napoléon n'eut plus le temps de faire une attaque générale comme il en avait eu l'intention ; ce fut alors qu'il s'écria en montrant le soleil :

— Que ne donnerais-je pas pour avoir aujourd'hui le pouvoir de Josué, et retarder sa marche de deux heures seulement !

Enfin, le lendemain, 18 juin, dès la pointe du jour, toute l'armée s'ébranla et se mit en marche sur onze colonnes. Napoléon, à la tête de sa vieille garde, se porta sur les hauteurs de Rossome, devant une espèce de tour bâtie en bois et visible de fort loin dans la campagne ; et là se mit en observation.

La chaleur était étouffante, le temps était sombre. Les soldats, accablés de fatigue et inondés par la pluie qui avait tombé toute la nuit, avaient néanmoins salué de leurs *vivat* ordinaires ce jour qui, pour la plupart d'entre eux, devait être le dernier. Quelques paroles de commandement de loin en loin et le bruit du tonnerre qui grondait dans l'espace interrompaient seuls le silence de la plaine. L'armée française ne comptait plus que 69,000 hommes, en raison de l'absence du corps d'armée de Grouchy. L'armée de Wellington était à elle seule de 90,000 hommes. L'empereur se crut avec raison supérieur en force, quoique inférieur en nombre. Il n'y avait que moitié d'Anglais, dans cette armée, tandis que dans la nôtre il n'y avait que des Français faisant cause commune de gloire sous le même drapeau : aussi Napoléon était-il plein de confiance, et paraissait même de très bonne humeur. Tout en donnant des ordres nombreux, il causait gaîment avec ceux des officiers généraux qui se trouvaient près de lui. Au fur et à mesure qu'on lui amenait des prisonniers de distinction, il les interrogeait avec vivacité et prenait du tabac à tout moment. Eprouvant une soif ardente, il demanda quelque chose à boire. Les fourgons de sa maison étant trop éloignés, on se procura assez difficilement une bouteille de vin. Le grand-maréchal lui ayant présenté un gobelet à moitié rempli, à peine l'eut-il approché de ses lèvres qu'il le rendit à Bertrand.

— Votre Majesté trouve peut-être ce vin un peu raide? dit le grand-maréchal ; c'est qu'il est de l'année dernière.

— De l'année dernière! répéta gaîment l'empereur, vous avez bien de la bonté ; dites plutôt de l'année prochaine.

Cependant arrivent à chaque instant des officiers d'état-major qui, après avoir parcouru toute la ligne, viennent faire leur rapport. Napoléon se décide alors à tourner la gauche de l'ennemi afin d'offrir un point de jonction au corps d'armée de Grouchy, qu'il attend avec la plus vive impatience. Il a su que ce général a couché à Gembloux ; or, d'après les derniers ordres qui lui ont été expédiés à quatre heures du matin, il doit attaquer Wavres et achever la destruction de l'armée de Blücher ; mais Napoléon ignore la jonction de Bulow avec ce général en chef, jonction, qui s'est opérée la nuit même sans que Grouchy pensât à s'y opposer ; apprenant tout à coup, par un prisonnier hanovrien, la réunion de ces deux généraux, il dit au duc de Dalmatie, sous-chef d'état-major :

— Nous avions ce matin 90 chances pour nous ; l'arrivée de Bulow nous en fait perdre 30 ; mais nous en avons encore 60 contre 40, si Grouchy répare la faute qu'il a commise hier ; la victoire n'en sera que plus décisive.

Il est onze heures ; il n'y a encore d'engagés sur toute la ligne que des tirailleurs. Napoléon fait donner l'ordre au maréchal Ney de commencer le feu et de s'emparer de la position de la Haye-Sainte. Aussitôt une canonnade épouvantable se fait entendre ; il n'y a pas moins de 150 bouches à feu de notre côté. Cette maison de la Haye-Sainte, située dans le creux d'un vallon, est prise et reprise plusieurs fois sous les yeux de l'empereur avec un acharnement égal de part et d'autre ; enfin à trois heures après-midi elle nous reste ; ceux qui la défendaient n'ayant plus de munitions, se sont tous fait tuer. Le combat continue sur tous les autres points. Sur les cinq heures du soir, on voit l'armée anglaise faire un mouvement pour se porter sur la chaussée de Bruxelles, comme pour prendre les devants en cas de retraite. La droite de l'armée de Wellington et la gauche de celle de Bulow sont aussitôt bordées par nos troupes; des cris de victoire retentissent déjà sur le terrain conquis par nos braves.

— C'est trop tôt d'une heure! dit froidement Napoléon; Grouchy ne s'est pas encore fait voir; en attendant il faut soutenir ce qui est fait.

Et la bataille continue.

A sept heures, l'armée française est enfin maîtresse du champ de bataille après d'incroyables prodiges de valeur. Dans ce moment une faible canonnade se fait entendre dans la direction de Wavres :

— C'est Grouchy! s'écrie l'empereur.

Aussitôt toutes les lunettes de l'état-major sont braquées sur ce point; mais le temps est tellement brumeux, qu'on ne peut rien distinguer.

Napoléon détache un officier d'ordonnance dans la direction de Wavres; mais l'officier revient en toute hâte, et perçant jusqu'à l'empereur :

— Sire, lui dit-il extrêmement ému, ce sont les Prussiens qui arrivent!

— Monsieur, cela n'est pas possible, répond l'empereur avec indifférence.

— Sire, réplique l'officier, je les ai vus comme j'ai l'honneur de voir Votre Majesté.

— Monsieur, vous ne savez ce que vous dites.

Et l'officier se perd dans les rangs de l'état-major.

Une demi-heure après, les premières colonnes prussiennes débouchent et arrivent au pas de course sur notre aile droite, guidées par un paysan des environs de Frischemont, qui a dit à leur chef :

— En suivant cette direction, vous les prendrez tous.

C'est alors que Napoléon acquiert la triste certitude que Blücher vient d'attaquer avec 150,000 Prussiens. Il s'écrie en pâlissant :

— Cet officier avait raison!

Ici commence la troisième et dernière bataille. — L'empereur connaît toute l'étendue du péril qui le menace. Le soleil a disparu sous l'horizon; la garde n'est pas encore engagée; elle va livrer son dernier combat et mourir. Napoléon commande, une effroyable canonnade s'établit de nouveau. Blücher avance, une division marche au pas de charge contre la colonne prussienne : cette division est culbutée sous les yeux de l'empereur, dont la surprise et l'impatience sont extrêmes.

— Ces Prussiens! s'écrie-t-il en frappant sa botte de sa cravache, oh! ces Prussiens! mais depuis un quart d'heure ils devraient être entamés!

Aussitôt il ordonna à quatre escadrons de la garde de charger. Deux mille braves d'élite (grenadiers et dragons) se jettent tête baissée sur cette masse compacte d'ennemis. Le bruit dominant (au dire d'un témoin oculaire) devint alors semblable à celui que feraient un grand nombre de chaudronniers à l'ouvrage : c'étaient les coups de sabres qui tombaient sur les casques et sur les cuirasses. Mais que pouvaient ces quatre escadrons contre 12,000 chevaux frais? Eux aussi furent culbutés! Dès lors la confusion ne fit qu'augmenter. C'est à ce moment, dit-on, que fut entendu le cri fatal *sauve qui peut!* Ce fut alors aussi que furent prononcées ces paroles sublimes : *La garde meurt et ne se rend pas!* Appartiennent-elles à Cambronne, déjà grièvement blessé, ou à Dorsenne, ou à Michel, tous deux tués en même temps?... Peut-être, car celui qui les prononça ne dut pas leur survivre.

Cependant, sur un plateau appelé le *Mont-Saint-Jean*, où s'est retiré Napoléon, une dernière réserve est restée inébranlable au milieu des flots tumultueux de l'armée. L'empereur s'est placé dans les rangs de ces braves; il a mis l'épée à la main, et comme eux est redevenu soldat. Ces vieux compagnons, incapables de trembler pour leur vie, s'effraient du danger qui menace leur empereur; ils le conjurent de s'éloigner.

— Sire, lui disent-ils, retirez-vous, ce n'est pas ici votre place !

Napoléon résiste, et après avoir fait former le carré à ses grenadiers, il commande lui-même le feu. Mais les officiers qui l'entourent s'emparent de la bride de son cheval et l'entraînent; puis se pressant autour de leur aigle, et adressant à Napoléon un dernier adieu, ils se précipitent sur l'ennemi après avoir jeté un dernier cri de *vive l'empereur!*

A l'impétuosité de ce choc on reconnut les vainqueurs d'Austerlitz, d'Iéna et de Wagram. Prussiens, Russes, Saxons, Anglais, Autrichiens, tous suspendirent leurs cris de victoire et se réunirent contre cette poignée de héros pour l'abattre d'un seul coup. Ceux dont la mort trompa l'attente se fusillèrent entre eux pour ne pas survivre à leurs frères d'armes, et pour ne pas mourir de la main d'un Prussien; mais ce ne fut qu'après s'être fait à eux-mêmes un lit mortuaire du corps de vingt mille étrangers. Or, quand on pense que 8,000 hommes de la garde, exténués de fatigues et de besoins, luttèrent ainsi pendant cinq heures sur un terrain inégal et bourbeux contre 130,000 combattans, et que sur ces 8,000 héros, plus de 7,000 succombèrent, n'est-ce pas aux vaincus qu'on doit décerner la palme de la victoire?

La retraite des sanglans débris de notre glorieuse armée, ne s'opéra qu'à force de nouveaux prodiges. La chaussée étant rompue, un pêle-mêle général avait confondu à travers champs la cavalerie, l'infanterie et l'artillerie. Le général Duhesme, l'un des plus braves de l'armée, fut pris par les Prussiens qui l'égorgèrent.

L'humanité, l'amitié, la douleur des Belges dérobèrent une foule de nos blessés à la barbarie prussienne. On fut obligé d'employer la violence pour arracher de ce champ de carnage l'empereur qui s'obstinait à vouloir mourir où était morte sa garde.

— Sire, lui répétait le grand-maréchal, je vous en supplie, suivez-moi; c'est à Paris que vous devez aller maintenant

— Non! non! vous vous trompez, Bertrand, lui répondait Napoléon en lui serrant le bras convulsivement; ma place est ici !

Enfin, à onze heures du soir, l'empereur cédant aux remontrances qui lui étaient faites, s'éloigna avec le général Bertrand, qui ne devait plus le quitter que pour lui fermer les yeux à trois mille lieues de France, et là, à son dernier moment, quand il prononça les paroles que nous avons rapportées au commencement de cet article, il était loin de prévoir sans doute qu'une époque viendrait où, le jour anniversaire de ce grand désastre national, de joyeuses fêtes retentiraient à Paris en même temps qu'à Londres !...

IV

Périnette

La bataille de Leipsick était perdue : une défection sans exemple dans l'histoire des nations avait, après trois jours d'un combat de géans, enlevé la victoire à l'armée française. Le général Poret de Morvan, qui avait vu tomber autour de lui ses meilleurs et ses plus braves officiers, soutenait la retraite à la tête des troisième et quatrième régimens de tirailleurs-grenadiers de la garde impériale. Placé à l'arrière-garde, il défendait pied à pied le terrain, afin de protéger les convois des blessés dont la marche était lente, et que menaçait l'ennemi. Cependant la situation devenait à chaque instant plus difficile et plus périlleuse ; une fusillade, presqu'à bout portant faisait d'affreux ravages dans les rangs des deux régimens de la garde, déjà si éclaircis par les combats précédens, et l'ennemi, sans qu'on pût l'empêcher, faisait filer des troupes sur les flancs de notre arrière-garde, qui bientôt se trouva enveloppée de tous côtés. Le général fit alors une charge désespérée ; armé d'un fusil arraché des mains d'un grenadier blessé mortellement, il s'élança à la tête de ses braves. La fusillade cessa alors sur ce point ; les baïonnettes se croisèrent, on se battit corps à corps, et, après des efforts inouïs, l'ennemi fut culbuté.

Au bout de quelques instans, l'ordre se rétablit, les carrés se reformèrent, et les convois furent en sûreté.

Les deux régimens allaient se remettre en marche, lorsque tout à coup un grenadier sortant des rangs s'approcha du général Poret de Morvan :

— Mon général, lui dit-il, tous les convois ne sont pas sauvés ; regardez, je vous en supplie, regardez à droite, sur la lisière du bois, à deux portées de fusil de nous environ.

Les regards du général se dirigèrent vers le point indiqué par le grenadier.

— Je vois, dit-il, une petite charrette dont le cheval abattu a probablement été tué pendant l'action ; mais il n'y a pas de blessés sur cette voiture.

— Non, sans doute, répondit le grenadier ; mais à côté il y a une femme, et cette femme c'est Périnette, la vivandière du 3ᵉ. Elle compte sur nous, bien sûr, général ; et si vous vouliez permettre seulement à quatre hommes de bonne volonté d'aller la débarrasser d'une escouade de Saxons qui l'empêche de rejoindre le régiment....

Le général hésita, car le moindre retard pouvait compromettre le salut du corps qu'il commandait ; mais, d'un autre côté, l'abandon de la vivandière pouvait produire un mauvais effet sur le moral du soldat. M. de Morvan prit un terme moyen.

— Eh bien ! soit, dit-il, au lieu de quatre hommes de bonne volonté, partez douze ; mais ne perdez pas plus de dix minutes pour consommer votre expédition, dix minutes, pas davantage !

Le grenadier et onze de ses camarades s'élancèrent aussitôt au pas de course ; dédaignant de répondre aux coups de fusil envoyés à leur adresse par les tirailleurs ennemis, ils arrivèrent en un clin d'œil auprès de la vivandière, en culbutant à la baïonnette tout ce qui s'opposait à leur passage. Les limons de la voiture furent promptement débarrassés du cheval mort; Périnette fut placée au milieu de ses provisions ; deux des grenadiers s'attelèrent aux brancards, deux autres poussèrent par derrière, et, le feu bien nourri des autres aidant, l'équipage ainsi manœuvré arriva, à travers une grêle de balles, sur le front de l'arrière-garde.

Le grenadier alors qui avait provoqué cette petite expédition s'approchant de M. Poret de Morvan, la main au bonnet :

— Mon général, dit-il, quant on vient de contracter une dette que la reconnaissance de toute une vie ne peut acquitter, il faut au moins dire à son créancier qui l'on est. Je me nomme Louis Boudier, simple grenadier, 1re compagnie, 2e bataillon, 3e régiment ; Périnette est ma femme, ou à peu près, et à moins qu'un boulet ne nous coupe la respiration à l'un ou à l'autre, ou à tous les deux, nous tâcherons de vous prouver que nous sommes bons à autre chose qu'à ébrécher les coupe-choux de ces gredins de Saxons, qui font plus de bruit que de besogne.

Cela dit, le grenadier alla reprendre son rang.

Périnette obtint aisément un cheval des convois pour suivre la retraite qui continuait. Bientôt l'armée rentra en France, et commença cette immortelle campagne dont les prodiges ne purent préserver Paris de l'invasion ; puis, après une année de deuil, arriva le 20 mars 1815, qui calma tant d'amers regrets, fit naître tant d'éphémères espérances.

—

Le général Poret de Morvan avait, un des premiers, repris son commandement dans l'armée impériale, et le 18 juin, à la bataille de Waterloo, il était à la tête d'une brigade de vieux grenadiers.

Vers dix heures et demie, les chasseurs arrivèrent sur le plateau de Waterloo. Le général Friant est à leur tête ; le général de division Michel et le général de brigade Henrion le suivent. Le premier régiment est commandé par Cambronne ; le deuxième, aux ordres du général Poret de Morvan, reste en position sous le feu de l'ennemi. Cambronne se trouve assailli par le feu le plus meurtrier ; le maréchal Ney, commandant cette vaillante colonne, est partout ; mais bientôt les **généraux Michel et Friant** sont grièvement blessés ; Cambronne tombe presqu'en même temps et est fait prisonnier ; le désordre commence à se mettre dans les rangs, lorsque les grenadiers, commandés par le général Poret de Morvan, arrivent au pas de charge sous des feux croisés de boulets, de mitraille et de mousqueterie.

Le calme de ce général, l'attitude impassible de ses grenadiers, inspirent l'espoir et la confiance ; l'ordre se rétablit ; on se déploie. Le combat devient plus terrible ; la ligne anglaise est enfoncée, et le plateau auquel paraissait attaché le sort de la journée va rester aux braves commandés par le général Morvan, lorsqu'une seconde colonne anglaise et une masse formidable de cavalerie fondent sur eux et leur arrachent la victoire.

Cependant le général Poret de Morvan combat toujours ; couvert de blessures, harassé, cerné de toutes parts, il parvient à faire une trouée avec les grenadiers qui lui restent ; mais ses forces sont épuisées avec son sang ; il ne peut aller plus loin, et tombe sur un monceau de cadavres.

— Retirez-vous, mes amis, dit-il à ses soldats d'une voix défaillante ; pour moi, j'ai rempli ma tâche.

— Halte à la tête ! s'écrie en ce moment avec énergie un des grenadiers ; comment, mille noms d'un nom ! nous abandonnerions le général, qui n'a jamais abandonné personne, lui ?

Cette voix était celle de Louis Boudier, qui, le bras cassé par une balle, et, ne pouvant plus manœuvrer son fusil, s'en servait depuis un quart d'heure, tour à tour comme d'une lance ou d'une massue.

Les paroles du grenadier furent néanmoins impuissantes à faire cesser le mouvement rétrograde; la retraite continuait, rapide et sans ordre.

Alors Boudier, mettant entre ses lèvres deux doigts de sa main droite, fit entendre un coup de sifflet tellement aigu et prolongé, qu'il résonna au loin, traversant en quelque sorte le bruit du canon et de la fusillade.

A ce coup de sifflet, il en fit succéder un second, puis un troisième, et il se disposait à redoubler, lorsqu'à la faveur d'une éclaircie qui se fit au milieu de l'épais nuage de fumée dont le champ de bataille était couvert, on aperçut une femme qui, un sabre d'une main, un pistolet de l'autre, un léger petit baril en sautoir, s'avançait leste et fringante, sans s'occuper des balles qui sifflaient à ses oreilles.

— Ici ! ici, Périnette ! s'écria le grenadier.

— C'est un peu tard, le baril est vide, répondit la vivandière.

— Il s'agit bien de ton baril et de ta cantine ! où est la carriole ? réponds vivement !

— Ne te fâche pas, vieux, la carriole est ici près, aux Quatre-Bras; mais on la mettrait sens dessus dessous qu'on ne trouverait pas de quoi rafraîchir une poule... Et j'aurais eu dix fois davantage, qu'il n'en resterait plus. Jour de Dieu, quelle frottée ! j'ai cru qu'il neigeait des boulets.

— Silence, Périnette ! Ne vois-tu donc pas là notre brave général ? Aide-moi à le charger sur ma bonne épaule, et marche toi-même en éclaireur.

En un instant, il fut fait ainsi qu'avait dit Boudier. Le lieu où ils se trouvaient était tellement encombré de cadavres d'hommes et de chevaux, de canons démontés, de caissons brisés, qu'ils purent marcher d'abord à couvert derrière cette espèce de rempart. Ils parvinrent ainsi à gagner le lieu où se trouvait la carriole de la vivandière, dans laquelle le général fut placé le plus commodément possible. Le grenadier s'assit sur le brancard, et Périnette enfourcha le cheval, qui, stimulé par les coups de plat de sabre que la vivandière ne lui épargnait pas, arriva vers minuit à six lieues du champ de bataille.

— Quel désastre ! disait le général; j'ai bien peur, mon pauvre Boudier, de ne pouvoir jamais reconnaître le service que je viens de recevoir de toi.

— Ne vous inquiétez pas de ça, général; la chose est faite, et je me suis donné ma récompense *à soi-même*.

— Comment cela, mon brave ?

— Suffit ; je m'entends ! vous êtes faible, la conversation n'est pas dans la consigne du moment, au contraire ; ainsi donc je ne vous répondrai plus un seul mot.

Il fallut bien que M. Poret de Morvan se contentât de ces excellentes raisons, car il ne put en obtenir d'autres.

Cependant l'armée commençait à se rallier ; les ambulances s'organisaient; le général put être pansé, et Boudier parvint à se procurer un fourgon avec lequel il put être transporté jusqu'à Paris.

Plusieurs mois s'étaient écoulés; la capitale de la France avait une seconde fois ouvert ses portes à l'étranger. Triste, mais résigné, le général Poret de Morvan vivait paisiblement à Paris, au milieu de sa famille, lorsqu'un matin il vit entrer chez lui l'ex-grenadier Boudier, qui, licencié avec l'armée de l'autre côté de la Loire, avait repris le costume civil.

— Eh bien! mon brave, lui dit M. de Morvan, n'avais-je pas raison de dire que je ne pourrais malheureusement pas te récompenser comme ton dévoûment le méritait?

— Pardon, excuse, général, mais vous aviez tort ce jour-là, et aujourd'hui vous avez encore un tort plus grand.

— Très bien! fit le général en souriant, et tu viens sans doute ici pour me mettre à la raison?

— Bien touché! cette fois vous avez deviné d'emblée... C'est bon; je sais bien que vous pouvez avoir votre idée; mais ça ne peut pas m'empêcher d'avoir la mienne, et avec un corps de rechange encore.

— Que diable viens-tu donc me conter, mon brave garçon?

— Oh! une bagatelle; tenez, général, voici la chose en deux temps. Voyant que vous restiez tranquillement à Paris, je me suis dit : Faut croire que le général est contrarié de n'avoir pas passé l'arme à gauche, et qu'il veut se rattraper avec les messieurs qui ont déjà fait passer le goût du pain à Ney, à Brune, à Ramel, à Labédoyère.

Le général fit un mouvement de douleur et d'impatience.

— Ah dame! c'est comme ça, continua Boudier : ils feraient fusiller le père Éternel, s'ils pouvaient le pincer avec une cocarde tricolore à son serre-tête. Voilà l'idée qui me vint et que je communiquai à des camarades qui en parlèrent probablement à d'autres; si bien qu'hier, je fus demandé chez le gouverneur de Paris, le comte Despinois, qui m'a fait sur votre compte des questions à n'en plus finir, et qui m'a renvoyé en me prévenant qu'on avait les yeux sur moi, et que je n'avais qu'à bien me tenir, si je ne voulais pas qu'on me mît quelques onces de plomb dans la tête : merci!

Pour lors, je me retirai en grognant dans mes moustaches, ça soulage toujours; mais voilà qu'en ce moment j'entendis qu'il disait à une sorte de secrétaire qui venait de prononcer votre nom :

— C'est bon! nous l'enverrons à Strasbourg, cela fera moins d'éclat.

En conséquence, général, je viens vous prévenir que si vous n'êtes pas las de respirer le grand air sous la calotte des cieux, vous ferez bien de gagner au large immédiatement et vivement.

Le général Poret de Morvan remercia le vieux soldat, mais fit peu de cas de l'avis qu'il venait d'en recevoir.

— Je ne suis porté sur aucune des listes de proscription, se disait-il, et il n'est pas probable que l'on s'occupe beaucoup de moi, qui ne m'occupe de personne.

Son illusion fut de courte durée; vingt-quatre heures s'étaient à peine écoulées depuis la visite de Boudier, lorsqu'un colonel de l'état-major se présenta chez le colonel de la vieille garde, accompagné d'un maréchal-des-logis de gendarmerie et d'un commissaire de police, et lui déclara qu'il était chargé de l'arrêter et de le conduire à l'Abbaye.

La famille du général, vivement alarmée, fit de nombreuses et inutiles démarches pour obtenir sa liberté; sa femme, avec des peines infinies, parvint enfin jusqu'au duc de Feltre, alors ministre du département de la guerre.

— Madame, lui dit cet homme, qui avait été le compagnon d'armes du général Poret de Morvan, et sans laisser à la malheureuse femme le temps d'articuler un seul mot, je sais ce qui vous amène, et je vous engage à mieux employer votre temps désormais. Votre mari est un conspirateur; il faut que justice se fasse. Le général Poret de Morvan sera conduit à Strasbourg, et il aura le sort de Ney et de Labédoyère.

L'infortunée, en proie au désespoir, retourna à son hôtel. A peine y était-elle de retour, qu'un homme se présentant, demanda à lui parler.

— Ne vous chagrinez pas, madame, lui dit-il; puisque ces brigands-là, comme disait l'adjudant général Augros, veulent nous avaler tous crus, c'est le cas de nous mettre en travers.

— Que voulez-vous dire?

— Ah! c'est juste, vous ne me connaissez pas; c'est égal. Je me nomme Boudier, un grognard, un grenadier de la vieille : oh! le général me connaît, lui... Laissez bouillir le mouton, ma bonne chère dame, et faites en sorte que l'on vous permette d'accompagner votre mari. Vous passerez nécessairement, pour aller à Strasbourg, par Sainte-Marie-aux-Mines; tâchez d'obtenir que le général et son escorte y restent la nuit. Il n'y a qu'une auberge un peu sortable, le Lion-d'Or; j'y serai, car je pars aujourd'hui même avec Périnette pour vous préparer des logemens; Périnette, c'est ma femme, dévouée comme moi, corps et âme, au général. Je connais le pays; le général est bon nageur, et il y a long-temps que nous avons fait connaissance tous les deux avec le Rhin.

— Et vous le sauveriez?...

— C'est bien comme cela que je l'entends, nom de nom d'un nom!

— Mais jamais il ne consentira à fuir.

— Eh bien! s'il est assez obstiné pour ne pas vouloir marcher, je l'emporterai... Ah! mais c'est comme si le notaire y avait passé. Surtout, madame, n'oubliez pas Sainte-Marie-aux-Mines, l'auberge du Lion-d'Or et l'ex-grenadier Louis Boudier.

Et, sans s'expliquer davantage, le vieux soldat disparut.

Mme de Morvan n'était que bien médiocrement rassurée. A force de sollicitations, cependant, elle obtint la permission d'accompagner son mari dans son funeste voyage. Bientôt le général se mit en route sous la garde de quatre gendarmes commandés par un brigadier, ayant l'ordre de requérir au besoin la force armée et même la garde nationale sur leur passage.

Dès ce moment, madame Poret de Morvan fit plusieurs tentatives près de son mari pour l'engager à profiter des moyens d'évasion que pourraient faire naître les incidens du voyage; mais, ainsi qu'elle l'avait prévu, le général, repoussant avec indignation ces ouvertures, ne voulut pas entendre parler de fuite.

Enfin on arriva à Sainte-Marie-aux-Mines. Mme de Morvan, en proie à la plus vive anxiété, obtint, sans beaucoup de peine, que l'on descendît à l'auberge du Lion-d'Or.

C'était un premier, mais bien faible succès, car le brigadier poussait d'ordinaire la précaution jusqu'à faire dresser son lit dans la chambre même du prisonnier.

Deux heures s'écoulent; les gendarmes et le brigadier surtout sont accablés de prévenances par une servante vive, accorte, enjouée. Stimulé par quelques verres d'un vieux vin du Rhin, le brigadier risque des complimens d'abord, puis des propos lestes, égrillards; la servante sourit et permet même quelques libertés. La nuit vient; l'intrigue marche au gré des désirs du brigadier; un rendez-vous est demandé; on le refuse de manière à laisser deviner que l'on consent. Le brigadier se dit à lui-même que cette aventure ne peut avoir aucun résultat fâcheux, car la chambre de la gentille servante est porte à porte avec celle du général : une simple cloison les sépare l'une de l'autre.

A onze heures, le général dormait profondément; à minuit, le brigadier entrait dans la chambre voisine.

Mais le gendarme est gendarme partout, et dans toutes les situations de la vie. Au moment où le brigadier venait de saisir la main que lui tendait la gentille chambrière pour le guider dans l'obscurité, il lui sembla entendre un bruit singulier dans la pièce qu'il venait de quitter.

La consigne avant tout, même avant l'amour, pensa le gendarme; et l se mit en devoir de retourner sur ses pas.

Mais il n'était plus temps : l'intrépide Périnette, car c'était elle, venait de fermer la porte à double tour, et elle en avait jeté la clé par la fenêtre.

— Ouvrez, je vous l'ordonne! dit le brigadier effrayé, je veux sortir à l'instant.

— Impossible, mon ancien, répondit Périnette; vous êtes ici chez moi, et j'ouvre la porte quand il me plaît.

— Ouvrez, vous dis-je, ou je brise la porte.

— Tu ne briseras rien, pékin, reprit avec fermeté la vivandière; si tu fais du bruit, tout le monde sera bientôt sur pied; on te trouvera ici, et nous verrons à qui tu feras accroire que je t'y ai fait venir de force.

Le brigadier voulut s'élancer contre la porte; alors une lutte s'engagea; lutte terrible : forte, leste, hardie, Périnette, qui avait de plus l'avantage de connaître les aitres et de pouvoir profiter de l'obscurité, parvint à renverser son adversaire sur le lit, où, à l'aide d'un oreiller, elle étouffa ses cris.

Pendant ce temps, une autre scène se passait dans la chambre voisine, où le général, réveillé en sursaut, s'était trouvé tête-à-tête avec Boudier.

— Hâtez-vous, général, disait ce dernier; allons, vivement! il faut partir.

— Impossible, mon ami; ma conscience ne me reproche rien; je ne veux pas fuir mes juges.

— Mais ils vous assassineront!

— Tant pis pour eux.

— Mais nom de nom de mille noms de nom! je ne veux pas qu'ils vous assassinent, moi!

En disant ces mots, Boudier étend ses bras nerveux sur le lit, saisit draps et couvertures, roule le général dans le tout, le charge ainsi, en quelque sorte emmailloté, sur ses épaules, et descend rapidement les escaliers en lui disant :

— Maintenant, si vous vous débattez, si vous criez et qu'on vous arrête, du moins vous ne serez pas fusillé tout seul.

Ces paroles arrêtèrent un cri près d'échapper au général Poret de Morvan ; il comprit qu'en effet ce n'était plus de sa vie seulement qu'il s'agissait, mais aussi de celle de ce vieux brave qui se dévouait encore une fois pour le sauver.

En moins d'un quart d'heure, Boudier arriva au milieu de la campagne. Alors seulement il s'arrêta, déposa le général sur le gazon, et le pressa de se couvrir des habits dont il avait eu le soin de se munir. M. de Morvan ne se sentit plus la force de résister ; il s'habilla, et le lendemain, lui et son guide intrépide arrivèrent sur les bords du Rhin, qu'ils passèrent à la nage un peu au dessus de Rhente.

Deux ans après, le général Poret de Morvan rentra en France. Les premières ardeurs réactionnaires n'avaient pas tardé à se calmer, et il n'avait plus désormais rien à redouter ; il voulut donc, en revenant d'Allemagne, passer à Sainte-Marie-aux-Mines, et visiter cette auberge du Lion-d'Or, où il avait été sauvé d'une manière si bizarre et si audacieuse. Quelle fut sa surprise, en y arrivant, d'y être reçu par Boudier et Périnette, qui en étaient devenus propriétaires !

— Général, lui dit l'ancien grenadier, permettez que je vous présente ma femme : nous sommes ici chez nous, et c'est à vous que nous devons tout cela ; car si vous n'aviez pas eu pitié de la vivandière à Leipsick, il y a long-temps qu'elle, sa carriole et le petit magot qu'elle contenait seraient bien loin.

— Mes bons amis, répondit le général attendri, n'est-ce pas moi qui vous dois la vie, le bonheur et le repos de ma famille ? Pourrai-je jamais reconnaître tant d'abnégation, tant de dévoûment ?...Pauvre Périnette ! quand je pense que ce brigadier pouvait vous tuer !

— Ah bah ! général, j'en avais vu bien d'autres... répondit en souriant l'ex-vivandière du 3e régiment de grenadiers.

V
Trois contre un.

L'hiver de 1816 à 1817 avait été rude et accablant pour le peuple. La récolte avait manqué. Le commerce était anéanti. Le pain se vendait fort cher ; toutes les denrées avaient atteint progressivement un taux si élevé que les personnes les plus riches étaient forcées de se restreindre.

A cette époque funeste, la ville de Valenciennes, ainsi que quelques autres de la frontière du Nord, avait été donnée en otage aux ennemis coalisés, maîtres de la France par l'invasion de 1815 ; la citadelle, les remparts, les arsenaux, les magasins étaient mis en gage comme garantie de paiement de 700 millions de frais de guerre. Indépendamment des troupes anglaises entassées dans les casernes et dans les maisons qui étaient envahies, il y avait encore sur les glacis du pourtour de la ville toute une armée campée. Les villages se trouvaient occupés par l'artillerie, la cavalerie et le train des équipages, dont le parc immense flanquait un des côtés de la citadelle. Cette multitude d'hommes, resserrés sur un point du territoire qu'ils venaient de traverser en vainqueurs, faisaient souvent abus de la force, malgré le frein trop impuissant de la discipline. Ils dévoraient tous les objets de consommation ; les campagnes, au lieu d'approvisionner la ville, ne pouvaient satisfaire à la voracité des troupes cantonnées.

Subissant le joug pesant imposé par la force, l'on s'était peu à peu accoutumé au fardeau de ces hôtes incommodes ; mais la classe inférieure, qui souffrait le plus, conservait contre eux toute la haine nationale aiguisée encore par mille vexations particulières qui la blessaient plus au vif. L'habitant paraissait résigné ; mais peu de chose suffisait pour provoquer de sa part des rixes sanglantes... Souvent les cadavres de soldats trouvés dans les canaux ou étendus dans les rues obscures témoignaient de la colère du peuple et de ses dispositions hostiles. L'état-major prenait à tâche de les étouffer, et prescrivait toutes les mesures de précaution pour réprimer l'insurrection si elle venait à éclater. Les postes étaient nombreux, un piquet de cent hommes stationnait tous les jours sur la place d'Armes, en dehors de la grand'garde, prêt à se porter sur tous les points de la ville.

Un jour du mois de mars 1817, on vit un détachement de vingt Anglais traverser la ville ; ils formaient la haie ; un sergent porte-lance se pavanait en tête ; au centre étaient trois militaires français que l'on conduisait au bureau d'état-major de la place. Une foule très grande les accompagnait, rudoyée sans cesse par les gens d'escorte, qui paraissaient bien fiers de leur capture.

C'était effectivement une chose étrange et digne d'intérêt que la présence de militaires français au centre de l'armée anglaise, encore toute gonflée d'orgueil par ses derniers succès, dans une ville où l'on voyait flotter de tous côtés les étendards de la Grande-Bretagne, à l'exception de la lanterne du beffroi, où le drapeau blanc protestait presque inaperçu contre cette usurpation. Une inquiète curiosité animait toutes les figures, et l'on n'était pas sans appréhension sur le sort de ces trois soldats.

Bientôt on apprit qu'ils se retiraient dans leurs foyers par congé de licenciement ; on les vit sortir librement du bureau de l'état-major, rajustant à leur côté l'étui de ferblanc contenant les papiers qu'on venait de visiter. Ces militaires, objets d'une curiosité si vive, furent bientôt accostés par les habitans, qui leur prenaient la main avec des démonstrations d'amitié et en manifestant le plaisir de revoir d'anciens amis, porteurs de l'uniforme français, devenu une rareté à Valenciennes. Mais la foule grossissant, la grand'garde anglaise s'avança la baïonnette en avant et dissipa brutalement le rassemblement. Il ne resta bientôt sur la place que les trois soldats, auteurs innocens du tumulte, qui n'avaient pas voulu se retirer en présence de la force armée. Ils se virent bientôt enveloppés de nouveau ; mais cette fois, au lieu d'un cercle d'amis, c'était une enceinte d'habits rouges qui formaient une barrière dont l'aspect n'avait plus rien de bienveillant.

On eût pu admirer, en ce moment, l'esprit chevaleresque de ces trois braves cernés dans un cercle d'ennemis qui cherchaient, par des gestes menaçans, à les intimider et paraissant disposés à en venir aux voies de fait. Faisant belle et bonne contenance, nos troupiers jetaient, avec un air de défi moqueur des regards fiers sur les Anglais ; leur geste exprimait le dédain, et rendait la provocation plus irritante.

Le premier en grade, sur qui se dirigeaient principalement les menaces des habits rouges, était un sergent de voltigeurs, homme de moyenne taille, pâle, mais robuste ; il portait le bonnet de police en tapageur, et avait la démarche cadencée et maniérée des malins de la grande armée. Le second était un soldat du centre, le troisième un chasseur à cheval. Ce dernier traînait un peu une jambe par suite d'une blessure à peine fermée.

Le cercle se rétrécissait à chaque instant, les regards s'animaient, les voix devenaient menaçantes; il suffisait d'un mouvement, d'un geste, pour faire un mauvais parti à nos intrépides compatriotes, lorsque les rangs s'ouvrent tout à coup, violemment rompus par des cavaliers suivis d'une meute de chiens accouplés qui se fraient un passage à grand renfort de cris.

— Qu'est-ce donc? crie, parmi les cavaliers, un colonel d'artillerie anglaise, bien connu pour ses prouesses dans le pugilat, en se posant comme spectateur, les bras appuyés sur le pommeau de la selle.

Les soldats lui font entendre qu'ils veulent désarmer le sergent français et briser son épée.

En effet, notre sergent, seul, avait conservé son sabre-épée, nommé demi-espadon, que les maîtres d'armes et leurs prévôts portaient à cette époque, par privilège et contrairement au règlement militaire. Il avait parfaitement compris qu'on voulait l'humilier, le flétrir en brisant l'arme dont il était glorieux. Alors il s'était posé en avant de ses camarades, la main droite à la poignée de son sabre, prêt à dégaîner au moindre geste; son regard enflammé disait qu'il saurait le défendre, et leur avait imposé jusque alors.

— *Very well!* Bien! bien! fit l'officier anglais.

Et il harangue ses soldats, qui comprennent enfin que, pour briser honorablement une épée, il faut la conquérir.

Un *houra!* suivi d'applaudissemens, annonce que ce dénoûment est de leur goût. Les Français acceptent la partie. Un sergent de royal-irlandais, grand maître en fait d'armes, High-Blown, comme ils l'appellent, est désigné et accepte avec joie la mission de châtier le soldat français. Bientôt toute cette masse se dirigea vers la porte de Mons, entraînant nos militaires, qui perdent toute communication avec leurs compatriotes. Les officiers suivent, offrant des paris considérables contre les Français et ne trouvant pas de tenans.

A gauche de la porte de Mons, le glacis descend par une pente douce jusqu'à la rivière de Saint-Roch. Nul chemin ne traverse cette pelouse. Du côté de la ville, on voyait une ligne de palissades qui bordait le parapet extérieur. En avant, on découvre le cimetière, à gauche coule la rivière bourbeuse à l'encontre des immenses marais; la plaine de Mons, située à droite, était couverte de soldats manœuvrant dans le camp. Cette position dangereuse, sans autre issue que la mort, dont l'aspect du cimetière voisin semblait comme un funeste présage, n'émut pas nos braves. L'imminence du danger a retrempé ces âmes fortes. Ils se placent, avec un instinct de prudence admirable, au centre d'un angle rentrant. Ils voient, par ce moyen, leurs adversaires en face et cessent d'être enveloppés.

— A vous, sergent! dit le chasseur, en lui prenant la main.

Et le sergent se met en mesure d'accomplir l'œuvre terrible de destruction. Il ôte son habit, qu'il range avec soin sur l'herbe, il y pose également son bonnet de police, sur lequel il jette un regard de regret et d'orgueil. Ce bonnet recèle sa vieille cocarde tricolore cachée avec soin et cousue dans les plis de la doublure. Ses camarades lui nouent autour du poignet un mouchoir mouillé qui assujétit l'arme qu'on va tenter de lui ravir.

— Du sang-froid, mon ancien, fit le chasseur.

Et les deux amis se jettent dans les bras l'un de l'autre, leurs bouches se joignent, leurs mains s'étreignent dans un silence plein d'expression.

Le soldat du centre ôte respectueusement son bonnet en présence du gent, l'embrasse à son tour et lui dit en lui serrant la main :

— Si vous êtes descendu, je serai le numéro deux.

Un calme imposant domine cette scène, et la troupe ennemie contemple en silence nos trois champions dont l'âme s'élève à la pensée qu'un peu de l'honneur national et de la gloire de l'armée repose encore en eux : ils ne démentiront pas la noble mission qu'ils se sont donnée !

Le sergent se place en avant, la pose militaire, fait les trois saluts de courtoisie, et, immobile, l'arme en quarte, attend que son adversaire le provoque par un appel de pied.

De l'autre côté, le sergent High-Blown s'est aussi préparé au combat. Il est assisté de la fine fleur des maîtres d'estoc et de taille dont il reçoit maints avis. Il s'avance ainsi accompagné et se met en présence. Mais alors... plantant sa lame en terre, par un geste moqueur, il indique du doigt, et en souriant, la disproportion des armes.

En effet, l'espadon français n'a que 27 pouces en lame évidée, la claymore anglaise, longue de 40 pouces, est d'un acier solide fixé dans une poignée garnie de cercles en cuivre qui protégent l'avant-bras bien mieux qu'un mouchoir de poche.

Un trucheman offre d'égaliser les armes, en présentant un long sabre au Français.

Celui-ci refuse en disant que son arme lui suffit : qu'il attend qu'on ait le courage de la lui arracher.

High-Blown, pourpre de colère en entendant que l'on doute de sa bravoure, fait deux pas en arrière et commence un moulinet d'épée décrivant des cercles nombreux, serrés, fouettés avec tant de vigueur que l'air siffle autour de lui. Impossible de suivre ces terribles évolutions qui font avancer et reculer un fer rapide dans toutes les directions, en prenant un mouvement de plus en plus accéléré.

Les Anglais contemplaient leur champion avec satisfaction et orgueil, prenaient en pitié le Français demeuré immobile et pour ainsi dire cloué à la même place, ne faisant aucune passe, suivant d'un œil ardent et fixe et de la pointe de l'épée les évolutions de son redoutable adversaire. L'Anglais approche d'un pas... Prompt comme l'éclair, le Français se fend et part en portant un coup droit. L'Anglais pousse un cri, chancelle et tombe !... la lame avait porté au cœur...

Le cercle des spectateurs se rompt aussitôt et la tourbe se précipite vers le cadavre avec une ardente curiosité.

Que vont devenir nos trois braves? comment échapper à cette multitude échauffée brûlant de venger un des siens? Nos amis se serrent côte à côte, et attendent une mort prochaine, infaillible, un massacre... leurs mains se sont enlacées pour exprimer un dernier adieu...

Revenus de leur premier étonnement et surexcités à la vue du cadavre sanglant du sergent High-Blown, l'orgueil du royal-irlandais, les Anglais se redressent ; cent baïonnettes sortent à la fois du fourreau et vont frapper nos soldats. En cet instant, un homme s'interpose. D'un geste, il fait reculer les assaillans. Qui donc est assez audacieux pour s'exposer ainsi... c'est le *schlagueur*. Au signal donné par cet officier, témoin du combat, il s'est jeté à l'encontre des furieux, en faisant claquer son fouet à longue lanière. Et cette foule irritée s'arrête la rage dans le cœur, mais nul n'oserait franchir le court espace. Ces militaires, tantôt si avides de sang, craignent le fouet ; ils s'éloignent en clignant l'œil, semblables à une meute affamée qui lâche sa proie à l'aspect du piqueur et par crainte du châtiment. Ils envisageaient la mort avec un délire féroce ; ils craignent la correction et tremblent devant le fouet !

Nos amis sont sauvés, ils rentrent dans la ville sous la sauvegarde de ce singulier protecteur, et se dérobent aux regards dans la première maison qui leur offre un asile.

Ce fait paraîtra moins surprenant quand on saura que, dans l'armée anglaise, aussitôt la ligne de bataille rompue, les officiers sont peu respectés par les soldats avec lesquels ils n'ont que peu de rapports ; mais le schlagueur (il y en a un par bataillon, tant sa présence est nécessaire) maintient l'ordre et la discipline en tout temps. Il frappe sans ménagement les ivrognes et les tapageurs de son fouet à lanière noueuse. C'est une espèce d'officier, portant le chapeau en bateau, bas de forme et ombragé de plumes rouges. C'est le correcteur ! disaient les Français.

Notre sergent, redevenu menuisier, a commencé son tour de France en bon compagnon, après avoir fait le tour de l'Europe en brave soldat.

Le chasseur à cheval s'est fait conducteur de diligence, et sonne encore la charge du haut de son impériale.

Le soldat du centre, le numéro deux, après avoir couru des dangers sur les champs de bataille, risque maintenant sa vie sur les toits dans son métier de couvreur, et ne songe guère plus aujourd'hui à ce genre de péril qu'il ne pensait jadis aux balles qui sifflaient autour de lui. Tous trois, braves artisans comme ils furent braves militaires, ont encore l'avantage, le soir, au cabaret, de captiver l'attention de la jeune génération en racontant les campagnes de l'empire, en citant toutes les batailles où ils versèrent leur sang pour la gloire et l'honneur national.

VI

Le collier de la reine Hortense.

Un matin du mois de juin 1806, le joaillier de Joséphine était introduit dans le petit salon qui servait de salle à manger à l'empereur lorsqu'il déjeûnait en particulier.

— Je veux tout ce qu'il a de plus beau, lui dit Napoléon : je ne regarderai pas au prix de ce collier ; cependant je le ferai estimer, je vous en préviens ; non pas que je doute que vous ne soyez un parfait honnête homme, mais... parce que... enfin, moi, je ne suis pas lapidaire. Aussitôt que vous l'aurez monté, vous me l'apporterez et vous ne le ferez voir à personne auparavant, entendez-vous ?

— Oui, sire. Toutefois, je supplie Votre Majesté de me laisser un peu plus de temps afin de pouvoir assortir parfaitement les pierres. Le diamant de choix est très rare en ce moment... Il a beaucoup augmenté de prix.

A ces mots, l'empereur fit un mouvement brusque sur sa chaise, et se levant vivement, il s'écria :

— Que me dites-vous là ! Depuis ma campagne d'Allemagne tous vos confrères en regorgent ! Eh parbleu ! je le crois bien !... Ils ont acheté tous ceux des petits princes de la confédération que le roi de Prusse et l'empereur de Russie ont ruinés en les ameutant contre moi. Voyez Bapts. adressez vous à Mellerio, ils en ont à remuer à la pelle !

— Sire, en pareil cas, je n'ai jamais eu recours à mes confrères depuis que j'ai l'insigne honneur de travailler pour l'auguste famille de Votre Majesté. En ce moment, même j'ai chez moi une superbe partie de diamans achetés par ordre de S. M. le roi de Prusse, qui m'a commandé...

— Monsieur, ce sont là vos affaires, et non les miennes ; mais ce que je puis vous assurer, ajouta l'empereur en lançant au joaillier un coup d'œil sardonique, c'est qu'en vous occupant de moi, vous ne travaillerez pas pour S. M. le roi de Prusse. Allons ! c'est convenu ; je compte sur vous, monsieur Foncier ; faites de votre mieux, afin de prouver à vos confrères d'outre-Rhin que nous les surpassons en tout et pour tout, lorsque nous le voulons bien.

Et sur un signe de Napoléon, le joaillier s'inclina et sortit. Huit jours après il remettait à l'empereur le plus magnifique collier de brillans qu'on pût voir : la monture, le travail, le cadenas, étaient des chefs-d'œuvre en ce genre ; Joséphine elle-même n'avait pas un pareil joyau dans son incomparable écrin. Napoléon fit estimer ce collier, il valait deux cent mille francs : c'était en effet le prix que lui en avait demandé Foncier : il fut très satisfait.

A cette même époque (juin 1806), le peuple batave venait d'appeler à le gouverner l'un des frères de Napoléon, le prince Louis Bonaparte : la Hollande était fière alors de son alliance avec la *grande nation*.

Le jour où les ambassadeurs hollandais vinrent déposer aux pieds de l'empereur la couronne de Hollande pour qu'il en ceignît le front de son frère, toute la cour était à Saint-Cloud. Louis et Hortense y arrivèrent de Saint-Leu, le matin. Napoléon avait ordonné que la cérémonie eût lieu dans la salle du trône ; elle se fit avec une pompe dont on n'avait point eu d'exemple jusque alors. On traita magnifiquement les envoyés de la défunte république batave, et l'amiral Verhuel, qui était à leur tête, porta des toasts à la mémoire des Tromp et des Ruyter, ces fléaux des Anglais. L'empereur avait été toute la journée d'une gaîté charmante ; mais ayant l'habitude de faire voyager les souverains qu'il improvisait sans plus de façons que de simples commissaires des guerres, il prévint les députés que dès le lendemain, leur roi et leur reine partiraient avec eux pour leurs États. Dans la soirée, il fit donc appeler Hortense dans son cabinet, et l'huissier, en ouvrant les deux battans, annonça à haute voix, pour la première fois devant lui ; « Sa Majesté la reine de Hollande ! »

— Hortense, lui dit l'empereur, vous voilà souveraine d'un brave et bon peuple. Si vous et votre mari savez bien le prendre, jamais, le nom d'Orange ne reparaîtra en Hollande avec ses vieilles prétentions. Ce peuple-là n'a qu'un défaut, c'est de cacher sous une apparente simplicité l'amour du luxe et de l'argent : la vanité est tout pour lui après l'intérêt. Je ne veux pas qu'aux yeux de votre nouvelle cour vous puissiez être éclipsée par la femme d'un bourgmestre toute fière des tonnes d'or que son mari a su amasser ; tenez, voici un assez joli collier que je vous prie d'accepter. Portez-le quelquefois en souvenir de moi ; il n'est acquis aux dépens de personne ; c'est l'argent de mes épargnes qui l'a paye.

En disant ces mots, Napoléon avec un geste plein de grâce avait passé autour du cou de la reine le collier de brillans que Foncier avait en quelque sorte improvisé. Puis, l'ayant embrassée sur le front d'une manière toute paternelle, il la quitta en lui disant avec un geste de bienveillance et de dignité à la fois :

— Adieu, madame ; je souhaite à Votre Majesté un heureux voyage.

Une fois installée sur le trône de Hollande, Hortense se fit honneur du cadeau de son beau-père. Il fallait voir cette belle et noble figure sous le diadème royal ! Une couronne se posait avec tant de grâce sur cette belle tête !... Et les jours de gala à *la Maison du Bois*, comme ce collier ruisselait bien sur son cou de cygne.

Mais bientôt les mauvais jours arrivèrent. Le soleil de Napoléon vint à pâlir : les planètes d'Espagne, de Westphalie, de Naples et de Hollande s'éteignirent ; Hortense descendit les degrés du trône comme elle les avait montés, par obéissance et en souriant. Les Hollandais s'étaient écriés en la voyant pour la première fois : « Salut à notre *charmante* reine! » Ils s'écrièrent en la quittant : « Adieu, notre *bonne* reine ! » Cette variation était bien faite pour compenser, dans un cœur comme celui d'Hortense, la perte d'un bandeau royal. Dès ce moment elle se voua tout entière à l'éducation de ses enfans et aux consolations qu'elle devait à sa mère, comme elle, veuve d'un trône ; toujours fidèle à la France, à Napoléon, elle attendit en silence l'occasion favorable d'effacer de l'esprit de l'empereur les injustes préventions qu'on lui avait fait concevoir contre elle pendant son séjour à l'île d'Elbe : cette occasion ne tarda pas à se présenter.

Le canon de Waterloo s'était tu. L'empereur, arraché malgré lui au commandement de son armée trahie, mais non vaincue, avait été forcé de quitter l'Élysée et de se réfugier à la Malmaison, cette dernière retraite de Joséphine. Il était là, non comme Charles XII à Bender, entouré de quelques officiers et d'un petit nombre de serviteurs restés fidèles, mais comme Bélisaire, abandonné et n'ayant pour seul compagnon, sur le banc de l'hippodrome, que son épée ébréchée par le fer des Vandales. Une femme entra en ce moment solennel dans le salon où seul il était assis devant une table sur laquelle se déroulait la minute de la seconde abdication que des ingrats venaient de lui arracher. Cette femme, c'était Hortense.

— Sire, lui dit-elle d'une voix émue, vous souvient-il du cadeau que Votre Majesté me fit à Saint-Cloud ; il y a aujourd'hui neuf ans.

A ces mots, Napoléon tressaillit ; il leva la tête et arrêta ses regards sur la fille de Joséphine ; puis, lui prenant la main qu'il pressa avec tendresse, il lui dit avec un accent indéfinissable de découragement et de bonté :

— Eh bien ! Hortense, que me voulez-vous ?

— Sire, quand vous m'avez faite reine, vous m'avez donné ce collier. Il a un grand prix, dit-on. A présent que je ne suis plus reine, sire, et que vous êtes malheureux... reprenez ce joyau.

— Ce collier, Hortense ! pourquoi vous en priver ? reprit froidement Napoléon, c'est peut-être la moitié de votre fortune. Et vos enfans ?

— Sire, c'est tout ce que je possède en ce moment. Quant à mes enfans, ils ne reprocheront jamais à leur mère d'avoir partagé avec son bienfaiteur les richesses dont il s'est plu à la combler.

En disant ces mots, la reine fondait en larmes ; jamais Napoléon ne s'était senti si ému.

— Non ! dit-il avec effort, en détournant la tête et en repoussant doucement la main que lui tendait Hortense, non ! je ne puis.

— Prenez, sire, je vous en supplie ! il n'y a pas de temps à perdre, les momens sont précieux !... on vient, sire, prenez donc !...

L'empereur consentit à accepter le collier, et quelques'heures après il était cousu dans un ruban de taffetas qu'il plaça sous ses vêtemens.

Six semaines après, au moment de quitter le *Bellérophon* pour monter sur le *Northumberland*, les armes des personnes qui s'etaient attachées au sort de Napoléon furent enlevées et leurs bagages visités. On s'empara de ce qui leur appartenait, soit en argent, soit en bijoux, et lorsqu'on vint à fouiller les coffres de l'illustre prisonnier, une boîte contenant 4,000 napoléons d'or fut enlevée par ordre du ministère anglais. Cette somme, avec le dépôt qu'il avait confié à M. Laffitte, avant son départ de Paris, composait toute la fortune de l'empereur.

Tandis qu'on procédait à cette visite, Napoléon se promenait tranquillement, avec M. de Las-Cases, dans la galerie du vaisseau. Après avoir jeté autour de lui un regard furtif, tout en causant d'objets étrangers à ce qu'il faisait, il tira de dessous sa veste une espèce de ceinture qu'il mit dans les mains de son interlocuteur, en lui disant avec un sourire plein d'amertume :

— Mon cher Las-Cases, un certain philosophe grec, du nom de Bias, je crois, prétendait porter toute sa fortune avec lui, bien qu'il n'eût pas même de chemise : je ne sais comment il s'y prenait ; moi, je porte toute la mienne sous ma veste depuis notre départ de Paris : elle me fatigue ; tenez, gardez-la-moi.

Sans répondre à l'empereur, M. de Las-Cases prit cette ceinture, qui alla se rouler sous ses vêtemens.

Ce ne fut qu'à Sainte-Hélène que Napoléon apprit à M. de Las-Cases que le dépôt qu'il lui avait confié, six mois auparavant, sur le *Bellérophon*, était un collier de la valeur de 200,000 fr. Dans la suite, M. de Las-Cases parla plusieurs fois à Napoléon de le lui rendre.

— Vous gêne-t-il ? lui disait l'empereur assez sèchement.

— Non, sire, répondait M. de Las-Cases ; mais...

— Eh bien ! gardez-le donc, reprenait l'empereur ; imaginez-vous, mon cher, que vous avez une amulette ou un charme, et vous n'y penserez plus.

Quinze mois après, M. de Las-Cases fut brutalement séparé de l'empereur. C'était vers la fin de novembre 1816. Comme il était auprès de Napoléon, l'huissier Saintini vint lui dire que le colonel anglais l'attendait dans sa chambre, pour lui communiquer quelque chose de la part de sir Hudson Lowe. Le comte répondit, par un signe, qu'étant avec Sa Majesté, il ne pouvait sortir.

— Ne vous gênez pas, mon cher, lui dit obligeamment Napoléon, allez voir ce que veut cet homme; mais surtout revenez promptement pour dîner.

Ce fidèle compagnon ne devait plus revoir l'empereur. Des dragons cernaient déjà l'habitation; M. de Las-Cases et son fils, qui était très malade, furent enlevés de Longwood et conduits à Plantation-House, où on les garda à vue jusqu'au jour de leur embarquemen pour le cap de Bonne-Espérance.

En attendant, M. de Las-Cases était resté possesseur du fameux collier. Cette idée le tourmentait cruellement. Le temps s'écoulait; il n'avait plus que quelques jours avant de quitter Sainte-Hélène, et rien n'eût égalé son désespoir, s'il fût parti sans avoir restitué ce trésor à l'illustre captif. Mais comment faire? toute communication avec Longwood lui est interdite. Une idée lui vient enfin : il se décide à tout risquer.

Un officier anglais nouvellement arrivé à Sainte-Hélène, et auquel il avait parlé quelquefois, enhardi par sa physionomie franche et ouverte, vint sur ces entrefaites à Plantation-House, il accompagnait le gouverneur, qui était suivi de ses plus intimes agens. Ce fut le moment que choisit M. de Las-Cases pour exécuter son projet.

— Monsieur, dit-il à la dérobée à cet officier qui parlait assez bien le français, je vous crois une belle âme, je vais la mettre à l'épreuve : rien, dans le service éminent que vous pouvez me rendre, ne peut être nuisible à vos devoirs ni à votre tranquillité; quant à moi, il y va de mon honneur, de celui de ma famille; il s'agit d'un riche dépôt que j'ai à restituer à l'empereur... Si vous voulez vous en charger, mon fils va le glisser dans votre poche.

Pour toute réponse, l'Anglais jeta au comte un coup d'œil significatif et ralentit son pas. Le jeune Las-Cases était avec son père, il avait reçu ses instructions : le collier de la reine Hortense passa aussitôt dans la poche de l'officier, presque à la vue de tout l'état-major qui s'éloignait.

Mais ce n'était pas tout : il fallait que le joyau parvînt à destination; deux années s'écoulèrent avant que cela pût être.

Cependant, depuis quelque temps, l'empereur avait cru s'apercevoir qu'il était l'objet d'une surveillance toute particulière de la part de son geolier. Il ne pouvait faire un pas hors de Longwood sans apercevoir, à distance, un officier anglais qui lui était inconnu, quoique ce fût toujours le même. Le matin, le soir, à toute heure, cet individu semblait s'attacher à lui comme son ombre. Cette sorte d'inquisition lui était d'autant plus insupportable que cet Anglais avait plusieurs fois manifesté l'intention de lui adresser la parole. Aussi, dès qu'il le voyait s'approcher, Napoléon se hâtait-il de terminer sa promenade et de rentrer sans même daigner faire attention à lui.

Un jour, il crut remarquer que l'indiscret surveillant le suivait de plus près que de coutume. Impatienté, il s'écria d'un ton d'humeur :

— Eh quoi! toujours cet homme !... Sans cesse un espion sur mes pas !... Ne puis-je donc respirer librement un peu d'air? Quel supplice!

Et rebroussant chemin, il précipite sa marche, lorsque l'Anglais, qui l'avait entendu et qui avait doublé le pas, se trouvant à sa hauteur, s'arrête tout à coup devant lui :

— Sire... dit-il d'un ton plein de respect.

— Arrière, monsieur! arrière! vous dis-je, interrompit Napoléon en faisant un geste de mépris ; il n'y aura jamais rien de commun entre moi et les vôtres ! Eloignez-vous, je vous l'ordonne !

— Sire, reprit encore l'officier sans bouger de place et d'un air impassible, Votre Majesté se trompe.

Puis il jeta comme au hasard ces mots :

— *Le comte de Las Cas... Le collier de la reine Hortense.*

— Ah ! ah ! fit Napoléon en s'arrêtant à son tour, sans cependant lever les yeux sur l'Anglais. Eh bien ! monsieur ?...

— Sire, reprit l'officier, que Votre Majesté veuille bien continuer sa marche sans faire attention à moi : j'ai là ce collier ; depuis trois ans il ne m'a pas quitté ; depuis trois ans je cherche une occasion de vous le remettre... Sire, faites que je puisse le jeter dans la forme de votre chapeau.

L'empereur se découvrit alors et se passa la main sur le front comme pour rappeler un souvenir. Au même instant, d'un mouvement aussi prompt que la pensée, l'officier jeta le collier dans le chapeau de Napoléon, en lui disant à voix basse :

— Maintenant Votre Majesté daignera-t-elle me pardonner mon importunité ?... J'ai rempli ma mission ; elle ne me reverra plus. Sire, que Dieu conserve les jours de Votre Majesté.

Et, prenant une autre direction, l'officier anglais s'éloigna de l'empereur avec le même flegme qu'il avait mis à s'en approcher. Napoléon le salua avec dignité.

De quelle douce sensation le cœur de M. Las-Cases ne dut-il pas être ému lorsque bien long-temps après il eut connaissance de ce trait si admirable de probité de la part d'un ennemi et dans de telles circonstances !

C'était le 27 avril 1821, huit jours avant sa mort ; l'empereur avait passé plusieurs heures de la matinée à inventorier et à cacheter quelques objets précieux qu'il destinait à son fils.

— Je suis bien fatigué, dit-il à M. Marchand, son premier valet de chambre ; je le sens, peu de temps me reste encore à vivre ; c'est pour cela que je veux en finir : donne-moi de ce vin de Constance que Las-Cases m'a envoyé. Une goutte de cette liqueur ne saurait me faire de mal.

Sire, lui fait observer le fidèle serviteur, cette liqueur est bien contraire à celle que le docteur Autommarchi a prescrite à Votre Majesté.

— Bah ! bah ! reprit Napoléon en hochant la tête, tout manque dans ce maudit pays !... Que veux-tu que j'attende ?... Donne-moi un peu de ce vin, te dis-je, il me ranimera. Je ne veux rien faire pour abréger mes jours ; mais je ne veux rien faire non plus pour les prolonger. N'ai-je pas assez vécu ? C'est là, ajouta-t-il encore avec un soupir étouffé et en appuyant sa main sur le côté droit ; c'est là qu'est le mal... Je sens comme une lame de poignard qui glisse et me déchire.

En disant ces mots, Napoléon s'agitait dans le lit sur lequel il était assis. Devant lui étaient différens bijoux qu'il destinait, comme gage d'estime et de souvenir, à ceux qui lui avaient prodigué leurs soins pendant sa maladie ; entre autres objets une tabatière d'or, sans aucun ornement, qu'il avait léguée au docteur Arnott, et sur laquelle il avait péniblement gravé un N avec la pointe d'un canif. Un simple petit carré de carton qu'il tenait dans sa main gauche lui servait de pupitre pour écrire, et de l'autre main il puisait dans un encrier que lui présentait M. le comte de Montholon placé debout près de son lit.

L'empereur avait également devant lui le collier de la reine Hortense, il le prit, et le donnant à M. Marchand :

— Tiens, lui dit-il en souriant avec une expression indéfinissable de tristesse. J'ignore dans quel état sont mes affaires en Europe. Cette bonne Hortense m'a donné ce collier en quittant Malmaison, pensant que je pourrais en avoir besoin ; je crois sa valeur de 200,000 francs. Pauvre collier ! il a passé par bien des mains !... Cache-le autour de ton corps, car jusqu'à présent sa destinée a été qu'il demeurât toujours caché. Lorsque tu seras en France, tu en disposeras comme tu l'entendras ; il te mettra à même d'attendre le sort que je te fais par mon testament et mes codicilles. Marie-toi honorablement ; fais ton choix parmi les familles des officiers ou des soldats de ma vieille garde. Il est beaucoup de ces braves qui ne sont pas heureux, je le sais : un meilleur sort leur était réservé sans les revers de fortune survenus à la France. La postérité me tiendra compte de ce que j'eusse fait pour eux.

L'empereur, affaibli par ce peu de mots, se tut ; mais ses paroles ne s'effacèrent jamais de la mémoire de M. Marchand, qui fondait en larmes ; et à son retour en France il se hâta d'obéir aux dernières volontés de Napoléon : il épousa la fille de l'honorable lieutenant-général Brayer, qui a commandé long-temps à Strasbourg ; et ce fut ainsi que l'ami autant que le serviteur fidèle du grand homme accomplit sa dernière prescription : *Tu épouseras la fille d'un de mes braves !*

Voilà pourquoi ce merveilleux collier n'a pas figuré sur le testament de la reine de Hollande, ce dernier monument de sa tendresse maternelle, de sa bonté et de son inaltérable amitié.

VII

L'Espionne.

Il y a de cela quelques années. Je me promenais philosophiquement un matin sous les vieux marronniers des Tuileries, lorsque je crus reconnaître, à quelques pas devant moi, un de mes anciens camarades du lycée impérial. Je m'approchai davantage... Je ne m'étais point trompé : c'était bien lui, M. de *** qui, la tête penchée et l'air rêveur tournait et retournait, ouverte dans ses doigts, une petite lettre de forme longue, sur laquelle étaient quelques mots d'une écriture microscopique.

— Oh ! fit-il avec surprise en levant la tête, est-ce vous, mon cher ami ? et par quel heureux hasard ici ? Il y a au moins dix ans que nous ne nous sommes vus.

Et il me tendit la main : mais moi je l'embrassai affectueusement.

En peu de mots je satisfis la curiosité de M. de *** ; puis après, ce fut mon tour de l'interroger.

— Qu'êtes-vous devenu depuis si long-temps ? lui demandai-je. Je vous croyais en Italie.

— Ah ! vous avez su...

— Parbleu ! cette aventure a fait assez de bruit à Paris ; cependant je n'en ai jamais connu les détails.

— Je le crois bien, reprit M. de *** en tâchant d'étouffer un soupir. Et tenez, ajouta-t-il en me montrant le billet qu'il tenait toujours à la main, voici quelque chose qui me la rappelle, cette terrible aventure : qu'en pensez-vous ?

Je pris la lettre, et après l'avoir parcourue des yeux :

— Je pense, lui dis-je, que la femme qui vous écrit ceci doit être belle comme un ange, jeune et impressionnable. Je pense que vous devez l'aimer comme un fou ; je pense que vous allez lui répondre que vous serez exact au rendez-vous qu'elle vous assigne pour demain ; je pense...

— Eh bien ! vous vous trompez, interrompit M. de ***. Je connais à peine cette dame qui ne m'a vu qu'une seule fois ; ainsi, je ne puis l'aimer comme vous le prétendez ; ensuite je me garderai bien de lui écrire.

— Eh ! pourquoi ? lui demandai-je un peu surpris.

— Pourquoi ?... Pour une foule de raisons. La première, c'est qu'elle est Espagnole...

— Ah ! oui... je me rappelle en effet que la dame d'autrefois était Espagnole. Mais alors raison de plus : vous pourrez comparer...

— Non, non, fit mon ami en souriant amèrement ; je sais ce que m'a coûté l'amour de la première, et bien certainement... Tenez, mon cher, reprit-il, si vous saviez...

— Eh ! justement ! m'écriai-je, je ne le sais pas, et j'ai toujours eu soif de l'apprendre de votre bouche. Si j'avais su que vous fussiez à Paris, certes, il y a long-temps que je serais allé vous trouver.

— Eh bien ! me voilà : il fait beau, il est de bonne heure ; si vous n'avez rien de mieux à faire aujourd'hui et que vous vouliez m'écouter, asseyons-nous sur ce banc, puis, lorsque je vous aurai tout appris, à votre tour, vous me direz si je dois ou non accepter le rendez-vous qu'on me donne : je vous en laisserai juge.

— Volontiers, je vous écoute.

M. de *** commença en ces termes :

« Vous savez, me dit-il, que ce fut au milieu des fêtes de son mariage avec Marie-Louise, en 1810, que Napoléon nomma le duc de Rovigo ministre de la police, en remplacement de Fouché ? Eh bien ! c'est à ce changement que je dus mon entrée au conseil d'État, en qualité d'auditeur, voici comment : mon père avait intimement connu, sous l'ancien régime, le comte Boulay, alors président d'une des sections du conseil ; moi-même j'avais fait toutes mes études avec Régnier fils, bien qu'il fût de quatre ou cinq ans plus âgé que moi, et par conséquent votre aîné de beaucoup. Il était parvenu au poste éminent de secrétaire-général du conseil du sceau et des titres, ce qui ne l'avait pas empêché d'entretenir avec moi ces relations d'amitié qui commencent avec l'enfance et ne finissent souvent qu'avec la vie. Il me suggéra l'idée de tâcher d'*aborder* au conseil d'État en me faisant entrevoir qu'une fois *ancré*, ma carrière se trouverait tracée d'avance.

— » Lorsque tu auras été nommé auditeur de première classe, ajouta-t-il, tu seras infailliblement appelé à une sous-préfecture : ce n'est qu'un surnumérariat en attendant une préfecture tout entière, et, si tu es assez heureux pour te faire porter sur la liste des candidats au corps législatif, une sénatorerie est la perspective brillante qui s'offrira à tes yeux.

» Tout cela était très beau sans doute. Régnier fils s'entendait parfaitement à tracer l'itinéraire d'un avenir administratif ; mais il devait y avoir trop loin pour moi, du poste modeste d'auditeur que j'obtins, comme vous savez, au rang princier de sénateur et... Mais, mon cher, interrompit mon ami, c'est justement la cause pour laquelle je ne fus nommé ni sous-préfet, ni préfet, ni membre du corps législatif, ni sénateur, et que, bien loin de là, je fus éliminé du conseil d'Etat, que je veux vous raconter.»

— Mais, mon cher, repris-je à mon tour, je ne vois pas le rapport qui peut exister entre cette kyrielle d'emplois et votre dame espagnole?

— Un peu de patience, nous n'y sommes pas encore.

En mon ami reprit son récit en ces termes, en me priant de ne plus l'interrompre; je le lui promis :

« Régnier fils ayant parlé pour moi au comte Boulay, ce dernier, très lié avec le duc de Rovigo, qui jouissait alors d'un grand crédit, pressa le nouveau ministre de me proposer à l'empereur. Ma famille avait rendu quelques services à M. Savary père, dans le cours de la révolution; le fils, en me servant, crut devoir acquitter une dette de reconnaissance paternelle. La place obtenue pour moi, la commission m'en fut immédiatement expédiée. Tout cela ne fut l'affaire que de huit jours : alors on allait vite en besogne. Dans la même semaine je m'empressai de remercier mes protecteurs, et le comte Boulay, sans doute en mémoire de l'amitié qui l'avait uni jadis à mon père, m'offrit de me servir de parrain auprès de l'empereur, qui voulait toujours qu'on lui présentât les nouveaux fonctionnaires, ne fût-ce que pour avoir l'occasion de faire la critique ou l'éloge des anciens.

» A cet effet, le dimanche suivant, le comte Boulay m'emmena avec lui à Saint-Cloud. Arrivé au palais, je fus surpris de la quantité de grands-officiers de la couronne, de généraux et de hauts fonctionnaires qui se trouvaient ce jour-là dans les appartemens, attendant le passage de LL. MM.

» Il était midi lorsqu'un huissier annonça à haute voix : L'empereur! A ce mot, le plus grand silence succéda au murmure des conversations particulières, et chacun devint immobile, les regards tournés du côté de la porte par où Napoléon devait entrer.

» Quelques secondes s'étaient à peine écoulées qu'il arriva le chapeau sur la tête, les mains croisées sur le dos et marchant fort vite, selon son habitude. Il était seul et sortait de chez l'impératrice qui, légèrement indisposée la veille, avait profité de ce malaise, le lendemain, pour se dispenser d'aller à la messe. A peine eut-il fait quelques pas que ses yeux de lynx parcoururent, avec la rapidité de l'éclair, l'étendue de la galerie, sans doute pour y chercher d'avance les personnes auxquelles il voulait dire quelque chose.

» Aux uns, il fit une légère inclination de tête : il ôta son chapeau à tout le monde. Le comte Boulay fut un des derniers que Napoléon aperçut; aussi lui fit-il avec bienveillance un petit signe de la main qui semblait dire : « J'irai à vous, attendez-moi. »

» En effet, après avoir parlé à deux ou trois généraux, qui s'étaient empressés sur son passage, changeant subitement de direction dans sa marche, il vint droit à nous et s'arrêta devant le comte, tout en reposant son regard sur moi. C'était la première fois que je voyais l'empereur d'aussi près. Sur son front large et élevé reposaient le génie et la puissance; le sourire le plus aimable éclairait cette belle physionomie en lui prêtant un charme indéfinissable : en le voyant ainsi, il était impossible de ne pas l'aimer.

37

» Au même moment mon protecteur s'était avancé d'un pas, et, me prenant par la main, lui avait dit :

— » Sire, c'est M. de *** que j'ai l'honneur de présenter à Votre Majesté.

— » Bien, bien, j'y suis répondit Napoléon ; je vous sais gré, comte Boulay, de m'avoir amené aujourd'hui M. de ***. J'ai beaucoup entendu parler de son père jadis : c'était un honnête homme.

» Puis s'adressant à moi, il ajouta avec une inflexion de voix plus douce :

— » On m'a aussi parlé de vous, monsieur de ***, mais je ne vous croyais pas si jeune : quel âge avez-vous donc ?

— » Sire, lui répondis-je en baissant les yeux, j'ai juste le même âge qu'avait Votre Majesté lorsqu'elle s'empara de Toulon.

» Cette réponse le fit sourire.

— » Ah ! ah ! fit Napoléon, je veux bien accepter la moitié de ce compliment, quoiqu'il ne réponde pas à ma question.

— » Sire, répondis-je alors avec un peu plus de hardiesse, on n'est jamais trop jeune lorsqu'il s'agit de servir Votre Majesté et l'État.

— » A la bonne heure... A propos, pourquoi ne vous êtes-vous pas fait militaire ?

— » Sire... la faiblesse de ma vue...

— » Ah ! oui, j'entends, interrompit Napoléon ; puis s'adressant au comte Boulay, il reprit avec un sourire dans lequel perçait une certaine ironie : Ces messieurs, aujourd'hui, ont mis à la mode d'avoir la vue basse. Heureusement que moi j'ai de bons yeux. Au surplus, monsieur de... — il s'était retourné de mon côté, — remplissez vos nouveaux devoirs avec exactitude, ne vous mêlez que des affaires qui seront de votre ressort, et nous verrons. Je ne vous oublierai pas, car je m'aperçois qu'on ne m'avait pas trompé. Adieu, messieurs.

» A ces mots, le comte Boulay s'inclina ; je fis une profonde révérence ; l'empereur acheva sa tournée.

— » Eh bien ! me dit mon protecteur, après que Napoléon eut quitté la galerie pour entrer dans la chapelle, êtes-vous satisfait de la réception ?

— » Monsieur le comte, je suis enchanté, enthousiasmé.

— » N'est-ce pas que l'empereur, quand il veut, a quelque chose qui attire à lui, qui subjugue ?

— » C'est vrai.

— » J'y ai été pris comme vous, comme bien d'autres. Malheureusement ce n'est pas toujours de même avec lui ; mais c'est véritablement un homme unique.

— » Unique est le mot... Vous n'avez plus besoin de moi à présent ? ajoutai-je.

— » Non, vous pouvez vous retirer de votre côté. Vous avez bien compris ce que l'empereur vous a dit ? ne l'oubliez pas ; soyez exact aux réunions, avant quatre ans vous serez sous-préfet.

— » Et préfet ensuite ?...

— » Un moment, mon jeune ami, vous allez trop vite en besogne. D'une sous-préfecture à une préfecture, on ne marche pas de plain pied. Allons, je vous quitte ; aussi bien j'aperçois là-bas Regnault de Saint-

Jean-d'Angély qui ne se soucie guère de messe, j'ai quelque chose à lui dire ; au revoir.

» Je revins à Paris, ravi et électrisé.

» Qui croirait maintenant qu'après l'immense service que m'avait rendu le comte Boulay, qu'après la réception que l'empereur avait daigné me faire et les espérances dont je pouvais me flatter, qui croirait, dis-je, qu'au lieu de me livrer aux travaux qui seuls devaient m'occuper exclusivement, je ne refusai aucune partie de plaisir, je continuai ces folies de jeunesse auxquelles la raison plus encore que la position sociale que j'occupais aurait dû me faire renoncer ? Que voulez-vous ! à mon âge, avec une fortune dont je ne m'occupais guère et une figure dont je m'occupais davantage ; original dans mes propos, magnifique jusque dans mes extravagantes dépenses, je ne pus faire différemment que de vivre en sybarite désœuvré, m'ennuyant même aux séances du conseil d'État que présidait Napoléon en personne ; et ne jouissant de la vie que la nuit. Blasé sur les plaisirs malgré ma jeunesse, je soupirais après quelque péripétie, après quelque grande aventure qui pût jeter de la nouveauté sur une existence que je trouvais monotone et incomplète. J'en étais là, lorsque la naissance du roi de Rome vint m'offrir, avec les fêtes auxquelles ce grand événement donna lieu, ce que je cherchais depuis long-temps.

» Vous savez que pendant le cours de l'année 1811, Paris offrit pour ainsi dire un aspect nouveau. Chacun ne semblait occupé que de luxe et de plaisirs. Tous les dimanches, dans la matinée, le peuple se portait en foule dans le jardin des Tuileries ou sur la place du Carrousel, dans l'espoir d'entrevoir la jeune impératrice ou l'enfant-roi que son père se plaisait déjà à faire voir à ses soldats ; et le soir, cette population venait encore dévorer de ses regards curieux ce spectacle de riches livrées, de femmes jeunes et belles qui se rendaient au palais. Dans l'intérieur, les réceptions étaient brillantes. Jamais Paris, sous le régime de l'empire, ne s'était présenté sous un aspect plus enivrant. De son côté, Napoléon ne négligeait aucun moyen de faire les honneurs de la capitale et de la rendre digne de l'admiration des illustres étrangers qui s'y trouvaient en grand nombre. J'assistai donc à toutes les fêtes qui furent données à cette occasion par les ministres et les ambassadeurs étrangers, et principalement à celle qui fut offerte à l'impératrice, par la ville de Paris, à l'époque de ses relevailles.

» A leur arrivée à l'Hôtel-de-Ville, LL. MM., qui s'étaient fait attendre comme de coutume, furent complimentées par le préfet accompagné des douze maires de Paris. Napoléon ne répondit au discours de M. Frochot qu'en adressant quelques mots flatteurs à chacun des maires en particulier.

» Il y eut ensuite un concert fort court dans une salle qui, bien que construite en quarante-huit heures, n'en était pas moins magnifiquement décorée que les autres. On chanta une cantate. Immédiatement après, le bal fut ouvert par les rois et les reines. Le banquet de la famille impériale précéda d'une heure seulement celui auquel les femmes seules durent prendre place.

» Ce coup d'œil de tables chargées de vermeil, sous les étincelantes bougies de cent lustres d'or, avait quelque chose de magique. Remarquables étaient les parures ; mais plus remarquables encore étaient les beautés éblouissantes devant lesquelles diparaissaient toutes les merveilles de ce palais de fées. En voyant leurs coiffures diverses, on eût dit une vaste guirlande de fleurs entremêlées de rubis et de diamans.

» Dans un des angles du salon qui précédait la salle du festin, j'aperçus, assise, une femme d'environ vingt-huit à trente ans, d'une taille moyenne, mais remarquable par ses délicieux contours : elle était habillée de velours noir. Sur ses épaules de neige était posé un collier de jais. Entourée d'un cercle d'hommes, elle tenait à la main un éventail qu'elle semblait n'agiter que par distraction.

» Cette femme attira toute mon attention. Comme je repassais devant elle pour la mieux détailler, elle m'arrêta par un sourire qui cependant s'adressait à un autre. Une place devint inoccupée près d'elle, je m'en emparai ; elle n'eut pas l'air de faire attention à cette préférence. Ce fut alors que je pus la contempler à mon aise.

» Rien qu'à la manière dont elle s'était posée devant ses interlocuteurs, je jugeai qu'elle devait être étrangère et passionnée. Le coude appuyé sur une des saillies de la boiserie, il y avait de la coquetterie jusque dans son inaction. Ses lèvres, d'un rouge vif, tranchaient sur un teint d'une blancheur extrême. Ses cheveux noirs allaient admirablement bien avec ses yeux d'un bleu clair ; seulement on aurait pu accuser les lignes de son visage d'un peu de dureté, peut-être à cause de ses sourcils trop fortement arqués ; quoi qu'il en soit, cette femme était à elle seule toute une existence de volupté et de poésie.

» Peu à peu la conversation s'engagea entre nous comme entre deux personnes qui se voient pour la première fois. J'appelai à mon aide toutes les ressources de mon esprit. Je crus m'apercevoir que j'avais l'honneur de l'amuser. Soit que je prisse, selon mon habitude, des formules polies pour des paroles de cœur, à mon tour je me persuadai que j'avais su plaire. Au moment où j'allais essayer de m'adresser à son cœur, une agitation extraordinaire se manifesta dans les salons. On se demandait ce qu'il y avait : c'était l'empereur qui, voulant juger par lui-même des sentimens de chacun et apprécier le degré de plaisir que devaient éprouver les nombreux assistans conviés à cette fête, se promenait dans les salles, et adressait la parole à tous ceux qui se mettaient un peu en évidence. Tout le monde était frappé de la gaîté qui régnait sur la figure du maître. Il faisait des complimens aux dames qu'il avait vues danser, et grondait doucement les hommes qui ne dansaient pas. En passant devant la belle étrangère, que je n'avais pu me décider à quitter, il m'aperçut et s'arrêta.

— » Ah ! ah ! monsieur de ***, me dit-il en souriant malignement, est-ce que les jeunes gens sont ici pour faire autre chose que danser ? Pourquoi n'avez-vous pas fait un choix parmi les jeunes personnes qui vous entourent ?

— » Sire, lui répondis-je un peu confus de l'apostrophe, je ne danse jamais.

— » Et pourquoi, monsieur ?

— » Sire, parce que je ne sais pas danser.

» L'empereur, qui ne s'attendait pas à cette naïve réponse, me regarda un moment sans parler ; puis, lançant un regard interrogateur à ma belle voisine, qui, debout comme tout le monde, semblait très émue et baissa les yeux, il ramena son regard sur moi en ajoutant d'un ton moitié sévère, moitié badin :

» — Tant pis, monsieur, car il faut être utile, même dans un bal, quand on est à mon service. Vous êtes jeune, prenez un maître.

» Et Napoléon s'éloigna en riant sous cape de mon embarras que je n'avais pas pu dissimuler. Jamais l'empereur n'avait été de si belle humeur, jamais je ne dus avoir l'air plus maussade. Ma belle inconnue ayant eu l'air de me prendre en pitié, par un sentiment de dépit ou plutôt d'amour-propre, je la quittai froidement, mais non sans avoir été séduit par cette femme, dans tout ce que mon cœur avait de noble, de vicieux, de bon et de mauvais. Mais bientôt après je me sentis si ému, si exalté, que je compris tout l'attrait qui attirait auprès d'elle cette foule de jeunes militaires et de vieux diplomates que j'y avais sans cesse remarqués. Je voulus la revoir : elle n'était plus à la place où je l'avais laissée. Jusqu'à la fin du bal, que j'abandonnai un des derniers, je la cherchai vainement sans la rencontrer.

» La semaine suivante, quelle ne fut pas ma joie, en entrant un soir dans le salon de Mme Bartholucci, femme d'un conseiller d'État depuis peu en mission à Naples, en apercevant assise à côté de la maîtresse de la maison ma belle inconnue du bal de la ville. Elle eut l'air de ne me faire aucune attention à moi ; mais ce qui me consola, c'est qu'elle me parut être au mieux avec Mme Bartholucci. Il est vrai qu'elle semblait en contemplation devant elle, vantant son esprit, sa grâce et jusqu'à ce nez si admirable qu'à lui seul il avait fait naître plus d'une passion sérieuse, sans compter celle de son mari qui, disait-on, ne l'avait épousée qu'à cause de cette perfection. Aussi Mme Bartholucci assurait-elle que *sa chère bonne* (c'était ainsi qu'elle appelait l'étrangère) avait des idées politiques d'un ordre supérieur ; elle la plaçait au dessus de Mme de Staël.

» Quant à moi, je m'imaginai, dès la seconde fois que je la vis, que si elle avait des idées supérieures, elle ne les arrêtait fixement que sur un seul objet : l'amour ; mais de ces amours violens, impétueux, que rien ne peut retenir : je ne me trompais pas.

» Mme Montinella (c'était son nom) se disait Italienne, et cependant elle avait un accent espagnol très prononcé. Elle n'était ni demoiselle ni veuve. Un profond mystère environnait son existence. On la disait riche : le train de sa maison venait à l'appui de cette assertion. Elle aimait les arts, fréquentait les spectacles ; mais, à l'entendre, elle n'appréciait que les douceurs d'une liaison intime, et cependant elle semblait s'ennuyer lorsqu'une demi-douzaine d'hommes ne folâtraient pas autour d'elle. Je n'ai pas connu de femme dont les paroles s'accordassent moins avec les actions. Ni ce nom de Montinella, ni le caractère, ni les habitudes que j'avais déjà remarquées chez elle ne me portaient à la croire née sur les bords du Tibre, mais bien sur ceux du Mançanarez : quand même, la vivacité de ses gestes, ce besoin de rester mollement couchée sur un canapé ou oisive, tout me portait à croire qu'elle était originaire d'Espagne, pays qu'au reste elle paraissait connaître parfaitement.

» Ayant sollicité la faveur de lui rendre mes hommages chez elle, elle me le permit ; mais ce fut avec un air de protection et un ton de suffisance tels, qu'une marquise de l'ancien régime n'eût pas mieux fait ; en un mot, Mme Montinella me donna mes *petites entrées*. J'en usai d'abord ; bientôt je ne tardai pas à en abuser.

» Jusque alors je n'avais eu que ce qu'on appelle des fantaisies ; cette fois, je devins amoureux fou de Mme Montinella. Je le lui avouai ; mais elle ne répondit nullement à mes soins. Avec son imagination brûlante et son caractère fougueux, cette femme avait achevé de me faire trouver insipides les plaisirs auxquels je m'étais accoutumé ; j'étais las des ingénues de coulisses et des bonnes fortunes à prix d'argent. Habitué que j'avais été à ne faire que peu de frais auprès des femmes, je me piquai, et par cette raison peut-être qu'il m'était plus difficile de réussir avec Mme Montinella, j'attachai un plus grand prix au besoin de lui plaire, et je redoublai d'attentions. Long-temps Dolores (c'était aussi son nom) parut faire peu de cas de mes soins ; elle me désespéra et m'enflamma de plus en plus par son indifférence.

» Un soir qu'elle n'avait point été au spectacle et que la foule de ses adorateurs nous avait laissés seuls, je la regardai encore plus tendrement que de coutume et lui dis en laissant échapper un soupir :

— » Madame, je n'ai qu'un désir, je ne forme qu'un vœu...

— » Quels sont-ils, monsieur ? interrompit-elle, en me lançant un de ces regards qui vont à l'âme.

— » Celui que vous m'aimiez un peu et celui de vous aimer toujours, répondis-je en baissant les yeux.

» Ces mots la firent tressaillir. Elle hésita à me répondre. Croyant l'encourager, je penchai ma tête vers elle, et de mes lèvres j'effleurai son épaule. Ce mouvement porta le trouble dans ses sens ; et, tandis que moi, le regard suppliant, je cherchais à lui faire comprendre tous les tourmens que sa froideur me causait, elle se leva précipitamment pour fuir, sans doute, lorsqu'un domestique qu'elle n'avait point appelé entra inopinément...

» Plusieurs jours s'écoulèrent sans que l'occasion qui nous avait laissés seuls se représentât pour me permettre de m'expliquer tout à fait. Deviner ce qui se passe dans le cœur d'une femme, qu'elle soit de Paris ou de Madrid ; savoir ce qui l'occupe, ce qu'elle craint ou ce qu'elle désire, n'est pas chose aisée, surtout lorsqu'on aime véritablement cette femme. Un geste, un regard mal interprété peut donner une espérance menteuse. C'est de la bouche même de ce qu'on aime qu'on veut entendre prononcer l'arrêt qui absout ou qui condamne. N'est-ce pas fonder son bonheur sur un rêve que de se fier aux apparences ? J'aurais pu interpréter le silence de Dolores en bien ou en mal. Ne m'avait-elle rien dit que par crainte de subir le charme qui succède toujours à un tendre aveu ? Je ne sais, mais j'aurais donné tout au monde pour savoir ce qu'elle avait au fond du cœur. Une après-midi que nous nous trouvions seuls (c'était la seconde fois depuis trois semaines), je m'armai de courage, et, changeant tout à coup de propos, je lui demandai brusquement et même d'un ton assez impératif :

— » M'aimez-vous, madame, oui ou non ?

» Elle me regarda un moment, comme étonnée, puis elle me répondit après tranquillement :

— » Vous êtes trop jeune et trop inconstant pour moi.

— » Trop jeune! m'écriai-je avec exaltation ; oh! madame, vous et moi ne sommes-nous pas à peu près du même âge ?

— » C'est vrai, répondit-elle en souriant.

— » Trop inconstant ! ajoutai-je en prenant une de ses mains qu'elle ne retira pas ; vous savez bien que désormais il ne m'est plus possible de l'être.

— » Je n'en suis pas certaine. Au surplus, ce ne serait pas avant un an que je voudrais chercher à m'en assurer.

— » Et ce temps écoulé? répliquai-je en tremblant.

— » Si vous m'aimez sincèrement, reprit-elle en baissant les yeux, alors je verrai... mais vous ne savez pas à quoi vous vous engagez.

» J'attendis un an, une année entière d'inquiétudes, de tourmens ; car il me semblait que Mme Montinella devenait de jour en jour plus belle, et c'était cette beauté que je maudissais qui amenait sans cesse à ses pieds une foule d'adorateurs nouveaux, plus hardis, certes, que je n'avais osé l'être, moi. Ce terme expiré, je lui rappelai sa promesse.

— » Oh ! me répondit-elle en badinant, c'est moi qui suis trop vieille pour vous.

— » Mais, lui répondis-je, la proportion d'âge entre nous sera toujours la même.

— » Je ne veux encore rien décider avant un an ; attendez.

— » Et cette seconde année écoulée ?...

— » Si vous m'aimez comme vous le dites, comme je le veux, alors... peut-être vous aimerai-je à mon tour.

» Je l'aimais si passionnément que j'attendis encore. Mais deux ans de plus sur la tête d'un homme, quoique jeune encore, deux ans de tristesse et d'amour le vieillissent. Le chagrin me creusa des rides, et aussi la jalousie ; car je voyais souvent Mme Montinella sourire à d'autres, de ces sourires qui font monter la pâleur au visage d'un amant, qui crispent les nerfs, qui vous rendent l'homme du monde le plus malheureux lorsqu'on n'a pas encore été le plus heureux.

—

» Un jour, je rencontrai aux Tuileries, comme vous aujourd'hui, un de nos anciens camarades, Delanorville, vous savez ?... »

Ici je ne répondis à mon ami que par un signe de tête affirmatif, pour ne pas interrompre son récit qui commençait à m'intéresser ; il poursuivit :

« Je l'avais perdu de vue, comme vous, depuis quelques années, quoique nous fussions très liés l'un et l'autre.

— » Ah ! mon Dieu ! mon cher, s'écria Delanorville, en me voyant, comme tu es changé ! Est-ce que tu es malade ?

— » Malade ! moi ? Au contraire, lui répondis-je en souriant tristement, je suis l'être le mieux portant et le plus heureux de la terre. J'aime et je me crois aimé d'une femme adorable ; mais aimé, vois-tu, comme on n'aime pas ; toutes les heures de ma vie s'écoulent près d'elle. Tu la connais ; tu as dû la voir chez madame Bartholucci, il y a deux ans : c'est madame Montinella.

— » Cette belle Italienne ?

— » Non, elle est Espagnole.

— » C'est possible ; je ne vais plus chez madame Bartholucci depuis long-temps ; mais toi, la connais-tu bien, cette dame ? Sais-tu quelle est sa position dans le monde ? T'a-t-on dit ?...

— » Mon cher, répliquai-je avec impatience, je l'aime comme un fou !

— » Oh ! alors, c'est différent, exclama mon ami d'un air narquois ; puisqu'il en est ainsi, je n'ai plus rien à te dire. Adieu, mon cher, continue à être heureux.

» Et Delanorville me quitta en jetant sur moi un regard singulier dont je ne compris pas bien l'expression, mais que j'interprétai tout à mon avantage.

» Mme Montinella continua encore quelques temps à me désespérer ; mais enfin, lorsqu'elle vit mon imagination montée au diapazon de la sienne, en un mot, lorsqu'elle eut acquis la certitude qu'elle m'avait subjugué entièrement, elle agréa mes vœux et se mit à rafoler de moi. Elle m'aimait avec ivresse, avec transport, avec rage. C'était chez elle une passion ardente, effrénée ; c'étaient des pleurs, des emportemens, des reproches, des menaces de mort en cas d'abandon, des brouilles et des réconciliations journalières ; en un mot, des extases et des folies de toutes sortes. Une pareille existence me parut d'abord délicieuse : mais on se lasse de tout. Peu à peu, je sentis diminuer ma passion, et à tel point, qu'un soir, en quittant Dolores, je fus forcé de m'avouer que je ne l'aimais plus : le prisme était brisé. Et comment en aurait-il été autrement ? Jalouse de son ombre, elle me suivait comme la mienne. Mes relations m'appelaient-elles à la campagne, elle me suivait dans sa voiture sans que je le susse, et s'en prenait à son cocher de ce que ses chevaux n'allaient point aussi vite que le mien. Lorsque je rentrais du conseil d'Etat, que j'avais tout à fait négligé depuis un an, je la trouvais chez moi, où elle s'était établie, en attendant mon retour. Au spectacle, défense m'était faite de regarder une femme. Avait-elle à sortir de chez elle, m'y trouvant, elle m'enfermait dans son boudoir. Elle ne se contentait pas de vouloir que je fusse uniquement à elle, il me fallait encore lui rendre compte de mes pas, de mes actions et jusque de mes pensées. J'étais forcé de lui dire où j'avais été, ce que j'avais fait la veille et ce que je comptais faire le lendemain. Elle interrogeait mes yeux, interprétait mes gestes. Je ne pouvais visiter ni mes parens, ni mes amis. Toute société où elle n'allait pas m'était interdite. En un mot, elle m'étouffait à force de m'aimer, et jamais il ne fut tendresse plus propre à jeter un homme dans le désespoir : aussi commençais-je à la détester de grand cœur. Malheureusement il n'en était pas de même chez elle. Sa passion, loin de diminuer, semblait s'être accrue avec le temps. Elle ne vivait que pour moi ; tout le reste lui était indifférent. Hélas ! si la jalousie de quelques femmes n'avait pas tardé à me devenir tyrannique, celle de Mme Montinella était bien pire, ma foi !

» Je sais qu'une maîtresse ne peut être parfaite. Toutes ont leurs faiblesses et leurs défauts ; n'avons-nous pas les nôtres ? seulement j'aurais voulu que Dolores en comptât un peu moins. Elle avait régulièrement, par semaine, trois jours diaboliques. Alors elle m'aurait volontiers battu, ou se serait jetée par la fenêtre. Elle s'évanouissait et paraissait ensuite fort contrariée de ce que je m'en étais inquiété. Avait-elle une attaque de nerfs, une fois qu'elle avait repris ses sens, elle s'emportait contre moi de ce que je n'y avais pas fait assez d'attention. Le suicide la préoccupait-elle ; elle me reprochait amèrement de désirer sa mort. Son regard devenait ironique, son visage pourpre ; elle brisait tout ce qui se trouvait sous sa main, chassait femme de chambre et domestiques, et si j'avais le malheur de lui laisser deviner le chagrin que ses extravagances me causaient, le bonheur étincelait dans ses yeux, elle paraissait heureuse. Dans l'espace de six semaines, elle tenta une fois de me poignarder, deux fois de me faire battre en duel et trois fois de s'empoisonner ; le tout par amour pour moi.

» Je ne savais vraiment de quelle manière m'y prendre pour échapper à ce débordement de sentiment, lorsqu'un matin je reçus la visite de Delanorville, qui, aux Tuileries, s'était si bien apitoyé sur mon sort. Depuis peu reçu avocat à la cour impériale, il avait, avec une taille colossale, l'extérieur le plus calme et les manières d'une jeune fille. Plus jeune, il avait parcouru le cercle de toutes les extravagances possibles : c'était un fou à froid. Tandis que nous faisions notre droit ensemble, je l'avais toujours vu le premier dans nos disputes, soit au parterre du Théâtre-Français, soit dans les lieux publics que nous fréquentions alors. Il employait avec flegme sa force prodigieuse, et se colletait avec deux, trois et quatre adversaires sans qu'aucun muscle de son visage éprouvât la plus légère contraction, sans qu'aucune parole passionnée sortît de sa bouche. Il venait me voir pour je ne sais plus quel renseignement dont il avait besoin, après avoir été maintes fois dans les bureaux du conseil d'État sans jamais m'y rencontrer. Mon ancien camarade me fit à ce sujet quelques réflexions dictées par le bon sens et l'amitié, en ajoutant qu'on pouvait fort bien mener de front les plaisirs et les devoirs, et que, par la négligence que je mettais à remplir les miens, je perdrais infailliblement l'avenir brillant ouvert devant moi. Jugeant, à la manière dont j'accueillis les lieux communs qu'il lui plut de me débiter ce jour-là, que ce serait me prêcher en pure perte, il changea de conversation et me demanda où j'en étais de mon intrigue avec Mme Montinella. Me sentant le besoin d'épancher mon cœur, je lui contai tout ce qui l'oppressait.

— » Parbleu, mon cher, me dit-il après m'avoir écouté avec son flegme ordinaire, te voilà bien à plaindre ! Il faut rompre en visière avec une femme semblable : elle te perd.

— » Et le moyen de le faire sans allumer une fureur que je ne me sens pas capable d'affronter ?

— » On écrit.

— » Mauvais moyen : c'est fournir des armes contre soi ; et Dieu sait dans ses mains l'usage qu'elle en ferait.

— » Bah !... terreur puérile que tout cela.

— » J'aimerais mieux que quelqu'un se chargeât de la négociation et lui fît entendre que désormais il ne m'est plus possible de vivre de cette manière, et que je veux absolument en finir avec elle.

— » S'il ne faut que cela pour t'obliger, j'en fais volontiers mon affaire.

— » Hum ! repris-je, elle est délicate, la négociation ; mais n'importe, je te laisse maître de dire tout ce que tu voudras.

» Et, croyant que de la part de Lanorville ce n'était qu'une plaisanterie, j'ajoutai en souriant :

— » Mme Montinella demeure rue Saint-Florentin, n°...

» Cela me suffit, me répondit-il très sérieusement. Demain, tu recevras de bonnes nouvelles. C'est moi qui te le promets.

» Après que nous eûmes causé de l'affaire qui l'avait amené, il sortit, et moi, n'ayant rien de mieux à faire ce jour-là, j'allai au conseil d'État. Le soir, en rentrant chez moi, le concierge me remit un petit billet tout parfumé. Je reconnus l'écriture : c'était de Dolores. Elle me priait de passer chez elle, toute affaire cessante, si je tenais à ce qu'elle ne se livrât pas à un acte désespéré. La sachant capable de tout, mais bien loin cependant de me douter de ce qui pouvait ainsi l'agiter, je me rendis à son appel. A peine lui avais-je été annoncé qu'elle vint à moi dans un état d'exaspération inimaginable ; elle parlait avec une volubilité convulsive ; sa poitrine était haletante, son teint mat, sa toilette dans le plus grand désordre. Elle était vraiment belle en cet état : c'est une des plus belles colères que j'aie vues de ma vie.

» Je compris enfin que Lanorville sortait de chez elle. Il était venu de ma part et sans préambule ; et avec ce ton calme dont on ne peut se faire d'idée sans l'avoir vu, il avait dit à madame Montinella que, fatigué de sa jalousie, excédé de sa passion furibonde, j'avais décidément renoncé à elle, et qu'il croyait devoir lui donner le conseil d'en faire autant.

» Je demeurai confus de ce trait caractéristique de Lanorville. Cependant, poussé dans mon dernier retranchement, je voulus du moins, puisque l'éclat que je craignais était fait, en profiter. D'abord, je me justifiai ; je convins ensuite que notre liaison ne me présentait plus de charmes, et que ce n'était plus exister que de vivre de la sorte, etc., etc.

» A ces déclarations précises, Dolores répliqua avec plus de véhémence, et joignant le geste aux paroles offensantes, ce fut au point que, pour ne pas être battu réellement, force me fut d'exécuter une retraite précipitée en jurant bien cette fois qu'elle ne m'y reprendrait plus. Quelques jours s'étaient écoulés sans que je fusse retourné chez madame Montinella ; elle ne m'avait rien fait dire : ce silence me parut inquiétant ; mais, en y réfléchissant davantage, je crus devoir m'expliquer cette indifférence. — Peut-être, me dis-je, ne pense-t-elle plus à moi : s'il en était ainsi, je serais encore trop heureux d'en être quitte à si bon marché. » Hélas ! j'étais bien loin de mon compte.

» Un matin, je reçois de M. Desmarest, chef de la première division au ministère de la police, une invitation de passer le plus tôt possible à son cabinet, « pour affaire importante et qui me regarde personnellement. » Tel était le texte du billet. Surpris de ce message, je m'empresse d'aller au ministère. M. Desmarest me reçoit poliment, mais il me prévient que je viens d'être dénoncé au ministre de la police comme agent secret de Charles IV, que l'empereur retient à Valençay.

» Cette accusation, tout absurde qu'elle est, me fait trembler. Je la repousse avec chaleur.

— » Je suis très porté à vous croire, ajouta M. Desmarest, et cependant...

» A ces mots, je me récriai de plus belle.

— » Ecoutez, monsieur de ***, reprit avec beaucoup de calme le directeur de la police, vous avez été signalé comme entretenant une correspondance coupable avec un certain baron de Kolly que nous surveillons... Mais vous le connaissez !

— » Je n'ai même jamais entendu parler de ce baron.

— » Vraiment ! Cependant vous vous êtes trouvés souvent ensemble.

— » Je vous donne ma parole d'homme d'honneur que je ne sais seulement pas ce que vous voulez dire.

— » Allons, pourquoi dissimuler, puisque vous avez pour accusateur une belle personne avec laquelle vous êtes au mieux... que vous voyez souvent et chez laquelle le baron est reçu?

» A ces mots, je ne pus retenir plus long-temps mon indignation.

— » Eh bien ! monsieur, dis-je aussitôt, qu'on me confronte avec cette personne, et quelle qu'elle soit, je vous réponds d'avance qu'elle n'osera soutenir devant moi son odieuse inculpation.

— » C'est madame Montinella. Vous la connaissez, n'est-ce pas ? Eh bien ! nous autres, nous la connaissons aussi.

» Je restai anéanti.

» Dolorès avait fait la folie de me dénoncer au ministre de la police comme un des acolytes du baron de Kolly, dont je lui avais en effet entendu prononcer le nom quelquefois, mais que je ne me rappelais pas avoir jamais rencontré chez elle. Mieux que cela, elle s'était engagée à fournir les preuves de mes intelligences avec lui, dans l'espérance de me perdre ou tout au moins de me faire emprisonner, pour être certaine que, pendant ce temps je ne pourrais lui faire d'infidélité.

» Comme vous le pensez bien, il me fut facile de prouver à M. Desmarest que cette dénonciation était absurde, et que la passion insensée de madame Montinella pour moi, sa jalousie inimaginable, l'avaient seule poussée jusqu'à me calomnier. Il me crut ; mais, en même temps, il m'engagea d'un ton tout paternel à rompre sans bruit ma liaison avec cette dame.

— » Voyez cependant à quoi vous vous êtes exposé, ajouta-t-il ; si son excellence (le duc de Rovigo) n'avait pas eu de ménagement pour vous et qu'il eût lancé un mandat d'amener à votre nom, comme on eût dû le faire pour tout autre... Mais n'est-ce pas au ministre, autant que je l'ai ouï dire, que vous devez d'être entré au conseil d'État?

— » C'est vrai.

— » En ce cas, si vous tenez à conserver votre position, croyez-moi, monsieur de ***, Mme Montinella est une femme qui ne peut être que très dangereuse pour vous, je ne puis vous en dire davantage. Je n'ai pas besoin de vous engager à garder vis-à-vis d'elle le plus grand silence sur cet entretien ; vous en comprenez toute l'importance.

» À peine avais-je quitté M. Desmarest que je repassai dans ma mémoire tout ce qu'il m'avait dit. Je résolus d'agir de ruse, en faisant les premiers pas pour rentrer en grâce auprès de Dolorès. C'était une femme trop à craindre pour que je me hasardasse une seconde fois à rompre brusquement avec elle, et pour cela, j'y retournai le soir même avec l'air d'ignorer complétement sa dénonciation contre moi. Le lendemain, Dolorès ne songeait plus à tout ce qui s'était passé quelques jours auparavant ; mais moi je ne pouvais l'oublier aussi facilement. Il ne me manquait qu'une distraction nouvelle pour que je ne m'en occupasse plus : l'occasion se présenta bientôt.

» Ordinairement, c'est l'opposé de ce que l'on possède qui vous charme. Dolorès était une femme à passions brûlantes, je m'engouai d'une de ces jeunes filles blondes et languissantes dont tout le mérite ne consiste que dans des yeux bleus, la blancheur d'une peau de satin et une humeur égale : mais, toujours par mon système de prudence, je m'arrangeai de façon à ce que Mme Montinella ne pût même soupçonner ce nouveau passe-temps, en partageant également mon temps entre elles deux. Et puis, je dois l'avouer, en amour, j'ai toujours aimé les contrastes.

» Les choses allèrent ainsi pendant deux mois de la manière la plus paisible et la plus piquante à la fois ; mais un matin que j'étais allé chez Dolores, elle me dit qu'elle avait quelques emplettes à faire, sortit et me laissa seul dans son appartement, en s'engageant à revenir bientôt.

» Ce que m'avait dit M. Desmarest à son sujet me revint à l'esprit ; il me prit fantaisie d'éclaircir le fait. Je me mets donc à fureter dans un secrétaire auquel elle avait laissé la clé par mégarde ; car je n'avais jamais vu ce meuble ouvert, et je parvins à découvrir, dans le double fond d'un des tiroirs, une volumineuse correspondance, non seulement avec le duc de Rovigo, mais encore avec Fouché, son prédécesseur. Je vis clairement qu'il s'agissait entre ces deux ministres de la police et madame Montinella d'espionnage de salon.

» Cette découverte fut un trait de lumière. Je m'expliquai les conseils de M. Desmarest, et je pris le seul parti qui me convenait, celui de rompre immédiatement avec madame Montinella. J'avais beau jeu ; aussi je ne crus pas abuser de ma position en lui écrivant sur-le-champ en ces termes :

« Vous n'êtes qu'une espionne, j'en ai acquis la preuve irrécusable.
» Vous ne m'êtes plus qu'odieuse et vous ne me reverrez jamais. Je
» vous défends de remettre le pied chez moi. Si vous l'osiez, je vous
» déshonorerais publiquement pour ne pas me déshonorer moi-même. »

» Je remis ce billet cacheté à sa femme de chambre, en lui recommandant de le donner à sa maîtresse aussitôt qu'elle rentrerait, et je sortis ; car cette fois l'Espagnole n'avait pas songé à me mettre sous clé. A cette époque de l'empire, la société était infectée d'espionnes de bonne compagnie, comme Mme Montinella ; je doute cependant que toutes fussent aussi belles et eussent autant de séduction que cette femme dont l'existence et le train de maison cessèrent d'être une énigme pour moi. Voulant me distraire ce jour-là, j'allai passer la journée chez ma maîtresse.

» Le soir, je revenais lentement chez moi, le cœur rempli des émotions que m'avait laissées cette ravissante créature, il était près de minuit ; à peine entrais-je dans ma chambre à coucher que ces mots : « Le voilà donc enfin ! » prononcés d'une voix qui m'était familière, vinrent frapper mon oreille. A la faible lueur de la bougie que je tenais à la main, je reconnais Dolores assise sur ma causeuse : la vue de cette femme, chez moi, à pareille heure, me fait frissonner.

— » Comment ! m'écriai-je, vous ici ?

» Et malgré moi je considérai cette figure pâle sur laquelle les larmes avaient tracé leur route brillante ; cette physionomie si expressive de repentir, d'amour et de douleur. Elle faillit un moment me faire abandonner la résolution que je venais de prendre. Mais à peine eus-je fait quelques pas qu'elle vint tout éperdue se jeter à mes pieds en s'écriant :

— » Pardon ! pardon !

» Et elle embrassa mes genoux.

— » Laissez-moi, madame, lui dis-je d'un ton impératif, et sortez d'ici.
— » Ah ! pitié pour moi, pitié...
— » Si vous demeurez ainsi, repris-je, c'est moi qui m'en irai.
— » J'aime mieux mourir à cette place.
— » Alors c'est à moi de l'abandonner : je pars.
— » Si tu me quittes, je me tue ; mais mourir, ajouta-t-elle d'une voix tremblante, moi qui t'aime tant ; car, tu le sais, mourir haïe, détestée de toi, c'est impossible.
» Et elle saisissait mes mains qu'elle couvrait de larmes et de baisers.
— » Regarde-moi, continua-t-elle du ton le plus suppliant, pardonne, aie pitié de celle qui donnerait mille fois sa vie pour toi.
— » Non, jamais !
— »Et comme je la repoussais plus durement encore, elle se releva avec vivacité, courut se rouler sur le tapis de mon cabinet, en tâchant de s'étrangler avec son écharpe qu'elle avait roulée autour de son cou.
» Ses cheveux étaient épars, ses épaules presque nues ; elle se tordait, en proie au plus violent désespoir... Que vous dirai-je ? je ne fus plus maître de moi, mes résolutions m'abandonnèrent ; je pardonnai et j'oubliai tout, jusqu'à la pauvre amie que j'avais quittée il n'y avait qu'un instant.

» Cependant Mme Montinella, jalouse par instinct, ombrageuse et défiante par habitude, se douta bientôt de la vérité ; me voyant rêveur et distrait lorsque j'étais près d'elle, et ne pouvant en deviner la cause, elle voulut des explications ; malheureusement mes réponses embarrassées confirmèrent presque une crainte qui chez elle n'était encore qu'un soupçon.
— » Ecoute ! me dit-elle un soir que j'étais assis à côté d'elle plus triste que de coutume, je t'aime par dessus tout, je t'aime uniquement ; si tu me trompes, prends garde à toi et ta... complice, tu ne sais pas ce dont je suis capable.
» Puis, s'attendrissant tout à coup et passant de la menace à la prière :
— » Mon amour, reprit-elle en m'enlaçant de ses bras, je t'en supplie, ne paie pas d'ingratitude la passion la plus vive et la plus vraie que jamais homme ait inspirée à une pauvre femme comme moi. Aurais-tu le courage de détruire mon bonheur, d'oublier tous les sermens que tu m'as faits ?
» Je rassurai Dolores en tâchant de lui faire comprendre qu'il n'y avait rien d'éternel sur la terre. Je cherchai même à lui prouver qu'elle était assez riche pour se procurer tous les bonheurs de la vie, lors même que celui de l'amour serait passé chez moi ; cette idée la mit en fureur.
— » Crois-tu donc, me répliqua-t-elle avec exaltation, que l'on puisse jamais compenser pour moi le malheur de me voir abandonnée de toi ? Eh bien ! juges-en...
» Et se précipitant sur un petit portefeuille et l'ouvrant avec précipitation, elle offrit à ma vue une liasse de billets de banque, en ajoutant :
— » Tiens, regarde !
» Et elle jeta le paquet au feu.

» Je m'élançai pour sauver ces billets qui étaient peut-être sa fortune : il n'était plus temps ; la flamme avait tout dévoré.

» Alors, avec ce sourire amer qui peignait toute la violence de la passion, Dolorès continua :

— » Abandonne-moi maintenant si tu l'oses ; me voilà pauvre ; tu vois si l'or a pour moi le même prix que ton cœur.

» A ces mots, je restai stupéfait. Je vous le demande, poursuivit mon ami, n'est-il pas désolant d'être aimé de la sorte ?

» Ce fut dès ce moment que je compris de quelle importance il était pour moi, pour mon amie, d'éloigner de l'esprit de Mme Montinella jusqu'au moindre soupçon de notre liaison. Malheureusement, j'oubliai peu à peu le plan de conduite que je m'étais tracé ; et Dolores, vigilante comme le sont les Espagnoles lorsqu'il s'agit d'affaires de cœur, me fit épier, gagna mon domestique, et découvrit bientôt qu'elle avait une rivale dont elle ne tarda pas à connaître le nom et la demeure. Une fois instruite de toutes les particularités de ce qu'elle appelait *mon infamie*, elle ne songea plus qu'à assurer sa vengeance : elle fut épouvantable.

» Quinze jours s'étaient écoulés sans que je me fusse présenté chez Mme Montinella : c'était la première fois qu'il m'arrivait de faire une si longue absence. Ces quinze jours, je les avais passés auprès de ma maîtresse, qui justifiait de plus en plus le sentiment qu'elle m'avait inspiré. Un jour que je l'avais quittée plus tôt qu'à l'ordinaire, en lui exprimant le regret de ne pouvoir la revoir le soir, (j'allais à un bal que donnait le ministre de l'intérieur), à neuf heures, en rentrant chez moi pour changer de costume, je trouve un billet de Dolores, qui m'invitait gracieusement à venir souper en tête-à-tête avec elle à onze heures. Un *post-scriptum* me recommandait d'être exact.

— » Allons, pensai-je, encore des explications, des prières, des menaces ! Soumettons-nous : j'irai au bal une heure plus tard.

» Arrivé chez madame Montinella à l'heure prescrite, je ne la trouve pas, le spectacle devait être fini.

» Dans la crainte de nous croiser en route, je ne voulus pas aller au devant d'elle, et je l'attendis. A peine un quart d'heure s'était-il écoulé que Dolores rentre. Ses traits sont bouleversés, elle est dans un état de trouble extraordinaire, et pourtant elle ne m'adresse aucune parole désobligeante, ne me fait aucun reproche ; seulement elle me presse d'un ton singulier de nous mettre à table. Pendant ce triste souper, il ne fut débité de part et d'autre que des lieux communs. Cependant je ne pus m'empêcher de remarquer qu'elle parlait beaucoup en gesticulant d'une façon qui avait quelque chose d'étrange. Cette collation étant achevée, Dolores, qui n'avait rien mangé, se lève, va pousser les verroux des portes, et d'un accent solennel :

— » Tu l'as voulu, me dit-elle, tout est fini ! Je viens de la tuer. Je lui ai plongé un couteau dans le cœur. J'ai entendu son dernier soupir ; et, afin que tu n'en puisses douter, j'ai un témoin que tu ne récuseras pas, je l'espère.

» Et, cherchant dans un mouchoir tout tacheté de sang, elle jette une bague qu'elle m'avait donnée jadis, et que mon amie m'avait prise, il y avait quelques jours, en badinant.

» A cette vue, je reculai d'horreur et, ne pouvant maîtriser un premier mouvement, je renversai la table chargée de porcelaines et de cristaux ; les yeux de l'Espagnole brillèrent d'une joie féroce.

— » Tu la reconnais donc, cette bague ? s'écria-t-elle.

— » Ah! furie de l'enfer! m'écriai-je à mon tour, tu as pu commettre ce meurtre abominable? Va! l'échafaud me fera raison de cette atrocité.

— » L'échafaud! répéta-t-elle avec un rire d'aliénée... Tu me crois donc bien peu prévoyante ! Vois-tu ces deux verres brisés? nous y avons bu la mort tout à l'heure : toi, sans le savoir ; moi volontairement.

— » Comment !...

— » Oui, c'est moi qui ai préparé le poison et qui te l'ai versé. Dans quelques heures ton cœur et le mien auront cessé de battre.

» Le bruit que la table avait fait en tombant avait attiré l'attention des domestiques de Dolores ; bien que ses gens fussent familiarisés avec ces sortes de scènes, les mots de *sang*, de *poison*, d'*échafaud* les avaient effrayés, car ils avaient écouté aux portes et, craignant cette fois que leur maîtresse ne se portât à quelque acte homicide sur ma personne, les uns avaient été quérir l'autorité, tandis que les autres avaient enfoncé la porte de la pièce où nous étions et s'y étaient précipités pour venir à mon secours.

— Je profitai du tumulte pour m'esquiver et rentrer chez moi en toute hâte. Je n'avais pas un instant à perdre. Grâce aux soins que me prodigua un médecin, et à ma bonne constitution, j'eus le bonheur de survivre à cette affreuse aventure. Il n'en fut pas de même de Mme Montinella. Elle mourut dans la même nuit, au milieu de convulsions et en proie à des souffrances inouïes. Mon nom fut le dernier mot qu'elle prononça en expirant. Cet événement, comme vous devez bien le penser, fit grand bruit dans les salons de Paris. Huit jours après je reçus du comte Boulay une lettre qui m'engageait à donner ma démission d'auditeur au conseil d'État, et me conseillait d'aller faire un voyage en Italie *pour y rétablir ma santé*. Je compris parfaitement ma position, et je m'exécutai de bonne grâce.

» Le jour où j'allai à la préfecture de police prendre mon passeport, la première personne que je rencontrai dans la cour fut M. Desmarest.

— » Eh bien! monsieur de ***, me dit-il en m'abordant, ne vous avais-je pas prédit en quelque sorte ce qui vous arrive aujourd'hui ? Vous n'avez pas voulu me croire.

» Je ne lui répondis pas cette fois, parce que je n'aurais su que lui dire pour me justifier. Deux jours après je partis pour l'Italie... Ce n'est que depuis trois mois seulement que je suis revenu à Paris. »

Ici M. de *** cessa de parler et resta quelque temps comme absorbé dans ses réflexions, les yeux toujours fixés sur le petit billet de la dame espagnole, qu'il avait constamment tenu dans ses doigts tout le temps qu'avait duré son récit.

— Maintenant, lui demandai-je après un silence, m'expliquerez-vous quel rapport peut exister entre cette dame Montinella, morte depuis long-temps, et celle qui vous donne ce rendez-vous?

A ces mots, mon ami sembla sortir d'un rêve, et me regardant d'un air préoccupé :

— Ce rapport est bien simple, me répondit-il en me montrant la petite lettre : la femme qui m'écrit ceci est la plus jeune sœur de Mme Montinella.

— Grand Dieu ! m'écriai-je en me levant brusquement du banc sur lequel nous étions restés assis; mais il ne vous faut jamais revoir cette femme.

— C'est bien mon intention, reprit M. de ***; cependant, toute réflexion faite, je vais lui répondre...

— Que vous ne pouvez accepter son rendez-vous ?...

— Au contraire ; mais ce n'est que par politesse.

— Mon cher, lui dis-je alors en lui serrant la main, vous êtes incorrigible...

— J'en ai peur, fut la seule réponse que me fit M. de *** en hochant la tête.

VIII

Le prix de la course.

J'allais rendre une visite au général ..., visite d'un estomac reconnaissant s'il en fut, car j'avais dîné chez lui. J'étais ce qu'on appelle en tenue. Il me fallait pour ainsi dire, traverser Paris. Malgré ma qualité d'homme de lettres, je dédaignai le vulgaire omnibus pour m'élancer dans un cabriolet de régie, et, jetant négligemment à mon cocher la rue et le numéro de mon amphitryon, j'appuyai ma tête sur un des coussins de peau de mouton de la voiture, ou plutôt j'égarai mes réflexions dans ce dédale de pensées qui courent les unes après les autres sans suite et sans liaison, et qu'on appelle l'imagination.

Un cahot malencontreux me tira de ma rêverie. En revenant à la vie réelle, je portai mon attention sur mon conducteur que jusque-là mes yeux avaient à peine effleuré. Son aspect me frappa. Une longue redingote bleue de drap fin, à la boutonnière de laquelle brillait un petit morceau de ruban rouge ; un chapeau dont rien n'attestait les trop longs services ni les droits à la retraite ; en un mot, ce que nous appelons une mise d'honnête homme, le distinguait de la foule de ses collègues. Plus je l'examinais et plus je trouvais son extérieur peu en rapport avec l'état qu'il exerçait. Une physionomie noble et régulière, animée de franchise, un œil vif et plein de feu, des cheveux noirs que nuançaient déjà quelques blancs, ramenés avec une sorte de coquetterie sur les tempes, trahissaient un homme qui avait respiré un air plus pur, habité une région atmosphérique plus élevée. La fortune, sans doute, avait placé cet homme plus haut dans l'échelle sociale : évidemment son éducation ne l'avait pas attaché aux rênes d'un cheval de cabriolet de place. Ma curiosité étant vivement excitée, j'engageai la conversation.

Une question sur l'état du commerce, sur la circulation des voitures, amena une autre question : bref, payant à la mode et au goût du jour le tribut obligé, bientôt nous parlâmes du choléra.

— Le choléra, me dit mon conducteur avec un regard plein d'une mâle assurance, on prétend qu'il revient ; mais je l'attends de pied ferme. Les balles et les boulets m'auraient-ils épargné pendant vingt ans pour me laisser tomber devant un semblable pékin !...

A ce mot expressif et caractéristique du vieux militaire, prononcé avec un accent marqué, ma curiosité fut un peu décontenancée. Le récit d'une bataille, la prise d'une ville à écouter, peste ! c'est long, surtout lorsque l'ennemi a la maladresse de défendre le terrain pied à pied. J'arrêtai donc là mes questions, tout en examinant bien cette figure, belle d'un feu martial.

Un escadron de cuirassiers vint à passer. A cette vue, la physionomie de mon conducteur s'anime ; le sang remonte à ses joues légèrement pâles : son œil lance un éclair.

— Beau régiment ! lui dis-je.

— Oh ! si vous l'aviez vu lorsque ma compagnie défilait sous le soleil d'Espagne ou d'Italie !

— Vous commandiez une compagnie ? lui demandai-je avec une inflexion de voix involontaire qui dénotait ma surprise.

— A Wagram, sur le champ de bataille; à Smolensk la croix que vous voyez, et à Toulouse le coup de lance qui m'a forcé de quitter le service.

— Et maintenant vous...

Il ne me laissa pas achever; et comprenant ma pensée, il m'interrompit en disant :

— Et maintenant j'en suis réduit à conduire ce cabriolet ; n'est-ce pas, monsieur ? A la première vue, cela paraît assez drôle : mais si vous voulez m'écouter un instant, vous verrez que ce qui vous paraît si bizarre est cependant tout naturel.

— Volontiers, mon brave. Je vous écoute.

Et dès ce moment je fus tout oreilles.

—

— Le coup de lance dont je vous ai parlé tout à l'heure, poursuivit mon conducteur, me forçant à la retraite, je demandai et j'obtins mon congé : 1,200 fr. de pension et 250 fr. attachés à ma croix formaient ma petite pacotille. Je bivouaquai quelque temps comme un bon bourgeois, bien nourri, bien étoffé, badaudant à l'aise, atteignant le dernier jour de l'année léger à peu près comme un sous-lieutenant d'infanterie qui attend la solde du mois. Ma blessure me faisait toujours souffrir. Souvent j'éprouvais des palpitations à me faire étouffer comme un amoureux, ajouta-t-il en me regardant avec un sourire ; cependant cela me taquinait; je voulais en finir. J'allai consulter un médecin fameux, qui (disait mon domestique, vieux soldat comme moi, et au fait des réputations par la portière, dont il avait l'oreille) tirait plus de sang dans une année que les hommes de ma compagnie en perdirent dans vingt campagnes; ce n'était pas le plus sûr de l'affaire ; mais c'est égal, passons là-dessus. Depuis que mon *grognard* l'avait vu séparer une jambe du corps avec autant de dextérité que de sang-froid que lui une tête de Cosaque, il ne tarissait pas en éloges. Il me guérirait à coup sûr ; tout Paris citait ses cures merveilleuses : il s'appelait Dupuytren... Mais, monsieur, vous devez le connaître ?

— Oui, lui répondis-je, de réputation seulement.

— Eh bien ! n'importe, reprit le narrateur en m'adressant un sourire affectueux.

Il m'ordonna de prendre de l'exercice, et surtout de faire souvent usage de voiture ; le moyen de rotation pouvait seul me soulager. J'essayai ; c'est un moyen comme un autre. Je m'en trouvai bien. La bourse seule ne disait pas de même ; cinq francs par jour pour voiturer trois heures mon individu était un remède pire que le mal. La fin du mois arriva, je fis le compte : impossible de suivre plus long-temps ce traitement, mon budget s'y opposait ; il fallait se rendre. J'assemblai le conseil : c'était mon vieux domestique et moi.

— Bertrand, que faire ? lui demandai-je.

— Dame, mon capitaine, à votre place, je ferais payer le pékin, et je me promènerais à ses dépens.

Cette idée fut pour moi un trait de lumière.

L'amour-propre, le respect humain, bah ! j'envoyai tout cela à l'ambulance. L'idée était bonne ; puis la nécessité l'appuyait.

Mon projet fut bientôt arrêté et mis à exécution. J'achetai deux cabriolets tout équipés, et, mon grognard et moi, nous voilà tous deux de planton, faisant patrouille toute la journée dans Paris, comptant à droite, à gauche, et rapportant tous les soirs à la caserne, avec le plaisir gratuit de la promenade, la paie de la journée. Malheureusement le commerce allait en conscrit qui va rejoindre son régiment. La fortune commençait à battre en retraite. J'avais deux enfans, je ne vous ai pas encore dit cela, monsieur ; que faire ?

Cette réflexion me poursuivit pendant trois mois, me suivant partout avec la même assiduité que mon vieux général suivait l'armée anglaise. Les fonds baissaient singulièrement, je me désespérais. Enfin, le temps revint au beau.

Un beau jour, un monsieur réclame les jambes de mon cheval, bel andalou ruiné sur le train de devant, mais qui ne marchait pas mal encore de ses jambes de derrière.

— Où allons-nous, monsieur ?

— Aux Tuileries, me répondit-il sèchement.

Je me rappelle maintenant qu'il avait une drôle de voix en me disant cela.

— Marche, Coco ! m'écriai-je.

Et nous voilà partis.

La conversation s'engage. Il m'interroge, je ne me fais pas prier pour répondre. Ma narration paraît l'intéresser. Plusieurs fois il me fait répéter mon nom, celui de mon colonel, le numéro de mon régiment et autres petits détails. Nous voilà arrivés à la grille des Tuileries, place du Carrousel.

— Ho ! là là, Coco !... Nous sommes arrivés, monsieur.

— Pas encore, me dit-il en souriant. Entrez, entrez.

— Vous ne savez donc pas que l'on n'entre pas ici. Il n'y a que les voitures bourgeoises ; c'est la consigne, et là-dessus, voyez-vous...

— Entrez, entrez toujours, mon brave, je réponds de tout.

Je le regardais avec de grands yeux fixes d'étonnement et d'incrédulité ; je pousse mon cheval. La sentinelle, qui d'abord s'était mise devant pour nous barrer le passage, nous laisse entrer ; nous voilà dans la cour.

— Ah ça ! dis-je à part moi, il y a quelque chose là-dessous. Boûler la consigne, il faut pour cela un ordre supérieur.

Et je considérais mon voisin. Sa physionomie ouverte et spirituelle était animée d'un petit air de bienveillance et de malice que je ne saurais vous rendre. Je m'arrêtai au pavillon de l'Horloge.

— C'est ici, monsieur, lui dis-je.

— Oui, c'est bien, mon brave.

Mon inconnu descend, tire un double napoléon de sa poche, et me le remet en ajoutant avec un petit air sournois :

— Capitaine, je me souviendrai de votre numéro.

Il avait déjà escaladé la moitié des marches du grand escalier que j'étais encore là, le suivant du regard, les bras pendans, ma pièce d'or à la main, perdu dans un régiment d'idées à ne plus savoir laquelle choisir.

Comme on ne peut pas toujours réfléchir, je ferme mon cabriolet et je touche Coco. En levant les yeux, j'aperçus à une fenêtre mon inconnu qui me suivait des yeux. Oh ! je le vois encore, il souriait. Moi, je portai la main à mon chapeau, il se retira.

— Quel est donc ce monsieur? demandai-je à la sentinelle d'un air mystérieux.

— Quoi! vous ne le connaissez pas? c'est un ministre.

— Un ministre, mille escadrons! quarante francs pour une course, il faut que ce soit le ministre des finances.

Et involontairement j'ôtais encore mon chapeau, croyant avoir à mes côtés un ministre.

— Vous ne l'avez donc pas vu me faire signe de vous laisser passer? ajouta la sentinelle.

— Ma foi non, lui répondis-je.

Et je revins chez moi tout fier et tout ébahi de ma rencontre.

Deux jours se passent; le troisième, j'allais partir pour ma promenade ordinaire, lorsque deux cabriolets s'arrêtèrent à ma porte. Un monsieur en habit noir en descend.

— Le capitaine... Vatel? me demande-t-il.

— C'est moi, monsieur.

— Charmé de vous trouver, capitaine : je suis chargé de vous remettre ce billet de banque et ces deux cabriolets; ils sont à vous. Acceptez-les de bon cœur de la part d'un ami des braves, heureux de pouvoir ainsi leur témoigner son estime.

Les bras me tombèrent des mains. Je ne pouvais revenir de ma surprise. Je me confondais en remercîmens, en excuses. Mon cœur battait la générale; je ne savais comment exprimer les sentimens qui débordaient.

— Celui qui m'envoie, ajoute l'inconnu, ne veut d'autre reconnaissance que celle du cœur d'un brave. Il a voulu vous prouver qu'il était homme de parole, et qu'il n'avait pas oublié votre nom.

A ces mots il me quitta. J'étais pétrifié. Les deux cabriolets étaient restés à ma porte.

— Eh bien! capitaine, me dit en ricanant mon domestique, je vous avais bien dit que la fortune nous tomberait sur la *coloquinte* comme une fusée à la congrève.

— C'est vrai, Bertrand, c'est vrai; mais de la part d'un ministre qui veut garder l'incognito, c'est étonnant.

Depuis lors, les affaires vont au mieux. J'ai adjoint à notre petite escouade deux vieux troubadours comme moi, que j'ai pris à mon service.

— Ah ça! leur ai-je dit, enfans de la discipline, je suis toujours votre chef; de la conduite, de la tenue, et la paie augmentera; autrement, réformé sans réclamations.

L'allocution a produit son effet, l'escadron est inébranlable sur la consigne.

Tous les ans je mets de côté quelques petits rouleaux. Ma fille commande le ménage; mon fils est bientôt en âge de s'établir : sous-lieutenant dans mon ancien régiment, il attend le moment de transférer l'épaulette de droite à gauche. Une fois le grade obtenu, il se marie, prend une bonne femme, et je lui compte une petite dot. Puis viendra le tour de ma fille; car voyez-vous, monsieur, je suis pour qu'on se marie, moi! Je n'aime pas tous ces paresseux de célibataires. Comme vous voyez, j'ai remis ma vieille croix à ma boutonnière; depuis Waterloo, je ne la portais plus; mais quelle que soit la direction du vent qui fasse tourner la girouette politique, je la porterai toujours, attendu que je l'ai vue sur la poitrine de mon bienfaiteur, que je n'oublierai jamais.

— Vous avez donc enfin appris le nom de ce ministre? demandai-je curieusement à mon conducteur.

— Certainement, monsieur.

— Et... vous l'avez revu?

— Jamais!

— Vous avez eu tort, répliquai-je en souriant; un ministre de cette trempe eût été, pour vous, une bonne connaissance à ne pas perdre.

— Hélas! monsieur, c'est vrai; mais, par le temps qui court, il était trop honnête homme pour garder long-temps son emploi.

— Mais encore, ajoutai-je, auriez-vous eu le temps de profiter de sa position.

— Impossible, monsieur.

— Et pourquoi?

— Parce qu'il ne fut ministre que pendant vingt-quatre heures.

— C'est le duc de Bassano, m'écriai-je.

— Monsieur, vous l'avez dit.

Coco, qui avait profité du feu de la narration pour ralentir sa marche et se prélasser à l'aise, sentit le fouet, et reprit son trot favori, maximum de sa célérité. Bientôt j'arrivai à ma destination.

— Au revoir, mon brave, dis-je à mon cocher; je vous remercie, capitaine.

Et comme je ne suis ni duc, ni ministre, et qu'il y a gros à parier que je ne serai jamais l'un ou même l'autre, je ne donnai pas à mon conducteur un double napoléon pour prix de sa course; je la lui payai sur le tarif ordinaire, parfaitement en harmonie avec la situation de ma bourse; mais, en revanche, je lui serrai la main avec la plus franche cordialité, en lui promettant de ne jamais oublier non plus cette histoire.

J'ai fidèlement tenu ma parole.

IX

Une mission diplomatique.

C'était le 11 janvier 1837, dans l'église de Rueil. Un majestueux catafalque s'élevait au milieu du chœur, tendu de noires draperies, sur lesquelles se détachaient des H surmontés d'une couronne royale. La pompe du clergé, l'assistance nombreuse et choisie, la douleur empreinte sur tous les visages, et les larmes qui coulaient silencieusement sur quelques uns, attestaient que des circonstances extraordinaires motivaient cette solennité mortuaire.

En effet, on allait célébrer le service funèbre de la reine Hortense.

Je m'étais mêlé à la foule des anciens serviteurs de la famille impériale qui se pressait à l'entrée du chœur, et mes regards avides, fixés dans la profondeur d'une des tribunes élevées en gradins de chaque côté de l'autel, je contemplais, dis-je, avec un recueillement mêlé d'admiration, les traits d'une femme qui, elle aussi, avait été reine autrefois, mais que les soucis, les peines de l'âme et la proscription avaient flétrie avant l'âge.

— Que regardez-vous donc avec tant d'attention dans cette tribune? me dit à demi-voix quelqu'un qui était placé derrière moi, en me touchant légèrement l'épaule.

Je tourne la tête... C'était M. de ***, ancien conseiller d'État, que jadis l'empereur avait chargé de plusieurs missions délicates. Bien que je ne l'eusse pas vu depuis plus de vingt ans, je le reconnus parfaitement.

— C'est la comtesse de Lipona, lui répondis-je, après lui avoir serré la main comme à une ancienne connaissance. Tenez! l'apercevez-vous là-bas, avec son grand chapeau de crêpe noir et sa figure si noble et si pâle?...

— Oui, ma foi!... C'est bien elle; je la reconnais... Que de souvenirs!...

En disant ces mots, M. de *** avait levé les yeux et laissé échapper un gros soupir.

— Au fait, repris-je, plus que personne vous devez vous rappeler l'auguste veuve de Murat, ce géant de nos batailles; n'étiez-vous pas en Italie en 1813 et 1814?

— Hélas! oui, fit encore M. de ***.

— Est-ce que vous avez jamais eu la pensée de... *rappeler* vos souvenirs?...

Et j'appuyai sur ce mot pour lui donner une signification qu'il devina facilement.

— Pardonnez-moi, reprit-il en me lançant à son tour un coup d'œil où il entrait plus de bienveillance que de malice; mais je vous avouerai que je suis devenu si paresseux, depuis que je suis rentré dans la vie commune, que je ne m'en suis jamais senti le courage ou plutôt je n'en aurais pas la patience.

— Contez-les-moi donc un jour; je m'offre d'être votre secrétaire.

— *Intime*, n'est-ce pas?... Eh bien! peut-être... En attendant, si vous voulez, après la cérémonie, accepter une place dans ma voiture, je vous ramènerai à Paris, nous causerons un peu; je vous dirai l'histoire de ma dernière mission; mais à la condition que vous n'en abuserez pas; vous comprenez? ajouta M. de *** en posant l'index sur sa bouche.

— Je vous promets que...

Je fus tout à coup interrompu par les sons mélancoliques de l'orgue, auxquels se mêlèrent bientôt une musique grave et des voix d'enfans. Ils envoyaient à Dieu de ferventes et mélodieuses prières pour celle qui, bien que malheureuse toute sa vie, avait constamment prié pour le bonheur des autres : le service de la reine commençait. Lorsqu'il fut achevé, M. de *** et moi sortîmes de l'église, le cœur serré et l'âme profondément émue par l'imposante cérémonie à laquelle nous venions d'assister et les poignantes réflexions qu'elle faisait naître. M. de *** et moi montâmes en voiture sans mot dire, et lorsque nous fûmes un peu remis de notre émotion, il commença ainsi :

« — C'était, je crois, vers la fin du mois de mars 1811, et peu de jours après la naissance du roi de Rome. Je passais un matin dans une des avenues des Champs-Elysées qui longent les jardins des hôtels du faubourg Saint-Honoré, lorsque je fus accosté par Murat, que je n'avais pas vu venir à moi. Il était venu à Paris pour assister aux couches de Marie-Louise. Il était seul et vêtu d'une longue redingote bleue taillée à peu près comme celles que portaient ordinairement les officiers-généraux de la garde, lorsqu'ils n'étaient point de service. Je le rencontrai positivement à la hauteur des jardins de sa belle-sœur, la princesse Borghèse.

— Eh bien! monsieur de ***, me dit-il après un premier échange de politesses usuelles; eh bien! que faites-vous maintenant?

Je lui racontai comment, ayant été placé par l'empereur, d'abord au conseil d'État, puis ensuite à une préfecture, Sa Majesté n'avait point tenu la promesse qu'elle m'avait faite de m'appeler au sénat.

Je vois encore la belle et noble figure de Joachim, lorsque, l'ayant traité de sire et de majesté, il reprit :

— Allons donc, mon cher, est-ce que nous ne sommes plus d'anciens amis? (Car il faut rendre cette justice au roi de Naples, il ne fit jamais le roi qu'avec ses serviteurs et les personnes qui ne l'avaient point connu, comme moi.) L'empereur, continua-t-il, vous a oublié... Et qui n'oublie-t-il pas? Son indifférence vaut mieux quelquefois que sa faveur; car il la fait payer cher sa faveur! J'en sais quelque chose, moi.

N'ayant rien répondu à cette espèce de boutade, Murat passa familièrement son bras sous le mien, et baissant un peu la voix tout en marchant doucement :

— Tenez, mon cher, à vous que je connais, continua-t-il, je puis faire ma profession de foi. Il crie bien haut qu'il nous a faits rois; mais, n'est-ce pas nous qui l'avons fait empereur? Mon épée, mon sang, ma vie sont à l'empereur; qu'il m'appelle sur un champ de bataille pour combattre ses ennemis et ceux de la France, je ne suis plus roi, je redeviens maréchal de l'empire; mais, par exemple, qu'il ne m'en demande pas plus. A Naples, à Naples, je veux être roi de Naples, et je ne prétends pas sacrifier à sa politique, qui n'est pas toujours juste, soit dit entre nous, l'existence, le bien-être et les intérêts de mes sujets... Il ne me traiterait pas, moi, comme il vient de traiter Louis; je défendrais, s'il le fallait, contre lui-même, les droits du peuple dont il m'a donné le gouvernement. Ne suis-je donc à ses yeux qu'un roi d'avant-garde?

Ce mot de Murat me parut remarquable dans sa bouche, lui qui avait toujours été à l'avant-garde de notre armée, et qui exprimait, selon moi, d'une manière si heureuse l'analogie qu'il y avait entre lui roi, et lui soldat. Je me promenai avec lui pendant plus d'une heure et demi. Il ne me laissa point ignorer, dans cette conversation tout intime, les petits griefs qu'il nourrissait contre son beau-frère; il lui reprochait, entre autres, de l'avoir mis souvent en avant, et de l'avoir abandonné ensuite.

— Quand j'arrivai à Naples, me dit-il encore, on m'avait annoncé que je serais assassiné. Comment me suis-je conduit? J'ai fait mon entrée au milieu des Napolitains, seul, en plein jour, dans une calèche découverte, et j'aurais mieux aimé être assassiné le premier jour, que de vivre sans cesse avec la crainte de l'être. Personne assurément n'y a pensé; maintenant je connais ce peuple-là mieux que lui. Je me doute bien de ce que voudrait l'empereur : depuis qu'il a un fils auquel il a donné le titre de roi de Rome, il se flatte, dans son arrière-pensée, que la couronne de Naples n'est qu'un dépôt sur ma tête; il ne regarde Naples que comme une annexe future au royaume de Rome, dans lequel son projet, que je devine, est d'englober toute l'Italie. Eh bien! mon cher monsieur de ***, l'empereur se trompe, il compte sans son hôte; c'est moi qui vous le dis; et s'il me poussait à bout, ou je saurais bien l'en empêcher, ou je succomberais; mais alors ce serait les armes à la main, en roi qui défend son trône, entendez-vous bien, mon cher!...

Et en prononçant ces mots, Murat me pressait le bras à me faire crier. Sa voix était arrivée à un diapazon qui ne lui était point ordinaire, le feu lui était monté au visage: il était vraiment beau!... Je fis taire son enthousiasme, et j'eus la prudence, ou tout au moins la discrétion de ne pas lui dire qu'il pourrait bien avoir deviné le plan de l'empereur et ses projets sur l'Italie. Nous nous quittâmes enfin, après qu'il m'eut vivement engagé à aller le voir: ce que je me gardai bien de faire; comme si déjà j'eusse eu un pressentiment de ce qui devait m'arriver deux ans plus tard, c'est-à-dire vers le milieu du mois d'octobre 1813, qu'un ordre de l'empereur m'enleva de Paris pour m'envoyer justement en Italie, chargé d'une mission pour ce même Murat, roi de Naples. Voici comment les choses s'entamèrent:

Je reçus un matin un message de l'archi-chancelier, qui m'invitait à me rendre à son hôtel dans la matinée: je n'y manquai pas.

— Mon cher monsieur de ***, me dit Cambacérès dès que je fus introduit dans son cabinet, l'empereur a besoin de vous dans les circonstances présentes. Il connaît vos idées, il apprécie votre dévouement, on lui mande, d'au delà des Alpes, des choses qui lui font une vive peine. On lui fait craindre des... trahisons de la part même de sa famille; cela le tourmente. Il voudrait avoir sur les lieux une personne sûre, et il a jeté les yeux sur vous. Il veut vous parler lui-même, parce qu'il ne doute pas que vous ne soyez charmé de cette marque de confiance.

J'avoue que je le fus; je ne voyais aucune objection à faire, je n'étais pas insensible à la satisfaction d'aller visiter la belle Italie, que je ne connaissais que par tradition, et surtout d'y remplir un message au nom de mon souverain: ma réponse fut conforme à ma pensée, et Cambacérès s'en montra charmé.

— Nous sommes à une époque, ajouta-t-il, où il est important que les rangs se serrent; tout va mal, tout faillit autour de nous, et si dans la famille impériale il y a des malintentionnés, à qui désormais pourra-t-on se fier?

— Mais, repris-je, pourquoi l'empereur ne fait-il pas la paix?

— Je ne vous conseille pas de lui adresser cette question; sa réponse vous serait peut-être peu agréable; il croit sa gloire intéressée à combattre, il est à cheval sur cette idée, et il rêve la victoire, lorsque peut-être une suite de revers peut l'écraser.

Après ce colloque, nous nous rendîmes à Saint-Cloud, où Napoléon se trouvait en ce moment: il n'y était arrivé que depuis peu de jours seulement.

— Vous voilà? me dit-il; pourquoi venez-vous si rarement où l'on vous verrait toujours avec plaisir?

— Sire, lui répondis-je, c'est parce que l'homme ne fait jamais ce qu'il devrait faire.

— Vous avez raison, monsieur de ***, notre paresse ou notre amour-propre nous pousse souvent hors du chemin que nous avions à suivre. Nul ne le sait mieux que moi ; mais si vous n'êtes pas dans la foule de ceux qui m'obsèdent, je sais que l'on peut faire fond sur vos sentiments ; vous avez de l'honneur, et vous répondez à l'amitié que nous vous portons, moi et une autre personne qui me sera toujours chère.

L'empereur voulait parler de l'impératrice Joséphine.

Après l'avoir assuré de mon zèle et de ma fidélité :

—C'est bien, me répondit-il, je sais à quoi m'en tenir sur votre compte ; aussi veux-je vous charger d'une mission bien délicate. Vous allez vous rendre en Italie : vous verrez à Turin le prince Borghèse ; à Milan Eugène, s'il y est ; ma sœur à Florence ; Miollis à Rome, et Murat à Naples. Vous leur remettrez à chacun mes dépêches, vous causerez avec eux. Je veux que vous le fassiez avec franchise. Jamais ambassadeur n'aura plus particulièrement représenté ma personne. Ne soyez arrêté par aucune considération ; parlez comme je parlerais moi-même ; ne songez qu'à moi et nullement aux membres de ma famille. Je vous appuierai, lors même que vous feriez quelques bêtises... Vous voyez combien je vous donne carte blanche, ajouta l'empereur en souriant ; j'ai besoin qu'on me serve, en cette occasion, avec activité et sans restriction ; il faut que je sache à quoi m'en tenir positivement. Mandez-moi surtout la vérité ; il me la faut tout entière et sans ménagement. Je vous le répète, ne craignez rien, promettez, menacez, fâchez-vous s'il le faut ; questionnez surtout ; prenez-vous-y de toutes manières pour parvenir à découvrir ce que l'on voudrait me cacher. Ceci est de la plus haute importance. Vous aurez les pouvoirs les plus étendus pour vous faire obéir de toutes les autorités civiles et militaires, et, dans un cas de besoin extraordinaire, vous serez autorisé à vous revêtir du titre de mon mandataire.

—Votre Majesté, dis-je, en me plaçant dans une telle position, assume sur ma tête une terrible responsabilité ; mais n'importe, je ne reculerai pas : je tâcherai de répondre à ses vues, et de les remplir convenablement.

—Puissent tous ceux qui me servent se conduire avec la même loyauté ! Les circonstances sont graves, l'avenir est incertain... Quant à vous, mon cher monsieur de ***, vous partirez demain...

—Sire, je suis à vos ordres, fut ma réponse.

Le soir même, je reçus mes instructions et ma commission ; jamais il n'en fut de plus complète : je représentais véritablement le souverain sous une apparence modeste. Le lendemain matin je courus à la Malmaison prendre congé de Joséphine. Grâce à Dieu, cette excellente femme ne pouvait me reprocher mon abandon dans son malheur ; si j'avais approuvé le divorce dans l'intérêt général de l'État, je ne m'étais pas éloigné d'elle, et chaque semaine, au moins, j'allais lui faire ma cour. Je la trouvai fort attristée ; elle avait vu l'empereur deux jours auparavant, et elle ne pouvait éloigner de sa pensée l'idée que, tôt ou tard, quelque grande catastrophe éclaterait.

— Vous partez, me dit-elle d'une voix mélancolique ; tous mes amis s'éloignent de moi, afin de laisser plus de place à la mort qui s'avance.

— Ah ! madame, lui répondis-je, chassez cette funeste idée ; elle ne peut que vous faire mal.

Je sais ce que je dis ; mes jours sont comptés, ils finiront avec la prospérité de la France.

— Alors, madame, cela ne me surprendra point ; car vous êtes nécessaire à son bonheur.

Nous parlâmes ensuite du passé, et nous ne pûmes nous empêcher de jeter de pénibles regards sur l'avenir.

Après avoir pris congé de Joséphine, je me mis en route en m'acheminant à travers la Bourgogne. Je descendis à Lyon ; et suivant la route qui longe le Rhône, je passai par Aix, Marseille, Toulon, Fréjus, et enfin j'arrivai à Nice. Mes instructions me commandaient de voir, en passant, la princesse Pauline : je me fis annoncer. Elle me connaissait déjà, et d'ailleurs des lettres de Paris l'avaient avertie de mon arrivée. Je fus introduit sans aucune difficulté. Elle occupait, dans le faubourg de la Croix-de-Pierre, une maison assez élégante, mais très simple ; rien chez elle n'indiquait la grandeur impériale. Pauline avait de l'esprit, de la beauté, et possédait les plus nobles sentimens. Sincèrement attachée à son auguste frère, elle ne faiblit point aux heures de sa disgrâce ; elle le consola à l'île d'Elbe, et voulut aller pleurer auprès de lui sur le rocher de Sainte-Hélène. Des obstacles invincibles mirent une barrière à ce dévouement fraternel. Sa conversation au temps de sa prospérité était vive et enjouée ; elle tempérait sa dignité par un abandon gracieux ; elle aimait les arts, la littérature, les jugeait par elle-même et les jugeait bien. Ce n'est pas qu'il n'y eût en elle beaucoup de la jolie femme ; elle avait ses caprices, ses fantaisies et une piquante coquetterie embellissait toute sa personne ; mais sa santé ayant nécessité un climat plus doux que celui de l'Italie, elle avait été habiter Nice. Des douleurs morales, plus cuisantes que toutes les souffrances physiques, devaient bientôt l'atteindre et achever une existence qui n'était consacrée qu'à faire du bien aux autres.

Cette princesse n'était pas contente lorsque je la vis ; elle tâchait de s'étourdir sur les événemens à naître, et elle ne pouvait y parvenir. La flatterie l'environnait ; mais elle était souvent impuissante à lui déguiser la vérité, qui perçait à travers tout ce que l'on faisait pour la repousser. Elle ne me portait pas un intérêt assez direct pour qu'elle pût causer librement avec moi ; cependant elle m'en dit assez pour que je pusse connaître ce qui agitait son âme. Elle me demanda si je comptais aller à Turin. Je lui dis que c'était mon intention ; mais qu'auparavant je passerais par Gênes, où j'avais à remplir une mission particulière. Après quelques discours sans conséquence, je pris congé de cette sœur de l'empereur, que je ne devais plus revoir, et je partis pour Gênes.

Arrivé dans cette ville, je me logeai à *la Croix de Malte*, près de la place de Banco et non loin du port. Après m'être reposé pendant une journée, j'allai voir le sous-préfet, M. de Crosses, ancien auditeur, qui me conduisit chez le préfet du département : celui-ci me remit plusieurs lettres que le gouvernement me faisait adresser chez lui. Je trouvai, dans l'une d'elles, l'ordre formel de me rendre à Florence, toute affaire cessante, et de passer à Naples en brûlant Turin et Milan, que je ne devais visiter qu'à mon retour. Accompagné seulement d'un domestique, je partis, le 5 décembre 1813, l'esprit fatigué et rempli de sinistres pressentimens.

Arrivé à Pise, je voulais continuer ma route et aller à Florence, lorsque j'appris, par hasard, que la grande-duchesse, la princesse de Lucques, autre sœur de l'empereur, devait arriver dans cette ville vers midi. C'était en quelque sorte m'épargner la peine d'aller au devant d'elle. Cependant j'attendis au jour suivant à paraître devant son altesse impériale. Toutefois, le soir même, je lui avais fait remettre une lettre de créance de l'empereur, par M. de Lüchesini, son premier chambellan. Mon entrevue fut fixée au lendemain dix heures du matin ; on ne recevait pas les courtisans d'aussi bonne heure ; mais mon titre d'envoyé de l'empereur me donnait des droits que les autres n'avaient pas.

De toutes les sœurs de l'empereur, la grande-duchesse de Toscane était la moins jolie, et peut-être celle qui désirait davantage de le paraître ; elle donnait beaucoup de temps à sa toilette. Je sais de bonne source que, tandis qu'on la croyait occupée des grands intérêts de ses petits États, elle travaillait avec sa première femme de chambre à monter un bonnet élégant ou à méditer sur l'ondulation à donner à la queue d'une robe. Son mari, le prince Bacciochi, était brave sur le champ de bataille ; mais, partout ailleurs, il se montrait incapable de soutenir le rang incertain qui lui avait été accordé. Simple général de division à Florence, où il commandait militairement ; grand-duc à Lucques, sans y avoir aucune autorité, sa position était non moins bizarre que délicate ; il n'était enfin ni sujet, ni maître ; le commandement et l'obéissance ne lui étaient pas plus naturels l'un que l'autre ; c'était un grand enfant, un militaire de bonne mine, mais rien de plus ; l'empereur ne fut jamais heureux dans ses alliances de famille.

Élisa me demanda ce que je venais faire en Toscane ; je me gardai bien de lui avouer que j'avais la mission de surveiller sa conduite ; je lui dis simplement que l'empereur m'envoyait examiner l'état des affaires pour lui en rendre compte. Elle me parut inquiète de ma présence ; ses questions embarrassées, non moins que ses réponses, me firent craindre aussi qu'elle ne jouât pas franc jeu avec moi. Usant des moyens que e tenais de la puissance de l'empereur, je l'environnai de plusieurs agens chargés de veiller sur elle, sans entrer néanmoins en rapport avec M. Lagarde, directeur-général de la police en Toscane.

L'Italie, mal éclairée sur ses véritables intérêts, formait des vœux pour la chute de l'empire. Je ne sais ce que les Italiens pouvaient se promettre de notre abaissement, ils en attendaient leur grandeur et leur indépendance. C'était principalement dans les États du pape et dans la ci-devant Etrurie que l'on rencontrait les plus ardens ennemis de l'empereur ; mais, et comme c'est l'usage, ces mêmes hommes le flattaient avec une bassesse dégoûtante. Dans toutes les classes, on adressait à Dieu des vœux pour amener le complément de nos revers.

Lorsqu'on apprit à Gênes, le 7 novembre suivant, les détails désastreux de Leipsick, une terreur universelle saisit les Français et leurs adhérens, tandis que les anciennes familles génoises applaudirent à une calamité qui semblait leur promettre le retour de cette indépendance dont elles ne devaient plus jouir, grâce à la sainte-alliance et aux Autrichiens. On devait croire que Murat n'oublierait point que ses intérêts étaient liés à ceux de la France. Des courriers lui furent dépêchés. Il donna de bonnes réponses, et effectivement il fit arriver quelques troupes vers la marche d'Ancône, mais avec une lenteur extrême, tandis que lui passait son temps à discuter le traité qui était sur le point de lo ter à la coalition ; et ce qui le prouvait suffisamment, c'est que les troupes napolitaines demeurèrent dans une inaction complète. Dès lors il fut facile de juger quelle serait la conduite ultérieure de Murat. De son côté, la grande-duchesse Elisa, séduite par l'espoir chimérique de conserver la principauté de Lucques, entrait en négociations avec les émissaires des puissances alliées, tandis que le roi de Naples achevait de décider sa défection, en lui écrivant à peu près en ces termes :

« Madame ma sœur, lui disait-il, vous ne devez pas douter que je ne
» fasse avancer les troupes de mon royaume, pour occuper les départe-
» mens de Rome, de Trasimène et ceux de Toscane ; j'ai promis de les
» conserver et de les garantir à qui de droit ; soyez donc sans inquié-
» tude, je saurai vous traiter en bon frère. Et sur ce, madame et chère
» sœur, je prie Dieu, etc. »

Encore incertaine sur ce qu'elle avait à faire, Elisa assembla un conseil secret, où on parla beaucoup, mais où on ne s'arrêta à rien, selon l'usage ; aussi lorsque la princesse fut rentrée dans son appartement, M. de Luchesini, père de son chambellan, l'y suivit-il, et, après une conférence de plus d'une heure, il la décida à se séparer de l'empereur son frère, à qui elle écrivit dans ce sens :

« C'est le cœur navré de douleur que je m'adresse à Votre Majesté ;
» combien il m'est affreux de vous avouer que je ne puis plus défendre
» le grand-duché dont votre tendresse m'avait confié l'administration.
» Environnée d'ennemis puissans, menacée par mer comme par terre,
» trompée par le roi de Naples, qui déserte votre cause, je reste seule
» au milieu des armées nombreuses assemblées contre nous ; je suis
» sans argent, sans troupes, sans ressources aucunes. Dans cette cir-
» constance désespérée, que puis-je faire pour Votre Majesté? Ne pense-
» t-elle pas elle-même qu'il est temps que je pense à mes intérêts par-
» ticuliers, que je conserve à ma famille les Etats que je vous dois ? Me
» jugerez-vous enfin coupable d'avoir traité avec vos ennemis, dans ce
» concours de circonstances plus malheureuses les unes que les autres ?
» Vous m'entendriez tenir un autre langage si vous aviez placé la cou-
» ronne de Naples sur ma tête ; je n'eusse pas trahi la cause de la na-
» tion française, à laquelle je me fais gloire d'appartenir. Pardonnez-
» moi donc de plier sous le joug de la nécessité impérieuse, et croyez
» que, dans la situation où je me trouverai, je n'en serai pas moins
» votre sœur dévouée et sujette soumise. »

A la suite de cette lettre, la princesse tâcha de négocier avec les alliés, qui, après lui avoir beaucoup promis, ne lui répondirent qu'évasivement lorsqu'elle pressait la conclusion du traité qui n'eut pas lieu. Elisa, trompée dans ses espérances, devint infidèle à ses devoirs, et le roi de Naples viola ouvertement les siens. Je m'étais mis en route pour arriver à temps auprès de lui ; je passai à Rome, sans m'arrêter, tant j'étais impatient de remplir ma mission. J'entrai à Naples le 18 décembre, et aussitôt je fis demander une audience au prince Pignatelli, ministre secrétaire d'état ; mais je ne l'obtins pas sans difficulté. On débuta par me demander à quel titre je voulais être présenté. On feignit d'ignorer qui j'étais, et de me prendre pour celui que désignait mon passeport. Impatienté, j'écrivis au prince Pignatelli que je venais avec les pleins pouvoirs de l'empereur, et que je le rendais, lui, personnellement responsable des suites du retard que j'éprouverais. Une heure après, et dans l'auberge de la rue de Tolède où je logeais, un écuyer du roi vint me chercher : il était sans costume ; il m'annonça que Sa Majesté était allée m'attendre dans le château de l'Œuf, et qu'il me priait de m'y rendre. Je fus surpris qu'il ne me reçût pas dans son palais ; cela me fit craindre qu'il ne se trouvât déjà dans la nécessité de ménager l'Angleterre. Je me prêtai à sa fantaisie, et je partis simplement vêtu dans le carrosse de l'écuyer. Murat, avec qui j'allais me trouver en présence, m'avait toujours fait l'effet d'un chevalier de haute lice, une de ces figures gigantesques hors de toute proportion avec ce qui les entoure. Le bizarre éclat de son costume, la façon de porter ses cheveux, sa mine fière, belle et gracieuse, tout cela en ce moment n'était pas sans embarras. Sur un champ de bataille, Murat était aussi calme que dans son boudoir, et dans la charge de cavalerie la plus impétueuse, il ne voyait la plupart du temps qu'une récréation.

Tout en s'affranchissant du joug de son beau-frère, Murat avait une peur horrible de lui. Quand j'entrai dans la salle où il était, il pâlit, parce qu'il voyait en moi le mandataire de l'empereur, et que peut-être craignait-il que je ne vinsse avec la mission de l'arrêter. Il aurait combattu Napoléon, mais il n'eût osé résister à ses ordres, transmis par un officier civil.

— Bonjour, monsieur de ***, me dit-il d'un ton que démentaient un peu ses paroles, je suis charmé de vous voir. Que m'apportez-vous de la part de l'empereur ?

— Sire, l'expression de ses désirs, répondis-je ; Sa Majesté compte sur vous, dans ce moment de crise.

— Mon Dieu, que veut-elle que je fasse, acculé que je suis au fond de l'Italie ?

— Elle demande que, de concert avec le prince Eugène, vous conserviez cette partie de son empire.

— Cela ne se peut pas, la fortune lui échappe : chacun doit alors songer à soi... Mon cher monsieur de ***, ajouta-t-il d'un air contrit, je suis dans une position bien pénible, bien délicate. Ah ! si vous saviez !...

— Sire, je le sais ; mais ne la rendez pas plus difficile encore par des démarches dont Votre Majesté pourrait avoir à se repentir.

A ces mots, la belle figure de Murat se colora d'une légère rougeur d'abord, puis ensuite elle devint pâle.

— Eh ! que pourrait-il m'arriver ? me demanda-t-il avec un regard presque menaçant.

— Rien, sire, que la perte de vos États, comme l'empereur vous en menace, s'il faut vous le dire.

— Oh ! je ne le crains pas.

— Sire, sortez de cette erreur ; vos troupes seraient paralysées en présence des siennes. Les alliés vous trompent ; ils ne se serviront de vous que pour mieux perdre Votre Majesté ensuite.

— Je ne le pense pas. Je compte sur les Anglais ; ma rivalité avec le roi de Sicile leur sera avantageuse. Ils m'offrent de m'agrandir du côté de la Romagne : que veut me donner l'empereur ?

— Sire, le trône que vous avez, je vous le répète, croulera, si l'empereur ne le soutient de sa forte main.

— Il ne peut soutenir le sien, lui ! Moi, je cède à la force des choses : ne suis-je pas toujours Français dans le cœur ?

L'audience se prolongea. Je tâchai de faire entendre au roi le langage de la raison. Je lui dévoilai la politique de l'Europe : ce fut peine perdue ; il ne me comprit pas. Cependant il essaya de me tromper : il prétendit n'avoir rien d'arrêté encore. Je ne me laissai pas éblouir, et je le quittai avec l'intention de partir promptement, puisqu'il n'y avait rien à faire et que sa détermination était prise et invariablement arrêtée.

Croyant ma mission complétement remplie je partis de Naples et je me hâtai d'aller rejoindre le prince Eugène à Milan, où il m'avait donné rendez-vous.

Là, mon cœur français se dilata en trouvant dans ce héros toujours la même tendresse et le même dévoûment pour sa patrie.

— Croyez, me dit-il, qu'on pourra me battre, mais non me séduire ; je mourrai fidèle à mes devoirs, et, Dieu aidant, je sortirai de cette lutte, sinon avec avantage, du moins avec honneur.

— Et par conséquent, prince, lui répondis-je, toujours avec gloire.

— Assurez l'empereur, poursuivit-il, qu'il peut compter sur moi, comme sur lui. . . . .

Ici M. de *** se tut : sa voiture s'était arrêtée devant ma porte. Je le quittai en l'assurant que j'aurais bientôt l'honneur de le revoir ; et le soir, malgré la promesse que je lui avais faite le matin, je n'eus rien de plus pressé que de confier au papier tout ce qu'il m'avait dit quelques heures auparavant, bien persuadé d'obtenir mon pardon en le lui demandant un exemplaire de ses *Mémoires* à la main.

X

Notices historiques, pittoresques et anecdotiques.

L'IMPÉRATRICE JOSÉPHINE.

L'île de la Martinique donna deux reines à la France (1) : Mme de Maintenon, seconde femme de Louis XIV, et Joséphine, veuve du vicomte de Beauharnais, première femme de Napoléon. La jeunesse de ces deux femmes, appelées, à un siècle et demi de distance, à de si hautes et de si inespérées destinées, est fertile en rapprochemens bizarres : à toutes deux on prédit le trône et l'abandon ; à toutes deux les Circés madécasses de l'île présagèrent de grands malheurs, une splendide fortune, une gloire immortelle. Le destin n'a pas démenti l'oracle des pythonisses américaines ; on sait que Mme de Maintenon mourut à Saint-Cyr, délaissée par une cour dont elle avait été la régulatrice et l'idole ; et que l'impératrice Joséphine mourut à la Malmaison, ce théâtre de ses félicités domestiques qui devint tout à la fois le berceau et le tombeau de sa grandeur et de ses affections.

Joséphine-Rose Tascher de la Pagerie naquit à la Martinique, le 24 juin 1763. A quinze ans son père l'emmena en France pour la marier au vicomte de Beauharnais, mariage convenu entre les deux familles, lorsque le marquis de Beauharnais, père du vicomte, était gouverneur des

(1) Nous croyons être le premier biographe qui signalions cette remarque : Françoise d'Aubigné, marquise de Maintenon, était née dans les prisons de Niort, en 1635 ; mais, à l'âge de quatre ans, elle partit avec son père pour la Martinique, où elle resta près de huit années et où son esprit et son cœur reçurent les premiers germes d'une ambition qui sut élever la pauvre veuve du poète Scaron jusqu'au premier trône du monde.

Antilles. Mlle de la Pagerie était alors dans tout l'éclat de la jeunesse et de la beauté. Sa figure, qui, sans être régulière, avait pourtant un caractère particulier, respirait la douceur et l'amabilité. Mlle de la Pagerie, devenue Mme de Beauharnais, fut présentée à la cour de Louis XVI, et obtint un de ces succès qui ne s'accordaient guère, à cette époque, qu'à l'assemblage trop rare des avantages de la nature et de l'esprit. La reine Marie-Antoinette, en recevant la révérence de la jeune vicomtesse dans la grande galerie de Versailles, dit à Mme de Polignac, sa dame d'honneur : « Voyez donc, cette charmante vicomtesse qui vient tout exprès de la Martinique pour nous disputer l'hommage des Français. — Madame, répondit aussitôt Joséphine, quand on a le bonheur de vivre sous le sceptre de Votre Majesté, on n'a plus d'hommage à rendre à personne. » Cette réponse naïve et spirituelle fit fortune ; la reine embrassa la jeune vicomtesse, lui donna une riche bonbonnière, et lui promit le tabouret à la cour. Plus tard cette même vicomtesse devait s'asseoir sur le trône même de la fille de Marie-Thérèse.

Des intérêts de famille rappelèrent Mme de Beauharnais à la Martinique. Elle y emmena sa fille Hortense et y resta trois ans. Les troubles dont cette malheureuse colonie fut le théâtre forcèrent la vicomtesse de fuir précipitamment. Après nombre de périls affrontés courageusement, elle arriva en France, où les premiers orages de la révolution commençaient à ébranler le sol de la mère-patrie. Le vicomte de Beauharnais, par ses opinions généreuses, par ses chaleureux discours dans l'assemblée constituante, s'était rendu populaire. Sa femme partagea cette popularité et son influence, et ce fut grâce à elle que Mme de Beauharnais arracha au supplice Mme de Béthisy, condamnée à mort par le tribunal révolutionnaire. Bientôt ce hideux tribunal fit comparaître à sa barre le vicomte de Beauharnais lui-même, alors général en chef de l'armée du Rhin ; Joséphine fut emprisonnée au Luxembourg, et son mari condamné à mort et exécuté. Mme de Beauharnais, dont la beauté avait adouci ses juges, obtint un délai de comparution devant le sanguinaire tribunal, et ce délai la sauva, car le 9 thermidor vint renverser l'échafaud révolutionnaire. Tallien fit sortir Mme de Beauharnais de sa prison, et ce témoignage d'intérêt fut vivement senti et noblement récompensé dans la suite par l'impératrice Joséphine.

Mme de Beauharnais, unie par les doux liens de la reconnaissance à la famille Tallien, rencontra chez ce conventionnel, Barras. Ce dernier ne fut pas insensible aux grâces de la jeune veuve ; il la fit rentrer dans une partie des biens de son mari qui n'avait point été vendus, et ce fut chez Barras, devenu membre du directoire, que Mme de Beauharnais rencontra Bonaparte, alors général en chef de l'armée de l'intérieur, après le 13 vendémiaire. La petite scène de sentiment militaire qui se passa entre lui et le jeune Eugène Beauharnais, fils du vicomte, changea bientôt en relations intimes les relations sociales qui avaient existé jusque-là entre Bonaparte et l'intéressante veuve. Amoureux et ambitieux, Bonaparte épousa Mme de Beauharnais, qui lui apporta en dot le commandement en chef de l'armée d'Italie.

La vie de Joséphine est, à compter de cette époque fameuse, une vie toute populaire. Elle suivit son mari dans les deux campagnes d'Italie ; elle adoucit l'humeur sombre et quelquefois inquiète du jeune général, qui, comme il le disait lui-même, *avait encore du sang corsé dans ses veines*. Bonaparte partit pour l'Egypte, et Joséphine acheta la Malmaison ; là, elle employa le temps de son veuvage d'une année à encourager l'agriculture et les arts, et à aimer les lettres et les fleurs.

Bonaparte revint en France, et les faisceaux consulaires disparurent peu à peu pour faire place aux aigles d'or des légions napoléoniennes. Les lieutenans du vainqueur de l'Italie et de l'Egypte gravirent les marches du sanctuaire de Notre-Dame et firent de leur chef un empereur. Et quel empereur que le grand capitaine qui, dans la course rapide de son berceau d'Ajaccio à sa tombe de l'île Saint-Hélène, gagna quatre-vingts batailles rangées, et plus de trois cents combats !

Femme de général, femme de consul, femme d'empereur, Joséphine se montra constamment au dessus de sa fortune. Les poètes du temps la comparèrent à la Clotilde de Clovis ; mais les infortunés la canonisèrent d'une manière plus touchante en l'appelant la *bonne Joséphine !* En effet, elle secourait également tous des partis et toutes les infortunes. Ce fut à ses larmes que MM. de Polignac, de Rivière, et beaucoup d'autres encore, durent la vie. Elle sollicita vainement pour Aréna ; mais elle sauva quelques-uns des conjurés. Joséphine faisait aussi de nombreuses pensions ; et parmi elles on en remarquait une faite à la nourrice du dauphin fils de Louis XVI, et une autre accordée à une parente de Danton, l'ex-conventionnel.

Déjà, lors du couronnement, on avait engagé Napoléon à se séparer de Joséphine, avec laquelle il n'avait point eu d'enfans. Il avait repoussé ces conseils avec indignation. Ceux qui voulaient le pousser dans l'abîme, ne perdirent pas courage ; ils attendirent et profitèrent habilement de la mort du fils d'Hortense de Beauharnais, devenue reine de Hollande par son mariage avec Louis Bonaparte, frère de Napoléon, pour remettre en question le divorce. Cette fois ils réussirent ; Napoléon acquiesça au divorce, et le choix d'une autre épouse s'arrêta sur l'archiduchesse d'Autriche Marie-Louise.

L'annonce de ce grand événement fut un coup de foudre pour l'infortunée Joséphine. Cependant, heureuse encore d'offrir un nouveau sacrifice à la France, heureuse de rester l'amie de l'homme pour lequel elle avait été une source de fortune, elle se résigna, et vit avec le courage d'un ange et la résignation d'un martyr, du fond de sa solitude de la Malmaison, les feux étincelans qui éclairaient les noces splendides qui devinrent les obsèques de la gloire française. En effet, l'étoile de Napoléon ne fit que pâlir d'année en année depuis 1809 jusqu'à 1814, époque où France et impératrice descendirent, l'une dans les caveaux de l'église de Rueil, l'autre dans la sépulture creusée par les mains de la sainte alliance.

Joséphine, qui n'avait pu voir sans une profonde douleur le renversement de l'homme que sa main de fée avait élevé si haut, ne fit que languir à la Malmaison pendant plusieurs semaines, et succomba enfin le 29 mai 1814, après avoir reçu la visite de l'empereur de Russie et du roi de Prusse. Les derniers mots que prononça cette femme si digne de l'amour et des regrets d'un grand peuple furent des noms de ses enfans et de Napoléon, de celui auquel elle était redevable de sa première gloire et de ses derniers malheurs.

LE PRINCE EUGÈNE, VICE-ROI D'ITALIE

Eugène de Beauharnais, fils du vicomte de Beauharnais et de Joséphine Tascher de la Pagerie, naquit à Paris le 3 septembre 1781. Les événemens de la révolution interrompirent son éducation à ce point qu'après la condamnation et le supplice du vicomte de Beauharnais son père, sa veuve fut obligée pour exister d'avoir recours à la bourse du petit nombre de ceux qui étaient restés ses amis. Ce fut dans ces tristes circonstances qu'Eugène fut retiré d'un modeste pensionnat de Saint-Germain-en-Laye pour entrer en qualité d'apprenti chez un menuisier nommé *Couturier*, qui demeurait à Paris, rue Princesse, faubourg Saint-Germain.

Cependant, après le 9 thermidor, Mme de Beauharnais étant parvenue, grâce à Tallien et à Barras, à reconquérir quelque crédit; Eugène fut retiré de l'atelier de menuiserie, où il gagnait par jour un assignat de vingt-cinq livres (équivalant à peu près à onze sous), et entra chez un procureur, c'est-à-dire chez un avoué.

Après les événemens du 13 vendémiaire, Mme de Beauharnais ayant envoyé son fils chez le général en chef de l'armée de l'intérieur, Bonaparte, pour lui réclamer l'épée de son mari, qui avait été saisie lors du désarmement des sections, la figure et le langage du jeune homme plurent au général, qui lui promit sa protection. La mère d'Eugène crut devoir une visite de remerciement au général; et soit que celui-ci, séduit, comme tant d'autres, par les charmes de la jeune veuve, soit que l'instinct de sa puissante ambition lui signalât cette femme comme l'étoile qui devait le conduire à la crèche de l'empire à naître, Bonaparte lui avoua ses sentimens, reçut l'aveu de ceux qu'il avait inspirés à Joséphine, se maria avec elle, et trouva dans la corbeille de noces le brevet de général en chef de l'armée d'Italie : Aspasie inaugurait Annibal.

Le jeune Beauharnais, nommé sous-lieutenant, accompagna son beau-père en Italie en qualité d'aide-de-camp; il le suivit à Leoben, où eurent lieu les préliminaires de la signature du traité de Campo-Formio. Eugène se trouvait à Rome précisément au moment où éclatait l'émeute à la suite de laquelle le général Duphot fut assassiné. Dans cette crise inattendue, le jeune officier déploya un sang-froid et un courage extraordinaires; il calma les appréhensions de Joseph Bonaparte, alors ambassadeur de la république française à Rome, et revint à Paris, où le pacificateur de l'Italie l'avait précédé.

L'expédition d'Egypte fut décidée. Eugène partit avec son beau-père. Mais tel était l'éloignement de Bonaparte pour tout ce qui ressemblait à la faveur et au népotisme, que le jeune aide-de-camp, dont la conduite à Rome avait été unanimement louée, ne fut pas pourvu à son retour d'un grade supérieur. Ce ne fut seulement qu'à la prise de Suez qu'il fut nommé capitaine des guides. Ni l'intrépidité qu'il montra sur la brèche de Jaffa quelques mois plus tard, ni la blessure qu'il reçut dans la tranchée devant Saint-Jean-d'Acre, la seule dont il fut atteint dans le cours de ses périlleuses campagnes, ne lui valurent d'autre faveur de la part du général en chef. Cependant il fut du petit nombre de ceux que celui-ci ramena en France avec lui.

Pendant les journées des 18 et 19 brumaire, Eugène ne quitta pas plus que son ombre l'aventureux Bonaparte.

Le 19 brumaire au matin, il dit à Joséphine éplorée et tremblante pour les jours de son époux : « Ma mère, il n'arrivera rien au général ; cependant, s'il tombait sous le poignard de quelque représentant, crois-le bien, c'est que ton fils aurait cessé de vivre. » Tant d'amour et de dévoûment fut récompensé par le brevet de colonel des chasseurs à cheval de la garde des consuls (qu'on continua d'appeler les guides), et le champ de bataille de Marengo fut témoin de son courage. Deux ans après, il était fait général ; et le 14 juin 1804, anniversaire de Marengo, grand-officier de la Légion-d'Honneur; et enfin vice-roi d'Italie le 13 mai 1805.

L'année suivante (1806), Eugène se rendit à Munich, où Joséphine sa mère et Napoléon lui-même avaient négocié son mariage avec la princesse Amélie de Bavière. L'électeur de Bavière recevait en échange de cette union la couronne de roi et le titre d'allié très fidèle de Sa Majesté l'empereur Napoléon. Ce monarque conserva toujours sa couronne et jusqu'à la fin sa fidélité.

De 1806 à 1814, époque fatale où la fortune de Napoléon succomba après deux années de luttes sanglantes, il finit par tomber tout à fait dans les champs de Waterloo. La vie du prince Eugène ne présente qu'une suite de nobles actions et de glorieux dévoûmens. Dans les courts instans de trêve que lui donnèrent les grandes guerres impériales, il se montra, dans sa vice-royauté, administrateur vigilant, économe de la sueur et du sang des peuples, législateur sage, père tendre et indulgent. A toutes ces populations lombardes et vénitiennes, il inspira l'amour de la France dont il était rempli lui-même. Il protégea l'agriculture, le commerce, les sciences, les arts et les lettres, et fit présager qu'il donnerait un successeur aux Médicis, si les loisirs de la paix redevenaient le patrimoine de l'Europe ; mais quand la voix de Napoléon, puissante comme celle de l'archange, se fit entendre, Eugène rassembla ses bataillons où tant de héros furent moissonnés. Il se battit et obéit toujours, et ne hasarda une réflexion, un conseil que lorsque la victoire avait couronné les efforts de l'armée : bien différent en cela de ceux qui, gardant le silence au temps du succès, ne saturaient de leurs récriminations leur chef et leur maître qu'à l'instant où la fortune abandonnait ses étendards.

Rien ne put faire dévier Eugène de Beauharnais de ses principes de fidélité envers la France et envers l'empereur, son père adoptif. Son divorce avec sa mère lui parut certainement une grande calamité et une grande ingratitude à l'égard de celle qui lui avait aplani en quelque sorte le chemin du trône; mais Eugène sacrifia volontiers le bonheur de sa mère et la haute fortune qui lui avait été promise, puisqu'il était prince et héritier direct de l'empereur. Il se borna à dire à Napoléon, lors de son entrevue avec lui à ce sujet : « Sire, vous faites le malheur de ma mère et le mien ; mais si de cette double infortune vous pouvez retirer plus de gloire pour vous et de nouveaux avantages pour la France, notre sacrifice sera moins pénible et nous ne nous plaindrons pas. »

Les rois alliés, pénétrés d'estime et d'admiration pour les grandes qualités d'Eugène Beauharnais, lui firent offrir, en 1814, un établissement digne d'eux et de lui s'il voulait abandonner Napoléon déjà malheureux. Les ambassadeurs, chargés de cette mission, insinuèrent au vice-roi qu'il avait assez fait pour la France et surtout pour son chef, qui au surplus n'avait point agi envers lui comme la reconnaissance l'exigeait. Le vice-roi imposa silence à ses tentateurs en leur répondant : « Messieurs, quels que soient les torts de l'empereur envers ma mère et envers moi, je ne puis oublier qu'il fut mon bienfaiteur et qu'il me servit de père. Si je pouvais avoir quelques reproches à lui faire, je ne choisirais pas le moment où il est abandonné de tous ceux qu'il a comblés de faveurs et de biens. Messieurs, je resterai fidèle à l'empereur jusqu'à mon dernier soupir ; car derrière lui se trouve la France, et j'étais Français, messieurs, avant de devenir prince et vice-roi d'Italie. »

Après les événemens de 1815, Eugène chercha un asile au milieu de la royale famille de sa femme, princesse bien digne de comprendre et d'honorer un cœur si noble. Il consacra à élever ses enfans tout le temps qu'il consacrait autrefois à illustrer les armes de la France, et à rendre les peuples confiés à ses soins heureux et puissans. Ce fut au milieu de ces soins domestiques que la mort vint le frapper à Munich, le 26 février 1824, à l'âge de quarante-trois ans.

LA REINE HORTENSE.

« .... Les morts pour qui l'on prie
Ont sur leur lit de terre une herbe plus fleurie,
Ils entendent du ciel le cantique lointain. »

VICTOR HUGO.

Il y a des noms et des événemens que leur solennité même semble soustraire à l'histoire contemporaine, et qui attendent, non pour être appréciés, mais pour être consacrés comme ils doivent l'être, une époque lointaine de recueillement et de maturité.

La louange des plus hautes qualités auxquelles l'humanité puisse s'élever est un écueil pour l'histoire, tant qu'elles ornent encore la terre : juste, elle paraît exagérée au lecteur froid ou partial ; modérée, elle est imparfaite pour le lecteur sensible.

Si nous n'avions consulté que notre cœur, ou un sentiment respectueux des convenances, nous nous serions contenté d'écrire ici :

HORTENSE-EUGÉNIE DE BEAUHARNAIS,
NÉE 10 AVRIL 1783;
REINE DE HOLLANDE,
24 MAI 1806;
MORTE
DUCHESSE DE SAINT-LEU
5 OCTOBRE 1837.

Mais nous devons des faits au lecteur, et ces noms, ces qualités, ne sont qu'un éloge.

Nous laissons à des historiens plus habiles et plus éloquens le soin d'écrire une si noble vie. Quant à nous, les faits ont aussi leur éloquence, et la relation la plus fidèle devient le meilleur panégyrique.

HORTENSE-EUGÉNIE DE BEAUHARNAIS, reine de Hollande, duchesse de Laint-Leu, était née à Paris, le 10 avril 1783, dans la maison qu'habitait Mme Renaudin, tante de sa mère, Joséphine Tascher de la Pagerie, qui avait épousé le vicomte Alexandre de Beauharnais.

Quelques années plus tard, c'est-à-dire en 1787, une sorte de rupture ayant éclaté entre Mme de Beauharnais et son mari, Joséphine, que son aïeule désirait revoir, partit pour la Martinique et emmena sa fille qui n'était encore qu'une enfant. A cette époque, les hommes de couleur annonçaient hautement la résolution de reconquérir leurs droits naturels ; une crise terrible et prochaine semblait inévitable. Un soir les cris : *Au feu ! aux armes !* viennent tout à coup jeter l'alarme dans l'habitation de Joséphine ; des détonations d'armes à feu lui font deviner le danger qui la menace ; elle enlève précipitamment sa fille du berceau où elle dormait, l'enveloppe à la hâte dans un rideau, s'élance hors de la maison et court, à peine vêtue, jusque sur le port, où un capitaine français, touché de compassion, consent à la recevoir sur son bord.

Mme de Beauharnais revint donc à Paris vers la fin de l'année 1790, et se logea à l'*hôtel des Asturies*, rue d'Anjou-Saint-Honoré. C'est là que les griefs que le vicomte croyait avoir contre sa femme disparurent devant la justification pleine de franchise et de dignité que lui donna Joséphine, et jamais la petite Hortense ne passa de momens plus heureux que ceux qui suivirent cette réconciliation ; mais ils furent de courte durée. Sa mère fut bientôt traînée en prison et son père à l'échafaud. Hortense, restée seule avec son frère, allait se trouver sans appui, sans moyens d'existence, car les biens de leurs parens avaient été séquestrés et le scellé immédiatement apposé partout, lorsque Mme Holstein, ancienne voisine de campagne de Mme de Beauharnais, qui avait vu élever les deux enfans, les recueillit chez elle, et, tout le temps que dura la détention de leur mère, leur prodigua les soins les plus touchans. Ces premières épreuves du sort préparèrent la jeune Hortense à supporter courageusement les revers qui devaient l'assaillir un jour.

Mme de Beauharnais, ayant enfin recouvré la liberté, plaça sa fille dans le célèbre pensionnat de Saint-Germain, dirigé alors par Mme Campan, tandis qu'Eugène fut placé à Paris, chez un M. Verdière, instituteur. Quelques mois après, Mme Campan avait été chargée d'apprendre aux deux enfans que leur mère allait devenir Mme Bonaparte, et, dans leur ignorance de l'avenir, ceux-ci se montrèrent fort affligés de savoir qu'ils allaient avoir un beau-père. Hortense resta à Saint-Germain pendant le voyage que fit sa mère en Italie, en 1796, où elle accompagna son mari qui venait d'être nommé général en chef ; Eugène, quoique à peine âgé de quatorze ans, suivit son beau-père en qualité d'aide-de-camp.

Dès son arrivée chez Mme Campan, Hortense avait captivé l'amitié de ses compagnes. C'est là qu'elle trouva cette amie de sa vie, Mlle Cochelet, qui naguère encore était sa lectrice, et cette sœur véritable, cette âme tendre et pure, Adèle Auguié, sœur de la maréchale Ney, qui dans la suite épousa M. de Broc, et devint sa dame d'honneur lorsque le royaume de Hollande lui échut en partage.

Après les événemens du 18 brumaire, Hortense sortit de pension et ne quitta plus sa mère ; elle vint avec elle habiter aux Tuileries un petit appartement meublé le plus simplement du monde. Transportée si jeune encore au milieu d'une cour nouvelle, toute remplie de la gloire du premier consul, son beau-père, elle ne changea rien à ses habitudes laborieuses et à ses utiles délassemens. Le fragment d'une lettre de Mme Campan, écrite à cette époque à *son élève chérie*, ainsi qu'elle l'appelait, est curieux à lire aujourd'hui, comme développement des belles qualités de l'âme et de la simplicité du caractère de son auguste élève.

« J'aime à me rappeler, cher ange, — lui disait cette femme célèbre, — vos premières et sages alarmes sur cet élan que prit votre fortune; j'aime à les rappeler à vous-même. Elles étaient un pressentiment trop justifié depuis. Vous souvenez-vous de cet air si abattu avec lequel vous nous disiez, à la pauvre Adèle (madame de Broc) et à moi : *Mon beau-père est une comète dont nous ne sommes que la queue ; il faut le suivre sans savoir où il nous porte : est-ce pour notre bonheur ? est-ce pour notre malheur ?* Et ce jour, en regardant une jolie figure qui représentait la roue de la fortune, vous me dites : *Il faut toujours avoir les yeux là-dessus, tantôt en haut, tantôt en bas.* Et cette impatience de votre tendre mère, de ce que vous ne descendiez pas pour le moment du dîner, à la Malmaison, le premier consul étant déjà entré dans la salle à manger, ce qui la fit monter à votre appartement, où vous faisiez ce beau paysage, pour vous gronder et vous demander si vous comptiez gagner votre pain en artiste, pour travailler avec une telle ardeur ; et votre réponse si philosophique pour votre âge : *Ma chère maman, dans le siècle où nous sommes nées, qui peut nous répondre que cela ne sera pas ?* etc. »

Déjà la fille de Joséphine avait été recherchée par ce que la France comptait alors de plus riche et de plus illustre : mais elle avait constamment refusé les partis qu'on lui avait offerts. Napoléon, qui regardait son frère Louis comme un fils, parce qu'il l'avait en quelque sorte élevé, désirait vivement lui donner sa belle-fille en mariage, les enfans qui naîtraient de ces deux personnes, également chères, devant être adoptés par lui. Dans cette union, la politique et les convenances étaient peut-être plus écoutées que les sentimens secrets des jeunes gens; quoi qu'il en soit, ce mariage se fit le 7 janvier 1802, à une heure du matin, dans la chapelle des Tuileries, en présence de Napoléon, de Joséphine et des consuls Lebrun et Cambacérès. Louis avait à peine vingt-quatre ans ; Mlle de Beauharnais n'en comptait pas plus de dix-huit, et cependant cette union, bien que convenable en apparence, n'en fut pas moins, pour Mme Louis surtout, une source de longs chagrins dont elle semblait se consoler en cherchant à faire le plus de bien possible.

Ce fut aux prières et aux sollicitations de la princesse Louis que, dans les premiers jours de l'empire, Armand de Polignac, le marquis de Rivière et Lajolais, tous trois impliqués dans la conspiration de Georges Cadoudal, et condamnés à mort, furent redevables de la vie.

De son mariage avec le frère de Napoléon, Mme Louis eut un premier fils, puis un second, qui fut baptisé à Fontainebleau par le pape Pie VII, après le sacre. Jusque-là ces deux enfans étaient destinés à succéder à l'empire, avenir bien magnifique sans doute ; mais dans ce progrès si rapide de la fortune, Hortense demeura la même : ces pompes impériales par lesquelles le génie même de Napoléon s'était laissé éblouir, quand sa gloire en avait si peu besoin, la trouvèrent toujours modeste, naturelle et corrigeant par la simplicité de son âme cette grandeur extérieure qui lui était imposée.

En 1806, le sort ayant placé Mme Louis sur le trône de Hollande, elle fut malheureuse de son élévation même et ne le cacha pas, car il lui fallait quitter la France et sa mère. Son départ fut encore marqué par un bienfait : M. de Montmorency vint la supplier d'intercéder auprès de l'empereur, en faveur de Mme de Gesvres, que Fouché avait exilée de Paris. La reine se rend à Saint-Cloud, représente à l'empereur l'extrême rigueur de son ministre, qui avait expatrié une femme âgée de plus de 80 ans, sans fortune et dernière descendante de Duguesclin. Napoléon, étonné, lui répond :

— Ecrivez à l'instant à M. de Montmorency que non seulement Mme de Gesvres peut revenir à Paris, mais que, comme seule descendante de Duguesclin, dès ce moment je lui accorde sur ma cassette 6.000 fr. de pension, avec le rappel d'une année. De mon côté, je vais écrire au ministre de la police en conséquence.

Hommage éclatant rendu par l'empereur à la valeur patriotique, et qu'elle mérite toujours, à quelque temps, à quelque cause qu'elle appartienne.

En Hollande, au mois de mai 1807, la plus grande infortune qui puisse briser le cœur d'une mère vint frapper la reine : son fils aîné mourut. Jamais on ne vit l'impératrice Joséphine en proie à un chagrin plus concentré. Il semblait que la menace d'un divorce était dans chacune des larmes de sa fille. Il nous serait impossible de bien peindre le naturel charmant de cet enfant. L'infernale méchanceté qui a poursuivi Napoléon jusque dans ses affections les plus saintes a fait de la ressemblance morale que le jeune prince avait avec lui, à cause de la fermeté qu'annonçait déjà son caractère, et de la fierté de son jeune cœur, un sujet de calomnie tellement infâme, ou plutôt si absurde, que nous croirions nous manquer à nous-même si nous voulions seulement essayer de le réfuter. Aussi arriva-t-il plus d'une fois à Napoléon de sourire à l'avenir de la France en contemplant cet enfant. Un jour qu'il venait de passer une revue, il avait déposé son épée et son chapeau sur un des sièges de son cabinet. Le petit prince, accoutumé à être gâté par son oncle qui le laissait toucher à tout dans son cabinet, s'empare de l'épée, la passe en bandoulière autour de son cou, place sur sa tête le fameux chapeau, qui lui descend jusqu'au menton, et se met à marcher derrière l'empereur avec beaucoup de gravité en faisant avec sa voix, qu'il tâche de grossir, un *rrrran plan plan* de tambour, qui rappelle une des marches des grenadiers de la vieille garde. Napoléon fut singulièrement touché de cette scène, et embrassa tendrement le petit tapageur.

La reine quitta la Hollande non pas des consolations, — quelle est la mère qui se console de la mort de son enfant ? — mais au moins un adoucissement au désespoir qui la tuait. Elle se rendit aux eaux de Cauterets, où elle se fit adorer, ainsi que partout où on avait le bonheur de la posséder. Et comment n'eût-elle pas été chérie ? Elle rachetait les conscrits et dotait les jeunes filles pauvres. Dans son palais, la calomnie n'eut jamais prise auprès d'elle, sans doute parce qu'elle avait été beaucoup calomniée elle-même et que, mieux que personne, elle savait tout ce que la haine peut inventer de faux pour perdre un ennemi. N'aimant pas à entendre parler mal des autres, il arriva un jour qu'une de *ses dames* hollandaises voulut faire quelques caquets sur des femmes qu'elle recevait, et que cette dame qualifiait d'*orangistes* et de *révolutionnaires*, la reine lui répondit froidement :

— Madame, je suis ici étrangère à tous les partis ; je reçois tout le monde également bien, parce que j'aime à penser du bien de tout le monde, et que je n'éprouve d'impression défavorable que de ceux qui me disent du mal des autres.

L'instant du divorce approchait; le courage de Joséphine allait être mis à la plus forte épreuve. L'impératrice, sentant qu'elle aurait besoin des consolations de sa fille pour supporter le coup affreux qui devait la frapper, elle et sa famille, l'appela auprès d'elle. Une fois Joséphine descendue du premier trône du monde, ses petits-fils n'avaient plus l'espoir d'y monter ; ils perdaient, sinon le présent, du moins l'avenir. Eh bien! dans les délibérations si pénibles qui préparèrent ce grand événement, pas une réflexion pour le retarder, pas un mot pour retenir cette couronne qui échappait à ses enfans, ne sortit de la bouche de la reine. La noblesse du sacrifice en égala l'étendue ; mais aussi, dès ce moment, devenue plus nécessaire à sa mère qu'à son mari, sa santé d'ailleurs devenant de plus en plus chancelante, elle se sépara du roi. Louis lui-même désirait cette séparation. Depuis quelques années, les chagrins s'étaient trop accumulés dans le cœur de la reine pour qu'ils ne dussent pas consumer sa vie.

Au printemps de 1813, elle partit pour les eaux d'Aix, en Savoie, après avoir laissé ses enfans à la Malmaison, bien que ces sortes de séparations fussent toujours, pour cette tendre mère, un grand sujet d'alarmes.

Un matin, après le déjeûner, c'était le 10 juin, la reine monte en calèche avec des dames de sa maison, et se dirige vers la jolie cascade de Grésy, située à deux lieues d'Aix. Bientôt la voiture est laissée sur la route, et l'on s'approche du moulin que desservent les eaux du torrent. Pour le bien voir, il fallait passer sur une planche posée en travers d'un petit bras d'eau qui allait d'une vitesse effrayante ; la reine, avec la légèreté d'une sylphide, touche à peine le pont mobile, qu'elle est déjà de l'autre côté ; Mme de Broc la suit ; mais le pied lui manque et elle disparaît dans le gouffre. La reine, qui est seule sur le rocher de l'autre bord, pousse un cri affreux, et ne pensant qu'à son amie, arrache son châle de dessus ses épaules, le jette dans le gouffre en en retenant un des bouts, et appelle à grands cris celle qui ne peut plus lui répondre. La planche ayant été entraînée, la reine, au risque de sa vie, s'élance sur l'autre bord et appelle du secours : on arrive de toutes parts, on veut l'emmener parce qu'on craint l'état de torpeur dans lequel elle est plongée...

— Non ! s'écrie-t-elle, j'y suis décidée, je ne quitterai pas d'ici qu'on n'ait retrouvé son corps.

Et, s'asseyant au pied d'un arbre, la tête dans ses mains qu'elle inonde de larmes, n'ayant plus ni force ni espoir, elle répète d'une voix entrecoupée :

— Mon Dieu ! que vous ai-je fait pour me traiter si cruellement ? N'étais-je pas déjà assez malheureuse ?

Enfin, après des efforts inouïs, on parvint à retrouver le corps de Mme de Broc qui n'était plus qu'un lambeau. Rien ne saurait peindre le désespoir de la reine ; sa douleur ne trouva de consolation que dans de nouveaux bienfaits : de retour à Aix, elle crut ne pouvoir mieux consacrer la mémoire de son amie qu'en fondant un hôpital pour les pauvres de la ville.

A l'approche des alliés, en 1814, elle rejoignit l'impératrice sa mère à Navarre. Là, une femme fort honorable, Mme de La Colinière, vint la supplier de s'intéresser à un de ses neveux, M. de Charette, qui s'était soustrait au service des gardes-d'honneur et avait été impliqué dans le procès intenté à ceux de ses camarades qui avaient attenté aux jours de M. Philippe de Ségur, leur colonel. Ce jeune officier dut à la reine de ne pas être fusillé.

Il est un spectacle qui contriste l'âme et la révolte : c'est celui de la patrie envahie. Nul n'en souffrit d'un cœur plus français qu'Hortense, quel que fût d'ailleurs le respect des coalisés pour elle. Le 28 mars, la maréchale Ney était venue la chercher pour aller aux Tuileries ; à une heure du matin, la reine revint à son hôtel de la rue Cérutti avec une expression de physionomie qu'on ne lui avait jamais vue. Tout était fini.

— La faiblesse, la lâcheté dont je viens d'être témoin sont inouïes !... s'écria-t-elle. Le croira-t-on ? on part !... On perd la France et l'empereur !... Oh! dans les grandes circonstances, les femmes seules ont du courage !... Lorsque le sort nous a élevés, et que les destinées d'un pays dépendent de la nôtre, n'est-ce pas un devoir de se maintenir aussi haut que la fortune nous a placés?

La reine répéta alors à ceux qui l'entouraient ce qu'elle avait dit à rie-Louise.

— Ma sœur, vous devez savoir qu'en quittant Paris vous neutralisez sa défense, et qu'ainsi vous perdez votre couronne et la nôtre. Je vois que Votre Majesté fait ce sacrifice avec beaucoup de résignation.

La fille de l'empereur d'Autriche lui avait répondu :

— Vous avez raison ; mais ce n'est pas ma faute ; le conseil l'a décidé : l'archi-chancelier prétend que je ne puis pas faire autrement.

Hortense n'avait pu s'empêcher de sourire de colère et de pitié. Le lendemain, elle était à Navarre.

Le 2 avril, Joséphine et sa fille reçurent toutes deux de l'empereur Alexandre l'invitation de revenir à la Malmaison, « si elles ne préféraient, leur disait-il, recevoir sa visite à Navarre même. » Cette demande était aussi flatteuse que délicate : le monarque s'autorisait de tout le bien qu'il avait entendu dire de ces princesses, et semblait plus heureux de les connaître que fier de les protéger. Hortense refusa. Le plus difficile n'est pas toujours d'obéir à son devoir, mais de choisir de deux devoirs également pressans. Placée entre deux impératrices, l'une sa mère, l'autre sa souveraine, elle n'hésita point, parce qu'elle s'était dit d'avance que sa place était avec la plus à plaindre, et elle se rendit à Rambouillet, où Marie-Louise était prisonnière. L'empereur d'Autriche ayant décidé que sa fille irait à Vienne, Hortense revint à la Malmaison, où la rappelait la douleur de sa mère, inconsolable de l'infortune de Napoléon.

L'intérêt qu'inspira à tous les souverains alliés la noble conduite de la fille de Joséphine fut tel, qu'ils voulurent la séparer de la famille de son mari et lui assurer un sort indépendant ; mais elle repoussa le privilége de n'être pas aussi malheureuse que les autres. Quels motifs donc lui firent accepter, en 1814, les biens assignés par le traité de Fontainebleau, et dont on formait le duché de Saint-Leu ? L'avenir de ses enfans, objets trop chers pour ne pas servir d'excuse à une mère, au moment où ce même traité de Fontainebleau venait de les dépouiller.

Un immense chagrin lui était bientôt réservé. Quand le sort frappe une fois, il se plaît à répéter ses coups. Sa mère mourut le 19 mai 1814. Cette perte la priva du seul appui qui lui restait. Elle eût pu être heureuse encore si tous ceux qui lui devaient la vie, la liberté, se fussent contentés de l'oublier ; mais la plupart se changèrent en autant d'ennemis qui, pour la perdre, en firent une *suspecte* et bientôt une coupable. Quant à elle, plus elle avait fait d'ingrats, moins elle aurait voulu être ingrate. Croyant avoir à remercier Louis XVIII de ce qu'il avait consenti à un arrangement favorable à ses enfans, elle lui fit une visite d'étiquette après son deuil. Le roi la reçut très bien et la loua hautement devant les femmes de la nouvelle cour. Celles-ci eussent passé sur un simple accueil ; elles ne purent pardonner l'éloge. Elles dénoncèrent la duchesse de Saint-Leu comme l'auteur de tous les mécontentemens qui, plus tard, se dénouèrent par le retour de l'île d'Elbe, comme si les prodiges s'opéraient par l'intrigue !...

Le soir du 19 mars 1815, une des femmes de la reine rentra précipitamment à l'hôtel et remit à sa maîtresse une lettre que Fouché lui avait fait tenir pour elle. La reine ouvre le billet mystérieux et lit avec effroi que le matin des chouans ont endossé l'uniforme des chasseurs de la garde impériale pour aller au devant de Napoléon et l'assassiner.

— Grand Dieu ! est-ce possible ! s'écrie-t-elle comme anéantie ; mais comment prévenir l'empereur ? où trouver quelqu'un qui veuille se dévouer ? Quiconque serait arrêté porteur d'une lettre pour lui serait perdu : à moins que Vincent ne veuille s'exposer !

La soirée était déjà très avancée, on eut beaucoup de peine à trouver ce valet de chambre de la reine, qui consentit avec joie à se charger de la mission et à exposer sa vie pour *son empereur*.

— Va, lui dit Hortense en lui remettant le billet de Fouché, prends un de mes chevaux et ne perds pas un moment.

D'abord arrêté à Villejuif par les troupes du duc de Berry, elles ne lui permettent de continuer sa route que le lendemain matin. A la cour de France, il rencontre Deschamps, fourrier de l'empereur, qui lui donne l'assurance qu'il rejoindra Sa Majesté à Essonne. Vincent ne peut aller aussi vite qu'il le voudrait, parce que la population accourue de toutes parts encombrait la route. Enfin, il distingue au loin, à travers un nuage de poussière, une berline escortée par des lanciers polonais : c'est Napoléon ! Il est accompagné du grand-maréchal Bertrand, du général Drouot et du duc de Vicence. Vincent s'acquitte de la commission.

— De quelle part ? demande l'empereur avec vivacité.

— Sire, de la part de S. M. la reine de Hollande, répond Vincent en pleurant de joie.

— Ah ! ah ! cette pauvre Hortense !..... Se porte-t-elle bien ?

— Oui, sire.

— Paris est-il tranquille ?

— Oui, sire.

— C'est bon, nous allons voir ça.

A six heures du soir, le 20 mars 1815, Hortense se rendit aux Tuileries, accompagnée de sa belle-sœur, la reine Julie. Napoléon y arriva à huit heures. Les deux reines allèrent à sa rencontre dans les grands appartemens, non sans courir plusieurs fois le risque d'être étouffées par la foule. Ayant pénétré jusqu'à l'empereur, la reine se précipita à ses genoux sans pouvoir prononcer une parole. Napoléon la releva aussitôt avec bonté, l'embrassa affectueusement et lui demanda où étaient ses enfans.

— Sire, ils sont en sûreté, répondit-elle suffoquée par les larmes.

— Madame, reprit Napoléon avec une sorte de froideur, quoique vivement ému lui-même, vous avez placé mes neveux dans une fausse position, au milieu de mes ennemis... Je compte sur votre frère ; je pense qu'il viendra, je lui ai écrit de Lyon... Et votre procès avec Louis, où en est-il ?

— Ah ! sire, s'écria la reine, le retour de Votre Majesté me le fait gagner !

Les Bourbons s'étaient enfuis précipitamment de Paris, la nuit qui précéda la rentrée de Napoléon. La duchesse d'Orléans, mère de Louis-Philippe, qui s'était cassé la jambe quelques jours auparavant, fit savoir à Hortense son état de souffrance. Aussitôt celle-ci fait dire à la princesse qu'elle se trouve heureuse de pouvoir la prendre sous sa protection, et le jour suivant, elle retourne aux Tuileries, intercède pour la princesse et ne quitte l'empereur qu'après avoir obtenu pour la duchesse d'Orléans la permission de rester à Paris tant qu'elle le jugera convenable, avec la certitude d'y être traitée selon son rang. Une semblable autorisation fut également accordée à la duchesse de Bourbon ; et comme Napoléon ne faisait jamais les choses à demi, il fixa à la première une rente de cinq cent mille francs, et à la seconde une pension de deux cent cinquante mille.

La nouvelle officielle des désastres de Waterloo était parvenue dans la capitale, qu'on en doutait encore ; mais Napoléon revint à Paris, et le voile fut déchiré. Le 25 juin 1815, Hortense, croyant avoir accompli son triste devoir jusqu'au bout, quitta la Malmaison, qu'elle ne devait plus revoir, après avoir adressé à l'empereur un adieu qui devait être éternel, et l'avoir supplié d'accepter la seule fortune dont elle pût disposer : un collier estimé 200,000 fr., le même dont Napoléon, dès son arrivée à Sainte-Hélène, confia la garde à M. de Las Cases, dans la crainte qu'on ne le lui enlevât, comme déjà on avait fait de son argent et de ses bijoux.

Cependant les haines déchaînées contre la duchesse de Saint-Leu menaçaient d'aller jusqu'à la violence. A peine était-elle de retour à son hôtel, qu'elle reçut un ordre brutalement conçu et signé Muffling, *gouverneur de Paris*, qui lui enjoignait de quitter la capitale dans les vingt-quatre heures, et lui accordait trois jours pour sortir de France. Après tant d'agitations, le repos étant devenu l'unique besoin de la reine, elle tourna ses yeux vers la Suisse, et résolut d'aller s'y réfugier. A Dijon, des émissaires envoyés on ne sut jamais par qui, et embusqués sur la route, tentèrent de l'enlever pour la retenir prisonnière. A Genève, on ne voulut lui permettre ni de rester en ville ni de passer outre. Elle se souvint alors de l'hospice qu'elle avait fondé à Aix : ses habitans ne l'avaient pas oubliée. Elle y attendait la décision qu'il plairait aux puissances alliées de prendre à son égard, lorsque tout à coup un envoyé du roi son mari se présente, porteur d'un jugement par lequel elle se voit contrainte de se séparer de son fils aîné. Il lui fallut encore obéir. Enfin, elle obtint un passeport qui lui permit de traverser la Suisse et d'aller s'établir sur les bords du lac de Constance.

Là, dans une modeste retraite appelée Arenenberg, un fils, digne de celle dont le nom s'était mêlé à toutes les grandeurs de l'empire, un petit nombre d'amis demeurés fidèles, parfois quelques habitans des châteaux voisins, tels étaient les hôtes habituels du château. Dans leurs conversations du soir, ils aimaient à évoquer les souvenirs d'un passé qui, quoique récent encore, a déjà pris les proportions colossales que l'histoire lui donnera un jour.

Le fils aîné de la reine, Napoléon-Louis, venait d'épouser sa cousine, seconde fille du roi Joseph, et vivait près de son père à Florence. Il était rempli de feu et dévoré du besoin de dépenser ses facultés pour le bonheur des autres; malgré les grandeurs qui avaient environné son enfance et dont sa mère avait tant redouté l'influence pour l'éducation qu'elle voulait lui donner, il avait adopté les maximes qu'elle lui répétait souvent : « Qu'il faut être homme avant d'être prince; que l'élévation du rang n'est qu'une obligation de plus envers ses semblables, et que l'infortune noblement supportée, rehausse encore de nobles qualités. » Mais les malheurs sans nombre de sa famille devaient être pour lui la meilleure des leçons. Son frère, Louis Napoléon, avait les mêmes sentimens et le même caractère. La révolution de juillet trouva l'aîné au milieu de ses travaux industriels, et le plus jeune à l'école militaire de Thun, dans le canton de Berne, n'ayant qu'un désir, celui d'obtenir un jour son retour en France. Les yeux toujours tournés vers sa patrie, qu'il chérissait, occupé sans cesse des institutions qui pouvaient la rendre heureuse et libre, toute son ambition était de la servir, même comme simple soldat. L'un et l'autre ne purent rester indifférens aux destinées de la France, lorsque son glorieux réveil, aux jours de 1830, vint faire palpiter leur cœur d'enthousiasme et de sympathie. Le peuple de Paris avait lavé en trois journées les affronts de quinze ans : les mânes de Napoléon durent en tressaillir d'orgueil.

Les deux fils d'Hortense, les neveux de Napoléon, furent les premiers à courir aux armes, et figurèrent comme simples volontaires dans les rangs des patriotes italiens. On sait l'issue de cette insurrection. La reine, dévorée d'inquiétude, s'était précipitamment mise en route pour l'Italie, n'ayant plus qu'une idée, celle de voler auprès de ses enfans. Cependant à chaque poste elle entend ces mots affreux que le peuple répète : « Napoléon mort!.. Napoléon mort!.. » Elle les entend et ne peut y croire. Enfin elle arrive à Pesaro, dans le palais d'un de ses neveux, où on la porte inanimée, et c'est là que son plus jeune fils vint se précipiter dans ses bras et lui apprendre, en fondant en larmes, qu'il ne lui reste plus que lui au monde, puisqu'il vient de perdre son frère.

Le désespoir d'une mère est éternel; rien ne calme Hortense : son unique consolation est dans l'espoir de ne pas survivre à la mort de son enfant; mais l'état inquiétant où elle retrouvait l'autre put seul soutenir son courage dans cet affreux moment. Malgré les souffrances du prince Louis, elle entreprend de traverser la France en passant par Paris pour s'embarquer à Calais. Les instans étaient précieux; chaque minute de retard pouvait diminuer les chances du succès; toute son irrésolution cessa lorsque son fils lui dit d'une voix tremblante :

« Ma mère, s'il faut mourir, mieux vaut que ce soit en France; j'aurai du moins la satisfaction d'avoir revu ma patrie. »

Elle partit.

En arrivant à Paris, son premier soin fut de demander un médecin, puis elle écrivit à M. d'Houdetot, aide-de-camp du roi, pour lui annoncer son arrivée. Par une coïncidence toute fortuite, elle était logée à quelques pas de la place Vendôme. On était au 5 mai, jour anniversaire de la mort de Napoléon. Une foule immense s'était rassemblée sur cette place ; des hymnes avaient retenti, des couronnes d'immortelles et des lauriers avaient été déposés au pied de la colonne. Hortense n'eut pas la force de résister à la puissance des souvenirs, et malgré le strict incognito qu'elle s'était imposé, elle se mit un moment au balcon, se croyant reportée à ces beaux jours de l'empire où l'allégresse des Parisiens célébrait quelque nouvelle victoire. Elle répandit alors de douces larmes.

M. d'Houdetot vint rendre visite à la reine le lendemain, et lui dire que le roi, à qui elle avait également écrit la veille pour lui demander l'autorisation de rester quelques jours à Paris, ayant des *ministres responsables*, n'avait pu cacher son arrivée au président du conseil, et qu'en conséquence, M. Casimir Périer allait venir la voir. Entre autres particularités de la longue conversation qu'eut avec elle ce dernier, la reine lui dit :

— Je sais bien que j'ai transgressé une loi ; j'en ai pesé toutes les conséquences ; vous auriez le droit de me faire arrêter : ce serait juste...

Le ministre interrompit la reine en lui disant :

— Juste, non ; légal, oui.

Enfin, sa réserve officielle ayant disparu, il accorda l'audience que la reine demandait. Le lendemain, elle fut menée aux Tuileries par M. d'Houdetot. Le roi la reçut très bien, et lui parla de sa famille en lui disant :

— Je connais toutes les douleurs de l'exil ; il ne tient pas à moi que le vôtre ait déjà cessé. Je sais aussi que vous avez de légitimes réclamations à faire, et que vous en avez vainement appelé à la justice de tous les ministères précédens. Écrivez une note de tout ce qui vous est dû : vous ne l'enverrez qu'à moi seul ; je m'entends en affaires, et je m'offre volontiers pour votre chargé.

Puis, lui ayant demandé si elle voulait voir sa femme et sa sœur, il les amena toutes les deux et se retira.

Quelques jours après, il fut arrêté dans le conseil que la reine irait à Londres ; et que là, elle écrirait au roi une lettre ostensible pour demander l'autorisation d'aller prendre les eaux de Vichy, au lieu de celles de Plombières, qu'elle préférait comme étant sur la route de Suisse, ce que le président du conseil avait repoussé par crainte de l'agitation qu'il croyait que la présence de la reine Hortense, de la belle-sœur de Napoléon, pourrait produire dans un pays où l'empire avait encore laissé de puissans souvenirs. M. Casimir Périer terminait ses instructions à la reine en lui disant :

— Quant à vous personnellement, on s'habituera peu à peu à vous voir ; mais pour votre fils, son nom y serait un obstacle : il faudrait qu'il le quittât. Nous sommes obligés de ménager les puissances étrangères ; nous avons tant de partis différens en France que la guerre nous perdrait.

Quand la reine rendit compte à son fils de sa conversation avec M. Casimir Périer, le prince Louis s'écria avec véhémence en faisant un effort pour se lever de son lit de douleur : « Quitter mon nom, moi ! et on a pu vous faire une telle proposition ! Ah ! retournons dans notre modeste retraite : vous aviez raison, ma mère ! »

Trois jours encore avaient été accordés à la reine ; dès le second, elle partit pour l'Angleterre avec son fils : elle y séjourna trois mois ; et, le 7 août 1831, elle se rembarqua avec lui pour retourner à Arenenberg, en traversant la France sans toutefois passer par Paris.

Depuis deux ans déjà, la reine Hortense était atteinte de la cruelle maladie qui devait insensiblement la conduire au tombeau. Lorsque les événemens de Strasbourg eurent lieu, elle n'en eut connaissance que par la voix publique; à peine sut-elle que son fils était arrêté, qu'elle prit la poste en toute hâte, et, dans le plus strict incognito, arriva jusqu'à Viry, chez la duchesse de Raguse, son amie, afin d'être plus à portée d'intercéder pour le prince; mais aussitôt qu'elle eut fait connaître son dessein, elle reçut l'ordre de repartir sur-le-champ. En vain, Mme Salvage de Faverolles, qui l'accompagnait, représenta-t-elle à M. Molé, président du conseil, que le chagrin, l'inquiétude, les fatigues d'un voyage fait avec rapidité, avaient déterminé chez la reine une violente souffrance qui exigeait au moins quelques jours de repos et le secours immédiat des médecins; cette fois, on fut inflexible, et on lui enjoignit de hâter son départ. Enfin, dans les derniers temps, la maladie de la reine prit un caractère de violence tel, qu'il résista à tous les secours de l'art; et, le 5 octobre 1837, elle rendit le dernier soupir dans les bras de son fils.

Toujours simple au milieu des grandeurs, toujours courageuse au milieu de ses adversités, toujours bonne et compatissante, Hortense peut aujourd'hui rendre à Dieu bon compte d'une prospérité éphémère, dont elle ne profita que pour les autres. La France seule excita constamment ses regrets, et son unique ambition fut toujours de songer qu'elle conservait quelque chose qui vaut mieux qu'une couronne : des amis.

ÉMILE MARCO DE SAINT-HILAIRE

FIN.

TABLE DES MATIÈRES.

PREMIÈRE PARTIE.
1804 — 1815.

I. — M. de Talleyrand et son cuisinier, à propos de leurs Mémoires. — Première étiquette des Tuileries. — Les dames de l'impératrice. — Les officiers du palais. — Réception — L'ambassadeur d'Angleterre. — Première organisation des pages. — Séance présidée par Napoléon. — Rapport de M. Bourrienne. — Paris et Saint-Cloud. — Machine infernale. — Mme Murat. — Le cachemire. — Fouché. — Mesures de sûreté... 1

II. — L'ancienne et la nouvelle noblesse. — L'Œil-de-Bœuf et le *salon de service.* — Cinq mille pétitions dans les cartons. — Le général Duroc. — Noms historiques. — Organisation définitive des pages. — Grand conseil tenu à cette occasion. — Portrait d'un page fait par Napoléon. — Le général Gardanne. — Maison des pages. — Education, attributions et service. — M. de Caulaincourt. — Augmentation des pages. — Libéralités de Joséphine.................................. 7

III. — Organisation de la maison de l'empereur. — Clergé. — Chambellans. — Ecuyers. — Le dessinateur du cabinet. — Fabrique de portraits. — Le grand-maréchal Duroc. — Le premier valet de chambre Constant et le mameluck Roustan. — Les économies. — Impatience de Napoléon. — Le *vol-au-vent.* — Les aides-de-camp de l'empereur. — La tasse de thé et les mollets. — Personnel de la maison de l'impératrice. — Bouderies de Joséphine. — Interdiction et destitutions. 12

IV. — Portrait de Joséphine. — La loge de spectacle. — Coutume de l'ancienne cour. — Le général Moreau, sa femme et sa belle-mère. — Mariage de Louis Bonaparte avec Hortense de Beauharnais. — M. le duc de Rovigo. — L'envoyé du grand-seigneur. — MM. Corvisart et Joubert. — Singulière maladie.. 19

V. — Préparatifs du sacre. — Arrivée du pape à Paris. — Les bénédictions et les chapelets. — Belles paroles du saint-père. — Le renégat. — Il signor *** et la dinde aux truffes. — La longue épée et la courte queue du grand-chambellan. — Cérémonie du couronnement. — Cortége. — Fête de l'Hôtel-de-Ville. — Prétentions du pape. — Son départ. — Dernière bénédiction..... 24

VI. — Profession de foi de l'auteur. — Sa discrétion. — Premières amours. — Le *salon bleu.* — La *Nouvelle-Héloïse.* — Mot de Joséphine. — M. de B..... et Persicot. — La petite bibliothèque de Saint-Cloud. — Soirée dansante et causante. — *La mer agitée* — Promenade au clair de lune. — L'innocence pure. — Conversation intéressante. — Le paradis de Mahomet. — Désappointement. — M. de T... et V... — Le mensonge. — Les arrêts............................... 29

VII. — Vie journalière de l'empereur à Paris. — Divertissemens de Saint-Cloud. — La comédie. — Napoléon chef de cabale. — Talma. — Sensibilité singulière du général Ordener. — Grande étiquette. — M. Denon. — Joséphine et les antiques. — Le modiste Leroy. — Mme Despeaux. — Distraction de Napoléon........................... 36

VIII. — Départ pour l'Italie. — Passage du mont Cénis. — *Les montagnes russes.* — Arrivée à Stupinitz. — Les chevaux à la cave et les palefreniers au grenier. — *Fac-simile* de la bataille de Marengo. — Montza. — La couronne de fer. — Seconde représentation du sacre. — Les princesses et les courtisanes. — M. de Monaco et la conjugaison. — L'acteur P... — Les diamans. — Panthéon maritime. — Les décorations et les tabatières. — Retour à St-Cloud. — Le page discret. 41

IX. — Nouvelle organisation de la garde. — Distribution des croix d'honneur et des aigles. — Conférences de l'empereur avec l'ambassadeur anglais. — Déclaration de guerre de l'Autriche. — Napoléon à la toilette de l'impératrice. — La caserne et l'écriteau. — La parade à Saint-Cloud. — Clémence de l'empereur. 50

X. — Les cancans de cour. — Galanteries de l'empereur. — Fragmens épistolaires. — Le bal masqué de la reine de Hollande. — Occupations journalières de l'impératrice. — Les *audiences particulières*. — Mlle Clotilde et sa fille. — Le *fiacre des déesses*. — Conversation de Joséphine. — Pétition sentimentale. — Le garçon jardinier de Malmaison. — La leçon de botanique. — Scène dramatique. — Le mouchoir de l'impératrice. 57

XI. — Mme D... et sa camériste. — Le page femme de chambre. — Meurtre involontaire. — La petite maison du faubourg Saint-Germain. — Trahison. — Dix minutes trop tôt. — Mme V... — La poire pour la soif............ 72

XII. — Le quartier-général de l'empereur. — L'état-major. — La berline de voyage. — Manière de vivre de Napoléon à l'armée. — Les récompenses. — Bivouac impérial. — Pressentimens et souvenirs. — La tente. — Dangers auxquels Napoléon était exposé. 79

XIII. — Tentative d'assassinat. — Le jeune fanatique. — Interrogatoire. — Le docteur Corvisart. — Exécution. — Départ. — Lettre de Napoléon à Joséphine. — Blessure de l'empereur. — Distributions d'argent dans les hôpitaux. — Anniversaire du sacre. — L'abbé de Boulogne. — Le général Friant et le calembourg. — Les huissiers et les pages. — Banquet impérial. — La queue du roi de Saxe et le ventre du roi de Wurtemberg. — Les demi-dieux............ 85

XIV. — La famille Bonaparte. — Le prince Lucien. — Son premier mariage. — Troc conjugal. — Le mariage impromptu. — La traite des *blanches*............ 92

XV. — La bonne fortune et la continence. — Mariage d'Eugène Beauharnais. — Mort du petit prince Louis. — Chagrins de Joséphine. — Intrigues de Fouché. — Mésintelligence de Napoléon et de son frère Louis. — Le petit chien du roi de Hollande. — Les souliers de l'archi-trésorier et les bas du ministre de la police............ 97

XVI. — Joséphine à Saint-Cloud. — Contes et facéties de D... — L'accouchement impromptu. — Retour de l'empereur à Fontainebleau. — Arrivée de Joséphine. — Scène de ménage. — L'écouteur aux portes. — Les ministres affamés. — Le petit *coucher* de l'impératrice............ 103

XVII. — Le divorce. — Assemblée de famille. — Détails d'intérieur. — Joséphine à Malmaison et l'empereur à Trianon. — Une cour de rois. — Madame Mère, le page, la pièce de 20 fr. et le chapeau de castor. — Maison de la nouvelle impératrice. — Départ pour Braunau. — Cérémonial dicté par l'empereur. — Conjectures populaires............ 109

XVIII. — Portrait de Marie-Louise. — Correspondance. — Le page ambassadeur. — L'empereur à Compiègne. — Première entrevue. — La nuit des noces. — Arrivée de l'impératrice à Saint-Cloud. — La journée fatigante. — Entrée de Marie-Louise à Paris. — La reine de Hollande et le vin de Champagne. — La grande galerie du Louvre. — Tapisserie vivante. — Rancune ecclésiastique............ 115

XIX. — Ancienne et nouvelle maison impériale. — Règlement d'intérieur. — Mutation dans la maison des pages. — Assiduités de Napoléon auprès de Marie-Louise. — Les culottes impériales. — Les journaux anglais. — Grossesse de l'impératrice. — Naissance du roi de Rome. — Détails. — Félicitations de Joséphine. — Voyage à Saint-Cloud. — Baptême du roi de Rome. — Cortège tardif. — Je tombe malade............ 121

XX. — Le repos et la tisane. — La femme de chambre. — Le page du roi Joseph. — Madame P... — Théorie sentimentale. — Campagne de Russie. — Conspiration de Mallet. — L'époux complaisant. — Le page timide. — Brusque retour de l'empe-

TABLE DES MATIÈRES. 621

reur. — Le conseil d'Etat. — Rapprochemens singuliers. — Régence de Marie-Louise. — Entrée en campagne......... 129

XXI. — Départ pour Mayence. — Rendez-vous général. — Personnel de la maison civile et militaire de S. M. — Le bâton de perroquet. — Commencement des hostilités. — Bataille de Lutzen. — Mort du maréchal Bessière. — Le réveil du lion. — Bataille de Bautzen. — Mort du duc de Frioul et du général Kirgener. — Espérance d'armistice. — Canonnade inattendue. — La ferme abandonnée. — Le tuyau de pipe et la paire de bottes. — Le trousseau de l'empereur. — Il était temps. 142

XXII. — L'incendie. — Les œufs à la tripe. — Retour à Dresde. — Spectacles et divertissemens. — Activité de Napoléon. — L'anniversaire du 15 août 1813. — Le réveil-matin. — M. Picot. — Conversation dans le cabinet de l'empereur. — Noble mission — Voyage à franc-étrier. — Arrivée à Paris. — Audience de Marie-Louise. — Le piqueur Gasparin et la jument capricieuse. — Funeste accident............. 153

XXIII. — L'opération. — Guérison complète. — Retour de l'empereur à Paris. — *le commencement de la fin.* — Paroles touchantes de Napoléon, son départ pour l'armée. — Les censeurs et les journaux. — Les cachettes. — Victoire de Champ-Aubert. — Le bureau des passeports. — Mlle B...... et le voleur. — Les caricatures. — Départ de l'impératrice et de son fils. — Joséphine à Navarre. — Capitulation de Paris........... 161

XXIV. — La place Louis XV. — Les cocardes blanches. — Les partisans de la maison de Bourbon. — M. de Maubreuil et la Légion-d'Honneur. — Entrée à Paris des souverains alliés. — *Vivent nos ennemis!* — La statue d'un grand homme. — Les sauvages. — Représentation extraordinaire à Feydeau. — Cérémonie religieuse. — Retour de S. A. R. MONSIEUR, frère du roi. — Vingt-cinq ans rayés du tableau de l'histoire. 170

XXV. — Avenir perdu. — M. de S... — Anecdotes impériales. — Le roi Jérôme. — La pétition. — L'eau bénite de cour. — La couronne poétique. — Les girouettes.................. 177

XXVI. — Humanité de l'empereur. — Les plans, les cartes et les vingt-quatre bougies. — Les courriers et les estafettes. — Le premier contrôleur Collin. — Les quatre boulets. — La lorgnette en danger. — Simplicité des goûts de l'empereur........ 181

XXVII. — L'empereur Alexandre et Mme Krudner. — Retour de l'empereur à Paris. — Réintégrations générales. — Revue de la garde nationale. — L'invalide et la pétition. — Discours de l'empereur. — Encore un serment. — Nouveau portrait de Napoléon. — Le *Petit Tondu*. — Le lycée impérial. — Les aigles de l'île d'Elbe. — L'empereur au Théâtre-Français. — Allusions. — Le Champ-de-Mai................... 188

XXVIII. — Départ de l'empereur pour l'armée. — Enthousiasme de la garnison de Paris. — Post-scriptum du *Moniteur*. — Bulletin daté de Ligny. — Joie des Parisiens. — Ordre au service de la maison de l'empereur d'aller s'installer à l'Elysée-Bourbon. — Retour de Napoléon. — D... et les bavardages. — Le prince Jérôme. — Désastres de Waterloo. — Conseil extraordinaire. — Les ministres...................... 198

XXIX. — Dernière espérance de l'empereur. — Conduite et sentimens de quelques uns des officiers de sa maison. — Le général Drouot et le duc de Rovigo. — Napoléon quitte l'Elysée pour se retirer à la Malmaison. — Préparatifs de départ. — MM. de Lavalette et le colonel Labédoyère. — Départ. — Itinéraire. — Le général Becker. — Le prince Joseph. — Arrivée de Napoléon à Rochefort. — Conclusion................... 202

DEUXIÈME PARTIE.

La République et le Consulat.

I. — La première garnison........................... 207
II. — Napoléon nommé sergent........................ 223

III.	— Un Grognard	224
IV.	— Une Traversée	233
V.	— Hébert	243
VI.	— Une séance de l'Institut d'Egypte	256
VII.	— Une distraction de Napoléon	259
VIII.	— Une fête chez M. de Talleyrand	264
IX.	— Le Duel impossible	267
X.	— Le Poète et les Canards sauvages	274
XI.	— Une surprise	276
XII.	— Le duc d'Enghien, (étude historique, avec pièces justificatives).	280

TROISIÈME PARTIE.

Napoléon, l'Empire et la grande Armée.

I.	— Etiquette à la cour impériale	348
II.	— Clémence et pardon	352
III.	— Une lettre de Napoléon à l'impératrice Joséphine	356
IV.	— Les petits cadeaux entretiennent l'amitié	358
V.	— Superstition	364
VI.	— Le couronnement	380
VII.	— Une Impertinence	388
VIII.	— Le cabinet particulier et les secrétaires intimes de l'Empereur.	390
IX.	— Les chasses de l'Empereur	400
X.	— Le jour de l'an au palais de Saint-Cloud	404
XI.	— Deux séances de l'Institut	409
XII.	— Promenades incognito	413
XIII.	— Avant pendant et après Iéna	425
XIV.	— Les feuilles d'or	432
XV.	— Entrevue de deux empereurs	438
XVI.	— L'Illuminé	444
XVII.	— Saint-Cyr. — Ecouen	449
XVIII.	— Trois mois à Schœnbrunn en 1809	456
XIX.	— Petites parades, inspections, grandes revues et promotions..	461
XX.	— Vilhelmine	467
XXI.	— Mariage de Napoléon et de Marie-Louise	473
XXII.	— Le bal, l'incendie, et le boulet de canon	478
XXIII.	— Un prisonnier d'Etat	490
XXIV.	— A propos de la tragédie de Mahomet	496
XXV.	— Naissance du Roi de Rome	499
XXVI.	— Napoléon architecte	503
XXVII.	— Deux visites au lycée Napoléon	511
XXVIII.	— Napoléon dilettante	515
XXIX.	— Le dragon de dix ans	519
XXX.	— Deux charges de cuirassiers	521
XXXI.	— Une nuit à Provins	532
XXXII.	— Une halte pendant la campagne de France en 1814	535

QUATRIÈME PARTIE.

La Restauration, les Cent-Jours, et la Révolution de Juillet.

I.	— Le rêve réalisé	540
II.	— Les Orphelines de la Légion-d'Honneur	545
III.	— Waterloo	550
IV.	— Périnette	557
V.	— Trois contre un	563
VI.	— Le collier de la reine Hortense	567
VII.	— L'Espionne	573
VIII.	— Le prix de la course	590
IX.	— Une mission diplomatique	594
X.	— Notices historiques, pittoresques et anecdotiques :	
	L'Impératrice Joséphine	603
	Le prince Eugène, vice-roi d'Italie	606
	La reine Hortense	608

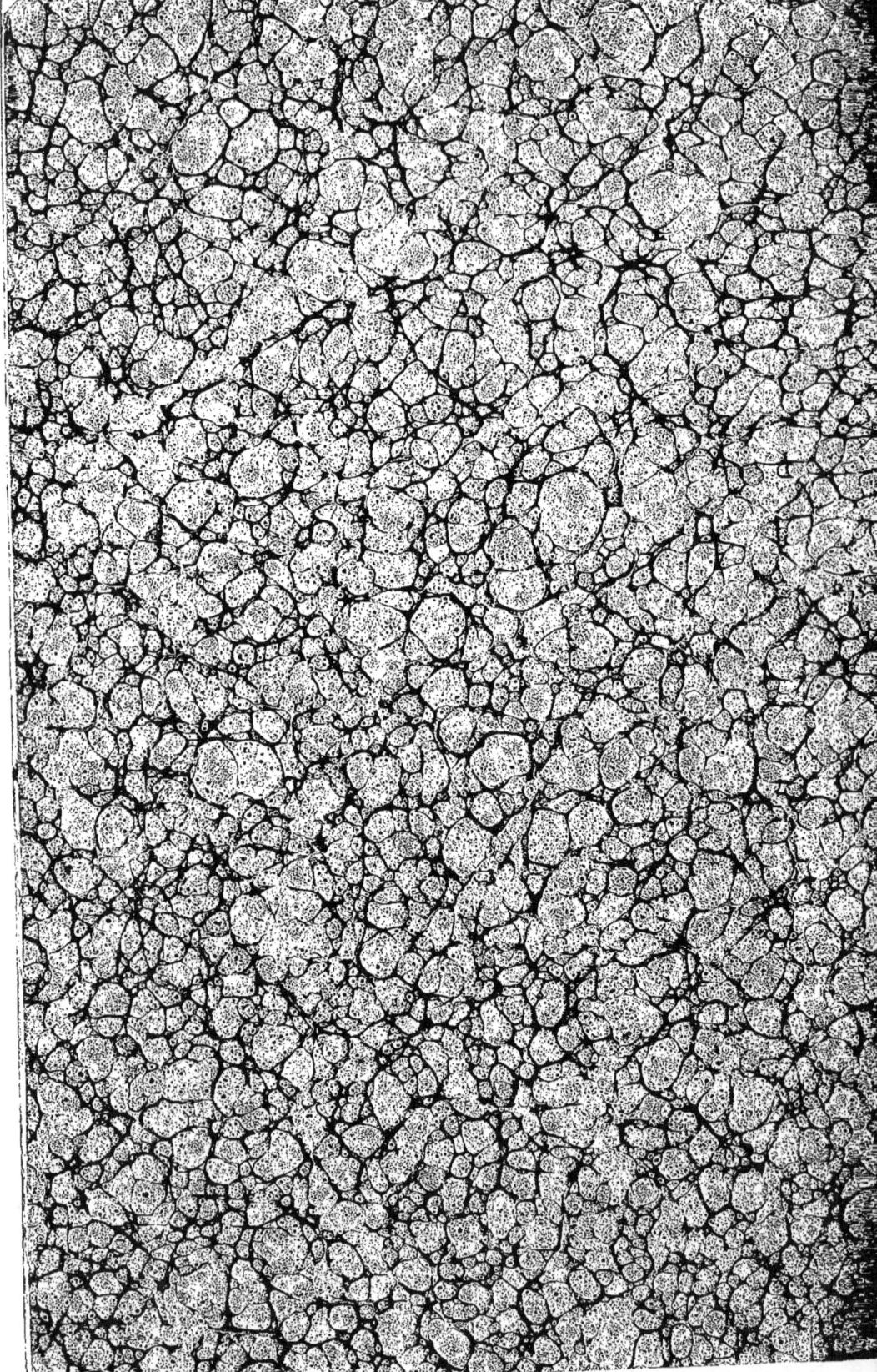

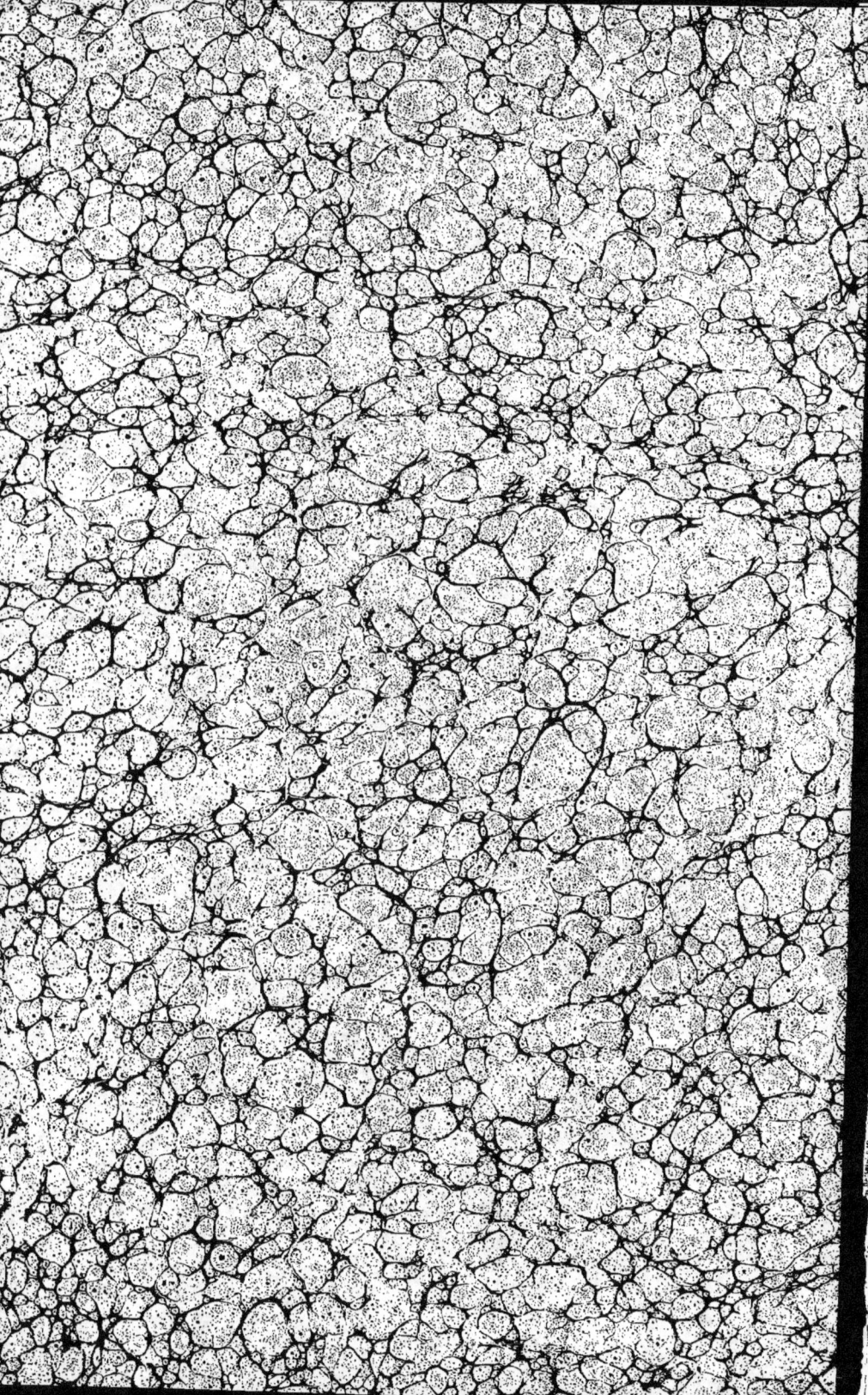

www.ingramcontent.com/pod-product-compliance
Lightning Source LLC
Chambersburg PA
CBHW071152230426
43668CB00009B/919